1 MONTH OF
FREE
READING

at
www.ForgottenBooks.com

By purchasing this book you are eligible for one month membership to ForgottenBooks.com, giving you unlimited access to our entire collection of over 1,000,000 titles via our web site and mobile apps.

To claim your free month visit:
www.forgottenbooks.com/free991971

ISBN 978-0-260-94508-2
PIBN 10991971

"Sudet. Kindern,

Mitteilungen

des

Vereines für Geschichte der Deutschen

in Böhmen.

XLV. Jahrgang.

Redigiert von

Dr. A. Horcicka und **Dr. O. Weber.**

Nebst der

literarischen Beilage.

„Eingedenk der Väter, unerschütterlich treu unserem Volke!"

Prag 1907.

Im Selbstverlage des Vereines für Geschichte der Deutschen in Böhmen.

J. G. Calve'sche k. u. k. Hof- und Universitäts-Buchhandlung.

Josef   Koch.

Kommissionsverlag.

Inhaltsverzeichnis.

Literarische Beilage.

Mitteilungen des Vereines

für

Geschichte der Deutschen in Böhmen.

Redigiert von

Dr. J. Horcicka   und   **Dr. O. Weber.**

Fünfundvierzigster Jahrgang.   **1. Heft. 1906.**

Das Kreibitzer Schneiderbild.

Von

Heinrich Ankert (Leitmeritz).

„In der Kreibitzer Pfarrkirche war ehedem," so berichtet Schaller in seiner Topographie Böhmens,[1] „ein schönes Jesus, Maria, Joseph Gemälde aufgestellet, welches der berühmte Maler Elias Hille, ein Kreybitzer Kind zu Schwerin mit dieser Aufschrift: Schwerin me fecit. A. 1705 verfertiget, und seiner Vaterstadt verehret hatte. Im Jahre 1779 als Se. Majestät, unser allergnädigste Monarch die Kreibitzer Gegend besucht hatte, bath sich einer aus der Zahl der kaiserl. Kammerdiener dieses Gemälde zum Geschenke aus, nahm es mit sich nach Wien und stellte dagegen eine von dem berühmten Maler Greipel verfertigte Kopie der Kirche wieder zurück."

Die Geschichte dieser beiden Bilder verdient allgemeinere Aufmerksamkeit, als sie bisher genossen haben. Jedoch berühren uns die Schicksale der Kopie näher und haben jedenfalls in Kreibitz weit mehr Bewegung und Erregung verursacht, als es vor Zeiten dem Original beschieden war. Letzteres befand sich, wie dies schon aus Schallers Mitteilung hervorgeht, durch viele Jahrzehnte in der Kreibitzer Stadtkirche, bis Kaiser Josef II. am 21. September 1779 die Stadt Kreibitz besuchte und bei einem reichen Fleischer und Viehhändler namens Kasimir Eschler[2] über-

---

1) V. Teil, pag. 218.

2) Vgl. Ferd. Thomas, Kaiser Josefs Reisen in Nordböhmen. Leipa 1879, pag. 46.

nachtete, dem er diese Gnade als Dank für eine kleine Gefälligkeit
anläßlich einer Reise durch die Markgraffchaft Mähren versprochen hatte.
Bei dieser Gelegenheit soll sich nun ein kaiserlicher Kammerdiener Hilles
Bild ausgebeten haben. Andere Nachrichten aber besagen, daß das Bild
dem Kaiser selbst gegeben wurde. Die Kreibitzer würden ihm ein solches
Geschenk um so lieber gemacht haben, als der Kaiser so ungemein leut=
selig war, was er nicht nur durch seine Einkehr bei Kasimir Eschler
bewies, sondern auch dadurch, daß er den Kreibitzer Jungschützen auf
Bitten Eschlers das Vorrecht verhieß, von nun an Gewehr tragen und
ein Scharfschützen=Korps[1]) bilden zu dürfen.

Über den Maler des Bildes Elias Hille ist nur wenig bekannt;
sicher ist, daß er aus Kreibitz stammte, das Bild der hl. Familie malte
und in Schwerin lebte. Über seinen Aufenthalt in Schwerin finden sich
daselbst, wo man es erwarten sollte, keine Spuren. Eine Kunstakademie
hat daselbst nicht bestanden und auch sonst ist über die Kunstpflege der
Herzoge vom Anfange des 18. Jahrhunderts nichts bekannt. Die Angaben
über die Lebenszeit Hilles, sowie die Ursachen seiner Auswanderung von
Kreibitz nach Schwerin schwanken. Manche behaupten, daß er nicht
erst 1705, sondern bereits 1605 das erwähnte Bild gemalt habe. Wenn
das der Fall sein sollte, dann kann er schwerlich der Religion wegen
nach Norddeutschland ausgewandert sein, wie man behauptet. Auch ver=
dient es einige Beachtung, daß in einer Kreibitzer Urkunde vom 23. De=
zember 1671 Elias Hille,[2]) Maler, als Wiesenbesitzer genannt wird. Die
Maler dürften in Kreibitz damals nicht gar so zahlreich gewesen sein,
am wenigsten aber alle Elias Hille geheißen haben. Auch wäre es merk=
würdig, daß Hille, wenn er der Religion wegen ausgewandert sein sollte,
seiner Vaterstadt gerade ein Marienbild verehrt haben sollte. Es ist also
die Vermutung naheliegend, daß bereits der Vater des Malers mit seiner
Familie ausgewandert sei.

Über den Verbleib des Originals von Elias Hille in Wien konnte
trotz aller Erkundigungen nichts in Erfahrung gebracht werden. Soviel
über das Original und den Maler Hille!

---

1) Das Recht, damals die Büchse zu führen, war nicht so leicht zu erlangen
und galt als eine besondere Gnade.

2) Der Name Hille ist schon in den frühesten Zeiten in Kreibitz üblich. Auf
dem Friedhofe daselbst befand sich bis 1760 der Grabstein des 1496 ge=
borenen ersten Bierbrauers zu Kreibitz, J. Hille, der 1536 starb.

Mehr Geschrei hat Greipels Kopie verursacht. In den Aufzeichnungen des kürzlich † Professors Paudler aus dem Jahre 1883 finden
sich umfangreiche Nachrichten darüber. Paudler hielt es damals noch nicht
an der rechten Zeit, um über diesen Gegenstand öffentlich zu schreiben.
Seither haben aber sämtliche Personen, von deren Beteiligung an der
strittigen Geschichte man Kunde hat, bereits in einer andern Welt sich
versammelt und so kann gegen die Veröffentlichung der kulturgeschichtlich
nicht ganz uninteressanten Begebenheiten wohl nichts Stichhaltiges mehr
vorgebracht werden. Paudlers Aufzeichnungen beruhen auf einem Protokolle vom 14. Juli 1828 und einer fast gleichzeitigen Denkschrift.

Ein neu ausgeweihter Priester, der früher durch lange Jahre Weber
und Bleichknecht gewesen und durch Unterstützung frommer Frauenzimmer
zu den Studien gebracht worden war, wurde nach seiner Ausweihe als
Kaplan nach Kreibitz versetzt. Voll Eigendünkel versammelte derselbe zum
Ärger eines großen Teiles des Kreibitzer Kirchsprengels die andächtigsten
Frauen der Gegend und selbst aus weiterer Entfernung um sich. Auf An-
stiften dieser Persönlichkeiten fand er selbst unter den unschuldigsten Gegen-
ständen bald dieses, bald jenes anstößig, er erlaubte sich in Predigten
grobe Anzüglichkeiten und Persönlichkeiten und stiftete hiedurch manche
Zwietracht unter der Bevölkerung und in den Familien. Endlich ließ er
auch das der Schneiderzunft[1] gehörige, mit Ölfarbe auf Leinwand
gemalte Bild, welches den hl. Josef, die hl. Maria und das Jesukind
darstellt, Greipels Kopie von Hilles Bilde, das in der Kirche links vom
Hochaltare hing, nicht unangetastet. Den sämtlichen Bischöfen war dieses
Bild bei ihren Kirchenvisitationen nie anstößig, bis dem erwähnten Kaplan,
dem diese Fanatiker die Nacktheit des Jesukindes und eines Teiles der
Brust der hl. Maria als Kirchenskandal dargestellt haben mochten, dieses
Bild ein Dorn im Auge wurde. Derselbe wollte daher von einem Maler
aus Georgenthal über den entblößten Teil der Brust einen Schleier
malen, daher das Bild verpfuschen lassen. Die Schneiderzunft, die das
eigenmächtige Entfernen des Bildes aus der Kirche erfuhr, ließ das Bild
noch zeitig genug von Georgenthal abholen. Allein der Kaplan und
„Bilderstürmer“ beklagte sich bei dem zu Rosawitz bei Tetschen wohnenden
Vikar Tögel über das Bild und da dieser es zu sehen wünschte, so
fuhr der Kaplan mit dem Bilde nach Rosawitz. Aus den Rahmen

---

1) Daher „Schneiderbild“ genannt. Hille sandte das Original der Schneiderzunft seiner Vaterstadt und diese hängte dasselbe, damit es in Privathäusern nicht schaden leiden möchte, in der Kirche auf.

genommen und zusammengerollt, vielleicht auch von ihm durch Zusam=
mensitzen boshaft zusammengedrückt, langte es voll von Sprüngen in
Kreibitz wieder an. Es wurde daher bei dem Landesgubernium deswegen
Klage geführt, das Bild behördlich besichtigt und über die Besichtigung
ein Protokoll aufgenommen. Die Untersuchung und deren Ergebnis blieb
nicht ohne Folgen; durch die kreisämtliche und geistliche Kommission
wurde der Vikar und der Kaplan zur Tragung der Kosten für die Her=
stellung des Bildes verhalten und letzterer erhielt die Weisung, eine ent=
ferntere Kaplanstelle zu übernehmen. Kaum aber war diese Weisung in
Kreibitz eingelangt und bekannt worden, als Brandbriefe mit der Drohung
ausgestreut wurden, daß, wenn der Kaplan von Kreibitz entfernt werde,
Brand in Kreibitz angelegt und mit dem Schützenhause der Anfang
gemacht werden würde. Einige Tage darauf, am 19. April 1829, hielt
der Kaplan, ungeachtet es ihm verboten war, nach der Frühmesse am
Altare eine Abschiedsrede, deren Inhalt nichts als Bosheit atmete. Abends,
es war gerade Ostersonntag, ging das Schützenhaus[1]) in Flammen auf;
wegen Wassermangels war alle Rettungsarbeit fruchtlos und es brannte
samt den darin befindlichen Tischen, Bänken und Schießscheiben voll=
ständig zusammen. Auch die beim Gebäude befindlichen Linden gingen
zugrunde. Ein Glück, daß kein Wind war und die Flamme gegen Neu=
kreibitz trieb! Wegen dieses Brandes am Osterfestabende wurde allerdings
eine Kriminaluntersuchung eingeleitet, sie brachte jedoch den unmittelbaren
Täter nicht heraus.

Greipels Bild selbst wurde durch den zu Warnsdorf domizilierenden
Maler Gruß ziemlich gut hergestellt, ohne daß jedoch seine frühere
Schönheit gänzlich hergestellt worden wäre. Das Gubernium und das
Konsistorium entschieden, daß das Bild keineswegs anstößig sei, jedoch
zur Verhütung von weiteren Schaden durch boshafte Menschen nicht
öffentlich ausgestellt werden möchte. Daher wurde dasselbe im Stadt=
gerichte verwahrt. Doch soll das Bild noch später einmal beschädigt worden
sein, indem ein Knabe wohl unabsichtlich mit den Knien hineinfuhr. Der
Kaplan aber wurde in den Saazer Kreis versetzt und nach seiner Ent=
fernung ist die Ruhe im Kreibitzer Kirchsprengel nach und nach wieder
eingetreten.

---

1) Bemerkt möge sein, daß das Kreibitzer Schützenhaus seit seiner Gründung
bereits viermal niedergebrannt ist, davon zweimal zu Kriegszeiten, einmal
durch die Schweden (1639), dann durch die Unvorsichtigkeit der Kroaten
(22. September 1740).

Cantus fractis vocibus.

Ein Kapitel Musikgeschichte
von
Dr. Richard Batka (Prag).

Von allergrößter Bedeutung für die Geschichte der Polyphonie in Böhmen ist das XXIII. Kapitel des zweiten Buches der Chronik von Königsaal, das von den Neuerungen in den Sitten (de novitatibus morum) handelt und worin es heißt: [1]

Der Gesang mit geteilten Stimmen in Sextengängen, den einst nur vollendete Musiker ausübten, erklingt nun schon überall auf Tanzplätzen und Straßen aus dem Munde von Laien und Pharisäern. Schon reden sehr Viele der Unsern in verschiedenen und ungewohnten Zungen.

Cantus fractis vocibus per semitonium et diapente modulatus, olim tantumdem perfectis musicis usitatus iam coreis ubique resonat et plateis a laicis et phariseis. Variis quoque lingwagiis inconsuetis nostri plurimi iam locuntur.

Diese noch viel zu wenig beachtete Stelle bedarf einer näheren Erklärung. Der Ausdruck fractae voces weist auf den tschechischen Sprachgebrauch des 15. Jahrhunderts hin, dem die wörtliche Übersetzung lomeny hlasy (gebrochene Stimmen) als Bezeichnung für mehrstimmigen Gesang geläufig ist. Für einen spezifisch böhmischen darf er aber nicht gelten. Man schlage den Mailänder Traktat »De organo« eines Anonymus aus dem 11. Jahrhundert nach, wo es vom Organum heißt.

> currit valde delectando ut miles fortissimus
> Frangit voces velut princeps senior et dominus,
> Qua de causa applicando sonat multum dulcius.

Riemann, der diese Verse zitiert,[2] bemerkt dazu: „Das frangit voces sieht sogar so aus, als handle es sich auch um eine Bewegung in kürzeren Notenwerten, also um eine diminutio organi." Weitere Beweise vermag er jedoch nicht beizubringen.

Dr. Walter Riemann macht mich darauf aufmerksam, daß hier am Ende der alte Ochetus (Hoquetus) oder cantus truncatus vorliegt.

---

1) Fontes IV, 301.
2) Geschichte der Musiktheorie, S. 91.

Ähnliche Züge weist die Kompositonsform des englischen catch und der russischen Hornmusik auf. Indessen scheint die nähere Kennzeichnung des cantus fractis vocibus, dazu die Nachricht, daß er sogar beim Tanz und in der Straßenmusik Eingang finde, endlich die weitere Verwendung des Terminus für mehrstimmiges Musizieren für die sonst verlockende Mutmaßung Niemanns zu sprechen.

Der Passus vom cantus per semitonium et diapente modulatus meint meiner Ansicht nach eine Teilung im Sextenintervall, also einen rechtschaffenen Fauxbourdon. G. Adlers Hypothese, daß die älteste Art des mehrstimmigen Gesanges ein Gesang in Terzen und Sexten gewesen sei, erhält durch diese, von der Musikhistorie bisher nicht herangezogene Stelle eine urkundliche Bestätigung. Diese Singweise, sagt Peter von Zittau, hätten einst (olim) nur vollendete Musiker sich erlaubt, und es heißt wohl das Wort olim nicht über Gebühr pressen, wenn man es mindestens bis auf die frühe Kinderzeit des Schreibers bzw. auf eine noch vor seiner Geburt liegende Zeit deutet. Nun ist Peter etwa zwischen 1260—76 geboren und wir kommen somit bis zur Mitte des 13. Jahrhunderts, also in die Zeit der ersten Minnesänger in Böhmen. Daß dem Minnesang die Mehrstimmigkeit nicht fremd war, ist durch Gottfried von Straßburg bezeugt, der schon den Vogelweider als einen Meister im Organieren und Wandelieren des Gesanges preist. Somit läge in Peters Angabe kein Anachronismus.

Wertvoll ist nun der Zusatz, daß diese Singweise von Laien und Pharisäern ausgeübt werde. Wer sind diese Pharisäer, die den Laien gegenübergestellt werden? Vermutlich Schriftgelehrte, Geistliche, die Abt Peter mit diesem nicht eben wohlwollenden Namen belegt. Und wenn er unmittelbar darauf einen Ausfall gegen das Reden in fremden Sprachen macht, so liegt es nahe, an fremde Kleriker zu denken, denen die einheimische Geistlichkeit natürlich nicht gewogen sein konnte, denen sie mit Mißtrauen zusah. Daß Peter den ganzen Umschwung des heimischen Lebens nicht als eine Folge der natürlichen Fortentwicklung ansieht, sondern auf den Einfluß des Auslandes zurückführt, sagt er am Schluß des Kapitels ausdrücklich. Böhmen sei zum Affen der anderen Länder geworden, seit dem Aussterben seines angestammten Herrscherhauses habe es verschiedene Herren gehabt und sich seine Sitten von diesen bestimmen lassen. Wobei Peter kein Hehl daraus macht, daß er diese Neuerungen verabscheue — novitates detestabiles nennt er sie — und daß er mit dieser Verurteilung nicht allein dastehe.

Nun ist es von Wichtigkeit festzustellen, für welche Zeit die Angabe der Chronik gelten soll. Denn die Versuchung ist groß, die Königsaaler Nachricht mit den Meldungen deutscher Chroniken in Verbindung zu bringen, welche im Jahre 1360 einen großen Umschwung in der Tonkunst konstatieren. Das fragliche Kapitel des böhmischen Geschichtswerkes fällt zwischen die Jahre 1329 und 1330. Und da Peter die Ereignisse jedes Jahres stets bald, nach dem er Kunde davon erlangt hatte, aufzuzeichnen pflegte, so dürfte das Kapitel von den neuen Sitten am Ende dieses Jahres abgefaßt sein. Nun aber ergibt sich die große Schwierigkeit, daß das, was wir von den Verhältnissen bis zu diesem Zeitpunkt wissen, mit jenem Kapitel nicht gut in Einklang zu bringen ist. König Johann hielt sich immer nur kurze Zeit in Böhmen auf, kam wirklich immer nur auf wenige Tage und Wochen zurück, um Geld einzutreiben, gab bisweilen ein Hoffest und eilte bald wieder an den geliebten Rhein oder nach Frankreich. Diese Besuche mochten genügen, um in Bezug auf Kleidung und Gebräuche in Böhmen zur Nachahmung des französischen Ritterwesens zu reizen, aber gewiß nicht, um zeitraubende Dinge, die Kenntnis fremder Sprachen, die Verbreitung schwieriger Künste herbeizuführen. Darum kommt alles darauf an, ob uns die Möglichkeit offen steht, die Richtigkeit der Überlieferung zu bezweifeln und die problematische Stelle auf einen anderen Zeitpunkt zu verlegen.

Die Königsaaler Chronik schließt mit dem Jahre 1338, in dem Abt Peter starb. Da die betreffende Stelle auch in der Vatikanischen Handschrift steht, welche nach dem Schriftcharakter zu urteilen, noch der ersten Hälfte des 14. Jahrhunderts angehört, ist der terminus ad quem somit gegeben. Bekräftigt wird diese Annahme durch den Umstand, daß der Domherr Franz von Prag unsere Stelle mit dem ganzen Kapitel von den neuen Sitten aus der Königsaaler Chronik in seine Chronik (II. Buch, XIX. Kapitel) herübernahm. Und da die Franzsche Chronik schon 1341 dem Bischof Johann, dann zwischen 1353 und 1355 in einer Überarbeitung dem Kaiser Karl IV. vorgelegt wurde, so ist es entschieden aussichtslos, die Kunde vom cantus fractis vocibus mit dem musikalischen Umschwung des Jahres 1360 in irgend eine Beziehung zu bringen. Sie stand jedenfalls schon vor der Mitte des 14. Jahrhunderts in dem Werke Peters von Zittau.

Einen Ausweg aber zeigt uns die Betrachtung der Stelle im ganzen Zusammenhange des Kapitels. Sie steht dort nämlich wie hineingeschneit mitten in Auslassungen über die Tracht der Zeit und erweckt

den Verdacht, erst später eingeschaltet worden zu sein. Vorher ist davon
die Rede, daß man die einst gebräuchlichen Kopfbedeckungen jetzt nicht
mehr trage; unmittelbar darauf wird über die Verschiedenheit der Kleider
gehandelt, und auch sonst geht das ganze Kapitel nur auf die äußere
Veränderung des Trachtenbildes ein, so daß unsere Stelle vom Gesang
und den fremden Sprachen ganz willkürlich den Kontext unterbricht, der
weitaus natürlicher und geschlossener ist, wenn man den Passus hinweg=
denkt. Wir haben somit einigen Grund, anzunehmen, daß Peter von
Zittau ihn nicht zugleich mit dem Kapitel, also nicht 1329/30 nieder=
geschrieben, sondern etwas später nachträglich eingefügt hat.

Wann und warum?

Vielleicht gelangen wir auf einem Umweg an das Ziel. Einen
markanten Einschnitt in den Gang der Kultur Böhmens mußte die
Rückkehr des Thronerben Karl im Jahre 1333 bilden. Im folgenden
Jahre kam ihm seine französische Gemahlin Blanca nach, und beide gewannen
ziemlich rasch die allgemeinen Sympathien. Nur eines betrübte den national=
gesinnten Adel und Klerus: Karl sprach französisch, italienisch, deutsch
und Latein. Aber das bißchen Tschechisch, das er als Kind erlernt hatte,
hatte er während seines nahezu elfjährigen Aufenthaltes in Frankreich
vergessen. Und von Blanca sagt der Königsaaler Chronist: „Wir haben
sehr an ihr auszusetzen, daß sie bloß französisch spricht, eine Sprache,
die auch ihr Gatte beherrscht und liebt." Um mit ihrer neuen Umgebung
besser verkehren zu können, begann die Prinzessin zunächst deutsch zu
lernen und übte sich darin mehr als in der tschechischen Sprache. Peter
von Zittau, selbst ein Deutscher, versucht das damit zu erklären, daß
die deutsche Sprache fast in allen Städten und bei Hofe gebräuchlicher sei
als die tschechische. Die tschechische Partei im Lande wird in dieser
Sprachenfrage empfindlicher gewesen sein, und das Fürstenpaar sah ein,
daß es, um sich die Zuneigung der Untertanen zu gewinnen, ihnen in
dieser Frage entgegenkommen müsse. Es scheint verstimmt zu haben, daß
auch die junge Königin Beatrix, welche Johann 1336 nach Böhmen
brachte, als bourbonische Prinzessin nur französisch sprach und den fran=
zösischen Einfluß am Prager Hofe verstärkte. Natürlich schlossen sich die
beiden Frauen eng an einander an und in Hofkreisen zirkulierte ein
Bonmot: „Wer nicht französisch reden kann, ist nicht imstande mit ihnen
zu konversieren."[1] Beatrix schied im folgenden Jahre nach stattgehabter

---

[1] Fontes IV, 331: Qui nescit Gallice fari
Cum ipsis non poterit commode conversari.

Krönung von Prag, ohne daß das Volk darüber betrübt war. Die Kronprinzeſſin aber, welche unter dem fingen Einfluſſe ihres Gatten wenigſtens Anläufe machte, ſich die Volkſprachen anzueignen, war beliebt. Prinz Karl ſelbſt lernte eifrig tſchechiſch und verſtand ſich dazu, einen großen Teil ſeines franzöſiſchen Gefolges zu entlaſſen. Mit ſeiner Popularitäts⸗haſcherei überhaupt erregte er dann das Mißtrauen ſeines königlichen Vaters ſo ſehr, daß dieſer ihm bekanntlich die Statthalterſchaft in Böhmen eine Zeit lang wiederum entzog.

In dieſen Jahren 1333 bis 1337 alſo bildete die Sprachenfrage die aktuellſte Frage des Hoflebens. In dieſen Jahren mußte das plötzliche Auftauchen fremder Idiome am Prager Hofe auffallen. Denn zu dem franzöſiſchen Hofſtaat der Prinzeſſin geſellte ſich jedenfalls noch das Geleite, das Karl aus Italien nach Böhmen mitgebracht hatte. Und nur in dieſer Zeit kann ſich Abt Peter veranlaßt geſehen haben, ſeine Bemerkung von den variis lingwagiis in ſeine Chronik zu ſetzen. Da er aber den Neuerungen bereits ein eigenes Kapitel gewidmet hatte, ſo ſchrieb er ſeine Notiz nachträglich in dieſes Kapitel hinein, unbekümmert, ob es in den Zuſammenhang genau hineinpaſſe oder nicht.

Zugleich mit dem Paſſus über die Sprachen iſt aber augenſcheinlich auch der über den cantus fractis vocibus in den Text gekommen. Natürlich, denn beide Erſcheinungen gehören auf das innigſte zuſammen. Beide weiſen uns auf den Hofſtaat des Kronprinzenpaares hin, der aus ſeinem franzöſiſchen Vaterlande jedenfalls die dort bekannte und geübte Kunſt des Fauxbourdons mitgebracht hat. Daß Karl mit der Einführung franzöſiſcher Kunſt nicht ſäumte, erſehen wir daraus, daß er alsbald eine rege Bautätigkeit im galliſchen Stile (modo Gallico) begann.[1]) Die Tſchechen nahmen daran keinerlei Anſtoß. Ihnen genügte für ihre nationalen Anſprüche völlig die Anerkennung ihres Idioms durch die Regenten.

Ich habe vorhin das pharisei auf die fremden Geiſtlichen, die der Prinzeſſin gefolgt waren, bezogen. Man war in Böhmen manche Freiheiten der Geiſtlichkeit gewöhnt, die erſt der ſtrenge Erzbiſchof Ernſt abſchaffte, aber der franzöſiſche Kleriker, wie Guillaume, der Kanonikus von Rheims, der den Damen des Hofes mit Rondeaux und Tanzballaden aufwartete, wird auch bei uns unliebſames Aufſehen erregt haben. Mit laici wären dann die weltlichen Hofleute gemeint, und damit ſtimmt, daß von Reigen

---

1) Fontes ·IV, 331.

und öffentlichen Plätzen die Rede ist. Die ausländische Gesellschaft, die das galante höfische Leben von Paris in Prag fortsetzte, gab vermutlich viele Festlichkeiten. Die Chronik des Franz von Prag exzerpiert, wie schon bemerkt, das Kapitel de novitatibus morum Peters von Zittau mit dem näheren Bestimmung que temporibus regis Johannis ortum habuerunt (die ihren Ursprung in der Zeit König Johanns haben) und gibt die fragliche Stelle mit einer Variante bzw. einem Zusatz wieder, die den Sinn des Originals zu erklären scheint.[1])

Der Gesang mit geteilten Stimmen in Sexten ertönt schon überall bei Reigen und auf den Plätzen. Die gemessenen und feinen Tänze der (alten) Meister werden nicht mehr getanzt, sondern schnelle und kurze Leiche sind in der Mode. Sehr viele Menschen sprechen schon in verschiedenen Sprachen ...	Cantus fractis vocibus per diacessaron et diapente modulatus iam in choreis ubique resonat et plateis. Choree magistrales morose delicate iam non curantur, sed lagii cursorii et breves nunc frequentantur. Variisque linguariis in contratis plurimi iam locuntur ...

Dies könnte recht wohl auf die aus Frankreich eingeführten, durch ein frisches Zeitmaß und kurze Perioden gekennzeichneten neuen Hoftänze gemünzt sein.

Damit glaube ich die schwierige Stelle der Königsaaler Chronik in Einklang gebracht zu haben mit dem, was wir sonst von den geschicht= lichen Zuständen Böhmens im ersten Drittel des 14. Jahrhunderts wissen. Mit dem Eintreffen des Kronprinzen Karl in Prag am 30. Oktober 1333 beginnt in der Tat eine neue Periode wie in den kulturellen, so in den musikalischen Verhältnissen unsers Landes.

1) Fontes IV, 404.

Zwei historische Lieder auf Wallenstein.

Mitgeteilt
von
E. K. Blümml (Wien).

Im Verhältnis zur Größe und Bedeutung Wallensteins ist die
Anzahl der historischen Lieder, die auf ihn gehen, nur eine geringe (vgl.
die Zusammenstellung durch Georg Schmid, Mitteilungen des Ver. f.
Gesch. der Deutschen in Böhmen XVII [1879], 121 ff. Nr. 614—623;
124, Nr. 635; Die Wallenstein-Literatur. 1. Ergänzung, Prag 1883,
S. 38 f. Nr. 1133—1136; 2. Ergänzung, Prag 1885, S. 25 f. Nr.
1439—1441; Viktor Loewe, Mitteil. XXXIV [1896], 303, Nr. 1832,
1835). Zu den bisher bekannten Liedern kommen nun zwei weitere, wovon das eine Wallenstein direkt behandelt, während sich das zweite auf
seine Soldaten bezieht. Beide Lieder sind in der Handschrift M. d. 290
der kgl. Universitätsbibliothek zu Tübingen enthalten, die, wie ich an
anderer Stelle (Altbayerische Monatsschrift V [1905], 122; Zeitschrift für
hochdeutsche Mundarten VI [1905], 234 f.) nachwies, aus ca. 1670
stammt, deren einzelne Stücke jedoch zwischen 1640 und 1666, einzelne
sogar früher (Schwedische Konfession 1632; Friedländer und von den
friedländischen Soldaten 1634; Bernhard von Weimar ca. 1639)
verfaßt wurden. Der Schreiber der Handschrift und Verfasser der Lieder,
welche den Dreißigjährigen Krieg betreffen, ist Andreas Mayr, der
von 1645—1668 Pfleger zu Geisenhausen (Regierungsbezirk Nieder-
bayern, Bez.-A. und A.-G. Vilsbiburg) war (man vgl. über ihn M.
Steinberger, Die Pfarrei Geisenhausen in der Erzdiözese München und
Freising. Landshut 1891. S. 24, 27 f., 56 f. und Blümml, Zeitschrift
für hochdeutsche Mundarten VI [1905], 233 f.) und der, wie aus seinen
Liedern hervorgeht, durch und durch Katholik und Anhänger des Kaisers
gewesen ist.

1. Vom Friedländer[1] (1634).

Das Lied behandelt Wallensteins zweites Generalat in allen seinen
Phasen. Zunächst (Str. 3) die Wiedereinsetzung als General (1631),

---

1) Die Texte sind wortgetreu ediert, nur habe ich bis auf die Strophen-
anfänge durchwegs kleine Anfangsbuchstaben gesetzt.

feine Verhandlungen mit Frankreich, Schweden, Sachsen und Brandenburg
(Str. 4), um seine Absicht, die Krone Böhmens sich aufs Haupt zu
setzen (Str. 5), durchzuführen, daher sein Vorgehen gegenüber der ligi=
stischen Armee unter Aldringer (Str. 6—13), schließlich sein Ende (Str.
14 und 15). Daß gerade das Vorgehen Wallensteins der ligistischen
(bayrischen) Armee gegenüber (man vgl. darüber A. Gindely, Geschichte
des Dreißigjährigen Krieges III [Prag 1882], S. 9 ff.; E. Brohm,
Johann von Aldringen, Halle 1882, S. 20 ff., 43 ff., besonders 46
und 52; Friedrich von Hurter, Wallensteins vier letzte Lebensjahre.
Wien 1862, S. 249 ff.; G. Droysen, Bernhard von Weimar I. [Leipzig
1885] 216 ff.) in den Strophen 6—13 so ausführlich besprochen wird,
liegt daran, daß der Verfasser des Liedes (A. Mayr) Bayer ist, also
zunächst das im Auge hatte, was seinem Lande Schaden brachte, daher
auch seine Feindschaft gegen Wallenstein, die im Lied unverhohlen zum
Ausdruck kommt. Wallenstein hatte nämlich 1633 an Aldringer, der Horn
und Bernhard von Weimar gegenüberstand, den Befehl ergehen lassen,
sich nur in der Defensive zu halten, mag kommen, was da wolle. Trotz
der Bemühungen des Kurfürsten Maximilian von Bayern wurde diese
„Ordonanz" durch Wallenstein nicht abgeändert, so daß Aldringer gebun=
dene Hände hatte.

Vom Frielender.

[40 b] 1. Eß sagt dz gmaine[1]) sprichworth clar,
             nichts werdt so clain gespunen,
             eß werde entlich offenbar
             vnd khomb einmahl an d'sunen;

[41 a]   die vnthreu treff gemainigelich gern
             irn maister vnd iren aignen herrn,
             gar wenig seint entrunen.

      2. Frielandt, der gweste potentat,
             gibt mir vrsach zu süngen,
             waß sich mit ihm verloffen hat
             in wunderlichen[2]) dingen,
             von vnthreu vnd verrätherey,
             von seinem schneden todt dabey,
             wie es ihm thet gelingen.[3])

---

1) allgemein verbreitete.
2) besonderen.
3) wie es ihm ausging.

3. Der römisch khaiser allzumahl
thet ihn so hoch digniren,
macht ihn zum grossen general
vnd liess ihn guberniren,
verthrauet ihm dz römisch reich,
sein ganze mayestett zugleich,
dieselb zu defendieren.

4. Darauf schwur er ein falschen aydt,
thet sich verobligieren,
dz er dem khaiser yederzeit
getreulich well seruiren,
benebens[1]) aber, in der stüll,[2])
thet er mit seinen feinden vill
haimblich correspondiren.

5. Eß war sein mueth[3]) vnd sün dabey
villmehr zu widerstreben,
ja, wie er durch verrätherey
den khaiser mechte heben,[4])
sie machten schon die rechnung fein,
wer khonfftig soll successor sein
vnd anders mehr daneben.

[41 b] 6. Zu disem besen endt vnnd zihl
hat er nit lassen fechten
diejennen, die gar offt vnd vill
den feindt woll treffen mechten;
haist dz nit spillen hinderruckh
durch mainaidtige schelmenstuckh,
dz seind eben die rechten.

7. Wie manich schone gelegenheit
het man den feindt zu schlagen,
war nit vor Sulz[5]) die beste zeit,
waß war dorth für ein ciag[eu],
dz wür mit eingespörter[6]) handt,

1) daneben.
2) ganz heimlich.
3) Verlangen.
4) entheben, wegbringen.
5) die Sulz, ein Nebenfluß der Altmühl; in der Nähe der Sulz liegt Neumarkt, das sich Horn am 20. Juni 1633 ergab, nachdem er es am 19.
heftig bombardiert hatte; darauf bezieht sich obige Stelle (man vgl. über
diese Belagerung und die Haltung der Soldaten G. Droysen a. a. O.
I. 222, besonders Anm. 4).
6) gebundener.

mit großen schaden, spoth vnd schandt,
die stöß dauon getragen.

8. Bey so gestalter ordonanz
khundt iha der feindt woll lachen,
er hett für ihn die beste schanz[1]
vnd ganz vergwüste[2] sachen,
wür miessen da gebunden sein,
er schuß mit seinen stuckhen drein,
thett vill zu schanden machen.

9. Den oberen wahr iha threulich laidt
vnd khundten doch nit wühren,
dz man dem feindt bey disem streitt
so schentlich miesst lauiren,
sie merckhten da ie mehr vnd mehr,
dz grosse falscheit darunder wehr;
wer soll nit suspiciren?[3]

10. Ihr frischer mueth war da bekhant,
sie mechten sich zerreissen,

[42 a]   dz sie die mitl an der handt
vnd derfen doch nit beissen,
der feindt het allen schuz für ihn,
die ordonanz nach seinem sün,
dz haist sich threu befleissen.

11. Khain officier, der wüsste mehr,
waß es doch müess bedeithen,
gar vill, die nämben ihr gewörb
vnd würffens auf die seithen,
die gmaine knecht, fast yberall,
die fluechten hunderttausentmahl,
dz sie nit därfen streithen.

12. Graf Altering, den general,
wolt man dabey verdenckhen,[4]
alß ob er auch in disem fahl
die ohren solte henckhen,
verluhr dardurch, villeicht ohn schuldt,
sein gueten namen, ehr vnnd huldt,
dz soll ihn billich khrenckhen.

13. Er war ein general von ehrn,
der ließ sich commandieren,

1) = frz. chance.
2) fichere.
3) Verdacht fchöpfen.
4) dachte man übel.

nach Frielandts willen vnd begehrn
miesst er damahlß parieren;
er hat den praten nit geschmeckht,
der haimblich ist darhinder gstecklit,
dz soll ihn woll saluieren.[1])

14. Gott, der nichts vnrechts leiden mag,
khundt lenger nit zuesehen,
[42 b] die falscheit gab er an den tag,
merckht, waß ist Frielandt gschechen;
zu Pilsten[2]) het er nit mehr rue,
rückht eillents fort auf Egger zue
vnd wolt dem feindt zueflehen.[3])

15. Da thet gott selbsten widerstan[4])
noch in derselben wochen,
der mezen fieng zu reissen[5]) an,
die vnthreu wurdt gerochen,
er wurdt zu Egger an der steth
nur bloss im hemet vor dem beth
ellendtigelich erstochen.[6])

16. O bestia zu aller zeit,
waß hast du angefangen,
wieuil seind armer landt vnd leith
durch dich in rauch aufgangen,
für die vermainte böhmisch cron
hast iezt mit grossen spoth vnd hon
den schneden todt empfangen.

17. Gott waiß umb deiner seelen lohn,
will zwar nit iudicieren,
hab aber kheinen zweifel dran,
der frost werd dich nit irren;[7])
sie werdt mit pfalzgraf Fridrich sein,
dorth in des schweden[8]) gsellschafft sein,
der soldt[9]) will sich gebüren.[10])

1) erretten, rein waſchen.
2) Pilſen.
3) zum Feind flieſhen.
4) ſich entgegenſetzen.
5) der Sack hat ein Loch, daher beginnt das Getreide auszurinnen; ein Bild
für: es ging zu Ende.
6) 25. Feber 1634.
7) Umſchreibung für: biſt in der Hölle.
8) Guſtav Adolph.
9) Lohn.
10) iſt paſſend.

18. Ihr protestanten in dem reich,
    ihr seit die vrsach dessen,
    darumben solt ihr billich euch
    an disen spiegl stessen,[1])
[43 a] nembt ein exempel an der steth[2])
    vnd secht, wies entlich denen geth,
    die pflicht vnd threu vergessen.

19. Sie süzen numehr alle drey
    im wülden rosengarthen,
    von wegen irer falschen threu
    bey einer warmmen kharten
    vnd wellen in deposito
    dort auf den general Randiuio[3])
    auch eur gwiß erwarthen.

20. Ihr maint gleichwoll ihr macht guet gschier,
    welt schwarz vnd gelb erwerben,
    doch warlich, warlich glaubet mir,
    es seint nur lauter scherben ;
    ihr suecht durch euren falschen rath
    vnd durch dergleichen miessethat
    nur eur groß verderben.

21. Ihr secht doch greiflich allzugleich,
    dz gott nit will auf erden,
    dz euch der kheiser vnd sein reich
    sollen vnderworfen werden,
    werdt ihr nit lassen von der sach,
    so werdt ihr euch selbst nach vnd nach
    an sel vnd leib ermerden.[4])

22. Dan gott verlasst die seinen nit,
    ob sie bißweillen schon fallen,
    auf dz sie auch zum thaill damit
    ir schult vnd straf bezallen,
    daß schifel Petri vnuerzagt,[5])
    dz glaubt, waß euangeli sagt,
    zu druz den khezeren allen.

[43 b] 23. Wer ist, der dises liecht[6]) erdacht
    auß freyen, gueten willen?

1) ſtoßen.
2) auf der Stelle.
3) wohl zu frz. rendre, alſo ‚Nehmer, Einbringer“ $=$ Tod.
4) töten.
5) zu ergänzen: iſt.
6) Für: liet.

er hat dem schweden zway gemacht,[1])
wolt auch dz dritt erfillen;
gott geb sein segen vmb vnd vmb,
dz noch ein bessers nacher khumb
vnd wür den feindt ganz stillen.

2. Von den friedländischen Soldaten (1634).

Nachfolgendes Lied zeigt deutlich den bayrischen Standpunkt des Verfassers und seinen Haß gegen alles, was mit dem Namen Wallen-stein zusammenhängt. Die Soldaten des Friedländers waren gewiß nicht anders geartet wie die der übrigen Heerführer, denn im rauben und plündern, in Verübung von Greueltaten und in Ausübung von Erpres-sungen ist gewiß kein Unterschied zwischen Freund und Feind gewesen. Doch ihm erscheinen die friedländischen Soldaten als Ausbund alles bösen und schlechten. Auch hier kommt wieder die Kernfrage für die Bayern der damaligen Zeit, die Verweigerung einer Hilfeleistung durch Wallenstein, zur Besprechung (Str. 11, 12).

Von den Frielendischen soldaten.

[53a] 1. Frisch auf ihr lieben soldaten,
die sach, die schickh sich woll,
durch rauben vnd durch stellen
weren vnsere söckhel voll,
die leith verderben vnd blinderen,
in dem stet vnser will,
dz landt, zu defendieren,
dz achten wilr nit vill.

2. Wan ander leuth thnen schlaffen,
so ziechen wilr auf d'wacht
ynd brechen in die heuser
vnd kästen, dz es kracht,
waß wür darinen finden,
dz mueß in vnsere söckh,
wür werffens auf die wägen
vnd fiehrens mit vnß hinweckh.

3. Die petter[2]) vnd die ziechen,
die miessen auß dem hauß,

---

1) werde ich demnächst in der Altbayrischen Monatsschrift abdrucken lassen, nämlich 1. Lied auf die Schweden und 2. Schwedische Confession, beide aus 1632.
2) Die Betten.

wür brauchen sie zu söckhen
vnd schitten d' federn drauß,
[53 b]   mit stossen vnd mit schlagen
da pressen wür die leith,
dz sie vnß solten zaigen
verborgne, guete beuth.

4. Die leith bey ihren heuseren
haben weder rast noch ruehe,
wür brechen alle schlösser
vnd stellen die roß darzue,
wan wür ein pferdt verkhauffen,
ist schon dz gmaine[1]) gschray,
helff gott dem negsten paurn,
dem stellen wür wider zway.

5. Khain pfanen in der kuchen,[2])
dz vich in seinem stall
ist vor vnß nimer sicher,
wür findens yberall,
ja, waß man hat vergraben ,
dz suechen wür mit vleiß
in khelleren vnd in heüseren,
wür wissen schon die weiß.[3])

6. Vnd wo wür nichts erdapen,[4])
da schmeiß[5]) der tonner drein,
öfen, thüren vnd fenster
mueß alles derschlagen[6]) sein
vnd gilt vnß eben gleich
der feindt alß .wie der fraindt,
wür halten regimenter,
dz ains am andern laint.[7])

7. Khain khürchen noch capellen,
die khan so fest nit sein,
wür nemen peill vnd bakhen
vnd brechen auch darein,
die khelch vnd die monstranzen
sambt anderer kürchenzier,

---

1) allgemeine.
2) Küche.
3) Die Art, wie und wo man es vergräbt.
4) erwischen.
5) fahre.
6) zerschlagen.
7) = loant, lehnt.

[54 a]   thuen wür allßdan verkhauffen
    vnd nemens gelt darfür.

8. Die müetter vnd die töchter,
    die miessen beede mit,
    wan würs nur erdapen,[1]
    so hilfft darfür[2] khein bitt,
    wür miessens selbst bekhennen,
    ein schelm, der dz nit bsteht,[3]
    wür hansen ie[4] so ybel
    vnd örger alß der schwedt.

9. Den feindt mögen wür nit schmecklhen,
    er ist vnß nit gemeß,[5]
    zaigt er vnß die nasen,
    so zaigen wür ihm dz gseß,
    wan wür mit ihme sollen schlagen,
    so graust vnß an dem scherz,
    da gehen wür wie die khrebsen
    vnd zitert vnß dz herz.

10. Eß reut vnnß leib vnd leben,
    der starckhe raub zugleich,
    dan wan wür dz vergeben,[6]
    so seind wür nimer reich,
    dardurch wern landt vnd leith
    biß auf den grundt verhört,[7]
    die heubter seind dran schuldtig
    vnd seind zum thaill nichts werth.

11. Sye geben vnß ordonanz
    vnd spören vnß die handt,
    dz wür nit derffen schlagen,
    noch ruckhen auß dem landt,[8]
    daß ist vnß eben recht
    vnd freudt vnß gleichwoll mehr,
    alß wan wür solten fechten
    mit forcht vnd ohne ehr.

---

1) erwischen.
2) dagegen.
3) gesteht.
4) immer.
5) angemessen.
6) aufgeben, unterlassen.
7) verheert.
8) beziehi sich auf den Befehl Wallensteins, daß die Holckschen Reiter Böhmen nicht verlassen dürfen.

12. Der theurere fürst von Bayrn,
    der thuet dz seinig zwar,

[54 b]   doch weill man ihm so vngethreu,
    steht er auch selbst in gfahr,[1]
    hilf, reicher Christ vom himel,
    thue du dz best darbey,
    sonst sich ich schier khein mitl,
    wie da zu helfen sey.

13. Zwar fündt man auch noch woll
    manich soldatenblueth,
    dz gleichwoll auch dz seinig
    nach allen ehren thuet,
    dieselben allzumahl,
    die seind in disem fahl
    billich darumben zu preisen
    vill hunderttausentmall.

14. Wer mag der jenig sein,
    der diß gesungen hat,
    bey denen, die er troffen,
    hat er ein schmalle[2] gnadt,
    er darf sich nit woll nennen,
    fürcht sich bey seinem schopf,
    sie nemben ihm die geigen
    vnd schlagen ihms vmb den kopf.

---

1) Kurfürst Maximilian von Bayern wollte 1633 von Wallenstein Hilfe haben, doch dieser hörte lange nicht, da er immer einen Angriff Bernhards von Weimar auf Böhmen fürchtete, daher er auch Aldringen befahl, sich nach Ingolstadt zurückzuziehen; doch dieser zog sich nach München zurück, wodurch er einem Befehl Maximilians nachkam, der fürchtete, München gehe verloren.

2) ist er wenig in Gnaden.

Aldringens letzter Ritt.

Von

Hermann Hallwich (Wien).

Wie oft auch die Katastrophe Wallensteins bereits geschrieben worden ist, sie wird nach den vielen einschlägigen neuen Materialien, welche die letzten Jahre zutage gefördert haben, doch noch einmal geschrieben werden **müssen.** Dabei aber wird es kaum zu umgehen sein, der eigentlichen **Erzählung** noch ein Schlußkapitel ganz besonderer Art hinzuzufügen; ich **meine einige** Aufklärungen über das Ende der Mörder Wallensteins — der „Mörder" im weiteren Sinne dieses Wortes.

Nicht etwa Walther Devcronx allein ist als solcher zu betrachten, auch nicht Buttler und Gordon und Leslie, die jenem die Partisane in die Hände zwangen, welche dem Leben ihres Generalissimus ein jähes, jämmerliches Ende bereiten sollte. Sie waren an der Spitze der gemeinen Knechie, die sie in der bewußten blutigen Februarnacht führten, nur die Vollstrecker eines Befehls, der ihnen von höherer Stelle zugekommen war, somit im Grunde lediglich Henker, nichts weiter. Die den Mord als solchen wollten, ihn veranlaßten und auf seiner Durchführung bestanden, mit anderen Worten: die moralischen Urheber und verantwortlichen, weil selbständig handelnden Personen und Leiter der Tragödie hießen nicht Buttler, Gordon, Leslie oder Deveroux, sondern — ganz anders.

Man kannte sie zur Zeit der „Exekution" sehr genau im kaiserlichen Heere, soweit dabei eben das Heer in Frage kam. Merkwürdig, daß sich unter ihnen kein einziger deutscher Offizier befand, sowie sich zu dem Henkerdienste ausnahmslos nur Schotten und Irländer herbeigelassen hatten. Deren unmittelbare Auftraggeber aber waren: der Welsche **Piccolomini,** der Welschtiroler Gallas, der Wallone Aldringen und der **Spanier** Marradas. Sie hatten selbstverständlich wieder ihre Helfers**helfer** — wieder nur Nicht-Deutsche; unter ihnen insbesondere Carretto de Grana, die beiden Diodati usw. Alsbald nach vollendeter **Tat ging** durch die deutschen Reihen der kaiserlichen Armee von

Mund zu Mund die öffentliche Rede, so daß sie selbst Piccolomini allerorts zu hören bekam, Wallensteins Fall sei durchaus als eine ungeheuerliche **Intrige** zu betrachten — „**von Spaniern ersonnen, von Italienern ausgeführt zur Unterdrückung ihrer (der deutschen) Nation.**"[1]

Darauf soll hier nicht näher eingegangen werden, obwohl der ausgesprochene Vorwurf mit dem Folgenden in einem gewissen Zusammenhange steht. Der Zweck dieser Zeilen beschränkt sich darauf, einen einzigen, bescheidenen, doch streng urkundlichen Beitrag zur Kenntnis des Endes **eines** der Mörder Wallensteins zu liefern: des **Ersten**, der dem gewesenen Höchstkommandierenden im Tode folgte.

Die früheren Schicksale **Johann Aldringens** sind bekannt.[2] Von der Pike auf hatte er jahrelang Kriegsdienste geleistet, alsdann die Pike mit der Feder vertauscht und bald darauf wieder das Waffenhandwerk ergriffen. Mühselig genug hatte er es, ein Dreißigjähriger, doch schon zum Hauptmann gebracht, als ihm 1618 eine kaiserliche Bestallung zuteil wurde. Am „Goldenen Steig", in der Wallerner Schanze, holte er sich die ersten Lorbeeren auf dem deutschen Kriegsschauplatze, auf dem er auch enden sollte. In spanische Besoldung übernommen, kam er 1621 unter Buquoi nach Mähren und Ungarn bis Neuhäusel, wo Buquoi fiel, über dessen Tod er als Augenzeuge berichtet. Unter ligistischer Fahne zum Oberstleutnant avanciert, von Erzherzog Leopold von Tirol zum Obersten befördert, nahm er ein Jahr später an der Erstürmung Heidelbergs lebhaften Anteil.

Im Oktober 1623 war es, daß Aldringen neuerdings in kaiserliche Dienste trat, um sie nicht wieder zu verlassen. Er wußte sich als Oberst und vorzüglich (seit 1624) als „Oberst-Muster-, Zahlungs- und Quartier-Commissarius" derart nützlich zu erweisen, daß er geradezu als unentbehrlich angesehen wurde. Es verstand sich einfach von selbst, daß man, als Wallenstein im Frühjahr 1625 daran ging, sein erstes kaiserliches

---

1) „Si sparge hor mai voce in ogni luogo, che il proceduto contra il Wallenstein sia machina fondata di Spagnoli et essequita dall' Italiani per opprimere la loro natione." Piccolomini an Oñate, 21. März 1634. Orig. — Vergl. Fr. Hurter in Österreich. militär. Zeitschrift, IV. (1861), 384.

2) Siehe u. a. meine „**Gestalten aus Wallensteins Lager**", II (1885), 127 fg., sowie „Töplitz, eine deutsch-böhmische Stadtgeschichte" (1886), 363 fg.

Heer, die „Friedländer Armada", aufzurichten, ihm dazu Aldringen „seiner sonderbaren Erfahrenheit und bisher gespürten Trene halber" als „einen Rat" an die Hand gab.

Unleugbar erwarb er sich auch da durch seine vielseitige Sach- und Fachkenntnis, durch unermüdlichen Eifer und Fleiß außergewöhnliche Verdienste. Wie bei der Werbung und Organisierung bewährte er sich aber ebenso als Führer größerer Truppenkörper. So bei Verteidigung des festen Brückenkopfes vor Dessau und in der folgenden Schlacht, deren siegreicher Ausgang nicht in letzter Linie seiner Umsicht, Ausdauer und Tapferkeit zu danken war. Das anerkannte ausdrücklich ein ihm am 17. Dezember 1627 verliehenes Freiherrendiplom. In den Feldzügen der nächsten Jahre errang er die Charge eines General-Wachtmeisters, worauf er mit dem besten Erfolge bei den Verhandlungen verwendet wurde, die zu dem Frieden von Lübeck führten. Im Mantuaner Kriege bereits mit einem selbständigen Heereskommando betraut, tat er sich dort hauptsächlich durch die mit vieler List und Kühnheit ausgeführte Eroberung von Mantua hervor.

Die schonungslose Plünderung dieser Stadt, bei der er sich große Schätze aneignete, zog ihm bei Hofe, namentlich aber bei der Kaiserin, bekanntlich einer Mantuaner Prinzessin, arge Verdrießlichkeiten zu. Habsucht war eine seiner größten Leidenschaften, die nur von einer überboten wurde: einem unwiderstehlichen Drange zur Intrige. Sie brachte ihn frühzeitig in Konflikt mit Wallenstein. Von den geheimen Korrespondenzen und Angebereien Aldringens hinter dem Rücken seines Vorgesetzten unterrichtet, stellte ihn der General-Herzog einmal — im Frühjahr 1626 — unsanft zur Rede, wobei die Worte fielen, er „sei nicht im stande und auch nicht gut genug, etwas zu seinem (Wallensteins) Nachteile zu schreiben"; übrigens werde dieser „die Lust zu schreiben den Tintenfressern schon benehmen."

Niemals vergaß Aldringen die persönliche Kränkung, die ihm Wallenstein angetan hatte. Und war der Wiener Hofkriegsrat auf den Feldherrn, der sich von ihm absolut nicht kommandieren lassen wollte, kaum zu irgend einer Zeit gut zu sprechen, so sorgte Aldringen zunächst bei Rambold Collalto, dem Hofkriegsrats-Präsidenten, dann aber auch bei anderen hoch- und höchstgestellten Personen durch vertrauliche, durchwegs kritische, mißgünstige Berichte reichlich dafür, dieses Verhältnis immer schwieriger und unleidlicher zu gestalten. Ein förmliches Komplott im Heere, das schon 1626 darauf hinausging, Wallenstein vom Oberkommando zu entfernen und Collalto an seine Stelle zu setzen, hatte seine Seele in Aldringen.

Man könnte, da der Zweck dieses Komplotts nicht erreicht wurde, vielmehr Collalto sich bald mit Wallenstein vollständig aussöhnte und so die Ränke seiner Genossen selbst zerstörte, die ganze Sache für minder wichtig, ja für bedeutungslos ansehen, wäre nicht eine Zeit gekommen, in der die früheren, altgewohnten Intrigen gegen den General im Heere wieder aufgenommen und fortwährend genährt wurden — bis sie zum Ziele kamen. Wallenstein wäre kaum gefallen, hätte er nicht infolge einer wider ihn mit beispielloser Verschlagenheit und Rücksichtslosigkeit betriebenen Militärverschwörung in der eigenen Armee allmählich seinen Halt verloren, wobei es neben Piccolomini, dem Verräter, wieder Aldringen allen anderen zuvortat.

Ob er „im guten Glauben" handelte? Das heißt, ob Aldringen der Überzeugung war, daß, wie die Verschwörer behaupteten, der Feld= herr selbst an Kaiser und Reich Verrat zu üben im Begriffe stand? Das ist nun freilich nicht so nebenbei zu entscheiden. An anderer Stelle sollen urkundliche Behelfe zur Beantwortung dieser Frage geboten werden.

Nach seiner Rückkehr aus Italien im Sommer 1631 fand Aldringen in Deutschland vieles verändert. Wallenstein war entlassen; die kaiserlichen Truppen unterstanden ligistischen Befehlshabern. Auch Aldringen mußte sich bayrischem Kommando fügen. Man kennt die Folgen: die Breitenfeder Niederlage Tillys, die Vernichtung der ligistisch= kaiserlichen Heeresmacht. Des Kaisers einzige Rettung war die Wieder= berufung seines bewährten Obersten Feldhauptmanns. Aber auch dann, ja während des ganzen zweiten Generalates Wallensteins, verblieb Aldringen, den Truppen Maximilians von Bayern zugeteilt, unter dem steten unmittelbaren Einflusse dieses abgesagten, entschiedensten und konse= quentesten Gegners des Herzogs von Friedland. Auf Wallensteins Ver= anlassung mit dem Patent eines Feldzeugmeisters, dann mit dem Marschallsstab bedacht und in den Grafenstand erhoben, wurde er dennoch niemals dessen Freund, sondern verharrte er vielmehr nach wie vor in ausgesprochener Gegnerschaft der friedländischen Pläne und gab er den fortwährenden Einflüsterungen ihrer Feinde jederzeit bereit= willig Gehör.

Tatsache ist: das kaiserliche Patent vom 18. Feber 1634, das über Wallenstein und seinen Anhang die Acht verhängte und ihn damit für vogelfrei erklärte, wurde direkt durch Aldringens persönliches Ein=

greifen und Betreiben veranlaßt. In der Vollstreckung dieser Acht sucht er jeden zu überbieten. Die geheimen Unterredungen mit Piccolomini, mit Gallas und Marradas, bald da, bald dort, nehmen kein Ende; geschäftig ist er überall zu gleicher Zeit — nur nicht in Pilsen und nicht in Eger, nicht in der Nähe des so sehr gehaßten und dennoch fast noch mehr gefürchteten Generalissimus. Da müssen eben die Helfershelfer **ihre Schuldigkeit** tun. Und als nun das Werk getan war, als die **Nachricht kam**, daß der „Tyrann" mitsamt seinen Getreuesten unter Mörderhand geendet, da stimmt unser federgewandter Wallone, wie von erdrückend schwerer Last befreit, in heller Begeisterung einen förmlichen Panegyrikus an[1]) und preist er die „göttliche Güte", die hiemit augen= scheinlich „der rechten und allergerechtesten Intention der Diener Ihrer kaiserlichen Majestät beistehen gewollt bei der Vereitlung und Austilgung der so= verworfenen Anschläge des ruchlosen Friedland und seiner Ge= **sellen."** . . .

Dann ging es an die Verteilung der Bente, denn, wie begreiflich, waren die Güter der Gerichteten der Konfiskation verfallen: das ge= samte Herzogtum Friedland, die ausgedehnten Besitzungen eines Trczka, eines Kinsky usw. Abermals war keiner eifriger als Aldringen, seinen Anteil zu fordern. Und nicht genug daran. Nicht alle Mitschuldigen des Friedländers hatten in Eger auf einmal umgebracht werden können. Noch gab es deren eine ganze, schwere Menge im kaiserlichen Heere, deren Nichtbeseitigung und Nichtbestrafung verhängnisvoll werden konnte, ja mußte, wie Aldringen meinte. Er ging so weit, sich deshalb in einem ausführlichen Warnungsschreiben an den Kaiser selbst zu wenden und ihm die drohenden Gefahren vorzustellen — nicht ohne schließlich mit unverhüllter Nebenabsicht zu betonen, wie sehr sich überdies „viel ehrliche Leute bestürzt befinden" würden, „wenn so gar kein Unterschied in Be= strafung der Bösen und Belohnung der Guten verspürt werden sollte." Zugleich mit Gallas ermahnte er geradezu den Kaiser und den kaiser= lichen Hof, „daß man nit zu viel barmherzig sein wolle."[2])

---

1) „Mentr' io rendo grazie," schreibt er, „alla divina bontà, ch' habbia voluto accompagnare la retta e giustissima intentione dei servitori della Cesarea Maestà nel rompere et estinquere gli perversi dissegui del perfido di Friedland e di suoi sequaci." . . . Orig., eigen= händig.

2) Gleichzeit. Abschrift, von Aldringens eigener Hand. — Siehe mein Buch „Reichenberg und Umgebung" (1872), 200 fg.

Nun, Gallas und Aldringen hatten sich' über zu geringe Be=
lohnung infolge zu großer Barmherzigkeit nicht zu beklagen. Die besten
und größten Herrschaften weiland des Friedländers und des Grafen
Kinsky, den man „den Reichen" genannt hatte, waren ihre Beutestücke.
Und wie natürlich wurde, da ein Erfahrenerer und Tüchtigerer nicht
mehr da war, auch ihre militärische Stellung im Vergleich zu ehedem
eine bedeutend höhere und einflußreichere. Der jugendliche König
Ferdinand III., der den Oberbefehl über die kaiserlichen Heere in die
Hand nahm, bedurfte bei seiner gänzlichen Unerfahrenheit im Kriegs=
handwerk allerdings gar sehr erprobter Unterfeldherren. Gallas und
Aldringen wurden die eigentlichen Heerführer.

Als die erste große Waffentat des neuen Generalissimus war die
Rückeroberung des hochwichtigen Regensburg gedacht. Die Belagerung
der Stadt, in deren Nähe sich Aldringen am 25. Mai mit der Haupt=
macht Ferdinands III. vereinigte, wurde am 4. Juni mit einer heftigen
Kanonade eröffnet. Die tapfere Besatzung unter General Lars Kagge
leistete hartnäckigen Widerstand. Schon in die siebente Woche lagen die
Angreifer vor den Wällen der Stadt, deren Kommandant, trotzdem
Aldringen mittlerweile (26. Juni) Kelheim erobert hatte, sich eben erst
zu Unterhandlungen wegen Übergabe des Platzes bereit erklärte, als die
Nachricht kam, daß Gustav Horn und Bernhard von Weimar mit ver=
einten Streitkräften von Augsburg her über Freising und Moosburg
gegen Landshut zum Entsatz von Regensburg im Anmarsch seien.
Dem mußte um jeden Preis Halt geboten werden. Diese Aufgabe wurde
Aldringen gestellt. Am 18. Juli erhielt er den Befehl, „mit aller
Kavallerie" des Belagerungsheeres aufzubrechen, „den Posten zu be=
sichtigen und alle gute Anordnung darin zu tun, damit der Feind etliche
Tage daselbst aufgehalten werden möchte und man auch mit der Be=
lagerung sicherer gehen könnte."[1)]

Noch am selben Tage schickte Aldringen die ihm anvertraute
Reiterei — unter ihren Führern befanden sich Männer wie Strozzi,
Cronberg, Isolano und Johann von Werth — voraus,
während er selbst noch eine Nacht in seinem Quartier verweilte. Der
Grund dieser Verzögerung wird nicht angegeben. Am nächsten Morgen
folgte er in Person der stattlichen Kavalkade, sich an die Spitze ihrer
Avantgarde stellend. ... Es war sein letzter Ritt. Vier Tage

---

1) König Ferdinand III. an den Kaiser, 23. Juli 1634. Konzept.

später brachte man seine Leiche in das Lager von Regensburg. Bei Erstürmung von Landshut durch die Schweden war er, von mehr als einer Kugel durchbohrt, gefallen.

Über den Tod des Feldmarschalls gingen die sonderbarsten Gerüchte.[1]) Unmittelbar nach dem so tragischen Ereignisse berichtete der Kapuziner Melchior Straubinger aus Landshut einem Ordensgenossen folgendermaßen: Aldringen, mit den Schweden im Einverständnisse, habe, trotz seiner „Übermacht", die es nach Meinung des Berichterstatters unmöglich erscheinen ließ, daß „von den Weimarischen ein lebendiges Bein davonkommen könnte", nicht das Geringste getan, dem Feinde die Erstürmung der Stadt streitig zu machen. Wie aber, fährt er wörtlich fort, „die Bürgerschaft gesehen, daß es nunmehr aus sei, ist aus dem Hause eines Bürgers ein Musketenschuß gefallen und hat dem Aldringer seinen wohlverdienten Lohn gegeben, ihm eine Kugel durch den Leib gejagt, darauf alsbald noch einer ihm einen Schuß dazu gegeben, damit er nicht weit mehr laufen sollte. . . . Außer der Stadt, wie einige sagen: bei dem Galgen, hat er sein Leben geendet." Als nach drei, vier Tagen, schließt derselbe Berichterstatter, einige feindliche Oberste in sein Kloster kamen und Erkundigungen über allerhand Personen einholten, hätten die Kapuziner „ihnen nicht viel geantwortet, sondern nur gesagt: „Sie selbst (die Schweden) und der Aldringer haben einander wohl verstanden."

Ungleich vorsichtiger als dieser Kapuziner-Frater, in der Hauptsache aber ganz in seinem Sinne, meldet ein anderer gleichzeitiger Nachrichtensammler, ebenfalls aus Landshut, ein Jesuit, in seinen »Literae annuae Collegii societatis Jesu Landshutani« zum Jahre 1634: »Varia fama de ipsius (Aldringen) occisore fuit; quem alii civem, alii nostrum dixerunt militem, alii hostem.«

Lassen wir vorläufig außer diesen an Ort und Stelle entsprungenen Quellen noch andere Zeitgenossen zu Worte kommen.

Zu ihnen zählt in erster Reihe der Annalist Franz Christoph Khevenhüller. In seinen berühmten »Conterfet«[2]) bringt er zwei verschiedene Relationen, die sich über die uns hier beschäftigende Frage

---

1) Einige derselben, insbesondere die oben in erster Linie reproduzierten, bei Josef Freiherrn von Hormayr, Taschenbuch für vaterländische Geschichte, 1829, S. 86 fg. und 1830, S. 133 fg. — Vergl. auch Sigm. Riezler, Geschichte Bayerns, V. 482 fg.

2) II., 254 fg.

ziemlich übereinſtimmend äußern. Erſtens: „Wie König Ferdinand
Regenſpurg belägert und der Hertzog Bernhard Landtshuet beſchoſſen,
iſt er mit commandirtem Volck, daſſelbige zu entſetzen, geſchickt, aber ge=
ſchlagen und, als er durch die Iſer ſetzen wollen, durch den Rücken
— etliche meynen wohl, von den Unſerigen ſelbſt — alſo
geſchoſſen worden, daß er alsbaldt todt blieben." ... Zweitens:
„Es wolte Aldringer, nachdem er kurtz vorhero Kehlheim erobert, den
Schweden den Paß über die Iſer bey Landshut disputiren, allein da
dieſe Landshut mit Sturm einbekamen und die Kayſerlichen ſich retiriren
muſten, iſt er in dem Gedrang von der Iſer=Brücken ins Waſſer ge=
ſallen oder freywillig hinein geſprungen und hat entweder darinnen oder
noch auff der Brücke einen Schuß bekommen. Andere ſagen, er
habe von ſeinen eigenen Leuten oder von einem Bürger in
Landshut 2 Schüſſe empfangen, davon er vom Pferde geſallen und todt
weggeführet worden."

Kürzer und allgemeiner heißt es im Theatrum europaeum,[1])
das hier notwendig auch gehört werden muß: Aldringen wurde „durch
einen tödtlichen Schuß in der Vorſtatt, zwiſchen den Brücken genandt,
verletzt und erſchoſſen — von weme aber ſolches geſchehen, auch auff
ſleiſſiges Nachforſchen nichts gewiſſes erkundigt worden."

Mit größerer Beſtimmtheit ſprechen dagegen wieder zwei andere,
nicht zu unterſchätzende Gewährsmänner von demſelben Gegenſtande —
Offiziere der kaiſerlichen Armee. Sie müſſen beide als Zeugen
dafür angeſehen werden, welche Anſicht über den vielbeſprochenen Fall im
kaiſerlichen Heere verbreitet war. Beide aber ſprechen nicht ohne deutlichen
Hinweis auf die Kataſtrophe Wallenſteins, für welche hiemit gewiſſer=
maßen Rache genommen wurde. Der eine, Leonhard Pappus,[2])
deſſen Bedeutung für die Geſchichte ſeiner Zeit bekannt iſt, meldet den Fall
von Landshut, »ubi Aldringerius«, wie er hinzuſetzt, — »incertum
hostili an proprii militis manu; nec enim deerant,
qui Waldsteinii meminissent — occiderat.« ... Ihm
ſchließt ſich der nicht minder wohlbekannte Graf Galeazzo Gualdo
Priorato[3]) mit den Worten an: .. »quando l'Aldringher d'ordine
del Rè condottosi con quindici reggimenti per dar soccorso

---

1) III., 316.
2) Epitome rerum Germ., ed. Arndts, I. 81. — Die erſte Ausgabe
dieſer Schrift erfolgte 1641.
3) Historia delle guerre di Ferdinando II e III (1642), 551 sq.

à Landshut grauamente oppresso dall' Horno, mentre credeuasi
entrare per vna porta, essendoui già per l'altra introdotti gli
Suezzesi, da vna arcobuggiata mentre sopra il ponte di quella
passaua dentro, fü colpito e fatto cader morto — non senza
sospetto ciò diuenisse dalla parte de' suoi per ven-
detta d'alcune ingiurie fatte loro, essendo egli per
la sua severità piu temuto, che amato dalla militia.«..

Die Zahl dieser Äußerungen könnte leicht vermehrt werden. Das
Gesagte möge genügen. Nur darf dabei nicht verschwiegen werden, daß
es auch gute, gleichzeitige Chronisten gibt, die von Aldringens Tode
ohne irgendwelche verdächtige Nebenbemerkung zu melden wissen; so
den vortrefflichen Eberhard Wassenberg[1]) und — die Schweden.
Im ganzen schwedischen Lager wußte man nichts von einem meuchlerischen
Morde an Aldringen. Weder Bohuslaw Philipp von Chemnitz[2]) noch
Samuel Pufendorf[3]) usw. wissen von dergleichen zu berichten.

Wohl aber kamen solche Ausstreuungen auch zu benen, die dem
Verstorbenen am nächsten standen. Eine direkte Nachkommenschaft war
Johann Aldringen versagt geblieben. Zwar hatte seine Gemahlin Livia,
eine Gräfin Arco, ihm einen Sohn geboren, der aber nach drei Jahren
(wahrscheinlich zu Anfang des Jahres 1634) gestorben war; kurz vor
dem eigenen Ende aber hatte er die Gemahlin selbst verloren, nachdem
ihr ein Kind, das sie gebären sollte, ohne Erfolg aus dem Leibe ge-
schnitten worden war.[4]) So beerbten ihn seine Geschwister, unter ihnen
die Brüder Paul und Johann Marcus, beide dem geistlichen
Stande angehörig.

Wohl der Ältere war es, Paul Aldringen, Weihbischof von Straßburg und Bischof von Tripolis, der sich durch die umlaufenden
Gerüchte bewogen fand, Nachforschungen über die Todesart seines

---

1) „Ern. Teutscher Florus" (1647), 313. Dort heißt es geradezu, daß „Altringer, so sich zu Landshut auff der brücke ritterlich wehrte, von den
   Schweden mit einer Angel durchschossen worden: da ihn dann
   männiglich hefftig beklagte" usw.
2) Königl. Schwedischer in Teutschland geführter Krieg, II. 479 fg.
3) 26 Bücher der schwedisch und deutschen Kriegsgeschichte, 212 fg.
4) Ärztliche Denkschrift, Orig., Archiv Clary, Töplitz. — Aldringens Grab-
   schrift (daselbst) gilt außer ihm auch „Dominae Liuiae Barbarae
   Comitissae ab Arcu, conjugi eius dilectissimae, filiolo unico uix
   trimulo ad coelites praemisso, in puerperio una cum nouo partu
   Passauij extinctae anno utrique fatali Maij XXXL"

Bruders anzustellen. Er bestimmte einen nach seiner Meinung unbedingt verläßlichen Augenzeugen, als solcher zu deponieren.

Johann Georg Stieffenberger, einer der Sekretäre des Generals, während der Landshuter Affäre vom Anfang bis zum Ende, mit Ausnahme weniger Augenblicke, an dessen Seite, konnte den ganzen Hergang, um den es sich handelte, ausführlich und eingehend erzählen, wie kaum ein anderer. Im übrigen mochte sein Charakter hinreichende Bürgschaft bieten. Ihm verdanken wir ein in der Urschrift sechs Blatt Papier umfassendes, hiemit zum ersten Male abgedrucktes Manuskript,[1] dessen Revers die folgende Bezeichnung von der Hand des Bischofs trägt:

„Bericht, wie Ihr Exzell., mein Herr Bruder, mit dessen unterhabenden Völckern nacher Landshuet vnndt daselbsten sein Leben geendet, 1634."

*   *   *

Die Handschrift lautet buchstäblich:

„Nachdem die zue Hungarn vnd Böheimb Königl. May. auß dem Veldläger vor Regenspurg de anno 1633 (sic!) im Monat July den Herrn General-Veldtmarschalckhen Herrn Graffen von Aldringen hochseeligen mit einer Anzahl Caualleria, vngefehr von 9 biß 10 m. starckh, vnd etwann ein 400 Tragoner nacher Landtshuet, in Bayren an der Iser gelegen, commandiert, vmb nit allein denselben Orth zu defendiern, sondern auch vnd vornemblichen, den anziehenden Feindt, welcher die Statt Regenspurg entsezen wellen, auf= vnd abzuhalten, damit man an der Belegerung Regenspurg nit verhindert werde: Alß haben Jr Ex.a hochseeligen die Trouppen alsobälden gegen gemeltem Landtshuet incaminiert,[2] vor Ihre Persohn aber etwaß zurugg in Ihrem Quartier vor Regenspurg gepliben vnd nachgehendts auch dem Volgg gefolgt vnd die auanguardia selbsten fortgeführet.

„Da Sy nun mit den Trouppen den andern Tags[3] nach dem Aufbruch von Regenspurg bey einem Kürchel, auf einem Berg: vnd ein Stundt Weegs von Landtshuet gelegen, ankhomen, haben Jr

---

1) Original, Archiv Clary, Töplitz.
2) König Ferdinand III. berichtet (in dem unter Anm. 1, S. 26, erwähnten Schreiben), „waßgestalten der Veldtmarschalck Graff von Aldringen den 18. diß aufgebrochen"; das kann sich nur auf Aldringens Truppen beziehen, während er selbst nach obiger Darstellung erst am 19. Juli folgte.
3) 20. Juli.

Ex.ᵃ daß Volgg zuſambenruggen: vnd Rendeuous machen laſſen, Sy aber von dem Pferdt abgeſtigen vnd etwas auf dem Berg vor ſich ſelbſten recognoſciert. Indeme dieſelbe deß Feindts ſtarckhen Anzugg auf mehrgedachte Statt Landtshuet vernohmen, haben Sy alſobalden Irem damaiß in Landtshuet gelegenen Tragoner-Regiments-Obriſt-leutenandt, Herrn Hanß Georg Röſtingern, zu beſſerer manutinierung deß Plazes ein Anzahl Tragoner zugeſchickht vnd die Quartier biß an Landtshuet ſelbigen Abendt noch extentiert, daß Haubtquartier aber vor ſich ein halbe Stundt von Landtshuet genohmen.

„Da nun ein jedeß Regiment in ſein aſſigniertes Quartier ziehet, kombt auß dem Veldläger von Regenſpurg bey eignem Courrier ein churfürſtl. bayriſches Schreiben, wordurch Ir Ex.ᵃ in etwaß corrum-piert: vnd disguſtiert worden, haben auch ſolches alſobalden vnd bey dem aufem Berg gelegenen Kürchel beantworttet, ich auch die Antwortt ſelbſten geſchriben, aber wegen deß damalß eingefallenen Regenweters, daß man vnder dem freyen Himel nit recht hat ſchreiben können vnd eilen müeſſen, den Inhalt nicht ganz:, daß aber woll capiert, daß hoch-gedacht Ir Ex.ᵃ Ir Churfrl. Dchlt. in Beyren verſichert, daß Sy an Ihrem Fleiß nichts erwinden laßen: ſondern alleß daß thun wellen, waß zur defenſion offtberüerter Irer Haubtſtatt Landtshuet ge-reichet. Darnach Sy ſich dann in daß Haubtquartier begeben vnd in der Nacht allem Vollgg Ordinanz ertheilt, allerta zu ſein vnd zu Morgens ſambt dem Tag mit gueter Ordnung aufzubrechen vnd gegen Altdorff, nechſt bey Landtshuet gelegen, zu marſchiern, an einem bequemen Orth ſtill zu halten vnd Irer weiterer Ordinanz zu erwarten.

„Indeme nun der Tag angebrochen vnd ein jedes Regiment ſich in ſeinem Quartier mouiert vnd auf den beſtimbten Orth marchiert, haben Ir Ex.ᵃ ſich in die Stadt Landtshuett verfüegt, die Poſten allenthalben berütten vnd alle behueffige nottwendige Anordnung gethan, auch denſelben ganzen Tag mit zugebracht.[1])

„Alß nun der Abendt herbey kommen vndt der Feindt noch fort vnd fort angezogen, haben Sr. Ex.ᵃ zu deſto beſſerer Beſezung der Wachten vber Nacht ein zweyhundert Tragoner abſteigen: vnd in die Statt auf die Wacht füehren laſſen. Da nun daß Vollgg aufgeführt war, kam abermahl auß dem Veldläger von Regenſpurg von der zu Hungarn vnd Böheimb Königl. May. ein Beuelch, wordurch Ir Ex.ᵃ hochſeeligen beuohlen wurde, Ir Guetachten darüber einzuſchickhen,

1) 21. Juli.

ob thunlich wehre, die Belegerung vor Regensburg aufzuheben vnd
den Feindt zu suechen oder aber solche zu continuiern, deß spanischen
Vollggs [welches damalß den einkhommenen auisen nach in Oberschwaben
ankhomen] zu erwartten vnd alßdann mit gesambter Macht auf den
Feindt zu gehen, wie dann Jr Ex.ᵃ selbigen Abendt noch Jr Guetachten
eingeschickht vnd darauf Jr Quartier in der Vorstatt zu Landtshuet
in einem Gasthoff genohmen.

„Indeme nun daß Kayl. Vollgg selbe Nacht disseits der Jser
campiert vnd der Tag angebrochen,¹) hat der Feindt zwo Breccia, eine
an der Statt, die andere am Schloß, zu schießen angefangen. Alß
Jr Ex.ᵃ solches gehört, haben Sy sich in Jhrem Quartier erhebt vnd
seindt in die Statt geritten, mir aber zwey Schreiben nacher Landau
und Straubing wegen des Feindts zu expediern an: vnd darbey daß
beuohlen, Jr nach solcher Verrichtung zu folgen, welches ich auch gethan
vnd dieselbe, alß Sy Meß gehördt, beicht vnd communiciert hatten²)
vnd auß dem Capuciner-Closter giengen, angetroffen.

„Nachgehendt seindt Sr. Ex.ᵃ in der Statt von einem Thor zu
dem andern vnd sonderlichen, wo der Feindt die zwo Breccia zu schießen
angefangen, herumbgeritten vnd haben zu der einen, so an der Statt
gemacht, den Obristleutenandt Zweyer,³) wie auch Jhren Tragoner-
Regiments-Haubtman, Herrn Burckhardt Kleinhansen, mit einer Anzahl Tragoner commandiert, zu der andern aufem Schloß dem Obristen
Henderßheimb⁴) daß Commando anbeuohlen vnd ihme Jhren Obrist-
leuttenandt Kestinger zur Assistenz beigeben vnd starckhe prae-
paratoria zu defendierung der Breccia zu machen unbeuohlen, auch zu
solchem Ende 6 Trouppen Curazzier-Reutter in die Statt, doch ohne
Standarten, auf die Breite Strassen commandiert, damit sy die Gassen
vnd Strassen battieren: vnd, wann sich etwas feindliches erzeiget, zurugg-
treiben sollen.

„Da nun die beede Breccia geschossen, hat der Feindt sein Volgg
starckh Sturm lauffen lassen, aber an der Maur, wo Herr Obristleutenant

---

1) 22. Juli.
2) Beide oben erwähnte Relationen, des Kapuziners und des Jesuiten, erwähnen eben dieselbe Tatsache.
3) Sebastian Zweyer, Oberstleutnant des Infanterie-Regimentes Neu-
Aldringen.
4) John Henderson, Oberst eines im Jahre 1633 errichteten Dragoner-
Regimentes.

Zweyer vnd Herr Haubtman Kleinhanß geweßt, solche starckhe Resistenz gefonden, daß dem Feindt in Kurzem zwen Stürmb abgeschlagen worden.

„Vnderdeſſen, alß der Gegentheil widerumben friſch Vollgg commandiert, hat der Churbayriſche Commissarius mit Nahmen Johann Erneſt von Haggſtorff, als welcher damalß ſein Fraw vnd ſeine Sachen in Landtshuett gehabt, ohne Vorwiſſen hochgd. Jrer Ex.ª deß Herrn Graſſen v. Aldringen ſeeligen, indeme er ſeine Sachen saluiert, vnder der Burgerſchafft ein ſolche Confusion:, dem Feindt aber, welchers aufem Berg alleß ſehen können, hingegen deſto beſſere Hoffnung zu Gewinnung der Statt gemacht, wie er dann auch wider mit Macht an das Schloß geſezt,[1] ſelbiges occupiert vnd gleich von darauß in die Statt, welche ganz oſſen gegen dem Schloß ligt, gelauffen.

„Da Jr Ex.ª vor einem Thor bey den Cronbergiſchen Iragonern vnd deſſen Iragoner-Regiments-Obriſtleutenandt Herrn Ganßen, welche in den Schießhittenen vnd denen darben gemachten Lauffgräben gelegen vnd gleicheſfalß die Breccia an der Statt defendiert, geweſt, kam auisa, daß der Feindt ſich deß Schloß bemechtigt vnd ſtarckh auff die Statt zu lauffe. Alß haben Jr Ex.ª ſich alſobalden wider in die Statt begeben. Indeme Sy etwaß auf der Breitten Straßen gegen dem Schloß zu geritten, praesentierten ſich in der Statt ein Iroupp Mußquettierer vom Feindt, welche Jr Ex.ª mit einer Comp. Curazzier-Reutter wider zurugg getriben vnd darnach den Reittern, weilen Sy kein anderß Mittel geſehen, der Feindt auch vom Schloß herunder alle Stückhel vnd Scharpfetindel[2] auf dieſelbe in die Breite Straſſen gericht, beuohlen, ſich mit queter Ordnung zum Thor hinauß zu retirieren vnd vor der Porten ſtill zue halten.

„Alß nun Jr Ex.ª ſeeligen noch weiter in der Statt herumb geritten, hat der Feindt vnder anderm auch vnuermerckhter Sachen bey dem Capuciner-Cloſter Laittern angeworffen, die Maur erſtigen, in zwen-

---

1) „Der Pulvervorrat im Schloſſe hatte ſich entzündet,‘ heißt es im Theatrum europ., III., 316, B. Röſe, Bernhard der Große, I., 286, u. a. m. — Wäre dies der Fall geweſen, hätte vorliegender Bericht doch wohl davon Notiz genommen.

2) „Scharpfetindel“ oder „Scharſentiele“, auch „Scharſenitzel“ u. dergl., hießen die Geſchütze kleineren Kalibers, welche, in der Regel zwei Zentner ſchwer, Kugeln von $1/_2$ Pfund ſchoſſen und von einem Pferde gezogen wurden.

hundert ſtarckh alda in der Statt verſamblet vnd auf der rechten Handt
ſtarckh gegen dem Thor, den Paß abzuſchneiden, auanziert. Alß aber
Jr Ex.ᵃ ſolches vermerckht, reterieredten Sye ſich gegen dem Thor, vnd da
Sy nahendt darbey khamen vnd ſeehten, daß der Feindt an der Maur
herumb charſiert vnd ganz gliderweiß Feuer auff vnß gab vnd von der
lezten Kayl. Troupp Reutter, ſo vnder dem Thor, ſich hinauß zu retirieren, wahr, durch daß ſtarckhe Getreng aber, indeme einer vor dem
andern hinauß wolte vnd darnach zugleich ſteckhen pliben, nit durch
köndten, der Feindt vnderdeſſen ſo nahe hinter vnß kam, daß auch ein
Canzeliſt mit Nahmen Caſparuß Baur auß dem Biſtumb Bamberg, ſo
auch in Jr Ex.ᵃ Canzley geweſt vnd bey derſelben beſtendig gepliben,
durch den vom Feindt voran auf daß Thor zu gelauffenen Offizier mit
einem Degen über den Kopff vnd die rechte Handt gehauet worden,
haben Sy ſich von der Comp.ᵃ auß dem Thor gegen der linckhen Handt
zu einer Mühl, ſo von dem Jſerſtromb getriben wirdt, gewendet.

„Da ich nun von Jr Ex.ᵃ, alß ich mit derſelben vnder die zur
Porten hinauß marchierendte Reutter khomen, durch den Feindt ſepariert
worden vnd kein anderß Mittel, auß der Trouppen zu khomen vnd Jr
Ex.ᵃ nachzufolgen, zu finden geweſt vnd Sy, wie oben gemelt, von dem
Thor hinwegg vnd zu einer Mühl ſich begeben: da ich nun zu dem
Thor hinauß kam, habe ich geſehen, daß offt hochernente Jr Ex.ᵃ im
Waſſer ſtundt vnd auf Jhrem Pferdt, weilen Sy etwo ſich darmit
durchzuſezen nit getrauet, ein Capitan-Leuttenandt ſich ſaluiert, demſelben
die bey Jr Ex.ᵃ geweſenen zwey Bagien ſtarckh zugerueffen vnd daß
Pferdt begehrt, darauf derſelbe Capitan-Leuttenandt wider durch daß
Waſſer geſezt vnd darnach Jr. Ex.ᵃ auf daß Pferdt geholffen, welche
auch darmit durch daß Waſſer khomen.

„Indem ich dieſelbe an daß Landt mit dem Pferdt ſpringen: vnd
gegen der Pforten zu reitten ſehen, habe ich mich zu derſelben wider
genahet. Vnderdeſſen hat der Feindt ſich der Porten oben bemechtigt,
die Streichwehren eingenohmen vnd ſtarckh herauß geſchoſſen, von
welcher Porten Jr Ex.ᵃ auch ein Schuß beym Halß hinein
vnd auf dem Ruggen bey dem Schulterplat herauß:, ich
auch zugleich einen durch den linckhen Arm bekhomen, darnach der Feindt zuem Thor oder die Schlagpruggen herauß gelauffen;
aber Jr Ex.ᵃ in ſaluo zu bringen, iſt er durch ein Kay. Trouppen
Reutter wider hinein in die Statt getriben, Jr Ex.ᵃ Pferdt bey dem
Zaum von einem Bagi genohmen: vnd von einem Cronbergeriſchen

Reutter **bey** einem Armb, daß Sy nit herunderfallen sollen, gehaltten worden.

„**Bnderdeſſen**, alß manß hinwegg geführt, iſt mir ein Bumacht zu-geſtrichen **vnd gleichſamb** wie ein Nebel etwas vor die Augen khomen, alſo **daß ich nichts** weiters, wie Sy ſich verner nach dem Schuß erzeigt haben, **geſehen**. Sintemahlen ich aber alßgemach fortgeritten, mich auf die **rechte Handt** gewendet vnd mir etwas beſſer, auch der Nebel hinwegg wahr, **ſehe ich**, wie Jr Ex.ᵃ ſtill halten, vnd da ich zu derſelben kam, füehlen **Sy vom Pferdt** vnd ziehedten den rechten Jueß an ſich vndt verſchiñt **alſo**, wornach dieſelbe von zwey Reutter auf ihren Pferdten in daß Haubtquartier, ſo ein halbe Stundt von Landtshuet gelegen, geführt **vnd mit der** Leib-Comp. von Herrn Obriſtleuttenandt Don Caspar begleittet: vnd gleich weiters in daß Veldläger vor Regenſpurg in Jhrer eigenen Carroza gebracht, in einem Schlöſſel balſamiert vnd nachgehendts nacher Paſſaw confoyert worden.

„Wie es weiter hergangen, habe ich wegen meines empfangenen Schuß vnd der von Tag zu Tag darzu geſtoſſenen groſſen Kranckhheit kein **weitere Nachricht**.

Johann Georg Stieffenberger."

Soweit unſere Handſchrift.

Der Eindruck ihrer ruhigen, ſchlichten, durchaus gegenſtändlichen Vortragsweiſe iſt für jeden Unbefangenen ein günſtiger und vertrauen-erweckender. Allen ſonſtigen Erzählungen gegenüber, die wir über den Kernpunkt der geſtellten Frage gehört, kommt ihr in hohem Grade das eine zugute, daß ſie von einem Augenzeugen ſtammt in dieſes Wortes beſter Bedeutung. Als ſolcher kann ja doch eigentlich nicht einmal Frater Straubinger gelten, der Kapuziner, ſo wenig wie ſein jeſuitiſcher Kollege, deſſen Mitteilungen ſich den ſeinen anſchließen. Keiner von beiden hatte am Ende mit eigenen Augen geſehen, was er erzählte; er ſchrieb nach bloßem Hörenſagen — wie alle anderen, mit Ausnahme Johann Georg Stieffenbergers.

Auf die ſinnloſe Verdächtigung einzugehen, die der gehäſſige Strau-binger ausſpricht, indem er Aldringen geradezu des verbrecheriſchen Ein-verſtändniſſes mit den Schweden bezichtigt, ſcheint kaum der Mühe wert. Was Aldringen, den kaiſerlichen Feldmarſchall, den langjährigen, allzeit beſonders eifrigen, bei mehr als einer Gelegenheit nur allzu eifrigen

Diener seines Kaisers, hätte bestimmen können, in einem Augenblick, wie er gegeben war, im Angesichte des Feindes und sozusagen inmitten der Besten seiner bisherigen Kampfgenossen zum Schelm zu werden und schnöden Verrat zu üben, ist einfach unerfindlich.

Allerdings schließt das nicht aus, daß, wie ein Frater Straubinger, auch ein oder der andere Landshuter Bürger dem plötzlichen, furchtbaren Ereignisse gegenüber, das über die arme Stadt hereinbrach — ihr Schicksal nach der Einnahme war in der Tat ein grauenhaftes — wirklich auf den geäußerten Gedanken gekommen sein konnte. Dennoch bewiese auch das entschieden nur zum so und so vielten Male, wie leicht die menschliche Natur bei außergewöhnlichen Anlässen verleitet wird, selbst das Unglaubliche zu glauben und das Unmögliche für möglich zu halten. Von einem solchen Wahn zu einer sinnlosen, abscheulichen Handlung ist freilich nur ein Schritt.

Eine numerische „Übermacht" stand Aldringen vor Landshut gegen Gustav Horn und Bernhard von Weimar absolut nicht zu Gebote. Vielmehr ist mit voller Gewißheit anzunehmen, daß ihm die Schweden um mindestens das Doppelte der Streitkräfte, und zwar in allen Waffen= gattungen, überlegen waren,[1]) während er, wie erwähnt, nur Reiter und Dragoner kommandierte, welche letzteren zu jener Zeit bekanntlich sowohl zu Fuß als auch zu Pferde kämpften. Eine Besetzung der Landshut be= herrschenden Höhen, im Falle er dazu hätte rechtzeitig eintreffen können, mit bloßer Kavallerie und ohne Geschütze, wäre für ihn mit den größten, ja mit unüberwindlichen Schwierigkeiten verbunden gewesen.

Beschränken wir uns, um in der Hauptsache so klar wie möglich zu sehen, auf den kritischen Moment, um den es sich handelt.

Es war bei der „Lendbrücke" zu Landshut, wo sich die Schluß= szene abspielte. Unterhalb der Brücke teilt sich die Isar in zwei Arme,

---

1) König Ferdinand III. läßt Aldringen, wie früher bemerkt, „mit aller Cavalleria" der ligistisch=kaiserlichen Armee ausrücken; Stieffenberger spricht von 9= bis 10.000 Reitern und 400 Dragonern, G. Priorato von „fünfzehn Regimentern", was auf dasselbe hinauskommen dürfte, da höchstwahrscheinlich keines der Regimenter komplett war. Nach anderen, ferner Stehenden, hätte Aldringen 12= bis 15.000 Mann bei sich gehabt. Vergl. J. Adelzreiter, Annales Boicae gentis, III., 319; Röse, I. S. 316 2c. — Dagegen zählten Horn und Bernhard von Weimar nach Röse, I., 285, nicht weniger als 22.000, nach Theatr. europ., III., 315, mindestens 24.000, nach Aussage von Bernhards General=Adjutanten aber (G. Droysen, Bernhard v. W., I., 401) sogar 30.000 Mann.

welche die Vorstadt „Zwischenbrücken" einschließen. Gegen diese Vorstadt hin deckten die Stadt ein Tor und eine Pforte. Glücklich war Aldringen, nachdem er zwei Tage lang mit Unermüdlichkeit, ja mit wahrer Todesverachtung, alles Zweckdienliche zur Verteidigung der Stadt und ihrer schwachen Mauern getan hatte, dem eingedrungenen, herzhaft nachstürmenden Feinde durch das Tor entronnen. Nicht ohne Schwierigkeiten setzt er zu Pferde über den einen Arm der Isar und gelangt er so in die Nähe der Pforte und der mit ihr zusammenhängenden Streichwehren, die jedoch unterdessen auch schon der Feind in hellen Haufen genommen hat. Ein lebhaftes Feuer aus Streichwehren und Pforte empfängt ihn. Und hier, aus der vom Feinde dicht besetzten Pforte, fällt der Schuß — wenn man will: der erste Schuß, der ihn trifft und der, durch Hals und Schulter dringend, ein tödlicher sein mußte.

In die Wahrhaftigkeit dieser Darstellung einen Zweifel zu setzen, haben wir keinen stichhältigen Grund, also auch kein Recht. Ihr gegenüber aber erscheint dann, sollte man glauben, jede weitere Untersuchung darüber schlechterdings müßig, ob der einen Kugel eine zweite und aus welchem Rohre gefolgt sein könnte oder nicht. Unser Kronzeuge, gleichzeitig mit seinem Gebieter verwundet und von schwerer Ohnmacht befallen, weiß von keiner zweiten Kugel, ob eines Landshuter Bürgers oder eines kaiserlichen Reiters, der sich als Rächer Wallensteins aufspielen wollte. Selbst diese Möglichkeit noch immer zugestanden, änderte das so viel wie nichts in dem Punkte, auf den es ankommt.

Alles in allem kann nach dem Gesagten nurmehr hartnäckige Voreingenommenheit die Tatsache leugnen: Aldringen starb in aufopfernder Pflichterfüllung einen ehrlichen, tapferen Soldatentod vor dem Feinde und durch Feindeshand.

Mit Stieffenbergers Schilderung stimmt noch ein anderer, bisher zum größten Teil gleichfalls noch unveröffentlichter Bericht aus bester Quelle vollkommen überein. Ein scheinbarer Widerspruch verschwindet, sobald die vorhin angedeutete Örtlichkeit in Betracht gezogen wird. König Ferdinand III. meldete seinem kaiserlichen Vater Aldringens Ende noch am 23. Juli, also unmittelbar nach Empfang der Todesnachricht, mit folgendem, für den Gefallenen höchst ehrenvollen Schreiben:[1]

[1) Konzept. S. 26, Anm. 1. — Einen Bruchteil dieses Schreibens gibt Khevenhüller, Annales, XII, 1188 sq., ohne, was zu beachten, hiebei mit einem Worte die Gerüchte zu erwähnen, deren er in den „Conterfet" ausführlich gedenkt.

„Sintemalen der Feind mit der Armada bei Landshut angelangt und sich resolviert, sowohl das Schloß alldort als selbige Stadt zu attakieren, und nun die Mauern dergestalt dünn und schlecht, daß er dieselbe leicht öffnen können, maßen er dann darauf das Schloß und die Stadt gestürmt, und zwar zweimal zurückgeschlagen worden, doch zum· dritten Mal sich eines und des andern bemächtigt: Als hat besagter Graf von Aldringen, indem er, seinem bekannten Eifer nach, Eurer kaiserl. Majestät Dienst zu befördern, sich zu lange in der Stadt gesäumt und inmittels der Feind so weit überhand genommen, daß sich das darin geweste Volk, so meistenteils Dragoner gewesen, zum weichen ge= drungen worden, er, der Graf von Aldringen, aber nicht so viel Platz gehabt, über die Brücke sich zu retirieren und deswegen über den Arm der Iser geschwemmt, als er gar hinüber kommen, einen Schuß durch den Hals und die Achsel erst empfangen, dergestalt und, wie man mich verständigt, in seinem letzten Athem den Namen Jesus und Maria angerufen — dannenhero nicht zu zweifeln, Gott der Allmächtige werde ihm ein glückliches Ende verliehen haben, bevorab, weil er selbigen Morgen, ehe er zu dieser Aktion geraten, gebeichtet und kommuniziert gehabt. Den Leib haben die Unsrigen noch davongebracht. Mir ist um seinen Tod sehr leid," schließt der König, „denn Eure Majestät haben gewiß einen getreuen, guten ministrum verloren, dessen ich mich sowohl in consiliis als auch in der Tat wohl bedienen können. Weil es aber Gott also gefallen, muß man's seinem göttlichen Willen heimstellen und befehlen." —

Am 26. Juli kapitulierte Regensburg, vier Tage nach Aldringens Tode. Sein letzter Ritt war also kein vergeblicher gewesen, sein Blut nicht umsonst geflossen. Unwillkürlich drängt sich angesichts dessen in Erinnerung an gewisse, früher erwähnte Vorkommnisse ein Gedanke auf, der wie Sühne gemahnen will. Sie war nicht allen Genossen Aldringens in der Tragödie Wallenstein beschieden — im Gegenteil.

Die strafgerichtlichen Entscheidungen des Böhm.-Kamnitzer Schöffengerichtes aus den Jahren 1380—1412.

Von
Dr. Ad. Horcicka (Wien).

Das Kamnitzer Stadtbuch ist eine der ältesten Rechtsquellen dieser Art in Böhmen, welche noch dadurch an besonderem Interesse gewinnt, daß sie durchwegs in deutscher Sprache abgefaßt ist. Nicht eine Eintragung erfolgte in lateinischer Sprache, welche zu der Zeit, als es angelegt wurde, wohl noch die übliche gewesen ist. Die Eintragungen, die mit dem Jahre 1380 beginnen und mit einigen Unterbrechungen bis zum Jahre 1516 reichen, gewähren einen tiefen Einblick in das Getriebe und Rechtsleben des damals recht bescheidenen, kleinen Gemeinwesens, das auf grüner Wurzel von Deutschen besiedelt, sich deutschen Sinn und deutsches Recht selbst in der schweren Zeit des XV. Jahrhundertes mit Erfolg gegen alle Anfeindung und Gefahren zu wahren wußte. Dieses Stadtbuch gewinnt aber besonders dadurch an Bedeutung, daß die in demselben eingetragenen Verträge, Entscheidungen, Käufe und Verkäufe, Testamentsbestimmungen usw. in der damals in der Stadt üblichen Redeweise eingetragen sind, so daß es eine der ältesten Quellen für die Dialektforschung Böhmens im XIV. und XV. Jahrhunderte wird, welche, soweit man sich aus der Sprache einen Rückschluß erlauben darf, den Beweis erbringt, daß der Stamm der seßhaften Bevölkerung, der Kern der Bürgerschaft, aus dem benachbarten Meißenschen oder Lausitzischen Gebiete, eingewandert ist. Es gibt nur wenige deutsch geschriebene Werke aus so früher Zeit im nördlichen Deutschböhmen, denn die fanatischen Scharen der Hussiten haben nicht nur die Städte und Ortschaften verbrannt, die Bevölkerung niedergemacht oder vertrieben, sie haben auch das vernichtet, was in deutschen Worten von dem Fleiße und der Tatkraft deutscher Bevölkerung kündete.[1]) Auch

---

1) Vergl. Hallwich Hermann Dr.: „Friedland vor fünfhundert Jahren" in den Mitteilungen des Vereines für Geschichte der Deutschen in Böhmen XLIII, S. 357—428.

die Plagen späterer Kriege im XVII. und XVIII. Jahrhundert, welche schwer auf dem nördlichen Deutschböhmen lasteten, haben diese Ver= wüstungen fortgesetzt, so daß man jedes über die Zeit der Hussiten= stürme hinausreichende Schriftstück in deutscher Sprache für diese Gegend mit großer Freude begrüßen muß. Und Kamnitz kann stolz sein, daß sein Stadtbuch sich erhalten hat, das durch günstigen Zufall gerettet wurde, da die Stadt von den Hussiten nicht genommen wurde, und weil es bei dem Brande im Jahre 1444, dem Kirche und Stadt zum Opfer fielen, erhalten blieb. Mit der Geschichte seiner Vaterstadt und mit dem Studium dieses Stadtbuches hat sich mein leider zu früh verstorbener Freund Karl Linke eingehend befaßt, der die Ergebnisse seiner Forschung unter dem Titel „Geschichte der Stadt Böhmisch = Kamnitz und ihres Gerichtsbezirkes im Mittelalter" (Mitteilungen, Jahrg. XIX, S. 215—223, 279—314) niedergelegt hat. Eben an der Arbeit, die Drucklegung des Stadtbuches nach langjähriger Beschäftigung ihrem Ab= schluß entgegenzuführen, hebe ich vorläufig an dieser Stelle einen Um= stand hervor, auf den Linke S. 312 ffg. aufmerksam machte, und den ich mit ihm vollauf teile.

In dem Stadtbuche finden sich unter den 221 Eintragungen nahezu lauter solche, welche zivilrechtlicher Natur sind und meist Erbschafts= angelegenheiten u. ä. behandeln, wogegen wir in dem Stadtbuch über das Verfahren in Strafsachen eigentlich recht wenig Auskunft erhalten. Tat= sache ist, daß dem Schöffengerichte zu Kamnitz allerdings unter dem Vorsitze des Vertreters der Grundobrigkeit die Gerichtsbarkeit in Straf= sachen für den zugehörigen Gerichtsbezirk bereits im Jahre 1380, also als das Stadtbuch angelegt wurde, zustand. Die wenigen Eintragungen hierüber gehören alle noch dem XIV. oder dem Anfange des XV. Jahr= hundertes an und enthalten Entscheidungen über Todschlag und einige leider nicht genau bezeichnete Verbrechen oder Vergehen.

Am hinteren Innendeckel befindet sich folgendes Weistum über Todschlag :

»Von eynes todslages wegin. Thu wir euch zcu wissin, alz wir erkennen alzo, alzo der gefangin, der di tot des todslages getan hat, den frunden zcu ist gesprochin. ap zy nicht zelber vber yn rechtin wellin, zy mogen sy eynen mon gewynnen uff yr fry gelt, der ober yn[1]) richtet. vnnd ist geteylt vnder eyme

---

1) Darnach we (Schreibfehler!).

vnderscheyt, weme nicht dor an genuge, der zal legin phant vnnd phennige, zo wyl mans holin, do man ander recht holt.«

Wir begegnen in diesem Weistum noch der alten deutschen Rechts= auffassung, vor der Einführung des römischen Rechtes, weiche die Bestrafung nicht als Sühne für die geschehene Tat auffaßt, sondern in erster Linie die Versöhung des Täters mit den Hinterbliebenen oder Verwandten durch den Erlag eines Wergeldes anstrebt, denn es besagt ausdrücklich, daß der Gefangene den Verwandten des Erschlagenen zuge= sprochen wird, welche für den Fall, daß sie über ihn nicht selbst richten wollen, einen Mann für ihr Freigeld (Wettung) als Richter bestellen, und im Falle eine Partei mit dessen Urteil unzufrieden ist, nach Erlegung der Geldsumme (phant vnnd phennige) das Recht dort holen können, wo man es zu holen hat, das ist beim Kamnitzer Schöffengericht. Die Eintragung des Weistums erfolgte 1380, um dieselbe Zeit, als das Stadtbuch angelegt wurde, weil die gleiche Hand die Eintragung des Titels auf der Innenseite des Vorderdeckels und auf der ersten Seite des ersten Folio besorgte. Sie steht in enger Beziehung zu der zweiten Ein= tragung auf dem ersten Folio, in welcher der Schöffenspruch über den vom Erbvogt Niklas Hockacker an Peter Lauerbein aus Schluckenau ver= übten Todschlag aufgezeichnet ist:

Von Nicze Hokakyr vnd von Heinen Lawerbein von Slo= kenaw. Wir Nicze Hokacker, erpvoit czu der stat Kempnicz, Ditrich Pewker burgermeister, Michel Gans, Heinczel Mulacker, Kvncz Zybenkegel, Nicze Rudel, Michel Gutbrot, Hentczel Wayner, Hentczel Kergel, Jesko Hokacker, Niklas Orler, Reichart Schu= wort, Hentczel Vreise, Hentczel Hengenuschel, die gemeine der schepphen der egenanten stat Kempnicz, bekennen allen den, di daz buch zehen, hören ader lezen, das Nicze Hokacker, der voit czu der Kempnicz, zich vorricht hat vm den tot slak Petir Lawerbein mit Heinen Lawerbein vnd mit zeinen brudern Nicze Lawerbein vnd Hannus Lawerbein vnd Jocoff Lawerbein. vnd hat di geczeuge mit ym bracht Nickel Lawerbein vnd Nicze Becke vnd Heinczel Milyczer, das das ein vorrichte zache ist vm den ee geschriben tot slak. vnd dorein zein allen, die ein genumen, die dorvm vordacht zein. dorvm hat her gegeben czwey schok groser vnd ein Romvart, hat her getan. vnd zal ein Ochvart[1] tvn. das ist geschehen yn dem yar alz man czelet

---

1) Wallfahrt nach Aachen zu der berühmten Marienkirche K. Karls des Großen.

tausent yar droyhvndirt yar yn dem eynen vnd achtzigesten yare an dem mantage an vnsir vrauven tage kleibe anuncciacionis (25. März 1381).

Ganz im Sinne des Weistums erfolgte der Schöffenspruch, da Nicze Hockacker mit den Brüdern des Erschlagenen Heine, Nicze, Hannus und Jakob vor den drei Zeugen Nikel Lauerbein, Nicolaus Becke und Heinrich Milnczer sich dahin ausgleicht, daß er nach Zahlung von zwei Schock Groschen und einer bereits zurückgelegten Wallfahrt nach Rom zum Seelenheile des Erschlagenen noch eine solche nach Aachen verspricht. Solche Sprüche sind im XIV. und XV. Jahrhundert üblich gewesen. Im Urkundenbuche der kgl. Stadt Aussig haben wir zwei ganz ähnliche Fälle aus dem XV. Jahrhundert,[1]) nur mit dem Unterschiede, daß daselbst der Täter noch zur Aufstellung eines sogenannten Sühnkreuzes verurteilt wurde, welches Moment der Aussöhnung in dem XIV. Jahrhundert noch nicht gebräuchlich gewesen zu sein scheint.[2]) Jedenfalls ist es ganz sonderbar, daß, wenn auch die Schöffen nur unter dem Vorsitze des Vertreters der Grundobrigkeit, des Vogtes, der sich diesmal sogar Erbvogt nennt, hoch=peinliche Sachen richten konnten, in dem vorliegenden Falle, wo er selbst des Todschlages angeklagt ist, unter seinem Vorsitze zur Urteilfassung schreiten, so daß der Angeklagte und der Richter in einer Person vereint sind. Möglich wäre jedoch immerhin, daß er bei der Verhandlung über

---

1) Horcicka=Hicke: Urkundenbuch der Stadt Aussig bis z. J. 1526, Nr. 280, S. 128, ddo. Aussig, 28. Feber 1476 und Nr. 345, S. 162, ddo. Aussig, 29. Jänner 1496.

2) Im II. Bande des Listář král. města Plzně von Strnad ist S. 467—8, Nr. 566, eine Urkunde vom 13. Mai 1504, der zufolge sich Johann Bavor [von Schwanberg], welcher den Ermelaus, einen Sohn des Pilsner Bürgers Wenzel Palečet erschlagen hat, verpflichtet, an der Stelle ein Steinkreuz aufzustellen, eine gesungene Seelenmesse zu halten lassen, drei große Leuchter in die Kirche zu taufen, 100 Seelenmessen lesen zu lassen, jemanden auf die Wallfahrt nach Aachen zu schicken und 10 Schock Groschen zum Bau des schwarzen Klosters zu zahlen. Ebenda I. Band, S. 191, Nr. 167, macht der Pilsner Bürger Martin Hlava am 7. Juli 1395 vor seiner Wallfahrt nach Aachen sein Testament, und daselbst S. 391, Nr. 357, bestimmt der Pilsner Bürger »Andrlík z Nyřska« in seinem Testament vom 25. Juli 1437: »Item rozkázal jest, aby Tomášek (sein Sohn) za jeho duši šel sám do Říma anebo někoho zpuosobil a jemu zaplatil. Item týmž obyčejem aby do Cách (Aachen) k Matce boži púť učinil.« Auch in Tomek's Geschichte von Prag und für andere Städte in Böhmen finden sich Notizen über Aachenfahrten.

feine Angelegenheit nicht zugegen war, wenigstens nicht den Vorsitz führte, daß aber dann, um der Form zu genügen, die Eintragung in der Art erfolgte, wie sie vorliegt, daß man also die Meinung gewinnen kann, als ob er tatsächlich den Vorsitz geführt hätte. Daß der Spruch ausgeführt wurde, beweist die Kanzellierung der Eintragung.

Schlimmer erging es im Jahre 1412 Jakob, dem Richter von Meistersdorf, gegen den Nicolaus Melan vor dem Schöffengericht in Kamnitz die Anklage erhob, daß er seinen Bruder erschlagen habe. Unter dem Vorsitze des Hauptmannes, des Vogtes und des Rates wurde der Angeklagte, der sich nicht gestellt hatte, in die Acht erklärt. Die Eintragung Fol. 35, Nr. 88 hat folgenden Wortlaut:

Ex parte Jocoff judicis in Meysterdorff. Wir Hannus heuptman genant Schriber vnnd Jocoff Pedig ffoit vnnd Kunel Blor burgermeyster vnnd dy gemeyne der schepphin bekennen in vnserme statbuche, das an der vastnacht Nicclaus Melan in vnszern stat recht vnnd gerichte mittem rechten vmme sein bruder Henzel Hoffeman, der jm abe geslagin wart zcu Meystersdorff. do zelbinst hat man geecht von deme selbin totslag Jocoff Scherczfelt, den richter do selbinst zcu Meysterdorff. Actum anno domini M⁰ CCCC⁰ XII⁰ in die carnis bruuium.[1]

Sonst finden sich nur noch vier Fälle, in welchen das Schöffengericht zu Kamnitz in Strafsachen ein Urteil fällte. So hebt mit Recht Linke hervor (Ebenda S. 313), daß die erste Eintragung auf Fol. I, Nr. 1 die Entscheidung über einen Gewaltakt, der leider nicht näher bezeichnet wird, enthalte. Johann (Jon) von Michelsberg selbst fällte sie „mit seinen Dienern und seinem getreuen Stadtrate" dahin, daß Hensel Neukum sein Gut bis auf Michaeli zu verkaufen habe, innerhalb dreier Meilen von der Stadt sich nicht niederlassen dürfe und Gut und Leute ungehindert lassen solle mit Rat und Tat. Er gelobte dasselbe und setzte bei hundert Schock Groschen als Bürgen mit gesamter Hand »Henczl Blahut von der Olusch vnd Erich, den Richter von Ebirstorf, Petir vs der Borsnicz vnd Krymkcze von Janspach, Herman Preis von Janspach, Heineman von Janspach, Niklas Hein, Neukummes zon von Janspach, Nicze Tile von Cunradstorf, Hein Nevkum von Kempnicz vnd Petir

---

1) Fällt 1412 auf den 15. Feber, wenn die gemeine Fastnacht, auf den 20. Feber, wenn die große Fastnacht gemeint ist.

Schram von Janspach (1380)." Der zweite Fall betrifft eine Klage
des Peſch Nathan gegen Nicze Tile von Kunnersdorf, in welcher der
Rat letzteren zur Zahlung von drei Mandeln Phennigen verurteilt, doch
verzichtet Natan Peſch auf die Auszahlung unter der Bedingung, daß
Tile erſt bei einem neuerlichen Vergehen dieſer Art zahlen ſolle. Das
Gericht verlangte zum Tatbeweiſe zwei Zeugen (Fol. 3, Nr. 7 aus dem
Jahre 1381).

Erfolgt bei ſolchen ſchweren Fällen die Schöpfung des Urteiles
vor dem geſamten Rate unter Vorſitz des Hauptmannes als Vertreters
der Grundobrigkeit, im Beiſein des Vogtes und Bürgermeiſters, ſo
erledigte minder wichtige Streitigkeiten der Rat allein ohne Beiſein des
Hauptmannes im eigenen Wirkungskreiſe, indem er einen Vergleich (Bericht=
tung) zwiſchen den ſtreitenten Parteien herbeiführt. So ſcheint eine Rauferei
oder eine ähnliche Angelegenheit bei der Kirchweihe in Preſchkau ini
Jahre 1409 die Veranlaſſung geweſen zu ſein, daß der Rat in ſeiner
Sitzung am 27. Dezember folgenden Vergleich erzielte:

An dem selbegin tage vns offegeschrebin schepphen wis-
sintlich, daz der egnante Hannus Lichter myt den Laurence[1])
Langener vor dem gancz stadrathe zcu Kempnicz vorricht ist
das geczogen, daz sy czu der pryskar (Preschkauer) kirmessen
do zelbinst gescheen ist. vnnd auch alle gemeynclich dor yn
genomen, dy dor vmme vordacht sint. dy stehin auch alle in
der berichtunge. (Fol. 37, Nr. 91.)

Wie aus dieſer Eintragung erſichtlich, begnügte man ſich nicht mit
dem mündlichen Verfahren vor dem Rate, ſondern ſetzte nach Zuſtande=
kommen des Vergleiches ein die Einzelheiten genau zuſammenfaſſendes
Schriftſtück auf (dy stehin auch alle in der berichtunge), welches
naturgemäß dem Geklagten eingehändigt wurde, um ihn vor einer etwa
erneuten Anklage in derſelben Angelegenheit zu ſchützen, wogegen in das
Stadtbuch nur die Tatſache der Verhandlung und das Zuſtandekommen
des Vergleiches ohne nähere Angabe der Umſtände und Einzelheiten
zum ewigen Gedächtnis verzeichnet wurde, daher auch dieſe Eintragungen
auf den erſten Blick ſo allgemein und mangelhaft ſcheinen.

In dieſe Gruppe der Entſcheidungen gehört auch eine kultur=
geſchichtlich hoch intereſſante Eintragung über eine Vaterſchaftsklage aus
dem Jahre 1411, in welcher Nikolaus Knebel aus Gersdorf von Katharina

---

1) Original: Laugence (Schreibfehler).

"„einer Dirn" als Vater ihres Kindes vor dem Rate angeklagt wird, worauf dieser den Spruch fällt, daß Knebel gegen Zahlung von zwei Schock Groschen und einem Scheffel Korn aller ferneren etwaigen Ansprüche für alle Zukunft ledig gesprochen wird, und Katharina gelobt, wie eine wahre Mutter das Kind zu erziehen. Darüber wurde Fol. 39, Nr. 97, folgende Eintragung vorgenommen:

Anno domini M⁰ CCCC⁰ vndecimo. Ex parte Niccze Knebel. Wir Nicclaus Gerslachschen heuptman, Pedig Foyt, Kunel Blor, czu sulchin geczyte burgermeister, vnd dy gemeyne der scheppffin Hencczel Kreczmer, Niclaus Rudel, Hencczel Woyner, Nicclaus der alde Richter von der Hazel, Hensel Snyder, Nicclas Roseler, Adam Begke, Heynrich Stewbůs, Dithrich Pefferkorn, Kvnat Mordebyr, Enderlin Vleichsscher, Jocoff Fleichsscher: wir uffgenanter burgermeyster vnnd sceppffin bekennen in deseme stadbuche, do alleding krafft vnnd macht habin, daz an deme nesten donerstage vor sinte Margarethin tag¹) vor geheiten firbenken Nicclaus Knebel von Gershersdorff eyne richtunge gehabet hat mit Katherin eyner dyrnen vmme eyne geschicht. alzo eygintlich ist dy richtunge gescheen, das Nicclaus Knebel Katharin vmme dy geschicht, dy her zy an geheget hat, gebin zal II sch. gr. vnnd eynen scheffel korns. vnnd Katherin hat Nicclaus Knebel nu vnnd eweclich ledig vnnd los gelossen, vnd zal is ym nu noch nymmer in keynem argen czu gesachin noch an gereden. vnnd alle dy synen vnnd auch frawe Katherina sal das kint czyen vnnd nern als eyne muter thun von rechte zal, wyle zy lebet.

Diese Vergleichung ist von um so größerem Werte, als wenigstens in den mir bekannten Stadtbüchern Böhmens ein solcher Fall aus dem Anhange des XV. Jahrhundertes vergeblich gesucht wird.

Diese wenigen hier angeführten Aufzeichnungen aus den Jahren 1380 bis 1412 erbringen den unwiderleglichen Nachweis, daß die Stadt Kamnitz das Recht hatte, im Rate unter Vorsitz des Vertreters der Grundobrigkeit in strafrechtlichen Fällen schwerster Art zu entscheiden. In diesen 32 Jahren ist die Zahl der behandelten Straffälle gewiß sehr gering, und sehen wir von schweren Verbrechen wie Mord, Brandstiftung u. a. ab, so fehlt auch das Vorkommen kleinerer Verbrechen und Vergehen,

---

1) 9. Juli 1411.

z. B. Strafen auf Diebstahl u. a., denen man in jedem Gemeinwesen begegnet. Es scheint, daß oben bezeichnete schwere Verbrechen in der Zeit 1380 bis 1412 tatsächlich nicht vorkamen, kleinere Vergehen jedoch nur im mündlichen Verfahren erledigt wurden, da man deren Eintragung in das Stadtbuch als zu minderwertig betrachtete. Daß wir aber durch ein ganzes Jahrhundert, von 1412 bis 1516, soweit das alte Stadtbuch reicht, nicht einen einzigen strafrechtlichen Fall eingetragen finden, muß tatsächlich unsere Verwunderung erregen, denn es ist gewiß undenkbar, daß kein einziges derartiges Vorkommnis in dieser Zeit stattgefunden hätte. Wie glücklich könnte sich eine Gemeinde preisen, mit welchem Stolze müßte ihre Bürgerschaft erfüllt sein, welch ein idealer Zustand wäre dies für ein Gemeinwesen? Da dies jedoch nicht der Fall sein kann, so wollen wir den Grund hierfür wo anders suchen. Ganz ausgeschlossen ist die Vermutung, daß etwa Kamnitz das Recht, in strafgerichtlichen Fällen zu entscheiden, verloren hätte, denn mag man auch noch so sehr von Seiten des Adels im XV. und XVI. Jahrhundert in Böhmen bestrebt gewesen sein, das Bürgertum zu drücken und dessen Vorrechte zur Ausbeute eigener Vorteile zu beseitigen, die stramme, nach dem Muster deutscher Städte geschulte Bürgerschaft von Kamnitz hat sich, wie aus ihren Privilegien zu ersehen ist, gegen alle solche Bestrebungen und zwar mit Erfolg gestemmt, so daß sie im Genusse ihrer alten, verbrieften Rechte belassen wurde.

Es ist daher nicht bloß wahrscheinlich, wie schon Linke vermutet (S. 313), sondern geradezu mit Bestimmtheit anzunehmen, daß „am Anfange des XV. Jahrhundertes (nach 1412) ein eigenes Gerichtsbuch für die Protokolle über strafrechtliche Fälle angelegt wurde, welches verloren gegangen ist". Solche Strafbücher hat es in Böhmen genug gegeben. Auf zwei will ich hier hinweisen. In Eger, das seit 1322 als Pfand an die Krone von Böhmen übergegangen ist und früher eine reichsfreie Stadt war, haben wir zwei Achtbücher, die der Stadtarchivar und kaiserliche Rat JUDr. Karl Siegl im Verlage des Vereines für Geschichte der Deutschen in Böhmen herausgegeben hat, und in Braunau an der schlesischen Grenze hat sich ein eigenes Penbuch (Poenbuch = Strafbuch) erhalten, das für solche Fälle diente. Und Braunau stand in ganz ähnlichem Verhältnisse zu der alten Benediktinerabtei Břewnow-Braunau, wie Kamnitz zu den Michelsbergern, die im XIV. und XV. Jahrhundert im Besitze der Grundherrschaft waren. Warum soll Kamnitz nicht auch in ähnlicher Weise die strafgerichtliche Hoheit über seine Bürger und

Untertänigen ausgeübt und gebucht haben? Leider hat sich bisher keine
Nachricht darüber erhalten, ob und wohin der Rechtszug in zweiter
von Kamnitz ausging. Hat aber die Stadt, was sehr wahr-
ist, wie alle Städte im rechtselbischen Gebiete Böhmens ihre
schauungen nach sächsischem Muster übernommen und ausgebildet,
dann war für sie der Schöffenstuhl in Leitmeritz, ähnlich wie bei der
königlichen Stadt Aussig der Berufungsgerichtshof (Ebenda S. 314), an
den sich der Rat von Kamnitz in schwierigen Fragen wandte, wenn er
selbst Zweifel hegte, das Urteil zu finden, oder in letzter Instanz Magdeburg selbst. An eine andere Stadt des Herzogtums Sachsen oder der
Markgrafschaften Meißen und Lausitz kann man nicht gut denken,
höchstens an Zittau und Dresden, mit denen Kamnitz sehr freundliche
Beziehungen unterhielt. Im übrigen bleibt diese Frage vor der Hand
noch ungelöst, da wir leider hierfür keinen urkundlichen Beleg bisher
aufzuweisen in der Lage sind.

Die Einleitung zur Gegenreformation in Klostergrab.

Von

Rudolf Knott (Teplitz-Schönau).

Daß in den Ortschaften am Fuße des böhmischen Erzgebirges der evangelische Glaube sich frühzeitig verbreitete, kann bei dem regen Verkehr, der mit dem benachbarten Sachsen herrschte, nicht befremden; waren doch die Ursachen, welche die Reformation herbeiführten, hier wie dort die gleichen. Übrigens war auch schon vor der Reformation das römische Bekenntnis hier nicht allein in Geltung, denn auch der hussitische Utraquismus reichte aus dem Innern Böhmens über Töplitz bis an den Fuß des Gebirges heran. Im Jahre 1575 waren an ihm nach vielen Verhandlungen so tief einschneidende Veränderungen vorgenommen worden, daß er als böhmisches Bekenntnis, wie er nunmehr genannt wurde, von der Augsburger Konfession nicht mehr erheblich verschieden war, welcher Umstand die Einführung der evangelischen Lehre mächtig förderte. Vor allem war es das Bürgertum in den Städten, das sich mit Begeisterung der Reformation anschloß, allmählich verbreitete sich die Bewegung aber auch in den Dörfern, und das ging alles mit einer solchen Ruhe vor sich, daß es gegenwärtig schwer ist, für jeden Ort den Zeitpunkt festzustellen, in welchem hier der Wechsel des Bekenntnisses erfolgte. Dies gilt auch von dem Bergstädtchen Klostergrab, das durch die innige Verbindung seines Schicksals mit einem der größten Ereignisse der Weltgeschichte berühmt geworden ist. Es stand seit dem Jahre 1282 unter der Herrschaft des Zisterzienserstiftes Ossegg und hatte sich infolge ergiebigen Silberbergbaues zu einem zwar kleinen — es hatte etwa achtzig Häuser und nicht viel über ein halbes Tausend Einwohner — aber wohlhabenden Gemeinwesen entwickelt. Im Laufe der letzten Jahrhunderte war es mit vielen Freiheiten und Gerechtsamen ausgestattet worden. Wahrscheinlich hatte es schon Kaiser Karl IV. zur Stadt erhoben, Georg von Podiebrad hatte ihm im Jahre 1458 einen Wochenmarkt an jedem

Mittwoch abzuhalten bewilligt, König Wladislav 1477 ein Wappen und im folgenden Jahre das Recht verliehen, mit rotem Wachs zu siegeln, Bestätigungs**urkunden** hatten zuletzt die Kaiser Maximilian II. im Jahre 1567 und **Rudolf II.** 1577 ausgestellt.[1]) Seit dem Ende des 15. Jahrhunderts **hatte es**, nachdem es vorher nach Janegg eingepfarrt gewesen, eine eigene **Kirche**[2]) und erlangte später auch die Halsgerichtsbarkeit für die ganze **Ossegger** Herrschaft. Mit dem Kloster stand es lange Zeit hindurch im **besten Einvernehmen**, besonders unter dem letzten Abte Balthasar (1567—**1579**), dem es in seinen geldlichen Bedrängnissen mehrmals Hilfe leistete. **Er zeigte** sich auch erkenntlich, indem er den Bürgern im Jahre 1569 eine **Ordnung** der Gerade bestätigte[3]) und die Verleihung zweier Jahrmärkte, **eines** weiteren Wochenmarktes am Samstag und Zölle erwirkte.[4]) **Schon** unter seinem Vorgänger Jakob (1559—1563) waren die **Untertanen größtenteils** nicht mehr katholisch, was daraus zu ersehen ist, **daß der genannte** Abt die katholisch gebliebenen Gemeinden Natschitz und Liquitz besonders auszeichnete. Er schenkte nämlich ihren Kirchen je ein silbernes vergoldetes Kreuz.[5]) Es ist kaum daran zu zweifeln, daß auch der überwiegende Teil der Einwohner von Klostergrab sich bereits zum evangelischen Glauben oder zum Utraquismus bekannte.[6]) Am 5. Juli 1579 **starb Abt Balthasar.** Kaiser Rudolf II., der das im Jahre 1562 wieder **ins Leben** gerufene Prager Erzbistum neu ausstatten wollte, wußte **die Wahl eines** neuen Abtes zu hintertreiben und bewog den Papst Gregor **XIII.**, das Kloster aufzuheben (13. Juni 1580), worauf dessen

---

1) Mitteilungen des Vereins für Geschichte der Deutschen in Böhmen. XV, **S. 204 f.**

2) Friedrich Bernau, Studien und Materialien. Prag 1900. S. 60 f.

3) Abschrift im Töplitzer Museum.

4) Zdislav Abdon Bezdružicky von Kolowrat und auf Libochowan und Wenzel Kappler von Sullowitz und auf Milleschau, Hauptleute des Leitmeritzer Kreises an den Kaiser: geben ihr Gutachten ab, daß der Erfüllung der Bitte des Abtes Balthasar von Ossegg, dem Bürgermeister, Rat und Gemeinde des Städtchens Klostergrab zwei Jahrmärkte, einen Wochenmarkt am Samstag und Zölle zu verleihen, nichts entgegenstehe. (Abschrift im Töplitzer Museum.)

5) Friedrich Bernau a. a. O. S. 77.

6) In dem Streite mit dem Erzbischof wiesen die Klostergraber vor Gericht darauf hin, es sei „notorium, daß die Bürger zu Clostergrabe je vndt allezeit der religion sub utraque verwandt und zugethan gewesen". (Verteidigungsschrift, Töplitzer Museum.)

Güter dem Erzbistum einverleibt wurden. Gerade um diese Zeit begann die durch das Trienter Konzil neu organisierte katholische Kirche auf der ganzen Linie zum Angriff auf ihre Gegner vorzugehen, die katholischen Obrigkeiten fingen an, ihre evangelischen Untertanen zu zwingen, ihren Glauben preiszugeben und sich dem römischen Bekenntnis zuzuwenden. Auch Klostergrab sollte bald die neue Wendung der Dinge verspüren. Der erste Erzbischof, dem die Ossegger Herrschaft zufiel, Anton Brus, hatte wohl nicht mehr Zeit, sich um die religiösen Verhältnisse auf seinem neuen Besitz zu kümmern, denn er starb schon am 24. August 1580. Ob sein Nachfolger Martin Medek (1581—1590) die Klostergraber ihres Glaubens wegen behelligte, ist nicht bekannt. Auf die protestantische Gesinnung des Rates in dieser Zeit weist deutlich eine Eintragung in die Bürgermeister-Raitung des Jahres 1585 hin. Hier ist nämlich eine Ausgabe von 30 Groschen angemerkt für gedruckte Trostsprüche, welche der Pfarrer der Annenkirche in Dresden dem Rate verehrte.[1]) Im Jahre 1590 folgte der Erzbischof Sbinko Berka von Dauba und Leipa, Legat des apostolischen Stuhles, Rat der kaiserlichen Majestät und Großmeister des Ordens der Kreuzherren mit dem roten Stern. Jetzt begannen ernstliche Versuche, den Protestantismus in Klostergrab auszurotten, und man machte sich hier auf Glaubensverfolgungen gefaßt. Auf die damalige Stimmung wirft ein Ehevertrag, der sich leider nur zum Teil erhalten hat, einiges Licht. Als der aus Meißen gebürtige, in Klostergrab ansässige Christoph Thiermann, der im Jahre 1589 das Alaunbergwerk daselbst pachtete,[2]) sich verehelichte, bedang sich seine Braut Rosina unter anderem folgendes aus: „Da es sich auch, da Gott vor sei, zutragen möchte, daß einige Verfolgungen der Religion halber vorfallen möchten, so soll er schuldig sein, ehe denn er vom christlichen Glauben abstehen wollte, seine Güter zu verkaufen und sich heraus ins Landt zu Meißen zu wenden und bei der Religion, darinnen sie von Jugend auf erzogen, zu bleiben."[3]) Da nicht zu erwarten war, daß die Klostergraber auf eine einfache Aufforderung hin ihren Glauben abschwören würden, so wurde der Versuch gemacht, auf einem Umwege zum Ziele zu gelangen. Der Erzbischof wollte ihnen ihre Privilegien bestätigen und vermehren, wenn sie ihm gewisse

---

1) Töplitzer Museum. Pfarrer an der Annenkirche war von 1581 bis 1593 Heinrich Mittelstad, geb. 1537 in Stendal, er starb 1619. (Nach einer freundlichen Mitteilung des Herrn Pfarrers Blankmeister in Dresden.)

2) Pachtvertrag vom 25. Jänner 1589 a. a. O.

3) Ebend.

Versprechungen machten, sich nämlich als dankbare und gehorsame Untertanen zu erweisen, die seit langer Zeit in Trümmern liegende Kirche
binnen sechs Jahren aufzubauen, das bisherige Pfarrgeld zu erhöhen,
und, da durch die ihnen verliehene Freiheit, ihre Güter zu vererben, die
erzbischöflichen Einkünfte geschmälert seien, ihm für die Dauer seines
Lebens drei Erbschaften nach kinderlosen Bürgern zu überlassen. Da die
Gemeinde dazu bereit war, fertigte der Erzbischof am 8. September 1594
das in Aussicht gestellte Privilegium, das von Kaiser Rudolf II. am
23. Juni 1595 bestätigt wurde. Und nun wurde der damalige Bürgermeister von Klostergrab Georg Langer auf irgend eine Weise bewogen,
an dem Tage der Überreichung der Urkunde, am 26. September 1595,
im Namen des Rats und der ganzen Gemeinde einen mit dem Stadt-
siegel versehenen Revers auszustellen, in welchem an der Stelle, die von
dem Gehorsam handelte, das Wörtchen „Religion" mit eingeflochten war.[1])
Als der Wortlaut dieses Reverses bekannt wurde, erhob die Gemeinde
gegen seine Gültigkeit lauten Widerspruch), er sei ohne ihr Wissen unter
Vernachlässigung der gesetzlichen Form — er war nicht von dem dazu
verordneten Stadtschreiber geschrieben — und unter Mißbrauch des Amts-
siegels von dem Bürgermeister ausgestellt worden. Zu allem andern,
was der Revers enthielt und worüber ohne Zweifel mit ihnen vorher
unterhandelt worden war, wollten sie sich verstehen, nur nicht zur Preis-
gabe ihrer Religion. Es ist bezeichnend, daß das Religionsbekenntnis
mit dem schuldigen Gehorsam in Verbindung gebracht wurde. Gehorsam
gegen die Obrigkeit war der untertänigen Bürger heiligste Pflicht, auf
Verletzung derselben stand der Verlust der Privilegien. Die Anklage wegen
Verweigerung des Gehorsams — man nannte das ohne weiteres
Rebellion — war die furchtbarste Waffe, welche die Obrigkeit gegen ihre
Untertanen anwenden konnte. Wo aber hatte die Pflicht des Gehorsams
ihre Grenzen, oder wieweit reichte das Recht der Herrschaft, ihren Willen
zur Geltung zu bringen? Durch den Wortlaut der Privilegien wurden
Rechte und Pflichten selten so genau umgrenzt, daß nicht hätten Streitigkeiten entstehen können, auch unterlagen oft manche Bestimmungen mehr-
facher Deutung und es fehlte eine Behörde, die unparteiisch und so schnell
über Recht und Unrecht entschied, daß die Entscheidung nicht oft von
den Ereignissen überholt wurde. Die Art der Beziehungen hing in jenen
Zeiten vielmehr von der Gesinnung ab, die beide Teile gegeneinander

1) Abschrift im Töplitzer Museum. Siehe Beilage I.

4*

hegten. Hier war nun die Gesinnung der Grundherrschaft seit der Weige=
rung der Gemeinde, den Revers dem ganzen Wortlaute nach anzuerkennen,
eine höchst ungnädige. Die Klostergraber waren indessen eifrigst bestrebt,
allen Forderungen der Obrigkeit, die sich nicht auf ihr Glaubensbekenntnis
bezogen, nachzukommen. In der festgesetzten Frist wurde auch die Kirche
auf Gemeindekosten errichtet und am 28. April 1602 vom Erzbischof
selbst unter dem Namen der hl. Barbara eingeweiht.[1] Diese Kirche für
ihren evangelischen Gottesdienst zu benützen, wurde der Gemeinde ver=
weigert, es wurde ihr die Abhaltung desselben überhaupt verboten, ebenso
wie Eheschließungen, Kindstaufen und Begräbnisse nach evangelischer
Weise, an welches Verbot sie sich aber wenig kehrte.[2] Im Jahre 1606
starb Erzbischof Sbinko. Von seinem Nachfolger Karl von Lamberg hatte
sich das Städtchen einer noch weniger glimpflichen Behandlung zu ver=
sehen, denn er war leidenschaftlicher Natur und in der Wahl seiner Mittel
nicht sehr gewissenhaft. Ließ er doch einmal, wohl aus Besorgnis, es
könnte die Aufhebung des Klosters, deren Berechtigung angezweifelt wurde,
wieder rückgängig gemacht und das Erzbistum verhalten werden, die
Güter wieder zurückzustellen, eine große Menge von Urkunden, die sich
auf das Stift Ossegg bezogen, an einem freien Platze unterhalb des
Klosters auf einen Haufen zusammentragen und verbrennen. Einiges
rettete der damalige Kellerschreiber Leonhard Erlacher von Erlenbach,
indem er es heimlich unter altes Geschirr warf.[3].

Die Wogen des religiösen Kampfes gingen gerade in jenen Jahren
sehr hoch; der Fall von Donauwörth, die gewaltsame Unterdrückung des
Protestantismus in Tirol und Steiermark, die Gründung der Union und
der Liga waren Äußerungen dieser Aufregungen und zugleich die Ursachen
zu neuen. Dazu kam noch der bekannte Bruderzwist im Hause Habsburg.
Erzherzog Matthias, der seinem Bruder, dem Kaiser Rudolf II., die
Macht aus den Händen reißen wollte, brauchte dazu die Hilfe der prote=
stantischen Stände von Österreich, Mähren, Schlesien und Ungarn und
versprach ihnen für ihren Beistand freie Religionsübung. Der Kaiser
wurde gezwungen, die genannten Länder an Matthias abzutreten und
mußte nun, um nicht auch Böhmen zu verlieren, den Ständen dieses

---

1) Schaller, Topogr. V. 154.
2) „Abschrifft der Andtwortt an Jhro Röm. vndt Kay: Maytt: auf Jhro
Hochfürstl. Gnaden des H. Erzbischoffs zu Prag eingewandte Clage."
Töplitzer Museum.
3) Mitteilungen d. V. f. G. d. D. i. B. XI, 276.

Landes am 9. Juli 1609 den großen Majestätsbrief ausstellen, durch
welchen allen Bewohnern Böhmens, die sich zur böhmischen Konfession
bekannten, freie Religionsübung gestattet, dem Herren- und Ritterstande
und den königlichen Städten überdies auch das Recht eingeräumt wurde,
auf ihren Gründen eigene Kirchen zu bauen und darin ihrem Bekenntnis
gemäß den Gottesdienst abzuhalten. Durch den fast gleichzeitig zwischen
den Protestanten und Katholiken abgeschlossenen und vom Kaiser
genehmigten sogenannten Vergleich wurde dieses Recht auch auf die
Untertanen königlicher Güter ausgedehnt. Als kirchliche Oberbehörde für
die Protestanten wurde ein Konsistorium eingesetzt, als Anwälte ihrer
kirchlichen Freiheiten wurden dreißig Defensoren gewählt. Die Klostergraber ließen sich jetzt unverzüglich zu „Religionsverwandten des exer-
citii sub utraque" annehmen und erlegten die „allgemeine Defension".[1]
Hatten sie bisher nur das allgemeine natürliche Recht der Gewissens-
freiheit für sich, so glaubten sie jetzt auch das formale Recht auf ihrer
Seite zu haben und dies erhöhte ihren Mut in dem weiteren Kampfe
mit dem Erzbischof. Dieser setzte unverdrossen die bereits begonnenen
Zwangsmaßregeln fort, ließ auch einzelne Bürger verhaften und verhängte über sie langwierige Gefängnisstrafen. Der Bedrängungen müde
wandte sich die Gemeinde an den Kaiser mit einer Beschwerde und
erwirkte im Jahre 1611 eine „Inhibition", die jedoch ohne Erfolg blieb.[2]
Daß diese Angelegenheiten eifrig erörtert wurden und über die Grenzen
des Stadtgebietes hinaus aufregend wirkten, ist selbstverständlich. Anfangs
März des Jahres 1611 verbreitete sich das Gerücht, der Prager Erzbischof habe im Kloster Ossegg eine größere Anzahl fremden Kriegsvolkes
gesammelt und sei Willens, „in diesem Revier eine Unruhe anzufangen,
besonders aber die Stadt Töplitz zu überfallen", an deren utraquisti-
schem Bekenntnis die reformatorische Bewegung in der Umgebung einen
mächtigen Rückhalt hatte. Eines Morgens lag an einem Fenster der
Wohnung des Töplitzer Stadtrichters ein Zettel folgenden Inhalts: „Liebe
Töplitzer! Sehet Euch für durch Gottes Willen! Der Erzbischof hat viel
Volk im Kloster und will über uns arme Lutherische, welches Volk ihm
alles von Leopold zugeschickt heimlich, daß er soll heraußen angreifen.
In acht Tagen will er der Ketzer auch nicht fehlen. Liebe, fromme
Töplitzer! Fromme Leute und Christen! Habt aus meinem geringen

---

1) Verteidigungsschrift.
2) „Abschrifft der Andtwortt u. s. w."

Schreiben keinen Scherz, denn ich Euch warne als eine fromme Christin. Geschrieben am Tage Oculi. Gott mit Euch und uns Allen! Amen." Dieser Nachricht, die in der gerade damals von vornehmen Kurgästen stark besuchten Stadt großes Aufsehen erregte, wurde eine solche Wichtigkeit beigemessen, daß der Besitzer der Töplitzer Herrschaft Radislav Wchinsky an den Erzbischof unter dem 19. März ein Schreiben richtete, worin er um eine beruhigende Äußerung bat und mit der Warnung schloß: „Eure Fürstliche Gnaden verständig zu erachten, wienach jetzo in diesen schwierigen Zeiten bald und sehr geschwinde aus geringen Dingen gefährliche Empörungen und große Unruhe unter den Leuten, so man schwerlich stillen könnte, entstehen möchten, welches man Alles mit ruhsamem Gemüth verhüten und bei guten Würden erhalten, auch Alles das, so Jemand wider Billigkeit zu kurz oder Unrecht widerfahren möcht, nach Eubung der jetzt schwebenden Unruhe und wenn die ordentlichen Rechte wieder in ihrem Schwung gehen, zu billiger Hilfe erörtern kann. Gott mit uns Allen." [1] Die Antwort des Erzbischofs, wenn überhaupt eine solche erfolgte, hat sich leider nicht erhalten, und wir wissen demnach nicht, wie weit jenes Gerücht begründet war, aber es beweist die aufgeregte Stimmung, die in der ganzen Umgebung herrschte.

In demselben Jahre gingen die Klostergraber daran, sich eine neue, evangelische Kirche zu erbauen, nachdem sie sich bei den Defensoren über die Berechtigung hierzu erkundigt hatten. [2] Sie brachten selbst große Opfer und erhielten von auswärts Unterstützungen. [3] Der Erzbischof erhob Einspruch, aber vergebens. Der Streit über die Berechtigung des Kirchen= baues drehte sich um die Frage, ob die geistlichen Güter als königliche aufgefaßt werden könnten oder nicht. Diese Frage wurde schon im Jahre 1609 auf dem Landtage erörtert und von den Ständen hiebei die Erklärung abgegeben — der auch damals nicht widersprochen wurde — daß in Böhmen die geistlichen Güter als königliche angesehen werden müßten, da der König das Recht habe, sie nach Belieben zu verkaufen und zu vertauschen. [4] Die bisherige Übung unterstützte diese Ansicht. Auch über die Güter der Osssegger Stiftsherrschaft hatten die Könige wiederholt eigenmächtig verfügt. Im Jahre 1421 verpfändete König Siegmund dem

---

1) Hermann Hallwich, Töplitz. 1886. S. 304 f.
2) Verteidigungsschrift.
3) Verzeichnis der „Ausgaben zu allerlei Notturften" (1611 und 1612) Töplitzer Museum.
4) A. Gindely, Böhmische Brüder. S. 510.

Wlaschek von Kladno sechs Dörfer des Klosters für 800 Schock, 1469 verschrieb König Georg dem Wenzel von Tschentschitz und in Laun die Klosterdörfer Wodolitz, Minichhof und Sinntz für eine Schuld von 600 fl. Vergebens erklärte der päpstliche Legat, der Bischof Rudolf von Breslau, diese Verfügung für nichtig, der Nachfolger Georgs, Wladislav II., bestätigte im Jahre 1471 dem erwähnten Wenzel diese und noch andere verpfändete Dörfer und gewährte 1485 ihm und seinem Bruder Milesch die Gnade, daß die genannten drei Dörfer nicht ausgelöst werden sollten.[1] — Bald nach dem Beginn des evangelischen Kirchenbaues starb der Erzbischof Karl von Lamberg. Sein Nachfolger Johann Lohelius, bisheriger Abt des Stiftes Strahov, gehört zu jenen Persönlichkeiten, über deren Wertschätzung eine Einigung nicht zu erzielen ist. Von seinen Anhängern wird er seiner Frömmigkeit wegen gerühmt; er habe nicht nur selbst mit seinem ganzen Hofstaate Wallfahrten nach dem Wunder- orte Mariaschein unternommen, sondern auch seine Untertanen dazu angehalten.[2] Auch auf seine Gewissenhaftigkeit wird hingewiesen, welche ihm die vom Papste vollzogene Aufhebung des Klosters Ossegg als schreiendes Unrecht erkennen ließ; er habe mit Nachdruck auf die Wieder- errichtung desselben gedrungen. Anderseits wird ihm stolzer und gewalt- tätiger Sinn vorgeworfen, den sein ganzes Verhalten in der Kloster- graber Streitsache genugsam beweist. Jetzt begannen erst die eigentlichen Leiden der Gemeinde. Sie wurde aufgefordert, ihren Stadtschreiber Barthel Frennd, der die Seele des Widerstandes war, aus der Stadt zu ver- weisen und sein Wohnhaus dem erzbischöflichen Hofmeister Ulrich Graf zu verkaufen. Sie weigerte sich dessen und wies das ihr angebotene Angeld zurück. Sodann wurde den Ortschaften rings um Klostergrab verboten, mit dem Städtchen Handel zu treiben, auf den Dorfschaften wurden, um dem bürgerlichen Handwerk zu schaden, sogenannte Störer, d. h. unbefugte, außerhalb der Zunft stehende Handwerker, aufgenommen. Die Bürger- schaft wandte sich um Hilfe an die Statthalter des Kaisers in Prag, welche die Beschwerden entgegennahmen und den Erzbischof zur Beant- wortung derselben aufforderten. Dieser ließ die Aufforderung zunächst ganz unbeantwortet. Er begab sich vielmehr nach Ossegg und forderte mittelst Schreibens vom 17. November 1613 Bürgermeister und Rat von Kloster- grab auf, am nächsten Mittwoch (20. Nov.) vormittags um 9 Uhr „des

---

1) Friedrich Bernau a. a. O. S. 75 f.
2) Johannes Miller, Historia Mariascheinensis 1769. S. 40 f.

halben Seigers" vor ihm zu erscheinen.[1]) Es konnte kein Zweifel darüber
bestehen, was er von ihnen wollte. Sie hatten sich eines heftigen Aus=
bruchs seines Unwillens zu versehen und mußten nach den bisherigen
Erfahrungen um ihre persönliche Sicherheit besorgt sein. Sie lehnten daher
die Aufforderung ab. In ihrer Antwort vom 20. November erklärten sie
zunächst, wegen einer ansteckenden Krankheit, die in ihrer Stadt herrsche,
trügen sie Bedenken, persönlich vor ihn zu kommen, dann aber fügten sie
sogleich diejenigen Gründe an, die wohl vor allem ausschlaggebend waren.
Sie zählten die schweren Bedrängnisse auf, denen sie durch die erzbischöf=
lichen Beamten ausgesetzt seien, und wiesen auf das Schicksal einiger
ihrer Mitbürger hin, die man bei einer ähnlichen Vorladung verhaftet
und ins Gefängnis geworfen hätte. Sie baten, diese ihre Entschuldigung
in Gnaden entgegenzunehmen und betonten zum Schluß ihre Bereit=
willigkeit, der Obrigkeit in allem, was nicht wider die Religion und ihre
Begnadungen sei, den schuldigen Gehorsam zu leisten.[2]) Wenige Tage
darauf erhielt der Erzbischof von der Statthalterei eine neuerliche dringende
Mahnung, endlich einmal auf die Beschwerden der Klostergraber, die
abermals eine Bittschrift eingereicht hätten, zu antworten.[3]) Jetzt erst
bequemte er sich zu einer Erwiderung (16. Dezember).[4]) Anstatt aber
die gegen ihn erhobenen Klagen zu widerlegen, bezichtigte er die Kloster=
graber der größten Vermessenheit, des Übermutes und Ungehorsams und
erklärte, die Sache vor eine höhere Behörde, nämlich Ihre Majestät,
bringen zu wollen. Dem Erzbischof war es ein Leichtes, den Kaiser, den
längst sein Gewissen beunruhigte, daß er den Protestanten solche Zugeständ=
nisse gemacht, für sich zu gewinnen, dann aber wurden seine Angriffe
noch viel entschiedener und heftiger.[5]) Die Klostergraber hatten soeben für
ihre fertiggestellte Kirche zwei Glocken bei den berühmten Glockengießern
Gabriel und Zacharias Hilliger in Freiberg bestellt, sie hatten auch, da
die Baukosten noch nicht gedeckt waren, von dem Kurfürsten Johann
Georg von Sachsen ein Patent erwirkt, durch welches den Superinten=
danten zu Dresden, Freiberg, Meißen, Großenhain, Colditz, Oschatz, Leisnig

---

1) Töplitzer Museum.
2) Ebend. S. Beilage II.
3) Abschrift des Schreibens d. d. Hradisch, Mittwochs nach Maria Emp=
fängnis (11. Dez.). — Töplitzer Mus.
4) Abschrift des Schreibens d. d. Prag, den 16. Dezember 1613. — Töplitzer
Museum.
5) Mitteil. d. V. f. G. d. D. i. B. XL, S. 154 f.

Zwickau aufgetragen wurde, in ihren Sprengeln Sammlungen für evangelische Kirche in Klostergrab zu veranstalten (23. September 4);[1] da erschien der Erzbischof am 27. September 1614 mit großem e zu Roß und Fuß, ließ die Kirche versperren und versiegeln und die fernere Benützung derselben. Die Gegenreformation war in lem Zuge.

Beilagen.

I.

„Abschriefft des Revers, welchen der damalß gewesene Bürgermeister Georg Langer zum Closter Grabe ohne vorwißen des Raths vnd gautzer Gemein von sich geben, datirt den 26. Septembris im 1595 [Jahr].“

Wir Eltisten Burgermeister Rathmanne vndt gantze Gemein des Bergstädtels Closter Grab bekennen hiemit offentlich vndt thun kundt jedermenniglichen, Alß der Hochwirdigiste in Gott Fürst vnd Herr Herr Sbinco, Erzbischoff zu Prag, des Stuelß zu Rom Legath, Rom. Kay. Mayt. Rath vnd der Creutzherrn mit dem Roten Stern Obrister General-maister durch Behemb, Mähren, Schlesien vnd Poln, Vnser genedigter Herr, vnserm Gemeinen Stadtwesen zu genadt vnd guetten, vnß mit etlichen vndterschiedlichen Berckfreyheiten genedigst begabt, auch vnß mit solchen genaden befördersam gewesen, daß der itzige Rom. Kay. zu Hungern vnd Behemb König. Mayt. vnsers allergenedigsten Herrn Confirmation und bestettigungsbrieff wier darüber erlangt vnnd auf heut dato auß Ihrer f. G. Handt zu vnserigen in Originali empfangen haben. Daß demnach wier obgemelter Eldtisten Bürgermeister Rathmanne vnd ganze Gemein des vorgedachten Berg Städtls Closter Grab für solche vnß vnd vnsere Nachkommenden erzeigte genadt vnd wolthat nit allein Ihrer hf. G. vndterthenigklichen hohen Danck wißen, sondern auch derselben hinfüran wie bishero geschehen, alß vnser genedigen rechten naturlichen Obrigkeit (die wier dann auch) alle andern nachkommenden Herrn vnd Inhaber des Steiffts Obeg hiemit standthafft vnd Categorice für vnsere Obrigkeit

---

[1] Abschrift im Töplitzer Museum. Franz Blanckmeister, Sachsen und die Erbauung evangelischer Kirchen in Böhmen nach Erlaß des Majestäts-briefes. S. 39. (Sonderabdr. a. „Beiträge zur sächsischen Kirchengeschichte“.)

erfennen) alß getreuen Vndterthanen gebürth vnd zuestehet, getrew, gehorsamb vnd gewerttig sein sollen vnd wollen, vnß gegen Jhrer hochf. G. so lang die im Leben sein würden, nach höchster möglichfeit mit vnsern gehorsamen Diensten sowohl nach derselben seeligen ableiben mit vnßern innigen Gebeth gegen Gott für Jhre hochf. Gnaden danfbar zu erzeigen, wie wier vnß dann Crasst dieses Revers hiemit wißentlich vorbinden thun, diese vnser empsangene Privilegien weder wieder Jhre hf. G. andern folgenden Erzbischoffen zu Prag oder fünsstige Jnhaber des Stiessts Oßeg im wenigisten nit zu mißbrauchen, vielmehr je vnd alle Zeit in gehorsam der Religion vnd sonst andern mandatis vnd beuelchen mit allen treuen vleiß nachzuleben.

Vnd dieweilen vnß daneben sonderliche Begnadung beschehen, indeme das sich vnsere Güetter vnd verlaßenschaft nach vnß an vnsere nechste Freunde versallen sollen, hierdurch dann Jhrer hf. G. Cammer vnd einfommen geschwecht geschmelert worden, so haben Jhre hf. G. derselben bey vnß zue vorbehaldten (allein in Jhren leben) drey Erb= schafften, auf was Persohnen sie mochten fallen, an sich zu bringen, welche derselben auch (doch mit dieser bescheidenheit, da die verstorbenen nicht Kinder nach Jhnen verlaßen) gehorsamst gefolgt sollten werden.

Ferner haben wier vnß hiemit verobligirt vnd verbunden, die Kirch bey vnß im Städtl in Sechs Jahren die nechsten nach einander folgendt vollent zu bauen, deßgleichen auch auf alle bequeme mittel zu gedenchen, wie vnsern izigen oder fünftigen Pfarrer sein vndterhalt bestriten werden, damit er jährlichen neben deme, waß er albereit zuvoru wöchentlichen von vnß vnd von den Kirchen Ackern vnd Wiesen empfecht, Ainhundert Thaler gewißer besoldung vnd einfommen haben möge. Wir sollen auch der gegebenen Priuilegien soviel die Anfähl oder Felligkeiten belanget, biß auf daß schertfünstig 96te Jahr feinen genieß empsangen, dann wier vnß deroselben für das 95te Jahr endlich vorziegen vnd begeben haben, Crafft dieses Revers wißentlich sonder geuherde.

Zue Vhrfundt vnd vhester haldtung haben wier vnser des vor= gedachten Berg=Stadtleins Closter Grab größer Jnsigel hier fürgetruckt vnud zue mehrer befreftigung wißentlich besiegeldt. Geschehen vnd geben zum Closter Grabe den 26. Septembris Ao. 1595·

[Töplitzer Museum.]

II.

Antwort des Bürgermeisters und des Rates von Klostergrab auf das Vorladungsschreiben des Erzbischofs
Johann Lohelius vom 17. November 1613.

Hochwirdigister in Gott genedigister Hochfürst vnd Herr, Euer
h (och) f. (ürstl.) Gn. (aden) vnsere gehorsame vndterthenige Dienst mit
Wünschung von Gott genediger Bewahrung treues Fleißes zuvor.

Gnedigster Hochfürst vnd Herr, auf Euer h. f. Gn. an vnß ergangenen
genedigen, gestrigen Tages einkommenen Beuehlich vnd Citationsschrieft
woldten wier zwar of heut gerne vnd gehorsamest erscheinen, alleinweilln
bereit in etlichen Heusern die infection vnd sterbenseuche alhier ein-
gerißen, auch ezliche Persohnen daran des Todes worden, so tragen wir
schuldiges bedencken, vor Euer hochf. Gn. in Persohn fürzukommen.
Neben deme ist vnß bißhero eine Zeitlang gantz betrübt vnd schmerzlich
zue gemüth gangen, daß Euer hochf. Gn. durch deroselben Haubtmann
zue Oßegg vnß arme Leuthe gantz ohne einige erhebliche wißende Vrsach
verfolgen vnd an vnserer, ohnedaß an diesem Gränißgebürg geringfügigen
Nahrung mercklichen Abbruch geschehen laßen, indem das allen zunehist
vmbs Grab vmbliegenden Dorfschaften aller Handel vnd Wandell vnß,
auch das wenigste nicht zu vorkaufen vorbotten worden, vnd dann aufstadt
Ehrlicher Handtwergsleühte so alhier Zunft vnd Zech haldten, darüber
sie von vielen Jahren mit vorbriefften Vrkunden genedig vorstehen, das
keine vnzunftmeßige gelitten werden sollen, of allen Dorfschaften Störer
aufzunehmen angeordnet, vnd waß nur sonsten zu vnseren euseristen
Vorderb erdacht werden können. Vnd noch zu allem Überfluß Euer hochf.
Gn. Hofmeister H. Vlrich Graff am 30. Septembris, alß wier ohne
Euer h. f. G. genedigisten vorgelegten Beuehlich vnd Vrsach das Angeldt
of vnsers Bürgers vnd Stadtschreibers Barthol Freundts Haus nicht
annehmen vnd Jhme H. Hoffmeistern seinen Begehren nach einreuhmen
können, vnß vor meinandige Leuth vnd rebellanten gescholdten vnd
fernere Vorfolgungen vnd Vngelegenheit angedeutet worden. Auß diesen
dann ganz vnuordiendten zue gegebenen Auflagen vnd Beschwerungen
wier armen betrübten Leuthe in diesen ohnedas gefehrlichen Zeiten nicht
wißen können (weil mit vnß wie bey voriger vnserer abgelebten Obrigkeit
auß friedheßiger Leuth Anleitung es vorgenommen, alda vnsre mit-
nachbarn of ebenmeßig erfordern mit schweren gefengnus dadurch sie vmb

Ihre geſundheit gekommen, belegt worden) zu waß Vngnaden wir bey
E. h. ſ. Gn. vorteufft ſein mögen. Derowegen gelanget an Euer h. ſ.
Gn. vnſer demütigiſt Flehen vnd Bitten die genedigſt geruhen, ſolich
erheblich bedencken vnd entſchuldigen in Genaden zu erkennen, auch die
bißhero gegen vnß zuegelaßene Beſchwer genedig ablernen, vnd da es
Euer h. ſ. G. nit zu entg(elten) deroſelben vorſtehendes fürfordern vrſach,
durch Jhren verordneten Haubtmann oder ſonſten in ſchriefften andeuten
zu laßen; Alß ſein wier vndhertheniges gehorſambs, waß nicht wieder
unſere Religion vnd Begnadungen, demſelben nachzuleben jederzeit
bevlißen. So Euer hochf. G. wier zur gehorſamſten Andtwortt nit vor-
haldten ſollen, dieſelb dem Allmechtigen zue genediger Bewahrung treulichſt
empfendt (!). Datum Cloſter Grab den 20. Novembris des ablauffenden
1613. Jahres.

E. h. ſ. G.
Vndtertenige vnd gehorſahme
Burgermeiſter vnd Rath der Bergſtadt
daſelbſten.

[Abſchrift im Töplitzer Muſeum.]

Böhmisches aus steiermärkischen Archiven.

Von

Prof. Dr. J. Loserth (Graz).

Schon wiederholt konnte ich einzelne Beiträge zur Geschichte Böhmens aus den Archiven der grünen Steiermark in den Blättern unserer Vereinszeitschrift niederlegen. Das ist natürlich, da von den steirischen Adelshäusern die ältesten, mächtigsten und infolgedessen bedeutendsten auf böhmischem Boden Besitz erlangten und umgekehrt ein und das andere böhmische Adelshaus — man denke z. B. an die Schwarzenberg und Lobkowitz — auch in die steirischen Verhältnisse kräftig eingreifen. Enger werden die Beziehungen zwischen Steiermark und Böhmen, als die steirische Linie des Hauses Habsburg mit Ferdinand II. die böhmische Krone erlangte, der große deutsche Krieg mit dem böhmischen Aufstand seinen Anfang nahm und die Stürme dieses Krieges auch das steirische Land zu erschüttern drohten. Da verliert der Stubenberger Rudolf den von seinen Vorfahren in Böhmen erkauften reichen Besitz Neustadt an der Mettau, da nimmt das Haus Liechtenstein, dessen Zusammengehörigkeit mit den alten steirischen Liechtensteinern ja noch heute behauptet wird, einen mächtigen Aufschwung und vollends das Eggenbergsche Haus steigt zu schwindelnder Höhe auf. In diese Tage des Dreißigjährigen Krieges versetzen uns einige Briefe und Akten, die teils aus dem steiermärkischen Landesarchive, teils aus dem Grazer Statthaltereiarchive stammen oder endlich den Archiven des gräflichen Hauses Stubenberg entnommen sind. Man gestatte darüber einige Bemerkungen zu machen.

Zwischen den ständischen Kreisen in Böhmen, die die Partei des Winterkönigs ergriffen und festgehalten hatten und denen des protestantischen Adels in Steiermark, Kärnten und Krain gab es zwar keine nähere Verbindung; denn so sehr die steirischen und die ihnen benachbarten Stände sich auch nach dem Aufhören des beispiellosen Druckes sehnten, der in kirchlicher Hinsicht auf ihnen lastete: so weit wären sie niemals gegangen, sich in eine Verbindung einzulassen, die den Stempel des Hochverrates an der Stirn getragen hätte. Sie hatten Jahre und Jahrzehnte hindurch die Macht in der Hand; eine bewaffnete Erhebung hätte zu wiederholtenmalen die größten Aussichten auf Erfolg geboten, diesen steirisch-kärntnisch-krainischen Ständen lag der Gedanke an eine bewaffnete Erhebung ferne; ihr Landesfürst konnte, wie die Stände es einmal sagen, ruhig sein Haupt in jedem steirischen Adelsschlosse nieder-legen. Aber das hinderte nicht, daß man in Innerösterreich die böhmischen Vorgänge in den Jahren 1618 und 1619 mit sorgsamen Augen betrach-tete. Wenn die ständische Bewegung in Böhmen siegreich blieb, eröffnete sich vielleicht auch für die streng protestantisch gesinnten Stände in Inner-. österreich die Aussicht auf bessere Tage. Die gegen Ferdinand II. aus Anlaß des böhmischen Aufstandes gedruckten Pamphlete — namentlich die bekannte Deductio — Aufrufe, Proklamationen usw. fanden nun auch in den eigentlichen Erbländern Ferdinands II. Verbreitung. Man fahndet in den Grazer Regierungskreisen nach solchen Schriften und ist sehr froh, wenn man ihrer habhaft werden kann. Evangelische Prädikanten, die vor mehr als zwei Jahrzehnten aus dem Land gejagt worden waren, schleichen sich heimlicher Weise ein, in einzelnen Herrschaftsgebieten, wie z. B. bei den Khevenhüller in Kärnten erscheinen die Untertanen nicht mehr bei ihren geistlichen Vorgesetzten, sondern gehen haufenweise in die Schlösser des Adels, wo sie Gelegenheit finden, eine protestantische Predigt anzuhören. Da kommt es denn vor, daß solche Predigten die hitzigsten und anzüglichsten Dinge enthalten. Es wird gegen die einzelnen Akte der Gegenreformation gewettert und der gemeine Mann, wie an den Hof berichtet wird, in die heftigste Aufregung versetzt. Von den Khevenhüllerschen Pflegern wird behauptet, daß sie in Ermangelung protestantischer Geistlichen selbst als Prädikanten auftreten oder, wo es möglich ist, solche in ihre Schlösser aufnehmen. Im kärntnischen Lands-tron — einem Khevenhüllerschen Schlosse — ist es ein Schulmeister, der sich in einer deutschen Predigt gegen den Kaiser wendet und die Anwe-senden auffordert,[1] zu den Waffen zu greifen. Wieviel da übertrieben wurde, liegt auf der Hand. Gleichwohl fürchtete Ferdinand II., daß die aufständische Bewegung auch nach Innerösterreich übergreifen könnte und dieser Besorgnis gibt das unten mitgeteilte Schreiben des Kaisers an Georg d. J. Herrn von Stubenberg lebhaften Ausdruck; er möge unver-züglich und in Gemeinschaft mit dem Abte von Neuberg und dem Herrn

---

1) Omni quo potuit argumento.

Chriſtoph von Schärffenberg die Päſſe beſetzen, damit der Feind, der bei Fiſchamend bereits über die Donau gegangen ſei, nicht auch in das Steier-land komme.

Über ſein Verhalten zum Gegenkönig in Böhmen gibt jenes amt-liche Schreiben Auskunft, das er am 2. März 1620 an die Städte und Märkte in Steiermark, Kärnten und Krain richtete und in welchem er ihnen Exemplare zuſendet, darin die Krönung des Winterkönigs in aller Form annulliert wird. Solche Mandate mochten an allen Rathäuſern in ganz Inneröſterreich angeheſtet worden ſein. Wie die Städte, ſo er-hielten auch die ſtaatlichen Verwaltungsorgane und die Landesbehörden gemeſſenen Auftrag, den Inhalt des Mandates an geeigneten Orten zu publizieren.

Unter den ſtändiſchen Gegnern Ferdinands II. war Heinrich Graf von Thurn einer der gefährlichſten. Da dachte man einen guten Fang zu machen, als man erfuhr, daß ein junger Adeliger aus Kärnten namens Kemeter, der längere Zeit bei Heinrich Matthes Thurn im Dienſt geſtanden, nach Kärnten gekommen ſei und ſich bei ſeinem Vetter Hans Kemeter aufhalte. Man gab ſofort geeignete Aufträge, ſeiner habhaft zu werden und hoffte, ſo von den Plänen, etwaigen Korreſpondenzen und Kon-föderationen der Aufſtändiſchen Kunde zu erhalten.[1]

Von der Erbitterung, die in ſtändiſchen Kreiſen gegen Ferdinand II. herrſchte, kann man ſich aus ſeinem unten mitgeteilten Schreiben an den Biſchof von Laibach vom 6. April eine Vorſtellung machen. Man mag ja zugeben, daß auch hier die Sache, um die es ſich handelte, in einer ſtark aufgebauſchten Form an den Kaiſer gelangte. Aber was da noch übrig blieb — und etwas mochte doch an der Sache ſein, iſt immerhin ſtark genug. Es gab beim Grafen Ambros von Thurn auf Schloß Blei-bürg eine große Tafel. Da ſoll ſich ein Adeliger Karl von Egg haben vernehmen laſſen, wenn er dem Kaiſer mit ſeinem Schwerte das Haupt abhauen könnte, kein größeres Glück könnte ihm auf Erden begegnen und mehr wollte er ſich nicht wünſchen. Wir beſitzen leider über den Fall nur den Befehl, ihn näher zu unterſuchen, kennen alſo nicht das Ergebnis der gepflogenen Inquiſition. Man darf annehmen, daß nicht viel herausgekommen iſt. Jedenfalls aber beleuchtet das Schreiben die Stimmung, von der die gegneriſchen Parteien gegeneinander beherrſcht waren.[2]

[1] S. unten Nr. 3.
[2] S. unten Nr. 4.

Eine Anzahl von Aktenstücken hängt mit der Wallensteinkatastrophe zusammen. Leider kann ich das originellste nicht vorlegen, da mir die Kopie, die ich mir von dem Schreiben anfertigte, augenblicklich in Verstoß geraten und auch die Quelle, wo ich das Schreiben fand, nicht anzugeben ist. Es ist die glorreiche Nachricht „von dem erlegten Wallenstein", die nach Graz gelangt. Da wird denn dem Überbringer ein übliches diesmal wahrscheinlich gut bemessenes Trinkgeld gegeben.

Man mag sich denken, was es an den betreffenden Ort für ein Entsetzen erregte, als sich die Kunde verbreitete, daß in die Wallensteinische Konspiration kein Geringerer als der alte Günstling des Kaisers Fürst Ulrich von Eggenberg und der Hofkanzler Graf Johann von Werdenberg verflochten seien. Zwar lag die Stichlosigkeit des Gerüchtes zu Tage, das hinderte aber nicht, daß die landesfürstlichen Behörden den Auftrag erhielten, den oder die Urheber solcher „Diffamation" auszukundschaften und der verdienten Strafe entgegenzuführen. Entsprechende Befehle ergingen an den Landeshauptmann von Kärnten Grafen Christoph David von Urschembeck, an die Hauptleute zu Görz, Triest und Grabisca. Auf die Bedeutung des Schreibens hat zwar seinerzeit schon Zwiedineck hingewiesen und das Schreiben selbst abgedruckt; wir legen es aber hier nochmals vor, da wir es in Zusammenhang mit der gesamten Korrespondenz bringen können.[1]

Die letzte Nummer, die unten mitgeteilt wird, belehrt uns darüber, wie in den maßgebenden Kreisen zu Graz die Nachricht von dem Tode Gustav Adolfs und Pappenheims aufgenommen wurde. Während man den letzteren gewiß aufs tiefste betrauerte, tritt in der Nachricht die Freude, daß „der Schwed" nunmehr todt sei", drastisch zu Tage. Ein Te Deum Laudamus und ein Freudenschießen auf dem Schloß und den landschaftlichen Basteien ist ja dann etwas sehr Begreifliches.

Beilagen.

1.

Ferdinand II. an Georg d. J., Herrn von Stubenberg: Befehl, dafür zu sorgen, daß das Feuer, das in Böhmen entstanden und sich

---

1) Nr. 5. S. H. v. Zwiedineck-Südenhorst, Hans Ulrich Fürst von Eggenberg S. 217. S. dazu auf S. 121 f. 2.

nunmehr auch nach Mähren, Schlesien und Österreich verbreitet und da die Feinde bereits bei Fischamend über die Donau gesetzt, noch weiter dringe, nicht auch ins Steierland komme. Zu dem Ende werde er mit dem Abt von Renberg und Christoph von Schärffenberg die Pässe zu besetzen haben. Wien 1619, Juni 2.

Ferdinand, der ander . . . . Edler, lieber, getreuer. Wass fur ain landtschödliche unrhue und verderblicher aufstandt sich in unsern königreich Behaimb noch vor guetter zeit erröget, das ist die ausser zweiffels guetten thails unverborgen.

Nun hat dises von bösen feindthösigen (sic) leütten aufgeblassne feur so weith aufgebrochen, das es nicht allein in die daran angränitzenden unsere andere lande als Mährern und Schlesien sondern gar daher in Österreich dermassen umb sich grüffen, daß die widerwerttigen mit ihren in zimblich starker anzall beisamen hebenden kriegsvolk nicht weith von hinen zu Vischamindt über die Thonau gesetzt und in ihrem bösen fürnemen cóntinuiern und fortfahren. Wann dann nicht wenig zu besorgen, es möchte sy ihrer wüettendter furor auch dahin verblenden, das sy gegen unser landt Steyr, was zu tentiern sich undterstehen dörften, also haben wir aus vätterlicher sorgfeltigkeit allen übl fürzukomen billich zu herzen gefasst und ist unser genedigister bevelich hiemit an dich, dass du stracks nach vernembung dises mit rath und zuethueung der negst gesessenen obrigkeiten (inmassen wir dann in simili dem abbte zu Neüperg und Ulrich Christoffen herrn von Scherffenberg auch zuegeschriben), solche fürsehung thuest und fürnemest, damit alle pääss hinein an ort und ende, wo es am bequemisten, nicht allein aufs beste verhackt sondern auch so vil müglich durch die undterthonen oder wie in solicher eÿll aufzukomen sein wierdet, verwahret und also aller schädlicher besorgendter einfahl müglichist verhüetet werden müge. Daran volzeuchst du dasjenige, was dir zu beschützung des geliebten vatterlandts als ainem gethreuen furnemen mitglidt rhumblich ist, wie wir dich dann auch hinach alle zeit dasjenige, so wir weitter von des feindts vorhaben vernemen werden stracks zu nachrichtung zu avisiern nicht unterlassen wöllen. Verbleiben dir beinebens mit königlichen und landtsfürstlichen gnaden wollgewogen. Datum

W i e n den andern Junij anno 1619 unser reiche des hungarischen im ersten und des behemischen im andern.

Ferdinand

Ad mandatum sac<u>ae</u> regiae majestatis proprium

Leonhardt Gez m. p.   Wilhalbm m. p.

Außen kgl. Siegel. Adreſſe. Dann »wegen einfalenten feinten alle paars zu verhacken. Praes. den 15. Junij 1619.« Über Leonhardt Göß f. Hurter VII, 604.

(Original Steierm. L.-Arch. Spezialarchiv Stubenberg.)

2.

Ferdinand II. an die Bürgerſchaften zu Graz, Marburg, Rotten= mann, Radtersburg, Judenburg und Bruck, an die Verordneten von Kärnten für die Stadt Klagenfurt, an die zu Villach, St. Veit und Völkermarkt, an die zu Laibach und Krainburg, an die Verwalter zu Görz, Trieſt, Gradiska und St. Veit am Flaumb (Fiume): ſendet ihnen Exemplare, in denen die Krönung des Winterkönigs annulliert wird. Graz 1620, März 2.

Ferdinand.. Hiemit überschicken wür euch ein exemplar derjenigen edictalcassation und annullation, so wür wider die bewusste in Behaimb fürgangne neue nichtige wahl und crönung in druck verfertigen lassen, mit disem ernstlichen bevelch, dass ir dasselb, wie gebreichig alsbalt nach empfahung publiciern und sodann zu menigelichs wissen ofentlich anschlagen lassen sollet. Daran . . . Grätz, 2. Martij (1)620.

Beigeſchloſſen iſt ein Formular derſelben Verordnung, wie ſie die Regierung an die bezeichneten Ämter ſendet.

(Konzept Statth.-Arch. Graz, Gem. Cop.)

3.

Ferdinand II. an den Landeshauptmann von Kärnten: Glaub= würdig berichtet, daß ein junger Kemeter, der lange Zeit Heinrich Matheſen von Thurn „der Behaimben Hauptrebellen“ als Aufwärter gedient, kurz verwichner Tage nach Kärnten gekommen und ſich bei ſeinem Vetter Hans Khemeter, Pfandinhaber der Herrſchaft Heimburg, aufhalten ſolle, ergeht der Befehl, ihn zu zitieren und auszufragen, wo er ſich bisher in Kriegsdienſten oder ſonſt befunden, wem er gedient, was er für Konditionen gehabt und ob er nicht „umb der Behaimben und auch anderes Lande Confoederationes gewußt“, wo ſie ihre Zuſam= menkünfte und Korreſpondenzen miteinander gehalten, wer ſie traktiert und was sonderlich das von Thurn seines Herrn Intention und Meinung gewesen, wo seine Abhaerenten waren usw. Die Aussagen sind der Regierung zu überschicken. Im Falle Rhemeter strafmäßig befunden würde, ist er bis auf weitere Anordnung im Arrest zu halten. Graz 1621, Jänner 15.

(Konz. Statth.-Arch. Graz, Gem. Cop.)

4.

Ferdinand II. an den Bischof zu Laibach: Inquisitionsbefehl über einige von Kart von Eck gemachte Äußerungen. Graz 1621, April 6.

Ferdinand ... Demnach fürgeben werden will, als solte Carl von Eggkh bey graff Ambrosen von Thuern zu Pleÿburg über taffel offentlich und vermessener weis vermeldet haben, dass wan er uns das haubt mit seinem schwärdt abhauen künote, er sich für glückseelig schätzen und ime mehrers nit wünschen noch begern woite: also ist hiemit unser gn. bevelch an dich, dass du desstwegen in der still aigentliche und woll gegründte inquisition einziehen und alsdan dieselb unser i. ö. regierung neben deinem räthlichen guetachten ganz fürderlich überschicken wöllest. Daran ... Grätz, den 6. Aprilis 1621.

(Statth.-Arch. Graz, Gem. Cop.)

5.

Ferdinand II. an den Landeshauptmann von Kärnten Christoph David Grafen von Urschenbeck: befiehlt, fleißige Kundschaft in Kärnten einzuziehen, von wem die Diffamation ausgegangen, daß Fürst Ulrich zu Eggenberg und der Hoffkanzler Graf Johann von Verdenberg an der Wallensteinischen Konspiration teilgenommen, um die Verbreiter derselben zur Strafe zu ziehen. Graz 1634, Mai 26.

Wolgeborner ... Uns ist zu sonderbarem hochen müssfahlen fürkhomben wie dass von Görz nach Wien von unterschiedlichen und sonderlich von sechs herrenstandtspersohnen berichtet worden, dass von etlichen an ÿetzt gemelten orthen, darundter in specie Fridrich Davidt Schaller von Weyern benennet wüerdet, discuriert und ausgeben werde, als wann unser gehaimber rath und vollmechtiger statthalter diser unserer i. ö. erbfurstenthumben und landen Johann Ulrich hertzog zu Cromau und fürst zu Eggenberg etc., wie auch unser gehaimber rath und österreichischer hoffcantzler Johann Baptista graff von Verdenberg der Fridlandischen conspiration theilhaftig gewesen wehren. Dieweillen wür dann disser diffamation sonderlich wider

5*

dergleichen unser für nembste ministros ohne gebüerende straff
einiger gestalt nit können hingehen lassen, und dahero in sachen
in allweg auf den grundt zu komten und wider diejenige, welche
sich solcher vermessenheit undterstanden, andern zu khönfftigen
exempl und abscheuch mit ernsthaffter demonstration zu verfahren gedenken, also ist unser ganz gemessener und ernstlicher
bevelch, dass du alda in Khärndten ex offo mit gezüemender
ordnung vleissig˙ inquisition einziehen und den befundt ganz
fürderlich unser ˙i. ö. regierung zu berichten gedacht sein sollest,
dass es beschickt hieran unser gnedigister wie auch ganz ernstlicher will und mainung. Geben in unser statt Grätz, den
26. May 1634.　　　　Commissio sacrae caesareae maiestatis
　　　　　　　　　　　　　in consilio.

　　Desgleichen an den Hauptmann zu Görz, den zu Triest und
Gradisca. In dem an die i. ö. Regierung ergangenen Erlaß, wegen
Publizierung der obigen Zuschriften, heißt es, daß die Diffamation von
unterschiedlichen Personen sowohl aus Kärnten als auch aus Görz und
sonderlich von 6 Standespersonen nach Wien berichtet worden sei.

　　　　　　　(Konzept. Statth.-Arch. Graz, Gem. Cop.)

6.

　　Otto Ehrenreich von Rechinger an seinen Bruder Paul: Brief über
die Aufnahme der Nachricht vom Tode Gustaf Adolfs und Pappenheims
in Graz. Graz 1632, Dezember 4.

　　In sonders tr(euer), herzlieber und vertrauter brueder
Paul, dein treu verobligirter brueder und diener. Hiebei hast
die truekhte zeitung, so den nechst vergangenen montag khommen ist, zu empfachen. Den nechsten vergangnen mittwoch ist
allhie ain curir ankhomen, der hat zeittung gebracht, daz der
Schwed nunmer todt seÿ, auch der von Pappenhaimb; gestern
und vorgestern hat man malhielig das De Deum ladamus gesungen und morgen wirdt man auf den gschloss alhie sowohl auch
auff der landtschafft pasteyen mit stuckhen schiessen. Hiemit
gott bevolhen. Grätz, den 4. December 1632.
　　　　D. t. b.　　　　　　Otto Ehrenreich Rechinger.
　　Seinem herzlichen und vertraudten bruedern Paullen
Rechinger zu uberantworten.　　　　　　　　Stubegg.

　　　　　　　(Gräfl. Stubenb. Archiv. Gutenberg.)

Fürstliche Gäste und Feste in Alt-Karlsbad.

Von

Dr. A. Ludwig (Karlsbad).

Ein Kaiser war der Begründer der weltberühmten Sprudelstadt, Kaiser und Könige sowie eine fast ungezählte Reihe fürstlicher Personen haben den heilbringenden Springquell aufgesucht und vielfach Spuren der Erinnerung zurückgelassen. Glückverheißend mag es den ersten Einwohnern erschienen sein, daß Kaiser Karl IV. im Oktober 1370 wenige Wochen, nachdem er seiner Schöpfung die Elbogener Stadtrechte verliehen hatte, auf der Rückreise von Nürnberg in sein Erbland Böhmen hier einige Tage Hof hielt.[1]) Gewiß benützten die Neubürger die Anwesenheit ihres Landesvaters, um ihm ihren Dank für die Gründung und den Begnadungsbrief abzustatten und die Huldigung zu leisten. Kaiser Karl besuchte den jungen Badeort später noch zweimal, ein Beweis, wie sehr ihm das Gedeihen desselben am Herzen lag. So nahm er 1374 auf der Reise nach Nürnberg um den 10. September hier kurzen Aufenthalt,[2]) während er zu Beginn 1376 fast zwei Wochen in der Sprudelstadt weilte. Dieselbe sah damals zum ersten Male eine glänzende Gesellschaft zu Gaste; denn im Gefolge des Kaisers befanden sich der Thronfolger, König Wenzel, sein Vetter Jost von Mähren, einige schlesische Herzoge, der Erzbischof von Prag, der Bischof von Worms, der Oberstlandmarschall von Böhmen u. a. Die Karlsbader mögen nicht wenig gestaunt haben, als sie den Kaiser einen feierlichen Staatsakt, die Belehnung seines Neffen Jost mit der Markgrafschaft Mähren, am 9. Jänner vor ihren Augen vollziehen sahen.[3])

1) Urkundlich nachweisbar am 16., 17. und 18. Oktober 1370.
2) Am 10. September 1374 urkundet Karl IV. „in dem warmen bade bey dem Elbogen". Die amtliche Benennung „Karlsbad" hatte sich demnach selbst in der kaiserlichen Kanzlei noch nicht recht eingebürgert.
3) Dr. L. Schlesinger: Die Gründung von Karlsbad. Mitteilungen des Vereins für Geschichte der Deutschen in Böhmen, 31. Jahrgang, p. 199—223.

Für die ersten 2 Jahrhunderte des Bestandes des „Badtstädtlein Kayser Carolspadt" kündet uns leider kein Verzeichnis die Namen der fürstlichen Badegäste; erst von 1569 an sind die vornehmsten Besucher „des weit und breit beruffenen Carls=Bades" verzeichnet.[1]) Die Reihe derselben eröffnet Markgraf Johann von Brandenburg; ihm folgt im Jahre 1570 „Churfürst Augustus zu Sachsen, samt dero Gemalin Frau Annen, gebohrenen auß Königl. Stamme Dennemark, neben dem Chur= Printzen H. Christianen und dero Eydam Pfalzgraf Johann Casimirn". Als dritte in dem Verzeichnisse erscheint eine interessante Persönlichkeit, Philippine Welser, die Augsburger Patrizierstochter, in Begleitung ihres Gemahls, des Erzherzogs Ferdinand von Österreich=Tirol. Von Ende August bis Anfang Oktober 1571 gebrauchte sie die Trink= und Badekur, worüber ihr Leibarzt Dr. Handsch ein sehr genaues Tagebuch führte, dessen Original im Wiener Staatsarchive liegt, während eine Abschrift die Karlsbader Stadtbibliothek aufbewahrt. Es ist ein medizinisches Kuriosum und verzeichnet peinlich genau die Kur und deren Wirkungen. Drei Jahre später suchte Philippine Welser abermals Linderung ihres Gallensteinleidens an den Karlsbader Thermen. Unter den fürstlichen Badegästen der folgenden Jahrzente finden wir besonders zahlreich die Hohenzollern vertreten; so weilte im Jahre 1592 Markgraf Joachim Friedrich, der nachmalige Kurfürst von Brandenburg, mit seinen Söhnen und seiner Tochter, der späteren Gemahlin Christians IV. von Dänemark, hier. Wiederholt gebrauchten die Herzoge von Mecklenburg und Pommern, auch etliche italienische und polnische Fürsten und Herren die Kur.

Eine glänzende Gesellschaft sah Karlsbad im Mai 1630, als der allgewaltige Herzog von Friedland und Mecklenburg die Kur gebrauchte. Wallenstein liebte es, als Reichsfürst mit wahrhaft königlichem Prunke zu reisen. So erschien er auch in Karlsbad mit 50 sechsspännigen Karossen, 40 vierspännigen Wagen für das Küchenpersonal und den Küchenbedarf, 10 sechsspännigen Fensterwagen für die Hofdienerschaft, 50 Stallknechten, mit 100 Haupt= und Leibkutschenpferden, 300 Bagagepferden und 300 Pferden für das Gefolge. Für die Unterkunft des großen Gefolges waren sämtliche Wohnungen am Markte und jenseits der Tepl gemietet, während für die Verpflegung des Generalissimus und seines großen Gefolges die drei Kreise von Pilsen, Saaz und Leitmeritz sorgen mußten.

---

1) In Dr. Wenzel Hüllinger, Hydriatria Carolina, Zwickau 1638. S. 5—8.

Die ganze Bürgerschaft zog aus dem Aufenthalte des Friedländers reichen Gewinn und staunte das bunt bewegte Leben an, das während dieser Zeit in der Stadt herrschte. So sehr nahm der hohe Gast und sein glänzender Hofstaat den Rat in Anspruch, daß dieser keine Zeit fand, sich sonderlich um die Stadtgeschäfte zu kümmern.[1] Am 27. Mai 1630 verließ Wallenstein nach dreiwöchentlichem Kurgebrauche Karlsbad, um über Eger nach Memmingen zum Heere zu ziehen, wo ihn Mitte August die Kunde von seiner Absetzung traf.

Der Dreißigjährige Krieg schädigte das Badeleben in der empfind-lichsten Weise und brachte die Stadt infolge unerschwinglicher Kontri-butionen und wiederholter Plünderungen dem Ruine nahe. Um so lebhafter wurde es in dem stillen Tepltale nach dem Kriege. Karlsbad wurde jetzt das bevorzugteste Bad in Europa und beherbergte in den letzten Dezennien des 17. und den ersten des folgenden Jahrhunderts wiederholt gekrönte Häupter, wie solche die Thermenstadt in gleicher Anzahl erst im 19. Jahr-hundert wiedersah. Allsommerlich vereinigte sich eine vornehme Gesellschaft am Sprudel, „eine große Anzahl unterschiedlicher der Römischen keiser-lichen Majestät hohen Generals-Personen, vornehmen Officirer und anderen Grafen und Herren", wie es in einem Badegäste-Verzeichnisse heißt.

Im Jahre 1682 begrüßten die Karlsbader seit langem wieder regierende Fürsten, den Kurfürsten Johann Georg III. von Sachsen und den Herzog von Lauenburg. Beide waren mit großem Gefolge erschienen und unterhielten die Badegäste während ihres sechswöchentlichen Aufent-haltes mit einer Reihe großartiger Festlichkeiten, deren glänzendste und eigenartigste auf der Johannisbrückenwiese, heute im Garten vor dem goldenen Schild, veranstaltet wurde. Als Gastwirt verkleidet — mit grüner Mütze, roter Jacke und grüner Schürze angetan — bewillkommte der Kurfürst seine Gäste, welche in Hütten aus Waldreisig bewirtet

---

1) Vom 22. April bis zum 3. Juni findet sich keine einzige Eintragung im Rats-Protokolle, dafür steht am Rande der Vermerk:

NB.

Seither im Monat Majo ist wegen
Anwesenheit des Herzogen von
Fridtlandt Kays. Generals etc. wenig
Rath gehalten wordten.

Ebenso weist das Copiale vom 4. bis 23. Mai kein Schreiben auf. — Siehe des Verfassers „Wallenstein in Karlsbad" in den Mitteilungen des Vereins für Geschichte der Deutschen in Böhmen. XLIII. Bd. 1905. S. 519—526.

wurden. Als Hauptgericht wurde ein ganzer gebratener Ochſe, mit
Kapaunen geſpickt, von den Heiducken des Kurfürſten auf einem eigens
dazu gemachten Wagen herbeigeführt. Natürlich fehlte die Muſik nicht.
Unter dem gegenüberliegenden Hirſchenſprungwalde ſpielten 6 Trompeter
und Paukenſchläger; hörten dieſe auf, ſo ſingen in den Gärten unter
dem Laurenziberge Schallmaienbläſer an und nach dieſen die Heiducken,
welche mit Geigen und Bockshörnern auf einem hohen Holzſtoße bei
dem damals freiſtehenden Gaſthauſe „Zum rothen Ochſen" ſaßen. „Alles
tanzte, aß, trank und war fröhlich," ſo ſchließt der Chroniſt ſeine Schil=
derung.[1)

Rier Jahre ſpäter gebrauchte Kurfürſt Georg wiederum die Karls=
baber Kur. Aus dieſem Jahre hat ſich eine geſchriebene Kurliſte erhalten;
es iſt die älteſte, welche die Karlsbader Stadtbibliothek bewahrt. Sie iſt
nur auf 3 Seiten eines Bogens geſchrieben, dafür verzeichnet ſie faſt
durchwegs fürſtliche und gräfliche Badegäſte, vor allem aus Sachſen und
Böhmen. Am Schluſſe berichtet uns ein Lebensmittel=Verzeichnis von
dem geſunden Appetit des kurfürſtl. Hofſtaats. Sie lautet:

Specification

Der Hochfürstl. Gräffl. undt Hochherrl. Persohnen
Welche,
Sich in diesem 1686 Jahr allhier in dem Kaÿser Carls Badt
der Baadte Chur Sich Bedienet, als auch Sonsten befunden haben.
Ihro Churfürstl. Drchl. zu Sachßen.

Pfalzgraff Friedr. v. Sulzbach,
Landtgraff v. Heßen Homburg,
Herzog von Hollstein zu Wießenburg,
Zugleichen Zweÿ H. Brüdter Herzog zu Hollstein,
Herzog v. Sachs. Lauenburg,
Fr. Gr. Kinskÿn Obr. Canzelerin in Boheimb,
Fr. Gr. Loßchanßkÿn Appel. Präsident. in Boheimb,
Fr. Gr. v. Dörrbach aus dem Bamberg(ischen),
Fr. Gr. Kinskÿn Eine Gebohrne Gräff. v. Martinicz,
Zweÿ Gräffl. Frewl. v. Sinsentorff.

---

1) Polz=Deimel Chronik. Abſchrift im Stadtarchiv.

Fr. Obr. Hoff Marschallin von Haugwicz eine Gebohrne v. Dietrichsteinin,

Fr. Gral. Marschallin von Flaming auß Sachsen,

Churfürstl. Sächß. Hoffprediger Hr. Gron,

H. Ober Hoff Jägermstr. v. Erdtmansdorff aus Dresßen,

H. v. Harrach mit der Fr. Gemahl. Obr. Landschreib. in Böh.,

Fr. Obr. Steuer Einnehmberin v. Wübaldt aus Sachßen,

Hr. Caṁer Juncker Wiedebach mit Seiner Fr. aus Dreßden,

Hr. Gräl. Wachtm. v. Noitschicz nebst Seiner Fr. Gemahl.,

Fr. Baronehsin v. Schellendorffin Freÿin v. Friesen,

H. Gr. v. d. Natt,

H. Gräl. Adjut. Pflug,

H. Gr. Reiß der 5te 6te u. 7de Herr,

Fr. Gräl. de Souches geb. Gr. von Thun.

Fr. Pricartin mit der Frl. Tochter,

Zwey Gräffl. Frl. v. Reiß,

Chur Sächs. Oberschenkh H. v. Wolffersbach,

Chur Sächs. Stallmstr. H. v. Wöhlau,

H. Gr. Narrek auß Lüttigieschen,

H. Gr. v. Tattenbach,

Fr. Gräl. Kinßkÿn,

Fr. Gr. v. Verdugo mit zwey Freyl. u. Einer Freyl. v. Colowrath,

Fr. Gräl. Gallasin v. Opperstorff,

Zweÿ Chur Sächß. Leib Medici,

H. Gr. von Stambach auf Waltsch,

Freyl. Baronehsin Teÿer Zarskin außm Rokoniczer Creÿß,

Fr. Obr. Hoff Jäger Meisterin von Tesßau außm Hallischen

H. Caṁer Juncker Trietschler nebst Fr. Gemahl. aus Dreßden,

H. Caṁer Juncker Sparr v. Dorfen,

H. Obr. Forstmstr. Carlowicz,

H. v. Crecke nebst Seiner Fr. v. Perlin,

H. Obr. Liet. Grebe Chur Sächs. Kriegs Zahlmeister nebst einer Fr. Auditorin,

Fr. v. Zellerin auß dem Crudimer Kreÿß,

Kaÿl. Coṁihs. H. Bar von Lamnicz,

H. Obr. Lieutt. Lauter mit Seiner Fr. Gemahl.

H. Gr. de Clare,

H. Gr. v. Metternich auß Königs Brück reißet auf und ab,
Ein Chur. Sächs. Croaten Riettmstr.,
H. Prior v. Strackonicz v. Maltheser Ritter,
Fr. Grälin v. Kolowrath auß dem Crudimer Kreiß,
Fr. Grälin v. Wallestein, Vohrmahls Vermählte Gräffin v.
 Solms nebst Einer Freyl. v. Solmbs,
Eine Freyl. Tescheriñin,
Fr. Baronehsin v. Rechenberg gebohr. Teublin,
Chur Brandenb. Obrschenk H. v. Straßka auß Perlin,
H. von Werschin auß Böheimb,
H. v. Wittenobßkÿ auß Böh.,
H. Nekorÿn von Raschaberg,
Ein Spanischer Medicus,
H. Graff. Romadi v. Thun auß Böheimb,
H. Gr. v. Hohenfeldt v. Lientz,
It. Eine Freyl. Gr. v. Hohenfeldt v. Lincz.
Per 1 Wochen ist in die Churfürstl. Sächs. Kuchel.
Vnter mehren Begehret worden
Etwas von Roth Wildbreth,
Etwas v. Fasanen Hasell- v. Rebhühner für dießmahl an der
 gleichen Zu Lieffern was Zu Bekommen.
 „ 56 Kälber,
 „ 21 Schöpse,
 „ 28 Lämmer,
 „ 28 Junge Ziegen,
 „ 28 Spann Ferkel,
 „ 35 Indian: Stück,
 „ 70 Capaunen,
 „ 84 Alte Hüuer,
 „ 60 Junge Hüner,
 „ 35 Schock Krebse,
Allerhandt Fische,
Gesalz. Butter 2 od. 3 Centner,
Schmalz 1½ Centner.

Ein noch regeres Leben und Treiben herrschte in der Sprudelstadt
im Sommer 1696, als die zwei prachtliebendsten deutschen Fürsten jener
Zeit zu ihren Kurgästen zählten: Kurfürst Friedrich von Brandenburg,
der nachmalige erste Preußenkönig, mit Gemahlin und Kurfürst Friedrich

August I. von Sachsen, bekannter als August II. der Starke, König von Polen. Beide waren mit ganzem Hofstaate erschienen, August II. hatte außerdem seine Garde mitgebracht, welche auf der Donitzer Wiese ihr Lager aufschlug. Der Mode ihrer Zeit folgend, gaben sie zu ihrer und der Badegäste Belustigung bizarre Feste, welche ebenfalls wie jenes des Kurfürsten Georg der Chronist getreulich aufgezeichnet hat. Der Kurfürst von Brandenburg ließ über der Wiese des Bürgermeisters Andreas Becher (heute Grand Hotel und Café Park-Pupp) zur Bewirtung der Geladenen grüne Laubhütten und Lusthäuser bauen, da es damals Säle nicht gab; daneben waren Wasserbehälter aufgestellt, welche die Springbrunnen auf der Wiese speisten. Außerdem war auf letzterer ein runder „Zirkel, in welchem alle Tag Baal gehalten, illumination und Banquet".

Ein echt französisches Fest gab der Kurfürst von Sachsen, mit dem auch die schöne Gräfin Aurora von Königsmark gekommen war. Er ließ auf demselben Platze Laubhütten erbauen und zur Ausschmückung derselben Spiegel und Kristall-Leuchter von Dresden bringen; unter den Sitzplätzen und auf dem Tanzplatze aber waren Springwässer mit verborgenen Trittfedern angelegt und als sich die Geladenen ahnungslos zur Tafel setzten oder dem Tanze huldigten, spielten plötzlich die zahlreichen Springwässer und verwandelten die Szene in ein wirres Durcheinander und Jagen, zur größten Belustigung des über seinen gelungenen Scherz erfreuten Kurfürsten. Ein anderes heiteres Fest, eine Art ritterlicher Spiele, veranstaltete er auf der heutigen Alten Wiese, die damals noch Wiese war; nur vom Markte her standen vier Häuser. In der Mitte der Wiese, in der Gegend des jetzigen Hauses „Zum roten Herz", wurden zwei Seitenwände von Reisig aufgeführt, in der Mitte der Rasen ausgehoben, dafür Sand aufgeschüttet und am Ende zwei Pyramiden aufgebaut, zwischen welchen ein grünes Kränzchen hing. Nach diesem wurde im vollen Reiten mit Lanzen gestochen; ferner mußten die als Ritter gekleideten Geladenen im Reiten auf eine kleine Scheibe mit Pistolen schießen, endlich mit dem Degen nach einer Papierkugel auf der Erde stechen. Wer das Ziel traf, bekam mit Trompeten eine Fanfare, wer dagegen fehlte, wurde mit einer Art Katzenmusik von Hirtenhörnern verhöhnt. Der prunkliebende Wettiner besuchte noch viermal die Karlsbader Thermen; 1695 gab er der Schützengesellschaft ein Freischießen und verehrte ihr dazu 30 Taler. Im Jahre 1705 erschien er zum ersten Male als König von Polen, seiner neuen Würde entsprechend

mit großem Hofstaat und noch größerem militärischen Gefolge, welch
letzteres nicht weniger als 618 Mann zählte und zwar 452 Mann von
der Garde, 135 Mann von dem Wrangelschen Dragoner-Regimente und
31 von der Chevaliergarde. Die Offiziere erhielten doppelte Gage, die
Mannschaft Brot und Löhnungszuschuß. Sie kampierten ebenfalls bei
dem Dorfe Donitz, wozu die Lagergerätschaften aus Dresden mitgebracht
waren. Die beiden letzten Male weilte August der Starke 1712 und 1717
hier zur Kur, wiederum mit großem Hofstaate und der Chevaliergarde.[1]
Wenn auch von keinen Festlichkeiten aus seiner dreimaligen Anwesenheit
als Polenkönig berichtet wird, so fehlte es an solchen sicherlich eben so
wenig wie im Jahre 1691, zum mindesten werden die Badegäste und
Bürger Zeugen militärischer Schauspiele gewesen sein. Eine treue
Besucherin Karlsbads war auch die Gemahlin Augusts II. Nicht weniger
als achtmal finden wir sie während der Zeit von 1708 bis 1726 als
„Königin aus Pohlen, Churfürstin zu Sachsen mit hoher Hofstatt" in
den Badelisten.

Im Jahre 1708 beherbergte Karlsbad wieder Friedrich I. von
Brandenburg, welcher seit seinem ersten Aufenthalte ebenfalls eine
Standeserhöhung erfahren hatte und als König in Preußen von einem
glänzenden Hofstaate und einer Chevaliergarde begleitet war. Mit ihm
gebrauchten seine beiden Schwestern, die Herzogin von Sachsen-Zeitz und
die Markgräfin Bayreuth, die Kur.

Drei Jahre später, Ende September 1711, zog in das Tepltal
Peter der Große von Rußland, um an den Thermen Heilung von
schwerem Leiden zu finden.

Zur „Beneventi- und Bedienung seiner Czarischen Hoheit" wurde
im Auftrage der böhmischen Stände Graf Anton Nostitz als königlicher
Kommissär nach Karlsbad beordert, außerdem erschien Anfang Oktober
ein Beamter der böhmischen Kammer „Ihre Czarische Hoheit mit etwas
Wein Confecturen auch Feder und andern Wildpreth auff die Art und
Weiß, wie es mit denen königlichen Pohlnischen und Preußischen Maye-
stäten gehalten worden zu bedienen."

Wie wohltätig die Kur auf den Zaren wirkte, beweist sein Wieder-
kommen im nächsten Jahre. War Peter der Große im September 1711

---

[1] Polz-Deimel Chronik.

in aller Stille in Karlsbad eingezogen, so wurde er 1712 mit allen ihm
gebührenden Ehren empfangen. Die im Vorjahre bestandene Spannung
zwischen dem russischen und österreichischen Hofe hatte sich infolge der
geänderten politischen Lage in Westeuropa und der Vermählung des
Zarenwitwers mit der Schwester der Kaiserin in das Gegenteil umgewandelt. So wurde der Zar bei seinem Einzuge am 19. Oktober begrüßt
von dem Grafen Wratulav als Abgesandten der Römischen Majestät, der
mit einem Bataillon kaiserlicher Truppen erschienen, und dem Grafen Nostitz
als Vertreter des Landes Böhmen, umbraust von dem Vival-Rufen der
Karlsbader. Außerdem verkündeten Pöllerschüsse von den Höhen, Pauken
und Trompeten vom Stadtturm die Freude der Bevölkerung. Wiederum
erschien „der Raithdiener Groß Ihrer Czarische Majestaet Riufreschi zu
praesentiren" und diesmal überbrachte er neben anderen Regalien ein
Faß Rheinwein. Da Peter der Kur wegen den Wein nicht trinken
durfte, gab er ihn der Karlsbader Schützengesellschaft zu einem Freischießen. Peter beteiligte sich selbst am Schießen, machte den besten Schuß,
schenkte aber den Wein neuerdings den Schützen. In seiner gewohnten
rastlosen Tätigkeit besuchte Peter der Große gerne die Werkstätten
geschickter Meister, verfertigte bei einem Drechsler eine Elfenbein-Tabakdose,
die heute im böhmischen Museum in Prag aufbewahrt wird, schmiedete
im Hammerwerke des heutigen Pirkenhammer einen großen Eisenstab,
bestieg beim Neubau des Hauses „Zum Pfau" in der Kreuzgasse das
Gerüst und versuchte das Maurerhandwerk. Kurz vor seiner Abreise voll-
führte Peter der Große auf einem geschirrten Bauernpferde einen kühnen
Ritt auf den Hirschenstein, dessen Gipfel deswegen die Petershöhe heißt
und jetzt eine Marmorbüste des Zaren trägt. Von allgemeinem Interesse
ist Peters zweiter Aufenthalt wegen der Begegnung des größten
Monarchen mit dem größten Gelehrten jener Zeit, mit Leibnitz, der ein
Bündnis zwischen Zar und Kaiser gegen Frankreich vermitteln sollte.
Bei diesem Zusammentreffen kam es auch zu einer Aussprache über das
russische Justizwesen und noch in Karlsbad unterzeichnete Peter der
Große das in russischer und deutscher Sprache ausgefertigte Dekret, durch
welches Leibnitz den Titel eines russischen Geheimen Justizrates erhielt
mit der jährlichen Besoldung von 1000 Talern zu dem Zwecke, „die
Studien, Künste und Wissenschaften im russischen Reiche mehr florieren
zu machen". Für Karlsbad als Kurort war die Anwesenheit des Zaren
von großer Bedeutung; denn seine Vorliebe für die Thermen, die ihm
Linderung von schwerem Leiden gebracht hatten, ging als ein Vermächtnis

auf den ruſſiſchen Adel über, bei dem nun die Sprudelſtadt in Mode kam und bis heute blieb.[1])

Feſtestage für ganz Karlsbad, Badegäſte wie Einheimiſche, brachte die Kaiſerin Eliſabeth Chriſtine, die, begleitet von ihrem vierjährigen Töchterchen, der ſpäteren großen Kaiſerin Maria Thereſia, und ihrem ganzen Hofſtaate, am 19. Mai 1721 zum Kurgebrauche eintraf und über vier Wochen verweilte. Außer den Eltern der Kaiſerin, dem Herzogs= paare von Braunſchweig=Wolfenbüttel, waren aus dieſem Anlaſſe noch anweſend „viele andere Hoch=Fürſtl. Perſohnen, und unterſchiedenen hohen Potentaten Herren Abgeſandten mit ihrer Suite; ebenſo war eine Leibgarde, beſtehend aus drei Kompagnien zu Pferde, einer Kompagnie Grenadiere und zwei Kompagnien zu Fuß hieher kommandiert worden". Die Stadt veranſtaltete der hohen Fürſtin zu Ehren vor ihrer Wohnung auf dem Markte ein recht abſonderliches Feſt, eine Ochſen= und Bären= hetze, während der Herrſcherin nach beendeter Badekur über 900 Bergleute aus den Bergſtädten der Umgebung am Abend des 18. Juni mit viel hundert Wind= und Berglichtern durch einen großartigen Aufzug und ein prachtvolles Feuerwerk auf dem Markte ihre Huldigung darbrachten. Einen gleichen Huldigungszug veranſtalteten die Bergknappen dem im Jahre 1732 anweſenden Kaiſerpaare. Karlsbad hatte bis dahin keine glänzendere Geſellſchaft in ſeinen Räumen geſehen, als in dieſem Sommer. Die Kaiſerin war wieder des Kurgebrauches halber gleichzeitig mit ihren Eltern in die Sprudelſtadt gekommen; 10 Tage ſpäter zog auch Kaiſer Karl VI. mit ſeinem ganzen Hofſtaate — ſelbſt die Edelknaben fehlten nicht — ein. Unter ſeinem zahlreichen Gefolge erregte die Aufmerkſamkeit aller der berühmte Türkenbeſieger Prinz Eugen von Savoyen.[2]) An den Thermen traf der Kaiſer mit dem ihm eng befreundeten Preußenkönig Friedrich Wilhelm I. zuſammen, der als abgeſagter Feind jeden Prunkes nur mit kleinem militäriſchen Gefolge — 3 Generalen und 1 Kapitän — hier weilte.

Die Feſttage und die glänzende Kurzeit des Jahres 1732 blieben den Karlsbadern umſo länger in Erinnerung, als die kriegeriſchen Ereigniſſe der folgenden drei Jahrzehnte (polniſcher Thronfolgekrieg, Türkenkrieg, öſterreichiſcher Erbfolgekrieg und die drei ſchleſiſchen Kriege) auf das

---

1) Siehe des Verfaſſers: Peter der Große in Karlsbad 1711 und 1712. Karlsbad 1904.

2) Neu verbeſſert . . Kayſer Carlsbad, Nürnberg 1734. S. 92—104 und 110—121.

Badeleben höchst nachteilig wirkten. Erst nach Beendigung des Siebenjährigen Krieges (1763) wurde es wieder lebhafter an den Thermen
und gegen Ende des Jahrhunderts hören wir wieder von zahlreichen
bizarren Festen, die damals dem Badeleben einen so großen Reiz verliehen.

Im Sommer 1778 lud der sächsische Graf Moritz von Brühl viele
Badegäste zu einem Nachmittagsmahl im Plobenwalde, der Antons-Ruhe
gegenüber. Zur Bequemlichkeit seiner Gäste ließ er den Wald hinauf
Holzstufen anlegen und die Waldbäume, welche diesen Weg einsäumten
und jene, die rings um die Tafel standen, in eine Art Blumentöpfe
einfassen. Nach dem Mahle ergötzten sich die Gäste am Tanze.[1]

Eines der glänzendsten Feste gab 1786 die Gräfin Czinska gebo-
Fürstin Czartoriska. Die puppische Allee, damals ein hochstämmiges
Lindenwäldchen, erstrahlte eines Abends im hellen Lichterglanze; über
1500 buntfarbige Laternen, große Feuervasen, welche im mittleren Allee-
gange zwischen je zwei Bäumen auf Postamenten standen, beleuchteten
den Festplatz. An den beiden Eingängen in die Allee waren chinesische
Häuschen errichtet, geschmückt mit Spiegeln und Wandleuchtern; als
Chinesen verkleidete Diener der Gräfin boten den Eintretenden allerlei
Erfrischungen dar. Noch größer wurde das Erstaunen der Gäste, als
sie am Ende des Mittelganges ein großes chinesisches Haus erblickten,
von dessen Galerien ebenfalls als Chinesen verkleidete Musiker türkische
Musik ertönen ließen. Abwechselnd mit diesen spielten andere Musikchöre,
die an verschiedenen Punkten der Allee aufgestellt waren. Im Hause
erhielten sie wieder von Chinesen allerlei Leckerbissen verabreicht. Diesem
Parkfeste folgte im Böhmischen Saale (heute Grand Hotel Pupp) ein
Freiball, wobei eine große Pracht entfaltet wurde.

Im folgenden Sommer verstand es Graf Josef Thun für die
Unterhaltung der Badegäste zu sorgen. In der Puppischen Allee veranstaltete er in Gegenwart vieler Zuschauer auf einem großen Schach-
brette aus Leinwand ein lebendes Schachspiel mit Karlsbader Kindern,
die den Figuren entsprechend gekleidet und gehörig eingeübt waren. Die
Leitung des Spieles erfolgte von den Fenstern des böhmischen Saales
aus. Zur Belustigung aller Badegäste wie Bewohner ließ derselbe Graf
wiederholt die damals Mode gewordenen Luftballons steigen; der
Aufstieg verunglückte zwar meistens, umsomehr stieg die Heiterkeit der
Zuschauer.

---

[1] Für die Feste bis 1816. A. L. Stöhr, Kaiser Karlsbad 1817. S. 245—255.

Im selben Jahre weilte zu sechswöchentlicher Kur in Karlsbad die
Kurfürstin Amalia Augusta, nachmalige Königin von Sachsen, unter dem
Namen einer Gräfin von Barby mit der Prinzessin Marianne, kön.
Hoheit, unter dem Namen einer Gräfin v. Bräna, und einem Gefolge
von 50 Personen, welche 9 Häuser bezogen hatten. Am 2. September
gaben, wie Stöhr erzählt, die noch anwesenden Kurgäste diesen hohen
Herrschaften zu Ehren einen Ball im sächsischen Saale (heute ebenfalls
Grand Hotel Pupp). Als dieselben in den ganz beleuchteten Saal traten,
saß der siebenjährige Baron Magnus von Bjomstirna, lieblich als Amor
gekleidet, auf einem zierlichen Throne, und an des Thrones Stufen zwei
kleine Töchter des sächs. Lieutenants v. Engel, als Grazien gekleidet. Die
Musik begann; Amor erhob sich, und von Grazien begleitet, schritt er
zum Sitze der erhabenen Fürstin, überreichte auf Atlas gedruckte Verse,
und die Grazien Blumen. Umarmt von der gütigsten Fürstin, schritten
sie wieder zurück zu dem Throne, und alsbald kamen aus dem dunkel
gebliebenen Billardzimmer zwölf Paar gleich Gekleidete mit Blumen-
gewinden, und tanzten künstlich vor Sachsens Landesfürstin.

Durch ein gelungenes Fest wußte im Jahre 1793 Ritter von
Bretfeld aus Prag die Badegesellschaft zu belustigen. Er lud die vornehmen Kurgäste zu einem Frühstück mit anschließendem Tanz, während
er in der Allee für alle Badegäste einen Jahrmarkt abhalten ließ, wo
die sehr drollig gekleideten Verkäufer ebenso drollige Sachen feilboten.

Das eigenartigste Fest aber veranstaltete im Sommer 1797 der
Herzog von Sachsen-Gotha zu Ehren der Herzogin Dorothea von Kurland.
Als auf der Sächsischen Wiese (dem heutigen Kaiser Franz Josef-Park)
gerade Heu gemacht wurde, ließ der Herzog durch einen geschickten
Tischlermeister ein Leinwandzelt aufschlagen und mit Heu bedecken, so
daß es einem großen Heuschober glich. Am Nachmittage beredete er die
Herzogin und mehrere andere Herrschaften zu einer Fahrt nach dem Dorfe
Fischern. In 18 Kutschen fuhr die Gesellschaft über die Teplbrücke (heute
Kaiser Franzensbrücke). Bei der Wiese angelangt, ließ der Herzog halten
und machte den Vorschlag, über die schöne Wiese zu Fuß zu gehen und
die Wagen bei der Egerbrücke wieder zu besteigen; alle willigten ein.
Zwischen den Heuschobern arbeiteten nett gekleidete Bauernmädchen und
Bauernburschen, während ein Dudelsackpfeifer und ein Geiger lustige
Stückchen spielten. „Ei, warum tanzt ihr nicht?" fragte der Herzog.
„Wir sind mit unserer Arbeit noch nicht fertig!" lautete die Antwort.
Da näherte sich die Gesellschaft dem großen Heuschober, staunte seine

Größe an — plötzlich zerfiel er in drei Teile, so daß das Dach bloß
stehen blieb und die zierlichste mit Konfituren, Obst, Speisen und Getränken
reich besetzte Tafel beschattete. Im selben Augenblicke ließen hinter Gebüsch
versteckte Musikanten heitere Tanzweisen ertönen, und alle, Adelige und
Bauern, drehten sich im Kreise herum.

Die letzten wahrhaft großartigen Feste in Karlsbad sah das schei-
dende 18. Jahrhundert. Einer der treuesten Gäste der Sprudelstadt und
der größte Gönner der Karlsbader Schützengesellschaft, der russische General-
Admiral Graf Alexej Orlow-Tschesmensky, veranstaltete sie zur Feier des
Namensfestes seines Souveräns, des Zaren Paul I.[1]) Eingeleitet wurden
sie am Vortage des 10. Juli 1798 durch ein Freischießen der Schützengesellschaft, dem Freitafel und Ball folgte. Am Festtage gab Graf Orlow
vielen hohen Herrschaften eine Mittagstafel und abends 6 Uhr allen
Badegästen im oberen böhmischen Saale einen glänzenden Freiball, dem
sich um 10 Uhr in dem unteren Saale ein kostbares Freiessen für
mehrere hundert Personen anschloß. Bei Einbruch der Dunkelheit erstrahlte
die Allee von mehr als 3000 Lampen, buntfarbigen Laternen und
Feuervasen. Im mittleren breiten Alleegange prangte auf hohem Gestelle,
umrahmt von vielen Lichtern, die russische Kaiserkrone über dem Namens-
zuge des Kaisers, darunter der russische Doppeladler, den St. Georgsorden
in sich fassend. In der Allee aber wogte bei den Klängen einer türkischen
Musik eine große Menschenmenge, Einheimische und viele aus der Umgegend, deren freudige Stimmung sich steigerte, als drei Faß Bier und
fünf Eimer Melniker Wein zu ihrer Bewirtung gebracht wurden. Den
Beschluß der Festlichkeiten bildete eine Freikomödie am 11. Juli.

Noch glänzender verlief die Feier des kaiserlichen Namensfestes im
folgenden Jahre in Anwesenheit der Großfürstin Konstantin. Am 9. Juli
vormittags begannen die Festlichkeiten wieder mit einem großen Freischießen. Um 11 Uhr vereinigte Graf Orlow viele vornehme Persönlichkeiten im Sächsischen Saale zu einem Frühstück und darauffolgendem
Balle; nachmittags ergötzten sich die Badegäste in der Allee an einer
Kunstreiterei und an einem Freikonzert im Sächsischen Saale. Am 10. Juli

[1]) Graf Orlow verfolgte mit diesen glänzenden Festen einen besonderen
Zweck. Er war nämlich nach der Thronbesteigung Pauls I. wegen seiner
hervorragenden Teilnahme an der Ermordung Peters III. aus Rußland
verbannt worden und hoffte, allerdings vergebens, durch die Veranstaltung
prunkvoller Feste zu Ehren seines Herrschers seine Verbannung rückgängig
zu machen.

gab Graf Orlow wie im Vorjahre eine große Mittagstafel, Freiball
und Freiessen. Desgleichen erstrahlte die Allee abends wieder im herrlichen Lichterglanze; am Ende des breiten Mittelganges war, auf Leinwand gemalt, ein prächtiger Tempel zu sehen, in dessen Mitte zwischen
den Säulen die Namen des Kaisers und der Kaiserin, ringsherum im
Kranze alle übrigen Namen des russischen Kaiserhauses hervorleuchteten.
Am 11. Juli endete das Freischießen mit einer Freimahlzeit für 150
Schützen und einem sich daranschließenden Freiballe für dieselben. Die
Abbrennung eines von Dresden gebrachten prachtvollen Feuerwerkes
beschloß diese großartige Kaiserfeier.

Ein Jubelfest für die Bevölkerung, aber auch für die Badegäste
bedeutete der Aufenthalt der hochgebildeten dritten Gemahlin Kaiser
Franz I., der Kaiserin Maria Ludovica im Juni 1810. In einem Sessel
von jungen Bürgern getragen, vom Magistrate und dem bürgerlichen
Schützen-Korps umgeben, unter Glockengeläute, Böllerknallen, Trompeten-
und Paukenklang hielt die Kaiserin am 6. Juni ihren feierlichen Einzug
in die Thermenstadt. Beim Absteigequartier zum weißen Löwen auf dem
Markte erwarteten sie die Behörden und die Geistlichkeit. 24 weiß
gekleidete, mit Kränzen gezierte Mädchen machten Spalier im Hause,
streuten Blumen bis zum Zimmer und überreichten der Herrscherin ein
von Goethe verfaßtes Gedicht: „Der Kaiserin Ankunft“.[1] Am Abend
erstrahlte die Stadt und die umliegenden Höhen in glänzender Beleuchtung. Bunte Papierlaternen waren zu beiden Seiten der Tepl an dem
unteren Stock der Häuser angebracht, in gleicher Weise waren die Bäume
der Wiese geziert. In der Mitte des Dreikreuzberges stand ein großer
erleuchteter Palast, dessen Stockwerke eine kolossale Inschrift: „Es lebe
unsere geliebte Landesmutter“ in Lampenfeuer bildeten. Goethe, der in
einem an den Großherzog gerichteten Briefe in vorstehender Weise die
Beleuchtung schildert, fügt eine anziehende Schilderung der Persönlichkeit
der Kaiserin bei und bemerkt zum Schlusse: „Ihr eigenes Betragen und
das der Ihrigen nicht allein, sondern auch ausdrückliche Äußerungen

---

1) Goethe dichtete auf Bitten des Rates außer „Der Kaiserin Ankunft“ noch
   „Der Kaiserin Becher“ und aus eigenem Antriebe „Der Kaiserin Platz“,
   als ein hübscher Platz oberhalb der Allee (heute am Goethe-Weg vor
   Café Sanssouci) der Kaiserin gewidmet wurde. Goethe bemerkt in einem
   Briefe an Major von Knebel über seine Gedichte: „Man ist mit der Art
   zufrieden wie ich mich aus der Sache gezogen habe.“ — Dr. Ed. Hlawaczek,
   Goethe in Karlsbad, 2. Aufl. v. Dr. V. Ruß, Karlsbad 1883. S. 71.

fordern einen jeden auf, frei und ungezwungen zu sein." Der Dichterfürst erfuhr auch die ganz besondere Gunst der Kaiserin und er betrachtete es als einen sehr großen Gewinn für sein ganzes Leben, diese freisinnige Fürstin kennen gelernt zu haben. Aber auch alle übrigen Badegäste bezauberte die Kaiserin durch ihr gewinnendes Wesen; denn jeden Abend erschien sie zu Fuß im Böhmischen oder Sächsischen Saale und verkehrte ungezwungen im Kreise der Badegesellschaft. Noch mehr begeisterte sie durch ihre Leutseligkeit die Bevölkerung.

Nach althergebrachter Sitte hielten am Abend des 16. Juni über 700 Bergleute aus den Bergstädten der Umgebung unter Anführung ihrer Beamten mit brennenden Grubenlichtern, drei Musikkapellen einen feierlichen Aufzug auf dem Markte vor dem Absteigequartier der Kaiserin, während auf den Höhen unaufhörlich Böller gelöst wurden. Am Vorabende der Abreise ihrer Majestät flammten in Karlsbad wieder unzählige Lichter auf und unter dem Dreikreuzberge war in Flammenschrift zu lesen: „Lebe wohl und kehre wieder!" Am Tage der Abreise wurde ein Gedicht: „Der Kaiserin Abschied, den 22. Juny 1810" verteilt, das den Dank der Herrscherin für all die Liebe und Verehrung, die ihr Kurgäste und Bewohner entgegengebracht, enthielt. Goethe hatte es auf Verlangen der Kaiserin verfaßt, denn sie wollte, daß den Karlsbadern etwas Freundliches in ihrem Namen gesagt werde.

Im Jahre 1812 weilten Kaiser Franz I. und seine Tochter, die Kaiserin Maria Louise, Gemahlin Napoleons I., zwei Tage in Karlsbad und brachten die ganze Stadt in Bewegung. Am 2. Juli abends 8 Uhr hielten die Majestäten, begleitet von großem Gefolge, unter unbeschreiblichem Jubel der Bevölkerung ihren Einzug. Wieder hatte Goethe im Namen der Bürgerschaft poetische Willkommgrüße, welche die Tochter seines Karlsbader Arztes, Dr. Mitterbacher, überreichte, verfaßt.[1]) Der

---

[1]) Bei der damals feindseligen Stimmung gegen Frankreich mochte, wie Düntzer meint, die Begrüßung der französischen Kaiserin bedenklich erscheinen. Goethe half sich jedoch sehr glücklich, indem er in einem besonderen Gedichte die Tochter Habsburgs, die einst den Frieden gleichsam vermittelt, auch als diejenige feierte, die bewirken werde, daß ihr Gatte, der alles wollen könne, auch den Weltfrieden wolle. — Die drei Gedichte Goethes wurden unter folgendem Titel anonym gedruckt: „Blumen auf dem Weg Jhro des Kaisers Majestät am Tage der höchst beglückenden Ankunft zu Karlsbad allerunterthänigst gestreut von der Karlsbader Bürgerschaft den 2. Juli 1812."

6*

3. Juli war der Besichtigung der Stadt gewidmet, die am Abend in glänzender Beleuchtung erstrahlte, während in altgewohnter Weise 1500 Bergknappen der Umgebung auf dem Markte einen Paradeumzug veranstalteten.[1]) Am folgenden Tage reisten die Majestäten gegen Elbogen weiter.

Das 19. Jahrhundert zeigt nur in seiner ersten Hälfte noch einige glänzende öffentliche Feste, deren Urheber vorwiegend Russen waren; denn diese gaben in jener Zeit im Badeleben ebenso den Ton an wie am ausgehenden 18. Jahrhundert, zumal Mitglieder des russischen Kaiserhauses wiederholt hier zur Kur weilten. Zu Ehren der beiden Schwestern Alexanders I., Maria Paulowna, Erbgroßherzogin von Sachsen-Weimar-Eisenach, und Katharina verwitweten Herzogin von Oldenburg, veranstaltete der zahlreich anwesende russische Hochadel am 11. Juli 1813 ein prachtvolles Fest, dessen Leitung Graf Miloradovitsch, kais. russ. General der Infanterie, inne hatte. Nachmittags war die Badegesellschaft zu einem Freitheater geladen, an welches sich eine freie Kunstreiterei anschloß. Abends vereinigten sich an 200 geladene Gäste zu einem glänzenden Balle im Böhmischen Saale, zugleich erstrahlte die Puppische Allee und die Gegend bis zum Kreuze am Felsen der Alten Wiese von mehr als 4000 Lampen. Im Hauptgange der Allee waren 13 Triumphbogen errichtet, deren einer immer niedriger als der vorherstehende war; an 300 bunte Lampions schmückten diese Laubbogen und hinter dem letzten und niedrigsten bildete ein flammender Opferaltar den Abschluß.

Zeugen der letzten großartigen Festlichkeiten, deren Veranstalter Badegäste waren, wurden die außerhalb der Stadt im Tepltale idyllisch gelegenen Räume des Posthofes und Freundschaftssaales. In dem Saale

---

1) Bei der Illumination ereignete sich ein eigenartiger Zwischenfall. Dechant Stöhr berichtet darüber in seinen geschriebenen Denkwürdigkeiten folgendes „An der Dreieinigkeitsstatue war ein Berg aus Papier aufgestellt und von innen schon Alles erleuchtet. Von ohngefähr zog einer der Arbeiter die Cortine auf, und statt des Adlers von Napoleon erschienen im Transparente die alten Bourbonischen königl. Lilien darauf. Diese erblickte glücklicherweise Jemand von des Kaisersgefolge, und augenblicklich mußte der Berg finster bleiben, ohne daß viele die Ursache davon wußten. Wer aus den Bergbeamten diesen schrecklichen Wappenkundeschnitzer verursachet habe, hab ich nicht erfahren, auch nicht, wer der unglückliche Maler davon war. In Karlsbad kam diese Lilienmalerei nicht zur Welt." (Stadt Karlsbader Denkwürdigkeiten Nr. I. S. 239.)

des erſteren gaben die preußiſchen Badegäſte am 18. Juni 1816, dem
Jahrestage der Schlacht bei Waterloo, zu Ehren des anweſenden Siegers,
des Fürſten Blücher,[1]) ein glänzendes Ballfeſt. Marſchall Vorwärts fuhr
in dem von 6 Pferden gezogenen, bei Waterloo erbeuteten Reiſewagen
Napoleons am Poſthofe vor, junge Damen empfingen ihn mit Blumen-
ſträußen und die Prinzeſſin Hatzfeld ſchmückte ſein Haupt mit einem
Siegeskranze. Blücher, trotz ſeines hohen Alters immer munter und zu
Scherzen geneigt, namentlich mit dem ſchönen Geſchlechte, erwiderte:
„Die Ehre verdient Dank, meine Damen" und küßte jede auf die Stirne.[2])
Das Ballfeſt erreichte ſeinen Höhepunkt, als auch der greiſe Held ein
Tänzchen wagte. Bei einbrechender Dunkelheit prangte auf dem Poſthofe
ein Transparent und der Lindenplatz vor demſelben war durch zahlreiche
Lämpchen erleuchtet, während bei der Rückkehr der Badegeſellſchaft die
Alte Wieſe, wo Blücher im Steinernen Hauſe wohnte, mit buntfärbigen
Lampions geſchmückt war und über der Franieſſchen Buchdruckerei die
Worte flammten: „Es lebe Blücher."

In dem größeren, während des Winters 1717/18 erbauten Saale
des Poſthofes, ſpäter auch der Preußiſche genannt, gab die gefeiertſte
Sängerin jener Zeit, Madame Catalani, am 1. und 4. Auguſt 1818
zwei Konzerte für die vornehme Geſellſchaft gegen den hohen Eintritts-
preis von zwei Dukaten, ſo daß die Künſtlerin eine Einnahme von 1142
Dukaten erzielte. „Mit ihr taten die größten Herrſchaften als wäre ſie
eine Göttin," erzählt Dechant Stöhr in ſeinen Denkwürdigkeiten. Fürſt
Metternich führte ſie am Neubrunnen am Arme; bei ihm ſang ſie vor
einer geſchloſſenen Geſellſchaft im Weißen Löwen, desgleichen beim
Fürſten Joſef Schwarzenberg.[3])

---

1) Bekanntlich trank Fürſt Blücher nie gerne Waſſer, deshalb laute er das
Karlsbader Waſſer, bevor er es verſchluckte, und ſagte zu einigen Bekannten
am Neubrunnen: „Ich war immer ein Todfeind des Waſſers, und jetzt
führt mich der Teufel hieher, wo ich Waſſer ex officio trinken muß."

2) Eine Wienerin, Fräulein von Dickmann, war verhindert an dem Balle
teilzunehmen. Als ſie den Fürſten einige Tage ſpäter begegnete, ſagte ſie
zu ihm: „Wie beneidet ich letzthin meine Schweſter als ſie mir erzählte,
ſie ſei von dem Helden Blücher geküßt worden, was habe ich verſäumt!"
„Das kann Ihnen erſetzt werden!" und ein Kuß auf die Stirne des über-
glücklichen Mädchens war die Antwort des Marſchalls.

3) Bei dieſer Gelegenheit ſpielte ſich in Anweſenheit Goethes eine recht
intereſſante Szene ab, welche die Baireuther Zeitung vom 24. Auguſt 1818
nachſtehend ſchildert: „Den 6. Auguſt hatte beim Fürſten Joſef Schwarzen-

Seitdem der Freundschaftsaal im Jahre 1823 durch einen glän=
zenden Ball zu Ehren der Herzogin von Kurland eröffnet wurde, fanden
sich die vornehmen Badegäste mit Vorliebe hier zu geselligem Treiben
ein und machte ihn sowie die ländliche Umgebung zum Schauplatze
heiterer Feste.[1]) Zwei prachtvolle Freibälle wurden im Juli 1827 in
diesem Saale gegeben; der eine am 12. Juli von dem Grafen Karl
Chotek, Oberstburggrafen von Böhmen. Feuervasen beleuchteten sowohl
den Vorplatz des Saalgebäudes als auch den Fahrweg bis zur Stadt;
der zweite am 14. Juli von dem Grafen Woronzow=Daschkow, kaif. ruff.
Gesandten in München. Der Saal und die Nebenräumlichkeiten stellten
einen Garten dar, der Vorplatz und der gegenüberliegende Augustensplatz
erstrahlten im Glanze zahlreicher Lampions, während dem Fahrwege
entlang wieder Feuervasen brannten.

Ebenfalls im Freundschaftsaale beging der kaif. ruffische Botschafter
am Wiener Hofe Bailli von Tatitscheff am 7. Juli 1838 die Feier des
Geburtsfestes seines Souveräns, des Kaisers Nikolaus I., durch ein
prunkvolles Diner mit anschließendem Ball. Noch glänzender feierte der=
selbe Herr von Tatitscheff das Geburtsfest des Zaren und der Zarewna
Alexandra Feodorowna im Jahre 1840. Am 7. Juli gab er vielen

berg eine zahlreiche Gesellschaft zu Mittag gespeist. Am Nachmittag sang
die Gräfin Bombelles, Gemalin des kaiserlich österreichischen Gesandten
am Dresdner Hofe, außerordentlich schön und entzückte alle Anwesenden,
als die Thüre sich öffnete und Madame Catalani hereintrat. Die Gräfin
wollte nun durchaus nicht weiter singen. Madame Catalani bestand darauf
mit recht liebenswürdiger Manier. Es gieng also vorwärts; die schöne
Ida gewann ihre Zuhörer immer mehr und mehr; unter Anderen war
Goethe gegenwärtig und ganz hingerissen. „Wir sind diesem Können
näher verwandt," sagte er, „es ist das deutsche Herz, das uns entgegen=
tlingt." Die Gräfin Bombelles selbst gerührt durch den Eindruck, den sie
machte, sang nun bezaubernd und stimmte endlich von ihrem Gemal auf
dem Klavier begleitet: „Kennst du das Land," an. Die ganze Gesellschaft
wurde lebhaft ergriffen; Goethe hatte Thränen in den Augen. Jetzt fing
Madame Catalani an, sich unheimlich zu fühlen; sie wurde blaß und
behauptete, es werde ihr übel. Auf einmal lenkte sich nun das Interesse
auf ihre Seite, obgleich eine unverkennbare Anwandlung von Eifersucht
der wahre Grund ihres Leidens war. Die Gräfin Bombelles, von allen
Herren und Damen unterstützt, bestürmte sie, ihre Stimme zu erheben.
Sie sang eine italienische Romanzo, aber schwach, fast schüchtern und
höchst bewegt. Kein Applaudissement vermochte sie wieder aufzurichten."

1) Über diese Feste: J. J. Lenhart, Carlsbads Memorabilien. I. Teil 1840,
II. Teil 1860.

vornehmen Kurgästen und den städtischen Spitzen im Posthof ein Diner. Am Abend waren die Wohnungen des Botschafters, wie der übrigen anwesenden Russen prächtig geschmückt und beleuchtet, und während auf dem Markte die Kurkapelle ein Ständchen darbrachte, zeigte auf dem Friedrich Wilhelmsplatz ein prachtvolles Feuerwerk den Namenszug des Kaisers überragt von dem russischen Doppeladler. Zur Feier des Geburts- festes der Kaiserin am 10. Juli lud Tatitscheff dieselbe Gesellschaft zu einer glänzenden Soiree in den Sächsischen Saal; gleichzeitig schmückten den Vorplatz und die Stege über die Tepl viele Lampions, ebenso war die Alte Wiese bis zur Johannisbrücke von einem Bogengewölbe unter den dichtbelaubten Kastanien herrlich beleuchtet und am Friedrich Wil- helmsplatze erstrahlte der Name der Kaiserin unter der Kaiserkrone im Brillantfeuer. Die Feier beschloß wie am 7. Juli eine Serenade der Kurkapelle auf dem Markte vor der Wohnung des Botschafters im Hanse „Weißer Löwe". An den beiden schönen Juliabenden wogte eine große Menschenmenge den Markt und die Wiese auf und ab.

Ein gekröntes Haupt, König Otto I. von Griechenland, beschloß die Reihe der eigenartigen, glänzenden Festlichkeiten, welche Karlsbad seit dem Ende des 17. Jahrhunderts wiederholt gesehen hatte. Am 19. August 1852 gab dieser liebenswürdige Herrscher im Freundschaftssaale allen, die ihm vorgestellt waren, ein heiteres Fest, einen thé dansant mit prachtvoller Beleuchtung der ländlichen Umgebung, sowie der Straße bis zur Wohnung im Goldenen Schlüssel. Fürst Bariatinsky veranstaltete dafür zu Ehren des Königs auf dem festlich beleuchteten Helenenhof eine Abendunterhaltung, während ringsum auf den Bergeshöhen grie- chische Feuer in allen Farben brannten und Leuchtkugeln und Raketen aufstiegen, die letzten Zeichen einer entschwundenen schönen Zeit.

Neue Gedanken und Ausdrucksformen der Kunst in Böhmen unter den Luxemburgern.[1]

Von

Joſeph Neuwirth (Wien).

Wie in der politiſchen Geſchichte, ſo iſt auch in der Kultur=
entwicklung der Menſchheit für die Zuweiſung der einem Volke ge=
bührenden Stelle das Maß ſeines Eingreifens in die allgemeine Ge=
ſtaltung der Dinge, die Fühlungnahme mit anderen Nationen und die
Dauer ſeiner Beziehungen zu denſelben entſcheidend. Mehr als die
Größe der eigenen Empfänglichkeit fällt die Summe deſſen, was es neu
ſchafft und andern ſchenkt, ſchwer in die Wagſchale. Mag ſich auch die
Geſchichtsforſchung notwendiger Weiſe eingehender · mit einer Kunſtweiſe
beſchäftigen, in welcher ſich das allmähliche Wachstum beſtimmter Ge=
danken und Formen bis zur höchſten Vollendung ohne weſentliche
Unterbrechung durch eine Jahrhundertreihe verfolgen läßt, ſo verkennt
ſie doch nicht die große Bedeutung glänzender Epiſoden von verhältnis=
mäßig kurzer Dauer. Als eine ſolche darf jener Anteil bezeichnet
werden, den Böhmen in der zweiten Regierungshälfte Johanns
von Luxemburg, unter Karl IV. und am Beginne der Regierung
Wenzels IV. an der Entwicklung des Kunſtlebens in Mitteleuropa mit
dem Aufwerfen neuer Gedanken und mit der Verwendung neuer Aus=
drucksformen nahm.

Die Beziehungen des neuen Herrſcherhauſes zu Frankreich, die Er=
ziehung Karls IV. am franzöſiſchen Königshofe, ſeine Vermählung mit
einer franzöſiſchen Prinzeſſin, die wiederholten Reiſen der Könige wie
der Kirchenfürſten zu dem Papſthofe in Avignon, die Jahrten der
Ziſterzienſeräbte zu den regelmäßig wiederkehrenden Generalkapiteln, die
Anlehnung der königlichen Hofhaltung an den Brauch des franzöſiſchen
Königshauſes, die Nachahmung franzöſiſcher Formen in Tracht und Sitte

---

1) Vortrag, gehalten in Brünn.

leiteten, in der erſten Hälfte des 14. Jahrhunderts einen breiten Strom
franzöſiſcher Anregungen ins Böhmerland. Sie erfuhren eine Ein-
dämmung und Zurückdrängung, als Karl IV. die deutſche Kaiſerkrone
erlangte und nach dem Tode ſeiner erſten Gemahlin der Charakter der
Hofhaltung ſich änderte, als den Beherrſcher Böhmens tauſend und
abertauſend Angelegenheiten innigſt dem Deutſchen Reiche verbanden und
wiederholt, in alle wichtigeren Städte des Deutſchen Reiches führten,
indes deutſche Fürſten nicht weniger oft nach Prag kamen. Da fluteten
aufs neue die deutſchen Einflüſſe in das für dieſelben ſchon unter den
Přemysliden ſo empfängliche Böhmerland. Die Hauptſtadt desſelben
war zur Reſidenz des deutſchen Kaiſers, zum Vororte eines neuen, in
der kirchlichen Organiſation zielbewußt und vortrefflich ausgeſtalteten
Erzbistumes und zum Sitze der erſten Hochſchule des Deutſchen Reiches
emporgeſtiegen. Mit dieſer Stellung hatte ſie ganz andere Aufgaben
als früher und vor allem im Zuſammenhange mit dem Deutſchen Reiche
zu löſen; der vollzogene Wechſel kam wohl kaum anderswo ſo augen-
fällig zum Ausdrucke als in der Tatſache, daß den aus Avignon berufenen erſten franzöſiſchen Dombaumeiſter Matthias von Arras der
junge deutſche Architekt Peter Parler aus Schwäbiſch-Gmünd, der Sohn
des an letzterem Orte tätigen Meiſters Heinrich, ablöſte. Die großartige Entfaltung und Organiſation des böhmiſchen Kirchentumes
namentlich unter den beiden erſten Erzbiſchöfen, die Einführung neuer
Kirchenfeſte, die Ausgeſtaltung des Fronleichnamskultus, die nahezu ins
Ungemeſſene ſteigende Reliquienverehrung, das Anwachſen der Verehrung
der Landespatrone, neue Bequemlichkeitsforderungen der zu Wohlſtand
und Anſehn gelangten Bürger, die Erweiterung alter Adelsſitze und die
Anlage neuer Burgen nach den Vorbildern der benachbarten deutſchen
Länder ſtellten Böhmens Kunſt vor eine große Zahl lohnendſter Aufträge, die oft ſelbſt zu dem Verſuche neuer Löſungen und zur Anwendung bisher ungewöhnlicher Formen drängen mußten.

Vereinzelt läßt ſich ſogar feſtſtellen, daß die Zeitgenoſſen über die
Verwendung des vom Alltagswege Abweichenden, alſo eine Art Sezeſſion,
ſich vollſtändig klar waren und ſelbſt ſchon die Bewertung nach dem
Urſprunge der dabei zur Geltung kommenden Kunſtmittel vornahmen.
Als Karl IV. die Statthalterſchaft Böhmens antrat, ging er ſogleich an
die Wiederinſtandſetzung der Königsburg auf dem Hradſchin und an
die Errichtung eines neuen Palas »ad instar domus regis Francie«.
Im Wetteifer mit ihm ließ ſein Vater König Johann auf der Prager

Altstadt viel »modo Gallico« ausführen. Die Zeitgenossen, welche diese Ausdrücke wählten, waren nicht im Zweifel über die Herkunft der in beiden Fällen maßgebenden Kunstformen. Die Tatsache, daß aus Avignon Meister Wilhelm für den Brückenbau in Raudnitz berufen wurde und aus derselben Stadt auch der erste Prager Dombaumeister Matthias von Arras kam, die Verwendung französischer Anlagegedanken mit Chorumgang und Kapellenkranz für die Zisterzienserkirchen in Königsaal und Sedletz sowie für den Prager Dom, der Kauf von Handschriften für böhmische Zisterzienserklöster in Paris beleuchten in anderer Weise das Einsetzen französischer Anschauungen in der Kunst Böhmens, während nach 1350 eine entschiedenere Bevorzugung deutscher Muster und Meister in den Vordergrund rückt.

Die Architektur begann bei Kirchenbauten verschiedenster Bestimmung sich mit der reichen Gliederung des französischen Kathedralengrundrisses zu befreunden, der nicht nur für den Neubau des Prager Domes und die Zisterzienserkirchen Königsaal und Sedletz, sondern auch für die Stadtkirchen in Kolin und Kuttenberg maßgebend wurde. Im ganzen Deutschen Reiche gibt es gleichzeitig kein zweites Territorium, in welchem diese Grundrißlösungen sich einer so ausgesprochenen Bevorzugung erfreuten und in konkreten Fällen — wie beim Prager Dome auf die Kathedrale von Narbonne — auf ein ganz bestimmtes französisches Vorbild zurückgeführt werden können. Hand in Hand mit der reich bewegten Grundrißgliederung, die schon in der Anordnung des Kapellenkranzes einer gewissen malerischen Gruppierung zustrebt, geht die Großräumigkeit des Innenraumes, die zur Gedrücktheit der früheren Anlagen und kleiner Stadtkirchen in einen gewissen Gegensatz tritt. Im Aufbaue ist das Bestreben nach einer Lockerung der Massen durch Verbreiterung der Maßwerkfenster und Vermehrung ihrer Felder, durch die Einschaltung des Triforiums ganz offensichtlich; die Auflösung der hinter letzterem liegenden Mauer in Fensterreihen fördert beim Prager Dome ein ganz ungewöhnliches Hereinfluten von Licht, wie es bisher nirgends erreicht war. Das Äußere dieser Bauten erscheint belebt durch eine außerordentlich malerische Gruppierung der Einzelheiten des Strebesystems, dessen kunstreiche Anordnung und Durchbildung auf die hohe Konstruktionsfertigkeit der Meister schließen läßt. Vereinzelt tritt auch schon ein Zerreißen der Silhouette durch Häufung und störendes Durchschneiden der Details zutage. Aber in allem ein großer Zug, der bei aller Anlehnung an das in anderen Ländern Gesehene eine gewisse Selbstständigkeit der Ausführung nicht verkennen läßt. Sie bricht auch in der Variation der Grundrißlösung durch, welche in Kolin und Kuttenberg etwas **von** dem Herkommen der Gotik Abweichendes bietet. Im allgemeinen **ordn**et die letztere das Chorpolygon so an, daß die Mittellinie des **Baues** die Schlußseite halbiert. Bei der Koliner Bartholomäus-kirche **trifft** aber die Mittelaxe direkt auf einen Chorschlußpfeiler und **halbiert den** Polygonswinkel, während die dahinter liegende Mittelkapelle des **Kapellen**kranzes an der gewöhnlichen Anordnung festhält. Dadurch hebt **sich der** den Abschluß des Hauptraumes bildende Pfeiler mit seiner Masse lichtumflossen scharf ab, ein malerischer Effekt, auf den der Meister hingearbeitet hat. Die merkwürdige Bildung der Strebepfeiler als Dreiecke, welche voll auf je einer Polygonseite der Außenmauer aufliegen, rückt den Kapellenkranz in eine geschlossene, fast halbkreisförmige Linie und gibt die malerische Belebung preis, die bei der Aneinanderreihung selbständig vorspringender Kapellen sonst erreicht wurde. Der Wechsel in der Stellung des inneren und des äußeren Chorpolygons im Verhältnisse zu der einmal den Winkel, das andere Mal die Seite halbierenden Mittelachse, die Einlagerung des Kapellenkranzes in eine geschlossene Linie muß daher als Besonderheit des Koliner Baues genau beachtet werden, der nach einer neben der Sakristeitüre erhaltenen Inschrift 1360 von dem Prager Dombaumeister Peter Parler begonnen und 1378 vollendet wurde.

Blickt man auf die heil. Kreuzkirche in Schwäbisch-Gmünd, deren Chor 1351 von Meister Heinrich, dem Vater Peter Parlers, in Angriff genommen wurde, so überrascht bei diesem überaus stattlichen Baue, dessen Innenverhältnisse Schlankheit und Weiträumigkeit auszeichnen, das Einschieben des Kapellenkranzes zwischen die Strebepfeiler, so daß die Außenseiten als einheitliche Umrißlinie verlaufen. Daß diese Anordnung in der Gmünder Schule sich einer gewissen Bevorzugung erfreute, lehrt ein Blick auf das Münster zu Freiburg i. Br., als dessen Meister 1359 ein Johann von Gmünd, vielleicht ein anderer Sohn oder ein Bruder Meister Heinrichs, bestellt wurde, der gleichfalls für den Freiburger Chorbau zum Wechsel der Anordnung des Schlusses im innern und äußern Polygone griff, das Altarhaus aus drei Seiten des Sechseckes, den Kapellenkranz aus sechs Seiten des Zwölfeckes löst und in dem mittleren Interkolumnium des Altarhauses nicht mehr eine Kapelle, sondern einen in die Mittelachse des Baues rückenden Pfeiler mit ähnlichem Streben nach malerischer Wirkung eintreten läßt.

Eine ähnliche Anlage mit dem Wechsel der Achsenstellung des inneren und des äußeren Polygones bietet die 1388 begonnene berühmte Barbarakirche in Kuttenberg, deren Aufbau und Strebeapparat an manche Formen des Prager Dombaues erinnern. Wieder liegen wie in Kolin die Kapellen zwischen dreieckigen, nach innen gezogenen Strebepfeilerkörpern, so daß der ganze Kapellenkranz abermals innerhalb einer außen geschlossenen Linie verläuft und die Belebung durch das Vorspringen der Kapellen ebenso wie in Kolin entfällt. In Kuttenberg rückt wie in Freiburg der Strebepfeiler der Außenmauer in die das Interkolumnium des Altarhauses halbierende Mittelachse. Man dürfte wohl kaum irregehn mit der Annahme, daß die besprochene Variation des Kathedralengrundrisses, welche den Gmünder Meistern geläufig gewesen zu sein scheint, von Peter Parler zuerst bei dem Chorbaue der Koliner Bartholomäuskirche verwendet und von seinen Kuttenberger Auftraggebern, die mit den Koliner Nachbarn in der Errichtung eines zwar ähnlichen, aber noch prächtigeren Gotteshauses wetteifern wollten, direkt verlangt wurde.

Sind doch solche Fälle der Forderung, einen eben der Vollendung nahen, beifällig aufgenommenen oder einen gerade vollendeten Bau als Muster festzuhalten, bereits für diese Epoche nicht unbekannt, da z. B. 1369 für den Bau des Kreuzganges des Minoritenklosters in Neuhaus jener im benachbarten Augustinerchorherrnstifte Wittingau und für den Chorbau der Veitskirche zu Krummau in Südböhmen 1407 die Einwölbungsweise der Ägidiuskirche zu Mühlhausen bei Tabor als Vorbild empfohlen erscheint.

Für den Prager Dom hat Meister Peter Parler noch eine andere Besonderheit von dem Baue seines Vaters in Schwäbisch-Gmünd herübergenommen, indem er mit Abgehen von dem Entwurfe des Meisters Matthias, der nach französischem Vorbilde ganz zweifellos eine Fassade mit zwei Westtürmen in Aussicht genommen haben mochte, die Türme an das Querhaus anschob, eine Anordnung, die dann von Prag durch die Meister von Prachatitz auch auf den Ausbauplan des Wiener Stephansdomes hinübergriff.

Die Verwertung der Einstellung des Mittelpfeilers eines Chorpolygons in der Mittelachse des Baues wird zum roten Faden für die Angliederung bestimmter Bauten Böhmens zum Parlerwerke oder wenigstens zur Parlerschule. In die Mittelachse des Baues rückt der Pfeiler des 1377 geweihten Chorschlusses der berühmten Kirche des von

Karl IV. gegründeten Augustinerchorherrnstiftes Karlshof in Prag, die
auch in der Achtecksform des Schiffgrundrisses und in der Einwölbung
des darüber sich erhebenden Baues durch eine sterngewölbte Kuppel von
dem Baubrauche der Goik abweicht. Achtecksform und Kuppel sind
offenbar herübergenommen und gleichsam ins Gotische übersetzt von der
berühmten Pfalzkapelle Karls des Großen, dem heutigen Münster zu
Aachen, woher Karl IV. die Reliquien für seine neue Stiftung bezog.
Die hohe Verehrung, welche Karl IV. seinem Namenspatrone zollte,
drängte ihn augenscheinlich, nicht nur die Reliquien desselben, sondern
auch künstlerische Gedanken von Aachen herüberzunehmen und in einem
Karlsmünster in Böhmens Landeshauptstadt etwas auch in der Außen-
erscheinung an den Aachener Karlsbau Erinnerndes zu schaffen. Die
Eigenart der Grundrißlösung kombiniert die zuerst bei Peter Parler auf-
fällige Pfeilerstellung in der Mittellinie des Baues mit dem Zentral-
baugedanken des Achteckes; die Kühnheit der weitgespannten Wölbung
ist des genannten Dombaumeisters würdig, der bei seinen nachgewiesenen
Beziehungen zu Köln möglicher Weise von dort aus den Aachener Bau
selbst kennen gelernt, in der als Vorstufe für Karlshof zu betrachtenden
Wölbung der Wenzelskapelle des Prager Domes sich schon an ähnlichen
Wölbungsproblemen versucht hatte und gerade in dem Oberbau des
Prager Domes sich als außerordentlich kühner Konstrukteur betätigte.
In der Großartigkeit geschlossener Raumbildung bleibt die Karlshofer
Kirche unstreitig die originellste Schöpfung der Gotik Böhmens im
14. Jahrhunderte. Auch die Prager Teinkirche, deren Bau namentlich
im letzten Drittel des 14. Jahrhundertes gefördert wurde, stellt den
Chorschlußpfeiler in die Mittelachse der dreischiffigen Basilika, kombiniert
also eine neue Anordnungseinzelheit mit dem bereits seit Jahrhunderten
bekannten Grundrisse. Ihr prächtiges Nordportal zeigt Besonderheiten,
die so zwingend auf Peter Parler und seine Schule zurückweisen, daß
man auch sie zu den von seinem Geiste abhängigen Werken zählen wird.
Den Zentralbaugedanken nahm nicht minder die um 1360 errichtete
Kirche des Augustinerchorherrnstiftes Sadska bei Nimburg auf, bei
welcher man die Form des griechischen Kreuzes benützte. Eine in ihrer
Art sonst überhaupt nirgends wiederbegegnende, gleichfalls in die Zentral-
bauten einreihbare Anlage war die 1382 begonnene und vor 1399
vollendete Fronleichnamskapelle auf dem Karlsplatze in Prag; sie war
in Form eines achtstrahligen Sternes angelegt, besetzte jeden Strahlen-
vorsprung mit einem einfach abgetreppten, fialengeschmückten Strebepfeiler

und trug in der Mitte einen achteckigen Turm. Leider ist das hochinteressante Bauwerk heute verschwunden.

Von neuen Einzelformen ist die Verwendung des Rundbogens bei
der Portaldeckung, die ja sonst im allgemeinen am Spitzbogen festhält,
besonders beachtenswert. Sie findet sich zuerst an dem Portale der
Wenzelskapelle im Prager Dome, das Peter Parler in den 60er Jahren
des 14. Jahrhunderts einsetzte, dann in der 1367 vollendeten Portalvorhalle an der Südseite des Veitsdomes. Sie überrascht daher nicht
mehr in der Deckung der schönen Portalvorhalle der Prager Teinkirche,
die eben nach anderen Kennzeichen als von Peter Parler beeinflußt angesetzt wurde. Gerade dies Portal mit seinem ursprünglich reichen
Schmucke ist ganz in der Art der Gmünder Meister gehalten. Daß die
Statuenbaldachine an den Strebepfeilern übereck gestellt werden, so daß
der Anblick des Bildwerkes durch die vor ihm stehende Säule behindert
ist, mag Peter Parler von seinem Vater herübergenommen haben, auf
dessen Vorbild wohl auch die Verwendung der lang gezogenen, bis
dahin in Böhmen eigentlich nicht auftretenden Fischblasen zurückgeht.
Das Sterngewölbe kommt in Aufnahme und erzielt in der Wenzelskapelle
wie in der Karlshofer Kirche höchst beachtenswerte Lösungen. Für die
Wandbelebung werden neue Mittel herangezogen. Außer der Mosaikzier
begegnet die Bekleidung der Wandflächen mit geschliffenen böhmischen
Edelsteinen, die in vergoldeten Gipsgrund eingesetzt wurden; letzterer
wurde durch den Aufdruck verschiedener Formen gemustert. Diese seltene
Pracht bleibt allerdings auf die Karlsteiner Kapellenräume und die
Wenzelskapelle des Veitsdomes beschränkt und findet in den Deko-
rationsmitteln der nordischen Kunst des 14. Jahrhundertes nirgends
ihresgleichen.

So sind auf dem Gebiete der kirchlichen Architektur bei der
Verwendung der reicheren Formen der Grundrißlösung französischer Kathe-
dralen manche Züge einer selbständigen Weiterentwicklung erweisbar.
Der Zentralbau ist durch ebenso originelle als hinsichtlich der Kon-
struktion bedeutsame Werke vertreten. Die Lockerung des Aufbaues geht
mit dem Bedürfnis reicherer Lichtzuführung Hand in Hand, das Gefühl
der Großräumigkeit zeitigt neue Wölbungsprobleme. Glänzende Effekte
und malerische Gegensätze machen, wie z. B. das tiefe Einschneiden der
durch starke Schatten wirkenden Pfeilerprofile, das Auge für neue Motive
empfänglich, über welchen man vergißt, daß manches an der Formen-
bildung zu dünn und schwächlich ist. Für Portaldeckung und Fensterzier

dringen neue Formen ein; die Dekoration der Wand wird nicht mehr
bloß durch den Pinsel bestritten.

Sind auch die Werke der gleichzeitigen Profanarchitektur
größtenteils verloren gegangen, so haben sich doch wichtige Anhaltspunkte für
die Bestimmung neuer Anschauungen erhalten, welche diesen Zweig der
Baukunst befruchteten. Die Angabe des Franciscus von Prag, daß die
von Karl IV. wieder instand gesetzte Prager Königsburg »ad instar
domus regis Francie« errichtet wurde und früher in Böhmen etwas
Ähnliches überhaupt nicht zu sehen war, drängt zur Annahme, daß der
am französischen Königshofe erzogene und mit einer französischen
Prinzessin vermählte Karl IV. in Prag etwas Ähnliches wie die
Residenz der französischen Könige, das alte Louvre, schaffen wollte. Ein
ähnlich malerisch gruppierter Gebäudekomplex, wie ihn alte Miniatur-
darstellungen des Louvre zeigen, muß das Prager Königsschloß unter
den Luxemburgern gewesen sein, das weithin Bewunderung erregte und
mit großem Kostenaufwande errichtet wurde. Die beiden Haupttürme
gegen Ost und West erhielten eine bis dahin nie gesehene Dachdeckung
aus vergoldeten Bleiplatten, deren Glanz beim Sonnenscheine schon weithin sichtbar war. Zum Anschlusse an einen eigenartigen Bau auf
Frankreichs Boden fühlte Karl IV. sich auch gedrängt bei der Errichtung
der zwischen 1348 bis 1365 vollendeten Burg Karlstein, welche wie die
Papstburg in Avignon die Kombination eines fürstlichen Repräsentations-
und Wohnbaues mit einem Kultbaue darstellt. War doch Karlstein nicht
nur Wohnsitz des Kaisers, sondern auch Sitz eines Kollegiatkapitels,
dessen Kirche sich wie in Avignon neben dem Palaste des Fürsten, hier
der Kirche, dort des Landes, erhob. Der wiederholte Aufenthalt des
Bauherrn am Papsthofe in Avignon, seine tief religiöse Gesinnung, die
hier auch eine sichere Stätte für die deutschen Reichskleinodien und für
seine reichen Reliquienerwerbungen schaffen wollte, konnten leicht diese
Anknüpfung vermitteln, zudem ja gerade Karl IV. auf die Berufung des
Dombaumeisters Matthias von Arras aus Avignon bestimmenden Einfluß nahm. Jedenfalls liegt die Anknüpfung an die merkwürdige Vereinigung von Fürstenresidenz und Kirchenbau in Avignon viel näher als
die gesuchte und nicht einmal mit Wahrscheinlichkeit erweisbare Beziehung auf die Gralsburg, für welche zunächst eine ganz unbestreitbare
Vorliebe Karls IV. für den Gralsagenkreis nachgewiesen werden müßte,
ehe man sich auf eine solche Deutung überhaupt einlassen kann. Während
die hervorragendsten Burgenbauten des Herrscherhauses französischen Mustern

folgten, schloß die Anlage der Adelssitze sich an die in Bayern und
Franken üblichen Vorbilder an, die bereits im 13. Jahrhunderte den
Burgenbau Böhmens beeinflußt hatten. Auch der Bischof Johann IV.
von Dražitz, der bei seinem mehrjährigen Aufenthalte die an dem Papsthofe geltenden Kunstanschauungen kennen gelernt hatte, ließ bei dem
prächtigen Umbaue des Bischofshofes auf der Prager Kleinseite und bei
der Ausschmückung des von ihm 1333 begründeten Augustinerchorherrnstiftes Raudnitz gleichfalls ausländische Kunstformen zum Worte kommen.
Ja, für den gleichzeitig begonnenen Bau der ehemaligen Raudnitzer Elbe-
brücke berief er direkt den Meister Wilhelm von Avignon und brachte
so einen wichtigen Zweig des öffentlichen Verkehrsbaues in Abhängigkeit
von Frankreich, da der ausländische Brückenbautechniker die Gelegenheit
wahrnahm, die inländischen Arbeitskräfte für die Fortführung des
Werkes nach seinem Abgange heranzubilden. Aber der Erfolg der Unter-
weisung war kaum nachhaltig, da 1357 die Führung des Baues der
berühmten Prager Moldaubrücke dem zweiten Dombaumeister Peter
Parler übertragen wurde. Seine allerdings nicht unverändert gebliebene
Schöpfung, deren Brüstungen die Barockkunst mit einer stattlichen Zahl
überaus wirksamer Statuen malerisch besetzte, besitzt wohl ihr eigentliches
Schaustück in dem mit Statuenschmuck reich verzierten Altstädter Brückenturme, an welchem das auch an böhmischen Kirchenbauten der Zeit
häufiger werdende Motiv der graziös durchgebildeten Ecktürmchen einer
besonderen Zierlichkeit zustrebt. In die Luxemburger Zeit reichen auch
die ältesten Denkmäler der die Profanbauten so wirksam belebenden
Erkeranlagen zurück, die durch die 1381 geweihte Erkerkapelle des Altstädter Rathauses mit reichem Wappen- und Statuenschmucke und durch
den 1386—1390 entstandenen Karolinumserker mit seiner hinter dem
Rathauserker nicht zurückbleibenden Zierlichkeit besonders glänzend vertreten ist. Obzwar solche Erkeranlagen etwas später auch anderwärts
nicht selten sind, so bürgerten sie sich in Böhmen, wie der Rathausturm
in Kaaden zeigt, verhältnismäßig rasch ein.

Gerade an dem Prager Dome, an der Teinkirche, an dem Altstädter Brückenturme und an den Prager Erkerbauten wird es offensichtlich, daß mit Peter Parler nicht nur ein großer Architekt, sondern
auch ein schaffensfroher Bildhauer die Kunstübung Böhmens zu beeinflussen begann. Ihn beherrschte Freude an plastischem Schmuck und
dekorativem Reichtum, den er am Portale der Teinkirche in den Darstellungen aus der Leidensgeschichte Christi auf eine an die Gmünder

Portale erinnernde Weise zum Vortrag brachte. An dem im allgemeinen schmuck und elegant wirkenden Altstädter Brückenturme läßt die organische ndung der Architektur mit der plastischen Zier manches zu wünschen ; letztere erscheint mehr angeheftet und nur äußerlich angeklebt, ausreichende systematische Entwicklung aus der Gliederung des . Während die mit dem Parlerzeichen versehene Wenzelsstatue Auffassung und Durchführung sich kaum wesentlich von den besseren Durchschnittsleistungen der Zeit unterscheidet, hat Peter Parler in der Büstenreihe seines Prager Domtriforiums einen hochoriginellen Gedanken künstlerisch überaus wirksam zu gestalten verstanden. Auf luftiger Höhe ist hier eine Porträtgalerie der wichtigsten Dombauförderer in Stein geschaffen worden. Angehörige des Herrscherhauses, die Erz= bischöfe, die Dombaudirektoren und die beiden ersten Dombaumeister er= scheinen hier gleichberechtigt mit dem Anspruche auf Verewigungs= berechtigung, die Fürsten des Landes und der Kirche neben jenen im Reiche der Kunst, die administrativen und die technischen Leiter des groß= artigen Werkes. Das sonst ganz vereinzelt begegnende Anbringen einer Stifter= oder Meisterdarstellung ist hier im Sinne des Gedankens, daß Großes nur durch zielbewußtes Zusammenwirken verschiedener Faktoren entstehen könne, zum erstenmale in einer monumentalen Porträtsammlung verewigt. Für eine Anzahl der Büsten steht die bildnistreue Behandlung, die bei Karl IV., seinen Gemahlinnen und den Erzbischöfen auch an anderen Darstellungen der Zeit überprüft werden kann, ganz außer Zweifel. Einzelne überraschen geradezu durch offenkundige Heraus= arbeitung lebenswahrer Züge. Sind auch nicht alle Büsten bildnistreu, so darf man doch sagen, daß gerade in den Tagen Karls IV. die individualisie= rende Charakterbüste als eine Bereicherung der Plastik Böhmens auftaucht und, wie die Herrscherstatuen an dem Altstädter Brückenturme beweisen, auch für die Belebung des Äußeren von Profanbau= werken übernommen wird. Fast die gleiche Absicht, welche Karl IV. im Luxem= burger Stammbaume zu Karlstein und in dem Zyklus böhmischer Herrscher auf der Prager Burg zur Vorführung seiner Ahnen im Bilde drängte, bestimmte den Bischof Johann IV. von Dražiß in seiner mit herrlichen Malereien ausgeschmückten Kapelle des Prager Bischofshofes die Büsten aller Prager Bischöfe ihrer Reihenfolge nach aufzustellen. Die Plastik Böhmens erweiterte im 14. Jahrhunderte ihre Ausdrucksmittel durch Arbeiten des Erzgusses, für welche nachweisbar nur fremde Meister beschäftigt wurden. Für Königsaal wurde noch unter Abt Peter an Stelle der Statue, welche das im Stiftskirchenchore aufgestellte Grabmal Wenzels II. zierte und später an einen Chorpfeiler gerückt wurde, von dem Meister Johannes von Brabant eine aus Erz gegossene Grabplatte mit dem Stifterbilde geliefert. Die Arbeit scheint Anklang gefunden zu haben, da auch Bischof Johann IV. für seine Tumba eine bronzene Grabplatte anfertigen ließ, welche sein Bild im vollen Ornate zierte. 1373 vollendeten Martin und Georg von Klausenburg, die Söhne des Malers Nikolaus von Klausenburg, die als vortreffliche Erzgießer bekannt waren und 1370 die ehernen Standbilder der heiligen Ungarnkönige Stephan, Emerich und Ladislaus sowie 1390 das Standbild des heil. Ladislaus vor dem Wardeiner Dome ausführten, den heute noch im dritten Prager Burghofe stehenden Erzguß des heil. Georg, der trotz unbestreitbarer Mängel durch die Lebendigkeit der Bewegung von Roß und Reiter und gute Auffassung der Pferdedarstellung ungemein interessiert. Sowohl nach dieser Seite hin als auch technisch hat das Werk im 14. Jahrhunderte kaum seinesgleichen in deutschen Landen gehabt. Während dieser Zweig der Plastik sich in Böhmen selbst nicht weiter entwickelte, spiegelt sich das wachsende Interesse für die Herstellung von Büsten auch wieder in den Werken der Kleinplastik, da jetzt in größerer Zahl als früher die büstenförmigen Reliquiarien angefertigt wurden, welche zur Bergung von Kopf- und Halsreliquien benützt wurden; einzelne derselben zeigen, wie verständnisvoll die Goldschmiedekunst der führenden Richtung der Plastik sich anzupassen verstand. Die Elfenbeinschnitzerei, welche an eingeführter französischer Kunstware, z. B. Madonnenstatuetten, geschmackvolle Vorbilder fand, erstreckte sich auch auf die kunstreiche Ausschmückung des Sattels. Ein Prunkstück dieser Art, für Wenzel IV. ausgeführt, interessiert durch den Darstellungsinhalt abwechslungsreicher Szenen.

Die Ausschmückung der Kirchen und Klöster, der Schlösser und Bürgerhäuser führte den Malern des 14. Jahrhunderts die mannigfaltigsten Aufträge zu und begünstigte die Entwicklung einer bestimmten Richtung, die man als „böhmische Schule" einzuschätzen sich gewöhnt hat. Das ungewöhnliche Emporblühen dieses Kunstzweiges findet seinen zunftorganisatorischen Ausdruck in der 1348 vollzogenen Begründung der Prager Malerzeche, deren deutsche Satzungen einen Rückschluß auf die Nationalität des Kernes und der Mehrheit der Zechmitglieder erlauben. Das Darstellungsgebiet erweitert sich gegen die frühere Zeit. In die Bilderfolgen, deren Stoffkreis bis dahin vorwiegend die Heiligenlegende bestritt, bringt das Wehen einer neuen Zeit. Der Stammbaum der Luxemburger, mit dessen bis auf Noah zurückreichenden Darstellungen Karl IV. sein Anrecht auf den deutschen Kaiserthron zu erweisen sucht, bezieht auch Saturn und Priamus in die Ahnenreihe und zeigt sich von den ersten Regungen der Renaissanceanschauungen berührt. Kein Wunder bei einem Herrscher, der in Beziehungen zu Petrarca stand, kein Wunder in einer Zeit, in welcher die Ratgeber des Kaisers, wie sein Kanzler Johann von Neumarkt, in ihre Privatbibliothek bereits die Werke Dantes einreihten. Das Zeitereignis wird Gegenstand der bildlichen Darstellung, was die leider verloren gegangenen Szenen des Wunders mit der Nikolausreliquie im Prager Agneskloster feststellen lassen, die einst zur Ausschmückung der Nikolauskapelle in Karlstein dienten. Und wie das Zeitereignis interessiert auch die in der Zeit lebende Persönlichkeit in einem höheren Grade als früher. Wie in der Plastik die Porträtbüste als etwas Neuartiges auftaucht, so tritt jetzt das Bestreben nach bildnis- treuer Darstellung bestimmter Persönlichkeiten entschiedener zutage. Auf Wandbildern und Tafelgemälden, Glasfenstern und in Bilderhandschriften, auf den Stickereien der Meßgewänder findet man zahlreiche Belege gut durchgeführter Bildnisse, bei welchen die Absicht der Individualisierung ganz unverkennbar ist oder wenigstens einsetzt. Italienische, deutsche und einheimische Meister wurden von dem Kaiser mit Aufträgen bedacht Thomas von Modena lieferte liebliche Altarwerke von neuartiger Auf- fassung, Nikolaus Wurmser von Straßburg, der eine Saazerin als Frau heimführte, und Meister Theodorich arbeiteten an der Ausschmückung Karlsteins, in dessen Kapellenräumen sich die wertvollsten Schöpfungen karolinischer Malerei erhalten haben. Die Marienkirche in Karlstein birgt köstliche Reste eines großen Apokalypsezyklus und Darstellungen der Er- werbungen kostbarer Reliquien durch Karl IV. In der edelsteingeschmückten Katharinenkapelle wird durch die Aussparung einer Nische über der Mensa die bei der Beschränkung des Raumes doppelt erwünschte leichte Unterbringungsmöglichkeit des Altarbildes geschickt gefunden. Auf den weihevollen Eindruck der Kreuzkapelle bereiten im Treppenhause des Hauptturmes die Wandbilder aus der Wenzels- und Ludmilalegende vor; in der Kreuzkapelle selbst grüßen mehr als 130 Tafelbilder von Theodorichs Hand in eigenartiger Herbheit von den glänzend geschmückten Wänden. Der ganze Innenraum steht hier unter der Wirkung der Farbe, von der Edelsteinbekleidung der Wände und den darüber sitzenden Tafelbildern an bis zur Bemalung der Rippen und des Gewölbegrundes,

7*

von welchem die goldunterlegten Glasplatten der Sterne, die Goldscheibe der Sonne und die Silbersichel des Mondes sich abheben. Schon Benesch von Weitmil ist sich der einzigartigen Wirkung dieses Raumes bewußt, dem auch das preisende Lob späterer Jahrhunderte gilt und die Bewunderung aller Zeiten sicher bleibt. Nur noch einmal versucht die karolinische Ausstattungskunst ein ähnliches Werk in der Edelstein= verkleidung der Wenzelskapelle, in welche sie die Anordnung von Wand= gemälden direkt einbezieht. Eines derselben wird, aber ohne Nische, gleichfalls als Altarbild verwendet.

In den Darstellungen der Wand= und Tafelbilder in der Karl= steiner Kreuzkapelle, die nachweisbar von der Hand Theodorichs stammen, überrascht die Energie, mit welcher zum erstenmale ein Maler Böhmens die Natur mit dem Ideale zu verschmelzen sucht. Man wird diese breit= schultrigen und vierschrötigen Gestalten mit den mächtigen Köpfen nirgends in dem Kanon höfischer Schönheit und überlieferter Typen unterbringen; sie sind teilweise der Natur direkt abgeschrieben. Man hat sogar die Gesichtsbildung mit den wulstigen Lippen und den kräftig ent= wickelten Backenknochen auf einen unmittelbaren Anschluß an Modelle slawischer Herkunft zurückführen wollen. Den zum Teil trefflich model= lierten Händen mit den klobig auslaufenden Fingern, die von der sonst beobachteten Gebrechlichkeit der Extremitäten gotischer Gestalten frei bleiben, ist bei der Bezeichnung der Adern und Sehnen jede Aufdring= lichkeit fremd. Aus der Rauheit der äußeren Erscheinung bricht geistige Gewalt mit Entschiedenheit hervor und steigert sich in dieser Durch= dringung zu individualisierender Kraft. Eine wirklich frappierende Dar= stellungskunst wagt sich an scharf ausgeprägte Charakterköpfe heran. Sie versteht auch den weiblichen Figuren den Reiz pikanter Eigenart zu sichern. Leibliche Anmut und breite, volle Bodenständigkeit atmende Formen finden eine Vereinigung, welche sich fast wie eine Vorahnung des Palmaschen Frauenideales in der rauheren Luft des Nordens aus= nimmt. Die einfache Größe des vollen rundlichen Faltenwurfes ver= stärkt die Wucht der Gesamterscheinung. Man darf wohl sagen, daß kaum ein anderer Meister jener Epoche wieder so ausdrucksreiche und kräftige Töne angeschlagen hat.

Ihr Nachhall begegnet zwar in einzelnen Typen jenes großen Wandbilderzyklus, mit welchem man in den Tagen Karls IV. den Kreuzgang des 1372 geweihten Emausklosters in Prag zu schmücken be= gann. Heilsspiegel und Armenbibel, deren Darstellungsreichtum zunächst

durch Bilderhandschriften erschlossen war, wurden hier zum erstenmale in
Böhmen die Grundlagen einer monumentalen Bilderfolge; der Schnitt der
Augen und Nasen gemahnt wiederholt an das Formenideal sienesischer
Meister. Die Legende des ritterlichen Patrones St. Georg, deren Szenen
reichbewegte Schilderungen des Zeitlebens zur Darstellung bringen
konnten, wurde gleichfalls zum erstenmale in innigem Zusammenhange
mit der süddeutschen Kunstentwicklung in den auch durch deutsche Bei-
schriften erläuterten Wandbildern der Burg zu Neuhaus behandelt. Sie
wurden 1338 im Auftrage Ulrichs von Neuhaus ausgeführt und
spiegeln teilweise jene auf Schloß Neuhaus herrschenden schöngeistigen
Bestrebungen wieder, die auch in der Abfassung und Abschrift mehrerer
deutscher Dichtungen für die Herrn von Neuhaus ihren Niederschlag
fanden.

Seit dem 14. Jahrhunderte erlangten die Marienbilder einzelner
böhmischer Zisterzienserklöster, namentlich jene von Hohenfurt und
Goldenkron, bei der ihnen gezollten Verehrung Vorbildlichkeit für die
Tafelmalerei Böhmens, welche selbst über das Mittelalter hinaus diese
lieblichen Madonnengesichter wiederholte. Gerne wird den böhmischen
Tafelbildern ein aus italienischen Mustern ableitbarer Rahmen beigegeben,
auf welchem Engels- und Heiligenfiguren die Hauptdarstellung umziehen.
Unter den Landespatronen, die man mit wachsender Vorliebe auf einem
Bilde vereinigt, begegnet ungefähr seit 1370 regelmäßig der heil. Sigismund. Das wichtigste Werk dieser Art ist wohl das zwischen 1370 bis
1380 entstandene, heute in Prag aufbewahrte Votivbild des Erzbischofs
Johann Očko von Wlaschim, dessen Bildnis nebst jenem Karls IV. und
des jugendlichen Wenzel IV. auf der Bildtafel begegnet. Die bildnistreue Darstellung reift jetzt für den Pinsel des Malers aus; nicht nur
das vorgeschrittene Bewußtsein von der Bedeutung der Persönlichkeit,
auch die wachsende persönliche Eitelkeit begann mehr Wert auf die Beigabe des Stifterbildes zu legen. Das allerdings ganz vereinzelte Gelingen ansprechender Wiedergabe genrehafter Momente bezeugt den Versuch
innigen Anschlusses an die Beobachtung des Lebens. Auf dem Hintergrunde regen sich die ersten Anzeichen des Streites zwischen Goldgrund
und Landschaft.

In glänzendster Weise entfaltete sich die Buchmalerei, deren Orna-
mentik sich zunächst an die charakteristischen Besonderheiten französischer
Handschriftenausstattung anschloß. Diese Abhängigkeit kann kaum überraschen, da böhmische Zisterzienserklöster wie Königsaal Handschriften in Paris

kauften, Bischof Johann IV. eine mit Prophetenbildern und Szenen aus dem
neuen Testamente gezierte Bilderhandschrift aus Avignon mitbrachte und
zweifellos noch manches andere Erzeugnis französischer Buchmalerei nach
Böhmen kam. Andere Vorlagen strömten aus Italien, aus Gebieten
des deutschen Reiches, aus Flandern und Brabant zu. So entwickelte
sich aus der Durchdringung dieser Anschauungen mit einer im Lande
selbst schon lange blühenden Richtung eine ganz Mitteleuropa überragende
Handschriftenausschmückung, als deren großartigste Schöpfungen das
Reisebrevier des Bischofes Johann von Neumarkt, das Mariale des Erzbischofes Ernst von Pardubitz, die Wilehalmhandschrift und die Wenzels-
bibel in Wien allgemein bewundert werden. Der Szenenreichtum der
letztgenannten, der sich mit der Darstellungsform einiger Wandgemälde
berührt, wird kaum von einem anderen gleichzeitigen Werke überboten.
Die wiederholte Einbeziehung der meist nackten oder nur leicht be-
kleideten Gestalt eines Bademädchens, welche eine Anspielung auf ein
Liebesverhältnis des Königs Wenzel IV. enthalten soll, wird eine ganz
merkwürdige Illustration für die köstliche Unbefangenheit der Zeit, die
solche mitunter an etwas gewagte Situationen streifende Behandlung
selbst von der Randverzierung der Bibel nicht ausschloß.

Als ein Unikum seiner Art erscheint das außen an der südlichen
Portalvorhalle 1370—1371 vollendete Mosaikbild des Prager Domes,
welches über den knienden sechs Landespatronen Christus in der von
Engeln umgebenen Mandorla zeigte, während in den Seitenfeldern
außer den zwölf Aposteln die Auferstehung der Toten dargestellt wurde
und in den Zwickeln über dem mittleren Spitzbogen Karl IV. und seine
Gemahlin Elisabeth in anbetender Stellung erscheinen. Die im Lande
fremde Technik läßt auf fremde Meister schließen; sie hat auch in Böhmen
selbst weitere Anwendung nicht gefunden, erklärt sich aber als Ausdrucksmittel einer Zeit, welche als prunkvollsten Wandschmuck den Belag mit
geschliffenen Edelsteinen kannte.

So wußte das Kunstleben Böhmens unter den Luxemburgern
durch neue Gedanken und Ausdrucksformen, durch die Art ihrer Verarbeitung, die selbst bei Anlehnung an anderwärts Gebrauchtes mit
neuen Abwandlungen zu interessieren versteht, durch die Verwendung
neuer Darstellungsmittel, durch Entwicklung des Raumsinnes und der
Farbenfreude, durch Ausreifung der Empfindung für das Charakteristische
der Persönlichkeit sich den vollen Anspruch eines in die Kunstentwicklung
Mitteleuropas fördersam eingreifenden und durch selbständige Regungen

befruchtenden Kulturfaktors zu sichern. In den Sagen, welche den
rn von Prag die Vollendung des weitberühmten Straßburger
nsterturmes und den erstmaligen Gebrauch des heute noch allgemein
tzten Malerwappens — wenn auch mit Unrecht — zusprechen wollen,
gleichem Ranken jener Kunstzweige empor, welche in Böhmen
r den Luxemburgern den reichsten Ertrag geliefert hatten, so daß
namentlich der karolinischen Epoche die Bezeichnung eines goldenen
lters der Kunst in Böhmen nicht vorenthalten kann.

Alte Keramik im Schloße Dux.

Von

Gustav E. Pazaurek (Stuttgart.)

Daß wir über das unweit Teplitz gelegene, deutſchböhmiſche Schloß
Dux noch keine ausreichende Monographie beſitzen, iſt ſehr zu beklagen.
Einer der ſtimmungsvollſten Herrenſitze des 18. Jahrhundertes — die
Barock- und Rokokozeit reichen einander hier die Hand — bedeutet dieſe
alte gräflich Waldſteinſche Reſidenz mit ihrer prächtigen Bibliothek und mannigfaltigen alten Sammlungen für unſere Kenntnis der da-
maligen Zuſtände und Verhältniſſe beiläufig ebenſoviel, wie ebenfalls in
Böhmen ein Menſchenalter zuvor die Schlöſſer des Grafen F. A. Sporck.
Man braucht ſich, um den Hauch des 18. Jahrhundertes zu verſpüren,
nur daran zu erinnern, daß in dieſen, noch vielfach in ihrer Urſprünglichkeit
erhaltenen Räumen der temperamentvolle und faszinierende Sünder
Caſanova den Abend ſeines abwechſlungsreichen Lebens verbrachte
(1785—98). Schon lange vor ſeiner Zeit war das, von einem prächtigen
Parke umgebene Schloß mit Werken der erſten Künſtler geſchmückt worden,
die man ſich aus der Landeshauptſtadt Prag verſchreiben laſſen konnte.
Laſſen auch die Duxer Fresken von W. L. Reiner dieſen Maler nicht
von ſeiner beſten Seite erkennen, ſo ſind dagegen die Sandſtein-Statuen
von Matthias Braun umſomehr hervorzuheben, da ſie dieſen tüchtigſten
Bildhauer der öſterreichiſchen Barockkunſt ganz vorzüglich repräſentieren
und ſich ſeinen beſten Arbeiten in Kukus würdig an die Seite ſtellen.

Aber nicht von dieſen Werken der hohen Künſte ſoll hier die Rede
ſein, auch nicht von den, mitunter ſehr ſehenswerten, in den Gemächern des
Schloſſes verſtreuten Gemälden, ſondern von den zahlloſen Objekten alten
Kunſtgewerbes, die hier — zum Teile noch heute mit allerhand Raritäten
und Kurioſitäten vermiſcht — teils die Waffenkammer bilden, teils zu
einer Kunſtkammer, noch ganz nach dem Vorbilde ſolcher von alten
Regentenhäuſern, vereinigt ſind. Ob es ſich nun um eine geätzte Spät-
renaiſſancerüſtung eines ſchleſiſchen Herzogs oder um eine große Sammlung
emblematiſcher deutſcher Maleremails des 17. Jahrhundertes handelt,

überall finden wir eine Menge interessanter und bisher von der Literatur ganz unberücksichtigter Stücke. Wir wollen uns hier nur mit der alten Keramik beschäftigen, die quantitativ und qualitativ den ersten Rang einnimmt und als Bestandteil des fideikommissarischen Besitzes fast bis in ihre Ursprungszeiten zurückverfolgt werden kann.

Im wesentlichen besteht die Duxer keramische Sammlung aus drei Hauptteilen, die einander annähernd gleichkommen: Aus Chinaporzellan, Delfter Fayencen und Alt-Meißner Porzellan. Da es sich um eine, in der Hauptsache aus der ersten Hälfte des 18. Jahrhundertes stammende Sammlung handelt, kann uns diese Zusammensetzung keineswegs überraschen; bei der damals außerordentlichen Wertschätzung des Porzellans und seiner Surrogate müssen wir sie vielmehr fast selbstverständlich finden.

Die Chinaporzellane, die zur Zeit ihrer Anschaffung die kostbarsten gewesen sein mochten, treten in der modernen Schätzung am meisten zurück, denn es handelt sich vornehmlich um die damals durch die Holländer zu uns importierten landläufigen Waren, teils unbemaltes, teils mit Kobaltblau unter Glasur dekoriertes Porzellan, von dem einige Stücke, wie drei große Deckelvasen allerdings schon durch ihre Größe in die Augen springen. Eine ganze Reihe der bekannten Kouan-inn-Statuen, darunter einige in kalter Lackmalerei überdekoriert, verschiedene Genrefiguren wechseln mit Vasen, Schüsseln und Tellern ab. — Nien-hao-Untersuchungen, die freilich bekanntlich nicht unbedingt zuverlässig sind, aber doch mitunter von besonderem Interesse sein könnten, sind zur Zeit unmöglich, da man bei der früheren Inventarisierung, wie auch bei der letzten Schätzung allerlei Nummern immer auf die Unterseite aufgeklebt hatte, die noch nicht beseitigt werden dürfen. Hoffentlich wird man in nicht zu ferner Zeit die noch aktuellen, mit den Inventarbüchern übereinstimmenden Nummern lieber in Ölfarbe an neutralen Stellen anbringen und alle aufgeklebten Papierzettel beseitigen. — Einer der Chinateller (Nr. 878), der die obligate Unterglasur-Blaumalerei aufweist, ist nachträglich von einem deutschen Hausmaler — der Farbenstimmung nach wahrscheinlich einem Mitglied der Bayreuther Gruppe — bunt mit dünnen Zweigen nebst Vögeln übermalt worden; zwei weitere, ebenso dekorierte Stücke, die offenbar zu einem größeren Service gehört haben, hängen jetzt im Speisesaal des gräflichen Schlosses.

Einige der interessantesten Stücke sind nämlich aus dem „Museum" in die bewohnten Räume des Schlosses gebracht worden und haben daselbst eine würdigere Aufstellung gefunden. Dies gilt namentlich von den imposantesten Delft=Fayencen, unter denen namentlich ein, in zahlreichen Etagen aufgebauter, ungewöhnlich großer, blaubemalter Aufsatz mit ostasiatischem Dekor eine besondere Wertschätzung beanspruchen darf.

Weitaus das meiste Interesse verdienen aber die Altmeißner Porzellane, namentlich verschiedene Hauptwerke des genialen Plastikers Kändler, die offenbar noch zu dessen Lebzeiten nach Dux gekommen waren. Wenn auch einiges, wie der Satz großer unbemalter sechsseitiger Vasen mit der August=Rex=Marke oder die sogenannten „Schneeball= teller" noch früheren Zeiten angehört, so muß es doch sehr zurückstehen gegen die in solcher Reichhaltigkeit sonst nur sehr selten in altem Besitze nachweisbaren Kändler=Hauptwerke. Mehrere größere und kleinere Vögel (Elster, Pfau), wie wir sie aus der einzig dastehenden Dresdner Por= zellansammlung kennen, zwei besonders reiche, fünfarmige Barockleuchter (Abb. 1), die zum Sulkowsky=Stein=Service (1735—38) gehören[1]), zwei leider beschädigte, auf drei Volutenfüßen stehende Drachen = Kandelaber auch mit anderweitigen China=Motiven, die Figuren der Heiligen Petrus und Paulus (auf goldstaffiertem Sockel), die zu der berühmten, heute in Wien verwahrten, für die Kaiserin Amalie bestimmten Folge (1740—41) gehören, sowie andere Heilige, z. B. ein St. Josef und ein St. Fran= ciscus Xaverius, das sind durchwegs vorzügliche Vertreter Kändlerscher Kunst.

Von der größten Wichtigkeit sind jedoch die, beiläufig in halber Lebensgröße ausgeführten Regentenbüsten, die eine zusammengehörige, sonst bisher nicht weiter nachweisbare Folge bilden. Es handelt sich um 22 zum Teile sich wiederholende, 33—36 cm hohe Büsten auf geschweiftem, gerändertem, vierseitigem Sockel, unten mit den Namensinschriften ver= sehen. Vertreten sind:

1. „Rudolphus I."; Rudolf von Habsburg, en face, mit Vollbart, Krone mit Ohrlappen; der Mantel wird durch eine Quasten= schnur zusammengehalten. (Eine stereotype, auf damaligen Holzschnitten und Kupferstichen leicht nachweisbare Darstellung.)

---

1) Ein Exemplar auch im Berliner Kunstgewerbemuseum. — Die Abbildung eines solchen Leuchters in B. Buchers Geschichte der techn. Künste III, p. 537, ist leider mangelhaft. — Für diese, sowie für die anderen Photo= graphien bin ich dem derzeitigen Besitzer von Dux, Herrn k. u. k. Ritt= meister a. D. Karl Ernst Graf von Waldstein und zu Wartenberg, der mir auch das Studium der Duxer Kunstschätze in liebenswürdigster Weise ermöglichte, zu besonderem Danke verpflichtet.

J. J. Kändler: Armleuchter aus dem Sulkowiki-Stein-Service (1735 — 58).

2. Derselbe mit eingesetztem Gipskopf; Variante ohne Kroue, mit Lorbeerkranz; nach rechts geneigt.

3. „Albertus L" mit durchbrochener Krone, bartlos, mit Locken; der Mantel wird durch eine Agraffe auf der rechten Schulter zusammengehalten. (Sehr beschädigt.)

4. Derselbe mit abgebrochenem Kronbügel; fast en face, ein wenig nach links gewendet.

5. „Fridericus III.", bartlos, mit Pelzkragen; die Kopfbedeckung besteht aus beschlagenem Riemengeflecht; en face, nur wenig nach rechts gewendet.

6. „Maximil. I." (Abb. 2), nach rechts gewendet, ziemlich porträtähnlich, mit vierseitigem Barett und Goldenem Bließ.

7. Ohne Inschrift, wahrscheinlich ist Karl V. gemeint, als Gegenstück zur folgenden Büste; die Porträtähnlichkeit, die gerade hier bei der so sehr markanten Unterlippe dieses Kaisers leicht erreichbar gewesen wäre, ist nichts weniger als gelungen; eine Ähnlichkeit mit Nr. 2 ist unverkennbar. Der Kopf ist etwas nach rechts geneigt; der Kaiser mit Lorbeerkranz ist im Schuppenpanzer dargestellt, das Goldene Bließ hängt an einer Schnur über der Schärpe; die Augen sind mit schwarzer Farbe betont. (Ein Duplikat dieser Büste ist in der großen Tiele des sächsischen Hauses der heurigen Dresdner Kunstgewerbeausstellnng zu sehen, ein anderes im Dresdner Kunsthandel u. zw. bei Ball.)

8. „Ferdinand. L"; beiläufiges Porträt dieses Kaisers mit Lorbeerkranz, nach links gewendet; Rüstung, übergeworfene Schärpe und Goldenes Bließ an einer Schnur, wie bei Nr. 7. (Ein zweites Exemplar dieser Büste bewahrt das kgl. Kunstgewerbemuseum von Dresden.)

9. u. 10. „Maximilian II."; zwei ganz gleiche Büsten, deren eine schwarz gemalte Augenpupillen hat. Der ein wenig nach rechts gewendete Kopf ist von einem Lorbeerkranz geschmückt; über der Rüstung die Kette des Goldenen Bließes und eine Schärpe; die Halskrause ist vorne unterbrochen. (Abb. 3.)

11. u. 12. „Rudolphus II."; zwei ganz gleiche Büsten mit geringen Spuren alter, kalter Bemalung. Kopf mit Lorbeerkranz nur wenig nach links gewendet; Rüstung ohne Schärpe, Kette des Goldenen Bließes; geschlossene Halskrause.

13. u. 14. „Mathias", wieder zwei ganz gleiche Büsten, leicht nach rechts gewendet, wieder mit Lorbeerkranz, geschlossener Halskrause und Bließkette; die ganze Rüstung ist von einer Manteldraperie bedeckt.

15. „Ferdinand II."; Porträtkopf en face, mit Lorbeerkranz, großem Mühlsteinkragen, Bließkette und umgelegter Manteldraperie; die Bließkette ist zwischen den Achselstücken der Rüstung befestigt.

16. u. 17. „Ferdinand III."; zwei ganz gleiche Porträtbüsten mit Lorbeerkranz, nach links gewendet; über der Rüstung ein Spitzenkragen; wieder große Manteldraperie.

18. „Ferdinand IV." (!); nach links gewendeter Kopf des jung verstorbenen älteren Bruders Kaiser Leopolds, der zwar römischer König war, aber nie als Kaiser zur Regierung gelangte. Ein Lorbeerkranz krönt die langen Locken; das Goldene Bließ hängt an einer Schnur zwischen Rüstungsteilen, die wieder von einer Manteldraperie umschlossen sind; kleiner Stoffkragen; die Augen sind wieder besonders betont.

19. „Leopold. M."; nach links gewendeter Porträtkopf mit der stark betonten historischen Unterlippe; große Allongeperücke, die rechts nach vorne, links nach rückwärts herabfällt; unter dem großen, gestickten Kragen schaut das Goldene Bließ heraus.

20. „Josephus"; Porträtkopf des jugendlichen Monarchen mit Allongeperücke, die vorne rechts herüberfällt; hinter der ornamentierten Rüstung, auf die die Bließkette liegt, schaut ein Halstuch heraus; Manteldraperie. (Abb. 4.)

21. „Carolus VI."; Porträtkopf, ein wenig nach rechts gewendet, mit dem Lorbeerkranz auf der Allongeperücke, die auf beiden Seiten über die Schultern vorfällt; die Goldene Bließkette liegt auf einer antikisierenden Imperatoren-Schuppenrüstung; Manteldraperie. (Abb. 5.)

22. „Carolus VII."; Porträtkopf des Wittelsbachers († 1745) mit Allongeperücke, die links vorne überfällt; die Phantasierüstung wird auf der rechten Schulter von einem Löwenfell bedeckt. —

Durch diese Aufzählung wird die, auf die Ländlerbiographie zurückgehende Angabe von Sponsel (Kabinettstücke der Meißner Porzellan-Manufaktur, 1900, p. 147), daß es sich um 20 Stücke „der Kaiser, Habspurgischen Stamms" handle, korrigiert; denn die Zahl der Büsten stimmt nicht, ferner sind es nicht nur Kaiser (Albrecht oder gar Ferdinand „IV.") und schließlich handelt es sich nicht nur um Habsburger, sondern auch und zwar gerade in der damaligen Gegenwart um einen, von den Habsburgern nicht anerkannten Gegner aus dem bayerischen Herrscherhause. Die komplette Folge, wie sie uns jetzt im Schlosse von Dux vorliegt, kann somit auch keineswegs „für den Wienerischen Hof"

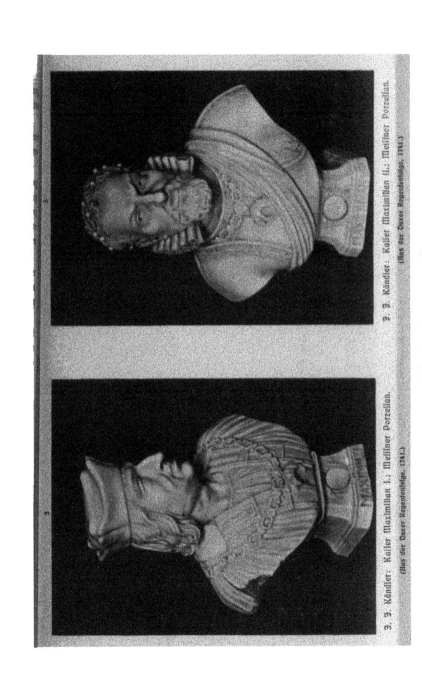

J. J. Kändler: Kaiser Maximilian I.; Meissner Porzellan.
(Aus der Daxer Regentenfolge. 1741.)

J. J. Kändler: Kaiser Maximilian II.; Meissner Porzellan.
(Aus der Daxer Regentenfolge. 1741.)

J. J. Kändler: Kaiser Josef I.; Meissner Porzellan.

(Aus der Duxer Regentenfolge, 1741.)

Mitteilungen des Vereines für Geschichte der Deutschen in Böhmen, Jahrg. XLV., 1906.

J. J. Kändler: Kaiser Karl VI.; Meissner Porzellan.

(Aus der Duxer Regentenfolge, 1741.)

beſtimmt geweſen ſein oder hat — und dies iſt das Wahrſcheinlichſte im letzten Momente eine andere Richtung bekommen.

Wir wiſſen aus der Geſchichte, daß Sachſen ſeit dem Bündniſſe von Nymphenburg im Jahre 1741 mit Bayern, Preußen, Frank- reich, und Spanien bis 1743 auf der Seite der Gegner Maria Thereſias ſtand, daß Karl Albert von Bayern 1741 in Prag zum König von Böhmen gekrönt wurde, und daß ein Teil des böhmiſchen Adels — die damalige Prager Freimaurerloge iſt hiebei nicht unbeteiligt — mit den Bayern und Franzoſen ſympathiſierte. In dieſe Zeit muß die Aus- führung der Kändlerſchen Regentenbüſten verſetzt werden, jedenfalls vor 1745, dem Todesjahr Karl VII. und gewiß auch ſchon vor 1743, da ſich Sachſen wieder von den Bayern abwendet; wahrſcheinlich war die Folge ſchou zu Lebzeiten Karls VI. u. zw. kurz vor deſſen Tode fertig- geſtellt,[1]) und erfuhr nur nach dem Bündnis von Nymphenburg noch eine Erweiterung durch die Angliederung der Wittelsbacher Porträtbüſte.

Dieſe eigenartigen, politiſchen Verhältniſſe mögen auch der Grund dafür ſein, daß dieſe Folge über die Verſuchsſerie nicht hinauskam und auch nach 1743, da man ihr eben einen antihabsburgiſchen Abſchluß gegeben hatte, für die urſprüngliche Beſtimmung nicht mehr recht geeignet erſcheinen mochte. Daß es ſich um ein Experiment, noch um keine abgeſchloſſen ausgearbeitete und verkaufsfähige Folge handelte, kann man ſchon aus dem Zuſtande der uns einzig bekannten Serie, nämlich der von Dux vermuten. Schon die Zuſammenſtellung der Perſönlichkeiten iſt nicht einwandfrei, indem z. B. „Ferdinand IV.“ überflüſſig iſt, während z. B. der Habsburger Albrecht II. (1438—39) ſehlt oder zwei Friedriche (1314—30 und 1440—1493) hätten aufgenommen werden können. Dazu kommt noch die ungleiche und zum Teile ſogar mißlungene Ausführung, da einzelne Büſten im Brande ſich verzogen oder Riſſe bekamen; auch der Umſtand, daß bei einzelnen Stücken die Augenpupillen plaſtiſch markiert, bei anderen nur in Farbe, obendrein nur in Ölfarbe angedeutet ſind (wie man dann auch ſonſt — wie bei vielen Kändler- Figuren jener Zeit — Farbenſpuren von ausgedehnterer kalter Bemalung feſtſtellen kann), ſchließlich, daß nicht einmal die Unterſchriften gleichmäßig angebracht ſind und in einem Falle ganz fehlen — all dies ſpricht deutlich dafür, daß wir es mit einer Modellſerie von 1741 zu tun

---

1) Sonſt wäre mindeſtens der Kopf Ludwigs des Bayern (1314—47) gewiß nicht weggelaſſen worden.

haben, die über den erſten Brand nicht hinauskam und ſpäter — die politiſchen Verhältniſſe erklären ja dies zur Genüge — nicht wieder aus= geformt wurde.

Die überraſchende Tatſache, daß wir gerade dieſe intereſſante, ſonſt unbekannte Kändler=Serie in D u x vorfinden, bedarf noch einer Erklärung. Die Archivakten von Dux und Dresden haben allerdings bisher noch nichts näheres darüber verraten, wenngleich wir für die Zukunft noch nicht die Hoffnung aufgeben müſſen, darüber noch einiges erfahren zu können. Aber von anderer Seite wird gerade die Verbindung zwiſchen Dux und Dresden vollſtändig aufgehellt, und da die Jahreszahl, nämlich 1741 vollſtändig übereinſtimmt, werden wir gewiß nicht irren, wenn wir einen inneren Zuſammenhang vermuten.

Die Vermittlung nämlich ſtellte jener, ſpäter geadelte, ſächſiſche Hofmaler Johann Gottfried R i e d e l her, der vor 1739 in Prag für den Grafen Noſtitz und andere Kavaliere Böhmens tätig war und dann, mit ausgedehnten Lokal= und Landeskenntniſſen ausgerüſtet, vom ſächſiſch= polniſchen Hofe übernommen wurde, um vornehmlich als Kommiſſionär die Dresdner Sammlungen aus dem reichen Adelsbeſitz des benachbarten Landes vervollſtändigen zu helfen. Riedel war es, dem es im Jahre 1741 gelang, aus dem Waldſteinſchloſſe von Dux nichts weniger als 268 Gemälde für 22.000 Gulden für die Dresdner Galerie zu gewinnen, darunter noch heute bewunderte Prachtſtücke von Vermeer van Delft, van Dyck, Frans Hals etc. — Wir werden kaum fehlen, wenn wir an= nehmen, daß ein Teil des Kaufpreiſes nicht in barer Münze, ſondern in Porzellan beſtanden haben mag, und daß auch die kurfürſtlich= königliche Manufaktur von Meißen die Gelegenheit benützt haben mag, einige ſonſt nicht leicht abſetzbare Stücke, darunter eben unſere Regentenſerie, mit Vorteil an den Mann zu bringen. Erſt wenn die diesbezüglichen Archivalien ans Tageslicht werden gezogen werden können, wird man in der Lage ſein zu beurteilen, auf welcher Seite der größere Vorteil bei einem ſolchen Geſchäfte geweſen ſein mochte.

Daß die ehemaligen Duxer Gemälde heute ein bedeutendes Ver= mögen repräſentieren, bedarf keines weiteren Wortes; aber auch die vielen, offenbar zum größten Teile auf ſächſiſche Provenienz zurück= gehenden Porzellane, zu denen ſich ſpäter noch einige ſehr koſtbare Arbeiten von Hausmalern — darunter beſonders zwei überreiche läng= liche Terrinen mit Gold=Kalligraphen=Schnörkeldekor — und noch ſpäter aus der Wiener Porzellanfabrik (z. B. ein Rokokoſchreibzeug und ein

Empire-Venusteller von J. Herr) gesellen, sind so kostbar, daß man ihnen eine bessere Aufstellung und die Ermöglichung allgemeiner Zugänglichkeit wünschen muß, in erster Reihe der Unikum-Regentenserie.

Das traurige Interregnum, daß bei der Übernahme des gesamten Fideikommisses Dux, zu dem auch die Sammlungen gehören, von einer Waldstein-Linie zur anderen geherrscht hatte, und schon die Zeiten unter dem Vorbesitzer Grafen Georg Waldstein, der von der Bedeutung seiner Kunstobjekte nicht die richtige Vorstellung gehabt haben mag, haben nichts weniger als zufriedenstellende Verhältnisse geschaffen; doch der gegenwärtige Besitzer hat die löbliche Absicht, wieder Ordnung in das alte Schloßmuseum zu bringen und namentlich auch die wertvolle keramische Sammlung für die Zukunft besser zu verwahren und vor Beschädigung aller Art zu schützen. — Wenn erst die Deutschen Böhmens einen Kunsthistoriker besitzen werden, der kunstgewerblich entsprechend vorgebildet ist, wird man — hoffentlich dauert dies nicht zu lange — eine schöne Publikation über das Schloß Dux erwarten können.

Kulturelle Beziehungen[1] zwischen Südböhmen und Passau.

Von

Dr. Valentin Schmidt (Budweis).

Während in unsern Tagen die „böhmischen Wälder" tatsächlich, eine Scheidemauer zwischen dem deutschen Südböhmen und seinem Stamm-lande darstellen, pulsierte in den früheren Jahrhunderten durch die Ver-kehrsadern des Böhmerwaldes ein reiches Leben. Der „goldene Steig" mit seinen Seitenzweigen: dem Günthersteig, dem Gefilder, Sablater, Wallerner Steig, der Klafferstraße, den Wegen nach Untermoldau und Friedberg, die Straße über Kaltenbrunn und den Haselgraben nach Linz mit den Zweigen nach Helfenburg und über Kapellen vermittelten den Austausch wirtschaftlicher und geistiger Errungenschaften, öffneten aber auch leider den Schädigern der Kultur ihre Tore.

Die bayrische Grenze setzte an mehreren Stellen über die Kämme des heutigen Grenzwaldes. So gehörte das spätere Gebiet des Stiftes Hohenfurt und wahrscheinlich auch das Wittighausner Gut ursprünglich zu Bayern; Schüttenhofen und Winterberg den Grafen von Bogen bis 1242, dann dem Herzog Otto v. Bayern, bis 1273 Herzog Heinrich auf all seine Rechte zu Gunsten Otokars II. entsagte. Bis 1764 war auch Eisenstein, das Gut Grafenried und Vollmau mit zwei Dörfern bayrisch. Ebenso griffen die Diözesangrenzen Bayerns nach Böhmen über. Zur Passauer Diözese gehörten die Pfarren Neubistritz, Alt-stadt, Königseck und Tremles. Der Regensburger Diözese waren bis 1782 mehrere Dörfer der jetzigen Pfarre Wassersuppen, die Lokalie Grafenried und Vollmau zugeteilt. Das Kloster Altaich erhielt 1246 Zinse in Schüttenhofen; Windberg das Patronat von Schüttenhofen

---

1) Über die hier nur gestreiften Handelsbeziehungen vgl. meinen Pro-grammaufsatz: Handelswege und Handelszentren in Südböhmen. Budweis (Deutsche Realschule) 1901 und Mitt. d. Ver. f. Gesch. d. D. in B. XXXVII.

1233—1283 und das von Albrechtsried bis 1804; Gotteszell 1731—1775 das von Eisenstein.

Die Besiedlung Südböhmens ging größtenteils von Bayern aus und zwar, soweit der Einfluß der Rosenberger reichte, von der Passauer Gegend, in der Neuhauser Sprachinsel von Franken und Thüringen. Der Ortsname Passern (ursprüngl. Passauerschlag) erinnert uns daran; die Namen: Salnau, Lindberg, Kerschbaum, Nesselbach, Gschwend, Airschlern, Stockern, Haag, Ziering, Scheiben, Langenbruck, Kalsching u. a. begegnen uns im s. Teile des bayrischen Waldes. Einer zweiten Einwanderung aus Oberbayern scheinen die Gegenden um Kapellen, Wallern usw. anzugehören; fränkisch-thüringischer Abkunft sind die Neuhauser Deutschen, herbeigerufen vom deutschen Orden aus seinen Balleien Franken und Thüringen. Darauf deutet auch der fränkische Patron der vor 1293 errichteten Kapelle des hl. Dionys M. und die Namen Heinrich Dorluch 1293 und Henslin und Peter Tnuring in Auern.

Ein Großteil dieser Kolonisationsarbeit lag in den Händen der Witigonen, deren bayrische Abstammung jetzt[1] mit der größtmöglichsten Wahrscheinlichkeit nachgewiesen ist. Als zwischen 1190—1192 das Geschlecht der Schönhering-Blankenberger ausstarb, kam ein in Böhmen eingewanderter Seitenzweig in den Besitz der bayr. Güter dieses Geschlechts. Bereits 1194, 27. Oktober ist Witigo I. von Böhmen in Passau anwesend, ebenso finden wir ihn 1209, 6. Juli in einer bischöfl. Passauer Urkunde als Zeugen; den Hauptbeweis aber liefert eine Urkunde des J. 1220, in der Witigo II. von Prößtz im Siegel den Beinamen „de Planchinperk" führt. Die Eigengüter der Blankenberger wurden nach und nach (1231, 17. Dezember und 1258, 9. Feber) von den Passauer Bischöfen eingelöst, so daß die Machtsphäre der rosenbergischen Witigonen schließlich bis hinter die Reuschmühel zurückwich. Auch die Krummauer Witigonen gelangten wahrscheinlich durch Berta, der Gemahlin Budiwojs v. Krummau in den Besitz von Falkenstein,[2] nach dem sich 1272—1290 Zawisch, Budiwojs Sohn,

---

1) Vgl. Struadt: Das Land im Norden der Donau. A. Ö. G. XCIV, S. 83 ff.

2) Im Jahre 1369 gewann der rosenbergische Vasall Leutwin Usel v. Ruben die Feste Falkenstein durch Überrumpelung. 1489 ist der Goldenkroner Jr. Kaspar Kaplan des berüchtigten Johann Oberheimer auf Falkenstein.

benannte. Wiederholt sehen wir die Witigonen in unmittelbarer Nähe
ihres Stammsitzes, in (Alten=)Felden, so 17. Dez. 1231 Witigo II.,
27. Juli 1272 Zawisch v. Falkenstein, 20. Juni 1357 Peter, Jost,
Ulrich und Johann v. Rosenberg, und am 28. Jänner 1380 treffen wir
hier Nikolaus, den Schaffer v. Rosenberg. Es scheint fast,[1]) als sei
damals noch die Erinnerung an die Abstammung von der Blankenburg
lebendig gewesen, die dann im 15. Jahrh. zur Zeit Ulrichs v. Rosenberg
— absichtlich — durch die Legende von der römischen Abstammung
ersetzt wurde.

Peter v. Rosenberg erwarb am 11. September 1341 vom Bischof·
Gottfried v. Passau das schon früher besessene Haslacher Gut zurück.
Mit kurzen Unterbrechungen (1398, dann 1421—1483) besaßen es die
Rosenberger bis zum 29. November 1599, als es der letzte des Geschlechtes,
Peter Wok, dem Passauer Bischof Erzherzog Leopold verkaufte.[2])

Auch die Familienbeziehungen der Witigonen zu den
bayr. Geschlechtern, namentlich zu den Grafen von Hals waren
innige. Am 27. Juli 1353 wurde in Passau die Heiratabrede zwischen
Johann v. Leuchtenberg und Mechtild (Metzl) v. Rosenberg abgeschlossen
und am 24. Juni 1354 in Pottenstein verwirklicht. Heinrich v. Neuhaus
ehelichte Margarete, Witwe nach Johann v. Hals; Johann v. Rosenberg
1370, 14. Juli Elisabeth v. Hals; ebenso war Peter v. Rosenberg, Sohn
Heinrichs, mit Anna Landgräfin v. Leuchtenberg 1406 verlobt, starb
aber noch im selben Jahre.[3]) So herzlich waren die Beziehungen beider
Geschlechter, daß die Brüder Peter, Johann und Ulrich v. Rosenberg
sowie des letzteren Sohn Heinrich am 7. Dezember 1385 die Landgrafen
Johann und Sigiost, im Falle ihr Geschlecht ausstürbe, zu Erben ihrer
Güter einsetzten.

In der 2. Hälfte des 13. Jahrh. begegnen uns eine Menge
bayrischer Ministerialen, meist aus dem Gebiete der

---

1) Allerdings war in Felden seit Beginn des 14. Jhrdts. auch das passauische
Landgericht.

2) Lehensbriefe: 1464, 1494, 1501, 1525, 1527, 1534, 1540, 1541, 1546, 1552,
1556, 1562, 1593. — Grenzstreitigkeiten 1347, 1357 f., 1558, 1592.

3) 1398 verpfändete Heinrich v. Rosenberg dem Landgrafen Johann v.
Leuchtenberg das Haslacher Gut. Landgraf Hans ist 1387 Schiedsrichter
in einem Streit zwischen Ulrich v. Rosenberg und Hertwig Degenberger
wegen Wilhartitz. — 1378, 6. Mai, verpfändete K. Karl IV. in Budweis
dem Landgrafen Hans den Markt Lischau und mehrere Dörfer, sowie die
Zinse von Podhrad bei Frauenberg u. a. Ortschaften.

Passauer Kirche, als Dienstmannen der Rosenberger, so Prehtelin v. Ried, Konrad und Wernhard v. Turdeling, Gerbert v. Merswanch, Kalhoh v. Falkenstein, Rudiger v. Haichenbach, Alwik und Leutold v. Finkenheim, Ulrich Freisinger, Wernhard Piber, Ortlin Seibelperger u. a., so daß wir die Zusage Woks v. Rosenberg vom 16. April **1259** dem Passauer Bischof gegenüber erklärlich finden. Er hatte diesem unter anderem versprechen müssen: „Seine Ministerialen und anderen Getreuen will ich zu meinem Dienste nicht mehr berufen, noch herbeiziehen, noch sie begünstigen zu seinem und der Kirche Schaden; aber wenn jemand seine Gnade verwirkt hat, den will ich in Freundschaft, ohne die Kirche zu schädigen, für mich gewinnen." Daraus können wir den großen Einfluß Bayerns auf die Kolonisation Südböhmens erschließen; an Gerbert v. Merswanch z. B. erinnert noch jetzt das Dorf Gerbetschlag, ein Rodedorf, und so mögen noch andere Neugründungen[1] auf Passauer Ministerialen zurückzuführen sein.

Anderseits treffen wir auch südböhm. Edle auf Passauer Gebiet. So traten Wernhart und Peter der Harracher in die Dienste der Passauer Bischöfe; ersterer ist 1338—1355, letzterer 1359—1373 Burggraf zu Partenstein; 1477 tritt Wenzel v. Rabenstein, Herr zu Prachatitz, auf 4 Jahre in die Dienste des Bischofs Ulrich, ebenso Heinrich Kotz v. Dobrsch, Herr zu Bistritz 1501—1505, die Herren Ulrich, Heinrich und Herrmann v. Janowitz (Vater, Sohn und Enkel) im 15. Jahrhunderte.

Passauer Interessen dienten auch Bawor v. Strakonitz und Werner v. Witiesitz, die sich 1312 mit den Prachatitzer Bürgern verpflichteten, den goldenen Steig zu behüten.[2]

Am regsten war der Verkehr Südböhmens mit Passau selbst. Von hier holte man das Saiz, dafür brachte man die Produkte Südböhmens: Weizen, Malz, Butter, Fische, später auch Glas u. s. f.

---

1) Vielleicht ist auch der Richter (und Gründer) der Städte Krummau und Rosenberg Siboto ein Passauer Ministeriale (Siboto v. St. Ulrich, oder Siboto v. Sprinzenstein).

2) Der Name Bawor (= Bayer) könnte ebenfalls auf den bayr. Ursprung des Strakonitzer Geschlechtes hindeuten, jedenfalls bestätigt er die enge Verbindung desselben mit Bayern. Auch im Geschlechte der Janowitzer kommen um 1416 ein Vater und Sohn Bawor vor.

dahin. Ein weiterer Grund zum Anschlusse an Passau waren die bereits erwähnten Lehensbeziehungen der Witigonen zum Passauer Bischof, an den man sich auch sonst in kirchl. Angelegenheiten zu wenden pflegte, da Prag zu weit entfernt war. Bischof Bernhard gab 1298 der Budweiser Dominikanerkirche einen Ablaß,. Bischof Georg trat als böhm. Kanzler wiederholt mit Südböhmen in Beziehung, Leonhard (1445) und Ulrich Nußdorfer (1452 und 1467) vermittelten zwischen den Rosenbergern und Buchbergern wegen der Ansprüche auf Goldenkroner Güter. Dem Bischof Ulrich hatte Ulrich v. Rosenberg Kleinodien verpfändet, die Johann v. Rosenberg 1463 wieder einlöste. An Bischof Ernst wandte sich Peter v. Rosenberg 1522 mit dem Ersuchen, seinen Weihbischof zur Weihe der Kirche in Heuraffel und des geänderten Krummauer Friedhofes zu entsenden. An der Domschule des Bischofs Wolfgang holte sich Wilhelm v. Rosenberg seine Bildung. 1554 ersuchte ihn dieser um einen deutschen Prediger für Krummau. Bischof Leopold bezieht 1608 Fische aus Wittingau und ersuchte den Hohenfurter Abt um Fuhrleute; 1611 ist er im Krummauer Jesuitenkolleg bei der Aufführung zweier Schuldramen zugegen.

Die Weihbischöfe Hermann ep. Prisirinensis († 1322 in Goldenkron) und Přibislaus v. Satoria wirken sowohl in der Prager als Passauer Diözese; letzterer weiht 1313 die Lagauer Kirche und gibt 1334 der Krummauer Schloßkapelle einen Ablaß, ersterer weiht 1310 die Kirche in Tisch, 1317 und 1320 Altäre in Baumgartenberg, im letzteren Jahre auch in Zwettl. Matthias Pfarrer in Krummau, wird 13. Okt. 1430 Bischof und Passauer und Prager Weihbischof, 1439 weihte er die neugebaute Pfarrkirche in Krummau, 1436 nahm er Weiheakte in Baumgartenberg vor, und starb als Pfarrer-Bischof am 18. Mai 1440. Im Nov. 1441 wird der Hohenfurter Abt Sigismund Pirchan (ein Rosenberger) am Basler Konzil zum Bischof ernannt; er starb am 15. Juni 1472 als Passauer Weihbischof und liegt in der Lorenzkirche bei Enns begraben. Auch er weihte Altäre in Kirchschlag, Rosenberg, Hohenfurt u. a. Der Passauer Weihbischof Bernhard ep. Lyban. weihte am 11. und 12. Juli 1507 die Kirche in Unterhaid und am 3. und 4. Mai 1523 in Heuraffel.

In der Prager Administratorenzeit fanden die Weihen südböhm. Kleriker größtenteils in Passau statt, wir haben zahlreiche Beispiele dafür von 1445—1519. Auch die südböhm. Äbte wurden von Passauer Weihbischöfen konsekriert, so 1528 Blasius v. Goldenkron und

Paul Klötzer von Hohenfurt auf das Ansuchen Johanns v. Rosenberg. Selbst die hl. Öle bezog man April 1466 für Krummau aus Passau.[1]

Aus Südböhmen erscheinen als Passauer Domherren: Peter v. Rosenberg 1343—1384, Jaroslaus v. Poreschin 1384, Rus v. Pottenstein 1403 und 1406. Zahlreicher sind natürlich die Passauer Kleriker in und aus Südböhmen. 1359 wird der Passauer Kleriker Johann v. Landstein Pfarrer in Božejow und Christian v. Gratzen Pfarrer daselbst, 1360 Witigo v. Neumburga Pfarrer in Höritz, 1362 Johann, Sohn des Leopold v. Winkil, Altarist in Weleschin, 1363 erhielt Martin der Sohn des Seidlin aus Merica (Unter- oder Oberhaid) eine päpstl. Provision auf eine Pfarre der Passauer Diözese, 1435 ist Simon v. Haslach Pfarrer in Chrobold, 1458 Peter Zeckendorfer Pfarrer in Zettwing. Dr. Martin Angrer aus Rosenberg, Wiener Offizial, 1511 Rektor der Universität, † 30. Juli 1548, vermachte seine Bücherei dem Stifte Hohenfurt. Das gleiche tat Heinrich Altendorfer, 1542—45 Vikar bei St. Paul in Passau, 1547—49 Vikar des Passauer Chores und Provisor; von ihm erhielt das Stift eine große Zahl wertvoller Inkunabeln. 1554 kam ein Passauer Diözesan als deutscher Prediger nach Passau (Sebastian Hirschauer, 1560).

Wiederholt treffen wir die Witigonen in Passau: so Witigo II. 1194, Wok 1257, Budiwoj und seine Gemahlin Berta 1264, Peter v. Rosenberg 1341, 7. Jänner, Ulrich 1422, 17. Okt. und später. — Am 17. Juli 1467 wird in Passau vom Legaten Laurenz v. Ferrara über Johann v. Rosenberg der Bann und über seine Güter das Interdikt ausgesprochen. Hier studierte an der bischöfl. Schule Wilhelm v. Rosenberg 1544—1549. Leiter der Schule war Christoph Lingelins, ferner unterrichteten Heinrich Scribonius und der Bischof Wolfgang v. Salm selbst. Wilhelms Mitschüler war Johann Albin, der Sohn des rosenb. Kanzlers. — In Passau war 1551 auch die Mutter Wilhelms Anna v. Roggendorf bei der Frau Salm auf Besuch, 1552 gelegentlich der Gegenwart des Königs Maximilian auch Joachim v. Neuhaus, 1554 (Fasching) Wilhelm v. Rosenberg mit 20 Pferden beim Bischof Wolfgang, ebenso 19. Mai 1555 bei seiner Rückkehr von Augsburg. — Auch die südböhm. Klöster sehen wir im Verkehr mit Passau. Am 19. Juli 1422 sind Abt Rüdiger v. Goldenkron und der Mugrauer Stiftshofmeister auf ihrer Reise nach Nürnberg hier; 1469 verpflichtet sich Abt Thomas v. Hohenfurt,

---

1) Der damalige Offizial des Passauer Bistums: Johann Michlperger.

eine Schuldsumme in Passau zu erlegen; 1618—19 weilten hier die aus Krummau flüchtigen Jesuiten. — Über Passau pilgerte Jänner 1450 Rokitzan nach Rom, wovon Wenzl v. Wittingau, in Passau anwesend, dem Rosenberger Nachricht gibt; auch Johann Kapistran zieht von Krummau (15. Nov. 1451) nach Passau (20. Nov.) und von da nach Bilshofen (22.). Am 7. Sept. 1470 finden wir hier den Prager Dechant Dr. Wenzl v. Krummau und Gregor Klaritz mit den Egerer Gesandten, am 17. Mai 1483 ist der Kreuzzugprediger Bartholomäus v. Camerino in Passau; von hier reist er nach Krummau, wo er am 7. Juli anwesend ist. Am 15. November 1483 langte Kardinal Johann v. Arragonien in Krummau ein, nachdem er den Weg über Passau und den Klafferpaß eingeschlagen hatte. Dagegen ist der Passauer Bischof Ernst stellvertretender Pate des Kaisers bei Ulrich v. Rosenberg 1534. 1544 ist Bischof Wolfgang bei der Hochzeit der Anna v. Rosenberg durch seinen Rat Benedikt Schatzl vertreten, am 12. März 1550 ist er aber persönlich in Krummau.

Die Passauer Bürgerschaft steht im regen Verkehr namentlich mit Prachatitz (früher ein Passauertor, jetzt noch eine „Passauergasse"), Winterberg („Passauerhügel"), Krummau, Hartmanitz, Schüttenhofen, Klattau[1] u. a. Die Prachatitzer schickten Geschenke nach Passau, dagegen ließen die Passauer den Prachatitzern „Ehrungen" zukommen. — Schon 1262 finden wir Wok v. Rosenberg als Schuldner eines ungenannten Passauer Bürgers, in Budweis wird 1332 und 1334 ein Heinrich Passauer, 1348 ein Frenzel P., 1360 ein Nikolaus und 1364 ein Martin P. genannt. Der Passauer Bürger Konrad Glaser (1330) und Margarete, Witwe nach dem Bürger Heinrich Choberlin (1337), verkaufen dem Stifte Goldenkron Weingärten. Im Krummauer Minoritennekrolog werden Peter Stubner aus Passau und dessen Tochter Elisabeth, ferner Christine Poltnerin von Passau genannt (um die Wende des 14. Jhrh.). 1521 ist Ruprecht Sibmer Gläubiger eines Krummauer Bürgers, 1524 kaufen in Untermoldau die Passauer Bürger Schönberger und Michael Robl Fische. — Die Krummauer Klarisinnen Josefa Kunai († 1752) und Aloisia Scheifflin (1782), ebenso der Hohenfurter P. Wolfgang April stammten aus Passau. — Der P. Glockengießer Petrus Anton Jacomini verfertigt 1759 Glocken für Klattau, Čestitz und Blanitz, in Žihobetz ist ebenfalls eine in Passau 1601 gegossene Glocke (Gießer Dionys Saltys?). — Vom Steinhauer Hans Hofer in Passau

---

1) Mit letzteren seit ca. 1570 Bilshofen.

wurden **1560** zwei Grabsteine für die Krummauer Pfarrkirche verfertigt. Im **Jahre** 1497 gründete man im Rosenberger Gebiete eine Unterhütte **nach** dem Muster der **Passauer Bauhütte**.[1] 1526 meldete **sich** der Med. Dr. Andreas Wink aus Passau um die erledigte Stelle **eines** rosenberg. Leibarztes. — Aber Passau war nicht nur der gebende, es war auch der empfangende Teil. Hier wirkte 1405 Hans Krummauer als Dommeister, vielleicht ist Stephan Krummauer († 1461 in Braunau) sein Sohn. 1421 treffen wir den gebornen Kalschinger und ehemaligen Kalschinger Pfarrer Thomassko als Prediger in Passau. Schon am Ende des 16. Jhrh. zählte das Krummauer Jesuitenkolleg zahlreiche Schüler aus Passau und Umgebung.

Die Nonnen in Niedernburg bei Passau erscheinen im Hohenfurter Totenbuch; wahrscheinlich gab es zwischen beiden Klöstern eine Gebetsverbrüderung; so finde ich zum 8. April Ursula v. Romstorf, 11. April Barbara Tannberger und 12. August Margareta Mauta(?) v. Katzenberg, alle drei Dekaninnen.

Aus dem Gesagten ist es erklärlich, daß sich in Südböhmen **Passauer Münze** und **Passauer Maß** bis ins 15. Jhrh. erhielten. Noch im Rosenberger Urbar (um 1380) und im Hohenfurter (um 1400) rechnet man fast ausnahmslos nach Marken, Pfunden, Talenten, Solidi und Denaren, während im innern Böhmens (auch um Budweis) schon nach Schock und Groschen gerechnet wurde. **Passauer Geld** war im Gebrauche in der Goldenkroner Gegend (1339), um Wittighausen (1348) in der Hohenfurter und Krummauer Gegend bis Ende des 14. Jhrh.; ja noch um 1410 in der Tweraser, Woliner Umgebung. Das **Passauer Maß** ist noch um 1380 bei den Haslacher und Wittighausner Gütern in Verwendung, ebenso wurde die Gegend um Krummau durch Petrus v. Ostrow nach Passauer Lahnen vermessen, ferner ein Wald bei Buggaus (b. Reichenau a. d. Maltsch), alle Güter bei Podiehus (b. Netolitz) durch Jaroslaus, bei Helfenburg (b. Prachatitz) und die Wälder von Wildstein. In Krummau vermaß 1386 Přibik v. Witiejitz (alle drei Geometer tschech. Abkunft!) die Stadtgründe nach Passauer Lahnen à 52 Joch.

---

1) Über Passau mögen auch Hans Amon Tuchmacher, und Hans Lanzenstiel, Seiler, beide Wiedertäufer aus Bayern, nach Wallern und Krummau gekommen sein. 1529 zogen gegen 80 aus Krummau nach Austerlitz; aber noch 1536 schickt Hans Amon den Krummauer Wiedertäufern zwei Sendschreiben.

So innig war also damals der Verkehr Südböhmens mit Bayern, besonders mit Passau! Kein Wunder, wenn sich so das Deutschtum in Südböhmen, auch von außen gefördert und gekräftigt, erhalten konute, — kein Wunder, daß es die schrecklichen Stürme der Hussitenzeit über= dauerte. — Und jetzt? Jetzt sind wir getrennt von der Quelle des Lebens, getrennt wie durch eine gewaltige, unüberschreitbare Mauer. Während die slawische Kultur ihre Wellen bis an den Grenzwall tragen darf, ist es der deutschen nicht gegönnt, wie in alten Zeiten ihre klaren, erfri= schenden, belebenden Wellen zu uns hereinzusenden. Und doch ist das nicht nur für uns, sondern auch für Passau, Vilshofen, Straubing, für den ganzen bayrischen Wald eine Lebensbedingung. Mögen das unsere und Bayerns Volksvertreter nicht vergessen! Darauf hinzuweisen war der Hauptzweck dieser Zeilen.

Beiträge zur Geschichte der Königin Anna von Böhmen († 1313).

Von

Ludwig Schönach (Bozen).

Die nachfolgenden Zeilen verfolgen keinen andern Zweck, als zu den maßgebenden neueren Werken, welche sich eingehender mit der Geschichte der letzten Premysliden beschäftigten (Ad. Bachmann, Geschichte Böhmens, desgleichen dessen Beiträge zur Kunde böhmischer Geschichtsquellen des 14. und 15. Jahrhunderts; Al. Huber, Geschichte Österreichs, Th. Loschek, Die Königin Elisabeth, Gemahlin des Königs Johann von Böhmen [Prager Studien 1899] ꝛc.) einige vielleicht nicht unerwünschte Ergänzungen zu bieten, welche auf archivalischen Quellen beruhen, die genannten Forschern noch nicht zugänglich waren. Ich betrachte es also nicht als meine Aufgabe, kompilatorisch auf Grund der uns zu Gebote stehenden Darstellungen ein Lebensbild der Königin Anna zu entwerfen, sondern lediglich ergänzend neues Quellenmaterial beizusteuern. Ob je ein abgerundetes Bild des Wirkens dieser Königin gewonnen werden kann, möchte ich bezweifeln, tritt sie ja nur selten in den Vordergrund der politischen Ereignisse und führte an der Seite ihres Gatten König Heinrich ein zurückgezogenes Leben.

Anna wurde am 15. Oktober 1290 als älteste Tochter König Wenzels II. zu Prag geboren.[1]) Als die junge Prinzessin am 13. Februar 1306 mit ihrem Bräutigam Herzog Heinrich von Kärnthen zu Prag vermählt wurde, war sie ein Mädchen von 15 Jahren und nahezu 4 Monaten.[2]) Daß diese Ehe kinderlos war, wie Al. Huber (Vereinigung Tirols mit Österreich S. 8 Anmerkung) behauptet, ist unrichtig, vielmehr liegen 2 Daten vor, die freilich nebeneinander nicht bestehen können. Es dürfte schwer sein zu entscheiden, welche von beiden Angaben die richtige ist. Kodex Tirol Nr. 4, F. 1, des Münchner Reichsarchivs weist

---

1) Losert, Die Königsaaler Geschichtsquellen S. 25.
2) ibid. S. 206.

folgende interessante Eintragung auf: Anno domini 1307 post medium
noctis sequentis diem 13. Novembris processit Anna primogenita,
que obiit in Marcio. Dieser Notiz zufolge hätte also Königin Anna
am 13. November 1307 ihren Gatten mit einer gleichnamigen Tochter
beschenkt, die jedoch schon im März 1308 gestorben sei.[1]) Dagegen heißt
es im Raitbuch Kodex 277, F. 1, des Statthaltereiarchivs in Innsbruck
Anno domini m⁰. ccc VII die Mercurii XVII Maii hora fere
tertia natus est primogenitus ducis Heinrici. Dieser Quelle zufolge
hätte Königin Anna am 17. Mai 1307 einen Sohn geboren. Beide
Nachrichten treten, wie der Leser sieht, mit einer gewissen Bestimmtheit
auf, sind aber, wie vorhin erwähnt, neben einander nicht haltbar. Ich
wäre eher geneigt, die letztere Nachricht als die richtige anzunehmen,
weil der höchst gewissenhafte Chronist Freiherr Jakob Andrae v. Brandis
in seiner Geschichte der Landeshauptleute von Tirol (— er war selbst
von 1609—1628 Landeshauptmann in Tirol —) ausdrücklich betont,
daß Anna ihrem Gatten einen Sohn namens Leopold geschenkt habe,
der in seiner Jugend noch vor seinem Vater gestorben sei. Brandis hat
diese Nachricht sicher einer urkundlichen Quelle entnommen, wozu er in=
folge seiner Stellung als Landeshauptmann genug Gelegenheit hatte.
Hinsichtlich des Heiratsvertrages zwischen den Neuvermählten d. d. Lands=
hut, 28. Feber 1306 bemerke ich, daß diese wichtige Urkunde bereits im
A u s z u g e aus Steyrer: Comment. pro hist. Alberti II. bekannt ist
und von letzterem auf neuere Darstellungen übergegangen ist.[2]) Da jedoch
bisher meines Wissens ein vollständiger Abdruck dieser Urkunde nach dem
Originale des Wiener Staatsarchivs noch nicht vorliegt, so trage ich in
der Beilage (I) dieses Versäumnis nach. Daran füge ich nach Kodex
18, F. 3, des Innsbrucker Statth.=Archivs (Beil. II) eine leider nur aus=
zugsweise Verschreibung des Königs Heinrich für Anna vom Jahre 1311
wegen der Gerichte Mülbach, Gufidaun, Imst, Landeck, Prutz und aller
Güter weiland des Ch. Burggrafen von Gereut. Originalurkunden der
Königin Anna sind eine diplomatische Rarität. Die Zahl der bisher

---

1) Daß hier nicht etwa Anna, die älteste Tochter des Herzogs Otto von
Kärnten (Bruders des König Heinrich) gemeint sein kann, ergibt sich aus
dem Umstande, daß diese 1327 den Herzog Rudolf von der Pfalz heiratete
und erst 1331 gestorben ist.
2) Antershofen Tangl, Handbuch der Geschichte Kärntens IV, 835; Böhmer,
Wittelsb. Reg. 57 und 103; Koch=Wille, Regesten der Pfalzgrafen am
Rhein Nr. 1540.

bekannt gewordenen dürfte kaum ein Dutzend betragen und sind dieselben, wie ich sehe, bereits insgesamt in historischen Zeitschriften zum Abdruck gebracht. Leider muß man auch mit der Befürchtung rechnen, ob je ein Siegel der Königin zu tage gefördert wird. Was nun die Ausbeute aus den **Raitbüchern** betrifft, muß ich dem Bedauern Ausdruck geben, daß die **Ausbeute** viel unbedeutender ist, als ich anfangs erwartet hatte. Die Zahl der in Betracht kommenden Kodices ist zwar nicht unansehnlich,[1] allein bei der sehr knappen Fassung und der meinerseits schon öfters a. a. O. konstatierten Wortkargheit der zeitgenössischen Raitbücher läßt sich mit den ausgewiesenen Daten sehr wenig anfangen. Daß Anna durch den Bund mit dem stets geldbedürftigen König Heinrich auch in dessen Mißwirtschaft hineingerissen wurde, darf nicht wunder nehmen; bald verpfändet sie Geschmeide, dann ihre Pferde, kurz, wandelt ganz in dem Geleise ihres Gebieters. Da die ausgewiesenen Daten inhaltlich ziemlich belanglos sind, man ihnen auch chronologisch fast nie beikommt, so glaube ich von einem Abdrucke derselben Abstand nehmen zu können. Das Einzige, was vielleicht eine Erwähnung verdient, ist die Verlautbarung einiger Beamten ihres Hofstaates.

Die Raitbücher kennen zum Jahre 1304 Ruprecht v. Passeier als Mundschenk der Königin, zum Jahre 1308 Ulrich als Kämmerer der Königin, zu 1308 Friedrich als Kaplan der Königin, zu 1312 H(einrich) auch als Kaplan der Königin, zu 1313 J. als Kanzler der Königin. 1313, 5. Juli wird von 5 famuli domine regine gesprochen.

Wie man sieht, ist auch in dieser Beziehung die Ausbeute eine recht bescheidene. Dagegen glaube ich, dürfte die Veröffentlichung der folgenden zwei Dokumente nicht unerwünscht sein. Kodex 384, F. 40a, des Wiener Staatsarchivs enthält folgende Urkunde, die augenscheinlich unter dem ersten Eindrucke des Ablebens der Königin geschrieben wurde.

Laibach), 10. September (1313).

König Heinrich teilt den 10 Landesverwesern in Tirol mit bewegten Worten den unerwartet frühen Tod seiner geliebten Gattin Königin Anna mit. Wenn ihn in solchem Unglücke ein Umstand Trost spende, sei es der, daß sie aus den Händen anwesender Bischöfe die Sterbe-

---

[1] Es sind folgende 7: Innsbruck Statth.-Arch. 1. Nr. 277, 2. Nr. 285, 3. Nr. 105, 4. Nr. 107, 5. Nr. 286, München, Reichsarchiv. 6. Kod. Tirol 6 und 7. Kod. Tirol 4.

fakramente der hl. Kirche empfangen und felig verfchieden fei. Heute feiere er mit den Bifchöfen von Brixen, Freifing und Gurk, Äbten, Prälaten und unter ungeheurem Zulaufe von Klerus und Volk den „fiebten". Zum Gedächtnis an fie befehle er ihnen, durch eigene Boten ihr Hinfcheiden melden zu laffen und ihr zu Ehren Totenfeierlichkeiten abzuhalten.[1])

Weder die Regeften König Heinrichs noch die Raitbücher geben irgend eine Andeutung, weshalb Anna am Abende ihres Lebens nach Krain reifte, wo fie am 3. September 1313 noch nicht 23 Jahre alt, zu Laibach verfchied. Bezüglich ihres Todestages war man bisher bloß auf die Angabe des Chronicon Stamsense (Pez. S. R. II, 458) ange= wiefen. Seitdem haben fich weitere Belege gefunden. Vor allem ift es das Schreiben König Heinrichs felbft, der ausdrücklich betont, daß er heute (13. September 1313) den „fiebten" feiner Gattin feiere. Zwei weitere Belege für den 3. September als Todestag find folgende:

Gries, 10. Oktober 1313.

König Heinrich verleiht dem Klofter Tegernfee Zollfreiheit für 10 Fuder Wein gegen jährliche Feier eines Jahrtages für weiland feine Gattin Anna am Montag vor Maria Geburt (= 3. September!). (Orig. Pgt. München R.=A. u. Mon. Boic. VI, 240). Desgleichen fpendet König Heinrich am 4. Oktober 1313 zu Brixen dem Klofter Neuftift weitere 12 Fuder Salz gegen Verpflichtung jährlich für Königin Anna III. Nonas Septembris (fomit am 3. September!) einen Jahrtag zu begehen. In beiden Dokumenten fällt die Wahl, wann die Jahr= tage gehalten werden follen, gewiß nicht zufällig mit dem Todestage zufammen. Zuletzt fei noch hervorgehoben, daß auch der Nekrolog des Klofters Wilten ausdrücklich den 3. September als Todestag bezeichnet. Letzterer dünkt mich daher mehr als genügend verbürgt.

Heinrichs Schreiben an die 10 Landesverwefer ift noch in anderer Beziehung beachtenswert. Der warme Ton, der aus demfelben fpricht, läßt unzweideutig erkennen, daß Heinrich feiner fo früh dahin gefchie= denen Gattin in aufrichtiger Liebe zugetan war, weiter hebt er felbft hervor, daß er bei ihrem Tode nicht anwefend gewefen fei[2]) und daß fie unerwartet früh geftorben fei.

---

1) Der Wortlaut der Urkunde fiehe im Anhange. (Beilage Nr. III.)
2) Das ftimmt auch mit dem Itinerar König Heinrichs: 1. September 1313 Brixen, 4. September 1313 Gries, 7. September 1313 Mühlbach, 10. Sep= tember 1313 Laibach.

Das 2. nicht uninteressante Dokument (Beil. IV) ist das Testament Annas, von dessen Existenz man außerhalb Tirols sehr wenig unterrichtet zu sein scheint. Wir verdanken den Wortlaut desselben dem bereits oben erwähnten gewissenhaften Chronisten Brandis.[1]) Derselbe beweist durch die vollständige Abschrift dieser interessanten letztwilligen Erklärung, daß er den Inhalt ganz richtig einzuschätzen wußte. Ich zweifle nicht im geringsten, daß er selbst das zu seiner Zeit noch vorhandene Original eingesehen hat, wozu ihm dank seiner Stellung reichlich Gelegenheit geboten war. Leider gibt er nicht an, in welchem Archive er die Urkunde gefunden habe. Ich vermute in dem von ihm benützten Schatzarchiv (jetzige Statthaltereiarchiv in Innsbruck, wo sich das Stück jetzt leider nicht mehr findet). In der Beilage gebe ich einen Abdruck dieser testamentarischen Bestimmungen, nur mußte ich bedacht sein, den verderbten Text — Brandis übertrug das Testament in das Teutsch seiner Zeit — in die Sprache des angehenden 14. Jahrhunderts zurück zu übertragen. Der Inhalt des Testaments kennzeichnet so recht die edle Denkweise der Königin. Die meisten Klöster Tirols und Krains werden da mit Legaten bedacht, desgleichen scheint niemand ihres Hofgesindes leer ausgegangen zu sein. Die Verfügungen wegen ihrer hinterlassenen Gewandung sind vom kulturhistorischen Standpunkte aus nicht ohne Interesse.

Besonders in Gunst stand bei ihr das Dominikanerkloster in Bozen. Aus der Mitte seiner Konventualen erwählte sie sich ihren Beichtvater Wolfram, den sie auch im Testamente mit einer Glite von 5 Mark bedachte und der auch als Testamentszeuge und wie ich noch hinzufügen will, laut Aussage der Raitbücher bei König Heinrich noch lange als einflußreiche Persönlichkeit erscheint. Gleich die erste Bestimmung des Testaments verfügt ihre Beisetzung bei den Dominikanern in Bozen. Sie bittet ihren Gatten ausdrücklich, diese letztwillige Anordnung gewissenhaft zu befolgen. Dieser Wunsch ist vom Gatten auch gewissenhaft befolgt worden. Beweis dessen ist, daß der verläßliche tirolische Historiker Marx Sittich, Freiherr von Wolkenstein, der selbst in Bozen eine Behausung hatte und sich später auf dem nahen Schlosse Ravenstein aufhielt, im 13. Buch seiner Tiroler Chronik vom Jahre 1601 (Mskr. in der Bibliothek der Franziskaner in Bozen) S. 193 versichert, es gebe in Tirol kaum

---

1) Über des Brandis Leben und Werke, namentlich über die von ihm benützten geschichtlichen Quellen handelte eingehend Josef Egger: Die ältesten Geschichtschreiber Tirols im Jahresberichte der k. k. Oberrealschule zu Innsbruck 1866/67.

ein Kloſter, das ſoviele ſtattliche Begräbniſſe aufzuweiſen vermöchte als
gerade die Dominikaner in Bozen, dann ſährt er ſort: Es ligt und
hat die Begröbnus alda die Königin Anna von Beheimb, so ein
gemahel König Heinrichs von Görz (!) gewest, auch vil darzue
gestifft und geschenkht, auch ist Ihr Kron und viel Reliquien
alda.[1])

Die Zuneigung zu dieſem Kloſter kommt auch deutlich in der
Verfügung zum Ausdrucke, daß ſie demſelben das größte Legat zuwendet,
nämlich 300 Mark und außerdem ihr »guldin gewant« zu einem
Meßgewand.

———

Beilagen:

I.

Landshut, 28. Feber 1306.

Nos Rudolfus et Stephanus dei gracia comites Palatini Reni,
duces Bawarie, Albertus Goricie, Ulricus de Heunnburch comites,
Ulricus de Seunekke, Wilhalmus de Castrowarco, Heinricus de
Rotenburch senior magister curie, Heinricus dictus Gralant, Dy-
etmarus de Weiznekke, Reimbertus de Glanekke, Otto de Heylekke,
Papo dapifer de Chreykch, Heinricus pincerna de Osterwitz, et Otto
de Hertenberch fatemur tenore presencium universis, illustrem
Heinricum ducem Karinthie, illustri domine Anne, nsori sue ducisse
Karinthie sorori domini Wenezlai, Bohemie et Polonie regis, in
viginti quinque milibus marcarum argenti, in grossis denariis Fragen-
sibus, quinquaginta ses grossos pro qualibet marca, videlicet decem
milibus a dicto rege fratre suo, dotis sue nomine et a dicto duce
quindecim milibus nomine donacionis propter nupcias sibi datis,
municiones suas, civitatem et castrum Hallis, castrum Taur, et
castrum Tratzperch cum hominibus et aliis pertinenciis suis et certos
proventus et redditus trium milium marcarum argenti puri Pragensis
ponderis in ipsius ducis possessionibus liberis et eisdem municionibus
vicinioribus, et ipsas possessiones, ex quibus ipsorum trium milium
marcarum, proventus obveniunt annuatim, cum hominibus etiam et
aliis iuribus et pertinenciis eorundem. In sex vero milibus marcarum
argenti in eorumdem grossorum Pragensium numero predicto, pro

---

1) Stimmt genau mit einzelnen Beſtimmungen des Teſtamentes.

qualibet marca per ipsum ducem, racione morgengak, ipsi domine
Anne datis, castrum suum Vridberch, cum suis et aliis vicinis ei
proventibus ad sexcentas marcas, se extendentibus obligasse, taliter
quod si continget, predictum ducem predicte domine Anne uxori
sue, premori, filiis vel filiabus, ex ea relictis vel non, habebit ipsa
domina Anna triginta et unum milia marcarum predicta, et de
ipsis tam in vita, quam in morte, sive in viduitate vel religione
manserit, sive alium maritum receperit, faciet donando. legando
vel distribuendo, cui voluerit, pro sue libito voluntatis, et extunc
statim post obitum dicti ducis mariti sui in ipsa pecunia, tenebit,
habebit, et possidebit, ad tempora vite sue domina ipsa Anna,
municiones et castra predicta cum possessionibus ad ipsas municiones
et castra deputatis et proventus predictos trium milium et sexcentarum marcarum cum possessionibus etiam de quibus ipsorum trium
milium et sexcentarum marcarum redditus obveniant annuatim, nec
non cum hominibus et iuribus ad dictas possessiones pertinentibus
proventibus ipsis de voluntate et consensu dicti ducis ad hoc per
eum adhibito, in sortem capitalis peccunie, triginta et unius milium
marcarum predictorum minime computandis, habebit etiam ipsa
domina Anna teuebit et percipiet annuatim. Sed si alium maritum
reciperet vel non recipiendo maritum voluerit ad amicos suos animo
non redeundi ad partes alias se conferre aut ibi manendo predicta
triginta et unum milia marcarum libencius quam predictas possessiones
et proventus trium milium et sexcentarum marcarum percipere et
habere, extunc heredes vel successores ducis predicti ab ipsa domina
Anna predictas municiones et castra et predictorum trium milium
et sexcentarum marcarum proventus redimere cum triginta et uno
milibus marcarum argenti puri Pragensis ponderis et eandem peccuniam ipse domine Anne, in loco in quo ipsa voluerit, a die qua
super hoc per eam requisiti fuerint, tenebuntur dare et solvere
infra annum. Quod si infra eundem annum heredes sive successores
dicti ducis non darent ipsi domine Anne peccuniam supradictam,
extunc statim predicta domina Anna predictas municiones et castra
cum hominibus et attinenciis suis et proventibus deputatis ad eas
et proventus trium milium et sexcentarum marcarum predictos ven-
dendi in perpetuum, donandi, permutandi et alienandi quocumque
alienacionis modo seu titulo et in quascunque personas voluerit
transferrendi, plenam habebit et liberam potestatem, et in hoc nec
ipsa domina Anna, nec illi in quos predicta bona per ipsam trans-

lata fuerint per predictos heredes vel successores ducis predicti vel quemcumque alium debeant, aliqualiter impediri. Hoc etiam expresso quod si tunc non haberentur grossi Pragenses, de quibus fieret solucio pecunie predicte, dabuntur extunc predicte domine Anne, triginta et unum milia marcarum argenti puri Pragensis ponderis in pondere, et non in grossorum denariorum numero supradicto. Praeterea si dictum ducem et illustrem dominum Ottonem ducem Karinthie fratrem suum, terras suas quas nunc simul et indivisas habent, succedente tempore ab invicem dividere forte contigeret et ipsi duci Heinrico in divisione eadem non cederent, forsitan in parte sua, municiones et castra predicta, quas et que dicte domine Anne uxori sue sicut premittitur obligavit, tunc ipse dux Heinricus alias municiones et castra predictis municionibus et castris eque bonas sive bona, quas et que ipsa domina Anna de voluntate et beneplacito predicti regis fratris sui et consiliariorum ipsius regis acceptandas seu acceptanda duxerit cum possessionibus ex quibus trium milium et sexcentarum marcarum redditus obveniant annuatim ipsi domine Anne sub modis et condicionibus, in quibus sibi predicte municiones et castra obligate seu obligata fuerant, tenebitur obligare, nec ipse domine Anne municiones et castra predicta debeut auferri, nisi prius pro ipsis alie equivalentes municiones et castra, quibus ipsa sicut premittitur, contenta fuerit, per dictum ducem Heinricum sibi fuerint obligate vel etiam assignata. Sed si ipsam dominam Annam dicto duci Heinrico premori forte continget, tunc ipse dux Heinricus predicta decem milia marcarum, que sibi nomine dotis ipsius domine Anne data sunt, pro se servabit, et tenebit, nec pro ipsis per regem Bohemie predictum vel per ipsius domine Anne aliquem alium vel alios amicos et consanguineos impetetur. Nos autem ad peticionem dicti ducis Heinrici fide data promittimus et fideiussorie nos etiam obligamus, quod si ad hoc deveniret, quod dictum ducem Heinricum predicte domine Anne premori continget, iuvabimus ipsam dominam Annam fideliter et efficaciter toto posse, et efficiemus, quod ipsa domina obtineat et habeat predictas municiones et castra et proventus trium milium et sexcentarum marcarum predictos et possessiones ex quibus ipsi proventus trium milium et sexcentarum marcarum obveniant annuatim, et quod faciat de ipsis libere, hoc quod sue voluntati placuerit, sicut superius est expressum, et quod eciam ipsi domine Anne pacta et promissa expressa superius omnia et singula inviolabiliter observentur. In quorum omnium

evidens testimoninm presentes litteras ips* domine Anne dedimus
nostrorum sigillorum munimine roboratas. Actum et datum in
Lantzhût anno domini millesimo trecentesimo sexto. XXVIII° die
Februarii indicione quarta.

,, Orig. Perg. 12 anhangende Siegel; eins abgeriffen, eins abgefallen.

II.

Nota. Anno predicto (1311) dominus rex obligavit domine
Anne, regine Bohemie iudicia et officia infrascripta: primo indicium
in Mulbach, iudicium in Gufduna, iudicium in Vmst, iudicium in
Landekk, officium in Prutsch et officium in Ewers et omnia bona,
que fuerunt quondam Ch. purchgravii de Geròut cum omnibus
castris ad ipsa officia pertinentibus redimenda pro ver. marc. XXX
milibus et estimata sunt predicta indicia et officia in redditibus ad
marc. III milia DC.

Innsbruck, Statth.-Arch., Kod. 18, F. 3a. Wieu, Staats-Arch., Kod. 383,
f. 87a. (Durchstrichen.)

III.

Laibach, 10. September 1313.

König Heinrich teilt den 10 Landverwesern in Tirol in bewegten
Worten den unerwartet frühen Tod seiner geliebten Gattin Königin
Anna mit. Wenn ihm in solchem Unglücke ein Umstand Trost spende,
so sei es der, daß sie aus den Händen anwesender Bischöfe die Sterbe-
sakramente der hl. Kirche empfangen und selig verschieden sei. Heute
feiere er mit den Bischöfen von Brixen, Freifing und Gurk, Äbten,
Prälaten und unter ungeheurem Zulaufe von Klerus und Volk den
„siebten". Zum Gedächtnis an sie befehle er ihnen, durch eigne Boten
ihr Hinscheiden melden zu laffen und ihr zu Ehren Todenfeierlichkeiten
abzuhalten.

H(einricus) dei gratia Bohemie et Polonie rex, Karinthie dux,
Tirolis et Goricie comes venerabili Frid., Brixinensis ecclesie preposito
dilecto sibi et fidelibus suis Wernhero de Tablato, Ulrico de Cordo,
Chunrado Helblinch Hainrico Hirzperch, Hainrico de Schennano,
Hainrico Groppiere, Ulrico iudici in Hertenberch, Chunrado Venatori et
Gotschlino, iudici in Enna, provisoribus terre nostre gratiam snam et
omne bonum. Non possumus vultum hilarem pretendere, quos manus
domini gravi tactu graviter contristavit inmatura etenim nobis morte
karissimam consortem nostram ex regali ortam origine nobis preri-
puit violenter eiusque florem prelucidam, dum adhuc iocundissime

vireret aspectu falce fatalitacia intempestive precedere conabatur,
de cuius obitu et si cor nostrum doloris aculeo non immerito sit
confessum, magnum tamen acerbitati nostre consolationis remedium
est allatum, quod susceptis devotissime per manus vero venerabilium
episcoporum sacrosancta ecclesie sacramenta huius vite cursum fine
felicissimo terminavit. Ad cuius sellempnes exequias divina pietas
reverendos in Christo patres dominos Brixinens., Frisingens. et
Gurcens. episcopos abbates et prelatos cum clero innumero nobis
absentibus benigna quadam providentia destinavit, qui etiam
hodie nobiscum dignati sunt eius septimo interesse. Volentes
igitur tante participis nostre memoriam esse celebrem super terram
mandamus vobis firmiter, quatenus ipsius exequias digno honore ut
convenit, divinis officiis ceterisque piis actibus ab omnibus nostris
subditis clericis et laycis ordinetis sollempniter celebrari, ut sicut
omnes votivis nostris favent et congaudent auspiciis sic turbacioni
nostre condolere fideliter approbentur. Volumus etiam, ut litteras,
quas prelatis, capitulis et conventibus dominii nostri super hoc
transmittimus singulis per certos nuncios destinetis. Datum in
Laybaco feria secunda post nativitatem sancte virginis.

Wien, Staatsarchiv, Kod. 384, F. 40a.

IV.
Testament der Königin Anna.

Jakob Andrae Freiherr von Brandis: Geschichte der Landeshaupt=
leute von Tirol. Innsbruck bei Wagner 1850, S. 48 ff.

Frau Anna König Hainrichs Gemahl hat nach sag hernach
volgenden iren Testaments bei den Predigern zu Bozen (alda im
chore neben dem hohen Althar ex parte evangelii ain
von ausgehauten Stainen zimblich hoch eingemaurten
sarch zu sehen) ir begrebnus auserwölt und halten die Brüder
selbigen Closters für gewis, das ire gebain alda rasten thuen, wie
dann auch noch heutigs tags (vor 7. November 1629, an welchem Tag
Brandis starb, nachdem er von 1609 – 1628 die Stelle eines Landhaupt=
männes von Tirol bekleidet hatte) ain silbrene vergolte cron verhanden,
so Ir der königin Anna gewest sein solle. Erst allegierts Testament
ist seiner Antiquitet halber wol zu lesen und laut also:
Lieber herr und würt, chünig Hainrich. Ich chünigin Anna, eur
ehewirtin und gemal bit euch getreulich, daz euch daz wolgefalle,
daz ich zu den predigern ze Bozen mein ligerstat

mit verdachtem muet und mit gueten sinnen erwellet han und mane und bitte euch bei den triwen, als ir mir gebunden selt, daz ir euch mein sel lasset bevolchen sein und mir mein geschäft nicht verbrechet, daz ir nach gwonheit meiner sele mit vorbedachtem muet und mit gueten sunen getan hat. Nun schaffe ich Künigin Anna von Beham des ersten dreihundert mark perner Meraner münz ze den predigern ze Bozen, da ich liegen wil und mein guldin gewant ze ainem mesgewant. Wer aber, daz man daz guet nicht geben mechte berait, so bit ich euch, daz ir inen daz guet ze Gereut einantwurtet und daz si davon gewert werden. Darnach so schaff ich an daz gotzhaus an dem tuem ze Brixen ain hundert mark perner. So schaff ich an daz closter ze Stainach sechzig mark perner und ain grüns gewant. Ich schaffe auch den teitschen herrn ze Laibach zehn mark Aglayer und bitte euch, lieber herr, daz ir si ergezet des ungemachs, daz si von mir empfangen haben. So schaffe ich den mindern bruedern ze Laibach zehen mark Aglaier, den Augustinern daselbs zehen mark Aglaier. Ich schaffe auch gen Stambs zwainzig mark perner und ain rot ganz scharlaches gewant, den mindern bruedern ze Bozen zehen mark, in dem closter ze Meran zehen mark. Ich schaffe auch mein heiligtumb halbs und die beschlagenen taflen halbs, da ich ligen will, (wem?) daz ander halbtail schaffe ich gen Stainach. Ich schaffe auch in daz frawen closter ze Brixen zehen mark. So schaff ich gen Inichen ein gwant. So schaff ich ain deklein von samet gruen und rot, dahin ich ligen will ze ainer korkhappen.(?) Ich schaffe auch ain ganz seidens gewant daz ist noch unverschniten rok und mantel dahin, da ich ligen will ze ainem ganzen mesgwant. So schaffe ich und gib meinen herrn alle die reht und ansprach, die ich han oder haben sul auf daz kunigreich ze Behaim und auf daz marggraftum ze-Márhern. Daruber schaffe ich im vier guldine schläppl und ain hapetl, daz mir mein vater gab und ain perl, daz gab mir mein frau, von Rom und ain Kandl mit ainem straussay, ain welsche nuss auf ainen silbren fuss vergult, drei nadterzungen auf ainen silbren fueß vergult, zwen silbrene pecher, acht tischmesser. Lieber herr, ich bit euch auch getreulichen, daz ir euch die zway gräfin von Sterenberg fleizziglichen lasset bevolchen sein. Darnach so schaffe ich der frauen von Schönberg sechzig mark perner. Ich bit euch auch. lieber her, daz ir der iungen gräfin von Sternberg als vil gebet, als man der eltern irer schwester verbürgt

hat. Darnach bit ich euch umb die armen frauen, die sich mit mir
verlandet, daz in dem nit versprochen werde, daz ich inen geschaffen
han. Nun schaff ich Hedwigen zwainzig mark perner gelts oder
zwai hundert mark. So schaff ich Gredlein zwainzig mark gelds
oder zwaihundert mark perner. Darnach so schaffe ich Gerharden
meinem schreiber zehen mark gelts, unz er beraten wirt mit ainer
gotsgab, die im nuzlich und gefuegelich ist. Ich schaffe auch brueder
Wolfram meinem beichtiger fůnf mark gelds ze den almusen, daz
der Perkhamer gehabt hat, der da tot ist, daz sein auch fůnf mark
gelts. So schaffe ich zuvor fůnfzig mark (wem?). Ich schaffe auch
Hartlieben zwai pfert und zwainzig mark und pit euch, lieber herr,
daz ir in den darmit fertiget. So schaff ich Gundtacher zwainzig
mark, Fridlein von Rotenburch zwainzig mark. dem Zůnsůnger
zwainzig mark, Reidlein zwainzig mark, Merlein zwainzig mark.
Ich schaffe auch Niblein dem Schersůnk zwainzig mark, Sigharten
dem chuchenschreiber zwainzig mark, Wenzlau zwainzig mark,
Uldrige seinem bruedern zwainzig mark. Darnach so bit ich euch,
lieber herr, daz ir daz kind Haschen (?) mit seinem maister erlich
wider heimfertigt. Ich schaffe auch hern Hainrich den Tobhan
vierzig mark. Ich bit euch auch, lieber her, daz ir hern Albrechten
meinen caplan lazzet daz almusen, daz ich ime geschaffet han ze
der caplanei ze dem heiligen creuz ze Hall, daz sein acht mark
gelts. So schaffe ich Steblein meinem camermaister zwainzig mark.
maister Jakob dem schneider zwainzig mark, dem Symeler zwainzig
mark. Ich schaffe der eltern gråfin das griene gewant, der iůngern
gråfin ain saiden wames mit ainen feben (?) fueter. So schaff ich
zween teppich, die die bessern, da ich liegen wil auf mein grab, die
andern zween den gråfinen baiden von Sternberg, Heidwigen ain
braun mantel und hermeline Kůrsen und ain grens wames Jarken
von s Sukenei (?) von Greidlein schaffe ich von weizzen scharla
sukenei und rot, ain silbren kopf Agnes Gredlein tochter ain hermein
kůrsen, Sophien zwainzig mark perner und ain praunes wames. So
geschaffe ich meinem hofgesind, daz vor hie nicht benent ist, ainhundert mark perner, daz die mein herr selbst unter sy taillen.
Lieber herr, ich bitt euch auch getreulich, däz ir die gulten, die
ich schuldig bin, genzlichen sullet gelten, daz ez auf meiner sel nit
bleibe. Daruber bit ich euch, lieber herr, waz ich geschaffen han
durch meiner sel willen oder dienern daz noch an kainer stat
ze nemen beweiset nich ist (von Brandis augenſcheinlich falſch)

gelesen) .daz ir dar lasset gefallen von dem gericht von Gufidaun. Ich bit euch auch, lieber herr, daz ir schaffet, daz herrn Lorenzen des schreibers sun zwainzig mark perner und ain stadl und ain paumgart darein, daz im was von Holle seinem vetter an seinem tot geschafft hat, daz im daz werde. Daruber bit ich euch, lieber herr, auf die treu, so ir mir schuldig seit, daz ir euch lazzet bevolchen sei Gerharten meinen schreiben und im daz nit brechet, daz ich im geschaffen han und im beraten durch meiner sel willen, wan ich leider nicht bewarn mechte alles ich gern geton. Ich bitte euch auch, lieber herr, daz ir herrn Fridrich, der mein schreiber ist gewesen, gnedigelichen und güetlich tuet an dem guet, daz ich ime geschaffen han für seinen dienst, da er unser hantveste uber hat, wan er schwerlich gedient hat und daz er auf meiner sel nicht bleibe. Das geschäft sein gezeugen mein herr bischof Johannes von Brixen, mein herr bischof Hainrich von Gurk, herr Dietrich, pfarrer st. Vei, her Peter von Liebenberg, der prior von den Augustin sein gsell brueder Dietrich und brueder Hainrich von parfuesser bruedern, Wolfram mein peichtiger, brueder Ortolf und brueder Rudeger von dem teitschen haus, Dietrich und Niclaus der lantschreiber von Laibach und ander erbar leut die darbei warn.

Eine kaiserliche Achterklärung wider Götz von Berlichingen im Egerer Stadtarchiv.

Von

Dr. Karl Siegl (Eger).

Es hat Helden gegeben, die beim Volke weniger durch ihre Taten, als durch ihre Sänger berühmt geworden sind, und wie Wallenstein seinem Schiller, so verdankt Götz von Berlichingen seinem Goethe ein gut Stück seiner Berühmtheit und Verherrlichung.

Fehdelustige Herren wie den Götz, wenn sie auch das Fehderecht nicht so professionsmäßig, wie dieser betrieben, gab es in der alten deutschen Zeit viele Dutzende. Hunderte von Manuskripten im Egerer Archiv wissen davon zu erzählen, aber ihr Andenken liegt in den vergilbten Papieren begraben, selten wird ein oder der andere in ortsgeschichtlichen Aufsätzen nur nebenbei mit erwähnt.

Götz von Berlichingen, Sproß eines der ältesten reichsritterlichen Geschlechter in Franken, im Jahre 1480 zu Jagsthausen geboren, am 23. Juli 1562 auf seiner Burg Hornberg gestorben und im Kloster zu Schönthal zu seinen Ahnen begraben, schrieb oder diktierte vielmehr im hohen Alter seine Selbstbiographie, von welcher sechs Handschriften[1]) bekannt sind, unter welchen diejenige im Archive zu Rossach die älteste und wertvollste zu sein scheint, weil sie in Götzens eigenem Besitz sich befunden hat.

In dieser treuherzigen, ungeschminkten Lebensbeschreibung, von Verono Frank von Steigerwald im Jahre 1731 zu Nürnberg bei Adam Jonathan Felßecker zum erstenmale herausgegeben, entdeckte, wie V. Villmann in der Festschrift des Berliner Gymnasiums zum gr. Kl. (Berlin 1874) nachgewiesen hat, auch der junge Goethe den Stoff zu einer wertvollen poetischen Behandlung, welche 1773 erschienen ist.

---

1) Unter dem deutschen Adel hatten sich schon frühzeitig viele Liebhaber der Lebensbeschreibung Götzens gefunden, woraus sich die handschriftliche Vervielfältigung erklärt.

Erst nach dem Bekanntwerden von Goethes Jugendwerke ging man daran, die Taten Götzens in zahlreichen Schriften[1]) zu beschreiben und mitunter auch zu verherrlichen; der Name Götz von Berlichingen, zubenannt mit der eisernen Faust, wurde erst jetzt wieder volkstümlich und land.

[1]) Bereits zwei Jahre nach dem Erscheinen von Goethes Schauspiel gab die Felßeckerische Buchhandlung zu Nürnberg eine zweite verbesserte Auflage der Steigerwaldschen Ausgabe heraus und im J. 1813 erfolgte von Johann Gustav Büsching und Friedrich Heinrich von der Hagen zu Breslau eine dritte Auflage. Noch vor 1813 erschien von einem Anonymus, zu Nürnberg 1777 gedruckt: „Götzens von Berlichingen Fehde mit der Reichsstadt Nürnberg, wie er das Glait angreift, mit seinen Helfern in die Achtserkläret und das Vertragsgeld repartiret wird de anno 1507. Aus des Nürnbergischen Raths-Syndici Johannes Müllers noch ungedruckten Annalibus Noricis, T. IV. p. 557—568", ferner „Ritter Götz von Berlichingen mit der eisernen Hand" von Karl Lang im historischen Almanach für den deutschen Adel, Frankfurt a. M. 1793. Nach 1813 erschienen: „Die eiserne Hand des tapfern, deutschen Ritters Götz von Berlichingen, wie selbige noch bei seiner Familie in Franken aufbewahrt wird, sowohl von außen als von innen dargestellt. Den gekrönten Befreiern Europas, jetzt in Wien versammelt: „Kaiser Franz I. von Österreich, Kaiser Alexander I. von Rußland und König Friedrich Wilhelm III. von Preußen gewidmet von Chr. von Mechel, Berlin 1815; „Ritter Götz von Berlichingen mit der eisernen Hand" von Karl Lang, Heilbronn und Rothenberg a. d. T. 1825; „Stammbuch der eisernen Hand des Götz von Berlichingen" von Freiherr von Hallberg, München 1828; „Über die Haft des Götz von Berlichingen" von C. Metzger im Jahresberichte des historischen Vereines im Oberdonaukreise 1836; „Ritterliche Thaten Götz von Berlichingens mit der eisernen Hand" von M. A. Geßert, Pforzheim 1843; „Gottfrieds von Berlichingen Ritterliche Thaten" von Karl Riedel, Leipzig 1843; „Gottfrieds von Berlichingen ritterliche Thaten", ein deutscher Volksroman von Karl Riedel, Leipzig 1844; „Götz von Berlichingen vor Gericht" von J. F. Lendner im Stuttgarter „Morgenblatt" 1844, Nr. 143—147 und 152—156; „Ritter Götz von Berlichingen mit der eisernen Hand, aufs Neue für Volk erzählt" von Ottomar F. H. Schönhuth, Reutlingen 1844; „Historie von Ritter Götz von Berlichingen mit der eisernen Hand" von Döring, Leipzig 1846; „Götz von Berlichingen" von Heinrich Dünzer, im Stuttgarter „Morgenblatt", Jahrg. 1857, Nr. 34, welche Abhandlung in die „Allgemeine Zeitung" 1857, Beilage zu Nr. 246, überging; „Leben, Fehden und Handlungen des Ritters Götz von Berlichingen, zubenannt mit der eisernen Hand" von Ottomar F. H. Schönhuth, Pfarrer zu Edelfingen, Mergentheim 1858; desselben Wertes zweite Auflage, Heilbronn 1858; „Geschichte des Ritters Götz von Berlichingen mit der eisernen Hand und seiner Familie" von Friedrich Wolfgang Götz Graf von Berlichingen-Rossach, mit 10 lithographierten Tafeln, Leipzig 1861 (zugleich das bedeu-

läufig, und nach eines Dichters Worte „des Helden Name ist in Erz und
Marmelstein so wohl nicht verwahrt, als in des Dichters Liede", wird
das Interesse an diesen alten Haudegen, in dem der Glanz des alten
romantischen Ritterwesens noch einmal auflebte, auch bei der Mit= und=
Nachwelt ungeschwächt fortleben.

In einem Artikel, erschienen in den Mitteilungen des Vereines · für
Geschichte der Deutschen, 39. Jahrg. S. 210, berichtete ich von einem
Schreiben des Nürnberger Rates an den zu Eger vom 11. August 1512,
mittelst welchem die Nürnberger ersuchen, einen beigeschlossenen, von

---

tendste und umfangreichste Werk, das über Götz erschienen ist); „Götz von
Berlichingen und seine Denkwürdigkeiten" von Fr. X. Wegele in der
Zeitschrift für deutsche Kulturgeschichte, III. Jahrg., Hannover 1874;
„Götz von Berlichingen" von Alfred Stern in der allgemeinen Deutschen
Biographie, II. Bd., Leipzig 1875; „Lebensbeschreibung des Ritters Götz
von Berlichingen, ins Neuhochdeutsche übertragen" von Karl Müller, Berlin
1881 (aufgenommen in die Reklamsche Sammlung zu Leipzig): „Lebens=
beschreibung des Herrn Götzens von Berlichingen, Abdruck der Original=
ausgabe von Steigerwald" von Alexander Bieling, Halle 1886, endlich:
„Die Fehde des Götz von Berlichingen mit der Reichsstadt Nürnberg und
dem Hochstift Bamberg 1512—1514 von Johann Kamann, Nürnberg 1893.
— Wertvolles Material für Götzens Geschichte findet sich weiterhin nament=
lich in „Oechsles Beiträge zur Geschichte des Bauernkriegs in den schwäbisch=
fränkischen Grenzlanden", Heilbronn 1830 und in Zoepfl „Die Hauptmann=
schaft des Götz von Berlichingen im großen Bauernkriege", Heidelberg 1850.
Hochinteressante Beiträge für die Geschichte des Götz enthalten ferner zwei
mir vom Nürnberger Kreisarchive bereitwilligst zur Verfügung gestellte,
noch ungedruckte, kostbare Manuskripte, von welchem das eine, ein Folio=
band mit 128 Blättern (Sign. S. XIV. M. S. Nr. 245a) betitelt ist: „item
am Erichtag in der kreutzwoche, den 18. tag des monats mayen anno etc.
Im zwelfften Sein die Nurembergischen kauffleutt, auch annder von
andern stetten, so aus dem leipßtiger ostermarkt alhier haben wollen
reitten, zwischen newseß vnd vorcheym durch Gotzen von derlingen, Hannsen
von Selbiß vnd annder mer gefangen worden vnd dieselbig handlung
vnd geschichten. In diß buch geschrieben, wie denn einer nach dem annderu
hernoch uolgt", das andere, ein Imperialband (Sign. S. XIV., Cimelien,
K. X. Nr. 246) mit herrlich bemaltem Pergamenttitelblatt: „Die Vehd vnd
thattlichenn zugriff Hansen von Geißlingen vnnd keiner Helffer wider
einem Rate vnnd die irn genbi, Vnnd was sich in zeit solcher Vehd durch
gutlich tagleistung vnnd in annder wege begeben, wie auch dieselb Vehd
nachmalen enndtlich vertragen und bericht worden ist",· endlich ein mir
von der Nürnberger Stadtbibliothek überlassenes Manuskript (Folio,
Nr. 4451), welches v. Bl. 68—80 „Des Bösen Götz von Berlingen Vehden"
enthält.

K. Maximilian I. wider Götz von Berlichingen, Hans von Selbitz und Linhard Birkhaimer erlassenen Achtbrief öffentlich anzuschlagen, und erwähnte hiebei auch, daß dieser Achtbrief infolge des Anschlagens verloren gegangen sein muß.

Datum und Ausstellungsort des Achtbriefes waren im Nürnberger Schreiben nicht genannt. In Emil Wellers „Repertorium typographicum, die deutsche Literatur im ersten Viertel des sechzehnten Jahrhunderts, Nördlingen 1861", mit welchem Werke ich erst nachträglich bekannt wurde, erscheint unter Nr. 716 angeführt: „Kaiserliche Achterklärung gegen Götz von Berlichingen, Haus von Selbitz und Linhart Birkamer, geben zu Inrna in Brabant am fünfften tag des Monadts Julii nach Christi gepurde funfzehenhundert vnd im zwelfften, vnnser Reiche: des Römischen im synenvndzwenntzigisten und des hungerischen im dreyundtzwenntzigisten Jaren" und erwähnt Weller, daß dieser Achtbrief als Folioblatt nur noch im Germanischen Museum zu Nürnberg, im Straßburger Stadtarchiv und im Münchner Reichsarchiv vorhanden ist. Ergänzend hiezu möchte ich hier gleich anfügen, daß nach meinen Erhebungen ein Exemplar dieser Achterklärung, versehen mit der Beglaubigung des öffentlichen Notars Krichamer, auch im königl. sächsischen Hauptstaatsarchiv in Dresden sich befindet.

Dieser Achtbrief erscheint auch bereits abgedruckt in der in der obigen Fußnote mit angeführten „Geschichte des Ritters Götz von Berlichingen" von F. W. Götz von Berlichingen-Rossach), S. 129.

Der dem Nürnberger Schreiben beigelegte Brief war also zweifelsohne ein Gleichstück des von Weller unter Nr. 716 verzeichneten Einblattdruckes.

Bei meiner späteren, nach 1901 erfolgten Registrierung der Akten der fränkischen Bischöfe stieß ich unter den Briefen des Bischofs Georg von Bamberg, gerichtet an die Stadt Eger, auf eine Achterklärung Kaiser Maximilians I. wider Götz von Berlichingen und einer großen Anzahl seiner Helfer, gleichfalls aus dem J. 1512, jedoch „gegeben in vnser und des heilligen Reichs-Statt worms, am Achtzehenden tag des Monads Decembris Nach Christi geburt fünfftzehenhundert vnd im zwölfften, vnserer Reiche: des Römischen im Sibenvndtzweintzigisten und des Hungerischen Im dreyvndzwenitzigisten Jaren", versehen mit der (geschriebenen) Beglaubigung des „offenbaren notari konrat kornhaß", welcher mit seiner „eigenen hantgeschrift" bestätigt, daß er „die kopey mit dem original auskultiret" hat.

Dieser Brief, ein Einblattdruck von 60 cm Länge und 36 cm Breite und 116 Zeilen Volltext ist in den Repertorien über alte Druckwerke nicht enthalten, er ist den bekannten Antiquaren, welche sich vornehmlich mit dem Vertriebe alter Drucke befassen, niemals vorgekommen und nach den bei hervorragenden Bibliotheken und Staatsarchiven gestellten Umfragen lediglich nur noch in zwei Exemplaren und zwar in den Sammlungen des Germanischen Nationalmuseums zu Nürnberg und des Nürnberger Kreisarchivs vorhanden.

Der Wortlaut dieses seltenen Flugblattes ist nachstehender:

„Wir Maximilian von Gottes gnaden Erwelter Römischer Keyser etc. Empieten allen vnd yglichen vnsern vnd des heyligen Reichs Churfursten, Fursten, geystlichen vnd weltlichen Prelaten, Grauen, Freyen, Herren, Rittern, Knechten, haubleüten, Viczdumben, voyten, pflegern, verwesern, Ambtleüten, Schulteissen, Burgermeystern, Richtern, rethen, Burgern, Gemeinden vnd sunst allen andern vnsern vnd des Reichs vntterdanen vnd getreüen, in was wirden, stants oder wesens die sein, den diser vnser brieue oder glaublich abschrifft danon zu sehen oder zu lesen furkombt oder damit ersucht vnd ermant werden vnser genade vnd alles gut. Erwirdigen hochgebornen lieben Neuen Oheymen, Churfursten, Fursten, Wolgebornen, Edeln, ersamen, Andechtigen vnd getreüen! wiewol vnser vorfarn am heyligen Römischen Reich lobliche Reformation, Gulden Bullen, ordnung vnd saczung zu erhaltung Fridens vnd Rechtens auffgericht vnd wir nachmals in Koniglicher wirde, auch als Erwelter Römischer Keyser mitsampt euch des reichs stenden einen gemeinen landfriden vnd ander treffenliche ordnung vmb merer hanthabung vnd bekrefftigung willen desselben fridens vnd rechten gesaczt vnd gemacht, auch sölichs bey Acht vnd aberacht vnd andern sweren penen vnd straffen zu halten gebotten haben, alles nach laut vnd inhalt derselben gesec, Reformation, guldein bullen, landfriden vnd ordnung etc. Vnd wir dan am Jüngsten in vnsern vnd des heyligen Reychs treffenlichen notigen sachen vnd sönderlich neben andern von hanthabung Fridens vnd rechtens zu handeln einen Reychstag gein Trier außgeschriben, Da dan wir vnd andere Chürfursten, Fursten vnd Stende erschinen vntter welichen vnsern fursten der Erwirdig Georg, Bischoue zu Bamberg, vnser furst, Rat vnd lieber andechtiger auch als gehorsamer personlich gewest, So sein wir doch glaublich vnd mit grunt bericht (als auch sölichs kundig

vnd **offenbar** ist), wie vber das alles gantz freuenlicher vnd mut-
williger **weyse**, auch vnersucht, vnuersagt vnd vnerlangt eynichs
rechten, **auch** on alle redliche vrsachen vnd also zu sunderlicher
verachtung vnd nachtcyl vns als Römischer Keyser vnd allen stenden
des **heyligen** reichs (eben zu der zeyt, dweyl sölicher vnser
Reichs tag zu Trier gehalten, vnd nemlich am Erichtag nach dem
Sontag Vocem Jocunditatis nechstuerschynnen) Auff vnser vnd des
Heyligen Reichs freyen strassen nahent bey Vorcheym ganz vnuer-
seheuer vnd vnuerwartter ding, auch vber das der angemast haubt-
sachen (Der sich G o c z   v o n   B e r l i c h i n g e n nennet) an gedachten
vnsern Fursten von Bamberg vnd viel der beschedigten vnd derselben
herschafften von geubter that vnd darnach bißhere keynerley spruch
noch anforderung gethan etweuil vnser vnd des Reichs vntterdanen
auß vnsern vnd des Reichs auch andern steten, den merern teyl
euer der stenden dazumal bey vns zu Trier versamelt. zugehörig
(vber das sie des gemelten vnsers Fursten von Bamberg sicherheit
vnd gleyd bey inen gehabt) durch etlich viel geraysige mit gewaltiger verpotener that auß eygem mutwilligen furnemen geslagen,
verwunt, gefangen, inen ein merkliche Summa gelts vnd anders, so
sie bey inen gehabt, genomen vnd darzu in treffenlicher anzal auß
inen weg gefurt vnd geschaczt haben, dardurch sie zusampt dem
begangen fridbruch vnd andern sweren penen in die straff des
grossen Lasters, zu latain genant Crimen lese maiestatis, gefallen
sein, vnd also dieselben theter, ire helffer vnd beystender, auch die
ihenen, so inen darzu rath, furschub, vntter- oder durchslaiff, essen,
drincken oder ander vergunstigung geben oder gethan, oder sie zu
von oder in solicher that wissenlich gehauset, geherberget oder
enthalten haben nach vermöge vorgemelts vnsers vnd des Reychs
landfryden vnd ordungen alßpald mit der thate in vnser vnd des
heiligen Reichs acht vnd aber acht gefallen sein, deßhalben dan
wieder derselben leib, hab vnd guter mit den penen, straffen vnd puessen
in gedachtem vnserm landfriden begrieffen vnd sunderlich wie sich
gegen dem vbel Crimen lese maiestatis geburt, gestracks gehandelt
werden sölle, So hat doch das bißhere aus den vrsachen (diweyl noch
zurzeit obgemelte theter nit alle eygentlich vnd gruntlich bekant
gewesen) nit so statlich (als die notturfft erfordert) beschehen
mogen. Dweyl aber die Bambergischen (als sie in gemelter that
nachgeeylet) einen aus den thetern in vnsers fursten von Wurtz-
purgs gerichtbarkeit geuenklich einbracht, der aus vnser Rete beuelhe

gemeiter mißthathalb gefraget worden ist, Auß welches gefangen
theters bekantnus vnd sage auch andern erfarungen (zu dem, das
sôlichs umb die ort, do die that geschehen, ein gemainer ruff vnd
lewmut ist) alles in glaublichen schein fur vns bracht, sich statlich
erfindt, das die ihenen, so in nachbemelter vnser Commission, deßhalb außgangen, benant werden, von gemelter mißthat vnd fridbruchs
wegen nach vermoge vnsers landfriden aus redlichen vrsachen vnd
anzeygungen in verdacht steen, welchen erfunden verdacht wir also
vnd der gestalt angenomen haben, das sich alle sôlich verdachten
allerley weitter außzuge vnd behelff in crafft gemelts vnsers landfriden vnd ordnung mit der mas in derselben vnser Commission
begriffen, mit iren aiden zu purgiren schuldig sein, oder fur frid-
brecher vnd achter gehalten werden sôllen, alles inhalt derselben
vnser Comission, vnd dweyl wir als Rômischen Keyser zum fordersten
sôlich mißhandel aus eygner bewegnus vnd als vnser selbs eygen
sachen am aller maisten vnd hochsten beswerlich vnd strafflich
bewegen, Das vns auch in zeit vnser Rômischen vnd Keyserlichen
Regirung im heyligen Reich kein so pôse verachtliche that begegnet
(die dan nit allein vnserm fursten, dem Bischoue von Bamberg vnd
andern beschedigten, sonder vnns vnd allen stenden des heyligen
Reichs zu grossem schaden vnd nachteil reichet), woe mit ernstlicher vnd furderlicher straff dargegen nit gehandelt vnd ein merck-
lich zuruttuug fridens vnd rechtens vnd aller guten furnemen vnd
ordnung im heyligen reich sein wurde, Vnd domit sôliche theter
vnd verwurcker dester gewisser vnd gruntlicher erfunden vnd
gestrafft werden, Auch sôliche vnd dergleyche verdachte personen
nach vermöge vnser vnd des Reichs landfriden vnd erklerung desselben sich sôlichs verdachts mit iren ayden zu purgiren furgenomen
werden mogen, So haben wir den Edeln, Ersamen vnd andechtigen
vnd vnsern vnd des Reichs lieben getreuen Sigmunden Grauen zum
Hage, vnserm ytzigen Camerrichter, und N. den beysitzern vnsers
Reichs Camergerichts auff vorgemelt furbringen auß eygner bewegnus
vnd sonderm guten, treffenlichen vrsachen an vnser stat zu vnsern
volmechtigen, entlichen vnd vnwiederruefflichen Commissarien fur-
genommen, gesatzt vnd geordent, inen auch empholhen vnd darauff
vnser volkhomen macht vnd gewalt geben, in solichen sachen von.
vnsers hochsten keyserlichen Ampts wegen laut vnsers versigelten
Commission brieffs, inen deßhalb gegeben, zu handeln vnd zu proce-
diren, vnd nachdem aber vff solich vnser Commission vnd beuelhe

dis nachbenanten: Bernhart von Thungen, Philips von Maßbach,
Diethrich Fuchs. Reinhart Steinruck, Ciriax von Herbelstat, Philips
Druchsses zu Wetzhausen, Engelhart von Munster, Fritz von Thungen,
Agapitus von Hutten, Cristoffel Fuchs zu Sweinshwpten, Wilhelm
von Schaumperg, Wolff vnd Philips von Berlichingen, Hans von
Selbitz, Mertin Sutzel, Balchasar Steinruck, Caspar Rabensteiner,
Ketz vnd Schick, Cristoffs von Thungen knecht, Hempel, Cristoff
Fuchssen knecht, Bernhart vnd Sigmund, die moren gebruder, als
oberurter that verdachte, nebeu andern, durch bemelte Camerrichter
vnd beysitzer als vnser Commissary (wie sich nach vermoge gedachter
vnser Comission geburt) vor inen in aygner person gerichtlich zu
erscheinen vnd sich berurter that laut derselben Comission mit iren
eyden zu purgiren, oder aber zusehen vnd zuhoren, sich in vnser
vnd des Reychs acht, aberacht vnd andern peen zu erkleren vnd
zuuerkhunden, geladen sein, vnd aber die ytzgenanten Wolff vnd
philips von berlichingen, hans von Selbitz, Martin Sutzel, Balthasar
Steinruck, Caspar Rabensteyner, Ketz vnd Schick, Cristoffs von
thungen knecht, Hempel, Cristoffs fuchsoen knecht, Bernhart vnd
Sigmond, die Moren gebruder, auff angesatzten Recht tag nit erschinen
auch sich, wie recht, nit purgirt, sonder vngehorsamlich aussen
plieben sein, darauff dan inen nach gebrauch vnsers Camergerichts
offenlich geruffen, vnd, diweyl aber die ytzgenanten verdachte vnd
geladen zu nachuolgenden deßhalben gehalten gerichts tagen aber
nit erschynnen, vnd darumb vnd auff sölich ir vngehorsam außbleiben
zusampt Gotzen von Berlichingen, als dem, der sich gemelter
that hauptsacher bekent, durch gemelt vnser Comissarien in krafft
gedachter Comission in die peen vnser vnd des gedachten reichs
acht vnd verprechen des gemainen landfriden gefallen am Zehenden
tag dys Monats Decembris mit vrteyl gesprochen, erklert vnd darauff
vntter offem hymel, wie sich gepurt, denunctyrt, verkundt, auß dem
friden in den vnfriden gesatzt, Ir leib, hab vnd guter lant vnd
inhalt der berurten vnser Comission erlaubt sein, vnd demnach auch
die obgemelten Fritz von Thungen, Agapitus von Hutten, Cristoffel
Fuchs von Sweinshawbten, Wilhelm von Schaumburg auff den entlichen angesatzten rechtag nit erschinen, dorauff inen dan auch
offenlich geruffen, dweyl aber die vnd auch die obernenten Bernhart
von Thungen, Philips von Maßbach, Diethrich Fuchs, Reinhart
Steinruck, Ciriacus von Herbelstat, Philips Truchsses zu wetzhausen
vnd Engelhart von Munster personlich, aber der genant von herbelstat

durch einen besigelten gewalt (trager) vor bemelten vnsern Comissarien erschinen vnd berurts ires verdachts halb ettlich schriefften
vnd verantwortungen furpracht haben, dorauff dan zu nachuolgenden
gerichtstagen mit vrteyl erkant ist, ob sie wolten oder mochten
sich laut oder nach vermoge vnser Comission purgiren, Das sôlt vnuer-
hindert Irer furgewandten schrieften vnd verantwortung geschehen
gehôrt werden; Vud sie theten Das oder nit, darauff ferrer laut
Derselben vnser Comission ergeen sôlt, was recht were, Welicher
erkantnus sie sich nachmals vor vuns Supplicirt oder beruffen haben
laut eines zettels darumb furpracht. Vnd diweil aber sôlich Suppli-
cation oder beruftung durch bemelte vnnser Comissarien nit zugelassen, sonder der kein stat vnd also Inen abslegig abschidbrieff
erkant vnd der bescheidt geben ist, Das dieselben Comissarien bis
an heut datum zu fruer tagßzeyt laut vnser Comission, wie sich
gepurt, volnfaren wolten, demnach aber dieselben vorgenanten
Bernhart von Thungen, Philips von Maßpach, Diettrich Fuchs,
Reinhart Steinruck, Ciriacus von Herbelstat, Philips druchsses zu
Wetzhausen vnd Engelhart von Munster vnd auch die andern vier,
nemlich Fritz von Thungen, Agapitus von Hutten, Cristoffel Fuchs
zu schweinshaupten vnd Wilhelm vou Schaumburg biß anher (wie
sich laut berurter vnser Comission nit purgirt haben) so sind sie
an heut datum durch mergemelt vnser Comissarien gleycherweis,
wie die andern vorgemelten in die peen vnser vnnd des reichs acht
vnd verprechung des lantfridens gefallen mit vrteyl erkant vnd
erklert, auch darauff als achter offenlich (wie sich gepurt) denunctiert
vnd verkundigt. Demnach vnd zu merer erfarung vnd offenbarung
So denunctieren vnd verkunden wir euch hiemit die obgenanten alle,
Nemlich Wolffen vnd Philipsen von Berlichingen, Hansen von Selbitz,
Martin Suczeln, Balthasar Steinruck, Caspar Rabensteyner, Ketzen
vnd Schicken, Cristoffs von Thungen knecht, hempolen, Cristoffen
Fuchssen knecht, Bernharden vnd Sigmunden, die moren gebruder,
zusampt Gotzen von Berlichingen vnd darzu auch fritzen von
Thungen, Agapitussen von Hutten, Cristoffeln Fuchssen zu Schweinß-
haupten, Wilhelm von Schaumburg, Bernharden von Thungen,
Philipssen von Maßpach, Diethrichen Fuchssen, Reinharten Steinruck,
Ciriaxen von Herbelstat, Philipssen Druchssessen zu Wetzhausen
vnd Engelhart von Munster als erklerte vnd denunctierte, vnser
vnd des reichs achter vnd verbrecher des gemeinen landfriden, Vud
gepieten darauff euch allen, sampt vnd sunderlich, von Roemischer

keyserlicher macht bey vermeydung vnser vnd des heyligen Reichs
acht auch andern penen, in dem vorbestimten landfriden vnd andern
ordnungen vnd saczungen begrieffen, hiemit ernstlich vnd wóllen,
das ir die ytzgenanten erklerten vnd verkunt achter in vnsern noch
euern Landenn, Herschafften, Slossen, Steten, Merckten, Dorffern,
Gerichten noch gepieten nit vergleitet, enthaltent, hausent, hoffet,
Eczet, drencket, hinschiebet noch ander heimlich noch offenlich
hilff, furschub, beystant thut, noch gantz keynerley gemeinschafft
mit inen habent. noch den euern zu thun gestattet in keyn weiß,
Sonnder, wo ir derselben obgenantenn Achter leib, hab vnd gutter
allenthalber zu wasser oder Lande ankomen vnd betretten mogt,
die zu vnser vnd des Reichs Camer vnnd der beschedigten gerechtigkeit auffhaltent, fahent, bekomert, verhefftet, mit iren leiben,
haben vnd guter furnemet vnd handelt, als sich gegen vnsern vnd
des Reichs offenbaren Achtern freuenlichen vngehorsamen vnnd
verbrecher des obgenanten Landfriden zu thun gepurt; darwider
sól auch obgenante Achter nit schirmen, schuczen, freyen, friden
noch furtragen eynich gleyt, genade, freyheit, priuilegium, trostung,
sicherheit, Landfrid, Burgfrid, Buntnus, vereynigung, Burgerrecht,
Statrecht oder landrecht, so von vnsern vorfarn am Reich, Romi-
schen keysern, Konigen oder andern fursten oder gewelten, Geystlichen oder weltlichen gemacht, gegeben vnnd verlihen weren oder
wurden, noch sunst ichts, das inen zu genad, gunst, furschub oder
behelff furgezogen, erdacht, statlich oder entheblich sein mocht in
gantz keine wege. Vnd diweyl wir auch auß erfarung befynden, das
sich ettliche vntterstanden haben, der theter hab, leut vnd guter,
so czuzcyten in vnser vnd des Reichs Acht verkundt worden sein,
den beschedigten zu abbruch vnd den Achtern zu gut, zu schutzen
vnd einzunemen oder als das ir zuuersprechen, Darumb, so gepieten
wir euch, auch allen gleicherweyse bey vnser vnd des Reichs Acht
hiemit aber ernstlich vnd wollen, das sich nymant, in was wirden,
stads oder wessens die sein, der theter hab vnd guter, so (wie
obstet) in die acht erklert vnd verkundt sein, on wissen, willen vnd
beuelh vnnsers haubtmans, so wir in sunderheyt zu diesem handel
verordent haben vnd darzu vorgenants vnsers furstenn, des Bischoffs
zu Bamberg, vnderstee, einneme, schutz, schirm oder versprech,
sunder bemeltem vnserm verordenten haubtman sampt gedachtem
vnserm fursten von Bamberg oder irer verordenten, dieselben einzunemen, gestatte vnd darzu verhelff, domit sóliche hab vnd guter

zu erledigung der gefangen, ergetzung der beschedigten vnd ablegung
des costen, so in diser sachen auffgelaufen ist vnd wurdet, nach
anzeygung gemelts vnsers Haubtmans vnd fursten von Bamberg
gewent werden, hierin dem lehenhern vorbehalten, das er die stuck,
so der theter vor geubter handlung von ime zu lehen getragen,
nach inhalt vnser vnd des reichs ordnung, deßhalb auffgericht, von
stundan einnemen mag vnd die abnutzung, so vber notturfftige
zymliche erhaltung derselben lehenstuck lauffen wurdet, zu erstattung
der beleydigten vnd beschedigten schaden gedachten vnserm haubtman
vnnd fursten von Bamberg, oder den, die des kuntlichen beuelhe
vonn ine haben, Raichen, wie wir dan solches durch eyn sunder
Mandat auß gutten, notturfftigen bewegnussen erklert, geordnet,
gebotten vnd beuolhen haben, vnd wöllen Auch, das in sölichem
durch dieselben Lehenhern nit vbertretten, noch eynicherley eigne
guter, Ligend oder farend, Vnnd, was vor obgemelter that kůntlich
vnd beweyßlich nit lehen gewest, mit nicht eingezogen, vnd woe
deßhalb irrung entstunde, auch nach laut vnsers obgemelten sůndern
Mandats, so wir sölicher lehen halben außgeen lassen haben,
gehalten werde, als lieb euch allen, sambt oder besunder, sey,
obbemelt Acht vnd ander Peen, buss vnd straff zuuermeyden. Vnd ob
auch ymand der obgemelten Achter, eins oder mer hab vnd guter,
gantz oder zum teyl, hiewieder eingenomen het, Das er die allermassen (wie er die eingenomen hat) demselben vnserm hawtman
sambt vnserm fursten von Bamberg on alle widerrede vnd außzuge
zustelle, eingeb und volgen lassen söll. Vnd welcher obberurtter
Lehenher mit einnemung seins eygenthumb, so ein Achter vor obgemelter that, von Ime zu Lehen getragen, sewmig vnd es darzu damit
aller massen (als vorgemelt ist) nit halten wurde, so söl alsdan
gedachter vnser verordenter haubtman beuelhe vnd gewalt haben,
den wir ime auch hiemit von berurter vnser macht volkomenlich
geben, sölche lehenstuck biß zu außtrag gemelts handels von vnser
vnnd des Reichs wegen einzunemen vnd es domit vnserm beuelhe
nach halten. Wir wollen auch, das in obgemelten gepoten vnd ver-
poten, allen sampt vnd sonder, euer keiner vngehorsam sey, noch
auff den andern verzyhe oder außzuge suche, als lieb einem yden
sey, vnser vnd des Reichs swere vngnad, straff vnd die obgemelten
peen vnd puß zuuermeiden vnd, was ir also gegen berurten achtern,
yren leiben, haben vnd gutern, sampt oder besunder, thut, furnemet
oder handelt, damit söllent ir wieder vns, das heylig Reich, noch

ymant andern 'nit gefreuelt, getan haben, noch auch ymant darumb
zu antworten schuldig sein in kein weise. Welicher oder welche
aber diesem vnserm Keyserlichen gebot vngehorsam erschynen vnd
darwieder thun oder handlen wurden, der oder dieselben sollen
dadurch vnd damit in vnser vnd des heilligen Reychs acht verfallen
sein vnd mit inen als mit andern achtern gehandelt werden; darnach
wisse sich eyn yder zu richten. Geben in vnser vnd des heilligen
Reichs Statt Wormbs, am Achtzehenden tag des Monads Decembris,
Nach Christi gepurt funfftzehenhundert vnd Im Zwölfften, vnserer
Reiche, des Rômischen im Siebenundzweintzigisten Vud des Hungerischen Im Dreyundzweintzigisten Jaren.

Ad mandatum domini   Vdalric warstbûler Judicy
Imperatoris proprium.   Camere Imperialis p. s."

(Geschrieben): „Auscultiret, ist dise Copey mit Irem Original
gleichlautend. das bezeug ich, Conrat Kornhaß, Offenbarer Notari,
mitt diser meinen eignen hantgeschrift."

In der Kürze zusammengefaßt, besagt die Achterklärung, daß zur
Zeit, als der Reichstag in Trier versammelt, auch Bischof Georg von Bamberg
persönlich hier anwesend war, Göß von Berlichingen und seine
Genossen auf der Straße bei Forchheim eine beträchtliche Anzahl von
Kaufleuten, die unter bischöflich=bambergischen Geleite reisten, angefallen,
verwundet und beraubt hätten, daß einige dieser Kumpane durch Nacheile
zustande gebracht und an die Gerichte des Fürsten von Würzburg ein=
geliefert worden wären, daß sodann Kaiser Max den Grafen zu Hag,
anstatt seiner, und einen nicht genannten Beisitzer des Reichskammer=
gerichtes mit der Untersuchung des Frevels betraut hätte, daß Göß von
Berlichingen, als „gemelter tat haubtsacher" mit seinen Genossen
unter Androhung der Reichsacht zu einem angesetzten Rechtstag geladen
waren, daß zu diesem aber nur ein Teil seiner Helfer erschienen sei, die
als sachfällig erkannt worden wären und daß nunmehr sämtliche Übeltäter
als: Wolf und Philipp von Berlichingen, Hans von Selbiß, Martin
Sußel, Balthasar Steinruck, Caspar Rabensteiner, Keß und Schick, die
Knechte des Christofs von Thungen, Hempol, des Christof Fuchsen
Knecht, Bernhard und Sigmund, die Moren Gebrüder, mitsamt Gößen
von Berlichingen, ferner Friß von Thungen, Agapitus von Hutten,
Christofel Fuchs von Schweinshaupten, Wilhelm von Schaumburg,
Bernhard von Thungen, Philipp von Maßbach, Dietrich Fuchs, Reinhart
Steinruck, Ciriakus von Herbelstatt, Philipp Truchseß von Weßhausen

und endlich Engelhart von Münster als „des reiches achter und verbrecher des gemeinen landfriden öffentlich erklert und denunctiert" worden.sind. Es folgt sodann die übliche Schlußformel, wornach alle Städte, Märkte zc. alle Leute im Reich, hoch und nieder, bei Strafe der Reichsacht aufgefordert werden, diesen Ächtern niemals Schutz und Beistand zu gewähren, sie nicht zu hausen und hofen, nicht zu ätzen und zu tränken.

Über den im Achtbriefe geschilderten Raubzug gegen die Nürnberger Kaufleute und deren Geleite bringt Götz in seiner Lebensbeschreibung nur eine verhältnismäßig kurze Aufzeichnung. Den Ort der Tat: Forchheim nennt Götz selbst nicht. Es hat aber die unten folgende Stelle darauf Bezug, weil die Zeit des von Götz geschilderten Anfalls mit dem in der Achterklärung angegebenen (Mai 1512) ziemlich genau übereinstimmt.

Götz erzählt zunächst, wie er die persönliche Bekanntschaft mit dem Bischof Georg[1]) von Bamberg gemacht hat. Das geschah im J. 1512 zu Heidelberg. Pfalzgraf Ludwig feierte hier seine Hochzeit mit der Schwester des Herzogs Wilhelm von Bayern. Zu diesem Feste hatte sich auch unser Ritter Götz eingefunden und im „Hirschen" Herberge genommen. Über seine Begegnung mit dem Bischof erzählt er dann in seiner urwüchsigen Manier „die Sache (die Begegnung) trug sich nun also zu: mein Schwager, Martin von Sickingen, und ich giengen in die Herberg zum Hirsch die Steigen hinauf, mein Schwager mir voran, und wie man schier hinauf komt auf die Steigen, da ist ein eyssernes Glenderlein, daran stunde der Bischoff von Bamberg, gab meinem Schwager Martin die Hand, gäb mir sie auch, und wie er mir sie geben hett, so gieng ich hin zu Grafen Ludwigen von Hanau, der stund zu nechst dabey, und war mir gar ein gnädiger junger Herr, und sagt zu ihm, der Bischoff hat mir die Hand geben, ich glaube, er hab mich nicht kennt, er hätte sie mir sonst nicht geben und dergleichen, welches nun der Bischoff, als ich achte, gehört hett, denn ich rede(te) laut, und gieng also der Bischoff wieder her zu mir, und sagt, er hefte mir die Hand geben, aber mich nicht gekennt, da sagt ich, herr ich hab wol gedacht, ihr habt mich nicht gekennt, ich gebe euch die Hand hier mit wieder zurück. Da lief das Mändlein von mir hinweg in das Zimmer hinein zu Pfalzgraf Ludwig und Bischoff Lorenz von Würzburg und wurde ganz rot am Hals, wie ein Krebs, so zornig war er, daß er mir die Hand geben hett,

---

1) Georg von Limburg, ein Bruder von ihm war der Schenk Friedrich von Limburg.

denn er wußte wol, daß ich meinen Vettern Euſtachius von Thüngen gedienet, da er ihme die Schiff uff dem Mayn niedergeworffen . . . ."

Anſchließend an dieſe Begebenheit fährt Götz fort: „Nun will ich, auch niemanden bergen, ich hett willens auch denen von Nürnberg feind zu werden, und gieng ſchon mit der Sach um, und dacht, du mußt noch einen Handel mit dem Pfaffen, dem Biſchoff von Bamberg, haben, damit die von Nürnberg auch in das Geſpiel gebracht werden, und warff als darauf 95 Kauffmänner nieder, die unter des Biſchoffen Geleit reiſten, war aber ſo fromm, daß ich nichts heraus nahm, denn allein, was Nürnbergiſch war, deren waren ungefähr dreißig, welche ich am Montag nach unſers herrn Auf= fahrtstag (24. Mai) des Morgens Frühe angrief, ungeſährlich um 8 oder 9 Uhr, und ritt denſelbigen Dienſtag und die Nacht und am Mittwoch darnach mit ihnen, den Kauffmännern, immer fort, deren, wie gemeldt, 30 waren, und hett ich meinen guten Hanſen von Selbitz bey mir, und waren alſo unſer auch 30, der andern Reuter aber waren viel, die ſchob ich immer von mir (entließ ſie), ein häuſlein nach dem andern, wo mich daucht, daß ein jeglicher hingehört, und wurde mein Reitgeſell Hannß von Selbitz, darnach über 14 Tage ungeſährlich auch des Biſchoffs von Bamberg Feind, und brannt ihm ein Schloß und ein Statt auß, mit Nahmen, wie ichs behalten, Filßeck[1]) und war derſel= bigen Zeit ein Reichs=Tag zu Trier, der wurd gerückt gen Cölln hinab."

Es erſcheint alſo zweifellos, daß der von Götz geſchilderte Zug mit dem im Achtbriefe erwähnten bis auf eine kurze Zeitdifferrnz ſich voll= kommen deckt. Die erſte Achterklärung Maximilians vom 5. Juli 1512 nämlich nennt für den Angriff den „Erichtag nach dem Sonntag vocem jucunditatis" (18. Mai), ebenſo beginnt das oben in der Fußnote erwähnte Manuſkript im Nürberger Kreisarchiv, welches die Zeugenaus= ſagen enthält: „item am Erichtag in der kreutzwoche, den 18. tag des monats mayen . . ." Dagegen gibt Götz für den Überfall den Montag „nach unſers herrn auffartstag" (24. Mai) an. Er befand ſich allerdings ſchon am Montag mit ſeinen Geſellen „auf der Bahn", aber der Angriff erfolgte Dienstag, jedoch nicht nach ſondern vor Chriſti Himmelfahrt, d. i. den 18. Mai.

Nun erfolgte unterm 5. Juli 1512 die erſte Achterklärung des Götz. Zu dieſer Zeit waren aber ſeine Helfer noch nicht ſämtlich bekannt, erſt

---

1) Biſchöfl. bambergiſches Städtchen mit gleichnamigen Schloß an der Fils, in der Oberpfalz gelegen.

durch das Geständnis mehrerer eingefangener Gesellen wurden außer Selbitz und Birkamer auch noch andere Genossen ans Licht gebracht. Götz selbst, der sich um die Achtung wenig kümmerte, war von der strafenden Gerechtigkeit nicht zu erreichen, nur seine Lehengüter hatte der Bamberger Bischof, jedoch unter höchst zweideutigen Umständen einge= zogen. Dasselbe geschah mit den Gütern seines Freundes Hans von Selbitz durch den schwäbischen Bund. Der Kaiser, dem der ganze Handel von allem Anfange an recht unerwünscht war, hätte auch nach erfolgter Achtung die Sache so rasch als möglich gütig wieder beigelegt gesehen; er ordnete deshalb (wie der zweite Achtbrief hervorhebt) noch eine Untersuchung an, die aber resultatlos verlief. Es wurden Vergleichs= vorschläge gemacht, die aber dem Bischof von Bamberg und noch mehr den Nürnbergern völlig unannehmbar erschienen. Bei dieser Erfolglosigkeit aller Versöhnungsversuche einerseits und dem andauernden Ungehorsam des Götz andererseits scheint sich der Kaiser, gewiß nicht ohne Betreibung der Nürnberger und des Bamberger Bischofs, zur zweiten Achterklärung vom 18. Dezember 1512 entschlossen zu haben, die sich also als eine zweite aber reich vermehrte Auflage der ersten darstellt.

Dieser zweite Achtbrief gelangte aber erst zwei Jahre später mit einem Schreiben des Bischof Georg von Bamberg vom 6. Oktober (Freitags nach Franzisci) 1514 an den Egerer Rat. In demselben gibt Georg den Egerern bekannt, es sei ihm glaubwürdig berichtet worden, Hans von Selbitz und mehrere seiner Anhänger, insbesondere Bern= hard und Sigmund, die Moren, und der Rabensteiner hielten sich im Egerer Gebiete auf und suchten hier Schutz und Beistand gegen ihn, er mache die Egerer aufmerksam, daß diese Leute in des Reiches Acht und Aberacht erklärt worden und deshalb nicht aufzunehmen wären. Auf einer beigeschlossenen Nachschrift bemerkt er dann: „Damit Jr dester baß vermerckenn mogt, wie Hans von Selbitz, seine Helffere, anhenngere vnnd, die sich seiner that verwurcklich machen, durch kayserliche Majestat mitsambt anndern offennlich in Jrer Majestat vnnd des heiligenn Reichs acht verkünt sein, So schickenn wir euch hieben desselben Achtbrieffs einen glaubwürdigen abtruck. Aber nachdem anndere mer personen dorinnen benant werdenn, mit den wir seit der zeit durch kayserliche Majestat gericht und vertragen sein, wollen wir die= selben gerichtenn personen mit zuschickung solcher Acht in keinerley weyse angezogenn oder beleidigt haben, Sondern allein Hannssen von Selbitz, auch Bernharden vnnd Sigmunden, die Moren,

die noch in solcher Acht steen, vnnd bei denselbenn die pfluge
(von Rabenstein) vnnd anndere, so sich desselbenn von Selbitz that vnnd
Acht teylhafftig vnnd verwurcklich gemacht habenn ober noch machenn
werden, domit gemeint haben."

In der Zwischenzeit vom Dezember 1512 bis Oktober 1514, war
nämlich nach vielen Verhandlungen auf einer Versammlung des Schwä=
bischen Bundes zu Augsburg ein Vergleich zustande gekommen, kraft
welchem Götz und seine Helfer die Summe von 14,000 Gulden erlegen
sollten, wogegen sie aus der Acht entlassen und für gerechtfertigt erklärt
werden sollten. Diese Entschädigungssumme wurde auch aufgebracht und
Kaiser Max löst von Graz aus unterm 27. Mai 1514 den Götz von
Berlichingen aus der Reichsacht.[1] Wie später hervorkam, hat der schlaue
Götz zu dieser Schadenssumme lediglich 2000 Gulden beigesteuert,
während das übrige von seinen hohen Gönnern, dem Herzog Ulrich
von Würtemberg (2000 fl.), dem Pfalzgrafen Ludwig (2000 fl.), dem
Komthur von Mergentheim (1000 fl.) und vom Bischofe zu Würzburg
(7000 fl.) weniger aber aus Großmut als vielmehr deshalb erlegt wurde,
weil sie auf verschiedene Art als nähere oder entferntere Beschützer der
Friedensbrecher in dem ganzen Handel mit verwickelt erschienen.[2] Ins=
besondere soll sich Bischof Lorenz sehr unfürstlich gezeigt haben, da er
den Ächtern in des Stifts Flecken und Städten wissentlich Unterschleif
gestattet und auch sonstigen Vorschub geleistet hatte, „davon er aber
endlich diesen Lohn gehabt, daß er die Aechter mit seinem aigenen Geld
aussöhnen und aus der Acht hat kaufen müssen".[3]

Es lag übrigens auch nicht in der Art Götzens jemandem lange
gram zu sein. „Ich habe," so schreibt er an einer Stelle seiner Lebens=
beschreibung, „mein Leben lang meine Kriege immer so geführt, daß ich
bald zur Ruhe zu kommen suchte. Mit allen meinen Feinden, mit denen
ich in fehde lebte, bin ich stets durch Gottes Gnade und Hilfe zur
Ruhe und zum Frieden gelangt, und weiß ich keine Fehde oder Feind=
schaft, sie war groß oder klein, die über zwei Jahre gewährt hätt."

Auch Kaiser Max war im Herzen dem Götz sicherlich nicht feindlich
gesinnt, denn als ihn die Nürnberger einmal, da er zu Augsburg Hof
hielt, mit ihren Anklagen gegen Götz überliefen, soll er geäußert haben:

---

1) Berlichingen Rossach, Regest Nr. 31, S. 91 und abgedruckt S. 150—154.
2) Wegele a. a. O., S. 151.
3) Götzens von Berlichingen Fehde mit der Reichsstadt Nürnberg. Anonym.
1777, S. 18.

„Heiliger Goft! Heiliger Gott! Der eine (Göß) hat nur eine Hand, der
andere (Hans von Selbiß) nur ein Bein, wie denn, wenn sie erst zwei
Hände und zwei Beine hätten, was würdet ihr dann thun? Wie geht
das zu? Wenn ein Kaufmann einen Pfeffersack verliert, so soll man das
ganze Reich aufbieten und viel zu schicken haben; aber wenn es Händel
gibt, welche die kaiserliche Majestät und das ganze Reich angehen, welche
Königreiche, Fürstentümer, Herzogtümer und andere betreffen, dann kann
euch kein Mensch zusammenbringen.“

Zu dieser Äußerung des Kaisers, welche dem Göß alsbald durch
einen sicheren Gewährsmann hinterbracht wurde, bemerkt er: „Diese
Rede des Kaisers gesiel mir gar wohl, daß es mir eine Freude im
Herzen war. Ich kann mich auch nicht erinnern, daß ich mein Lebtag
je etwas gegen den Kaiser oder das Haus Österreich unternommen habe;
wenn ich auch leicht hätte dahin gelangen können, wo das weiche Geld
und die Kronen wohlfeil sind, habe ich es doch der Majestät zu Ehren
und Gefallen unterlassen und mich lieber als armer Kriegs= und Reiters=
mann beholfen und viel Gesahren bestanden, wie irgend einer nur
erleben mag.“

* * *

Den Herren Amtsvorständen des Germanischen Nationalmuseums, Herrn
Dr. Bezold, und des Nürnberger Stadtarchivs, Herrn Dr. Reicke, sei für die
mir bereitwilligst überlassene Gößische Literatur, ferner den Herren Amtsvorständen
des Nürnberger Kreisarchivs, Herrn Dr. Schnötter und Dr. Brabant für die
Überlassung der kostbaren Manustripte, endlich Herrn Dr. W. Wostry an der
k. k. Universitätsbibliothek in Prag und Herrn Antiquar Ludwig Rosenthal in
München für die mir freundlichst erteilten Auskünfte der verbindlichste und
wärmste Dank ausgesprochen.

Eine Streitschrift aus den letzten Lebensjahren des Professors Heinrich von Langenstein († 1397).

Von

Dr. Gustav Sommerfeldt (Königsberg in Preußen).

Während Langensteins grundlegende und am meisten bewunderte Schriften, die das Schisma betrafen und den Vorschlag des im Interesse des Kirchenfriedens einzuberufenden Konzils enthielten, vor 1384 in Paris entstanden sind, hat er seine gegen die Weissagungen des italienischen Propheten Thelesphorus gerichtete, ebenfalls nicht unwichtige Abhandlung (vgl. O. Hartwig, Henricus de Langenstein. Marburg 1857. II, S. 34—35), in Wien 1392 verfaßt. Noch später, wahrscheinlich ins Jahr 1394, fällt ein Werkchen, das in Briefform vorliegt und Johann von Liechtenstein, dem Hofmeister Herzog Albrechts III. von Österreich, gewidmet ist.

G. Seeliger, Das deutsche Hofmeisteramt des späteren Mittelalters. Innsbruck 1885. S. 41, Anm. 2 und S. 44, Anm. 1 erwähnt unter Bezugnahme auf urkundliche Nachrichten, daß Liechtensteins Tätigkeit als Hofmeister Albrechts die Jahre 1368 bis 1394 umfaßt habe. Es kann deshalb leicht Langensteins Brief ins Jahr 1394 gesetzt werden, viel früher nicht, denn Langenstein sagt in dem Brief (dessen maßgeblicherer Handschrift E zufolge), daß die Kirche schon länger als 15 Jahre unter dem Schisma zu leiden habe. Allerdings ist zu erwägen, daß ins Jahr 1394 gerade eine Gefangennahme Johanns und seines Anhanges gehört, die aus politischen Gründen — im Anschluß an die Gefangennahme König Wenzels durch die Großen in Böhmen — auf Befehl Albrechts III. erfolgte. Siehe die Biographie Johanns bei J. Falke, Geschichte des fürstlichen Hauses Liechtenstein. Bd. I., Wien 1868, S. 335—380, ferner F. Palacky, Geschichte von Böhmen. III, 1. Prag 1845. S. 85; Th. Lindner, Geschichte des deutschen Reiches unter König Wenzel. Bd. II, Braunschweig 1876. S. 205—206 und öfter.

Von Handschriften könnten zwei herangezogen werden: Erfurt,
Amploniana Hdſ. Quart 148, ein Sammelband, der meiſt von einer
Hand des beginnenden 15. Jahrhunderts geſchrieben iſt und noch eine
große Zahl anderer Werke Langenſteins enthält; den Brief ſiehe darin
Blatt 26 a—30 b. Sodann die erheblich jüngere Hdſ. 303 der Klerikal=
ſeminarbibliothek zu Pelplin,. Blatt 151 a—156 a. Sie iſt in der Pel=
pliner Kartauſe ſelbſt in der zweiten Hälfte des 15. Jahrhunderts von
einer und derſelben Hand niedergeſchrieben. Eine dritte Handſchrift iſt
als in Augsburg exiſtierend nachgewieſen von J. Aſchbach, Geſchichte
der Wiener Univerſität. Bd. I. Wien 1865. S. 400, Anm. 2. Bei
F. W. E. Roth, Zur Bibliographie Langenſteins. Leipzig 1888.
S. 4—5 iſt nur die Erfurter Handſchrift genannt. Die mehrfach in
dem Brief enthaltenen unzutreffenden Bibelzitate dem Text der Vulgata
genau anzupaſſen, erſchien unzweckmäßig, da der Stand der handſchrift=
lichen Überlieferung damit verändert worden wäre, und Langenſtein nach=
weislich auch in andern Werken die Bibelzitate vielfach ungenau gegeben
hat. — Einen jüngeren Bruder des obigen, Georg von Liechtenſtein, der
die Stellung eines Univerſitätskanzlers der Univerſität Wien bekleidete,
1390 Biſchof von Trient wurde und am 24. Auguſt 1419 als Kardinal
ſtarb, nennt Hartwig a. a. O. I, S. 69. Vgl. auch Falke a. a. O.
I, S. 394—415; H. Zſchokke, Geſchichte des Metropolitankapitels zum
hl. Stephan in Wien. Wien 1895. S. 57, 64, 67, 75, 370.

»Epistola contra emulos cleri invectiva.[1])« — »Honorabili
ac nobili viro domino Johanni de Lychtinsteyn, magistro
curie principis illustrissimi domini Alberti ducis Austrie, quidam
clericorum minimus. Vanitatibus et insaniis falsis non attendere,
sed que honestatis sunt et salutis, iugiter prosequi viriliterque
defendere. Domine mi, dolenter audivi vituperacionem, intellexi
satis sub figmento notari derisionem, deus iudicet, impacienter
fero. Turbatus est spiritus meus, et quia resistere non valeo,
quero forciorem, qui vindicet; prestolor adiutorem, requiro
derisorum potentem ultorem. Quis consurgit michi adversus
malignantes, aut quis stabit mecum adversus operantem iniquitatem? Quempiam ergo talem ut inveniam et, cicius ut exurgat,
provocem, ita exclamare compellor: ubi nunc zelator dei, ubi iam
filius ecclesie matri fidelis, quis amator sancte religionis, quis

---

1) In Hdſ. P ohne Überſchrift.

defensor honestatis? Exiliat unus de mille vir probitatis, precingatur virtute ad bellum, virum induat, gladium vibret, ut prosternat impium blasphemantem, percuciat et occidat derisorem. Omnes, qui dei sunt, se iungant in unum, stent accincti gladiis, disponant aciem pugnaturi contra blasphemos, contra omnes operarios iniquitatis, quoniam apertum est os loquencium iniqua. Diabolus aperuit os peccatoris et dolosi in servos dei, locutus est per lingnam filii vanitatis. Locutus est blasphemias in deum et servum servorum eius, quem vicarium constituens unicum in terris dedit ei claves regni celorum, potestatem ligandi et solvendi, potestatem gubernandi omnes in hiis, que eterne vite adepcionem respiciunt. Subiecitque ad hoc perficiendum sibi episcopos, abbates, sacerdotes ceterosque omnes ecclesie ierarchie dei ministros, celestium ministeriorum dispensatores. Contra quos et omnem clerum apertum est os peccatoris et dolosi, nedum apostolicum et episcopos deridens et ecclesie sacramenta, sed et deum ipsum blasphemans, quia dicit in exordio sui carminis vilissimi turpitudinibus, infamiis, scandalis et yroniis pleni: ‚In nomine domini, amen. Gensher episcopus, servus servorum dei etc.'[1]) Ecce vocat summum pontificem ‚Gensher'. Quid sonat Gensher? Quid aliud notat, si ad dignius referatur, nisi aucarum presidem? Fidelibus ergo Christi aucis comparatis dei vicarium in terris vocat aucarium. Quid est in nomine domini nisi auctore domino? Blasphemavit ergo deum subiungens confirmacionem cuiusdam status viciorum, derisit apostolicum scribens hystrionibus, mimis, apostatis et ceteris omnis status supervacuis hominibus tamquam dilectis filiis apostolicam benediccionem; scribere debuit apostolicam malediccionem. In nomine dyaboli, non dei, incipere debuit, qui quamdam viciorum religionem institui concupivit. Ipse enim est auctor vici-

---

1) Diese Schrift, die nach Langensteins Versicherung anonym erschienen ist und im Mittelalter sehr verbreitet gewesen sein muß, scheint verloren; in anderen Werken Langensteins wird auf sie nicht Bezug genommen. Liechtenstein wird sie zwecks Erstattung eines Gutachtens an die Wiener Universität oder an Langenstein persönlich haben gelangen lassen. Andere Briefe verwandten Genres beschrieb W. Wattenbach, Über erfundene Briefe in Handschriften des Mittelalters, besonders Teufelsbriefe (Sitzungsberichte der Berliner Akademie 1892, S. 91—123).

orum et institutor atque confirmator omnis false religionis et
viciose professionis, et non deus noster. De quo scriptum est:
non deus volens iniquitatem tu es.[1]) Et iterum: deus fidelis et
absque ulla iniquitate iustus et rectus.[2]) — Istis scripturis et
similibus contradicit, qui in nomine domini processum incipit,
quo summum pontificem nomine derisorio expressum fingit
licenciam dare omnibus intrandi ordinem fornicancium, verius
subversionem ordinis continere debencium, atque symeaco apostolice sedis stilo eundem ordinem confirmare, indulgenciis eius
professores dotare, penas describere eis, qui veneree turpitudinis
regulas non servaverunt. In quo blasphematur summus pontifex,
deridetur eius processus, implicite redarguitur eius accio, quasi
sua potestas non, que sunt dei, ordinet et confirmet, sed pocius ea,
que dyabolo placent, exequatur. Nec suffecerunt hec derisori,
nisi et sacramenta ecclesie deridendo fingeret apostolica auctoritate licenciam dari episcopis consecrandi omnes fornaces pisto-
rum, consecrandi cimiteria pro sepultura accipitrum, atque
sacerdotibus dari potestatem baptizandi ranas et cycadas. Hec
et similia hiis innumera infamiis et derisionibus plena protulit
os peccatoris, spiritu blasphemie apertum universaliter et
distincte, quia nominatim in omnem statum ecclesiastici ordinis;
nec solum protulit, sed ut cleri diffamacio spargeretur ubique
et omnibus publicaretur laycis, parvis et magnis, presidentibus
et subiectis, scripsit lingua vulgari, scripsit in pergameno
libellum diffamatorium cutem bonis continentem, in derisionem
ampliorem signis notariorum et testium subscripcionibus
infamium yronice communitam. Hec carta iniquitatis et blasphemie, ubi et a quo vel a quibus hystrionibus vel hystrionum
morem nequiter simulantibus conficta fuerit et dictitata, nescitur,
quia auctor eius in testimonium iniquitatis ipsius nec se nec
locum, unde emanavit, prodere ausus erat. Falsitas enim et
turpitudo tenebras querit, virtus autem et veritas audenter in
lucem prosilit. Sed quid? Hiis non obstantibus carta illa latenter
executore dyabolo in publicum venit, missa est principibus
transscribitur magnatibus, requiritur a laicis, omnibus pro solacio
legitur. Aures inclinant plurimi, de lecto iocundantur, cachin-

1) Pfalm 5, 5.
2) 2. Mof. 32, 4.

nant, rident, corrident derisoribus, qui derisis compati eosque
defendere. deberent derisores acriter persequendo, qui dei et
servorum eius blasphemiis, detraccionibus ac turpibus obloquiis
exilerare student reges et principes ceterosque civiles plebium
superiores, quibus, dum yronicis figmentis clerus false diffamatur,
religio Christi parvipenditur, fidei derogatur, non curatur
anathema, inania habentur ecclesie sacramenta, quorum con-
temptus eos, qui contempnunt, perducit ad inferna. Queso, iudicet
quisque, an aliquis principum seculi pacienter ferret secum
ludi in simili forma. Puto, quod nemo de principibus sensatis
hoc pateretur, sed tali ioco seu figmento se derideri senciens
irasceretur valde, et derisorem morte perdendum iudicaret.
Quid ergo de summo fidelium preside dicemus? Numquid ipse
figmentum tale sue potestatis derisorium pacienter ferre debet?
Et si ipse super hoc irasci nollet, numquid inferiores ecclesia-
stice honestatis zelatores dei blasphemias et vicarii eius in
terris derisiones debent placato animo dissimulare? Non utique,
sed pocius procurare, quod talis, quicunque sit cleri diffamator
et summi pontificii derisor, gladio anathematis a fidelium con-
sorcio et sacrorum participio resecetur et severitate civilis
potestatis sine venia condempnetur. Quid putas, quis in hac re
magis peccet, an ipsi derisores, vel qui eis corrident seu ipsos
delectanter audiunt? Mea sentencia sit, quod communiter pariter
peccant, quia perverse agentibus consencientes pari pena plec-
tendi sunt. Communiter dixerim, quia sepe maiora, ut quando
sunt principes et potentes in populo, qui pre ceteris graves
esse debent, nulli iniuriam, nulli blasphemiam irrogari per-
mittentes, potissime deo suo, cuius gracia regnant, nec servis
eius, quibus divina disposicione habent de celestibus erudiri et
spiritualibus fomentis sacrorum amministracione erudiri. Qui
enim hos contempnit, deum contempnit Christo omnium principe
dicente: qui vos spernit, me spernit, et qui vos recipit, me
recipit, qui vos audit, me audit.[1] Si deus veteres inter se et
populum mediatores, sacerdotes et prophetas tangi prohibuit,
dicens: nolite tangere Christianos meos, id est uuctos, et in
prophetis meis nolite malignari,[2] quid erit de hiis, qui modernos

---

1) Luc. 10, 16.
2) Pfalm 104, 15.

dei ministros veteribus prestanciores, de quibus dictum est:
vos estis genus electum, regale sacerdocium, gens sancta,
populus acquisicionis, ut virtutes annuncietis eius, qui de tenebris
vos vocavit in admirabile lumen suum.[1]) Quid pacientur, qui
hos modo non solum derisionibus tangunt verbalibus, sed' et
molestiis angunt realibus, mille iniuriis afficiunt,[2]) iura eorum
tollunt, temporalia usurpant, templa divine honorificencie olym
fundata modo defundant? Ego omnibus, qui talia agunt, audacter
pronuncio, quod, nisi resipiscant et restitutis ablatis dignam
penitenciam agant, partem in. regno dei et Christi non habe-
bunt, sed postquam per breve huius temporis momentum in
mundo floruerint, riserint, servos dei deriserint et pro libito
iniuriis affecerint aut affici permiserint, in puncto mortis ad
infernum descendent, ubi blasphemiis demonum subiecti in eter-
num lugebunt. Ecce opus eorum, qui detrahunt deo in servis
suis, ecce merces detractorum et derisorum pariter et eorum,
qui ipsis aures inclinant, diligenter auscultant, carmina derisionis
avide requirunt, transscribunt, publicant, sibi et aliis perlegi
procurant. Quid plus? De horrendis atque deflendis blasphemiis,
derisionibus et turpitudinibus, quas vanis auribus ingerunt,
non lamentantur, sed iocundantur, non deflent sed rident, et
utinam nulli derisos deriderent et de eorum malis infortuniisque
gauderent. Mira res est et levitas detestabilis; os stulti
locutum est, ebullit cor eius insipienciam suam, et omnes atten-
dunt. Sapiens locutus est, et vix ullus advertit. Istius verba
memorie imprimuntur, illius proverbia vix cursorie audiuntur.
Non requiruntur dogmata salutis, sed queruntur figmenta vanitatis. Relinquuntur sanctorum erudiciones, et itur post super-
sticiones. Mendaces audiuntur hystriones, et veraces non repu-
tantur doctores. Adulatoribus attenditur, derisoribus, vanis com-
placetur ioculatoribus, et nemo sanis doctoribus auscultat. Illi
a potentibus seculi muneribus replentur, isti vacui et inopes
dimittuntur. Que est ista quorundam potentum insania, que deli-
racio senum, que levitas presidum! Quid suavitatis aut miri
invenerunt pre ceteris in huius mundi vanitatibus? Quid in
tantum obliquat a via salutis quosdam seculi potentes, quid per-

---

1) 1. Petr. 2—9.
2) E am Rande von derselben Hand: de devocione predecessorum.

trahit in devium tanti erroris eos, qui ceteros ad iter salutis compellere deberent et omnis iniurie èt erroris strennui existere ultores dicente apostolo, quod princeps non sine causa gladium portat;[1] dei enim minister est, vindex in iram ei, qui malum agit. Nisi fallar, modo est tempus aut prope est, de quo prophetavit apostolus: erit in novissimis, inquit, diebus, quod homines sanam doctrinam non sustinebunt,[2] sed a veritate quidam auditum avertent et ad fabulas convertentur. Nonne hoc impletur, quando sanctorum doctrina non queritur, quando fallacibus creditur et veracibus non attenditur, quando Christus non consulitur, sed ad astra recurritur, quando veritas non dicitur, sed mendacium prefertur? Si propheta conquestus est videns, quod diminute sunt veritates a filiis hominum, quid faceret viso, quod ablate sint et iam tantum elongate, quod, ubi potissime esse deberent, non est veritas in verbis, deficit firmitas in promissis, periit fides in sigillis, non reperitur salus in amicis. Ante tempora pauca, cum clerus Christi esset in gloria, et eum prosperitas extolleret temporalis, nemo lesit, nemo turbavit, nullus deridere ausus fuit. Nunc autem fortuna mutata, permittente deo ecclesiam suam aliquantisper pati et clerum turbari, omnes insurgunt mali adversus Christum, conveniunt in unum hereticus, Judeus et quisquis falsus Christianus; derident hystriones, tyranni opprimunt, potentes rapiunt. Isti de malis gaudent, illi dissimulant, alii ex infortuniis cleri lucra expectant dicentes: sustinete, parum tempus erit, quo devorabimus eum. Non est hic caritas Christianis solita, non est reverencia Christo in suo clero exhibenda, sed est tyrannis pessima cunctis Christocolis horrenda. Unde si quidam de clero quibusdam, que non decent, videantur implicari, propter hoc clerus destruendus non est, sed a potentibus seculi sollicite laborandum est, quomodo apte reformetur et ad statum debitum reducatur. Unde si due potestates, quibus regitur mundus, scilicet sacerdotalis et civilis seu regalis,[3] recte comparantur a doctoribus soli et lune, quid est aliud regalem potestatem contrariari potestati sacerdotali

---

1) Römer 13, 4.
2) 2. Timoth. 4, 3.
3) E am Rande von etwas späterer Hand: Potestates due, scilicet civilis et clericalis, solent comparari soli et lune.

et niti ad eius destruccionem, quam lunam velle impedire
illuminacionem sui a sole, a quo habet omnem decorem et
vigorem. Nonne quando luna se opponit directe ex adverso soli,
ipsa eclipsatur privata lumine celestis doctrine et vertitur in
sanguinem, hoc est in peccata crudelitatis, quibus innocentis
sanguinis fit effusio? Hinc est, ut puto, quod sub veteri lege
solum due tribus fuerunt coniuncte in contraccione matri-
moniorum,[1]) scilicet sacerdotalis et regalis, in signum perpetui
federis et specialis amoris tenendi inter sacerdocium et regale
imperium. Si ita erat sub lege timoris, que preteriit, quanto
magis nunc sub lege amoris, que currit, perpetuum fedus et
imperturbabilis amor esse debet inter sacerdotalem et regalem
aut secularem potestates. Ceterum quare principes habent in
feodum a clero civitates et castra, quare milites et militares
habent decimas ab ecclesia? Nonne ut clerum ament, defendant
et non offendant? Parum est hoc: considerent, quis originaliter
reduxit eos et omnem populum laycum de tenebris errorum ad
lucem veritatis. Unde habuerunt fidem, unde sacramenta, unde
celestem doctrinam et vere iusticie regulam? Nonne a clero?
Utique, quia a principio nascentis ecclesie per clerum apostolicum conversus est mundus ad Christum. Clerus multos amicos
habuit, verius, quod haberet, apparuit, quando fortuna arrisit,
qui nunc ostendunt, quales fuerunt, ostendunt, quod non fuerunt
veri amici, qui eum, cui tempore prosperitatis adheserunt, iam
tempore adversitatis derelinquunt; qui hoc faciunt, non diligunt,
sed diligere se simulant, ut bona eius, cui se sociant, adulacio-
nibus acquirant. Adducatur in exemplum sanctus Job, qui cum
arridente fortuna magnus esset et dives, multi quasi amici con-
gratulabantur ei, adheserunt, reverebantur et laudabant. Qui
versa fortuna videntes ipsum inopinate grandi miseria per-
cussum deriserunt, stulte opinantes neminem in hac vita adversi-
tatibus tribulari nisi pro suis peccatis, in quo decepti superbis
atque protervis verborum iaculis ipsum invaserunt simplicitatem
insti deridentes. Si deus fidelium snorum ecclesiam iam scismate
tribulari permittit, et plus quam 15 annis[2]) tribulari permisit,

---

1) E am Rande hier und später einzelne Stellen der Abhandlung im Wortlaut von der Hand wie oben nochmals wiederholt.
2) P om. tribulari — 15 annis.

non putemus ob hoc a deo esse spretam aut derelictam; non putemus propter hoc consummacionem instare et mox omnia perversum iri. Non sic, sed racionabilius existimantes consolemur, quasi nondum sit statim finis; agamus viriliter, non desperemus, quasi dominus repulerit plebem suam sanguine filii sui tam laboriose acquisitam. Recordemur, quomodo beatus Job pro eo, quod pacienter tribulaciones sustulit ad probacionem inferri a deo permissas,[1] tandem convictis et confusis derisoribus tempore adversitatis, quos amicos habere putabat, in diebus prosperitatis in integrum plenarie restitutus fuit recipiens duplicia pro omnibus, que amisit. Hoc animadverso absit longe a seculi potentibus, ut exultent, quasi tempus venerit rapiendi bona clericorum. Formident derisores prelatorum ecclesie iam, ut probetur tribulacio, non solum ut probetur ipsa, sed ut probentur, qui sint et fuerint amici eius veri, et qui ficti, ut probetur, qui sint semen Canaan, qui verecunda patris sui non cooperuerunt,[2] sed deridendo patris dedecus fratribus publicum fecit. Recte hunc imitantur quidam perversi laici magni et parvi, qui, dum minus probate advertunt vel a mendosis hystrionibus audiunt quedam vicia clericorum et prelatorum, qui patres eorum sunt spirituales, non abscondunt, sed huiusmodi dilatando et publicando ubique viros ecclesiasticos generaliter confundunt, parvipendunt et contempnunt obliti, quales ipsi sunt, ignari, quod trabem in oculis suis gerant, qui festucam in oculo proximi advertunt, de quibus recte accipitur, quod scriptum est: dilataverunt super me os suum,[3] dixerunt: euge, enge, viderunt oculi nostri. Audiant, qui tales sunt, hodie, quid eis comminetur per prophetam: Ferant, inquit, confestim confusionem suam,[4] qui dicunt michi ,euge, euge'. Quare quidem ita agentes non student trabem, quam in oculis estimant proximi, eicere, sed angere. Proximus enim non diffamacione aut derisione corrigitur, sed in deterius provocatur, qui caritativa ammonicione et fraterna induccione ab errore revocatur. — Jam cessarem loqui de hac re,

---

1) E am Rande: Questio, utrum infinita misericordis dei iusticia exigat omnium peccata puniri in hac vita.

(2) Ezechiel 22, 10.

3) Pfalm 34, 21.

4) Pfalm 39, 16.

nisi emulorum inveccio compelleret acuere stilum. ad amplius scribendum. Estimo enim, quod non deerunt, qui predicta legentes mirabuntur, qualiter tantum ad cor sumpserim et tam dure inventus sim contra unam hystrionicam fatuitatem non intencione deridendi clerum studiose dictatam, sed causa solaciandi dominos iocose confictam. Numquid non dixit sapiens: noli respondere stulto secundum stulticiam suam,[1] ne similis ei reputeris? Sed facile est hanc obieccionem repelli eodem eque sapienter dicente: responde stulto, ne forte sibi sapiens videatur.[2] Stultis ergo et respondendum est, et stultis non est respondendum. Stultis quidem respondendum non est communiter stulticie eorum delirando aut approbando illa, que dixerunt, aut factis exequendo, vel eorum delira et turpia figmenta complacenter vel delectanter audiendo. Qui ergo taliter ad hystrionum stulticias in honestatibus se habent, veraciter sunt illi, qui stultis respondent seu correspondent iuxta stulticias suas ac per hoc similes eis fiunt. Qui vero ab huiusmodi turpibus hystrionum carminibus, que corrumpunt bonos mores, aures avertunt, aut qui talium ficciones a rectoribus civilium communitatum docent esse repellendas pro eo, quod teneris iuvenum mentibus semina imprimunt viciorum, recte respondent fatuis, non iuxta sed contra stulticias eorum, quod laudabile est et a nullo sapiente reprehensibile. Iterum sunt stulti debito racionis usu privati a nativitate vel post ab eventu, quibus utique respondendum non est. Sunt quidem racionis usu non carentes, sed abutentes pre ceteris abilitate raciocinandi et loquendi a natura dotati, qui nequiter se stultos simulant, seu verbis et gestis stultis similiter se gerunt, aut ut decipiant, aut ut dominos quosdam divites et potentes vanitatibus inclinatos gestibus ludosis, verbis et cantibus solaciando delectent et ad risum provocent. Qui arguendi sunt, quia dona dei, que ex benignitate nature multis excellencius receperunt, convertunt ad vanitatem, ita quod virium suarum singulari abilitate et agilitate non creatori suo, qui dedit, serviunt, sed que dyabolo placita sunt, agunt, non virtutum sementa attendentibus eis ingerunt, sed viciorum incitamenta in omnibus suscitant, qui eorum ludibria placenter vident

---

1) Sprüche 26, 4.
2) Sprüche 26, 5.

vel audiunt. Isti ergo sunt stulti, quibus contradicendum est. De istis fuit stultus ille, qui in clerum blasphemias confinxit, quibus contradixi, quicunque fuit, sive unus de cortezanis[1]) stilum literarum apostolice sedis expertus, sive qui finxerit se **talem**, ut eos, qui tales sunt, confunderet ac litterarum apostolice **auctoritatis** processus turpitudini applicando derideret. — Dicis: non ut derideret, fecit, — absit, sed ut dominis solacia preberet, processum similem symeavit. Non excusat hoc eum, qui deum blasphemat fingendo in eius nomine papam statum fornicarie dileccionis confirmare et omnibus clericis et laicis cuiuscunque condicionis ad ipsam largam indulgere licenciam, quia non est qualitercunque iocandum, nec cum quibuscunque ludendum, et omnino cum deo. Nam sunt, qui non recipiunt iocum omnino, ut deus et beati, sunt qui difficulter, ut principes, senes, sapientes et viri religiosi, quibus si connumeres fidem et oculum, septem habes, que non paciuntur iocum, hiis versibus apprehensa:

Alba senecta, fides, deus et sancti sapientesque,
Et princeps, oculus ioca spernit quodlibet horum.

Explicit epistola contra emulos cleri, deo gracias.«[2]) — [Von späterer Hand aus Ende des 15. Jahrhunderts:] »Explicit epistola pulchra venerabilis magistri Henrici de Hassia, sacre theologie professoris eximii, contra emulos cleri.«

---

1) E überschrieben: curtezanis; P: curtisanis.
2) P: Explicit epistola contra emulos cleri Hinrici de Hassia.

Eine Denkschrift des Prager Erzbischofs Anton Brus über die Herstellung der Glaubenseinheit in Böhmen (1563).

Mitgeteilt

von

S. Steinherz (Prag).

Über die religiösen Verhältnisse in Böhmen in den letzten Jahren Ferdinands I. erhalten wir wertvolle Aufschlüsse in den Nuntiaturberichten jener Zeit. Bischof Hosius, der in den Jahren 1560 und 1561 päpstlicher Nuntius in Wien war, lobt die Zustände in Böhmen; dieses Land sei mehr als irgend ein anderes frei von Ketzerei (schrieb er am 31. Juli 1560 nach Rom),[1] die Priester seien keuscher, und es sei weniger „Lutherthum" zu finden, als irgendwo aubers. Das verdanke man in erster Linie dem kaiserlichen Statthalter in Böhmen, dem Erzherzog Ferdinand. Das sei ein Katholik in Wort und Tat, er dulde weder Lutheraner noch andere Ketzer im Lande, und man erzähle, daß er an einem einzigen Tage hundert und sechzig beweibte Priester habe austreiben lassen. Der Kaiser, vor dem Hosius dieses Verhalten des Erzherzogs Ferdinand als Muster für Regenten rühmte, gab zu, daß es in Böhmen mit der Religion besser stünde als in Österreich. Dort werde niemand geduldet, der nicht Katholik oder Utraquist sei, beide Parteien seien einig in der Feindschaft gegen die Lutheraner, und von den Katholiken in Böhmen könne man sagen, sie seien katholisch durch und durch. Die Stärke der katholischen Partei in Böhmen wird uns in einem Berichte des Nuntius Delfino von 1561 (6. August)[2] geschildert. Da heißt es, in Böhmen seien nicht nur viele katholische Klöster und Kollegiatkirchen, sondern noch viel mehr Pfarren, deren Bevölkerung vom rechten Glauben nicht abgewichen sei. Katholisch sei auch, wie man höre, der hohe Adel, die Inhaber der Landes-ämter, auch eine Anzahl Städte, nämlich Pilsen, Kaaben, Brüx, Aussig, Budweis, Rotnßan, Tachau, Elbogen und Königgrätz. Katholisch sei endlich

---

1) Nuntiaturberichte aus Deutschland. Zweite Abteilung. Band '1, 78. 82.
2) Ebd. 306.

alles auf den Schlössern der Herren von Rosenberg[1]) und Neuhaus. Auch
der Umstand sei von Bedeutung, daß eine Anzahl Edelleute ausdrücklich
erklären, nur in einem einzigen Punkte von den Katholiken sich zu unter=
scheiden, daß sie nach Art ihrer Vorfahren von der Kommunion unter
beiden Gestalten nicht lassen wollen. In demselben Berichte bemerkte der
Nuntius, daß eine Wiederbesetzung des Prager Erzbistums nicht nur für
die Katholiken von Vorteil sein, sondern auch eine Bekehrung der Utraquisten
ermöglichen würde.

Dieses für die weitere Entwicklung der religiösen Verhältnisse in
Böhmen so wichtige Ereignis, die Erneuerung und Wiederbesetzung des
Prager Erzbistums, fand denn auch im selben Jahre 1561 statt. Nachdem
das Erzbistum seit mehr als hundert Jahren (seit der Zeit der Hussiten)
verwaist gewesen, erhielt es wieder ein Haupt, am 5. September[2]) 1561
wurde über Vorschlag Ferdinands I., der sich und seinen Nachfolgern
das Präsentationsrecht vorbehalten hatte, Antou Brus (von Müglitz in
Mähren) zum Erzbischof in Prag ernannt. Der Kaiser hatte ursprünglich
für diesen Posten eine andere, dem böhmischen Adel angehörige, Persön=
lichkeit ins Auge gefaßt, um dem neuen Erzbischof eine entsprechende
Stellung zu sichern; er hatte aber diese Absicht aufgegeben, weil der
Betreffende kein einwandfreies Leben führte.[3]) Dagegen war Brus nach
dem Zeugnisse des Nuntius Delfino ein Mann von tadellosem Lebens=
wandel,[4]) er hatte sich aus niedern Anfängen durch sein Rednertalent und
seine Sprachkenntnisse emporgearbeitet,[5]) und war 1558 zum Bischof von
Wien erhoben worden. In dieser Stellung fand er Gelegenheit, Kaiser
Ferdinand I. näher zu treten und sich sein Vertrauen zu erwerben; bei
den Verhandlungen, die zwischen Kaiser und Papst über die Einberufung

---

1) Auch in dem früher erwähnten Berichte von Hosius findet sich ein Passus
über Rosenberg »unus nobilis a Rosembergk dicitur habere centum
quinquaginta parochos pure Catholicos«.
2) Die Expedition der betreffenden päpstlichen Bulle erfolgte allerdings erst
am 13. Dezember 1561, a. a. O. 330.
3) Der Name dieser Persönlichkeit wird uns nicht genannt, a. a. O. 73.
4) »Questo vescovo« schrieb Delfino am 22. Juli 1561 »è ben Cattolico,
sa predicare, et è uso a vivere senza dar scandalo« a. a. O. 283.
5) Vgl. Borový, Anton Brus von Müglitz (Separatabdruck aus der „Österr.
Vierteljahrschrift f. katholische Theologie", Band 13), p. 14 ff. Auf die
tschechische Ausgabe dieser Schrift (»Antonin Brus z Mohelnice«) sei
wegen der zahlreichen im Anhange abgedruckten Aktenstücke aufmerksam
gemacht.

11*

eines allgemeinen Konzils 1560—1561 geführt wurden, sehen wir auch
Brus[1]) tätig. Er war Rat und Vertrauensmann des Kaisers in den
Fragen der kirchlichen Politik, als Vertrauensmann des Kaiser kam er
auf den erzbischöflichen Stuhl in Prag, und noch bevor er dieses Amt
angetreten hatte, wurde ihm eine andere wichtige Mission übertragen: als
Gesandter des Kaisers in Trient, wo das allgemeine Konzil wiederum
zusammentrat, zu fungieren. Brus und Bischof Draskovich von Fünfkirchen[2])
hatten die Aufgabe, die Interessen des Kaisers in Trient zu vertreten,
d. h. die tief eingreifenden Reformen, die der Kaiser forderte, beim Konzil
durchzusetzen. Unter solchen Umständen ist es klar, daß Brus, der erste
Prager Erzbischof seit langer Zeit, auch für die kirchliche Politik
Ferdinands I. in Böhmen eintrat.

Diese Politik war auf dasselbe Ziel gerichtet, das Ferdinand in
allen seinen Ländern verfolgte: der katholischen Kirche die herrschende
Stellung zu bewahren. Aber der Weg zu diesem Ziele war in Böhmen,
entsprechend den besonderen religiösen Verhältnissen dieses Landes, ein
anderer. In Böhmen war die katholische Partei in der Minderheit, die
Mehrzahl der Bevölkerung gehörte den Utraquisten, Protestanten und
böhmischen Brüdern an. Die Utraquisten waren seit dem Konzil von
Basel (durch die sogenannten Kompaktaten) gesetzlich anerkannt; sie unter=
schieden sich, was die Lehre betrifft,[3]) nur wenig von den Katholiken, und
da ihre Priester von rechtmäßig konsekrierten (also katholischen) Bischöfen
die Weihen erhalten mußten, glaubte Ferdinand, sie unschwer für die
katholische Kirche gewinnen zu können, wenn eine Forderung erfüllt war:
wenn der Prager Erzbischof vom Papst die Vollmacht erhielt, den
utraquistischen Priestern die Weihen zu erteilen. Für diese Forderung
waren auch die Utraquisten eingetreten, allerdings aus anderen Gründen,
wie der Kaiser. Sie wollten die großen Schwierigkeiten, die sich der
Ordination ihrer Geistlichen entgegenstellten, beseitigen und andererseits
dem Eindringen zweifelhafter Elemente steuern. Deshalb hatten auch sie
sich dem Wunsch der katholischen Kreise nach Wiederherstellung des Prager

---

1) Nuntiaturberichte a. a. O. 302 und Sickel „Zur Geschichte des Concils
von Trient", p. 98.

2) Der dritte Gesandte, Graf Siegmund Thun, der als weltlicher Vertreter
des Kaisers fungierte, kam neben ihnen nicht in Betracht.

3) Vgl. Borový „Die Utraquisten in Böhmen", Archiv f. österr. Geschichte,
36, 239 ff.

Erzbistums angeschlossen.[1]) Als nun im Herbst 1561, dieses Ereignis eingetreten und Brus zum Prager Erzbischof ernannt worden war, versprach Ferdinand in dem Patent vom 23. Dezember 1561, mit welchem er die Ernennung von Brus zur allgemeinen Kenntnis brachte, ausdrücklich, sich beim Papste zu verwenden, daß der neue Erzbischof die Vollmacht erhalte, die utraquistischen Priester zu weihen.[2])

Im März 1562 löste er sein Versprechen ein. Er verhandelte mit dem Nuntius am kaiserlichen Hofe, Delfino, und dieser war gleich bereit, seine Aktion zu unterstützen. Am 23. März 1562 wurde der kaiserliche Gesandte in Rom, Arco, angewiesen, dem Papst über die Sache Vortrag zu halten, und darauf aufmerksam zu machen, daß der Kaiser durch seinen Eid gebunden sei, die Utraquisten zu schützen, und daß durch die erbetene Vollmacht der Prager Erzbischof seine Jurisdiktion auch auf die Utraquisten ausdehnen könne. Gleichzeitig schrieb der Nuntius nach Rom, nur auf diese Art (durch Erteilung der Vollmacht) könnten alle Ketzereien im Lande ausgerottet werden, denn bis jetzt hätten sich unter dem Deckmantel des Utraquismus ketzerische Geistliche eingeschlichen, weil im Lande ein Bischof, der ebenso die katholische wie die utraquistische Geistlichkeit überwachte, gefehlt habe.[3]) Der Papst nahm anscheinend das Gesuch des Kaisers nicht ungünstig auf, und beauftragte die Konzillegaten in Trient, von dem (dort anwesenden) Erzbischof von Prag eine Information über diese Angelegenheit einzuholen. In dem Gutachten, das Brus am 20. April 1562 erstattete, empfahl er das Gesuch des Kaisers auf das wärmste. Er wies darauf hin, daß in Böhmen der Gebrauch des Kelches seit dem Konzil von Basel so eingewurzelt sei, daß das friedliche Verhältnis zwischen Katholiken und Protestanten auf der Zulassung des Kelches wie auf einem Fundament beruhe, daß durch Erteilung der verlangten Vollmacht die Bekehrung der Utraquisten zur katholischen Kirche zu erhoffen sei, und daß andererseits die Utraquisten sich dem Luthertum in die Arme werfen würden, wenn die Ordination ihrer Geistlichen durch den Prager Erzbischof nicht erfolgen würde.[4]) Mit diesem Gutachten war jedoch die Sache noch nicht

---

1) Schon auf dem Landtage von 1545 hatten sich die Utraquisten für die Erneuerung des Prager Erzbistums ausgesprochen, damit ein Erzbischof ernannt werde, welcher auch die Priester »sub utraque« weihen könnte.
2) Bucholtz, Geschichte Ferdinands I., 4, 460.
3) Nuntiaturberichte zweite Abteilung, Band 3, 26. 30; Sickel a. a. O., p. 281.
4) Nuntiaturberichte a. a. O., 44—46.

erledigt, vielmehr beauftragte der Papst jetzt die Legaten, auch ihrerseits
ein Gutachten abzugeben. Die Legaten kamen diesem Auftrage nach,
überwiesen die Angelegenheit einer Kommission von vier Theologen zur
Beratung, und sandten am 20. Mai das Gutachten dieser Kommission
wieder an den Papst. Auch dieses Gutachten war zustimmend, die
Kommission hatte nur die Bedingung gestellt, daß in Hinkunft die
utraquistischen Geistlichen, welche vom Prager Erzbischof die Weihen erhalten, sich eidlich verpflichten sollten, die Kinderkommunion nicht mehr
zuzulassen. Nun trat ein Stillstand ein. Der Papst wollte in dieser
Angelegenheit, die mit der Frage des Laienkelches in unlösbarem Zusammenhange stand, nicht selbst entscheiden, sondern dem Konzil die
Entscheidung überlassen. Der Kaiser machte nochmals (am 10. Juli 1562)
einen Versuch, den Papst zur Bewilligung der Vollmacht für den Prager
Erzbischof zu bestimmen. In einem Gespräche mit dem Nuntius Delfino
trat er mit der größten Entschiedenheit für die Erteilung der Vollmacht
ein. Nur auf diese Art sei es möglich, eine Besserung der religiösen
Verhältnisse in Böhmen herbeizuführen; nur wenn der Prager Erz-
bischof die Ordination der utraquistischen Geistlichen vornehme, sei eine
Gewähr vorhanden, daß zweifellose Utraquisten ordiniert, und nicht
Ketzer jeder Art unter dem Vorwande des Utraquismus sich eindrängen.
Man habe dagegen eingewendet, daß die Böhmen das Andenken von
Hus feierten; aber der Einwand sei haltlos, denn weder die Katholiken
noch die echten Utraquisten hielten eine solche Feier, und auch die
zweifelhaften Utraquisten seien trotz ihrer Neigung zu verschiedenen
Ketzereien doch in der überwiegenden Mehrzahl gleichgültig gegen das
Andenken von Hus. Allein auch diese Argumente, die der Nuntius ge-
treulich nach Rom berichtete, blieben ohne Wirkung.[1]) Der Papst erklärte,
über diese und ähnliche Fragen nicht entscheiden zu können, das sei
Sache des Konzils. Und auch das Konzil traf in der Hauptfrage, Ge-
stattung des Laienkelches, keine Entscheidung, sondern überließ es dem
Papst, für einzelne Länder und unter besonderen Bedingungen den Kelch
zu bewilligen. Mit diesem Beschlusse, den das Konzil nach langen und
leidenschaftlichen Verhandlungen gefaßt hatte, fand sich der Kaiser ab.
Am 1. Oktober 1562 erklärte er dem Nuntius, er sei mit diesem Beschlusse zufrieden und wolle für die nächste Zeit (gemeint war die Zeit
bis zum Schlusse des Konzils) die Vollmacht für den Prager Erzbischof

---

1) Ebd. 88—91.

nicht weiter betreiben.[1]) Damit hatte diese Angelegenheit vorläufig ihren
Abschluß erreicht.

Auf diesen Stand der Dinge bezieht sich die vorliegende Denkschrift[2]) von Brus, die er im Mai 1563 (noch während seines Aufenthaltes in Trient) ausarbeitete und dem Kaiser einschickte. In dieser
Schrift, die ausschließlich von den Utraquisten handelt, wird dieselbe
Konzession, die der Kaiser verlangt hatte, Ordination der utraquistischen
Priester durch den Prager Erzbischof, nochmals gefordert und als unab-
weislich erklärt. Brus wiederholt zum Teil die Argumente, die er schon
in seinem Gutachten vom April 1562 vorgebracht hatte. Das Verlangen
der Böhmen nach dem Laienkelch sei anders zu beurteilen, als in den
übrigen Ländern. Denn in Böhmen sei diese Forderung nicht eine neue
Erfindung, dort sei der Kelch schon hundert Jahre vor der Geburt
Luthers eingeführt worden. Und wenn man die Utraquisten zurückstoße,
wenn man nicht die Ordination ihrer Priester durch den Erzbischof von
Prag bewillige, so treibe man sie geradezu ins feindliche Lager, dann
würden sie aus Verzweiflung den Ketzern sich anschließen, von denen sie
sich bisher standhaft ferngehalten hätten. Aber die Schrift von Brus
begnügt sich nicht mit diesen Argumenten, sondern geht weit über dieselben hinaus. Sie enthält wertvolle Nachrichten über die Utraquisten,
und ist durch die Grundsätze, die für die Lösung der religiösen Frage
in Böhmen aufgestellt werden, von Bedeutung.

Die Schrift geht von dem Satze aus, daß das Fundament eines
Staatswesens die Glaubenseinheit seiner Bevölkerung sei. In einem
Lande, wo Religion, Gottesdienst, Zeremonien nicht ein und dieselben
seien, könne auch die Harmonie des Staatswesens nicht bestehen; ohne
die katholische Religion sei die Verehrung Gottes und die Nächstenliebe
ausgeschlossen. Am allermeisten sei die Glaubenseinheit in den gegenwärtigen Zeiten nötig; aber allen Versuchen, sie wiederherzustellen, treten
die größten Schwierigkeiten entgegen. Man stehe vor einem Dilemma.
Soll man die Ketzereien fortwuchern lassen? Dann sei zu befürchten, daß

---

1) Ebd. 122.
2) Wiener Hofbibliothek, Kod. 5636, Fol. 509—513, gleichzeitige Kopie.
Diese Handschrift (ebenso wie Nr. 5637) enthält Aktenstücke, die sich auf
die Tätigkeit von Brus in Trient beziehen. Die in Kod. 5636 enthaltenen
Briefe von Brus aus den Jahren 1562 und 1563 werde ich demnächst in
den Schriften des Vereins f. Geschichte d. Deutschen in Böhmen veröffentlichen.

fie in kurzer Zeit zum Heidentum führen, daß alle Zucht aufhört und
ein allgemeiner Umsturz erfolgt. Soll man die Ketzer mit Feuer und
Schwert verfolgen? Da sei zu bedenken, daß die Ketzer so hartnäckig,
die Zahl der Verführten so groß sei, daß es wenige Fürsten in Deutsch=
land gebe, die nicht durch rücksichtslose Verfolgung der Ketzer ihr Land
zu einer Wüste machen würden. Da werde nun von einigen einge=
wendet werden, ein solches Vorgehen sei nicht nun Recht sondern auch
Pflicht der Fürsten. Gut. Aber was soll man von jenen sagen, die
sich nicht bewußt von der Kirche abgewandt, sondern in ihrer Unwissenheit
verführt worden sind, die in der Kirche verbleiben wollen, und als An=
gehörige der Kirche, sei es aus eingewurzelter Gewohnheit, sei es aus
Frömmigkeit, etwas verlangen, was ihnen gewährt werden könnte. Das
treffe hauptsächlich bei Böhmen zu. Denn dieses Land sei voll von
solchen unwissenden, verführten Menschen, und Böhmen könne früher als
irgend ein anderes Land wieder gewonnen werden, sobald der Laienkelch
gestattet, und die Ordination der utraquistischen Priester durch katholische
Bischöfe, in erster Linie durch den Prager Erzbischof, bewilligt werde.
Die Utraquisten hätten sich niemals von der katholischen Kirche getrennt,
beweibte Priester werden von ihnen verabscheut, sie seien vom Kelch ab=
gesehen in allem übrigen katholisch, sie beobachten die Zeremonien,
Weihen, Prozessionen, Anrufung der Heiligen, Gebete und Opfer für die
Toten, die Beichte. Sie seien abgesagte Feinde aller Ketzereien, welche
Angriffe hätten sie nicht von den Waldensern, Nikolaiten und anderen
auszustehen gehabt! Wenn man für Böhmen den Laienkelch bewillige,
den doch das Konzil mit seinem Beschlusse vom vorigen Jahre (1562)
nicht ausdrücklich abgelehnt habe, sei nicht einzusehen, warum man der
Ordination der utraquistischen Priester, die in allem übrigen katholisch
seien, Schwierigkeiten bereite. Man solle keinen Unterschied zwischen
Katholiken und Utraquisten machen, man bewillige gemeinsame Fried=
höfe, dann werden beide eine Herde unter einem Hirten sein. Dann
werde sich auch wieder der Gebrauch der Kommunion unter einer Gestalt
in jenen Orten einbürgern, wo er abgekommen sei. In Böhmen gebe
es kaum eine Stadt, wo nicht Utraquisten seien. Drei Punkte bereiten
allerdings Schwierigkeiten: die Kinderkommunion, das utraquistische
Konsistorium und die Husfeier.

Was die Kinderkommunion betreffe, so sei zu beachten, daß sie
von selbst nach und nach abkomme. In vielen Orten, zum Beispiel in
Podiebrad, Lissa, Brandeis und in einigen Kirchen von Prag habe sie

bereits aufgehört; und sie könne auch in den andern Orten nach und nach abgeschafft werden, wenn den utraquistischen Priestern bei ihrer Ordination die eidliche Verpflichtung auferlegt werde, die Kinderkommunion nicht mehr zuzulassen. Das utraquistische Konsistorium könne allerdings nicht so leicht abgeschafft werden, aber es könne Änderungen erfahren. Denn der Kaiser habe sich ausdrücklich bei der Bestätigung der utraquistischen Administratoren im vergangenen Oktober solche Änderungen vorbehalten. Überdies scheinen die Utraquisten selbst die Zuziehung eines erzbischöflichen Assessors oder Offizials, ja auch die Appellation an den erzbischöflichen Stuhl ohne Schwierigkeiten zuzulassen. Das habe einer (der Administratoren) deutlich zu verstehen gegeben. Die größte Schwierigkeit bereite die Husfeier, nicht so sehr wegen der utraquistischen Priester, sondern wegen der Hartnäckigkeit des Volkes. In Prag selbst scheinen diese Priester auf die Abschaffung der Feier auszugehen, indem sie an dem Hustage dem Volke über andere Themen predigen, als über die Fabel vom angeblichen Martyrium des Hus, und das habe schon dem Volke Anlaß zu Klagen gegeben. Aber eine solche Änderung lasse sich nicht überall mit einem Schlag durchführen, sondern nach und nach, indem man das Volk durch einen frommen Betrug täusche, ihm scheinbar eine Konzession mache und dafür das Aufgeben der Husfeier verlange. Diese Scheinkonzession bestünde darin, daß die Katholiken in Böhmen eine Feier, die bisher nur bei den Utraquisten bestand, nämlich die Feier der Transfiguration Christi am Berge Tabor, annehmen und dafür von den Utraquisten eine Gegenkonzession, nämlich das Aufgeben der Husfeier verlangen, mit der Begründung, daß die Husfeier nicht Frieden und Eintracht, sondern Parteiung und Zwietracht bedeute, daß sie außerhalb Böhmens nirgends abgehalten werde, und daß bei dieser Feier nicht nur das Konzil von Konstanz, sondern die ganze katholische Geistlichkeit dem Hasse des Volkes preisgegeben werde. Wenn die utraquistischen Geistlichen das Volk nicht mehr auf die Husfeier aufmerksam machen, werde sie von selbst aufhören, umsomehr als sie in eine Zeit falle, wo das Landvolk mit der Einbringung der Ernte beschäftigt sei.

Auf diese Art (schließt die Denkschrift) könnte man in Böhmen zur gewünschten Einigkeit im Glauben kommen. An diesen Erörterungen wird zweierlei auffallen. Einmal, daß der Prager Erzbischof sich gegen die rücksichtslose Verfolgung der Ketzer ausspricht. Alle Ketzer zu vertreiben, sagt Brus, ist unsicher, alle zu töten ist grausam. Daraus folgt,

daß man sich mit ihnen irgendwie abfinden muß, daß Toleranz, wenn
auch nur de facto, zu üben ist. Ganz dieselben Grundsätze hatte
Ferdinand I. in einem Gespräche mit dem päpstlichen Nuntius, dem
Bischof Hosius, geäußert, und nach diesen Grundsätzen verhielt er sich in
den letzten Jahren seiner Regierung. Es sind also die Ansichten des
Kaisers, die uns in dieser Schrift entgegentreten. Noch auffallender ist
der Umstand, daß Brus nur von den Utraquisten spricht, und die Her=
stellung der Glaubenseinheit in Böhmen von der Übereinkunft mit den
Utraquisten abhängig macht. Die beiden anderen Religionsparteien,
Protestanten und böhmische Brüder, werden in seiner Schrift übergangen
— und die weitere Entwicklung war doch die, daß diese beiden Parteien
in wenigen Jahren die Utraquisten verdrängten! Hat Brus die Macht=
verhältnisse dieser Parteien und das stürmische Vordringen der Prote=
stanten nicht erkannt?

Es seien noch einige Worte dem Erfolge unserer Denkschrift ge=
widmet. Brus übersandte sie am 28. Mai 1563 dem Kaiser. Am
4. Juni wurde im geheimen Rate über die Vorschläge von Brus ver=
handelt und beschlossen, zuerst von dem Statthalter von Böhmen, Erz=
herzog Ferdinand, ein Gutachten einzuholen.[1]) Erzherzog Ferdinand
beriet sich wiederum mit den obersten Würdenträgern des Landes (den
Landesoffizieren), das Ergebnis dieser Beratungen ist in einem aus=
führlichen Berichte des Erzherzogs an den Kaiser vom 23. Juni 1563
niedergelegt.[2]) In diesem Berichte wird empfohlen, die Schrift von Brus
geheim zu halten, damit sie ja nicht zur Kenntnis der Utraquisten käme.
Denn in dieser Schrift seien die Utraquisten als unwissende, verführte
Menschen hingestellt, die selbst eine Änderung (d. h. Anschluß an die
katholische Kirche) wünschten. Davon sei ihm (dem Statthalter) nichts
bekant. Die Utraquisten würden von Mißtrauen gegen den Erzbischof
erfüllt werden, wenn sie seine Ansichten kennen lernten. Der Kaiser
könne in dieser Sache nichts anderes tun, als dem Erzbischof aufzutragen,
bei dem Konzil Schritte zu tun, damit der Laienkelch und die Ordi=

---

1) Wiener Staatsarchiv, Protokolle des geheimen Rates 1563, Juni 4.
»archiepiscopus Pragensis transmittit rationes, quibus concordia
religionis in Bohemia fieri possit, petit edoceri quid ulterius
faciendum: mittatur pro deliberatione et voto ad archiducem
Ferdinandum.«
2) Borový, jednání a dopisy konsistoře katolické i utrakvistické, 2,
361 (= monumenta historia Bohemica ed. Gindely tom. V.).

nation der utraquiſtiſchen Prieſter von Konzil und Papſt bewilligt
würden. Dieſer Bericht des Erzherzogs kam erſt am 22. Juli 1563 im
geheimen Rate zur Verhandlung. Der Antrag des Erzherzogs, in dieſer
Sache ſich an das Konzil zu wenden, wurde abgelehnt, und beſchloſſen,
nochmals mit dem Papſt (durch den kaiſerlichen Geſandten in Rom) zu
verhandeln,[1]) und für den Prager Erzbiſchof die erwähnte Vollmacht zu
verlangen, oder zum mindeſten, wenn der Papſt dieſe Vollmacht nicht
förmlich erteilen wolle, die Zuſage, daß die Ordination der utraquiſtiſchen
Prieſter ſtillſchweigend zugelaſſen werde. Am 26. Juli wurde eine ent=
ſprechende Weiſung an den Geſandten in Rom, Arco, erlaſſen,[2]) Arco
trug die Sache dem Papſt vor, es wurden wiederum Informationen
von den Konzillegaten in Trient eingeholt, es wurden Nachforſchungen
im päpſtlichen Archive angeſtellt, ob eine derartige Vollmacht früher
(unter Paul III.) jemals erteilt worden ſei:[3]) das Ergebnis der Nach=
forſchungen war ein negatives, und dasſelbe Ergebnis hatten die Ver=
handlungen. Die verlangte Vollmacht wurde auch jetzt dem Prager Erz=
biſchof nicht erteilt. So iſt alſo die Denkſchrift von Brus ohne Erfolg
geblieben. Aber auch wenn ſie zum Ziele geführt hätte, das der Prager
Erzbiſchof anſtrebte, zur Vereinigung der Utraquiſten mit den Katholiken,
ſo wäre damit die Glaubenseinheit in Böhmen nicht hergeſtellt geweſen.
Denn in kurzer Zeit hatte die katholiſche Kirche in Böhmen mit einem
ganz anderen Gegner, als es der altersſchwache Utraquismus war,
zu kämpfen: mit den Proteſtanten.

---

1) Wiener Staatsarchiv, Protokolle des geheimen Rates 1563, Juli 22:
»archidux Ferdinandus 23. Junii 1563 scribit, quae sit sua et
quorundam officialium Bohemorum sententia super opinione
archiepiscopi Pragensis in negocio petendae dispensationis pro
ordinandis Calixtinorum presbyteris in Bohemia: agendum apud
papam pro hac dispensatione medio oratoris cesarei secreto cum
amplificatione periculi quod inde provenit, si differatur propter
defectum talium presbyterorum; vel si nolit papa dare dispen-
sationem, saltem promittat per conniventiam«.
2) Sickel a. a. O., 566—568.
3) Nuntiaturberichte a. a. O., 370—371, 389—390, 392—393, 432.

Rationes conscriptae per Rev^{mum} D^{num} Pragensem, quibus concordia religionis in regno Boemiae restitui[1]) possit, S. Ces. M^{ti.} 28. Maii transmissae.

Cum ad politiam recte instituendam institutamque conser-vandam maxime pertineat populorum (inter quos ea constitui et conservari debet) in fide et religione unitas et concordia, ut primum omnium unanimi consensu sancte colatur deus, (ubi enim diversus est cultus dei et religio, diversae ceremoniae, fides non una, fieri non potest, ut externa harmonia politiae civilis constare possit aut esse diuturna; ubi unica et Catholica fide deus non agnoscitur, ibi charitas dei et proximi iacet neglecta) accedentem ad deum recte credere oportet. Fides itaque, quae una est, fundamentum est et basis omnis christianae actionis, sine qua impossibile est placere posse deo, absente fide nulla est dilectio dei, nulla proximi, nullum opus gratum et acceptum deo. ibi autem odia, iurgia, dissensiones, rerum omnium profundum chaos. proinde quisquis externam rem publicam bene et in tranquillo cupit habere institutam, in hoc inprimis et maxime conatus suos dirigat, ut cives et subditos in religione dei habeat concordes, idem omnes in fide sentientes. atque id hoc calamitosissimo rerum statu cupiunt quidem omnes pii et crebris gemitibus flagitant. sed mille artificiis,[2]) fraude et dolo factum est, ut conantibus reducere profligatam ab hereticis fidei concordiam in dies sese maior difficultas offerat. quid vero faciant? sinent grassari hereses, atque easdem subinde generare novas impune permittent? quid (si id fiet) prohibebit, quo minus intra paucos non dicam anuos sed menses omnia in ethnicismum delapsa frustra dolebunt cordati homines, et in miserabili confusione rerum omnes disciplinas sursum deorsum ferri, coelumque terrae misceri experientur. prohibebunt vi, per-sequentur flamma et gladio? at tam pertinaces sunt sui pro-positi heretici, tantus est seductorum numerus, ut omnibus aut profligatis (quod tutum non est) aut occisis (quod est crudele) pauci sint in Germania Catholici principes, qui non vastitatem quandam in suas provintias essent inducturi. dicet aliquis, licere

---

1) »restituere« Hſ.
2) »artificis« Hſ.

hoc non tantum, sed ad id obligari quoque principes, ut erga tales atrocitate utantur. esto. quid vero dicet de iis, qui se non ipsi separarunt temere, sed ignari, simplices, mansueti seducti sunt ab astutis et subdolis sathanae magistris, nec extra ecclesiam in dispersione, sed intus in gremio eorum aut ex consuetudine longa aut ex devotione cupiunt fieri participes, quae per se non ita immutabilia sunt ut illis concedi non possint.

Huiusmodi simplicioribus totum regnum Boemiae inclytum refertum est. quod prae ceteris regnis et nationibus atque provintiis magis videtur ad reformationem esse dispositum, modo venerabilis eucharistiae sacramentum sub utraque specie ei ss. synodus expresse permitteret, et ut eorum sacerdotes a legitimis et Catholicis episcopis, me ipso potius metropolita,[1]) consecrarentur concederet. nec mirandum est, quod hoc hucusque et adhuc tam constanter petant Boemi, nam non est haec nova apud eos inventio, sed usus longa iam consuetudine per successiones introductus ultra centum annos, antequam Lutherus Germaniae pestis nasceretur. non nuper hoc petere inceperunt, sed propterea nuncios suos in Basiliensi concilio habuerunt, in quo, licet nulla extet eius rei mentio, certissimum tamen est, Boemos ibi comparuisse et inter cetera calicis negotium, quod apud eos semper primum fuit, sine omni dubio diligenter tractasse, unde et in hodiernum diem Compactata (quae vocant) supersunt. neque in eam dementiam lapsi sunt unquam, ut omnino sicuti alii haeretici a Catholica ecclesia resilierint. concubinarios tanquam pestes oderunt, etiamnum illi sacerdotes eorum, qui bene sibi conscii ministrant sacramentum sub utraque specie, cetera Catholici ceremonias observant et rerum in ecclesia consecrationes, processiones, sanctorum invocationem; orant et sacrificant pro mortuis, confessionem tenent sacramentalem. de coniugatis presbiteris quid sentirent, nuper interrogati responderunt, eos se abhorruisse hactenus, et abhorrere adhuc tanquam certissimum ecclesiastici status excidium. sacerdotes ut haberent ordinatos legitime, quae non subierunt discrimina, impensas, labores, Venetias mittendo, saltem ut non sacerdotes veros ad sacramentorum administrationem et ecclesiastica munera non admitterent! quas non pertulerunt calamitates a Waldensibus,

---

1) »metropolitae« Hf.

Nicolaitis et aliis hostibus domesticis, quibus se opposuerunt
fortiter quantum in ipsis fuit, in reliquo regem implorantes
sedulo pro defensione nec prius quieverunt, quam illis pestibus
regno Boemiae interdiceretur. cuius sacratissimus cesar vivus
testis est: porro iam durante concilio, unde exterminium heresium,
pax et tranquillitas christianae rei publicae omnium piorum
votis expectatur, illis non miserebimur nostram opem imploran-
tibus et nihil iniqui petentibus?

Adde, quod tum usus utriusque speciei omnibus laicis aeque
fuerit indifferenter communis et haud dubie non nisi ab ordinatis
sacerdotibus porrigebatur, cum illi Boemi inquam de eo cum
patribus in Basiliensi concilio concordarent. nemo etiam negabit,
concilium Constantiense primum laicis calicem ademisse, neque
id adeo ut nunquam restitueretur, sed quoad usque ecclesiae
non videretur secus expedire. antea usus ille tanquam una de
puris ritibus ceremonia indifferens fuit, ab ecclesia mutatus
tum, nunc ab eadem, quae eodem quoque spiritu regitur, ecclesia
necessitate cogente restituendus. qua de causa non arcendos
esse idoneos adolescentes eorum a sacris ordinibus, cum alias
hactenus sacerdotes non habuerint nisi legitimos, quocunque
tandem modo eos adepti sint, fallere malentes aliquem episcopum,
quam idolorum cultum in patriam inducere. quid enim aliud
est quam mera idololatria,[1]) habere id pro corpore et sanguine
Christi, quod panis est merus, merumque vinum? nam sine
sacro charactere ordinis nemo conficit; ita fit, ut omnes alii
heretici sacrum ordinem contemnentes idololatrae sint et se-
ductores populi a Christo ad creaturam.

Adde id, quod si quis recte perpenderit, intelliget, hoc
ipsum s. oecumenicum concilium Tridentinum preterito anno
non obscure innuisse, admittendos esse tales ad usum calicis
quales supra descripti sunt Boemi. non enim vetuit calicem
huiusmodi mansuetis, non penitus eum sustulit, sed ad summum
pontificem remisit concedendum digne petentibus. quod certe
nunquam erat factura prudentissima synodus, si existimasset
eum prorsus nemini debere concedi; neque vetus ecclesia, quae
semper Graecos, Orientales, nonnunquam Germanos in gremio
obedientiae suae sustinuit ac toleravit cum usu calicis, permisisset

---

1) Hf. »idolatria«.

hoc, si non ita expedire fuisset rata. si itaque concedi debet, qui fit, ut pretendatur difficultas ea de non consecrandis eorum sacerdotibus, ministris concessi aliquando calicis, in omnibus ut dictum est alias Catholicis, cum videamus Graecis et Rutenis sacerdotibus liberum esse sic ministrare populo, eosque procul dubio ab episcopis[1]) consecrari.

Hic rursus obiiciet aliquis: impetrato calice illi ministrent qui puri hactenus permanserunt Catholici presbyteri, et qui postea ordinabuntur, non qui Calixtini ordinati sunt. quaero, cur arcebimus eos a ministerio ecclesiae cum parere cupiant et cum credant,[2]) se magis devinctos obedientiae apostolicae sedis, quando ea tanquam pia mater eos predicta permissione sub alas suas misericorditer receperit. hoc nisi factum fuerit, longius fugabuntur a nobis, desperati efficientur deteriores et heretici, et omnis status Boemiae in deterius ruet, eorum nunquam est maior numerus. an non prestat habere, concesso quod concedi potest, charos sanctae fidei amicos domesticos, quam cum rigore occasionem dare ad dissensionem, et ultro inimicos constituere? non propellendi sunt longius sed admittendi. non alios sacerdotes usus ss. sacramenti altaris sub una specie habeat, alios sub utraque, sed habeantur isti quoque pro Catholicis eisque adnumerentur, sit unum ovile sub uno pastore. sit illis una cum nostris sacerdotibus ministrandi sacramenta aequa potestas, introducatur unius speciei usus rursus in ea oppida et loca unde explosus fuit. nam vix aliqua civitas aut oppidum invenitur, ubi non sint quidam qui sub utraque communicent; sit sepultura utrisque comunis, ita fiet ut prorsus tollatur scissura omnis. noverit ordinarius cui manus imponat, et non cuivis citra delectum, cito id faciat, rem ita instituat ut sub obedientia ordinaria et iurisdictione maneant ii quos ordinaverit, ut agnoscent ipsi eum patrem, eos ipse filios. atque ita facile medebimur illis malis, quae obstare videntur, quo minus cito perveniatur ad concordiam. quorum tria sunt in Boemia quae occurrunt difficiliora: parvulorum communio, consistorium, et festum Joannis Hussii. quae si partim sustuleris, partim correxeris, in portu navigabis et habebis presentem concordiam. sanctissimae

1) Hf. »ad episcopos«.
2) Hf. »credent«.

autem sedis obedientia semper presupponitur, sine qua hic vanus labor esset. et eam merito prestabunt Boemi iuxta promissionem suam, ubi experti fuerint, se a sanctissima sede tam materne recipi.

Primum obstaculum iam paulatim amovetur, et amotum est multis e locis, ut in oppido Podiebrad, Lissa, Brandeis et Pragae quibusdam ex templis, ubi penitus cessavit parvulorum communio; quae initio cura ordinarii et Catholicorum paulatim aboleri poterit etiam alibi. tentandum namque est, vigilandum et laborandum ubi affulgerint[1]) alicuius boni initia, nec facile succumbendum sub operis difficultate. ius iurandum etiam formet ordinarius, quo qui ex illis ordinandi erunt abiurent, se non ministraturos parvulis venerabile eucharistiae sacramentum, qua vel sola via abusus illius communionis e medio tolli poterit, licet ut dictum est ipsimet Boemi eum paulatim ceperint odisse.

Consistorium Pragense, in quo matrimoniales causae et alia, quae ad ecclesiam recte instituendam spectant, non secundum ius canonicum examinantur instituunturque, non tam facile tolli poterit propter consuetudinem a tot annis passim receptam, emendari vero et corrigi facile. nam imperatoria Mtas in ea quae Pragae in preterito Octobre facta est administratorum, ut ipsi vocant, ratificatione, sibi emendationem eorum seu mutationem clementer reservavit. deinde cum etiam nuper in quodam negotio matrimoniali archiepiscopum consuluerint, videntur ex nostris aliquem assessorem seu officialem, qui nomine archiepiscopi eiusmodi acta dirigat, aut certe appellationem ad sedem metropolitanam sine difficultate libenter esse admissuri. id quod non obscure quidam eorum uni ex capitulo Pragensi significavit, nam certum est, ipsos capitis, a quo regantur in spiritualibus, desiderio valde teneri.

Maior autem difficultas occurrit in tollenda memoria Joannis Hussii, id non propter sacerdotes precipuos, sed ob seductae plebis pertinaciam. primi enim eorum qui Pragae sunt sacerdotes sensim ad abolendum illius festum accedere videntur, dum eodem die alia convenienti populo concionari incipiunt, quam fabulam illam de martyrio Hussii, nec desunt inter plebeios, qui propterea offensi non parum de suis sacerdotibus conquerantur.

---

1) »affulgerit« Hf.

sed fieri non potest, ut uno quasi momento eradicentur zizaniae[1])
ex domo dei, quae tam in Boemia quam alibi radices tam altas
egerunt. hoc autem remedio occurrendum esse videtur, ut pia
et sancta aliqua deceptione circumveniantur, et Catholici fin-
gant, se in eorum gratiam aliquid admissuros esse, quod antea
nunquam in Catholicis ecclesiis in Boemia in usu fuit. duas
festivitates celebrarunt hactenus per annum Calixtini in Boemia,
quarum alteram recipiant Catholici, ut illi alteram omittant.
festum transfigurationis dominicae in monte Tabor hucusque a
Catholicis Boemis non fuit celebratum, recipiatur itaque solennis
eius observatio communi consensu ab utraque parte, et celebretur
iuxta Romanum morem et consuetudinem 6. mensis Augusti die;
cuius concors observatio nemini non, etiam inter laicos, haud
dubie grata futura est. et rursus illi, presertim sacerdotes eorum,
deserant festum Hus, idque sub nomine recens initae concordiae;
sed neque illud pretereundum erit, quin diligentissime inculcetur
sacerdotibus Calixtinis, festum illud Hus non esse pacis et concordiae sed factionis, non charitatis sed odii, non edificationis
sed dissipationis, omnisque[2]) dissidii causam, atque ob id extra
Boemiam nullibi in orbe terrarum observari, quod ab eis
ipsismet in despectum s. concilii institutum sit. denique in
sepedicto festo historia etiam talis recitatur,[3]) quae non solum
concilii Constantiensis acta arguere, sed etiam omnem magistratum
ecclesiasticum totumque clerum Catholicum plebeiorum odiis
exponit; quae cum verissima sint, ut a sacerdotibus eorum ad-
mittantur, sine dubio futurum est, ut si concionatores celebrationem
eius festi populo non indixerint, paulatim in desuetudinem sit
abiturum, precipue cum quot annis eo tempore incidat, quo
ruricole presente et fere media messe sunt occupatissimi.

Atque haec videntur esse rationes, quae omissis aliis sub-
tilitatibus simplices Boemos ad optatam concordiam reducere
possint, subiectae inprimis S. Mtis Ces. et aliorum Catholicorum
iuditio.

---

1) »eradicantur zizania« Hf.
2) »omnique« Hf.
3) »recitetur« Hf.

Ein Armeebefehl Erzherzog Karls.

Mitgeteilt von

Prof. Dr. Ottokar Weber (Prag).

An das böhmische General Commando.

Hauptquatier Leutomischl den 26t. July.

Ich vernehme so gar aus offiziellen Quellen,[1]) daß mehrere officier und besonders Generals die schwerer oder leichterer blessuren wegen von der Armee abwesend sind, sich auf Kosten dieser Armee, ihrer Anführung, ihrer Operationen, und überhaupt über die vorgegangenen Ereignisse unreise Urtheile erlauben, die — wären sie auch gegründet — durch ihre Frechheit rechtliche Männer empören, durch ihren Schwachsinn aber erfahrne Kenner[2]) zum Mitleid bringen. Die Armee hat sich beim feinde eine Achtung erworben, die er noch nie für unsere Waffen hegte; nur durch ungeheure Anstrengungen und durch eine große Ueberlegenheit konnte dieser Vortheile erringen, die Er bei jeden Schritt theuer erkaufte. Im Weichen selbst blieb sie ihrem Feinde furchtbar, und wenn nach den blutigen Tagen von 5t. und 6t., und nach den täglichen Gefechten bis zum 10t., unter welchen jedes Corps seinen Rückzug in kleinen Märschen mit der größten Ordnung ohne Verlust eines einzigen Geschützes fortsetzte, eine Armee noch so viel Haltung besitzt, um an 10t. und 11t. eine neue mörderische Schlacht zu liefern, alle ihre Stellungen zu behaupten, und der Feind selbst einen Waffenstillstand anbiethet, so scheint eine solche Armee und die von ihr ausgeführten operationen jener bewunderung ganz nicht unwerth, die ihr der Feind in vollem Maaße zollt. In anderen Heeren ist von General bis zum Gemeinen ein jeder gestimmt, selbst durch Ruhmredigkeit die Ehre seiner Waffen zu erhöhen, bei uns aber finden sich unmündige Helden, die Gebrechen und Fehler erdichten, um sich und den Dinst zu entehren. Die Commandirenden Herrn Generals und die Chefs der Armee Corps werden mit ihren vollen Ansehen jene vorlauten Sprecher, die so wenig einen höhern Wirkungskreiß zu umfassen

---

1) Nachrichten durchgestrichen, darüber Quellen.
2) Män (Männer?) durchgestrichen.

fähig sind, in die Schranken einer richtigen Selbstkenntniß verweisen, und es wird mir angenehm sein, wenn sie aus eigenen Antriebe einen Dinst verlassen, der ihrer Erwartung so wenig entspricht, als wenn sie mich zwingen, sie entlassen zu müssen.

E. H. Karl,
Generallissimus.

Der vorstehende im Privatbesitz befindliche Befehl[1]) stammt, wie aus dem Inhalte deutlich hervorgeht, aus dem Jahre 1809. Vergegen=wärtigen wir uns in Kürze die Begleitumstände des Schreibens und sehen wir zu, ob es uns etwas Neues besagt. Nach wochenlangem Still=stehen war es am 6. Juli zum Schlagen gekommen zwischen Erzherzog Karl und Napoleon bei Wagram. Ersterer wurde mit seiner Armee zum Rückzuge gezwungen, den er nach Mähren nahm; die Franzosen folgten, eine Reihe von Rückzugsgefechten entstand, die aber nicht bedeutend genug waren, um den Österreichern empfindlichen Schaden zuzufügen, in voller Ordnung konnte der kaiserliche Prinz das Thayatal und Znaim erreichen. Infolge der sehr düsteren Berichte, die der Erzherzog seinem Bruder, Kaiser Franz, hatte zukommen lassen, hatte dieser dem Fürsten Liechtenstein den Auftrag gegeben mit Napoleon eine Anknüpfung zu versuchen, die zum Frieden führen sollte; der Erzherzog wußte darum und hielt sich daher für berechtigt auch seinerseits mit seinem Gegner in Verbindung zu treten, der ihn am 10. Juli erreicht hatte. Durch G. d. K. Bellegarde ließ er ihm am selben Abende einen Waffenstillstand anbieten. Napoleon gab dieser Eröffnung keine Folge, sondern begann am nächsten Morgen den Kampf. Mit der größten Zähigkeit hielten die Österreicher Stand, bis plötzlich in den Nachmittagsstunden der Kampf aussetzte; Napoleon war es jetzt selbst, der auf die Anknüpfung seines Gegners zurückkam und ihn durch Berthier zur Verhandlung über einen Waffenstillstand auffordern ließ. Es entsprach der Auffassung Erz. Karls von der Sachlage, daß er trotz des relativen Erfolgs in der Schlacht sich bereit fand auf die Ver-handlungen einzugehen und, obwohl die Bedingungen, die Napoleon

---

1) Im Besitze des Großindustriellen Herrn Anton Herget in Prag. Es sei Genanntem auch noch an dieser Stelle wärmstens gedankt für die liebens=würdige Bereitwilligkeit, mit der er die Verwertung dieses interessanten Stücks gestattete. Nach gefl. Mitteilung aus dem k. k. Kriegsarchive dürfte dasselbe eine „auf Befehl gezeichnete" Verordnung des Erzherzogs und vom Sekretär desselben, Lehmann, geschrieben sein. Jedenfalls rühren weder Kontext noch Unterschrift vom Erzherzoge selbst her.

stellte, außerordentlich harte waren, diese annahm; am nächsten Tage
wurde der Stillstand abgeschlossen und zwei Tage darauf trat die
österreichische Armee den Marsch nach Leitomischl in Böhmen an, wo der
Erzherzog sein Hauptquartier aufschlug. Noch bevor Kaiser Franz genaue
Nachrichten von seinem Generalissimus erhalten hatte, mochten ihn Gerüchte
über den abgeschlossenen Waffenstillstand erreicht haben, denn schon am
15. Juli schreibt er, daß er diese Nachrichten nur für eine Kriegslist des
Feindes ansehen könne. Man muß bei der Beurteilung des Verhältnisses
des Kaisers zu seinem Bruder unbedingt an der Tatsache festhalten, daß
Franz I. damals in der schärfsten Weise gegen ihn beeinflußt worden
ist; damit allerdings vielleicht nur leichter in die Lage gekommen ist
seinen persönlichen Gefühlen nachzugeben. In Erwiderung auf die
definitive Kunde von dem Abschlusse des Znaimer Waffenstillstandes kam
am 19. scharfer Tabel von Seiten des Kaisers an den Generalissimus;
besonders wurde der Artikel IV bemängelt, durch den Tirol preisgegeben
worden war; der Kaiser meinte, daß dadurch sein Wort kompromittiert
werde; am Vortage hatte er selbst den Oberbefehl über die gesamten
Kriegstruppen übernommen und damit des Erzherzogs Wirkungskreis
empfindlich eingeschränkt. Man wird es begreiflich finden, daß der Erzherzog
darauf hin, überdies durch Unwohlsein so bedrückt, daß er sich kaum auf
dem Pferde halten konnte, seine Demission gab: am 23. Juli. Er hat
selbst später darüber mit den Worten geurteilt: „in dieser Verfassung
wurde sein (Erzh. Karls) edleres Gefühl, sowie die kalte Überlegung von
Empfindlichkeit übertäubt und er verzichtete auf seine Stelle.“[1] Am 26.
erreichte den Kaiser, der sich in Komorn befand, das Demissionsgesuch
des Generals, es wurde noch am selben Tage zustimmend erledigt, in
einer anscheinend liebenswürdigen Form, die aber nur wenig die Befriedi=
gung des Kaisers über den Rücktritt seines Bruders verdeckte: „ich be=
trachte die Niederlegung des Generalcommandos als ein Opfer, welches
Euer Liebden dem Staate bringen und bedauere nur, daß selber dadurch
einen tapfern Feldherrn verliert, finde Mich jedoch bewogen sie bei gegen=
wärtigen Umständen anzunehmen.“[2]

Liest man nun in Kenntnis aller dieser Dinge den oben abgedruckten
Brief, so geht erstlich aus den Eingangszeilen hervor, daß der Erzherzog
genaue Kunde davon hat, daß gegen ihn Intriguen gesponnen wurden,

1) Ausgewählte Schriften Erzh. Karls. IV. S. 384.
2) Angeli, Erzh. Karl von Österreich als Feldherr und Heeresorganisator.
Bd. IV, S. 558.

daß besonders höhere Offizire, die das Lager verlassen hatten und wohl
zum Quartiere des Kaisers gestoßen waren, mit scharfer Kritik über die
letzten Ereignisse nicht zurückhielten, die lange Untätigkeit des Feldherrn,
seine Aufstellung bei Wagram, dann den Verlauf der Schlacht zu rügen
sich veranlaßt meinten. Die weiteren Ereignisse nach der Schlacht können
da nicht in Betracht kommen, da bei der Kürze der verflossenen Zeit
solche entfernte Kritiken dem Erzherzoge noch nicht zu Ohren gekommen
sein konnten. Und ohne da die Berechtigung dieser Kritiken irgendwie
prüfen zu wollen, mag zugegeben werden, daß die Resultate des Sieges
bei Aspern auf keinen Fall den Erwartungen, die man darauf setzen
mochte, entsprochen haben. Auf Aspern folgte ja lange nichts und dann
Wagram.

Der Erzherzog weißt diese Kritiken mit einer Schärfe zurück, die
nichts zu wünschen übrig läßt und dabei mit einer echt österreichischen
Eigenschaft, der Raunzerei über alles Einheimische, ordentlich zu Gericht sitzt.
Es ist ihm ferner darum zu tun die Haltung seiner Armee in das
hellste Licht zu setzen: die in bester Ordnung durchgeführten Rückzugs=
gefechte, die erfolglosen Angriffe des Gegners am 10. und 11. Juli
werden hervorgehoben, ja der General scheut nicht davor zurück, die
Tatsachen etwas zu verhüllen, indem er behauptet, daß der Feind selbst
einen Waffenstillstand angeboten habe, was ja für den 11. Juli gewiß
richtig war, wobei er aber doch verschweigt, daß der erste Versuch einer
Anknüpfung schon am Vortage von ihm selbst ausgegangen war. Die
Politik des Generals bei diesen Sätzen ist einleuchtend: der Armee soll
neuer Mut gemacht werden für allenfällige weitere Kämpfe, der Befehls=
haber einer geschlagenen Armee wird nach allen Mitteln greifen müssen,
um nicht Zaghaftigkeit, Auflösung der Disziplin, Desertierung einreißen zu
lassen und um die gesunkenen Lebensgeister der Soldaten und Offiziere
wieder zu heben. Der Erherzog befiehlt, in strengster Weise derartigen
Verkleinerern entgegen zu treten, er wünscht solche Elemente möchten
rechtzeitig von selbst den Dienst, der ihrer Erwartung so wenig entspricht,
verlassen, es wäre ihm das lieber, als wenn er sich gezwungen sehen
müßte sie zu entlassen. Und mit diesen energischen Worten kommen wir
wohl zu dem bedeutsamsten Ergebnisse, das sich diesen Zeilen entnehmen
läßt. Es ist der Ton, der die Musik macht: nicht ein Wort verrät, daß
der Befehl von einem Generale geschrieben sei, der mit ernsten Rückschritts=
gedanken sich trug, ja bereits seine Demission gegeben hatte; er atmet im
Gegenteile den festen Entschluß auch in Zukunft die Ehre seiner Armee

nicht antasten zu lassen und Ordnung unter den Raunzern zu machen. Ist
unter dem Eindruck dieser Sätze die Empfindung nicht berechtigt, daß am
26. Juli, also drei Tage, nachdem er sein Entlassungsgesuch gegeben
hatte, die Stimmung des Erzherzogs eine ganz andere geworden war,
oder soll man sich der Ansicht zuneigen, daß er überhaupt nicht an die
Möglichkeit gedacht habe, daß der kaiserliche Bruder sein Gesuch je annehmen könnte? Fürwahr die Annahme war ja wohl berechtigt, daß der
Kaiser den einzigen General, der bis jetzt Napoleon überwunden hatte,
mit dessen Namen die Neuorganisation der österreichischen Armee unzer-
trennlich verbunden war, der sich im ganzen Reiche bei Hoch und Nieder
beliebt und angesehen wußte, nicht würde missen können! Erzh. Karl
mochte damals seinen Bruder noch nicht so beurteilen, um zu vermuten,
daß gerade alle diese Gründe ihn veranlassen könnten, in die Entfernung
des Generalissimus vom Kommando zu willigen. Er mußte erst diese
bittere Erfahrung machen, um dann niemals mehr dem Bruder dienen
und nie wieder in öffentliche Dienste treten zu wollen. Aber damals am
26. Juli ahnte er nichts davon, daß gerade am selben Tage sein Entlassungsgesuch angenommen worden war, er bleibt sich auch für die Zukunft
vollbewußt seiner Stellung und der damit verknüpften Verantwortlichkeit;
in dem hier veröffentlichen Armeebefehle von diesem Tage drückt sich der
Entschluß des Erzherzogs aus auf seinem Posten auszuharren und
Disziplin zu halten unter seinen Offizieren. „Die komandierenden Herrn
Generals und die Chefs der Armeekorps werden mit ihren vollen Ansehen jene vorlauten Sprecher, die so wenig einen höheren Wirkungskreiß
zu umfassen fähig sind, in die Schranken einer richtigen Selbstkenntnis
verweisen, und es wird mir angenehm sein, wenn sie aus eigenem
Antriebe einen Dinst verlassen, der ihrer Erwartung so wenig entspricht,
als wenn sie mich zwingen, sie entlassen zu müssen." Spricht so ein
scheidender Feldherr?

Politiſche Schickſale des Stiftlandes Braunau im Mittelalter.

Von

Laur. Joh. Wintera (Braunau).

1. Einleitung.

Wie Deutſchland ſeine mittelalterlichen Stiftslehen hatte und dieſe in der territorialen und kulturellen Entwicklung des Reiches gewichtige Rollen ſpielten, ſo hatte auch Böhmen ſeine Stiftländer, die in ähnlicher Weiſe in die Geſchichte des Landes hineingriffen. Die böhmiſchen Stiftländer ſind zum großen Teile im ehemaligen Markwalde gelegen und verdanken der deutſchen Koloniſation ihren erſten Anfang. Die deutſchen Stifter ſchickten vielfach ihre Koloniſatoren auch nach Böhmen, Mähren, Schleſien; von Eberach=Morimund ging Waldſaſſen=Offegg aus, von Zwiefalten Kladrau, von Langheim Plaß, von Steinfeld a. R. die Stifter Seelau=Tepl, von Wilhering Hohenfurt=Goldenkron, von Pforta Leubus und von dieſem wieder Heinrichau=Grüſſau= Kamenz in dem böhmiſch=ſchleſiſchen Grenzwalde. Keines der böhmiſchen Stiftländer hat eine ſo eigenartige Geſchichte durchlebt, keines hat ſich bis heute (nach 700 Jahren) ſo intakt und unvermiſcht erhalten als der nordöſtlichſte Ausläufer Böhmens gegen Schleſien hin, das ſogenannte „Braunauer Ländchen", das Stiftsgebiet des Kloſters Braunau. Braunau, urſprünglich ein geringfügiges Tochterſtift des erſten Männerkloſters in Böhmen, wurde zur Zeit der Huſſitenſtürme der Hauptſitz der ganzen böhmiſch=mähriſchen Benediktinerkongregation und ſchuf ſich ein kleines Fürſtentum, ein Heim, deſſen Intereſſen es jederzeit wahrte und förderte, dem es ſoziale und kulturelle Wohltaten erwies und das daher mit Recht ſein Eigentum blieb.

Es war zur Přemyslidenzeit, als die reichsdeutſchen Stifter in Böhmen im Sinne der dynaſtiſchen Politik in Böhmen ihre Propaganda betrieben; da konnten die zwei einheimiſchen großen Klöſter, Opatowitz und Břewnov, nicht recht zurückbleiben: auch ſie verſuchten ihre Kolonien in den Grenzwald vorzuſtoßen. So ſehen

wir um dieſelbe Zeit 1213—1240 zwei neue Benediktinerkolonien
am Abhange des Rieſengebirges, auf dem natürlichen Verbindungswege
zwiſchen Böhmen und Breslau, entſtehen: Politz und Grüſſau. Das
erſtere war Břewnover Gründung, das zweite Opatowitzer; die Grenze
zwiſchen beiden war die Waſſerſcheide bei Abersbach, ſo daß den
Břewnovern das Steine= und Mettautal, den Opatowitzern das Grüſſauer
Tal zufiel (der Wald Křeſobor). Dieſe Verleihung und Einteilung
der Koloniſationsarbeit am Abhange des Rieſengebirges kann wohl nicht
planlos geſchehen ſein, da die beiden verleihenden Fürſten — Vater und
Tochter waren, nämlich König Přemyſl Ottokar I. von Böhmen
und Anna, Witwe des ſchleſiſchen Herzogs Heinrichs des Frommen
(1238—1240), des erſteren Tochter. Dieſe hatte im Verein mit ihrer
Schwiegermutter, der hl. Hedwig, auch in Wahlſtatt, dem Orte der
Tartarenſchlacht, ein Opatowitzer Tochterſtift gegründet.

Der Grüſſauer Benediktinerkolonie ging es nicht gut: ſie hatte große
Terrainſchwierigkeiten und rauhe Nordwinde zu bekämpfen, weshalb ſie
im J. 1289 den ganzen Stiftsbeſitz mit dem Klöſterchen in Neuen
an Herzog Bolko I. von Schweidnitz=Jauer verkaufte, der dann
Ziſterzienſer aus Heinrichau, alſo einen Zweig der Pforta=
Leubuſer Ordensfamilie, daſelbſt einführte.

Anders die Břewnover Kolonie. Sie überwand glücklich, wenn
auch nicht ohne Schwierigkeiten, alle Hinderniſſe und blieb als ein treuer
Grenzwächter Böhmens fortbeſtehen bis auf unſere Tage. Die ganz
eigentümliche Lage zwiſchen Schleſien=Glatz=Böhmen brachte aber für
dieſes Stiftland mannigfache Schickſale, welche anderen Teilen Böhmens
erſpart blieben: dieſe Schickſale ſeien hier überſichtlich mitgeteilt.

2. Die näheren Umſtände der Gründung.

Die erſten Bewohner des Braunauer Stiftlandes waren Tſchecho=
ſlawen.[1] Die Regierung mußte im Grenzwalde Wächter und Jäger
beſtellen, die mit ihren Familien eine zwar nicht planmäßige, aber doch
ſeßhafte ſporadiſche Bevölkerung repräſentierten. In den Tälern der
Reiſe und Steine ließen ſich ſolche Grenzwächter gern nieder, weil hier
guter Anſiedelungsboden zu finden war. Es iſt ſehr wahrſcheinlich,
wenn auch geſchichtlich nicht dokumentiert, daß an der Mündung des
jetzigen Voigtsbaches in die Steine, alſo unterhalb Braunau, eine Nieder=
laſſung, unbekannten Namens, beſtanden hat, etwa ein hölzernes Vogtei=

---

1) S. Zeitſchrift für Geſchichte und Heimatkunde Glatz. Band 8, 193 ff. u. a.

gehöft mit einigen Häusern, darin die von Glatz hieher geschickten Grenz=
wächter die Gegend hüteten.[1] Dieser Punkt war genau die Mitte des
kleinen Talkessels an der Steine, soweit man etwa von einer Anhöhe
umherblicken konnte; weiterhin flußabwärts gab es stufenweise an den
Mündungen der größeren Bäche ähnliche Niederlassungen, die von Glatz
aus besetzt worden waren.[2] Der ganze Steinestrich war gegen Westen,
nach Böhmen zu, durch eine förmliche Wand von zusammenhängenden
Bergen abgegrenzt und was jenseits dieser Scheidewand (schon damals
Wände = stěny genannt) vor sich ging, schien die Glatzer Gaubeamten nicht
zu kümmern. Dort aber war ein ähnliches Tal wie das der Steine,
nur hügeliger und ungastlicher als dieses, das der Mettau. Bei
Nachod, der alten Grenzburg über der Landespforte, sah die Mettau
Leben genug, ihr nördlicher Lauf aber, eben der der Steine parallele,
ging durch wüste Waldstrecken.[3] In diese gebirgige Waldwildnis kamen
um die Wende des 12. und 13. Jahrhundertes über Auftrag des
Břewnover Abtes Chuno (1197—1217) aus dem Břewnover Tochter=
stifte Raigern in Mähren Mönche, um eine Neugründung des Ordens
in Form einer Einsiedelei zu versuchen. Der Anführer der Kolonie war
bis 1209 Jurik (= Georg), der gerade kurz zuvor eine ähnliche Ein=
siedelei in Mähren gegründet hatte (Granice = Weißkirchen), selbe aber
an die Hradischer Prämonstratenser abtreten mußte (1201).[4] Als
Jurik gestorben war, löste ihn der Diakon Vitalis ab. Die Gegend
scheint den mutigen Kulturpionieren zugesagt zu haben, aus der Klause
wurde ein Eremitorium, aus diesem ein Klösterchen, das der Abt Chuno
mit einer Kirche, zu Ehren der Himmelfahrt Mariens, versah. Den
Namen erhielt die Kolonie von der ersten bebauten Lichtung im Wald=
komplex, nämlich Police (pole = Ackerfeld).

Es ist nun sicherlich durch kluge Berechnung des Abtes Chuno ge=
schehen, daß er seine Kolonisten gerade nach dem Steine= und Mettau=
tale schickte; denn dies Gebiet gehörte im 10. Jahrh. den Slawniks,
aus welchem Geschlechte St. Adalbert, der Gründer Břewnovs, stammte.
Der Geschichtschreiber Pulkava und nach ihm ein ganzer Troß Chronisten

---

1) Siehe meine Ausführungen in „Heimatskunde Braunau" pag. 4 ff.,
auch im Artikel „Erste Anfänge des Bened.=Stiftes Braunau".
Sep.=Abdr. d. Raigerner „Studien". Jh. XXI, pag. 19.
2) So Březnice, Křinice, Kunčice; siehe Erben, Reg. Boh. 539.
3) »Circuitus vasta horrens solitudine.« Erben, Reg. Boh. 539.
4) S. Dudik, Gesch. Raigerns I, 127 und 152.

stellen die Behauptung auf, St. Adalbert hätte dem Stifte Břewnov dies Gebiet mit einer Burg zum Geschenke gemacht. Diese Behauptung läßt sich aber durch nichts dokumentieren; sie ist eine kindliche Verkennung der Verhältnisse, da eine Schenkung innerhalb des Markwaldes und gar von seiten St. Adalberts, der doch kein Landesherr war und als Bischof am Besitztum der väterlichen Familie keinen Anteil hatte, zu den Unmöglichkeiten gehört. Das Slavnikische Lehen fiel übrigens nach dem traurigen Ende dieser Familie an den Landesherrn (996) und so löschte dieser Heimfall eine eventuelle Zusage an das Stift oder eine etwaige mündliche Schenkung zum mindesten aus. Das Stift Břewnov selbst behielt jedoch eine mögliche Gebietserwerbung in dieser Gegend wohl im Auge; Beweis dessen die im J. 1197 tauschweise erworbenen Dörfer Levinice, Helvetice, Malnice und Mradice, also das Lewiner Ländchen in der Grafschaft Glatz,[1]) das das Stift Břewnov später wieder veräußerte. Als nun die Politzer Eremitage so weit gediehen war, daß sie durch fleißige Aushaue und Anlage einiger Häuser einer Kolonie ähnlich sah, wurde Abt Chuno beim königlichen Hofe bittlich, daß der Landesherr den hiesigen Strich des Markwaldes, den man überall aufzulassen begann, dem Stifte vergebe. Die Berufung auf den ehemaligen Zusammenhang mit St. Adalbert, ferner mächtige Fürsprecher bei Hofe, ganz besonders aber die Politik des Königs, der durch Kolonisation des Grenzwaldes eine Quelle reicher Einnahmen für sich und für das Land erhoffte — dies alles vereinigte sich, daß König Přemysl Ottokar I. im J. 1213 4. Mai dem Stifte Břewnov den Politzer Umkreis (circuitus) wirklich schenkte.

Die Stiftungsurkunde (Erben, Regesta Bohemiae 539) ist der Geburtsschein des Braunauer Stiftlandes, das erste Dokument seiner Geschichte, die rechtsgültige Ermächtigung an das Benediktinerstift, hier eine gesegnete Kulturtätigkeit zu entwickeln, zu kolonisieren, zu schaffen und zu wirken, ganz nach dem Beispiele der großen deutschen Stifter, deren soziale Wirksamkeit damals im Zenith stand.

Das angewiesene Kolonisationsgebiet umfaßte nach dem Wortlaut der Urkunde das Mettau- und Steinetal, von den Grüßauer Gründen (Berg Knin, Höhle Rosochatetz, Bach Lässig) im Norden bis zum Buse- und Erbskábach im Süden, also die späteren Gebiete Politz, Braunau, Adersbach, Wekelsdorf, Wiese, Halbstadt und einen Teil von Starkstadt;

---

1) Dobner, Mon. Boh. VI, p. 8.

auch zwei Dörfer westlich von Nachod. Dieser Besitz wurde im J. 1229 und wiederum 1253 dem Stifte bestätigt (Erben R. B. 751 u. 1344), doch erlangte das Stift nie den vollen Grenzumfang dieses Gebietes, weil die Nachbarn und die Glatzer Gaubeamten immer wieder einzelne Teile davon beanspruchten. Wie weit sich das Stiftsland nach be= standenen harten Kämpfen tatsächlich erstreckte, gibt eine alte Urkunde auf dem Deckel eines Hohenlied=Textes[1] zuverlässig an: im Westen bis zur Mettau, im Norden zum Bodischer Paß (montem Javore) und dem Bache Wolltin, im Osten bis zur Schönauer Wasserscheide, im Süden bis zum Busebach. Das heutige Braunau wurde dem Stifte von den Glatzer Beamten ziemlich lange strittig gemacht, bis das Stift bald nach dem Tatareneinfalle frisch zu kolonisieren begann und die alten Niederlassungen, so an dem Voigts=, Krims= und Buse=Bache und in Březnice durch die neuen Anlagen verdrängte. Selbst= verständlich geschah dies mit ausdrücklicher Bewilligung des Königes. Das Gehöfte an der Mündung des Voigtsbaches in die Steine, wozu einige Häuser und die Kirche zu „Unser Lieben Frau" gehörten, wurde aufgelassen und dafür eine wirkliche Grenzfeste, nördlicher und höher ge= legen, vom Stifte errichtet. Bei dieser Grenzfeste wurde um das Jahr 1246 durch flandrische Tuchmacher, die damals im benachbarten Schlesien zahlreich einwanderten und sich seßhaft machten, über Veran= lassung des Stiftes ein Marktflecken, mit Namen Brunoovium (Brunos Ort) gegründet. 1253 kommt dieser Name zum erstenmal vor,[2] 1258 wird die neue Pfarre dem Stifte einverleibt,[3] 1266 erscheint ein erblicher Vogt, Wicker, dem das Stift die Vogtei abkauft.[4] Im J. 1260 erwirkte Abt Martin die Lostrennung seiner Braunauer Unter= tanen von der Gerichtsbarkeit des Glatzer Provinzialrichters, was eine gänzliche Lostrennung des Steinetales von Glatz bedeutete;[5] nur bei Schönau, der östlichen Grenze, blieb die Zugehörigkeit doch etwas schwankend, bis im J. 1286 die heutige Grenzlinie gezogen wurde.[6] Durch die gerichtliche Lostrennung von beiden Gaugerichten, dem König= grätzer und Glatzer durch die gleichzeitige Aufstellung einer äbtlichen

---

1) Břewnover Archiv.
2) Tomek, »Police«, pag. 9.
3) Schramm, Regest., pag. 13.
4) l. c. pag. 14.
5) Privilegium ddato 3. Nov. 1260 bei Tomek »Police«, 12.
6) Emler, Reg. boh. I, 1369.

(ſtiftlichen) Jurisdiktion (nur die ſchwereren, wichtigſten Sachen ſollten
vor den oberſten Landrichter in Prag oder vor den König ſelbſt kommen,
ſeit 1295 aber war auch dieſe Beſchränkung aufgehoben) und durch die
Losſchälung von der ſlawiſchen Gemeinbürgſchaft erlangte das Politz=
Braunauer Stiftland eine reichsunmittelbare Sonderſtellung, welche
die übrigen Břewnover Güter nicht beſaßen. Das Stift übte aber die
Gerichtsbarkeit tatſächlich nicht ſelbſt aus, ſondern ſetzte ſeine Richter ein,
beauffichtigte dieſe und nahm die ſonſt dem Könige zugehörigen Straf=
gelder ein.[1] Das Stift richtete ſein Land nach deutſchem „neuen" Rechte
ein, errichtete erbliche Vogteien und Schulzereien, beſchützte dieſe ihre
Organe der Juſtiz in der Ausübung der richterlichen Gewalt, ließ ſie
aber ſonſt frei gewähren.

Hand in Hand mit dieſem freieren deutſchen Rechte ging die
deutſche Emphyteuſis. Alle Dörfer, die um die Mitte des 13. Jahr=
hundertes auf dem Politz=Braunauer Gebiete gegründet wurden, hatten
das Syſtem des deutſchen Erbpachtes, nach Huben, Ruten und Vierteln
eingeteilt, nur daß der Braunauer Teil durchwegs deutſche, aus
Schleſien eingewanderte (nieder= und mitteldeutſche) Koloniſtenſyſtem, der
Politzer Teil aber ein gemiſchtes Bauernſyſtem, doch zum Teile auch
nach deutſchem Rechte, erhielt. Nur die Dörfer hart bei Politz, welche
noch vor dem Mongoleneinfalle gegründet worden waren, hatten das
alte ſlawiſche Beſiedlungsſyſtem. Dieſe Dörfer, die bald nach der
Gründung einer regelrechten Propſtei Politz ihren Anfang nahmen,
waren:[2] Groß=Labnei, Dürrengrund, Bielai und Marſchau. Am
6. September 1253 erhielt Politz das Marktrecht (locus forensis),[3] das
Klöſterchen wurde zu einer anſehnlichen Propſtei erhoben, die von einer
Ringmauer, 1000 Ellen weit, umgeben war. Abt Martin (1253—1278)
hielt ſich ſehr oft und gern in dieſer Propſtei auf. Von hier aus
vergab er im März 1253 einem gewiſſen Rudger, Gewerbsmanne,
einen Wald von 50 Huben an der Steine bei Braunau zur Anlegung
eines Dorfes (Kroensdorf = Großdorf),[4] im ſelben Jahre betraute er
einen gewiſſen Berthold mit der Neubeſiedlung des ſchon beſtandenen
Dorfes Boſanow an der Buſe (Bertholdsdorf = Barzdorf),[5] am

---

1) Tomek, »Police«, 30.
2) Tomek, »Police«, 9.
3) l. c. 10.
4) Emler, Reg. Boh. nr. 91.
5) Emler, Reg. Boh. l. c.

4. September 1254 änderte er ähnlicher Weise die alte Ansiedlung an
der Krims (Křinice) in eine neue deutsche, Weifersdorf, um,[1]) am
9. August desselben Jahres[2]) lozierte er Srbská auf der Politzer
Seite, am 31. August 1254 Heinzendorf (Kolonistenführer Fritz), faſt
um dieselbe Zeit wurde aus dem alten Březnice das neue deutsche
Dorf Martini-Villa = Märzdorf, ferner nahm das neu angelegte
Haitfolksdorf (Hauptmannsdorf), Ottendorf Dittersbach und
Rossental damals seinen Anfang, auf der Politzer Seite im J. 1256
Wikmannsdorf[3]) (Bodiſch), dann Löchau, Dědová (Mohren), Piekau.

Auf der Braunauer Seite beaufsichtigte das Stiftsland ein in der
Stiftsburg residierender Burggraf (Kastellan), auf der Politzer der
geistliche Propst selbst, der ab und zu auch nach Braunau kam. Ein
Kloster gab es in Braunau damals nicht, wohl aber eine Pfarre und
Lateinschule, an der die Benediktiner gleich von Anfang an unter-
richteten.[4]) Im J. 1253 verschaffte das Stift für beide Hauptorte des
Stiftlandes das Marktrecht, nicht lange darauf für das Hauptgewerbe
der Braunauer, die Tuchmacherei, das Monopol für geschorene Wolle
(Flocke) und das Stapelrecht für jegliches Wollmaterial.[5])

Alles in allem schuf das Břewnover Stift zu beiden Seiten des
Wandgebirges ein blühendes, kulturfähiges Ländchen, ausgestattet mit
wertvollen Privilegien, mit freiem deutschen Rechte, mit eigener Gerichtsbarkeit und Blutbann, gründete zwei gewerbsfleißige Städte und
35 Dörfer, viele Mühlen, Tuchwalken, Teiche, Handwerke, Meiereien,
Kalkhütten, Jagd- und Forstwirtschaften, dazu 6 Pfarreien, die anfangs
von Weltgeistlichen, später von Benediktinern verwaltet wurden. Ohne
die Bemühungen des Stiftes gäbe es kein Braunauer Ländchen, kein
Politz, die Grenze Böhmens hätte sich schon damals, im 13. Jahrh.
als eine Verbindungslinie von dem Liebauer Passe schräg zur Nachoder
Landespforte ausgebildet und Böhmen wäre um ein gesegnetes Stück
Erde ärmer geblieben. —

3. Braunau mit Breslau vereinigt. (1278—1290.)

Einer der bedeutenderen Piasten in Schlesien war Herzog
Heinrich IV. (1270—1290) von Breslau; er stand anfangs unter der

1) Emler, Reg. Boh. nr. 68.
2) Emler, Reg. Boh. nr. 39.
3) Emler, Reg. Boh. nr. 117.
4) Ersichtlich aus der »Vita Arnesti«, Balbin, pag. 29.
5) Urkunden in der ehemaligen Tuchmacherzunft.

Vormundschaft seines Oheims Erzbischofs von Salzburg Wladislaus',
der das Herzogtum Breslau zur Wohlhabenheit und Blüte brachte.
Dieser Wohlstand reizte den habsüchtigen Oheim, des jungen Fürsten,
Herzog Boleslaus II. v. Liegnitz, der beschloß, den Neffen
unschädlich zu machen und des Landes sich zu bemächtigen. Am
19. Feber 1277 nachts ließ er ihn heimlich gefangen nehmen, was einen
Krieg der Breslauer mit dem Herzog v. Liegnitz zur Folge hatte. In
diesem Kriege nun riefen die Breslauer den böhmischen König Ottokar II.
zum Bundesgenossen an[1]) und dieser vermittelte zwischen den beiden
piastischen Fürsten so lange, bis es zu einem Friedensschluß in Glatz kam.
Striegau, Neumarkt, Stroppen, Greiffenberg mußte der Breslauer abtreten und mit dem Könige von Böhmen den gegenseitigen Vertrag ab-
schließen, daß, wenn seine Familie ohne männliche Erben abginge, das
Breslauer Land an den König von Böhmen fallen, und wenn dieser
früher stürbe, Glatz dem Breslauer zufallen sollte.[2]) Ein Jahr darauf
standen die Dinge so, daß der Breslauer Glatz beanspruchen durfte.
Nach der unglücklichen Schlacht bei Dürrenkrut an der March, wo
Ottokar sein Leben verlor, rief dessen Witwe den Schutz des Markgrafen von Brandenburg, des Neffen ihres Gemahls, an; aber auch der
Breslauer Herzog Heinrich IV. erschien in Böhmen, um an der Vormundschaft teilzunehmen (Oktob. 1278). Die Königin sah ihn gern und
hätte sich seinem Schutze anvertraut, wenn Rudolf, der deutsche König,
nicht dazwischen getreten wäre. Mit bewaffneter Macht erschien er in
Böhmen und bei Kolin-Sedletz wäre es beinahe zur neuen Schlacht gekommen. Doch zog man einen gütlichen Vergleich vor, worin nebst der
Vormundschaft des Brandenburger Markgrafen die Doppelheirat zwischen
den Kindern Rudolfs und Přemysl Ottokars II. beschlossen und dem
Breslauer Herzoge als Abfindung die Grafschaft Glatz zugesprochen
wurde.[3])

Der Herzog Heinrich IV. nahm nun von der Grafschaft Besitz
und zog dazu den ganzen Braunauer (östlichen) Teil des Politzer
Stiftlandes, ohne Rücksicht auf die Ansprüche des Stiftes. Durch zwölf
Jahre behielt er so die Hälfte des Klostergutes in seinen Händen.
Nachdem er durch Gewaltakte und glückliche Umstände seine Macht ver-
größert und auch Polen (Krakau) unterworfen hatte, erkrankte er, kaum

---

1) Heyne, Breslau I, 483.
2) Pulkavas Chronik ap. Dobner, Mon. Boh. III, 240.
3) Palacký, Gesch. Böhmens II, 212

vierzigjährig, und ſtarb am 23. Juni 1290.[1]) Vor ſeinem Ende gab er durch ein eigenes Teſtament die Braunau-Schönauer Gegend dem Stifte und Abte von Břewnov zurück, da, wie er ſich ausdrückte, dieſem das Gut von rechtswegen zugehöre (ad quem de iure dicitur pertinere).[2])

Nicht lange darauf entſtand ein Aufſtand im Braunauiſchen, der zur Folge hatte, daß die Braunauer Stiftsburg niederbrannte und daher neu aufgerichtet werden mußte (1300). Abt Bawar richtete nun in der neuen Burg auch ein Klöſterchen ein und ſo entſtand die Propſtei Braunau (1322).[3])

4. Die Pfandherrſchaft der Pannwitze. (1327—1346.)

König Johann von Luxemburg (1311—1346) verſchrieb in ſeiner Geldnot ſo manches Gut an ſeine Gläubiger; ſo mußte auch Herzog Heinrich VI. von Breslau die neuerliche Verſchreibung des Glatzer Landes vom Könige zu erwirken[4]) (1327, 6. April). Der König gab ohne weiters zu, daß Braunau auch wieder zu dieſem verſchriebenen Gebiete gezogen wurde. In Glatz waren damals zwei Edelleute, Wolfram und Matthias von Pannewitz, mächtig. Sie beſaßen die Herrſchaften Rengersdorf und Hummel und waren auch Hauptleute der Grafſchaft ſelbſt. Als nun der Breslauer Herzog Herr in der Grafſchaft wurde (er ſtarb ſchon 1335), erwirkten die Gebrüder Pannwitz wiederum bei ihm und beim Könige Johann eine Pachtverſchreibung des Braunauer Ländchens für ſich. Die Pannwitze waren reich und König Johann brauchte Geld: das Stift mußte ſich die Wegnahme des Steinegebietes einfach gefallen laſſen. Doch als die klugen, ſelbſtſüchtigen Barone in die Pachturkunde, die nur auf Lebensdauer der Pächter lautete, einen Paſſus hineinſchmuggelten, daß das Stift über das Braunauer Gebiet nie verfügen dürfe, ſondern der König allein, ſo ſchritt Abt Bawar von Nečetín (1290—1332) energiſch beim Könige ein und erlangte, offenbar auch wieder für ſchweres Geld, ein königliches Handſchreiben ddto. 10. Juni 1331, darin jener Paſſus vollſtändig annulliert und das volle Recht des Kloſters auf den Beſitz des Ländchens

---

1) Heyne, Breslau I, 488.
2) Tomek, »Police« 12.
3) Chronik des Neplach bei Dobner, Monum. IV, 119.
4) S. Heyne, Diözeſe Breslau I, 584.

anerkannt.wurde.[1]) Diese Urkunde wurde zweifach aufgesetzt; an den
Wortlaut, der für die Stadtgemeinde bestimmt war, mußten sowohl die
Brüder Pannwitz als auch die Bürger ihr Versprechen hinzusetzen, daß
sie das königl. Mandat respektieren wollen. Die Pannwitze hatten unter=
dessen den Bürgern gewisse Freiheiten verbürgt, obwohl sie keine eigent=
lichen Grundherren waren; es läßt sich daher denken, daß bei Wiederkehr
der Stiftsherrschaft (1346) ein gewisser Mißton gegen dieselbe wach blieb,
der auch von da an nie erstarb. Trotzdem müssen wir der Wahrheit
gemäß darauf hinweisen, daß auch diesmal das Stift durch sein ener=
gisches Auftreten das schöne Braunauer Ländchen für Böhmen gerettet hat.

5. Markgraf Prokops von Mähren Pfandbesitz. (1401.)

König Wenzel der Luxemburger befürchtete, daß sein Neffe
Prokop von Mähren in seinem oft bewiesenen Wankelmute die Partei
des Gegenkönigs Ruprecht von der Pfalz ergreifen könnte; um dies zu
verhindern, verschrieb er ihm 1401 die Grafschaft Glatz zugleich mit
Fürstenberg, Frankenstein und dem ganzen Stiftlande Braunau=Politz
als Pfandbesitz für 16.000 Schock Pr. Gr.[2]) Doch scheint der Markgraf
diesen Pfandbesitz nie recht angetreten zu haben, weil der Liebling
Wenzels, Hannuß Herzog von Troppau, auf Glatz Ansprüche erhob.
Noch einmal erhielt Prokop diese Länder zu Pfande, als im April 1402
die königlichen Brüder Wenzel und Sigmund die beiden Markgrafen
von Mähren, die sich bekriegten, örtlich zu trennen beschlossen: Prokop
sollie damals allem Besitz in Böhmen und Mähren entsagen, dafür aber
erhielt er das Fürstentum Schweidnitz=Jauer mit der Grafschaft Glatz
und Frankenstein zu Pfande für 50.000 Schock. Aber auch diese Ver=
leihung scheint nicht in Kraft getreten zu sein, weil sich die Fürsten des
Hauses Luxemburg bald darauf wieder entzweiten und K. Wenzel von
seinem Bruder sogar gefangen genommen wurde.[3])

6. Braunau unter schlesischer Militärgewalt. (1420—1446).

Als zur Zeit der beginnenden Hussitenstürme König Sigismund
von Schlesien aus (Schweidnitz) in Böhmen einfiel, nahm er seinen Weg
über das Braunauer Stiftland gegen Königgrätz (1420, Frühjahr)[4]);

---

1) Siehe Tomek, „Police«, p. 37—38.
2) Siehe Tomek, »Police«, p. 38.
3) Dobner, Mon. Boh. VI, pag. 56, auch Ziegelbauer, Hist. Břevn.
   pag. 270.
4) Palacký II. 2, 352.

nachdem er geschlagen worden, sammelten die Schlesier in seinem Namen
ein neues Heer und fielen mit demselben wieder in Braunau-Politz ein;
Braunau machten sie zu einer Art Basis für ihre weiteren Operationen
(1420, Herbst). Im Winter und Frühjahr 1421 unternahmen die
Schlesier Streifzüge in die benachbarten Gebiete, die etwa den Hussiten zu-
neigten, äscherten Politz ein (27. Mai 1421), ermordeten grausam die
auf den Berg Wostasch (bei Politz) geflüchteten Politzer und verbrannten
auch das Städtchen Eipel.[1]) Die Folge dieser Grausamkeiten war, daß
die Böhmen aus dem Königgrätzer Kreise zu einem Gegenangriff
rüsteten. Braunau wurde stärker befestigt und Bischof Konrad von
Breslau legte von seinem Heere eine starke Besatzung hinein; Anführer derselben waren zwei schlesische Heerführer, Franz v. Peterswalde und Bernard v. Gersdorf.[2])

Am 16. (od. 17.) Juni erschien von Nachod her das Königgrätzer
Aufgebot des hussitischen Heeres, 22.000 Mann, unter Anführung
Vinzenz' von Wartenberg und Hynkos von Lichtenburg[3]) vor
Braunau und belagerte die Stadt. Die Schlesier waren, wie es scheint,
zum großen Teile zurückgewichen und die, welche in Braunau verblieben,
unterhandelten mit den Führern der Böhmen. Diese ließen sich wirklich
bewegen, nach Versengung der Vorstädte von Braunau abzuziehen. Kaum
war dies geschehen, so hielten die schlesischen Fürsten (Sommer 1421)
zu Grottkau eine Beratung ab, worin beschlossen wurde, Braunau
und Schatzlar stark zu besetzen.[4]) Konrad der Kantner, des Breslauer
Bischofes Bruder, erschien alsbald mit den schlesischen Truppen in Braunau
und nahm es förmlich in Besitz; der neue Herr des Braunauer Stiftlandes war der Bischof und blieb es bis 1446, wo er durch eine eigene
Urkunde (Original im Braunauer Stadtarchiv) erklärte, das Stift könne
wieder in seine Rechte eintreten. Diese Zeit der schlesischen Militär-
herrschaft brachte das Braunauer Stiftland bis an den Rand des Ruins:
die Stadtbücher wimmeln von Belegen äußerster Not, Wohltätigkeits-
stiftungen, Verpfändungen. Und doch erging es der hiesigen Gegend
verhältnismäßig leidlicher als anderen; die Schonung vonseite der
Hussiten ist dem klugen Einvernehmen zuzuschreiben, welches das Brewnover

1) Palacký II. 2, 364.
2) Siehe Tomek, »Police«, p. 35.
3) Vgl. die Angaben bei Palacký III. 2, 104 und die des Braunauer Stadtbuches in Dr. Langers „Volkskunde" 1904, Heft 1 u. 2.
4) Script. rer. Siles. VI, 11.

Stift (Abt Hermann John) mit dem Brüderpaar Kruschina von Lichtenburg, Herren auf Arnau und Adersbach, den Anführern aller hussitischen Aufgebote nach Schlesien hin, zu erhalten wußten.[1]

7. Politische Ereignisse zur Zeit Georgs v. Podiebrad.

Eine verwickelte Sachlage resultierte für Braunau aus dem utraquistischen Bekenntnisse dieses Königs. Die schlesischen Fürsten und Städte weigerten sich, ihn anzuerkennen, Glatz aber und Nachod, die unmittelbaren Nachbargebiete Braunaus, gehörten dem Könige als Privatbesitz zu eigen. Braunau war in der Zwickmühle. Abt Johann schloß im J. 1459 mit dem Könige, während dieser in Braunau weilte, ein Bündnis, doch der Konvent und die Stadt weigerten sich, einen Akatholiken und kirchlich Geächteten als ihren Oberherrn anzuerkennen und die Schlesier waren bereit, mit bewaffneter Hand den Abt zu zwingen, daß er von dem Bündnisse ablasse. Der Abt flüchtete nach Glatz, wo der König damals war, und dieser führte ihn auch mit Waffengewalt in Braunau ein. Ein Glück für den Abt, daß er im Herbste 1459 starb; auch seine zwei nächsten Nachfolger lebten nicht lange. Abt Peter (1464—1475) hielt, so lange es ging, die Wage zwischen den Schlesiern und dem Könige, doch mußte er schließlich katholische Truppen in die Stadt aufnehmen, da der Ungarnkönig Matthias Korvinus die Sache der Schlesier ergriffen und gerade Braunau als strategisch wichtigen Punkt zu besetzen für gut befunden hatte. Franz v. Hag, einer seiner kühnsten Hauptleute, kam mit 400 Mann Fußvolk und 300 Reiterei am 19. August 1469 in Braunau an und verblieb daselbst plündernd und raubend bis 24. April 1472.[2] Durch List wurde man der lästigen Einquartierung los; der Abt beredete sich mit dem Herzoge von Münsterberg-Glatz Heinrich (Sohn des Podiebrad), man arrangierte eine Tafel, lud die Offiziere der Hagschen Truppe ein und ließ sie dann durch die Glatzer überraschen, entwaffnen und davonjagen.[3]

Dadurch kam aber Braunau unter eine andere Fremdherrschaft, unter die des Herzogs von Münsterberg. Dieser ließ sich von König Wladislaw das Stiftländ förmlich zu Pfande geben, hob die Zinsungen und Abgaben ein, entwand dem Stifte die Gerichtsbarkeit,

---

1) Siehe mehreres darüber in meiner Abhandlung „Braunau zur Zeit der Hussitenkriege" in Dr. Langers Volkskunde IV, 1. u. 2.
2) Siehe Script. rer. Sil. VII, 224, Tomek, »Police« 52 u. a.
3) Fontes rer. Siles. 46, 166.

verlieh den Braunauern manche Privilegien, legte ins Stiftschloß seine ständigen Truppen (Hauptmann Wenzel v. Garten) und benahm sich als Landesherr anstatt des Königs. Die Äbte Johann II. (1475—1481) und Gregor III. (1481—1483) wurden aus Braunau vertrieben und der Stiftsbesitz bis zum Wandgebirge vom Münsterberger eingezogen. Dies dauerte bis 1488, wo Abt Paul II. (1483—1499) die vom Herzoge beanspruchte Pfandsumme aufbrachte und das Stiftland mit Hilfe des Königs a u s l ö ft e. Wieder war es also der Energie des Stiftes zu danken, daß das Braunauer Ländchen in der Grafschaft Glatz nicht aufging. Im J. 1500 erwirkte sich übrigens das Stift ein Privilegium, daß das Stiftland Braunau-Politz nie mehr verpfändet werden sollte.[1]

Eine wie große Bedeutung dem Stiftlande Braunau im Mittelalter zukam, ersehen wir aus dem Friedensschlusse, den man am 10. August 1477 in den Mauern des Stiftschlosses daselbst unterzeichnete: König Wladislaw, der Jagellone, Kaiser Friedrich III., der Ungarnkönig Matthias, alle schlesischen Fürsten und wichtigeren Städte waren dabei beteiligt. Man unterhandelte drei volle Tage und schloß dann den in der Geschichte der schlesischen Kämpfe so wichtigen Beifrieden von Braunau ab[2] (siehe nähere Beschreibung in meinem diesbezüglichen Artikel der „Mitteil. d. Ver. f. Gesch. d. Deutschen in B.", Jhrg. 1898, Novemberheft).

Im 16. und 17. Jahrhunderte hatte das Stiftland arge Krisen infolge der mannigfachen Aufstände der Bürger von Braunau zu bestehen, im 18. hinwiederum infolge der Besitzergreifung Schlesiens durch Friedrich II. Die Äbte erwirkten bei Maria Theresia die ausdrückliche Losschälung des Braunauer Stiftlandes von Schlesien und Glatz bei Gelegenheit der Dresdener und Hubertsburger Friedensverhandlungen und retteten es so vor dem bereits sicheren Aufgehen im preußischen Staate.

---

1) Tomek, »Police«, 54.
2) Script. rer. Siles. X, 115 u. XII, 116.

Mitteilung der Schriftleitung.

Die Schriftleitung bringt zur Kenntnis, daß das vorliegende erste Heft der Mitteilungen, gleichzeitig auch in vornehmer Ausstattung als Festschrift dem VI. Archivtag und der Hauptversammlung des Gesamttages der deutschen Altertums= und Geschichtsvereine, welche am 24. September in Wien — das erstemal auf österreichischem Boden — tagen, gewidmet wurde. Daher die verspätete Ausgabe des Heftes. Weil dasselbe den stattlichen Umfang von 12¹/₄ Bogen erreicht hat, wurde diesmal die Literarische Beilage und der Bericht über die Hauptversammlung des Vereines für Geschichte der Deutschen in Böhmen, der wohl ohne wesentliches Interesse für die Festgäste ist, ausgeschaltet. Derselbe wird im Novemberhefte, das wie gewöhnlich erscheinen wird, nachgetragen und eine umso reichhaltigere Literarische Beilage hinzugefügt werden, um die Leser der Zeitschrift über die neuesten Erscheinungen auf dem Gebiete der historischen Literatur im Laufenden zu erhalten.

Gleichzeitig erlauben wir uns mitzuteilen, daß, um einem vielseitig geäußerten Wunsche und Bedürfnisse nachzukommen, das Register über die letzten fünfzehn Jahrgänge (Band XXXI—XLV) mit dem Mai=hefte 1907 zur Ausgabe gelangt.

Die Schriftleitung.

K. u. k. Hofbuchdruckerei A. Haase, Prag. — Selbstverlag.

Mitteilungen des Vereines

für

Geschichte der Deutschen in Böhmen.

Redigiert von

Dr. A. Horcicka und **Dr. O. Weber.**

Fünfundvierzigster Jahrgang. 2. Heft. 1906.

Diplomatische Beiträge zur Geschichte der Luxemburger.

Von

Ludwig Schönach.

In den „Beiträgen für Geschichte, Statistik, Naturkunde und Kunde von Tirol und Vorarlberg 7. Band 1832" veröffentlicht ein Anonymus unter dem Titel: „Berichtigung einer Stelle in des Kaisers Karl IV. Selbstbiographie in Beziehung auf die Herzogin Margarethe Maultasch" eine kleine Studie, welche den Beweis erbringt, daß jener Albrecht von Camian, dem Markgraf Karl — der spätere Kaiser Karl IV. — in der Nähe von Innsbruck 1340 auflauern und ihn auf dem nahen Schlosse Schenburg foltern ließ,[1]) nicht ein Sohn der Margarethe Maultasch, sondern ihr natürlicher Bruder war. Diese Tatsache läßt sich jetzt auf Grund der im Münchner Reichsarchiv erliegenden tirolischen Raitbücher durch eine große Menge Belege erhärten. Wenn auch der unbekannte Verfasser seine Erörterungen in viele überflüssige Worte kleidet, verdient doch der Umstand volle Würdigung, daß er bei seinen Ausführungen stets auf archivalische Quellen zurückgreift. Dieselben finden sich in erwähnten Studie S. 200—221 als Anhang unter dem Titel „Urkunden" verzeichnet. Ist die Zahl der abgedruckten Belege zwar nicht groß, so ist

---

1) Um ein Geständnis der gegen seinen jüngeren Bruder Johann Heinrich angezettelten Verschwörung zu erpressen.

ihr Inhalt in politischer Beziehung ganz beachtenswert.' Es war daher
mein Bestreben darauf gerichtet zu ermitteln, auf welcher Quelle der
Verfasser fußt. Derselbe beruft sich gerade bei den interessantesten Stücken
auf ein liber registorum coævus. Nach vielem mühevollen Suchen
gelang es endlich, im Kodex Tirol Nr. 26 des Münchner Reichsarchives
die ersehnte Quelle zu entdecken. Die genaue Durchsicht des Kodex ergab,
daß der Anonymus bei der Wiedergabe der Urkunden mit einem auf=
fallenden Eklektizismus zu werke ging. Wenn ich es auch begreiflich finde,
daß derselbe beim Abdrucke der Urkunden formelhafte Wendungen wegließ,
so bleibt es doch rätselhaft, weshalb er eine Anzahl von Urkunden
Karls IV. ganz ignorierte, die infolgedessen ganz unbekannt geblieben
sind. Erwägt man nun die Tatsache, daß Emler in seinen Reg. dipl.,
desgleichen Chytil, Cod. dipl. Mor. die einschlägigen Urkunden, beziehungs=
weise Regesten dem lückenhaften Texte des Anonymus einfach nach=
druckten — weil eben kein voller Text geboten war — so dünkt es mich
keineswegs überflüssig, den vollen Wortlaut nach dem Texte des Kod. 26
zu bieten und insbesonders die bisher unbekannten Urkunden Karls IV.
zum Abdrucke zu bringen.

1.
Munzilles, 2. Juli 1324.

König Johann von Böhmen verspricht, mit seinem Schwager Herzog
Heinrich von Kärnthen, ewige Freundschaft zu halten, ihm seine Muhme
Jungfrau Beatrix von Brabant und Luzelburg mit einer Mitgift von
10.000 Mark Silber Prager Münze zu vermählen. Er verpflichtet sich
ferner, ihm 20.000 Mark als Heimsteuer für Anna, Herzog Heinrichs erste
Gattin, auszuzahlen und zwar am nächsten st. Michaelstag 5000 Mark
und dann alljährlich ebensoviel, bis die 30.000 Mark abgezahlt sind.
Des Herzogs Tochter, die König Johanns Sohn zur gemahlin bekommen
soll, verspricht er 10.000 Mark als Aussteuer und 20.000 Mark als
„widerlegung" auf das Land Mähren, beides als Entschädigung für
Heinrichs Ansprüche auf das Land Böhmen. Sollte dies dem Herzog zu
wenig dünken, so sollen Erzbischof Balduin von Trier und Bischof Heinrich
von Trient darüber entscheiden, was er außerdem noch leisten solle.
Seinem Sohne, dem künftigen Gemahle von Herzog Heinrichs Tochter
gibt er das Land Mähren, die Hälfte aller Bergwerke in Böhmen und
Mähren, dazu Troppau, Glatz und Bautzen. Muhme und Sohn will
er am nächsten st. Michaelstag nach Innsbruck bringen und daselbst

soll .diefer Vertrag rechtsfräftig gemacht werden. Außerdem soll der Herzog für den Fall, daß der König vorzeitig ftürbe, zum vormund feines Sohnes ernannt werden; die genannten Läuber follen auch dem Herzog den Treueid fchwören und die Huldigung leiften. Stürbe Beatrix ohne Erben, fo fallen die 10.000 Mark an den König zurück, die 20.000 Mark an den Herzog. Stürbe des Herzogs Tochter ohne Erben, fo fallen die 10.000 Mark, die der König gibt, an den Herzog, die 20.000 Mark. an den König zurück. Für die Einhaltung aller diefer Zufagen haben fich mit dem König zugleich Arnold von Pichingen und Perenhart von Zinnenburg verbürgt.

Wir Johannes von gotes genaden chûnich ze Pehaim und ze Polan und graf ze Lûtzenburch veriehen und tûn chunt allen den die disen prief sehent oder hôrent lesen daz wir uns veraint haben und ze rat worden sein mit unsern freunden und dieneren, daz wir ain ebegew freuntschait haben wellen mit dem hochgeboren fûrsten unserm lieben swager hertzog Hainreichen von Chârinden grafen ze Tyrol und ze Gôrtz, vogt der goteshâuser ze Aglay ze Triende und ze Brixen und sunderleich geben wir im eleichen unser liebeu mûmen iunchfrawen Beatrisen, deu geboren ist von Prabant und von Lûtzenburch und zû derselben unser mûmen geben wir im zehen tausent march sylber Prager mûnzze, als datz Pehaim sitleich und gewonleich ist. Darnach wellen wir im geben zwainzich tausent march silber desselben gwigedes fûr deu haimsteuwer die unser sâligen swester frauwen Annen seiner wirtinne, die im von dem lande ze Pehaim gevallen solten sein, als er gihet, und sûln im auch gebeu deu erste werung von den zehen tausent marchen, die wir im geben zu unser mûmen fûnf tausent march von sand Mychels tag der schierst chumt darnach ûber ain iar und darnach alle iar fûnftausent march iê ze sand Mychels tag und daz sûln wir tûn als lang ûntz daz wir in geweren gar und gântzleichen die vorbenant sum der dreizzich tausent marche. Sâhe aber er daz, daz wir si vor der frist gehaben môchten an grozzen schaden, so sûln wir aber damit tûn swaz im lieb ist an gevârde. Darnach wellen wir seiner tochter, die unser sun da nemen sol geben und beweisen zehen tausent march silbers desselben gewigedes in dem lande ze Mârhern auf vesten auf urbor und auf gewisser gûlte, damit si wol beriht wirt und

14*

dar zu berihten wir sei irr widerlegung zwaintzich tausent
marche und auch irr morgengabe in demselbem lande auch
mit gewisser gůlt, damit sie wol beriht wirt nach des landes
gewonhait und daz vorgenant gůt geben wir im fůr alle die
ansprache und reht, die er giht auf daz chůnichreich ze Pehaim
und fůr allen den schaden, den er von dem selben chůnichreich'giht
haben genomen. Und wår daz im des lůtzel dåucht daz wir im
getan und geben haben umb die vorgeschriben verzeihenůsse,
so sein wir des ůberain chomen, daz wir des uberigen gegangen
sein und uns verpunden haben hinder den hochwirdigen fůrsten,
heren Paldewein, ertzpyschof ze Trier und hinder unsern
herren pyschof Hainreichen ze Triende und swaz die zwen
ervindent, daz wir hin zu tůn sůlen, ez sei an der summe des
gůtes oder an der frist oder an der gewishait des sein wir
gepunden ze vólfůren und ståt ze haben an alle verziehenůsse.
Darnach wellen wir unserm sun, der sein tochter nimet eleichen,
ob ez gotes wille ist, vorauz geben daz lant ze Mårhern mit
låuten und mit gůt und mit allen den rehten die darzu gehòrent
und besunderleich allen deu perchwerch halbeu, deu in Pehaim
und in Mårhern sint, ez sei an golde oder an sylber oder
swelcherlay årtz si sein und dar zu daz lant ze Troppaů mit
allen den rehten, als wir ez inne haben und daz lant ze Glatz mit
allen den rehten und dar zu gehòrt (!) gantz und gar und daz
lant ze Budischin mit allen den rehten und darzu gehòrent gar
und gåntzleichen låut und gůt. Wir wellen auch im unser
můmen deu vorgenant ist antwrten gen Insprukke auf sand
Gallen tach der schierst chumt und wellen auch selber⁊ dar
chomen und unserm sun mit uns dahin pringen und daſ zu
alle die, der wir zu unsern taydingen und gewishait bedůrffen
als vor und hernach geschriben stet, da mit diseu sach ge-
vestent und beståtiget werden und da mit wir auch ver-
gewissen daz vorgenant gůt. Wir sůln auch zu pringen, daz
unseren lant und låut, die wir unserm sun vor auz geben,
unserm swager von Chårinden sweren und hulden zu der chinde
hant, ob wir niht enwåren, des got niht gebe, daz er ir phleger
und fůrmunt sei biz daz si zu iren tagen choment. Wår auch,
des got niht gebe, daz unser můme sturbe an erben, so sůllent
die zehen tausent march, die wir ir haben geben, uns und

unser erben wider an gevallen, aber mit ir morgengab mag si
tûn und schaffen swaz si wil und ir leypgeding und ir widerlegung die zwainzich tausent march sûllent unsern swager von
Chârinden und sein erben wider an gevallen. Wir verichen
auch des, ob unsers swagers tochter von Chârinden, deu unser
sun nimet an erben verfûr, so sûlen die zehen tausent march,
die wir ir geben haben unsern swager von Chârinden und sein
erben wider an gevallen, aber die zwainzich tausent march
ir leypgeding und ir widerlegung die sûllent uns und unser erben
wider an gevallen, aber mit ir morgengab mag si tûn und
schaffen, swaz si wil. Wir sûln auch des gepunden sein,
swanne deu chint zu iren tagen choment, daz si danne zu einander gelegt werden oder vormalen, ob wir sein ze rat und
ûberain wurden, und ob wir in der frist niht enwâren, des got
niht gebe, so sûln wir eê ze erchennen geben, welche unser
freunde und diener die sache an unser stat volfûren und
volenden, als vor geschriben stet, und sûln daz tûn; so wir
nâhst zu einander chomen und ob wir niht enwâren, so
sûlen unser freunde und diener, den ez enpholchen ist, von
unsern wegen gewalt haben ze vodern an unsern swager von
Chârinden und an die den ez auch von seinen wegen enpholchen
ist ze volfûren und ze enden. Wir sûlen auch auf den tach gen
Insprukke pringen, da deu hochzeit sein sol alle die der unser
swager von Chârinden bedarf zu der gewishait und zu der
bestâtegung und daz sol er auch her wider tûn an alles gevârde, der wir paidenthalben bedûrffen. Und swen wir auf dem
tag niçht gehaben môchten an alle arge liste, so sûln wir pei
unsern trewen an ainander verhaizzen, daz wir si zu einander
pringen auf ainen andern tach, des wir danne paidenthalben
ze rat werden, damit die vorgenanten sache alle volfûrt vnd
bestâtiget werden. Er sol auch seinen rat senden in unsereu
lant, alz vor geschriben stet umb deu hulde ein ze nemen und
daz sûllen wir auch hinwider tûn. Wir gehaizzen auch pei
unserm ayde und pei unsern trewen alles daz deu vorgeschriben
hantvest sagt und sprichet ze volfûren und stât ze haben und
auch daz unser getrewe Arnolt von Piclingen und Perenhart
von Zinnenburch gesworen habent auf unser sele und auf unser
ere, und daz daz alles stât und unzerbrochen beleibe geben

wir im disen prief versigelten mit unserm hangenden insigel zu ainem urchůnde der warhait. Daz ist geschehen und der prief ist geben vor Muntzilles, do man zalt von Christes gepurt dreutzehen hundert jar und darnach in dem vier und zwain zegisten iar, des montages nach sand Peters und sand Pauls tag.

1. Wien, Staatsarchiv. Orig. Perg. mit anhängendem Siegel. (Reitersiegel, schadhaft.)

2. Böhmer, Reg. pag. 188 ex 3 (a + b) u. 8.

3. Cod. dipl. Moraviae VI, 200 ex 8.

4. Ältere Ztschft. 3, 124 ff. u. VII, 204.

5. München, Reichsarch. Kod. 26, f. 1a—3b.

6. Huber, Vereinigung, S. 131, Nr. 4 ex 8, 3 u. 4.

7. Emler, Reg. III, Nr. 998 ex 8, 4, 3, 9, u. 10.

8. Steyerer Comment. pro hist. Al. II, pag. 599.

9. Grünhagen und Markgraf: Lehen und Besitz. Urk. Schlesiens II, 469 extr.

2.

Innsbruck, 21. Mai 1325.

König Johann v. Böhmen verspricht dem Herzog Heinrich v. Kärnten, seine Muhme Beatrix v. Brabant und Luxemburg und seinen Sohn Hans auf nächsten Bartholomeustag nach Innsbruck zu senden und entweder selbst dort zu erscheinen oder den Herzog Heinrich von Bayern oder wenigstens bevollmächtigte Boten zu senden, außerdem verspricht er dem Herzog Heinrich Zahlung von 30.000 Mark.

1) Wir Joh(ann) von gots gnaden chunch ze Pehaim etc. veriehen etc. daz ez zwischen dem hohgeborn fürsten hern. H.(einrich) herzogen ze Chernden etc. und uns getaidigt und beriht ist, daz wir im gelobt haben und geloben mit disem brif mit gůten triwen, daz wir im an allen aufzuch die hohgeborn junchfrawn frawn Beatrisen unser lieben můmen, di geborn ist von Brabant und von Luzelburch und unsern lieben sun Hansen uf sand Bartholomeustak, der schierst chumpt berihten senden und antwrten sůlen in di stat ze Inspruk und můg wir mit unsers selbs leib da gesein, daz gelobe wir gern ze tůn an allez geverde, maeht, wir aber da bei niht gesein, so sol der hohgeborn fürst Her. H. phaltzgraf bi Reyn herzog in Bayrn, unser lieber sun, und unser rat da bei sein von unsern wegen, dem sol man allez daz enden und verrihten an unsrer

stat, dez wir hantfest und brif dez vorgenanten herzógen von Chernden haben. Wer aber daz getan, daz der vorgenante herzog von Bayrn von ehaften sachen gehindert darzů leiht niht chomen maeht, so sol man unsern erbern poten, die wir darzů mit unsern offen brifen senden, allez daz volenden, daz gelobt und verschriben ist in den vorgenanten brifen und hantfesten, die uns gegeben sint an allen ufschub vnd fůrzuch. Auch hab wir gelobt und geloben dem vorgenanten herren von Chernden XXX tausent mark grozzer phenning Prager gewiht, die wir auch in andern unsern briefen im vor verlobt haben und der selben XXX tausent mark sůln wir im nu uf sand Michaelistak, der schierst chumpt, geben und bezalen fůnf tausent march darnach von demselben tag uber ein iar X tansent march dar nah aber von demselben tag uber ein iar X tausent mark und darnach von demselben sand Michael(i)s tag uber ein iar fůnf tausent march also daz im mit der lesten werung bezalt werden die vorgenanten XXX tausent mark und die selben XXX tausent mark sol er anlegen an nutz dez herzentůms ze Chernden vnd der grafschaft ze Tirol ze lôsen seiniu phant, die er versatzt hat in denselben landen. In cuius etc. Datum in Inspruka a. d. m⁰. ccc⁰· XXV die Martis ante pentecostes.

1. München, Reichsarchiv Kod. 26, f, 6a—7b.
2. Böhmer, Reg. p. 190, Nr. 82.
3. Beiträge zur Geschichte von Tirol VII, 208, lückenhaft.
4. Huber, Vereinigung, p. 132 ex 3.
5. Emler, Reg. Boh. et Mor. Pars III, Nr. 1113 ex 3.

3.

Meran, 20. November 1327.

König Heinrich ernennt für den Fall, daß seine Kinder bei seinem Tode minderjährig wären, zu deren Vormund seinen Schwager Johann von Luxem= burg, läßt demselben für diesen Fall seine 20 genannten Räte huldigen und bestimmt, daß jene seiner Töchter, die Johanns Sohn heiraten würde, ebenso erben soll, wie eine andere Tochter.

1) Wir H. etc. veriehen etc. wan wir nach unsrer friund und diener rat uns dez veraint haben, daz wir unsrer tôhter einiu ze einer echonen geben Hansen, unsers swagers dez edlen graf Joh. von Luzelburch sun als wir ez auch vor gen einander

verschriben haben. So haben wir nach den gelûbden, als wir
vor getan haben, den selben unsern swager von Luzelburch
unsern chinden ze einem fûrmunt und gerhaben genomen nah
unserm tode, vntz daz si ze ıren iarn choment und haben mit
unsern getriwen, dı hernach geschriben stent, naemlich mit H.
von Rotenburch dem hofmeister. Seifrid von Rotenburch. H. von
Ouenstain, H. von Starchenberch, Alb(ert) von Vellenberch, Ch.
von Arberch, Volchmar von Purchstal, Georien von Vilanders,
Ch. dem Helblinge, G. rihter ze Enne. Ch. von Schennan, Albert
von Forst, H. von Annenberch etc., Hansen dem Rubeiner
und mit F. von Cord, den rittern und mit H. von Eschenloch,
H. von Schennan, H. dem Velser, Ja. dem Greiffen und mit
G. von Angerhaim geschaffen, daz si dem vorgenanten fûrmûnde
und gerhaben ze der chinde hant gehuldet und gesworen habent
als einem gerhaben und sol die selb unser tohter allez daz
erben, daz ein ander unser tohter durch reht erben sol. Und diseu
sache haben wir getan unsers prûders weilent herzog O(tten)
chinden an schaden an allen iren rehten und auch also, ob der
vorgenante unser swager von Luzelburch zwischen hinnen vnd
sand Jakobs tak der nachst chumpt und volfûrt allez daz, daz
er uns mit seinen hantfesten und mit seinen briven vor verschriben hat und als ez mit taydingen her chomen ist und
auch ietzunt sein poten Dyem von Golditz und Wilh(alm) ab
Lantstain uns verhaizzen und verschriben habent, ez sei umb
gwizheit oder umb ander pûnde, als die hantfest und brif sagent,
die wir von im habent. Geschaech dez niht, so hat diseu hantvest
und ditz gelûbde von uns und von den unsern niht chraft und stet
ez zwischen unser und unserm vorg(enanten) swager, alz ez vor
diser hantfest stûnd, als dı vorgenante hantfest und brief sagent.
die wir gen einander geben haben. Swez wir im auch gepunden
sein, daz wellen wir im auch gern volfûrn, als die hantfest und
brif sagent, die wir vor gen einander geben haben. Wir sûllen
auch unser erber poten dazû senden, die daz gelûbde ein nemen,
als unser paider hantfest sprechent, die wir dar uber geben
haben, und als ez mit taydingen her chomen ist, und daz sol
auch unser swager her wider tûn und dar uber ze einem
urchunde haben wir unser insigel an disen brif gehangen und
haben geschaffen mit den vorgenanten, daz dı auch ir insigel

dar an gehangen habent. Actum et datum in Merano a. d.
m⁰. ccc⁰. XXVII feria sexta ante Katherine.

1. München, Reichsarchiv. Kod. Tirol Nr. 26, f. 10b—11b.
2. Beiträge VII, 215a₂, sehr lückenhaft.
3. Huber, Vereinigung, S. 134, Nr. 17 ex 2.
4. Emler, Reg. Vol. IV, Nr. 1392 ex 2.
5. Archiv f. Tirol, III, 234.

4.
Meran, 20. November 1327.

Thyem v. Cholitz und Wilhelm v. Landstein geloben dem Herzog Heinrich
v. Kärnten, daß 7 genannte Herren sich bezüglich der 40.000 Mark
Silbers ebenso verbürgen würden wie die 13 böhmischen Herren.

Wir Thyem von Cholticz und Wilhelm von Landstein
veriehen und bechennen an disem prief, daz wir daz dem edelen
fürsten herczog Heinrich von Chernden und grafen von Tyrol
mit guten trewen gelobt haben, daz die syben herren, die her
nach geschriben stent næmlich herczog Nyclaus von Tropaw
und her Heinrich und her Hansse von der Lyppen die jungen,
Jesk hern Wocken sun von Crawar, her Zæwysch obrister cha-
merer ze Beheim, her Benesch von Wartemberch und auch Jesk
von Mychelsperch sich verpindent mit iren gelübden, und mit
iren hantfesten umb die werung der vierczich tausent mark
die unser herre der edel chunig Johans von Beheim und von
Polan und graf ze Lucenburch dem vorgenanten unserm herren von
Chernden schuldich ist als die hantfeste und brief sprechent,
die er daruber von im hat und sullen sich des verpinden als
die dreyczehen herren von Beheim, die ir hantfeste daruber
geben habent. Geschech des nicht zwischen hinnen und sand
Jacobs tag, der næhst chumpt, so sullen wir paid mit unser
selbers leib in die stat ze Tryend varen und nimmer dannen
chomen in geysel recht uncz ez volfuret werde. Ez het auch
der hochwirdig byschof Heinrich von Tryend mit uns auch
darumb gelobt. Wer aber, ob man ir einen oder mer von gotes
gewalt oder von ehafter not an geverde niht gehaben möht,
so sullen wir schaffen daz im ander an der selben stat gesaczet
werden, die als gut sein, als sie, die er oder sein poten nennen.
Und swenne wir daz zu pringen, daz die syben sich verpindent
mit iren hantvesten, als die dreyzehen, so sein wir der laistung

ledik, ob halt unser vorgenant herre chunig Johans von Beheim
an der sache nicht vorfůrt, der er dem vorgenantem unserm
herren von Chernden gepunden ist. darumb wir disen brief
geben mit unsern insigeln versigelt zu einem urchůnd der
warheit. Daz iz geschehen ze Meran, do man zalt von Cristes
gepůrde dreuczehenhundert jar, darnach in dem syben und
zwainzigistem jar, des næhsten vreytags vor sand Katherin tag.

1. Orig. Wien, Staatsarchiv. Pergament mit zwei anhängenden Siegeln.
2. München, Reichsarch. Kod. 26, f. 10a.
3. Beiträge VII, 215, lückenhaft ex 2 kopiert.
4. Emler, Reg. IV, Nr. 1394 ex 3 u. 5.
5. Cod. dipl. Mor. VI, 393.
6. Huber, Vereinigung, S. 134, Nr. 16 ex 3 u. 5.

5.

Meran, 20. November 1327.

Hayman, Bischof v. Olmütz, Haymann Berka von Duba, Burggraf zu
Prag und Hauptmann in Böhmen, Peter von Rosenberg, Wilhelm von
Landstein, Thyem von Goldiß und 8 andere böhmische Herren verbürgen
sich für König Johann v. Böhmen beim Herzog Heinrich v. Kärnten
für 40.000 M. Silber, nämlich 10.000 für des Königs Muhme,
20.000 für die Heimsteuer der Königin Anna und 10.000 M., die dem
Herzoge vom Bischof Heinrich v. Trient und Herzog Heinrich v. Bayern
zugesprochen worden.

5) Wir Hayman von gots gnaden bischof ze Olmuncz, Hayman Berk von der Duben purchgraf ze Prag vnd hauptman ze
Pehaim, Peter von Rosenberg, Wilhelm von Lantstain, Thyem
von Golditz, H. von Laeuchtenberch, Hayman von der Duben
gehaizzen von Nachod, Ulr. Phlůch, Ulr(rich) der Has von
Sbyrow, Wilhelm von Egerberch, Sdenk von Waldenstain, Sbynk
der Has von den Petlern vnd Hayman Hlawaz von der Duben
veriehen etc., daz wir gelobt und gehaizzen haben und reht
pürgen sein worden dez hohgeborn fürsten herzog H. von
Chernden gen im und gen allen seinen erben ez sein sůn oder
tôhter XL tausent mark silbers Prager gewihtez für unsern
lieben herren und hohgeborn fürsten chůnch Joh(ann) von
Beh(aim) etc. Der selben phenning gevallent im X tausent mark,
zů unsers herren můmen, darnah gevallent im XX tausent mark
silbers dez selben gewihtez für die haimstiwer chůnginn frawen

Annen seiner wirtinne, der got gnad. Dar nah gevallent im X tausent mark silbers. Prager münzz für den spruch, den im der wirdig herre bischof H. von Trient und der hochgeborn fürst herzog H. von Bayern etc. im hinzů gesprochen habent als die hantfest sprechent, die unser paide herren gen einander dar umb geben habent. Deu summe pringt also XL tausent mark Prager münzz. Der vorgenanten phenninge verhaizzen wir im ze geben uf sand Mich(ahels)tag, der schierst chumpt fünf tausent mark dar nah aber von dem selben sand Mich. tak. uber ein iar X tausent mark. Dar nah aber von dem selben sand Mich. tak uber ein iar X tausent mark. Dar nah aber von dem selben sand Mich. tak uber ein iar fünf tausent mark. Daz werdent also XL tansent mark mit sogtanem gedinge zů swelher frist man im oder seinen erben die vorgenanten phenninge niht gaeb, so hat er oder sein erben gwalt, uns all ze manen nah der frist und sůln dann noh der manunge alle mit unser selbers leib in den naehsten XIIII tagen nah der manunge varn gen Regenspurch in die stat und sůln da laisten in geiselsweis und nimmer auz chomen alz lang untz daz im wider chert wirt der pruch, der im an der gůlt der phenninge wider varn ist. Und sůln auch als lang laisten untz daz er oder sein erben der phenninge gar und gaenzlich gewert werdent, dar an in pruch geschehen sint, welher auch under uns niht selber macht oder wolde laisten, der sol zwen ritter oder zwen erber ritter maezzich chneht ob er niht ritter hat mit sehs phaernden in die laistung legen in allem dem reht als wir selber. Wir sůln auch auz der laistung oder die vorgenanten unser ritter oder chneht nimmer chomen, ez gevall ê daz gůt allez, da prüche angeschehen wern gen Regenspurch in die stat, wa er oder sein erben oder ir gwizze poten si hinschaffen ze geben und ze antwrten. Disiu vorgenante sache loben wir staet ze haben bi unsern triwen an aidez stat und als wir zu den haelgen sůln swern. In cuius etc. Datum in Merano a. d. m⁰. ccc⁰. XXVII die Veneris ante Katherine.

1. München, R.-Archiv. Kod. Tirol 26, f. 8b.
2. Beiträge 7, 214, sehr lückenhaft.
3. Codex dipl. Moraviae 6, 393 ex 2.
4. Huber, Vereinigung, 133, Nr. 15 ex 2.
5. Archiv f. Tirol, II, 142.
6. Emler, Regesta dipl. IV, 3, Nr. 1393 ex 2.

6.

Innsbruck, 21. Mai 1325.

König Johann v. Böhmen bekennt dem Herzog Heinrich von Kärnthen nach einem Ausspruche des Herzogs Heinrich v. Bayern und des Bischofs Heinrich von Trient 10.000 Mark zu schulden. Er verspricht hievon un= verbrüchlich 5000 Mark als 1. Rate am selben Tage zu zahlen, an welchem er ihm auch die letzten 5000 Mark von den ihm verbrieften 30.000 Mark abliefere, die übrigen 5000 Mark ein Jahr darauf.

1) Wir Joh(annes) etc. veriehen etc. daz wir dem hohgeborn fürsten hern H(einrich) herzogen von Chernden etc. X tausent mark grosser phenninge Prager gewiht schuldig beleiben, die uns der hohgeborn fürst her H. phaltzgraf bi Rein und herzog in Bayrn, unser lieber sun und der erber fürst her H.(einrich), bischof von Trient, umb den spruch, den der vorgenante herzog von Chernden und wir zů in gelazzen heten im haben gelazzen geben und bezalen und der selben X tausent mark gelob wir im mit gůten triwen an allen fürzuch fünf tausent mark ze geben und bezaln mit den lesten fümf tausent mark, die wir im bezaln sůln an dem lesten tag von den XXX tausent mark, da er sunderlich unser brif uber hat und von dem selben tag darnah uber ein iar, so gelob und sůln wir im geben die andern 5 tausent mark mit gůten triwen an allen ufschub, und die X tausent mark sol er legen an den nutz dez herzentums (!) ze Chernden und der grafschaft ze Tyrol ze lösen seiniu phant, die er versatzt und verchůmbert hat in den selben landen. In cuius etc. Datum in Inspruka a. d. m⁰. ccc⁰. XXV die Martis ante Pentecostes.

1. München, Reichsarchiv. Kod. Tirol Nr. 26, f. 7a.
2. Beiträge VII, 209, sehr lückenhaft.
3. Emler, Reg. dipl. Boh. et Mor. Vol. III, Nr. 1113, S. 434 ex 2 u. 4 kombiniert.
4. Böhmer, Reg. imp. 190, Nr. 82.
5. Huber, Vereinigung, S. 132, Nr. 7 ex 2.

7.

Innsbruck, 16. September 1330.

König Johann v. Böhmen bestimmt die Termine, innerhalb welcher er dem Herzog Heinrich v. Kärnten die ihm schuldigen 40.000 Mark zahlen soll und setzt als Termin für die ersten 5000 nächste Weihnachten fest;

zahle er dort nicht, so soll er demselben mit Zustimmung seines Eidams, des Herzogs Heinrich v. Bayern, als Pfand die 2 Gerichte Kufstein und Kitzbühel einantworten oder wenn das nicht möglich sei, als Geisel in Prag bleiben.

1) Wir Johans etc. veriehen etc., daz wir umb die vierzich tausent march silber Prager gewids, der wir unserm lieben herren und vater dem hochgeborn fürsten herzog Heinrich etc. schuldich sein und umb etlich frist, die sich vergangen habend, umb die werunge des selbn guts, des sein wir also uberein worden, daz wir die erste werunge im an hofen sullen iezund vor weihnachten die schierst chemend, ze geben fünf tausent march, taeten wir das nicht, so sulen wir im ein antwurten ze einem phande Chufstain und Chitzpühel der zwai gerichte und swaz dar zu gehört, mit unsers aydams herzog Heinrich von Bayrn wille und wort in allen den rechten, als er si von den chayser inne hat, möchten wir daz nicht zu pringen, so sein wir im gepunden mit unsers selbers leiber ein ze varn in unser stat ze Prage und da ze laisten als geysels recht ist innerhalb zehen meylen umb Prag und fürbaz nicht und von dannen nimmer ze chomen, ez werde er unser vorgenannter herre und vater herzog Heinrich von Chernden und sein erben der vorgenannten fünnf tausent march silbers Prager gewids gar und gantzlichen berichtet. Wir sullen auch das zu pringen, daz unser sun Charel, sein triue und sein priefe geben sol, ob icht an uns geschaehe, das wir nicht enwaern, des got nicht enwelle, so sol unser vorgnanter sun ein varn selb zwelft herren, die unser vater und herre von Chernden benennet, die von Behem und von Maerchern sein, ze Prag in die stadt und sulen die da laisten in rechter geiselsweis mit ir selbers leib, als inlegens recht ist und nimmer auz ze chomen, ez werde er unser vorgnanter herre von Chernden und sein erben der vorgnanten fünf tausent march gar und gäntzlich auzgerichtet; wer aber, das unser sun und die zwelf daz überfüren und nicht laisten von swelhen sachen das wär, des got nicht geb, das si praechen, so hat unser vorgnanter herre unde vater von Chernden gewalt und sein erben die andern sein pergen ze manen umb die vorgnanten fünf tausent march, die zu ze den weinachten gevallen süllent unverzigen seiner gewizheit und purgen, die er vor von

uns dar umb hat. Ist aber, das unser sun und die zwelf laisten,
so, sol unser vorgnanter herre von Chernden und sein erben
nicht manen die andern pûrgen, die weil si laisten; wer aber,
daz si nicht laistôten, so hat unser herre und sein erben gewalt
ze manen die andern pûrgen. Wir gehaizzen auch mer die
zehen tausent march die da gevallen sullen da nach uf sand
Michels tak in dem einem und dreizzigistem iar, daz danne
unser sun und die zwelfe als vorgesriben stet und her nach
laisten mit ir selbers leiber ze Prag als vorgesriben stet umb
die selben zehen tausent march; ob si nicht gevielen uf den
vorgenannten sand Michels tach dar nach in dem zwai und
dreizzigsteen iar, sullen aber gevallen zehen tansent march auf
sand Michels tach, wa des nicht geschaehe, so sol man laisten
ze geleicher weis in allen den rechten als vor geschriben stet
umb daz selb gaelt dar nach in dem dren und dreizzigistem
iar. Sûllen aber gevallen zehen tausent march uf sand Michels
tach in den pûnten und in den rechten als vorgeschriben stet.
Dar nach in dem vier und dreizzigistem iar uf sand Michels
tach sullent gevallen fünf tausent march aber in den rechten
und pûnden als vorgeschriben stet. Also sullen wir laisten, daz
die vierzich tausent march silbers gar und gantzlich gevallen.
Aber umb die ersten fünf tausent march sein wir selber gepunden ze laisten, als vor geschriben stet. Ist aber, daz wir mit
unser selbers leib laisten umb die fûnf und dreizzik tausent
march ze iegleicher frist, so sol unser sun und die zwelf und
auch die andern pûrgen die weile ungemant sein. Wellen oder
môchten wir das nicht tun, so sol ez unser sun und die zwelfe
volfüren und sulen laisten an unserr stat. Waer aber, das si
das nicht wellten und praechen, dez got nicht engeb, so hat
aber unser vorgenannter herre und vater von Chernden und
sein erben gewalt ze manen die andern pûrgen, als vorgeschriben
ist. Die weil aber wir laisten, so sûlent die andern pûrgen
ungemant sein. Ez sol auch daz vorgnannte gaelt alles paideu
die ersten fünf tausent march als die fünf und dreizik tausent
march an gelegt werden in dem herzogtum ze Chernden und
in der grafschaft ze Tirol als die hantfeste sprechend die dar
uber geben sint. Diser vorgnannten sache umb unsern sun und
umb die zwelfe als vorgeschriben stet, geloben wir ze volfûren

zwischen hinnen und sand Marteins tag der schierst chumpt.
Dise vorgeschriben pûnter und artykel alle geloben wir mit
gûten triwn an alle arge liste ze volfûren mit unsern triwn an
aydes stat.

Actum et datum in Insprukka anno domini M⁰ CCC⁰ XXX⁰
proxima dominica post exaltationem sancte crucis.

1. Innsbruck, St.-Arch. Kod. 106, f. 42—44.
2. München, Reichsarchiv. Kod. Tirol 26, f. 14a ff.
3. Beiträge VII, 216 ex 2, aber lückenhaft veröffentlicht.
4. Emler, Regesta V, Nr. 1692.
5. Chytil, Cod. dipl. Mor. VI, 394 ex 3, lückenhaft.
6. Böhmer, Reg. p. 194, n. 137 ex 3.
7. Huber, Vereinigung, S. 136, Nr. 27 ex 3 u. 5.

8.

Innsbruck, 16. September 1330.

König Johann v. Böhmen erklärt bezüglich des mit Herzog Heinrich
v. Kärnten wegen ihrer Kinder geschlossenen Vertrages, daß, wenn
Heinrich noch Söhne erhielte, dieselben alle seine Länder erben sollen.

1) Wir Johans etc. veriehen etc. umb die ainunge und
friuntschaft, die wir und unser lieber herre und vater der edel
herzog H(einrich) ze Chernden und graf ze Tyrol und ze Görz
mit ainander gemachet haben mit unser paider chinden, wier
mit unserm sun und er mit siner tohter, ob daz got geit, daz
er noch eleich erben gewinnet sûne ainen oder mere, die sûlnt
erben und herren sein aller der land und leute und herschaft,
die der vorgnante unser herre und vater hinder sein lat und
sol unser snur sein tochter erben allez daz, daz ander sein
tôhter erben; ist aber, daz er tohter gewinnet und niht sûne,
so sol unser snur sein tohter aber erben allez daz, daz ander
sein tôhter erbent; ist aber, daz er weder sûne noch tôhter gewinnet, so sôllen wir und unser sun Johannes beleiben pei den
taidingen und pünten, als wir und unser vorgnanter herre und
vater ez vormaln gen einander verschriben und vermacht haben
mit unsern hantfesteñ und brieven. Disiu vorgeschriben sache,
pûnde und artikel verhaizzen und geloben wir für uns und für
unsern vorgnanten sun staet ze haben und da wider niht ze
tûn mit guten triwn an gevaerde und alle arge liste und daruber ze einem offen urchûnde geben wir disen prief versigelt

mit unserm chûnichleichen anhangenden insigel. Der ist gegeben
ze Insprukke, do man zalt von Christes geburt dreuzehen
hundert iar darnach in dem XXX. iar des naehsten sûn-
tags nah des heiligen chreutzes tak als ez erhôhet wart.
Indictione XIII.

1. München, Kod. Tirol 26, f. 12b, Reichsarchiv.
2. Beiträge VII, 217a₂, lückenhaft ex 1.
3. Emler, Regesta V, Nr. 1693 ex 2 u. 4.
4. Böhmer, Reg. imp. 194 n. 138 ex 2.
5. Huber, Vereinigung, n. 30 ex 2.

9.

16. September 1330.

König Johann verspricht dahin zu wirken, daß sich sein Eidam Herzog
Otto von Österreich wegen der 40.000 Mark ebenso verschreibe, wie das
die Herzoge Heinrich und Otto von Bayern getan hätten.

2) Wir Johans etc. veriehen etc. daz wir die pûrgen die
da noch geprestent an der werunge der vierzig tausent marke
und die ir insigel noch niht an habent gelegt und volfûren
sûln mit den selben, die da benant sind oder mit andern, die
als gût sint als dieselben und wesunderleich sŷln wir daz zû
bringen, daz unser aydem hertzog Otte von Osterreich verhaizzen
und gelobt umb die vorgnanten sache und daz er von unsern
wegen sein hantvest und sein brîf dar umb geb in allen den
rehten und mit allen den pûnden und artikeln als si hertzog
H. und hertzog Otte von Payren dar umb geben habent und
disiu vorgeschriben sache verhaizzen und geloben wir für uns
und für unsern sun zu ze bringen und ze volfûren zwischen
hinnen und sand Marteins tak, der schierst chompt mit guten
triwen an geverde und an alle arge liste. Und daruber ze ainem
urchûnde geben wir disen prief versigelt mit unserm etc. Der
ist geben ze Inspruk etc. ut supra.

1. München, Kod. Tirol 26, f. 13a.
2. Beiträge VII 218a, sehr lückenhaft ex 1.
3. Emler, Regesta. V, Nr. 1694 ex 2 u. 5.
4. Huber, Vereinigung, S. 136, Nr. 28 ex 2.
5. Böhmer, Reg. imp. 195 n. 139.

10.

Innsbruck, 18. September 1330.

König Johann verspricht an seines Sohnes Johann statt, dessen Gattin Margaretha von Kärnten ihre Morgengabe von 5000 Schock Prager Pfenninge auf Feste und Stadt Bisenz anzuweisen.

2) Wir Johans etc. veriehen etc. daz wir an unsers sunes Johansen stat unsreu liebe tohter Margreten unsers vorgenanten sunes hausfrowen beweiset haben irer morgengabe di ir derselbe unser sun, ir wirt, geben hat fůnf tausent schock Prager pfenninge gůter mûnze auf die vest und auf die stat ze Bisentz mit leuten und mit gůeten und mit alleu daz da zů gehört besûht und unbesûht. Und auz dem selben gelte sol unser vorgnanteu tohter haben fünf hundert schock Prager pfenninge gelts ierichleichen und mit den vorgenanten fvnf tausent schochen mag si tůn und schaffen umbe leib und umbe sel, waz si wil und wem si wil. Und dar über ze einem urchûnde der warhait geben wir disen prief versigelt mit unserm chůnichleichen anhangenden insigel. Datum in Insprukka anno dñi m°. ccc. XXX feria tertia post exaltationem sancte crucis.

1. Orig. Wien. St.-Archiv.
2. Cod. d. Morav. VI, 395 ex 6.
3. Emler, Regesta Boh. et Mor. P. III, p. 662, Nr. 1696 ex 6, 8 u. 7.
4. München, R.-Arch. Kod. Tirol 26, f. 15 b.
5. Huber, Vereinigung, S. 136, Nr. 31 ex 2 u. 6.
6. Beiträge VII, 217a, lückenhaft.
7. Böhmer, Reg. imp. 195, Nr. 140.
8. Chytil, Cod. dipl. Mor. VI. 395 ex 6.

11.

Innsbruck, 19. September 1330.

König Heinrich erklärt, die bis zu dem auf St. Jakobstag 1327 fest-gesetzten Termine nicht erfolgte Vollziehung der Taidigung zwischen ihm und seinem Schwager, dem Grafen Johann v. Lützelburg, darum er den Propst Heinrich und Volkmar v. Burgstall zu ihm hinaus nach Lützelburg und Böhmen gesendet, solle demselben an seinen Rechten nicht schädlich sein.

1) Wir Heinrich etc. veriehen etc. die taidinge, die da geschehen sint zwischen unserm lieben swager dem edeln graf. Johans von Lützelburch und unser; dar umb wir zů im sanden

hinauz gen Lützelburch und gen Beheim unser getriwe maister
H. dem probst dem got gnad und Volchmar .von Purchstal und
die uns von im volfůrt solten sein vor sand Jacobes tag in dem
siben und XX. iare des uns niht widervaren ist als unser hantfest sprichet, die wir von im dar uber haben, veriehen wir,
daz im und seinen erben daz selbe verziehen unschedleich sol
sein an seinén rehten und gen den, die im gelobt habent und
noch lobent und diu vorgenante hantfest sol pei irer chraft
und maht beleiben, wand er uns disiu sache verzogen hat mit
unser selbs willen und wort an gevaerde. In cuius etc. Datum
in Insprukka die Mercurii post exaltationem sancte crucis.

1. München, Reichsarchiv. Kodex Tirol Nr. 26, f. 16 a.
2. Beiträge VII, 219 a₂.
3. Emler, Reg. V, Nr. 1697 ex 2.
4. Huber, Vereinigung, S. 137, Nr. 33 ex 2.

12.

Innsbruck, 19. September 1330.

König Johann verspricht dem Herzog Heinrich die 40.000 M. in jedem
Termin in die Stadt Regensburg zu senden.

1) Wir Johans etc. veriehen etc. daz wir die XL tausent
march der wir unserm lieben herren etc. schuldich sein ze
igleicher frist antwrten sůllen gen Regenspurch in die stat an
allen seinen schaden und sůllen daz selbe gelt antwrten den die
uns sein oder seiner erben urchůnde zaigent und habent. In
cuius etc. datum in Insprukka anno dñi m⁰. ccc⁰. XXX. die
Mercurii post exaltationem sancte crucis.

1. München, R.-Arch. Kod. Tirol 26, f. 15 b₂.
2. Beiträge VII, 219, unbrauchbar (4 konfuse Zeilen!).
3. Huber, Vereinigung, S. 137, Nr. 33 ex 2.

13.

Meran, 6. Oktober 1333.

Karl gelobt alle Verträge, die sein Vater mit dem Könige Heinrich von
Böhmen eingegangen. ist, fest zu halten.

Wir Charl etc. veriehen an disem prieve, daz wir für uns
und unser erben alle die taydinge, die vormalen unser lieber
herre und vater der chunig von Behaim gen dem hochgeporn

fürsten hern Hainr(ichen) hertzogen ze Chernden und graven
ze Tyrol und seinen erben getan hat nach der beweisung der
hantveste, die er in darüber geben hat, verhaizzen an allen iren
orten pünten und artykeln stete ze haben an argen list mit
gûten triwen an geverde und bestetigen und ewigen die mit
urchünde dises prieves. Daz ist geschehen und der brief ist
geben ze Meran anno domini M⁰. ccc⁰. XXXIII. die VIII. post
Michahelis.

1. München, R.-Archiv. Kod. Tirol 26, f. 20 b.

14.

Meran, 6. Oktober 1333.

Karl gelobt dem König Heinrich, wenn einer der Bürgen, die er ihm
für die 40.000 Mark Silbers gestellt habe, stürbe, binnen 14 Tagen
einen andern an dessen Stelle zu setzen.

Wir Charl etc. verhaizzen und geloben mit disem prieve,
ob der purgen ainer oder mer abgienge, die wir dem hohen
fürsten hern H(einrichen) herzogen ze Chernden und graven ze
Tirol unserm lieben heren und vater und seinen erben gesatz
haben fur viertzich tausent mark silbers, der im unser egenanter
vater und auch wir schuldich sein, deres er unser gût urchunde
und brieve hat, swenne er uns danne ermant mit seinem prieve
oder mit seinem gwissem poten, so sullen wir im in vierzehen
tagen als gut an der selben stat setzen mit den gelubden als
die vordern mit iren prieven gelobt habent und geben disen
prief mit unserm insigel versigelt. Der ist geben ze Meran anno
domini m⁰. ccc⁰. XXXIII. die VIII. post Michahelis.

1. München, Reichsarchiv. Kod. Tirol 26, f. 20 a.

15.

Meran, 6. Oktober 1333.

Karl von Böhmen verspricht dem König Heinrich binnen Monatsfrist
von seinem Vater König Johann von Böhmen Urkunden und Hand=
festen über die Taidinge zu erwirken, die er in Vollmacht seines Vaters
mit ihm (König Heinrich) wegen der 40.000 Mark Silbers gehalten
habe. Bringe er binnen genannten Termines diese nicht bei, so werde
er mit genannten böhmischen Adeligen nach Geiselrecht in Prag einfahren

15*

und die Stadt nicht früher verlassen, bis König Heinrich im Besitze
dieser Handfesten sei.

Wir Charl, des chuniges von Beheim elter sun, veriehen
an disem brif, daz wir verhaizzen haben dem hochwirdigen
fürsten hern Heinrichen herzogen ze Chernden und grafen ze
Tirol, unserm lieben herren und vater uber die taidinge der
vierzich tousent mark silbers, die wir iecze mit im getan haben,
daz wir im innerhalben eines monedes von disem heutigem tak
ze raiten unsers lieben herren und vater, des hochgeborn fürsten
hern Johans, chunig ze Beheim und ze Polan und graf ze Lu-
cemburch, hantveste und urchünde geben und antwurten sullen,
dar an er vergiht, wie er uns vollen gewalt derselben taidinge
geben hab, die er auch bestätigen sol mit der selben seiner
hantvesten, ez irrete denn ehafte not, die man beweisen möcht
an geverde. Geschehe aber des niht, so sulle wir sazehant,
swenn der vorgenant monad verget mit unser selbes leib mitsampt unsern lieben getrewen Peter von Rosenberch, Tyem von
Coldicz, Wilhelmen von Lantstein, Heinr. von der Lipen und
Otte von Bergow ze Prag in die stat varn und laisten in geisels
weise, und nach geisels recht nimmer ouz der stat ze chomen,
unz an die weile, daz wir im die hantveste von dem genanten
unserm vater dem chunig geben als vor geschriben stet, daruber
dannoch allewege an geverde stete ze behalten die taidinge,
die wir mit im umb die virzich tousent mark als vor geschriben
ist, getan haben. Und des ze einer urchunde so geben wir im
disen brif versigelten mit unserm insigel, der ist geben ze
Meran, da man zalte von Cristes geburt dren zehen hundert
iar und darnach in dem dreu und dreizzigsten jar, des achten
tages nach sand Michels tak.

1. Orig. mit anh. Siegel. Wien, Staatsarchiv.
2. München, R.-A. Kod. Tirol Nr. 26, f. 20a.
3. Beiträge zur Gesch. v. Tirol 7, 220, lückenhaft.
4. Cod. Mor. 6, 397 ex 3.

16.
Meran, 6. Oktober 1333.

Karl, Sohn König Johanns von Böhmen, verpflichtet sich, die 40.000 Mark
Silber Prager Gewichts, welche sein Vater dem Herzog Heinrich von
Kärnthen schuldet, in der Weise abzuzahlen, daß er ihm zur nächsten.

Lichtmesse nach Regensburg 2500 Mark, am nächsten St. Michaelstag 5000 Mark und dann alljährlich am Michaelstag 5000 Mark erlegt, so daß die ganze Schuld in 8 Jahren getilgt wäre. Dafür verbürgen sich mit ihm Jaeske der Kanzler und Propst von Wyssehrad, Peter von Rosenberg, Thiem von Goldiß, Wilhelm von Landstein, Heinrich von der Leipen und Otto von Bergow. Wenn er zum ersten Termine (Licht= messen) nicht zahle, so sollen er selbst und die genannten Bürgen sofort freiwillig sich nach Prag begeben und daselbst innerhalb des Umkreises von 10 Meilen so lange als Geisel interniert bleiben, bis er dem Herzog 10.000 Mark bezahlt hätte und hätte er sodann jährlich 10.000 Mark zu erlegen, so daß die ganze Schuld schon in 4 Jahren getilgt sein müßte. Wenn einer der Bürgen vorzeitig stürbe, so müsse Karl binnen 14 Tagen einen Ersaßbürgen stellen.

Wir Chalr des chuniges von Behaim elter sun veriehen und tůn chunt offenleich mit disem preue allen, den die in sehent oder horent lesen, daz wir von unsers lieben heren und vater des hochwirdigen fürsten hern Johans chunik ze Behaim und ze Polan und grauen ze Lutzemburch gescheftes wegen mit vollem ge- walt den er uns daruber gegeben hat gegen dem hochgeporn fürsten hern Heinrich herzogen ze Chernden und grauen ze Tyrol unserm liebem heren und vater und seinen erben umb die vierzich tausent mark silbers Prager gewicht da sich emalen unser egenanter here und vater der chunik gen im umb ver- punden hat nach beweisung der urchunde und der hantfest die er im emalen daruber geben hat ze den taidingen die hernach geschriben sint fur uns und unser erben veruangen und mit taidingen verpunden haben also daz wir dem vorgenantem für- sten hern H. dem herzogen von Chernden an der werung der LX tausent mark silbers Prager gewicht im auf die nesten lichtmesse di schierst chumftich sint an alleu vordrung und irresal antwrten und geben sullen gen Regenspurch in die stat swem er si da schaffet mit seinen preuen zegeben drithalp tausent mark silbers Prager gewicht und in derselben weis auf di nesten phinchsten darnach sullen wir im an alle irresal und vordrung gegen Regenspurk anturten und geben drithalb tau- sent march und von sand Michels tak der schierst darnach chumftich ist uber ain jar sullen wir im an alle irresal ant- wurten und geben gen Regenspurk in der weis als vor ge-

schriben stet fumf tausent march silbers Prager gewicht und
darnach alle jar auf sand Michels tak sullen wir im an alle
vordrung und irresal antwurten und geben in die vorgeschriben
stat ze Regenspurk fumf tausent mark silbers Prager gewicht
undz auf voller werung der vorgenanten XL tausent mark die
werung der XL tausent mark sich also gantzleich erlanget und
erget in den nehsten aht jaren nach ainander und daruber
haben wir im und seinen erben ze vollaistung der obergeschriben sache ze sampt uns die Purgen gesatzt die hernach mit
namen wortichleich geschriben stent unser liebe getrwen Jaesken
den chantzeler probst ze Wissz, Peter von Rosenberch, Thiem
von Golditz, Wilhalm von Lantstain, Heinrich von der Leipen
und Otten von Bergw̓. Und wer daz wir die ersten werung der
drithalb tausent mark silbers niht geben noch berihten auf
die lichtmesse als vor geschriben stet oder ze welher zeit und
zilen wir die selben werung uberfüren als vor bedeutet ist so
sein wir gepunden an alleu vordrung und manung er man uns
oder niht mit unsers selbes leip auf der stat in ze varen ze
Prag in die stat und sullen da und darumb inrerhalben in
zehen meilen in geisels weis laisten und sullen auz der selben
laystung ze iegleicher werung wenne si uberuaren wurde
nimmer chomen undz wir im gar und gantzleichen berihten
zehen tausent mark silbers und nach der werung der zehen
tausent mark silbers sullen wir im jerichleichen auf den nesten
sand Michels tak darnach geben und an alleu vordrung und
irresal antwurten gen Regenspurch in die stat zehen tausent
mark silbers undz auf voller werung der oftgenanten XL tausent
mark silbers die werung derselben XL tausent mark sich also
erlanget und erget in den nesten vier jaren nach einander auf
welher zil wir aber im die werung uberfüren so sein wir im auer
gepunden ze laisten undz auf voller werunge des gutes da der
pruch und uberuarnũsse an geschehen ist in aller der weis als
vor geschriben stet und in gleicher weis sullen auch die vorgenanten unser pürgen an alleu vordrung und manunge er
mane si oder niht mit ir selbes leip ze Prag in die stat in
varen und in geisels weis sich da in legen und laisten und auz
der laistung noch auz der stat ze Prag nach geisels reht
nimer zechomen undz daz wir dem egenanten herzogen allez

daz vollaisten, volenden und volfúren daz vor geschriben stet.
Und wer ob der vorgenanten purgen ainer oder mer ab gieng
oder verdurbe des got niht enwelle, so sullen wir darnach
inrerhalben vierzehen tagen darnach als man uns darumb gemant, an des stat, der ab gangen ist ainen als guten setzen in
aller der weis und in solhem gedinge als der gewesen ist der
ab gangen ist an argen list und an geuerde. Doch unuerzigen
und ze behalten alle die punte, artikel, hantfest, urchunde und
preue, die der obgenante herzog und sein erben von unserm
egenantem vater oder von andern seinen purgen oder von steten
oder von andern iemant die purgen sint hat. Und verhaizzen
daruber fur uns und fur unser erben dem obgeschriben herzogen und seinen erben die vorgeschriben taidinge an allen
pruch mit guten trwen an argen list gantzleich ze volfúren und
an aides stat stete ze haben an allez geuerde. Und des ze ainem
urchund so geben wir im disen pref mit unserm insigel versigelten. Der ist geben ze Meran anno domini M.⁰ CCC⁰ XXXIII.
die octauo post festum sancti Michahelis.

1. Kgl. Allgemeines Reichsarchiv zu München: Tirol, Graffchaft, Literal.
Nr. 26, fol. 16¹—18¹.
2. Beiträge VII, 220 ex 1.
3. Huber, Vereinigung, S. 137, Nr. 37.
4. Cod. dipl. Moraviae VI, 397, wörtlich ex 2.

17.
Meran, 6. Oktober 1333.

6 genannte böhmische Landherren verbürgen die Einhaltung all jener
Verpflichtungen und Versprechen, welche Karl von Böhmen in Vollmacht
seines Vaters, des Königs Johann v. Böhmen, in dem Taiding wegen
der 40.000 Mark mit König Heinrich von Böhmen vereinbart hat.

1) Wir Jezk von gotes genaden probst ze Wisserad und
chanzler des chunikrichs ze Behem. Peter von Rosemberch,
Thyem von Coltitz, Wilhalm von Landstein, Heinrich von der
Lippen und Ott von Bergow veriehen an disem prife, daz wir
uber die vervachnusse, verpintnusse und taiding, die unser
lieber herre der hochgeborn her Charl, unsers herren des chunigs
von Behem eltister sun, naemleichen uber werunge virzik tausent
mark silbers Prager gewicht dem hochwirdigen fursten hern Heinrich herzogn ze Chernden und graefn ze Tyrol mit vollem

gewalt seines vaters des mehtign und edelen chunig Johansens
von Behem unsers vorgenanten herren, der im sineu gewalt
daruber gegebn hat, getan hat des vorgenanten fürsten hern
Heinrichs herzogen ze Chernden und grafns ze Tyrol und siner
erben rehte purgen worden sin und vervahen und verpinten
uns zu der selben purgschaft in aller der wise und under alle
die punde und artikel, als die geschriben sint in der hantvest,
die unser egenanter lieber herre her Charl daruber dem vorgenanten fursten und sinen erben geben hat, da wir mit
namen inn geschriben sten und verhaizzen daz also ze iegleicher vrist ze laisten und gaentzlichen mit guten triwen an argen
list ze volfůren und stete ze haben an geverde an aydes stat
und waere daz, des got nicht enwelle, daz unser egenanter herre
her Charl in der zeit verdurbe oder ob er die tayding danach
als sin hantveste sprechent, die er dar uber dem vorgenanten
fursten dem herzogn von Chernden und seinen erben geben
hat in dehainer weise uberfůre, dannoch so sein wir gepunden
dem oftegeschriben fursten dem herzogn und seinen erben allez
daz ze laisten und ze volfürn als ez vervangen und geschriben
ist in der hantveste der tayding, die in unser egenanter herre her
Charl uber die selben tayding geben hat, da wir naemlich inne
geschriben sten, als ouch vor oben belautert ist und geben des
dem vorgenanten fürsten, dem herzogn und seinen erben disen
brief ze ainem urchunde und bevestenunge daruber versigelten
mit unsern hangenden insigeln. Der ist gegeben ze Meran, do
man zalt von Christes gebůrt dreuzehnhundert iar darnach in
dem drei und drizzgisten iare des achten tags nach sand Michels
tag. ccc⁰. XXXIII. die octauo post festum sancti Michahelis.

1. Orig. Perg. S. Wien, St.-Archiv.
2. München, R.-Archiv. Kod. Tirol Nr. 26, f. 18b.
3. Beiträge VII, 221, nur „sub eodem dato ist der Bürgerschaftsbrief
der genannten Herrn".
4. Huber, Vereinigung, S. 137, Nr. 38 nach 3.
5. Chytil, Cod. dipl. Mor. VII, 872 extr. ex 3.
6. Emler, Reg. Boh. et Mor. III, Nr. 2048.

18.
Meran, 6. Oktober 1333.

Karl, ältester Sohn des Königs von Böhmen, gelobt dem König
Heinrich von Tirol 14 Tage nach seiner Ankunft in Prag bezüglich der

Vorschreibung der 40.000 Mark, welche er ihm eingehändigt hat, den
Haiman Berchen von der Duben und Ulrich den Phluch als Bürgen
zu stellen.

Wir Charl des chuniges von Behaim eltister sun veriehen
uffenleich an disem prieve, daz wir die vervahnusse und verpintnusse, die wir ietzů gen. dem hochwirdigem fursten hern
Heinr(ich) herzogen ze Chernden, graven ze Tyrol unserm liebem
heren und vater umb viertzich tausent mark silbers getan haben,
dem selben fursten verhaizzen und geloben wir swenne so wir
erst chomen gen Prage darnach irer viertzehen tagen, daz wir
im umb die werung der viertzich tausent mark dar uber ze
rehten purgen setzen sullen Haiman Berchen von der Duben
und Ulrichen den Phluch, die ir hantfest im dar uber geben
sullen in aller der weis, als die hantfest sprichet, die im unser
getriwe, die wir im ze purgen daruber gesetzet haben, daruber
geben habent mit urchunde dises prieues, der ist gegeben an
Meran anno domini m⁰. ccc. XXXIII die VIII post Michahelis.

1. München, Reichsarchiv. Kodex 26, F. 19b.
2. Beiträge VII, 221, nur flüchtiger Regest.
3. Emler, Regest. diplom. V, Nr. 2047 wörtlich ex 2.

19.
Meran, 6. Oktober 1333.

Karl, des Königs von Böhmen älterer Sohn, verpflichtet sich gegen
Herzog Heinrich von Böhmen auf Grund der Vollmacht seines Vaters,
von den 40.000 Mark nach Regensburg bis nächste Lichtmeß 2500 zu
verabfolgen, bis Pfingsten weitere 2500, bis ein Jahr nach Michaels
5000 Mark Prager Gewicht usw. und stellte genannte böhmische Herren
als Bürgen.

Wir Chalr (!) des chuniges von Behaim elter sun veriehen
und tůn chunt offenleich mit disem prieue allen den, die in
sehent oder horent lesen. Daz wir von unsers lieben heren und
vater des hochwirdigen fürsten hern Johans chunik ze Behaim
und ze Polan und grauen ze Luczemburch gescheftes wegen
mit vollem gewalt, den er uns daruber gegeben hat, gegen dem
hochgeporn fürsten hern Heinrich herzogen ze Chernden und
grauen ze Tyrol unserm liebem heren und vater und seinen
erben umb die vierzich tausent mark silbers Prager gewicht,
da sich emalen unser egenanter here und vater der chunik gen

im umb verpunden hat nach beweisung der urchunde und der
hantfest, die er im emalen daruber geben hat. ze den taidingen,
die hernach geschriben sint, fur uns und unser erben vervangen
und mit taidingen verpunden haben, also daz wir dem vorgenantem fürsten hern H(einrich) dem herzogen von Chernden
an der werung der XL tausent mark silbers Prager gewicht
nu auf die nesten lichtmesse die schierst chuniftich sint an
alleu vordrung und irresal antwrten und geben sullen gen
Regenspurch in die stat. Swem er si da schaffet mit seinen
prieven ze geben drithalp tausent mark silbers Prager gewicht
und in der selben weis auf die nesten phinchsten darnach
sullen wir im an alle irresal und vordrung gegen Regenspurk
antwrten und geben drithalb tausent march und von sand
Michels tak, der schierst darnach chuniftich ist, uber ain iar
sullen wir im an alle irresal antwurten und geben gen Regenspurk in der weis, als vor geschriben stet funif tausent march
silbers Prager gewicht und darnach alle iar auf sand Michels
tak sullen wir im an alle vordrung und irresal antwurten und
geben in die vorgeschriben stat ze Regenspurk funif tausent
mark silbers Prager gewicht undz auf volleu werung der vor-
gen[anten] XL tausent mark. Die werung der XL tausent mark
sich also gantzleich erlanget und erget in den nehisten aht
iaren nach ainander und daruber haben wir im und seinen
erben ze vollaistung der obergeschriben sache, ze sampt uns
die purgen gesaczt, die hernach mit namen wortichleich geschriben stent unser liebe getrewen Jaesken, den chantzeler,
probst ze Wiss[erat], Peter von Rosenberch, Thiem von Golditz,
Wilhalm von Lantstain, Heinrich von der Lerpen und Otten
von Abergŵ. Und wer, daz wir die ersten werung der drithalb
tausent mark silbers niht geben noch berihten auf die lichtmesse, als vor geschriben stet oder ze welher zeit und zilen wir
die selben werung uberfuren als vor bedeutet ist, so sein wir
gepunden an alleu vordrung und manung, er man uns oder
niht, mit unsers selbes leip auf der stat in ze varen ze Prag in die
stat und sullen da und darumb inrerhalben in zehen meilen
in geisels weis laisten und sullen auz der selben laystung ze
iegleicher werung, wenne si ubervaren wurde, nimmer chomen,
undz wir im gar und ganczleichen berihten zehen tausent mark

silbers und nach der werung der zehen tausent mark silbers
sullen wir im ierichleichen auf den nesten sand Michels tak
darnach geben und an alleu vordrung und irresal antwurten
gen Regenspurch in die stat zehen tausent mark silbers undz
auf volleu werung der oftgenanten XL tausent mark silbers.
Die werung der selben XL tausent mark sich also erlanget und
erget in den nesten vier iaren nach einander, auf welheu zil
wir aber in die werung uberfüren, so sein wir im aver gepunden
ze laisten undz auf volleu werunge des gutes, da der pruch und
ubervarnüsse an geschehen ist in aller der weis als vor geschriben stet und in gleicher weis sullen auch die vorgenanten
unser pürgen an alleu vordrung und manunge, er mane si oder
niht, mit ir selbes leip ze Prag in die stat invaren und in
geisels weis sich da in legen und laisten und auz der laistung
noch auz der Stat ze Prag nach geisels reht nimer ze chomen,
undz daz wir dem egenanten herzogen allez daz vollaisten, volenden und volfüren, daz vor geschriben stet. Und wer, ob der
vorgenanten purgen ainer oder mer abgieng oder verdurbe, des
got niht enwelle, so sullen wir darnach inrerhalben vierzehen
tagen, darnach als man uns darumb gemant, an des stat der
abgangen ist, ainen als guten setzen in aller der weis und in
solhem gedinge, als der gewesen ist, der abgangen ist, an argen
list und an geverde. Doch unverzigen und ze behalten alle die
punte, artikel, hantfest, urchunde und prieve, die der obgnante
herzog und sein erben von unserm egenantem vater oder von
andern seinen purgen oder von steten oder von ander iemant
die purgen sint hat und verhaizzen daruber fur uns und fur
unser erben dem obgeschriben herzogen und seinen erben die
vorgeschriben taidinge an allen pruch mit guten trewen an
argen list gantzleich ze volfüren und an aides stat stete ze
haben an allez geverde. Und des ze ainem urchund so geben
wir im disen prief mit vnserm insigel versigelten. Der ist geben
ze Meran, anno domini M⁰. CCC⁰. XXXIII die octano post festum
sancti Michahelis.

1. München, R.-Arch. Kod. 26, f. 19.
2. Beiträge VII, 220, lüdenhaft.
3. Huber, Vereinigung, S. 13.
4. Emler, Regest. dipl. V.
5. Chytil, Cod. dipl. Mor. VI.

20.

Ramme, 19. September 1335.

König Johann v. Böhmen ersucht seinen Sohn Johann Heinrich und dessen Gattin Margaretha (Maultasch), an seiner statt dem Volkmar v. Purchstall schuldige 550 Mark Silbers auf den Zoll am Lueg anzu= weisen, da er ihn gegenwärtig nicht auszahlen könne.

Von uns dem chünig von Beheim.

Lieber sun und liebew tochter, wan wir unserm lieben getriwen Volkmaren von Purchstal ain tail gelts, des wir in ietzund, als wir gern taeten, niht bezalen mügen, schuldich sein pitten wir ew gar fleizzich und wellen ez, daz ir im den zol der da haizzet ze dem Lüge und den Alb. graf von Görtz inne gehabt hat, ein geben wellet als lang, untz er fumfthalb hundert march silbers des landes werung an widerrechung aufgehebe und swo ir den selben Volkmar hie mit besorget, da tüt ir uns sunder liebe an. Der prief ist geben ze Kamme des naechsten eritags nach des heiligen chreutzes tag, als es erhaben wart.

21.

Tiroi, 30. September 1335.

Herzog Johann und seine Gattin Margaretha weisen auf Ansuchen König Johanns v. Böhmen dem Volkmar v. Burgstall den Görzischen Anteil am Zoll zu Lueg an, bis die 550 Mark Silbers, die ihm König Johann von Böhmen schulde, getilgt seien.

Wir Joh(ann) iüngister sun des edlen chüniges von Beheim und wir Margarete sein gemahel von gots gnaden hertzogin in Chernden etc. veriehen an disem prieve, daz unser lieber herre und vater der hoch geporn chunig Johans von Beheim und graf von Lutzenburch unserm getriwen Volkmaren von Purch- stal, purchgraven ze Tyrol ein tail gelts schuldich ist des selben gelts, wir ih von pet wegen und geschaeffts (!) des selben unsers herren und vaters berihten und mit disem prieve beweisen auf den tayl des zolles datz dem Lüge der grafen Albrehten von Görtz end er es verworhte, zügehorte, des wir uns von ver- dienten schulden des selben grafen in unser gewer und gewalt underzogen und underwunden haben und wellen, daz denselben tayl des zolles von disem heutigen tag ze rayten hinnenfür der

vorge(nant) Volkmar von unsern wegen inne habe untz als lange
daz er nach des landes werung an widerrehnung an dem vor-
benanten gelte da· von aûf geheben mûg fûnfthalb hundert march
silbers und verhaizzen in von dem egenanten tayle des zolles
niht ze schaiden . er werd ê gentzleichen gewert der vorgeschriben fûmfthalb hundert march silbers, ez waer danne sovil
ub wir uns verainten und brihten mit dem vorgenanten grafen,
swes er dannoch der oben geschriben fumfthalb hundert march
silbers von dem offtgenanten ·zolle ungewert ware, des sol er
sich wider haben aûf vnsern offtgenanten herren vnd vater in
der weise als aûch vor mit urchund dises prieves. Der geben
ist auf Tirol nach Christes gebûrd driuzehen hundert iar und
darnach in dem fûmf vnd dreizzigistem iar des naehsten sampz-
tags nach sand Michels tag. Indictione tertia.

1. Innsbruck, Statth.-Archiv. Pap. gleichzeitige Kopien ex Orig.

Bergreichenstein.

Rede, gehalten anläßlich der feierlichen Eröffnung der neuen Realschule in Berg=
reichenstein, 22. September 1906,

von

Prof. Ottokar Weber.

Als ich heute Morgen an „Himmelreich" und „Höllenhof" vorüber
dieser Stadt zustrebte, deckte dichter Nebel die Landschaft, nur hie und
da zeigte mir ein Riß in den Wolken, ein karger Sonnenstrahl, die Herr=
lichkeiten der Gegend; so geht es dem Forscher, der sich über die Ver=
gangenheit dieser alten Goldbergstadt zu unterrichten wünscht. Es über=
rascht geradezu bei der Durchsicht der Literatur, die über diesen Ort vorliegt,
wie wenig sichere und genaue Nachrichten vorhanden sind, wie sehr die
Geschichte Bergreichensteins noch im Verborgenen liegt. Hier werden die
jungen Männer der Wissenschaft, die da ihren Einzug halten, ein
reiches Feld der Betätigung finden; der Redner, der aber schon heute
mit so geringen Mitteln die Neugierde seiner Zuhörer befriedigen soll,
wird auf viel Nachsicht rechnen müssen.

Die erften ficheren Nachrichten über Bergreichenftein ftammen etwa aus dem Jahre 1300 oder aus der Zeit kurz nachher. Wir hören, es habe damals hier bereits 300 Goldmühlen gegeben und bald darauf habe König Johann, der Luxenburger, auf einen Kriegszug gegen die Landshuter Herzöge 600 Bergknappen von hier mitnehmen können, ohne daß man diefen Verluft an Arbeitskräften fonderlich empfunden hätte. Man wird diefe Nachrichten, die ein Berichterftatter von dem anderen gläubig abfchreibt, nicht ohne weiters von der Hand weifen können, muß aber dabei bedenken, daß man mit Zahlen aus jener Zeit nicht vorfichtig genug umgehen darf; man liebte es mit runden Summen herumzuwerfen und namentlich die heilige Zahl drei und ihre Vielfachen fpielten eine große Rolle. Diefe Nachrichten find etwa fo aufzufaffen, daß im Gedenken der Mitlebenden oder der nächften Generation die Tatfache feftftand, daß damals Bergreichenftein bereits eine Gemeinde von Einfluß und Bedeutung gewefen fei. Wir wiffen damit, daß um 1300, alfo zu einer in der Weltwirtfchaft hochbedeutenden Zeit, hier ein reicher Goldbergbau ftattgehabt hat, und das muß uns für diefe ältefte Zeit genügen. Es foll noch bemerkt werden, daß die erfte Anfiedelung den Namen R e i ch e n = ſt e i n getragen hat, was vielleicht auch auf das Vorkommen jener Halb= edelfteine fchließen läßt, die die Wäffer Südböhmens vielfach mit fich führen. Aus dem Reichenftein entftand ein Unter= und ein Ober=Reichenftein, letzteres Bergreichenftein genannt.

Welches die ältere Niederlaffung gewefen, wiffen wir nicht; vielleicht die untere, wegen der Nähe des Waffers, das die Bergleute für ihre Arbeit brauchten; eher ift aber anzunehmen, daß die erfte größere Anfiedelung auf der die Gegend dominierenden Höhe Platz fand, von wo aus die Arbeiter ja in kurzer Zeit ihr zum Wohnen ungeeignetes, unwirtlich und feucht gelegenes, auch Überfchwemmungen ausgefetztes Arbeitsgebiet erreichen konnten; das wird auch beftätigt durch die Kirche Skt. Nikolai, von der bald die Rede fein wird.

Bedeutfam, wie für das ganze Böhmerland, war auch für Reichen= ftein die Regierung des großen Kaifers Kari IV. Deutfchland verdankt diefem Monarchen die goldene Bulle, Böhmen die Univerfität; unendlich viel hat er für diefes Land getan: er führte den Weinbau ein, baute Straßen, Burgen, er widmete dem Bergbau feine Aufmerkfamkeit. Da ift es nur begreiflich, wenn auch die betriebfame Anfiedlung an den Quellen der Wottawa Gnade vor feinen Augen fand. Solche Orte mußten dem Landesherrn Abgaben und Steuern entrichten, es ift verftändlich, wenn die

Gnade des Herrn sich zunächst darin zeigt, daß eine Milderung in diesen Abgaben eintritt: das war den Reichensteinern schon unter König Johann, ein Jahr bevor dieser seinen Todeszug nach Frankreich antrat, 1345, geschehen. Weiters kann sich die Gunst des Landesherrn darin äußern, daß er die ökonomische Lage eines Ortes verbessert, durch Anlegung von Straßen, durch schützenden Burgenbau, welch letzterer die neuen Straßen und die Gegend überhaupt vor unrechtmäßigen Brandschatzungen anderer Herren sichert. Wir hören, daß Karl IV. in der Zeit von 1356—1361 eine große und schöne Burg oberhalb Reichensteins hat anlegen lassen, wir vernehmen, daß 1366 eine Straße errichtet worden ist, die von Bergreichenstein durch das Gefild (Innergfild und Außergfild) gegen Passau hinstrebte. Man wird wohl vermuten dürfen, daß zuerst die Straße gebaut worden ist und dann erst die Burg, die jene schützen sollte. Der Erbauer der Burg wird uns auch genannt: Veit Hedvabny soll er geheißen haben; nun es ist möglich, daß es damals einen Baumeister Veit gegeben habe, obwohl beglaubigte Spuren von ihm nicht mehr zu finden sind; gegen den Zunamen des „Seidenen" wird man sich aber unbedingt verwahren müssen, solche Zunamen waren damals nicht üblich.

Hier eine kleine Abschweifung von unserem Thema. Die Grafen von Luxenburg sind Franzosen gewesen. Darf man sie also nicht zu Deutschnationalen stempeln, so sind sie aber noch weniger nationale Tschechen gewesen und vor allen nicht Karl IV. Die beiden schönsten Burgen, die er in unseren Gauen erbauen ließ, nannte er mit gut deutschen Namen „Karlstein" und „Karlsberg". Letztere ist eben die Burg bei Bergreichenstein. Es scheint mir charakteristisch, daß die Übertragungen der beiden Namen ins Tschechische keine richtigen Übersetzungen, sondern dem Klange der Worte nachgeahmt sind: Karlův Týn und Kašparské Hory. Bei ersterem wird aus dem „Stein" ein „Tyn" was eine ganz andere Bedeutung hat (Tein, soviel wie geschlossener Raum, später Kaufhof), während der andere Name zunächst in »Kašperk« übergeht, dann in merkwürdiger Verballhornung des Wortes „Karl" dieses in „Kaspar" umändert; angehängt wird das Wort »hory«, die tschechische Bezeichnung für Bergwerk. Diese deutschen Namen der Burgen verraten viel!

Sehr bedeutungsvoll ist die neue Straße. Das hängt damit zusammen, daß die böhmischen Bergwerke anfingen die schwere Arbeit, die sie kosteten, nicht mehr zu lohnen. Auch ganz begreiflich. Die Flüsse Böhmens hatten in tausendjähriger Arbeit Gold zusammen getragen, das mit Gestein vermischt, sogenannten „Seifen", durch mühsame Arbeit herausgewaschen werden mußte. Zwei Ziffern werden ein anschauliches Bild geben von der Umständlichkeit jenes Prozesses. Damals konnte ein fleißiger Arbeiter an einem Tage ungefähr 400 Kilo goldhaltigen Gesteins durcharbeiten, heute gibt es für solche Zwecke hochentwickelte Maschinen, die die frühere Arbeit von nahezu vier Tagen (1500 Kilo) in zehn Sekunden leisten. Und die große Mühe jener Jahre lohnte nicht mehr, das leichter zu findende Gold war erschöpft. Man mußte den Flüssen wieder eine tausendjährige Ruhe gönnen, um das kostbare Metall in größerem Maße gewinnen zu können. Vielleicht kommen noch einmal Zetten, in denen eine solche Bearbeitung sich lohnen würde, aber schon Mitte des 14. Jahrhunderts mochte man auf Mittel und Wege sinnen, um sich besseren und leichteren Lebensunterhalt zu schaffen, und da lockte ein Beispiel ganz in der Nähe. Die Prachatitzer hatten sich Privilegien verschafft, durch welche der ganze Handelsverkehr mit dem benachbarten Bayern durch ihre Hände ging. Auf ihren Straßen, vor allem dem goldenen Steige, brachten sie das nötige Salz, das in Böhmen nicht vorzufinden war, herein und verfrachteten dafür böhmisches Getreide hinaus. Da lag der Gedanke nun sehr nahe, was den Prachatitzern gelungen war, ebenfalls zu versuchen und auf anderen Straßen andere Privilegien zu erhalten. Es beginnt ein wilder Kampf zwischen Prachatitz, das seine kostbaren Rechte mit Zähigkeit verteidigt, und anderen Städten, die in dessen Fußstapfen treten wollen: mit Winterberg, Bergreichenstein, später auch mit Schüttenhofen und Klattau, und da muß es als ein sehr wichtiges Moment bezeichnet werden, wenn Bergreichenstein damals das Recht erhielt, auf der neuen Straße Handel mit Bayern treiben zu dürfen. Die Straße geht durch das Gefilde weiter, zum großen Kreuzungspunkte aller dieser Straßen, wo zum Schutze die Feste Kunzwarte angelegt wurde: das heutige Kuschwarda. Die Bergreichensteiner bekommen gleichzeitig auch das Recht, daß alle Krämer, die des Weges ziehen, eine Nacht in ihrem Orte zubringen müssen. Das sind so die Bevorzugungen jener Zeit, durch welche man den Handel zu heben versuchte, künstliche Vorteile schaffen wollte: die ersten Anfänge des Schutzzolls.

Schon um 1330 herum wird uns bei Bergreichenstein die kleine Kirche zu St. Nikolaus genannt, die heute beträchtlich außerhalb der Tore liegt; Ende des Jahrhunderts dann wird eine Pfarrkirche im Orte selbst erwähnt. Schon 1418 mag ein dortiger Pfarrherr eine größere Rolle in jenen Gegenden gespielt haben, er wird uns als Dechant des

Prachiner Kreiſes vorgeſtellt: Casparus Plebanus. Scherzhaft könnte
man vielleicht ſogar die Vermutung ausſprechen, daß dieſer Pfarrherr ein
längeres Gedächtnis in ſeinem Volfe erreicht habe, als der große Kaiſer
Karl IV. und daß der Name Kašparské Hory, als er im Lauſe der
Zeiten entſtand, möglicherweiſe auf dieſen Pfarrherrn Casparus zurückgeht.
Aber das ſind Dinge, die man kaum zu ſtreifen wagt, um ja nicht in
den Fehler alter Chroniſten zu verfallen, die aus kühnen Vermutungen
gewaltige Tatſachen formen. Jedenfalls darf hier feſtgeſtellt werden, daß
der Urſprung dieſes Ortes ein deutſcher geweſen iſt, was man nicht bei
allen Städten des Böhmerwalds nachweiſen kann. Auch in tſchechiſchen
Urkunden findet ſich die längſte Zeit nur der Name „Berg-“ oder „Perg-
reichenſtein“, erſt als die Burg Karlsberg mit der Stadt in enge Beziehung
tritt, fließt der Name der Burg auf die Stadt über. Immer weiter geht
der Bergbau zurück, oft beträgt das Erträgnis ſolcher Bergwerke (über
Bergreichenſtein ſtehen uns keine Ziffern zur Verfügung) nur mehr
10—20 Mark im Jahre. Grund genug, daß andere Induſtriezweige ſich
auf Koſten des Bergbaues entwickeln; in jenen Gegenden vor allem, durch
Holz und Waſſer unterſtützt, die Glaserzeugung, die wir im ſcheidenden
Mittelalter in Bergreichenſtein ebenfalls ſchon vorfinden, die aber nicht
jenen Aufſchwung genommen hat, wie man es hätte erwarten dürfen.
Immer grimmiger wird dagegen um das Monopol des Salzhandels
und des Verkehrs mit Bayern überhaupt gekämpft und immer weitere
Verluſte erleidet Prachatitz; aber auch die anderen Städte kämpfen untereinander, ſo vornehmlich Bergreichenſtein mit Schüttenhofen. Je weiter
die Zeit vorſchreitet, deſto unmöglicher wird es, derartige Straßenmonopole
aufrecht zu erhalten und das Prinzip der allgemeinen Verkehrsfreiheit
macht ſich unwiderſtehlich geltend. Der zunehmende Handelsbetrieb ver-
ſchafft unſerer Stadt das Recht Wochenmärkte abzuhalten, das ihr 1535
eingeräumt wird; dieſelben finden zunächſt an jedem Donnerstag ſtatt,
ſpäter wird der Samstag dazu beſtimmt, ebenſo dürfen dort zwei Jahrmärkte abgehalten werden. 1572 bekommt Bergreichenſtein ſein Wappen
und zwölf Jahre darauf, 1584, wird es zur freien Bergſtadt erhoben.
Es iſt eine Ironie des Schickſals, daß es dieſen Titel in einem Zeitpunkte
erhält, wo die Blütezeit des Bergbaus dort längſt vorüber iſt. Freilich
ſind mit dieſem Titel beſondere Rechte verbunden, die der Stadt immerhin
ſehr zu Gute kommen, ſie hat dadurch eigene Verwaltung und eigene
Gerichtsbarkeit, alſo noch mehr Vorrechte, als heutzutage eine Stadt mit
„eigenem Statut“. Im ſelben Jahre verleiht Rudolf II., der ebenfalls

das lebhafteste Interesse für den Bergbau zeigt, der Stadt noch die Abgabenfreiheit von ihren Bergerträgnissen und überläßt ihr einen großen Teil des um die Burg Karlsberg liegenden Grundbesitzes.

Diese Burg hat ein recht wechselvolles Schicksal gehabt; in steter Geldnot haben die Könige von Böhmen dieselbe unaufhörlich anderen Besitzern verliehen oder verpfändet, sie ist infolgedessen nie zu großer historischer Bedeutung gekommen; in den Hussitenstürmen wurde sie berannt, aber nicht zerstört, wie so viele ihres gleichen; unmittelbar vor dem Ausbruche des 30jährigen Krieges wird sie den Bürgern der Stadt überantwortet. Kaiser Mathias verkauft sie 1617 um 4200 Schock Meißnisch denselben, damit hat ihr feudales Leben ein Ende, sie wird bürgerlich. Wir können aus diesem Verkaufe aber auf etwas mit Bestimmt= heit schließen: daß sich Bergreichenstein nicht der tschechisch=protestantischen Opposition gegen den Kaiser angeschlossen hatte, daß es damals katholisch und kaisertreu gewesen ist, da sonst wohl kaum der Verkauf der Burg an eine feindlich gesinnte Stadt erfolgt wäre. Es ist das ja bekanntlich die Zeit, in der eine starke religiös=politische Opposition in Böhmen gegen die Habsburger sich bemerkbar macht, die dann in der Wahl des Winter= königs ihren Abschluß gefunden hat; seinem deutschen Charakter treu, scheint Bergreichenstein diesen Selbständigkeitszug des nationalen Adels nicht mitgemacht zu haben. Der Dreißigjährige Krieg, der Böhmen an den Rand des Abgrundes gebracht hat, lähmte auch in unserer Gegend für lange Zeit jeden Aufschwung. Die stolze Burg fiel der Zeit zum Opfer; was die männermordenden Kriege nicht erreicht hatten, das erzwang jetzt der Friede. 1655 wurde der Bann über alle Burgen in Böhmen ausgesprochen, nicht mehr sollten sie die Schlupfwinkel einer unbotmäßigen Aristokratie, eines übermütigen Bürgertums sein dürfen, sie alle sollten ge= brochen werden. Bei Bergreichenstein hätte man vielleicht eine Ausnahme machen können, aber da waren es die Bürger selbst, die in nüchternen, praktischen Erwägungen, daß es kostspielig sei eine unnütze Burg zu erhalten, aber ebenso kostspielig, sie zu zerstören, dem Zahn der Zeit diese Aufgabe zu erfüllen überließen und dem langsamen Zusammenbruch derselben vergnügt zusahen: von der Burgenschwärmerei unserer Zeit war man damals himmel= weit entfernt.

Noch vor dem Ausbruche des Krieges war auch der alte Streit um die Straßen endgültig beigelegt worden; durch ein anfangs des 17. Jahrhunderts geschlossenes Abkommen zwischen dem Kaiser und den Herzogen von Bayern wurde ausdrücklich auch für die Städte Klattau,

Schüttenhofen, Winterberg und Bergreichenstein das Recht des freien Verkehrs mit Passau und Bayern festgelegt; was konnte das aber mehr viel bedeuten, besonders in einem Augenblicke, wo der fürchterlichste Krieg aller Zeiten loszubrechen drohte? Der vornehmste Teil des Handels mit Bayern, der Salzverkehr, wurde überhaupt immer mehr gestört durch stetig sich steigernde Aufschläge auf diesen Artikel, was damit zusammen= hängt, daß die Entwicklung der Salinen im Salzkammergute eine Unter= stützung des österreichischen Salzes zu Ungunsten des ausländischen erforderte. Im 17. und 18. Jahrhunderte wird auch versucht, den alten Goldbergbau wieder zu beleben, aber ohne Erfolg; immer mehr wird Bergreichenstein auf die gewöhnlichen Wege vieler anderer Städte Böhmens gewiesen, die in bescheidener Weise von Landwirtschaft und geringer Industrie sich ernähren, in denen das Handwerk einen bescheidenen Boden findet, nur soweit es eben die kargen Bedürfnisse der Einwohner erheischen; da kam den Bergreichensteinern der Erwerb der ehemals mit der Burg in Verbindung gestandenen Güter sehr zu statten, obwohl die hohe rauhe Lage auch da einen großen Ertrag aus Grund und Boden ausschloß. Was für ein Reichtum in den herrlichen, die Stadt umgebenden Wäldern ruhte, dessen konnte man sich damals bei den schlechten Verkehrsverhält= nissen unmöglich klar werden. Immerhin ging die Stadt einen tüchtigen, wenn auch bescheidenen Gang weiter; eine dreiklassige Trivialschule wird errichtet, die viel später erst in eine Normalschule umgewandelt wird; wir hören, daß bei der Pfarrkirche eine, dann eine zweite Kaplanstelle errichtet wird, was auf eine Zunahme der Bevölkerung schließen läßt; moderne Industrie greift hier ein, die Glasfabriken mehren und entwickeln sich, die Zündholzindustrie wird eingeführt, dem technischen Unterrichte dient durch 10 Jahre eine Unterrealschule, die dann wieder aufgelassen wird; der Versuch, eine Gewerbeschule zu erhalten, mißlingt, dagegen wird eine Holzfachschule gegründet. Aus schwieriger pekuniärer Lage, in die die Stadt vorübergehend geraten ist, wird sie durch eine kluge Ver= waltung gerettet; wir sind damit in die Gegenwart gelangt, in der in zweckmäßig moderner Weise durch eine tüchtige Stadtvertretung die unge= heuren Schätze der Wälder vernünftig verwertet werden, damit der Stadt wieder ein goldenes Zeitalter geschaffen wird; wirtschaftlicher und geistiger Betrieb setzen ein, der letztere ist eben durch die Errichtung der neuen Schule gekrönt worden. Das Gold, das hier geschürft wird, liegt nicht unter der Erde oder im Gestein versprengt, es tritt hell zu Tage in den Baumriesen, die die Stadt umgeben, in der Wasserkraft, die sie rings umkreist, und die Menschen sollen nun durch alle Mittel des Unterrichtes darauf gebracht werden, dieses Gold richtig auszumünzen.

Wir haben mit wenigen Streiflichtern die einfache Geschichte dieser alten deutschen Stadt beleuchtet, versuchen wir noch zum Schlusse, ob es uns nicht gelingen mag, diese bescheidene, tüchtige Arbeit der Bergreichensteiner auch von einer höheren Warte aus zu betrachten, ob sich neben dem lokalhistorischen Überblicke nicht auch ein universalhistorischer entwickeln läßt? Wie man im großen Strome die Wasser der einzelnen Bäche nicht mehr unterscheiden kann, die in ihrer Vereinigung ihn bilden, so vergißt man leicht, daß die Weltgeschichte auch nur aus einzelnen Ereignissen zusammengesetzt ist, die man besser in ihren lokalgeschichtlichen Zusammenhängen schildert, die man aber nicht gering achten darf.

Wie bei der geologischen Struktur unserer Erde, kann man auch bei der Bevölkerung von Böhmen die Schichten der aufeinander folgenden Einwanderer unterscheiden. Wir finden zuerst die keltischen Bojer, die unserem Vaterlande den Namen gegeben haben; es kommen dann Germanen: die Markomannen. Sie ziehen weiter westwärts ins Bayrische, dessen Hauptstamm sie ausmachen, und ihnen folgen in Böhmen die Slawen. Verschiedene Stämme sind da zu unterscheiden: Tschechen, Lutschanen, Chorvaten, Netolitzer, Sedlnitschanen usw., von denen die ersteren aber die Oberhand behalten und die anderen absorbiert haben. Vom Südosten sind sie herein ins Land gekommen, dort wo gegen Mähren hin die einzige Lücke in dem Kranz von Waldbergen zu finden ist, die Böhmen schützend umgeben und die in ältester Zeit in ihrer Gesamtheit „Böhmerwald" genannt worden sind. Die Slawen besiedelten natürlich zunächst das Innere des Landes, stiegen dann auf die umschließenden Berge und drangen von da weiter über die heutigen Grenzen Böhmens hinüber in die umliegenden Gebiete, wie Sachsen und Oberpfalz. Bald erfolgt wieder ein Rückschlag, aber friedlicher Natur. Die Völker Europas haben dauernde Wohnsitze gefunden und nicht mehr erobernd, sondern kolonisierend kommen die Deutschen wieder ins Land zurück, meist eingeladen von den böhmischen Herrschern selbst, die der reicheren deutschen Kultur Zutritt in ihr Reich verschaffen wollen. Deutsche Handwerker werden hereingerufen, Städte mit ihnen besiedelt, das deutsche Recht bringt hier ein; in weitesten Kreisen macht sich deutscher Einfluß geltend, deutsche Künstler, deutsche Steinmetzen, deutsche Bergknappen werden zu wichtigen Lehrmeistern. In diesen Zeiten beginnt

jener ungeheure Bergbau in Böhmen zu blühen, der von der mährischen
Grenze von Iglau über Deutschbrod und Kuttenberg fast den ganzen
Süden, den Westen und große Teile des Nordens umfaßt und in dessen
Verlauf auch Bergreichenstein seine erste Blüte erreicht. Diesen Kolonisten
im Innern des Landes folgen bald verschiedene deutsche Stämme, die
sich zunächst am Rande des Landes in den Waldgebirgen festsetzen, wo
die bisherigen Niederlassungen gering an Zahl sind und wo ihnen bereit=
willig Platz überlassen wird. Wir unterscheiden da vier deutsche Stämme:
den bayrischen im Süden und Südwesten, den nordgauischen oder pfälzer
im Westen und Nordwesten, den sächsischen im Norden, den schlesischen
in Nordosten. Gerade solche Monarchen, die gerne von der Gegenseite
als nationale Heroen angesehen werden, wie Ottokar II. und Karl IV.,
haben diesen Hereinstrom der Deutschen besonders begünstigt. Aber auch
geistliche Stifte und kleinere Herren haben sich um diese Kolonisation
verdient gemacht, wie die Klöster Goldenkron und Hohenfurt und das
Grafengeschlecht derer von Bogen, in der Gegend des heute speziell
„Böhmerwald" genannten Gebietes. Daß hier die alte germanische Be=
völkerung der Markomannen noch vorzufinden sei, wird von der gegen=
wärtigen Forschung wohl mit Recht abgelehnt; es haben sich im Gegen=
teil hier sehr deutliche Spuren slawischer Ansiedelung erhalten, wie die
Namen der Berge, Flüsse und mancher Orte es zur Genüge dartun:
Ottawa, Wydra, Lakaberg, Zosum, Kubani, Ossa. Wir Deutsche haben
es nicht nötig borgen zu gehen, wir können es ruhig zugestehen, wenn
wir Reste alter slawischer Ansiedelungen irgendwo vorfinden, darum werden
die Rechte der Deutschen, die da später an die Stelle getreten sind, in
keiner Weise verkümmert; niemand wird mich davon überzeugen, daß
Orte, wie in Nordböhmen Teplitz, in Südböhmen Prachatitz, nicht slawischen
Ursprungs sind; gewalttätige Ableitungen, wie sie gerade bei diesen beiden
Städten versucht worden sind, können nicht anders, als die berechtigte
Kritik unserer Gegner hervorrufen. Es bleiben, um wieder auf den
Böhmerwald zurückzukommen, genügend rein deutsche Siedelungen übrig,
wie Winterberg, Schüttenhofen, Bergreichenstein. Sie haben in den Zeiten
gewaltiger nationaler Reaktion, unter den Hussiten, vor dem 30jährigen
Kriege, wechselvolle Schicksale erfahren; in der Zeit des größten tschechisch=
nationalen Aufschwunges, von 1848 an, sind wichtige Gebiete wie Klattau,
Schüttenhofen verloren worden. Immer schärfer wird aber im Laufe der
Jahrhunderte die Scheidung, bis es heute nur auffallend wenige gemischte,
meist nur völkisch reine deutsche und tschechische Gebiete gibt. Wie haben

nun diese Grenzlande mitgearbeitet an den nationalen Schicksalen unseres engeren Vaterlandes?

In Westböhmen, dem Gebiete des heutigen Böhmerwaldes, war ursprünglich eine Art von Militärgrenze eingerichtet zum Schutze des böhmischen Bodens gegen Einbrüche der Nachbarn; so kann man die Wirksamkeit der Choden, der künischen Bauern am besten beschreiben, von denen die ersteren wohl auch Slawen gewesen sein dürften. Als die Zeiten, in denen Böhmen und das Deutsche Reich einander feindlich gegenüber gestanden sind, vergingen und Böhmen selbst ein Teil des Deutschen Reiches ward, verlieren diese Außenposten ihre ursprüngliche Bedeutung, sie werden gleichzeitig zu rein deutschen und haben jetzt die Aufgabe die Verbindung des inneren Böhmerlandes mit dem umliegenden Deutschland zu vermitteln, die reichen Gaben deutscher Kultur immer wieder Böhmen zuzuführen, ein jedes Hinübergreifen des slawischen Elementes auf deutschen Boden aber zu verhindern. Der Spieß wird jetzt umgedreht, nicht mehr gegen Deutschland hält diese Militärgrenze Wacht, sondern gegen Böhmen selbst; dabei ist aber, wie angedeutet, ihre Stellung keine kriegerische mehr, sondern vornehmlich eine friedliche, durch Aufrecht= halten der wertvollen und wichtigen Verbindung mit der deutschen Kultur, die dann in Böhmen selbst aufgenommen und weiter entwickelt wird. Neben diesen allgemeinen Aufgaben gibt es noch besondere, an denen sie mitarbeiten, die deutschen Böhmerwäldler. Ich habe Eingangs davon gesprochen, daß gerade zu einer der wichtigsten Zeiten in der Geschichte der Weltwirtschaft die Reichensteiner sich gewaltig gerührt haben, das war, als um 1300 herum die Naturalwirtschaft zur Geldwirtschaft überging; das wurde nur dadurch möglich, daß genügend Edelmetalle vorhanden waren, die zu Geld umgearbeitet werden konnten: da war das Gold des Böhmer= waldes nun ein sehr wichtiger Faktor! Diese Zeiten sind verrauscht. Aber wie jeder Mensch, der ringt und strebt, mitarbeitet an der Erhöhung des ganzen Menschengeschlechtes, so ist auch die spätere Arbeit, die hier im Böhmerwalde geleistet wurde, nicht verloren gegangen für das allge= meine Beste. Und die große Aufgabe ist dem Böhmerwalde geblieben, wie den anderen deutschen Grenzgegenden, Hüter zu sein deutschen Bodens und zugleich Vermittler zwischen der deutschen und slawischen Welt.

Man hat in früheren Jahrhunderten Burgen gebaut zum Schutze und zur Eroberung; heute ist man friedlicher gesinnt, man darf andere Waffen gebrauchen, die Waffen des Geistes und der Bildung. In mancher Hinsicht ist die Stellung Bergreichensteins heute eine viel ver=

antwortlichere geworden; das anstoßende Gebiet mit Städten, wie
Schüttenhofen, Klattau, ist für das Deutschtum verloren gegangen, desto
treuer muß da die Wacht am Böhmerwalde stehen und da ist nun jetzt
eine neue Burg des Geistes und der Wissenschaft gegründet worden, die
deutsche Realschule, der eine große Aufgabe harrt. Die Männer, die heute
dieses Gemeinwesen leiten, haben gezeigt, daß sie nicht nur auf materielle
Vorteile sich verstehen, daß sie auch die geistigen Waffen zu würdigen
wissen; so stehen wir an der Schwelle einer neuen wichtigen Periode für diese
Stadt und ich schließe mit dem Wunsche, möge die neue Schule blühen
und gedeihen zum Ruhme unseres deutschen Volkes, zum Wohle Böhmens,
zum Besten Österreichs. Heil ihr!

Burg Birsenstein und Sommerfrische Pürstein.

Von
Josef Stocklöw.

Einleitung.

Landschaft. Bergbau.

Der wallartige Aufbau, welchen das Erzgebirge bis Klösterle ein=
hält, wird hier bereits durch vulkanische Erhebungen gestört und kehrt
im Pürsteiner Tannwalde noch einmal wieder. Hier thront seitwärts
im Hintergrunde (Westen) in seiner ganzen Macht und Pracht der König
unseres Grenzgebirges, der Keilberg, bis zu seiner wissenschaftlichen Durch=
forschung insgemein recht bildlich der „Sonnenwirbel" genannt. In
Pürstein öffnet sich mit einem Male die Gebirgsmauer und wir schauen
sozusagen dem Berggeiste ins Herz hinein. Zwei herabstürzende Höhen=
züge erweitern sich zu einem mäßigen Tale mit ihren steilen Waldhängen,
dem Bergjoche Tannwald (653 m) zur einen, der hochaufsteigenden
Hausleiten (640 m) und Mühlleiten (Mühlkoppe) mit dem
flachen Burberge (519 m) zur anderen Seite, gleichsam die Seitenwände
eines erhabenen Schauspieles. Dazwischen drängt sich im Hintergrunde
ein Gebirge auf, welches hochoben in einem Kessel das Dörfchen Reihen
einschließt, und auf seiner untersten Höhe an der Talesscheide ein düsteres

Gemäuer zeigt, die Trümmer des Bergschlosses Birsenstein und
unten im Tale und in den beiden Schluchten, in welche es sich teilt,
lacht uns freundlich wie eine jugendliche Schöne die Sommerfrische
Pürstein entgegen, das schmucke Gebirgskind mit dem blütenreichen
Gewande seiner Gärten, geborgen in den Armen trotziger Berge und
umflochten von ihrem Wälderkranze, das Heim unserer Träume und
Erinnerungen.

Das Haupttal von Pürstein teilt sich inmitten des Ortes in zwei
Seitentäler: den Herren= oder Kleintaler Grund und den Finkel=
stein (Weigensdorfer Grund). Jenen durchfließt der Kieselbach und
diesen der Mildesbach. Der Kieselbach behält bis zur Einmündung
in die Eger den Namen bei und wird auch Pürsteiner Bach genannt.
Beim Schmelzen der Eisdecke und Gewittergüssen schwellen diese Gewässer
zu reißenden Strömen an und es entstehen Überschwemmungen.
Derlei Wassergefahren ereigneten sich am 14. Juni 1860 und am
13. Feber 1868. Bei ersterer forderte leider der Tod ein Menschenleben
als Beute. Die Wasserhöhe bei letzterer ist an dem Schlachthause des
Gasthofes zum Eisenhammer bezeichnet. Dies besagt mehr als die hier=
über erschienenen Zeitungsberichte.

Vielgestaltig, bunt und reich an Eindrücken ist das ganze Land=
schaftsbild, aber auch anregend für den Naturforscher. In dieser Gemeinde
trifft das Urgebirge mit dem Basalte zusammen. Der Granulit bildet die
Terrasse des Egertales und ragt ganz eigenartig (Egergranulit) in Fels=
gruppen an den Steilwänden des Egerflusses empor. Das Gebirge besteht
im ganzen und großen aus Gneis. Nur der Burberg bildet eine kleine
Decke von Nephelinbasalt und der Mühlberg eine durch eine kleine
Einsenkung getrennte Kuppe desselben Gesteines. Bei jenem finden sich
Basalttuffe als Unter= und Zwischenlagen der Decken. Reuß rühmt
besonders den großen Kugelbasalt des Mühlberges. Eine Basaltkuppe ist
der so gerne besuchte Spitzberg (Gem. Mühlendorf) im Westen des
Tannwaldjoches. Von demselben laufen zwei mächtige Basaltgänge über
den „Kehr" zur neuen und alten Straße herab. Mannigfaltige Ab=
änderungen und ungewöhnliche Übergänge in den Verbandsverhältnissen
zeigt der Gneis. Aus dem Keilbergmassive streicht der Muskowit=
gneis über den Weigensdorfer Rücken und die Endersgrüner Höhe bzw.
den Blößberg bis auf den Abhang über den Kehrhäuseln herab und
wendet sich in der Richtung des Tannwaldes über den Schloßberg hin=
über auf die Mühlleiten (Mühlberg). Hier stützt er sich im Süden auf

Granulitgneis. Der Glimmerschiefergneis, der am Eingange des Rummelbachtales zu beiden Seiten ansteht, erscheint wieder im Weigensdorfer Grunde bei der Papiermühle und wird auch nicht weiter sichtbar. Von Weigensdorf zieht sich auf der linken Seite ein Streifen Glimmerschiefer und biegt vom Hohenstein südöstlich gegen Pürstein herab, übersetzt das Tal, streicht dann über den nördlichen Abhang der Hausleiten und bildet die Südlehne des Seifenberges bei Kleintal.

Auch in diesen Tiefen und Höhen hatte der Bergbau Eingang gefunden. Da gibt es kaum einen Berg, kaum ein Tal, wohin nicht der Mann mit Schlägel und Eisen den Fuß gesetzt hätte. Oberhalb Reihen zwischen diesem Dorfe und Kleintal finden sich mehrfach alte Aufbereitungswerkstätten aus der Zeit, wo das Eisenerz von Tag aus gebrochen und gleich an Ort und Stelle geschmolzen wurde, sog. „Rennfeuer". Einer späteren Zeit gehören größere Bergwerksanlagen an, so 3 bedeutende Schächte auf dem Kestlergrunde bei Endersgrün an der Weigensdorfer Grenze. Stark und von langer Dauer muß der Bergbau neben dem Mühlberge gewesen sein, wie die große verwachsene Halde auf dem Krehanfelde erkennen läßt. Hier haben wir das zu Anfang des XVII. Jahrhundertes beim Eisenwerk erwähnte Bergwerk in Pürstein zu suchen. Zuletzt und schon lange her wurde das Erz für den hiesigen Hochofen aus den Kleintaler Eisensteinzechen, dem Eichensteiner Bergwerke bei Haadorf und aus der Fräuleinzeche in Orpus bezogen. Ein höchst seltenes Mineral „Eisensamtblende" fand sich in der Oswald-Eisensteinzeche in Kleintal. Es wird hierlands nur noch in Příbram angetroffen.

Selbst der Silberbergbau ist unserem Orte nicht unbekannt geblieben. Eine urkundliche Erwähnung geschieht nur in einem Joachimstaler Bergbuche nebenbei. Umsomehr weiß die Volkssage von dem „silbernen Manne" zu erzählen, welcher im Erzgebirge begraben liegt. Ja man sah aus dem reichen Bergsegen hier schon ein prächtiges Kloster auf dem Tännelberge und unten rings um den Berg eine große Bergstadt erstehen. Dieser Glaube übte eine solche Macht, daß im J. 1870 eine Kuxgesellschaft den Betrieb beim Friedhofe wieder aufnahm, ohne dabei die Rechnung zu finden.

Der Erzbergbau ruht schon längst; dagegen regt sich der Kalkbau. Bei Reihen streichen zwei Kalkbänder in südwestlicher Richtung über die Höhe. Das nördliche führt Dolomit gleich dem im angrenzenden Weigensdorf. Das südliche ist Kalkschiefer. Seine Ausstriche sieht man an der Lehne zwischen der Veste Birsenstein und Kleintal. Er wurde jenseits in der Hausleiten abgebaut und anfangs bloß als Zusatz beim Hochofenbetriebe verwendet, in den 1820er Jahren aber in die umliegenden Gegenden verführt und zum Mauern und Tünchen benützt. Der Kalkbau von Reihen, den im vorigen Jahrhunderte einzelne Bauer nur nebenbei betrieben, ist erst von Karl Bernardin aus Saaz auf die heutige Stufe erhoben worden. Die weiße Tonerde oberhalb der Abdeckerei bei Aubach soll mit Anlaß zur Gründung der Klösterler Porzellanfabrik gegeben haben.

Bemerkenswert ist der hohe Stein (807 m) nördlich von Reihen — auf der Bezirkskarte als „Höllenstein" bezeichnet — als Fundort gemeinen und edlen Serpentins. In dem hier vorkommenden Eklogit bricht Magneteisenerz. Hier wurde noch zu Anfang des vorigen Jahrhunderts der Bergbau auf „Blutstein" (Glaskopf), welcher in der Arzneikunst Verwendung fand, auf Staatskosten betrieben, aber wegen wiederkehrender Unglücksfälle aufgelassen.[1])

Der Kieselbach führte früher nicht selten Halbedelsteine wie Achate, Karneol, Amathyste, Bergkristalle, Rauchtopas. Das hat mit dem Bergbaubetriebe in Kleintal aufgehört. Hiervon mag auch das Gewässer den Namen erhalten haben. Denn in Pürstein bezeichnet man gemeinhin unter Kiesel alle „weißen und schönen Steine". So bergen die Berge unseres Heimattales bei der Mannigfaltigkeit ihrer äußeren Gestaltung und bei dem auf ihren Lehnen und Rücken angehäuften Waldreichtum auch noch einen ganz besonderen Reichtum in dem Innern, welches die Volkssage mit Goldgruben und Schatzkammern ausschmückt und mit gefeiten Wesen bevölkert.

Der glücklichen Lage verdankt Pürstein sein mildes Klima. Nächstan streicht die langgestreckte Mauer des Erzgebirges in einer Seehöhe von etwa 850 m. Auf der schlimmsten Seite gedeckt, bilden ringsum Waldberge in dichten Reihen eine Schutzwand gegen den rauhen Nord- und den schneidigen Ostwind sowie gegen das unwirsche Wetter vom Westen her, während das Tal im Süden gegen die Eger zu sich öffnet, um der milden warmen Luft freien Zustrom zu gestatten. Wohltuend und belebend wirkt in der Frühe die angenehme sanfte Frische, die selbst zur heißen Zeit nicht ausbleibt und unter dem Einflusse von Wald und

---

[1] Dr. Gustav L. Laube: Geologie des böhmischen Erzgebirges II, 93, 95, 98, 71, 74, 79, 147.

Waſſer den Morgentau in perlenden Silbertropfen niederträufeln läßt. Selbſt der tote Herbſt ſtreut zuweilen Frühlingsblüten und reift zum zweiten Male die Früchte. Anfangs Oktober 1897 gelangte ein Sträußchen friſch gepflückter Erdbeeren in die Landeshauptſtadt. Während die armen Prager vor Kälte zitterten, war hierorts die Luft mild und rein und die Roſen prangten in der ſchönſten Blüte. „Glückliches Pürſtein!“ rief entzückt der Empfänger des duftigen Herbſtgrußes.

Klima und Bodenbeſchaffenheit ſind dem Anbaue günſtig. Die Einwirkung der letzteren zeigt ſich augenſcheinlich bei dem großen Felde auf dem Burberge. Es wird nicht gedüngt, aber ſeine Fruchtbarkeit ge= rühmt, die zu abergläubiſchen Vermutungen geführt hat. Das ganze Wunder beruht auf dem Baſalt, welcher bei fortwährender Verwitterung neue Bodenſchichten der Ackerkrume zuführt. Der Feldbau iſt wegen der ſteilen und abſchüſſigen Lage mit vielen Mühſalen verbunden und in den Tieflagen durch Überſchwemmungen gefährdet. Auch Garten= und Obſtbau wird betrieben, dieſer mit beſonderer Vorliebe und dankbarem Erfolge. Pürſtein hatte an dem Müller Joſef Schöffel, dem oberen Wirte Joſef Engelſtätter, dem Gartenwirte Franz Zebiſch u. a. erfahrene und tüchtige Obſtbaumzüchter. Und dieſe Beſtrebungen fanden an dem Dechante Wenzel Tſchochner ein aufmunterndes Beiſpiel. Der große Pfarrgarten war als Gemüſe=, Zier= und Obſtgarten (Zwergbäume) und als Luſt= garten eine Muſteranlage im ganzen Kreiſe, wie ſolche nunmehr als das höchſte Ziel eines Gärtners hingeſtellt wird. Selbſt eine Weinpflanzung (Spalier) fehlte nicht. Im unteren Garten, woſelbſt ein tiefes, rundum ausgemauertes Waſſerbecken (Ziſterne), bildeten ausgewählte Beeren= geſträuche eine lebende Einfaſſung am Zaune.

Anſiedlung. Bewohner.

Im Herzen des trauten Tales erhebt ſich der Haus= oder Schloß= berg mit dem geborſtenen Gemäuer der Burg Birſenſtein, die einſt die ganze Gegend von der Eger bis zur Landesgrenze beherrſchte. Da konnten unter dem Schloſſe Anſiedlungen nicht ausbleiben und tatſächlich treffen wir in der erſten Hälfte des XV. Jahrhunderts (1431) eine Mühle und einen Kretſcham mit Leuthäuſern unter der Burg, dabei wohl auch eine Badewieſe (Nr.=K. 3). Sie verſchwinden noch in jenem Jahrhunderte bis auf die Mühle und den Kretſcham und dies wohl zufolge des grauſen Geſchickes, welches das alte Schloß betroffen hatte. Zu beiden kam ſpäter ein Eiſenhammer hinzu. Das Eiſen= und

Bergwerk brachte neue Ansiedlungen zumeist im Herrengrunde. Sie ver=
mehrten sich im Laufe der Zeit mit Errichtung von Wasserwerken
(Hammerhütten, Papier= und Drahtmühlen) und verliehen dem Orte die
heutige Ausdehnung.

Die Ortschaft Pürstein ist jünger als die dazu gehörigen Dörfer,
etwa von Aubach abgesehen. So baute Peter Gäller zwischen 1649—51
ein Häusel (Nr.=K. 44) mit Schmiede auf Tschirnitzer Grund (also mitten
im heutigen Dorfe) und überließ es 1677 dem Schmiede Georg Nitsch
mit allem Schmiedzeug und dem Vorrechte, daß „wann etwann noch
ein Schmit sich alda setzen und eine Schmiten Erbauen wolte, soll solcher
in geringsten nit Passiret werden". 1659 erbaute Paul Totzauer hinter
dem Wirtshause ein Häusel (Nr.=K. 15), wie denn auch die Schloßmühle
und die Schloßleiten gegen Reihen zu diesem Dorfe gehörte (1431). Zur
Anlage geschlossener Bauerngüter bot Pürsteins Örtlichkeit einen Boden
nicht. Nach dem Urbare vom Jahre 1649 gab es daselbst bloß 7 bzw.
10 Handscharwerksgüteln und 2 Häuseln. Die ersteren so genannt, weil
sie mit Handdiensten oder „Scharwerken" belegt waren, unterschieden sich
von den eigentlichen Bauerngütern, deren Besitzer mit ihrem Viehe der
Herrschaft Zugdienste leisten mußten und darum auch „Geschirrbauern"
genannt wurden. In demselben Jahre gab es in Tschirnitz mit Aubach
9 (im J. 1604: 12) Bauern und 10 Häusler, in Endersgrün 8 Bauern
und 1 Häusler, in Reihen 8 Bauern und 3 Häusler, in Kleintal 5 Bauern
und 3 Häusler.

Merkwürdigerweise zählten in jener Zeit auch das Wirtshaus auf
Schönburg, das Gütchen auf der Egerwiese, welches seit Alters her die
Familie Hantschmann inne hatte, und ein Gütchen im Teichel bei Tschirnitz
zur Gemeinde Pürstein.[1]

Die Steuergemeinde Pürstein umfaßt eine Gesamtfläche
von 229 ha 19 a 28 m² und entfielen hiervon im J. 1905 auf die Herr=
schaft Klösterle 127 ha 80 a, darunter Waldung 121 ha 66 a, auf den
Kleinbesitz 101 ha 39 a, darunter Waldung 28 ha 12 a.

Im Sommer 1904 beherbergte Pürstein in 109 Häusern 563 ein=
heimische Bewohner. Nach der genauen Volkszählung im J. 1794 zählte
die Gemeinde u. zw.:

---

1) Herrschaftliches Urbar vom J. 1649 im Klösterler Schloßarchive.

das Dorf Pürstein . . 44 Häuser mit 342 Seelen,

  „ „ Tschirnitz . . . 25 „ „ 169 „

  „ „ Aubach . . . . 10 „ „ 89 „

  „ „ Kleintal . . . . 29 „ „ 182 „

  „ „ Reihen . . . . 21 „ „ 153 „

  „ „ Endersgrün . . 22 „ „ 151 „

daher die Ortsgemeinde 151 „ „ 1086 „

das Dorf Weigensdorf . 21 „ „ 175 „

  „ „ Rödling . . . 26 „ „ 88 „

und das ganze Kirchspiel 198 „ „ 1349 „

Die Bewohner finden ihren Erwerb bei industriellen Unterneh=
mungen, Wasserwerken, Kleingewerben, Handel aller Art, Fremdenbewir=
tung, Waldarbeiten u. dgl. m. und es ist ein rühriges und gewerbe=
fleißiges, ein gewecktes und aufgelegtes Völkchen, das hier auf schmaler
Scholle mühsam sein Brot verdient, aber sich in Ehren des Lebens freut.
Die Gewerbe waren in früherer Zeit nur spärlich vertreten. So hatte
Pürstein nach einem Verzeichnisse vom J. 1702 bloß 1 Müller (Christoph
Schöffel), 2 Papiermacher, 1 Wagner, 1 Schmied=, 1 Fleischhauermeister
(Hans Christoph Rollinger) und 4 Schneidermeister. Gleichwohl hatte
unser Dörflein mit diesem kleinen Gewerbestande die übrigen Dörfer
der Herrschaft Klösterle überflügelt. Namentlich seit dem Ausbaue der
Teplitz=Karlsbader Straße wurde Pürstein eine Wiege für Handel
und Wandel. Ein Glück für Pürstein und Umgebung war die mecha=
nische Weberei der Ritter von Kubinzky, früher Brüder Dormitzer,
auf dem Sande unterhalb Tschirnitz, und ein großes Unglück die
Feuersbrunst, welche am 14. Dezember 1893 das Fabriksgebäude bis
auf die vier Mauern zerstörte, gegenwärtig Spinnerei Heinrich und Otto
Kürzel aus Crimitschau.

Von dem Erfurter, goldenen oder Frankensteige, der vor
Alters, angeblich schon in vorchristlicher Zeit unsere Gegend längs der
Eger durchzog, haben sich mit Ausnahme des Zollfelsens oberhalb Warta
keinerlei Spuren erhalten.[1] Es müßte denn die hölzerne Egerbrücke,
welche unterhalb Tschirnitz noch in der Mitte des XVII. Jahrhunderts
bestand, mit dem alten Handelswege in Verbindung stehen. Sie konnte
selbst mit Wagen befahren werden, litt aber häufig durch Hochwässer.
Diese Brücke soll von jeher für die Roboter jenseits der Eger erhalten

---

1) Stocklöw: Buch der Heimat (Bezirk Kaaden) I, 266.

worden sein. Allein die dortigen Untertanen, etwa die des Rittergutes
Okenau ausgenommen, zinsten und dienten zum Schlosse Egerberg und
der gräfliche Meierhof in Tschirnitz wurde von den Ortschaften Enders=
grün und Mühlendorf angebaut (Urbar vom J. 1649).

Im XVI. Jahrhunderte führte die „Landstraße" von Klösterle
über Neuschönburg und Tschirnitz=Aubach nach Mühlendorf und von dort
durch das sog. „Geheg" nach Wotsch. Ihren Zug bezeichnen noch heute
drei Sühnkreuze oder Ruhsteine, d. h. jene massiven Steinkreuze, welche
oberhalb Tschirnitz unweit der neuen Bezirksstraße, dann bei der weißen
Marter am Kreuzungspunkte der Straßen zwischen diesem Dorfe und
Aubach und im letzteren Orte selbst zwischen dem Mühl= und Wildbache
an dem Wege stehen.[1]) Das erste fällt durch seine Größe auf; dem
zweiten, stark verwittert, fehlt ein Arm und das dritte trägt zwei ge=
kreuzte Schwerter, was auf thüringischen Zusammenhang hindeutet. Die
erste Straße, welche unseren Ort berührte, wurde anfangs der 1820er
Jahre gebaut. Diese eine sog. Halbstraße, 2 Klafter breit, durchzog Unter=
pürstein und verlief von Tschirnitz her neben dem Friedhofe über den
Kehr und Mühlendorf durch den Weiher nach Wotsch. Sie wurde durch
einen dritten Straßenbau, die neue Teplitz=Karlsbader Straße,
mit der vollen Breite von 24 Schuh ersetzt. Ein kaum geahnter Verkehr,
ein Weltverkehr entstand. Er wurde abgelenkt, als Eger ein Knotenpunkt
der Eisenbahnen wurde, und vollends von der am 4. November 1871
eröffneten Egertalbahn aufgesaugt. Der Bahnhof Pürstein liegt
gegenüber Aubach in der Gemeinde Okenau und war bei Hochwasser und
Eisgängen die hiesige Ufergegend abgeschnitten. Nunmehr ist diese Gefahr
und Verkehrstörung durch die Kraft und den eisernen Willen eines
wenn auch kleinen Gemeinwesens beseitigt. Die vielumstrittene Brücke,
deren Bau so lange in der Luft schwebte, ist Wirklichkeit geworden, die
Bahn flußauf= und =abwärts freigemacht und das Mittel= und Erzgebirge
durch eine eiserne Brücke in Aubach verbunden (am 2. Dezember 1893
dem Verkehre übergeben). Das k. k. Post= und Telegraphenamt in
Pürstein wurde, jenes am 15. April 1871, dieses am 18. Feber 1898
eröffnet.

Die Ansiedlungen folgten dem Laufe der Gewässer und blieben
wegen der abschüssigen Berglehnen auf die Talessohle beschränkt. Die
Häuser liegen nach drei Seiten hin in den Tälern zerstreut zwischen

---

1) Franz Wilhelm: Zur Geschichte der alten Steinkreuze in den Mitt. des
Ver. f. Gesch. d. D. i. B. Bd. XXXIX, 195 und anderorts mehr.

Gärten, einzelne dicht am Walde. Das hebt die landschaftlichen Reize und verringert die Feuersgefahr. Feuersbrünste können mit leichtem eine größere Ausdehnung nicht annehmen; doch muß auch Pürstein „Feuertage" mit flammenden Zügen verzeichnen. Im J. 1726 brannte die obere Hammerhütte (Nr.-K. 34), am 17. April 1756 die untere Papiermühle (Nr.-K. 18), in der Nacht zum 27. November 1848 die Rohrschmiede (Nr.-K. 45) und am 2. November 1865 das Liewaldhäusel (Nr.-K. 27), jetzt „Gasthof zum Schloßberg", nieder, am 25. März 1885 die große Papiermühle (Nr.-K. 20), am 1. Juli 1892 die Schöffelmühle usw. Am 7. Juli 1905 sank auch das alte Schicht-Amtshaus in Asche und Schutt.

Neuestens ist unser Ort in einen neuen Wendepunkt getreten. Das untere Dorf wie auch den ganzen Finkelstein durchzieht die 1878/79 erbaute Gebirgsstraße. Durch diese und das Aufblühen als Sommerfrische hat Pürstein einen ansehnlichen Zuwachs von Neubauten gewonnen, darunter zierliche und wohnliche Landhäuser, leider aber auch sog. „Bockhäusel", die man wenigstens der Straße entlang hätte vermeiden sollen. Alljährlich finden sich Sommerfrischler zu längerem Aufenthalte ein (300—400). Schloß und Eisenwerk, Wirtshaus, Mühle und andere Wasserwerke füllen die Geschichte von Pürstein aus. Zu einer Kirche und Schule kam es ziemlich spät. Hiemit greifen wir bereits in die Gegenwart hinein.

Geschichte.
Vorzeit.

Wechselvoll ist die Vergangenheit unseres Heimattales. Zuerst eine Wildnis, die Höhen und Hänge mit unheimlichem Urwalde bedeckt. Rauschend stürzt sich tief unten im Talesgrunde der Wildbach über Stock und Stein der Eger zu. Die ersten Spuren von Menschen, ja ganzen Ansammlungen führen uns auf den seltsamen, so eigenartig gebauten und sagenumwobenen Burberg. Er ist auf drei Seiten mit einem Steinwalle umgeben und auf der vierten (Talesseite gegen Pürstein zu) von hohen steilen Felsenmauern gestützt. Derlei Bauwerke, ausgeführt zu einer Zeit, wo man den Mörtelverband noch nicht kannte, anderwärts Keltenwälle genannt, reichen weit in die vorrömische Zeit zurück. Fast möchte man hinter ihren allgemein verbreiteten Namen ihre Bestimmung suchen; doch gelangt immer mehr die Ansicht zum Durchbruche, daß derlei Stätten „Ring-", „Brandwälle" (Halgadome) weniger kriegerischen, als vielmehr heidnischen Kultuszwecken dienten. Sie lassen die Verteilung der ältesten Bevölkerung einigermaßen erkennen. In dem der Mühlkoppe zugekehrten Bergecke führt eine förmliche Zufahrt auf die Hochebene, in deren Mitte einstmals noch zu Zeiten unserer Großeltern ein Brunnen mit frischem kristallklarem Wasser sich befand. Links von diesem Eingange gewahrte man unter dem Steingerölle eine regelrechte schwache Mauer, aus Stein und Erdreich zusammengefügt und zum Teile vermoost. Unsere Gegend kann derlei umwallte Höhen drei verzeichnen, so den weit ausgedehnten, bastionförmigen Burberg bei Kaaden und den Burberg bei Komotau.

Es ist kein zufälliges Zusammentreffen, daß, gleichwie auf dem Abhange des letztgenannten das Dorf Tschernowitz, auch am Fuße unseres Burberges eine gleichnamige Ansiedlung, das heutige Tschirnitz[1]) entstanden ist, das erste Dorf, dessen Markung auch den unteren Teil des heutigen Pürstein umfaßte. Unser Tal wurde zugänglicher und später längs der Eger von einem uralten Handelswege, dem „Erfurter" oder „Franken= steige" berührt, was zur Befestigung des Ortes führte. Dieser Verkehr mußte sich lebhafter zur Przemyslidenzeit gestalten.[2])

Schloß Birkenstein.

Steiget auf, ihr alten Träume,
Öffne dich, du Herzenstor!
Liederwonne, Wehmutstränen
Strömen wunderbar hervor. — —

Auf die Berge will ich steigen,
Auf die schroffen Felsenhöh'n,
Wo die grauen Schloßruinen
In dem Morgenlichte steh'n.

Dorten setz' ich still mich nieder
Und gedenke alter Zeit,
Alter blühender Geschlechter
Und versunk'ner Herrlichkeit.

Gras bedeckt den Turnierplatz,
Wo gekämpft der stolze Mann,
Der die Besten überwunden
Und des Kampfes Preis gewann.

Heine: Die Harzreise.

---

1) Dem Worte liegt das tschechische černý (= schwarz) zugrunde, was wieder den „Schwarzberg" in der Gemeinde Kettwa jenseits der Eger nahe legt.
2) So wurden am 10. Feber 1823 oberhalb Tschirnitz an der Straße ein Topf mit silbernen Brakteaten (Hohlmünzen) gefunden, von denen aber

Auf einer Waldhöhe mitten im Orte. liegt das „alte Schloß“, eine unscheinbare „Ruine“, aber ein denkwürdiger Schauplatz, auf welchem sich ein Stück Mittelalter abspielte, einst weithin eine mächtige, ja die mächtigste Burg unseres Egertales. Ein mit Ruhebänken versehener Fußpfad führt auf den burggekrönten Gipfel. Leichter zugänglich ist die Burgstätte von den beiden Talesarmen aus auf einem Bergsteige, welcher da wie dort gegenüber einem kalk stehenden Kalkofen anhebt. Von dem Kleintaler und Reihener Tale aus gewähren die wenigen Mauerreste noch immer einen stattlichen Anblick.

Gleich den meisten Burgen wurde auch unser altes Schloß auf einem Vorsprunge des aufsteigenden Hintergebirges seitwärts im Egertale aufgeführt. Die abgeschlossene und schwer zugängliche Lage galt als ein besonderer Vorzug der Burg. Nur auf „guten heimlichen Wegen“, die besondere Ortskenntnis erforderten, konnte man dahin gelangen. Dafür war aber auch die Verpflegung mit Schwierigkeiten verbunden und mit dieser mochte es seine liebe Not haben. Die kärglichen Reste, welche die Zeit noch auf uns kommen ließ, sind nicht bloß wegen ihres Alters ehrwürdig, sondern führen uns auch die Kunst der alten Burgenbauer einigermaßen vor Augen. Schon nach dem großem Umfange gehörte der Birsenstein zu den bedeutendsten Schlössern im Nordwesten des Landes.

Es lassen sich deutlich der Anlage, Zeit und Mauerung nach verschiedene Teile erkennen: die Hochburg und spätere Zubauten. Erstere, das ursprüngliche Schloß, war nur ein bloßes Haus und auf der Gebirgseinsattelung durch eine steile Felsenwand mit dem runden Wartturme und auf den übrigen Seiten durch die hohen Mauern des Hauses selbst geschützt. Eine größere Entfaltung der Streitkräfte blieb hier schon wegen der abschüssigen Lage ausgeschlossen. Dieses älteste Schloß stellte sich demnach als ein bloßes großes Haus dar, von welchem auch der also befestigte Berg den urkundlich gebrauchten Namen „Hausberg“ erhielt und der auf uns gekommene Name „Hausleiten“ herrührt.

Von dem eigentlichen Hause durch eine kleine Pforte getrennt ragte auf der Westseite auf dem Felsenvorsprunge als dem höchsten Punkte wie ein stolzer Beherrscher des Berges und ganzen Burgfriedens der Bergfried empor. Dieser war so recht der Kern der ganzen Anlage. Denn er diente als Warte, um die Gegend auszuspähen, Gefahr und

---

nur wenige gerettet wurden. An das Landesmuseum in Prag wurden 3 Stück eingesendet.

Hilfe von nah und fern wahrzunehmen und die Täler nach allen Seiten
zu überwachen; er bot mit seiner gewölbten Steinbrust eine mächtige
Schutzwehr und war zur Zeit der Not der letzte Zufluchtsort. Wie aus
dem Felsengestein herausgewachsen, halb gespalten und nur in der halben
Höhe steht der Wartturm noch da, der einst in der Höhe von etwa
12 Klaftern Aussicht nach den Weltgegenden und Überschau der umliegenden Seitentäler wie auch des Hauptttales der Eger gewährt. Das
noch stehende Segment bietet immerhin Anhalt genug, um darnach die
Höhe und Stärke dieses Ungeheuers zu berechnen. Gewöhnlich ist der
äußere Umfang gleich der Höhe des Turmes und nimmt die Stärke der
Mauer entsprechend dem inneren oder lichten Raume ab. Darnach betrug
der äußere Durchmesser 9 m 700 cm und der Umfang 30·5 m. Oben
deutete eine Einfassung von behauenem Stein den Zugang und die Höhe
des ehemaligen Schloßgebäudes an und bestand hier jedenfalls eine Lauf-
oder Zugbrücke. Im Untergeschosse bis zur Sohle hinab enthielt der
Turm das gefürchtete finstere Burgverließ, in welches durch eine
Fußbodenöffnung, das „Angstloch", die Gefangenen auf einem Reit-
knebel in die Tiefe hinabgelassen wurden. In Feindesgefahr diente der
untere Raum auch als Vorratskammer. Seiner 3 m starken Wandung
ist es zu verdanken, daß es den Feinden nicht gelungen ist, diesen
Mauerriesen durch eine tiefe Aussprengung von außen zum Sturze zu
bringen.

Geradezu verblüffend wirkt die berührte, spitzgewölbte Pforte,
welche zu einem steilen Abhang führt und sich nicht auders erklären läßt,
als daß hier auf dem schrägen Felsenvorsprunge ein sehr beschwerlicher
Zugang, vielleicht eine Leiter oder abtragbare Stiege, in das Hochschloß
(Palas) heraufführte. So viel die Grundmauern noch vor einem halben
Jahrhunderte erkennen ließen, enthielt dasselbe auf der Seite gegen den
Herrengrund einen Gang (Wehrgang) und auf der Finkelsteinseite die
Keller, Gelasse und Kammern (Kemenaten).

Nördlich von dem alten Schlosse und bereits außer aber nächst der
Befestigung liegt ein kleines flaches Feld, welches sich bogenförmig
zwischen zwei Hügeln ausbreitet und der Tummelplatz (angeblich
Turnierplatz) heißt. Der Berggrat führt uns weiter hinauf in die Röhrleiten, wo stellenweise noch Spuren alten Mauerwerkes gefunden wurden,
so von der Wasserleitung der Burg herrührt (1431 ausdrücklich erwähnt).

Der Berg, worauf das „feste Haus" stand, war vom Walde entblößt. Denn Bäume und Hecken hätten dem Feinde ein willkommenes

Versteck gewährt. Nur die Burg selbst liebte man mit Busch und Strauch=
werf, „Gebücke" genannt, zu umfrieden. Selbes wucherte üppig noch
in den 1850er Jahren vor dem Schlosse auf der Zugangsseite. Der
Burgweg führte wie noch heute von der Wasserscheide im Tale steil
aufwärts an der Lehne des Finkelsteines zu dem Schlosse und hier auf
einem hohen Walle zu dem eigentlichen Burgtore, so daß die vom Schilde
nicht gedeckte Seite des Gewappneten dem befestigten Hause zugewendet
blieb und Waffenträger gleichsam halb wehrlos nahen mußten. Der
Burgweg, früher ein Flutgraben, ist nunmehr wegsam gemacht und
zum Auf= und Abstiege möglichst bequem hergerichtet. In solcher Ein=
fachheit erscheint das alte feste Haus Birsenstein mit seiner Warte vom
Anbeginne her. Nach dem allen zählt es zu den älteren Burgbauten in
Böhmen, welche nach deutschem Muster erbaut und in deutscher Weise
benannt worden sind. Auch der tschechische Burgengelehrte August
Sedlaček neigt der Ansicht zu, daß der „Pirschenstein" bei Klösterle dem
XIII. Jahrhunderte oder spätestens den ersten Zehnten des XIV. Jahr=
hunderts angehört.[1]

Die Herren von Schönburg.

Die Erbauung unseres alten Schlosses wird den Herren von
Riesenburg zugeschrieben. Diese scheinen weithin im nordwestlichen
Böhmen geboten zu haben. Ihr Stammsitz war Bilin, in dessen Nähe
Slawko der Große das Kloster Ossegg gegründet und Borso im Riesen=
grunde dabei eine Burg erbaut hat, von welcher das Geschlecht den
Namen „Riesenburg" annahm. Es war auch in unserer Gegend dies=
und jenseits der Landesgrenze begütert und besaß Schömitz, Schlacken=
wert, Schlaggenwald, Petschau, Buchau, Luditz, auch die Burg Borsen=
grün bei Sandau u. a. m. Die Riesenburge waren fleißig in der
Anlegung von Burgen und Ortschaften in Böhmen, Mähren und im
benachbarten Meißen und legten ihnen die eigenen Namen bei. So soll
auch um die Zeit, als König Wenzel I. nach dem Tatareneinfalle zur
Befestigung der Berge drängte und die Höhenschlösser an der Elbe,
Moldau und Eger sich mehrten, nach seiner Rückkehr von der Rheinreise
seitwärts im Egertale mitten in unserem Tale, um das Jahr 1240 von
Borso II. von Riesenberg, 1248/49 Hofmarschall, 1352 Oberstkämmerer,
eine Burg erbaut und nach ihm der „Borsenstein" genannt worden sein

---

1) Kronprinzenwerk: Die österreichisch-ungarische Monarchie in Wort und
Bild. Böhmen. 2. Abteil. S. 328.

(durch Mundart, verdorbene Aussprache und Schreibweise in Berjenstein [Perštein] „Perſchta" verwandelt).[1]

In engen und innigen Beziehungen zu diesem altböhmiſchen Ge=
ſchlechte ſtanden die deutſchen Edelinge von Schönburg. Dieſe beſaßen
in Meißen und in der Lauſitz ausgedehnte Ländereien und waren von
dort auch nach Böhmen gekommen, wo ſie ſchon unter König Wenzel I.
und Ottokar II. begütert waren. In unſerem Egertale begegnen wir
zuerſt dem Friedrich von Schönburg. Ihm ſtellte König Albrecht
(1298—1308) über die Kaadner Landkammer (Župe) ſamt Zugehör und
drei namentlich angeführte, aber nicht mehr bekannte Dörfer einen
Majeſtätsbrief aus und Heinrich von Kärnthen beſtätigte am 21. Jänner 1310
den Brüdern Friedrich (III.), Hermann und Fritzko (IV.) von Schönburg
den ihrem Vater ausgeſtellten Hoheitsbrief. Aber ſchon nach zwei Jahren
legten ſie dieſes Amt zurück mit Vorbehalt der dazu gehörigen Güter,
über welche König Johann gleichzeitig eine neue Beſtätigung erteilte
(15. September 1312).[2]

Der erſtgenannte Friedrich von Schönburg war Vormund über die
Kinder ſeiner Schweſter Agatha, als dieſe ihren Vater Bohuslaus von
Rieſenburg verloren hatten, und verkaufte gemeinſchaftlich mit ſeinem
Bruder Dittrich von Schönburg dem Ordenshauſe der deutſchen Ritter
in Komotau das nahe Dorf Udwitz unter Verzichtleiſtung ihres Neffen
Borſo von Rieſenburg (1295). Der Stern der Rieſenburger war im
Erbleichen. Schon zu Anfang des XIII. Jahrhunderts war Bilin, die
Wiege des reichlich begüterten Geſchlechtes, in fremde Hände gelangt.
Als letzter Beſitzer der Rieſenburg bei Oſſegg erſcheint jener Borſo von
Rieſenburg, welcher 1351 mit anderen ſeines Geſchlechtes die Feſten
Saydow und „Borſſenſtein" (Purſchenſtein) im heutigen Sachſen an den
Markgrafen Meinhard von Meißen verkaufte. Dabei waren die Rieſen=
burge in Schulden bei denen von Schönburg verwickelt. Am 28. De=
zember 1319 verglich ſich Hermann von Schönburg in einer Streitſache
mit ſeinem Oheim Borſo von Rieſenburg wegen einer Schuld und Bürg=
ſchaft auf ein Schiedsgericht.[3] Da liegt es doch auf der Hand, daß mit
dieſem Niedergange die Abtretung des Schloſſes und Burgbeſitzes Birſen=

---

[1] In der Vatikaniſchen Urkunde vom J. 1349, ſo ſpäter angeführt wird, iſt
unſer Name Pierſſenſtein mit „Purſſerſtein" ausgebeſſert.
[2] Emler: Regesta Boh. et Mor. II, 1235, III, 43. — Mitteilungen des
Ver. für Geſch. d. D. i. B. XXII, 170, XXXI, 234 und XXXII, 12.
[3] Urkunde im Hauptſtaatsarchive Dresden, Nr. 2185.

ftein an die befreundeten Herren von Schönburg in Verbindung ftand, welchen daran gelegen fein mußte, ihren vom Krongute Kaaden abftammenden Befitz zu vergrößern und zur Befeftigung ihrer Macht eine Burg dabei zu gewinnen. Ja es wird fogar vermutet, daß die von der Kaadner Landkammer herrührenden Güter geradezu den Grundftock zu dem Stammbefitze der Schlöffer Egerberg und Birfenftein bildeten. Von dem erfteren kann dies fchon aus dem Grunde nicht gelten, weil fich hiervon fchon unter König Ottokar II. die Herren von Egerberg fchrieben.

Unter den vorbenannten drei Brüdern von Schönburg dürfte es zu einer Auseinanderfetzung des gemeinfchaftlichen Befitzes gekommen fein, wobei der jüngfte Bruder Fritzko mit jenem Teile abgefertigt wurde, welcher nunmehr mit Haffenftein eine neue Burg erhielt. Dies ergibt fich fchon daraus, daß Presnitz u. a. mit einer Hälfte zur Burg Birfenftein und mit der anderen Hälfte zum Schloffe Haffenftein gehörte (1352), daß in dem zum letzteren zugeteilten Kralup noch 1431 ein Lehen der Schönburge u. zw. derer auf Birfenftein beftand. So teilen fich die Schönburge hierlands in die Seitenlinien Schönburg-Birfenftein und Schönburg-Haffenftein. Die Loslöfung des Schloßbefitzes Haffenftein von der alten Stammburg Birfenftein dürfte nicht ohne Trübungen geblieben fein. Denn im J. 1367, wo Kaifer Karl IV. in Kaaden weilte und am 1. Juni die adeligen Gebrüder Bernhard von Schönburg in Haffenftein und Hermann von Schönburg in Krimitfchau und deren Untertanen auf den Haffenfteiner Lehensgütern von der Gerichtsbarkeit der Landrichter befreite, erteilte er tags darauf feierlich das Verfprechen, die beiden Brüder in ihren Rechten auf Haffenftein gegen die Anfprüche der Kinder nach Friedrich von Schönburg fchützen zu wollen. Damals befand fich in dem kaiferlichen Gefolge auch Friedrich (VI.) von Schönburg, Herr zu dem Birfenftein.[1]) Der Befitzübergang von Birfenftein erfolgte noch zu König Johanns Zeiten und ift füglich in die Zeit von 1326—1344 zu fetzen, denn noch 1324 und 1326 werden Friedrich (III.) und Hermann von Schönburg, Söhne weiland Friedrich (I.) des Älteften von Schönburg, ohne Angabe eines Sitzes erwähnt. Aber fchon in den Jahren 1344 und 1345 wird Friedrich (V.) von Schönburg, Hauptmann des Land-

---

1) Huber: Regeften des Kaiferreiches S. 369 und Pelzels Lebensgefchichte des König Wenzel S. 19 und 20. — Urkunde im k. u. k. geheimen Haus-, Hof- und Staatsarchive zu Wien und Abfchrift im k. Kronarchiv zu Prag.

grafen Friedrich) von Thüringen, als dominus (Herr) in „Pirssenstein", „Birsenstein" „Pirssinstein" wiederholt genannt.[1]

Blütezeit des Schlosses.

Die Schönburge sind die ersten urkundlich bekannten und zu=gleich letzten Burgherren auf Birsenstein. Am 5. Oktober 1352 stellten die Brüder Albert, Friedrich (V.) und Dietrich von Schönburg zu Prag einen Lehenbrief aus und bekennen darin,

1. daß sie gleich ihren Vorfahren die Schlösser Birsenstein und Egerberg und die Hälfte der Stadt Presnitz und des dortigen Zolles, dann das Dorf Warta, sowie auch den Wald daselbst, in der Stadt Kaaden 10 Mark Einkommen von dem erblichen Gerichte und 40 Mark von den Jahreszinsen dieser Stadt, sowie auch die Eisenhämmer, ferner Brunnersdorf und Niklasdorf nebst allen übrigen Dörfern, welche zu den genannten zwei Schlössern gehören, mit allen Zinsungen, Ein=künften und Erzeugnissen von Grund und Boden, mit allen Gerichten, Lehens= und Unterlehensleuten samt ihren Lehensschuldigkeiten, mit allen Knechten und ihren Diensten, mit allen Wäldern, Gesträuchen, Gebüschen, Wiesen, Feldern, mit allen Freigütern, Meierhöfen, mit dem ganzen Ackerbau und Bauersleuten, endlich mit allen Wässern, Bächen und Jagden, Fischern, Fischereien, Vogelstellereien, mit einem Worte: samt allem, was zu den obigen Schlössern und Dörfern gehört oder wie immer gehören mag, daß sie dies alles als ein adeliges Lehen u. zw. unter dem Titel eines deutschen Ritterlehens von den Königen und der Kroue Böhmens besitzen, gleichwie es ihre Ahnen besessen haben; weiters

2. daß sie, ihre Nachkommen und Erben gleich ihren Ahnen ver=pflichtet sind, dieser Lehen wegen den Königen von Böhmen den Eid des Gehorsams, der Ergebenheit und Treue nach Landessitte zu leisten, und daß der König in Erwägung der Dienste, welche sie und ihre Vor=fahren Sr. königlichen Majestät geleistet haben und welche sie in Zukunft reichlich werden leisten können, ihnen und ihren Nachkommen obgedachte Schlösser und Dörfer samt allem Zubehör als ein adeliges deutsches Lehen übergeben und geschenkt habe.[2] In gleicher Weise hatten auch Friedrich und Bernhard von Schönburg im Jahre vorher am Abende der hl. Auffahrt unseres Herrn (Prag 25. Mai 1351) einbekannt, ihr

---

[1] Urkunden im Hauptstaatsarchive Dresden, Nr. 2977 u. 2988.

[2] Urkunde im k. u. k. Hofarchive zu Wien, abgedruckt bei Balbin: Miscellanea Decad. I. lib. 8, pag. 152.

Haus Haſſenſtein, dann Schlettau und „die Beznicz" (Presnitz) als ein rechtes Mannslehen von dem allerdurchlauchtigſten Herrn Karl römiſchem König empfangen zu haben.[1]

Unter den Ahnen haben wir bei beiden Schlöſſern nicht die Schönburge ſelbſt, ſondern ihre Blutsverwandten nämlich die Rieſenburge auf Birſenſtein und die Herren von Egerberg auf der gleichnamigen Burg zu verſtehen. Der Tod des Königs Johann († 23. Auguſt 1346) und die Beſitzveränderung, mit welcher die Burgen Birſenſtein und Egerberg an die Schönburge gelangten, mag für dieſe die Veranlaſſung zur feierlichen Bekräftigung der Lehenseigenſchaft geweſen ſein. Denn als im J. 1494 Friedrich von Schönburg zum Pirſſenſtein und ſein Vetter Ernſt von Schönburg-Glauchau, dieſer ein Enkel des Wilhelm von Schönburg, vor König Wladislaus wegen Beſtätigung ihrer Lehensbriefe über Pirſenſtein, Glauchau und Waldenburg erſchienen, hatten ſie lediglich die Hoheitsbriefe Kaiſer Karls IV., König Wenzels IV. und Georgs von Böhmen in Händen.[2]

Ausgedehnt war der Schönburgiſche Beſitz in unſerer Gegend. Zu dem Gutsbeſitze Egerberg, welcher faſt das ganze Lieſengebirge jenſeits der Eger umfaßte, kam der ausgedehnte Burgbeſitz von Birſenſtein. Dieſer erſtreckte ſich von den Marken der nächſtanliegenden Benediktiner-Propſtei Wotſch bis zum Haſſenſteiner Burgbanne und von den Mauern der Stadt Kaaden bis hinauf zur Landespforte Presnitz und darüber hinaus bis an die Landesgrenze überhaupt. Das Patronat über vier Pfarrkirchen ſo in Klöſterle (1356—1419), Laucha (1388—1422), Wohlau (1376, 13377) und Presnitz (1363—1432) übten unſere Schloßherren aus.[3] Die heutigen Herrſchaften Klöſterle, Presnitz, Brunnersdorf-Hagensdorf, die Güter Wernsdorf und Kupferberg ſind ganz oder doch zum größten Teile daraus hervorgegangen. Selbſt die Kaadner Ratsherren mußten ſich mit den Zinſungen ihrer Stadt auf dem Schloſſe hier einfinden.

Mit trockenen Worten entrollt die Urkunde ein ziemlich lebhaftes Bild unſerer Gegend vor mehr als $5\frac{1}{2}$ Jahrhunderten. Auffällig iſt,

---

1) Abſchrift im Archiv des böhm. Muſeums in Prag. Zu leſen bei Friedrich Bernau in dem Buche: Haſſenſtein 1893, S. 208.
2) Pergamenturkunde Prag 1497 die viſitat. Mariae mit Siegel in Holzkapſel im Hinterglauchauer Archiv.
3) Libri confirmationum von Franz Anton Tingl I, 43, 44, 104; Joſ. Emler II, 69, IV u. V, 53, 67, 107 2c.

daß darin bloß 3 Dörfer namentlich hervorgehoben werden, so zunächst
Brunnersdorf und Niklásdorf. Beide Ortschaften, mit Wernsdorf
auf einem zum Schlosse Kaaden gehörigen Grunde durch Kaadner Bürger
gegründet, mögen gleichbedeutend mit den im Majestätsbriefe König
Albrechts benannten 3 Ortschaften sein. Brunnersdorf und Niklasdorf
gehörten beide bis zur Teilung im J. 1431 zum Pürsteiner Burgbesitze.
Wernsdorf entzieht sich unseren Blicken, dürfte aber auch Schön=
burgscher Besitz gewesen sein, betreffs dessen die Verhältnisse ungeklärt
blieben. Am 1. März 1436 bekennen Richter, Schöppen und Gemeinde
„Bernersdorf" unter Herrn Wilhelms von Schönburg Schutze zu stehen,
nachdem Alscho von Schönburg=Birsenstein begehrt hatte, daß sie von
ihrem Schutzherrn Wilhelm von Schönburg, seinem Vetter, sich lossagen
sollen. Unter diesem „Berniersdorf" ist unser Wernsdorf zu verstehen,
da die Urkunde mit dem Siegel der Stadt Kaaben versehen ist.[1] Manche
wollen statt dessen das Dorf Warta mit dem dortigen Walde gesetzt
wissen. Der uralte Zollplatz Warta gehörte indes zur Burg Egerberg
und es ist füglich anzunehmen, daß in dem Walde dabei (Sattelberg
und Grasberg) die heutigen Ortschaften Krondorf und Stengles,
beide erst im J. 1460 erwähnt und später zur Felixburg und zuletzt
zum Gute Pohlig untertänig, inzwischen entstanden sind.

Die Urkunde ist nach der ganzen Fassung dem Wortlaute des von
Kaiser Karl IV. erteilten Lehenbriefes angepaßt und ein glänzendes
Zeugnis für die Königstreue und bewährte Dienstbereitschaft der hiesigen
Schönburge.

Verstärkung der Burg.

In der Urkunde vom 5. Oktober 1352 bezeichnen die Aussteller
Birsenstein und Egerberg als „neue Schlösser" (castra nova), was mit
Rücksicht darauf, als sie in dem Briefe ihrer Ahnen als Vorbesitzer ge=
denken, nicht wörtlich zu nehmen ist. Der gewaltige Umschwung, welcher
zur Zeit Kaiser Karls IV. im Kriegswesen immer mehr um sich griff,
drängte allenthalben zur Verstärkung der Befestigung. Die bloßen Mauern
des alten Hauses reichten zur Sicherheit nicht mehr aus und es mußte
für erhöhte und weitere Schutzwerke vorgesorgt werden. Da war es vor
allem der Bergrücken, welcher einen guten Ort zur Aufstellung von
Belagerungsgeschützen bot: Um nun diese dem Anpralle der Geschosse
zumeist ausgesetzte Seite zu decken, das Annähern des Feindes zu

---

1) Geheimes Staatsarchiv Dresden Nr. 6394 a.

erschweren und zu verwehren, wurde zunächst vom Wartturme an eine hohe, bis heute erhaltene Ringmauer in einem ganz stumpfen Winkel gegen Norden und unterhalb derselben eine zweite Mauer, gegen jene sich verengend, aufgeführt. Beide wurden bei dem Burgaufstiege mit Eingängen versehen u. zw. die äußere Mauer mit einem breiteren Tore, darin noch vor einem Menschenalter zu beiden Seiten die Lager des Schubriegels sichtbar waren, und gegenüber aufwärts in der inneren Mauer eine kleine, rundgewölbte Pforte. Also entstand ein Zwinger, gegenwärtig mehr eine Terrasse mit lieblichem Ausblicke in das vor uns ausgebreitete Tal von Reihen.

Auf der anderen Talesseite gegen den Tummelplatz zu bildete ein nach außen über der Tiefe kühn emporstrebender Streitturm den Abschluß. Nicht genug damit, wurde die also geschaffene Befestigung nach unten mit einem Doppelwalle und Doppelgraben umgeben und der Bergkamm gleichsam durchschnitten. Von dem gedachten Turme aus zog sich auf der steilen Abfallsseite des Herrengrundes längs des alten Burg= gebäudes rückwärts geradeaus eine lange Ringmauer nach Morgen und zwischen beiden ein Wehrgang mit einem massiven viereckigen Mauerturme, aufgepflanzt wie eine Wache vor und inmitten der Flanke des alten Schlosses. Neben der Hauptmauer baute sich vom ersten Streitturme her eine Binnenmauer auf, bis nächst der Hauptburg sich verjüngend und als hochmächtige Bastion den Abschluß gegen den Talesgrund bildend. Im übrigen fand das also geschaffene, mit einer Doppelmauer umgebene Vorwerk eine natürliche Abgrenzung durch die aus dem Felsen herausgearbeitete schroffe Schutzwand, auf deren Kante wallartig beim Wartturme her eine felsenfeste Ringmauer in den Wehrgang verlief, darin eine Ausfallspforte, deren starker Riegel nunmehr gleich der hohen Pforte oben in solcher Höhe so befremdend wirkt.

Und wie oben auf der Bergseite ein Burgvorort, so entstand auf der Zwieselseite beider Täler durch Weiterführung der Umfassungsmauer und Anschluß an das Hauptgebäude daselbst mit einer kleinen Einlaß= pforte — wohl für die auswärtigen Besucher der Schloßkapelle — ein zweiter Burgvorhof. Ein Tor, zu welchem auf der Finkelsteinseite ein Wallgraben führte, eröffnete hier den Zutritt und Verkehr mit Pferd und Karren nub es konnten selbst Reiter mit ihren Rossen durch den unge= deckten, wohl an beiden Euden verschließbaren Wehrgang in den großen Burghof gelangen. Demnach war das alte Haus nun hinter neuen Boll= werken stattlich und fest geborgen.

Diese Schutzbauten sind zu der ursprünglichen Burgstätte erst später hinzugekommen. Dies beweisen die verschiedene Beschaffenheit der Mäuerung und die Behandlung der Steine, namentlich aber der Umstand, daß das anstoßende Mauerwerk des Burghofes nicht in das Gestein des Wartturmes eingreift. Durch diese Erweiterung und Neubefestigung erhielt die ganze Burganlage ein anderes Gesicht und eine neue Gestalt. Zu dem alten Herrenhause oder der Hochburg kam jetzt als ein ausgiebiger Bestandteil eine Vorburg und dem Ganzen setzte noch immer der hohe Bergfried, gleichsam der Vater der ganzen Anlage, die Krone auf. Möglich, ja wahrscheinlich, daß erst die Herren von Schönburg hier und in Egerberg diese weitgehenden Veränderungen vornahmen und aus diesem Grunde ihre beiden Schlösser als neu bezeichnet haben. Denn die Burg Egerberg bestand nachweisbar schon im XIII. Jahrhunderte. Trotz aller Befestigung und der stärksten Gegenwehr mußte unser altes Schloß im Jahre 1451 der anstürmenden Gewalt und Wut der Feinde erliegen. Ein Überblick des rollenden Mauerwerkes zeigt deutlich, daß diese als Einbruchstelle die Seite gegen den Tummelplatz zu ausersehen hatten. Das Herrenhaus wurde dem Erdboden gleich gemacht, der hohe Wartturm und die Ringmauer nach Möglichkeit beseitigt. Wetter und Sturm arbeiteten im übrigen an dem Verfalle des noch stehenden Gemäuers und auch die Menschenhand setzte das Zerstörungswerk fort. Der kleine Burghof diente beim Baue des Hochofens zu Anfang der 1830er Jahre als Steinbruch. Schatzgräber haben im Laufe der Zeit bis auf unsere Tage die ganze Burgstätte überwühlt und hochgewachsene Waldbäume mit ihren Wurzeln das morsche Mauerwerk gehoben und zum Falle gebracht. Auf diese Weise sind auch die letzten Reste des rückwärtigen Mauerturmes zu Boden gegangen und wie spurlos verschwunden.

Von den obigen drei Brüdern wird Friedrich VI. von Schönburg-Birsenstein noch 1367 erwähnt. Von seinen beiden Söhnen war Dietrich in den deutschen Ritterorden eingetreten. Er wird 1376 als Bruder und 1383 als Komtur des Hauses in Komotau genannt. Zufolge einer Erbeinigung des Hauses Schönburg vom J. 1340 sollten die Güter insgesamt ungeteilt verwaltet werden und falls einer den geistlichen Stand erwählen würde, so sollte dessen Anteil den anderen Brüdern zufallen. Weil aber Herr Dittrich solchen nach Belieben an seine Brüder verschenkte, so kam es darob zu einem blutigen Streite und zu einem Gefechte bei Mülsee (1348), wobei die Zwickauer, welche auf Seite der Herren von

Schönburg-Krimitschau gegen die von Schönburg-Glauchau standen, übel wegkamen.[1]

Dittrich (Dictericns) von Schönburg, der Ritter im geistlichen Gewande, war auch in nähere Beziehungen zu dem Kloster Ossegg getreten und verkaufte diesem Stifte am 23. April 1363 sein Besitztum in Pñilep. Die Urkunde ist zu „Pirsenstein" ausgestellt und noch heute im Stifte Ossegg vorhanden, jedoch ohne Siegel. Es mutet uns seltsam und doch freudig an, nach mehr als einem halben Jahrtausende ein Schriftstück zu Gesicht zu bekommen, so noch in den Räumen unseres alten Schlosses niedergeschrieben ist und die „eigene Hand" des gewaltigen Burgherrn zeigt, wie sonst die Unterschrift lautete. Das mächtige Schloß steht wieder im Geiste vor uns da mit seiner ganzen Macht und Größe und der allgewaltige Burgherr lebt wieder auf in den toten Schriftzügen. Es ist dies nicht die älteste Urkunde, so noch in den Gemächern auf dem Hausberge geschrieben und auf uns gekommen ist. Diese verwahrt das Fürst von Schwarzenbergsche Archiv in Wittingau. Es ist ein Brief, welchen Friedrich d. J. (V.) von Schönburg an seinen Oheim Wilhelm von Egerberg zwischen den Jahren 1346—50 geschrieben hat. Um diese Zeit also muß auch die Burg Egerberg an unsere Schönburge gekommen sein.[2]

Unter Ernst und Albert von Schönburg-Byrssenstein, Söhnen dieses Friedrich von Schönburg, war es zu Mißhelligkeiten wegen des Gewährbriefes über Presnitz gekommen, welche durch einen Vergleich (23. Feber 1388) geschlichtet wurden. Ernst von Schönburg, Herr zu Birsenstein, verbürgte sich im nämlichen Jahre (22. Juli 1388) für Veit von Schönburg-Glauchau, welcher in Fehde lag, nach Einlagenrecht dafür, daß Herr Veit den zwischen ihm und dem Markgrafen von Meißen durch den Magdeburger Erzbischof gemachten Frieden halten wolle.[3] Ernst von Schönburg selbst geriet wegen seiner Burg Birsenstein mit König Wenzel IV. in gefährliche Zerwürfnisse und selbst in Gefangenschaft. Bei seiner Freilassung mußte er aus freien (!) Stücken die Erklärung abgeben, daß er mit dem Könige wegen der Burg Birsenstein und der damit verbundenen Erbgüter und auch sonstwie keinerlei Streit beginnen und überhaupt nicht das Mindeste gegen den König unter-

---

[1] Dr. Tobias: Regesten des Hauses Schönburg zum J. 1348.
[2] Formelbuch im Fürst v. Schwarzenbergschen Archive zu Wittingau, abgedruckt bei Palacty: Formelbücher Nr. 100, lit. l, pag. 360.
[3] Urkunde mit vier Siegeln im Hauptstaats-Archive zu Dresden, Nr. 4640.

nehmen wolle (1413).[1]) Sein Bruder Albert von Schönburg wird 1382
und 1402 als Herr in Birfenftein und 1408 als dafelbft refidierend
angeführt und von da ab nicht weiter erwähnt. An deffen Stelle erfcheint
fein Sohn Wilhelm von Schönburg. Ein dritter Sohn Friedrichs (VI.)
war Alfcho von Schönburg. Diefer erfcheint 1398 und 1402 unter den
adeligen Gerichtsbeifitzern (barones judicio praesidentes), im erfteren
Jahre zugleich mit Ernft von Schönburg, und beteiligte fich noch am
18. Feber 1402 an den Landtagsverhandlungen. Alfcho von Schönburg,
von dem es 1405 heißt, daß er in Birfenftein refidierte, fcheint um das
Jahr 1410 geftorben zu fein, weil in diefem Jahre eine Alfchoniffa von
Birfenftein, zweifelsohne feine Witwe, in Kaaden lebte und von diefer
Stadt einen Jahreszins von 40 Schock bezog. Er hinterließ den gleich=
namigen Sohn Alfcho von Schönburg. Diefer erzeigte fich als ein
warmer Anhänger des Königs und der Kirche und auch Wilhelm von
Schönburg beobachtete eine gleiche Haltung, bis er nachmals aus Rache
ein Parteigänger Georgs von Podiebrad wurde.

Teilung des Burgbefitzes.

Unter den beiden Brüderföhnen Alfcho und Wilhelm von Schön=
burg herrfchte in der Burg Birfenftein nichts weniger als Friede. Die
Huffitenkriege brachten zwar unfer altes Schloß nicht zum Falle; allein
ein anderer Feind hatte fich eingefchlichen: häusliche Zwietracht, und der
umfangreiche Burgbefitz ging in Stücke. Trotz der im Schönburgifchen
Hausgefetze ausgefprochenen Unteilbarkeit der Güter ließen fich einzelne
Miteigentümer nicht hindern, unbekümmert um die Anteile des anderen
Verpfändungen, ja felbft Verkäufe ganzer Beftandteile vorzunehmen.
Dadurch war eine Verwirrung in den Rechts= und Befitzverhältniffen
eingeriffen, was endlich doch zum Bruche führen mußte. Schon unter
den Brüdern Alefch und Ernft von Schönburg waren Teilungen, Ver=
äußerungen und Verpfändungen vorgekommen. Die deshalb unter beiden
entftandenen Streitigkeiten verpflanzten fich auf ihre Söhne Alfcho und
Wilhelm von Schönburg. Weiteren Zündftoff hatten der Genuß etwelcher
Zinfe, die Heimfälle und Strafgelder aufgehäuft. Die Sache drohte fchon
einen blutigen Ausgang zu nehmen. Zum Glücke gelang es, zwifchen
beiden Vettern eine Waffenruhe herbeizuführen und den Streit im Guten
beizulegen.

---

1) Archiv český II, 378.

Um die Entzweiten, beide noch ehrsame Junggesellen, aus einander zu bringen und zu einigen, blieb kein anderer Ausweg als die Zerschlagung des großen schönen Burgbesitzes. Dies geschah denn auch mit dem Schiedsspruche, welchen Ignaz von Nachod auf Rotberg, Peter von Groschau und Buschek von Tachlowitz, gesessen auf Maschau, als Schiedsrichter am 26. Oktober 1431 fällten. Hiemit wurde dem Alscho von Schönburg die alte Stammburg mit einem Teile der Herrschaft und dem Wilhelm von Schönburg der übrige Teil zum Alleinbesitze zugewiesen und diesem zugleich die Erbauung einer neuen Burg (Neuschönburg) gestattet. Zu diesem Behufe mußte Herr Alesch 500 Schock gute silberne Groschen alter Prager Prägung und böhmischer Währung herauszählen. Dafür erhielt er den Anteil des Herrn Wilhelm an der Burg Birsenstein oben und dessen halben Berg, worauf sie stehet, und auch die Häuser, so unter dem Schlosse stehen, mit allem, was dem Müller und den Wirten gehört. Alscho behielt ferner die Büchsen, Pulver, Pfeile und Betten. Was sonst dem Herrn Wilhelm gehört, konnte dieser bei Räumung der Burg fortführen.

An Alesch kamen zu seiner Burg die Dörfer Kleintal ($^1/_2$), Radis, Ahrendorf, Schönbuch (Schönbach), Wohlau, Triebischl, Zieberle, Bettlern, Laucha, Tomitschan ($^1/_2$), Dörnsdorf ($^1/_2$), Wiesental ($^1/_2$), Haadorf (Hohendorf), in Brunnersdorf die Seite gegen Niklasdorf, der Meierhof „Puchelberg", Tschirnitz mit 2 Fischerdiensten und einem dritten bei Wotsch (Botrzi), der Meierhof Buchelberg, Meretitz mit Lehen (außer Brunner und Rudolt), der halbe Egerzoll in Klösterle u. a. m.

Die Zinsungen von Kaaben, welche strittig waren, blieben vorläufig gemeinsam, ingleichen sämtliche Hochwälder mit Waldnutzungen, Sägemühlen, Flüssen, Bächen und Wiesen. Jeder hatte jedoch das Recht, seinen beeideten Jäger (Wildhetzer) anzustellen. Schwierigkeiten bereitete die Auseinandersetzung betreffs des Städtchens Presnitz, dann der Reliquien, darunter des unschuldigen Kindels (mladatko), so durch die Brunos nach Meißen verkauft worden war. Auch hier zeigt sich die Frömmigkeit beider Schloßherren.

Betreffs des Weingartens hatte es bei der Teilung zu verbleiben, wie es alte Leute befinden werden. Der kleine Weingarten, falls diesen einer nach der Teilung zugekauft hätte, sollte dem verbleiben. Zu der alten Burg gehörten auch mehrere Lehen, welche zum Teile außer dem Gutsgebiete gelegen waren, so das in Kralup, die Lehensmannen Stephan von Horschenitz Benesch von Körbitz und Jaroslaus

von Holetitz. Alles andere fiel dem Herrn Wilhelm von
Schönburg zu, so Klösterle mit Mühle und dem Walde Kohling und
Hegberg, halbem Egerzoll und 3 Fischerdiensten, die Dörfer Giebisch,
Tuschmitz, Niklasdorf, in Brunnersdorf die Seite, wo die Kirche steht,
mit See und Teichen, Reihen, Teil von Kleintal, Kunau, Steingrün,
Tomitschan (¹/₂), Dörnsdorf (¹/₂), Spindelbach, Wiesental, Hals mit dem
Friedl von Weigensdorf, der halbe Wald Pedin (Pöllma?), in Meretitz
zwei ganze und zwei halbe Untertanen (halbe Zinse), in Nezabylic die
Veste mit Lehen und das Rychlikische Lehen daselbst, Heinz Kauphung
mit dem Lehen in Kessel, der Gunther in Klösterle und Murring in
Reischdorf.

Wie das Faustrecht zu jener Zeit sich geltend machte, kömmt auch
in diesem Schied zum Ausdrucke. Es wurde nämlich bestimmt: was
Herr Ernst und Alesch (Vater) nach der Teilung durch Dienst oder Kauf
erworben oder erobert oder deren jetzige Söhne erobert haben, soll jedem
das Seine verbleiben. Aller Zwist und Streit sollte hiemit verstummen
und keiner dem anderen nach dem Halse oder seinen Gütern trachten,
auch dessen nicht weiter in Wort und Tat gedenken oder gar einem
Diener und Untertanen deshalb etwas nachtragen, sondern beide und
ihre Nachfolger sollten fortan in einem rechten christlichen Frieden mit
einander leben und wenn ja wieder Unfriede und Zwietracht sich ergeben
würde, so sollten Freunde als Friedensrichter alles im Guten richten
und schlichten. Herr Alscho wurde auch verhalten, die Burg weder
zu verkaufen noch zu versetzen zum Nachteile des Herrn Wilhelm
oder an jemanden, der Wiklefitischen Bekenntnisses ist.[1]

Als Zeuge und Mitsiegler unterschrieb sich auch Johann von
Weschitz, Burggraf in Birsenstein. Im J. 1411 war Zacharias von
Wolfsberg, 1412 Ratibor von Sietschitz (Sieczicz) Burggraf und 1422
Niklas Braun Hauptmann in Birsenstein.

Der innere Friede war hiermit wohl hergestellt, aber eine andere
Gefahr drohte jetzt von außen. In den Husitenkriegen kam auch Birsenstein ins Gedränge und dies durch den kleinen Jakob von Mähren oder
Jakob von Wrzesowitz, einen Glücksritter und Abenteurer, welcher auf
der Engelsburg hauste und seine Raubzüge bis auf unsere Gegend aus-
dehnte. Er fand einen Helfershelfer an Stephan Harnußmeister, Bürger

---

1) Tschechische Urkunden im Archive der k. k. Statthalterei in Prag. III,
142 u. 145.

von Eger, damals Herr auf Hauenstein. Als Nachbar hatte dieser die
Knechte Jakobs mit Pferden auf die hiesigen Güter heimlichen Weges
führen und weisen lassen. Wilhelm von Schönburg wendete sich nun
brieflich an den Rat von Eger und erhob bittere Klage wider den
Harnußmeister wegen dieses unnachbarlichen Vorgehens. Durch diese
Hilfe sei sein, des Königs und der ganzen Christenheit Feind, der genannte Jakubko, nicht bloß mit den Wegen bekannt geworden, was sich
später oft gräßlich rächte, sondern es seien auch der ehrbaren frommen
Knechte etlich ermordet, etliche Amtleute gefangen und bis
zur Stunde nicht freigelassen worden. Da nun Stephan Harnußmeister
sich so unglimpflich und mit solcher Unbill gegenüber dem Schlosse
(Birsenstein) erzeigt habe, also möge derselbe verhalten werden, an gelegene
Stätte zu kommen und da zu pflegen, soviel als Biederleute erkennen
werden. Denn das Vorgeben des Stephan, die Sache vor den König
oder den Markgrafen zu bringen, sei eine bloße Finte, weil er recht gut
wisse, daß er (Wilhelm) in diesen Läuften zu tagen nicht abkommen könne.
Der Brief ist zu „Pirssenstein" am 23. Juni 1432 geschrieben und wird
noch von der Stadt Eger aufbewahrt.

Das Ende des Schlosses.

Der weit ausgedehnte Besitz der alten Stammburg Birsenstein war
seit der Teilung bis auf einen kleinen Teil zusammengeschrumpft und
diesem Schlage sollte 20 Jahre später ein anderer folgen: das gänzliche
Ende der Burg selbst. Die befreundete Haltung zu dem Kurfürsten
Friedrich von Sachsen dem Sanftmütigen, welcher gleich seinen Vorfahren
Zeit und Gelegenheit benützte, um in Böhmen festen Fuß zu fassen, ver-
wickelte die hiesige Burg in die inneren Kämpfe, welche unter Georg von
Podiebrad das Land erschütterten. Der Birsenstein bildete hiebei einen
Hauptstützpunkt der Deutschen bzw. der katholischen Herren. Am 12. Juni
1446 schloß Alesch von Schönburg einen Dienstvertrag mit dem sächsischen
Kurfürsten auf drei Jahre und gab ihm das Öffnungsrecht auf sein Schloß
Birsenstein, ausgenommen gegen seinen Erbherrn, den König von Böhmen.

Das Land teilte sich in zwei Lager. Dem Podiebrader (utraquistischen) Bunde, welcher sich für Georg von Podiebrad einsetzte, stand der
katholische (Strakonitzer) Herrenbund unter dem gewaltigen Ulrich von
Rosenberg gegenüber (1449). Diesem gehörten Friedrich von Schönburg
und Glauchau auf Hartenberg, Alesch von Schönburg, von dem es ausdrücklich heißt, daß er auf Birsenstein saß, Nikolaus von Lobkowitz-Hassen-

stein, Gerichtspfleger des Saazer Kreises, Heinrich d. Ä. von Weiden
auf Hauenstein, die ganze Gemeinde Kaaden u. a. an. Auch Markgraf
Friedrich von Meißen schlug sich auf ihre Seite. Alesch von Schönburg
blieb im weiteren Verlaufe nicht untätig. Er ging mit Feuer und
Schwert vor und überzog im Oktober 1448 gemeinschaftlich mit Plichta
Saaz, den Vorort der Hussiten, mit Brand. Das Jahr 1451 brachte die
Entscheidung. In dem Briefe vom 13. März 1450 schreibt Alesch von
Sternberg an Ulrich von Rosenberg von neuen Unterhandlungen mit dem
Markgrafen von Meißen, wie man die Herzoge von Sachsen hierlands
noch immer nannte, und von den Schäden, die von der Burg Birsenstein aus geschehen. In der Briefeinlage heißt es: „Du siehst also, Herr,
so gerne wir Frieden haben möchten, so können wir keinen haben. Aber
wir wissen alle, daß es von diesem Schlosse aus ohne Hilfe und Förderung des Nikolaus (von Lobkowitz) nicht geschehen könnte. Denn sie
haben auf dieser Burg nicht mehr Mundvorrat, als ihnen mit Hilfe des
Nikolaus (von Hassenstein) zukömmt. Am 13. April 1450 hatte Herzog
Friedrich von Sachsen, des hl. römischen Reiches Erzmarschall, Markgraf von Meißen, ein Schutz- und Trutzbündnis mit dem katholischen
Herrenvereine auf drei Jahre abgeschlossen. An dieser Versammlung
hatten auch Friedrich von Schönburg und Alesch von Schönburg teilgenommen. Letzterer sollte das Schicksal seiner Burg nicht erleben. Die
Verhältnisse hatten sich immer mehr zugespitzt. Als treuer Bundesgenosse
erzeigte sich Herr Nikolaus von Lobkowitz auf Hassenstein; allein auch
er mußte den Birsenstein im Stiche lassen. Während aber alles sich versammelte, um heute Verträge zu schließen, die morgen schon gebrochen
wurden, ermüdete Herr Friedrich von Schönburg nicht, den Kampf bis
auf das Äußerste fortzusetzen, ungebeugt und unverzagt, verlassen selbst
von seinem nächsten und besten Freunde.“

Was Alesch von Sternberg in dem obigen Briefe im Geheimen
anvertraute, war als allgemeiner Wunsch laut geworden, die Sehnsucht
nach Frieden. Mit dem am 11. Juni 1450 auf der Burg Wilstein (im
Pilsener Kreise) abgeschlossenen Vertrage sollte ein allgemeiner Landfriede eintreten. Am Montage nach dem nächstfolgenden St. Veittage,
wenn die Sonne hinter den Bergen untergeht, sollte ein allgemeiner
Waffenstillstand beginnen, darunter auch mit Herrn Nikolaus und dem
Glauchauer mit ihren Schlössern Hassenstein, Kaaden, Birsenstein, Neu-
pilsen, Budweis und Moldauthein, und sollte dem Glauchauer auf der
Burg Birsenstein der Beitritt freistehen. Falls er sich jedoch nicht dazu

verstehen wollte, so sollte Nikolaus von Lobkowitz verpflichtet sein, weder den Birsensteiner noch seine Gefährten mit Lebensmitteln und anderem Bedarf behilflich zu sein, noch auch solche mit Fuhren oder Tragen aus der Stadt Kaaden, der Vorstadt und den Märkten oder von seinen Gütern bringen oder auch nur verkaufen zu lassen. Überdies mußte Herr Nikolaus zufolge Schiedspruches der Pilgramer Versammlung vom 3. August 1450 und auch über den späteren Beschluß des Katharina=landtages die Veste Permesgrün, so dem Peter von Sternberg zerstört worden war, wieder herausgegeben.

Aber Friedrich von Schönburg der Unversöhnliche mag die Hand, die man ihm im Wilsteiner Vertrage geboten hatte, nicht ergriffen, sondern lieber zum Schwerte gegriffen haben. Wohl war zwischen dem Sachsenherzoge und dem Podiebrader Bunde ein Waffenstillstand abge=schlossen und solcher am 31. März 1451 in Eger bis zum 29. Juni 1451 erstreckt und auch Friedrich von Schönburg in denselben einbezogen worden. Aber noch vor dessen Ablauf war die Feindschaft zum Ausbruche ge=kommen und mit vereinigter Macht stürzte man sich auf das gefürchtete Schloß Birsenstein, woselbst sich Herr Friedrich nach Einlagerrecht fest=gesetzt hatte. Im Frühjahre zogen der schon bekannte Jakob von Wrze=sowitz, Jakob Čalta von Steinberg, Burian von Gutenstein, Alesch von Sternberg (Schwager des Podiebrader) und Peter von Sternberg, die Aufgebote der Städte Laun und Saaz und andere „erberge Landlewt" des Saazer Kreises mit Büchsen und starkem Gezeug vor Birsenstein und umschlossen und berannten das Schloß. Jakob von Wrzesowitz und Friedrich von Schönburg, welche so heldenmütig als Waffenbrüder in der Schlacht bei Sellnitz (1438) gekämpft hatten, standen jetzt als Feinde einander gegenüber.

Herr Friedrich wehrte sich mit seinen Leuten auf das Tapferste, geriet aber bei einem Ausfalle in die Hände des Feindes, welcher zugleich in die Vorburg eindrang und auch die Übergabe der Hochburg erzwang. Um der Gefangenschaft und Schatzungen los zu werden, wurde zwischen ihm und den Herren des Saazer Kreises im Juni 1451 fol=gender Friedensvertrag abgeschlossen:

1. Friedrich von Schönburg, Herr zu Glauchau und Hartenstein, mußte das Schloß „Pirssenstein" abtreten, darin Gewalt und Macht geben und es „entwarten"; doch konnte er alles, was er oben hat, herabnehmen und wegführen, ausgenommen was an Speise vorhanden ist, das soll bei dem Schlosse verbleiben.

2. Alle Gesellen, die auf dem Schlosse lagen, konnten mit Harnisch und Geräten frei und ungehindert abziehen.

3. Die Gefangenen auf beiden Seiten wurden freigegeben.

4. Da Herr Friedrich bei den Saazern um die »magestat« wegen der Kinder seines Vetters Alscho einlangte, so soll er oder ein anderer, der den Brief hat, nicht anders vorgehen als nach Recht und ohne Krieg.

5. Herr Friedrich mußte eine „ewige Urfehde" mit allen eingehen, die vor dem Schlosse gelegen oder sonstwie mit Rat und Tat behilflich sind, und geloben, dessen in keinerlei Weise zu gedenken und sich in allen Streitigkeiten dem Landrechte zu unterwerfen.

6. Im Falle, als das Schloß gebrochen wird, bat Herr Friedrich bloß um die Güter, die dazu gehören, für die verwaisten Kinder nach seinem Vetter.

Dieser Fall trat auch ein und mit dem obigen Vertrage und der gleich darauf erfolgten Schleifung hatte unser altes Schloß zu bestehen aufgehört. Deshalb wurden auch getreu jener Zusage mit dem Friedbriefe vom 29. Juni 1451 die Birsensteiner Besitzungen den Waisen des Alschen von Schönburg zurückgestellt, ausgeschlossen „den Hausberg‡, barauf das slosz Pirssensstain yt‡und lyget". Derselbe durfte fortan nicht weiter besetzt, noch weniger durfte ein Schloß darauf gebaut werden.[1] Birsenstein wird baher 1466 ein verlassenes Schloß (desertum castrum), 1512 ein ödes und 1537 ein „zerbrochen" Schloß genannt. Daraus erklären sich die Aussprengungen an den noch stehenden Mauern insbesondere an der Außenseite des Wartturmes, den man gleichsam von Grund aus zu stürzen suchte. Wie Freund Bernau, der gewiegte Burgenforscher, erachtet, wurde der hiesige Bergfried durch „Ausbrennen" gesprengt. Tatsächlich liegen auf der oberen Bastion noch ganze zusammenhängende Mauertrümmer zerstreut und herausgerissen umher.[2] Kläglich war das Ende unseres alten Schlosses, welches eine so weit gebietende Rolle spielte; doch bildet Birsenstein einen wichtigen Gedenkstein in der Geschichte Deutschböhmens.

---

1) Dr. Hermann Hallwich: Jakaubek von Wřesowitz in den Mitt. des Ver. f. Gesch. d. D. i. B. IV, 43, und Urkunden im Saazer Rathausarchive, abgedruckt in Fontes rerum Austriacarum, II. Abtlg. XX. Band, S. 1 u. 6, und Palacky: Urkundl. Beiträge zur Gesch. Böhmens unter Georg von Podiebrad, S. 18—21. Die Urfehde (Urschrift) des Friedrich von Schönburg ist in dem Stadtarchive nicht mehr vorhanden.

1) Bernau: Hassenstein, S. 38.

Gut Pürstenstein.

Ein Herd und Hort deutschen Wesens war mit der Burg Birsenstein zerstört und alle Herrlichkeit auf dem Berge oben erstorben. Doch
behaupteten die Schönburge noch durch das ganze XV. Jahrhundert den
hiesigen Besitz. Im J. 1466 begaben sich auch die Brüder Friedrich und
Johann von Schönburg auf Hoyerswerda aller Anrechte, so sich weiland
ihr Vater Wilhelm von Schönburg auf das verlassene Schloß „Junkstein" und die zur Burg „Perstein" gehörigen Dörfer nämlich Warta (?),
Steingrün mit dem Berge Kupferberg, den Besitz in Tuschmitz, Brunnersdorf, Niklasdorf und Ziebisch vorbehalten hatte, um 400 Schock zu
Gunsten ihres Vetters Friedrich (VI.) von Schönburg und Pürstenstein.[1] Es ist das einzige Mal, wo für unser altes Schloß der Name
Junkstein gebraucht wird, aus welchem wohl der Finkelstein entstanden
ist. Nach dem Verluste der hiesigen Burg mußte den Schönburgen an
der Erwerbung eines anderen Schlosses gelegen sein und so treffen wir
noch zu Zeiten des Königs Georg den Friedrich von Schönburg im
Besitze der Burg Kaaden. 1470 hatte er auch die Leibgedingstadt Trautenau erlangt. Friedrich d. Ä. von Schönburg-Pürstenstein saß 1483 auf
Winteritz und verkaufte in diesem Jahre die ihm von der Stadt Kaaden
gebührende Jahreszinsung von 50 Schock Groschen, so er nach den
Brüdern Friedrich (VII.) und Johann von Schönburg landtäflich besaß,
dem Heinrich d. Ä. von Plauen. Am 13. Feber 1492 bestätigte Friedrich
von Schönburg und „Pirstenstein" auf Trautenau die Freiheiten des
Gerichtes zu Gerbersdorf.

Im Jahre 1494 erschienen die Gevettern Ernst von Schönburg-
Glauchau und Friedrich von Schönburg zum Pürstenstein vor König
Wladislaus mit den Briefen Kaiser Karls IV., König Wenzels IV. und
Georgs von Böhmen über Glauchau, Waldenburg und Birsenstein, die
bei ihm zu Lehen gehen. Inzwischen war Ernst von Schönburg mit
Hinterlassung der beiden Söhne Wolfgang und Ernst von Schönburg
und zu Glauchau gestorben. Beide erbten seine Güter und wurden 1497
bei dem Könige bittlich, die ihrem Vater und Friedrich von Schönburg
zum „Pirsenstein" verliehenen Güter gemeinschaftlich mit ihren Vettern
Bernhard, Johann, Albrecht, Watzlern, Hermann und Karl von Schön-

---

[1] Lehentafel XXI, 484—485 Junkstein keineswegs zu verwechseln mit dem
Dorfe „Junkenstein" bei Karlsbad, so zur Burg Engelhaus gehörte.

Stammbaum der Herren von Schönburg auf Wilkenstein.

Hermann (?) 1238.

Hermann 1261. — **Friedrich I. der Älteste** 1247. — **Friedrich II.** 1261, 1282. — **Dietrich** 1261. — **Bertha** 1247, vermählt mit Otto Ritter v. Gerhardsdorf. — **Agatha** 1247, vermählt mit Bohuslaus von Riesenberg, einem Sohne des Boris II. von Riesenburg, 1315 felicis memoriae.

Hermann 1288. Komtur des deutschen Ritterordens in Christburg (1271). Landkomtur in Komotau (1290).

Friedrich III. der Ältere 1288.
Vormund des jungen Herrn von Riesenburg und Regierer der Riesenburger Besitzungen (1281), Herr in Krimitschau (1323). Eidam des Gerhart von Lhon aus dem Geschlechte der Kunstate, gerät in dem Adelsaufruhre bei Wißehrad-Tribau in Gefangenschaft, beteiligte sich als treuer Anhänger des Königs an den Verwicklungen und Fehden der Jahre 1316—18 und verwaltete damals das Landeskämmeramt. Bei dem Übereinkommen zwischen König Johann und dem Landgrafen Friedrich von Thüringen wegen der Heirat ihrer Kinder leistete mit mehreren Adeligen aus Sachsen auch der Edelmann, genannt Friedrich von Schönburg, Herr in Krimitschau, Bürgschaft dafür, daß ihm, die Stadt Kaaden bezüglich der königlichen Güter daselbst für die bestimmte Zeit übergeben werde (1329).[1] Bei Nennung seiner drei Söhne (1326) ist er nicht mehr am Leben.

Dietrich 1288. erwählte den geistlichen Stand.

Friedrich IV. der Jüngere, kurzweg Fritze gen., seit 1300 auf Krimitschau, stiftet die Linie Schönburg-Hassenstein, vermählt mit Katharina v. Derting aus Mähren, angeblich 1364 gestorben.

Heinrich 1277. unter König Johann Kanzler wird von Wilhelm von Walbek und Heinrich v. Leipa gefangen genommen, auf der Burg Burglih eingekerkert und vom Landgrafen Ulrich v. Leuchtenburg um 300 Mark Silber ausgelöst. 1318 Propst in Leitmeritz (?). Von ihm heißt es im Landsmannione natione Thuringus, pessimus Theutonicus.

Friedrich V. 1344, vermählt mit Jutta (Judith), Burggräfin von Leisnig, gilt als Stammvater der Linie Schönburg-Wilkenstein und ist 1366 nicht mehr am Leben.

Dietrich (Theodoricus), vermählt mit Sophie 1379.

Theodorich 1366.

Albert (Albrecht) auf Egerberg 1349, 1382.

Albert 1379 vermählt mit einer Eisterberg, Schwester des Heinze v. Eisterberg.

Dietrich 1376, Bruder des deutschen Ritterordens, 1383 und 1400 Komtur des deutschen Hauses in Komotau.

Friedrich VI. 1356, 1367.

---

1) Urkunde Komotau 22. August 1322. Emler: Regesta Nr. 781.

Nach Dr. Ant. Karl Tobias: Regeſten des Hauſes Schönburg im Programm des Gymnaſiums und der Oberrealſchule in Zittau und den in der archivaliſchen Sammlung genealogiſchen Vorarbeit (Mitthei=lungen XXV, 165—184) angege=benen Quellen. Nach erſterem ſchrieben ſich von Wirtenſtein zuerſt die Herren von Schönburg-Wir=michau. Benützt wurden weiters die libri confirmationum von Dr. Emler und deſſen Regeſta Nr. 102, 242, 530, 638 u. 1241. — Vergl. hierzu das Schriftchen: Dar=ſtellung der Rechtsverhältniſſe des vormals reichsſtändiſchen Hauſes Schönburg. Tübingen 1876. Die arabiſchen Zahlen bezeichnen das Jahr, wann ein Schönburg zum erſten und letzten Male urkundlich genannt wird, und das beigeſetzte Kreuzchen nicht das Sterbejahr, ſondern das Ableben überhaupt.

Aleſch (Alexander?) 1376 † anfangs 1411. Er und ſein Bruder Ernſt erſchienen 1398 unter den barones judicio praesi=dentes, erſterer auch 1402.

Ernſt 1376, † 1418, gerieth mit ſeinem Bruder Aleſch in Streit wegen des Gewährbriefes über Breßniß (1388).

Aldorf 1379, 1468.

Aleſch 1419, † 1450/51.

Wilhelm († 1449/50) 1419 Beſitzer des größeren Landrechtes, erbaut zwiſchen 1432—35 auf dem Kloſter=berge bei Kloſter das Schloß Neuſchönburg und erwirbt ſpäter auch Boyersberoda.

Friedrich VI. b. ä., 1470 Landrichter des Saazer Kreiſes. Pfandinhaber des Kadner Schloſſes, 1474 u. 1487 auf Trautenau, noch 1494 auf Wirtenſtein. Deſſen Gemahlin Katharina Wölfel von Wornsdorf.

Bernhard, 1462 auf Trautenau.

Friedrich VII. b. J., † 1483.

Johann, † 1483.

Bernhard 1496 auf »Wirtken=Hain«, † um 1. Sept. 1504 zu Kuttenberg erſchlagen und in der Trautnauer Kirche bei=gelegt.

Johann 1497, 1508, Pfandinhaber von Trautenau, am 4. Feber 1516 von Sigismund Kauf=fung zur »Wode« überfallen und erſchoſſen.

Albrecht 1497, 1508, † vor 1517 †.

Wenzeln 1497.

Hermann 1497, † 5. September 1538 auf dem Prager Schloſſe, der letzte Schönburg der Linie Wirtenſtein.

Karl 1497, 1508, † 8. Sept. 1526 zu Landeshut.

Beide Brüder Herren zu Trautenau und auf »Wirtenhain« teilen am 17. Juli 1520 die Stadt Traut=nau unter ſich in zwei Hälften.

Sämmtliche Brüder verſtarben kinderlos und mit ihnen iſt die Linie Schönburg-Wirtenſtein erloſchen.

burg Gebrüdern zum Pirſſenſtein zum Lehen zu geben.[1]) Von dieſen
verkauften 1508 Johann, Albrecht und Karl von Schönburg ihr Erbgut
Schloß Pirſenſtein, den Meierhof Tſchirnitz und die Dörfer Kleintal,
Haadorf, Steingrün, Meretitz mit Meierhof „Pichelberk“ an Albrecht
von Kolowrat, oberſten Kanzler des Königreiches Böhmen. Von den
letzten Herren aus dem Hauſe Schönburg, welche ſich nach dem alten
Stammſchloſſe ſchrieben,[2]) verſchied Hermann von Schönburg und
„Pirszenstayn“ am 5. September 1538 auf dem Prager Schloſſe und
mit ihm erloſch die böhmiſche Linie der Herren von Schönburg. Albrecht
von Kolowrat, kaum in den Beſitz des Gutes Pürſtenſtein gelangt, trat
dasſelbe ſchon wenige Tage darnach an Apel von Vitztum auf
Neuſchönburg ab. Es war noch immer Lehengut. Erſt König Wladislaus
entließ mit Hoheitsbrief vom 21. September 1512 das öde Schloß
Pirſchenſtein mit allen Zugehörungen ins freie Allod. Apel von Vitztum
entfloh Verbrechens halber aus dem Lande (1530) und büßte ſein ganzes
Vermögen ein. Nachträglich traten aber die Brüder Hans und Wolf
Vitztum gegen die königliche Kammer klagbar auf und in voller
Sitzung des Landrechtes wurden den Klägern nicht bloß die widerrechtlich
entzogenen Beſitzungen, ſondern auch für den in den Jahren 1530—39
entgangenen Nutzgenuß 2000 Schock b. Gr. zuerkannt.

Von dem ehemaligen Burgbeſitze waren bloß der Hammer, Kretſcham
und die Mühle und die Dörfer Reihen, Kleintal, Haadorf und Steingrün übrig geblieben, dagegen waren jenſeits der Eger die Gebirgsdörfer
Tunkau, Töltſch und Horn hinzugekommen. Hans von Vitztum war
zugleich Herr von Neuſchönburg und es führten die Beſitzer dieſes
Schloſſes fortan den Titel eines Herrn auf Pürſtenſtein, obgleich ſie
nicht weiter ihren Sitz daſelbſt hatten. Mit der Übertragung des hieſigen
Amtes an den Hauptmann von Neuſchönburg zwiſchen 1539—57 hatte
auch die letzte Selbſtändigkeit des Gutes Pürſtenſtein aufgehört. Es
gebot das viel jüngere Schloß Neuſchönburg über den alten Stammſitz.

Hans von Vitztum verkaufte 1543 die vereinigten Güter Neuſchön-
burg-Pürſtenſtein um 7250 Schock an Hanuß, Ernſt, Georg, Hugo von
Glauchau und auf Waldenburg, Söhne jenes Ernſt von Schönburg,

---

1) Prag 1497 die visitat. Mariae. Pergamenturkunde im Hinterglauchauer
Archive mit Siegel und Holzkapſel.

2) Lehentafel LXVII, 31—32. Über dieſe und ihren entarteten Lebenswandel
ſiehe Friedrich Bernau: Studien und Materialien zur Heimatskunde des
deutſchen Sprachgebietes, II. Halbband, S. 379 und 405.

welcher 1532 zwei Annabergern, weil sie in seinem Graben gefischt hatten, die Augen ausstechen ließ. Möglich, daß das Volk, welches begangenes Unrecht nicht leicht vergißt, die Untat weiter ausmalte und mit Verwechslung von Raum und Zeit in den alten Stammsitz der Namensvettern dieses Grausamen verlegte und so die Sage von der „verwunschenen Burgfrau" entstand, welche sich in den Wäldern zeigte und jüngst erst sogar auf der Bühne vor überfülltem Hause zum Grausen der Pürsteiner erschienen ist. In jene Zeit fällt die Wiedergeburt des eingegangenen Weilers Pürstein. Im J. 1559 überging der Besitz Neuschönburg-Pürstenstein an den Ritter Peter Boren von Lhota. Bei der Erbteilung nach seinem Tode fiel das Gut Schumburg (Neuschönburg) und Pirstenstein mit Wirtshaus unter dem wüsten Schlosse und Mühle an die ältere Tochter Margaretha, zuerst mit Wenzel Griesbeck von Griesbach und in zweiter Ehe mit Wilhelm Hofer von Lobenstein vermählt, und werden in dem bezüglichen Vertrage die Pürsteiner Höhen Schloßberg, Haus-, Röhr-, Koppleiten (Mühlkoppe) und der Finkelstein erwähnt (1574). Margarete Hofer verkaufte im J. 1607 das öde Schloß Pürstenstein mit Mühle, Säge und Kretscham und einem Teile der Dörfer Reihen, Kleintal, Gesseln, Haadorf und Kunau an Christoph Vitztum Ritter von Vitztum, kaiserl. Rat, welcher bereits die anderen Teile von Neuschönburg und sonst dazu gehörigen Dörfern besaß. Die letztgenannten Grundherren erzeigten sich als eifrige Anhänger der „reinen Gotteslehre". Im J. 1581 war der Pastor von Bettlern bei dem gnädigen Herrn (Griesbeck) Prediger in der Schloßkapelle auf Neuschönburg. Peter Boren hatte in Pritschapel den ersten lutherischen Pfarrer eingeführt. Da lag denn die Versuchung doch zu nahe. Wie das ganze Egertal und Erzgebirge folgte auch Pürstein der Glaubenswandlung. In den Jahren 1574, 1576 und 1613 fanden ausnahmsweise drei Taufen aus unserem Dorfe in der Wotscher Kirche statt, welche nun auch in akatholischen Händen war, die übrigen jedenfalls in der mit protestantischen Geistlichen besetzten Kirche zu Klösterle. Am meisten ließ sich Christoph von Vitztum von der gefährlichen Strömung fortreißen. Er war einer der Direktoren und Rat des Ritterstandes und hatte mit Johann Müller die Apologie der aufständischen Stände und außerdem mehrere Streitschriften verfaßt, in welchen er das Recht der böhmischen Stände zur freien Königswahl und Absetzung König Ferdinands II. nachzuweisen suchte. Herr Christoph rettete sein Leben nur durch schnelle Flucht nach Sachsen. Sein ganzes Vermögen, so auch die Güter Klösterle, Neuschönburg (dabei auch Pürstenstein) und Himmelstein mit dem Ansitzhofe Tschirnitz, wurde eingezogen und sein Name geächtet (1621). Diese Güter wurden mit den dem Mathias d. J. von Steinbach (Stampach) entzogenen Gütern Egerberg und Felixburg um den Preis von 11.760 Schock an Christoph Simon Reichsfreiherrn, seit 1629 Reichsgrafen von Thun, Großprior und Komtur des Malteserordens, kaiserl. geheimer Rat und Obersthofmeister, verkauft und unter dem Namen „Herrschaft Klösterle" vereinigt, zu deren schönst gelegenen, durch Alter und Vergangenheit merkwürdigen Orten süglich Pürstein gezählt werden kann.[1]

Thunsche Herrschaft. Eisenwerk.[2]

Mit den Grafen von Thun-Hohenstein, nun auch Salm-Reifferscheidt, trat ein ganzer Umschwung ein. Es begann die Bekehrung der „Ketzer" und die Rückstellung der Gotteshäuser und Pfründen an die alte Kirche. Der Gewissenszwang vertrieb in der Umgegend viele Glaubenstreue und dazu kamen die Schrecken und Leiden des 30jährigen Krieges, wo Pürstein bei dem Sachseneinfalle 1631 und in der Folgezeit, so in den Jahren 1633, 1639 und 1645 beunruhigt wurde. Zufolge der Glaubens-bedrängnisse, Kriegsverheerungen, Seuchen und Auswanderungen war eine Verschiebung der Besitzverhältnisse und ein bedeutender Ausfall in den untertänigen Leistungen eingetreten, weshalb im J. 1649 ein neues Urbar angelegt wurde. Pürstein zählte bloß 10 Gärtner und 2 Häusler. Die Schöffelmühle und das Wirtshaus waren robotfrei. Dagegen hatten die Häusler, welche einen Grund besaßen (Gärtner), jährlich 52 Tage von 6 Uhr früh bis 6 Uhr abends auf dem Meierhofe in Tschirnitz oder Schönburg Handdienste zu leisten. Die nicht befelderten Häusler ver-richteten 26 Arbeitstage. Inwohnern, welche heiraten wollten, wurde dies nur dann gestattet, daß sie sich zu 13 Robottagen verpflichteten. Weiters mußten die Pürsteiner, so oft es nötig war, die Mühlgräben und obrig-keitlichen Teiche räumen.

Ein Lieblingskind unserer Grundherren war das Eisenwerk. 1539 und späterhin wird der Hammer, 1574 das Wirtshaus und die

---

1) Mitteilungen des Ver. für Gesch. d. D. i. B. XXIII, 158.

2) Nach Urkunden, welche unser gute Freund Wenzel Hammer, Dechant i. R. in Klösterle sel. Angedenkens, sozusagen im letzten Augenblicke vor dem Einstampfen der herrschaftlichen Amtschriften in der Papiermühle hier gerettet hat. Sie dürften nach dem Ableben dieses eifrigen Sammlers heimatlichen Geschichtsstoffes verloren gehen und werden daher weittunlichst an dieser Stelle zum Abdrucke gebracht.

Mühle, im letzteren Jahre bereits auch der Hochofen (nach Kilian) erwähnt. Das Pürsteiner Eisenwerk war schon in vorthunischer Zeit eine ausgedehnte Betriebsanlage, wie sich aus einer Rechnung des hiesigen Bergschmiedes Peter Gäller[1]) ergibt. Sie umfaßt die Zeit von 1. Jänner bis 1. März 1620. Darin werden das Eisen- und Bergwerk mit dem Steiger angeführt und für ein „Löschgölden"[2]) in der u n t e r e n H a m m e r h ü t e 6 kr., für einen Zeichenhammer (Werkmarke) in der „ö b e r e n H ü t t e n" ebensoviel, für das Beschlagen eines neuen Laufkarrens auf das B e r g w e r k 11 kr., für einen neuen Einfahrtstuhl 12 kr. aufgerechnet, das herrschaftliche Eisen nicht eingerechtet. Den H a m m e r p f e r d e n wurde ein altes Hufeisen aufgeschlagen, was 2 kr. kostete. Die Rechnung trägt die Gegenzeichnung des M a r t i n T r u x, der, nebenbei gesagt, eine sehr schöne Handschrift führte. 1651 und 1657 wird C h r i s t o p h L u x, 1667—70 wieder Martin Trux, ein geborener Pürsteiner († 1678), als Schichtmeister in Pürstein genannt. Letzterer vertauschte 1678 ein Stück Jungholz an der Röhrleiten, hinter dem Schlosse gelegen, zu seinem Handscharwerksgütel gegen eine herrschaftliche Hutweide im „Weydtner".

Im August 1651 wurde der H o c h o f e n angelassen und das Gestell (Rost) aus dem Komotauer Steinbruche bezogen. Damals wurden u. a. am 3. September 338 Wag (à 120 ů), am 30. September 90 und ein andermal 100 Wag Eisen an die Herrschaft abgeliefert. Das Eisenwerk bestand aus dem hohen Ofen, dem Pochwerk für Eisenstein und für Schlacken, dem oberen und niederen S t a b h a m m e r (1666). Bei dem Hochofen erzeugte man in der Zeit vom 8. April bis 27. August 1667, also in 21 Wochen, wo derselbe in Gang war, an Roh-eisen 1746$\frac{1}{2}$ Ztr. (à 2 fl.) im Werte von 3593 fl., was mit Hinzu-rechnung von 11 Stück „Pleyl-Zapen" eine Gesamteinnahme von 3615 fl. ergab. Dagegen betrugen die Ausgaben in der gleichen Zeit

für 332$\frac{1}{2}$ Juder Eisenstein . . . . . 997 fl. — kr. u. — Pf.,
an Kohlen 95 Schock 55 Kübel zu 12 fl. 1151 „ — „ „ — „
an Lohn für den H o c h o f e n m e i s t e r
    und alle Arbeiter . . . . 264 „ 34 „ „ 3 „
für das Gestelle und die Zufuhr von
    Zwickau herein . . . . 13 „ 26 „ „ — „
                Fürtrag . . . 2426 fl. — kr. u. 3 Pf.

---

1) Prof. Dr. Bachmann: Eine alte Rechnung in den Mitteil. des Ver. für Gesch. der D. in B. XXXVI, S. 251.
2) Große Körbe zur Aufnahme der „Lösch" oder Kleinkohle.

Übertrag . . . 2426 fl. — kr. u. 3 Pf.

für das Herrichten der Blasbälge . . . 3 „ 47 „ „ — „

für Unschlitt und anderen Bedarf . . 12 „ 56 „ „ — „

im ganzen . . . . 2442 fl. 43 kr. u. 3 Pf.,

so daß sich für die Herrschaft ein Rein=

gewinn von . . . . 1172 fl. 16 kr. u. 3 Pf.

ergab.

Der Schichtmeister mußte aus dem Zentner=Roheisen 2½ Wag geschmiedetes Eisen erzeugen und erhielt im J. 1687 für jede Wag ausgeschmiedetes Eisen 3 kr. Vom 1. Mai bis letzten September 1686 waren im ganzen 324½ derlei Wag. Die beiden Aufgießer bezogen 1688 und dies schon seit 14 Jahren her von jeder Wag 1 fl. 10 kr. als Lohn. Das Eisenwerk hatte jährlich 1200 Schragen Holz (à 3 Klafter) vonnöten (1704) und dieser starke Holzverbrauch lichtete die Wälder, so daß das Kohlholz schon aus entfernteren Forstorten, so 1670 aus der Winterleiten, herbeigeschafft werden mußte. An Haulohn wurden von jedem Schragen 30 Kreuzer bezahlt. Das also geschlagene Holz übernahmen die Heger und Köhler. Letztere und die Kohlenführer genossen den althergebrachten Lohn. Jene erhielten von Anfang des Werkes her für das Kohlenbrennen 3 kr. und die Kohlenfuhrleute 4 kr. von einem Kübel. Im J. 1711 sollte die Löhnung herabgesetzt und die Kohlenfracht nach der Hauweite bemessen werden. Dagegen ergaben sich Bedenken. Die Endersgrüner z. B. würden da nach wie vor 4 kr. bei ihren nahen Waldungen, dagegen die Box= und Kleingrüner wegen der weiten Lage das Doppelte begehren, was den Fuhrlohn von 50 auf 150 Schock jährlich gesteigert hätte. Man ließ es daher lieber beim Alten verbleiben.

Unter der Aufsicht und Leitung des Pürsteiner Schichtmeisters stand auch das Bergwerk in Haadorf. Als solcher wird zu Ende des XVII. Jahrhunderts und auch noch 1713 Johann Klyher (Glüher?) genannt, ein Anverwandter, wenn nicht Bruder des Anton Vinzenz Klyher, welcher 1685—94 Schloßhauptmann in Klösterle und nachher Bürger und Ratsverwandter in Kaaben war. Nach einem Briefe dieses Schichtmeisters waren von dem Pürsteiner Eisenwerke 4000 Wag geschmiedetes Eisen (à 1 fl. 70 kr. bei sonst höherem Preise) nebst dem Gußwerk von Kesseln, Ofentöpfen im Betrage von 2750 fl. zu gewärtigen. Es war im schönsten und so guten Gange, daß weiter abwärts auf dem Wiesenplane gegen Aubach ein „neues Werk“, also bereits die dritte Hammerhütte, erbaut werden konnte. Aus dem Jahre 1670 ist eine Nachricht über die Förde-

rung und Löhnung der Bergleute und Stollenarbeiter bei den H a a d o r f e r
Z e ch e n auf uns gekommen. Es brachen dort auch Silbererze an, von
welchen damals eine Probe nach St. Joachimsthal gebracht wurde, sowie
reiche Kupfer= und andere höchst brauchbare Erze, so daß im J. 1699
über Anschaffung des Grafen Maximilian von Thun ein V i t r i o l e r z =
g e b ä u d e angefangen wurde. Zur Errichtung einer Schwefel= und
Vitriolsiederei sowie Kupferschmelze ist es aber nicht gekommen, so günstig
und lohnend dies auch dargestellt wurde und so sehr sich der Schicht=
meister dessen annahm. Für das Vitriol= und Schwefelwerk war der
Herrengrund in Pürstein nächst dem Eisenwerke in Aussicht genommen.
An der ungeeigneten Örtlichkeit und der Kostspieligkeit des Unternehmens
mag der ganze Plan gescheitert sein und so blieb die reine gesunde Luft
unseres Ortes unverdorben. Es war deshalb zwischen dem Schichtmeister
Johann Klyher und dem ihm beigegebenen Johann Michael Ebler zu
einer solchen Erbitterung gekommen, daß dieser weichen und sich wieder
nach Sachsen (Grünhahn) zurückbegeben mußte (1713). Proben mit
Schwefelerzeugung wurden auch weiterhin fortgesetzt, wie es scheint, im
neuen Werk.

Im J. 1711 dachte man an die Ablegung von Bergleuten in den
Haadorfer Gruben, deren 21 beschäftigt waren. Im Betriebe waren
Übelstände und Schwierigkeiten eingerissen. Anläßlich des Steigerwechsels
kam es zu einer Untersuchung des Haadorfer Eisensteingebäudes, mit
welcher vom Presnitzer Bergmeister die dortigen Bürger Christian Eckart
Steiger auf der schwarzen Zeche und Johann Hartich Steiger bei St.
Mariä=Kupferbau betraut wurden. Bei der Befahrung des oberen Schachtes
am 9. Dezember 1719 stieß man in der „Riesstrecke" auf zwei Gänge,
welche neben einander fortsetzten und in der Teufe zusammenkamen.
„Wenn also ein Stollen vom Kleintaler Berge herauf (spätere Christian=
Zeche?) getrieben würde, so könnte man sehen, was die Allmacht Gottes
durch seine Gnad für einen edlen Zug allem bergmännischen Verstand
und Ansehen nach allda geben könnte und sei nur Schade, daß es eine
Stunde ruhen soll."

Beim Einbruche des französischen Entsatzheeres, welches unter
Mallebois über Eger hereingebrochen und bis Kaaben vorgedrungen
war (1742), wurden das neue Werk in Pürstein und die Haadorfer
Zechen von den feindlichen Soldaten heimgesucht: Bei jenem wurden
Geräte verbrannt; die Fenster im oberen Stocke völlig zugrunde gerichtet
und eingeschlagen, das Blei wurde fortgetragen, wie es einst die Schweden

taten, und in Haadorf Werkzeug geraubt, Bergkübel und Faſſel ver=
brannt.

Im J. 1743 war Jakob Ignaz Joſef Klyher Schichtmeiſter
über das „hochreichsgräflich Thunſche Hammerwerk" in Pürſtein ſamt
dazu gehörigen Eiſenſteinzeichen in Kleintal und Haadorf und Fräulein=
zeche in Orpus. Es umfaßte den Hochofen mit einem Waſſerrad. Dieſer
trug in einem Blattel über dem Tore das herrſchaftliche Wappen und
eine Glocke zum Aveläuten. In Verbindung damit ſtanden das· große
und kleine Kohlhaus, das Eiſenſtein= und Schlackenpochwerk, jedes mit
einem Waſſerrad, die obere und untere Stabhütte, jede mit einem Balgen=
und Hammerrad, dazu· der Schar= und Zahn= (Zain=?) Hammer eben=
falls mit einem Waſſerrad und das neue Werk mit 2 Toren und 8 Türen
im unteren und 7 Türen im oberen Stockwerk. Unter dem Hochofen
trat vornehmlich das S ch i ch t h a u s hervor, wie ein Edelſitz von ſeiner
gewöhnlichen Umgebung ſich abhebend — einſtmals (1529) Sitz des
„Amtes Pierſenſtain" (?). Es enthielt 2 Stuben und Küche mit Vorhaus,
Eiſenkammer und ein Stockwerk, dieſes mit 7 Fenſtern und Läden. Dazu
gehörten eine Stallung und der Küchengarten. Sonſtige Gebäude des
Eiſenwerkes waren die Kohlmeſſerwohnung, der neue Hammerſtall und
ein Wagenſchupfen. Alſo entnehmen wir einem vom vorbenannten Schicht=
meiſter am 31. Dezember 1743 aufgenommenen amtlichen Verzeichniſſe.

Die Fräuleinzeche in Orpus entſprach nicht den Erwartungen.
Sie ſollte aufgelaſſen oder verkauft werden (1711), was zum Glücke
unterblieb. Sie lieferte in den Quartalen Reminiscere und Trinitatis
1743 je 63 Fuder Eiſenſtein. In den anderen zwei Quartalen Crucis und
Lucia konnte nichts gefördert werden, weil der Schacht eingegangen war.
1782 geſchah die Schmelze in Pürſtein unter Leitung des Oberamtes.
In jene Zeit fällt die letzte Blüte des Pürſteiner Eiſenwerkes und des
Bergbaues auf der Herrſchaft Klöſterle überhaupt. Unter dem Grafen
Franz Joſef von Thun, dem edlen Menſchenfreunde und würdigen Zeit=
genoſſen Kaiſer Joſefs II., ließ Karl Immanuel Löſcher, B e r g m e i ſ t e r
i n K l ö ſ t e r l e, ſeine „Hiſtoriſch Bergmänniſche Briefe über verſchiedene
Gegenſtände des Freybergiſchen Bergbaues im Drucke in Leipzig bei
Siegfried Lebrecht Cruſius 1786 mit 7 Kupfertafeln erſcheinen. 1786 iſt
B. A. Buſch Schichtmeiſter und Andreas Clement Schichtamtskontrollor.
Letzterer war früher durch 9 Jahre Richter in Niklasdorf, dann in der
Klöſterler Wirtſchaftskanzlei bedienſtet und hatte während des 7= und
2jährigen Krieges (1778) beim Transport der Fouragefuhren vieles aus=

stehen und gar öfters unter der feindlichen Bataglia in Lebensgefahr
schweben müssen. Seitdem der Hofrat von Reblin die Verwaltung des
Pürsteiner Hammerwerkes niedergelegt hatte, war Clement als Kontrollor
behufs der Übernahme abgeschickt worden und auch daselbst verblieben.
Der gute Mann hatte eine schwache Seite und ergab sich dem Trunke,
wozu die Unredlichkeiten, welchen er preisgegeben war, nicht wenig bei-
tragen mochten. Seine Stellung wurde schwankend. Einerseits schob
Clement dem damaligen Oberamtmanne, unter dessen Leitung im J. 1782
die Schmelze geschah, alle Schuld zu, wenn durch Zusatz eines falschen
Eisensteines das Roheisen brüchig wurde; anderseits stand der Kontrollor
im Verdachte, wie wenn er im geheimen Einverständnisse mit dem
gewesenen Oberamtmanne daran gearbeitet hätte, um das Pürsteiner
Hammerwerk zugrunde zu richten. Im J. 1792 werden Johann Georg
Weber, ein Bruder des bestbekannten Oberforstmeisters Nikolaus Weber
in Klösterle, und der bereits genannte Bernard Grund als Pächter des
Hammerwerkes genannt. 1796 ward aber der Pacht behoben, das Werk
von der Herrschaft zum eigenen Betriebe übernommen und im Feber
desselben Jahres J. G. Weber mit einem Gehalte von 400 fl. und
sonstigen Bezügen auf 9 Jahre als Schichtmeister angestellt.

Ein altangestammtes Geschlecht. Gewerblicher Aufschwung.

Von den vielen Geschlechtern, welche in diesen Talesgründen seit
langen Zeiten her ein- und auszogen, ist nur eines noch zu Hause hier.
Unterhalb des alten Schlosses stand an der Stelle, wo das Reihener
Tal in den Finkelstein ausläuft und wo heute das ebenso vornehm
gebaute als eingerichtete Gebäude für Sommergäste, die „Schloßmühle" und nächst dem Burgwege der Kretscham, Mirikowska
(mirka = Schöffelmaß) genannt. Als in diesem 1431 das Schicksal
des Birsensteiner Burgbesitzes besiegelt wurde, wurde der Kretscham nicht
in die Teilung einbezogen. Er war Alleineigentum des Herrn Alesch von
Schönburg und verblieb gleich der Mühle bei dem alten Stammsitze.
Es saß darin der Chizdera. In diesem Küster — wie gut verstand
man schon damals das Verballhornisieren deutscher Worte! — und
ursprünglichen Müller haben wir den Stammvater unserer Schöffel und
in diesem einen Meßner der Schloßkapelle zu erblicken. Die alte Schloßmühle ist gleichbedeutend mit der im Urbare vom J. 1649 mit einem
Jahreszinse von 58 fl. 20 kr. angeführten obrigkeitlichen Mühle in Reihen
und bestand schon im J. 1710 nicht mehr. 1616 wird Hans Ackermann

als Müller in Pürstein erwähnt (Wotscher Pfarrmatrik). Denn erst im
J. 1606 kaufte Georg Schöffel von Andreas Pelzer dessen Gütl und
errichtete dabei auf eigene Kosten eine Mahlmühle mit einem Gange.
Es ist dies die sog. „kleine Mühle", deren altes Gebäude erst im J. 1865
niedergerissen und mit einem Neubaue ersetzt wurde. Die Schöffel waren
ein echtes und rechtes Müllergeschlecht. Sie haben von ihrem Gewerbe
den Namen angenommen und ihren alten Besitz bis heute behauptet.
Von den 8 Kindern des obigen Georg Schöffel hatte Georg Schöffel
in Niklasdorf, Daniel Schöffel in Pröblas und Christoph Schöffel
in Pürstein die Mühle, wogegen sein Schwiegersohn Martin Totzauer
von ihm die Mühle in Weigensdorf gekauft hatte (1631). Die Pürsteiner
Mühle zinste nach dem Urbare vom J. 1649 im baren 116 fl. 40 kr.
aber kein Getreide und als sie 1700 mit Erblauf an Christoph Schöffel
um 800 fl. Rhein. überging, reichte sie außer dem Geldzinse von 180 fl.
auch 8 Strich Kleihen. Sie hatte damals bereits 4 Gänge und gehörten
dazu die Dörfer Reihen, Kleintal, Kunau, Haadorf, Gesseln und Schön=
burg als Mahlgäste. Im Jahre 1806 zinste die hiesige Mühle jährlich
163 fl. 50 kr.

Die Familie Schöffel gewinnt aber noch dadurch an Bedeutung, daß sie
einen anderen nicht minderwertigen Besitzstand in Händen hatte, das
„Wirtshaus zum Pirschenstein", und daß sie an die Spitze
einer weit gehenden Bewegung sich stellte. Dieses Wirtshaus, heutiges
Gasthaus zur Linde, hatte sich mancherlei Gerechtigkeiten und Begünsti=
gungen zu erfreuen, welche wegen des Hammer= und Bergwerkes zuge=
standen worden waren. Bereits mit dem Gnadenbriefe vom 8. Juni 1649
hatte die gräfliche Witwe Margaretha Anna von Thun dem Christoph
Schöffel und seinen Erben mehrere Freiheiten und Rechte erteilt, das
freie Semmel= und Brotbacken für die Hammerarbeiter, die Befreiung von
den Scharwerken, ausgenommen den Erbzins und die Schnittrobot und
wie es sonsten alldort gehalten wird und von Ihro hochgräflichen Gnaden
Herrn Grafen Hanuß von Thun sel. Ged. bestätigt worden war,
Errichtung einer Schmiede, Stallhaltung für die Hammerpferde. Am
5. Oktober desf. J. erhielt Christoph Schöffel auch das schon erwähnte
„Brücknerhäusel", wie es die vorige Herrschaft von Max Brückner erkauft
hatte, mit Wiesenfleckel und Gräserei, jedoch unbeschadet der herrschaft=
lichen Schaftrift mit dem Rechte, wiederum ein Wohnhäusel dahin bauen
und mit einem Untertan besetzen zu dürfen. Aber aus erheblichen Ur=
sachen — wohl wegen der Nähe des Eisenwerkes — wurde die Schmiede

entzogen und das Brücknerhäufel fiel wieder an die Herrschaft zurück (1651). Eine andere Änderung trat darin ein, als das Wirthaus nach Christoph Schöffel an seinen Sohn Georg Schöffel überging (1675). Dieser mußte fortan seine Schuldigkeit gleich anderen Untertanen ent= richten (jährlich 3 Schock Zins und 6 Tage auf dem Schönburger Meier= hofe ohne Kost und Lohn zu schneiden); doch sollten ihm soviele Tage am Handscharwerke abgehen, als er mit dem Bierholen verbringt.

Diese Verluste und Belastung mochten die so sehr begünstigten Schöffel in das Lager der Unzufriedenen treiben. Wenigstens beteiligte sich der Pürsteiner Wirt Georg Schöffel mit seinen zwei Brüdern sehr eifrig und tätig an dem Bauernaufstande im J. 1680 als Schriften= steller und Rädelsführer. Er war Anstifter der Zusammenrottungen und stellte sich auch nicht bei der kaiserl. Kommission in Kaaben, sondern war als ein Hauptrebell durchgegangen und heimlich mit Weib und Kind nächtlicher Weile entwichen. Deshalb wurde auch sein im Dorfe Pürstein gelegenes Handscharwerksgütel von der gnädigen Obrigkeit ein= gezogen. Gleichwohl wurde noch in dem nämlichen Jahre dem Georg Fischer und Hans Schmidt, welche die Schwestern des flüchtigen Georg Schöffel zur Ehe hatten, das Wirtshaus um 700 Schock käuflich über= lassen. 1686 erlangte Hans Schmidt den Alleinbesitz.

Mit den Schöffel vielfach befreundet und versippet waren die Vetter, ein nicht minder angesehenes Geschlecht. Christian Vetter, ein Schwiegersohn des Christoph Schöffel, erbaute eine Papiermühle (Nr.=C. 18) mit mehreren Gebäuden und 4 Stampflöchern von Grund auf ganz oben im Finkelstein. Er und Peter Vetter werden 1702 als Papiermacher in Pürstein verzeichnet. Zu deren Zeiten bestand in Pürstein eine Zollstätte und wird als kaiserl. Einnehmer Johann Christoph Vetter genannt (1728). Vor dem betreffenden Hause (Nr.=C. 14) steht noch heute im Garten am Wege ein geschmiedetes Kreuz mit den Anfangsbuchstaben J. C. A. V. (Name des hiesigen Zöllners) und der Jahreszahl 1716. Derselbe Vetter kaufte 1728 von seinen Geschwistern nach dem Tode seines Vaters die Papiermühle um 620 fl. Rhein. Daneben bestand noch eine zweite Papiermühle, zum Unterschiede die obere Papiermühle (Nr.=C. 20) genannt, welche auf uns gekommen ist. Peter Vetter in der obrigkeitlichen Papiermühle kaufte 1708 von seinem Schwager Christoph Schmidt das Pürsteiner Wirtshaus und überließ es 1723 an seinen künftigen Eidam Joh. Christoph Engelstätter, dessen Nachkommen sich bis zum J. 1829 im Besitze erhielten, wo das Gast=

haus an die Hergl als die heutigen Eigentümer überging. Die beiden
Vetter, früher Nachbarn mit ihren Papiermühlen, waren nun wieder
Nachbarn geworden in der Mitte des Dorfes. Die obere Papiermühle
wurde von der Herrschaft 1722 an Josef Hergl erblich überlassen.
Aus der bezüglichen Kaufsurkunde erhellen die damit verbundenen Rechte
und Lasten. Die Herrschaft bezog den Zins jährlicher 100 fl. Rhein. und
hatte der Besitzer wie bisher ein gutes taugliches Papier zum billigen
Preise an das herrschaftliche Amt zu liefern. Dafür erhielt der Papier=
macher 3 Strich Kalk aus dem Klösterler Burggrafenamt unentgeltlich
und ebenso aus den obrigkeitlichen Waldungen das notwendige Bau=
und Geschirrholz. Die Untertanen hatten die nötigen Zufuhren und
Handlanger beizustellen.

Die neue Erwerbsquelle muß gleich anfangs einen guten Ertrag
abgeworfen haben. Das beweist, daß fast gleichzeitig 2 derlei Werke
entstanden und daß dem Josef Hergl beim Erbkaufe gestattet wurde, zu
den gangbaren 5 Stampflöchern noch 3 dergleichen herzustellen. Der
Segen, der im Herglschen Hause eingekehrt war, zeigte sich auch in einem
frommen Werke (Erbauung der St. Josefi=Kapelle). Die untere
Papiermühle war 1756 ein Raub der Flammen geworden, und erst als
Franz Weber 1784 von seinem Schwiegervater Anton Zebisch das
Wohnhäusel Nr.=C. 18 erkauft hatte, entstand auf der Brandstätte eine
Drahtmühle. Jetzt war aus der unteren Papiermühle die obere
Drahtmühle geworden. Das in Pürstein erzeugte Frischeisen eignete sich
eben vorzüglich zum Drahtzuge. Dieser Erwerbszweig, nur ein Ableger
des Eisenwerkes, hatte zuerst im Wiesengrunde gegen Aubach Wurzel
gefaßt, wo Bernard Grund von der Königsmühle (bei Stolzenhan) 1777
von der Obrigkeit die Baustelle des ehemaligen neuen Werkes käuflich
an sich brachte und daselbst eine Drahtmühle herstellte. Dieses Werk,
1801 mit 1200 fl. W. W. bewertet, schätzte man 1819 samt Wohn= und
Nebengebäuden auf 11.593 fl. 33 kr. W. W. Die Papiermühle, in welcher
ein ganz neuer Holländer erbaut worden war, hatten die Herglschen
Erben bereits 1773 an Johann Fraß, Bürger der befreiten Bergstadt
Weipert, verpachtet und 1798 wurde sie gegen Erlag von 3060 fl. W. W.
an Franz Dick, bürgerl. Müllermeister dieser Bergstadt, verkauft. Zur
Zeit der Verpachtung bestand eine Flußsiederei dabei. Diese war
dem Mahlmüller Ignaz Schöffel nur dann überlassen worden, daß er
dafür den Kirchenzins entrichten und die Herglschen Kinder mit dem
Notwendigsten nach Möglichkeit bedenken wolle. Die Waisen werden

zugleich als „arm" bezeichnet. Der Glücksstern der Familie war erblichen. Ein Sproſſe dieſes Geschlechtes, wohl der letzte männliche, Franz Hergl, allgemein nur „Papier-Franz" genannt, verſah bis in ſeine letzten Lebens= tage die Stelle eines Gemeindedieners und Briefträgers. Mit ihm wurde am 23. Dezember 1869 in unſerer Gemeinde zugleich der letzte Veteran aus den Freiheitskriegen zu Grabe getragen.

Und noch einen Betrieb brachte das geschäftige Bächlein in dem oberen Finkelſteine. Joſef Weinert, ſpäter Beſitzer der Papiermühle, erbaute zwiſchen dieſer und der oberen Drahtmühle bei dem von Max Weber aus Aubach erworbenen Wohnhäuſel Nr.=C. 21 ein L e i n ö l ſ c h l a g e w e r k mit Hufſchmiede.

Gewerblicher Niedergang.

Die Leitung des E i ſ e n w e r k e s ruhte noch immer in den Händen des Schichtmeiſters J. Georg Weber. Es wurde immer mehr ein Schmerzenskind durch den ſtarken Holzverbrauch und mit der Porzellan= fabrik in Klöſterle zum Wälderfraß. Mit Jahresſchluß 1801 betrug die rentämtliche Forderung 3371 fl. 51 kr. und die ſchichtämtliche Abſtattung 1925 fl. 47$\frac{1}{2}$ kr., ſo daß das Werk mit 1446 fl. 3$\frac{1}{2}$ kr. im Rückſtande verblieb. Die Schuldigkeit betraf größtenteils das aus dem Weigens= dorfer Reviere abgenommene Holz und betrug noch vom J. 1800 her 1868 fl. 26 kr. und im J. 1801 für 673 Klafter (à 2 fl. 44 kr.) 1839 fl. 32 kr. und für 386 Klafter Stöcke (à 1 fl.) 386 fl. Weber trat am 10. Oktober 1805 mit Belaſſung ſeiner Bezüge in den Ruhe= ſtand. Ihm folgte 1812 Leopold Stamm, ein Bruder des gefeierten Volksſchriftſtellers Dr. Ferdinand Stamm aus Orbus, als Schichtamts= ſchreiber, und er verblieb auch in dieſer Eigenſchaft, als das Eiſenwerk 1815 an den Prager Kaufmann Gruß verpachtet worden war. Es wurde hierauf an (Anton) Leopold und Franz Stamm bis zum J. 1827 in Pacht überlaſſen, anfangs (in Gemeinschaft mit Johann Grund und betrug die jährliche Schmelze im Durchschnitte 1800 Ztr. Eiſen. Die Übergabe ging am 1. Feber 1818 vor ſich.

Mit Ablauf des Pachtes hatte die Herrſchaft das Eiſenwerk wieder zum eigenen Betriebe übernommen und kein Geldopfer geſcheut, um die Eiſenerzeugung in Schwung zu bringen. Noch im nämlichen Jahre trat eine S c h i c h t a m t s k a ſ ſ a ins Leben und erhielt vom Klöſterler Rent= amte allmählich Vorſchüſſe bis zur Höhe von 3000 fl. W. W. ange= wieſen. In Prag lagen ſchwere Mengen Eiſengattungen angehäuft, deren

Verkauf augenblicklich nicht rätlich war. Nachdem Anton Walter als
Schichtmeister bestellt worden war, wurde der alte Hochofen mit dem
hölzernen eingedeckten Gange zur Gicht niedergerissen und 1832 vom
Grafen Josef Mathias von Thun ein neuer durch den bekannten Bau=
meister Karl Sich aus Maschau mit einem Kostenaufwande von
16.000 fl. K.=M. aufgeführt¹). Die Einweihung gestaltete sich zu einem
großartigen Feste und ist die ganze Feierlichkeit auf einer im Schießhause
zu Klösterle aufbewahrten Scheibe von dem bekannten Maler Gruber
dargestellt. 1833 finden wir den Schichtamtsschreiber Renner hier.
Noch in den 1840er Jahren beschäftigte das Eisenwerk außer den ver=
schiedenen Handlangern und Fuhrleuten über 50 Personen und lieferte
aus den Erzen, welche von 20 Bergleuten unter dem Steiger Krems in
Kleintal, Haadorf und Orbus gewonnen wurden, durchschnittlich
1000 Ztr. Schmied= und 500 Ztr. Gußeisen in einem Jahre. Das
Pürsteiner Eisen wurde wegen seiner Geschmeidigkeit gerühmt, wes=
halb es sich vorzüglich zum Gusse eignete und in der allerletzten Zeit
des Hochofenbetriebes als Zusatz im Schlackenwerder Eisenwerke diente,
woselbst das Erzeugnis häufig brüchig wurde. Die hiesige Gießerei
erfreute sich eines guten Rufes. Sie lieferte Kessel, Ofentöpfe, Ofenplatten,
Geländer, Kreuze u. dgl., auch feinere Erzeugnisse, von welchen einzelne
Stücke hie und da in Häusern erhalten geblieben sind, so z. B. Petrus
und Paulus (Relief) in Medaillonform, ein flaches Wandkreuz mit ein=
gegossenem Vaterunser, ein Engel im Laubgewinde, ein kleines Stellkreuz
mit Untersatz u. dgl. m. Eine Sammlung dessen wäre hoch an der Zeit
und eine dankbare Erinnerung für alle Zeit. Aufsehen erregten die Auf=
züge der Bergleute an hohen Festen (Auferstehung, Fronleichnam),
wobei die Knappen mit ihren Grubenlichtern in zwei Reihen links und
rechts vom Altare Stellung nahmen, sowie bei Begräbnissen eines Mit=
bruders, welchem ein Glückauf zur letzten Schicht in die Grube nach=
gerufen wurde. Das ist wohl vielen kaum von Hörensagen mehr bekannt.

Das Grubenlicht unter der Erde und das Feuer in den Hütten ist
längst erloschen und der Hochofen bis auf die vier Wände abgetragen.
Aber gerade unserem Orte ist eine ganz wesentliche Rolle in dem hei=
matlichen Bergbaue zugedacht und auf unser Tal sind alle Hoffnungen
auf sein Wiederaufleben gesetzt. Bekanntlich mußten die vielen Hoffnungs=
baue auf Silber, Kupfer und Eisen im Presnitzer Bezirke wegen der

---

1) Nach Aufzeichnungen im Grundsteine, auf Glas geschrieben von Josef
Melzer.

unbezwinglichen Grubenwässer aufgegeben werden. Die dortigen Gang-
verhältnisse deuten auf ein Ausbeißen in der Richtung gegen Pürstein.
Gelänge es nun, das Gebirge von der hiesigen Talessohle als dem einzig
gelegenen Orte in einer Teufe von 250—300 Klaftern zu unterfahren,
so würden alle in dieser Richtung vorkommenden Erzlager in solcher
Teufe verquert und beim Weiterbaue auch die daselbst bekannten Silber-
gruben aufgeschlossen, zugleich aber auch die Grubenwässer, die den Tief-
bau hinderten, gelöst werden. Dieser Gedanke war auch nahe daran zu
reifen und von der erzgebirgischen Eisenindustriegesellschaft aufgegriffen
worden, schlief aber mit dieser wieder ein. Er wird gewiß einst die
Nachwelt beschäftigen und den Schlüssel finden lassen, um die alten
Berggebäude wieder zu öffnen und neue Schatzkammern zu erschließen.

Eine Großmacht, der weltbeherrschende Dampf, griff immer gebie-
terischer in unsere Kleinbetriebe ein. Noch in den 1840er Jahren war
die untere Drahtmühle umgebaut und von den Gebrüdern Friedrich
August und Friedrich Ferdinand Schrimpf als Schuhleistenfabrik
(1847/48) eingerichtet worden. Allein binnen kurzem verwandelte sie der
Prager Gewehrfabrikant Anton Binz. Lebeda in eine Rohrschmiede,
wobei das Werkgebäude von böser Hand in Brand gesteckt wurde. Bei
dem sinkenden Bedarfe an Schutzwaffen wurde die Rohrfabrik 1854
wieder aufgelassen und in eine Mahlmühle (Plach= jetzt Schimmühle)
umgeschaffen. Ein gleiches Los ereilte die obere Drahtmühle. Sie diente
vorübergehend als Waffenhammer und machte ingleichen einer Mahlmühle Platz (heute Müllerei und Sägewerk des Anton Tschochner). Die
Papierbereitung ging von Jahr zu Jahr zurück und zuletzt drohte der
alten Papiermühle mit Wasser und Feuer der Untergang. Die
Ölmühle erhielt sich wohl bis in die 1850er Jahre hinein, mußte
aber zuletzt den Betrieb einstellen (Loh= und Mahlmühle des Johann
Selinger mit einem deutschen Gang).

Einem längeren Kampfe erlag schließlich das Eisen= und Hammerwerk. Es war durch einige Jahre an Baron von Lindheim, den gleichzeitigen Besitzer der Eisenwerke in Wilkischen, verpachtet und 1864 mit
allem Gebäu und Grundbesitz an Werner Freiherrn von Riese=Stallburg
um 12.600 fl. käuflich überlassen worden. Alle Bemühungen, eine minder
kostspielige Feuerung statt des teueren Holzes zu gewinnen, alle Versuche, die nahen Braunkohlenlager hierzu zu verwerten, blieben erfolglos.
Die untere Hammerhütte war noch von der Herrschaft zu einer Brettsäge mit Schindelmaschine umgebaut worden. Zum Andenken trägt das

untere Wirtshaus das Schild „zum Eisenhammer". Den oberen Stab=
hammer hatte Gustav Müller aus Warta als Waffenhammer
benützt (jetzt Posamentenfabrik Ludwig Breitfeld Nr.=C. 34). Im Böhmer=
walde bei Tachau nahe an der bayrischen Grenze liegt der letzte gräfliche
Schichtmeister Antou Walter begraben (gestorben bei seinem Sohne Anton
Walter, Pfarrer i. R. in Paulusbrunn am 16. Juni 1878). Das Eisen=
werk hatte noch bei Lebzeiten dieses denkwürdigen Mannes, welcher an
der Spitze der Pürsteiner Bürgerwehr (Nationalgarde) als Hauptmann
stand, das Grab gefunden. Der Hochofen, zum Teile aus den Bausteinen
des alten Schlosses hervorgegangen, teilte mit diesem ein gleiches Schicksal.
Er sank allmählich in Trümmer. Die ehemalige Feuerstätte wurde zur
Errichtung einer Kaltwasseranstalt und, da sich hier die Gewässer der beiden
Seitentäler vereinigen, auch als Fabriksanlage empfohlen, gegenwärtig Kar=
tonnagefabrik des Anton Roßner, daran das Wohnhaus „Altschönburg" mit
Badestübchen, früher Eisensteinpochwerk. Die Neuzeit hatte auch sonstige
Industrien gebracht. So erbaute Architekt Wenzel Hagenauer bei seinem
Besitze Nr.=C. 3 eine Zementmühle (jetzt Mahlmühle des Anton
Theumer) behufs besserer Ausnützung des Kalklagers in der Hausleiten,
wozu unter seinem Nachfolger Prokop Artmann die Korkstopfen=
erzeugung kam, welche auf der Wiener Weltausstellung 1873 die
Verdienstmedaille errang, die höchste Auszeichnung, welche für Korkwaren
verliehen wurde. Beide Erwerbszweige sind mit dem Abgange Artmanns
wieder eingegangen.

Mit Stolz und Dankbarkeit können die Pürsteiner ihrer früheren
Grundherren gedenken, insbesonders des Grafenhauses von Thun. Es
hat nicht nur den Bergbau als ein heiliges Erbe der Vorfahren über=
nommen und gefördert, sondern auch hier im friedlichen verlassenen Tale
freundliche Werkstäten dem Gewerbefleiße eröffnet. Wie fürsorglich und
werktätig erzeigte sich die Herrschaft bei Gründung der Kirche und Schule.
Unser Dorf verdankt den gräflichen Schloßherren die Teplitz=Karlsbader
Straße und auch die Gebirgsstraße. Bei der Fahnenweihe des Veteranen=
vereines übernahm Frau Christiana Reichsgräfin von Thun geb. Salm
in hochherziger Weise die Patenstelle und wie großmütig erwies sich
deren erlauchter Gemahl Herr Josef Oswald bei dem Baue der Eger=
brücke und bei Errichtung der Bade= und Schwimmanstalt in der Eger
und eben jetzt wieder beim Baue der Wasserleitung. Unter den verschie=
benen Ehrenbürgern der hiesigen Gemeinde steht obenan der gefeierte
Name des ersten deutschen Edelmannes. Als der Edelsten Einer und als

Leitstern leuchtet er voran und als ein Stern höherer Ordnung glänzt der Name seiner erlauchten Gemahlin an dem Dichterhimmel Österreichs. Nicht die Pürsteiner allein, ja alle Deutschböhmen und alle, welche sich in Kaisertreue als Großösterreicher fühlen, können hoffnungsfroh und dankerfüllt zu dem Doppelgestirne Thun-Salm emporblicken, welches sich uns in einem beseligenden Lichte zeigt.

Sommerfrische.

> „Nie erschöpf' ich diese Wege,
> Nie ergründ' ich dieses Tal
> Und die altbetret'nen Wege
> Rühren neu mich jedesmal."
>
> Uhland.

Es ist ein herrlicher und traulicher Winkel, ein schöner Fleck auf Gottes weiter Erde, das viel gepriesene Tal von Pürstein. Nach den geschilderten Verhältnissen ist der liebliche Ort zu einer Sommerfrische wie geschaffen. Pürstein, ringsum von Waldbergen eingeschlossen, hat nicht nur eine reizende und geschützte, sondern auch eine gesunde und geschätzte Lage; ja es ist von einem warmen Anhänger unseres Ortes in der Hitze der Begeisterung geradezu als das „Meran im Erzgebirge" gefeiert worden. Hineingebettet zwischen riesigen Höhen hat die Natur im Norden auch noch mit dem Erzgebirgskamme eine Schutzwand aufgeführt, um ihr Schoßkind vor rauhem Wind und Wetter zu behüten. Berg und Tal einen sich zum wunderbaren Bunde und bieten genug des Anregenden, Erfreuenden und Erfrischenden. Schattige Spaziergänge auf die Wald- berge mit entzückenden Aussichten, Blumenpfade durch saftig grüne Wiesen ermuntern zur Bewegung in freier Luft; lauschige Plätzchen im Wald- moose und unter dem Schattendache blühender Bäume laden zur Rast ein. Sanftes, liebliches Rauschen auf den Bergen und drunten das Brausen kristallklarer Forellenbäche, daneben eine plaudernde Quelle. Dazu eine reine würzige Luft, so aus den ausgedehnten Waldungen herabweht und den blütenreichen Gärten entströmt; freundliche, saubere Häuser, darin muntere treuherzige Leute, das alles ist geeignet, dem lärmenden Geräusche und dem Staube der Großstadt zu entrücken, Körper und Geist wieder aufzurichten, das stürmische Gemüt mit dem ländlichen Stillleben zu versöhnen und den Balsam süßen Seelenfriedens in die müde Lebensbrust zu träufeln.

„Gar freudig ist es zu sehen, wie die Gäste, besonders die Kinder, die erst kurze Zeit dem bewegten, unruhigen Stadtleben, der drückenden

Sommerhitze entgangen sind und bei ihrer Ankunft verdrießlich und matt mit bleichen Gesichtern herumhuschten, hier wieder aufleben, wie sie mit blühenden Wangen an der Seite ihrer Lieben den herrlich aufsteigenden, grün bewaldeten Bergen frisch und wohlgemut zuwandern." Viele Körper= schwache und Leidende haben bei einem längeren Aufenthalte in diesem Luftbade Stärkung und Genesung gefunden, wie Nervenleidende, Blut= arme, Brustkranke usw. Besonders wohltätig erweist sich Pürstein als klimatischer Kurort für schwächliche, kränkliche Kinder. Zwar wurde als ein Übelstand des Waldbesuches gefunden, daß man zuweilen eine Strecke weit steigen muß. Allein auch dieses hat sein Gutes und die so gefürchteten Berge sind nach den Untersuchungen des berühmten Professors Dr. Oertel als ganz besondere Wohltäter der leidenden Mensch= heit erkannt worden. Freilich darf man sich in den ersten Tagen mit weiten Bergfahrten und anstrengenden Bewegungen nicht erschöpfen.

Ein Kummer drückt allerdings unsere lieben Pürsteiner. Sie sind vergeblich auf der Suche nach einer Mineralquelle. Allein

> Ihr klaget, daß sich nicht erschließet
> Mit einer Quell' ein Wunderborn'.
> O seht, wie die Natur ergießet
> Allhier ihr überströmend Horn!
> In kristallener Schale,
> Gefüllt mit frischer Waldesluft,
> Gewürzt mit süßem Blumenduft,
> Aus goldenem Pokale
> Reicht sie, was sonsten nicht gegeben,
> Gesundheit dir und neues Leben.

Wunder aber muß es nehmen, daß noch niemand auf den Gedanken gekommen ist, in Pürstein eine Wasserheilanstalt zu errichten, da hiefür der Ort, wie kaum ein anderer, geeignet wäre. Es bestehen bloß Bäder im freien Flusse, die Badenanstalt in der Eger (Aubach) mit Spiegel und Bade= hütten, und in Pürstein selbst Wannenbäder (kalt und warm) in der Frauengasse (Nr.=C. 42), im Gasthof zum Schloßberg, daselbst auch Fichtennadel= und Moorbäder, im Hotel Fürstenstein und im Wohnhause Altschönburg.

An mannigfaltigen überraschenden Spaziergängen ist keine Not. Wer die Bequemlichkeit liebt, braucht nur dem Laufe der Bäche zu folgen, sei es abwärts über lachende Wiesen zur nahen Eger oder aufwärts auf der sanft verlaufenden Straße nach Weigensdorf mit einem Aufstiege zur Försterei „Neuhaus", wobei wir Schritt für Schritt in die Welt der Voralpen versetzt werden, oder seitwärts in den Kessel von Reihen oder dem Kieselbache entlang durch den Herrengrund nach dem schattenreichen Kleintal und weiter in das verwaiste Hüttental nach Unterhals oder hinauf zum Kupferhügel mit seiner vielbewunderten Fernsicht.

Tannwald mit Spitzberg.

Die Perle in Bürsteins reichem Landschaftsschmucke ist der S p i t z = b e r g (Gemeinde Mühlendorf) über dem langgestreckten Tannwald und Blößberg, vom Komotauer Erzgebirgsvereine mit einer Aussichtswarte gekrönt. Es führen drei Wege dahin: der kürzeste von der alten Straße aus längs des Waldsaumes über die W e n z e l s r u h e, deren duftiges Plätzchen leider durch Abholzung ihrer Umgebung viel von ihrer Anmut verloren hat, oder dem Kehr aufwärts zu dem vor uns aufragenden Basaltkegel. Auf dem Waldwege nach Endersgrün unweit von einem F e l s e n k r e u z e in der Waldlichtung, zu welcher der Weg von der Weigensdorfer Straße aus bei den Papiermühlen eingeschlagen werden kann, zieht sich nach rückwärts im weiten Bogen der T a n n s t e i g, neuestens Poetensteig genannt. Da, wo sich dieser Steig seitwärts nach Südwesten dem offenen Tale zuwendet, um in den obigen Weg einzumünden, stieg man mit Vorliebe bergauf in einem Flutgraben einem selten schönen weiten Buchenhaine zu, welcher nun auch verschwunden ist, und gelangte aus diesem auf der Hochfläche eben wie auf einem Tische in Moos und Gras zu der vielbesuchten Koppe. Der zuerst eingeschlagene Fuhrweg bringt uns von dem großen Waldkreuze über E n d e r s g r ü n und den dortigen ziemlich steilen Bergkamm in das R u m m e l b a c h t a l ein stilles, einsames Tal, abgeschieden von der Welt und nicht gestört durch Menschenlärm. Der Bach und Wald führt hier das Wort. Sommer= liche Fluren grüßen uns zunächst auf dem Gehänge und frischgrüne blumige Wiesen neben finsteren Wäldern. Hinterwärts im Grunde zeigt sich in trostloser Verlassenheit eine Hegerhütte, darin vormals eine ächzende Brettsäge, und ganz abwärts im Tale scheint die grüne Wald= wand des Spitzberges dem dahin stürmenden Bache ein Bein zu stellen. Traulich grüßt von der Berglehne der Winterleiten die Häuserzeile von Boxgrün mit dem schmucken Kirchlein herüber. Auf der hiesigen Tales= wandung führt hochoben von Endersgrün unterhalb der Spitzbergkuppe der „alte Wotscher Weg" vorüber.

Diese Bergspitze ist leicht zu erreichen, da die ganze Weganlage
allmählich hinansteigt. Ein Meer von Schönheiten tut sich oben auf. Es
ist ein Hochgefühl mit einem Male mitten in dieser herrlichen Gebirgs-
welt von einer einzelstehenden Höhe hineinzublicken in die Talestiefen
und hinauszuschauen in die weiten Fernen, mit einem einzigen Blicke
das Wirrwarr der unzähligen Bergrücken und Gründe zu überfliegen.
Uns gegenüber erhebt sich die stockförmige Masse des Riesengebirges mit
waldbedeckten Hängen und Felsmauern. Seinen Fuß umwindet das
Silberband der Eger, deren Spiegel siebenmal unten im Tale aufblitzt.
Im Süden, wo es dem unablässigen Kampfe und Anstürmen des
Wassers gelungen ist, das einst mit dem Urgebirge verschmolzene Mittel-
gebirge zu durchbrechen und durch das Labyrinth der Berge einen Weg
zu bahnen, bilden der Herrgottstuhl und Grasberg einer- und der Stein-
wald anderseits eine Talesenge. Im Hintergrund erscheinen im milden
Glanze die Engelsburg, der Schömitzstein, die Stephaniewarte und andere
Berggrößen bei Karlsbad.

Einen Hochgenuß bereitet auch der Ausblick gegen Morgen. Die
Eger verliert sich hier plötzlich zwischen den Bergen und erscheint erst
wieder in das Land hinein. Voran lagert seiner ganzen Breite nach ein
gewaltiger Bergriese und streckt aus dem dunklen Waldmantel sein burg-
gekröntes Haupt hervor (Klosterberg mit Neuschönburg). Dahinter seitwärts
blickt zwischen dem langgestreckten Schwarzberge und dem spitzen Hackel-
berge ein anderer Pförtner des Egertales hervor, der Egerberg mit der
verlassenen Burg gleichen Namens (Leskauer Schloß). Weiter landeinwärts
tauchen der große Burberg und die Kaadner Berge auf und am letzten
Flügel des Erzgebirges der Brüxer Schloßberg, der Borschen bei Bilin,
der Donnersberg (Milleschauer) und andere Häupter des unteren Mittel-
gebirges. Hinter uns verläuft der Kamm des Erzgebirges. Auf seine
Kante sind das Städtchen Kupferberg mit seiner schneeweißen Bergkapelle
und das Dörfchen Oberhals, kennbar an seinen einzelstehenden Häusern
und dem zierlichen Kirchlein, wie in den Himmel hinaufgebaut. Näher
ziehen sich die ausgedehnten Forste von Weigensdorf wie ein grünes
Waldmeer zum Rummelbach herab, der brausend und schäumend der
Eger zustürzt.

Und zwischen dem Ganzen breitet sich ein weiter Talkessel mit
wohlbebautem Hügelgelände aus, darauf nahe an der Eger die Ortschaften
Mühlendorf und Tschirnitz und nächst am Flusse das Dörfchen Aubach
siedeln. Freier und leichter atmet die Brust und wir saugen in vollen

3tigen die Zauber ein, die überall von Berg und Tal, aus Wald und Flur entgegenwehen. Nahe im Hochwalde klopft und hämmert der Specht; ein prophetischer Vogel ruft uns zu und Kuckuck „grab (grau) zählt mir meine Jahre ab, die ich noch zu wandern hab". Plötzlich schwirrt es einer alten Buche zu und es beginnt in ihrem Wipfel ein zärtlich Girren. Wildtauben sind bei einem Stelldichein zu einer kleinen Schäfer-stunde eingetroffen. Voll Lebenslust und Übermut jagen die Eichhörnchen durch die Zweige. Wir stehen im Banne des Waldfriedens. Hier ist ein Ort zu wahrem Naturgenusse, so recht ein Ort zum — Naturkneipen.

Im Reihener Grund. Hausleiten mit Mühlberg.

Lohnend ist ein Abstecher in den stilleinsamen Talesgrund von Reihen. Gegenüber einem eisernen Kreuze ist am Bache eine Ruhestelle mit Bänken. Von hier geht es bergan auf den Kamm zur „Karlsruhe" oberhalb Reihen in das alte Bergrevier und weiter im Umkreise zu dem Holsteine (807 m) hinauf, dagegen auf der anderen Seite (Marien-steig) nach Kleintal hinab. Der Bergrücken, auf welchem wir uns bewegen, läuft in Pürstein in den Schloßberg aus und heißt der Abfall bis zur Burg die Röhrleiten. Wir wenden uns geradaus nach dem heimischen Pürstein zurück. Bei der letzten Wegwendung gewahrt erst das Auge den wunderherrlichen Aufbau des Gebirges. Vor uns im Waldversteke oben die noch immer stolzen und mächtigen Mauern des alten Schlosses. Von allen Seiten fallen die Höhenzüge ein und im Hintergrunde steigt die dunkelgrüne Wand des Tannwaldes empor, darüber am Himmel im verklärten Lichte der Herrgottsstuhl thront. Wahrlich, diese einzig schöne Stelle allein verdient einen Besuch unserer Sommerfrische. Am Ausgange des Reihener Tales zweigt sich rechts der Finkensteig ab. Anfangs ziemlich steil aufwärts steigend, gelangt man inmitten des Hoch-waldes zu einer klaren Quelle, dem sagenhaften „Dreikaiserbrunnen". Bequemer ist der Rückweg rechts durch den Wald und die Feldflur zu dem oben gedachten Kreuze beim sog. „Brückerhäusel".

Ein Seitenstück zu dem ausgedehnten Tannwalde ist die nicht minder steile Hausleiten mit dem Mühlberge. Zwei Waldwege durchziehen diese Taleswand. Der untere oder Kleintáler Weg zieht sich von Kleintal herab zur sog. „Schlinge" nächst dem Mühlberge und ist am leichtesten oberhalb des letzten Hauses im Herrengrunde über eine Brücke zu erreichen, ein bequemer Spazierpfad mit Ruhesitzen. Er erfreut mit seinem reichen bunten Pflanzenwuchse, daher im unteren Teile von dem Bachstege bis

zur Schlinge „Rasenweg" genannt. Bei der Schlinge, woselbst vor=
mals die Pürsteiner Eisensteingrube, schlingt sich der Weg zu dem Mühl=
berge hinüber und gewährt hier die lieblichste Ansicht der wunderherrlichen
Sommerfrische. Er führt, etwas beschwerlich über die Mitte der Mühlleiten
zu dem geheimnisvollen, sagenhaften Burberge empor.

Der obere Hausleiten= oder Herrenweg kömmt auf dem Kamme
von Gesseln herab (Geßlerner Weg), auch Herren= und Kammweg geheißen,
führt an einem mächtigen Felsgebäude „Thomafels" (Pürsteiner Kalk=
bruch) vorbei und läuft talabwärts auf den Bachsteig zu. Beide Haus=
leitenwege verbindet der Zechenweg. Dieser zieht sich schief über die
Berglehne zu dem oberen Wege und zu den „Zechenhäuseln" hinauf.
Hier bietet nach den durchwanderten Waldschönheiten der abgeholzte Ab=
fall des Erzgebirges jenseits des Tales einen befremdenden, ja traurigen
Anblick. Wandeln wir den oberen Weg der ganzen Länge nach wieder
zurück, so gelangen wir auf den Kamm und die Koppe des mehrgenannten
Mühlberges. Hier standen in der Zeit, als die ganze Leiten unbewaldet
und bloß eine Ziegenweide war, in dem Basaltgerölle nur hie und da
kümmerliches Busch= und Strauchwerk, Dornröschen, Wachholderstauden
sich durchrangen, ein großes Holzkreuz und wie manche erzählen, daneben
zu beiden Seiten zwei andere Kreuze, um die beiden Schächer und
Kalvaria anzudeuten und es dem Dreikreuzenberg in Karlsbad und bei
Sehrles gleich zu tun. Neuestens ist dieser Stelle eine ganz besondere Ehre
und Weihe zugedacht und ein Kaiser Josefs Denkmal in Aussicht ge=
nommen, allerdings nicht ein Standbild des allgefeierten Kaisers, sondern
eine Kaiser Josefs=Aussichtswarte. Es bietet sich hier wie nicht leicht an
einem anderen Orte eine bezaubernde Rundschau und Fernsicht fluß=
aufwärts über Karlsbad hinaus in das Egerland bis zum Böhmerwald
und flußabwärts in das Tiefland hinein, ähnlich wie vom Spitzberge
aus, aber mit einem viel weiteren Gesichtskreise und beglückend und
entzückend durch die zu Füßen liegende Gartenstadt Pürstein.

Einen behaglichen Spaziergang bietet der Mühlberg unten mit
dem Wege, welcher längs des Mühlgrabens hinter der Schöffelmühle in
den Totzauer Wald führt, besonders beliebt bei den Kleinen unserer
Sommerfrischler wegen der vielen Erdbeeren in diesem Hölzchen. In
dieser Richtung führte vormals der Seebühlweg (Kirchweg) im An=
schlusse an die alte Straße zwischen Schönburg und Tschirnitz nach
Klösterle.

Ausflüge und Vorzüge.

Seelenvergnügt läßt es sich lustwandeln in dem Orte selbst und auch sonst fehlt es nicht an ebenen und gebirgigen Spazierwegen in der nahen und weiteren Umgebung. Lohnende und genußreiche Ausflüge bietet das Egertal zu der Felsenhöhle im Walde „Geheg", einstmals von einem Einsiedler bewohnt; weiter flußaufwärts zu den weltbekannten Sauerbrunnen von Krondorf und Gießhübel, auf die Burgen und Schlösser Himmelstein, Hauenstein, Engelhaus einer= und Neuschönburg, Egerberg, Felixburg, Hassenstein, Rotenhaus anderseits, nach den Städten Klösterle, Kaaden, Komotau, Schlackenwert, Karlsbad, Joachimstal, alles Touren, die bequem an einem Tage zu Fuß oder wenigstens mit der Eisenbahn erreicht werden können, des übrigen nahen Erzgebirges mit seinen viel-bewunderten Aussichten (Kupferhügel, Keilberg und Fichtelberg) und seiner denkwürdigen Berg= und Industrieorte nicht zu gedenken.

Der Frühling ist allerdings auch in unserem Tale die eigentliche Wonnezeit. Die Fichten und Tannen, welche die Berglehnen bedecken, so weit das Auge reicht, sind mit Millionen maigrünen Schößlingen bedeckt. In den Gärten, auf den Wiesen und in den Wäldern blühen die Blumen und duften die Blüten; der Waldmeister schenkt uns seinen Maitrank. Harzgeruch und Tannenduft stärken die schwachen, kranken Nerven. Es ist frische und gesunde Luft, die wir einatmen, nicht verpestet vom Kohlengeruch, wie bei gewissen Windströmungen in anderen Luftkurorten. Frisches und reines Wasser spenden die Quellen aus dem Urgebirge und neuestens ist man auf dem besten Wege, um von den Höhen ein gesundes und kostbares Trinkwasser in die Talestiefen herabzuleiten. Selbst an Brunnenmusik fehlt es nicht. Hinten im Finkelstein flöten die Nachtigallen. Kaum sind ihre Lieder verstummt, so beginnt eine Drossel und Amsel ihren volltönigen Gesang. Auch eine Grasmücke, Sprach= und andere Sangesmeister stimmen mit ein, immer lauter und vielstimmiger wird der muntere Chor; die ganze gefiederte Welt scheint ein großes Musik-fest aufzuführen. Da gibt es ein beseligendes Selbstvergessen. Der Geist, befreit von allen Fesseln, ergeht sich in stillen Betrachtungen und versinkt in süßes Träumen. Das Auge des sinnenden Beschauers ruht mit Wohlgefallen und Wonne auf dieser Herrlichkeit und das Gedankenspiel dreht sich um das alte, zerfallene Schloß, welches, groß noch im Zerfalle, wehmutsvolle Empfindungen und fromme Erinnerungen wachruft. Und noch mancher Ort mit geschichtlichen Erinnerungen tritt in den Gesichtskreis wie durch ein Fernrohr. Selbst im Hochsommer bleibt Pürstein eine wahre Sommerfrische.

Ein besonderer Liebreiz ist auch die Einfachheit und Ursprüng-lichkeit, wie sie nicht bloß in der ländlichen Umgebung, sondern auch in dem freundlichen, munteren, entgegenkommenden Wesen der Einwohner sich ausdrückt, die den Besucher nicht als Fremdling, nicht als Federwild, das gerupft werden muß, sondern als einen willkommenen Gast und Hausfreund empfangen und behandeln. Ein Fremdtun wird nicht ge-duldet; hier heißt es zu Hause sein. Wer nicht zu hohe Ansprüche stellt und nicht den Maßstab einer Großstadt an ein bescheidenes Dorfleben anlegt, der wird hier auch bald sich heimisch fühlen. Die Schönheiten unseres Tales und seine Bedeutung als Naturheilort werden denn auch immer mehr gewürdigt. Wenn die Maiglöcklein den Frühling in das Land läuten und die Schwalben wiederkehren, dann erscheinen auch all-mählich unsere Sommergäste aus den umliegenden Städten, aus Prag u. a. O. Überhaupt wird der Fremdenverkehr von Jahr zu Jahr leb-hafter. Vergnügungszügler, Ausflügler und Lustreisende ziehen von allen Seiten herbei und halten hier Rast. Für Vereine ist Pürstein ein beliebter Sammelplatz. Unter anderem wurde unserem Orte die Aus-zeichnung zuteil, daß am 14. Mai 1896 der Zentralverein deutscher Ärzte in Böhmen (Sektion Brüx) daselbst seine Hauptversammlung hielt. Bereits hat Pürstein viele Freunde gefunden, darunter einen lieben, guten und unvergeßlichen Freund, der mehr als Goldes wert ist, an Ottomar Wenzel, k. u. k. Hoflieferanten in Prag, und an dem Komo-tauer Erzgebirgsvereine. Hochansehnliche Persönlichkeiten kann die Sommer-frische Pürstein in ihrem goldenen Buche verzeichnen, darunter auch wissenschaftliche Größen, wie Hofrat Prof. Dr. Gustav C. Laube, welcher von hier aus seine Forscherreisen in das umliegende Erzgebirge unternahm und die Ergebnisse in dem schönen, auf Seite 238 genannten Werke niederlegte, und Dr. Adolf Bachmann, ebenfalls Professor an der k. k. deutschen Universität in Prag, dem eigentlichen Landeshisto-riographen der Gegenwart und schlagfertigen Streiter für deutsche Ehre und Größe.

Ob mancher Wandlung kann der aufstrebende Ort getrost und hoffnungsfroh der weiteren Zukunft entgegensehen. Wohl mag mancher gute Mann schier nach besseren Tagen sich sehnen; doch die Zeit rollt schnell und fast jedes Jahr bringt ein neues Bild. Und so scheiden auch wir von dem teueren Geburtsorte in der frohen Hoffnung, daß immer glücklichere Geschlechter auf jene zurückblicken mögen, die längst nach einem schwer bewegten Dasein den ewigen Frieden unter der Erde gefunden haben.

Möge der Himmel die Geschicke unserer Ortschaft auch weiterhin zu ihrem Besten lenken und segnend über diesen Tälern walten! Das ist unser letzter Wunsch, unser Abschiedsgruß.

Anhang.
Kirche und Schule.
I. Kirche.
Frühere Zeit.

Das erste Gotteshaus in Pürstein war die Kapelle im alten Schlosse, welche im Dekanate Kaaden 1369—1405 genannt wird. Schon im J. 1349 kommt der Priester Johann von „Pierssen- stein" vor, ein hochgestellter Geistlicher. Über Bitten seines getreuen Sohnes Karls (IV.), römischen Königs und Königs von Böhmen, ge- währte Papst Klemens VI. von Avignon aus am 11. Jänner 1349 seinem geliebten Johann von Pierssenstein in Gewärtigung einer Olmützer Dompräbende die in Zeitz (Naumburger Diözese) und einen Altar in den Prager Kirchen wie denn auch die Kapellanei im Schlosse von „Pirssenstein".[1] Diese kömmt 1369 als capella in „Pirstenstain", 1384 als capella in „Byrnstein", 1385 und ingleichen 1399 als capella in „Birensteyn" vor und heißt es 1405: capella »Pirkenstein« te- netur. Von der Kapelle wurde nämlich ein Zins nicht eingehoben, weil sie kein gestiftetes Vermögen besitzen mochte, sondern von den Burg- herren erhalten wurde. Mit der Zerstörung des Bergschlosses ging auch die Burgkapelle ein und es sind keinerlei Reste davon auf uns gekommen. Nach den Grundmauern zu schließen dürfte sie den Flügel gegen Morgen bei dem kleinen Burghofe eingenommen haben.

Seit alten Zeiten her waren die Ortschaften des heutigen Kirch- spieles Pürstein zu der Kirche des Gutes eingepfarrt, in dessen Unter- tänigkeit sie standen, so mit Endersgrün, Weigensdorf und Rödling zur Pfarr- und einstigen Propsteikirche in Wotsch und dies schon zur Prote- stantenzeit, bis Endersgrün 1785 und mit Hofdekret vom 18. März 1797, Z. 908, auch Weigensdorf und Rödling von Wotsch ausgepfarrt und

---

1) Ladisl. Klicmann: Monumenta Bohemiae Vaticana I, Nr. 1066. Clementis VI. Supplicationum anni VII, liber 2 (16), fol. 108.

dem neugebildeten Kirchspiele Pürstein zugewiesen wurden; dagegen
gehörten Pürstein, Tschirnitz mit Aubach, Kleintal und Reihen zur
Klösterler Seelsorge, wie dies im Jahre 1636 ausdrücklich bemerkt wird.
Wie beschwerlich mußte da der Kirchenbesuch für die Pfarrkinder und
die Seelsorge für den Geistlichen sein! In unserem Orte war wenigstens
mit der Josefikapelle einige Erleichterung geschaffen. Diese Bet=
und Meßkapelle wurde von dem Papiermacher Josef Hergl zu Ehren
seines Namensheiligen 1724 nahe an seiner Wohnung erbaut (heutiges
Haus Nr. 56) und von dem Klösterler Pfarrer Franz Holzbecher am
20. Mai 1732 eingeweiht. Zugleich errichtete der fromme Wohltäter
eine Messenstiftung dabei (Stiftbrief vom 4. Oktober 1732). Sie besaß
an gestiftetem Vermögen 220 fl. und an sonstigem Vermögen 61 fl. 27½ kr.
Weit mehr als diese Kapelle beschäftigte ein geheiligter Ort in Unter=
Pürstein die gläubigen Gemüter, nämlich die Gnadenstätte Maria=
Hilf. Bei dem häufigen Besuche des Wunderbildes sammelte sich ein
namhaftes Vermögen (gegen 1700 fl. gangbare Münze und 300 fl.
angehenkeltes Geld). Diese Seitenandacht wollte jedoch den Klösterlern
nicht behagen und über ihr Betreiben wurde vom Oberamte das Bildnis
samt dem Gelde, 12 Dutzend Seidentüchern, 12 Altartüchern und 6 Altar=
leuchtern abgefordert und von dem Ortsrichter Franz Krehan übergeben
(1789). Das wundertätige Gnadenbild steht auch heute wieder an seinem
Orte in der darnach benannten Frauen=(Jungfern=)Gasse.

Der Wallfahrtsort Pürstein war seines kirchlichen Zaubers ent=
kleidet und die Josefikapelle unter Kaiser Josef II. gesperrt worden.
Doch entschädigte der berühmte Habsburger recht kaiserlich hiefür.
Seiner Gnade und Weisheit verdankt Pürstein die Kirche und Schule.
Gleich in den ersten Regierungsjahren wendete der edle Kaiser dem
vergessenen Dörfchen sein väterliches Auge zu. Schon über Gubernial=
missiv vom 25. September 1782 war vom K. reisamte Saaz eine Anfrage
an das Klösterler Wirtschaftsamt ergangen. An höchster Stelle hatte
man gleich vom Anfang an einen Pfarrer und Kaplan gedacht, auch ein
eigenes Pfarrhaus und eine Schule in Aussicht genommen. Dem
Klösterler Amte schien das zu viel. Es schlug einen bloßen Lokalkaplan
vor und sollte das Pfarrhaus zugleich als Schule dienen. Bauriß,
Kostenüberschlag usw. wanderten nun den gewöhnlichen Schneckengang
weiter und blieben zuletzt in Prag liegen. Da brachte ein Dekret aus
des Kaisers Gnadenhand, was ein allgemeiner Herzenswunsch und tief=
gefühltes Bedürfnis war.

Notkirche.[1]

Mit Hofdekret vom 24. September 1785 wurde für Pürstein mit den Dörfern Tschirnitz, Aubach, Kleintal und Reihen eine Lokalie bestimmt. Am 15. Juni 1787 erhielt Pürstein den ersten Seelsorger an P. Johann Augustin Fischer (Exjesuit). Ärmlich und erbärmlich waren die Anfänge des jungen Kirchspieles. Es fehlte an einem Hause des Herrn und an einem Obdache für seinen Diener, nicht minder an Schule und Lehrer. Als Wohnung für den Geistlichen diente das obere Stockwerk in der alten Schmiede (Nr.=C. 44), ein nichts weniger als behaglicher und ruhiger Aufenthalt. Den ganzen lieben Tag wurde von dem ehr= und arbeitsamen Schmiedemeister und seinen zwei Gesellen „so ausziehend auf dem Amboß herumgedonnert", daß der geistliche Herr tagsüber seinen Berufsgeschäften schlechterdings nicht obliegen konnte. Und auch die Nachtruhe war gestört. In den Nachbarhäusern wurde nach uralter Gewohnheit die ganze Nacht hindurch auf hölzernen Tennen gedroschen, bis sich die Sonne am Himmel zeigte. Weder ein Keller noch ein Küchengewölbe war zur Aufbewahrung eines Mundvorrates vorhanden, der durch einen geflissentlichen Boten von anderen Ortschaften herbeigeschafft werden mußte. Im ganzen Dorfe, welches gute $^3/_4$ Stunden zwischen Bergen und Tälern zerstreut liegt, war auch nicht ein einziges Haus zu einer anständigen Unterkunft zu finden. (Bittschrift des P. Fischer, Pürstein, den 10. Oktober 1787.)

Behufs Abhaltung des Gottesdienstes wurde nur zur Not und in aller Eile ein Kirchlein hinter der Schmiede jenseits des Baches am Ortswege in der Ecke des Wirtshausgartens errichtet und mit den Gerätschaften der Josefi=Kapelle ausgestattet. Gleichzeitig mit der Notkirche war auf einem gegen Zins aufgenommenen Felde der Herrschaft da, wo noch heute unsere Lieben zur ewigen Ruhe gebettet werden, ein Friedhof hergestellt und am 23. Juli 1787 von dem Klösterler Pfarrer Franz Petran eingeweiht worden. Um dem Ortsseelsorger ein ruhiges, unbehelligtes Heim zu bieten, erwarben die Gemeinden noch in demselben Jahre das von dem Drahtziehermeister Bernard Grund auf dem Dorf Tschirnitzer Gemeindegrund erbaute Auszughäusel und richteten es als Wohnung für den Geistlichen ein. Das Gebäude ohne Grundmauer und Hofraum entbehrte weiterhin einer Küche und eines gemauerten Hofraumes.

[1] Gedenkblatt zur hundertjährigen Jubelfeier der St. Wendelinskirche in Pürstein, 1897. Verlag des Pfarramtes.

P. Fischer war ein eifriger und gewissenhafter Priester und erlag unter den übergroßen Anstrengungen seines Berufes am 19. Juli 1790 einem Schlaganfalle. Nachfolger wurde der Franziskanermönch P. Theodor Schmiedl, geb. von Wiesental, ein hochbegabter, gottesgelehrter und um Pürstein vielverdienter Mann. Er erlebte die Freude, daß die Wünsche, welche an dem Herzen seines Amtsvorgängers nagten und die dieser mit in das Grab nehmen mußte, zu einem guten Teile in Erfüllung gingen. Die Aussichten auf den Kirchenbau wurden immer trüber. Der Franzosenkrieg, der so viel Blut und Geld kostete, nötigte zur Einstellung aller öffentlichen Bauten. Die kleine Holzkirche, gemeinhin „Schauer", auch spottweise der „Pürsteiner Schafstall" genannt, drohte schon dem Einsturz. Dem bescheidenen Kirchlein waren im J. 1794 zwei große Ehrentage beschieden. Ferdinand Kindermann Ritter von Schulstein, der hoch- und vielverdiente Kinderfreund und Vater der neugestalteten Volksschule, hielt als Bischof von Leitmeritz hier am 5. September 1794 seinen Einzug. Am Sonntag darauf beging daselbst ein greises Ehepaar aus Reihen (Franz und Anna Maria Lux, Nr.-C. 18) nach 53jähriger Ehe die goldene Hochzeit. Das Fest erhielt durch den geistlichen Redner eine besondere Weihe. Denn dieser war kein geringerer als Michael Kajetan Hermann, bewundert als einer der ersten Kanzelredner seiner Zeit, damals Kaplan in Okenau, genannt „die feurige Zunge des heiligen Geistes".

Pfarrkirche. Seelsorger.

Der bischöfliche Besuch hatte eine wohltätige Wirkung. In der Gubernialsitzung vom 30. Jänner 1795 gelangte der Pürsteiner Kirchenbau zum Vortrage und zur Annahme. Mit Hofdekret vom 30. Mai 1895, Z. 1224, wurde Allerhöchsten Ortes in Anbetracht der großen Opfer, welche die Gemeinden gebracht hatten, und ihrer Ärmlichkeit eine Ausnahme von dem bestehenden Bauverbote gestattet. Als Bauplatz diente jener Wiesenfleck, welchen die Tschirnitzer Gemeinde am 6. April 1649 neben dem obrigkeitlichen Teiche dem hiesigen Müller Christoph Schöffel unter Befreiung vom Zinse um 620 Schock Meißn. verkaufen mußte. Sie hatte durch die allzu schweren Winterquartiere im 30jährigen Kriege so stark gelitten, daß sie sonsten keinerlei Mittel mehr vorzusetzen hatte und sich nicht anders zu helfen wußte.[1] Am 11. Oktober 1795 wurde

---

1) Auf dem obigen Tschirnitzer Gemeindegrunde entstanden außer der Kirche das Pfarrhäusel bzw. die Pfarrei mit großem Garten, das Schulhaus,

der Grundstein gelegt und am 22. Oktober 1797 die fertige Kirche ein=
geweiht. Bei beiden Anlässen war Festredner der bereits genannte
M. K. Hermann.[1]

Der Kirchturm blieb leider unausgebaut. Die Kuppel mit auf=
gesetzter Laterne, auf welche im Plane angetragen war, wartet bis heute
des Weiterbaues. Der gleichzeitig dabei entstandene Gottesacker kam
später wieder an seinen früheren bzw. heutigen Platz zurück.

Das Jahr 1797 war für Pürstein ein wahres Glück= und Freuden=
jahr. Es brachte die heißersehnte Kirche; die Lokalie wurde zu einer
Pfarrei erhoben und zugleich erhielt der neue Pfarrsprengel einen
Zuwachs an den Ortschaften Weigensdorf und Rödling, dieses bis auf
zwei Häuser. P. Theodor war eine bei Hof und Amt beliebte Persön=
lichkeit und ein Bruder des kaiserl. Schulkommissärs Johann Schmiedl
im Saazer Kreisamte. Er hatte nach seiner eigenen Erklärung viele
Beweise hoher und höchster Huld erhalten und war ein würdiger Zeit=
genosse und getreuer Freund des großen Hermann. Die wenige freie
Zeit, die unserem Pfarrherrn von der Ausübung der Seelsorge übrig
blieb, benützte er zur „Bearbeitung mehrerer gemeinnütziger und zur
Andacht leitender Werke", darunter auch 1805 eine geistliche Rede auf
das hohe Geburtsfest Sr. k. k. Majestät Franz I. zur Erweckung der Liebe
zu dem Monarchen und seinem Volke. Sie sind sämtlich in dem Gesuche
(Pürstein 26. Juli 1808) angeführt, mit welchem sich Schmiedl um die
Pfarrei in Auscha, dem Geburtsorte seines Amtsvorgängers, bewarb.
Hiervon sind vier bei Peter Bolling in Augsburg (1804—06) erschienen
und auf eine sehr günstige Weise von dem dortigen Konsistorium empfohlen
worden. Kaum war von seinen Sonn= und Feiertagspredigten der
II. Band angekündigt, so wurde der Verfasser von seinem Verleger
hierwegen gedrängt. Ein Werkchen „Freude an Gott im Gebete" (1808)
und „Lob= und Sittenrede auf den hl. Bernard" (1805) sind in Prag
bei Gottlieb Haase gedruckt. P. Schmiedl hatte schon viel früher den
Staatskatechismus herausgegeben und einen „Entwurf der Pastoral=
theologie" (1788) an den A. h. Hof eingesendet, worüber ihm bedeutet
wurde, daß bei künftiger Erledigung einer Lehrkanzel dieser Wissenschaft

---

das Werner=, spätere Rosenkranzhäusel (Nr.=C. 50) und das Kleinhaus
(Nr.=C. 67) unter der Kirche.
1) Der Wortlaut sämtlicher 3 oberwähnten Predigten Hermanns ist zu lesen
in dessen Fest= und Gelegenheitspredigten, I. Jahrg. 1. Teil, verbesserte
Auflage (Prag 1808), S. 357—420.

auf ihn Bedacht genommen werden soll. Um eine solche scheint sich aber unser Pfarrherr nicht beworben zu haben. Am 28. Juni 1813 schied P. Theodor von Pürstein und verschied am 29. Jänner 1819 als Pfarrer in Neusattel bei Saaz.

Erzdechant Tschochner. Jubelfeier.

An seine Stelle kam Wenzl Tschochner, bis dahin Lokalkaplan in Laucha, ein aufgeklärter und feingebildeter Priester, ein Vater der Waisen und Wohltäter der Armen, ein treuer Diener des Herrn und seines Volkes. Er mußte noch das alte Pfarrhäusel im heutigen Pfarr=garten bewohnen und konnte erst später das neue Pfarrhaus be=ziehen, welches in den Jahren 1822/23 gegenüber der Kirche erbaut wurde. Dechant Tschochner, geb. am 28. September 1773 in Klein=Schönhof, war ein feinfühliger, hochherziger Herr und mied sorglich alles, was irgend einen Mißton in das gute Einvernehmen zwischen Hirt und Herde bringen konnte, glücklich in sich selbst und versöhnt mit der so plötzlich und gänzlich veränderten Zeit. Noch im Jahre 1856 feierte der edle Priester zur hiesigen Festzeit sein 50jähriges Priesterjubiläum, bei welcher Gelegenheit ihm die Würde eines Erzdechants verliehen wurde. Er starb am 4. August 1860 als altersschwacher Greis und gänzlich erblindet inmitten seiner treuen Gemeinde, der er durch 46 Jahre als Seelenhirt vorstand, beweint von allen, die sein segenvolles Wirken kannten. Er hat sein Andenken verewigt nicht bloß durch sein menschen=freundliches gottgefälliges Wirken, sondern auch durch das von ihm an=gelegte Pfarrgedenkbuch.

Im J. 1897 beging die Kirche ihr alljährliches Kirchen= und Kirch=weihfest und diesmal zugleich die 100jährige Jubelfeier ihres Bestandes. Sie hatte ihr Festgewand angelegt und konnte wie eine Himmelsbraut verklärt ihrem Ehrentage entgegensehen (24. Oktober 1897). Als schönstes Weihe=geschenk prangte auf dem Hochaltare wieder das große Bild des Kirchen=patrons St. Wendelin. Es war durch Unverstand und Eigennutz dem Gotteshause entfremdet, aber durch die Bemühungen des damaligen Pfarrherrn Anton Sekker nicht ohne Geldopfer zurückerlangt und wieder an Ort und Stelle aufgestellt worden. Es ist ein Werk des Karlsbader Kunst= und Historienmalers Josef Cramolin aus Nimburg (Exjesuit), eines Nachzüglers Rainers. Der eigentliche Wert des Gemäldes liegt in dem figuralen Teile. Minder glücklich war die Hand des Meisters mit der tierischen und landschaftlichen Umgebung. Kunstvollendet sind die beiden Bilder auf den Seitenaltären (hl. Josef und hl. Barbara), gleich=

falls Werke dieses Meisters. Der andere kleine Altar des hl. Josef mit den gewundenen Säulen und zwei geschnitzte Heiligenbilder neben dem großen Kruzifixe in dem Kirchenschiffe sind Erbstücke aus der Herglschen Kapelle und Notkirche. Die Sterbeglocke, welche auf der einen Seite das Bildnis Mariä=Hilf trägt, dürfte von der Gnadenstätte in der Frauen=gasse herrühren. Der Kreuzweg ist nach dem berühmten Muster auf dem Prager Laurenziberge, einem Werke unseres Großmeisters Josef von Führich, von Johann Gruß aus Leitmeritz gemalt (1849). Nicht wenig stolz sind die Pürsteiner auf ihre Turmuhr, eines der letzten Liebeswerke der hochseligen Kaiserin Maria Anna.

II. Schule.

Lehrer Werner. Altes Schulhäusel.[1]

Eine Schule bestand in Pürstein bereits zu Zeiten der großen Kaiserin. Unter ihr (1774) war Franz Kunz Schulmeister. Er erteilte den Unterricht in der alten Schloßmühle und erhielt nichts als das wenige Schulgeld. Diese Neben= oder Winkelschule war eine bloße Wanderschule ohne ständiges Schulzimmer, ohne festangestellten Lehrer und ohne Schulzwang. Pfarrer Fischer, der sich die Ausgestaltung der Lokalie in jeder Richtung angelegen sein ließ, hatte als ersten geprüften Lehrer Franz Werner aufgenommen (1787). Beide stammten aus derselben Gegend im Leitmeritzer Kreise. Werner war mit Gubernialdekret vom 4. Dezember 1788, Z. 35.813, als eigentlicher Lehrer angestellt. Auch er erteilte den Unterricht gegen bloßen Schulgeldbezug und gab es 91 schulfähige Kinder. Mit Gesuch vom 15. Juni 1789 war derselbe um eine Zulage bittlich geworden, um nach Notdurft leben zu können. Die Zahl der Schulkinder war im Steigen und betrug alsbald 126. Hiervon waren bloß 70 zahlungsfähig und wenn auch das Schulgeld von den Dorfrichtern noch so strenge eingetrieben worden wäre, so dürfte es höchstens auf 80 fl. zu bringen gewesen sein. Mit Hofdekret vom 14. August 1789, Z. 24.276, wurde dem Lehrer Werner eine Zulage von 20 fl. bewilligt. Neben dem Schulunterrichte mußte Werner das ganze Jahr hindurch die Stelle eines Organisten und den gesamten

---

1) Obige Mitteilungen sind ein Auszug aus einer größeren Arbeit, behandelnd die „Kirche und Schule in Pürstein" nach urkundlichen Belegen. Hiebei sei der vielfachen Unterstützung und des freundlichen Entgegenkommens des k. k. Archivsdirektors Herrn Karl Köpl in Prag von ganzem Herzen vielmals auf das Beste gedankt.

Mesnerdienst versehen und die Verseh= oder Krankengänge verrichten.
Für diese entfiel keine andere Entlohnung als ein Schock Getreidegarben
von Tschirnitz und selbst diese machte ihm der Klösterler Kirchendiener
streitig. Noch dazu verlangte der angrenzende Schullehrer, der das Pür=
steiner Kirchspiel ehedem versehen hatte (Wotscher), die ganzen Stola=
gebühren.

Noch später als die Kirche kam die Schule unter Dach und Fach.
Sie wurde von Jahr zu Jahr in einem anderen Hause untergebracht.
Die Pläne zu einer Schule und Pfarre waren schon 1782 ausgearbeitet
und weiter geleitet worden. Darnach sollten beide unter einem Dache
sein. Auch in den Jahren 1786/87 wurden wieder Plan, Vorausmaß
und Kostenüberschlag vorgelegt. Sie blieben jahrelang liegen. Mehrfach
taten Seelsorger und Gemeinden Schritte wegen der Schule. Sie scheiterten
an dem starren Bauverbote. Am 16. November 1793 wendeten sich die
Gemeinden wiederum bittlich mit aller Unterwürfigkeit an das Saazer
Kreisamt um gnädige Verwendung an höchster Stelle wegen Erbauung
der Kirche und Schule. Diese werde bisher in der baufälligen Stube
eines armen Zimmermanns (Andreas Hergl N. C. 46) gehalten, in
welcher nur wenige von den 98 schulpflichtiger Kindern bequemen Raum
haben. Und doch lasse sich kein größeres Zimmer ausfindig machen. Und
auch dieses war nahe daran, einer anderen Bestimmung zugeführt zu
werden. In Prag verfiel man auf den Gedanken, ob nicht dasselbe ohne
große Unkosten und Nachteil des Gebäudes als Interimskirche hergestellt
werden könnte. Das Kreisamt nahm sich wärmstens der Schule an. Es
hielt mit der Wahrheit durchaus nicht zurück und schenkte reinen Wein ein.

Was die Gemeinde über die Pürsteiner Schule sage, sei nur allzuwahr
und nichts weniger als übertrieben. Von einer Beschreibung des elenden
Zustandes dieser sog. und fast jährlich von einem Hause zum anderen
übertragenen Interimsschule müsse aus dem Grunde Umgang genommen
werden, weil man lieber wünschte, sie einer hohen Landesstelle vor Augen
rücken zu können, damit das Elend nicht bloß gelesen, sondern wirklich
gesehen und folglich gefühlt werden möchte. Denn schwerlich dürfte es
nach aller Beschreibung geglaubt werden.

Bei so vielen Geldausgaben zur Herstellung der Kirche, Pfarrei
und Schule könne von den Untertanen nicht mehr gefordert werden, als
die Zug= und Handroboten ausmachen. Das verdiene Aufmerksamkeit.
Deshalb vermeine man, daß bei Pürstein eine Ausnahme gemacht werde,
um mit künftigem Frühjahre (1794) ein Schulhaus errichten zu können.

Mit dem Bescheide, daß dies bei den gegenwärtigen Zeitumständen nicht stattfinden könne, seien die bittenden Gemeinden bisher jedesmal abgewiesen worden; allein man könne nicht umhin zu gestehen, daß die Herstellung der Pürsteiner Schule eigentlich kein Privatbedürfnis sei, das dem öffentlichen weichen müsse. Es handle sich da um die Erhaltung der Steuerkraft und Leistungsfähigkeit so vieler Gemeinden, die zu jenen öffentlichen Bedürfnissen gleich anderen, so von dergleichen Unkosten gänzlich befreit sind und sich in weit besseren Umständen befinden, das Ihrige beizutragen haben. Erst als Bischof Kindermann auf den betrübenden Zustand der hiesigen Schule die höhere Aufmerksamkeit lenkte, kam die Schulbaufrage in Fluß. Mit Hofdekret vom 23. Jänner 1796 wurde die Aufführung eines eigenen Schulhauses mit dem Kostenaufwande von 948 fl. 35¹/₄ kr. bewilligt und der Bau noch in demselben Jahre in Angriff genommen. Zum gänzlichen Ausbaue kam es erst im J. 1801, wo das „alte Schulhäusel" mit dem Dache und einem Schulzimmer fertig war.

Ein großer Schulfreund war Pfarrer Schmiedl. Er fand eine besondere Freude am Unterrichte der Jugend in und außer der Schule und teilte in diesem Bestreben ganz die schulfreundliche Gesinnung des gräflichen Schloßherrn in Klösterle. Das Bändchen von 15 Schulpredigten (1811) widmete der rede- und schriftgewandte Pfarrer von Pürstein dem hochgeborenen Herrn Josef Grafen von Thun, Herrschaftsbesitzer von Klösterle ꝛc., dem menschenfreundlichen Gönner und Förderer der Schulanstalten. Im Jahre 1802 trat eine Verbesserung der Kongrua ein. Nach der Fassion bezog unser Lehrer aus dem Religionsfonde, die Stolagebühren, Neujahrsgroschen und Schulgeld mit eingerechnet, 97 fl. 36 kr. und da zu den vorgeschriebenen Bezügen eines Trivialschullehrers (130 fl.) noch 32 fl. 24 kr. fehlten, so sollte der Abgang aus dem Religionsfonde gedeckt werden. Es wurde aber bloß eine Remuneration von 3 fl. 20 kr. aus dem allgemeinen Schulfonde von dem kgl. Kameralzahlamte angewiesen. Pürsteins erstgeprüfter Lehrer verschied am 2. April 1810. Seine Witwe Anna Werner und Tochter wurden an die gewöhnliche Armenunterstützung gewiesen (tägliche Armenportion von 8 Kreuzer für die Witwe und 2 Kreuzer für die Tochter).

Lehrer Beck. Neue Schule.

Ihm folgte im Lehramte Josef Beck (geb. in Wohlau 1785), ernannt mit Gubernialdekret vom 24. August 1810, Z. $\frac{25.543}{2341}$, mit dem

Jahresgehalte von 20 fl. Er hatte die Lehrerbefähigung ausgewiesen und
an der Stadtschule in Kupferberg . . . . 1 Jahr 9 Monate
  „ „ Lokalschule in Reischdorf als Gehilfe 1 „ — „
  „ „ Dorfschule in Weigensdorf . . . . 3 Jahre — „
und als Provisor an der Pürsteiner Schule — „ 4 „

zusammen . . 6 Jahre 1 Monat

gedient. Eine besonders gute Art, zu unterrichten, Geschicklichkeit und ein
untadelhafter Lebenswandel wurde ihm nachgerühmt. Beck hatte auch
die Zufriedenheit und Liebe seiner Vorgesetzten sowohl, wie der einge=
schulten Gemeinden gefunden, weshalb sie ihn zum Lehrer wünschten.
Also besagt das vom Kaadner Schuldistriktsaufseher und Konsistorialrate
Michael Kajetan Hermann, Pfarrer zu Dehlau, ausgestellte Zeugnis.

Im J. 1817 betrug sein Einkommen
an Gehaltszulagen . . . . 23 fl. 10 kr.
  „ Hausbeiträgen . . . . 8 „ — „
  „ Begräbnis= und sonstigen Stolagebühren . . 20 „ — „
  „ Schulgeld von 46 zahlenden Schulkindern . . 44 „ 05 „
  und von Endersgrün . . . . 1 „ 45 „
  „ Wettergarben (2 Mandel Korn = $1^1/_2$ Vtl.) . 27 „ $29^3/_4$ „
  und 2 Mandel Hafer . . . . 24 „ 03 „

im ganzen . . 148 fl. $32^3/_4$ kr.

Im J. 1838 dagegen beliefen sich die Einkünfte des hiesigen Lehrers
nach Abschlag der Schulsäuberungskosten von 12 fl. C.=M. auf 146 fl. $54^3/_4$ kr.
C.=M., das Schulgeld von 107 fl. 32 kr. C.=M. mit eingerechnet. Die
Schülerzahl war um mehr als das Doppelte u. zw.: auf 186 gestiegen
und es war eine zweifache Abhilfe vonnöten: eine zweite Lehrkraft und
ein zweites Lehrzimmer. Ein Schulgehilfe war schon im J. 1832 vom
Oberamte aufgenommen und zum Unterrichte die obere Stube in der
Schmiede Nr.=C. 44 gemietet worden. Nach den hochortig ausgesprochenen
Grundsätzen gebührte dem Schulgehilfen das Schulgeld von den zuge=
wachsenen 95 Kindern und erklärte sich Lehrer Beck bereit, von seinem
Schuleinkommen 48 fl. C.=M. abzutreten. Die Gemeinden stemmten sich
gegen die Deckung dieses Fehlbetrages aus ihren Mitteln.

Das alte Schulhäusel war baufällig, auch zu klein und niedrig und
faßte nur 90 Kinder. Lehrer und Schüler zitterten vor Kälte im Winter,
weil der Verputz und Estrich auf dem ganzen Gebäude fehlte. Vom
herrschaftlichen Amte war auf Einführung des Halbtagunterrichtes vom

Herbste 1832 an eingeraten worden. Das Kreisamt ging darauf nicht ein, weil dieser dem ganztägigen weit nachsteht und auch nur für ²/₃ der Schuljugend Raum vorhanden war. Wegen Mangels eines schicklichen Bauplatzes blieb kein anderer Ausweg als die Umbauung und Vergrößerung des alten Schulhauses. Der ganze Bau war auf 9049 fl. 53 kr. W. W. veranschlagt und entfielen hievon auf den Religionsfond als

Patron für Professionistenarbeiten 1081	fl. 02⁴/₅ kr.	C.=M.
auf die Grundobrigkeit für Materialien . . . 1455	„ 54⁴/₅ „	„
und auf die Gemeinden für Handlanger und		
Fuhrlohn 956	„ 42⁴/₅ „	„
zusammen . . 3493	fl. 40²/₅ kr.	C.=M.

Weil die Baudotation des Religionsfondes für das Jahr 1839 vergriffen war, wurde der Bau bis zum Jahre 1840 verschoben und während desselben ein Zimmer zum Schulhalten im oberen Wirtshause gemietet. Für das andere waren im J. 1838 eine schwarze Tafel, ein Tisch und Stuhl, dann 10 Sitzbänke angeschafft worden. Tatsächlich kam aber der Schulbau dem Religionsfonde auf 1198 fl. C.=M. zu stehen. Bei der Kostenveranschlagung waren die Ausgaben für Aufrüstung und Gußeisenwaren (schöne, im Winkelmaße etwas verfehlte Geländer im Stiegenhause) nicht berücksichtigt worden. Eine Kleinigkeit spielte dabei eine große Rolle. Für Nägel waren dem Patrone 37 fl. 21³/₅ kr. C.=M. ausgerechnet. Diese Belastung wurde nach dem Schulkodex § 382 und gemäß Gubernialverordnung vom 17. März 1837, Z. 1480, abgelehnt. Also entstand ein neues, stattliches Schulgebäude mit zwei großen, lichten Lehrzimmern im Stockwerke und den Wohnungen für den Lehrer und seinen Schulgehilfen im Erdgeschosse.

Lehrer Beck war aus der berühmten Reischdorfer Schule hervorgegangen und ließ sich auch die Heranziehung geschulter Musiker angelegen sein. Ein Schulmann durch und durch, mußte er noch lange, nachdem ihn schon die Kräfte verlassen hatten, sein Brot im Schweiße des Angesichtes verdienen. Der „gute alte Herr Lehrer" beschloß den Abend seines Lebens bei dem Sohne Viktor Beck, Lehrer in Tunkau, und entschlief in seinen Armen am 6. Feber 1865. Die sterblichen Überreste des zweiten ordentlichen Lehrers von Bürstein ruhen nicht in der Gemeinde, wo er durch 52 Jahre redlich seines Amtes waltete, sondern jenseits der Eger im Friedhofe zu Okenau. Wehmutsvoll sei dieses Erinnerungsblatt als ein kleines Dankes- und Ehrenzeichen auf das Grab des Mannes niedergelegt, der den Verfasser dieses schreiben lehrte.

Der Verlust dieser Lehrkraft beschwor einen förmlichen Sturm herauf. Die Gemeinde machte von dem Gesetze vom 13. September 1864 Gebrauch und übernahm das Schulpatronat, so bisher dem Religionsfonde zustand, um einigen Einfluß bei Besetzung der Lehrerstelle zu gewinnen. Ein Kampf entbrannte, der sich bis in die Tagesblätter und selbst bis in die Gerichtsstube verpflanzte, und bis heute gemahnen schwarze Eisenkreuze an den Ortswegen an die finstere Leidenszeit. Bei der steten Zunahme der Kinderzahl und Vermehrung der Schulklassen — nunmehr bestehen deren bereits fünf — reichte das vorhandene Schulgebäude nicht mehr aus. Nachdem das Haus Nr.-C. 37 angekauft und für den Unterricht eingerichtet worden war, mußte an weitere Abhilfe gedacht werden. Man hatte die Wahl, das Schulhaus neben der Kirche zu erweitern oder ein Schulgebäude an geeigneter Stelle von Grund aus neu aufzuführen; man entschied sich für einen Um- und Ausbau und Aufsatz eines zweiten Stockwerkes. Er kam auf 36.000 K zu stehen. Ob dies der richtige Weg war? wird die Zukunft lehren. Die hohe Schule steht stattlich in den Berg hineingebaut mit der Stirnseite gegen Nord und mit einer ganz verfehlten Anlage des Hauseinganges, den Dachfirst der nahen Kirche überragend, und dazu noch an der belebten Hauptstraße. Der rechte Platz für die Schule war das Feld hinter der Pfarrei, welches die Schöffelmühle von der Herrschaft (1818) neben der unteren Hammerwiese statt des zum Kirchenbaue seinerzeit überlassenen Grundes K. Z. 49/2 erhalten hat. Das Haus nebenan konnte veräußert und das eigentliche Schulgebäude zur Unterbringung des k. k. Postamtes, Gendarmerie-Postens, Gemeindeamtes usw. verwendet werden.

Schluß.

Aus kleinen und kümmerlichen Anfängen mußte sich Kirche und Schule in Pürstein herausarbeiten. Eine bloße Bretterhütte war die Notkirche und nur ein schlichtes schlechtes Auszugshäusel die erste Pfarrei. Die Interimsschule war obdachlos und das erste Schulhäusel auch nicht auf die Dauer berechnet. Aber ein leuchtendes Beispiel ist der Gemeinsinn der Vorfahren. Sie standen treu und fest zusammen. Kein Opfer war zu groß, keine Last zu schwer, wenngleich alles notdurftshalber doppelt drückend wurde. Es ist ergreifend, zu lesen und zu sehen, wie bei den vielen Schritten und Schriften die verschiedenen Gemeinden, wie auch der geistliche Vater und die Kirchkinder ein Herz und eine Hand waren, wie deren Vertreter sich eines Sinnes mit ihren Gemeinden fühlten und wie

ein Mann beisammen standen. Da finden wir obenan Johann Wenzel
Pils, Oberrichter in Tschirnitz und Aubach. Das Gesuch um Erhebung
der Lokalie zur Pfarrei, um Einpfarrung der Ortschaften Weigensdorf,
Rödling und Unterhals und um Beigebung eines Hilfpriesters (29. Oktober
1788) ist von Franz Linhardt, Richter im Dorfe Kleintal, welches 8 Monate
vorher sich mit der Schule abseits stellen wollte, unterschrieben. Auf der
Urkunde vom 6. Juli 1814, womit das alte Pfarrhäusel dem Religions=
fonde geschenkt wurde, hat auch der blinde Richter Franz Balzer von
Tschirnitz sein Handzeichen beigesetzt. In der Erstzeit mußten die Unter=
tanen allein für die Baulichkeiten (Gotteshaus, Friedhof, Wohnung des
Geistlichen und Lehrers, auch Schulzimmer) aufkommen und nachdem der
Religionsfond das Patronat übernommen hatte, Fuhrwerk und Hand=
langer beistellen, wogegen die Herrschaft den Bauplatz, Riß, Ausmaß
beizuschaffen, den Bau zu leiten und zu überwachen und der Religions=
fond die Handwerksleute zu vertreten hatte. Mit Stolz und dankbarer
Freude können die Nachkommen auf Kirche und Schule zurückblicken.
Beide sind und bleiben Ehrendenkmäler der Vorfahren, sowie der welt=
lichen und geistlichen Obrigkeiten und des ruhmumglänzten Erzhauses
Österreich. So ruft denn tagtäglich Glockengeläute und Stundenschlag
die größten und besten Wohltäter in das Gedächtnis zurück. Die vom
Pfarrer Schmiedl verfaßte Inschrift (Chronogramm) über der Kirchen=
pforte kündet laut allen Vorübergehenden, wie Kaiser Franz das Gottes=
haus zur Kriegszeit bauen ließ, und spricht laut als ein stilles Gebet
zu uns.

Regeſten zur Geſchichte einiger Prager Häuſer.

Von

S. Gorge.

Das Wiener Hoffammer=(gemeinſames Finanz=)Archiv bewahrt einige Prager Häuſer betreffende Akten, die hier zuerſt mitgeteilt ſeien.

Das dem Lukas K a r b a n konfiszierte Haus auf der Neuſtadt gegen= über dem Kloſter Emaus war 1630 dem Kaiſerrichter Michael Ritter= ſchütz — der ſeinerzeitige Kaufpreis betrug 1500 ℔ — überlaſſen worden. 1637 bitten barum Oberſt Hans Jakob von Fenden, die Geiſtlichen beim Monte Serrato und die Kautekſchen Erben, letztere für ihre von Lazar Henckel von Donnersmarck herrührende Forderung. Schließlich werden den Kautekſchen Erben ²/₃ des Hauſes und den Ritterſchützſchen Erben ¹/₃ überlaſſen (allgemeine Akten 13. Mai, 25. — Audienz 22. — und 26. Juni 1637).

Dem böhmiſchen Hoffanzleiregiſtrator Nikolaus Ferdinand Frixa wird ein nach Urſula Eßop auf der Kleinſeite dem Fiskus iure devo= lutionis heimgefallenes Häuschen, „beim grünen König“ genannt, überlaſſen (allg. AA. 26. Juni 1637).

Der Appellationsrat Dr. Johann Krydell erhält für ſeine Beſol= bung per 3000 fl. und die Anſprüche ſeiner Schwiegermutter auf das Dorf Jenſtein bei Brandeis a. E. per 1808 ℔ Kapital und ebenſoviel Intereſſen das ſchon länger pro deſerto gelaſſene Haus des früheren Regiſtrators bei der böhmiſchen Kanzlei und Rebellen Ernſt Heinz auf der Kleinſeite (allg. AA. 15. Juli 1637).

Dem Oberſt Wilhelm Goll ſollen nach vorhergegangener ordentlicher Taxierung beide Raddingerſche Häuſer auf der Altſtadt in Abſchlag ſeiner Prätenſionen eingeräumt werden (allg. AA. 20. und 21. — Audienz Prag 2. — Juli 1637).

Das Chriſtoph von Redernſche Haus auf der Kleinſeite, zur Rechten der Matka Boży und der Kette gelegen, wurde dem Grafen Hermann Czernin von Chudenitz per 3000 ℔ (1 ℔ = 1¹/₆ fl.) oder 3500 fl. verkauft („Konfiskationsprotokoll“ I, 6; Riegger, „Materialien zur alten und neuen Statistik Böhmens", IX, 6; „Lehenfaszikel" 30. Juni 1623).

Ratifikation des Kaufs für Michael Bohuslav Zinerawsky, böh= mischen Kammerregistrator böhmischer Expedition, über das nach Hans Lažansky konfiszierte Haus und Bräuhaus per 5000 fl. (Riegger, „Materialien", IX, 42; „Lehenfaszikel" 1. August 1624).

Das Georg Řžezickysche Haus auf der Neustadt wird dem genannten Prager Bürger und Kaiserrichter Michael Ritterschütz per 3000 fl. — die Taxe betrug 1900 fl — auf gewisse Termine erblich überlassen (Gindely=Tupetz, Gesch. der Gegenreformation in Böhmen, Leipzig, 1894, S. 31; „Lehenfaszikel" 12. Oktober 1624).

Ratifikation über das Fünfkirchersche Haus auf der Kleinseite für Jakob Imfeldt per 2500 fl., doch unter gewissen Reservaten („Lehen= faszikel" 15. Oktober 1624).

Um das vordem sogenannte Severinsche, nach dem ab intestato verstorbenen Prager Bürger Jakob Stanislawski iure devolutionis heimgefallene Haus in der Neustadt bittet Bartholomäus Tomazoll, Oberstwachtmeister im Regiment Gallas. Es war aber schon am 8. April 1636, auf 2200 taxiert, dem Hauptmann der Prager Neustadt für seine Prätensionen cum onere der liquidierten, darauf haftenden Schulden überlassen worden (allg. AA. 29. Mai, 4. Juli und 3. Okt. 1636).

Das nach dem 1632 emigrierten Daniel Raudnicky heimge= fallene Haus nebst zwei Weingärten in Stadlitz war am 14. März 1635 von König Ferdinand III. dem böhmischen Oberstlandrichter Heinrich Liebsteinsky von Kolowrat gegenüber anderen Mitbewerbern verkauft worden, und zwar das Haus um 5000 fl., von denen 4500 fl. Präten= sionen in Abzug kamen, die beiden Weingärten um 5250 fl., zusammen 10.250 fl. Die Taxe des Hauses betrug anfangs 6492 fl, später, da es öde war, nur 4300, die beiden Weingärten waren auf 2500 und 1200 fl angeschlagen. Kaiser Ferdinand II. überließ es aber am 23. Juni 1635 dem Obersten Philipp Joachim von Wildberg wegen der ihm für seine Kriegs= prätensionen ausgesetzten Gnade erbeigentümlich („Konfiskationsprotokoll", I, 231 f.; Riegger, „Materialien", IX, 66; allg. AA. 17. Jänner 1635 — 9. September 1634 —, 8. Feber, 11. März und 23. September 1635, 29. April 1636).

Dem Sekretär und Registrator bei der böhmischen Appellation, Georg Wunschitz, werden in Abschlag seiner rückständigen Besoldung per 1800 fl 25 gr. 1 ₰ die auf das von Nikolaus Türk erkaufte Alt=

Goliaſchiſche Haus in der Altſtadt verſchriebenen und nach dem, Altſtädter Bürger und Schnürmacher Kaſpar Presl per commissum anheimgefallenen 500 ℔ überlaſſen (allg. AA. 10. Jänner und 7. Juli 1635).

Nach Dionys Czernin von Chudeniß war ſeit der erſten Rebellion ein Haus auf der Altſtadt heimgefallen, auf das die Witwe, die auch bei der Liquidationskommiſſion ſtarke Prätenſionen hat, zur Hälfte verſchrieben iſt (Gindely-Tupeß, l. c., 31; allg. AA. 12. Juli und 23. September 1635, 29. April 1636).

Das Haus nach Paul Řičan in der Altſtadt, genannt „beim ſchwarzen Wolf", in der Taxe von 1235 ℔, auf dem aber 50 fl. ſtädtiſche Kontributionen laſteten, wurde dem böhmiſchen Kammerſekretär Wendelin Benedikt von Wilden, der es auch zuerſt denunziert hatte, für ſeinen Beſoldungsrückſtand per 889 fl. 2 gr. 2 ₰ derart überlaſſen, daß der Überſchuß von ſeiner weiteren Beſoldung zu defalzieren ſei. Später bat die Witwe Anna Marquart geb. von Řičan um Reſti=tution ihres väterlichen Hauſes (Gindely-Tupeß, l. c., 28 f., allg. AA. 12. Juli, 23. September und 18. Oktober 1635, 29. April 1636, 5. Auguſt 1637).

Das Haus nach Joachim Liebſteinsky von Kolowrat, deſſen Mobilien mit dem Kolowratſchen Gute Rabenſtein im Elbogner Kreis dem Oberſthofmeiſter Grafen Leonhard Hellfried von Meggau überlaſſen worden waren, hatte der Münzmeiſter Puß von Adlerthurn inne, doch ſollte es behufs Erweiterung der Prager Schloßſtiege demoliert werden. Zu dieſem Zwecke hatte es der Beſitzer per 2000 fl. gegen das Haus des Radislaus Kinsky, das auf 4000 ℔ oder 4666 fl. 40 kr. taxiert, doch ruiniert war, ganz oder teilweiſe abzutreten. Von letzterem waren 3/4, nämlich die Anteile der Vettern Wilhelm, Radislaus und Ulrich Kinsky an den Fiskus gekommen, während 1/4, der Anteil des Vetters Wenzel Kinsky, ſeinem Sohne Oktavian zugefallen war, der durch Lehengelder entſchädigt werden ſollte (allg. AA. 2. Dezember 1635, 19. Juni und 14. Juli 1636; „Lehenfaszikel" 14. Juli 1636).

Das Haus des Lorenz Schmiertaſch in der Neuſtadt, der wegen des erſten ſächſiſchen Einfalls von der friedländiſchen Kommiſſion ange=klagt und deſſen Sache reviert wurde, erhielt Oberſt Hermann Nidrum derart, daß er es, falls es nicht konfiskabel ſei, wieder zurückgebe, im anderen Falle es behalte, aber an ſeinen Forderungen auf Brandeis entweder 15.000 fl. defalzieren oder ganz ſchwinden laſſe (allg. AA. 4. Jänner, 7. Feber und 7. März 1636).

Um Überlassung zweier Häuser in der Neustadt, das Blaverische und Spernische genannt, bittet der Kapuzinerordensprovinzial P. Alexius zum Zwecke der Erbauung eines Klosters. Da die Prager Häuser strittig sind, muß er sich gedulden; auch beschwert sich die Stadt, daß sie durch die Exemptionen mehr Kontributionen zahlen müsse. Schließlich wird dem Konvent empfohlen, sich an den Fundator zu wenden, daß er ihm angrenzende Häuser billig überlasse (allg. AA. 18. Dezember 1635).

Das Haus in der Neustadt, Engelgarten genannt, um das der genannte Oberst Nidrum bittet, ist nicht konfiskabel. Es war ein bürger= liches, verfallenes, verschuldetes Haus und wurde 1596 von der Gemeinde der Neustadt um 5000 ℔ gekauft, die es nach dem Privileg von 1627 landtäflich besitzt (allg. AA. 12. Feder 1636).

Das Zarubasche= Haus in der Altstadt, taxiert auf 1559 ℔, um das auch der Oberst Herzog Julius Heinrich zu Sachsen bat, wurde dem mit Konzipistenbesoldung verwendeten Translator und Vizesekretär bei der böhmischen Hofkanzlei, Adam Pecelio, zur Gnadenrekompens unter der Bedingung eingeräumt, daß er sich wegen der darauf ver= sessenen Steuern und Kontributionen ohne des Fiskus Entgelt abfinde. Sie betrugen bis 1628 112 ℔ 12 gr. 6 ₰ (allg. AA. 30. Jänner, 27. März und 19. Juni 1635, 17. Mai 1636).

Dem Raitrat (Rechnungsrat) bei der böhmischen Kammerbuchhal= tung David Johann Dieterich waren nach seiner emigrierten Muhme Anna Gronenberger Häuschen in der Alt= und Neustadt zugefallen. Er bittet, daß man ihn gegen den Alt= und Neustädter Magistrat, der den sechsten Teil prätendiert, schütze (allg. AA. 9. Feder und 16. März 1635).

Die Pächter der Wein= und Biersteuer in Böhmen, Binago und Chiesa, beschweren sich darüber, daß die Prager Jesuiten in den ihnen zu ihrem Noviziat geschenkten Häusern Wein und Bier ohne welche Gebühr ausschenken (allg. AA. 6. Feder 1635).

Das angeblich dem Fiskus heimgefallene Haus in der Altstadt, genannt „zum goldenen Prügel", 3500 fl. wert, gehörte früher mit einem zweiten Haus in der Altstadt und einem Meierhof in Bubentsch der Anna Kahl, die es testamentarisch ihrem späteren Manne Jonas Gleiner vermachte. Weil aber eines davon landtäflich war, machte der Kammerprokurator im Hinblick auf die „vernewerte" Landesordnung Ansprüche darauf. Um das Haus „zum goldenen Prügel" bitten Ambrosius Beer wegen seines Kriegsverdienstes, Sigmund von Gellhorn wegen des Restes der Ansprüche seiner Frau Katharina per 9900 ℔ und der kur=

mainzische Dompropst, Geheimrat und Hofratspräsident Reinhard von Metternich, mit seinen Brüdern, letztere so, daß die Lasten anderwärts transferiert werden (allg. AA. 12. August 1634, 17. Jänner 1635, 27. Juni und 16. August 1636).

Das Michalowitzische Haus in der Altstadt, taxiert auf 19.128 ℳ 16 (45) gr., blieb anfangs unverkauft, wurde aber 1628 von der Witwe Gräfin Buquoy für die Zinsen der Gnade ihres verstorbenen Mannes per 200.000 fl. um 22.316 fl. 53 kr. 4 ₰ übernommen (Gindely-Tupetz, 28 ff.; allg. AA. 18. Juni 1636).

Um das Augustin Vitalische Haus auf der Kleinseite bitten der genannte kurmainzische Dompropst Reinhard von Metternich und seine Brüder. Es war, auf 6500 fl. taxiert, dem Postmeister Prugger um 6000 fl. überlassen worden und er mußte darauf übernehmen: die Schuld der Wigman an Kapital und Interessen per 2713 fl., später auf 1800 fl. ermäßigt, sodann für Dienstboten und arme Handwerksleute 577 und über 200 fl. Kontributionen. Der Rest sollte für Prugger mit den 3033 fl. 20 kr. kompensiert werden, die er wegen des ruinierten Luckischen Hauses zu fordern hatte. Da aber Prugger kein Geld hatte, so blieb das Haus „versitzen". Nun wollten die Brüder Metternich entweder dieses Haus oder das „zum goldenen Prügel" mit Transferierung der Lasten auf ein anderes Haus. Die böhmische Kammer ist für das Vitalische Haus, so daß nach Abzug der Ansprüche von 1800 fl. ihnen von dem per 6000 fl. geschätzten Hause noch 4310 fl. Gnade verblieben (allg. AA. 27. Juni 1636).

Das konfiszierte Haus „zur goldenen Sau" in der Altstadt wollte MUDr. Johann Markus Marci kaufen. Der Kaiser befiehlt von Berlesheim a. d. Tauber aus, ihm darüber zu berichten (allg. AA. 6. Oktober 1634).

Das Haus nach Nathaniel Wodňansky hatte der Bauübergeher zu Prag, Valentin Frank, gekauft und war darauf 400 fl. schuldig geblieben. Wegen des Ruins des Hauses bittet er um Nachsicht der Schuld als Gnadenrekompens, doch ist die Kammer mit Rücksicht auf die Kriegszeiten und die Konsequenzen dagegen (Gindely-Tupetz, l. c., 31, 34 und 92; allg. AA. 20. Mai 1635).

Hermann von Questenberg bittet um Konferierung eines bisher für den Reichshofrat reservierten Hauses auf dem Hradschin, das Graf Hermann Czernin gekauft, aber um Güter wieder zurückgegeben hatte. Wenn man es auch braucht, wird es doch mera gratia bewilligt. Es

ist jetzt wüst und öde. — Um ein zweites von den drei für den Reichs=
hofrat und seine Kanzlei reservierten Häusern bittet Hans Putz, Rent=
meister in Böhmen, behufs besserer „Handlung" des Rentamts, da das
frühere bürgerliche Haus im Kriege geplündert wurde. Es wird interim
bewilligt, solange es der Reichshofrat nicht braucht (allg. AA. 7. und
9. Mai 1635).

Dem Jakob von Luckenburg wird statt des Schleinitzschen nach
Maria Magdalena Trčka konfiszierten und dem Appellationsrat Johann
Krybell überlassenen Hauses das K r ž i n e c k y s c h e Haus, konfisziert nach
fünf Brüdern, die 1622 teils ganz, teils in ²/₃ und ¹/₂ verurteilt wurden,
in Abschlag seiner Gnadensprätension erbeigentümlich eingeantwortet.
Was den Kržinecky noch gebührt, ist auf ihre anderen Güter zu über=
tragen (allg. AA. 28. November 1636).

Das Haus in der Altstadt, genannt „d e r K n e c h t h o f", hatten
früher die Trčka erkauft, mußten es aber 1629 dem Abt des Klosters
Plaß im Pilsner Kreis, das darauf seit 1288 ein Anrecht hatte, abtreten
und erhielten dafür einen nach Johann Libertin im Dorfe Radlitz des
Kaurzimer Kreises eingezogenen Weingarten per 5000 fl. („Konfiska=
tionsprotokoll", I, 92—94; „Herrschaftsakten", Faszikel B XVI, 2,
20. März 1628).

Ratifikation für den Verwalter des Prager Schlosses, Gregor von
Hornfeld, um das konfiszierte Haus auf der Neustadt, „z u m K o s c h i t"
genannt, samt drei dazu gehörigen Feibern per 4000 ℔ („Lehenfaszikel"
24. Oktober 1624).

Das nach Friedrich D ü r i n g konfiszierte Haus auf der Kleinseite
will Valentin von Wachtersheim um die Taxe von 8166 fl. kaufen,
doch wird es per 8200 fl. den Erben des Edelsteinhändlers Oktavian
Miseron, der sich schon unter Kaiser Rudolf und Mathias und namentlich
in der letzten Rebellion durch Aufbewahrung von Edelsteinen Verdienste
erwarb, überlassen. Von der Kaufsumme werden 5000 fl. Gnade defal=
ziert, wegen des Restes des Darlehens des Miseron an die böhmische
Kammer muß aber erst berichtet werden („Lehenfaszikel" 26. No=
vember 1624).

Das Koczauerische Haus in der Neustadt wird dem Hofdiener
unter Kaiser Mathias, Thomas Maus, per 2500 fl. überlassen. Von
diesen sind bereits 1100 fl. erlegt, der Rest von 1400 fl. ist dem Musikus
unter Kaiser Rudolf, Philipp Schöndorf, der auch in Dürftigkeit lebt,
für seine alten Anforderungen zu zahlen („Lehenfaszikel" 4. Jänner 1622).

Die böhmische Kammer soll über die Bitte des Hoftammerkonzi-
pisten Wolf Gottfried von Teybrechtitz wegen Überlassung des Hauses
der Mnichowskyschen Waisen in der Neustadt, genannt „beim Nowotny", berichten (allg. AA. 22. Juli 1637), ebenso wegen der Bitte
des Wein- und Biertäz-Amtsgegenhandlers in Böhmen, Hans Christoph
Eisler, wegen Überlassung des Prefatischen Hauses in der Altstadt
(allg. AA. zwischen 22. Juli und 1. August 1637), weiter über zwei
von Götz noch unter Friedland dem Ferdinand von Wostrowitz konfiszierte Häuser (allg. AA. 1. August 1637) und schließlich über die Bitte
des Lazar Aron wegen des Hauses „beim Kuchenegg" an der alten
Judenschule statt des ihm geschenkten, aber nicht eingeräumten Hauses
in Elbogen (allg. AA. 17. August 1637).

Die Forderung des Urban Jobst bei der böhmischen Kammer per
924 fl. 38 kr. mit den von ihm rückständigen 1000 fl. wegen des per
3000 fl. erkauften Hauses des Paul Przka, der 1631 abermals von
der friedländischen Konfiskationskommission in totum kondemniert wurde,
wird zu kompensieren bewilligt (allg. AA. 2. Oktober — Audienz 30. September — 1637).

Luzie Borman bittet, daß ihr die Inspektion über das Rosen-
bergerische Haus auf dem Hradschin ad dies vitae und die wöchentlichen 2 fl. Besoldung oder Provision gelassen werden. Die Bitte wird
gewährt (allg. AA. 17. und 23. Oktober 1637).

Den Ordensmitgliedern des hl. Franziskus de Paula wird nicht
der Barkauf des Sternberg-Kinskyschen Hauses in der Altstadt
behufs Erweiterung ihres Klosters bewilligt, weil dies erstlich nicht so
notwendig sei und sich die Stadt auch wegen Entgang der Kontributionen
beschweren würde. Das Haus hatte 1633 Wenzel Sternberg senior von
Johann David Borin erkauft und es gehört seiner Witwe, jetzt vermählten
Kinsky (allg. AA. 16. November 1637).

Die böhmische Kammer soll über das Haus, das Schliff dem
Grafen Hermann Czernin verkauft hat und worauf dieser noch 4000 fl.
rückständig ist, berichten. Schliff wurde wegen seiner Korrespondenz mit
den Schweden aus Sachsen relegiert (allg. AA. 25. November 1637).

Mehrere konfiszierte Häuser auf der Kleinseite erkaufte Fürst Kar
Liechtenstein 1623, ferner zwei Häuser ebendaselbst Wilhelm von
Wřesowec (Gindely-Tupetz, l. c., 528) um 5000 fl und derselbe in
einem Veredniß mit Wolf Wilhelm von Laminger ddo. 28. Mai 1624
das Haus nach Leonhard Colona von Fels ebendaselbst um

2850 Reichstaler oder 3664 ℔ 17 gr. 1 ♃ und Friedrich von Talm=
berg (Gindely=Tupetz, l. c., 21 ff.) 1624 das Haus des weiland Wilhelm
Woytich Doupowetz von Doupowa um 4000 ℔ („Herrschafts=
akten“, Faszikel LV, 1, „Verzeichnis aller erkauften konfiszierten Güter“;
Riegger, „Materialien“, IX, 19, hat als Kaufsumme des Hauses des
Colona von Fels 5000 ℔).

Wir kommen schließlich zu den Prager Häusern der in die Fried=
ländische Affäre Verwickelten, wo mehr auf bereits gedrucktes Material
hingewiesen werden kann (Th. Bilek, Beiträge zur Geschichte Waldsteins,
Prag 1886, und S. Gorge, Das Friedländische Konfiskationswesen, Bielitzer
Gymnasialprogramm 1899).

Das Friedländische Haus auf der Kleinseite, j. Palais
Waldstein, wurde 1639 dem Grafen Maximilian von Waldstein um
50.000 fl. erbeigentümlich überlassen (Bilek, 190), vorher hatte es aber
König Ferdinand III. inne (allg. AA. 14. September und 14. De=
zember 1635). Wallenstein hatte das Haus von einer Kober zu einem
Neubaue erkauft.

Zu dem genannten Hause gehörte auch der Friedländische
Garten (allg. AA. 27. Juni 1636 und 30. Juni 1637).

Dem Ansuchen von Bürgermeister und Rat der Kleinstadt um
Einräumung des hinter dem genannten Hause gelegenen Friedlän=
dischen Geschirrhofes zu einem Friedhofe als Ersatz für den ihnen
von Wallenstein genommenen und unbezahlten Gemeindegarten wird
aus ästhetischen und hygienischen Gründen keine Folge gegeben (Bilek,
190; allg. AA. 17. August 1637).

Das Friedländische Černhausche Haus auf dem Roß=
markt, das Wallenstein 1633 nach dem von der Friedländischen Konfiska=
tionskommission verurteilten Brüdern Johann und David Černhaus von
Černhausen erhalten hatte, wurde am 8. März 1634 zuhanden des
Kaisers eingezogen und dem kaiserlichen Richter zur Verwahrung über=
lassen (Bilek, 190 f.), doch hat es später der Obersthofmeister Graf
Thun und Oberst Defours will es für den Rest seiner Ansprüche um
30.000 fl. (allg. AA. 3. August 1635).

Das Friedländische Haus auf der Neustadt, bei welchem
Fische zur Hofhaltung Wallensteins gehalten wurden, hatte dieser 1623
von Veronika Kosina um bar bezahlte 1100 ℔ Prager Groschen ge=
kauft, jedoch, wie die Verkäuferin später behauptete, nicht bezahlt. Um
die Rückstellung desselben bewarb sich die genannte Kosina, ferner der

gewesene Wirt des Friedländischen Hauses, Paul Schwertner, welcher be=
hauptete, daß er auf dessen Wiederherstellung, als es vom sächsischen
Kriegsvolk 1632 zerstört worden war, 249 fl. 21 kr. aus eigenen Mitteln
verwendet hatte. Dasselbe wird jedoch samt den Fischbehältern in der
Taxsumme von 600 ℔ dem Kammerrat Anton Binago mit Dekret der
böhmischen Kammer vom 13. Dezember 1641 überlassen (Bilek, 191, „Herr=
schaftsakten", Faszikel B XVI, 2, „Prätensiones auf Güter in dem Fried=
ländischen Gebiet"; allg. AA. 14. Dezember 1635).

Das alttrčkische Haus auf dem Hradschin wurde am
4. Mai 1634 dem General Johann von Aldringen geschenkt, aber am
11. Juli 1636 dem Grafen Maximilian von Trautmannsdorf von
den Aldringenschen Erben gegen Überlassung eines anderen auch auf dem
Hradschin gelegenen Hauses abgetreten (Bilek, 207; Gorge, 17).

Das alttrčkische Schleinitzsche Haus in der Altstadt wurde
am 18. Oktober 1636 dem königlichen Appellationsrat JUDr. Johann
Krydell geschenkt (Bilek, 207; allg. AA. 9., 18. und 28. Oktober 1636).

Das Wilhelm Kinskysche Haus auf der Altstadt, j. Palais
Clam=Gallas, wurde am 8. August 1634 dem Grafen Mathias Gallas
eingeräumt, ebenso der Wilhelm Kinskysche Garten der Kleinseite
auf Altstädter Gründen (Bilek, 210; Gorge, 15 f.).

Das Wilhelm Kinskysche Haus auf der Kleinseite wurde
1636 den de Witteschen Waisen für ihre Anforderungen an den Fried=
länder überwiesen (Bilek, 211; Gorge, 16).

Das Illosche Haus auf der Altstadt „in der langen Straße"
wurde seiner Witwe Albertina geb. Gräfin Fürstenberg für ihre Ansprüche
überlassen (Bilek, 214; Gorge, 54).

Das Neumann=Holkische Haus auf der Altstadt, „Wolfs=
schlund" genannt, zwischen dem blauen Hirschen und dem Engelsgarten
(Feldmarschall Holk soll es angeblich dem Rittmeister Neumann geschenkt
haben), wurde am 22. November 1636 dem Oberst Rudolf Freiherrn
von Bredau geschenkt (Bilek, 215; allg. AA. 17. Mai, 14. August,
14. September und September — Resolution 11. Dezember — 1635,
22. Mai 1636, 1. Oktober — Audienz 30. September 1637; „Herr=
schaftsakten, Faszikel B XVI, 2, „Hoffmanns Konsignation" 4. April 1637).

Die Prag-Altstädter Turmuhr nach einer handschriftlichen Schilderung des 16. Jahrhunderts.

Dr. Franz Karl Branky.

Die Zeit ist und bleibt ein großes Rätsel. Sie ist nicht sichtbar, nicht hörbar, nicht riechbar, nicht schmeckbar, nicht fühlbar und doch ist sie von außerordentlicher Kraft und Stärke, alles lebt und webt in ihr, sie bleicht das schönste Haar, furcht die glatte Stirn, runzelt das reizendste Antlitz, trübt den Sonnenglanz des Auges und fällt den mächtigsten Riesen. Die sinnigen Griechen faßten die Zeit als persönliche Wesen auf, als Göttinnen der Ordnung in der Natur, der gleichmäßig wechselnden Jahreszeiten. Bei Homer stehen sie in inniger Verbindung mit Zeus, gelten als seine Dienerinnen, öffnen und schließen die Tore des Himmels. (Od. XXIV, 344; Il. I, 749.) Bei Hesiod (Theog. 901) lernt man ihre Namen kennen: Eunomia (Gesetzmäßigkeit), Dike (Recht), Eirene (Frieden).

Auf dem germanischen Gebiete erscheinen diese Zeitgöttinnen als Schicksalsschwestern, Nornen. Ihre bedeutsamen Namen sind die Gewordene, die Werdende und die Seinsollende. Anmutig ist die Schilderung, die die Edda über das geheimnisvolle Wirken dieser drei Gestalten entwirft. Dort heißen sie Wurd, Werdandi, Skuld.

Was hat der Menschengeist nicht alles ausgesonnen, die Zeit, dieses unfaßbare Etwas zu messen, zu bestimmen und einzuteilen! Die Namen Sonnenuhr — Sanduhr — Wasseruhr bestätigen das. Freilich waren diese Zeitmesser noch keine „Chronometer“, was schon der alte Ptolomäus erkannte; aber fort und fort grübelte der Geist des Menschen, wie man diese unvollkommenen Mittel praktischer und vollkommener herstellen könnte. Die Räderuhren wurden verhältnismäßig spät erfunden — am Ende des 9. Jahrhunderts. Die Schlaguhren kamen im 12. Jahrh. auf. Sultan Salabin schenkte dem Kaiser Friedrich II. eine solche mit Gewicht und Rädern, was zum Glauben Anlaß gab, als wären die Sarazenen die Erfinder der Schlaguhren. Im Jahre 1288 erhielt ein engl. Mechaniker den Auftrag für die Westminster Halle eine Turmuhr mit Schlagwerk zu bauen. Aber erst gegen das Ende des 14. Jahrhunderts zu wurde der Gebrauch immer allgemeiner, bedeutende Türme mit Schlaguhren zu versehen. Immer mehr und mehr Kunstfleiß wurde auch auf das Äußere solcher Uhren verwendet. Alle möglichen Symbole mußten oft Dienste leisten, um die Uhr, die Mahnerin an die Vergänglichkeit alles Irdischen, prachtvoll auszuschmücken. Zu den berühmten Meisterwerken der alten Uhrmacherkunst gehört die Uhr des Straßburger Münsters, die der Nürnberger Frauenkirche, die Prag-Altstädter Uhr u. v. a.

Die Teile des Straßburgerwerkes, das am Johannistag des Jahres 1574 (schon 1570 von Prof. Konrad Dasypodius begonnen) unter dem Breslauer Künstler David Wolckenstein[1]) vollendet ward, sind folgende: Unten die Himmelskugel mit Angabe der täglichen Bewegungen nach der geogr. Breite von Straßburg; dahinter der sich bewegende ewige Kalender, dabei die Statuen von Apollo und Diana, im Hintergrunde die 4 Monarchen. Links der kirchliche Kaput, der die Feste anzeigt, rechts die Sonnen- und Mondesäquationen. Über dem Kalender die heidnischen Gottheiten, denen die einzelnen Wochentage geweiht waren. Auf beiden Seiten (von Stimmers meisterhafter Hand) die Tafeln, welche Schöpfung, Sünde, Wiedergeburt, Triumph Christi, Auferstehung u. s. w. mit Sinnsprüchen versehen, darstellen. Darüber die Löwengalerie, in der Mitte mit einem Zifferblatt, zwei Genien zur Seite, wovon der linke die „Viertel" schlägt, während der rechte das Stundenglas leert. Weiter oben ist das Planetarium; die Ecken füllen die 4 Jahreszeiten, die Seiten die 2 allegorischen Figuren, Kirche und Antichrist, aus. Die beweglichen Figuren sind: die 4 Lebensalter (schlagen die Stundenteile); die Stunde ist der „Tod". Darüber ziehen mittags die 12 Apostel vor Christus vorbei, während der Hahn dreimal kräht. In der Kuppel erscheint der Prophet Isaias, dann folgen die 4 Evangelisten und die vier Seraphinen. Ganz oben zeigt sich ein Herold. Auf der linken Seite des Werks erblickt man die Muse Urania, darunter das Symbol der 4 Monarchen und das Bild des Astronomen Kopernikus.

Auch die Uhr an der Nürnberger Frauenkirche ist ein mittelalterliches Kunstwerk ersten Ranges; sie stellt den Einzug des Kaisers Max I. dar. Die herrlichen, in Kupfer getriebenen Figuren (die 7 Kurfürsten mit den Reichskleinodien, u. s. f.) stammen vom Künstler

---

1) Siehe A. W. Strobel, Das Münster von Straßburg, ebdt. 1844.

Sebaſtian Lindenart, der vom Kaiſer Max I. ſpäter allerlei Freibriefe erhalten hatte.[1])

Ein würdiges Seitenſtück zu beiden Meiſterwerken iſt die Prag-
Altſtädter Uhr. Bei meinen archivariſchen Studien über Kaiſer
Karl V. bekam ich vom Herrn Univerſitätsprofeſſor Dr. Přibram ein
unſcheinbares, loſes Blatt aus einer Sammlung des k. u. k. Hofkammerarchivs in die Hand, das dieſes Werk beſchreibt. Es iſt — dieſe Vermutung darf ich wohl ruhig ausſprechen — die älteſte Beſchreibung
der Altſtädter Turmuhr. Das Stück iſt typiſch für die Paläo-
graphie des frühen 16. Jahrhunderts und bietet demnach einen intereſſanten handſchriftlichen Beitrag zur Geſchichte der Prag-Altſtädter Kunſt-
uhr. Ich gebe dieſen urkundlichen Beleg ungekürzt nur mit den nötigen
Unterſcheidungszeichen verſehen:

Einn gros vr, die da zaÿgtt das furttl, vnd die halbvr,
zaÿgtt auch alle 12 zaychenn, suenn vnd monn, inn was zaÿchenn
denn dieselbenn geenn oder seinn, samett auch dem monschein
vnd calender, vnd shlecht auch die 4 furttl, vnnd darnach
drauf die halbvr, wenn es aber nuenn das furttl shlecht, so
hatt es ein mandl, mit einem geschpanntten pogenn, vnnd hebtt
denn auf inn die hech, ßambtt denn rechtenn fues, als begerett
es zu schießenn, vnd das ander mandl, shlecht mit einem hamer,
an die furttl glockh. Darnach nach dem furttl, hebt an die
halbvr zu slahenn, auch mit einem mandl, das thuett das maul
auf, vnnd hebtt die rechtt handtt auf mit einem cepter, als
pegerett es zu zelenn, nach diesem allenn aber, hatt es aÿlf
zusamenngestiembtt glockhenn, wenn mans habenn will, so shlechtt
es darauf, ein psaltter gsang, als merklich, als wenn mans in
einer khirchenn sueng, nachdem, wenn das gsang aus ist, hatt
es einen truemetter, der hebtt die truemetten auf zu den muenndt,
vnnd plest als wenn er naturlich pfiff, nachdem thuet sich ein
tierl auf, vnnd geen 3 menner heraus, der erst mit einer khredentz,
der 2 mit einer flashenn, khertt sich gegenn dem volkh heruemb,
vnnd hebtt die flashen auf zuem mundt, vnnd triennkhtt, der
3 mit einer truemetten, khertt sich auch heruemb zuem volkh,
vnnd hebtt auf vnnd plest, darnach thuett sich ein ander tierl
auf, da geen sie alle 3 wieder hieneinn C (?) vnnd auch vber denn

---

1) Vgl. »Norica« von Auguſt Hagen, pag. 21 ff.

truemettern vnnd mandlenn, hatt es einenn todtt mit einer se-
gesenn, der dratt siech tag vnnd nachtt vonn einer seitten zur
anderun, als shnitt er gros ab.

Hier endigt das unvollständige Stück. Die genaue Schilderung der
ja fast gleichzeitig sich vollziehenden Figurenbewegung, die nüchterne
und doch wieder tiefen Geist · verratende Darstellung im allgemeinen,
die herzliche, verständnisvolle Art der Verwertung von Begriffsbildern
charakterisieren die eigenartige Auffassung des Schreibers. Meisterhaft in
dieser Hinsicht ist der Ausdruck jenes rührend ernsten und erhabenen
Gedankens der immerwährenden Veränderung alles Lebendigen durch
den Schnitter „Tod". »Da des lebens vergänglichkeit schon in
der hl. Schrift dem gras und heu verglichen wird, konnte man
leicht in dem Tod einen mäder oder schnitter sehn, der menschen wie blumen und halme niederhaut.« (Grimm, Deutsche
Myth. I, S. 808.) Das Volkslied bringt diese Auffassung treuherzig
zum Ausdruck:

Wir i anfi bin ganga, hab'n d'Hahna schon kroaht,
und wir i awi bin ganga, hat's Dodamanderl schon gmoaht.
I bin a weng g'standn und hab a weng g'schaut,
da hat ma de's Dodamanderl mei Fuaßerl weg g'haut.

(Th. Vernaleken, Mythen und Bräuche, S. 69.)

Das Deutsche Rechtswörterbuch.

Von ·

JUDr. Eberhard Frh. v. Künßberg, Heidelberg.

Das Bedürfnis nach einem Werke, in dem die deutschen Rechtsausdrücke aller Zeiten und Mundarten gesammelt und erklärt sind, ist
wohl bei allen Studien auf historischem Gebiete ein lang und lebhaft
empfundenes. Die bereits vorhandenen Glossare und Wörterbücher sind
teils recht veraltet[1]) und lückenhaft, oder sie berücksichtigen die rechtliche
Bedeutung der Ausdrücke zu wenig; andere bringen überhaupt keine

---

1) Ganz abgesehen davon, daß sich in den letzten Jahrzehnten infolge der
großen Zahl von dankenswerten Quellenausgaben unsere Kenntnis des
alten Wortschatzes außerordentlich erweitert hat.

Erklärungen oder sie beschränken sich der Natur der Sache nach zeitlich, örtlich oder sachlich auf ein begrenztes Gebiet, wie z. B. die oft vorzüglichen Register der Urkundenausgaben. Du Cange berücksichtigt das deutsche Sprachgut erst in zweiter Linie.

Bereits 1893 hat Heinrich Brunner auf dieses Bedürfnis nach einem deutschen Rechtswörterbuche hingewiesen und bereits ausgesprochen, welche Förderung der historischen Forschungen durch ein derartiges Unternehmen zu erwarten sei. Die Berliner Akademie der Wissenschaften nahm sich dieses Planes an, das Kuratorium der Hermann und Elise geb. Heckmann Wentzel-Stiftung stellte Mittel hiezu zur Verfügung und 1896 bildete sich eine Kommission, die aus den Professoren von Amira (München), Brunner, Dümmler, Gierke, Weinhold (Berlin), Frensdorff (Göttingen) und Schroeder (Heidelberg) bestand. Heute sind in der Kommission die Professoren Brunner, Gierke, Frensdorff, Huber (Bern, als Vorsitzender der seit 1900 bestehenden Schweizer Kommission), Roethe (Berlin), Schroeder und Freih. v. Schwind (Wien, als Vorsitzender der 1903 ins Leben getretenen österreichischen Kommission).

Die leitenden Grundsätze bei der Arbeit sind kurz folgende: Es werden alle Rechtsausdrücke (als solche gelten auch Rechtssymbole, Münzen und Maße) des deutschen Sprachgebietes vom Beginn der Aufzeichnungen bis um das Jahr 1750 gesammelt. Auch die angelsächsischen, friesischen und langobardischen Wörter werden aufgenommen; der skandinavische Wortschatz wird nur zur Etymologie gemeingermanischer Ausdrücke herangezogen. Aufzeichnungen in lateinischer Sprache werden ebenfalls verwertet, jedoch daraus bloß die eingestreuten germanischen Wörter notiert: z. B. jus quod vulgariter dicitur spitzreht, oder gualdemannus. Vor allem gilt es, die gesamten Rechtsaufzeichnungen älterer Zeit zu exzerpieren, weiters werden aber auch Urkunden und andere Nebenquellen der Rechtserkenntnis verarbeitet.

Die Fülle des Materiales erfordert eine große Zahl von Mitarbeitern und es sind auch erfreulicher Weise Juristen, Historiker und Philologen im Deutschen Reiche, in Österreich, in der Schweiz, in den Niederlanden und in Belgien dafür gewonnen worden. Wie den Sitzungsberichten der Berliner Akademie der Wissenschaften[1]) zu entnehmen ist, sind bereits sehr viele Quellen erledigt, doch ist begreiflicher Weise noch ein reichlicher Stoff zu bewältigen, so daß weitere Meldungen zur Mitarbeit sehr will-

---

1) Die Wörterbuchberichte werden auch abgedruckt in der Zeitschrift für Rechtsgeschichte (germ. Abt.).

kommen sind.[1]) Diejenigen Forscher, welche dem Werke Interesse schenken, aber infolge Berufspflichten und anderer Arbeiten nicht in der Lage sind, in größerem Umfange mitzuarbeiten, können der allgemeinen Sache dadurch außerordentlich schätzenswerte Dienste leisten, daß sie gelegentliche Funde dem Rechtswörterbuche zukommen lassen. Für diese gelegentliche Mitteilung von Notizen handelt es sich vornehmlich um solche deutsche Rechtsausdrücke und formelhafte Wendungen der Rechtssprache, die entweder überhaupt oder doch in dieser Zeit und Gegend selten vorkommen; insbesondere sind aber jene Ausdrücke sehr willkommen, die in den landläufigen Glossarien und Wörterbüchern nicht oder nicht in der gefundenen Bedeutung für jene Zeit und Gegend verzeichnet sind. Hiebei kommt gedrucktes und un= gedrucktes Material in Betracht. Namentlich wird sich Anlaß bieten zu solchen gelegentlichen Beiträgen bei Archivstudien, Urkundenausgaben, lokalgeschichtlichen Untersuchungen u. dgl. Auf diese Weise kommen Kennt= nisse des Spezialforschers der Allgemeinheit in weitestem Maße zugute: Die zeitliche und räumliche Verbreitung von Rechtsausdrücken und Rechts= einrichtungen kann genauer festgestellt werden, viele bisher nicht genügend erklärte Wörter werden in ihrer Bedeutung erkannt, und der reiche Schatz unserer deutschen Rechtssprache erhält weiteren Zuwachs.[2]) Abgesehen von solchen — buchstabengetreuen — Quellenexzerpten wird sich unter Um= ständen Gelegenheit zu einer wertvollen Bereicherung des gesammelten Materiales dadurch ergeben, daß Bemerkungen, Ergänzungen und Berich= tigungen zu bereits vorhandenen Wörterbüchern dem Archive des Rechts= wörterbuches bekanntgegeben werden.

---

1) Diesbezügliche Zuschriften wollen an Geheimrat Prof. Dr. Richard Schroeder, Heidelberg, Ziegelhäuser Landstraße Nr. 19, gerichtet werden, worauf Zu= sendung einer Instruktion und Zuteilung einer Quelle erfolgt. Betreffs österreichischer Quellen wolle man sich an Prof. Dr. Ernst Freih. v. Schwind, Wien XIII., Penzingerstraße 66, wenden.

2) Diese Beiträge bitten wir auf Oktavblätter des Kanzleipapiers ($16\frac{1}{2} \times 10\frac{1}{2}$ cm) quer zu schreiben mit Unterstreichung des Stichwortes und rechts mit Frei= lassung eines beiläufig zweifingerbreiten Randes. Die betreffende Quellen= stelle ist buchstabengetreu und in solcher Ausdehnung zu geben, daß sich die Bedeutung des Stichwortes möglichst unzweideutig erkennen läßt. Etwaige Erklärungen des Einsenders oder solche Notizen, die sich in der Ausgabe selbst finden, sind sehr erwünscht und mögen auf dem rechten Rande vermerkt werden mit Angabe des Urhebers der Erklärung. Ort, Jahr und Fundstelle (bei Büchern auch Bandnummer, Seite und Urkunden= nummer) sollen möglichst genau angegeben sein. Ferner wird um deutliche, lateinische Schrift gebeten. Auf Wunsch werden gedruckte Zettelformulare, wie sie im Archive des Rechtswörterbuches (Heidelberg, Universitätsbibliothek) verwendet werden, jederzeit unentgeltlich zugeschickt.

Bericht

über die am 22. Juni 1906 abgehaltene Hauptversammlung des Vereines für Geschichte der Deutschen in Böhmen.

Der Geschäftsleiter legt den Bericht über das 44. Vereinsjahr vom 16. Mai 1905 bis 15. Mai 1906 vor, welcher von der Hauptversammlung mit Stimmeneinhelligkeit angenommen wird.

Die Zahl der ordentlichen Mitglieder beträgt 900, ferner 20 Ehrenmitglieder, 98 stiftende und ein außerordentliches Mitglied, so daß sich der wirkliche Bestand mit 1019 ausweist.

Der Tod entriß im verlaufenen Vereinsjahr mehrere Mitglieder, welche durch lange Jahre dem Verein in Treue zugetan waren: Herrn JUDr. Groß Walter, Großgrundbesitzer und Landtagsabgeordneten in Jablonna, Frau Franziska Gräfin Auersperg, Herrschaftsbesitzerin in Hartenberg, die Herren Ferdinand Augsten, Buchhändler in Reichenberg, JUDr. Alfred Decastello Ritter von Rechtwehr, fürstlich Schwarzenbergschen Hofrat i. R. in Wien, MUDr. Ludwig Ingrisch, Stadtarzt in Marienbad, MUDr. Ludwig Kleinwächter, k. k. Sanitätsrat und Professor i. R. in Czernowitz, Reichsrats- und Landtagsabgeordneten Franz Kliemann in Sobochleben, Vinzenz Kremling, Bürgermeister in Falkenau an der Eger, Josef Luft, fürstlichen Beamten in Teplitz, P. Amand Anton Paudler, k. k. Gymnasialprofessor in Böhmisch-Leipa, Vinzenz Pfannschmidt, Hof- und Weinbergbesitzer in Lobositz, Karl Rabier, Bergwerkbesitzer in Reichenau, Freiherrn Max Scharschmidt von Adlertreu, k. k. Hofrat und Herrenhausmitglied in Wien, JUDr. Zdenko Schücker, Reichsratsabgeordneten und Advokaten in Eger, Seifert Franz, Bürgerschuldirektor i. R. in Schönlinde, Stein Karl, Kaufmann in Prag, Steinbrecher Oswald, Fabrikanten in Krummau, Thorsch Philipp, Großhändler in Wien, Weiß Ferdinand, k. k. Post-Oberoffizial in Hohenelbe und Willfert Anton, Forstrat in Schlackenwerth. — Die Versammlung ehrt deren Andenken durch Erheben von den Sitzen.

Die Bücherei hat einen Zuwachs von 290 selbständigen Werken und 727 Jahrgängen von Zeitschriften erfahren, abgesehen von Hand-

schriften, Flugblättern und Landkarten. Unter den Geschenkgebern ver=
dienen besonderen Dank: das k. u. k. Oberstkämmerer=Amt in Wien, die
k. k. Statthalterei in Prag, der Landesausschuß des Königreiches Böhmen,
die Gesellschaft zur Förderung deutscher Wissenschaft, Kunst und Literatur
in Böhmen, das deutsche Kasino in Prag, die deutsche Sektion des Landes=
kulturrates für das Königreich Böhmen, das kunstgewerbliche Museum in
Prag, der königl. große Generalstab in Berlin, der deutsche Volksrat, das
Nordböhmische Gewerbemuseum in Reichenberg und die Herren: Se.
Exzellenz Johann Groller von Mildensee in Karlsbad, Prof.
Dr. O. Weber, Frau Clara Wimmer, Hofrat Prof. Dr. G. C.
Laube, Bruno Bischoff, Dr. Johann Kiemann, Dr. Moritz
Erben, Dr. Anton Kiemann und Dr. M. Pollak in Prag. —
Die Schriftleitungen der „Bohemia" und des „Prager Tagblatt", wie
auch 14 Schriftleitungen deutscher Provinzialblätter haben durch unent=
geltliche Überlassung ihrer Blätter und durch freundliche Berücksichtigung
der Arbeiten und Unternehmungen des Vereines denselben gefördert und
sich dadurch das vollste Anrecht auf den Dank desselben erworben.

Die vom Ausschuß gewählte Bibliothekskommission hat auch in
diesem Jahre die Überwachung der Bücherei mit dankenswerter Umsicht
besorgt und sowohl durch Erwerbung neuer Publikation als durch Ergän=
zung lückenhafter Bücherfolgen den Wert der Bibliothek für wissenschaft=
liche Forschungen erheblich gesteigert. — Die Zahl der aufliegenden Zeit=
schriften ist durch Tausch und Kauf um 5 vermehrt worden, beträgt
nunmehr 224. Zugewachsen sind: die Vierteljahrschrift für Sozial= und
Wirtschaftsgeschichte; Mitteilungen der Gesellschaft für schlesische Volks=
kunde; Jahresbericht des historischen Vereines für Donauwörth und
Umgebung, Zeitschrift für rheinische und westfälische Volkskunde und
Národopisný věstnik českoslovanský.

Das Archiv erfuhr einen Zuwachs durch die Widmungen der Herren
Wilhelm Knechtel und Dr. M. Urban. — Das Ausschußmitglied
Herr Bruno Bischoff ist mit der Katalogisierung der Bildnissamm=
lung bis zum Buchstaben R vorgeschritten. Die Porträt=Galerie hat durch
freundliches Entgegenkommen zahlreicher Persönlichkeiten auch im heurigen
Jahre eine bedeutende Erweiterung erfahren. Den Spendern wie auch der
Opferwilligkeit an Zeit und Arbeit, welche in selbstloser Weise Herr
Bruno Bischoff widmet, sei hiermit der geziemende Dank ausgesprochen.

Unter den Gönnern, welche im verlaufenen Jahre den Verein mit
größeren Spenden bedachten, um an die Veröffentlichung umfangreicher

Arbeiten zu schreiten, verzeichnen wir: das hohe k. k. Ministerium für Kultus und Unterricht, welches 1000 K widmete, den hohen Landtag des Königreiches Böhmen, der wie bisher 4000 K für wissenschaftliche Zwecke und 2000 K für Mietzinsbeitrag für das Jahr 1905/06 bewilligte, ferner die löbliche Direktion der Böhmischen Sparkasse in Prag, welche den Betrag von 1000 K zuwandte. Das Amt des Zahlmeisters verwaltete Herr Univ.=Prof. Dr. O. Weber. Als Revisoren waren tätig Herr Josef Koch, k. u. k. Hof= und Universitätsbuchhändler in Prag, Herr Privatdozent JUDr. Robert Marschner, Advokat und Sekretär der Arbeiterunfallsversicherungs=Anstalt in Prag, und JUDr. Ludwig Pick, Landesadvokat in Prag.

Im verflossenen Jahre erschien der 44. Jahrgang der „Mitteilungen" und der „Literarischen Beilage" in der Stärke von 39½ Druckbogen. Mit der Schriftleitung waren die Ausschußmitglieder Dr. Ad. Horcicka und Dr. O. Weber betraut.

Von größeren, in den Mitteilungen erschienenen Abhandlungen gelangten als Sonderabdrücke zur Ausgabe: 1. Dr. Kari Siegl, Das Salbuch der Klarissinnen vom Jahre 1476 im Egerer Stadtarchive; 2. Dr. Alfred Fischel, Beiträge zur Geschichte des deutschen Rechts aus einer Komotauer Rechtssammlung; 3. Dr. Hermann Hallwich, Friedland vor 500 Jahren; und 4. Ludwig Schönach, Archivalische Studien zur Jugendgeschichte Kaiser Karls IV., I. Teil. — In Vorbereitung sind mehrere große selbständige Arbeiten geschichtlichen Inhaltes, Quellenpublikationen und Forschungen auf dem Gebiete der deutschen Dialekte Böhmens, mit deren Drucklegung nach dem Maßstabe der zur Verfügung stehenden Geldmittel zum Teile im nächsten Vereinsjahre wird begonnen werden können. Unter der Presse befindet sich bereits das Buch von J. Schiepek über die Egerländer Mundart (II. Teil). — Rege war das Leben in der I. und III. Sektion. Die I. Sektion hielt unter Vorsitz des Herrn k. k. Regierungsrates Dr. L. Chevalier vier Sitzungen mit vier Vorträgen, die III. Sektion, Vorsitzender der Herr k. k. Regierungsrat Dr. H. Lambel, zwei Sitzungen mit zwei Vorträgen. Jede Sektion enthielt außerdem Referate über die neuesten Erscheinungen des Buchhandels, wie auch kritische Besprechungen eingelaufener, für die Drucklegung in den „Mitteilungen" bestimmter Artikel. — Von den Vereinssammlungen wurde am stärksten die Bibliothek benützt. Es wurden — abgesehen von den im Lesesaal benützten Werken und aufliegenden Zeitschriften — nach auswärts 427 Werke entlehnt und 422 Werke zurückgestellt. — Anläßlich der 53. Hauptversammlung der deutschen Altertums= und Geschichtsvereine und des Tages für Denkmalpflege, welche diesmal Ende September 1905 in Bamberg tagten, war der Verein durch die Ausschußmitglieder Dr. Ad. Horcicka und Dr. O. Weber vertreten. Auch hatte er Gelegenheit Vereine zu beglückwünschen und Mitgliedern, die sich große Verdienste um die Förderung der Vereinsinteressen erworben haben, den wohlverdienten Dank auszusprechen. — Die Arbeiten der Geschäftsleitung versah mit altbewährtem Eifer und selbstlosester, unverdrossener Hingebung das Ehren= mitglied k. k. Hofrat Dr. G. C. Laube. — Mit dem Danke an die Ver= treter außerhalb Prag, welche für den Verein auf das wärmste tätig und vor allem darauf bedacht sind, durch Zuführung neuer Mitglieder die materiellen Mittel zur Erreichung der hohen Ziele zu kräftigen, wurde die Berichterstattung über das XLIV. Vereinsjahr geschlossen.

Aus dem Vermögensbericht sei mitgeteilt:

Das Stammvermögen beträgt . . . . . . 48.000 K — h.

Es hat sich gegen das Vorjahr um . . . . 1.235 K 71 h vermehrt.

Da sich auf der Tagesordnung kein weiterer Verhandlungspunkt befand, legte der Ausschuß, der nach seiner Überzeugung allen Verpflich= tungen in jeder Hinsicht nachkam, sein Mandat in die Hände der Ver= sammlung zurück.

Bei den hierauf vorgenommenen Wahlen wurden der Ehrenvor= sitzende, die abgetretenen Mitglieder des Ausschusses und die Rechnungs= führer wieder gewählt, bis auf Dr. Freiherrn von Wolf=Zdekauer, der wegen Mangels an Zeit ausschied, an dessen Stelle Herr JUDr. Adolf Zycha, k. k. Professor an der deutschen Universität in Prag, gewählt wurde. In der am 24. Juni 1906 abgehaltenen konstituierenden Sitzung wurde keine Ver= änderung der Verteilung der Vereinswürden vorgenommen, ferner wurden die Bibliothekskommission und die übrigen mit Vereinsämtern betrauten Herren wieder bestätigt.

K. u. k. Hofbuchdruckerei A. Haase, Prag. — Selbstverlag.

Mitteilungen des Vereines

für

Geschichte der Deutschen in Böhmen.

Redigiert von

Dr. A. Horcicka und **Dr. O. Weber.**

Fünfundvierzigster Jahrgang. **3. Heft. 1906.**

Über die Entwicklung des Kartenbildes von Böhmen.

Ein Beitrag zur Geschichte der Geographie dieses Landes.

(3 Kartenbeilagen.)

Von

Dr. Karl Schneider.

Die geographische Kenntnis eines Landes spiegelt sich bekanntlich am deutlichsten in dem Kartenbilde wider, das wir von ihm besitzen. Je geringer diese ist, umso phantastischer gestaltet es sich und nimmt umso sicherere und festere Konturen an, je weiter sie fortschreitet. Bei gleichzeitiger Entwicklung der Mathematik und der technischen Fertigkeiten nehmen die Formen des betreffenden Landes immer vollkommenere Klarheit und Deutlichkeit an. Allerdings wird zuletzt die beste Karte eines Landes oder selbst auch nur Teiles nicht allen Anforderungen genügen können, welche die verschiedenen Interessenten an sie stellen.

Verfolgt man den Entwicklungsgang des Kartenbildes für ein enger begrenztes Gebiet, so wird man die Wahrnehmung machen können, daß zunächst einmal die ersten Anfänge des kartographischen Bildes überhaupt zusammenfallen mit der Berührung eines größeren Kulturzentrums. Weiter findet man, daß in der Entwicklung des Kartenbildes längere oder kürzere Ruhepausen erfolgen, d. h. auf Zeiten des Schaffens und Produzierens folgen solche des Ausnützens und der praktischen Verwertung. In diesen

Ruhepausen findet man keinerlei Neuerungen oder Ver=
besserungen, selbst krasse Fehler werden mitgenommen und
schleppen sich nicht selten noch in der folgenden Periode
mit. Diese Perioden des Schaffens und Produzierens
sind von bestimmten Gesichtspunkten geleitet und erst
mit ihrem Wechsel hebt die neue Epoche in der Karto=
graphie des betreffenden Landes an. Noch ein Moment wird
man in der Entwicklungsgeschichte des Kartenbildes wahrnehmen können.
Die ersten Karten werden entworfen und gezeichnet von
Privatleuten, erst später nimmt die Landesregierung
einen gewissen Anteil daran, bis zuletzt die Staats=
notwendigkeit das Kartenzeichnen und den Vertrieb für
sich in Anspruch nimmt. Damit erklärt sich aber auch zugleich die
Genauigkeit und der Wert der einzelnen Karte. Während der Privatmann
nicht die Mittel hat selbständige Messungen im großen Stile durchzuführen,
sich vielmehr nur auf vorhandene Meilenbücher u. dgl. stützt, werden
offizielle Karten sei es, daß sie die Landesregierung oder auch selbst der
Staat herausgeben, immer mehr und mehr je nach den angewandten
Mitteln und Kräften einen immer höheren Grad von Genauigkeit'
annehmen. Ganz besonders gelten diese letzten Behauptungen für unser
Gebiet, so daß man direkt danach drei Perioden unterscheiden könnte.

I.

Für Böhmen sind die Anfänge einer bildlichen Darstellung des
Landes, den Berichten nach zu schließen, eigentlich alt zu nennen. Hat es
ja schon im Altertum über Böhmen gewisse, wenn auch phantastische
Vorstellungen gegeben. Nahmen doch durch dieses Land alte Handels=
straßen zwischen dem Norden und Süden, zwischen dem Bernsteinlande
und dem Mediterrangebiete ihren Weg, Pfade, welche schon in prähistorischer
Zeit nachweisbar begangen worden sind.[1] Allein, von einer karto=
graphischen Darstellung kann wohl in jener Zeit keine Rede sein. Das
älteste Kartenbild, das uns überkommen, zeichnet, jenseits der Donan nur
noch die Markomanni.

Die ersten wirklichen Darstellungen Böhmens[2] aber sind keine selbstän=
bigen Karten. Sie finden sich auf zwei großen Weltkarten aus der zweiten

---

1) Gnirs A.: Das östliche Germanien und keine Verkehrswege in der Dar=
stellung des Ptolomaeus. Prag 1898.

2) Die erste Karte Böhmens, von der uns erzählt wird, würde dem 7. Jahr=
hundert n. Chr. angehören. In der bekannten Chronik Hayets heißt es

Hälfte des 13. Jahrhunderts und zwar auf der sogenannten Hereford́schen und der Ebstorfer Karte. Beide sind große Wandkarten. Da sie das ganze bekannte Weltbild wiedergeben sollen, sind die einzelnen Länder nicht gerade reich ausgestattet. Dazu ist auch die Zeichnung des Weltbildes und infolgedessen auch Böhmens — der Zeit entsprechend — sehr mangelhaft. Die erste der genannten Karten wurde in der Kathedrale zu Hereford entdeckt, die zweite wurde in dem Kloster Ebstorf südlich von Lüneburg aufgefunden. 162 × 132 cm ist das Größenverhältnis der Herefordkarte, bedeutend größer das der Ebstorfer, deren Verhältnis 350 × 292 cm beträgt. Beide Karten dürften auf ein gemeinsames Vorbild zurückgehen, das wir aber nicht kennen.

Die Herefordkarte hat als ihren Verfasser und Zeichner einen Richard von Haldingham und Lafford und entstand zwischen 1276—1283.[1]) Wie auf allen Karten jener Zeiten ist keinerlei Rücksicht genommen auf irgendwelche geographische Länge oder Breite, auf ein Größen- und Lagenverhältnis der Länder zu einander. Von Böhmen ist nichts anderes vermerkt als Braga — metropolis — Boemariorum. Eine Figur, welche eine Burg vorzustellen scheint, ist daneben gezeichnet. Also nicht einmal Böhmen als Land, sondern nur dessen Bewohner mit ihrer Hauptstadt finden Erwähnung. Es ist zugleich interessant, daß dieses erste Kartenbild von Böhmen überhaupt, ebenso wie die, welche hart an seiner Grenze ab-schließen, an Stelle des Landesnamens den der Bewohner anführt und vermerkt.

Etwas mehr als diese gibt die Ebstorferkarte über Böhmen, was wohl in der Natur der Entstehung dieser Karte liegen mag. Kennen wir

---

nämlich zum Jahre 680: Krok habe auf Mahnung seiner Räte in diesem Jahre Boten nach den vier Weltgegenden ausgesandt und ihnen befohlen, „das ganze Land, Berge und Thal auch alle Gelegenheit, was es for eine Gestalt hätte (zu) besichtigen, und mit Fleiß alle Wässer und Flusse, von wannen sie herkämen und wohin sie sich wendeten, in Acht nehmen solten. Als ihm solches alles von seinen getreuen Boten verkündiget, verwunderte er sich nicht wenig darüber: Ließ dieses Alles auf Birkene Rinden ordentlich verzeichnen und von wegen künftiger Gedächtnis und fernerer Nachrichtung fleißig aufheben." (Nach Sandels Übersetzung, 1596. S. 7.) Hayeks Erlebnisse bei keinen Zeitgenossen, denen er eine Karte Böhmens entwerfen und zeichnen wollte, von denen er aber keinerlei finan-zielle Unterstützung erfuhr, erklären wohl dieses Geschichten genügend. Schon v. Rieger hat sie als „eine feine Satyre auf die damaligen Zeit-genossen" bezeichnet. (v. Rieger: Materialien zur alten und neuen Statistik von Böhmen. Prag und Leipzig 1787. 1. Heft. S. 191.)

1) K. Miller: Mappae mundi. IV. Heft. Die Herefordkarte. Stuttgart 1896.

ihren Zeichner nicht, so ist doch das eine so ziemlich sicher, daß er ein
Niederdeutscher war. Ihre Entstehung wird in das Jahr 1284 verlegt.
Er hat, aus welchen Quellen er immer geschöpft haben mag, Böhmen
reichlicher bedacht. Freilich die charakteristischen Konturen des Landes sind
noch nicht zu sehen — diese finden sich viel später — aber er nennt
bereits die Hauptflüsse. Wir finden die Wlta (Moldau), an ihr liegt
Praga c(aput) als Festung gezeichnet, weiter die Elbe. Die Bezeichnung
dafür (Egra fl.) ist jedoch irrig angesetzt, wie aus dem Kartenvermerk
über ihren Ursprung hervorgeht.[1] Über Prag lesen wir: boemia regio.
Sonst finden wir noch Bohemica silva. Der Aufriß, der in einer Art
Hügelmanier das Gebirge vorzustellen hat, ist unterhalb der Moldau
angesetzt. Etwas entfernt von der eigentlichen boemia regio heißt es:
Marahi und dabei die für die Quelle der Karte so interessante Legende:
Moravi sunt populi Sclavorum, qui sunt ab oriente Boemorum,
habentque in circuitu hinc Pomeranos ... Ungaros ... gentem ...
qui human ... carnibus ...[2]

Es mag nicht weiter darauf eingegangen werden, ob und welches
Material dem Verfasser der Karte bezüglich Böhmens vorgelegen haben
mag. Wahrscheinlich dürfte er es vielfach Berichten entnommen haben.
Gewiß ist nur das eine, daß seine Wandkarte des bekannten Erdkreises
seiner Zeit vollkommen entspricht. Es „ist das letzte große Aufleuchten des
römischen orbis terrarum, mit dessen Untergange viel Poesie für immer
verschwunden ist und der unschönen Wirklichkeit den Platz geräumt hat."[3]

Freilich dauerte es lange, bis diese „Wirklichkeit" die fratzenhaften
Bilder der christlichen Wandkarten des Mittelalters ablöste. Hauptsächlich
dem Wiedererwachen des Ptolomaeus, dessen Karten auf Grund einer
korrekten Projektion entworfen waren, ist dieses zu danken. Zwar mangelte
auch ihnen die astronomisch fixierte Bestimmung der Orte und Länder,
und eine regelrechte vorhergegangene Vermessung gab es nicht. Allein das

---

1) Es lautet: Odera et Albia in saltu Maraharum oriuntur non longis
spatiis ab in viam currunt sed diverso meatu. Nach dem Faksimile
ediert von K. Miller: Mappae mundi. VI. Heft. Stuttgart 1896.

2) Wie schon Miller (l. c.) festgestellt hat, findet sich diese Notiz wörtlich im
Scholion 18 zum liber II Adams von Bremen und heißt ergänzt M a r a h i
sunt populi Sclavorum, qui sunt ab oriente Boemorum, habentque
in circuitu hinc Pomeranos et P o l o n o s i n d e Ungaros et
c r u d e l i s s i m a m gentem Pescinagos qui humanis carnibus
vescuntur.

3) Miller l. c. VI. Heft, S. 79.

Interesse war geweckt und mit der raschen Folge der Auflagen seiner Geographie folgten eine ganze Reihe von kartographischen Darstellungen, die sich von denen der vorhergegangenen Zeit vorteilhaft unterscheiden.

Es tauchen plötzlich eine Menge von Kartenzeichnern auf, deren Karten den großen kosmographischen Werken beigelegt werden. Immer wieder finden wir bei jeder Neuauflage Originale von einzelnen Gebieten. Bei Karten größeren Umfanges, bei denen ganze Ländergruppen zusammen= gefaßt sind, ist auf die Lage der Länder zu einander Bedacht genommen, ja, selbst ihre Konturen sind, wenn auch nur in groben Umrissen, richtig erfaßt. Durch die Holzschneidekunst hatte man außerdem ein gutes und rasches Vervielfältigungsmittel erhalten.

Mit Eude des 15. Jahrhunderts tauchen astronomische Tafeln auf, welche die geographische Position einzelner Orte vermerken. Auch Böhmens Städte finden in ihnen Aufnahme. So enthalten die von Erhardt Ratdolt in Augsburg 1483 gedruckten alfonsinischen Tafeln die geographische Breite von Prag mit 50° n. B.[1]) Damit war aber schon eine reelle Basis den Karten gegeben, wenn auch diese Positionen nicht vollkommen der Wirklichkeit entsprachen.

Auf einer Übersichtskarte von Zentraleuropa finden wir nun zum ersten Male Böhmens eckige Gestalt. Diese Karte ist beigegeben der Ptolomäischen Geographie (Ausgabe, zu Rom 1507) und führt den langen Titel: Tabula moderna Poloniae, Ungariae, Boemiae, Germaniae, Russiae, Lithuau(?)iae. Es ist eine Kupferstichkarte, die erste von Zentral= europa.[1])

Böhmen ringsum von Gebirgen in Hügelmanier eingeschlossen, hat die Gestalt eines Quadrates, das auf einer Breitseite steht. Wenige Städte Prag, Tabor, Eger, Časlau, Pilsen u. a. sind eingezeichnet. Die drei Hauptflüsse des Landes Moldau, Elbe und Eger sind angedeutet. Diese Karte war nicht lange vor der ersten Originalkarte Böhmens erschienen und ist gleich den anderen angeführten nur ein Vorläufer, welcher die erste Phase in der Entwicklung des Kartenbildes von Böhmen

1) S. Ruge: Geschichte der sächsischen Kartographie im 16. Jahrhundert. Kettlers Zeitschrift für wissenschaftliche Geographie. II. Jg., S. 90.

2) Nach Nordenskjöld ist sie verwandt mit der Karte im liber cronicarum des Hartmannus Schedel zu Nürnberg 1493. Sie, die im Original 515 × 382 mm Größenverhältnis aufweist, reproduzierte Nordenskjöld in feinem Facsimile Atlas of the early history of cartography. Stock= holm 1889. S. 25.

einleitet. Sie stehen in keinerlei Beziehungen zu den ersten Originalkarten des Landes.

II.

Das Verdienst, eine solche Originalkarte herausgegeben zu haben, gebührt dem böhmischen Bruder, Arzt und Buchdrucker in Jungbunzlau Nicolaus Klaudianus. Ist es wohl außer Zweifel zu stellen, daß Klaudianus diese erste Karte nicht selbst gezeichnet hat, so wird man ihm doch eine gewisse geistige Mitarbeiterschaft zuzuschreiben haben. Um aber über die Ent= stehung der Karte ein gewisses Urteil sich bilden zu können, wird man sich mit dem vertraut machen müssen, was wir über das ganze Leben Klaudians wissen.

Nicolaus Klaudianus erscheint uns zum erstenmale zu Anfang des 16. Jahrhunderts, als er im Jahre 1507 die Herausgabe der Apologie der Brüder in tschechischer Sprache in Nürnberg besorgte.[1] Dadurch dürfte er bald eine größere Roile in der Brüdergemeinde gespielt haben, denn wir finden ihn mit Lorenz Woticky auf dem Wege zu Erasmus nach Antwerpen[2]), wo sich dieser gerade aufhielt, um ihm die Apologie der Brüder zu überreichen und sein Urteil zu erfahren (1511). Klaudian und sein Begleiter besuchten auf dieser Reise viele Städte Niederdeutschlands. 1517 sehen wir ersteren neuerdings in Nürnberg. Hier gibt er bei Hieronymus Höizi ein medizinisches Werk des Johann Czerny, Arzt in Leitomischl, in tschechischer Sprache heraus.[3] Für die große Zahl tschechischer Bücher und Schriften, welche um diese Zeit erschienen, konnten die in Böhmen bestehenden fünf Buchdruckereien nicht genügen, man sah sich wiederholt genötigt, nach Nürnberg zu gehen. Nicolaus Klaudianus suchte dem abzuhelfen und gründete als vermögender und wohl auch unter= nehmender Mann 1518 zu Jungbunzlau eine eigene Buchdruckerei, obwohl hier bereits eine seit dem Jahre 1500 bestand.[4] Gleich im Gründungs= jahre wurde eine Anzahl tschechischer Schriften von ihm herausgegeben, unter ihnen vor allem die Landkarte von Böhmen. Schon Dobrowsky ist der Ansicht, daß Klaudian die Formen zu dieser ersten Karte Böhmens bereits 1517 in Nürnberg schneiden ließ, als er hier die Ausgabe

---

1) Dobrowsky Josef: Geschichte der böhmischen Sprache und älteren Literatur. Prag 1818. S. 317 c.
2) Gindely A.: Geschichte der böhmischen Brüder. Prag 1857. I. Bd., S. 149.
3) Dobrowsky l. c. S. 323.
4) Gindely l. c. S. 134.

des oben erwähnten Kräuterbuches besorgte.[1]) Wie wir wissen, war seine Druckerei auch in den folgenden Jahren tätig. Über dem Schild, das auf den von Klaudian herausgegebenen Werken gedruckt ist, findet sich N. C. l. e. Nicolaus Klaudianus.[2]) Von seinen sonstigen Lebensverhältnissen wissen wir nur' noch, daß er seine Beziehungen zu den Nürnberger Druckern und Holzschneidern nicht abgebrochen hat, daß er mit ihnen sogar engere Beziehungen unterhalten haben mußte, wenigstens vermacht er in seinem Testamente seinem ·Genossen, den er einsach als »němec« bezeichnet, ein Legat.[3])

Auf manche der eben angeführten Bemerkungen werden wir später zurückkommen. Wer, wie gesagt, die Karte entworfen hat, ist uns heute noch ein Rätsel. Auf jeden Fall aber überrascht uns das Kartenbild, das ohne Vorläufer und ohne besonders verwertbare Vorarbeiten plötzlich aus dem Dunkel ersteht.

Das einzige uns bekannte Original dieser Karte befindet sich in der bischöflichen Bibliothek zu Leitmeritz, wohin sie nach Riegers[4]) Nach- richten geschenkweise gekommen ist. Es mag gleich vorweggenommen werden, daß .alle bisher veranstalteten Kopien dem Originale nicht entsprechen.[5])

Das Original, das 126×64 cm Größenverhältnis besitzt und durchwegs einen tschechischen Text hat, besteht eigentlich aus zwei Teilen. Die eine größere Hälfte des Blattes füllen Landes=, Stadt= und Ritter= wappen aus,· dazu Bilder; welche sich bemühen, den beigedruckten Bibel= text . zu illustrieren. Den Abschluß des oberen Teiles bildet eine a l l e g o r i s c h e D a r s t e l l u n g a u f · d i e p o l i t i s c h e n V e r h ä l t n i s s e j e n e r Z e i t.[6])

Wie aus der Beilage zu erkennen ist, zeigt dieses Bild eigentlich zwei verschiedene Dinge, die durch einen dürren Baum von einander getrennt sind. Die rechte kleinere Darstellung scheint einen Überfall eines

---

1) Dobrowsky l. c. S. 324.
2) Dobrowsky ebenda. — Hanslick: Geschichte und Beschreibung der Prager Universitätsbibliothek. S. 536/7.
3) Trs. Klaudian in Ottův slovník naučný.
4) l. c. S. 62.
5) Die der Abhandlung beigegebene Kopie der Klaudianischen Karte ist nach dem Original der bischöflichen Bibliothek zu Leitmeritz angefertigt, die beiden anderen Karten nach den Originalen reproduziert, welche in dem kgl. böhmischen Landesmuseum zu Prag aufbewahrt werden.
6) Es wird schwer halten, in diesen Bildern mit Rieger u. a. den Auszug der Juden aus Prag erkennen zu wollen.

reisenden Kaufmannes durch Raubritter vorzustellen, die mit gezogenen Schwertern aus dem Walde hervorsprengen, während im Hintergrunde ihre Burg zu erblicken ist. Anderes zeigt die größere linke Darstellung: Ein großer, starker, schön gezierter Wagen — eine Staatskarosse — ist vorn und hinten mit je drei Pferden bespannt, deren Lenker mit hochgeschwungener Peitsche auf sie niederschlagen. Zwei Männer bemühen sich gleichzeitig in den Speichen der Räder mit zuzugreifen und fortzuhelfen. Aber ihr vergebliches Mühen ist dadurch angedeutet, daß sie beide nach den entgegengesetzten Richtungen hinarbeiten.

Unbekümmert darum sind die vier Hauptfiguren in der Staatskarosse. Man sieht sie in wildem Hader miteinander. Ein in Purpur gekleideter — das Original ist in frischen Farben ausgeführt — weißhaariger Greis wird von dem einen Insassen an den Haaren niedergehalten und geschlagen, während gleichzeitig der im Hintergrunde stehende türkische Soldat sein Krummschwert über dem liegenden Greis schwingt. Allein der ihm zur Rechten steht, hindert ihn daran. Unbekümmert um diese Streitigkeiten sind die anderen drei Insaßen des Wagens, in denen man unschwer einen niederen Geistlichen und einen Bauern erkennen kann. Die dritte hinter den beiden stehende Figur läßt sich nicht genau deuten. Mit ausgebreiteten Händen und verzweifelten Mienen scheinen diese drei den Rosselenker anzuspornen.

Es ist das unterdrückte Volk und die Großen. Zugleich eine satyrische Darstellung der politischen Zustände zu Ludwigs Zeiten, dem das Tableau zugeeignet ist und der als gerechter Richter angerufen wird, der Ordnung schaffen soll in den richterlichen Zuständen und der richterlichen Willkür. Darauf deuten wenigstens sämtliche Bibelsprüche und anderweitigen Zitate, welche sich hier finden.

„Der Herrscher sei treu und vorsichtig, da ihn der Herr über seine Diener stellte." Lukas 12.

Ihr Herren übet Gerechtigkeit an Euren Dienern, denn wisset, daß Ihr auch einen Herren über Euch habet.

Wehe den Gesetzgebern, die ungerecht Gesetze schrieben, und die es nur taten, um die Armen zu unterdrücken. Isaias X.

Aber auch folgende Sprüche der Bibel sind den Richtern in Erinnerung gebracht:

„Richtet gerecht und tuet den Witwen, Waisen und Fremdlingen
nicht unrecht."   Zacharias X, VII.
und

„Was gerecht ist richtet und zwischen Einheimischen und Fremden
sei kein Unterschied der Personen." ·   V. Moses I.

Wir dürfen nicht vergessen, daß man damals als Fremde die
deutschen Kolonisten betrachtete. Neben den zahlreichen Bibelstellen sind
testamentliche Abbildungen und 45 Wappen von königl. Städten und
Rittern.

Interessanter und für unsere Betrachtungen wichtiger ist die zweite
Hälfte des Tableaus: die eigentliche Karte von Böhmen. Sie hat das
Größenverhältnis 46 × 55 cm.

Ihre Orientierung ist, der Zeit entsprechend, der heutigen gerade
entgegengesetzt. Süden ist oben, Norden demnach unten, Osten links,
Westen rechts. Ihrer Natur nach ist sie eine topographische Karte. Sie
enthält im ganzen 272 Namen von königl. Städten, Herrenstädten, Markt=
flecken, Schlössern und befestigten Klöstern. Alle aufgezählten Kategorien
haben eine verschiedene Signatur und zwar bezeichnet eine Krone die
königliche Stadt,[1]) ein kleines rundes Schild eine Herrenstadt, ein halber
Kreis einen Marktflecken, ein Turm Schlösser und befestigte Klöster.

Von Prag aus verlaufen nach den Hauptrichtungen des Landes in
gerader Richtung Straßenzüge. Diese sind ohne besondere Biegungen oder
Knickungen vielfach fast schnurgerade z. B. Prag—Eger und zeigen uns
somit, wo damals die Hauptverkehrsadern gegangen sind. In ihnen sieht
man in mehr oder weniger gleichen Abständen Punkte eingezeichnet. Zählt
man diese einzelnen schwarzen Punkte und bringt man sie in Beziehung zu
einem Maße jener Zeit, so findet man das überraschende Resultat, daß
die Distanz zweier solcher Punkte einer böhmischen Meile
entspricht. Die aus ihnen gefundenen Mittelwerte ergeben als ihre
Länge etwa 9000 m. Doch dürfte das Richtige noch über diese Zahl
hinausgehen.

---

1) Die 36 kgl. Städte, welche die Karte vermerkt, seien hier alphabetisch an=
geführt: Aussig, Beraun, Böhmisch=Brod, Brüx, Budweis, Bunzlau,
Chrudim, Eger, Hohenmauth, Kaaden, Kaurim, Klattau, Kolin, Königs-
grätz, Königinhof, Kuttenberg, Jaroměř, Laun, Leitmeritz, Melnik, Mieß,
Nimburg, Pilsen, Pisek, Polička, Prag, Přibram, Rakonitz, Rokyzan, Saaz,
Schlan, Schüttenhofen, Tabor, Tachau, Taus, Wodnian.

Bringen wir dazu die gegenwärtigen Verhältnisse in Rechnung,
so zeigt sich weiters, daß die Städte, welche an den Haupt=
straßen liegen, in richtiger Entfernung, wenn auch nicht
in richtiger geographischer Lage zu einander gezeichnet
wurden. Insbesondere gilt dies für den nordwestlichen Teil des Landes,
der überhaupt am besten ausgefallen, was wohl damit zusammenhängen
dürfte, daß hier eigene Beobachtungen auf Reisen von und nach Nürnberg
verwertet worden sind. Der Lauf der Flüsse ist vollständig nach der
Phantasie gezeichnet. Dies darf uns keineswegs verwundern, denn darauf
nahm man noch lange hernach keine Rücksicht. Am deutlichsten ist dies
wohl aus der Chorographie des Wittenberger Universitätsprofessors Georg
Joachim Rethicus (1541) zu ersehen.[1])

Es ist nicht zu verkennen, daß diese erste selbständige Karte nach
einem solchen Maßstab gezeichnet und entworfen ist, daß sie also einen
Wert für ihre Zeit besaß und den Anforderungen, welche man an eine
Karte damals stellte, wohl entsprochen haben mag. Die richtigen Distanzen
zwischen den Städten an den Hauptstraßen, die phantastischen Krümmungen
der Flüsse sind das Erkennungszeichen, daß man es mit einer im Zimmer
nach vorhandenen vielleicht offiziellen Meilenbüchern entworfenen Meilen=
karte zu tun hat.

Die Randgebirge finden keine Berücksichtigung, an ihre Stelle tritt
ein dichter Waldgürtel. Im Innern sind gleichfalls keine Berge= oder

---

1) Hipler: Die Chorographie des Joachim Rheticus. Zeitschrift für Mathe=
matik und Physik. XXL Bd. histor. lit. Abteilung. S. 125 ff. Rheticus
tennt 2 bzw. 3 Arten des Kartenzeichnens. Die erste Methode »bedarff
nicht mehr als ain itinerarium des landes, das ist wie vil meilen
es von ainer stat zu der andren seye vnd wie weit ain ort auff
das gericht ist von dem andern lige.« Will man die Karte zeichnen,
so zeichnet man auf dem Pergament zunächst den Meilenstab, orientiert
das Blatt nach den vier »Hoptwinde« und zeichnet nun die einzelnen
Städte nach Maßgabe ihrer Entfernung ein. Hat man endlich »auff die
charten die puncten aller sthet, hewser, fleken vnd was man wil
vermerkt haben, gezaichnet, so sind die flusser, wasser, tieff, strom,
see, tuh etc. mit aller irer vrsprung, krumen vnd gantzer gelegen=
hait leichtlich hinein zw setzen. Dan man malet vnd zewch(t) sey
auff die puncten der sthet oder orter do sey seind oder Iren flus
hin haben, weit oder nach, wie ess erfordert durch das gantz land
hinauss. Dessgleichen die wildnussen weld und berg, auch nach
vnd (nach) sich wil schiken zw den verzaichneten puncten.« Vor
allem aber müsse man darauf achten, soviel topographisches Material wie
möglich zu verzeichnen.

Hügelzüge gezeichnet, sondern nur Waldmarkierungen zu finden, welche für einzelne Teile sogar die Richtigkeit haben mögen.

Als Beweggrund für die Entstehung dieser originellen Karte mögen religiös-politische Momente mitgespielt haben. Wir erinnern an die Widmung an Ludwig und die Bibelsprüche, insbesondere aber mag als Beweis wohl der Umstand anzuführen sein, daß die Lager der Utraquisten und Katholiken besonders bezeichnet worden sind. Ein Kelch deutet an, daß dieser Ort von den Anhängern des Glaubensapostels Hus, ein gekreuztes Schlüsselpaar, daß ihn päßtlich Gesinnte bewohnen. Mit einem Blick, möchte man sagen, überschaut man das Kräfteverhältnis dieser beiden großen Parteien Böhmens in jener Zeit und erkennt sofort, daß nur die Randstädte gut katholisch sind, während das Innere die andere Religionsgemeinschaft innehat. Als katholisch sind folgende 38 Orte angeführt: Aussig, Bechin, Bilin, Bischofteinitz, Bistritz (bei Neuhaus), Braunau, Brüx, Bubin, Budweis, Dux, Eger, Elbogen, Falkenau, Friedland, Glatz, Graupen, Haid, Horaždiowitz, Kaaben, Komotau, Krummau, Landshut, Leipa, Moldautein, Mühlhausen, Neuhaus, Plan, Pilsen, Prachatitz, Schlackenwert, Sobieslau, Strakonitz, Tachau, Tepl, Tetschen, Trautenau, Winterberg, Wittingau.

Wer war, müssen wir fragen, der Zeichner dieser Karte? Hier lassen sich einstweilen nur Vermutungen aussprechen, deren Bestätigung uns künftige Untersuchungen bringen dürften. Klaudian war es gewiß nicht. Ihm gebührt nur das Verdienst des Herausgebers vielleicht sogar das des geistigen Urhebers.

Über den beiden Schildern, welche im linken oberen Eck zu sehen sind, findet sich über dem ersten das uns bekannte N. C. d. i. Nicolaus Klaudianus, über dem zweiten B. K. Man wird sich wohl keiner Täuschung hingeben, daß damit der Zeichner gemeint ist. Da wir aber aus dem Vorhergehenden wissen, daß Klaudian noch 1517 in Nürnberg tätig gewesen ist, hier wohl auch schon die Karte schneiden ließ, daß er auch weiterhin mit Nürnberg in Verkehr blieb, so ist es leicht möglich, daß es jener unbekannte »němec« ist, den er testamentarisch bedachte. Genaues oder gar Exaktes wissen wir nicht.

Welche Bedeutung aber diese Karte für die Zeitgenossen hatte, geht aus den Kopien und Umarbeitungen hervor, die sie in relativ kurzer Zeit erfuhr. Die erste Bearbeitung erfuhr sie von Sebastian Münster in seiner Geographia Cl. Ptolomaei. Basel 1545. Diese Ausgabe enthält 54 Karten, darunter auch Böhmen. Die meisten Städte haben deutsche

und tschechische Ortsbezeichnung, zum Teil überhaupt nur deutsche. Beraun=
Bern, Kolin=Köln, Most=Brug u. a. lesen wir da. Dieselbe Kopie fand
bald Eingang in seine Cosmographiae universalis libr. VI. Basel 1550,
wo sie als 9. Karte unter dem langen Titel geht: Bohemici regni
tabula, quantum scilicet intra montes cohercetur. Continetur autem
ejus regni maior pars intra haec naturalia moenia, quando-
quidem Moraviae, Schlesiae, reliquae extramontanae terrae hanc
Bohemiae partem adaequare nequeant. Über der Karte selbst aber
noch einmal: Bohemiae descriptio juxta insigniores ejus civitates et
oppida. Alle späteren Auflagen dieser beiden Münsterschen Werke führen
sie treulich mit bis zu der Auflage der Kosmographie Basel 1614,
welche unzweifelhaft den Einfluß der zweiten Original=
karte Böhmens erkennen läßt. Daß sie natürlich auch in der
tschechischen Ausgabe seiner Kosmographie Prag 1554 vorhanden ist, wird
leicht zu verstehen sein. In dieser Karte sind die deutschen Bezeichnungen
entfernt, an den Rändern eine Anzahl von Wappen angebracht; sie
nähert sich noch am meisten dem Originale. Vergleicht man die Münsterschen
Karten untereinander, so wird man nicht viel Unterschiede wahrnehmen können.

Trotzdem diese Münsterschen Karten Kopien des Klaudian sind, so
haben sie dennoch einen Fortschritt zu verzeichnen. Abgesehen
davon, daß durch das Einfügen der bekannten deutschen Namen für die
bedeutendsten Orte an Stelle oder neben den tschechischen die Karte
überhaupt erst einem größeren Kreise zugänglich gemacht worden ist,
zeigen sie an Stelle des Waldgürtels Gebirge in Hügelmanier. Ein
Meilenstab und zwar ein deutscher erleichtert den Gebrauch und von
der Ausgabe der Kosmographie 1556 an hat sie sogar eine Graduierung
zwischen 48°30'—50°55' n. Br.

Die letzte Kopie der Klaudianschen Karte nach dem Leitmeritzer
Originale — nur die Karte — veranstaltete. F. J. Kreibich und fügte
sie der Chronijka cyrkewni Prag 1816 bei,[1] zum letztenmale edierte
sie A. Frind im Jahre 1872, allein sehr verkleinert.[2]

---

1) Das Original ist ein Holzschnitt. Kreibich gab sie als Kupferstich und
verkleinert (457 × 345 mm) heraus mit ganz modernem Druck. Die
Münstersche Karte vom Jahre 1545 reproduzierte Nordenskjöld l. c. S. 111
(230 × 167 mm). Daß Münster in seiner Kosmographie auch eine kleine
Karte Böhmens im Text einfügt, mag Erwähnung finden. Die 13 Orte,
welche in ihr eingezeichnet sind, desgleichen die Flußbezeichnungen sind
deutsch. Bezüglich der Editionen vergl. Rieger l. c. und J. Erben: Historický přehled kartografie země České. Památky IV, 1861. S. 136 ff.
2) A. Frind: Kirchengeschichte von Böhmen. III. Bd. Prag 1872.

Bei allen ihren guten Eigenschaften aber, welche man dieser ersten Originalkarte Böhmens nicht absprechen kann, konnte sie mit der Zeit bei dem wachsenden Interesse, das man der Geographie entgegenbrachte, insbesondere bei dem Aufschwung, den die Kartographie in allen ihren Disziplinen genommen hat, nicht mehr genügen. So finden wir denn in der zweiten Hälfte des 16. Jahrhunderts eine neue selbständig entworfene Karte des Landes, die trotz ihrer Mängel die erste übertrifft und wohl den Zeitverhältnissen zu dank auch eine weitere Verbreitung bei den Zeitgenossen erlangt hat.

In der Zeit, welche zwischen die Entstehung dieser beiden Karten fällt, hatte man bedeutende Fortschritte zu verzeichnen. Man kannte bessere Methoden der Vermessung,[1] man hatte größere und vollständigere astronomische Tafeln als vordem. So finden wir in dem Cosmographicus liber Petri Apiani mathematici Antwerpen 1532 eine Anzahl von Städten Böhmens mit ihren astronomischen Koordinaten. Zugleich mit den gegenwärtig gefundenen Werten mögen sie angeführt werden:

	Apianus; liber II, Fol. 37:			Heutige Berechnung:	
Eger . . .	$29°44'$ λ v. Ferro	$50°5'$ φ	$30°1'\,4,5''$ λ v. Ferro	$50°5'$	φ
Ellenbogen	$30°16'$ λ „	$50°8'$ φ	$30°21'45''$ λ „	$50°11'16''$	φ
Joachimstal	$30°20'$ λ „	$50°20'$ φ	$30°35'$ λ „	$50°22'7,5''$	φ
Prag . .	$32°$ λ „	$50°6'$ φ	$32°4'49,5''$ λ „	$50°5'16''$	φ
Brüx . .	$30°50'$ λ „	$50°18'$ φ	$31°18'15''$ λ „	$50°31'30''$	φ
Pilsen . .	$31°$ λ „	$50°$ φ	$31°1'45''$ λ „	$49°44'59''$	φ
Kuttenberg	$32°45'$ λ „	$49°51'$ φ	$32°56'$ λ „	$49°56'59''$	φ
Budweis .	$32°16'$ λ „	$49°$ φ	$32°7'45''$ λ „	$48°58''$	φ

Aus allem ist zu ersehen, daß diese Periode des 16. Jahrhunderts eine Zeit des Schaffens und Zubereitens ist, die nicht ungenützt vorüberging. So hören wir zunächst von einem Versuche, das Land zu vermessen, um auf Grund des gewonnenen Materiales eine Karte zu entwerfen. Während es aber bei Thaddaeus Hayek, Professor der Mathematik zu Prag, wegen Mangels an finanzieller Unterstützung von Seiten des Landes nur bei der Absicht blieb[2]), erhielten die Zeitgenossen von einem

---

1) Eine genauere als die oben angeführte ist die zweite Methode des Rhetikus. Sie beruht auf einer regelrechten Winkelmessung von einer durch zwei Städte gelegten Basis nach einem dritten Punkt. Ähnlich sprach sich schon Sebastian Münster in seiner Kosmographie aus und auch Apian gibt ähnliche Methoden an.

2) Von diesem Versuche erfahren wir aus einem Briefe, den Matthäus Kollinus an Georg Fabricius 1563 schrieb. Vergl. darüber Rieger l. c. I. H. S. 197.

geborenen Deutſchböhmen eine Karte von Böhmen, die uns durch
ihre Darſtellung und Klarheit erfreuen muß.

Es iſt dies Johann C. Criginger, lutheriſcher Theologe, Dramatiker
und Kartograph, der im Jahre 1521 zu Joachimstal im Erzgebirge
geboren wurde. Über die Verhältniſſe ſeiner Eltern, ſeine erſte Jugendzeit
und Erziehung wiſſen wir nichts genaues. Wahrſcheinlich beſuchte er die
damals ſo berühmte Lateinſchule in ſeiner Vaterſtadt und dürfte hier
auch durch ſeinen Lehrer Johann Matheſius das Intereſſe für Globen
und Landkarten erweckt bekommen haben. 1538, alſo kaum 17 Jahre
alt, finden wir Criginger in Wittenberg als Johann Kriegengerus ex
valle Joachimica immatrikuliert. 1540 iſt er in Leipzig, 1541 in
Tübingen Hörer an der Univerſität, um 1543 als Schulmeiſter in
Crimmitſchau eine Anſtellung zu nehmen. Im folgenden Jahre wurde er
in Wittenberg zum Magiſter der freien Künſte promoviert. 1546 iſt er
Schulmeiſter in Marienberg und als hier ein Jahr ſpäter die Schule
niederbrannte, ging er als Lehrer nach Schlaggenwald in Böhmen. Dieſe
Stellung mag Criginger jedoch nicht beſonders behagt haben, denn ſchon
im folgenden Jahre ſiedelte er wieder nach Marienberg. Hier vermählte
er ſich mit Urſula Meyner aus Rebaniß bei Eger. Damit war der
Wandervogel zur Ruhe verwieſen. In Marienberg wurde er zunächſt
Diakon und endlich Pfarrer. Theologiſche Streitigkeiten brachten es mit
ſich, daß er in ſpäten Tagen nach Dresden gehen mußte, um ſich zu
rechtfertigen. Sorgen mancherlei Art ließen ihm den Lebensabend nicht
in Ruhe verbringen. 1571 ſtarb er. „Aufrichtig betrauert von ſeiner
Gemeinde wurde er in der Stadtkirche vor dem Altare begraben. Er war,
wie ſeine Briefe zeigen, ein feſter und unerſchrockener Charakter, der auch
ſeinen Vorgeſetzten gelegentlich mit größter Entſchiedenheit entgegentrat.
Doch fehlte es ihm bei allem Freimut nicht an Klugheit, ſo daß er unge=
ſchädigt aus allen Anfechtungen hervorging."[1]

Nicht als Theologe, nicht als Dichter, ſondern nur durch ſeine
Leiſtungen auf kartographiſchem Gebiete hat Criginger für uns eine größere
Bedeutung. Wahrſcheinlich iſt es, daß von ihm mehrere Karten und
Pläne entworfen worden ſind, da der Chroniſt Johann Chriſtoph
Schellenberg in ſeinen Collectaneen zur Marienburger Geſchichte erwähnt,
Criginger habe „Mappen und Landtafeln" verfertigt.[2]

---

1) Hantzſch B. Criginger. Allgemeine deutſche Biographie, XLVII. Bd. S. 559 f.
— Zu der biographiſchen Skizze vergleiche auch Ruge l. c. S. 94.
2) Hantzſch l. c.

Trotzdem aber seine Karten bei den Zeitgenossen große Beachtung
und Verwendung fanden, ist uns doch seltsamerweise keine einzige im
Original überkommen, wenigstens hat sich bis heute nirgends, trotz eifrigsten
Suchens, eine oder die andere gefunden. Nur dem Umstande ist es zu
danken, daß wir wenigstens von den beiden wichtigsten Karten (Sachsen
und Meißen, Böhmen) Kopien haben, daß wenige Jahre nach ihrem
Erscheinen Ortelius sie in seinen großen Atlas aufgenommen hat.

Reines Interesse an der Sache mag der erste Anstoß gewesen sein,
der Criginger zum Entwurf der Karten veranlaßte, wenn vielleicht auch
materielle Vorteile mitgespielt haben werden.[1]

Über die Art und Weise, wie er seine Karten entworfen und
gezeichnet hat, geht aus dem Briefe hervor, den er als Begleitschreiben
zu der Karte von Sachsen und Meißen an den Kurfürsten sandte. Er
erklärt hier, daß er „allein, ohn einiges menschen Hülff, dazu da heim
ohn alles wandern und besichtigen, ohn einiges menschen
unkost und vorlegung solches werk erstlich zusammenbracht
habe."[2] Mag dies für seine Karte von Sachsen richtig sein, für die
Böhmens trifft es nicht zu, wie wir sehen werden. Allein mit dem
Schreiben haben wir einen Beleg, wie man damals und auch noch lange
hernach die Karten zu entwerfen und zu zeichnen pflegte.[3]

1) So schrieb er in dem Begleitschreiben zu seiner Karte von Sachsen, daß
er gelesen habe, Karl der Große habe vier Tische aus Gold und Silber
mit einer Weltkarte und anderen geographischen Darstellungen hinterlassen.
Beim Lesen sei ihm der Gedanke gekommen, für seinen Kurfürsten ebenfalls einen Tisch mit vier Blättern oder Tafeln und darauf verzeichneten
Karten anzufertigen. Er übersandte das Probeblatt zur Einsicht und eventuellen Korrektur und bat am Schlusse des Briefes um ein landesherrliches
Privileg gegen Nachdruck, sobald er sein Werk durch den Druck veröffentlicht habe. Nach Hantzsch l. c. S. 560.

2) Ruge l. c. S. 223.

3) Interessant beleuchtet wird Crigingers Bekenntnis durch das Schreiben
des Astronomen Kepler vom 20. Mai 1616 an die Landstände von Oberösterreich. Diese beabsichtigen durch ihn eine Neuaufnahme Oberösterreichs
durchführen zu lassen, da die vorhandenen Karten von 1542 und 1561 sich
als unzureichend erwiesen. Kepler schreibt ihnen jedoch, eine Verbesserung
der älteren Karten lasse sich zu Hause durchführen und es sei nicht notwendig, deshalb das Land zu bereisen, es genüge vollkommen, wenn man
»nur die botten und baurn oder jedes orts Inwohner
allhie ausfrage«. So fein »die maiste mappen bis dato gemacht
worden«. J. Feil: Über das Leben und Wirken des Geographen Georg

Darum ist Criginger ein echtes Kind seiner Zeit, obwohl er gewiß selbständige Beobachtungen, wenn auch nicht Vermessungen, zu verwerten verstand. Mag seine Karte von Böhmen auch nicht der realen Wirklichkeit entsprechen, so ist sie doch ein Fortschritt im Vergleich zu der Klaudianischen und spiegelt den Stand des geographischen Wissens über Böhmen deutlich genug wider, die abfälligen Kritiken aber, welche Rieger und dessen Nachfolger gerade Criginger zuteil werden ließen, sind vielfach unberechtigt.

Leider ist uns kein Original überkommen und infolgedessen wissen wir auch nicht, inwieweit die Kopie das Original erreicht oder auch übertrifft, und so können wir auch kein endgültiges Urteil über diese zweite Originalkarte Böhmens fällen. Wir stützen uns hierin einzig und allein auf die Kopie im Theatrum orbis terrarum des Abraham Ortelius, Antwerpen 1570. Ob auch sie von dem Stecher Franz Hohenberg ausgeführt wurde, läßt sich nicht sagen, da, wie aus dem Vorwort zu ersehen ist, dieser nicht alle Karten gestochen hat.[1]

Die Regni Bohemiae Descriptio ist die 25. Karte dieses Atlasses. Auf der Textseite, welche eine kurze geographische Übersicht und Literaturangabe über Böhmen enthält, heißt es zum Schlusse: Hanc typicam delineationem sumpsimus ex tabula Joanni Crigingeri, Pragae An. 1568 edita.

Gleich hier ergibt sich die große Streitfrage, ob diese Karte Böhmens eine selbständige Arbeit war oder ob sie nur ein Teil der sächsischen gewesen ist. In dem Autorenverzeichnis des Theatrum heißt es: Joannes Crigingerus, Bohemiae, Misniae, Turingiae, et collaterialium regionum tabulam, Pragae 1568. Ruge[2] und mit ihm Nordenskjöld[3] nehmen danach an, daß es sich bloß um eine Karte handelt, welche eben die Gebiete Meißen, Thüringen und Böhmen umfaßt. Hantzsch[4] hat

---

Matthäus Vischer. Bericht und Mitteilungen des Altertumvereines Wien. 1857. II. Bd. S. 48.

1) »atque«, heißt es zum Schlusse des Vorwortes, »Francisci Hogenbergi artificiosae manu, cuius unius indefatigabili diligentia fere omnes hae Tabulae caelatae.«

2) Ruge l. c.

3) Nordenskjöld l. c. S. 128.

4) Hantzsch l. c. S. 559. In der dem Verfasser zu Gebote stehenden Ausgabe des Theatrum orbis terrarum vom Jahre 1570 ist jedoch zwischen Böhmen und Meißen nur ein Beistrich, also dasselbe, was Ruge und Nordenskjöld gesehen haben.

aber aus Katalogsverzeichnissen darzulegen versucht, daß man es mit
zwei verschiedenen selbständigen Karten zu tun habe, von denen
die eine Böhmen, die andere die beiden übrigen Reiche darstelle.

Würden schon diese Momente, welche Hantzsch anführt, vieles für
sich haben, so kommen dazu noch andere Gründe, welche sich nicht ohne
weiteres von der Hand weisen lassen, da sie in den Karten selbst
liegen. Auch die sächsische Karte ist uns nur in der Kopie des Ortelius
erhalten und als 23. in dem Theatrum eingefügt. Auf der Rückseite führt
sie am Schlusse den Vermerk: Harum regionum typicam delineationem ex tabula geographica Joannis Crigingeri, quae Pragae
excusa est, Anno 1568 huic nostro operi inseruimus. Auf ihr sind
noch die benachbarten Gebiete mitberücksichtigt, somit auch Böhmen. Von
diesem findet sich das ganze Egerer Gebiet, das Vorland des Erzgebirges bis
an das linke Egerufer, Prag und das nördliche Böhmen bis zur Elbe.

Verfolgt man auf beiden Karten also der von Sachsen und der
von Böhmen (Nr. 23 und 25) die Darstellung des Erzgebirges, so wird
der Unterschied auf beiden Karten ebenso scharf zu erkennen sein, wie bei
der des Riesengebirges. Vergeblich suchen wir auf ersterer das Erzgebirge
in Hügelmanier, kleine Bäumchen mit runden Kronen, wie
sie unsere modernen Pläne für Laubbäume anzuwenden pflegen, deuten
den Wald, den auf letzterer große Bäume markieren, deren
Äußeres schon den schlanken Wuchs der Nadelhölzer
erkennen läßt, in der Zeichnung ganz ähnlich den modernen Zeichen
für Nadelbäume.

Die Hügelgruppen, welche auf der sächsischen Karte etwa den Brüx-
Launer Bergen und dem Elbvulkan entsprechen könnten, lösen sich auf
der von Böhmen in einzelne Hügel auf oder entfallen überhaupt. Thal,
das auf letzterer durch die besonders großen Lettern Crigingers Heimatsstadt andeuten soll, suchen wir vergeblich auf ersterer, wie überhaupt die
topographischen Verhältnisse der beiden Karten ganz bedeutende Unterschiede erkennen lassen. Die phantastisch gruppierten kegelförmigen Hügel
des östlichen Randgebirges Böhmens auf der Karte von Sachsen, hat
einer einfachen Reihe mit steiler Terrainzeichnung weichen müssen. Alle
interessanten Notizen, welche einzelne Städte auf der Karte von Böhmen
erhalten haben, fehlen auf der anderen vollständig. Im allgemeinen zeigt
sich, daß der Teil Böhmens, soweit er auf der Karte von Sachsen Berücksichtigung gefunden hat, sehr flüchtig ausgeführt ist. Für sie war
Böhmen eben nur nebenbei als benachbartes Gebiet anzu-

führen und nicht Selbstzweck. Dazu kommt noch, daß beide
Karten auf Grundlage eines total verschiedenen Meilen=
stabes gezeichnet worden sind. Diese Momente sprechen
wohl deutlich genug, daß Criginger zwei Karten gezeichnet
hat, beide selbständig, beide aber in Prag herausgegeben.

Die Kopie der Karte von Böhmen, die zwei Jahre nach dem
Erscheinen des Originales Eingang in diesem großen Atlas gefunden
hat, ist 51 cm lang und 34 cm breit. Mit richtiger Orientierung —
Norden oben, Süden unten, Osten rechts, Westen links — ausgestattet,
hat sie auch eine Graduierung zwischen 29° 30' — 34° 30' ö. L. und
48° 39' — 50° 34' n. Br.[1]) Links unten ist der Titel, darüber der böh=
mische Löwe mit der Krone, rechts unten die Grundzüge der Geographie
Böhmens und ein Meilenstab. Es ist nicht verzeichnet, welche Art von
Meilen es ist. Untersuchungen lassen erkennen, daß man es mit der
böhmischen Meile zu tun hat.

Auf den ersten Blick fällt die Terrainzeichnung der Randgebirge
auf, welche bei der ersten Karte nur durch einen dichten Waldkranz
angedeutet wurden. Die Flußläufe sind noch immer phantastische Zerr=
bilder, die Ortsnamen deutsch bis auf Eger, das neben der deutschen
auch die tschechische Bezeichnung Cheb hat. Die Hauptflüsse haben latei=
nische, deutsche- und tschechische Nomenklatur. Relativ gut ist — zum
ersten Male — die charakteristische, nach Süden in eine Spitze aus=
laufende Form des Landes erfaßt und festgehalten.

Gehen wir auf den Inhalt der Karte selbst ein, so sehen wir
zunächst, daß auch sie eine topographische ist, doch hat das topographische
Material gegen die Klaudianische Karte bedeutend zugenommen. Nur dadurch,
daß Criginger für alle eingezeichneten Ortschaften nahezu dieselben Zeichen
gibt — höchstens durch die größere oder kleinere Zeichnung ist ein Unter=
schied zwischen größeren oder kleineren Städten angedeutet — ist er hinter
seinem Vorgänger Klaudian zurückgeblieben.

Suchen wir zu erfahren, welches Material Criginger als Quellen
bei der Ausarbeitung seiner Karte von Böhmen benützt haben mag, so
wird man bald zu der Überzeugung gelangen, daß er sicherlich die
Klaudianische Karte vom Jahre 1518 zum mindesten in
der Münsterischen Kopie benützte, daß er des Sebastian
Münster Cosmographiae universalis libri VI verwertete und

---

[1]) Die Lage Böhmens wird heutigentags zwischen 29° 6' 45" (inkl. Eger)
— 34° 29' 45" ö. L. v. F. und 48° 34 — 51° 3' 30" n. Br. angegeben.

daß er zuletzt auch eigene Erfahrungen, welche er bei seinen Fahrten in Böhmen zu sammeln Gelegenheit hatte, verwertete. Für manches mögen mündliche Berichte von Reisenden gedient haben.

In der gleichen Weise wie auf der ersten Karte liegen Schlan, Laun, Saaz,[1]) Kaaden[2]) in genau westlicher Richtung von Prag neben= einander. Dabei entsprechen die Abstände der einzelnen Städte von einander vollkommen denen der ersten Karte. Das gleiche Verhältnis zu einander haben Prag=Melnik=Auscha=Leipa. Auch hier entsprechen die Entfernungen im Anfang vollkommen denen bei Klaudian. Möglicherweise hat das Original sogar die Straßenzüge eingetragen gehabt und so noch mehr das Verhältnis zu der Vorlage gezeigt; denn es ist nicht ausgeschlossen, daß der Kopierer Crigingers diese Straßen weggelassen hat wie der Stecher, welcher Klaudians Karte für die Münsterschen Werke bearbeitete.

In der topographischen Verteilung der einzelnen Städte in Süd=, böhmen ist jedoch Crigingers Leistung bedeutend besser und genauer, hier übertrifft er weit die erste Karte. Welche Vorlage er dafür besessen hat, welchen Berichten er hier folgte, ob mündlichen oder schriftlichen, läßt sich nicht feststellen. Mag er an der Südostgrenze des Landes manches Städtchen aus Mähren nach Böhmen herein zeichnen, das stört den gesamten guten Eindruck nicht, den dieser Teil der Karte beim ersten Hinschauen hervorruft.

Die eigene Waldanordnung im Innern Böhmens, wie sie Klaudian gibt, ist verschwunden. Eine fein gestrichelte Linie deutet, wenn auch ungenau, die politische Markung des Landes gegen die Nachbarreiche, die mit Namen angeführt sind und deren Grenzstädte gleichfalls ein= getragen sind. Er nennt Flur= und Bergnamen. So finden wir den Teufelsgrund im Riesengebirge mit der fons Albis fl. Klaudian läßt die Elbe im Krkonosse entspringen, dem einzigen nicht topographischen

---

1) Diese Stadt setzt Criginger entfernt vom linken Egerufer an, während sie auf der ersten Karte in richtiger Weise am rechten Ufer gezeichnet ist. Allein solche Momente hatten bei den Kartographen des 16. Jahrhunderts keinerlei Bedeutung, wie wir aus mehreren angeführten Stellen ersehen können. Infolgedessen werden wir auch auf solche Abweichungen keinerlei Gewicht legen, wie auch das Flußsystem keine Beachtung erheischte.

2) In der Kopie des Theatrum Lada genannt. Es dürfte sich hier nur um einen Druckfehler handeln. Es ist aber interessant und bezeichnend, wie sich dieser Druckfehler zugleich mit anderen auf den meisten späteren Karten bis ins 18. Jahrhundert hinein wiederfindet.

Vermerk der Karte. In einem Waldkranz ist die fons Töple. Er nennt: Über das Gesenke, den Passauer Wald, den Schieb, eine Bezeichnung im böhmisch-mährischen Höhenzug, die nicht identifiziert werden .konnte.

Die Ortsnamen sind, wie erwähnt wurde, durchwegs deutsch. Bei einer ganzen Anzahl solcher Ortschaften steht auf der Karte noch ein kürzerer oder längerer Vermerk, der auf besondere wirtschaftliche Erzeugnisse hinweist, welche damals ·in jenen Städten im Schwung waren, ·sei es auf dem Gebiet des Ackerbaues und der Viehzucht oder auch auf dem des Bergbaues. Dadurch stempelt sich die Karte zu der ersten (unvollständigen) Wirtschaftskarte von Böhmen.

Für uns sind diese Notizen aber noch von einem anderen Wert, uns zeigen sie nämlich die zweite Quelle seiner Arbeit: Münsters Kosmographie. In ihr finden wir fast alle Notizen zum Teil vollkommen wörtlich wieder. Sie mögen hier zum Beweise einander gegenüber gestellt werden.

Krigingers Karte:

Münster, Cosmographicus, liber III, S. 791:

Kuttenberg argenti fodine.

Kuttenberg hic fodiunt argentum.

Leitmeritz hic colles sunt vini consiti.

Apud Litomeritium colles consiti vitibus ac vineis.[1]

Launa hic ager optimi tritici et fructus est feracissimus.

Laun abundat tritico et fructibus.

Rakonick habet opt. cerevisiam.

Rakonick habet optimam cerevisiam.

Glattaw prestat opt. caseis.

Glattaw prestat optimis caseis.

Beraun hic optimas habent ferri fodinas.

Bern hic fodiunt ferrum parantque optimas bombasdas manuarias quas sclopas vocant.

Eule auri fodine.

Gilaw. Hic reperitur aurum.

Cromelaw[2] habet argenti fodinam.

Krumaw habet argenti fodinam.

Pardubitz praestantissimos gladios hic fabricant.

Pardubitz parantur hic optimae laminae.

Commoda crescunt hic opt. nuces.

Chomitaw crescunt hic optimae nuces.

---

1) S. 789. In dem allgemeinen Städteverzeichnis Böhmens heißt es nur Leitmeritz fert vinum. S. 791.

2) Krumlow heißt diese Stadt auf der Klaudianschen Karte.

Andere Mitteilungen, welche Münfter noch für einige Städte Böhmens gibt, finden keine Verwertung. Dafür bringt Criginger zu einzelnen Orten Notizen, welche auf andere Quellen hinweisen.

Praga regni metropolis. Die Zeichnung der Stadt ist so, wie Münfter sie beschreibt. Die Brücke zwischen der Kleinseite und Alt-Prag ist angedeutet. Unter der Signatur lesen wir: Haec olim Bubienum, quondam etiam Maroboduum a conditore dicta. Diese Notiz beutet auf die antiken Geographen hin. Bei Eger vermerkt er: Casparis Bruschy patria,[1] Prachatitz salis emporium, Budweis hic sunt argenti fodine Daß die Salzstadt Prachatitz in ganz Böhmen bekannt war, geht aus Verschiedenem hervor; daß man in der Bergstadt Joachimstal und wohl überhaupt im Erzgebirge von jedem irgendwo aufgenommenen Silber-bergbau gewußt haben mag, dürfte nicht unwahrscheinlich sein.

Wie wir wissen, hat die Kopie eine Graduierung. Daß auch das Original eine solche besessen haben wird, geht aus der genau auf die aftronomifchen Koordinaten gezeichneten Stadtbilder hervor. Ob Criginger dazu die Tafeln des Apianus oder anderer ver-wertet hat, läßt sich selbstredend nicht entscheiden.

Auf die falschen Ortsnamen einzugehen wäre wohl verlorne Liebes-mühe, da wir nicht wissen, inwieweit sie Schuld des Kopierers sind. Lada statt Kaaden, Schackenwert statt Schlackenwert, Schlettenhofen für Schüttenhofen seien nur genannt. Rungebock statt Rongstock oder Rung-stock ist gewiß ein Fehler des Kopierers, denn die sächsische Karte zeichnet denselben Ort als Rungtock.

Daß Criginger zuletzt auch die eigenen Erfahrungen benützte, die er auf seinen wiederholten Wanderungen in Böhmen sammelte, kann man am besten in der Darstellung des von ihm durchwanderten Gebietes erkennen.

Seine Heimatstadt, einfach Thal bezeichnet, hat größere Schrift, Gotsgab nördlich davon, Wiesental, Plat — heute noch allgemein die Platt (Platten) vom Umwohner genannt — Lichtenstadt, Schlackenwert desgl. Nebanitz, die Heimat seiner Frau u. a. O. sind vermerkt. Kurz gesagt, alle Ortschaften von Eger bis Karlsbad und Gottesgab samt den nahe der Route gelegenen Flecken sind im Lagenverhältnis und in der Entfernung gut ausgefallen.

---

[1] Caspar Bruschius poeta laureatus hat Münster eine Beschreibung und Abbildung der Stadt Eger für dessen Kosmographie gesandt, welche dort abgedruckt ist. S. 795 ff.

Wir sehen somit: das richtige Zeichnen des nach Süden spitz zulaufenden Landes in seinem Umrisse, die Darstellung des Randgebirges in Hügelmanier, das reichere topographische Material, die genaue astronomische Fixierung der wichtigsten Städte, die politische Grenze, die Aufnahme von Flur- und Bergnamen, selbst auch die wirtschaftlichen Notizen sind der Fortschritt, die gleiche Bezeichnung der Ortschaften ein Rückschritt. Die falsche Nomenklatur einzelner Orte ist wohl vielfach auf das Konto des Kopierers zu setzen.

Aus allem geht das eine hervor: Hat Criginger auch Quellen der verschiedensten Art zur Herstellung seiner Karte benützt, so hat er sich doch von diesen vielfach getrennt, um selbständige Wege zu wandeln, so daß er immer über. sie zu stehen kam. Daß ihm trotzdem Fehler unterlaufen sind, welche wir heute als grobe Verstöße betrachten müßten, sobald sie in der Gegenwart begangen würden, kann uns nicht Wunder nehmen. Allein man wird sie wohl auch der allgemeinen geographischen Kenntnis zugute halten müssen, welche man zu Ende des 16. Jahrhunderts von Böhmen hatte und die sich am klarsten in der Karte erkennen lassen. Dazu kommt noch, daß Criginger als Privatmann, der den größten Teil seines Lebens in Sachsen zubrachte, nicht in der Lage war kostspielige Reisen und Vermessungen durchzuführen, um seine Arbeit genauer als so durchführen zu können, wobei er nicht einmal die Sicherheit hatte, daß seine Arbeiten Anerkennung von Seiten der Zeitgenossen erfahren würden. Hatte er doch bei seinem Kurfürsten genug kennen gelernt, wie sich Fürsten solchen Arbeiten gegenüber verhalten.

Fand die Karte von Sachsen, welche von ihm gezeichnet wurde und ebenfalls in Prag 1568 herauskam, eine weite Verbreitung, wie uns Ruge gezeigt hat, so gilt dies in gleicher Weise von seiner Darstellung Böhmens.

Ortelius, welchem wir die erste Kopie verdanken, brachte sie auch weiter in seinem theatrum orbis terrarum.

Einen zweiten Nachstich unter. dem Titel Chorographia[1] insignis regni Bohemiae authore Joanne Grigvigero ließ Daniel Cellarius

---

1) Über den Unterschied zwischen »Geographia« und »Chorographia« geben uns das erste Buch der Kosmographie des Apianus und Werner in seinem Kommentar zu Ptolomaeus, Nürnberg 1514, Aufschluß. Die »Geographia« zeichnet Länder im allgemeinen, Chorographia stellt dagegen

von Johannes und Lucas van Deuticum stechen und veröffentlichte sie 1578 in seinem Speculum orbis terrarum zu Antwerpen.[1]

Wenige Jahre hernach fand sie eine neuerliche Kopie durch Mathias Quaden im Auftrage des Kölner Kupferstichhändlers Johann Bussemecher, der sie in seiner Europae descriptio 1594 und 1596 publizierte.[2]

Diese Platte fand bald darauf Eingang in Johann Rauwens Cosmographia, das ist: Eine schöne richtige und vollkomliche Beschreibung des göttlichen Geschöpffs, Himmels und der Erben. Frankfort am Main 1597.

Sie ist dem Text eingeschaltet, kleiner als im Theatrum. In der linken unteren Ecke finden wir den Namen und Vermerk: Johann Bussemecher excud. und darunter Henricus Nagel fecit. Sie ist daher nach der Platte angefertigt, die Bussemeche zu seiner Ausgabe der Europae descriptio vom Jahre 1596 von Nagel ausführen ließ. In der späteren Ausgabe von 1624 findet sie sich ohne Veränderung ebenfalls wieder.

Sofort erkennt man, daß Crigingers Karte Verwendung fand bei der Umarbeitung der Klaudianischen Kopie in Münsters Kosmographie, die Sebastian Henricpatri zu Basel 1614 und 1628 herausgab. Auf dieser Umarbeitung ist die alte Orientierung und Ortszeichnungen, nach Criginger aber das reichere topographische Material, Gebirgsumrandung und Nomenklatur.

Direkte Kopierung soll Crigingers Karte von Böhmen in den ersten Auflagen des großen Merkator Atlas erfahren haben.[3]

Unseres Landsmannes Arbeiten fanden, wie aus diesen Angaben hervorgeht, zu seiner Zeit Anerkennung und auch weit über die Heimat hinaus Beachtung und Nachbildung, ja wir werden sogar finden, daß sich seine Karte von Böhmen bis weit in das 17. Jahrhundert erhielt und eigentlich erst mit den folgenden Originalarbeiten zugleich weichen mußte.

Mit Crigingers Karte schließt die erste Periode in der Entwicklung des selbständigen Kartenbildes von Böhmen ab. Privatmänner sind es

---

bloß kleinere Teile der Erdoberfläche mit der größtmöglichsten Genauigkeit dar.

1) Hantzsch l. c. S. 561. Vergl. auch bei Wöltersdorf E. G. Repertorium der Land- und Seekarten. Wien 1813. I. Teil. S. 74.

2) Rieger l. c. S. 201.

3) Hantzsch l. c. S. 563. In der zu Gebote gestandenen Ausgabe vom Jahre 1623 ist es eine Umarbeitung, bei der schon die nächstfolgende Originalkarte Verwendung gefunden hatte.

in beiden Fällen gewesen, welche ihre Mußestunden mit dem Entwurf der Karten verbrachten und mit ihren Fehlern Kinder ihrer Zeit sind.

III.

Sämtliche Karten, welche auf Grund der Crigingerischen ausgeführt worden waren, sehen wir in den Niederlanden erscheinen. Dahin war eben im Laufe des 16. Jahrhunderts hauptsächlich durch Ortelius und durch den Reformator der Kartographie Gerhardt Mercator der Sitz des Landkartenverlages verlegt worden. Von hier ging auch zu Beginn des 17. Jahrhunderts eine neue Art der Landesvermessung aus, die mit einem Schlage Wandlung schaffen mußte. Willebrord Suellius vermaß durch das von ihm mathematisch und praktisch durchgeführte Triangulationssystem sein Heimatland. Seine Art fand Nachahmung, die praktische Feldmeßkunst begann überhaupt allmählich an Boden zu gewinnen, ihr Wert stieg gar bald.

Allenthalben wurden kleinere Herrschaftsgebiete vermessen, das Resultat in Pläne eingetragen. Selten sind uns solche allerdings überkommen, aber aus Urkunden erfahren wir davon, Urkunden, die uns oft genug den knauserigen Sinn der Besteller verraten, indem sie nur geringen Sold gaben, der in keinem Verhältnis zu der aufgewandten Mühe und Sorgfalt stand, ja sich nicht einmal scheuten, die Bestellung überhaupt rundweg zu leugnen, um sich so der Bezahlung zu entziehen. Ob auch anderweitig solche Dinge vorgekommen sein mögen, entzieht sich unserer Kenntnis. Für Böhmen aber ist dieses unmoralische Vorgehen urkundlich überliefert worden und Dvorský hat diese Akten als erster verarbeitet. Seiner Darstellung[1]) wollen wir folgen, soweit sie für uns von Belang ist und für die Entwicklung des Kartenbildes von Böhmen Materialien gibt.

Dvorský macht uns in dieser interessanten Arbeit mit den Leistungen zweier Landesvermesser vertraut, Leistungen, welche unzweifelhaft als Quellenmatrial der nächsten Karte von Böhmen gedient haben werden. Es ist dies zunächst Matthaeus Ornys von Lindberg, der als Maler, besonders Porträtist, ein gewisses Ansehen genossen haben mag, da es ihm 1562 das Adelsprädikat eingetragen haben soll. Da er auch in der Mathematik und Landesvermessung versiert war, wurde er zum Landesgeometer von Böhmen ernannt. Kurz nach seiner Ernennung erhielt er

---

1) Franz Dvorský: Historické zprávy o kartografii české. Sborník historický. 1884. S. 321 ff.

durch kaiserliche Verordnung den Auftrag, die Herrschaften Pardubitz, Chlumetz, Podiebrad, Kolin, Lissa, Přerow und Brandeis a. d. Elbe zu vermessen. 1596 kam noch der Auftrag hinzu, auch Benatek in seine Arbeiten einzuziehen. Nachdem er diese einzelnen Gründe vermessen hatte, trug er sie auf eine große Karte ein, die dem Kaiser durch Vermittlung der Stände überreicht wurde. 150 Schock Groschen war das jährliche Entgelt, das ihm zuerkannt wurde, kaum genug, um seine persönlichen Ausgaben decken zu können, geschweige, daß er damit seine Hilfsarbeiter, seine Utensilien u. dgl. begleichen konnte. Er brachte deshalb ein Gesuch an den Kaiser ein (3. März 1597), das Gehör fand, so daß ihm 1000 Schock angewiesen wurden.

Lange konnte er sich dessen nicht erfreuen, denn schon kurze Zeit nachher starb er (1599). Sein Nachfolger im Amt wurde sein langjähriger Gehilfe Simon Podolsky aus Podol. Sein Jahreseinkommen wurde mit 100 Talern fixiert. Sobald er die Zeit mit Vermessungsarbeiten auf dem Lande zubringen mußte, sollte er noch einen Reichstaler in Gold als Zulage erhalten.

Kaum im Amte, erhielt er von Rudolf II. den Auftrag, die Vermessung der Herrschaften Pürglitz, Zbirow, Königshof und Točnik durchzuführen und das ganze auf einer großen Karte darzustellen. 6 Ellen in der Länge und 2 Ellen in der Breite soll das Größenverhältnis dieses Lagerplanes gewesen sein, den der kaiserliche Domänendirektor Nikolaus Gersdorf von Gersdorf übergab.

1608 wurde Podolsky vom Kaiser nach Pilsen geschickt, um diese Stadt mit allen umliegenden Gebieten aufzunehmen und zu katastrieren. Mit der Hilfskraft, welche er zu seiner Arbeit nötig hatte, mußte er erst lange herumfeilschen, da der Zeichner mit den 9 Schock pro Tag sich nicht zufrieden stellen wollte. Ehe aber Podolsky nach Pilsen beordert worden war, hatte er den Auftrag erhalten, einen Plan von Prag auszuarbeiten, der erste von der Hauptstadt, von dem wir überhaupt erfahren. Diese Arbeit mußte nun natürlicherweise unterbrochen werden, wurde jedoch nach Vollendung seiner Vermessungen in und um Pilsen über kaiserliche Aufforderung hin neuerdings in Angriff genommen.

Durch Wochen arbeitete er nun mit seinem Hilfspersonal in den Straßen der Stadt, vermaß ihre Länge und Breite, zeichnete die Häuser, kurz alles, was eben nötig war. Daheim mußte er es wieder ins Reine bringen und kombinieren. Und dies alles umsonst. Sein Gehalt und seine Auslagen, welche er im Interesse der Sache machen mußte, wurden

ihm nicht bezahlt, die Verhandlungen, welche er deswegen mit den Be=
hörden führte, waren ohne Erfolg, und als er sich zuletzt an den Kaiser
selbst wandte, wurde ihm der Bescheid gegeben, daß „der Kaiser in
dieser Angelegenheit sich nicht zu erinnern geruhe, zu
einem solchen Plan je den Auftrag gegeben zu haben".[1])
Es nützte nichts, daß Podolský die schriftliche Urkunde vorwies, in der
der Auftrag zur Ausführung des Stadtplanes enthalten war. Nicht
einmal die 40 Schock wurden ihm rückvergütet, welche er aus Eigenem
einstweilen ausgelegt hatte.

Man muß es der Naivität der Zeit zugute halten, wenn wir
erfahren, daß nichts destoweniger Podolský aufgefordert wurde (1613),
den Plan der böhmischen Kammer vorzulegen, damit derselbe dem Kaiser
übergeben werden könnte. Die 40 Schock, die er seinerzeit ausgelegt habe,
würden ihm zurückgezahlt werden. Es klingt eine gewisse Ironie aus
dem Schreiben heraus, das er am 16. Juni 1614 als Antwort schickte.
In dieser Sache müsse ein Irrtum obwalten, heißt es da, denn er
besitze keinen Plan der Stadt, nur von der Alt= und Neustadt sei eine
Zeichnung vorhanden. Ein solcher Plan koste mehr „als seine Majestät
und die Herren Räte der Hofkammer zu glauben geruhen". Wünsche
man einen solchen Plan, so sei er zwar gerne bereit, ihn durchzuführen,
man möge ihn darüber verständigen, gleichzeitig aber möge Seine Majestät
den Auftrag geben, „daß mir das Geld, das ich für das Zeichnen ausge=
geben und was auch für meine Arbeit gebührt, bezahlt werde".[2])

Damit ist das Urkundenmatrial erschöpft. Wir erfahren nichts mehr,
ob Podolský sein wohlverdientes Geld erhalten hat, ob der Lagerplan
der Stadt Prag einschließlich der Burg und Kleinseite zustande gebracht
wurde oder nicht. Wahrscheinlich dürfte das letztere der Fall gewesen
sein. Gewitzigt durch seine Erfahrungen, welche er in dieser Angelegenheit
zu sammeln Gelegenheit gehabt hatte, wird er nichts mehr unternommen
haben, denn das Rentamt hatte nur zu wenig Geld, um für solche
Dinge aufkommen zu können. Dazu kommt noch der Umstand, daß
Podolský entweder seines Amtes in der Folgezeit enthoben wurde oder
aber gestorben ist, denn 1619 sehen wir einen anderen Mann als Landes=
geometer von Böhmen: Paul Aretin von Ehrenfeld. Über seine Lebens=
verhältnisse wissen wir ebensowenig wie über die seiner beiden Vorgänger
im Amte. Nur das eine ist sicher, daß er ein Prager ist, daß er aus

1) Dvorský l. c. S. 324.
2) Dvorský l. c. S. 325.

der Altstadt stammt. Kein Archiv birgt eine Urkunde über ihn, trotzdem
er Bedeutenderes geleistet hat als seine Vorgänger. Nur in seiner Karte
lebt er weiter.[1] Aus dem, was wir von den beiden genannten Geometern
wissen, dürfte es wohl mehr als wahrscheinlich sein, daß Aretin seine
Karte von Böhmen über höheren Auftrag ausgeführt hat. Wenigstens
sprechen innere Gründe dafür, wie wir sehen werden. Vergleichende Unter=
suchungen einzelner Landesteile mit einander zeigen, daß Aretin aber
keineswegs das ganze Land mit dem Maßstab abgeschritten hat, sondern
höchstens einzelne wenige Gebiete im Umkreise der Hauptstadt. Die Ma=
terialien, Skizzen und Pläne seiner Vorgänger im Amte u. a. haben ihm
die Grundlagen bei der Ausarbeitung der großen Karte gegeben. Ob gar
die vorhandenen Karten des Landes bei der Ausarbeitung seiner De=
scriptio verwendet wurden, bleibt unentschieden. Sicher ist, daß Aretin
viel zu rasch fertig ist, um besonders Exaktes zu liefern, denn 1614 hören
wir noch von den Verhandlungen der Stände mit Podolsky und 1619
sehen wir Aretins Karte erscheinen.

Paul Bayard, ein Prager Kupferstecher, hat sie gestochen und cum
consensu superiorum kam sie 1619 zu Prag heraus. 72 × 53 cm
ist das Größenverhältnis. In großen Lettern lesen wir am oberen Rande:
REGNI BOHEMIÆ NOVA ET EXACTA DESCRIPTIO. Neu ist
sie wohl, auch als Karte Böhmens unschwer zu erkennen, das Exacta ist
aber nicht ohne weiteres hinzunehmen. Im rechten Eck ist die Widmung
angebracht: Patriae / honori / Et Utilita / ti D. Cons. / Paulus
Aretinus / ab Ehrenfeld Civis / Antig. Urbis Pragen / sis. Anno
exulcerati / seculi MDCXIX. Rechts · oben der böhmische Löwe,
links der kaiserliche Doppeladler. Löwe und Doppeladler geben
uns Zeugnis, daß der Kaiser und die Stände unter der Obrigkeit zu
suchen sind, welche die Bewilligung zum Drucke gaben. Durch die
beiden Wappen und den ausdrücklichen Vermerk cum consensu
superiorum bekam die Karte einen offiziellen Stempel.
Erinnern wir uns, wie streng das Kartengeheimnis zu jener Zeit und
noch bis ins 19. Jahrh. hinein gehütet wurde, so muß uns die Freigabe
und Veröffentlichung durch den Druck umso mehr wundern, als gerade
damals die Kriegsfackel mächtig zu lodern begann. Daß die Karte bei
den Heerführern u. a. Verwendung genug gefunden hat, geht wohl

---

1) Über sie ist zu vergleichen Rieger: Materialien III. H., 1787, S. 615, und
Erben l. c. S. 137.

daraus hervor, daß sie schon nach 13 Jahren (1632) eine neue Auflage erlebte.

Links unten sehen wir die Legendae. 15 verschiedene Zeichen deuten auf die Reichhaltigkeit des Gebotenen. Eine Krone ist die civitas regia libera, ein Scepter=oppidum regis Boh., ein doppelter Ring oppida Baronum et Nobilium, ein Ring mit einem Punkt im Zentrum ein pagus, ein Kriegsfähnchen die arx, ein Pfeil, ein castellum, ein Krenz bedeutet ein monasterium, das Stadtzeichen mit der Kriegsfahne oppidum cum arce, ein Ring mit der Fahne pagus cum arce, eine Wanne zeigt wie auf unseren modernen Karten, daß hier thermae sich finden, ein kelchartiges Glas vermerkt die officinia vitriaria. Eine Sonne, ein Mond (?), ein Z. und ein Ring mit einer nach unten schauenden Spitze, welche neben sich zwei gekreuzte Hammer haben, zeigen die fodine auri, argenti, stanni, ferri. Der Legendae nach konnte die Karte einem vielfachen Bedürfnisse genügen. Nebenbei haben wir die scala miliarium. Es ist bald zu erkennen, daß man es mit der böh= mischen Meile zu tun hat. Aus zahlreichen Messungen würde sich aus dieser Aretinischen Karte als mittlerer Wert einer böhmischen Meile 7641. m ergeben.[1] An den beiden Schmalseiten sind je sechs Figuren, welche die männlichen und weiblichen Vertreter des baro Bohemiae, nobilis, mercator, c_iv$_i$s, plebejus, rusticus vorstellen, jeder in der Tracht der Zeit mit entsprechenden Emblemen in den Händen.

Eine Graduierung besitzt die Karte nicht, dafür ist sie in 42×35 Quadrate eingeteilt, welche wieder in 8 kleine Flächen abgesteckt sind. Die Länge des Quadrates entspricht einer böhmischen Meile. Diese Quadrierung mag, wie schon v. Rieger[2] hervorhebt, dazu gedient haben, die Lage eines Ortes rasch festzustellen; da sie aber ein bestimmtes Längenmaß als Grundlage hat, mag sie auch den Zweck gehabt haben, die Marschroutenentfernung sofort aus der Karte ablesen zu können. Um solche Marsch= routenentfernungen sofort bestimmen zu können, gab es eigene Register (Registrum k mappë). Ein solches vom Jahre 1664 soll nach Rieger bei der kgl. Landtafel aufbewahrt werden. In späterer Zeit gab es zur Bestimmung der Entfernung einzelner Orte eigene Meilenmesser. So haben

---

1) Diese Zahl entspricht annähernd der von Tielka angegebenen. Nach diesem mißt die große böhmische Meile 7777 m. Unterricht für Ingenieuroffiziere. Dresden und Leipzig 1787.

2) l. c. III. Heft, S. 618.

wir ein solches von Jaroslaw Cztibor von Löw, einem Prager Bürger und Schreiber, bei dem Archiv der Prager Altstadt aus dem Jahre 1661 in deutscher und tschechischer Sprache. Wie wir später erfahren werden, wurde 1681 direkt zum Gebrauch dieser Aretinkarte ein solches Verzeichnis herausgegeben.

Innerhalb der Landesgrenzen sind keinerlei Straßen eingetragen, dagegen sind die wichtigsten Grenzwege genau vermerkt. So haben wir im Böhmerwald den „goldenen Steig" von Freyung nach Wallern und Prachatitz. Daneben den „neuenweg" von Freyung nach Krummau. Weiter westlich finden wir von der Landesgrenze ab die Furtherstraße. Von Wiesental (Weisenthal) im Erzgebirge ist eine Straße gezeichnet, die nach Westen (vielleicht Zwickau) die Richtung nimmt. Vom Landstein im böhmisch-mährischen Höhenzuge ist eine Straße in der Richtung gegen Brünn angedeutet.

Schärfer ausgedrückt ist die politische Landesgrenze, die benachbarten Reiche sind namentlich angeführt. Dazu kommt ein mehr oder weniger genauer Umriß der einzelnen, von den 12 Kreisen des Landes. Die Benennung der Kreise ist tschechisch (größere Schrift) und deutsch (kleinere Lettern). Die Ortsnamen sind fast durchwegs tschechisch.

Alle diese Umstände machen es mehr als wahrscheinlich, daß diese Karte Böhmens Paul Aretin von Ehrenfeld über höheren Auftrag ausgearbeitet hatte, daß sie gleichsam eine Art offizieller Karte in jener Zeit war.

Die Karte ist ebenfalls eine rein topographische. Auf das Flußnetz ist nach wie vor keinerlei Rücksicht genommen. Die Gebirge sind in Hügelmanier dargestellt. Undeutlich und unscharf im Verlauf sind alle Gebirge des Landes selbst im Hügelzuge südwestlich von Prag. Dies mag wohl auch zum großen Teil damit zusammenhängen, daß Aretin diese Gebirge gar nicht besucht, geschweige denn vermessen hat. Criginger hat das Erzgebirge besser dargestellt.

Der 1413 m hohe Krkonos in der Nähe der Elbequelle wird mit dem Riesengebirge identifiziert. Krknosse vel montes gigantum cacodaemoni infesti, quem incolae Ribenzal vocant, de quibus vulgo miranda récensetur lesen wir als Kartenvermerk. Zur besseren Verdeutlichung der cacodaemoni sind eine Anzahl beschwänzter Gesellen um die fons Albis herum springend gezeichnet. Das war das einzige, was man auch noch lange hernach über dieses Gebirge zu vermelden wußte, das erst zu Ende des 18. Jahrh. regelrecht erforscht wurde und nach) Überwindung der erſten Schrecniſſe in der Folgezeit am meiſten aufgeſucht wurde. Den Böhmerwald dürfte Aretin ebenſalls nie beſucht haben. Mit Ausnahme der allgemeinen Kammrichtung iſt nichts berück= ſichtigt worden. Ein Engel mit einer Buſſole, deren Nadel die Orientie= rung der Karte angibt, nimmt hier außerdem einen weiten Raum ein, wodurch ſich der Zeichner der Darſtellung dieſes Gebirgsteiles entzieht.

Es iſt wohl nicht notwendig, die einzelnen Punkte nochmals zuſammenzufaſſen, um zu zeigen, daß die Kartographie Böhmens nach den erſten hundert Jahren einen gewaltigen Fortſchritt gemacht hat. Da dieſe Karte ihre Vorläufer an Wert übertraf, ſo kann es uns nicht ver= wundern, daß ſie ſowohl im Lande als auch weit über die Grenzen hinaus Kopierung und Verwendung fand.

1632 beſorgte Aretin ſelbſt eine zweite Auflage. Eine äußerſt genaue und ſorgfältige Kopie ohne Verbeſſerungen nur mit Hinweg= laſſung der Randfiguren wurde zu Prag 1665 von Caspar Wuſſim cum consensu superiorum herausgegeben.

Als erſter Ausländer verwertete das Original vom Jahre 1619 Henricus Hondus zu Amſterdam, der ſie in der fünften Auflage des Mercator Atlas Amſterdam 1623 benützte. Sie hat eine Umarbeitung erfahren: eine Graduierung zwiſchen $34^0 30'-39^0 22'$ ö. L. und $48^0 39'-50^0 57'$ n. Br. gibt ihr einen größeren Wert und macht ſie eigentlich erſt zu einer Landkarte. Dazu iſt ſie mundgerecht umgearbeitet worden durch Aufnahme von deutſchen Ortsnamen, die wir neben den tſchechiſchen finden. Man könnte bei dieſer Karte eigentlich beſſer ſagen, daß es ein Criginger iſt, der nach Aretin verbeſſert und ergänzt worden iſt, indem mehr Ortſchaften, die Kreisein= teilung etc. aufgenommen wurden. Man erkennt den Criginger zu deutlich an den Druckfehlern z. B. Laban=Raaden. Der Meilenſtab iſt jedoch ein deutſcher. Die Karten ſind um ein Zeichen vermehrt. Nomina quae habent triangulum in fine, heißt es sunt bohemica. Eine weitere Bedeutung iſt aber dem triangulum nicht beizumeſſen, etwa, daß wir dadurch eine Verteilung der beiden Böhmen bewohnenden Volksſtämme erhalten würden und ſo die erſte Sprachenkarte vor uns hätten. Einmal iſt das Zeichen an ſich ſehr ſpärlich und ſteht bei den tſchechiſchen Ortsnamen. Vielleicht wollte der Herausgeber eine Probe der Sprache geben, da er am Schluſſe des Abriſſes ſeiner Geographie des Landes ausdrücklich vermerkt: Sermo gentis Sclavonicus est, se ipsi Czechos, Germanos Niemezkos sua lingua vocant.

Neben Henricus Hondus haben sich auch alle anderen bedeutenden Verleger jener Zeit der aretinischen Karte bemächtigt z. T. nach ihr den Criginger korrigiert und die alte Platte weiter benützt, meist aber einfach kopiert und abgedruckt. In den Niederlanden erscheint sie bei Blåw, Janßon, Waesberg, Witt, Vischer, Dankerts, van Ram, Peter van der Aa; in Frankreich bei Niklas Sanson, Hubert Jaillot, Joh. Nolin.[1]

In Deutschland gab Jakob Sandrart zu Nürnberg 1666, also unmittelbar nach Wußim, eine gute zugleich auch verbesserte und vermehrte Kopie des Aretin heraus. Sie hat eine Graduierung zwischen $34^0 29'$ — $39^0 42'$ ö. L. und $48^0 30'$ — $50^0 59'$ n. Br., die Legende des Originals, dazu als Neuheit auch Zeichen für Weingärten. 26 Abbildungen von Städten und Burgen mit deutscher und tschechischer Bezeichnung sind an den beiden Schmalseiten an Stelle der Stände des Landes. Von links beginnend sind es: Prag, Kuttenberg, Jungbunzlau, Königingrätz, Chrudim, Kaurim, Časlau, Bechin, Seltschan, Tabor, Kolin, Polna, Knietitzer Berg, Pilsen, Eger, Saaz, Leitmeritz, Schlan, Rakonitz, Beraun, Prachatitz, Laun, Komotau, Karlsbad, Schlackenwert, Bürglitz. Links oben lesen wir eine Widmung an König Leopold. Die von Aretin gegebene Quadrierung der ganzen Karte ist beibehalten und hat hier lediglich den Zweck des leichteren und rascheren Gebrauches, indem er zu dieser Karte ein eigenes Ortsregister zu Nürnberg 1681 herausgab.

Zu welchen phantastischen Spielereien man sich damals verstieg, mag eine kleine Karte bezeugen, welche Böhmen in Form einer aufgeblühten Rose zeigt. Auf den einzelnen Blättern sind die Städte, Flüsse etc., sogar die Kreiseinteilung eingetragen, selbstredend ohne Rücksicht auf Entfernung und Lage zu einander. Deutsche und tschechische Ortsnamen wechseln ab. Eine Bussole und ein Meilenstab (deutscher) sind links oben. In der Mitte in Flammen ist zu lesen: Justitia et pietate. Im linken Eck stehen folgende Verse:

Crevit in Hercynio Rosa formissima saltu
Stat penes armatus pro statione leo.
Haec Rosa non Veneris sed crevit sanguine Martis.
Hic Rhodus hic saltus factaque terra fuit.

---

[1] Nach v. Rieger l. c. 1. H., S. 65 ff. u. 3. H. S. 620. Erben l. c. hat nichts Neues hinzugefügt. Dem Verfasser war es nicht möglich, alle diese Kopien in Augenschein zu nehmen, da sie vielfach nicht mehr aufzufinden waren. Beachtenswert bleibt es, daß die französischen Bearbeitungen nichts anderes sind, als nur etwas umgeänderte Ausgaben des Criginger.

Nil Rosa pulchra time! Hercӯmos venit Auster in hortos.
Sub tacita sileant horrida tella Rosa!

Rechts unten gleichsam eine Erläuterung des Distichons:

Bohemiae Rosa / omnibus saeculis cruenta in qua plura quam
80 magna proelia commissa sunt. / Nunc primum hac forma
excusa.

Chr. Vetter inven. et delineavit.

Wolfg. Kilian sculpsit Augustas.

Alle diese einzelnen Kopien und Bearbeitungen der verschiedenen
Verleger aufzuzählen und zu besprechen würde zu weit führen, zumal
sie ja für den offiziellen Gebrauch weniger Geltung haben.

Nur noch einmal hat Aretinus (86×67 cm) eine Bearbeitung
erfahren, durch den Zisterzienser P. Mauritius Vogt.[1]) Auch durch diesen
Bearbeiter fand das Original wesentliche Erweiterung und Verbesserung.
Deutschen, böhmischen und „gallischen" Meilenstab nebst 24 verschiedenen
Zeichen enthält die Legende. Darunter zum erstenmale auch Zeichen
für die Post. Da der Verfasser ein Geistlicher ist, so sind für Klöster etc.
eigene Typen. Er unterscheidet erhaltene und zerstörte Klöster und
Kapellen, bezeichnet Erzbistümer, Bistümer, Studienanstalten u. dgl. m.
Die Ortsnamen sind durchwegs deutsch, die Kreise lateinisch, Gebirge,[2])
Flüsse genau nach der Vorlage. Als bedeutender Fortschritt ist das ein=
gezeichnete Straßennetz aufzufassen. Links ist der böhmische Löwe, der
Adler fehlt. Sehr gelungen sind die allegorischen Figuren in den beiden
unteren Ecken, insbesonders im linken.

Auf dem Riesengebirge[3]) thront Rübezahl, ihm zu beiden Seiten
sitzen Nymphen mit Krügen, aus deren Innerem Wasser hervorquillt,
die Flüsse symbolisierend, welche im Riesengebirge entspringen. Sämtliches

---

1) Sie führt die Widmung: Nova totius regni Boemiae Tabula reveren-
dissimis, celsissimis, illustrissimis et excellentissimis, illustrissimis,
perillustribus et praenobilibus Dominis Dominis Inclyti Regni
Boemiae Statibus dominis dominis suis gratiosissimis beningnis-
simis, collendissimis et honorandissimis data, dicata et consecrata
ab infimo servo Joanni Friedr. Rüdiger Bibliopol. Norimberg.
Fecit et delineavit P. Mauritius Vogt regis curianus in Graabfeld
S. O. cist. Flassy. Prof. Johannes Leon. Blanck sculpsit.

2) Beachtenswert ist die deutsche Bezeichnung Horngebirge für Brdywald.

3) Auf der Karte ist bei dem Bergzug die Nomenklatur: Riphaei montes,
des Rübezahls Revier, das Riesengebirge, sonach die erste Karte, welche
das Riesengebirge mit diesem Namen bezeichnet.

Wasser vereint sich mit dem, das aus dem Moldautrug herausfließt. Vor dieser Gruppe ist ein zweiter Gebirgsstock dargestellt: Das Fichtelgebirge. Ein ehrwürdiger Greis ruht auf ihm. Nach den vier entgegengesetzten Richtungen nimmt das Wasser den Lauf. Das der Eger gesellt sich zu dem Stromsysteme Böhmens. Aus der ganzen Darstellung ersieht man, daß der Zeichner eine richtige Vorstellung von dem Flußsysteme des Landes hatte.

In der rechten Ecke sind nicht minder geschmackvoll die Symbole der Fruchtbarkeit versinnbildlicht.

Diese Karte kam 1712 heraus, gerade zu einer Zeit, als von staatswegen daran gegangen wurde, eine große genau vermessene Landkarte von Böhmen herstellen zu lassen. Mit ihr schließt also die zweite Periode in der Entwicklung des Kartenbildes ab, eine neue hebt an, welche die Keime für unser heutiges Landkartensystem bereits in sich birgt und dadurch charakterisiert ist, daß der Staat der unternehmende und ausführende Faktor ist. Infolge der reichlicheren Mittel kann mehr und besseres geleistet werden als bis dahin.

IV.

Das Bedürfnis nach guten Karten hatte sich bei den einzelnen kriegführenden Staaten im Laufe des 17. Jahrhunderts immer deutlicher fühlbar gemacht. Aus seinen militärischen Forderungen ging sonach der große Umsturz in der Kartographie hervor. Sie waren es, welche die topographischen Operationen in großem Maßstab zeitigten, für welche die einzelnen Regierungen bedeutende Summen auswarfen.

Die erste Anregung im großen Stile gab der Schwedenkönig Karl IX., indem er im Jahre 1600 Andreas Bureus den Auftrag gab, eine Landkarte der nordischen Reiche herzustellen. Nach 26 Jahren war diese Karte durchgeführt.

Der damals regierende Herzog von Savoyen ließ 1683 durch den Ingenieur Borgonia eine Karte von Piemont ausführen.[1] In Frankreich wurde durch den französischen Kriegsminister Louvois 1688 das »Dépôt de la guerre« gegründet, das den Zweck verfolgte, für all die zahlreichen Kriegspläne und alle auf die Kriegsgeschichte bezüglichen Arbeiten

---

1) Stavenhagen: Skizze der Entwicklung und des Standes des Kartenwesens des außerdeutschen Europa. Ergänzungs-Heft Nr. 148 zu Petermanns Mitteilungen. Gotha 1904. S. 5.

eine Sammelstelle zu werden. In Frankreich wurden nämlich unter
Ludwig XIV. durch eigene Ingenieure, welche dem Militärstande ent=
nommen und jedem Regimente zugeteilt waren, genaue Schlachtfelder=
und Festungspläne ausgeführt. Durch den Ingenieur Sengre wurde sogar
eine eigene militärische Karte des Rheins gezeichnet.[1]

In Österreich ließ Leopold I. 1667 das Erzherzogtum Österreich
kartographisch durch Georg Matthaeus Visscher aufnehmen.[2] Unter seiner
Regierungszeit erschien 1699 die sogenannte Viscontische Kriegskarte von
Siebenbürgen.[3] Das meiste Verdienst aber wird man Josef I. zuschreiben
müssen, der die Vermessung und kartographische Darstellung seiner Erb=
lande in Angriff nahm und dessen Beginnen von seinem Nachfolger Karl VI.
in seltener Ausdauer und Energie fortgesetzt und durchgeführt wurde.

Zu diesem Beginnen fanden die beiden auch einen hervorragenden
Mann in dem Ingenieurlieutnant, späteren Hauptmann Johann Christoph
Müller. Dieser für die kartographische Entwicklung der ganzen Monarchie
so hervorragende Mann fand, wie aus den zahlreichen erhaltenen Urkunden
zu ersehen ist, bei dem Kaiser ein richtiges Verständnis. Wiederholt
erkundigte sich Karl VI. nach dem Fortschritte der Arbeit, wiederholt
wurden durch Verfügungen der Statthalterei in Böhmen die Kreishaupt=
leute verhalten, Müller in jeglicher Weise in seinen Arbeiten zu unter=
stützen und zu fördern. Ziemlich regelmäßig wurde ihm sein Geld aus=
gezahlt. Nur so erklärt es sich, daß er mit der gewaltigen Arbeit in so
kurzer Zeit fertig geworden ist.

Die Wiege dieses verdienstvollen Mannes stand in Wöhrd, einer
Vorstadt Nürnbergs. Hier wurde er am 15. März 1673 als Sohn eines
Präzeptors geboren. Frühzeitig lernte er in Nürnberg Mathematik und
Zeichnen. 23 Jahre alt, kam er in Dienste des damals für Österreich
tätigen General Grafen Marsigli, der ihn bei seinen geodätischen Arbeiten
beschäftigte. Müller muß sich durch seine Leistungen bald das Vertrauen
des Generals erworben haben, denn als dieser nach dem Frieden von
Karlowitz (1699) die Grenzen zwischen der Türkei, Ungarn und Venedig
festlegen sollte, nahm er ihn dahin mit. Nicht bloß astronomisch=geodätisch

---

1) Ebenda. S. 129 u. 132.

2) Pelikan Gustav: Die Fortschritte in der Landesaufnahme der österreichisch=
ungarischen Monarchie in den letzten 200 Jahren an Beispielen erläutert.
Mitteilungen des k. k. Militär=geographischen Institutes. IV. Bd. 1884.
S. 176 f.

3) Stavenhagen l. c. S. 16.

war Müller in Ungarn tätig. Im Auftrage Marsiglis sammelte er für diesen Materialien zu dessen großem Werke Danubius pannonico-mysicus, das 1725 zu Amsterdam in 6 Bänden herausgegeben wurde und eine übersichtliche geographisch-naturwissenschaftliche Darstellung des Gebietes enthält. 1703 ist Marsigli nach Breisach gesandt worden, um diese Festung bei den anhebenden Feindseligkeiten mit zu verteidigen. An seiner Seite ist Müller. Als sich aber Breisach gegen alle Erwartung plötzlich ergab, Marsigli trotz seiner Schuldlosigkeit deswegen all seiner Ehrenstellen verlustig erklärt wurde und nach Italien ging, wurde Müller zurückberufen. Hier mag er nun zunächst die früher von Marsigli und ihm begonnene Kartierung Ungarns weiter durchgeführt haben, denn 1709 erschien von ihm eine neue selbständige Karte von Ungarn auf 4 Blättern.[1])

Inzwischen wurde (9. Juli 1708) ein kaiserliches Reskript an die Statthalterei in Böhmen gesendet, welches die Verordnung enthielt, in einer alten Karte des Landes alle jene Orte mit Farbe einzutragen, die kaiserliche Mautplätze sind, desgleichen auch alle Privatmauten und endlich wieder mit einer anderen Farbe die Hauptstraßen des Landes zu zeichnen, damit im Kriegsfalle das Heer gut geführt werden könnte. Gleichzeitig sollte man einen Betrag von 2500 fl. für die Herstellung einer neuen Landkarte von Böhmen dadurch aufbringen, daß man eine Abgabe von allen Mauten einhebe; diesem Auftrag kam man aber nicht nach. Am 27. Juli 1709 mußte er erneuert werden, allein ebenfalls ohne Erfolg.[2])

Diese Saumseligkeit veranlaßte später Karl VI., in ziemlich strenger Form diese beiden josefinischen Verordnungen zu erneuern und zugleich sandte er im Jahre 1713 Müller nach Böhmen, um die Neukartierung des Landes vorzunehmen und sobald als möglich zu vollenden. Im Pilsener Kreise nahm er seine Arbeit auf. Es ist durch vorhandene Urkunden erhärtet, wie sich die Säumigkeit der böhmischen Hofkanzlei nach unten hin auf einzelne Kreishauptleute, Landesbehörden u. dgl. aus-dehnte und Müller unangenehme Schwierigkeiten bereitete. Daß diese Schwierigkeiten sofort behoben wurden, sobald Müller davon Nachricht gab, zeigt zur Genüge, daß der Kaiser ein großes Interesse daran hatte,

---

1) Diese wenigen biographischen Daten nach Wurzbach: Biographisches Lexikon des Kaisertums Österreich. Bd. XIX und Bd. XVII.

2) Sämtliche in Betracht kommende Urkunden wurden in dem k. k. Statt-halterei-Archiv und dem kgl. Landes-Archiv zu Prag eingesehen. Zu ver-gleichen wäre auch Dvorský l. c.

die Karte sobald als möglich fertig zu sehen. Relativ prompt werden ihm die einzelnen Raten zugestellt und für Quartier, Vorspann u. dgl. gesorgt. So kam es, daß das große Gebiet von ihm in kaum 6 Jahren vermessen wurde; 2 Jahre benötigte er für die Ausarbeitung des gewaltigen Materiales.[1]) Inzwischen suchte die Ausschußkommission nach einem tüchtigen Kupferstecher im Lande und da sie hier keinen finden konnte, ging sie ins Ausland. Sie entschied sich für den Augsburger Kupferstecher Michael Kauffer, mit dem sie zu Prag folgenden Kontrakt abschloß:[2])

Heund unter gesetzten dato ist zwischen der ex gremio dominorum statuum regni Bohemiae denominirten hochlöbl. Ausschuß-Comission einer, dann dem Michael Kauffer Bürgern undt Kupfer-Stechern in Augspurg anderer Seites nachfolgender Contract abgeredet undt beschlossen worden, vermög welchen

1⁰ Erst gedachter Michel Kauffer sich hiemit auf das cräfftigste verbündet, die von dem kay. Ingenier Haubtmann Müller projectirte und nebst der ein Compendium gebrachten kleinen in 26 Sectionen bestehende große Mappam des Königreichs Böheimb dergestalten accurat, fleyßig, sauber und rein auffs Kupfer zu legen und zu stechen, daß die hochlöbl. Herren Stände ein vollkommenes Vergnügen undt Wohlgefallen darbey haben sollen.

2⁰ Die in das Compendium gebrachte kleine Mappam a dato dießes Contracts binnen 6 Wochen, die übrigen zur großen gehörige 25 Sectiones aber außer gewald gottes längstens innerhalb 3 Jahren obverstandener Maßen unfehlbahr zu verfertigen und in vollkommenen Stand zu bringen.

3⁰ Das Khupfer zu denen Platten selbsten anzu schaffen und zugleich verfertigen und poliren zu lassen und weiter in der in 25 Sectionen bestehenden großen Mappa die vir Eck mit unterschiedlichen Laub-Werkfiguren undt dergleichen, nach dem ihme von hierauß zuge-

---

1) Zur Beförderung der Karte nach Wien ersuchte die Ausschußkommission bestehend aus dem Grafen v. Wrttby, Daniel Josephus Grafen Schafgotsch und Joh. Franz von Goltz „umb einen mit 3 pferdten bespannten Leutter-Wagen“, da sie „ihrer Größe halber durch andere gelegenheit nicht fortzubringen wäre“. Urkunde vom 13. Juli 1720, Landes-Archiv, Prag. Es kann sich hier nur um die einzelnen Aufnahmeblätter handeln, denn die eigentliche Karte befand sich zu dieser Zeit bereits in den Händen des Kupferstechers.

2) Landes-Archiv.

schicket werden sollenden Deseigno zu ziehren kommen, er Kauffer aber in derley Arbeitt selbst nicht versiret ist, auch solche außerdeme, was ihme vor jede Section veraccordiret worden, ohne weiteren Entgeld über sich zu nehmen in auch einen in arte bene peritum Kupfer Stecher mit perfertigen zulassen.

4° Bey seiner Ehren, Treuen und Glauben sich verobligiren, dergestalten vorsichtig und behutsamb umbzugehen, daß kein Kupfer in andere Händte verfalle und selbige durch wem frembden, noch viel weniger aber durch ihme selbsten abgedrucket undt quocunque modo ins taglicht und ad publicum gelangen mögen.

Dagegen wird

5° Durch eine hochlöbliche Ausschuß-Comission ihme Michael Kauffer zugesagt und versprochen, demselben vor eine jede Sektion 100 fl. zusammen, aber 2600 fl. rh. durch das alhießige königl. Ober-Steuer-Ambt richtig und dahr und zwar dergestalten bezahlen zu lassen, daß so offt er ein- oder mehr sectiones verfertigter haben und solche anhero übermachen wirbt, demjenigen, der sich mit dessen quittung anmeldet, der Betrag so vieler Sektionen, als er anhero remittiret hat, allemahl unverzüglich außgefolget werden solle. Wie dann ihme gegenwärtig bey außfertigung dieses Contracts zur Angabe undt im Abschlag der ihme veraccordirten 2600 fl. rh. gegen dessen Quittung ein schon 100 fl. rh. würklich zugezahlet und verabfolget worden.

In dessen allen desto mehrerer Beglaubigung und Vesthaltung seynd zwey gleichlautende exemplaria außgefertiget und jedem contrahirenden Theil eines darvon zugestellet worden.

So geschehen ex deputatione dominorum statuum regni Bohemiae Pragae 5. April a. 1720.

Am 5. August 1720 bestätigte Karl VI. diesen Kontrakt und betont ausdrücklich „wegen Vermeidung alles unterschleiffs" dafür Sorge zu tragen, daß „die Kupffer Platten nach dem abtrukh ohne etwa nachgestochen zu werden" den Ständen zurückgegeben werden.

Müller, der sich zur Zeit des Kontraktabschlusses noch in Böhmen befand, erhielt als besondere Remuneration ex fundo domestico den Betrag von 1000 fl. rh., wofür er allerdings die kostenlose Korrektur der ersten Kartenabzüge besorgen sollte, außerdem aber 130 fl. Reisepauschal nach Wien. Lange sollte er sich aber nicht einer besonderen Ruhe hingeben können. Die ersten Abzüge hat er noch selbst korrigiert, die

Beendigung des Stiches und die Herausgabe der Karte sollte er jedoch nicht mehr erleben. „Am 12. Juli 1721 brachte die Post zugleich mit anderen Neuigkeiten die Nachricht, daß der Ingenieur-Hauptmann Müller zu Wien gestorben sei."

Am 15. Juli kam von der Hofkanzlei in Wien die offizielle Mitteilung des Todesfalles nach Prag und zugleich der Auftrag, die hinterlassenen Schriften Müllers zu durchsuchen, um Original und Makulatur der Karte Böhmens einzuziehen und nach Wien zu senden, damit es nicht „distrahiret weder in frembde Hände verfallen, noch viel weniger aber nachgestochen und zum publiquen Verkauf gelangen" kann.

Ehe wir die Geschichte der Karte weiter verfolgen, wollen wir uns mit ihrem Zweck und der Arbeitsmethode Müllers beschäftigen, soweit wir uns darüber überhaupt informieren konnten. Gerade die Arbeitsmethode ist bis zur Zeit gänzlich unbekannt gewesen; man hat höchstens der Vermutung Raum gegeben, daß die Karte auf Grund einer geometrischen Aufnahme gezeichnet wurde,[1] zu mehr hat man sich wegen gänzlichen Mangels an Nachrichten nicht versteigen können. Auch heute ist unsere Kenntnis über die Instrumente, welche Müller benutzte, nichts weiter als nur Vermutung. Für die Arbeitsmethode aber haben wir hinlängliche Belege in seinen Berichten an die böhmische Hofkanzlei in Prag. Gleichzeitig geht aus ihnen hervor, daß die Entstehung der Karte zurückzuführen ist auf den Mangel einer guten Karte für Kriegszwecke. Man hatte keine brauchbare Karte, welche die Hauptstraßen des Landes zeigte — Aretin hatte nur die außerhalb der Reichsgrenze verlaufenden, wie oben gezeigt wurde — man wußte nicht, wo man die einzelnen Truppengattungen wie Reiterei und Fußvolk bei einem Feldzuge einquartieren sollte, da man die Größe der Orte nicht kannte. Nur die Hauptrichtung war dem Generalstab klar und nach dieser mußte Müller vorgehen. Er muß unbedingt einen in Wien ausgearbeiteten Plan zu verfolgen gehabt haben. So geht es wenigstens aus seinem Bericht vom 19. September 1714 aus Jungbunzlau hervor. In ihm teilt er über das Fortschreiten seiner Arbeiten im westlichen Böhmen mit und findet, daß in dem von ihm bis jetzt vermessenen Stück die Marschroute „wie sie vorgeschrieben worden, dann und wann etwas ausschweifig und per ambages gehe". In dem Bericht vom 13. Oktober desselben Jahres, gegeben zu

---

1) Pelikan l. c. S. 178.

Bernstadt bei Schatzlar, heißt es, daß er infolge des eingetretenen schlechten Wetters nicht weiß, „ob auch dieses (das glatzische Gebiet) obschon gar wenige residua der in Schlesien gehenden march-route vollends gar auszumessen sich werde erzwingen lassen".

Dieser seiner Marschroute folgte Müller äußerst rasch. Im Süden, im Pilsener Kreis beginnend, ging er nach Nordwestböhmen, dann durch das Innere gegen Osten und weiter nach Süden. Je nach der Witterung und nach den natürlichen Schwierigkeiten hielt er sich länger oder kürzer in einzelnen Teilen auf. Oft konnte er die »march-route« nur »par force« vornehmen, obwohl darunter die »accuratesse« leidet. Trotz aller Unbilden hat er sich aber „beflissen, fast durchgehends die Breite des Strichs Landes, da die march-route durchgehen soll, auf 2 Meil wegs, nehmlich eine Meil rechten und eine meil linker hand auszumessen, indeme doch nützlich zu seyn erachte, wann in diesem Stuck zu viel als zu wenig geschiehet".[1] In diesem ganzen breiten Streifen zu beiden Seiten der Hauptstraße ist für die Karte „nichts als die richtige distanz derer örther unter einander observirt und nach diesem die bequemste vnd gerädeste route derer marschirenden trouppen eingerichtet bey auszeichnung derer Nachtlager vnd stationen aber allezeit auf dieses hauptsächlich regardirt worden, daß das Regiment so eng möchte beysammen zu stehen kommen als es nur möglich ist". Er sucht die Orte aus, welche als Stationen für Infanterie, Kavallerie und den Stab sich geeignet erweisen. Diese Orte sind so praktisch als möglich ausgesucht, damit die Kompagnien „so viel nur möglich ist immer neben einander parallel marchiren können, mithin sie sowohl in guter ordnung als auch von allen mühsamen umwegen befreyt vnd verschont bleiben".[2]

Besondere seine Methoden bei der Aufnahme hat Müller gewiß nicht verfolgt. Die Aufnahmen werden über ganz rohe Krokis nicht hinausgegangen sein. Oft genug mögen diese ein „nur schlecht laborirter ... allerdings verläßlicher riß der march-route" gewesen sein. Dies konnte auch nicht gut auders möglich sein, wenn wir aus Briefen lesen, welche Assistenz er für seine Feldarbeiten braucht. Am 30. April 1714 schreibt er von Nürnberg an den Bürgermeister und Rat der Stadt Eger, daß er mit nächstem dorthin kommen werde, um seine Arbeit aufzunehmen

---

1) Landes-Archiv: 19. September 1714.
2) Landes-Archiv: 21. November 1714.

und hofft, daß er die nötige Assistenz finden werde, „welche doch nur bloß darjenen bestehet, daß ich in Begleittung eines des gantzen Districts wohlkundigen verständigen Mannes auf irgend einen ofenen Post Kalles aller orthen herumb geführet werde, welches alles innerhalb etlich wenig Tägen wirbt kennen gerichtet werden“. Nur daß er sich auf solche Weise befördern ließ, erklärt sein rasches Fortschreiten. Für Ostböhmen haben wir von ihm selbst genauere Daten. Danach vermißt er am 13. Oktober 1714 die Gegend von Schatzlar, hierauf Marschendorf, Freiheit, Wiltschitz, den westlichen Teil von Glatz, am 26. Oktober ist er bereits mit Nachod fertig, Neustadt, Jaroměř und Königinhof soll noch bis November fertig werden. Allerdings brauchte Müller dem Gelände, Wald, Teich und fließendem Wasser keine Aufmerksamkeit zu widmen.

Im Winter wurde von Müller das im Sommer gewonnene Material verarbeitet, zugleich mit demjenigen, welches die Kreishauptleute über höheren Auftrag abliefern mußten. Es wurden nämlich vom kgl. Obersteueramt an sämtliche Kreishauptleute Formulare ausgesandt, um die „Einrichtung einer Gradmarschroute“ zu beschleunigen. Diese sollten tabellarisch sämtliche Städte, Herrschaften und Güter nebst den Marktflecken und Dörfern angeben.

War die Karte eines Kreises fertig, so wurde sie nun den Kreishauptleuten zur Revision vorgelegt, zugleich mit einem langen Zertifikat, was eventuell verbessert und wie die Korrekturen vorgenommen werden sollten. Sie sollten

„1° zwar wohl und genau durchgehen doch 2° soviel es sich immer thun lasset, conserviren vnd sauber halten, dann 3° wo etwas darbey zu erinnern währ, solchen orth mit ein numero anzeigen und 4° die darüber fassende Ausstellung auf ein besonderes Papier in forma eines Berichtes entwerfen mithin 5° wann auch einige örther völlig ausgelassen währen, anstatt dieselben in eben solcher stelle, wo sie situirt seindt nach proportion der beygefügten Scalae mit bleyweiß ein zaichen machen vnd den numerum beyrücken, so daß 6° auf den besond. Papier den Namen anzufügen, sonderlich aber 7° auf die Haubtlandstraßen reflectiren und 8° selbst wie sie von orth zu orth durchgehen in einer beyliegenden consignation beyrücken, so daß was hirüber ihren Bericht nebst remittierung der unversehrten Mappae erstatten sollen. Vnd weyl diesen Land Carten das gebürge, Wälder, dan Teuche, Kleinebächlein vnd dergleich nicht beygerücket worden, hingegen, was eingangs erwähnter Jng. Haubtmann Müller beygebracht, samt er selbste in seinen annotationen auch schon richtig aufgezeichnet hatte, als wird nicht nöthig seyn bey revidirung sothaner Mappae auf besagtes gebürge, wälder, dann teuche, kleine bächlein vnd dergleichen zu reflectiren."[1]

Es ist nicht bekannt geworden, ob die Kreishauptleute besondere Korrekturen vorgenommen haben oder nicht. Uns ist nur ein einziges Gutachten jener Zeit erhalten, es ist das des Bürgermeisters und Rates der Stadt Eger.[2] Es sagt, daß durch die Karte, soweit sie Eger betrifft, „nichts als lauter Confusion entstehen müße sintemahlen der in den kleinsten Örthern, die kaum 20 Mann beherbergen können gantze Compagnien assigniret worden, da doch ganz nahe größere Dörffer zu befinden sein, zu geschweigen, daß darin kein unterschied, ob die Soldatesca über Ascha oder Schirnding, welches zwey Haubt Paß sein, ankommen, gemacht worden". Ganz abzusehen sei, daß Eger im Kriegsfalle ganze Kompagnien und den Stab aufnehmen solle, bei seinen „400 und etliche 40 Häußer", da es an und für sich schon zwei Kompagnien habe. Aus der Kritik spricht die Furcht vor einer eventuellen Einquartierung.

Kurz vor endgültigem Abschluß der Karte sandte Müller von Brandeis aus ein Schreiben an die Statthalterei, in welchem er um die Spezifizierung der tschechischen, deutschen und gemischten Örter ersucht, desgleichen auch um Angabe jener Flecken, „wo miraculosae Gnadenbilder sind und Walfahrten hin geschehen". Man möchte ihm aber auch noch die Städte mit Ringmauern angeben, von denen er sich „nicht recht mehr entsinnen kann, ob sie Ringmauern haben oder nicht". Dieses letzte Ansuchen ist für die Genauigkeit einzelner Angaben der Karte nicht besonders sprechend.[3]

Dem Schreiben wurde auch stattgegeben.[4] Je nach den eingelaufenen Berichten sind die Angaben der Müllerschen Karte reicher oder spärlicher. Die Spezifizierung der tschechischen und deutschen Orte wurde nur insoweit benützt, als zu dem betreffenden Zeichen der deutsche und tschechische Ortsname beigesetzt worden ist.

----

1) Landes-Archiv: 3. März 1718.
2) Landes-Archiv: 14. Dezember 1714.
3) Landes-Archiv: 11. September 1719.
4) Landes-Archiv: 29. November 1719.

Die Karte selbst, wie sie von Kauffer gestochen worden ist, führt den Titel:

Mappa
geographica
Regni
BOHEMIÆ
In duodecim circulos divisae
cum comitatu glacensi
et districtu Egerano
adjunctis circumiacentium regionum partibus conterminis
ex accurata totius Regni perlustratione
et geometrica dimensione
OMNIBUS, UT par est, NUMERIS ABSOLUTA
et
ad usum commodum
nec non omnia et singula distinctius cognoscenda
XXV. Sectionibus
exhibita
à
Joh. Christoph. Müller. S. C. M. Capitan: et Ingen.
A. C. MDCCXX.

Jedes Blatt hat ein Größenverhältnis von 55 × 46·5 cm, so daß die aufgespannte Karte ohne Rand eine Fläche von 6·39 m² bedeckt. Sie war die größte Karte ihrer Zeit und genoß schon dessentwegen eine besondere Achtung bei den Zeitgenossen.

In den 4 Ecken sind Kupferstiche nach den Entwürfen des Wenzel Laurenz Reinner zu Prag, die Johann Daniel Herz zu Augsburg in Kupfer ausführte. Die Stiche beziehen sich auf die Fruchtbarkeit und den Bergbau des Landes, eine Gruppe von nackten Jungfrauen repräsentieren in ähnlicher Weise wie auf der Vogtschen Karte die Flüsse des Landes. Im linken oberen Eck schaut durch von Engeln weggezogene Wolken der hl. Wenzel, der Schutzpatron des Landes, hernieder auf den Hradschin und die Karlsbrücke.

48 verschiedene Zeichen enthält die Kartenlegende. Drei verschiedene Bezeichnungen für Städte, zwei für Marktflecken, fünf für Dörfer sind angeführt. Jägerhäuser sind mit selbständigen Signaturen ebenso versehen wie einfache Mühlen oder Hammerwerke. Einzelne Wirtshäuser genau so wie Klöster, Sauerbrunnen und warme Bäder; Postwechsel und Über-

fahrten sind eigens vermerkt. Diese Reichhaltigkeit mußte ganz besonders gefallen. Von Straßen zeichnet er nur die Landstraßen ein.

Auf einzelnen uns erhaltenen Karten sind längs der Landstraßen einzelne Ortschaften mit einem roten, andere mit einem grünen Strich versehen. Sie bedeuten, wie aus Urkunden hervorgeht, daß diese so bezeichneten Orte als eventuelles Quartier für Fußvolk beziehungsweise Reiterei dienen können.

Dadurch aber hebt sich Müllers Karte ab von allen ihren Vorgängern, daß sie die erste ist, welche auf Grund einer Projektion und Vermessung gezeichnet worden ist. Zwar haben schon alle früheren eine Graduierung, allein es ist nicht möglich, ein bestimmtes konstruiertes Gradnetz zu erkennen. Hartl hat die Müllerische Karte darauf untersucht[1]) und erkannt, daß sie als eine rechteckige Plattkarte konstruiert wurde, deren mittlere Breite 49° 50' beträgt. Die ganze Karte ist zwischen 32° 30' 35" — 37° 50' ö. L. und 48° 20' 24" — 51° 10' 16" n. Br. Das Verjüngungsverhältnis ergab sich im Mittel mit 1 : 137.500. Dieses Verhältnis wurde erst gefunden, auf der Karte selbst ist es nicht angegeben. Sie hat zwei Maßstäbe, deren einer nach böhmischen Meilen, deren anderer nach Stunden eingeteilt ist. 1 Meile beträgt 2 Stunden. Nach dem gewonnenen Verjüngungsverhältnis ergibt sich daraus für die böhmische Meile eine Länge von 9370 m.

„Nach dem Genauigkeitsgrade, mit welchem die Graduierung der Karte konstruiert ist," sagt Hartl an angeführter Stelle, „kann man annehmen, daß die Länge der Meile auf dem Maßstabe einen Fehler von etwa $1/_2$ oder höchstens $3/_4$ mm haben könne, so daß also der Wert von 9370 m für eine böhmische Meile auf etwa $\pm$ 100 m genau sein dürfte."

Es ist gewiß von Interesse, daß, wie oben gezeigt wurde, aus Klaudians Karte sich die böhmische Meile mit ungefähr 9000 m feststellen ließ.

Die Stunde ist danach etwa 4700 m.

Es sei nunmehr gestattet, die Karte auf ihre Genauigkeit in der Darstellung zu prüfen. Zu diesem Zwecke möge Sektion VII ausgewählt werden, die den größten Teil des Saazer Kreises enthält.

---

1) Hartl: Das Verjüngungsverhältnis der Vischerschen Karte von Niederösterreich und der Müllerschen Karte von Böhmen. Mitteilungen des k. k. Militärgeographischen Institutes. Jg. 1884. S. 183 f.

Bei näherem Hinsehen fällt uns nun zunächst auf, daß die alte
Hauptstraße von Laun nach Saaz und Kaaden, die schon
Klaudian angedeutet hat, nicht vorhanden ist. Dafür zeichnet er von
Egar, dem heutigen Straßenknotenpunkt im Duppauer Bulkan, eine
direkte Straße nach Maschau. Diese hat es und gibt es in
Wirklichkeit nicht. So ist es Müller zwar durch seine Marschroute
vorgeschrieben gewesen, und obwohl er selbst in seinem Bericht an die
Statthalterei diese hier als gänzlich abweichend bezeichnet und den rich=
tigen Weg angibt, finden wir doch die Straße in der Karte einge=
zeichnet.

Das Gebirge ist in Hügelmanier entworfen, aber gänzlich verzerrt
und ungenau.

Die Mäander der Eger sind mehr Phantasie als Wirklichkeit, nicht einmal
in unmittelbarer Nachbarschaft von Saaz hat er sie richtig angegeben.
Umso weniger nimmt es uns Wunder die Bäche falsch dargestellt zu
finden.

Die Lage kleinerer und selbst auch größerer Dörfer ist ebenfalls ver=
zeichnet, in gleicher Weise auch ihre Lage zu einander. So liegen z. B.
Gösen und Atschau südlich von Kaaden und nicht südwestlich, Pokatitz
weit entfernt von der Eger, während dagegen Kettwa und Klösterle an
ihr liegen. Druckfehler wie Millomitz statt Willomitz mögen nicht in Anrech=
nung gebracht werden. Wie hier so auch an anderen Blättern. Infolgedessen
ist wohl Erbens Urteil[1] auch heute noch für diese Karte Böhmens zu Recht
bestehend: „Die naturalistische und daher irrige und falsche Wiedergabe des
Bodens, die Unvollständigkeit des Flußnetzes, die irrige Bezeichnung der
Lage und der mitunter verlassenen Orte, die Grenzmarkierung und ihre
knappe Wiedergabe zeigen auf eine hastige und unvollstän=
dige grundlegende Arbeit und bekunden zum Teil auch einen ver=
alteten Standpunkt."

Das Größenverhältnis mag es mit sich gebracht haben, daß kurz
nach dem Erscheinen man daran ging eine Reduzierung vorzunehmen,
eine Arbeit, mit welcher der Ingenieur=Lieutenant Johann Wolfgang
Wieland betraut wurde. Er brachte die Müllersche Karte auf 9 Sektionen
und erhielt dafür 500 fl., da es eine „arbeit, die er im Zimmer verrichten
und über einen Winther verfertigen kann, ohne daß er derentwegen im
Land mehr herumzureisen nötig hat".[2]

1) Erben: Historický přehled . . . l. c. S. 137.
2) Landes=Archiv: 16. April 1722.

Zu dieſer Reduktion hatte Karl VI. ſelbſt den Auftrag gegeben — mandato caesareo in hanc formam redacta heißt es auf der Karte. Überdies haben wir auch ein Reſkript des Kaiſers vom 30. April 1722,[2] in dem Wieland bewilligt wird, die Reduktion erſt im kommenden Winter auszuführen.

Auch dieſe Karte wurde von Kauffer in Augsburg geſtochen und kam 1726 heraus. 166×142 cm ſind ihre Größenverhältniſſe. Sie unterſcheidet ſich ſonſt aber nicht von dem Müllerſchen Original. Auch ſie war nur für den Kabinettsgebrauch, während das Publikum ſie nicht erhielt. Sie war ein Staatsgeheimnis.

Trotzdem iſt es Verlegern gelungen, dieſe Karte für ihre Zwecke zu verwerten und weiteren Kreiſen zugänglich zu machen.

Die erſten waren wohl die Homanniſchen Erben, dann Tobias Konrad Lotter in Augsburg, endlich auch Johann Jakob Liedl in Wien. In den Niederlanden war es Joh. Convens und Peter Mortier, endlich La Rouge, der ſie auf 9 Blättern 1757 in Paris edierte. Vor Ausbruch des 7jährigen Krieges gaben Homann, Convens und Mortier den Teil des Kriegsſchauplatzes in Böhmen dem großen Publikum. Das Beſte aber lieferte K. F. Julien, der Böhmen nach der Darſtellung Müllers im erſten Teil ſeines Nouveau theatre de la guerre Paris 1757 herausgab.

1760 ſoll Bernardin Erber, ein Jeſuite, eine ſelbſtändige Karte von Böhmen auf Grundlage der Wielandſchen herausgegeben haben, die zur raſcheren Orientierung ſeitwärts Buchſtaben hatte und in 12 Blättern, je einen Kreis darſtellend, aufgelegt wurde.[2]

Der Siebenjährige Krieg hatte die Mängel der Müllerſchen Karte nur zu deutlich erkennen laſſen. Deshalb ſtellte 1764 Feldmarſchall Graf Daun auf Anregung des Chefs des General-Quartiermeiſterſtabes Feldmarſchall Lascy den Antrag, eine neue Vermeſſung der Grenzländer durchführen zu laſſen. Er begründete ihn ganz kurz, „man habe im Siebenjährigen Kriege die traurige Erfahrung gemacht, welche nachteilige Folgen der Mangel guter Landkarten und die Nichtkenntnis eines Landes in den wichtigſten Kriegsvorfällen nach ſich ziehe". Maria Thereſia gab dieſem Antrage ſtatt.[3]

1) Landes-Archiv.
2) Nach Schaller: Topographie von Böhmen. Prag 1785. S. 87.
3) Pelikan l. c. S. 179.

Es wurde ein eigener Stab geschaffen. 10 Generalstäbler und 30 Offiziere der in Böhmen und Mähren garnisonierenden Regimenter, denn auch dieses wurde gleichzeitig in Angriff genommen, wurden ausgewählt und unter der Leitung des Oberstwachmeister Baron Motzel nach Böhmen dirigiert. Eine eigens ausgearbeitete Instruktion befahl: „alle Häuser und den Viehstand zu verzeichnen, Flüsse, Wege zu beschreiben und die Berge derart darzustellen, wie sie einander dominiren, hauptsächlich aber jene anzugeben, welche die größte Übersicht über das anliegende Terrain gewähren".[1]

Wieder war es die Schnelligkeit, mit welcher man den Auftrag durchführte, die zu schlechten Resultaten führen mußte. Ohne eine grundlegende Triangulation vorangehen zu lassen, griff man zu den Müllerschen Aufnahmeblättern zurück, vergrößerte sie auf 1 : 28.800. In diese Vergrößerungen wurden durch die Offiziere die „Landstraßen" und „orbinären Wege", Gewässer und das Terrain à la vue eingetragen. Die hölzernen Brücken wurden mit schwarzer, die steinernen mit roter Farbe eingezeichnet; Wald, Wiese, Äcker und Weingärten unterschieden. Ganz besonderes Verdienst sollen sich dabei die Hauptleute spätere Feldmarschall-Leutnante Schmidt und Fleischer, erworben haben. Von diesen fand Schmidt 1805 bei Dürnstein in Niederösterreich den heldenhaften Soldatentod.[2]

1768 war die Mappierung beendet, ein Jahr hernach kam die aus den Aufnahmeblättern reduzierte Spezialkarte im Maßstabe 1 : 110.772 unter dem weitschweifigen Titel heraus: „Kleine Mappa des Königreiches Böhmen von der großen Kriegs-Charte (neu aufgenommen) übertragen und gleich dieser in 273 verjüngte Sectionen geteilt. Im Jahre 1769 durch den k. k. Generalstab angefertigt".

Einigermaßen nähern sich die Darstellungsweisen schon immer mehr den heutigen Ansichten. Allein da man stückweise aus dem Kleinen zum Großen arbeitete, ohne vorher ein allgemeines Netz entworfen zu haben, mußte es geschehen, daß die Karten der einzelnen Länder der Monarchie — denn auch hier ging man ebenso vor wie in Böhmen — wohl für sich verwertbar waren, aber zu einander nicht paßten. Als man den Versuch 1792

---

1) Bericht über die Leistungen des k. k. Militär-geographischen Institutes. Mitteilungen des k. k. Militär-geographischen Institutes. I. Bd., S. 32.
2) Lichtenstern, Jos. Max Freiherr v.: Umriß einer statistischen Schilderung des Königreiches Böhmen nach seinem gegenwärtigen Zustande. Wien 1812 Seite 5.

tatsächlich machen wollte, zeigte es sich, daß die Grenzteile der Länder so verzerrt waren, daß ein Zusammenschluß unmöglich war.

Durch diesen Umstand bewogen, wurden die alten Josefinischen Aufnahmen verworfen und von Kaiser Franz II. eine durchaus neue Aufnahme angeordnet. Ihr Beginn fällt in das Jahr 1807. Inzwischen hatte auch eine regelrechte Triangulation begonnen (1762), welche den Karten zu Grunde gelegt wurde.

Mit steter Rücksicht auf das trigonometrische Netz wurden mittels Meßtisch Flüsse, Straßen, Ortschaften 2c. nach der Natur aufgenommen und in das so gewonnene Gerippe nachträglich die Terrainformen ein-getragen.

Ein bedeutender Fortschritt in dem ganzen Wesen der Kartographie wurde endlich dadurch herbeigeführt, daß man von dem Geheimhalten der Karten abging und sie dem Publikum freigab. Dies erfolgte über Vorschlag Radetzkys vom 26. Feber 1810.

Damit betreten wir aber schon das allgemeine Gebiet. Böhmen nimmt keine Sonderstellung mehr ein, seine kartographische Entwicklung schreitet mit der der Monarchie weiter. Diese aber ist im Zusammenhange anderweitig von berufenerer Hand gegeben worden.

Schicksale der Überreste des Königs Johann von Böhmen, Grafen von Luxemburg.

Von
Wilhelm Klein.

Auf dem Ringplatze zu Crecy en Ponthieu (Dep. Somme) wurde am 1. Oktober 1905 dem hier am 26. August 1346 für Frankreich gefallenen blinden Böhmenkönig Johann von Luxemburg ein Denkmal gesetzt. Der Prager Bürgermeister an der Spitze einer größeren Deputation nahm teil an der Feierlichkeit. In Böhmen selbst erinnerte außer einem Volksliede[1]) nichts an König Johann. Es war nur die Sympathie für die grande nation, nicht der Wille, den deutschen Johann von Luxemburg zu ehren, welche die Anwesenheit der Prager Gäste leitete.

Soweit reicht die Verkennung geschichtlicher Tatsachen denn doch nicht, um aus dem verketzerten Saulus im Handumdrehen einen nationalen Paulus zu machen. Denn unbeliebt[2]) bei seinen böhmischen Untertanen, ja

---

1) Nach Palacky, II. Bd., 2. Teil, S. 68, hat Prokop Lupač in seiner Vita Karoli IV. bloß eine Stelle dieses altböhmischen Liedes über den Tod König Johanns erhalten »Klimberče mladý! prawilk krátce usw.« Die deutsche Übersetzung dieses alten Volksliedes soll sich nach Schötter Bd. II, S. 280, in der Bibliothek des archaeologischen Vereins in Luxemburg befinden. Doch haben diesbezügliche Anfragen beim Sekretariat des Vereines und H. Prof. N. van Werveke daselbst ein negatives Ergebnis gehabt. Vergl. Hystorya o Cýsaři Karlovi od M. Prokopa Lupače z Hlawáčowa 1634, welche eine Art gereimter Chronik mit obzitiertem Anfangsvers enthält. Letztere findet sich auch in den Fontes rerum Bohemicarum.

2) Palacky, Geschichte des böhmischen Volkes, II. Bd., 2. Teil, S. 441. Das ungeordnete Leben des Königs (Johann) wurde den Pragern lästig. S. 446, was der König tat, konnte nicht im Volke das Verlangen erwecken, daß er die Zügel der Herrschaft nie aus den Händen lasse.

S. 462. Die aus Bayern zurückkehrende Elisabeth begrüßte man mit Jubel, während man ob des Königs Eintreffen keine Freude zeigte. S. 464. Als Johann am 3. Jänner 1327 plötzlich in Prag erschien, da ergriff nicht Freude, sondern Grauen das gesamte Volk. S. auch Tomek, Geschichte Prags, 1. Teil, S. 524.; v. Weech 1860, S. 10; Bachmann, Geschichte Böhmens, S. 761.

geradezu von ihnen verflucht[1] war der erste Luxemburger! Übrigens
zauderte Johanns Vater, Heinrich VII., aus Furcht vor dem herrsch=
süchtigen Abel auf den Wunsch der böhmischen Großen einzugehen, die
nach dem Aussterben der Přemysliden die böhmische Königskrone mit
der Hand der Prinzessin Elisabeth seinem minderjährigen Sohne Johann
anboten. Er schlug zuerst seinen Bruder Walram vor, „einen tapferen
Mann, der für sich selbst kämpfen und reden kann; mein Sohn ist noch
ein Kind und wehe dem Lande, dessen Herrscher noch ein Kind ist!"[2]
„Die Böhmen wünschen den Sohn" erwiderten die Gesandten, „weil
dieser Euerer Majestät am nächsten ist."[3] Die Belehnungs= und Ver=
mählungsfeierlichkeiten fanden am 30. August und 1. September 1310
in Speier statt.

In Prag wurde Johann im Jahre 1311 zum König gekrönt. Doch
fühlte er sich hier nie heimisch. Anfangs ernstlich bestrebt, das Zutrauen
des Volkes und der Stäube Böhmens zu gewinnen, gelang es ihm doch
nie, die Liebe des Volkes zu erwerben.[4]

Dem unsteten Geist einzelner böhmischen Großen, an beren Spitze
Heinrich von Lipa stand, behagte die zuerst tatkräftige Regierung des jungen
Königs nicht und ließ ihre Unzufriedenheit zur hellen Flamme der Empörung
auflodern. Nur mit Hilfe deutscher Truppen gelang es ihm, im Lande
einigermaßen Ruhe herzustellen. Der Bevölkerung Prags blieb der König
entfremdet und diese vergalt es ihm mit Abneigung und Geringschätzung.[5]
Des Königs Wort galt im Lande „soviel wie das Blatt am Baume
und seine Handschrift soviel wie die Scheibe Wachs, welche als Siegel
baran hing". Er verließ Böhmen und ging schließlich nur mehr dahin,
wenn ein Aufruhr ausbrach oder wenn er durch seine Prachtliebe und

---

1) Vergl. Palacky II. Bd., 2. Teil, S. 470. Johann eilte in keine Heimat
mit dem Fluch des armen Volkes beladen. Vergl. Abt von Königsaal,
S. 417. Quo recedente clamor plebis extollitur et post ipsius tergum
maledictionis iacula iaciuntur.
2) Bachmann, Geschichte Böhmens I, 97. (Chron. Aul. Reg. I., 97.) Vergl.
Chron. reg. aul. 213. Frater meus aetatem habet, pro se loqui et
pugnare valet, Johannes vero filius mens puer tenerrimus et puer
parvulus est. Ve autem terrae, cuius rex puer est. Nuncii dicentes
non ve, sed utique bene terre nostre erit, si hunc puerum . . . .
posueris super thronum regni nostri. . . .
3) Vergl. Bachmann, Geschichte Böhmens 761.
4) Chron. aul. reg. l. c. in Font. r. Boh. IV, 253.
5) Vergl. Bachmann, Geschichte Böhmens 761.

königliche Freigebigkeit in Geldverlegenheiten gekommen war. Die Treu=
losigkeit des böhmischen Adels und die fortwährenden Unruhen machten
ihm die Krone zur Last. Wie gern hätte er sie gegen die Rheinpfalz
eingetauscht! Sein Verhältnis zum Lande bestätigte die Wahrheit, daß
Böhmen nicht für ihn, er nicht für Böhmen getaugt habe.[1] Reich an
kriegerischen Taten und Wechselfällen des Glückes floß sein Leben dahin.
Er war nicht so sehr bedacht, eine Hausmacht zu begründen, er strebte
vielmehr nach der Ehre, der unentbehrliche Teilnehmer aller großen
Ereignisse seiner Zeit zu sein, der Schiedsrichter und Friedensvermittler
Europas. Durch sein ritterliches Wesen, seine edle Gestalt, seine Vorliebe
für Feste und Turniere, seine Uneigennützigkeit machte er sich überall
beliebt und wußte sich an allen Höfen unbegrenztes Vertrauen zu erwerben.
Sein Feldherrntalent, seine Tapferkeit und diplomatische Gewandtheit sichern
ihm die Stelle eines der größten Staatsmänner und einflußreichsten Fürsten
seiner Zeit.

Fern von seinen Landen (schreibt 1329 der Abt von Königsaal)
in Frankreich, am Rhein und in ganz Deutschland führte König Johann
für Ludwig den Bayer und andere Fürsten und Grafen und Edle viele
schwierige Sachen klug und erfolgreich durch, so daß der Spruch aufkam:
„Ohne den König von Böhmen kann niemand seine Geschäfte zu rechtem
Ende führen. Er erhöht und erniedrigt, wen er will."[2]

Auf einem seiner Kriegszüge — es war der zweite gegen die
Lithauer — fing König Johann, dessen Sehkraft seit seiner Jugend
immer schwach gewesen, sehr an den Augen zu leiden an. In den sumpfigen,
nebligen Gegenden Norddeutschlands zog er sich eine gefährliche Augen=
entzündung zu. Auf seinem Rückzuge nahm ihn in Breslau ein französischer
Arzt in Behandlung, welcher, statt ihn zu heilen, sein Übel noch ver=
schlimmerte. Dadurch wurde der ungeduldige König so aufgebracht, daß
er den ungeschickten Franzosen in einen Sack nähen und in die Oder
werfen ließ. Zu Prag berief er einen Augenarzt aus Arabien, der ihn
gänzlich um das rechte Auge brachte. Dem Schicksale des französischen
Arztes entging der Araber dadurch, daß er sich vom König zuvor einen
Sicherheitsbrief geben ließ, daß ihm nichts ähnliches widerfahren werde.[3]

---

1) Legis Glückselig: Illustr. Chron. v. Böhmen Bd. 1, S. 24. Vergl. Tomek,
Geschichte Prags 1. Teil., S. 516. Johann faßte weder Liebe zum Lande
noch zum böhmischen Volke.

2) Chron. aul. reg. II, 25. Vergl. Joh. Victor 403.

3) Chron. aul. reg., S. 495.

Nach einer andern Version, die auch auf dem Sarkophag zu Kastell wiedergegeben ist, soll ihm auf einem Zuge nach Italien, als er Heinrich VII. Hilfstruppen zuführen wollte, Gift beigebracht worden sein, das ihn zwar nicht des Lebenslichtes, wohl aber des Augenlichtes beraubte. Bald verursachte dem König auch das andere Auge große Schmerzen. Er begab sich zur Heilung an die berühmte medizinische Schule in Montpellier. Es war aber zu spät; das Auge war nicht mehr zu retten und nun erhielt der König den Namen: Johann der Blinde.[1] Der gänzliche Verlust des Augenlichtes stimmte den heldenmütigen König ernst. Er wurde frömmer und gelobte in Prag ein Karthäuserstift zu errichten. Aber sein lebhafter Geist und hoher Mut waren nicht gebrochen. Ja, eine gewisse Eitelkeit behielt er bis an sein Lebensende. Er wollte nicht, daß man sein Gebrechen merke; deswegen hatte er gewöhnlich, wenn er jemanden empfing, ein Buch oder einen Brief in der Hand und tat so, als ob er darin lese.[2]

Fern von seinem Lande, in Frankreich, sollte der ruhelose König sein rühmliches Ende finden. Auf die Nachricht, daß König Eduard III. von England Philipp VI. von Valois, mit dem Johann durch Bande des Blutes und der Freundschaft verbunden war, bedränge, beschloß er, mit seinem inzwischen zum deutschen Kaiser gewählten Sohne Karl IV. seinem Verwandten zu Hilfe zu eilen. Umsonst baten seine Räte, er möchte lieber in Deutschland bleiben, um die unsichere Stellung seines Sohnes zu sichern und die Anerkennung desselben durchzusetzen. Voll Jugendfeuer rief er: „Obwohl ich blind bin, habe ich den Weg nach Frankreich nicht vergessen. Ich muß hin, um meine lieben Freunde und die Kinder meiner Tochter (Jutta), die der Engländer berauben will, zu verteidigen."[3] An der Spitze von 500 böhmischen und luxemburgischen Rittern eilte er mit seinem Sohne nach Frankreich. Hier, bei Crecy, sollte sich sein Geschick erfüllen. An dem für die Geschichte Böhmens verhängnisvollen 26. August, drei Uhr nachmittag, begann die Schlacht. König Johann hielt sich anfangs im Hintertreffen. Als aber das Kriegsglück zu den Engländern hinneigte, bat er den neben ihm stehenden Ritter Mönch von Basel und die übrigen Ritter, ihn doch in die Schlacht zu führen, daß er einen kräftigen Schwerthieb tun könne.[4] Den Rittern, die ihn

1) Vita Caroli, S. 260; Benes de Weitmil I, IV, S. 328.
2) Benes de Weitmil, S. 272.
3) Chauteaubriand, Etudes hist. 4, 61.
4) Froissart c. 225, S. 251.

baten, sich doch nicht dem sicheren Tode auszusetzen, antwortete er:[1]
„Das wird, will's Gott, gewiß nicht geschehen, daß Böhmens König
aus der Schlacht fliehe. Wisset und glaubet, ich will heute entweder helden=
haft und ritterlich siegen oder vom rühmlichen Tode gefällt wie ein König
fallen und sterben. Führet mich denn dorthin, wo der größte Kampf
gekämpft wird, aber meinen Sohn schützet mit Fleiß. Gott der Herr mit
uns!" Da nahmen zwei Ritter, der Mönch von Basel und Heinrich von
Klingenberg den blinden König in die Mitte, banden sein Roß an ihre
Rosse und stürzten mit dem Losungsworte »Praga« ins Schlacht=
getümmel.[2] Schon waren die meisten seines Gefolges gefallen, der Graf
von Salm, der Herr von Meysenburg, Heinrich von Rosenberg, Johann
von Lichtenburg, Heinrich von Klingenberg u. a., als auch der blinde König
mehrfach tödlich verletzt vom Pferde sank und heldenhaft sein Leben endete.[3]

Auf der Stelle, wo der heldenmütige König gefallen, wurde ihm, wie
französische Quellen berichten, schon 1360 ein Denkmal errichtet, welches weder
Inschrift noch Namen tragend aus einem einfachen Kreuze bestand, das
den Namen „Kreuz des Böhmen" führte.[4] Verwittert stürzte es endlich
zusammen. Im Jahre 1902 wurde es auf ein steinernes Fußgestell gesetzt,
dessen Hauptfronte geziert ist mit dem auf einem Schwerte liegenden
böhmischen Wappen und einer Inschrift, die den Tag der Schlacht und des
Königs letzte Worte angibt. Die Kosten wurden aus dem Ertrage einer
in Luxemburg, Prag und Frankreich veranstalteten Subskription bestritten.

Die arg verstümmelte Leiche des Böhmenkönigs wurde am zweiten
Tage nach der Schlacht gefunden.[5] Als Eduard III. über das Schlacht=

---

1) Benes de Weitmil S. 341. Vergl. Palacky II. 2, S. 263. „Mit diesen
Worten setzte sich König Johann beim böhmischen Volk das ehrendste
und bleibendste Denkmal; dieselben verwandelten sich in der Folgezeit in
ein Axiom bei den Böhmen; in ein Vermächtnis dieses Königs an alle
seine Nachfolger. In der Tat weist die Geschichte kein Beispiel auf, daß
ein König von Böhmen aus der Schlacht geflohen wäre. Ottokar II. und
Ludwig I. besiegelten ihre Niederlagen mit ihrem Leben.

2) Alb. Argentinensis, S. 136.

3) Benes de Weitmil, S. 341. Rex Joannes pluribus telis sagittatus
mortem subiit. Damit soll auch das eingangs erwähnte Volkslied über=
einstimmen.

4) Louandre, Hist. anc. et mod. d'Abeville, S. 143.

5) Entgegen den Berichten Froissarts, Benes von Weitmil u. a. schreibt
Palacky in seiner Geschichte des böhmischen Volkes Bd. II, T. 2, S. 69.:
„Als die Nacht anbrach, fanden sie ihn (König Johann) unter den Leichen
seiner Gefährten noch atmend an. König Eduard ließ ihn in sein eigenes

feld reitend sie unter den toten Getreuen liegen sah, rief er — ähnlich
wie genau 68 Jahre früher Rudolf von Habsburg an der Leiche
Přemysl Ottokars auf dem Marchfelde — erschütternde Worte über die
Eitelkeit aller irdischen Größe: „Heute fiel die Blüte der Ritterschaft;
nie war jemand diesem König von Böhmen gleich.[1] Ein anderes Lager
hätte ihm geziemt, als so auf der Erde zu liegen!"[2] Und die Deutschen,
die in großer Zahl in dem fremden Kampfe gefallen wären, soll er
also beklagt haben: Et bene hi in morte cum Franco pergunt, qui
eos odio prosequitur nec eis quicquam largitur: et ego eos
diligens largitus sum eisdem.«[3]

Eduard behielt von der königlichen Leiche nichts zurück, als den
Helmbusch, nämlich drei mit goldenen Treffen zusammengehaltene Strauß=
federn mit der Devise: Ich dien. Dieses Wahrzeichen gebührte billig dem
Prinzen von Wales (dem schwarzen Prinzen), der den Sieg erfochten
und dem der Väter die Ehre des Tages gab. Seitdem zieren Strauß=
federn mit der Devise „Ich dien" das Wappen der Prinzen von Wales
bis auf den heutigen Tag.[4]

Zelt tragen und sorgsam pflegen, doch hauchte er noch in derselben Nacht
seinen Geist aus."

1) Benes de Weimil, S. 342.

2) Alb. Argentinensis, S. 137.

3) Von Weech: Kaiser Ludwig der Bayer und König Johann von Böhmen,
S. 106.

4) Froissart hält nach Panli S. 404, Note 3, den ganzen Vorgang für eine
unverbürgte Fabel. Des Interesses wegen sei hier angeführt, was die
Waleser selbst über den Ursprung dieser Devise erzählen. (Vergl. Bohemia
1844, 2. Jänner): Eduard I., der Eroberer von Wales, hatte gar oft durch
Güte und Strenge die Unruhe der Waleser Häuptlinge zu bekämpfen. Einst
sollen diese ihm sogar erklärt haben, sie wollten nur einem Waleser
Könige gehorchen. „Ich will Euch einen König verschaffen." Darauf ließ
er seine Gemahlin, die sich gerade in gesegneten Umständen befand, nach
Schloß Caermarvon kommen, wo sie einen Sohn gebar. Diesen (nachmals
Eduard II.) stellte er den Häuptlingen vor und sprach zu ihnen auf
wälisch: „Eych dyn!" d. h. das ist der Mann! Und von da an führen die
englischen Thronfolger die Devise „Eych dyn!" im Wappen. Es wird aber
jetzt nicht mehr so, sondern „Ich dien" geschrieben und von den Engländern
Itsch dien ausgesprochen.

Der bekannte Reisende J. G. Kohl, der Vorstehendes in dem eben (1844)
erschienenen ersten Bande seiner „Reisen in England und Wales" erzählt,
fügt bei: „Man begegnet dieser Phrase (Ich dien) vielerwärts in England,
sieht sie an öffentlichen Gebäuden und überall, wo das Wappen des

·Der unruhigſte Geiſt, der fehdeluſtigſte Ritter ſeiner Zeit war
gefallen. Aber über ſeinen Überreſten waltete ein eigenes Geſchick, deſſen
wunderliche Laune es gefügt, daß König Johann, der Sohn und Vater
eines Kaiſers, nach ·dem Tode ſo wenig Ruhe als im Leben haben ſollte, ·
und daß der Geſchichte deſſelben bis an den Tod eine weitere faſt fünf=
hundertjährige ·Geſchichte von ſeinem Tode an folgt.

·In ſeinem Teſtament vom 9. September 1340 verlangte König
Johann „ein Grabmal, eines Ritters wert, bei den Seinen" in dem von
ſeinen Vorfahren bei einer alten Einſiedelei mitten im Walde errichteten
Ziſterzienſerkloſter Clairfontaine bei Arlon. Später änderte er jedoch dieſe
Beſtimmung und erwählte zu ſeiner letzten Ruheſtätte die Benediktiner=
abtei Münſter zu Luxemburg, wie dies aus mehreren von König Wenzeslaus
zu Gunſten der Abtei Münſter ausgeſtellten Urkunden hervorgeht.[1] Vom
Schlachtfelde ließ König Eduard die Leiche des gefallenen Helden in die
1900 Meter von Crecy entfernte Abtei Valoire bringen, in deren Kirche
er ein feierliches Totenamt halten ließ. Karl IV., der in der Nähe ſeines

___

Prinzen von Wales erſcheint. Auch iſt ſie ſo in deutſcher Form und in
deutſchen Lettern „ich dien" auf den Thronſeſſel des Prinzen von Wales
geſtickt, den man kürzlich im Parlament für dieſen jungen Prinzen errichtet
hat. Viele ſind daher auch der Meinung, daß jene Worte deutſchen Urſprunges
ſeien und ſoviel bedeuten, wie „I serve". Andere legen ſie wieder anders
aus. Über dieſen rätſelhaften Worten flattern immer die Straußfedern,
welche ·der Prinz von Wales im Wappen führt und die, wie man ſagt,
von jenen Straußfedern ihren Urſprung haben, welche Eduard, der ſchwarze
Prinz von Wales, bei Crecy dem beſiegten König Johann von Böhmen
aus dem Helm zog. Nicht nur der Prinz von Wales, ſondern faſt jedes
Kind in England führt Straußfedern, wo nicht im Wappen, ſo doch ganz
gewöhnlich auf ſeinem Hute, und ich möchte wohl wiſſen, ob dieſe Maſſen
von Straußfedern nicht eine kleine Nachahmung der prinzlichen Strauß=
federn ſind und in einer hiſtoriſchen Verbindung ſtehen mit jenen Strauß=
federn des Königs von Böhmen.

1) 1. Urk. d. Lutzemburgo die tredecima sept. 1384, laut welcher König
Wenzeslaus der Abtei Münſter den Zehnten von Hollerich ſchenkte. Im
Cartularium der Abtei Münſter, Fol. 48.

· 2. Urk. d. Coblenz am ſanct Nicolaus Tag 1384, ibid. Fol. 30. den
Zehnden zu Holdrich den wyr in (dem Kloſter von Gnaden gegeben haben
zu Dotacion ündt Stiftunge des Altars, der da ſtehet fur dem Grab deß
durchleuchtigen ſeligen Gedechtnuß Herren ·Johanes Kunigs zu Beheim.

3. Urk. d. Luxemburg, die XXI maji 1398, laut welcher ſämtliche Privilegien der Abtei Münſter beſtätigt ... Nos igitur attendentes quod
serenissimus quondam princeps dominus Johannes rex Bohemie avus
noster in eodem monasterio corporaliter jacet tumulatus.

Vaters gefochten und mehrfach verwundet mit Gewalt von einem böhmischen
Ritter aus dem Schlachtgedränge gebracht wurde,[1] war in die Abtei
Ourschamps[2] geflüchtet, um sich hier seine Wunden besorgen zu lassen.
König Eduard übergab ihm die Leiche seines Vaters. Mit angemessenem
Gepränge sollte sie zur Gruft seiner Vorfahren nach Luxemburg gebracht
werden. Für diese weite Reise mußte sie einbalsamiert werden. Das Herz
und die Eingeweide wurden im Dominikanerkloster Montargis beigesetzt,
wo schon Johanns Schwester, die französische Königin Maria, begraben
lag und erhielten wie diese ein großes Denkmal. Noch im Jahre 1792
stand dieses. Nun ist keine Spur mehr vorhanden. Zur Zeit der Revolution
wurde alles dem Erdboden gleichgemacht.

Zwölf trauerbehangene, mit des Königs umgestürztem Wappen-
schildern geschmückte Rosse zogen den Trauerwagen.[3] Am 7. September
gelangte der Zug nach Luxemburg. Der Abt von Münster, Johann von
Malberch, mit der ganzen Klerisei, von den Stadtbehörden und Einwohnern
begleitet, ging dem Leichenzuge entgegen und führte die Leiche in feierlicher Prozession in die Kirche der Altmünster-Abtei „hl. Maria", wo sie
beigesetzt wurde.[4] Damit die Benediktiner für des Königs Seelenheil
beten, befreite sie Karl IV. für ein Jahr von jedem Zoll und jeder
Abgabe und ließ zu dem Zwecke an alle Beamten den Befehl ergehen,
die Väter nicht zu beunruhigen.

Während er für seinen minderjährigen Bruder Wenzeslaus die
Regentschaft in der Grafschaft Luxemburg führte, ließ er seinem Vater
ein prachtvolles Grabmal errichten, um welches die Standbilder der fünfzig
Helden, die mit ihm bei Crecy gefallen, aufgestellt waren.[5] Im Jahre 1384
kam König Wenzeslaus nach Luxemburg. Auf die Bitten des Abtes

1) Chron. Leob. S. 968: »maxime vulneratus quod vix evasit« . . .
2) Vergl. Profop Lupač: Riscampum.
3) Alb. Argentinensis S. 137. Celebratisque solennissime exequiis ejus,
ipsum in Lützelburg cum XII. dextrariis habentibus arma Bohemiae
deorsum versa, transmisit.
4) Benes von Weitmil: »milites vero tollentes corpus regium, tulerunt
illud et sepeliverunt in lucenburga in monasterio S. Mariae ordinis
S. Benedicti.«
5) Jacobus Meyer, ad. ann. 1346. (Meyer schrieb den ersten Teil seiner
Annalen vor 1537, als dieses Denkmal in der Abteikirche noch zu sehen
war.): »Corpus Joanis Luceburgensis regis Boemiae, Luceburgum
delatum ac magnifice sepultum; ubi et facies quinquaginta nobilium,
qui cum eo occubuerunt, celatae in marmore visuntur.« Vergl. auch
Balbin Misc. dec. 2, lib. I, cap. 11. S. 54.

Mathias von Echternach errichtete er einen Altar vor dem Grabe des
Königs und schenkte dem Kloster den Zehnten unter der Bedingung, auf
dem neugegründeten Altar für die Seelenruhe des Königs Johann und
seiner Vorfahren jeden Tag das Meßopfer darzubringen.[1]

Hier ruhte nun der König, bis im Jahre 1542 Franz I. von
Frankreich, dem die Bewerbung um die deutsche Kaiserkrone mißglückt
war, die Türkenkriege benützte und in Deutschland einfiel. Auch das
Luxemburger Land wurde bei diesem Anlasse vielfach heimgesucht, Städte
und Dörfer einer gänzlichen Zerstörung preisgegeben.

Am 30. August mußte Luxemburg kapitulieren, wurde jedoch durch
den Grafen Reinier von Nassau an der Spitze eines kaiserlichen Heeres
zurückerobert. Da trotz der Vertreibung der Franzosen der Krieg noch
immer fortdauerte, so suchte man durch Anlegung neuer Festungswerke
und Ausbesserung der alten einer nochmaligen Eroberung vorzubeugen.
Diesem Zwecke mußte die Münster=Abtei und mit ihr das Grabmal des
blinden Böhmenkönigs geopfert werden. Kaiser Karl V. willigte ein und
übertrug die Einäscherung derselben dem Propst Georg von Fels.

Als die Franzosen nach der Wiedereroberung der Stadt (12. Sep=
tember 1546) vernahmen, daß die Gebeine des Königs bei der Zerstörung
der Abtei unversehrt geblieben waren,[2] ließen sie dieselben feierlich in
das Kloster der Franziskaner übertragen, wo man sie in einen einfachen
Holzsarg legte, der neben dem Hauptaltar in der Kirche aufgestellt war.

Nach Bertels, Res munsterienses trug er folgende Inschrift:

Dum Luxemburgi mea moenia rex capit armis
Franciscus Gallus, pellor ego tumulo,
Qui sceptris cessi Casimiro sponte Polonie
Regno ut rex praesens esset uterque suo,
Qui tres Augustos genui, qui lumine quamvis
Orbatus, pugna Cressiaca cecidi,
Fortiter affini pro Gallo rege Britannis
Incurrens; tribus his num merui tumulum?

Der Zudrang der Einheimischen und Fremden, diesen berühmten
König zu sehen, war sehr groß und die Franziskaner kamen diesem
Wunsche bereitwilligst nach. Die Leiche lag unbedeckt und da sie niemand
bewachte, wurde sie von den enthusiasmierten Verehrern verstümmelt.

---

1) Bertelius, Historia Lucenburg. S. 220.
2) Bertelius, S. 208.

Der Kopf und ein Teil des rechten Armes verschwanden bei solcher Vernachlässigung.[1]

Nach der Wiedereinnahme der Stadt Luxemburg durch Wilhelm v. Fürstenberg (6. August 1544) und nach dem bald darauf zu Crespy erfolgten Friedensschluß schenkte Karl V. den Benediktinern von Altmünster das Spital zum hl. Johann „im Grund“ unter der Bedingung, daß sie zum Bau eines andern Spitals eine bestimmte Summe Geldes entrichten müßten.[2] Jenes Spital, welches Heinrich VII., Graf von Luxemburg und nachheriger deutscher Kaiser, im Jahre 1309 gestiftet hatte, erhielt nun durch die Besitznahme der Benediktiner den Namen Neu=Münster. Sobald die Konventualen dieses neue Gebäude entsprechend eingerichtet hatten, hegten sie den Wunsch, wieder in den Besitz der Gebeine des Königs Johann zu gelangen, welche ihnen laut seiner letzten Willensäußerung anvertraut und nur einstweilen unter die Obhut der Franziskaner in der Oberstadt gestellt worden waren. Der Abt Bertels forderte die Überreste mit Entschiedenheit zurück. Obgleich die Minoriten einigen Widerstand leisteten, so wurden sie doch durch das Einschreiten der Stadtbehörden dem Abte zurückgegeben, welcher sie (1592) mit großer Feierlichkeit in der Abtei beisetzen ließ.[3]

Das Grabmal, welches die Benediktiner in ihrer Dürftigkeit dem König errichtet hatten, entsprach aber keineswegs der Würde des Helden. Das bewog auch Bertels Nachfolger, den Abt Peter Roberti, sich an den Erzherzog Albrecht zu wenden und ihm vorzustellen, wie unschicklich es sei, denjenigen ohne Grabmal zu lassen, dessen Heldentaten einst ganz Europa erfüllt, und von dem die jetzigen Herrscher der Niederlande die schönste Provinz erhalten hätten.[4] Diese Vorstellungen bewirkten, daß der Graf von Berleymont sofort beauftragt wurde, ein Projekt entwerfen zu lassen, welches im Oktober 1612 dem Erzherzog vorgelegt und bald auch von ihm genehmigt wurde. Kraft einer Anweisung an Ferdinand Darimont, Einnehmer zu Luxemburg, wurden dem Abte Peter Roberti 1000 Gulden bestimmt, um alle Kosten des Grabmals zu bestreiten,[5]

---

1) Res munsterienses.
2) Bertelius, S. 299 und Res munsterienses.
3) Bertelius, S. 208. Forro, dum annus MDXCII ageretur, meo studio et celebrata sollicitudine, corpus defuncti regis ex Minoritarum monasterio ad Munsteriense novum, quod pro antiquo illo diruto Caesar abbati et monachis assignavit, translatum est.
4) Res munsterienses, abbate Petro Roberti.
5) Die Anweisung de Bruxelles le XXIII, de fevrie 1613.

welches laut der Inschrift im Jahre 1613 in der Mitte des Chores in der Kirche zum hl. Johann d. Täufer errichtet wurde.

Die vom gelehrten Puteanus verfaßte Inschrift lautete:[1]

Joannes Rex Bohemiae,
Comes Luxemburgensis,
Henrici VII. imperatoris filius,
Caroli IV. imperatoris pater,
Wenzeslai et Sigismondi imperatorum avus
Princeps animo maximus,
Sed uno corporis vitio infelicior quod coecus,
In Britannos auxilia pro rege affine ducens
Proelio cressiaco cecidit.
Acie disrupta, rebusque desperatis in victores irruit,
Et cum non videret hostem, periit
Non pugnando tantum, sed occumbendo fortis,
CIƆCCCLVI.[2] IX. Kalend. septemb.
Tantum heroem iacere sine epitaphio
Magnus Belgarum Princeps Albertus non passus,
Liberalitate et munificentia sua
Monumentum hoc fieri curavit.
Et iniquae sortis, sed invictae virtutis memoriam
Aeternitati commendavit.

CIƆDCXIII.

Aber der Abt des Klosters Peter Roberti trug es schwer, daß die Leiche des Königs so arg verstümmelt war. Unermüdlich forschte er nach den verschwundenen Körperteilen. Endlich[3] erfuhr er, wie er in seinem Schreiben erzählt, aus zuverlässiger Quelle (die Regentin Elisabeth spricht

---

1) Res munsterienses, P. Benoist, Bertholet, VI, 176. Vergl. Pelzel im Leben Karl IV.
2) Richtig 1346.
3) Folgende Darstellung, die selbst dem gründlichsten Biographen Johanns von Luxemburg Dr. Schötter (1865) gänzlich unbekannt ist, ermöglichten die drei im Urtext folgenden Briefe, welche H. Archivar Schulz (Prag, Landes-museum) in »Eifflia (Borealis) illustrata studio Joannis Fridrich Schannat Luxemburgensis etc.« in Abschrift gefunden hat, die mit dem Manderscheidschen Archiv dem Landesmuseum geschenkt wurden. Eine Anspielung auf den ganzen Vorgang findet sich schon in Millauers „Grab-stätten und Grabmäler der Landesfürsten Böhmens" (Prag, Haase 1830), Seite 53.

von geschriebenen Dokumenten), daß Hermann Graf von Manderscheid-Blanckenheim das Haupt des Böhmenkönigs erworben und in seiner Sammlung auf Schloß Blanckenheim verwahrt habe. Wie dieser gebildete Reliquiensammler in dessen Besitz gekommen, ist unbekannt. Graf Hermann starb kinderlos 1604. Sein Bruder Arnold trat das Erbe an. An diesen nun wandte sich, wiewohl persönlich unbekannt, der Abt, nachdem ein. früheres Schreiben um Fürsprache des ihm persönlich befreundeten Karl von Manderscheid auf Geroldstein vergeblich geblieben war, mit folgendem Schreiben:

Generosissime ac Praeillustris Domine Comes!

Vestrae Dominationi generosissimae, qua decet humilitate et reverentia expono, quod, cum corpus serenissimi quondam Joannis, Boemiae regis, comitis Luxemburgensis, ab anno 1346 defuncti sepultum jacuisset in monasterio antiquo Munsteriensi, juxta Luxemburgum usque in annum 1542, quo, propter dicti monasterii destructionem, translatum fuit ad Ecclesiam Franciscanorum inibique in theca lignea, post summum altare positum, et interim satis negligenter custoditum, adeo, ut cuivis licuerit non solum illud oculis intueri: verum etiam manibus contrectare, inde acciderit primarium corporis membrum, caput scilicet, et bonam brachii dextri partem aufferi, sic, ut, quonam ea devenissent, innotescere non potuerit, donec Ego, abhinc uno ferme anno probabiliter audierim, caput ipsum generosissimo domino Hermanno, comiti in Blankenheim, gratiae vestrae praeillustris defuncto fratri, obtigisse, et in suum istic castrum fuisse delatum; quae res non minimo me gaudio affecit ob spem conceptam recuperandi dictum caput, ejusdemque cum corpore postliminio restituendi, praesertim cum sumptibus serenissimi principis nostri supremi Alberti archiducis, egregium satis sepulchrum, epitaphiumque dicto Joanni regi modo in ecclesia nostra quiescenti adaptetur. Inde est, quod ego minus Vestrae gratiae praeillustri notus, notior autem aliquantum ejusdem consanguineo, generosissimo domino Carolo, comiti in Manderscheit, Gerolstein etc. suae gratiae humiliter scripto supplicaverim, ut pro me dignetur apud Vestram generosissimam Dominationem intercedere, quatenus praelibatum regis Boemiae caput ex gratia speciali nobis restitui juberet, quod, etsi avide hactenus exspectarim, minime tamen accidit. Quocirca ausus sum,

meas iteratas preces recta ad Vestram generosissimam Dominationem praesenti scripto dirigere etc.

       humillimus in Christo servus

              Frater Petrus Roberti, abbas.

Ex abbatia Munsteriensi

   Luxemburgi hac 21. Julii 1614.

   Generosissimo ac Perillustri Domino Domino Arnoldo,
comiti in Manderscheit, Blanckenheim, Domino in Daun, Juncke-
radt etc.

Graf Arnold willfahrte der Bitte des Abtes um Ausfolgung des
Kopfes Johanns von Luxemburg an das Kloster nicht, vielleicht des=
halb, weil er, ehe er noch eine Entscheidung treffen konnte, am 18. Sep=
tember 1614 starb. Die feierliche Beisetzung der in der Abtei befindlichen
Überreste fand erst im Jahre 1618 in Gegenwart des Adels und einer
großen Volksmenge statt. Peter Roberti gab aber seine Bemühungen,
die Königsleiche pietätvoll wiederherzustellen, nicht auf. Über seine Vor=
stellungen wandte sich die niederländische Regentin, Erzherzogin Isabella,
selbst an den neuen Besitzer jener teueren Reliquie, den Grafen Joh.
Arnold von Manderscheid. Sie ersuchte ihn eindringlich, das in seinem
Besitze befindliche Haupt des Böhmenkönigs freiwillig auszufolgen und
der Münsterabtei zurückzuerstatten. Das Schreiben lautet:

Isabella, Clara Eugenia von Gottes Gnaden Infantin zu Hispanien,
Erzherzogin zu Österreich, Herzogin zu Burgundt etc. Wohlgeborner
lieber besonder! Wir mogen Euch hiemit gnädiglichen nit verhalten, was
maßen hiebevor, als man eine gewiße, nedt an der stet Luxemburgh
gelegne, vnd bey dem vor zeiten vorgegangenen Krieg ruinirte Kirch),
Altmunster genant, ausraumen vnd wider in Etwas repariren lassen
wollen, daselbsten vnder anderen vielen begrebnußen ein gewißen Sarck=
stein entdeckt, vnd darinn weyland Konig Joannis in Böhmen, Herzogen
zu Luxembourg, Leichnam allerdings gantz vnd vnverwesen (außerhalb
des Haupts) gefunden worden. Solches auch noch heutiges tags solcher
gestalt in dem in der stett Luxemburgh fundirten Gotteshauß Munster
genannt, (als dahin Es hernacher transferiret vnd in gewißes von vns
daselb angeordnetes monument gelegt worden) verwahrt vnd vorgezeigt
wurde.

Vnd weilen dan Zeithero, wie wir berichtet werden, aus gewißen
alten brieflichen documenten so viel nachrichtung erlanget, als solte solches
ermanglendes Konigliches Haupt in Ewer Vorelteren gewalt gewesen vnd

also bey Euch zu finden ſeyn, derhalben wir ſo wol wegen der furtref-
lichen tugentſamm qualiteten, damit ſelbiger Konig gerumbt wurdt, als
auch inſonderheit dieweil Er ein Hertzog von Luxemburgh geweſen iſt,
gern ſehen wolten, daß daßelbig wider zu hant gebracht, vnd zu dem
Leichnam gefugt werden möchte.

Als werden wir dahero veranlaßet gegen Euch hiemit gnediglich
geſinnet, vnd begehrend, Ihr wollet obgenantes Haupt nit länger aufhalten, ſondern gutwillig heraußer geben und dem obgenanten Gotteshauß Munſter auf ſein gebuhrliches anſuchen und geſinnen folgen laſſen.
Ahn deme beſchicht vns ſonderes angenehme gefallen, ſo wir in gnaden
und allen guten, damit wir Euch vordriſt wohlgewogen ſeindt zu erkennen,
unvergeßen ſein ſollen. Datum Brußel den 17. Januarii anno 1630.
Iſabella.

Dem Wohlgebornen, vnſerm beſonder lieben Johan Arnold, Graff
von Manderſcheit und Blanckenheim, Herr zu Junkerodt, Dhaun etc.

Dieſer Aufforderung willfahrend ſchickte der Graf ſeinen Rat und
Verwalter auf Hammerſtein und Blanckenheim, den Herrn Dittrich Ludwig
von Boulich, eigens nach Luxemburg, daß er perſönlich das königliche
Haupt dem Abte des Kloſters von Neu-Münſter übergebe.

Erzherzogin Iſabella dankte wie folgt:

Iſabella Clara Eugenia von Gottesgnaden Infantin zu Hiſpanien etc.
Wohlgeborner beſonders lieber!

Wir haben aus Eweren vnderthanigſten vns zu recht vberliefertem
wiederantwortlichem ſchreiben vom 16. Juli jungſthin mit mehrerem
woll vernohmen, wie gutwilligh vnd willfahrich Ihr Euch auff vnſer
vnlangſt ahn Euch, wegen Weylandt des durchlauchtigſten Konigs Johannis
in Boheimb, vnd Hertzogen in Luxemburgh hochſeligſten andenckens in
Ewerer Voreltern gewaldt bis dahin geweſenes Konigliches Haupts, ge-
langtes gnädiges geſinnen, damit nemlichen ſolches dem Abten des
Gotteshauß zu Munſter bey Luxemburgh, als daſelbſten hochgedachtes
Konigs Leichnam verwarlich gehalten wirt, ausgefolgt vnd darzu gelegt
werden moge, erzeigt vnd mit was promptitud ihr ſolches auch jetz gemelten Abten durch Eweren expreſſe nacher Luxemburgh abgefertigten
Rath vnd Ambtman Diedrich Ludwig von Boulich, zu obgenantem
Endt einhändigen vnd zuſtellen laſſen.

Vnd gleich wie daraußen Ewer dienſtwilliges gegen Vns tragendes
gemuth woll abzunemmen, vnd zu verſpuren, alſo gereicht vnß auch
ſolches zu ſunderbarn angenehmen gnadigen gefallen, vnd wiſſen wir

euch) deshalben sonderbaren gnädigen banck, vnd sollen nit vnderlaßen
solches in vorstallenden occasionen in gnaden, damit wir Euch ohne daß,
wohlgewogen seindt, zu erkennen.

.Datum Brußel ahm 15. Novemb. a. 1630. Isabella.

Dem Wohlgebornen vnsern besondern lieben Johan Arnolt Grafen
zu Manderscheid.und zu Blanckenheim etc.

Nachdem nun die Leiche wiederhergestellt war, glaubte man ' das
Andenken des Königs gesichert zu haben. Allein schon 1682 fielen über
Beschluß der berüchtigten Reunionkammern die Franzosen unter Marschall
Créqui wieder in Luxemburg ein und gewannen nach mehreren vergeb=
lichen Versuchen die Festung am 4. Juni 1684.[1]) Dabei wurde die Abtei
und das Hospital St. Jean wieder eingeäschert (22. Mai),[2]) das Grab=
mal zerstört und die Gebeine, nicht ohne selbst vom Brande gelitten ' zu
haben, in das Benediktiner=Refugium in der Oberstadt gebracht.

Im Jahre 1688 bewilligte Ludwig XIV. zur Wiederherstellung
der eingeäscherten Abtei die Summe von 2000 Talern[3]) und die Über=
reste des Königs Johann kehrten mit den Mönchen in dieselbe zurück.
Der Sarg, der anfangs auf der rechten Seite des Hauptaltars aufgestellt
war,[4]) wurde später in einen Altar, „das heilige Grab" genannt, gelegt.
welches jetzt noch in der Muttergottes=Kirche zu Luxemburg aufbewahrt
wird.[5]) Die Benediktiner von Neu=Münster zeigten den Fremden und
Neugierigen die Überreste des blinden Böhmenkönigs, welche bunt durch=
einander in einem hölzernen Kasten lagen und mehrere angebrannte
Knochen enthielten, ein Beweis, daß bei der zweiten Einäscherung der
Abtei die Gebeine große Gefahr liefen, eine Beute der Flamme zu werden.

---

1) Bertholet VIII, 83.

2) Devisé, S. 170; vergl. Schötter, S. 298.

3) Bertholet V, 362.

4) Merjai, 24. partie: Quant à son precieux corps, il ne se trouve
pas dans ce tombeau, mais il est déposé dans la chapelle de Mr.
l'abbé dans un beau cercueil en bois qui 'est fermé par une clef
et comme j'ai vu le reste de son corps qui avait été embaumé
que je vis qu'il n'était pas d'une grande taille mais même d'une
médiocre et j'eus la douce satisfaction de baiser plusieurs fois la
tête. Ce bon Prince etc.

5) Folgende Inschrift meldet ihren einstigen Beruf: D. O. M. Hoc sub
altari servatur Johannes rex Bohemiae, Comes Luxemburgensis etc.
obiit MCCCXL... 30. Aug. Vergl. auch Martiniers Lexikon 1747;
Artikel Luxemburg (nach Millauer „Grabstätten" 1830).

Auch den Böhmen war das Andenken an ihren ehemaligen König
teuer. Als im Jahre 1744, so erzählte der Feldmarschall Bender, Gou-
verneur von Luxemburg, ein Regiment Böhmen nach den Niederlanden
zog, und unterwegs erfuhr, daß König Johann in Luxemburg begraben
sei, verlangten sie einmütig, denselben zu sehen, was ihnen auch sehr gern
gestattet wurde. Ein jeder wollte ein Stückchen von den Gebeinen haben,
das man als eine teure Reliquie aufbewahrte und so wurde der Leichnam
durch diese übertriebene Begeisterung der böhmischen Soldaten sehr beschädigt.
Nur der untere Teil des Körpers und der Kopf sind noch gut erhalten.[1]
Unterdessen drohte dem König neue Gefahr und zwar wieder von dem
Volke, für welches er auf dem Schlachtfelde von Crecy sein Leben auf-
geopfert hatte. Bald nach dem Ausbruch der französischen Revolution
erschienen ganze Scharen von Sansculotten an den Grenzen Luxemburgs.
Mehrere Ortschaften wurden geplündert und eingeäschert. Nach den
Prinzipien des National-Konvents sollte mit der alten Ordnung gebrochen
werden. Die Klöster wurden aufgehoben. Kein Denkmal, welches an das
Königtum errinerte, wurde verschont, sogar die Königsgräber in der Abtei
St. Denis wurden zerstört. Am 30. November 1794 wurde auf Befehl
des Konvents die Stadt und Festung Luxemburg belagert und am
7. Juni 1795 mußte der Feldmarschall Freiherr von Bender, der Gou-
verneur der Stadt, kapitulieren.[2] Noch vor der Einnahme der Stadt
versammelte Bernard Weis, der letzte Abt von Münster, den Fabrikrat
gegen Mitternacht, und da jede Hoffnung auf Entsatz geschwunden war,
so vertraute er jedem Mitglied einen Teil der Ornamente, Reliquien,
hl. Gefäße an, um sie vor der Entweihung einer rohen Soldateska zu
schützen. Auch die Gebeine des Königs Johann wurden nicht vergessen.
Peter Britzem, ein Schmied der Abtei und Peter Welter, ein Diener
des Prälaten, trugen sie während der Nacht in die Wohnung des Bäckers
Adam Bastien, welcher in der Münsterstraße wohnte. Das hl. Grab, in
welchem die Überreste des Königs lagen, wurde nach der Eroberung der
Stadt nebst der übrigen Einrichtung der Münsterkirche der Kirche zu
U. L. Frau in der Oberstadt überwiesen. Nur wenige Personen hatten
Kenntnis von der Zufluchtstätte, welche der blinde König gefunden;
sogar die Angehörigen des Bäckers wußten nicht, daß ihnen die Ehre
zuteil ward, den größten Luxemburger zu beherbergen. Adam Bastien

---

1) Vergl. Brief des Marquis de Villers an Boch-Buschmann, abgedruckt in
des letzieren anonymen Broschüre Jean l'aveugle, de 1795 à 1838, S. 10.
2) Engelhardt, Geschichte der Stadt und Festung Luxemburg, S. 245.

hatte ihn sorgfältig unter dem Dache in einer Grotte beigesetzt, welche
in dem dicht anliegenden Felsen ausgehauen war, deren Zugang er mit
einem Haufen Holz verrammelt hatte. Hier ruhte der König ungefähr
vier Jahre. Als das Ende seines Lebens herannahte, fühlte sich Bastien
beunruhigt wegen des Schicksals, welches die Überreste des Königs nach
seinem Tode haben würden. Die Verantwortlichkeit, das Eigentum des
ganzen Volkes in Verwahrung zu haben, lastete schwer auf ihm. Um
seinen Kindern Unannehmlichkeiten zu ersparen, begab er sich zu dem
damaligen Vorsteher der Gemeinde Luxemburg Dutreux-Boch und ent=
hüllte ihm das Geheimnis.[1]) Dieser beeilte sich seinen Schwiegervater
J. P. Boch, Eigentümer einer bedeutenden Fayencefabrik in Sieben=
brunnen, davon in Kenntnis zu setzen. Ein Geistlicher aus Wiltz, namens
Thilges, der damals bei Boch zu Siebenbrunnen wohnte, trat in Unter=
handlung mit dem Pfarrer von Münster, Johann Funk, und dem Kellner
der Abtei, welche, unter dem Vorwande, die Gebeine des Königs wären
außerhalb der Stadt sicherer als in der Festung, ihre Einwilligung gaben,
daß dieselben zu Boch nach Siebenbrunnen gebracht werden. Dieser ließ
den Leichnam des Königs durch einen seiner Arbeiter während der
Nacht aus dem Hause Bastions wegnehmen.[2])

Noch an der Torwache sagte ein Soldat, welcher Wache stand:
Sacré nom de Dieu, ne dirait on pas que celui-là porte un mort?
Doch ließ er ihn durch. So gelangte J. P. Boch in den Besitz der
königlichen Überreste, ohne daß jemand gewußt hätte, was aus denselben
geworben. Die allgemein verbreitete Meinung war, die Leiche sei von
den geflüchteten Mönchen nach Prag gebracht worden.[3]) Im Mansarden=
stock des Bochschen Hauses war hinter allerlei Gerümpel eine kleine Türe
versteckt, welche zu einem kleinen Kämmerchen führte. Da wurde der
König einlogiert. Auch hier empfing er Besuch; denn sobald ein Fremder
in diesen gefährlichen Zeiten ins Haus kam, eilten die beiden Töchter
von Bochs Oheim in jenes Versteck und setzten sich still auf den Sarg.
Bochs Oheim wurde in Metz guillotiniert, weil er angeblich einem
preußischen Soldaten Führerdienste geleistet. Seine Töchter mußten sich

---

1) Würth-Paquet († 1861) an Schötter vergl. daselbst S. 301.
2) Offizieller Bericht des königl. Prokurators Würth-Paquet a. 1836. Vergl.
   Jean l'aveugle, S. 4, dem die nachfolgende Schilderung entnommen ist.
3) Eine in tschechischen Kreisen noch vielfach verbreitete Ansicht. Vergl. Světo-
   zor 1893, Bd. 27, S. 120. Mrtvola krále Jana . . . pak koneěně pře-
   vezena do Čech.

darum verſteckt halten, weil die „liebenswürdigen Nachbarn" nicht nur
den Royaliſten die Köpfe abſchnitten, ſondern auch denen, die ihre
emigrierten Verwandten bei ſich aufnahmen.

Im Jahre 1809 verließ Boch=Buſchmann, wie er in ſeinem Schriftchen
an Freunde und Widerſacher erzählt, das väterliche Haus, um ſich in
Mettlach niederzulaſſen. Die Gebeine des Königs wurden mit verſchie=
benen naturhiſtoriſchen Gegenſtänden und ſonſtigen Seltenheiten eingepackt
und dorthin gebracht. Ja, Boch=Buſchmann freute ſich ſogar ein Werk=
zeug in den Händen des Schickſals zu ſein, welches[1] den König Johann
nach ſeinem Tode ein irrendes Leben zu führen gezwungen habe, weil
er bei Lebzeiten immer das Schwert ſchwingend durch ganz Europa
gezogen ſei.

„In Luxemburg kümmerte ſich niemand mehr um dieſe alten Ge=
beine zu einer Zeit, wo es dort keine Liebe zum Vaterlande gab, nur
demütige Verehrung Napoleons und man keine andere Ehre kannte als die
er verlieh und entgalt." Dieſer gehäſſige Ausfall Bochs gegen die Luxem=
burger iſt aber unbegründet und ſoll ſeine Tat in beſſerem Licht erſcheinen
laſſen. Nicht Pietät gegen die Gebeine des Königs war es, die ſein Handeln
bedingte, ſondern ſein Sammeleifer, ſein Raritätenkabinett um eine wert=
volle Nummer zu bereichern. Die Gebeine blieben in derſelben unſchein=
baren Kiſte liegen, in der ſie gebracht worden waren. Erſt ſpäter, als
die Sache herauskam und ein gewaltiger Sturm der Entrüſtung über
den unwürdiden Schacher mit den Überreſten des Königs ſich erhob,
ſprach Boch vom Napoleonkultus, über dem man den blinden Helden
vergeſſen habe. Dabei war die Verehrung Napoleons keine ſolche als
Boch vorgab. Denn zur Zeit, als die Gebeine Johanns von Siebenbrunnen
nach Mettlach gebracht wurden, war Napoleon keineswegs das Ideal
des Luxemburgerlandes, das während ſeines erſten Konſulates und ſpäteren
Kaiſertums unter der Franzoſenherrſchaft ebenfalls zu leiden hatte und
darum keine ſolche Begeiſterung für ihn haben konnte, ſo gewaltig er
auch ſein mochte. Zu Mettlach an der Saar fand König Johann einſt=
weilen eine Ruheſtätte in Bochs naturhiſtoriſchem Kabinett.

Friedrich Wilhelm IV. ſollte es vorbehalten ſein, der ſo lang und
ſo oft entweihten Königsleiche eine bleibende Ruheſtätte zu gewähren.
Als Kronprinz beſuchte er 1833 die Rheinprovinz und kam bei dieſer

1) Bertholet, Geſchichte Luxemburgs. Vergl. Jean l'aveugle roi de Bohême,
Seite 5.

Gelegenheit auch auf die geschichtlich merkwürdige Klause zu Kastell. Von dem Empfang angenehm überrascht war er von der Schönheit und dem Reize der Gegend entzückt. Da trug der damalige Landrat des Kreises Saarburg, v. Cohausen, dem Kronprinzen im Namen der Einwohner von Kastell die Bitte vor, die Klause als Geschenk anzunehmen, was auch geschah. Balb darauf kam er nach Mettlach und übernachtete bei Boch-Buschmann. Dieser führte den kgl. Gast durch die großartigen Räume der früheren Benediktinerabtei und in das zur Fabrik gehörende Museum. Scherzweise bemerkte er, daß er in seinem Hause noch einen zweiten königlichen Gast beherberge. Darauf zeigte er dem Kronprinzen einen kleinen, blaulackierten, seit 24 Jahren sorgfältig bewahrten Sarg mit den Überresten des Königs von Böhmen. Beim Anblicke derselben sprach Friedrich Wilhelm seufzend: der arme König! Balb nachher erhielt Boch-Buschmann im Auftrage des Prinzen einen Brief mit der Frage, ob es möglich wäre, die Gebeine des Königs gegen ein Geschenk zu erhalten, da es dessen Absicht sei, diesen in der Klause zu Kastell eine würdige Ruhestätte zu bereiten. Boch-Buschmann erklärte sich sogleich hiezu bereit und erhielt vom Kronprinzen als Gegenschenk einen Monumentalbrunnen, der im inneren Hofe der vormaligen Abtei aufgestellt wurde. Der Brunnen ist aus Berliner Gußeisen hergestellt. Über drei Brunnenschalen erhebt sich das Postament, auf welchem in voller Rüstung, die beiden Hände auf das Schwert gestützt, der König Johann steht, auf dem Haupte den geschlossenen Helm mit drei Federn und der Devise: Ich dien. Der Rand der mittleren Schale trägt die Inschrift, welche die Absicht des Geschenkes und den Tag des Aufenthaltes des Kronprinzen in Mettlach besagt:

Imaginem pro corpore regis Boemorum Joannis
Fredericus Guillelmus regis Borussorum filius Regni
Heres, donavit Joan. Franc. Boch-Buschmann.
D. XI. Novemb. MDCCCXXXIII.

Im Jahre 1836 verbreitete sich plötzlich das Gerücht, die Gebeine des Königs Johann befänden sich zu Mettlach im Besitze Boch-Buschmanns, der sie dem Kronprinzen von Preußen zum Geschenke gemacht habe. Diese Nachricht wirkte wie ein Donnerschlag auf das Luxemburger Volk, welches seit der Eroberung der Stadt durch die Franzosen nicht wußte, wohin des Königs Überreste gekommen waren.

Während sich einerseits große Begeisterung für König Johann kundgab, erhob sich anderseits im ganzen Lande ein Schrei der Ent-

rüstung gegen Boch=Buschmann, dem man das Recht absprach, die Gebeine
des Königs, das unveräußerliche Eigentum des Luxemburger Volkes, zu
verschenken.

Nach mehrfachen Unterhandlungen wandte sich die Gemeindebehörde
von Luxemburg direkt an den Prinzen von Preußen, daß die Gebeine
des großen Luxemburgers dem Luxemburger Volke zurückerstattet würden
(20. Mai 1837).

In der Antwort, welche der Prinz unter dem 27. Dezember 1837
der Stadtbehörde zukommen ließ, hebt er besonders die Größe des Opfers
hervor, das man von ihm verlange, da König Johann unter seine und
seiner Gemahlin Vorfahren gehöre, erklärte sich jedoch bereit, die ehr=
würdigen Überreste des Königs den Luxemburgern zurückzugeben, sobald
nach definitiver Regelung des Verhältnisses Luxemburgs mit Belgien das
Grabmal, in welchem seine Gebeine aufbewahrt wurden, wiederhergestellt
und in den Zustand gesetzt würde, wie es vor dem Ausbruch der fran=
zösischen Revolution gewesen. Während dieser Verhandlungen war das
Mausoleum vollendet worden, welches der Kronprinz dem König Johann
in der Kapelle der Klause zu Kastell zu errichten beschlossen hatte. In
dem Erdgeschoß der Kapelle, das wie ein Sanktuarium von farbigen,
verschieden geformten Glasscheiben nur matt beleuchtet ist, wurde 1838
ein prachtvolles Grabmal aus schwarzem Marmor aufgestellt, worin die
Überreste des Königs Johann an demselben Tage und zu derselben
Stunde, da er in der Schlacht bei Crecy vor fast 500 Jahren den Tod
gefunden, feierlich und mit kirchlicher Einsegnung beigesetzt wurden. Auf
dem schon alten Sarge, in dem die Leiche sich zunächst befindet, ist in
erhabener Arbeit ein Ritter in Harnisch zu Pferde dargestellt, vor ihm
eine Kanone, deren man sich in der Schlacht bei Crecy zuerst bedient
haben soll, daneben ein Sensenmann mit seinem Machtspruche: JE
UAINCS TOUT.[1] (Ich überwinde alles.) Auf den vier Ecken des
Sarkophages steht ein Löwe aus Bronze, jeder das Luxemburger
Wappenschild tragend. Auf diesen vier Löwen ruht über dem Sarge eine
Marmorplatte, auf welcher sich eine Königskrone in antiker Form befindet
und darunter eine metallene Tafel, die in erhabenen gotischen Lettern
folgende — in einzelnen Punkten unrichtige — biographische In=
schrift trägt:

---

1) Dr. Hewer, Castell, eine historische Topographie 1839, S. 7 u. ff. Vgl.
auch Ost und West 1840, S. 159, eb. Květy 1840.

Joannes, Henrici VII. Imperatoris Romani filius unicus, natus
Anno post J. Ch. a. 1297 [1]) hereditate paterna Comes Luxemburgensis,

Suae gentis duodecimus; [2]) Elisabetae prioris uxoris iure rex
Boëmorum; patre per Italiam proficiscente imperii vicarius,
Nobilissimis antiquitate majoribus prognatus, Ipse illustrissimae
Amplissimaeque stirpis progenitor, Caroli IV. Imperatoris Romani
Pater, Wenceslai et Sigismondi Impp. Romm. Avus, multarum
Inde gentium hodieque florentissimarum auctor.

Vita eius fuit variis casibus jactata, plena Periculorum, rebus
Gestis praeclara. Triginta quinque annorum Spatio multas multis
In locis pugnas in Germania, in Lituania, in Polonia, in Italia, in
Francogallia, in Belgico pugnavit. Armis invicto hostilis dolus
infudit venenum, [3]) quo ille non vitae quidem luce, at oculorum
luminibus

est privatus. Corporis integritas labefactari, Animi magnitudo
inflecti non potuit. Vir enim fortissimus, quamvis coecus, promissa
praestans Philippo VI. Valesio, Francogallorum regi, contra Anglos
auxilio venit. Celeberrimo in praelio, quo anno 1346 a. d. 26 m.
Augusti dimicatum est, equo inter duos militum equos frenis
illigato, in mediam se hostium aciem immisit, cominus acerrime
pugnavit, denique vehementissime adorientium multitudine
circum —

fusus mortem occubuit vitae similem, sua dignam virtute.
Quem vivum exercuerat, eadem fortuna vel mortuum iactare voluit.
Moriens, ut in aede Abbatiae Clarofontanensis sepeliretur, impera —
rat. [4]) Secus tamen, ac voluit factum. [5]) Eduardus III. enim
Anglorum

rex, victor victi virtutem comprobans, funus omnibus, ut par fuit,
honoribus cum equite tum principi debitis Luxemburgum prose —
cutus et, ibique in basilica sanctae Virgini Nostrae Dominae dedi —

---

1) Richtig 1296, nach Chron. aul. reg.
2) Nach Schötter war Johann feines Stammes nicht der zwölfte, sondern
   der vierzehnte.
3) Vergl. biographische Einleitung.
4) Vergl. Testament, das Johann 6 Jahre vor feinem Tode 9. September 1340
   gemacht hat.
5) Vergl. Änderung des ursprünglichen Testamentes.

cata composuit. Unde cum ossa anno 1542 in coenobium monachorum
sti Francisci regulae addictorum essent translata, rursus anno 1592
in nova, quae dicebatur, basilica sunt recondita, iisque Albertus
archidux Austriacus a. 1613 mausoleum exstruxit. Anno 1654.[1]
Cum Francogallorum exercitus Luxemburgum obsideret, sancta
illa aedes quidem una cum duobus suburbiis incendio deleta
est, corpus tamen viri illustrissimi ab interitu servatum.

Extremo fere seculo 17 coenobio cum aede restituto, ossibus
denuo locus pone summum altare assignatus. Francogalli vero
cum anno 1795 repetita eademque funestiore irruptione rever —
tissent, monachorum quidem collegium dissolutum est, inclyti
autem corporis, quod supererat Luxemburgensium fide hostili
furori ereptum et reservatum, donec Fridericus Guilelmus
Friderici Guilelmi III. Borussorum regis filius, regni heres,
cum uxore illustrissima Elisabetha Ludovica ex regum Bava —
ricorum stirpe, reliquiis fortissimi regis, quem ipse septimo
decimo gradu, illa quinto decimo attingeret, hoc sepulcrum
monumentumque statuit, dicavit, consecravit.

Die Bedingungen, unter denen sich der Kronprinz zur Rückgabe der
Überreste des Königs an die Luxemburger bereit erklärte, gingen in
Erfüllung. Luxemburgs Verhältnis zu Belgien wurde durch den am
19. April 1839 zu London geschlossenen Vertrag der „24. Artikel" geregelt.

Und was die Wiederherstellung des Grabmals betraf, in welchem
früher die Gebeine des Königs Johann aufbewahrt wurden, so blieb in
dieser Hinsicht nichts zu tun übrig, da dasselbe noch immer in der Lieb=
frauenkirche stand und sich in demselben Zustand befand, in dem es die
französische Revolution gelassen.

Im Mai 1839 kam Friedrich Wilhelm nach Luxemburg und der
Schöffenrat der Stadt benützte diese Gelegenheit, um wegen Übergabe
der Gebeine nochmals vorstellig zu werden. Der Prinz wiederholte sein
schriftlich gegebenes Versprechen und drückte seine Bereitwilligkeit dazu
aus. Der Gemeinderat glaubte jedoch, daß das Grabmal, in welchem
König Johann seit dem Ende des 17. Jahrhundertes geruht hatte, nicht
würdig sei, die Überreste nochmals zu empfangen. Am 5. Juni 1839

---

1) Richtig 1684, in welchem Jahre das Kloster Münster zerstört wurde.

wurde beschlossen, auf dem Wege einer Subskription ein prachtvolles Denkmal auf einem öffentlichen Platz zu errichten.

Eine hiezu eingesetzte Kommission leistete jedoch nichts die Sache Förderndes, und so wurde am 30. März 1844 ein Rundschreiben in deutscher und französischer Sprache erlassen, durch welches eine neu ergänzte Kommission das Luxemburger Volk zur Teilnahme an dem vaterländischen Werke aufforderte. Trotz aller Begeisterung stellten sich immer neue Schwierigkeiten auch baulicher Art der Aufführung entgegen, so daß die Kommission schließlich entmutigt jede weitere Tätigkeit einstellte.[1]

Inzwischen wurde über Auftrag Friedrich Wilhelms in der Grab-kapelle zu Kastell ein Altar gebaut. Der Altartisch ruht auf Säulen, in deren romanischen Kapitälen die preußischen und böhmischen Wappentiere dargestellt sind. Zu beiden Seiten und über der Tür in der Rückwand der Kapelle ist der Stammbaum des Königs Friedrich Wilhelm und seiner Gemahlin Elisabeth dargestellt. Die Wappen und Namen sind durch Astwerk verbunden und bis zu dem gemeinsamen Stammvater, dem König Johann, hinaufgeführt. Am 26. August 1846, dem 500. Gedenktage der Schlacht bei Crecy, wurde mit entsprechender Feier ein Kreuz vor der Kapelle errichtet. Einem zufällig anwesenden Fräulein aus Prag[2] wurde als der einzigen Repräsentantin aus Böhmen die Ehre des dritten Hammer-schlages auf dem Grundstein des Kreuzes zuteil. Zum Andenken daran erhielt sie einen Tonbecher, der wie ein gotischer Turm geformt das Bildnis des blinden Böhmenkönigs trägt. Solche Becher wurden zu dieser Feier eigens verfertigt und verkauft. Über den Ursprung und die Bestimmung der ganzen Anlage auf Kastell gibt eine Inschrift Auskunft, die, im Vorgemach der Kapelle angebracht, besagt:

„Des verewigten, ewig teuern Königs Friedrich Wilhelm IV. hoher Sinn hat diese Römerfeste der Vergessenheit entrissen. Er hat der irdischen Hülle des stammverwandten Heldenkönigs Johann von Böhmen hier eine Ruhestätte erbaut."

Die Oberaufsicht über die Klause führt seitdem der königliche Landrat von Saarburg. Die Kosten der Erhaltung fallen dem Kronfideikommiß-fond zur Last. Durch das königliche Hofmarschallamt wurde am 22. Oktober 1879 die Fortschreibung des Besitzes, welcher bis dahin auf den

---

1) Vergl. Schötter, Johann Graf v. Luxemburg, König von Böhmen, S. 315 ff.
2) Květy 1848, S. 18.

Namen des Königs Friedrich Wilhelm IV. eingetragen war, auf den des Kronfideikommisses des königl. Brandenburgischen Hauses im Grundsteuerkataster angeordnet. [1]

Wenngleich König Johann entgegen seinem letzten Wunsche, im Luxemburger Lande seine letzte Ruhestätte zu finden, nach langer Wanderfahrt auf deutschem Boden zur Ruhe gebettet worden ist, so ist er als tapferer Krieger und größter Held seiner Zeit hier von einem ehemaligen römischen Kastell umgeben und ruht auf seinem einstigen Besitztum bei Blut= und Stammverwandten. Ob jetzt seine 500jährige Wanderfahrt nach dem Tode zu Ende ist? Wer weiß es? Vielleicht geht sein heißer Wunsch „ein Grabmal bei den Seinen in Luxemburg" zu finden, einst doch noch in Erfüllung.

---

[1] Laut Testament vom 13. April 1849 bez. dem Kodizil vom 16. August 1850 sind die Klause nebst Park und Elisensitz (nach der Gemahlin Friedrich Wilhelm IV. benannt) nach dem Ableben König Friedrich Wilhelm IV. in den Besitz der Krone übergegangen.

Im Jahre 1898 wurde der Besitz auch im Grundbuche der Gemeinde Castel-Stadt eingetragen. (Offiz. Bericht des Landrates von Saarburg.) Vergl. auch Lackas „Ein Königsgrab an der Saar" 1904. S. 40.

Die älteste Kurliste Franzensbads.

Von

Dr. Karl Siegl.

Wann der „Schladaer Säuerling"[1]) oder „Egerer Sauer=
brunn", der spätere „Franzensbrunn" zum ersten Male zu Heil=
zwecken benützt worden ist, läßt sich ebensowenig wie bei den Karlsbader
und Teplitzer Heilquellen mit Sicherheit feststellen.

Hat der alte Geschichtsschreiber Bohuslaus Balbinus Recht, welcher
da berichtet,[2]) daß Herzog Heinrich Brzetislav im J. 1196 in
Eger den Egerer Sauerbrunnen zur Erlangung seiner Gesundheit ge=
trunken, so hätten wir in diesem Manne den ersten Kurgast zu erblicken.
Sicher ist, daß sich der genannte Herzog, welcher zugleich Bischof von
Prag war, im J. 1197, um den Aufregungen, welche die damaligen Wirren
in Böhmen mit sich beachten, zu entgehen, schwer leidend nach Eger
schaffen ließ, hier am 15. Juni desselben Jahres auch gestorben und in
der Stiftskirche zu Doxan beerdigt worden ist.[3]) Die Nachricht Balbins
hätte somit viel Wahrscheinlichkeit für sich, doch wird von Dobner mit
Recht bezweifelt, daß Heinrich sich dieser Heilquelle auch wirklich bedient
hätte.[4])

Urkundlich wird der „Säuerling" das erste Mal in einem Kauf=
briefe des Egerer Archivs vom 31. Oktober 1406 erwähnt[5]) und der
Chronist Johann Schönstetter († 1578) berichtet von einer Verunreini=
gung des Säuerlings durch „pöse buben" im J. 1502.[6])

---

1) Von dem nächst Franzensbad gelegenen Dorfe Schlada so genannt.
2) Historia de ducibus ac regibus Bohemiae 1687; Cap. 28, pag. 90.
3) Bachmann, Geschichte Böhmens I, S. 380.
4) Gelazii Dobner Annalium Hagecianorum. Pragae 1782, Pars VI,
 S. 693.
5) Hanko Symon, zu Wildstein gesessen, verkauft um bezahltes Geld die
 Lehen und den Zins zu Triefenhofen (bei Franzensbad) über zwei Tag=
 werke Wiesmat, an dem „Sewerling stenge" gelegen, dem Heinrich
 Schreul. Schreulsches Kopiale, Faszj. 441.
6) Chron. Schönst., Fol. 98b. Die „pösen buben" warfen den Körper eines
 Gehenkten hinein, den der Nachrichter wieder zum Galgen zurückschleppen
 mußte.

Den erſten gedruckten Nachrichten über unſere Quelle begegnen wir in der „Beſchreibung des Fichtelbergs" von Kaſpar Bruſch im J. 1542, welcher ihr bereits als „eines eblen, vaſt[1]) berumbten Brunns" gedenkt, deſſen Waſſer „ſehr geſund und luſtig" zu trinken ſei und im Sommer haufenweiſe von jungem Volke in Krüglein in die Stadt getragen würde.

Durch die Werke Bruſchs, des Dr. Georg Agricola[2]) (1546), des Johann Günther von Andernach[3]) (1565), welcher zugleich der erſte war, der mit Sorgfalt die Beſtandteile des Egerer Brunnens aufzuzählen und deſſen Wirkungen zu erörtern ſich bemühte und ihn wegen ſeiner ausgezeichneten Wirkſamkeit über viele ähnliche Heilquellen erhob,[4]) ferner des Leonhard Thurneiſſen (1572), der ebenfalls des Brunnens Heilkräfte zu beſtimmen ſuchte,[5]) des T. Th. Tabernämontanus[6]) (1572) und des Johannes Goebel,[7]) welcher die erſte Krankengeſchichte von der Wirkſamkeit des Egerer Geſundbrunnens lieferte und erzählt, daß auch ſein Vater den Brunnen gegen Wechſelfieber und Steinbeſchwerden mit großem Erfolge gebraucht hat, durch alle dieſe Werke erlangte unſere Quelle ſchon im 16. Jahrh., weit über die Grenzen des Egerlands hinaus Namen und Berühmtheit, und bereits 1578 erſucht der Kurfürſt Herzog Auguſt von Sachſen[8])

1) = Feſt, ſtark.

2) G. Agricola, Tractatus de natura eorum, quae effluunte terra. Basileae 1546, Lib. I, S. 100, 101.

3) J. Günteri Andernac, Commentarius de balneis et aquis medicatis Argentorati 1565.

4) S. 23, 124 ebenda.

5) Leonh. Turreissen, Von kalten, warmen, minerischen und meta. lischen wassern, Lib. VII, Cap. 7, S. 106.

6) J. Th. Tabernämontanus, New Wasserschatz. Frankfurt 1572.

7) J. Goebelii, Diagraphe thermalium aquarium apud Hermunduros prope Annabergum et Wolkensteinium in duos distincta libros. Lipsiae 1576, Lib. III, pag. 94.

8) In der „Zur Feier des 100jähr. Jubilaeums der Kurſtadt Franzensbad" im J. 1893 herausgegebenen Feſtſchrift iſt die obige Tatſache irrig auf 1678 verlegt. Die betreffende Urkunde, im Fasz. 338 des Eg. Arch., iſt datiert: „datum Dreßden, den 24 may anno etc. 78" und praeſentiert „am 30. may ao. 78". Der Verfaſſer der Feſtſchrift, der dieſe Urkunde eingeſehen haben mochte, löſte das „etc" in 16. auf. Abgeſehen davon, daß die Handſchrift ein viel höheres Alter verrät und auf Urkunden des 17. Jahrh. die Jahreszahl in der Regel ganz ausgeſchrieben iſt, erſcheint für unſere Annahme ausſchlaggebend der Umſtand, daß Kurfürſt Auguſt von 1553--1586

Bürgermeister und Rat in Eger, ihm „etzlichmal" Sauerbrunnen zu über=
senden, damit er diesen „von seinen" Ärzten probieren lassen könnte".
Ebenso bittet im J. 1591 der Bischof von Hall, ihm „Säuerling" nach
Joachimstal nachzusenden. [1]

Bald nach 1600 fanden sich auch Heilsbedürftige in Eger selbst ein,
so unter anderen 1612 Herzogin Anna Maria von Sachsen, [2] 1615 der
kaiserl. Leibarzt Dr. Thomas Mingonius, [3] in demselben Jahre Wilhelm
von Lobkowitz, [4] 1616 Frau Anna Dorothea von Hofkirchen, geborne
Gräfin von Öttingen und Schwägerin des Fürsten Heinrich Reuß von
Plauen, [5] und in der Ratssitzung am 9. Mai desselben Jahres wird
angekündigt, daß „viel ansehnliche kayserliche offizianten und andere Für=
nehme leutt wegen Sauerbrunnens hierher kömmen werden", weshalb an
das Handwerk der Metzger der Auftrag ergeht, sich mit gutem Rind=,
Kalb= und Lammfleisch zu versehen. [6] Es führt dann noch der Egerer
Stadtarzt Augustin de Bois in seiner „Beschreibung des Schleder Säuer=
lings" [7] eine Unzahl solcher „Fürnehmen Herrschaften" an, welche vom
Beginn des 17. Jahrh. ab die Kur in Eger gebraucht haben sollen,
darunter die Kaiser Mathias, Ferdinand II. und Ferdinand III., einen
Kurfürsten, vier Markgrafen, sechs Herzöge, unter welchen auch Wallen=
stein sich befindet, elf Fürsten und fünf Generäle. Indes ist von den
meisten dieser „Kurgäste" bekannt, daß sie sich nur ein bis zwei Tage
in Eger aufhielten und sich des Brunnens gewiß nur als Tafelgetränk
und nicht als Kurmittel bedient haben dürften.

Zu jener Zeit erfreuten sich aber die wirklichen Kurgäste, welche
sämtlich in Eger Wohnung nahmen, noch keineswegs einer freundlichen
Aufnahme seitens der Stadt= und Landbevölkerung. Bereits unterm
14. Juni 1617 gibt der Rat in einem Mandate seiner Entrüstung dar=
über Ausdruck, daß ihm „glaubwürdiger bericht und hochklagende Be=
schwernus vorkommet, wie daß diejenigen fürnehme Herren, Adels= und
andern Standts, Manns= und Weibspersonen, welche Jhrer Leibsgesund=

regierte, während das J. 1678 in die Regierungszeit Johann Georgs II.
(1656—1680) fällt.

1) Ausgabsbuch 1591, Fol. 36.
2) Stadtbuch 1612, Fol. 175.
3) Stadtbuch 1615, Fol. 97.
4) Stadtbuch 1615, 16, Fol. 30.
5) Fasz. 338.
6) Stadtbuch 1616, Fol. 192.
7) Gedruckt bei Nikolaus Dextor in Eger 1695.

heit, wegen aus weitt= und nahgelegenen frembden ortten hierher ge=
langen und in der Stadt ein Zeitlang sich aufhaltten, von eins theils
der Burger und Bauernvolckh und derselben zugethanen Inwohner, Inner
und außer der Stadt, nicht allein im voraus übell mit schimpf= und
unglimpflichen wortten, bösen reden, schädtlichen fluchen und wünschen an=
gefahren, verspottet und despektirt werden, sondern auch nachmals mit
dergleichen und mehrern verkleinert, illudirt und gleichsam vermaledenet
werden wöllen". Der Rat sehe sich deshalb „obwohl bey vieler leutt Zu=
sammenkunften des gemeinen Pöfels mundt — wie jeder verständiger
wohl weiß — zu regieren und in zaum zu haltten, unmüglichen ift"
veranlaßt, im allgemeinen zu verfügen, daß alle Sauerbrunnengäfte
„welcher würden, ordens und Standts dieselben auch sein mögen, Reich
und arm, uff den gaffen, vor den Thüren, wenn sie zur Kirchen oder
zum Bronnen wollen, Inner= und außerhalb der Stadt unverspottet,
unturbirt und gänßlichen unmoleftirt zu laffen sind", daß den Gäften
beim Einkaufen von Viktualien mit „glimpf und befcheidenheit" zu be=
gegnen sei, daß sie nicht „angeschnaußt", ihnen die Waren nicht wieder
aus der Hand geriffen, „mit abscheulichen Vermaledenungen gesegnet und
dabei alles üble auf den Hals gewünscht werden soll", und daß endlich
die „Unbescheidenheit beim Sauerbronnen draußen, wo eine große üppig=
keit und muthwill vorgehen soll, indem der gemeinen Handwerks= und
Bauersleut dienftboten, gesindt und andere Säuerlingsträglerinnen, wann
die frembden leutte hinzugehen und trinken wollen, ganz vorseßlicher
weis denselben aufrühren, unreine Sachen hineinwerfen und zu dem
Zwecke, daß der Brunn an der Stätte nicht gebraucht werden kann, diesen
trüben, sich überdieß mit verspotten, auslachen, unverschämten wortten
und übeln wünschen und andern Übermuth wider die Fremden sich ver=
greiffen", daß all dieser Frevel und Unfug mit Gefängnis= und Leibes=
strafen geahndet werden soll.[1]

Dieses Ratsmandat bedarf wohl keines Kommentars. Die Brunnen=
gäfte waren geradezu geächtet. In einer späteren, nicht datierten „Me=
morianda" wird dieses Mandat unter Androhung des „Staupbesens und
des Prangerftellens" wieder in Erinnerung gebracht.[2]

Auch für die Sicherung der Quelle war zu jener Zeit soviel wie
nichts geschehen. Sie trat offen zutage und war den Unbilden des Wetters
und der Verunreinigung übelwollender Leute schußlos preisgegeben. Nur

1) Fasz. 338.
2) Ebenda.

einmal, im J. 1554, wird darüber Klage geführt, daß der Inwohner
Böhm zu Oberlohma „die gräben und den Zaun beim säuerling nicht
in Ordnung halte",[1]) und das Ausgabsbuch vom J. 1603 berichtet, daß
beim Säuerling „ein Ruhehäuslein" hergestelt wurde, wofür Meister
Adam 7 fl. erhielt.[2]) Dieses Ruhehäuslein, welches im daraufolgenden
Jahre, 1604, „eingeflochten, geweißigt und gedeckt" wurde,[3]) war viele
Jahre hindurch das einzige Gebäude, wenn man es so nennen darf,
welches sich in der Nähe des Brunnens befand. Erst im J. 1650 erhält
der Brunnen eine Einfassung mittelst „Quaderstuck" und in den J. 1660,
1661 ging man an die Errichtung eines Füllhauses und eines Gasthauses.[4])
Im 1686 wird dann die Quellenwiese, auf die der Abt von Waldsassen
wiederholt Eigentumsansprüche erhob, weil sie angeblich einem stiftischen
Untertan von Oberlohma gehörte, wogegen der Rat mit Erfolg remon-
strierten, „mit 22 stuck eychene säulen verschrenkt".[5])

Um diese Zeit hatte die Versendung des Brunnens nach auswärts
bereits einen bedeutenden Umfang angenommen und der Rat sah sich
veranlaßt in Prag, Wien, Linz, Breslau, Dresden, Leipzig, Nürnberg,
Bamberg, Regensburg und Ulm eigene Verschleißfaktorien zu errichten,
an die nicht bloß das Wasser, sondern auch Sauerbrunnsalz, das 1681
das erste Mal erwähnt wird,[6]) versendet wurde.

Im J. 1708 ließ der Rat in das obenerwähnte Gasthaus auch
13 Badezimmer einbauen und werden diese mit Sanduhren versehen.[7])
In demselben Jahre werden bereits 666 Bäder an Fremde und 72
Bäder an Einheimische zum Preise von 9 beziehungsweise 3 kzr. verabreicht.

Kurz vor 1719 scheint sich der Rat auch mit der Absicht getragen
zu haben, den Abfall des Sauerbrunnens in die Stadt Eger zu leiten,
wenigstens würde darauf ein von dem bekannten Würzburger Ober-
architekten Balthasar Neumann, einem gebornen Egerer, ausge-

---

1) Stadtbuch 1554, Fol. 241
2) Ausgabsbuch 1603, Fol. 75.
3) Ausgabsbuch 1604, Fol. 80.
4) Ausgabsbuch 1660, 61, Fol. 79.
5) Ausgabsbuch 1685, 86, Fol. 85b).
6) Ausgabsbuch 1681, Fol. 23: „Dem Apotheker Joh. David Müller pro
1 Pfund Sauerbrunnensalz vor Jhro Excellenz Herrn Hofkammer-
präsidenten Abelle 16 fl."
7) Ausgabsbuch 1707, 8, Fol. 87.

arbeiteter Nivellierungsakt hinweisen, wobei sich zeigte, das die Franzens-
quelle um 19 Zoll höher liege, als der Wasserspiegel der Eger unterhalb
der Brucktorbrücke.[1])

Auch im 18. Jahrh. fanden sich viele Heilbedürftige zur Kur in
Eger ein, von welchen insbesondere die Königin Christiane Eberhardine
von Polen, Gattin Friedrich August des Starken, zu nennen wäre, welche
im J. 1716 durch mehrere Wochen den Sauerbrunn gebrauchte und im
Hause des Ratsherrn Georg Andreas Minetti (heute Café Pistorius)
Wohnung nahm. Zur Beförderung ihres Gepäcks und ihres „mäßigen
Hofstaats" mußten 70 Pferde aufgeboten werden.

Der Zuzug an Fremden konnte aber damals noch kein so bedeutender gewesen sein, da dieselben lediglich auf die Herberge in den
wenigen Gasthäusern der Stadt angewiesen waren, und die Gastwirte,
wie aus mehreren Eintragungen in den Stadtbüchern hervorgeht, gegen
jede Einquartierung der Kurgäste sowohl in den Privathäusern der
Stadt als auch im Sauerbrunnwirtshause energisch protestierten. Auch
beschwerten sich einmal die Stadtphysizi und mehrere Bürger der Stadt,
daß „infolge des allzu überflüssigen Verführens des Sauerbrunnens nur
wenige Gäste mehr nach Eger kämen."[2])

Die fremden Kurgäste wurden jetzt, entgegen den Sitten früherer
Zeit, schon mit großer Ehrfurcht empfangen: die Stadtmusikanten harrten
ihrer an den Toren und unter Pfeifen- und Trompetenschall wurden sie
in ihre Absteigequartiere geleitet. Dieser festliche Empfang mag auch öfters

---

1) Auch Pröckl berichtet in seinem „Eger und das Egerland", Bd. II, S. 286,
von dieser Absicht des Rats und der von Neumann vorgenommenen
Nivellierung, versetzt aber dieses Projekt in die Zeit um 1749, was nicht
zutrifft, denn das betreffende Aktenstück, betitelt „Anleitung wie sich der
Sauerbrunn gegen der statt wegen der höhe antreffent befindet nach genauer untersuchung vndt ablingung, sowohl über den berg alß umb den
berg bey so genanden Dölitz bndt in den grundt durch langen bruch",
ist nicht datiert und von Balth. Neumann noch als „stuckgießer" unter-
fertigt. Dieses Projekt würde also noch in die Zeit vor 1719 fallen, da
Neumann noch Stückgießer war. Im J. 1719 war Neumann bereits
Stuckhauptmann in der fränkischen Artillerie und Oberingenieur, 1729,
Obristleutnant, 1741 Obrist und starb am 18. August 1753. (Vergl. Dr.
J. Keller, Balthasar Neumann, Artillerie- und Ingenieurobrist, fürstl.
Bambergischer und Würzburger Oberarchitekt und Baudirektor. Würz-
burg 1896.)

2) Stadtbuch 1699, Fol. 290.

zu Unfug ausgeartet haben, denn unterm 8. April 1718 ergeht an den Schneidermeister Adam Hümer und seine „Mit-Consorten" der Bescheid, die ankommenden Kurgäste, bei sonstiger Strafe von 20 Tlrn., nicht mehr mit Musik zu empfangen, „es wäre denn Sach, daß es von denen an= kommenden Fremden verlanget würde".[1]

Das Sauerbrunnhaus und das Gasthaus waren nun bis zum J. 1793 die einzigen Gebäude, welche bei der Quelle sich befanden.

Ein plötzlicher Umschwung der Verhältnisse trat ein, als im J. 1785 der Egerer Bürgerssohn Dr. Vinzenz Adler von Wien aus zum Stadt= arzte nach Eger berufen wurde. Dieser verdienstvolle Mann machte es sich nun zu seiner Lebensaufgabe, den Ruf der Heilquelle emporzubringen. Er fand auch nach obenhin williges Gehör. Seine Berichte erregten auch das Interesse der Statthalterei für den Egerer Gesundbrunnen und in einem von Ludwig Grafen Capriani unterm 5. Jänner 1790 an den Egerer Buchhalter Wolf gerichteten umfangreichen Schreiben, gibt dieser bekannt, daß zahlreiche Anfragen wegen der Einquartierung in einer Weise beantwortet werden müssen, daß jeder Kurbedürftige von einer Reise nach Eger zurückschrecke, und erteilt nun des weiteren mehrere praktische Ratschläge, wie den bestehenden Übelständen abzuhelfen sei.[2]

Den fortgesetzten, unablässigen Bemühungen Adlers gelang es denn auch, daß schon im J. 1792 der Grundplan zur Anlage eines Badeortes entworfen und 19 Baustellen für Logierhäuser ausgemittelt wurden.

Bereits im nächstfolgenden Jahre waren fünf Häuser zum Bezuge fertiggestellt und noch in demselben Jahre erfolgte auf Dr. Adlers Vor= schlag die Gründung des Kurortes „Kaiser Franzensdorf".[3]

Die Stadt Eger scheute keinen Kostenaufwand, die neue Kolonie in Flor zu bringen und die baren Auslagen der Stadt beliefen sich im Jahre 1793 auf 113.697 fl., ungerechnet die in städtischer Regie erzeugten Ziegel und das den städtischen Wäldern entnommene Bauholz.

Noch im J. 1793 fanden sich 53 Parteien im neuen Kurorte ein und soll in diesem Jahre auch die erste geschriebene Kurliste angelegt

1) Stadtbuch 1718, Fol. 412.
2) Fasz. 340.
3) Allerh. Entschließung vom 27. April 1793.

worden sein.[1] Doch ist eine solche weder im Egerer Archive noch in der Registratur des Franzensbader Bürgermeisteramtes vorfindig.

Die erste geschriebene Kurliste im Egerer Archive datiert vom Jahre 1797 und geben wir dieselbe im nachstehenden vollinhaltlich wieder:

„Verzeichnüß

deren Pl. Tit. Herren Kurgästen auf den Kaiser Franzensbad 1797.

Logis.	Nr.	Namen und Karakteur.	ange- kommen.	abge- gangen.
Drei Lilien.	1	Herr Anton Dittrich mit Frau Zeidler, dessen Tochter, aus Osseg.	19. May.	31. May.
Hr. Baumann.	2	Se. Excellenz Herr Franz Freyherr von Kresch, k. k. Kammerer, wirklich geheimer Rath, mit Hrn. Ignaz Schuster, Pfarrherrn aus Böhmen.	24. May.	24. Juny.
Hr. R. von Lilienau.	3	Madame Sophie Körner aus Elbogen.	24. May.	2. Juny.
dtto.	4	Herr Heinrich Spies (aus?).	„	„
Drei Lilien.	5	Herr G. H. Richter, Kaufmannssohn, mit H. Jage aus Schneeberg.	27. May.	20. Juny.
G. Reif.	6	Herr Heinrich Remarx mit Herrn Seips, Architekt aus Sachsen.	31. May.	16. Juny.
Drei Lilien.	7	Herr Josef Dichte, Weltpriester aus Prag.	dtto.	30. Juny.
Hr. v. Lilienau.	8	Herr Ferdinand von Hechtig, k.k. Directorial-Hofrath aus Wien.	dtto.	10. Juny.
Drei Lilieu.	9	Herr Senator Schubert mit Frau Gemahlin aus Freyburg.	4. Juny.	9. July.
Im Engel.	10	Herr Georg Paulus, Geigenmacher aus Potsdam.	6. Juny.	18. July.
Hr. R. von Lilienau.	11	Herr Graf Gottlieb von Hohenthal aus Sachsen.	dtto.	2. July.
Drei Lilien.	12	Herr Dominikus, zweiter Prälat mit einem aus Sponsat.	7. Juny.	10. July.
Hr. Kubitz.	13	Herr Karl Friedrich Röder, Kaufmannssohn aus Ölsnitz.	8. Juny.	7. July.
Im alten Gasthof.	14	Herr Hauser, Kaufmann mit Herrn Steinhausen aus Plauen.	9. Juny.	10. Juny.

---

1) Nach der oben zitierten Festschrift, S. 16.

Logis.	Nr.	Namen und Karatteur.	ange= kommen.	abge= gangen.
Reif.	15	Herr Franz Oelßner, Peruquenmacher aus Prag.	9. Juny.	23. Juny.
Hr. Baumann.	16	Herr Josef. Peimbl, Fabrikenverwalter aus Manetin in Böhmen.	13. Juny.	eodem.
Traiteur.	17	Herr Karl von Jailitsch aus dem Bayreutischen.	14. Juny.	24. Juny.
H. v. Lilienau.	18	Pl. tit. Frau Gräfin von Kollowrath mit Herrn Sohn und Comtesse Tochter aus Prag.	17. Juny.	26. Juny.
Im Engel.	19	Frau Antonia Baronesse Bataglia mit Fräulein Tochter aus Kärnthen.	18. Juny.	28. Juny.
Drei Lilien.	20	Herr Konstantin Pupka, Kaufmann aus Hof.	19. Juny.	25. Juny.
dtto.	21	Se. Excellenz Graf von Werthern, wirtlich geheimer Rath und des heil. Römischen Reichs Erbkammerer und Thürhüter aus Sachsen.	21. Juny.	24. Juny.
dtto.	22	Herr Joseph Friedrich Haupt mit Herrn Philipp Brambehrn aus Lünneburg.	24. Juny.	7. July.
Im Engel.	23	Herr Johann Gottlieb Frank, Professionist aus Ölsnitz.	24. Juny.	9. July.
H. Baumann.	24	Herr Ignaz von Tegethof, K. Hauptmann mit Hrn. Sohn aus Asch.	24. Juny.	13. July.
Im Engel.	25	Herr Johann Gottfried Brahmer, Archidiacon, mit Herrn Leopold aus Oelsnitz.	24. Juny.	7. July.
H. Baumann.	26	Herr Leonhard Frank, Particulair zu Amberg.	26. Juny.	19. July.
Im Adler.	27	Herr P. G. Wagner, Kaufmann, mit Frau Gemahlin aus Hof.	eodem.	eodem.
H. v. Osmünz.	28	Se. Excellenz Herr Baron von Reisky, General-Feldmarschall-Lieutenant aus Böhmen.	eodem.	28. July.
dtto.	29	Herr Anton von Malvo, Hauptmann aus Eger.	eodem.	eodem.
H. v. Lilienau.	30	Ihro Excellenz Frau Gräfin von Thun, verwittibte Generalin, mit Herrn Sohn, Comtesse und Herrn Med. Dr. von Lichtenfels aus Prag.	eodem.	27. July.
Römischer Kaiser.	31	Herr Joseph Maximilian Arnold, Bergamtsverwalter aus Bayern.	27. Juny.	9. July.
Im alten Gasthof.	32	Herr Ernst Kasimir von Brandenstein, Kammerjunker aus Sachsen.	28. Juny.	18. July.

Logis.	Nr.	Namen und Karakteur.	ange-kommen.	abge-gangen.
H. Baumann.	33	Herr Jakob Okely, Franziskaner aus Prag.	28. Juny.	31. July.
H. v. Osmünz.	34	Herr Wolf Heinrich von Falitsch, Kammerjunker, mit Frau Gemahlin aus Sachsen.	eodem.	21. July.
Im Adler.	35	Herr Galliard, Großhändler aus Wien.	29. Juny.	31. July.
Drei Lilien.	36	Herr Hofmann, Kaufmann, mit Herrn Liebeskind und Wilkens aus Leipzig.	eodem.	10. July.
dtto.	37	Herr Joseph Graf von Unwerth mit Frau Gemahlin aus Prag.	1. July.	27. July.
Im eigenen Haus.	38	Herr Leopold von Osmünz, k. k. Lieutenant und Stadtrath aus Eger.	1. July.	1. Aug.
H. v. Osmünz.	39	Herr Jordan Scheidl, k. k. Salpetererzeugniß-Entrepenneur aus Prag.	eodem.	10. July.
Hr. v. Osmünz.	40	Herr Johann Sebastian Morg, Land-Syndicus, mit Frau Amtmannin Reichold und Madame Wunsch aus Bayreuth.	1. July.	6. July.
Traiteur.	41	Herr Josef Prohaska, Stadtrath, mit Frau Gemahlin aus Prag.	eodem.	15. July.
Hr. v. Osmünz.	42	Herr Karl von Unger, k. k. Bibliothekar und Domherr aus Prag.	eodem.	24. July.
dtto.	43	Fräulein Boß aus Prag.	eodem.	eodem.
H. Kubitz.	44	Frau Baronin von Mulz von Wallhof.	eodem.	15. July.
Im Adler.	45	Herr Johann David Wagner mit Herrn Schneider und Schubert aus Hof.	eodem.	19. July.
H. Baumann.	46	Se. Excellenz Herr Friedrich Albert von Koch, K. Russischer Stadtrath mit Frau Gemahlin und Fräulein aus Petersburg.	2. July.	27. July.
Drei Lilien.	47	Herr C. F. Erler, Demoiselle Tochter und Herrn Likke, Kaufleute aus Sachsen.	3. July.	20. July.
Im Engel.	48	Herr G. C. Richter, Komerzien-Deputations-Assessor aus Dresden.	eodem.	22. July.
Im alten Gasthaus.	49	Herr Wilhelm v. Mosel mit Herrn Dietrich aus Sachsen.	4. July.	16. July.
Röm. Kaiser.	50	Freyherr von Hopfgarten aus Schothurn.	eodem.	26. July.
dtto.	51	Herr von Ziegler aus Arnstadt.	4. July.	26. July.
Im Adler.	52	Herr Friedrich von Perleptsch, churhannoverischer Drost aus Hessen.	eodem.	eodem.

Logis.	Nr.	Namen und Karatteur.	ange= kommen.	abge= gangen.
Im Adler.	53	Frau von Perleptsch mit Fräulein Tochter aus Hessen.	4. July.	26. July.
H. v. Lilienau.	54	Herr von Benkt, Obristlieutenant aus Sachsen.	5. July.	eodem.
dtto.	55	Herr Ritter von Bretfeld mit Frau Gemahlin aus Prag.	eodem.	eodem.
dtto.	56	Herr von Krapf, Ingenieur=Hauptmann in Königgrätz.	eodem.	eodem.
H. Baumann.	57	Zwey Fräulein von Magneven mit Fräulein von Schmied aus Prag.	eodem.	eodem.
dtto.	58	Abbée Hogan aus Prag.	eodem.	eodem.
Im Engel.	59	Herr Ignaz Rabbas, Dechant aus Blowitz mit Frau Schwester.	eodem.	eodem.
Reif.	60	Herr Hartenstein, Notarius aus Auerbach.	9. July.	31. July.
Im Adler.	61	Herr Karl Graf von Klam=Martinitz, k. k. Kammerherr mit Frau Gemahlin aus Prag.	eodem.	eodem.
Röm. Kaiser.	62	Herr Lucas Naquascij aus Preußisch=Polen.	eodem.	eodem.
H. von Osmünz.	63	Edle Frau von Mariensee aus Gratz.	10. July.	eodem.
dtto.	64	Frau Juditha Hirschlin mit Herrn Sohn und Frau Lieblinger aus Böhmen.	eodem.	eodem.
dtto.	65	Herr Friedmann Hirschl mit der Frau und einer Freundin aus Böhmen.	11. July.	eodem.
Röm. Kaiser.	66	Herr Michael Mogal mit Fran Schwiegermutter aus Bayreuth.	eodem.	13. Aug.
Im Engel.	67	Frau Friederika von Krauthof.	eodem.	30. July.
dtto.	68	Karolina Werthmann aus Petersburg.	eodem.	eodem.
Drei Lilien.	69	Herr Johann Kristoph Kypée, k. preußischer Kriegsrath aus Neustettin.	eodem.	5. Aug.
dtto.	70	Herr Georg Friedrich Orton, k. preußischer Major aus Berlin.	eodem.	25. July.
dtto.	71	Herr Joseph Falke, Kaufmann aus Leipzig.	eodem.	22. July.
dtto.	72	Herr Taube, Oberbergamtsverwalter aus Freyburg.	12. July.	20. July.
H. v. Lilienau.	73	Herr Joseph Göhl, Amtsverwaltee aus Hertenberg.	eodem.	26. July.
Im alten Gasthof.	74	Herr Postmeister aus Buchau=Niederlaunitz.	eodem.	20. July.

Logis.	Nr.	Namen und Karakteur.	ange= kommen.	abge= gangen.
Im Adler.	75	Herr Friedrich Freiherr von Stöcken mit Frau Gemahlin aus Sudiricz in Böhmen.	12. July.	20. July.
Drei Lilien.	76	Herr Jagermann, preußischer Kammer= Assessor aus Stettin.	13. July.	eodem.
dtto.	77	Herr von Helly, Apotheker mit Frau Gemahlin und Frau Schwester Schmüttermann aus Prag.	eodem.	eodem.
Im eigenen Haus.	78	Frau von Osmünz aus Eger.	eodem.	eodem.
Traiteur.	79	Herr Pieske, Kaufmann aus Stettin.	eodem.	eodem.
Im Engel.	80	Herr Johann Flachs, Secretair aus Dresden.	14. July.	eodem.
dtto.	81	Herr Erbstein, Buchhändler aus Meißen.	eodem.	31. July.
H. Kubitz.	82	Herr Baron von Schack aus Berlin.	15. July.	26. July.
dtto.	83	Herr Graf von Schönburg aus Dresden.	eodem.	18. July.
dtto.	84	Herr Franz von Menzingen, zweiter Kriegskommissär mit Frau Gemahlin aus Saaß.	eodem.	21. July.
Reif.	85	Herr Friedrich Fritze, geheimer Rath aus Berlin.	eodem.	18. July.
dtto.	86	Herr Josef Gottfried Treutler, Kommer= zien= und Konferenzrath mit Herrn Sohn aus Altenburg.	eodem.	eodem.
Traiteur.	87	Freyherr von Stupan aus Prag.	eodem.	eodem.
dtto.	88	Graf von Czernin mit Frau Gemahlin und Comtesse Clary aus Prag.	eodem.	eodem.
dtto.	89	Frau Gräfin von Schlick, gebohrne Gräfin von Nostiß aus Prag.	eodem.	eodem.
dtto.	90	Herr Franz Graf von Haßfeld, General= Major in preußischen Diensten.	eodem.	eodem.
Röm. Kaiser.	91	Herr Josef Wicland, Bereuter aus Wien.	eodem.	eodem.
Im Engel.	92	Herr von Werthmann aus Petersburg.	eodem.	29. July.
H. Baumann.	93	Herr von Moszczensky aus Südpreußen.	16. July.	19. Aug.
Traiteur.	94	Herr Baron von Magkeven, Gubernial= rath aus Prag.	18. July.	20. July.
dtto.	95	Herr Med. Dr. Schmied aus Prag.	eodem.	eodem.
Im Engel.	96	Herr Anastasius Neptenar, Kaufmann aus Chemnitz in Sachsen.	eodem.	31. July.
Röm. Kaiser.	97	Herr Aaron Austerlitz mit der Frau und Herrn Sohn aus Königsberg.	19. July.	10. Aug.

Logis.	Nr.	Namen und Karakteur.	ange= kommen.	abge= gangen.
Röm. Kaiſer.	98	Herr Markus) Juden aus Bayreuth	19. Jul.	15. Aug.
	99	Herr Hentla		
In der Faktorie.	100	Frau Margaretha von Burgthal aus Eger.	20. Jul.	24. Aug.
Im Engel.	101	Herr Franz Schaffarzik, Med. Dr. (aus?).	21. Jul.	26. Jul.
dtto.	102	Herr Aloys Storch, Apotheker aus Rokitzan.	22. Jul.	eodem.
dtto.	103	Herr Friedrich von Knuth, preußiſcher Hauptmann aus Stettin.	eodem.	3. Aug.
H. Baumann.	104	Herr Baron von Vöbderndorf, k. preußi= ſcher Regierungsrath aus Bayreuth.	eodem.	eodem.
dtto.	105	Herr Zechelein, Juſtizrath aus Bayreuth.	eodem.	eodem.
H. v. Osmünz.	106	Herr Baron von Brady, k. k. Obriſter und Maria=Thereſienordensritter aus Prag.	27. Jul.	16. Aug.
Drei Lilien.	107	Herr Baron von Katte, k. preußiſcher Kämmerherr aus Berlin.	eodem.	11. Aug.
dtto.	108	Herr Karl von Oppel, Bergrath aus Freyburg.	eodem.	eodem.
H. v. Osmünz.	109	Herr Karl Pieſchel, Kaufmann, mit Frau Gemahlin und Herrn Sohn aus Magdeburg.	24. Jul.	19. Aug.
Im Engel.	110	Herr Friedrich von Blandow aus Schwediſch=Pommern.	eodem.	31. Aug.
Traiteur.	111	Herr Graf von Thurn, Domdechant in Regensburg.	eodem.	26. Aug.
dtto.	112	Madame Bernard aus Breslau.	eodem.	31. Aug.
H. v. Lilienau.	113	Herr Johann Limbeck, Ritter von Li= lienau, k. k. Gubernial=Konzipiſt aus Prag.	eodem.	23. Aug.
dtto.	114	Herr Graf von Sternberg, Domkapitular aus Regensburg.	25. Jul.	(nicht aus= gefüllt.)
H. Kubitz.	115	Frau Gräfin von Görn, geborne Gräfin von Wurmſer aus München.	26. Jul.	27. Aug.
Röm. Kaiſer.	116	Herr N. H. Rydenius aus Liefland.	eodem.	8. Aug.
dtto.	117	Herr C. G. Zimmermann aus Kurland.	eodem.	eodem.
H. Baumann.	118	Herr von Tauenzien, Capitain des Inf. Regim. Latrov in k. preußiſchen Dien= ſten aus Warſchau.	27. Jul.	3. Aug.
H. v. Osmünz.	119	Herr Philipp Reichenberger, k. preußiſcher Kammeragent und hochfürſtlicher Hof= faktor aus Regensburg.	28. Jul.	15. Aug.

Logis.	Nr.	Namen und Karakteur.	ange-kommen.	abge-gangen.
H. v. Osmünz.	120	Frau von Trahn, geborne Hillebrand, aus Landshut.	28. July.	15. Aug.
Im alten Gasthof.	121	Herr Friedrich Adolph Mayer mit Frau Gemahlin aus Lukau.	eodem.	7. Aug.
dtto.	122	Herr Friedrich Birn, Zimmermeister aus Potsdam.	eodem.	(nicht aus-gefüllt.)
Drei Lilien.	123	Herr Dr. Johann Gottlieb Kind, säch-sischer Appellationsrath, mit Herrn Sohn und dessen Hofmeister aus Dresden.	29. July.	15. Aug.
dtto.	124	Herr Sigismund Gradehan, Kammer-commissär und Justizbeamter aus Delusch.	eodem.	10. Aug.
Im Engel.	125	Herr Wilhelm von Budasch, Prediger aus Potsdam.	eodem.	16. Aug.
H. Kubiß.	126	Herr Samuel Pocher mit Frau Gemahlin aus Töpliß.	eodem.	10. Aug.
dtto.	127	Herr Ignaz Walz, Rauchfangkehrer aus Prag.	30. July.	6. Aug.
dtto.	128	Herr Josef Igenat, Gastwirt aus Prag.	eodem.	eodem.
dtto.	129	Herr Josef Kawka, Kaufmannssohn (aus?).	eodem.	eodem.
Röm. Kaiser.	130	Herr Friedrich von Behr, abgegangener Präsident aus Kurland.	eodem.	17. Aug.
H. von Lilienau.	131	Herr Graf von Wartensleben, k. preußi-scher Schloßhauptmann aus Berlin.	eodem.	3. Aug.
dtto.	132	Herr Karl v. Lusek, Gubernial-Secretair aus Prag.	31. July.	21. Aug.
H. Kubiß.	133	Herr Franz Rainisch aus Prag.	eodem.	eodem.
dtto.	134	Herr Niklas Georg Sargani, griechischer Kaufmann aus Prag.	eodem.	eodem.
Im Adler.	135	Herr Georg Christian Baron von Reppert aus Mecklenburg.	eodem.	17. Aug.
H. v. Lilienau.	136	Herr Freyherr von Diede, königl. dä-nischer geheimer Rath und Gesandter (aus?).	eodem.	(nicht aus-gefüllt.)
Im alten Gasthof.	137	Herr Mikovsky aus Warschau.	eodem.	3. Aug.
dtto.	138	Herr Miaskovsky aus Warschau.	eodem.	eodem.
B. Baumann.	139	Herr Salomon Has aus Huriß.	1. Aug.	20. Aug.

Logis.	Nr.	Namen und Karakteur.	ange-kommen.	abge-gangen.
Drei Lilien.	140	Herr Friedrich von Lettov, kgl. preußischer Kammerherr aus Schlesien.	1. Aug.	20. Aug.
dtto.	141	Herr Wilhelm von Sommerfeld, kgl. preußischer Landrath aus Schlesien.	eodem.	13. Aug.
dtto.	142	Herr Philipp Keßler, Kaufmann aus Berlin.	eodem.	eodem.
dtto.	143	Herr Karl Walter, Kaufmann aus Leipzig.	eodem.	eodem.
Im alten Gasthof.	144	Herr Josef Siegl, k. k. Berggeschworner aus Bleystadt.	eodem.	9. Aug.
Im Adler.	145	Herr Wunschheim Ritter von Lielienthal, Advokat in Eger.	eodem.	eodem.
dtto.	146	Herr Heinrich Mayer, Kaufmann aus Hamburg.	eodem.	26. Aug.
In der Stadt.	147	Herr Volkmann, Pfarrer in Schönbach.	eodem.	(nicht aus-gefüllt.)
dtto.	148	Herr von Mayer, erster Inspections-adjunkt in Eger.	eodem.	"
dtto.	149	Frau von Schober, Oberlieutenant in Eger.	eodem.	"
H. Baumann.	150	Herr Köhler, Med. Dr. in Eger.	eodem.	23. Aug.
H. v. Osmünz.	151	Herr von Kurmayer, churpfälzischer Landesregierungs- und Criminalrath aus Landshut.	eodem.	22. Aug.
Im Engel.	152	Herr Ludwig Stümpfler mit Frau Ge-mahlin aus Olsterburg.	1. Aug.	12. Aug.
H. Baumann.	153	Herr Görg, Banquieur aus Leipzig.	2. Aug.	22. Aug.
In der Stadt.	154	Herr von Manasser, Oberlieutenant der Armee (in Eger).	3. Aug.	(nicht aus-gefüllt.)
dtto.	155	Herr von Löwenberg, Verpflegsverwalter (aus?).	eodem.	"
dtto.	156	Zwey Fräula von Glückselig (in Eger).	eodem.	"
Im Engel.	157	Herr Dörfler, Criminalrath aus Bay-reuth.	4. Aug.	8. Aug.
Traiteur.	158	Herr Donner, Superintendent aus Meißen.	eodem.	10. Aug.
dtto.	159	Herr Küttner, Vice-Kreisamtsactuar aus Meißen.	eodem.	12. Aug.
H. Baumann.	160	Herr Baron von Birkholz, Bergober-aufseher aus Freyburg.	eodem.	24. Aug.
Drei Lilien.	161	Herr Roztock, Dr. Jur. aus Leipzig.	eodem.	15. Aug.
Traiteur.	162	Herr Baron von Volkersham aus Kur-land.	5. Aug.	12. Aug.

Logis.	Nr.	Namen und Karakteur.	ange= kommen.	abge= gangen.
H. Kubitz.	163	Herr Freyherr von Linker, Kammerherr aus Weimar.	5. Aug.	27. Aug.
dtto.	164	Herr Freyherr von Schirnding aus Schönwald.	eodem.	20. Aug.
Drei Lilien.	165	Herr Friedrich Köhler, Kaufmann aus Leipzig.	eodem.	eodem.
H. von Lilienau.	166	Herr M. Oppenheim aus Berlin.	6. Aug.	26. Aug.
H. Baumann.	167	Herr Albrecht Graf Schack von Wittenau aus Berlin.	eodem.	10. Aug.
dtto.	168	Herr Detlof von Winterfeld aus Berlin.	eodem.	eodem.
Drei Lilien.	169	Herr Richter, Kaufmann, mit Frau und Demoiselle Tochter (aus?).	7. Aug.	22. Aug.
detto.	170	Herr Karl Schill mit Frau aus Schnee= berg.	eodem.	eodem.
H. Baumann.	171	Herr Friedrich Ehrenreich Rocher von Rochow, preußischer Lieutenant der Leibgarde zu Pferd aus Charlotten= burg.	eodem.	24. Aug.
dtto.	172	Frau Magdalena Kretzer, Einnehmerin zu Wies.	eodem.	26. Aug.
H. v. Lilienau.	173	Herr Christof Justinus aus Wien.	8. Aug.	16. Aug.
H. Baumann.	174	Herr Baron Sichard, kgl. preußischer geheimer Kriegs= und Domainenrath aus Bayreuth.	eodem.	24. Aug.
H. Kubitz.	175	Frau Karoline Landsmann aus Töplitz.	eodem.	16. Aug.
H. v. Osmünz.	176	Frau Charlotte Daehne mit Demoiselle Tochter aus Töplitz.	eodem.	23. Aug.
H. v. Lilienau.	177	Herr Graf von Schönburg aus Schön= burg.	9. Aug.	(nicht aus= gefüllt.)
dtto.	178	Herr Graf von Reuß mit Frau Gemahlin und Sohn aus Köstritz.	eodem.	„
Drei Lilien.	179	Herr Karl Kretschmann, Gerichtsaktuar, mit Frau Gemahlin aus Zittau.	eodem.	23. Aug.
dtto.	180	Herr Philipp Stoll, Kaufmann aus Zittau.	eodem.	eodem.
H. v. Osmünz.	181	Herr Baron von Gleichen, kgl. dänischer Kammerherr aus Regensburg.	10. Aug.	27. Aug.
Im Adler.	182	Freyherr von Speth, Donauischer Ritter= rath aus Schwaben.	eodem.	eodem.
Im Engel.	183	Herr Heinrich Mathesius, Pfarrer zu Ruppertsgrün.	11. Aug.	28. Aug.
H. Baumann.	184	Frau Gräfin Zedwitz aus Eisenach.	eodem.	27. Aug.

Logis.	Nr.	Namen und Karakter.	ange= kommen.	abge= gangen.
H. Baumann.	185	Herr Streiber von Ulrichetz aus Eisenach.	11. Aug.	25. Aug.
Im Adler.	186	Herr Scham Richter aus Hof.	eodem.	14. Aug.
Im Engel.	187	Herr Karl von Karlowitz, vormals Ritt= meister bei der Leibgarde zu Pferd aus Dresden.	12. Aug.	19. Aug.
B. Baumann.	188	Herr August von Sahla mit Frau Gemahlin und Fräulein Tochter aus Soland in Sachsen.	eodem.	31. Aug.
H. v. Osmünz.	189	Frau von Ofenheim, Großhändlerin aus Wien.	13. Aug.	(nicht aus= gefüllt.)
Traiteur.	190	Herr Heindel, Med. Dr. aus Kneten.	eodem.	25. Aug.
In der Stadt.	191	Herr von Schober, Oberlieutenant (in Eger).	eodem.	(nicht aus= gefüllt.)
Drei Lilien.	192	Herr Christoph Bachmann jun. aus Sachsen.	eodem.	„
dtto.	193	Herr Brodenaundorf, Kaufmann aus Leipzig.	eodem.	„
dtto.	194	Herr Kretschmann mit Demoiselle Hennig aus Leipzig.	eodem.	25. Aug.
Röm. Kaiser.	195	Herr Karl Freyherr von Fritsch, Kammer= junker aus Weimar.	eodem.	31. Aug.
dtto.	196	Herr Karl Freyherr von Linker mit Frau aus Weimar.	eodem.	1. Sept.
Im alten Gasthof.	197	Herr Prokop Stiasny mit Frau aus Worlik.	14. Aug.	(nicht aus= gefüllt.)
Drei Lilien.	198	Herr Philipp Zahn, Kaufmann aus Frankfurt.	16. Aug.	1. Sept.
dtto.	199	Herr Graf von Zedwitz aus Liebenstein.	17. Aug.	(nicht aus= gefüllt.)
H. v. Osmünz.	200	Ihro Excellenz Gräfin von Berchini, Ministerswitwe aus München.	18. Aug.	„
Drei Lilien.	201	Herr Wenzel Sliwka, Landrath aus Prag.	19. Aug.	„
dtto.	202	Herr Engmann, Professor der Rhetorik aus Prag.	eodem.	„
H. v. Osmünz.	203	Herr Graf von Zedwitz, k. k. Kämmerer, wirklicher geheimer Rath und bayeri= scher Generallieutenant aus München.	20. Aug.	„
Röm. Kaiser.	204	Herr Graf von Gorzensky aus Pohten.	eodem.	25. Aug.
Im Engel.	205	Herr Josef Neuberth aus Prag.	eodem.	(nicht aus= gefüllt.)
H. v. Osmünz.	206	Frau von Densch mit Herrn Gemahl aus Pilsen.	eodem.	„

Logis.	Nr.	Namen und Karakteur.	ange= kommen.	abge= gangen.
Drei Lilien.	207	Herr Karl von Hopfgarten mit Frau Gemahlin und Herrn Sohn aus Chur= sachsen.	21. Aug.	(nicht aus= gefüllt.)
dtto.	208	Herr Adolph von Hopfgarten, Rittmeister aus Sachsen.	eodem.	31. Aug.
Im alten Gasthof.	209	Herr Sebastian Schremfer, Forstmeister, mit Demoiselle Tochter aus Königs= wart.	22. Aug.	(nicht aus= gefüllt.)
Im Adler.	210	Herr von Uchtritz, geheimer Rath mit Frau aus Sachsen.	eodem.	28. Aug.
dtto.	211	Herr von Leiboldt, sächsischer Kammer= junker und Rittmeister aus Sachsen.	23. Aug.	(nicht aus= gefüllt.)
Im Engel.	212	Herr Josef Graf von Kosakovsky aus Warschau.	eodem.	„
H. Baumann.	213	Herr Johann Fischer, Jur. Dr. und Landesadvokat mit Frau Gemahlin aus Prag.	24. Aug.	„
dtto.	214	Herr Oldekop ⎱ Kaufleute aus Stettin.	25. Aug.	„
dtto.	215	Herr Böhm ⎰		
H. Kubitz.	216	Herr Ignaz Hartmann mit Frau Ge= mahlin aus Prag.	eodem.	„
H. v. Osmünz.	217	Herr Funk, kgl. preußischer Kammer= amtmann aus Bayreuth.	eodem.	„
dtto.	218	Frau von Klehe aus Eger.	eodem.	„
Röm. Kaiser.	219	Herr von Westhofen, preußischer Lieute= nant aus Bayreuth.	eodem.	„
Im Engel.	220	Herr Höppner, Finanz=Procurator aus Plauen.	eodem.	27. Aug.
dtto.	221	Herr Goldschuld, Kaufmann mit Frau, aus Plauen.	23. Aug.	eodem.
Im Adler.	222	Herr Reichsritter von Blumenberg, k.k. Hofagent und reichsfürstl. Hofrath aus Wien.	24. Aug.	(nicht aus= gefüllt.)
In der Stadt.	223	Herr Baron von Groß, Regierungs= Präsident aus Bamberg.	eodem.	1. Sept.
Im Adler.	224	Herr Karl von Rheinhartstein, k.k. Haupt= mann aus Moskau.	25. Aug.	(nicht aus= gefüllt.)
Drei Lilien.	225	Madame Ariole aus Prag.	26. Aug.	„
H. Baumann.	226	Herr Fr. Plaß, Weltpriester aus Prag.	28. Aug.	„
Im Engel.	227	Herr Arnold Fr. Grosse, Oberförster, mit Herrn Bruder aus Sachsen.	eodem.	„

Logis.	Nr.	Namen und Karakteur.	ange-kommen.	abge-gangen.
H. Baumann.	228	Herr Johann H. Fischer, geheimer Rath aus Weilburg.	31. Aug.	(nicht aus-gefüllt.)
Drei Lilien.	229	Herr Graf von Otendilli aus Polen.	eodem.	„
Im alten Gasthof.	230	Herr von Reizenstein aus dem Bayreu-thischen.	eodem.	„
Im Engel.	231	Herr Johann Gottfried Kalve, Buch-händler mit Frau aus Prag.	1. Sept	„
dtto.	232	Herr de Rapin' Thogras, preußischer Hauptmann aus Oranienburg in der Kurmark.	eodem.	„
dtto.	233	Herr von Hagemann, preußischer Kriegs-rath aus Oranienburg.	eodem.	„
Im Adler.	234	Madame Louise von Hohsner mit Familie aus Schlakenwerth.	2. Sept.	„
H. v. Osmünz.	235	Herr Philipp Graf von Raczynsky, Generalmajor aus Posen in Süd-preußen.	3. Sept.	„
Drei Lilien.	236	Herr M. F. W. von Bonsenj, Kriegs- und Domainenrath, mit Frau aus Berlin.	eodem.	„
H. v. Lilienau.	237	Frau Baronée von Schenfeld aus dem Bayreuthischen.	eodem.	„
Traiteur.	238	Herr Baron Albrecht von Seckendorff, württembergischer Minister und Ge-sandter, nebst Herrn Sohn aus Regens-burg.	eodem.	„
H. Baumann.	239	Frau Anna Princtay aus Landskron in Böhmen.	eodem.	„
dtto.	240	Herr Josef de Reinfrode aus Passau.	4. Sept.	„
Drei Lilien.	241	Herr Baron Carl von Jeelze, württem-bergischer Hofkavalier aus Karlsruhe.	9. Sept.	„
Im Engel.	242	Herr Baron Jacobi Klest, k. preußischer Gesandter (aus ?).	eodem.	10. Sept.
Drei Lilien.	243	Herr Vitalis von Craplichi aus Süd-preußen.	10. Sept.	(nicht aus-gefüllt.)
H. v. Osmünz.	244	Herr von Malezewsky, Domherr aus Südpreußen.	11. Sept.	„
dtto.	245	Herr von Michatslic aus Südpreußen.	eodem.	„

Logis.	Nr.	Namen und Karakter.	ange- kommen.	abge- gangen.
		Eingesendet den 11. September 1797. (Später fortgesetzt:)		
Im goldenen Engel.	246	Herr W. L. v. Otto, k. k. Obristlieutenant aus Erfurt.	15. Sept.	(nicht aus- gefüllt.)
H. von Osmünz.	247	Herr Ignaz von Cieusky aus Russisch-Polen.	19. Sept.	"
H. Baumann.	248	Herr Friedrich von Oberland, preußischer Hauptmann aus Warschau.	21. Sept.	"
dtto.	249	Herr Ignaz Heinrich von Holstein, Landdrost, mit Frau Gemahlin aus Mecklenburg-Schwerin.	21. Sept.	"
Im Adler.	250	Herr Johann Gottfried Fischer, k. k. Hofsecretair und Kanzleidirector aus Wien.	22. Sept.	"
Im Engel.	251	Herr Josef Graf Wilczopolsky aus Rußland.	23. Sept.	"
dtto.	252	Herr Stanislaus Graf Szaniawsky aus Galizien.	23. Sept.	"

Aus dieser ältesten Badeliste ergibt sich, daß der neue Kurort im J. 1797 von 252 Parteien mit 333 Personen — in einem Falle, Nr. 234, ist die Anzahl der Familienmitglieder nicht ersichtlich — besucht war, die sich auf 12 Logierhäuser verteilten, und zwar: „Drei Lilien", heute noch so beschildet und Nr. 3; ferner auf die Häuser des (Adam) „Baumann", heute „Stadt Dresden", Nr. 14; des „Hrn. v. Lilienau", heute „Deutsches Haus", Nr. 15; des „Hrn. Reif", später „weißer Schwan", heute: „Prinzessin von Oranien", Nr. 10; auf den „Goldenen Engel", heute noch so beschildet, Nr. 6; auf das Haus des „H. Kubitz", heute „Sächsisches Haus", Nr. 11; den „Alten Gasthof", dieser wurde 1808 abgerissen; den „Schwarzen Adler", heute noch so beschildet, Nr. 5; das „Traiteurhaus", heute „Kurhaus", Nr. 1 u. 2; das Haus des „H. v. Osmünz", heute „Hotel Stadt Leipzig", Nr. 9; den „Römischen Kaiser", dessen heutige Beschildung ich leider nicht sicherstellen könnte; endlich auf die »Faktorie«, an deren Stelle sich heute das Mineralwasser-Versendungsgebäude, Nr. 16 sich befindet.[1)]

---

1) Herrn Stadtsekretär Karl Korn in Franzensbad sei für die mir mitgeteilten neueren Daten bestens gedankt.

Das besuchteste Haus waren die „Drei Lilien" mit 42 Parteien. Ihm folgen das Baumannische und der „Goldene Engel" mit je 33 Parteien und das Osmünzische Haus mit 29 Parteien. Acht Parteien wohnten noch in der Stadt Eger.

Der Nationalität nach waren 74 Kurgäste aus Böhmen, 62 aus Sachsen, 33 aus Bayern, 30 aus Preußen, 7 aus Rußland, je 2 aus Pommern und Liefland und 4 aus Kurland. Einige wenige aus Kärnten, Steiermark, Hessen usw. Dem Adel, darunter sehr vornehme Gäste, gehörten 117 Personen an.

In dem genannten 97er Jahre war aber nicht bloß für die Unterkunft, sondern auch für die Zerstreuung und Unterhaltung der Badegäste reichlich gesorgt. In dem Kurhause, dessen Bau bereits 1793 in Angriff genommen worden war, waren auch ein für gesellschaftliche Vergnügungen jeder Art bestimmter großer Festsaal mit 6 hohen Glastüren, 8 Kolossalspiegeln und 7 prächtigen Kronleuchtern, ein kleinerer Saal für Bälle und Gastgelage auserlesener Gesellschaften, ein Billard- und ein Rauchzimmer eingebaut. Hier lagen im J. 1800 bereits die ersten Zeitungen auf: die „Neuwieder", „Bamberger", „Prager Neue", „Mercur", „Hamburger" und „Leipziger". [1]

In diesem Jahre erschien auch die erste gedruckte Kurliste mit 313 Parteien. Die Besuchsziffer stieg dann im J. 1808 auf 566 Parteien, sank im Kriegsjahre 1809 auf 93 herab, erhöhte sich aber im folgenden Jahre bereits wieder auf 766 Parteien.

Durch mancherlei Privilegien begünstigt, blühte der Kurort auch weiterhin rasch empor, insbesondere seit dem Besuche des österreichischen Kaisers Franz I. und der französischen Kaiserin Maria Louise im J. 1812.

Gegenwärtig zählt der im J. 1865 zur Stadt erhobene Kurort [2] 180 Häuser, die in 16 Straßen situiert sind.

Im Jahre 1905 war Franzensbad von 7564 Parteien mit 11.173 Personen besucht und die Frequenzziffer mit Schluß des Monats August 1906 weist bereits einen Gesamtstand von 7807 Parteien mit 11.663 Personen, also um 243 Parteien und 490 Personen mehr auf, als die ganze vorjährige Badeliste.

Aus den ärmlichsten und dürftigsten Anfängen entstanden, zeigt sich heute Franzensbad als eine in der Mitte eines prächtigen Parks

1) Ausgabsbuch 1800, Fol. 149.
2) Allerh. Entschließung v. 23. Juli 1865.

gelegene freundliche Stadt, umgeben von blumenreichen Wiesenfluren und
freundlichen Gartenanlagen. Die in allen Straßen und Parkanlagen, in
den städtischen, wie in den privaten Gebäuden herrschende, geradezu
sprichwörtlich gewordene, peinliche Sauberkeit und Ordnung sowie das
freundliche Entgegenkommen der Einwohner wirken auf den Fremden
bestrickend und anheimelnd.

Auf Grund seines Reichtums an Eisenmineralmoor gilt Franzensbad seit den fünfziger Jahren als das erste Moorbad und infolge seiner
anderweitigen kräftigen Heilpotenzen ist es auch zu einem der hervorragendsten Herzheilbädern geworden. Die gegenwärtige rührige Stadtvertretung mit ihrem verdienstvollen, um das Emporblühen des Kurortes
stets besorgten Bürgermeister, kaiserl. Rat Gustav Wiedermann an
der Spitze, sind bemüht, den Ruf ihres Kurortes als eines Weltbades
auch für alle Zukunft zu sichern.

Die Marienkirche in Aussig an der Elbe bis zum J. 1426.

Von

Johann Hrdy, Pfarrer.

Das herrliche Elbetal war schon in den vorhistorischen Zeiten bewohnt: gerade an den Ufern der Flüsse ließen sich die Menschen von
jeher mit Vorliebe nieder und dazu bot der fischreiche Elbestrom eine
wichtige und bequeme Handels- und Verkehrsstraße dar. So blieb auch
die günstige Lage der Biela-Mündung den unbekannten Einwanderern
nicht unbemerkt und die neue Niederlassung Bst (Bsst, Wsst, Ust, Bscz,
Bst, Usthi, Usti) oder später Aust (Awst, Aussig) genannt, blühte im
Laufe der Zeit zu einer der reichsten Städte auf, welche in der Geschichte
Böhmens keinen geringen Platz einnehmen.[1] Sie war schon im J. 993
eine wichtige Elbe-Zollstation, von deren Ertrage der zehnte Teil dem
Benediktinerkloster in Břewnow gehörte. Das alte Heidentum, mit seinen
Opfer- und Begräbnisplätzen, deren Überreste durch das Hochwasser am
29. und 30. März 1845 bei Wesseln, 1854 bei Türmitz, 1845 und 1891

---

1) Mitteilungen f. d. Gesch. d. D. in B. X, 233.

bei Neſtomitz und Moſern, im Mai 1878 bei der chemiſchen Fabrik in
Auſſig (z. B. ein Skelettgrab) aufgedeckt wurden, war in der ganzen Umgebung dem Chriſtentume gewichen und auf beiden Ufern des Elbe-
ſtromes ſtanden bald chriſtliche Kirchen, meiſtens der göttlichen Mutter
und den hl. Apoſteln (z. B. Peter und Paul in Seeſitz, Simon und
Juda in Moſern, hl. Jakob d. Ält. in Schwaden ꝛc.) geweiht. Wenn
ſchon das kleine Zebus im J. 993 in der Stiftungsurkunde Boleslaws II.
an das Brewnower Kloſter als ein Kirchdorf bezeichnet wird, kann man
ohne Bedenken die Behauptung aufſtellen, daß ſich ſchon damals in der
bedeutend wichtigeren Handelsſtation Auſſig, wo noch dazu zum Schutze
der Zollſtätte auf dem ſogen. „Burgſtadtl“ eine kleine, königliche Burg,
zugleich als Sitz eines königlichen Gau-Beamten geſtanden, auch eine
Kirche befand, welche in der jetzigen Marienkirche zu ſuchen iſt! Nebſt
dieſer Kirche „bei der großen Pfarrei“, wurde ſpäter nach dem Marter-
tode des hl. Adalbert (997) eine andere, außerhalb der Ringmauer in
der Vorſtadt, zu Ehren des gen. Landespatrons erbaut. Beide Kirchen
ſtanden unter dem Patronate ihrer Gründer, der Prager Landesfürſten.
Am 23. April 1186 wurde in Auſſig (Usti) die Vermählung der Sofie,
einer Tochter des Herzogs Friedrich an Albrecht, Sohn des Markgrafen
Otto von Meißen, gefeiert und auch dieſer Umſtand beſtätigt deutlich das
Vorhandenſein einer größeren Kirche in der hieſigen Stadt. Wenn nun
das Jahr 1207 bis jetzt manchmal als Gründungsjahr der Auſſiger
Marienkirche angenommen wurde, ſo iſt darunter nichts anderes zu verſtehen, als daß in dieſem Jahre vielleicht ein Umbau der Kirche ſtattfand.[1]) Sie gehörte zum Archidiakonate in Bilin.

Die Prager Diözeſe war nämlich anfangs in 10, ſpäter in 13 Archi-
diakonate eingeteilt und ein ſolches iſt in Bilin ſeit 1216 nachweisbar.
Damals war (ſeit 1216—1219) ein gewiſſer Benedikt, königl. Kanzler,
Erzdiakon in Bilin und als ſeine Nachfolger werden erwähnt: der königl.
Notar Přibislaw (ſeit 1229 bis 17. Feber 1239), der Wyſchehrader
Domherr Peter (1267—1276), Gallus (1290), Bruno (1306—1312),
Přibislaw (Přiſt, Přibit 1356), Gregor (1367—1371), Peter von Laun
(1380), Magiſter Fridmann von Uſt (auch von Prag genannt 1384),
Nikolaus von Glenwicz (Hliyice 1390—1404), Nicolaus Dythlini von
Znaim (1421) und Wenzel 1515.[2]) Die Archidiakone waren meiſtens

---

1) Erben, Reg. Boh. I, 174; Moiſil, Polit. Bez. Auſſig, S. 243.
2) Frind, Kirchengeſchichte Böhmens II, 143, III, 189; Fried. Bernau (Studien und Materialien 49, Palacký, Dějiny nár. č. I, 413).

Prager Domherren, führten diese Aufsicht über den Klerus ihres Kreises und weil dieser nicht selten sehr ausgedehnt war, teilte man die Archidiakonate noch in Dechanate ein und sonach bestanden auch im Biliner Archidiakonate zwei Dechanate mit dem Sitze in Bilin und Aussig. Wann diese erwähnte Teilung erfolgte, wissen wir nicht, höchst wahrscheinlich geschah es damals, als eine königliche Burg bei der Aussiger Zollstätte begründet wurde und die erst im J. 1283 zum ersten Male urkundlich bestätigt wird. Das zu Aussig gehörige Gebiet griff ziemlich tief in den alten Gau Nisan (Niederland bei Dresden) des Markgrafentums Meißen hinein, so daß die Elbe bis in die nächste Nähe von Pirna seine nordöstliche und nördliche Grenze bildete. Im dem jetzigen Königreiche Sachsen gehörten dazu die Pfarrsprengel: Königstein, Struppen, Papstdorf, Reinhardsdorf, Gottleube (Kotlawa), Rosental, Lang-Hennersdorf, Markersbach und Oelsen, deren politische Abtrennung von Böhmen in der Mitte des XV. Jahrh. erfolgte; in Böhmen selbst liegen außerhalb der Grenzen der jetzigen Aussiger Bezirkshauptmannschaft die Pfarrdörfer: Hertine, Schima, Boreslau, Königswald, Eulau, Rosawitz, Schönborn und Kolcz, wenn dasselbe nicht in Unter-Pröblitz zu suchen ist; im J. 1352 traten noch hiezu die Kirchdörfer Steben und Saubernitz, welche bisher zum Leitmeritzer Dekanate und Archidiakonate gehört hatten. — Den Titel »decanus« erhielten gewöhnlich verdienstvolle Priester aus der Umgebung.[1] Ein Dechant von Aussig unbekannten Namens wird schon im J. 1318 erwähnt; im J. 1364 heißt ein gewisser Jakob, Dechant von Aussig (decanus Uscensis) und es ist vielleicht derselbe, welcher in den J. 1363, 1366 und 1367 als Exekutor bei der Besetzung der Pfarre in Gartitz, Kostelez und Ebersdorf fungiert; in den Jahren 1390, 1393 und 1395 trägt der Türmitzer Pleban den Titel eines Aussiger Dechants; seit 1400—1404 bekleidete dieses Amt Wilhelm, Pfarrer in Raudnig (Rudnik) und im J. 1500 Michal, Altarist in Aussig.[2] Ein solcher Dechant war Aufseher über die Plebane (Leutpriester, Pfarrer) und deren Altaristen und Vikäre (Kapläne) in seinem Bezirke; zum Aussiger Dekanate gehörten damals 34 Plebanien oder Pfarreien.

Die Besetzung einer Pfründe geschah in der Weise, daß der Kirchenpatron innerhalb 4 Monaten einen Petenten beim erzbisch. Konsistorium

---

1) Mitteilungen des Exkurs-Klubs XVII, 202; Frind, Kirchengesch. Böhmens I, 91; Bernau, Studien und Materialien, S. 137.
2) Emler-Tingl, Libri conf. I, pars altera 9, 11, 55, 75; V 164, 165, 237; Tadra, Soudní akta IV, 53.

in Vorschlag brachte und dieses beauftragte nun mittelst einer crida
(Creditive, Präsentation oder Aufgebotsliste). den Bezirksdechant oder
einen Nachbar-Pfarrer als „Exekutor" den Vorgeschlagenen während des
hl. Gottesdienstes den Kirchenkindern von der Kanzel bekannt zu machen
und wenn kein Protest erhoben wurde, ihn in sein Amt einzuführen
(installieren).[1] Über den ganzen Vorgang mußte dann ein Protokoll
(littera executionis) nach Prag gesendet werden, worauf die kirchliche
Bestätigung oder Konfirmation erfolgte. Der Petent bestellte in der Regel
für sich beim Konsistorium einen oder mehrere „Prokuratoren", die seine
Sache bei der erzbisch. Kanzlei vertraten und mußte dann für seine An=
stellung eine Taxe entrichten. — Mitunter geschah es, daß man unge=
weihte Personen oder Kleriker mit niederen Weihen zum Pfarrer er=
nannte, weil man ihnen die Einkünfte einer kirchlichen Pfründe behufs
Vollendung ihrer Studien zuwenden wollte; diese mußten einen geweihten
Priester (presbyter) für sich bestellen und innerhalb einer Zeit (gewöhn=
lich eines Jahres) die Priesterweihe empfangen. Zur Aushilfe unterhielt
sich ein reicherer Pfarrer aus Eigenem einen oder mehrere Kapläne (vi=
carii, capellani) und solche werden im J. 1399 in Aussig drei erwähnt;
neben diesen Vikaren gab es aber auch sogen. Altaristen (Messeleser, Meß=
priester, Altarspriester), welche sich einer gewissen Selbständigkeit er=
freuten, einen Altar zugewiesen bekamen und von dessen Stiftungen
ihre Einnahmen bezogen; ein jährliches Einkommen von 2 Schock Gr.
galt als genügend für einen Altaristen und 6 Schock für einen Pleban.

Zum Lebensunterhalte der Geistlichkeit dienten die Stolagebühren
für die kirchlichen Handlungen (Taufen, Begräbnisse und Trauungen),
Opfergaben, Stiftungen und ein Teil von Zehnt= oder Dezem=Abgaben
von allen Landfrüchten. Schon der erste Prager Bischof Dietmar ver=
ordnete, daß von jedem Pflugmaße Ackers 100 Garben an den jewei=
ligen Bischof oder dessen Vertreter zu Händen des Pfarrers abzuliefern
seien und der Bischof Ekhard setzte im J. 1023 diese Abgabe für ein jedes
Joch Feldes mit einem Metzen Weizen und einem Metzen Hafer fest.
Zu diesem Zwecke war das Maß (ein zylindrisches Gefäß im Durchmesser
3 Handflächen breit und 5 Handflächen mit 2 Fingerbreiten hoch) an
der Rückseite mit dem herzoglichen und bischöflichen Siegel versehen! Der
ganze Zehnt wurde an 4 Parteien — Bischof, Pfarrer, die Armen und
Kirche mit der Schule — verteilt. Zur bischöflichen St. Veit-Kirche in

---

1) Tingl, Libri conf. V, 263 (Karbitz).

Prag mußte noch alle Jahre ein Zehnt vom Vieh jogen. Veitskäse oder Veitsgroschen abgeliefert werden; der Käse mußte so groß sein als man von einer Tagmelke-Milch bereiten konnte, es stand aber auch dem Bauer frei, für eine jede Kuh einen Groschen (c. 68 h jetziger Währung) zu geben. Wie diese einst dem Svantovít, in der christlichen Zeit Gott und dem hl. Veit gehörige Abgabe aus heidnischer Vergangenheit hervorging, so war es auch mit dem Rauchpfennige (fumales), anders Kolleda (collecta, Sammlung) genannt; die Heiden feierten nämlich am 25. Dezember das Neujahrsfest als Wiedergeburt der Sonne, das Christentum aber setzte das hl. Weihnachtsfest als Christi-Geburt ein; in der Weihnachtszeit, am Feste der 3 hl. Könige, mußten nun die Seelsorger nach der bischöflichen Verodnung vom J. 1023 eine Hausvisitation vornehmen, bei dieser Gelegenheit nach der Zahl der Rauchfänge (gewöhnlich von jedem Hause 2 Denare oder 6 Heller) „die Rauchheller" einsammeln und bei der jährlichen Synodalversammlung an den Bischof abliefern. Aber schon im J. 993 hatte der hl. Adalbert diesen Rauchpfennig aus dem Biliner, Tetschner und Leitmeritzer Gaue dem von ihm gestifteten Benediktiner-Kloster in Břewnow geschenkt und diese Schenkung wurde demselben Kloster in einem Streite mit dem Prager Bischof Johann II. am 11. Mai 1232 und am 6. Mai 1234 abermals bestätigt, welche Bestätigung später die Prager Bischöfe Gregor im J. 1301 und Johann IV. im J. 1341 wiederholten. Im J. 1402 betrug dieser Rauchgroschen aus dem ganzen Aussiger Dechanate 2 Sch. und 15 Gr., im J. 1406 Dritthalb Sch., wobei auf den Aussiger Pfarrer bei der Marienkirche 36 und auf den Pfarrer bei der Adalbertskirche 5 Gr. entfielen.[1]

Nach dem Falle der Stadt Jerusalem, Samstag, 3. Dezember 1187, wurde ein sogen. „Saladinszehnt" eingeführt, so daß ein jeder den zehnten Teil von seinem Einkommen und seinem beweglichen Vermögen zum Kreuzzuge beisteuern mußte; die Juden mußten damals den vierten Teil ihres Vermögens abliefern. Alle Jahre gingen nun „Kollektoren" (Sammler) von Rom aus in die einzelnen Länder um diese Steuer, die nun auch „Papst-Zehnt" genannt wurde, für das hl. Land mit Hilfe ihrer Boten (cursores) einzuheben. Auf dem II. Lyoner Kirchenkonzil im J. 1274 verordnete der Papst Gregor X. einem jeden Bischofe den päpstlichen Zehnt für 6 Jahre von allen Kirchen zu fordern und von nun

---

1) Erben, Regesta Boh. I, 33, 34, 35, 353, 369, 394; Feistner, Stadt Aussig, S. 86; Frind, Kirchengesch. Böhmens I, 55, 71, 110; II 27; Tadra, Soudní akta IV, 53.

an ist diese Abgabe zur Regel geworden. Aus besonderen Gründen konnte mit päpstlicher Bewilligung diese Sammlung entweder ganz nachgelassen werden, wie es z. B. der Prager Bischof Tobias vom Papst Honorius IV. im J. 1286 wegen der damals unruhigen Zeiten erwirkt hatte oder wurde der ganze Sammlungsbetrag zu verschiedenen anderen Zwecken geschenkt, wie z. B. im J. 1297 schenkte der Papst Bonifaz VIII. diesen Zehnt dem K. Wenzel II. zur Bestreitung seiner ungeheueren Krönungs= kosten; als der immer geldbedürftige Johann von Luxemburg im J. 1325 einen Kreuzzug in das hl. Land versprach, bewilligte ihm der Papst Johann XXII. den Papstzehnt dazu, in Böhmen, Mähren und Luxem= burg von der ganzen Säkular= und Ordensgeistlichkeit einzuheben; leider wurde das Versprechen niemals erfüllt. Ebenso wurde vom P. Urban VI. im J. 1384 der Zehnt seinem treuen Anhänger Wenzel IV. geschenkt; im Jubiläumsjahre 1390 faßte Wenzel IV. den Plan einer Romreise und erbat sich zu dieser Fahrt den päpstlichen Zehnt. Bonifazius IX. willigte zwar ein, aber befahl seinen Kollektoren (quaestor), den Zehnt dem Könige erst dann auszuliefern, bis derselbe seine Reise wirklich an= getreten haben wird. [1]

An solchem Papstzehnt zahlte die Aussiger Marienkirche im J. 1369, 1384, 1385, 1399 und 1405 halbjährig ein Schock Groschen. Weil der Papstzins nur ein Zehnt vom Pfarr=Dezem gewesen und 6 Schock ge= wöhnlich als Existenz=Minimum eines Pfarrers nicht eingerechnet wurden, so ergibt sich die jährliche Kongrua des Aussiger Plebans bei der Marien= kirche mit: 2 Sch. (Papstzins) $\times$ 10 + 6 (Minimum) = 26 Sch. (à c. 42 K der jetz. W. = 1092 Kronen), gewiß für die damaligen Verhältnisse ein sehr anständiges Auskommen, besonders wenn wir be= merken, daß Stola, Opfergeld und Stiftungen in diese Summe nur teilweise eingerechnet sind, deshalb ist es auch leicht erklärlich, daß die Einnahmen des Pfarrers Wenzel im J. 1407 rund mit 30 Sch. be= rechnet werden konnten. [2]

Im J. 1190 trat vor den Mauern der Stadt Akkon der deutsche Ritterorden ins Leben, dessen Zweck es war, das hl. Land zu schützen, den Witwen und Waisen zu helfen, die Kranken zu pflegen und gegen die Feinde Christi zu kämpfen. Die schlimme Lage der Dinge im Oriente

---

1) Frind, Kirchengesch. Böhmens II, 61; Krystůfek, Církevní dějepis II, č. 2, S. 211; Palacký, Dějiny národa č., II, 233, 388.
2) Tomek, Reg. decimarum, pap. 79; Tadra, Soudní akta VI, 29, 69; P. Tscherney, Schwaden 65.

ließ aber bald erkennen, daß der Orden seine Stütze und seine Ziele von
nun an im Abendlande zu suchen habe. Im J. 1225 unternahm der
vierte Großmeister des deutschen Ritterordens Hermann von Salza eine
Reise nach Deutschland und bei dieser Gelegenheit bot ihm Konrad,
Herzog von Masovien, das Kulmerland und das Besitztum von Löbau
für die Hilfe gegen die heidnischen Preußen, die sein Land bedrohten;
diese Schenkung wurde mit Freuden angenommen und vom K. Friedrich II.
noch mit der Bestimmung genehmigt, daß der Orden alles Land, was
er in Preußen erobert, als Eigentum, jedoch als Reichslehen, besitzen solle.
Nun begann ein Kampf gegen die Preußen, welcher von beiden Seiten
mit größtem Heldenmut geführt wurde und an dem auch der hoch-
strebende Böhmenkönig Ottokar in den J. 1255 und 1267 mit seinen
Scharen teilnahm; im J. 1272 war der blutige Kampf zu Ende und
der Orden errichtete nun im J. 1274 zum Schutze seiner Eroberungen
das hohe Haus Marienburg, als seine Hauptfestung.[1]) Nach dem Falle
Akkons, Freitag, 18. Mai 1291, als das hl. Land für immer an die
Moslemin verloren ging, übersiedelte nun der deutsche Ritterorden aus
dem Morgenlande in das Abendland, zuerst nach Venedig und im J. 1309
nach Marienburg in Preußen. Um diese Zeit mußte der Orden in
Königstein (Lapis regis), dem alten Burggrafensitze der böhmischen
Könige in Meißen, eine Komturei besessen haben, zu welcher die Aussiger
Marienkirche im Filialverhältnisse stand; wann und aus welchen Gründen
dieses Verhältnis entstand, läßt sich nicht mehr sicherstellen, da sämtliche
Privilegien und wichtige Dokumente der Stadt Aussig in einem Brande
(zwischen 1305 bis 1325) vernichtet wurden; jedenfalls wurde dem
Orden, welcher im J. 1302 im nahen Bilin eine Pfarrkirche vom Albert
von Seeberg erhalten hatte, vom böhmischen Könige Wenzel II.
(1278—1305) das Patronatsrecht über die Marienkirche in Aussig wohlwollend überlassen[1].) Dieses Privilegium geriet aber in den damaligen
Unruhen in Vergessenheit und als die hiesige Pfarrstelle bei St. Maria
erledigt wurde, präsentierte der K. Johann von Luxemburg für dieselbe
einen gewissen Peter, den Sohn des Hermann, Bürgers von Dresden
oder auch von Wsk (Aussig) genannt und der damalige Bischof Johann
von Dražic bestätigte — im guten Glauben an ihre Rechtmäßigkeit —
diese Präsentation. Der neue Pfarrer Peter war ein Aussiger Kind,
besuchte im J. 1318 die hier seit 1272 bestehende lateinische Pfarrschule

1) Joh: Weiß, Weltgeschichte V, 349.
2) Frind, Kirchengeschichte Böhmens II, 254.

28*

und ist noch im J. 1325 bloß ein Kleriker gewesen; seine Ernennung
zum Pfarrer gab Anlaß zu einem langjährigen Prozesse.

Am 9. Mai 1318 mußte der Bischof Johann IV. seine Reise nach
Avignon zum päpstlichen Hofe, wo er von einem ränkesüchtigen Kleriker
Heinrich von Schönburg, der Beschützung der Ketzer ungerechter Weise
verklagt wurde, antreten und nun erhob Leo de Insia, der Landeskomtur des deutschen Ritterordens für Böhmen und Mähren, einen
Protest, indem er die obige Präsentation als eine Verletzung der Rechte
seines Ordens hinstellte und das königliche Privilegium behufs des übertragenen Patronatsrechtes vorwies. Der K. Johann erkannte die
Richtigkeit dieser Beschwerde an und trug am 21. Mai 1318 den damaligen Administratoren des verwaisten Bistums, Ulrich von Pabienitz
und Paul II. Bawor (dem Benediktiner-Abte von Břevnow) auf, denjenigen zum Pfarrer in Aussig zu bestätigen, welchen der Landeskomtur
ihnen bezeichnen wird. Der Komtur präsentierte nun für die Aussiger
Marienkirche am 25. Mai 1318 einen gewissen Johann, ein Mitglied
seines Ordens und dem damaligen Dechant von Aussig wurde gleichzeitig
der Auftrag erteilt, den neuen Pfarrer in den Besitz seiner Kirche einzuführen. Dadurch wurde jedoch der Streit über den rechtmäßigen Besitz
des Aussiger Benefiziums noch lange nicht beigelegt; Peter berief sich
nämlich auf seine frühere, königliche Ernennung und die darauf erfolgte,
kanonische Bestätigung, wogegen der Orden die Rechtmäßigkeit derselben
bestritt, weil das Patronatsrecht ihm und nicht dem Könige gehöre.
Peter wurde damals, da er freiwillig nicht gehen wollte, gewaltsam
(manu armata) von den Ordensbrüdern von der Aussiger Pfarrstelle
entfernt und gefangen in den Kerker bei dem bischöflichen Hofe geworfen. — Durch diese Vorkommnisse bewogen, bestätigte nun König
Johann am 22. April 1321 dem deutschen Ritterorden abermals das
Patronatsrecht über die Aussiger Marienkirche für ewige Zeiten, sowie
auch alle Privilegien, welche sich der Orden bezüglich der Kirche in Stayn
(Königstein in Sachsen) und deren Filiale in Aussig (st. Mariae in Usk)
schon früher erworben hatte. Nach vielen und langen Unterhandlungen
verzichtete endlich der Kleriker Peter mit seinem Oheim (patruus)
Heinrich Kretschmer (Creczmerus) und dem Ordensbruder Hertlin (Pfarrer
des deutschen Ordens an der Prager St. Benediktkirche) am Grabe des
hl. Adalbert in Gegenwart mehrerer Zeugen „ganz freiwillig und ungezwungen" auf alle seine Rechte bezüglich der Aussiger Pfarre und diese
Erklärung wurde von den beiden Administratoren des Prager Bistums

(dem Propſt Hynek von Duba und dem Scholaſtikus Ulrich von Pabienitz)
am 11. Auguſt 1325 ſchriftlich beſtätigt. Jedoch noch vor dieſer Verzichtsleiſtung hatte ſich Peter an den Papſt (Johann XXII.) gewendet und
dieſer delegierte als Richter in dieſer Streitſache den Prior des Predigerordens zu St. Klemens in Prag Ráček (Maczko), den Prager Propſt
Hynek Berka von Duba und den Oſſegger Abt Ludwig, welche zwei
letzteren ihrerſeits den Prager Archidiakon Thomas ebenfalls als Richter
ſubdelegierten; in Gegenwart dieſer Richter und anderer Perſonen wiederholte Peter am 16. Auguſt 1325 im Ordenshauſe der Prediger zu
St. Klemens in Prag abermals ſeine Verzichtsleiſtung mit dem feierlichen Verſprechen (jurans et promittens): „gegen den Landeskomthur
Leo von Inſia und ſeinen Orden wegen des Patronatsrechtes in Auſſig
niemals eine Klage erheben zu wollen", weshalb ihm auch in derſelben
Verſammlung „ewiges Stillſchweigen" über dieſe Streitſache aufgetragen
wurde; aber Peter hielt dieſes Stillſchweigen nicht! Am 3. Juli 1329
kam endlich der Biſchof Johann IV. von Dražic aus Avignon, von aller
Schuld freigeſprochen, nach 11jähriger Abweſenheit nach Prag zurück;
der Pfarrer Peter, neue Hoffnung daraus ſchöpfend, hat ſich nun in
irgend einer Weiſe wieder in den Beſitz der Auſſiger Pfarre zu ſetzen
gewußt und da der deutſche Ritterorden ſeines vermeintlichen Patronatsrechtes ſich durchaus nicht begeben wollte, wurde der Prozeß mit aller
Erbitterung von beiden Seiten aufs Neue aufgenommen und mit den
ſpitzfindigſten Beweismitteln eines gewitzigten Advokaten weiter geführt.
Die Gerichtsverhandlungen begannen in der Gegenwart des Biſchofs
Johann und des Offizials des Prager Kapitels, des Teiner Propſtes
Bohuta am 26. Juli 1330; beide Parteien nannten ihre Vertreter und
als ſolche waren: für den deutſchen Orden der Provinzial Beringer und
deſſen Stellvertreter Mag. Volquinus und der Ordensbruder vom
hl. Benedikt, Dythlinus; Peter dagegen, welchen die Gegenpartei mit
den Worten: „der ſich für einen Pleban ausgibt" (qui ſe gerit pro
plebano), bezeichnet, wählte für ſich einen gewiſſen Berthold, Diener
des Mag. Heinrich und deſſen Stellvertreter Hertlin. Der Klage folgte
nun in kurzen Zwiſchenpauſen eine vierfache Replik (Widerrede) und
Gegenreplik (duplicando, triplicando, quadruplicando) am 4., 10.,
14., 25., 31. Auguſt, 3., 10., 15. September, 6. und 10. Oktober 1330;
der Orden ſtützte ſich vorzugsweiſe auf das ihm vom König Johann
im J. 1321 verliehene Patronatsrecht, ſowie die darauf im J. 1325
erfolgte Verzichtsleiſtung ſeitens des Pfarrers Peter, wogegen die Ver-

teidiger desselben entgegenstellten: ihr Klient Peter sei infolge der königlichen Präsentation und der bischöflichen Bestätigung (vom J. 1318) im vollen Rechte, die Aussiger Kirche sei keine Ordens=, sondern eine Säkular=Kirche, dem Bischofe untergeordnet, der König sei in diesem Falle bezüglich des Patronatsrechtes kein kompetenter Richter (non potuit nec fuit); was die Verzichtsleistung Peters besonders anbelangt (führt dessen Verteidiger Bertold in scharfer Rede an), sei dieselbe nicht freiwillig erfolgt, weil Peter seiner Zeit gewaltsam seiner Pfarrstelle beraubt wurde (et ille non renunciat, qui renunciat spoliatus), sie sei auch bis jetzt von keiner Obrigkeit bestätigt worden und selbst dann, wenn eine solche Bestätigung vorhanden wäre, dürfte dies nur bedingungsweise geschehen; eine Ersatzleistung seitens des Pfarrers Peter sei hier nicht am Platze, denn es ist in der Stadt und in der Provinz den Klerikern und den Laien bekannt, daß die Ordensbrüder zur Zeit des Mag. Ulrich von Pabienitz, Administrators des Prager Bistums (1318—1321 und 1325), denselben mit bewaffneter Hand gefangen, in den bischöflichen Kerker geworfen und ebenso gewaltsam seine Pfarrkirche überfallen haben. Am 10. Oktober 1330 verkündete der Prager Offizial das Urteil, welches für den Orden ungünstig lautete und denselben auch zum Tragen sämtlicher Gerichtskosten verurteilte. Der Magister Wolchwynus meldete sofort (viva voce) im Namen seiner Partei die Appellation bei dem päpstlichen Hofe an und nun beauftragte der Papst Johann XXII. von Avignon aus am 9. Jänner 1332 den Prager Bischof, die vom Könige vorgenommene Übertragung seines Patronatsrechtes in Užt an den deutschen Orden zu bestätigen. Der Orden siegte also endlich bei der letzten und obersten Instanz, aber trotzdem übt in der Zukunft der jeweilige böhmische König das Patronatsrecht über die Aussiger Marien= kirche aus. Durch die Lockerung der Verhältnisse zwischen Böhmen und Meißen (im J. 1305, 1401, 1421) hat sich auch das Verhältnis zwischen Königstein und seiner Filialkirche in Aussig geändert; vielleicht hat der deutsche Orden der Streitigkeiten müde, schließlich auf sein Patronatsrecht in Aussig verzichtet, er führt aber noch im J. 1459, in welchem Königstein durch den Vertrag in Eger an Sachsen dauernd abgetreten wurde, die Aussiger Marienkirche wenigstens dem Namen nach unter seinen böhmischen Besitzungen an.[1]

---

1) Feistner, Stadt Aussig, S. 87—91; Horčička=Hiele, Urkundenbuch der Stadt Außig, S. 5, 7, 11, 12, 18—23, 24; Tadra, Soudní akta VII, 217; Frind, Kirchengeschichte Böhmens II, 253, 254.

Mit der päpstlichen Bulle vom 30. April 1344 wurde das Prager Bistum von Mainz getrennt und zu einem selbständigen Erzbistume erhoben. In Aussig (Ust) treffen wir unterdessen erst am 6. Juli 1351 wieder einen Pleban Johann, welcher mit anderen Zeugen jene Schenkung unterzeichnet, die Rüdiger von Tschochau (Schachow), genannt Stirsberg, zur Dotierung des St. Marienaltars in Tschochau gemacht hatte, damit der dortige Pfarrer einen Priester leichter unterhalten könne. Als die Aussiger Bürger Heimann Zeiner und Heinrich Kunzels Sohn (Conclini) der Stadtgemeinde das Dorf Wannow (Vinov) und 1 Schock Zins von mehreren (5) Höfen vor dem unteren Stadttore (linker Hand in der Vorstadt, in der Töpfergasse), wo einst ein Freigut (allodium) gestanden, abgetreten haben, verpflichteten sich die versammelten Stadträte am 19.. April 1350, dafür 3 Sch. mit $4^1/_2$ Gr. Jahreszins zu einer Messen-stiftung in der Stadtkirche oder im Materni-Hospital, je nach dem Willen des Stifters Kunzel und dessen Erben zu zahlen; in der Tat hat später am 15. April 1402 der Bürgermeister Vincenz Schlichting im Vereine mit einigen Frauen seiner Verwandtschaft diesen Jahreszins, den er von seinem Großvater Heinrich „Treutelin" geerbt hatte, der städtischen Marienkirche zugewiesen. Der Stadtpfarrer Johann, welcher nun näher mit dem Namen Somburg bezeichnet wird, geriet wegen der Seelsorge in einen Streit mit dem hiesigen Kreuzherren-Hospitale St. Materni und dessen Spitalmeister Albert; beide Seiten wählten zur Schlichtung ihres Prozesses den ersten Notar der größeren Prager Gemeinde Werner von Meißen und den Bunzlauer Kanonikus Nikolaus Holubec zu ihren Schiedsrichtern (arbitri) und diese entschieden am 10. September 1354 in folgender Weise: Der Kreuzherrenorden solle für die Aussiger Pfarr-kirche innerhalb 2 Jahren einen Jahreszins von 2 Sch. Prager Gr. für ewige Zeiten verschaffen und nach Ablauf dieser Frist 20 Sch. als Kapital zum Verzinsen deponieren; bei der Kapelle im St. Materni-Hospitale dürfe nur ein Geistlicher vom Orden angestellt werden und dies aus-schließlich nur für die Kranken und für die Diener des Hospitals, aber in keiner Weise dürfe derselbe den Pfarrkindern die hl. Sakramente spenden oder sie beerdigen; es steht demselben frei von den Gläubigen Spenden zu sammeln und zu Gunsten seines Hospitals anzunehmen; der Kreuzherren-Magister Leo müsse ferner ein Darlehen von 16 Sch. Gr., welches er vom Pfarrer Johann zu fordern hat, diesem erlassen und innerhalb 8 Tagen darüber quittieren. Beide Parteien gaben sich mit dieser Entscheidung zufrieden und der Prager Erzbischof Ernest bestätigte dieselbe am 22. Dezember 1354.[1]

---

1) Horčička-Hiete, Urkundenbuch der Stadt Aussig 36, 68, 40.

(Schluß folgt.)

Drei böhmische Urkunden aus den Jahren 1274, 1370 und 1410.

Nach den Originalen des Nürnberger Nationalmuſeums mitgeteilt von
Ludwig Schönach.

I.

Beſtätigungsbrief König Ottofars von Böhmen für das Hoſpital S. Maria in Zerwald wegen der demſelben bisher gewordenen und künftigen Zuwendungen von Lehengütern und Einkünften. 1274, April 21.

Nos Ottocharus dei gratia Boemie rex, dux Austrie, Styriae et Karinthiae, marchioque Moravie, dominus Carniole, Marchie, Egre ac Portusnaonis, scire volumus presencium quoslibet inspectores, quod donacionem factam hospitali sancte Marie in Zerwald, per dilectum nobis Volchmarum, civem Graecensem, de manso sito in Gozzendorf cum omnibus suis iuribus et attinenciis, quem a nobis inter alia bona tenuit titulo feodali, ratam habere volumus atque gratam et ius propietatis, quod ad nos inmediate pertinet, damus libere et absolutte, hospitali predicto, pure et simpliciter propter deum. Insuper redditus duarum marcarum et dimidium denariorum, sitos in Leusnich apud villam Chrawert emptos per dominum Hermannum quondam hospitalarium, apud fidelem nostrum Ulricum de Hanspach, consencientibus omnibus suis heredibus, et plenariam adhibentibus voluntatem, quos a nobis in feudo tenuit, dato iure proprietatis hospitali praefato, et omnes tales et consimiles donaciones seu empsiones factas, vel in posterum faciendas, secundum condiciones et libertates expressas, a nostris predecessoribus, imperatoribus, et aliis principibus in dicti privilegiis hospitalis, ratas habemus, et potestate regia confirmamus. In autem rei testimonium et cautelam presentes literas · eidem hospitali dedimus sigillorum nostrorum munimine roboratas. Datum in Graetz, anno domini 1274, undecimo kalendas Maij,

Orig. Perg. Urf., anh. sig. Anzeiger des germ. Muſeums. Jahrg. 1905. 5. Heft. LIII. (Regeſt.)

II.

Heidingsfeld, 12. Septemb. 1370.

Karl IV. verleiht Grafen Wilhelm v. Montfort einen Gnadenbrief ɔc.

Wir Karl von gotes' gnadin romischer keyser czu allen
czeiten ·merer des reichs und kunig czu Behem bekennen und
tun kunt offenlich mit disem briefe, allen den die in sehen odir
horen lezen, das wir durch sunderliche dyenst und truwe, die
uns und dem reiche, der edel Wylhelm, graf czu Montfort,
uusser und des richs lieber getruwer, oft williclich erczeigt hat
und noch tün sol und mag in kunftigen czeiten im die gnad
tan haben und tun im die mit craft dicz briefs mit rechter
wissen und keyserlicher mechte volkomenheyt bis an unser
widerrufen, das in seine erben und lute nyemand, wer der were,
fur keyn lantgerichte, odir sust andir gerichte, laden, kûmbern
noch fûrtreyben sulle noch moge, wann alleyn fûr uns und
unser hovegerichte, do ouch wir yedem manne, der czu in icht
czu clagen hette, vollenkomenes rechten beholfen sein wellen,
Und dorumb so gebiten wir allen lant richtern, und ouch sust
andern richtern, in welchen wirden, odir wezen die sein unsern
und des richs liebn getruwen ernstlich und vesticlich, das sie
alle, noch ir dheyner den egenanten grafen seine erben und
lûte, alle die weil und wir das nicht widerrûfen alz vorgeschriben
stet zur dhein ir lantgerichte, odir sust andir gerichte nicht
laden kûmbern odir treyben sullen lazzen als sie unss und des
riches swere ungenad vermeyden wellen, Mit vrkund diez briefs
versigelt mit unssre keyserlichen maiestat ingesigele, geben czu
Heytingsvelt noch Crists geburde dreyczehenhundirt iar dornach
in dem sybenczigstem iare an dem donerstag noch unsser vrowen
tag Natiuitatis vnssre reiche in dem fomfundcwenczigstem und
des keysertums in dem sechczenden iare.

<small>Orig. Perg., anh. sig. (etwas defect). Anzeiger des germ. Museums.
Jahrg. 1905. 4. Heft S. LIII. (Regest.)</small>

III.

Prag, 12. April 1410.

König Wenzel bestätigt die Freiheiten der böhm. Stadt Melnik.

Wenceslaus dei gracia Romanorum rex semper Augustus
et Boemie rex notum facimus tenore praesencium universis, quod

parte magistri civium iudicis et comunitatis civitatis Melnicensis
fidelium nostrorum dilectorum extat magestati nostre humiliter
supplicatum, quatenus ipsis universa et singula ipsorum privilegia et literas ipsis per serenissimum principem quondam dominum Karolum Romanorum imperatorem semper Augustum et
Boemie regem dominum et genitorem nostrum carissimum ac
singulos praedecessores nostros reges Boemie et demum per nos
super ipsorum graciis libertatibus exempcionibus et indultis,
data et concessa, datas et concessas approbare innovare ratificare et confirmare gratiosius dignaremur. Nos igitur, qui quorumlibet iuste petencium vota semper affectu complectimur,
presertim cum iuste petentibus non sit denegandus assensus
praefatis supplicacionibus benignius inclinati animo deliberato
sano fidelium nostrorum accedente consilio et de certa nostra
sciencia universa et singula priuilegia et literas quorumcunque
tenorum existant praefatis magistro ciuium ciuibus et incolis civitatis Melnicensis, prefatum quondam dominum Karolum genitorem nostrum ac singulos predecessores nostros reges Boemie
ei demum per nos super ipsorum gratiis libertatibus exemprio-
nibus et indultis data et concessa datas et concessas approba-
vimus innovavimus ratificamus et confirmavimus approbamus
innovamus ratificamus et virtute praesencium regia auctoritate
Boemie gratiosius confirmamus decernentes et auctoritate regia
praedicta statuentes expresse, quod eadem ipsorum privilegia
et litere in singulis suis punctis sententiis clausulis et articulis
ac si de verbo ad verbum praesentibus forent inserta seu in-
serte perpetuam debeant obtinere roboris firmitatem impendi-
mentis non obstantibus quorumcunque praesencium sub regie
nostre magestatis sigillo testimonio litterarum. Datum Prage
Anno domini millesimo quadringentesimo decimo die XII. Aprilis
regnorum nostrorum anno Boemie XLII, Romanorum vero XXXIV.

Orig. Perg., sig. app. Anzeiger des germ. Museums. Jahrg. 1905. 4. Heft.
S. LIIII. (Regest.)

Böhmisches aus steierischen Archiven.

Von

Dr. Johann Loserth.

1.

Zur Geschichte der Sprachenfrage in Böhmen.

In den vierziger und fünfziger Jahren des 16. Jahrhunderts gestaltete sich der Verkehr zwischen den österreichischen Alpen= und Sudeten= ländern zeitweise sehr rege. Es war die Zeit der Invasion Ungarns durch die Türken. Letztere in ihre Grenzen zurückzuweisen, wurden ab und zu gemeinsame Beratungen von Vertretern aller Landschaften gepflogen. Am Landtage, der am 15. April 1556 in Prag abgehalten wurde, fanden sich zu dem genannten Zweck auch Vertreter der anderen öster= reichischen Länder ein. Der Landtag wurde im Beisein König Ferdinands, der Stände von Böhmen, der „Herrn Märher", der Fürsten und anderer Stände Schlesiens und der Ober= und Niederlausitz abgehalten. Er war also, wenn man von der heute zu Sachsen bzw. zu Preußen gehörigen Lausitz absieht, das, was man heute in Prag für einen „böhmischen Generallandtag" hofft.

Da, wie bemerkt, die Beschlüsse des Landtags auch die Stände im übrigen Österreich interessierten, so wird man sich nicht wundern dürfen, daß hierüber auch an die Landtage in den anderen Ländern referiert wurde und sich ein derartiger Bericht im steiermärkischen Landesarchiv vorfindet. Ich teile aus dem sonst nicht unbekannten[1]) Landtagsschluß jene Stelle, die von der Anwendung der „böhmischen" und anderen Sprachen im landschaftlichen Verkehr handelt, deswegen mit, weil nur der böhmische Text durch den Druck bekannt ist:

»Und als hie zu landt der gebrauch und fur recht ist, dass einer dem andern, was articln es sein notturfft erfodert, aus= geschniten zetl schicken mag, in Behamischer sprach. Allain wo aber jemand dem andern in ainer andern

---

1) S. die böhmischen Landtagsverhandlungen II, 707. Da sich demnach diese Schlüsse auch in deutscher Sprache vorfinden, wird es gut sein, sie einmal auch deutsch zu publizieren.

sprach ain zetl schicken wurde, ist keiner dieselb
des kunigreichs Behamb inwoner anzenemen schul-
dig, aber auf die Behambisch zetl auch mundtlich podtschafften,
wo ainer zu dem andern schicke, sol ainer 14 tag zur antwort
frist haben.

(Steierm. Landesarchiv, Landtagsakten 1556.)

Das ist fast in derselben Zeit, wo die steierischen Stände daran
denken, den Slowenen im steierischen Unterlande eine windische Bibel
drucken zu lassen.

2.

Wallensteiniana.

Ein Vertreter der Interessen des Stubenbergischen Hauses war der
Rechtsanwalt Breitschädel, an den verschiedene wichtige Berichte über
Zeitereignisse gelangten und von dem sie dann in die Steiermark an
seine Auftraggeber übergingen. Leider sind diese Korrespondenzen meist
nur bruchstückartig erhalten. Vor mir liegt ein Zettel, der fünf Punkte
enthält die „Herrn Prätschedln zu schreiben". Dann fährt der Schreiber
fort und gibt einige wichtige Nachrichten über den Eindruck, den „die
entdeckte Verrätherei" des Friedländers in Wien machte. Die Stelle lautet:

Sonsten gehe es allhie über und über. Scharffenberg sei
noch starck arrestirt. Zu dem habe man gleichwol seiner frauen
gemahlin gestern mit ihme, doch in beisein des h. obr. Lébels
zu reden gelasen. Der herzog von Friedland seÿ als meinaÿdig
den gesampten ständten am verwichnen mittwoch in dem
landthauss allhie durch herrn grafen von Werdenberg declarirt
worden. I. Mt. werdten auf künfftigen mittwoch gewisslich nacher
Böhmen sampt dem könig in person auffbrechen. Graf Max von
Wallenstein sei vorgestern ankommen. Seÿ in etwas ungnaden,
referire aber, das Friedlländer noch von der entdeckhten verrätherey nichts wisse. Alttringer Not. Obq. Böh. seÿn wiederumb verreist. Avocatoria mandata würdten wieder den intitu-
lirten feldthauptmann gedruckt. In summa allhie seÿ die gröste
confusion.

Zur Biographie des Mathematikers Johannes Widmann von Eger.

Von

Franz Wilhelm.

Von dem Verfasser des den Mathematikern wohlbekannten Rechen=
buches „Behende und hubsche Rechnung auf allen kauff=
mannschafft gedruckt in der Fürstlichen Stath Leipczick durch Con=
radum Kacheloffen im 1489 Jare" von dem Egeraner Johannes
Widmann, der, wie in neuerer Zeit nachgewiesen wurde, außer diesem
Werke, das seinen Namen berühmt machte, noch einige andere kleinere
Schriften mathematischen Inhaltes verfaßte, weiß man nur, daß er im
Wintersemester des Jahres 1480 in der Matrikelliste der Universität
Leipzig eingetragen war, im Jahre 1482 Bakkalaureus und 1485 Ma=
gister wurde und um oder nach dieser Zeit unter Benützung eines heute
noch in der Dresdener königl. Bibliothek vorhandenen Handschriften=
bandes[1]) (wahrscheinlich) Vorlesungen an der Leipziger Universität über
Mathematik (Algebra) hielt.

Geburts= und Todesjahr Widmanns, sowie andere biographische
Beziehungen von ihm kennen wir nicht. Jede weitere, wenn auch noch
so kleine Nachricht von ihm müßte uns daher willkommen sein. Eine
wenn auch schmale Spur hiezu aufzudecken, könnten vielleicht die nach=
stehenden Bemerkungen geeignet sein.

.In der „Zeitschrift für Deutsches Altertum" (Neue Folge IV. Band)
finden wir nämlich in dem Artikel über „Magdeburger Schöffenurteile"
(mitgeteilt von Johann Kelle) die Bemerkung, daß der Kodex des böhm.
Museums in Prag G. 23. 16 von einem Schreiber geschrieben ist, „als
welcher sich am Ende ein sonst nicht weiter bekannter Johannes von
Eger nennt, der seine Arbeit 1461 in vigilia sancti Pauli hora quin=
decima in Horsouiensityn" d. i. also in Bischofteiniz in Böhmen

---

1) Sign. C. 80. — Diese von Widmann an verschiedenen Stellen durch
zahlreiche „Randaufgaben" ergänzte Handschrift benützte nachgewiesener=
maßen später auch der bekannte (sprichwörtlich gewordene) „Rechenmeister"
Adam Riese bei der Abfassung seines (im Jahre 1524 vollendeten)
Rechenbuches.

vollendet hat. Diese Tatsache vor Augen gestellt, liegt der Gedanke nahe, zu schließen, daß der Verfasser des Rechenbuches, der sich selbst in mathematischen Schriften wiederholt und insbesondere auch in der Vorrede zu seinem oben genannten Hauptwerke Johannes Widmann von Eger nennt, und der Abschreiber des erwähnten Prager Kodex dieselbe Person seien. Der Zeitraum zwischen der Herstellung der Bischofteinitzer Abschrift (1461) und dem beglaubigten Auftreten Widmanns (1480—1489) sprechen nicht gegen eine solche Annahme, wenn auch der Umstand, daß das Bakkalaureat zu der in Betracht kommenden Zeit von seinen Trägern in der Regel schon in jüngeren Jahren erworben wurde, wieder einige Zweifel aufkommen lassen darf.

. Es ist aber auch ganz gut möglich, daß der befähigte junge Widmann, nachdem er die alte Egerer Lateinschule besucht und mangels weiterer Mittel — auch in Leipzig war er als pauper, d. h. mit einem Armutszeugnisse in die Matrikelliste eingetragen und „unter Erlassung der Kosten" zum Magister ernannt worden — zunächst in verschiedenen Kanzleien beschäftigt gewesen ist, darunter auch in jener des Prager Erzbischofs zu Bischofteinitz, dem dieses gehörte, bevor sich ihm die Gelegenheit bot, eine Hochschule aufzusuchen. Und da er Katholik und deutsch war, zog er es gleich seinen übrigen deutschen Landsleuten wohl vor, die Tochteruniversität Leipzig statt Prag aufzusuchen. Hier aber wurde nach den überlieferten Satzungen zur Erlangung des Bakkalaureats u. a. die »Sphaera materialis« sowie der »Algorismus« und »Computus« gefordert,[1]) und die Beschäftigung mit diesen Dingen als Pflichtstudium für den zu erlangenden akademischen Grad mochte Widmann den mathematischen Disziplinen dann überhaupt und als Lieblingsbeschäftigung im besonderen näher geführt haben.

Außer dem Prager und dem Dresdener Kodex ist für ihn noch eine in der Ratschulbibliothek zu Zwickau i. S. befindliche Handschrift heranzuziehen. Ein Faksimile Widmanns aus dem Dresdener Kodex als Beilage zu einer Abhandlung des verdienten Widmann-Forschers Dr. E. Wappler befindet sich in der „Zeitschrift für Mathematik und Physik", XXXV. (1890), liter. Beilage pag. 169.

---

1) Sutor, Math. Univ., S. 53.

Klagelied des Stadtarztes von Schlaggenwald v. J. 1583.

Von

Dr. Otto Clemen.

„Lernen zu klagen, ohne zu leiden!" — Das ist nicht nur der Grundsatz der Agrarier im deutschen Reichstage, auch die Ärzte haben, seitdem es welche gibt, nie aufgehört zu klagen über schlechte Einnahmen, Interesselosigkeit und Undankbarkeit des Publikums, Aberglauben und Kurpfuschertum.[1] Das beweist auch wieder ein Brief des Schlaggen=walder Stadtarztes Dr. med. Theodor Eccombertus an seinen Schnee=berger Kollegen Petrus Poach, vom 14. August 1583, der im folgenden aus dem Original (Zwickauer Ratsschulbibliothek: J. 37) unter Weglassung der üblichen Freundschaftsbeteuerungen usw. mitgeteilt wird.

... De conditione plurimum tibi gratulor et opto ex animo, ut futuro tempore fortuna utaris prosperiore in facienda medi-cina. Animaduerto namque tuis ex literis pari me cum te frui fortuna. Stipendium habes perexiguum, quod ego miror. mihi numerantur 100 fl. cum habitatione libera, quibus non contentus iam per libellum supplicem a meo senatu peto 100 taleros, habi-tationem et ligna. responsum nondum accepi. Spero me aliquid obtenturum. Senatum habemus alias satis promptum, benignum et humanum, sed reditus oppidi sunt aliquatenus exiliores, adeo ut interdum praestare non possint, quod fortasse uellent. Quo ad praxin, prorsus idem tecum conqueror. Tanta est hominum indigentia, ut urinarum etiam inspectionem persoluere uix pos-sint. Ego spacio 8 mensium uix 44 taleros ex praxi accepi et maxime ab exteris. Praeterea totum oppidum refectum est me-dicis. Quamprimum aegrotare quis incipit, accurrunt 20 mulieres, ex quibus ad minimum 15 sunt doctrices, et singulae sua glori-

---

1) Vgl. meinen Artikel: Urteile zweier Braunschweiger Ärzte über ihr Publikum im 16. Jahrhundert (Ztschr. d. historischen Vereins für Nieder-sachsen 1903, S. 536. f.).

antur experimenta et aegro, ut modo hoc, modo illo experimento utatur, persuadent. Omnibus tentatis et nullis proficientibus lotium ad me mittitur ficta persona (nolunt enim medicum scire, quis sit patiens), et si ad primum meum consilium non illico sanitas consequatur, non redeunt amplius, sed alterius consilia quaerunt apud balneatores, barbitonsores, chymistas, Judaeos et huiusmodi nebulones alios, qui omnes medicum quibusuis proscindere calumnijs sunt paratissimi, quo facilius sua deliramenta stultae plebeculae obtrudere possint. Væore etiam careo: neque enim hactenus ulla occasio commoda obtigit. Puellae nostrae omnes sunt pauperes; quae enim inter illas est ditissima, non habet ultra 300 florenos; interim satis superbae sunt et rusticae. alibi non deessent occasiones, sed omnes in hunc locum sua bona transferre aut hic uiuere recusant, adeo ut, quo me uertam, nesciam. Si hoc antea sciuissem, es follten mid) 20 caualli nidjt hieher zogen haben. Nuper per literas a meis spes mihi facta est conditionis Gothanae et etiam uiduae relictae D. Doctoris Pezoldi, quam aiunt habere in bonis circiter octodecim millia aureorum. Sed procul dubio uidua illa loco non cedet, et ego nunquam eo in loco conditionem suscipiam; praeterea malo puellam aliquam quam uiduam, quae duobus antea maritis nupserit. Quando tu celebrabis nuptias, ex te cognoscere desidero. Fortassis occasiones ibi inueniuntur commodiores quam hic nobiscum. Si ad nuptias me inuitaueris, forte accedam, nisi fuero impeditus. Quaeso accede aliquando nostras Thermas Carolinas et me etiam, quod mihi erit gratius. Noui nihil habeo, nisi quod multis in locis Bohemiae atque etiam Noribergae lethales grassentur dysenteriae ... Datae Schlacoualdiae 14. Augusti Ao. 1583.

Tuus totus quantus est
Theod. Eccombertus D.

Zu den erſten Güterkäufen Wallenſteins.

Von

S. Gorge.

Gindely-Tupeß gedenken in ihrer „Geſchichte der Gegenreformation in Böhmen" (Leipzig, 1894) als eines der erſten Güterkäufe Wallenſteins der 13 Güter, welche dieſer vom Statthalter Fürſten Liechtenſtein als dem Vertreter des Kaiſers um einen billigen Preis weit unter dem Schätzungs= werte derſelben erhielt. Es verlohnt hier, die ziffermäßige Zuſammenſtellung in dem erwähnten Werke (S. 65, Anmerkung) mit einem Akt des Wiener Hoftammer=(Reichsfinanz=)Archivs in den „Herrſchaftsaften", Faszikel L V 1, ddo. 24. (expediert 27.) Jänner 1623, eine Relation der Hoftammer über die vom Fürſten überſchickten 13 Kaufſchlüſſe mit dem Oberſt von Waldſtein, näher zu vergleichen.

1. Zunächſt kämen die Güter D y m o k u r, Žluniß und Chotěſchiß in Betracht, bei denen ſich in der Tat zwiſchen dem Kaufpreis von 200.000 fl. und der Taxe die bedeutende Differenz von 178.965 fl. ergäbe. Doch wird ſpeziell über dieſe Güter hier in einem anderen Zuſammenhange gehan= delt und unter anderen gezeigt werden, daß da wohl eine Verwechslung zwiſchen dem mit Žluniß taxierten und zum Smiřickyſchen Komplex gehörigen Chotělitz und dem nach Niklas von Gerſtorf konfiszierten Chotěſchiß, das allein auf 69.326 Taler oder Schock = 80.880 fl. (1 ℔ = 1.1/6 fl.) taxiert war, vorliegt. Überdies erwähnt unſer Akt, daß die Güter ſchon 1621 an Hans Euſebius Khuen verkauft wurden und die Kammer dafür war, daß ſie ſeinen Erben verbleiben, zumal Wallen= ſtein nicht mehr dafür gebe.

2. An zweiter Stelle wird Chotzen, nach Rudolf von Seidliß konfisziert, genannt. Die Taxe betrug 85.616 fl. oder 73.385 ℔, der Ver= kaufspreis 75.833 fl. oder 65.000 ℔, der Abgang alſo 9783 fl. Doch wird in dem Akt bemerkt, die Kammer ſei dafür, daß der Nachlaß auf 3000 fl. limitiert werde, und es ſei hier ſchon die kaiſerliche Reſolution am Schluſſe angeführt: Dicit Sua Maiestas, wann die Güter nicht der Tax und Schätzung nach hinauszubringen, daß es bei der limitation verbleiben ſolle. In audientia 24. Januarii 1623.

3. Zamersk, nach Karl Kapaun, taxiert auf 29.541 fl. oder 25.321 M, verkauft um 28.000 fl. oder 24.000 M, Abgang 1541 fl. Dabei habe es sein Verbleiben.

4. Žiželowes und Sadowa, nach Georg Sadowský, Taxe 55.781 fl. oder 47.812 M, Verkauf 54.833 fl. oder 47.000 M, Abgang 948 fl. Dabei verbleibe es.

5. Neuschloß, nach Hans Georg von Wartenberg, Taxe 180.282 (im Akt verschrieben 181.282) fl. oder 154.528 M, Verkauf 175.000 fl. oder 150.000 M, Abgang 5282 fl. Weiter heißt es in dem Akt: Weil dies ein vornehmes (d. i. ein großes und weniger leicht verkäufliches) Gut, auch ansehnliche Mobilien vorhanden (das aber ein Grund dagegen ist) und ohnedies der Hoffkammer Erachtens auf ein Leidentliches taxiert worden, so möchte es bei dem Anschlag verbleiben.

6. Leipa, nach Wolf Salhaus, Taxe 11.351 fl. oder 9743 M (letzteres stimmt nicht in der Rechnung), Verkauf 10.500 fl. oder 8500 M (letzteres stimmt gleichfalls nicht), Abgang 851 fl. Weiter heißt es in dem Akt: Weil gering — wie auch sonst — verbleibe es.

7. Zwiřetitz, nach Johann Georg Welek, Taxe 95.954 fl. oder 82.246 M, Verkauf 93.333 fl. oder 80.000 M, Abgang 2621 fl. Auch dabei verbleibe es.

8. Smrkowitz, nach Hans Georg Wachtl, Taxe 57.106 fl. oder 48.948 M, Verkauf 53.666 (genauer 53.667) fl., Abgang 3439 fl. Hier heißt es in dem Akt: Weil zu groß, nur halber Nachlaß zu bewilligen.

9. Dobřenitz, nach Johann Dobřenský dem Älteren, Taxe 19.478 fl. oder 16.696 M, Verkauf 18.666 fl. oder 16.000 M, Abgang 812 fl. Auch da heißt es in dem Akt: Weil gering, verbleibe es.

10. Groß-Tremešno, nach Adam Silber, Taxe 25.110 fl. oder 21.525 M (letzteres nicht ganz genau), Verkauf 24.500 fl. oder 21.000 M, Abgang 610 fl. Dabei verbleibe es.

11. Wostromĕř, nach Wenzel Wostromĕřty, Taxe 9959 fl. oder 8536 M 40 Groschen (gr.), Verkauf 9958 fl. oder 8536 M, Differenz 46 fl. (unrichtig, nur 1 fl.). Dabei verbleibe es.

12. Borowitz, nach Rudolf von Seidlitz, Taxe 36.140 fl. oder 28.120 M (letzteres stimmt nicht), Verkauf 28.000 fl. oder 24.000 M, Abgang 8140 fl. Weiter heißt es in dem Akt: Daran nachher bis in 2000 fl. nachgesehen worden. Nach Bileks sonst sehr verläßlichen „Beiträgen zur

Geschichte Waldsteins" (Prag, 1886) gehörte zu Borownitz noch Zawrši, das auf 4500 fl. taxiert war, wodurch die Differenz gegenüber Gindely-Tupetz und unserem Akt noch größer würde und die Sache deshalb weniger wahrscheinlich gestaltet.

13. Dobřikow, nach Wilhelm Dobřikowsky, Taxe 34.040 fl. oder 29.177 fl., Verkauf 29.166 fl. oder 25.000 fl., Abgang 4874 fl. Weiter heißt es in dem Akt: Zuviel und die Hälfte genug.

Aus dem Mitgeteilten ersehen wir, daß abgesehen von den sub Nr. 1 angeführten Gütern, bezüglich deren es als Smiřickyscher Güter oder auch sonst sein besonderes Bewenden haben mag, worüber in dieser Zeit-schrift bei den Smiřickyschen Gütern speziell gehandelt werden wird, die Besitz-tümer böhmischer Rebellen nicht, wie es noch vielfach heißt, an Wallen-stein verschleudert wurden.

Es ist aber festzuhalten, daß Güterkäufe durch Wallenstein schon 1622 stattgefunden hatten, worüber uns aus unserem Material namentlich von den „allgemeinen Akten" der in die Kategorie der Pappenbergischen Berichte (Hofkammer-Diener Christoph von Pappenberg; man vgl. Gorge, Das friedländische Konfiskationswesen, Bielitzer Gymnasialprogramm, 1899) gehörige sub März 1635, Nr. 2, und von den „Herrschaftsakten" das Verzeichnis der erkauften Konfiskationsgüter im Faszikel L V 1 näher belehren. Wir haben danach die folgenden Güter:

1. Friedland und Reichenberg, nach Christoph von Redern konfisziert, gekauft um 150.000 fl. (Gorge, l. c., S. 14.)

2. Weiß- und Hühnerwasser, Kloster, Hradišt, Zasadka und Kočnowitz nach Bohuslav Berka (die beiden ersteren) und Wenzel Budowetz um 216.000 fl. (Gorge, 55 ff.)

3. Swijan und Welisch nach den Grafen Andreas Schlick und Mathias Thurn um 170.000 fl. (Gorge, ebdf. nnd 33 f.)

4. Die Hälfte der Smiřickyschen Güter, welche dem Kaiser zugefallen war, um 570.095 fl. 31 kr. 4 ₰ (Bilek, Beiträge zur Geschichte Waldsteins, Prag, 1886.

5. Ein Viertel der Stadt Leipa mit Aschendorf nach Wolf von Salhaus um 10.500 fl. (Gorge, 52 f.)

6. Konopischt (Hanfstengel) nach Bernhard von Hoděgowa um 65.606 fl. 30 kr. 2 ₰ (nach den „Herrschaftsakten" L V 1 nur um 56.000 fl., doch haben andere Akten und Bilek, l. c., S. 95, die höhere Summe).

29*

7. Beinitz nach Bohuslav von Hoděgowa um 63.000 fl. (Bilek, 93, und das „Konfiskationsprotokoll“, Band I, S. 102, haben das Jahr 1623, doch stimmen unsere Akten in dem Jahre 1622 überein.)

8. Teinitz nach Adam von Hoděgowa um 37.500 fl. (Unsere Akten nennen kein Jahr, dagegen Bilek, 99, und das „Konfiskations= protokoll“, I, 101, das Jahr 1622. In den „Herrschaftsakten“ L V 1 ist die Kaufsumme nur mit 27.000 fl. angegeben, doch wurden nach anderen Akten vom Kaiser 10.500 fl. dazugeschlagen.)

9. Netluk nach Wenzel Bechyna um 21.181 fl. 50 kr. (die Kauf= summe von 20.000 fl. in den „Herrschaftsakten“ L V 1 ist nach Bilek, 97, und anderen Akten zu niedrig).

10. Wosečan nach Adam Řepický um 28.000 fl. (man vgl. auch Bilek, 99).

11. Kossowahora (Amschelberg) nach Wilhelm Řičan dem Jüngeren um 27.644 fl. 45 kr. (Dieses Gut fehlt in den „Herrschaftsakten“ L V 1 überhaupt, doch spricht für den Kauf im Jahre 1622 das „Kon= fiskationsprotokoll“, I, 237.)

12. Roždialowitz und Neu=Konow nach Hans Albrecht Křinecký um 58.333 fl. 20 kr. (Die Herrschaftsakten“ L V 1 haben das ganz ungenaue Datum „am Montag“, dagegen genau das „Konfiskations= protokoll“, I, 264, „am Montag nach Sapientia 1622“ und die „Herr= schaftsakten“, Faszikel B XVI 2 ddo. 18. Feber 1623 bezeichnen als Datum des Kaufkontrakts den 17. Dezember 1622.)

K. u. k. Hofbuchdruckerei A. Haase, Prag. — Selbstverlag.

Mitteilungen des Vereines

für

Geschichte der Deutschen in Böhmen.

Redigiert von

Dr. A. Horcicka   und   **Dr. O. Weber.**

Fünfundvierzigster Jahrgang.   4. Heft. 1907.

Teplitzer Badeleben in alter Zeit.

Von

Dr. Gustav C. Laube.

Die warmen Quellen von Teplitz sind früher als alle anderen Thermen Böhmens bekannt gewesen. Schon in vorgeschichtlicher Zeit (um 200 v. Ch.) war die Gegend ihres Ursprunges von einer keltischen Bevölkerung dicht bewohnt, erwiesenermaßen lag an der Stätte von Teplitz selbst eine Ansiedlung. Römische Händler, die uralte böhmische Querstraße ziehend, fanden dahin den Weg und warfen nach heimischem Brauch ihren „Stips" als Opfergabe in den brodelnden Pfuhl, an dem sie vorbeikamen. Als man 1879 das Quellbecken der „Urquelle" in Teplitz ausräumte, fanden sich im Sande desselben zahlreiche der einstmals eingeworfenen kleinen römischen Münzen vor, deren verschiedene Gepräge aus der Zeit 83 v. Ch. — etwa 300 n. Ch. erkennen lassen, daß der erwähnte Handelsverkehr sehr geraume Zeit im Gange gewesen war.

Die mit ihnen gefundenen bronzenen Schmuckstücke keltischen Ursprunges dürfen wohl als Opfergaben der seßhaften Bevölkerung angesehen werden. Ob man aus ihrem Vorkommen schließen darf, daß damals schon der hohe Wert der Thermen für die leidende Menschheit erkannt worden war, bleibt fraglich.

Aus dem Mittelalter ist nur wenig sichere Kunde auf uns gekommen, daß man die Quellen als Bäder benützt habe. Nach Dr. Herm. Hallwich, dem wir eine vortreffliche Geschichte seiner Vaterstadt Teplitz[1])

---

1) Töplitz, eine deutschböhmische Stadtgeschichte.

verdanken, darf man wohl annehmen, sie mögen mit eine Veranlassung
gewesen sein, daß Königin Judith, die Gemahlin Wladislaw II., auf
ihrem Leibgedinge Teplitz um 1156 ein Benediktinerinnenkloster errichtete,
wie deren schon an anderen Warmquellen bestanden. Um dieses entwickelte sich weiterhin die Stadt.

Wird nun in Betracht gezogen, daß schon im frühesten Mittelalter
vielbetretene Handelswege aus dem Inneren von Böhmen durch die
Gegend von Teplitz über das Erzgebirge führten, auf denen die Kunde
von den Quellen Verbreitung finden und Heilung Suchende zu ihnen
gelangen konnten; so läßt sich annehmen, daß sie schon frühzeitig, wenn
auch kaum von einer Einrichtung dazu die Rede sein konnte, benützt
worden seien. In diesem Sinne etwa erwähnt der tschechische Chronist
Pulkawa 1370 Teplitz »ad balnea«.

Der unheilvolle Hussitenkrieg, in dem das Teplitzer Kloster seinen
Untergang fand, hat auch hier jede Kunde verwischt, und so erfahren
wir erst aus einer viel späteren Zeit, daß Teplitz als ein Heilbad angesehen ward.

Herm. Hallwich, der in seiner Geschichte der Entwicklung des Badewesens daselbst entsprechend Rechnung trägt, führt die Namen einiger
hervorragender Persönlichkeiten an, die im fünfzehnten Jahrhundert bei
den Teplitzer Quellen Genesung suchten. Unzweifelhaft besaßen sie schon
zu Anfang des sechzehnten einen Ruf, da sie von Georg Agricola,
Paracelsus und anderen Schriftstellern erwähnt und in weiteren Kreisen
bekannt werden. So kam Teplitz immer mehr in Aufnahme. Allerdings
waren zu Anfang des sechzehnten Jahrhunderts die Einrichtungen der
Bäder noch recht dürftig. Um die in der „Badevorstadt" gelegenen Quellen
standen einige kleine Bürgerhäuser, darunter auch eine der Stadt zinsende
Baderei, in denen man gegen bescheidenes Entgelt in hölzernen Wannen
baden konnte. Vornehme Gäste mögen, wie dies noch später üblich, in
ihren Wohnungen gebadet haben. Die Hauptquelle, „das heiße Wasser"[1]
genannt — später und noch vor hundert Jahren kommt der Name
„Sprudel" vor — lag frei und ergoß ihr Wasser in ein offenes Becken,
aus dem es für die Wannenbäder geschöpft wurde. In diesem Becken
konnte jedermann unbehindert baden. Ebenso war es bei den übrigen
Quellen bestellt.

Die wachsende Zahl der Besucher bewog die damaligen Besitzer
von Teplitz, die Herren von Wrzessowetz, den Thermen mehr Aufmerk-

---

1) Verdeutschung der damals üblichen Benennung »aukrop« bei Jungmann.

famkeit zu schenken, und es war Wolfgang von Wrzessowetz (1543—1569), gewöhnlich Wolf genannt, welcher den eigentlichen Grundstein legte, auf dem sich Teplitz weiterhin zur Badestadt entwickelte.

Abgesehen von der verbesserten Gestaltung der Bäder, die wir noch näher berühren werden, richtete er 1551 ein aus alter Zeit stam= mendes schloßartiges Haus, die „Morawe" genannt — es bestand bis vor wenigen Jahren, wo es einem Neubau weichen mußte — zur Auf= nahme vornehmer Badebesucher ein. Er erbaute die Schloßkirche, in der er 1569 begraben ward, in welcher anfänglich in den Sommermonaten für die deutschen Gäste, dann aber dauernd für die stets zunehmende deutsche Einwohnerschaft der Stadt protestantischen Bekenntnisses der Gottesdienst in ihrer Sprache gehalten wurde.

Schon 1550 erscheint die Herzogin=Witwe Katharina von Sachsen mit großem Gefolge zur Kur in Teplitz. Ihr schlossen sich viele Adelige an, die sich z. T. hier häuslich niederließen.

Aus dieser Zeit hat sich ein Bericht über das damalige dortige Badeleben, der älteste auf uns gekommene, erhalten. Es ist dies die in lateinischen Versen abgefaßte „Idylle von Teplitz" (Idyllion de Thermis Tepliciensibus) des böhmischen Dichters Thomas Mitis (1523—1591), die zwischen 1550—1557 verfaßt, 1561 in Prag gedruckt erschien.

Mitis schildert die landschaftlich herrliche Lage der Badestadt, er bewundert die warmen, aus der Erde hervorbrechenden Quellen, „die, wie das Volk meine, der Unterwelt entstammen oder von den Gegen= füßlern geheizt werden, über deren Ursprung auch die Gelehrten nicht einig seien!" Weiter berührt er in Kürze die Sage von der Auffindung der Quellen und die Geschichte von Teplitz, rühmt die dortige vorzügliche Schule, die erlesenen Jünglinge und niedlichen Mädchen und sodann das wohltätige gemeinnützige Wirken der Herren von Werzessowetz, insbesondere des Herrn Wolf, welcher die Quellen mit Mauern umgab und innerhalb derselben Kammern anlegte, damit man die Badenden nicht sehen konnte, darin diese zugleich ihre Habseligkeiten verwahren mochten und nicht mehr Gefahr liefen, derselben, „wie es vordem öfter geschehen", verlustig zu gehen. Für Männer und Frauen waren gesonderte Bäder vorhanden. Armen Kranken, für die er ein besonderes Haus erbaut hatte, war ihr eigenes Bad zugewiesen. Die der Hauptquelle zunächst liegende Quellen aber ließ Wolf von Wrzessowetz fassen und in Bäder leiten, die er zum Gebrauche für sich und seine Familie bestimmte. Sie waren überwölbt und ein stattliches Haus darüber erbaut.

30*

Dem milden Himmelsstrich und der reinen Luft sei es zu danken, daß sich im Städtchen viele hochbetagte und doch noch kräftige Greise und weitmehr frohsinnige als betrübte und ernste Menschen finden. .

Wünscht sich der Badende an anständigem Spiele zu ergötzen, so findet er hiezu Gelegenheit, sucht er schöne Gesellschaft, so wird es ihm daran nicht fehlen, wünscht er aber sich an weiblicher Schönheit zu erfreuen, so wird er bald viele Mädchen von griechischer Schönheit, ehrbar und keusch im Umgange bewundern können.

»— poteris multasque videre puellas
Hic, quae forma Helenam referant, probitate Sabinas,
Castior et quarum te consuetudo juvaret.«

Von der wonnevollen Gegend und Quelle, von ihren Wirkungen und Freuden für beide Geschlechter, alt und jung, wüßte der Dichter gar vieles zu erzählen.

Lebhaft schildert er das fröhliche Treiben der jugendlichen Badenden. Man könne solche angenehme Unterhaltung genießen und im Bade verbleiben, so lange es beliebt, bis Hunger und Durst zwingt, es zu verlassen. Sodann möge man sich in der wonnigen Umgebung ergehen, hinüber nach dem schönen Graupen wandern, die dortigen Berge ersteigen, wo das Zinnerz gegraben und verhüttet wird, und in einem anderen Tage die Gegend von Bilin besuchen. Bei solcher Gelegenheit lernte Mitis den dortigen Sauerbrunnen, Salka damals genannt, kennen, aber entzückt von dessen Geschmack äußert er sich nicht.

Es ist interessant, weiter noch zu erfahren, daß schon zu jener Zeit „verläßliche Schriftsteller" über die vielen Krankheiten, vornehmlich das Podagra, schwere Nierenleiden und Hautkrankheiten berichteten, welche die warmen Quellen von Teplitz heilen, die der Verfasser über die rheinländischen, ungarischen und schlesischen, ja selbst über Karlsbad stellt. Die Namen seiner »authores probati« sind nicht auf uns gekommen. Peter Albinus, der 1590 das „beruffene Töplitzer Bad" in seiner Meißnischen Berg-Chronika erwähnt, nennt den kursächsischen Medikus Dr. Johannes Göbelius, der in seinem Buche (Diagraphe Thermalium aquarum) auch beschrieben habe, wozu es zu gebrauchen. Außer ihm wären noch weitere Schriftsteller anzuführen, die schon zu Ende des sechzehnten Jahrhunderts die Teplitzer Thermen behandeln.

Noch vor Ablauf des Jahrhunderts ward im Teplitzer Badewesen ein ansehnlicher Schritt vorwärts getan. In den Jahren 1580—84 kam Kurfürst August von Sachsen nach Teplitz zur Kur. Er wohnte in der

Morawa und badete auch da, da das „Gemein=" wie das „Herrenbad" fast unbequem für ihn, d. h. sehr primitiv eingerichtet waren. In recht bezeichnender Weise warnt ihn sein Leibarzt, wie Dr. Hallwich mitteilt, „er möge nicht ohne Beobachtung gewisser Vorsichtsmaßregeln oder gar toll und voll ins Bad gehen, wie es von anderen geschehe, die da glauben, es helfe unter allen Umständen."

Unterweilen waren wohl wesentliche Verbesserungen an den Teplitzer Gemeindebädern vorgenommen worden. Ein mächtiges, auf einem Mittel= pfeiler aufruhendes Gewölbe überspannte das große Gemein= oder Männer= bad. Vier kupferne Löwenköpfe waren nach der noch vorhandenen Rech= nung[1]) 1583 in Dresden erworben und in die Seiten des Pfeilers ein= gesetzt worden, aus denen das heiße ($+ 48^0$ C.) Wasser in das etwa 100 m² Fläche messende, 135 m³ fassende Becken strömte, darin 80 bis 100 Personen zugleich bequem baden konnten.

Kurfürst August badete 1584 im Gemeinbade, stellte jedoch an den Stadtrat das Verlangen, das Bad vor seinem Besuche sauber zu reinigen und niemanden in dasselbe einzulassen. Dem zu genügen, war für die Stadt ziemlich schwierig. Ein eigenes Bad für den Herrn zu errichten, verursachte ihr Kosten, die sie damals schwer aufbringen konnte.

Raslaw von Wchinsky (Radislaus Kinsky), der 1585 Grundherr von Teplitz geworden war, ließ über den städtischen Bädern auf seine Kosten ein einziges großes Gebäude für die Gemeinde aufführen (1589). Neben dem Frauenbad ward ein eigenes Bad für die Herzogin und Kurfürstinwitwe, die nach dem Tode ihres Gemahls noch öfter nach Teplitz kam, eingerichtet, das darnach Herzogin=, später Kurfürstenbad hieß, und auch anderen vornehmen Badegästen zur Verfügung gestellt wurde.[2]) Für Gäste, die im Schlosse wohnten, war ein langer, gedeckter Gang aus diesem angelegt worden, auf dem sie, ohne die Straße betreten zu müssen, in das Badehaus gelangen konnten.

Aus der Zeit Raslaw Wchinskys stammt eine vielgenannte und zugleich die hervorragendste Schrift des 17. Jahrhunderts über Teplitz, die auch hier nicht unerwähnt bleiben darf, des Görlitzer Physikus Dr. Kaspar Schwenkfeld „Thermae Teplicienses. Von des Teplitzer warmen

---

1) Tätigkeits=Bericht der Museums=Gesellschaft Teplitz 1900.
2) Vergleiche Alfred Martin: Deutsches Badewesen in vergangenen Tagen S. 280. Die Entwicklung der Teplitzer Badeverhältnisse überhaupt zeigt mit den in jenem trefflichen Buche geschilderten gleichzeitigen anderer Badeorte viele Übereinstimmung.

Bades in Böhmen Ursprung usw. und rechtem Gebrauch. Kurzer gründlicher
Bericht", gedruckt zum erstenmale in Görlitz 1607. Die Lage von Teplitz
und die Stadt selbst werden geschildert. Dann findet das von Kinsky
erbaute Badehaus und die darin vereinigten Bäder: „Das große Herren-,
das gemeine Bürger- und Bauernweiber-Bad, das fürnehme Bürgerweiber-
Bad, das Herzogin-Bad, sonsten der fürnehmsten Frauenzimmer-Bad
genannt", Erwähnung. Außer diesen werden noch 3 vom Ablauf des
warmen Wassers aus den Bädern gespeiste, für jedermann offene Bäder,
darunter ein sehr unreines für die „Franzöfer" und die Rosse, genannt.
Sodann gedenkt Schwenkfeld der von Wolf v. Wrzessowetz eingerichteten
herrschaftlichen Bäder und der Quellen in Schönau, die noch in jenem
Zustande waren, in dem sie Thomas Mitis kennen gelernt hatte.

Ausführlich wird das große Herrenbad in seiner Anlage und Einrichtung beschrieben. Es steht unter der Aufsicht eines Bademeisters, darin
können fürnehme Leute, Adelspersonen und ehrbare Bürger zu beliebiger
Stunde baden.

Über den Gebrauch des Teplitzer Bades bemerkt Schwenkfeld,
ganz auf dem damaligen Standpunkt der Heilkunde fußend,[1] daß es
denen nützlich sei, welche es recht anfangen und in guter Ordnung
vollziehen, dagegen jenen schadet, die ohne Rat und Vorbereitung die
ganze Zeit darin mit Schwelgerei und unordentlichem Leben verbringen.
Man möge, wenn man das Bad gebrauchen wolle, vorher einen Arzt
befragen, den Leib durch Arzneien „Schröpfen und Aderlassen" geeignet
machen, im Mai und Juni oder im Herbst nach Teplitz gehen, früh
nach Sonnenaufgang oder nach Mittag, etwa fünf Stunden nach der
Mahlzeit, ins Bad gehen. Die Dauer des Bades soll nach Erfordernis
langsam von einer halben Stunde bis auf vier, fünf Stunden steigen.
Wurden 100—150 Stunden im Bade verbracht, soll man langsam wieder
abbrechen. Nicht undienlich ist es, auch das warme Wasser während der
Kur zu trinken.

Der Gäste waren in Teplitz manches Jahr so viele, daß für sie
die Lebensmittel nicht ausreichen wollten. Eine zahlreiche Adelsgesellschaft
fand sich im Frühjahr und Herbste mit Raslaw von Wchinsky ein, nicht
immer in der Absicht, ihre Gesundheit herzustellen, sondern auch zu ihrer
Unterhaltung. Daß es unter dieser nicht mehr so idyllisch und harmlos

---

[1] Vergl. Alfred Martin a. a. O. S. 272: Gesundbrunnen in mittelalterlicher Zeit.

zuging, wie nach der Schilderung zu Thomas Mitis Zeiten, und daß
Kaspar Schwenkfeld zu einer Warnung vor unordentlichem Gebrauch des
Bades allen Grund hatte, geht aus einem Berichte über ein tragisches
Ereignis unter der vornehmen Badegesellschaft des Jahres 1590 hervor,
den wir dem verdienstvollen Forscher in der Teplitzer Ortsgeschichte, Prof.
Rudolf Knott,[1]) verdanken.

Die adeligen Herren, die nach Teplitz kamen, traten darnach mit
großem Gepränge auf. Wenn sie, auch zur Nachtzeit, irgendwo erschienen,
waren sie von einem zahlreichen Dienerschaftsgefolge begleitet und Fanfaren blasende Trompeter schritten voran. Gastmähler und Gelage und
minder harmlose Unterhaltungen, als sie Mitis anführt, füllten ihre Zeit
aus und die vom reichlichen Weingenusse erhitzten Köpfe der durch langes
Verweilen im Bade, wie es üblich war, ohnehin Erregten vergessen mitunter Frieden zu halten. Es kam so zu blutigen Zusammenstößen, bei
einem solchen ward einer von ihnen nächtlicherweile ums Leben gebracht.

Die wachsende Unruhe der Reformationszeit, der nachfolgende Dreißigjährige Krieg, der in der Gegend von Teplitz hart auftraf, waren nicht
darnach angetan, das Badeleben weiter zu fördern. Nur 61 Häuser
waren 1641 bewohnbar, davon 22 wirklich bewohnt. Zu Ende jener
schrecklichen Zeit, 1651, zählte man nach Herm. Hallwich 117 Familien,
43 weniger als 100 Jahre vorher, in Teplitz ansässig. Noch 1655 lag
die Hälfte der Stadt in Trümmern. Selbst 1667 noch wird von der
Stadt berichtet, sie sei halb öde und unbewohnt.

In dem nun folgenden friedlicheren Zeitabschnitt gestalteten sich
auch die Verhältnisse in Teplitz wieder günstiger, wenn auch die immer
mehr Boden gewinnende Gegenreformation selbst in das Badeleben Ein-
griffe wagte. Einer ihrer Vorkämpfer eifert gegen die meißnischen Prädikanten, die unter dem Vorwande, die Bäder zu gebrauchen, ungehindert
nach Teplitz kämen und in Privathäusern ketzerische Übungen abhielten,
auch will er ein Verbot erlassen wissen gegen die ketzerischen Fremden,
welche in ihren Herbergen, im Bade, selbst auf der Gasse Spottlieder
gegen Papst und Kirche singen. Freilich ein Badeort, wie wir einen solchen
uns denken, war es noch lange nicht. War doch noch kein Arzt ansässig,
ein solcher erscheint erst 1673, und die Arzneien wurden, bis in Teplitz 1678
eine Apotheke eingerichtet wird, aus Leitmeritz herbeigeholt. Aber der
Besuch des Bades nahm, von den Pestjahren 1680—81 abgesehen, in

---

1) Erzgebirgs-Zeitung, 26. Jahrg.

denen er ganz zurückging, immer mehr zu, und unter den Gästen fehlten
auch fürstliche und vornehme nicht. Kurfürst Johann Georg II.
(1656—1680) und seine Gemahlin Sibylle, sein Nachfolger gleichen
Namens mit ihren Familien und großem Gefolge erschienen in Teplitz
(1681—91) Sommer für Sommer. Sie waren wie alle aus dem Auslande kommenden fürstlichen Personen Gäste des Kaisers, als dessen
Stellvertreter der Besitzer der Herrschaft Teplitz waltete.

Unstreitig war damals Teplitz der besuchteste Kurort in Böhmen.
Obwohl die Reise über das Erzgebirge der schlechten Wege halber noch
sehr beschwerlich, wenn nicht geradezu lebensgefährlich war, was noch auf
die Dauer den Besuch des Bades sehr beeinträchtigte, war doch der Zuzug
von jenseits der Grenzen in beständigem Wachsen.

Zwei Briefe der Gräfin Aurora von Königsmark — sie kam wohl
mit dem Kurfürsten und Könige von Polen Friedrich August II., der
zu den ständigen Besuchern von Teplitz zählte — die sie im Mai 1698
von da schrieb, hat Fedor Wehl veröffentlicht. In dem einen beschreibt
sie sehr anschaulich den Übergang über den Geiersbergpaß auf der damals
am meisten benützten Straße nach Teplitz, über den man sich, „um nicht
den Hals zu brechen", auf Tragsesseln herabbringen ließ. In dem anderen
erzählt sie von der in Teplitz anwesenden Badegesellschaft und ihrem Zeit-
vertreib, namentlich von einem im schönen Teplitzer Schloßgarten, er war
von Wilhelm v. Kinsky 1626 angelegt, veranstalteten Feste, das ganz
im Geschmacke ihrer Tage gehalten war. An einem Wasserbecken waren
Zelte aufgeschlagen, die Damen als Nymphen gekleidet, um ihre Königin
geschart, unterhielten sich mit anmutigen Scherzen und Spielen. Da
brachen Waldmänner, von den Herren dargestellt, unversehens aus den
Büschen und suchten die Nymphen zu rauben, was von letzteren möglichst
energisch abgewehrt wurde usw.

Nach dem Beginn des achtzehnten Jahrhunderts nimmt die Zahl
der Schriften über Teplitz und seine Heilquellen bemerkenswert zu. Auch
Teplitzer Badeärzte erscheinen als Verfasser. Man ersieht hieraus, wie
das Ansehen des Bades immer mehr wuchs; sie bekunden auch, wenngleich Franz Ambros Reuß, der Begründer der wissenschaftlichen Balneologie
in Böhmen, mit seinen grundlegenden Arbeiten, darunter auch eine über
Teplitz, erst an der Wende des achtzehnten zum neunzehnten hervortrat,
und sie vom Standpunkte ihrer Zeit geschrieben sind, einen Fortschritt
der Heilkunde. Die ärztliche Behandlung der Genesung Suchenden entsprach schon mehr und mehr der noch heute gebräuchlichen. Mit der wenig

zweckdienlichen Art des Bädergebrauches und der ungeeigneten Lebens-
weise hatte man gebrochen; die Zeit war vorüber, wo man mit rau-
schenden Festen und wüsten Gelagen die Langeweile der Kurgäste zu
bannen gesucht und ein langes Verweilen im heißen Wasser für besonders
wirksam gehalten hatte.

Dem entsprechend wuchs auch die Zahl der Badegäste. 1709 zählte
man das „gemeine Volk" nicht mitgerechnet, 653 „Honoratioren".
Auch Zar Peter der Große kam nach Teplitz und badete mit zahlreichem
Gefolge im großen Herrenbade (1713). Allerdings brachten die kriegerischen
Zeiten wieder einen vorübergehenden Stillstand, ja ein Zurückgehen in
der Entwicklung des Besuches.

M. A. Becker liefert 1782 im Göttingischen Archiv für Wissenschaften und Literatur eine Beschreibung seiner Reise von Dresden nach
Teplitz mit einer Ausführlichkeit, wie man heute eine solche in einen
fernen Weltteil behandeln würde. Auch er weiß, wie noch andere nach
ihm, von der Beschwerlichkeit des Weges über den Geiersberg zu berichten.
Von der in Teplitz angetroffenen Gesellschaft und sonstigen Verhältnissen
ist er nicht befriedigt. Es mangelt namentlich an gesellschaftlichem Zusammenschluß.

„So wenig Nahrung," schreibt Becker, „die Einwohner von Teplitz
im Grunde haben, so wenig raffinieren sie auf Geldverdienst. Kein Mensch
denkt darauf, den Badegästen, Bequemlichkeit, Annehmlichkeit und Vergnügen
zu schaffen. Nirgends ist Anstalt, sich einander kennen zu lernen, und sich gemeinschaftlich zu vergnügen. Man kann sich einen Monat zu gleicher Zeit
hier aufhalten, ohne einander zu sehen. Im fürstlichen Schloßgarten ist
ein Gartenhaus, wo vormals sich die Badegäste versammelten; itzt kommt
Niemand mehr hin, höchstens ein gemeiner Mann, um sich einen Krug
Bier geben zu lassen. Der Garten ist artig und dient den Gästen zur
einzigen nahen und bequemen Promenade. So willkommen dieser gesellschaftliche Platz den Fremden sein sollte, so wenig wird er im Grunde
besucht, ungeachtet es Gelegenheiten genug gibt, sich darin auszuweichen,
oder eine eigene Gesellschaft zu machen."

Auch der fürstliche Besitzer tue nichts zur Hebung des Kurortes
und seines Rufes.

„Ob es wahr ist," fährt er fort, „daß der böhmische Adel stolz
sei und oft Fremden sich über ihn zu beklagen Anlaß gebe, kann ich nicht
entscheiden, weil ich nicht im Fall war, Bemerkungen dieser Art anzu-

stellen. Soviel ist gewiß, daß sich die Damen hier die Schleppe tragen lassen, wie in einer Residenz oder Hauptstadt."

Über die herrliche Umgebung von Teplitz äußert er sich ganz begeistert. „Auf allen Seiten des reizenden Kessels die herrlichsten Aussichten!" Er durchstreift sie nach allen Richtungen, besucht Bilin und Dux, auch Brüx und in Gesellschaft einiger Freunde das schöne Zisterzienserkloster Ossegg, das, wie man aus dieser und anderen Schriften über Teplitz sieht, besondere Anziehung auf die Gäste aus dem Auslande ausübte, daher ihm immer ganz ausführliche Abschnitte gewidmet werden.

Man nehme sich nach Teplitz, rät ein Brief aus dem Jahre 1798, gute Gesellschaft mit, oder gehe nur hin, wenn man solche dort anwesend wisse. Ein Vereinigungspunkt, wie der Sprudel und Neubrunnen in Karlsbad sind, finde sich da nicht und „das Baden selbst bringt die Menschen mehr auseinander".

Damit wird der wahre Grund für den in Teplitz damals so unangenehm empfundenen Mangel an Geselligkeit und die sich hieraus entwickelnde Langeweile richtig angedeutet, wofür man in der Tat die Einwohnerschaft doch nicht verantwortlich machen konnte. Der Übelstand ist wohl als eine Folge der jenerzeit schon geänderten Kurweise, sowie der Leiden selbst anzusehen, die in Teplitz Heilung finden sollten. Dem Kranken ward vom Arzte sein Verhalten während der Kur vor und nach dem Bade genau vorgezeichnet, er mußte sich zur bestimmten Zeit in diesem einfinden und hatte den größeren Teil des Tages der Sorge für sein Gesunden zu opfern. Wenn er trotz mancher übrigen Stunde und sich bietenden Gelegenheit doch auf das Vergnügen des geselligen Umganges verzichtete, mag wohl auch eine geringere Geneigtheit hiezu infolge seines Leidens mit Ursache gewesen sein.

Daß sich der Adel wie vor alter Zeit schon von den bürgerlichen Badegästen abgesondert hielt, wird auch in anderen Schriften erwähnt, deren eine z. B. sagt, jener habe seinen Sammelpunkt im Gartenhause, dieser bevorzuge das Schützenhaus und dergleichen mehr.

Im ganzen trat dies, wie auch Becker meint, bei der eigentümlichen Gestaltung des Badelebens nicht hervor. Wenn Fürst Clary zur Geburtstagsfeier seiner Gemahlin ein Feuerwerk, eine Beleuchtung des Schloßgartens, einen Ball, oder Graf Waldstein in Dux, als großer Pferdeliebhaber bekannt, zum Vergnügen der adeligen Badegesellschaft in Teplitz Pferderennen veranstaltete, wie 1797 zu Ehren der zur Kur anwesenden Herzogin von Mecklenburg-Schwerin, fanden sich doch die Bürgerlichen auch dabei ein. Je mehr übrigens der gute bürgerliche Mittelstand im Laufe der Zeit unter den Besuchern zunahm, desto mehr trat ihm gegenüber der Adel in der Badegesellschaft zurück.

Bis 1802 sind außer der Beckerschen noch weitere mit ihr in Titel und Inhalte nahe verwandte Schriften, die sich mit Teplitz und seiner schönen Umgebung eingehend beschäftigen, erschienen. Nicht immer ergehen sie sich in Lobsprüchen über das Gesehene und Erlebte, öfter wissen sie auch zu tadeln. So die schlechten, steinigen Straßen und Wege, die die Reise für einen Leidenden geradezu zur Pein machen und die den Genuß bei weiteren Ausflügen sehr beeinträchtigten. Besonders auch wird die zudringliche Bettelei verurteilt, die sich hier breit machte.

Unter dem Vorwande, zu ihrer Heilung die Bäder gebrauchen zu wollen, strömte während der Kurzeit eine große Menge Gebrechlicher und Krüppel, darunter aber auch solche, die dies zu sein vorgaben, in Teplitz zusammen. Die Schäden ihres Leibes möglichst und oft in ekelerregender Weise zur Schau stellend, drängten sie sich an die Badegäste heran und belästigten sie Almosen heischend auf allen Spaziergängen und wo es nur immer sein konnte.

Für wahrhaft bedürftige Besucher von Teplitz war zu jener Zeit keine Fürsorge getroffen. Das alte herrschaftliche Spital, darin ihnen ehedem Unterkunft und Verpflegung geboten wurde, war 1793 mit abgebrannt und nicht wieder aufgebaut worden. Diese waren sohin an die Mildtätigkeit besser Gestellter verwiesen und um sie zu schonen, ließ man überhaupt den Bettelunfug gewähren.

Da unternahm es der auch anderweit um Teplitz hochverdiente Dr. Johann Dionys John, diesem Übelstande Abhilfe zu schaffen, indem er 1799 ein Unterkunftshaus für arme Kranke gründete, das den Namen „Zivilspital für in- und ausländische Kranke" erhielt und durch freiwillige Beiträge rasch soweit gediehen war, daß 1806 bereits 236 Kranke in demselben verpflegt werden konnten. Die seither von Tausenden dankbar gesegnete Anstalt ermöglicht auch heute noch Minderbemittelten den Gebrauch der Teplitzer Heilquellen.

Trotz mancher Verhältnisse, die damals zu ungünstigen Urteilen Veranlassung gaben, ging Teplitz aber zu Ende des achtzehnten Jahrhunderts einer fortschrittlichen Entwicklung entgegen, die leider wieder durch schwere Zeitereignisse ungewöhnlich verzögert wurde.

Fürst Johann Cary-Alldringen war 1787 Grundherr von Teplitz geworden. Ihm darf man heute noch nachrühmen, was auch von Seite seiner

Zeitgenossen bereitwilligst anerkannt wurde, daß er im Gegensatze zu seinen Vorgängern unermüdlich tätig war, den Kurort zu heben und den Badegästen den Aufenthalt daselbst angenehm zu machen. Er vergrößerte und verschönerte den Schloßgarten und das von seinem Vater erbaute Gartenhaus, errichtete das Schloßtheater, legte neue Spazierwege an, sorgte für bessere Unterkunft der Besucher und für ihre Unterhaltung, für die Vermehrung der Bäder und deren zweckmäßigen Einrichtung; durchwegs Schöpfungen, die der Stadt zu gute kommen und das Kurleben günstig beeinflussen mußten.

Da ward Teplitz von einem schweren Schicksalsschlage getroffen. In der Nacht vom 1. zum 2. Juni 1793 ging mehr als die Hälfte der Stadt — von 300 Häusern 155 — in Flammen auf, darunter auch die Badehäuser. In dieser schweren Bedrängnis erwies sich der Fürst ganz besonders wohlwollend und hilfreich gegen die Bürgerschaft. Da ihr auch von anderen Seiten reichliche Unterstützungen zuflossen, so konnte unverzüglich an den Wiederaufbau geschritten werden, der mancherlei Verbesserungen im Gefolge hatte. Zunächst traten besser und gefälliger gebaute Häuser mehrfach an die Stelle der alten, durch die das Äußere der Stadt wesentlich gewann.

Wenn auch die Spuren der schweren Heimsuchung noch lange bemerkbar blieben, war Teplitz doch schon im folgenden Jahre wieder in der Lage, Badegäste aufzunehmen. Offiziere, die Heilung ihrer Wunden suchten, stellten den Hauptteil derselben. Es fanden sich in der Folgezeit auch Mitglieder des österreichischen Kaiserhauses, 1797 Erzherzogin Maria Christine, 1798 Erzherzog Karl,[1] der Sieger von Aspern, ebenso des sächsischen und preußischen Hofes ein. Ein Brief aus dem Sommer 1797 meldet, der Kurort sei überfüllt und eine Wohnung kaum zu erlangen gewesen. Über die Fürsorge des Fürsten Clary, der alles mögliche für die Bequemlichkeit und das Vergnügen der Kurgäste tue, desgleichen über die Stadt, die Bäder, die Wohnungen usw. äußert sich der Schreiber sehr anerkennend. „Luxus," bemerkt er bezeichnend, „herrscht hier ebenso wenig als in Franzensbad. Er würde auch die preßhaften und gichtbrüchigen Krüppel, die den größten Teil derjenigen ausmachen, die zu den hiesigen Bethesda kommen, in der Tat sonderbar genug kleiden."

---

1) Eine eingehende Schilderung bringt v. Zeisberg: Erzherzog Carl in Böhmen 1798. Mitteilungen des Vereines für Geschichte der Deutschen i. B. 37. Jahrg.

Den ersten Jahren des neunzehnten Jahrhunderts hatte unser Badeort ebenfalls manche erhebliche Vorteile zu danken. Die schon lange geplante sogenannte „neue Straße" nach Sachsen über Nollendorf ward 1803 erbaut. Teplitz fand nun Aufnahme in den staatlichen Postkurs und erhielt sein kaiserliches Postamt. Die Beschwernisse der Reise, welche der Weg über den Geiersberg bereitet hatte, waren, da er nicht mehr befahren wurde, für immer beseitiget. Hieran schloß sich der Ausbau der Kaiserstraße über die sogenannte Paschkepole einerseits und über Laun anderseits nach Prag, sowie nach Karlsbad. Diesen Umständen ist eine beträchtliche Zunahme der Besucher von Teplitz aus dem In= und Aus= lande zuzuschreiben, wodurch man sich veranlaßt sah, anstatt der bis dahin nur geschrieben aufliegenden, ziemlich mangelhaft geführten Liste der Bade= gäste vom Sommer 1806 an regelmäßig eine gedruckte herauszugeben. 1810 und 1811 verzeichnete sie über 2500 Parteien und rund 4800 Per= sonen. Allerdings sank diese Zahl in den kriegerischen folgenden Jahren wieder bedeutend. Unter ihnen waren wieder viele verwundete Krieger, denn die Regierung hatte den Besuch der böhmischen Bäder den fran= zösischen, preußischen, süddeutschen und russischen Offizieren gestattet.

Vom Jahre 1812 bis zu seinem Tode 1840 erscheint alljährlich König Friedrich Wilhelm III. von Preußen zu längerem Aufenthalt in Teplitz. Neben ihm war Großherzog Karl August von Weimar ein treuer Be= sucher. 1810 weilt Goethe zur Nachkur hier. Zwei Jahre später, 1812, findet er sich wieder in unserem Kurort ein (14. Juli). Hier trifft er mit der von ihm hochverehrten Kaiserin Maria Ludowica[1]) zusammen und wird sofort in ihren engsten Kreis aufgenommen. Auch macht er die Bekanntschaft L. van Beethovens, der gleichfalls zur Kur anwesend war. Goethe fühlte sich in der vornehmen Badegesellschaft, im Verkehr mit der fürstlich Claryschen Familie, der auch der Fürst von Ligne und die Gräfin O'Donell angehörten, sehr wohl. Ebenso erfreute er sich an Ausflügen in die Umgebung, auf denen er mineralogische Studien be= trieb, wobei ihm Dr. Anton Stolz, damals Stadtarzt in Aussig, später Badearzt in Teplitz, ein kundiger Führer war. Ein Beweis, welchen nach= haltigen Eindruck sein Aufenthalt in Teplitz noch in späteren Jahren bei ihm zurückgelassen hatte, ist wohl darin zu sehen, daß er, wie Seuffert nachzuweisen vermochte, den Schauplatz seiner „Novelle" augenscheinlich nach Teplitz verlegte und Vorbilder der darin auftretenden Personen dem damaligen dortigen Gesellschaftskreise entnommen sind.

1) A. Sauer, Goethe in Österreich, Bd. I.

1813 verbringt Goethe ein volles Vierteljahr — vom 18. April bis 21. Juli — in unserer Badestadt. Er vermißt bitter den feinsinnigen, anregenden Verkehr des vorangegangenen Jahres und widmet seine Aufmerksamkeit umsomehr der schönen Umgebung. Er besuchte Dr. Stolz in Aussig und Dr. J. A. Reuß in Bilin, die ihn wieder bei seinen geologischen und mineralogischen Studien mit ihren Kenntnissen fördern und unterstützen. Er besichtigt die Zinnbergwerke von Graupen sowie von Zinnwald und Altenberg. Die Fahrt dorthin am 10. Juli beschreibt er uns selbst. Sie war in jenen Tagen, in denen sich der Krieg bereits merklich näherte, nicht unbedenklich, und seine Gesellschaft in Teplitz, zu der FML. Fürst Moritz Liechtenstein, dessen Gemahlin und eine Anzahl höherer Offiziere gehörten, war darauf gefaßt gewesen, daß er beim Überschreiten der Landesgrenze mit dort streifenden Patrouillen in unangenehme Berührung kommen könnte. Doch kam er, wie er selbst sagt, „frank und frei" zurück.

Schwerer noch als im Unglücksjahre 1793 legte sich die Hand des Schicksals im Jahre 1813 auf Teplitz und seine Umgebung, als nach der Kriegserklärung vom 12. August immer gefahrdrohendere Wolken aufzusteigen begannen, die wenigen anwesenden Kurgäste eiligst flohen und die österreichische Armee sich hier zusammenzog.

Kaum 10 km von Teplitz entfernt wurde am 29. und 30. August die Schlacht von Kulm geschlagen. Nur dem für die Verbündeten siegreichen Ausgange derselben ist es zuzuschreiben, daß die Stadt nicht, wie schon geplant war, in einen Trümmerhaufen geschossen wurde. War nun auch das schlimmste Unheil durch den glücklichen Verlauf des Kampfes abgewendet worden, so hatten die Gegend und ihre Bewohner noch schwer genug unter den unvermeidlichen Folgen des Krieges zu leiden. Not und Krankheit hielten ihren Einzug und blieben auch da, als längst schon der Kriegsschauplatz außer Landes verlegt worden, die Truppen abgezogen waren und Teplitz, das erst ein weites Feldlager um sich gebreitet sah, dann zum ausgedehnten Lazarett geworden war, sein kurörtliches Gepräge wieder erlangt hatte.

Auch diesmal verwand es bald alles erlittene Ungemach. Jahre des Friedens und der Erholung folgten, in denen es sich immer mehr und dauernd zum Badeorte ersten Ranges aufschwang; aber nur langsam und allmählich vermochte die so oft schwer geprüfte Stadt diese Stellung zu erreichen.

Teplitz richtete sich nach allen Schicksalsschlägen, von denen es im Laufe der Zeit getroffen worden war, immer bald wieder auf, aber eine·

Verminderung des Wohlstandes seiner Bürgerschaft — sie bestand fast durchwegs aus kleinen Handwerkern, die nebenher etwas Feldbau trieben — blieb doch für längere Dauer die Folge. Der Entgang der Einnahmen aus der Beherbergung und Verpflegung von Kurgästen, auf die sie zu ihrem Unterhalt hauptsächlich angewiesen waren, bildete für sie einen schweren Verlust, der umso empfindlicher wurde, wenn er sich, wie in den letzten Jahrzehnten des achtzehnten und in den ersten des neunzehnten Jahrhunderts öfter wiederholte. Das konnte nicht ohne Einfluß auf die Entfaltung der Stadt bleiben, die mit der steigenden Zunahme ihrer Besucher nicht gleichen Schritt hielt.

Eingeschmiegt zwischen die Porphyrhügel ihrer nächsten Umgebung, so daß man sie, wie schon Mitis und auch andere ältere Schriftsteller betonten, erst sah, wenn man unmittelbar vor ihr stand, wuchs die Stadt selbst in späteren Jahrzehnten nur äußerst langsam aus dem Bereiche ihrer alten, zwar seit dem Brande 1793 streckenweise abgetragenen, aber in ihrem Verlaufe noch immer deutlichen Stadtmauer heraus, die man um 1823 zu verbauen begann. Ihre Häuser, sowohl die damals verschont gebliebenen, wie auch viele der wieder aufgebauten, waren meist klein und unansehnlich, häufig aus Fachwerk aufgeführt und ziemlich durchwegs mit Schindeln gedeckt. Nur in der Nähe der Bäder stand eine größere Anzahl stattlicherer, die zur Aufnahme von Kurgästen besonders eingerichtet waren. Mit der Besserung der Zeitverhältnisse nach 1813 wurden ansehnlichere Gebäude aus Stein häufiger aufgeführt, aber ihre Zahl wuchs nur langsam und erst von den zwanziger Jahren etwas rascher, von etwa 300 im Jahre 1797 stieg sie bis 1847 auf 478.

Der Stadtteil um die fürstlichen Bäder gegen Schönau hin hieß wie vor Alters noch lange die Vorstadt. Seumes Grab in dem nach ihm benannten Park erinnert heute noch an den Friedhof, der hier schon außer der Stadt gelegen war. Dazwischen nahm die Stelle des prächtigen Kurgartens ein nüchterner Küchengarten ein. Die schönste Straße des heutigen Teplitz, die Königsstraße, war vor 60 Jahren noch im Entstehen, und die Schönau mit Teplitz verbindenden zeigten weite Lücken zwischen ihren Häusern. Hier waren auch noch die Mühlen vorhanden, die schon zu Mitis' Zeiten vom dampfenden Abfluß der warmen Quellen getrieben wurden. Trotz dieser bescheidenen Verhältnisse aber gehörte die freundliche, nett und sauber gehaltene, stets auf ihre Verschönerung bedachte Stadt unbestritten zu den hervorragenden des Landes.

Selbstverständlich trachteten die Kurgäste, eine Wohnung in einem
den Bädern nahegelegenen Hause zu gewinnen. Da diese aber namentlich
im Hochsommer bald gefüllt waren, mußten sie sich auch mit einer in
einem entlegeneren Stadtteile zufrieden stellen. So breitete sich das Kur=
leben über ganz Teplitz aus. Trotzdem wurden Jahr für Jahr Klagen
über angetroffene Überfüllung erhoben. Das änderte sich mit dem Zeit=
punkte, als auch das heute mit Teplitz vereinigte Schönau als Kurort
zur Entfaltung kam.

Den warmen Quellen in Schönau hatte man erst in recht später
Zeit die ihnen gebührende Beachtung angedeihen lassen. Während sich
schon längst um die Teplitzer alljährlich ein lebhaftes Badeleben entfaltete,
waren jene noch in dem armseligen Zustande belassen worden, in dem
sie ihrer Zeit Thomas Mitis und Kaspar Schwenkfeld vorgefunden hatten.
In der einen Quelle badeten das Landvolk und „der Pöbel", in einer
anderen die mit einer bösartigen Hautkrankheit behafteten. Sie waren
nur notdürftig mit Brettwänden eingefriedet und von der Straße aus
jedermann zugänglich. Nur eine, das sogenannte Schwefelbad, war überdacht.

Über letzterem ließ 1702 der Besitzer, Graf Clary=Aldringen, das
noch vorhandene Gebäude aufführen, die Quellen gehörig fassen und in
zwei Becken leiten, davon eines für den Adel, das andere für Bürgerliche
zum Gebrauche bestimmt ward. Fast hundert Jahre noch blieben jedoch
die Quellen im sogenannten Tümpel, obwohl sie 1720 in der Schrift
eines Arztes als heilsames Bad mit dem Teiche Bethesda bei Jerusalem
verglichen worden waren, in dem erwähnten mangelhaften Zustande.
Sie wurden nur von armen Kranken benützt und ihr Vereinigungspunkt,
der Tümpel, diente außer der Kurzeit den Teplitzern als Flachsröste.
Der wachsende Andrang der Badegäste veranlaßte endlich die Teplitzer
Stadtgemeinde, diese Quellen 1759 ordentlich fassen und in Sonderbäder
leiten zu lassen, aber erst 1800 ward ein steinernes Haus, das heute
noch vorhandene Steinbad darüber aufgeführt. Daneben errichtete man
1806 das kleine Tempelbad und ein Jahr später das Sandbad.

Das Schlangenbad ward erst 1820 mit einem Hause überbaut,
obwohl man auch das Wasser seiner Quellen schon lange vorher als
heilkräftig erkannt hatte. Man trug es, wie es zu jener Zeit auch in
Teplitz noch nicht ganz außer Gebrauch gekommen war, den besseren
Badegästen in die Wohnungen, wo sie in hölzernen Wannen badeten.

Damit war das Dorf Schönau, das bis dahin aus einigen Bauern=
gütern und zahlreichen Arbeiterhäuschen bestand, Kurort geworden, und

nachdem 1808 das große österreichische Militärbadehaus hier erbaut worden war, sah man sich verpflichtet, auch für eine angemessene Unterkunft der Kurgäste, für eine Verschönerung des Ortes Sorge zu tragen, was allerdings nur in sehr mäßigem Umfange geschah, da aus naheliegenden Gründen weder der Fürst noch die Stadt der Ausdehnung des Kurbetriebes auf Schönau besonders günstig waren.

Schon vordem hatte es, wie aus den Briefen eines Ungenannten über Teplitz aus dem Jahre 1802 hervorgeht, von Seite der Kurgäste Zuspruch gefunden. Die Wohnungen waren hier billiger als in der Stadt, sie wurden nicht bloß von „gemeinen Leuten“, sondern auch von vornehmen und reichen bezogen, wenn sie in Schönau baden wollten, „wo sich die schönsten Spaziergänge anbieten, wie man aus dem Hause tritt, und man im äußersten Negligée (!) nach Gefallen ganz unbemerkt umherwandeln kann“.

Die Benützung der großen Hallenbäder in Teplitz war schon lange den ärmeren Klassen überlassen worden, die davon, man bezahlte nur wenige Kreuzer dafür, auch ausgiebigen Gebrauch machte. Wie „gekochte Krebse“, schreiben Becker und andere, lagen die Badenden im heißen Wasser des Männerbades, dessen Besichtigung als eine Sehenswürdigkeit von Teplitz gestattet war. Der darüber gestellte Bademeister hatte für Ordnung und dafür zu sorgen, daß die Besucher nicht zu lange in demselben verblieben.

Nachdem im Laufe der Zeit zu dem Kurfürstenbade noch zwei für fürstliche Besucher eingerichtete Sonderbäder, man nannte sie „Spezialbäder“, hinzugekommen waren, wurden diese nach und nach auch anderen Badegästen zur Benützung eingeräumt. Man gab ihnen von dieser Seite aus naheliegenden Gründen sehr bald den Vorzug vor den allgemeinen Bädern, ebenso wie vor dem Baden in Holzwannen in der Wohnung. Dies mußte veranlassen, daß die Zahl der Spezialbäder unausgesetzt vermehrt wurde. 1784 waren im Stadtbade 15, 1829 schon 27 Badezellen vorhanden. Fürst Clary-Aldringen hatte nach dem Brande 1793 an Stelle des von Wolf von Wrzessowetz erbauten Armenhauses ein neues Badehaus mit 6 Spezialbädern angelegt, das 1825 zum ansehnlichen „Herrenhause“ ausgebaut worden war. Auch sogenannte „Douchebäder“ — Tropfbäder bestanden schon viel früher — waren seit 1803 eingerichtet worden. Aber immer noch nicht wollte das Geschaffene den Anforderungen des stets zunehmenden Kurpublikums genügen.

Da beschlossen endlich die Quellenbesitzer 1838, durch zeitgemäße, entsprechende Neubaue ausreichende Abhilfe zu erzielen. An Stelle des alten winkligen Baues, mit welchem auch das alte große Männerbad verschwand, und einiger benachbarter Bürgerhäuser führte die Stadtgemeinde Teplitz das stattliche Stadtbadgebäude auf. Fürst Clary-Aldringen erbaute in Schönau nächst dem alten Schwefelbad das schloßartige Neubad und die Gemeinde Schönau das Schlangenbad in seiner jetzigen Gestalt. Als dann noch 1845/46 an Stelle des Tempelbades das Stephansbad entstanden, war der Hauptsache nach bis in die neuere Zeit, die nur noch 1870 das Kaiserbad hinzubrachte, für den Bäderbedarf nach Tunlichkeit gesorgt, es standen außer 6 Gemein- 90 Spezialbäder zur Verfügung. Freilich, im Hochsommer hatte man trotzdem seine liebe Not, allen Ansprüchen der vielen Gäste Genüge leisten zu können. 1844 werden z. B. 3100 Parteien mit 5325 Personen nach der Badeliste gezählt.

Die Folge der Neubauten in Schönau war natürlich, daß dort nunmehr auch zahlreiche schmucke Kurhäuser entstanden, die neben ihrer freieren, freundlicheren Lage in parkartiger Umgebung manche andere Annehmlichkeiten boten, die den älteren in der Stadt abgingen. Zudem wurde von vielen Gästen das Baden in den kühleren Quellen daselbst dem in den heißen städtischen vorgezogen, wozu in den neuerbauten Badeanstalten nunmehr vorzügliche Gelegenheit geboten war. So verschob sich der Bereich des Kurlebens mehr und mehr, indem er sich in der Stadt in die Nähe der Bäder zusammenzog, während er sich gleichzeitig um jene in Schönau ausdehnte. Damit hatte Teplitz-Schönau seinen Rang unter den ersten Kur- und Badeorten Österreichs, ja selbst Europas erreicht.

Schon viel früher hatte das Teplitzer Badeleben, wie schon angedeutet wurde, ein ganz bestimmtes Gepräge angenommen, das von jenem anderer Kurorte in manchen Stücken wesentlich abwich. Nachdem einmal von ärztlicher Seite die Art der Heilwirkung der dortigen Thermen erkannt worden, war auch feststehend, welche Kranke zur Heilung und Linderung ihrer Leiden dahin zu schicken waren. Teplitz wird häufig „das Bad der Krieger" genannt, da sich seine Quelle vorzüglich zur Heilung von schweren Verwundungen und von Knochenbrüchen bewähren. Die günstigen Wirkungen bei Gicht und ähnlichen Leiden sowie bei Hautkrankheiten erwähnt schon Thomas Mitis. Die heutige Arzneiwissenschaft mag die Zahl der Gebrechen, zu deren Behebung die Teplitzer Quellen angezeigt sind, wesentlich vermehren; der Hauptsache nach bleiben es doch die genannten Übel, mit denen behaftet und durch sie nicht selten im freien Gebrauch

ihrer Gliedmaßen behindert, die Kurgäste dort einziehen. Ihrem Wesen
entsprechend waren daher auch die von den Ärzten ergehenden Vorschriften,
die genau beachtet werden mußten, wenn man Erfolg von der Kur
erwarten wollte. Zunächst möglichste Ruhe, Hintanhaltung aller geistigen
und körperlichen Anstrengungen, mäßige Bewegung, Mäßigkeit bei Tisch
und beim Genuß geistiger Getränke und vor allem Vermeidung von
Verkühlungen, denen der durch die warmen Bäder erregte Körper leicht
ausgesetzt ist. Dazu kommen die schon erwähnten für das Verhalten vor,
während und nach dem Bade.

Alles dieses sind Umstände, welche das Teplitzer Kurleben — und
daran hat sich ja auch bis heute kaum etwas geändert — ernster und
stiller sein ließen, als es anderwärts, wo sich eine bewegliche Menge
geräuschvoll um die Trinkbrunnen drängt und durcheinander wogt, der
Fall zu sein pflegt. Gemeinsame Vergnügungen, wie sie dort für die
Gäste veranstaltet werden, waren und blieben in Teplitz in der älteren
Zeit ausgeschlossen. Rauschende Festlichkeiten, wie sie etwa das Jahr 1835,
brachte, als zu dem hier im September abgehaltenen Kongresse Kaiser
Ferdinand I. von Österreich, der Kaiser von Rußland, der König von
Preußen und siebenunddreißig andere Landesfürsten mit glänzenden Ge-
folgen sich eingefunden hatten, gehörten zu den seltenen Ausnahmen. Aber
Gesundung erhoffend und dazu ermutiget durch die Erfolge, die man
selbst an Leidensgenossen wahrnehmen konnte, oder über die vieles erzählt
ward, und davon die zahlreichen Krücken Zeugnis gaben, die von Ge-
heilten als Dankesweihen in den Bädern aufgehängt, besonders im
Stadtbade, zu sehen waren; fügte man sich gern den gebotenen Verhältnissen und fand sich dabei im stillen, patriarchalischen Getriebe der freundlichen Kurstadt recht wohl. Selbst gekrönte Häupter, die zur Kur nach
Teplitz kamen, ich nenne nur den noch heute in Dankbarkeit verehrten
König Friedrich Wilhelm III. und neben ihm Karl August Großherzog
von Weimar, verlangten für sich keine Ausnahme, und verweilten, wie
ihre treue Anhänglichkeit beweist, gerne dort. Weiß man doch von Badegästen zu berichten, die durch länger als 50 Jahre regelmäßig zur Kur
nach Teplitz kamen!

War Ostern vorbei, dann erwachte der Kurort aus seinem Winter-
schlafe, wie das noch heute in allen Badeorten der Fall ist. Nun gingen
die Teplitzer daran, sich für die kommende Sommerzeit vorzubereiten.
Überall werde gelüftet, gesegt, geputzt, geklopft, gebessert an den Häusern,
außen und innen. Für vergnügliches Zusammensein, dem man den Winter

über durchaus nicht abhold war, hatte man nun keine Zeit mehr. Der
Hauswirt und seine Familie, die sichs vom Herbst her in den „guten
Stuben" bequem gemacht hatten, bezogen nunmehr über Sommer eine
oder die andere Dachkammer, bald standen die Kurhäuser zum Einzuge
„der Fremden", anders hießen von alters her die Gäste bei den Teplitzern
nicht, bereit. Nun kamen auch die Kaufleute, meist Glashändler, ihre Zahl
war nicht besonders groß, die während der Kurzeit Läden oder Stände
gemietet hatten, und packten ihre Waren aus. War dann die Spazierwege entsprechend ausgebessert und erneuert, die Druckerei, die eine Prager,
später eine Leitmeritzer Firma über Sommer beistellte, eingerückt, endlich
die Theatergesellschaft angelangt: dann war Teplitz, der Mai war darüber
herangekommen, von dessen Mitte bis Mitte September die Dauer der
Kurzeit festgesetzt war, zum Empfange seiner Kurgäste gerüstet.

Nunmehr kündigten auch Paukenwirbel und Fanfaren, die nach
uraltem Brauche vom Stadtkirchenturme zur Begrüßung der eintreffenden
Gäste erschallten, die ersten an. Andere folgten bald nach, sie kamen mit
eigenem Gespann, mit Extrapost, Eilwagen oder Lohnfuhrwerk und wohl
auch auf Bauernwägelchen. Je öfter des Tages sich das „Einpauken"
vom Turme hören ließ, desto vergnügtere Mienen zeigten die Teplitzer, denn
sie erkannten daraus, wie die Aussichten für den Kursommer günstiger
wurden.

Die Ankommenden waren von sehr verschiedener Güte, neben dem
guten Mittelstande, der die größte Zahl stellte, fehlten Vornehme und
Reiche, aber auch solche nicht, die aus Erparungsrücksichten ihren Bettsack
brachten und Butter in ein ausgehöhltes Brotlaib oder in einen Topf
gedrückt, sowie andere haltbare Lebensmittel mit sich führten. Alle, wie
sie daher kommen mochten, waren willkommen, selbst die Mittellosen, für
die sich hilfsbereit und gastfrei das Johnsche Spital anstat.

Eine Wohnung hatte man sich schon vorher bestellt. Ohne diese
Vorsorge war es im Hochsommer auch in späterer Zeit wie in alter nicht
immer leicht, ein passendes Unterkommen zu finden. Im ganzen waren
die Anforderungen, wie man sie vor 50, 60 Jahren noch an ein solches stellte,
wesentlich bescheidener als in unseren Tagen; doch waren die Zimmer, wenn
auch einfach ausgestattet, sauber und möglichst behaglich. Mit dem Wirt
und seinen Angehörigen waren freundschaftliche Beziehungen bald wieder
aufgenommen oder neue angeknüpft. War noch der Besuch beim Bade-
arzte gemacht und die nötigen Verhaltungsvorschriften eingeholt, auch die
Stunde des Bades mit dem Bademeister vereinbart, wobei strenge Pünkt-

lichkeit im Kommen und Gehen, damit auch andere gehörig bedient werden
konnten, zur Pflicht gemacht wurde, so stand dem Beginne der Kur
nichts mehr im Wege.

Und nun der Verlauf eines Teplitzer Sommerkurtages. Es glich
fast ohne Ausnahme einer dem anderen. Früh morgens im ersten Dämmer-
scheine noch öffnete sich hier und da eine Haustür, eine in Mantel und
Tücher gehüllte Gestalt schlüpfte heraus, in Pantoffeln oder Hausschuhen
über die Straße schlürfend verschwand sie im nächsten Badehause. Bald
folgten andere. Nach geraumer Zeit kamen von dort her die ersten zurück,
flüchtig grüßenden an den Begegnenden vorüberhuschend. So ging es
den ganzen Vormittag weiter, zu den Gehenden fanden sich jene, die
im Tragsessel oder Rollstuhl in und aus dem Bade gebracht werden
mußten. Man legte Wert darauf, dies, wenn nicht früh morgens, so doch
vormittags nehmen zu können, um den Nachmittag zur Erholung frei
zu haben. Hatte der Kurgast die vorgeschriebene ein- oder zweistündige
Ruhe nach dem Bade gehalten, nahm er bei schönem Wetter sein Frühstück auf dem Vorplatze, im Vorgärtchen des Hauses ein und ließ sich
von dem Treiben unterhalten, das sich auf der Straße entwickelte.

Wenn die letzten Töne der Kurmusik bei der Wandelbahn für
Brunnentrinkende im Frauenbrunnengarten — dem heutigen Kurpark —
verklungen waren, erschien vor einem Hause, in dem den Tag vorher
ein Gast eingetroffen war, ein Mann mit einem mit Wachsleinwand
überzogenen, mit Notenstücken bedeckten Klapptisch, und stellte ihn wo-
möglich unter dem Fenster des Zimmers auf, in das der Angekommene
eingezogen war. Nun kamen 6—8 Musiker, stellten sich um den Tisch
und spielten einige Stücke ziemlich handwerksmäßig herunter. Ehe sie
sich entfernten, um dies irgendwo anders zu wiederholen, verschwand
einer von ihnen im Hause, um von dem Gaste, dem das Ständchen, die
„Morgenmusik" genannt, gegolten hatte, ein Geschenk in Empfang zu
nehmen.

Indes nun für die nächste Stunde bald von hier bald von dort
die Klänge der Morgenmusik zu hören waren, tauchte ein bunter Schwarm
herumziehender Händler in den Straßen auf, die den im Freien sitzenden oder
sich an den Fenstern zeigenden Kurgästen ihre Waren zum Kauf anboten.
Da kamen Zillertaler aus Tirol in ihrer Nationaltracht, die mächtige, in
blaue Leinwandtücher gebundene Päcke auf Rücken und Brust trugen,
und ihre Kundschaft mit vertraulichem „Du" anredend, Handschuhe,
Erzeugnisse aus Gemsleder und seidene Tücher empfahlen. Jüdische Tabulett-

krämer und Schnittwarenhändler und -händlerinnen priesen eindringlichst
mit geläufigen Zungen ihre Vorräte, Frauen aus dem Erzgebirge brachten
Spitzen und Stickereien zum Verkaufe. Zwirn- und Leinwandmänner aus
dem Niederlande führten in Kalbshautjäcken Zwirne und Strickgarne,
Wirk- und Webwaren mit sich. Dann und wann erschien auch ein mehr
weniger echter Orientale in fremdländischer Tracht, der mit Teppichen,
Meerschaumpfeifen, Weichselrohren oder Rosenöl handelte. Auch Zünd-
holzverkäufer fehlten nicht, und so traten noch manche andere an, nach
Kräften zum Kaufe von „Mitgebringen" für die daheim gebliebenen
Lieben anregend.

Ihnen gesellte sich der Neuigkeitenbote, der Zettelträger, zu, der die
Ankündigungen des Theaters, von Schaustellungen u. dgl. an die Ecken
heftete und mit dem Lokalblatte, das den Sommer über erschien, in die
Kurhäuser brachte. Dann trat der Austrommler auf den Platz, um nach
einem kräftigen Trommelwirbel Bekanntmachungen verschiedener Art,
verlorene und gefundene Gegenstände mit lauter Stimme auszurufen.
Auch ein Barmherziger Bruder fehlte nicht, er sammelte milde Gaben
für das Prager Spital und verteilte an die Dienstleute und Kinder im
Hause Heiligenbildchen. Zu Pfingsten aber und zu den während des
Sommers fallenden Marientagen bevölkerte sich die Straße mit eigenartigen Badegästen. Kopfreiche Züge von Wallfahrern aus allen Teilen
des Landes auf dem Wege nach Mariaschein machten in Teplitz auf dem
Schloßplatz bei der Dreifaltigkeitssäule Halt und über die Sorge um das
Heil ihrer Seele das leibliche Wohl nicht vergessend, begaben sie sich,
ihre bunten Fahnen mit den mitgetragenen Marienbildern dort zurücklassend,
geradewegs in die allgemeinen Bäder für Männer und Frauen, wo sie,
noch immer den Vorschriften getreu, wie sie dereinst Kaspar Schwenkfeld
verzeichnet hatte, durch ein einmaliges langes Verweilen im heißen Wasser
die wohltätige Wirkung einer längeren Badekur zu erzielen erhofften, auch
hiebei auf Schröpfen und zur Ader lassen gehörig Bedacht nahmen. Kamen
sie dann mit hochgeröteten Köpfen aus dem Bade, durchzogen sie trupp-
weise, die zum Abtrocknen gebrauchten farbigen Tücher vor sich schwenkend,
die Straßen und besahen mit staunenden Blicken alles, was sich ihnen
da darbot, bis sie sich wieder zur Fortsetzung ihres Weges zusammen
fanden. In den Zeiten, wo noch die Volkstrachten nicht ganz und gar
abgekommen waren, boten namentlich die Wallfahrerinnen durch ihr
Erscheinen eine recht gefällige buntfärbige Bereicherung des Straßen-
treibens, in dem sich auch Soldaten verschiedener Waffengattungen,

Österreicher, Preußen, Sachsen, bemerkbar machten, die zur Kur in den verschiedenen Militärbadehäusern untergebracht waren.

Hatte dann der Kurgast seine Zeitung gelesen, seine Briefschaften erledigt, den Besuch seines Arztes empfangen, so war es Zeit geworden, den Weg in den Schloßgarten anzutreten. Noch heute ist dieser herrliche Park ein Glanzpunkt von Teplitz. Dafür galt er mit seinen malerischen Teichen, auf welchen zahme Schwäne und andere Wasservögel herbeigeschwommen kommen, feiste Karpfen ihre Köpfe aus dem Wasser recken, um Futter von den Besuchern zu erhalten, mit seinen schattigen Wandelbahnen unter uralten breitwipfligen Bäumen — leider wurden sie in unseren Tagen sehr gelichtet — ohne alle Widerrede bereits im 18. Jahrhundert. Man hatte ihn auch längst schon als den Sammelpunkt des Kurpublikums würdigen gelernt, das täglich in der Mittagszeit bei den Klängen der Kurkapelle auf und niederwogte. Da fand man Gelegenheit, mit Befreundeten und Bekannten zusammenzutreffen, neue Beziehungen anzuknüpfen und vor allem war hier das zarte Geschlecht in die Lage versetzt, sich in prächtigen, geschmackvollen Kleidern zu zeigen oder solche an anderen zu bewundern. Eine schöne Erinnerung aus der Glanzzeit der Kurstadt bieten vier Bilder, dereinst hervorgegangen aus der Berliner Hoflithographie, welche die in der Schloßgartenallee versammelte Badegesellschaft aus dem Jahre 1833 bildnistreu wiedergeben. König Friedrich Wilhelm III., der Kronprinz von Preußen, der Großherzog von Weimar; die Fürstin von Liegnitz und andere Damen erscheinen von hochadeligen Herren, Diplomaten von Ruf, hohen Militär und hervorragenden Persönlichkeiten, auch Alexander von Humboldt und Friedrich v. Hippel sind unter ihnen, umgeben und ergehen sich in dem herrlichen Parke in zwangfreiem, freundlichem Verkehr. So findet sich auch noch in unseren Tagen hoch und niedrig der Gesellschaft allmittäglich dort zusammen.

Darüber war es Mittag geworden und die Stunde gekommen, zu der man zu Tische zu gehen pflegte. Dazu bot sich im Gartensaale selbst Gelegenheit, oder man suchte einen Gasthof oder eines der zahlreichen Speisehäuser verschiedenen Ranges auf.

Der Nachmittag ward zu Spaziergängen und Ausflügen in die prächtige Umgebung von Teplitz benützt. Schöne Aussichtspunkte, wie der Schloßberg, schattige Wäldchen, wie der Turnerpark, in der Nähe gelegen, waren selbst für Fußleidende leicht zu erreichen. Wer sein Gespann mitgeführt hatte, konnte auch die ferner gelegenen lohnenden Ausflugsorte Graupen und Bilin, die schon Thomas Mitis nennt, Dux, Ossegg, die

Tiergärten am Fuße des Erzgebirges und andere, sowie den zugänglich gemachten Milefchauer Berg erreichen, deffen Fernficht Alexander von Humboldt als eine der fchönften der Erde bezeichnet hatte. Mietwagen waren auf der Poft und bei den Lohnkutfchern zu erhalten, letztere veranftalteten auch Gefellfchaftsfahrten, an denen der einzelne ohne große Koften fich zu beteiligen Gelegenheit faud. Man konnte bei einem vierwöchentlichen Aufenthalte in Teplitz faft jeden Tag einen näheren oder weiteren Ausflug unternehmen, ohne hiebei einen fchon befuchten Ort nochmals zum Ziele wählen zu müffen.

Wer aber ganz im Bereiche der Stadt verbleiben wollte, dem bot neben dem Schloßgarten, dem Kaffeefalon und, fo lange er beftand, der Badefaal, die Schlackenburg, vor allem aber das Schießhaus (Schützenhaus), befonders wenn er am Schießen nach der Scheibe oder nach dem Vogel Vergnügen faud, einen erwünfchten Erholungsort.

Die feit uralter Zeit (1552) beftehende Schützengefellfchaft war der eigentliche Punkt, an dem Kurgäfte und Bürgerfchaft einander näher traten. Freundliche und zuvorkommende Aufnahme faud jeder Gaft, der bei ihr vorfprach. Gekrönte Häupter, hohe Herren und Hochgeftellte verfchmähten es nicht, einer von ihr ergangenen Einladung zu einem Schießen Folge zu leiften. Sie verweilten gern unter den biederen Schützen und unterhielten fich leutfelig mit den fchlichten Männern, faft durchwegs bürgerlichen Handwerkern. So war 1713 zu Ehren Zar Peters d. G. ein Vogel aufgezogen worden, nach dem er mitfchoß.[1]) Auch 1797 und 1798 nahmen Erzherzogin Maria Chriftine und Erzherzog Karl am Vogelfchießen teil. Gewöhnlich widmete die Schützengefellfchaft einem angefehenen Kurgafte eine buntgemalte Ehrenfcheibe. Viele derfelben haben fich erhalten und bilden eine wertvolle Chronik früherer Zeiten. Desgleichen bewahrt das „Schützengedenkbuch" manchen intereffanten Namenszug. Die fo Geehrten ermangelten nicht, die ihnen erwiefene Aufmerkfamkeit mit einem wertvollen Gefchenke zu erwidern. Die Gefellfchaft kam hiedurch nach und nach in den Befitz eines anfehnlichen Silberfchatzes, den fie 1847 zur Verlofung brachte, um aus dem Ertrage an Stelle des alten, raumbeengten Schützenhaufes einen ftattlichen Neubau aufzuführen, in deffen hohem, lichtem Saale die Verfammlungen fich abfpielten, die Teplitz in der bewegten Zeit des Jahres 1848 befonders hervortreten ließen.

In den Straßen von Teplitz, aus denen der Kurgäfte wegen ohnehin aller Lärm verbannt war, pflegte es an den Nachmittagen in

---

1) Handfchriftl. Schützenchronik im Teplitzer Mufeum.

der Regel ganz besonders still zu sein. Erst wenn die Ausflügler zu Fuß und Wagen gegen Abend zurückkehrten, belebten sie sich wieder. Mit den übrigen Hausgenossen im gemütlichen Verein saß man dann noch ein Stündchen plaudernd vor der Tür. Da tauchte noch eine neue Straßengestalt auf, der Salamihändler, wie man ihn aus dem Wiener Wurstelprater kennt. Auf der Schulter eine mächtige, binsengeflochtene Tasche, aus der Würste und Messer herauslugten, ein großes Stück Schweizerkäse unter dem Arme kam er eilig daher gelaufen und machte sich durch seinen Ruf: „Salami, Salamini, do bin i, wer kauft die guti Käs!" weithin bemerkbar. Denen, die sich mit einem einfachen Nachmahle begnügten, kam er immer erwünscht.

Zuweilen ertönte Musik wie am Morgen durch die Abendstille. Wenn im Hochsommer die Zeit in der Früh für die Ständchen nicht ausreichte, setzte man sie Abends fort. Abend- oder Nachtmusiken waren in der älteren Zeit besonders beliebt gewesen. Größere Aufführungen durch die gesamte Kurkapelle fanden auf Verlangen und Kosten einzelner Musikfreunde, oder zu Ehren besonders hervorragender Kurgäste statt.

Dann zog man sich auf sein Zimmer zurück. Wer für den Abend noch eine Unterhaltung außer dem Hause aufsuchen wollte, fand dazu im Schloßtheater Gelegenheit. Künstlerkonzerte gehörten in Teplitz zu den selteneren Ereignissen. Das nach Plänen des Prof. Theile in Dresden 1787 erbaute kleine Theater war in Bühne und Zuschauerraum ganz hübsch ausgestattet. Die Vorstellungen befriedigten in der Regel bei nicht zu hohen Anforderungen, zu Zeiten konnte es sich in seinen Darbietungen selbst mit einer größeren Bühne messen. Schon 1795 fanden Opernvorstellungen unter Liebig aus Prag und Crams aus Dresden statt, auch in den Spielplänen späterer Jahrzehnte werden solche angetroffen. Gäste von gutem Namen traten keineswegs selten auf. Im Teplitzer Badeleben spielte es Zeit seines Bestehens keine unbedeutende Rolle, bis es durch das neue schöne Stadttheater für immer in den Hintergrund gedrängt worden ist.

Jüngeren Besuchern, die in Begleitung von Kurbedürftigen etwa oder zu ihrer Erholung nach Teplitz gekommen waren, boten die nach altem Herkommen allwöchentlich im Gartensaale veranstalteten Bälle und seit 1822 die bald sehr beliebt gewordenen „Reunionen" Gelegenheit, sich durch ein fröhliches Tänzchen für die still und einförmig verbrachten Tage der Woche zu entschädigen. Auf einer solchen Reunion hatte König Friedrich Wilhelm III. 1824 die Gräfin Henriette Harrach kennen gelernt,

die, zur Fürstin von Liegnitz erhoben, seine zweite Gemahlin ward, und
die bis zu seinem Tode Jahr für Jahr an seiner Seite in Teplitz erschien.

So reihte sich Tag an Tag den Sommer über. Gäste kamen und
gingen, ihr Aufenthalt zur Kur dauerte gewöhnlich vier Wochen. Mitte
August begannen sich ihre Reihen zu lichten, meist trafen nur noch solche
ein, die zu einer kürzeren Nachkur nach Karlsbad oder Marienbad zu
verweilen gedachten. War dann das sogenannte „Badefest" am 29. August,
der Gedenktag der angeblichen Auffindung der Heilquellen, vorüber, nahm
die Zahl der Gäste rasch ab. Mehr und mehr Fenster in den Kurhäusern,
groß und klein, blieben verhängt, zum Zeichen, daß sie nicht mehr bewohnt
waren, ein Sommergeschäft nach dem anderen schloß sich, das Theater, die
Kurkapelle, die Druckerei stellten ihre Tätigkeit ein, was sonst die Straßen
belebte, war abgezogen. Die Teplitzer, die bereitwilligst und zuvorkommendst
den „Fremden" den Platz geräumt hatten, traten, nachdem auch von den
letzten mit Händedrücken und Wünschen auf Erfolg, sowie in der Hoffnung
auf ein Wiedersehen im kommenden Jahre Abschied genommen worden,
wieder auf den Plan. Eine Kurzeit war wieder vorübergegangen, was
sie bemerkenswertes gebracht hatte, verzeichnete der ihr gewidmete Almanach,
der im nächsten Frühjahre erschien.

Das war das Badeleben, wie es vor 60, 70 Jahren in Teplitz allsommer=
lich sich abspielte, und wie es nach den Erzählungen alter Teplitzer, angepaßt
an die maßgebenden Verhältnisse und die in Betracht kommenden Per=
sonen, seit längst vergangener Zeit stetig und ohne wesentlichen Wandel
erhalten geblieben war. Derart tritt es uns auch aus zahlreichen
Büchern und Büchlein, aus Berichten in Brief= und Novellenform, in
Prosa und Versen entgegen, die darüber in Zeitschriften und Tages=
blättern der ersten Hälfte des vorigen Jahrhunderts erschienen sind. Den
Grundton hatte, so läßt sich sagen, schon Thomas Mitis vor 300 Jahren
angeschlagen: Bade in Teplitz zur Gesundung des Körpers und ergehe
dich zur Erquickung von Geist und Gemüt in dessen herrlicher Umgebung!
Geschlecht um Geschlecht übernahm es und gab es weiter, bis mit dem
Jahre 1848 eine neue Zeit anbrach, die auf so vielen Gebieten einen
bedeutenden Wandel schuf, und die auch dem Badeleben in Teplitz bald
ein geändertes Äußeres gab. Althergebrachter Gebrauch verschwand, Bei=
behaltenes erhielt eine neue Gestaltung, dem Umschwung der Zeitverhält=
nisse entspringende Einführungen, die man wohl gar in ihren ersten
Anfängen zu Gunsten des Kurbetriebes hintanhalten wollte, machten
sich gebieterisch geltend und traten siegreich hervor. Verklungen sind längst

die Turmfanfaren und die Morgenmusik, verschwunden die Hausierer und so vieles andere, das die Kurzeit ehemals mit sich gebracht hatte. Teplitz kann auch heute seiner Natur nach ebensowenig wie in früheren Zeiten unter die sogenannten Luxusbäder gezählt werden, es hat sich auch nicht zum Modebade, wie andere Kurorte, entwickelt; aber es ist nicht mehr die kleine, stille Stadt, die bloß im Sommer und nur für Kurgäste lebte. Es ist infolge der Erschließung des weitausgedehnten, mächtigen Braun= kohlenbeckens in seiner Umgebung und der Eröffnung moderner Verkehrs= wege der Mittelpunkt eines kräftig aufstrebenden, stets weiter sich aus= dehnenden Industriegebietes geworden, in dem das Badeleben nicht mehr die Hauptrolle spielt. Seine Einwohnerzahl, die in der ersten Hälfte des Jahrhunderts kaum um 17 v. H. gewachsen war, schnellte in den ersten zwanzig Jahren der zweiten auf ihr Dreifaches empor und hat diese Zunahme ungeschwächt beibehalten. Ihr gegenüber ist die jährliche Zahl der Badgäste bedeutend nachgeblieben. Während sie jene vordem um das Doppelte und mehr überstieg, beträgt sie gegenwärtig nur noch ein Fünftel derselben. Wohl wahr, opferwillig und freigebig widmet man den Heilquellen alle Aufmerksamkeit im Dienste der sie Aufsuchenden und trachtet das Kurleben möglichst zeitgemäß auszugestalten und zu heben. Teplitz bietet seinen Besuchern in unseren Tagen in jeder Beziehung weit mehr als in jener Zeit, die ich zu schildern versuchte — aber es ist anders geworden! Der idyllische Schein, der über das behagliche, wenn gleich prunklose und stille Badeleben von damals gebreitet lag, ist für alle Zeit verschwunden. Wie ein Märlein schier mutet es unsere Zeitgenossen an, daß einmal in jener Zeit Kaiser Franz I. bei einem längeren Aufenthalt in Teplitz 1813, nach der Kulmer Schlacht, mit dem Apotheker und dem „Klamperer" Hausmusik betrieb, oder daß sich die Gräfin Harrach durch ihre Haustochter Kornblumen von den Feldern auf dem „Spittelberge" (jetzt Königshöhe) bringen ließ, um damit zu jener denkwürdigen Reunion ihr Kleid zu schmücken, auf der König Friedrich Wilhelm III., von ihrer schlichten Armut bezaubert, sie zu seiner Braut erkor!

Maximilian Freiherr von Lamingen und die Choden; die Privilegien der zehn deutschen Gemeinden bei Taus.

Ein Beitrag zur Geschichte der Bauernbefreiung in Böhmen im 17. und 18. Jahrhunderte.

Von

JUDr. Paul Lederer, Advokaten in Pilsen. [1]

I.

Die umfassendsten Güterkonfiskationen fanden bekanntlich in Böhmen nach der Schlacht am Weißen Berge statt; die Güter der „Rebellen" wurden an die Anhänger des Kaisers übertragen. Den Kommissionen, die das Strafgericht durchführten, präsidierte Fürst Lichtenstein als vom Kaiser für das Königreich Böhmen bestellter Kommissär; als Mitglied gehörte ihnen u. a. der Reichshofrat Wolf Wilhelm Laminger (oder Lamingen, Lammingen) von Albenreuth an. Die Brüder des Reichshofrats: Wolf Friedrich, Wolf Joachim, Wolf Josef Laminger von Albenreuth hatten sich an dem Aufstande beteiligt, wurden hiefür zur Rechenschaft gezogen und bestraft. Dem Wolf Friedrich wurde strafweise die Herrschaft Heiligenkreuz, die schon an 200 Jahre im Besitze der aus Bayern stammenden Familie Lamingen stand, entzogen und 1624 bzw. 1630 dem Reichshofrate Wolf Wilhelm auf Abschlag einer auf dem Gute haftenden Forderung überlassen. Die dem Wolf Joachim gehörige Herrschaft Weißensulz erhielt der Reichshofrat auf ähnliche Weise überwiesen; ihm wurden auch für seine Tätigkeit als Appellations= und Reichshofrat mit kais. Resolution vom 11. November 1630 die Choden= dörfer, welche bis dahin die Stadt Taus als Pfand besaß, sowie die „auf dem Königlichen" aufgebauten Dörfer, hierunter Chudiwa, Hadruwa, Fuchsberg zugewiesen. [2] Wolf Wilhelm von Lamingen starb 1635. Der

---

1) Für Förderung dieser Arbeit spreche ich dem Hrn. Dr. Richard Gutwillig, Advokaten in Pilsen, den besten Dank aus.

2) Der Böhmerwald war seit undenklichen Zeiten der Grenzwald Böhmens gegen Bayern. Der Verkehr war auf einzelne Steige beschränkt, die durch

Lamingerſche Beſitz erweiterte ſich in der Folge noch um die Herrſchaft
Rauth, Rieſenberg, Zahořan, Neumark, ſo daß er ein ſehr
großes Gebiet im weſtlichen Böhmen umfaßte. In Trhanov erbaute
dann Maximilian Freiherr von Lamingen ein Schloß, das den Namen
„Chodenſchloß" empfing, der auch als Bezeichnung der Herrſchaft Anwen=
dung fand.

Die verſchiedenen Verſuche der Choden, ſich von den Lamingerſchen
loszukaufen, mißlangen. Die Choden wurden mit dem bezüglichen Anſuchen
1666 für immer abgewieſen und ihnen aufgetragen, den Erben Wolf
Wilhelms von Lamingen den Eid der Treue und Leibeigenſchaft zu
leiſten; ſie empörten ſich in der Folge 1693 gegen den regierenden

Verhaue und Grenzburgen leicht geſperrt werden konnten. Einer der wich=
tigſten Steige über den Böhmerwald war die Straße über Taus nach
Regensburg. Mit der Bewachung der Päſſe waren ſchon im frühen Mittel=
alter die Grenzbauern bei Taus, Tachau, Pfraumberg betraut, die den
Namen „Choden" (Chodones) führten. Der Name dürfte „von ihrer
Pflicht, im Walde zu patrouilliren (choditi = gehen)", hergenommen
worden ſein. Die Tauſer Choden waren Slawen, vielfach privilegiert gegen=
über anderen Bauern. Die Chodendörfer wurden im Laufe der Zeit
mehrfach verpfändet, ſo den Herren von Schwamberg, ſpäter von Rudolf II.
der Stadt Taus. Im Jahre 1621 wurden die Chodendörfer infolge ihrer
Theilnahme an dem Aufſtande den Tauſern zur Strafe genommen und
dem Wolf Wilhelm Freiherrn von Lamingen und Albenreuth überwieſen.
Die fernere Entwicklung ſchildert in Kürze der Text. Die Choden werden auch
»Psohlavci« (Hundsköpfe) genannt, weil ſie einen Hundskopf in der Fahne
führten; Chodendörfer beſtehen noch jetzt im Tauſer Bezirke. Über die
maßgebenden Umſtände und die Geſchichte der Choden iſt z. B. zu ver=
gleichen Julius Lippert „Sozialgeſchichte Böhmens in Vorhuſſitiſcher
Zeit" insbeſ. I, 31, II, 232; Adolf Bachmann „Geſchichte Böhmens"
insbeſ. I, 158, 228; Dr. Paul Müller „Der Böhmerwald" (Straßburg
1904) insbeſ. S. 88; Dr. Georg Juritſch „Die Deutſchen und ihre Rechte"
S. 39 flg. In ausführlicher Weiſe ſtellte die Geſchichte der Tauſer Choden
Dr. M. Pangerl in den Aufſätzen „Die Choden in Taus" S. 144 flg.,
S. 215 flg. des 13. Jahrgangs dieſer Mitteilungen (1875) dar, während
J. Loſerth dies hinſichtlich der „Choden zu Pfrauenberg" S. 105 des
20. Jahrgangs dieſer Mitt. (1881) tat. Die Erwerbung der Chodendörfer
durch Lamingen und die Kämpfe der Choden gegen Lamingen ſchildert auch
T. B. Bilek in »Dějiny konfiskací v Čechách«. Nach Abſchluß der
hier publizierten Arbeit erſchien im »Sborník historického kroužku«
(Prag) der Beginn einer Artikelſerie »Chodové a páni z Lamingenů«
(Die Choden und die Herren von Lamingen) von P. Franz Teplý (Jahr=
gang 1906, S. 177; 1907, S. 97), der die Geſchehniſſe bis 1628 behandelt.

Maximilian von Lamingen, wurden durch aufgebotenes Militär niedergeworfen; einer ihrer Führer Johann Sladký, genannt Kozina, wurde zum Tode verurteilt und in Pilsen am 28. November 1695 hingerichtet.

Der tschechische Schriftsteller Alois Jirásek hat in seinem 1884 erschienenen Roman »Psohlavci« (ins Deutsche von B. Lepař übersetzt unter dem Titel „Chodische Freiheitskämpfer", Prag 1904) den letzten Freiheitskampf der Choden und das tragische Ende ihres Führers Kozina verherrlicht; in dieser Dichtung und im Libretto der gleichnamigen Oper von Karl Kovařovic fällt aller Schatten auf Maximilian von Lamingen („Lomikar"), alles Licht auf Kozina, wie denn Jirásek als einzigen Grund des Kampfes die Bedrückungen Lamingers hinstellt und maßgebende religiöse Motive — die Choden waren Anhänger der Brüderunität (vgl. Naše doba 1896 S. 310 Anm.) — ausschaltete.

Die historische Wahrheitsliebe erfordert es vorerst darauf hinzu- weisen, daß in jenen harten Zeiten ein Menschenleben nicht viel galt, und daß gegen die Choden verhältnismäßig milde vorgegangen wurde. Dies beweist das Vorgehen der Regierung einige Jahre vorher nach dem Böhmischen Bauernaufstande vom J. 1680. Damals wurden „99 Teilnehmer an dem Aufstande zu Tode verurteilt, von denen nur 44 begnadigt, die übrigen aber gerädert, gevierteilt, gehängt, geköpft wurden".[1] („Die Bauernbefreiung etc. in Böhmen, Mähren, Schlesien von Dr. Karl Grünberg, Leipzig 1894, I, 130.)

---

[1] Svátek berichtet in dem Buch „kulturhistorische Bilder aus Böhmen" hierüber: „Die Urteile, die ohne Verzug zur Ausführung gelangten, waren sehr hart. In der Stadt Leitomischl wurde, wie das Gerichtsmanuale dieser Stadt meldet, einer der Rebellen auf der Richtstätte in der Nähe der Stadt auf das Rad geflochten und von oben nach unten gerädert, zwei andere wurden geköpft und dann mit jenem auf das Rad gehoben, ein vierter wurde gehenkt und ein fünfter, der bereits auf der Leiter zum Galgen stand, zu dreijähriger öffentlicher Arbeit begnadigt. Die Namen dreier Flüchtigen wurden an den Galgen genagelt. Neunzehn minder Schuldige wurden auf zwei, ein oder ein halbes Jahr Arbeit in Eisen verurteilt. Ähnliche Hinrichtungsszenen gab es in den übrigen neunzehn Städten, in welchen die Untersuchungskommissionen ihren Sitz hatten, und zwar wurden, um nur einige Beispiele anzuführen, in Hainspach 6 Personen gehenkt und eine gevierteilt, in Böhmisch-Leipa 5, in Aussig, Ploschkowitz und Komotau je 4, in Buchau 3 Personen gehenkt, außerdem in letzterer Stadt je eine geköpft und gerädert usw."

Es scheint aber auch, daß Maximilian von Lamingen vor dem Aufstande und sogar nach Niederwerfung des Aufstandes manche Privilegien der Choden aufrecht erhalten bzw. erneuert hat, wie dies eine Erinnerung der subdelegierten Rektifikationskommission vom 18. Sept. 1722[1]) bezüglich der Klentscher, einer der größten Chodengemeinden, welcher ein Führer des Aufstands Adam Etzel angehörte, klar nachweist. Dieser — im Anhang Nr. 6. abgedruckten — „Erinnerung" nach hat Maximilian von Lamingen im Jahre 1690 den Klentschern das erste Privileg verliehen, wodurch die Inwohner von der Leibeigenschaft befreit, ihnen Häuser und Gründe verkaufen, damit frei testieren zu dürfen und mehrere Begnadigungen gegen einen jährlichen Zins von 300 fl. gewährt wurden. Die Klentscher wurden dieser Privilegien durch Teilnahme an dem Aufstand verlustig; im Jahre 1696 hat jedoch Maximilian von Lamingen dies Privileg unter geringer Erhöhung des jährlichen Zinses de novo bestätigt. Dieses Vorgehen ist gewiß geeignet, uns Maximilian von Lamingen in einem helleren Lichte zu zeigen.

II.

Maximilian von Lamingen, der dem tschechischen Volke als Verfolger erscheint, besaß und besitzt aber in den deutschen Gegenden des Böhmerwalds eine ganz andere Schätzung und bis in die jüngste Zeit standen die „Lamingenschen Privilegien" in dankbarster Erinnerung beim Volke. Maximilian von Lamingen verlieh nämlich den sog. „zehn deutschen Gemeinden d. i. den Dörfern Hadruwa, Chudiwa, Flecken, Fuchsberg, Plöß, Schneiderhof, Alt- und Neubrennet (neuere Schreibung: Brennet), Maxenruhe oder Maxberg und Friedrichsthal[2]) weitreichende Privilegien.

Von diesen Dorfschaften sind Maxberg, Friedrichsthal und Neubrennet jüngeren Ursprungs, sie wurden von Maximilian von Lamingen zirka 1680 „häuselweis in völlig herrschaftlichem Walde aufgebaut" und im Jahre 1691 „den 7 anderen älteren deutschen Dörfern Hadruwa, Chudiwa, Flecken, Fuchsberg, Plöß, Schneiderhof und Altbrennet in allem gleichstimmig gemacht", wie eine 1738 aufgenommene Attestation — im Anhange als Nr. 7 abgedruckt — ausführt.

---

1) Die „Erinnerung" erliegt im Landesarchiv Theresianischer Kataster sub Pilsner Kreis Herrschaft Chodenschloß.

2) Hadruwa, Chudiwa, Flecken, Fuchsberg, Plöß sind jetzt dem Gerichtsbezirke Neuern, Alt-, Neubrennet dem Gerichtsbezirke Taus, Schneiderhof, Maxberg, Friedrichsthal dem Gerichtsbezirke Neugedein zugewiesen.

Die den 10 deutſchen Dörfern von Maximilian von Lamingen erteilten Privilegien datieren aus dem Jahre 1691. Das maßgebende Privileg wurde am 1. Oktober erteilt, ein dasſelbe interpretierendes Reſkript am 17. Dezember erlaſſen. Privileg und Reſkript ſind im Anhang (Nr. 1 und Nr. 2) abgedruckt.

Dieſe Privilegien beinhalten in der Hauptſache folgendes:

1. Die Dorfſchaften werden der „Leibeigenſchaft" entbunden; ſowohl die Anſäſſigen als auch die In= oder Herbergsleute,[1] „welche nichts Reales beſitzen"; alle bleiben aber untertänig.

2. Die Anſäſſigen werden auch von Roboten und Schar= werken (d. i. von Frondienſten) dergeſtalt entbunden,

a) daß ſie regelmäßig nur die in der ausgefolgten Spezifikation vor= behaltenen Schuldigkeiten (Roboten und Geldzinſe) zu leiſten haben;

b) bei Schloßbau und „Teichte" („Aufbrechung der Teicht" ſagt das Robotpatent vom J. 1690) und in Notfällen zu notwendigen Leiſtungen verpflichtet bleiben;

c) Fuhren gegen Bezahlung leiſten müſſen und

d) die Kinder gegen Bezahlung jedoch nur an der Hofſtatt nicht in Meierhöfen dienen laſſen müſſen.

3. Die angeſeſſenen Untertanen dürfen ihr Vermögen (Haus, Hof, Felder, Wieſen etc.) verkaufen, wenn ſie einen anderen „annehm= lichen" Untertanen ſtellen; nur falls ſie ſich außer Landes begeben, haben ſie ein 5%iges Abzugsgeld der Herrſchaft zu bezahlen.

4. Kindern und „unangeſeſſenen Manns= und Weibsperſonen" iſt der freie Weglaß gegen Erlag von drei Gulden zu gewähren.

Dieſe Privilegien werden nur für den Fall als hinfällig erklärt, als die Dorfſchaften ihre Schuldigkeit vergeſſen und ſich in verbotene „Verbündniſſe" einlaſſen würden. Die oberwähnte „Spezifikation" war mir nicht zugänglich, ſie dürfte ſich wohl mit der ſpäter behandelten vom Jahre 1702 ziemlich decken.

Was nun in erſter Reihe merkwürdig und bedeutend erſcheint, iſt die 1691 erfolgte Befreiung der Dorfſchaften von der

---

[1] Die Inleute (Inwohner) erhielten die Wohnung („die Herberge") vom Anſäſſigen gegen Zahlung und Leiſtung von Arbeiten an den Wirten, ſie wurden deshalb auch Herbergsleute genannt; jetzt noch ſind oft Inleute im Böhmerwalde „Vaſallen des Großbauers". (Vgl. z. B. Maxmil. Schmid „Kulturbilder aus dem böhm. Walde", Breslau 1885, „Die Holzhauer= anſiedelungen des Böhmerwaldes" in „Deutſche Worte" 1887, S. 326 etc.)

Leibeigenschaft, eine Befreiung, wie sie in jener Zeit sonst wohl nicht
vorkam. Die ferner gewährten Befreiungen erscheinen ebenfalls v i e l
w e i t e r g e h e n d als es nach dem sonst übrigens von den Herrschaften
nie befolgtem Robotpatent vom 26. Juni 1680 (vgl. dasselbe Grünberg.
l. c. II. S. 5 flg.) erforderlich gewesen wäre. Die ausgesprochene Be=
freiung von der Leibeigenschaft erscheint umso interessanter, als Grünberg
in seinem mehrbezogenen Werke (I, S. 87 flg.) die Behauptung aufstellt,
daß die bäuerliche Bevölkerung Böhmens wohl nicht frei war, aber daß
ihr Rechtszustand im 17. und 18. Jahrhundert als Leibeigenschaft (gleich=
bedeutend mit Sklaverei) nicht bezeichnet werden könne, sondern nur als
Erbuntertänigkeit. Hiebei verweist Grünberg auch darauf, daß der Terminus
„Leibeigenschaft" den Landesgesetzen der böhmischen Erbländer immer
fremd gewesen sei. Die hier publizierten Privilegien zeugen aber für die
Anschauung, die Dr. J. Kaizl[1]) vertritt, daß Leibeigenschaft als Mittel=
glied zwischen Sklaverei und Erbuntertänigkeit bestand. Lamingen hob die
Leibeigenschaft auf und machte die bisher Leibeigenen zu Untertänigen.

Maximilian von Lamingen starb 1696; die Witwe verkaufte die
zur Herrschaft Kauth vereinigten Güter Kauth, Chodenschloß, Riesenberg
und Zahořan an den Freiherrn Georg Heinrich von Stadion.[2])
Unter dem 30. Juni 1698 konfirmierte der Erwerber der Herrschaft
G e o r g H e i n r i c h G r a f v o n S t a d i o n in solennster Weise die
Lamingenschen Privilegien, „dargestalten daß Sie gesammte zehen Dorf=
schaften jetzt und künftige Inwohner (solang nämlich dieselben bei Ihrer
Schuldigkeit bleiben und · sich gegen der Obrigkeit, wie sichs gebührt,
gehorsam hold erzeugen· und getreu verhalten) zu allen Zeiten in Ewigkeit
friedl= und ruhiglich darbay geschützet, gehandhabet und festiglich erhalten
werden sollen." Diese Konfirmation ist im Anhang als Nr. 2 abgedruckt.

Was die mehrbenannten Dörfer „zinsen und sonsten verrichten
müssen", enthält eine von Georg Heinrich Grafen Stadion unterzeichnete
S p e z i f i k a t i o n de dto. 10. Juni 1701, die im Anhang als Nr. 3
abgedruckt erscheint. Die „Spezifikation" ist ein h o c h i n t e r e s s a n t e s
U r b a r a u s d e m J a h r e 1701, um so interessanter · als wie Grünberg
l. c. S. 140 hervorhebt, uns wenig echte Urbarien aus dieser Zeit
erhalten sind.

Die Spezifikation gibt uns ein genaues Bild der Leistungen der
zehn Dorfschaften, bestimmt auch, daß die Ansässigen gegen Zahlung von

1) Naše Doba S. 107 ex 1895.
2) Die gräfliche Familie Stadion ist noch heute im Besitze dieser Herrschaft.

30 fr. jährlich für den Feuerſchlot einen Holzbezug haben, daß die
Herbergsleute jährlich ein Holzgeld pr. 7 fr. 3 d und ein Mann=(Schutz=)
Geld von 24 fr., zu zahlen haben, während jene Herbergsleute, welche
„keine eigene Stuben" haben, nur das Schutzgeld entrichten müſſen. Den
in der Spezifikation feſtgeſtellten Geldzinſen in Summe per 1101 fl.
ſowie den Getreide= und Flachszinſen gegenüber treten die Robottage
völlig in den Hintergrund. Das Urbar weiſt ſo nach, daß das Dominium
gegenüber dieſen Dorfſchaften ſich dem Typus der „Gutsherrſchaft"
nähert, in der „die Hauptquelle des grundherrlichen Eigentums die Geld=
zinſungen und ſonſtigen Abgaben der auf der Grundherrſchaft befindlichen
Bauernhöfe bilden," in der „die anſäſſigen abhängigen Bauern viel
zahlen und zinſen, deren Arbeitskraft dagegen nur in geringem Maße in
Anſpruch genommen wird". (Dr. Karl Grünberg, „Die Grundentlaſtung",
Wien 1899, S. 3.)

Zwiſchen der neuen Herrſchaft und den 10 deutſchen Dörfern kam
es aber zu Zerwürfniſſen; das Stadionſche Wirtſchaftsamt berückſichtigte
die Privilegien nicht und belegte widerrechtlich die Ortſchaften mit den
ſchwerſten Laſten, wie dies in der obbezogenen Erinnerung der ſubdele=
gierten Rektifikationskommiſſion (Anhang Nr. 6 in fine) konſtatiert wird.

Im Jahre 1721 extendierte jedoch Philipp Graf von Stadion die
Lamingerſchen Privilegien auch auf die Herbergsleute, welche bis dahin
nur von der Leibeigenſchaft befreit waren, und beſtimmte, daß ſie dieſelbe
Robotsfreiheit als die Anſäſſigen genießen ſollen, daß aber ohne Konſens
des Amtes keine Gemeinde einen Fremden als Herbergsmann annehmen
dürfe; zugleich wurde der Holzpreis erhöht und eine Erhöhung pro
futuro ausgeſchloſſen, jedoch nur „inſolange als die deutſchen Schutz=
untertanen in ihrer Schuldigkeit gehorſam und dankbar verharren würden,
widrigenfalls ſie dieſer Gnad und Guttat verluſtig ſein ſollen". Dieſer
„Freibrief der teutſchen Leut" vom 29. Mai 1721 wird im Anhang als
Nr. 4 abgedruckt.

Durch ein mir nicht zugängliches Reſkript des Philipp Grafen Stadion
vom 18. Jänner 1740, das einem Protokolle der Grundeinlöſungs=
kommiſſion vom 4. November 1859 angeſchloſſen iſt, erſcheint ſichergeſtellt,
daß es abermals zwiſchen Untertanen und Obrigkeit zu Zerwürfniſſen
kam und daß Graf Stadion die ſeinen Untertanen im Freibriefe vom
29. Mai 1721 gewährten Holzbezugsbegünſtigungen „wegen Unwürdigkeit
und Ungehorſam revozierte und annullierte". Mit einem obigen Protokolle
in Abſchrift angeſchloſſenen Reſkripte vom 12. Juli 1740 hat jedoch

Philipp Graf Stadion „ihnen solche nur über ihr demüthiges Bitten sowie über Versprechen eines besseren Gehorsams, und auch deshalb, weil sie sich über ihre bisherige Schuldigkeit hinaus noch zur Entrichtung eines weiteren Grundzinses von 1 fl. 30 kr. von jedem Hofe herbeiließen, jedoch mit dem Vorbehalt seines und seiner Nachfolger Kompetenzrechtes" wieder zugestanden.

Im weiteren Verlaufe der Dinge riefen die Untertanen der 10 deutschen Dorfschaften die Hilfe des Consessus delegati in causis Summi Principis et commissorum[1]) gegen das gräfl. Stadionsche Wirtschaftsamt an. Der Konsens traf über diese Beschwerden seine Entscheidung unter dem 26. Feber 1755. Sie ist als Nr. 5 des Anhangs abgedruckt. In diesem Urteile wurde erklärt, daß den Ansässigen „das umgefallene Holz" gegen einen jährlichen Zins von 30 kr. (= $\frac{1}{2}$ Gulden) von jeder Feuerstatt, und die „nach ausgesetzter Tax zu verabfolgenden übrigen etwa benötigten Holzgattungen den herrschaftlichen Untertanen nach vorheriger Anmeldung bei dem Holzheger passiert werden sollen"; im selben Urteile wurde eine Kontributionsangelegenheit zu Gunsten der Dorfschaften erledigt.

Nachdem über die Höhe der von der Obrigkeit berechneten Holzpreise, wie es im Eingange des Vergleichsinstrumentes vom 3. Dezember 1842 heißt, „Zwistigkeiten schon seit einem Jahrhunderte bestehen und nachdem Sr. k. k. apostolische Majestät bei mehreren Gelegenheiten den allerhöchsten Wunsch ausgesprochen, daß diese Streitigkeiten durch einen Vergleich beigelegt werden", so wurden schließlich zwischen dem Oberamte der Herrschaft Kauth = Chodenschloß und den ansässigen Untertanen der zehn deutschen Gemeinden Vergleiche abgeschlossen, in denen diese ganze Waldkomplexe gegen Zahlung niedriger Geldbeträge für die ihnen früher zugestandenen Holzbezugsrechte im Ablösungswege ins Eigentum erhielten. In diesen Vergleichen wurden ferner die Erlaubnis in den herrschaftlichen Waldungen Holz zu klauben nur auf die Lebenszeit derjenigen „Leutthümer und Herbergsleute" eingeschränkt, welche zur Zeit des Abschlusses des Vergleiches bereits Holz klauben durften. Das Jahr 1848 endete auch für diese Gegend den Bestand der Untertänigkeit.

Die Herbergsleute der 10 deutschen privilegierten Gemeinden versuchten es bis in die jüngste Zeit ihre Holzbezugsrechte geltend zu machen,

---

1) Über dieses Gericht und Kompetenz desselben vgl. Grünberg Bauernbefreiung S. 32 und 147.

ihre Anstrengungen hatten keinen Erfolg. In den eingeleiteten Prozessen, die erst im Jahre 1900 zum Abschluß gelangten und in denen die Lamingenschen Privilegien eine große Rolle spielten, wurden sie mit ihren Ansprüchen abgewiesen. [1]

Anhang. [2]

Nr. I.:

Abschrift der deutschen Dörfer-Privilegia.

Ich Wolf Maximilian, Herr von Lammingen und Albenreuth, Herr auf Chodenschloß, Riesenberg, Gauth, Sahorzann, Neumark der kön. kai. Maj. wirklicher Rath, Kämmerer und kön. Statthalter im Königreich Böheimb gebe hiermit zu vernehmen, jedermänniglich, absonderlich aber denen hierangelegen, demnach mir meine Unterthanen aus denen Dörfern, Hadruwa, Rudiwa, Flecken, Fuxberg, Plöß und Schneiderhof wehemütig supplicando geklagt und vorgebracht, welchergestalten sie, wann dieselben gleich andern, dieses Königreichs Böheimb Unterthanen die schuldige Robotten oder Scharwerk und Dienstbarkeiten wie sonsten gebräuchlich bei denen Meierhöfen verrichten sollten, an ihrer wenigen Nahrung und Hauswesen, gänzlichen, zurückgesetzt und ruinieret würden, zu geschweigen, daß sie die alte Schuldten vor unterschiedliche Prätensionen wegen vorgeschossenem Geld, Bier, und dergleichen, mit welchem mein Herr Vater und Frau Mutter selig. Gedächtnis während der ihr Vormundschaft, ihnen und anderen ihren Unterthanen bei denen Kriegs-

---

1) Über die jetzigen nationalen Verhältnisse in den „10 deutschen Gemeinden" orientiert in ausführlicher Weise die Schrift Dr. Franz Perkos „Streiflichter über die wirtschaftlichen Verhältnisse der gemischtsprachigen Bezirke Westböhmens" Wien 1905. Die älteren Daten finden sich bei Dr. Herbst „Das deutsche Sprachgebiet in Böhmen" (1887), bei Sommer „Das Königreich Böhmen" VII. Band (1839) und bei Schaller „Topographie des Königreichs Böhmen" XII. Teil (1790).

2) Die hier publizierten Urkunden wurden in den meist beim k. k. Kreisgerichte Pilsen abgeführten Prozessen der Herbergsleute wegen Anerkennung ihres Holzbezugsrechtes teils im Original, teils in beglaubigten Abschriften vorgelegt. Sie wurden gerichtlich vom böhmischen Landesarchiv, wo sie unter „Theresianischen Kataster, Klattauer Kreis 34, 36, 54, 56" erliegen, requiriert.

laufen, umb Sie zu retten, Vorschub und hilfsreiche Hand geleistet, aus=
zahlen oder länger bestehen könnten mit unterthänig instandigster Bitte
ich die Leibeigenschaft, ansehens viel andere, freie Personen aus Baiern
und dieser Nachbarschaft sich allda häuslichen einlassen, folglichen die
Herrschaft vermehrt und das Land volkreicher werden möchte, selbige mir
auch lieber gewisse Geldzins hierzu jährlichen zu reichen sich anerboten,
gnäd. aufheben und ihnen diesfalls einige Begnadigung wiederfahren
zulassen geruhen möchte, wann ich nun sodann ihr demüthigstes Bitten
in Erwägung gezogen und darbei betrachtet, wie daß dieselbe bereits viel
Jahr annoch unter meinem Herrn Vater sel. und bishero nit wie andere
Leibeigne, sondern gleich samb als etwas Befreite gehalten worden und
solchem nach sie fernerhin zu erhalten der Nachlaß oder Aufhebung ge=
dachter Leibeigenschaft, das tröstlichste Mittel sein könne, zumalen vor
Antretung meiner Güter und bis dato ich jedere Zeit dahin bedacht
gewesen, wie meine arme Unterthanern vor Untergang gerettet und in
Aufnehmen gebracht werden möchten, also habe umb soviel geneigter ihr
flehentlich Bitten nit allein erhöret, sondern auch damit selbe solch meine
aufrechte Neigung in der That wirklich zu spüren und zu empfinden
haben mögen, zumalen sie auch vor einigen Jahren schon mit gewissen
Freiheiten begnadet, solche aber in solenni forma nicht ausgefertigt
waren der Ursachen halber ich an jetzo für mich meine Erben und Nach=
kommen und allkünftige Inhaber und Possessores der Herrschaft Choden=
schloß, ihnen solche hiemit von neuen ertheilen, mehrers erleutern und zu
ewiger Gedächtnis bestätigen, dieselbe auch wie folget ausdrücklich bei
setzen und kraft dieses in möglichst vollkommener, beständigsten Formb
anfertigen lassen wollen

Nämblichen:

Vors Erste begnade ich Sie, daß im Fall ein Unterthan künftig
sich andeswohin von der Herrschaft wegbegeben und sein Vermögen, das
ist Haus, Hof, Felder, Wiesen etc. verkaufen wollte, er solches zu thun
befugt, jedoch einen anderen annehmlichen Unterthanen statt seiner vor=
zustellen und von jedem Hundert der Herrschaft fünf Gulden Abzuggeld
(jedoch nur diejenige, welche sich außer Lands begeben) abzustatten
verbunden sein solle.

Anlangend aber

Vors Andere, die Kindere und unangesessene Mann und Weibs=
personen aus obernannten Dörfern dasselbe sich in oder außer Lands

wann und zu welcher Zeit auf fremden Grund und Boden zu verhei=
raten oder zuziehen verlangen, habe ich verwilliget, und sie dahin be=
gnadet, daß man ihnen auf ihr unterthäniges Bitten den freien Weglaß
von der Herrschaft aus allwegen gegen Erlegung drei Gulden ertheilen
und ausfolgen lassen wird, überdieses und:

Drittens: befreie und entbinde ich mehr gedachte Dorfschaften
und Gemeinden der Leibeigenschaft, wie auch von denen Robotten und
Scharwercken, jedoch dergestalten, daß dieselben von dergleichen (außer
was Schloßbau und Teichte anbelanget wie nit weniger, was ihnen in
der ausgehändigten Specification worvon unten gemeldet werden solle,
bei jeden Dorf vorbehalten worden und daß sie im Falle der Noth, so
der Allerhöchste gnädigst verhütten wolle, bei etwo ereigneten Feuers=
brünsten der Meierhöfe oder andern großen Schaden, in welch unglück=
haften Fallen getreue Unterthanere ohne dem von selbst ihrer gnädigen
Herrschaft hilfreiche Hand leisten und beizuspringen verpflichtet sein, sie
auch helfen müssen und solche Scharwercken zu thun, desgleichen bei
kommenden und nothwendigen fuhren jedoch gleich wie bishero von mir
beschehen anders nicht als gegen billig und rechtmäßiger Bezahlung,
welche ihnen auf keinerlei Weis schwer gemacht, viel weniger entzogen
werden soll dato verbunden bleiben) verschont und ihre Kinder in keinen
Meierhof genommen werden, wohl aber gleich wie die Neugedeinber bei
der Hofstatt der Herrschaft, da solches verlanget wurde, gegen Belohnung
des Diensts zu dienen schuldig sein sollen und sintemalen die vier Dörfeln
Alt= und Neubrennet, Maxenruhe und Friedrichsthal in Betrachtung sie
in selbiger Gegend und eben von solcher Beschaffenheit, daß selbige in
Fall von ihnen wie von anderen Landsunterthanen und Leibeignen die
Obrigkeit all ihre Schuldigkeiten zu verrichten fordern thäte, hart bei
ihren Häuslen bestehen und sich kümmerlich erhalten würden, dessentwegen
auch öfters umb obvermelten deutschen Dörfern (als welche hiebevor schon
wie obgedacht gewisse Freiheiten genossen) diesfalls gleichgemacht und
derenselben Privilegien mit theilhaftig zu werden ebendergestalt gewisse
Zinsen anerboten und demütigst gebeten als verleihe denenselben ebener=
maßen und verwillige hiemit daß sie und ihre Nachkommende in gedachten
vier Dörflen, aller oberzählten Freiheiten theilhaftig sein sollen, solche
auch auf dergleichen Formb und Weis (jedoch eben wie obbemelte sechs
Dörflen mit dem Beding und gegen jährliche Abführung deren in ihrer
nach dem Ambtbuch ausgefertigten Specification beschriebenen Schuldig=
keiten) ummehro und künftighin alle Zeit, gestalten ich sie kraft dieses

hierzu privilegiere, genießen und dieselben sich von jetzt zu ewigen Zeiten beständig ohne jedermanniglichen Hindernis zu erfreuen haben mögen.

Ich will aber hierinfalls annoch dieses deutlichen erinnert und mir höchst feierlich vorbehalten haben, daß die obverstandene Gnad und Befreiung der Robotten allein auf die Haus und angesessenen in oft erannten zehn Dorfschaften, nit aber auch auf diejenige, welche weder Haus, Hof, noch sonst was reales besitzen, sondern nur als Herbergsoder Inleute in diesen Dörfern sich aufhalten und wohnen, zu verstehen sei. Für solche so hohe und unschätzbare Gnaden und überkommenen Wohlthaten nun werden die dann menschlich privilegierte Dorfschaften, gleich sie sich auch hierzu auf's kräftigste verbunden, mir und allen künftigen Obrigkeiten der Herrschaft Chodenschloß in gueter und Landes gangbarer Münz, jährlichen und auf immerwährende Zeiten ins Chodenschlosser Ambt ohnfehlbar und richtig, jedoch in zwei Terminen nemblichen zu St. Georgi die eine, die andere Hälfte aber zu St. Galli laut gewisser Spezification worinnen diese ihre Schuldigkeiten, gleich wie dieselbe sich bereits in dem Chodenschlosser Ambtbuch deutlich ausgesetzter befinden, und welche aus solchem von Wort zu Wort gleichlautend ausgeschrieben, auch jede dort die seinige zu allerseits besserer Nachricht und künftigen Verläßlichkeit unter meiner eignen Handunterschrift und beigedrucktem Petschaft ertheilet werden jährlich abzuführen und zu entrichten schuldig sein und bleiben sobei aber unter anderen dieses noch zu erinnern und anzumerken, daß gleichwie öfters gemelte Dorfschaften all desjenigen was in gegenwärtigen Privilegien expresse ausgemessen und worinnen sie befreiet worden, jeder und zukünftigen ewigen Zeit ruhig zu genießen haben, also auch der Obrigkeit ihre sonst habenden Gerechtigkeiten und was sie nicht deutlichen nachgelassen, allerdings vorbehalten bleiben. Bei welchem allen nun es sein fest und unveränderliches Bewenden haben, auch beiderseits stets Unverbrüchlich also zuhalten ist, gestalten nochmals wiederhole alle diese zehen Dorfschaften bei solchen jetzo wieder von mir bestätigten Freiheit und vermehrten Begnadung zu ewigen Zeiten ruhig dabei gelassen und geschützet werden sollen dergestalten, daß weder ich noch übrige Obrigkeiten der Herrschaft Chodenschloß mehr gemelter dieser sämmtlichen Dorfschaften und Gemeinden sambt und sonders auf einigerlei Weis mit höheren obrigkeitlichen Zinsen oder Anlagen, wie die Namen haben, es seie denn, daß ihnen mehr Grund und Boden eingerambt wurde, diesfalls belegen oder beschweren weniger dieser Orten

etwa einen neuen Meierhof ihnen zum Nachtheil oder Beschwerung auf=
richten umb dergestalten, was mehrers von ihnen fordern und verlangen
könne oder möge, dahero auf sie oft benannte Dorfschaften dieser so
großen Wohlthaten und hochschätzbaren Gnaden halber nebst ihnen ohne
dem schuldigen Gehorsamb Treu und Lieb, mit welchen sie ihrer Obrigkeit
stets verbunden und gewärtig bleiben, das jenige, was ihnen dest wegen
ausgesetzet, sie auch hiervor versprochen und eingewilliget mit desto nach=
drücklichern Eifer und mehrerer Hurtigkeit abzuführen und sich sonsten
jederzeit in allen ihren Thun und Lassen, wie es sich gebühret, und die
Schuldigkeit selbst erfordert, verhalten und also leben werden, damit die
Obrigkeit auf keinerlei Weise beleidiget oder beunruhiget und man also
künftighin über kurz oder lang nicht Ursach gewinne, die Ungehorsamb
mit Ungnaden anzusehen, sondern vielmehr sie sammentlichen als getreu
und dienstbare Unterthanere in Obrigkeitlichen Schutz und Hulden stets
anbefohlen sein zu lassen, gestalten da dieselbe wieder bessers verhofen
ihrer Schuldigkeiten vergessen und sich wieder unser höchste Lands= oder
hiesige Grundobrigkeit in einige unzuläßliche und verbotene Verbündnis
(welches aber keineswegs dahin zu deuten da etwa künftighin sie privilegierte, wider gegenwärtige Freiheiten von einer Obrigkeit molestiert oder
gekränkt würden, also daß sie umb solche zu manuteniren und ihre
Gerechtigkeiten zu erhalten zusammentreten, sich unterreden und so dann
höhere Obrigkeit umb gebührenden Schutz nothdringendermaßen anrufen
müssen) einzulassen gelüsten lassen wollten, sie dieser meiner ertheilten
Privilegien ipsofacto unfähig und verlustiget sein sollen. Zu diesen allen
wahrer Urkund und mehrer Versicherung habe ich bevorstehende Freiheiten
und Privilegien, welche mit Bewilligung der könig. kais. Mj. Räthen und
Verordneten Herren Unterambtleuten bei der königl. Landtafel (jetzt
ernannten bei der königl. Landtafel) worumben ich selbst dienstlich bitte,
jederzeit auch ohne mein Beisein, jedoch auf der Dorfschaften Unkosten
einverleibt werden können, nicht allein selbsteigenhändig unterschrieben
und mein angeborenes Insigl wohl weisentlich anhängen lassen, sondern
sind auch unten benannte Herren Zeugen, daß sie dieselbe zu mehrer
Bekräftigung mittelst eigener Hand Unterschriften und angehängten In-
siglen (jedoch ihnen und denen Ihrigen allweg ohne Schaden und Nach=
teil) inngleichen mit ausfertigen helfen alles Fleißes, hierzu ersucht
werden getreulich und sondern Gefährde. So geschehen und geben zu
Chodenschloß am Montag nach dem Fest des hl. Martyrers und Patron
dieses löblichen Königreichs Wenzeslai, den ersten Monatstag Octobris

nach unseres Herrn und Seligmachers gnadenreichen Geburt im sechzehn-
hundert ein und neunzigsten Jahr.

L. S.   Wolf Maximilian Herr von Lammingen.

L. S.   Mathias Freiherr von Wunschwitz.

L. S.   Friedrich Hora von Oczelowitz.

Nr. 2:

**Rescript Lamingens die Herbergsleute betreffend und Confirmation des
Georg Freiherr von Stadion.**

Ich Georg Heinrich Freiherr von und zu Stadion auf Halburg
Herr der Herrschaften Chodenschloß, Weseritz, Kauth und Neumark, der
Keyserlichen hohen Thumstifter Bamberg und Würzburg, respective Thum-
Dechant Senior und Jubilans des hoch-Adelichen Ritterstifts Comburg,
Probst, hochfürstl. Würzburgischer Geheimer Rath und Stadthalter gebe
hiemit zu vernehmen, Jedermänniglich, absonderlich aber denen hieran
gelegen, Demnach mir meine Liebe Getreue Unterthane aus dehen Dörfern
Hadruwa, Chudiwa, Flecken, Fuchsberg, Plöß und Schneiderhof, wie
auch Alt- und Neubrenneth, Maxenruhe und Friedrichsthal mich in
tiefesten Gehorsam unterthänig angegangen und inständig gebeten haben.
Ich geruhete Ihnen Ihre Privilegien in Ansehung, daß Sie diese Gnad
gegen mir mit Ihuen, ohne dem schuldigen Gehorsam, und treuen Fleiß
die Zeit Ihres Lebens getreulich erkennen und künftigen Obrigkeiten in
solcher gehorsamster Schuldigkeit getreu und gewärtig verbleiben wollen,
obrigkeitlichen zu Confirmiren und dieselben von neuem unter meinem
Nahmen und angebohrenen Insigl ausfertigen zu lassen, welche Privilegia von Wort zu Wort also lauten: (Ich Wolf Maximilian Herr
von Lammingen ꝛc. . . . . . wortwörtlich wie im Anhang Nr. 1 als
Insertum).

Über diß und Nebstdeme ist Ihnen vorgesagt sämmtlichen Dorfschaften von eingangs wohlgemelten Herrn von Lammingen ein absonderliches rescript die Herbergsleuth betreffent ertheilt, und
ausgefertiget worden, des folgenden Inhalts.

Denen 3 Richtern von Kudiwa, Flecken und Altbrenneth als von
denen zehen Privilegirten Dörfern abgeordneten auf Ihr statt, ermelten
Gemeinden angebrachtes gehorsames Suppliciren zum Bschaidt: obwohlen
die ertheilte Privilegien ohnedem ganz deutlich, und jedermann daraus
abnehmen kann, und muß: daß nemlichen sowohl an- als unangesessen

in gemelten Dorffchaften frey feyn und bleiben, und von keiner Obrigkeit
als Leibeigen angezogen, befchwert oder gehalten werden können.

Nichts deftoweniger weillen In= oder Herbergsleuten halben Zweifel
erreget werden will: wie dieß zu achten feyn möchten, und aber dabei
zu ob ferviren, daß folche Leute entweder in Frey oder Leibeigenen
Stand fich befinden.

Als gebe hiermit in Kraft diefes zum Überfluß gegenwärtige Er=
klärung von mir: daß diejenige fo auf mehr gemelte Dorffchaften kommen
und fich als Herbergsleut allda aufhalten, wann felbe zu vorherr entweder
durch meine Begnadung, oder fonften durch Weglaß, oder auf andere
Weife frei, fie dergeftalten auch verbleiben, und nicht verliehren: hingegen
aber meine etwa von andern meinen Dorffchaften fich dahin begebende
Leibeigene in voriger Botmäßigkeit alfo verharren follen. Prag den
17. Dezembris Ao. 1691.

L. S. Wolf Maxmilian Herr von Lamingen. Wannen Ich nun
dann betrachtet, daß gleich wohlen öfters gemelte deutfche Dorffchafts=
unterthanen Ihre fchuldigkeiten bisher ziemlichen erwiefen, auch Ihre
Treue und Flaiß gegen mir als Obrigkeit haben fpüren laffen und ich
fonften gegen allem fammt meinen Leuten diefes zu beobachten pflege,
damit derfelben Nutzen und Frommen befördert werden möge, daher ich
auch in diefes Ihr anftändiges Anhalten geneigt und folchen Bitten zu
willfahren bewogen worden.

Als thue diefem noch hierorts obbenannte Privilegia, fammt der
wegen der Herbergsleute mit hinzu gefchriebenen Erklärung, wie felbige
von Wort zu Wort vorher befchriebener maffen lauten, in allen ihren
Claufulis und puncten hiemit und in Kraft diefes vor mich meine Nach=
kommende und Erben beftermaffen Confirmiren, beftättigen und bekräf=
tigen diefelbe allerdings guthaißen und widerholter gänzlichem approbiren,
dergeftalten: Daß Sie gefammte zehen Dorffchaften jetzt, und künftige
Inwohner (fo lange nemlich diefelben bey Ihrer fchuldigkeit bleiben und
fich gegen der Obrigkeit, wie fich's gebühret, gehorfam hold erzeigen und
getreu verhalten) zu allen Zeiten in Ewigkeit friedl und ruhiglich darbey
gefchützet, gehandhabet und feftiglich erhalten werden follen.

Zu deffen aller veßthalt= und mehrer beglaubigung gab ich nicht
allein gegenwärtige Confirmation, welche mit Bewilligung der Röm.
Kayf. May Räthe und wohlverordneten Herren unter Amtleuten bay
der königl. Landtafel in gleichgedachte Landtafel zu jeder Zeit, auch ohne

meinen Gegenwart, jedoch auf der Privilegirten Unterthanen eigene Un-
koften wird einverleibt werden können felbft eigenhändig unterfchrieben,
und mein angebohrenes Infigl beydrucken laffen, fondern auch die unten
benannte Herren damit diefelbe fich als Gezeugen (dahero Ihnen und
Ihren Erben ohne Schaden und Nachtheil) ingleichen mit unterfchrieben
und Ihre gewöhnliche Petfchaft mit beygedrucket haben alles Fleißes
requiriret worden.

Geben zu Chodenfchloß den dreißigiften Monatstag Juný: ein
Taufend Sechs Hunder acht und Neunzigften Jahr.

G. Heinrich Freyherr von Stadion.

Friedrich Jaroslav Hora von Okzellowiz.

Johann Wenzel Pržichowski von Pržichowitz.

Diefes Privilegium ift mit Bewilligung der königl. Kayl. Mayf.
Räthe und verordneter Pragnerifchen Unteramtleute bey der Königlichen
Landtafel in Königreich Böheimb gleichgemelter Landtafel auf die darin
enthaltenen Clauful in dem vierten goldenen Kauf quatern Anno 1702
am Montag nach dem Feft des Heiligen Johannus des Taufers, das
ift den 26ten Juný sub lit. Q 30 einverleibt und von Wort zu Worten
gefchrieben worden.

Norbert Streitberger,
Regiftrator allda.

Nr. 3:

Specification.

Was nachfolgende zehn Dörfer, welchen die vor beschrieben, unter Dato 1. Obris 1691 ausgefertigten Privilegien ausgehändigt worden, in ein und andern zinsen und verrichten sollen, nemblichen.

	Geldzins			Umbliegendes Holz		
	fl.	kr.	₰	fl.	kr.	₰
Jadruwa.						
Georg Weber und Hans Lauckas	7	12	.	.	30	.
Paul und Hans Wesselach	7	12	.	.	30	.
Jacob Martinoitz	7	12	.	.	30	.
Wolf Stuiber	7	12	.	.	30	.
Weith Lankas	3	15	.	.	20	.
Schneydal Wolf Prödl	1	37	3	.	10	.
Georg Stuiber	4	52	.	.	30	.
Chaluppner.						
Hans Zierhuet	.	45	.	.	15	.
Hans Gressl	.	45	.	.	15	.
Georg Lanckas	.	24	.	.	15	.
Hans Wesselak	.	48	.	.	15	.
Von Bestandwiesen.						
Georg Stuiber	1	3	.	.	.	.
Paul und Hans Wesselak	2	30	.	.	.	.
Wolf Stuiber	1	.	.	.	.	.
Jakob Martinoitz	.	15	.	.	.	.
Hans Zirhuet	.	30	.	.	.	.
Georg Lankas	.	22	3	.	.	.
Urban Sicka von Schnur Wiesen-Zins	.	24	.	.	.	.

Summa Geldzins . . . . . . 48 fl. 4 kr.

Umbliegendes Holz, welches aber nit beständig, sondernbald zu und abnimbt weilen solches denen Feuerstätten oder Glutherd nach als vil sich deren ein und anders Jahr befindet, zugeben gepflegt wird, für jetzo aber betriffte . . . 4 fl. 15 kr.

Koppengeld von 6 Strich beständig
à 15 kr. . . . . 1 „ 30 „

Scharwerchgeld St. Georgi . . . . 7 „ 16 „
     St. Galli . . . . . . 7 „ 16 „

	Geldzins			Umliegen=des Holz		
	fl.	kr.	₰	fl.	kr.	₰

Heugeld auf die 15 Fuder Heu accor=
dirtenmaßen . . . . 1 fl. 10 kr.
Mühl=Zins, weilen dermalen keine Mühl
vorhanden . . . . — „ — „

Getreid.

Weizen . . . . 3 Strich
Korn . . . . 6 „
Gersten . . . . 12 „
Habern . . . . 6 „
Flax . . . . 18 Ct.

An Handarbeiten aber hat obbenanntes Dorf gleich
wie die andere fernershin wie bishero zu conti=
nuieren und zu verrichten als nemblichen, 3 Tag
zu schneiden und 2 Tag zu mähen sich verbunden
und wiederholter zugesagt.

Die in obbemelten Dorf befindliche Herbergsleut
müssen jährlichen geben Mannschaft oder Schutz=
geld ein Jeder . . . . 24 kr.

Holzgeld . . . . 7½ „

Jenige Herbergsleut oder so keine eigne Stuben
haben, sondern bei den Bauern zugleich in einer
Wohnung sich aufhalten, geben mir allein Mann=
geld . . . . 24 kr.

und Holzgeld . . . . — „

Rudiwa.

	fl.	kr.	₰	fl.	kr.	₰
Andreas und Wolf Zirhuet sambt der neuen Wiesen und Feldern	11	57	3	1	.	.
Hans Weinfurter der ältere	10	30	.	.	30	.
Wolf Zirhuet der ältere und Peter Kußenbauer	8	10	.	1	.	.
Thomas Zipperer	10	.	.	.	30	.
Thomas Zirhuet und Michel Prändel	9	20	.	1	.	.
Melchior Gressel	9	20	.	.	30	.
Christoph Weinfurter	10	.	.	.	30	.
Georg Häller	7	35	.	.	30	.
Andreas und Georg Gressl	11	40	.	1	.	.
Michel Prändel und Wolf Schmiderpeter von St. Katharina	11	40	.	1	.	.
Wolf und Mathes Krall von Liedelhof	10	30	.	1	.	.
Hans Georg und Martin Zirhuet aufn Haus	15	10	.	1	30	.

	Geldzins			Umbliegendes Holz		
	fl.	kr.	₰	fl.	kr.	₰
Ackerzins.						
Wirt von Taleians Acker und anderer Millers Wiesen halber	2	20	.	.	.	.

Summa Geldzins . . . 128 fl. 13 kr. 3 ₰

Umbliegendes Holz, welches aber nit beständig, sondern bald zu und abnimbt, weilen solches denen Feuerstätten nach als Viel sich deren ein und anders Jahr befinden und zwar von jeden Schlott 30 kr. zu geben gepflegt wird für jetzo aber betriffts . . . . 10 fl.

Koppengeld von 24 Strich à 15 kr.
beständig . . . . 6 fl.
Scharwerchgeld St. Georgi . . 28 fl. 25½ kr.
         St. Galli . . . 28 „ 25½ „
Heugeld auf 15 Fuder Heu accor-
dirtenmassen . . . . 4 „ 41 „
Mühlzins, zu St. Georgi . . . 3 „ 12 „ 3 ₰
  „ St. Galli . . . . 3 „ 12 „ 3 „

Getreid.

Weizen . . . . 12 Strich
Korn . . . . 24 „
Gersten . . . . 48 „
Habern . . . . 24 „
Flax . . . . 72 Ct.

An Handarbeiten aber hat dieses Dorf gleich wie andere fernerhin wie bishero zu continuieren und zu verrichten, als nemblichen, 3 Tag zu schneiden und 2 Tag zu mähen sich verbunden und wiederholter zugesagt.

Die in obbemelten Dorf befindliche Herbergsleut müssen jährlichen geben Schutz oder Manngeld jeder . . . . 24 kr.
Holzgeld . . . . 7 „ 3 ₰

Jenige Herbergsleut aber, so keine eigne Stuben haben, sondern zugleich bei den Bauern in einer Wohnung sich aufhalten geben mir allein Manngeld, jährlichen . . . . 24 kr.
Holzgeld . . . . — „

Flecken.

Thomas Seidl und Hans Zipperer, der Jüngere .	7	.	.	1	.	.
Georg Seidl, der Jüngere	3	30	.	.	30	.

	Geldzins			Umbliegendes Holz		
	fl.	kr.	₰	fl.	kr.	₰
Hans Zipperer, der Mittlere	3	30	.	.	30	.
Petr Peitzl	3	30	.	.	30	.
Hans Leitermann	3	30	.	.	30	.
Georg Seidl, der Ältere und Andreas Seidl . . .	7	.	.	1	.	.
Hans und Wolf Reithmeier	7	.	.	1	.	.
Hans Zipperer, der Ältere	3	30	.	.	30	.
Hans Gressl	7	30	.	.	30	.
Jakob Georg und Hans Weinfurther	4	5	.	1	30	.
Georg Neumaier	4	5	.	.	30	.

Wiesen-Zins.

Georg Seidl wegen 4 Schnur	1	20	.	.	.	.

Summa Geldzins . . . . . . 51 fl. 30 kr.

Umbliegendes Holz, welches aber nicht beständig,
sondern bald zu und abnimmt, weilen solches
denen Feuerstätten nach als viel sich deren ein
und anderes Jahr befinden und zwar von jedem
Schlott 30 kr. jährlich geben gepflegt wird, für
jetzo aber betrifft . . . . . . 8 fl.

Koppengeld von 14 Strich à 15 kr.
   beständig . . . . 3 „ 30 kr.

Scharwerchgeld zu St. Georgi . 23 „ 45 „
    „ St. Galli . . 23 „ 45 „

Heugeld accordirtermaßen auf die
   15 Fuder . . . . 2 „ 13 „ 3 ₰

Mühlzins zu St. Georgi von der
   Stockmühlen sambt Scharwerchgeld bei Habruwa . . . . . . 6 „ 7 „ 3 „
   und St. Galli . . . . 6 „ 7 „ 3 „

Item Hans Zipperer von seiner
   Mühle St. Georgi . . . . . 5 „
   zu St. Galli . . . . 5 „

Getreid.

Weizen . . . . 7 Strich
Korn . . . . 14 „
Gersten . . . . 28 „
Haber . . . . 14 „
Flax . . . . 42 „

An Handarbeiten hat dieses Dorf gleich wie die
andere wie bis hero zu continuiren und zu ver-

	Geldzins			Umbliegendes Holz		
	fl.	kr.	₰	fl.	kr.	₰

richten als nemblichen: drei Tag zu ſchneiden und zwei Tag zu mähen ſich verbunden und wieder= holter zugeſagt.

Die in obbemelten Dorf befindlichen Herbergsleut müſſen jährlichen geben Schuß oder Manngeld jeder . . . . 24 kr.

Holzgeld . . . . 7 kr. 3 ₰

Jenige Herbergsleut aber ſo keine eigene Stuben haben, ſondern bei den Bauern zugleich in einer Wohnung aufhalten geben mir allein Mann= geld . . . . 24 kr.

Holzgeld . . . . — „

Furberg.

	fl.	kr.	₰	fl.	kr.	₰
Stephan Seidl und Wolf Haas	5	3	3	.	45	.
Paul Schmider, Andreas Rauſcher und Andreas Schneider	5	3	3	1	30	.
Hans und Mathes Haas	5	3	3	1	.	.
Beede Andreas Meier	5	3	3	1	.	.
Georg Schneider und Georg Kolbek	5	3	3	1	.	.
Andreas und Wolf Haas	.	35	.	.	30	.

Feld= und Wieſen=Zins.

	fl.	kr.	₰	fl.	kr.	₰
Die Gemeind wege 16 Schnur Grund	3	44	.	.	.	.

Summa Geldzins . . . . . 34 fl. 40 kr.

Umbliegendes Holz, welches aber nit beſtändig, ſondern bald zu bald abnimmt, weilen ſolches denen Feuerſtätten nach, und zwar als viel ſich deren ein und anders Jahr befinden, von jedem Schlott, jährlichen 30 kr. zu geben gepflegt wird für jetzt aber betrifft . . . . 6 fl. 45 kr.

Koppengeld umb 12 Strich à 15 kr.

beſtändig . . . . 3 „ — „

Scharwerchgeld zu St. Georgi . 23 „ 13 „ 3 ₰

„ St. Galli . . 23 „ 13 „ 3 „

Heugeld auf die 15 Fuder Heu

accordirtermaßen . . . . . . 2 „ 20 „ 3 „

Mühlzins.

Weilen dermalen kein Müller allda

verhanden . . . . — „ — „ — „

	Geldzins			Umbliegendes Holz		
	fl.	kr.	₰	fl.	kr.	₰

Getreid.

Weizen . . . . 6 St. 1 Tr.
Korn . . . . 12 „ 2 „
Gersten . . . . .25 „ — „
Habern . . . . .12 „ 2 „
Flax . . . . 36 St.

Die Handarbeiten hat obbemeltes Dorf gleich wie
andere fernershin zu continuieren und zu verrichten, als nemblichen: drei Tag zu schneiden
und zwei Tag zu mähen sich verbunden und
wiederholter zugesagt.

Die in vorbemelten Dorf befindliche Herbergsleut,
müssen jährlichen geben Schutz- oder Manngeld,
jeder . . . . .24 kr.
Holzgeld . . . . 7 „ 3 ₰

Jenige Herbergsleut aber so kein eigene Stuben
haben, sondern zugleich bei den Bauern in einer
Wohnung aufhalten, geben nur allein Manngeld . . . . 24 kr.
Holzgeld . . . . — „

Plöß.

Hans Grueber	5	3	3	.	30	.
Beede Mathes Schreiner	5	3	3	1	.	.
Hans Seidl und Georg Reitmeier	5	3	3	1	.	.
Andreas und Wolf Seidel	5	3	3	1	.	.
Georg Münch	5	3	3	.	30	.
Georg Greßl	2	31	4½	.	30	.

Feld- und Wiesenzins.

| Die Gemeind wegen 10½ Schnur Gründen . . . . | 2 | 27 | . | . | . | . |

Umbliegendes Holz, welches aber nit beständig,
sondern bald zu und abnimmt, weilen solches
denen Feuerstätten nach, als viel sich deren ein
und anders Jahr befinden und zwar von jeden
Schlott jährlichen 30 kr. zu geben gepflegt wird,
für jetzt aber betrifft . . . . . 4 fl. 30 kr.
Koppengeld für 11 Strich à 15 kr.
 beständig . . . . 2 „ 45 „
Scharwerchgeld zu St. Georgi . 20 „ 35 „
 „ St. Galli . . 20 „ 35 „

	Geldzins			Umbliegen-des Holz		
	fl.	kr.	₰	fl.	kr.	₰

Heugeld auf die 15 Fuder Heu accordiertemaßen 2 fl. 8 kr. 3 ₰

Mühlzins zu St. Georgi von dasselbigen Gemeind-Mühlen . . . . 14 fl. — kr.

zu St. Galli . . . . 14 „ — „

Getreid.

Weizen . . . . 5 St. 2 Vr.

Korn . . . . 11 „ — „

Gersten . . . . 22 „ — „

Habern . . . . 11 „ — „

Flax . . . . 30 Ct.

An Handarbeiten aber hat obbemeltes Dorf gleich andere fernershin, wie bishero zu continuierten und zu verrichten, als nemblichen: drei Tag zu schneiden und zwei Tag zu mähen sich verbunden und wiederholter zugesagt.

Die in vorbesagten Dorf befindliche Herbergsleute müssen jährlichen geben Schutz- oder Manngeld, jeder . . . . 24 kr.

Holzgeld . . . . 7 „ 2 ₰

Jenige aber so keine eigene Stuben haben, sondern bei den Bauern zugleich in einer Wohnung sich aufhalten geben nur allein Manngeld . . 24 kr.

und Holzgeld . . . . — „

Schneiderhof.

	fl.	kr.	₰	fl.	kr.	₰
Hans und Wolf Seidel	11	5	.	1	.	.
Wolf Riederer und Adam Kordik	9	20	.	1	.	.
Wolf Glaser	3	12	3	.	30	.
Wolf Pochmann	3	12	3	.	30	.
Mathes Kordik	10	30	.	.	30	.
Adam Weniger jetz Kaspar Mühlbauer	5	15	.	.	20	.
Hans Baumann	9	20	.	.	30	.

Chaluppner.

	fl.	kr.	₰	fl.	kr.	₰
Georg Neumeier	3	.	.	.	15	.
Hans Weniger	.	35	.	.	15	.
Philipp	.	24	.	.	15	.
Wolf Schriempt	.	24	.	.	15	.

	Geldzins			Umbliegendes Holz		
	fl.	kr.	₰	fl.	kr.	₰
Feld- und Wiesenzins.						
Wolf Schriempt wegen 6 Schnur	1	24	.	.	.	.
Hans Brandt wegen 7 Schnur	1	38	.	.	.	.
Wolf Bohmann wegen 5 Schnur	1	10	.	.	.	.
Paul Forst wegen 8 Schnur	1	52	.	.	15	.
Item vor ausgewiesene neue Gründ.						
Wolf Riederer wegen 6 Schnur	1	24	.	.	.	.
Hans Brandl wegen 1½ Schnur	.	21	.	.	.	.
Hans Seidl wegen 2¾ Schnur	.	38	3	.	.	.
Hans Baumann wegen 1¾ Schnur	.	24	3	.	.	.

Summa Geldzins . . . . . . 65 fl. 34 kr.

Umbliegendes Holz, welches aber nit beständig, sondern bald zu und abnimmt, weilen solches dennen Feuerstätten nach als viel sich deren, ein und anderen Jahr befinden, zu geben gepflegt wird, für jetzo aber betrifft es 6 fl.

Koppengeld von 10 Stück zu 15 kr.
beständig . . . . 2 „ 30 kr.
Scharwerchgeld zu St. Georgi . 11 „ 51 „
„ St. Galli . . 11 „ 51 „
Heugeld auf die 15 Fuder Heu
accordirtenmaßen . . . . . . 1 „ 56 „ 3 ₰

Mühlzins.

Hans Seidel gibt von seiner neuen Mühle zu St.
Georgi . . . . 13 fl.
zu St. Galli . . . . 13 „

Getreid.

Weitzen . . . . 10 Strich
Korn . . . . 10 „
Gersten . . . . 5 „
Habern . . . . 10 „
Flax . . . . 30 Ct.

An Handarbeiten aber hat jetzt bemeltes Dorf gleich wie andere fernershin, wie bishero zu continuieren und zu verrichten, als nemblichen: drei Tag zu schneiden und 2 Tag zu mähen sich verbunden und wiederholter zugesagt.

33*

	Geldzins			Umbliegendes Holz		
	fl.	kr.	♂	fl.	kr.	♂
Die in obgemelten Dorf befindliche Herbergsleut müssen geben jährlichen Schutz oder Manngeld . . . . 24 kr. und Holzgeld . . . . 7 „ 3 ♂ Jenige Herbergsleut aber, so keine eigene Stuben haben, sondern bei den Bauern in einer Wohnung sich aufhalten, geben nur allein Manngeld 24 kr. und Holzgeld . . . . — „						
Altbrenneth.						
Wolf Leitermann	11	.	.	.	30	.
Veith Pohmann	8	.	.	.	30	.
Georg Greßl	7	30	.	.	30	.
Peter Grueber	6	30	.	.	30	.
Hans Leitermann	10	.	.	.	30	.
Feld- und Wiesenzins.						
Hans Leitermann wegen 1¼ Schnur	.	17	3	.	.	.
Wolf Leitermann wegen 5 Schnur	1	10	.	.	.	.
Weit Pohmann wegen ½ Schnur	.	7	.	.	.	.
Summa Geldzins . . . . 44 fl. 34 kr. 3 ♂						

Umbliegendes Holz, welches aber nit beständig, sondern bald zu und abnimmt, weilen solches denen Feuerstätten nach als viel sich deren ein und anders Jahr befinden, und zwar von jedem jährlichen 30 kr. zu geben gepflegt wird, für jetzo aber betriffts . . . . 2 fl. 30 kr.

Dieses Dörfel bleibt ebenermaßen, wie die anderen zu Neubrennet und Maxenruhe und Friedrichsthal an Handarbeiten 3 Tag zu schneiden und 2 Tag zu mähen und überdies ein jeder Wirt oder Haus 4 Klafter Brenn- oder Dörrholz zu hauen schuldig und verbunden.

Die in obbesagten Dörfl befindliche Herbergsleut müssen geben jährlichen Schutz- oder Manngeld . . . . 24 kr.
Holzgeld . . . . 7 kr. 3 ♂
Jenige aber, so keine eigene Stuben haben, sondern bei den Bauern zugleich in einer Wohnung aufhalten geben nur allein Manngeld . . . 24 kr.
Holzgeld . . . . — „

	Geldzins			Umbliegen= des Holz		
	fl.	kr.	₰	fl.	kr.	₰
Neubrenneth.						
Wolf Pohmann	6	.	.	.	30	.
Andreas Meindtinger	6	.	.	.	30	.
Georg Meindl	6	.	.	.	30	.
Georg Forst	6	.	.	.	30	.
Andreas Hornik	6	.	.	.	30	.
Georg Hornik	6	.	.	.	30	.
Hans Höll	6	.	.	.	30	.
Georg Mühlbauer	6	.	.	.	30	.
Wolf Reitmeier	6	.	.	.	30	.
Peter Höll	6	.	.	.	30	.
Stephan Hasreiter	6	.	.	.	30	.
Hans Pohmann	3	.	.	.	30	.
Caspar Mühlbauer	3	.	.	.	30	.

Summa Geldzins . . . . 72 fl.

Umbliegendes Holz, welches aber nit beständig,
sondern zu und abnimmt, weilen solches denen
Feuerstätten nach, als viel sich deren ein und
anders Jahr befinden und zwar von jeden Schlott
jährlichen 30 kr. zu geben gepflegt wird, für jetzo
aber betrifffts . . . . 6 fl. 30 kr.

Dieses Dörfel bleibt ebenermaßen wie die anderen
zu Altbrennet, Maxenruhe und Friedrichsthal,
an Handarbeiten drei Tag zu schneiden und 2 Tag
zu mähen auch über dieses ein jeder Wirt oder
Haus 4 Klafter Brenn= oder Dörrholz ohne Ent=
geld zu hauen schuldig und verbunden.

Die in obbemelten Dörfl befindlichen Herbergsleut
müssen jährlichen geben Schutz= oder Mann=
geld . . . . 24 kr.

Holzgeld . . . . 7 „ 3 ₰

Jenige aber, so keine eigene Stuben haben, sondern
bei den Bauern zugleich in einer Wohnung auf=
halten geben nur allein Manngeld . . . 24 kr.

Holzgeld . . . . — „

Maxenruhe.						
Georg Brunner	6	.	.	.	30	.
Martin Pohmann	6	.	.	.	30	.
Georg Pitter	6	.	.	.	30	.
Hans Pohmann	6	.	.	.	30	.

	Geldzins			Umbliegen= des Holz		
	fl.	kr.	₰	fl.	kr.	₰
Michael Merl, der Jüngere	6	.	.	.	30	.
Thomas Brunner	6	.	.	.	30	.
Paul Brunner	6	.	.	.	30	.
Georg Räbl	6	.	.	.	30	.
Wolf Stauber	6	.	.	.	30	.
Hans Böhrimb	6	.	.	.	30	.
Adam Zimmermann	6	.	.	.	30	.
Mathes Kuſtner	6	.	.	.	30	.
Mathes Pröbl	6	.	.	.	30	.
Michael Heinrich	6	.	.	.	30	.
Heinrich Hinterholzer	6	.	.	.	30	.
Wolf Glaſer	6	.	.	.	30	.
Martin Hofmann	6	.	.	.	30	.
Michael Mehrlimb und Andreas Stauber	6	.	.	.	30	.

Wieſenzins.

Die Gemeinde wegen 29 Schnur 13 Klafter neuen Gründ	6	53	3½	.	.	.

Summa Geldzins . . 114 fl. 53 kr. 3½ ₰

Umbliegendes Holz, welches aber nit beſtändig, ſondern bald zu und abnimmt, weilen ſolches dennen Feuerſtätten nach, als vill ſich deren ein und anderes Jahr befinden, und zwar von jedem 30 kr. jährlichen zu geben gepflegt wird, für jetzt aber betrifft . . . . 9 fl.

Dieſes Dörfl bleibt ebenermaßen, wie die anderen zu Alt= und Neuprennet, wie auch Friedrichsthal, an Handarbeiten drei Tag zu ſchneiden, auch 2 Tag zu mähen und über dieſes ein jeder Wirt oder Haus 4 Klafter Brenn= oder Dörrholz ohne Entgeld zu hauen ſchuldig und verbunden.

Die in obgemelten Dörfl befindliche Herbergsleut müſſen jährlichen geben Schutz= oder Mann= geld . . . . 24 kr.

Holzgeld . . . . 7 „ 3 ₰

Jenige aber, ſo keine eigene Stuben haben, ſondern bei den Bauern in einer Wohnung zugleich auf= halten, geben jährlichen nur allein Manngeld, jeder . . . . 24 kr.

Holzgeld . . . . — „

	Geldzins			Umliegendes Holz		
	fl.	kr.	₰	fl.	kr.	₰
Friedrichsthal.						
Sebaſtian Weſſelack	6	.	.	.	30	.
Jakob Pohmann	6	.	.	.	30	.
Hans Weniger	6	.	.	.	30	.
Hans Prödtl	6	.	.	.	30	.
Peter Pillmeier	6	.	.	.	30	.
Hans Pillmeier	6	.	.	.	30	.
Wolf Kotztinger	6	.	.	.	30	.
Michel Prändl	6	.	.	.	30	.
Mathes Stuiber	6	.	.	.	30	.
Andreas Wittmann	6	.	.	.	30	.
Victori Greſſl	6	.	.	.	30	.
Wolf Nuiſſel und Kaspar Eidelbeis	6	.	.	1	.	.
Peter Krall	6	.	.	.	30	.
Weit Schneider	6	.	.	.	30	.
Wolf Pohmann	6	.	.	.	30	.
Wieſen-Zins.						
Die Gemeind allda wegen 8 Schnur neuen Gründen	1	52	.	.	.	.
Andreas Wittmann wegen 2 Schnur	.	28	.	.	.	.
Hans Stuiber, Müller wegen 2 Schnur ſo er vor						
Mellhut übernommen	.	28				
Andreas Wittmann wegen 8 Schnur, welche er						
ingleichen von der Gemeind Mellhut übernomben	1	52	.	.	.	.
Summa Geldzins . . . . . . 94 fl. 40 kr.						

Umliegendes Holz, welches aber nit beſtändig,
ſondern bald zu und abnimmt, weilen ſolches
denen Feuerſtätten nach, als viel ſich deren ein
und anderes Jahr befindten und zwar von jeden
Schlott jährlichen 30 kr. zu geben gepflegt wird,
für jetzo aber betrifft's . . . . 8 fl.

Mühlzins.

Der Müller gibt allda zu St. Georgi . 2 fl. 15 kr.
„ St. Galli . 2 „ 15 „
Dieses Dörfl bleibt ebenermaßen, wie die anderen,
zu Alt- und Neuprennet, nebſt Maxenruhe, an
Handarbeiten 3 Tag zu ſchneiden, auch zwei
Tag zu mähen und über dieſes jeder Wirt oder
Haus vier Klafter Brenn- oder Dörrholz ohne
Entgeld zu hauen ſchuldig und verbunden.

	Geldzins			Umbliegen= des Holz		
	fl.	kr.	₰	fl.	kr.	₰
Die in diesen Dörfel befindliche Herbergsleut müssen geben jährlichen Schutz= oder Männ= geld . . . . 24 kr.						
Holzgeld . . . . 7 „ 3 ₰						
Jenige aber, so keine eigene Stuben haben, sondern bei den Bauern zugleich in einer Stueben oder Wohnung aufhalten geben jährlich nur allein Manngeld . . . . 24 kr.						
Holzgeld . . . . — „						

	fl.	kr.	₰
Summarischer Extract aller Geldzinsen und Schuldig= **keiten.**			
St. Georgi= und Galli=Zins.			
Hadruwa	48	4	.
Kudiwa	128	12	3
Flecken	51	30	.
Fuxberg	34	40	.
Plöß	30	16	1½
Schneiderhof	65	34	.
Altbrennet	44	34	3
Neubrennet	72	.	.
Maxenruhe	114	53	3½
Friedrichsthal	94	40	.
thuet	684	24	5
Umbliegendes Holz.			
Hadruwa	4	15	.
Kudiwa	10	.	.
Flecken	8	.	.
Fuxberg	6	45	.
Plöß	4	30	.
Schneiderhof	6	.	.
Altprennet	2	30	.
Neuprennet	6	30	.
Maxenruhe	9	.	.
Friedrichsthal	8	.	.
thuet	65	30	.

	fl.	kr.	₰
Koppengeld.			
Hadruwa	1	30	.
Kudiwa	6	.	.
Flecken	3	30	.
Fuxberg	3	.	.
Plöß	2	45	.
Schneiderhof	2	30	.
Altprennet	.	.	.
Neuprennet	.	.	.
Maxenruhe	.	.	.
Friedrichsthal	.	.	.
thuet	19	15	.
Scharwerckgeld.			
Hadruwa	14	32	.
Kudiwa	56	51	.
Flecken	47	30	3
Fuxberg	46	27	.
Plöß	41	10	.
Schneiderhof	23	42	.
Altbrennet	.	.	.
Neubrennet	.	.	.
Maxenruhe	.	.	.
Friedrichsthal	.	.	.
thuet	230	12	3
Heugeld.			
Hadruwa	1	10	.
Kudiwa	4	41	.
Flecken	2	43	3
Fuxberg	2	20	3
Plöß	2	8	3
Schneiderhof	1	56	3
Altbrennet	.	.	.
Neubrennet	.	.	.
Maxenruhe	.	.	.
Friedrichsthal	.	.	.
thuet	15	.	.
Mühlzins			
Hadruwa	.	.	.
Kudiwa	6	25	.

	fl.	kr.	₰
Flecner, der Stockmüller	12	15	.
item Flecner Müller Hans Zipperer	10	.	.
Fuxberg	.	.	.
Plöß	28	.	.
Schneiderhof	26	.	.
Altbrennet	.	.	.
Neubrennet	.	.	.
Maxenruhe	.	.	.
Friedrichsthal	.	.	.
thuet	87	10	.

Flax.

Hadruwa	18	Ct.
Rudiwa	72	„
Flecken	42	„
Plöß	33	„
Fuxberg	36	„
Schneiderhof	30	„
Altbrennet	.	„
Neubrennet	.	„
Maxenruhe	.	„
Friedrichsthal	.	„
thuet	231	Ct.

	Weitzen			Korn			Gersten			Habern		
	St.	Br.	Mz.	St.	Br.	Mz.	St.	Br.	Mz.	St.	Br.	Mz.
Getreide.												
Hadruwa	3	.	.	6	.	.	12	.	.	6	.	.
Rudiwa	12	.	.	24	.	.	48	.	.	24	.	.
Flecken	7	.	.	14	.	.	28	.	.	14	.	.
Fuxberg	6	1	.	12	2	.	25	.	.	12	2	.
Plöß	5	2	.	11	.	.	22	.	.	11	.	.
Schneiderhof	10	.	.	10	.	.	5	.	.	10	.	.
Altbrennet	.	.	.	.	.	.	.	.	.	.	.	.
Neubrennet	.	.	.	.	.	.	.	.	.	.	.	.
Maxenruhe	.	.	.	.	.	.	.	.	.	.	.	.
Friedrichsthal	.	.	.	.	.	.	.	.	.	.	.	.
thuet . . .	43	3	.	77	2	.	140	.	.	77	2	.

Robotstäg.	Mähen	Schneiden	Holz Klafter
	Br.	Br.	Br.
Habruwa	6	9	.
Kubiwa	24	36	.
Flecken	14	21	.
Plöß	11	16	.
Schneiderhof	10	15	.
Altbrennet	10	15	20
Neubrennet	22	33	44
Maxenruhe	36	54	72
Friedrichsthal	30	45	60
Fuxberg	12	18	.
thuet	175	262	196

Summarum aller vorherbeschriebenen Geldzinsen . 1101 fl. 32 kr. 2 ₰.

Getreidzinsen.

Weitzen . . . . 43 Str. 3 B.

Korn . . . . 77 „ 2 „

Gersten . . . . .140 „ — „

Habern . . . . 77 „ 2 „

Flachs kombt in allen zugeben . . . . .231 Ct.

Robotstäg.

Mähen .175 Täg

Schneiden . . . . .262 „

Holz . . . . .196 Klafter.

Zu wissen, daß unter dem umbliegenden, bei jedem Dorf vorge= melten Holz, folgendes verstanden und denen Unterthanen, deren „10" Dörfer verlaubt sein, nemblichen:

1. Ist hierunter verstanden das Klaubholz oder Aest so von denen Bäumen fallen und weiter gnädiger Herrschaft nicht zu Nutzen gebracht werden können.

2. Die umbgefallene Bäuml, so schon lang gelegen und anfangen zu faulen oder schon halb verfault seind.

3. Auch diejenige dürre Baumb welche nb. nb. zu keinen Zinsholz tauglich, jedoch mit diesem Vorbehalt, daß sie sich vorher, ehe sie diese dürr Baumb aus dem Wald führen, allezeit bei dem Holzheger anmelden

und solchen umb Ersehung vorweisen sollen, widrigenfalls und da einer
hierüber in diesen oder anderen Holz entfrembten ertappt würde, selbiger
in die herrschaftlichen Straf unwidersprechlich fallen solle. Gleichwie ihnen
„10" Dörfern um das Klaubholz die faulenden und jene nb. dürr Bäumb,
so zu keinen Zinsholz tauglich, vor jenen jährlichen von jeder Feuerstatt
zu geben habenden halben Gulden Holzgeld in Gnaden passieret wird,
also folglich die frische Windbruch, es wären deren viel oder wenig, das
Bauholz, dann jenes dürrs Holz so annoch zum Zinsholz nach Aussag
deren Holzhegern tauglich sein würde, unter der Rubrik von liegenden
Holz auf keine Weis zu verstehen, so unter hiervon ausdrücklichen bei
Straf ausgenomben ist.

Anbei, ab sonderlichen dieses zu merken, daß ein Fall in vorgeschriebenen ein oder anderen Gemeinden künftighin einige neue Mühlen
oder mehrere Häuser aufgerichtet oder aber denenselben neue Gründe ausgewiesen wurden, selbige schuldig und verbunden sein sollen, von all und
jedem über was bereits bei jeder Gemeind specificiert auch den gebührlichen Zins nach Erkenntnis der gnädigen Obrigkeit abzustatten.

Diesen zu wahren Urkund und stetter Festhaltung habe ich gegenwärtige Specification mit meiner eigenen Hand unterschrieben und mit
meinen angeborenen Insigl ausgefertigter, ihnen, zehn Dorfschaften, aus
deren beschehen gehorsambstes Bitten ausgehändiget, anbei umb mehrer
Bekräftigung ersuchet die wohlgeboren und gestrenge Rittere Herrn, Friedrich,
Jaroslav Hora von Oßelowiß auf Pietliß, dann Herrn Johann Wenzl
Přichowsky von Přichoweß, auf Dobřiken und Smirtzoweß, daß dieselbe
ihre angeborene Insigl gleich falls (doch ihnen und ihren Erben ohne
Schaden) aufgedruckt und sich neben mir eigenhändig unterschrieben haben.
Wird auch diese Specification mit Bewilligung der Röm. kai. Mt. Räthe
und wohlverordneten Herren Unterambtleuten bei der königel. Landtafel
jederzeit auch ohne meiner Gegenwart, jedoch auf der privilegierten Unterthanen eigner Unkosten einverleibt werden können.

So geschehen zu Chodtenschloß den 10. Juni 1701.

    L. S. Georg Heinrich Fr. von Stadion.

    L. S. Friedrich Jaroslav Hora von Oßelowiß.

    L. S. Johann Wenzl Přichowsky von Přichoweß.

Diese Beilag und Spetification ist mit Bewilligung der röm. kai.
Mt. Räthe und verordneter Prager Unterambleute bei der königl. Landtafel im Königreich Beheimb jetzt besagter Landtafel auf die darin ent-
haltene Clausul in dem vierten goldenen Kaufquatern Nr. 1702 am

Montag nach dem Feſt des heil. Johannes des Täufers, das iſt den 26. Juni sub Lit. Rg. einverleibt und von Wort zu Wort eingeſchrieben worden.

Norbert Streitberger,

Regiſtrator allda m. p.

. Daß gegenwärtige Abſchrift mit ſeinem wahren Originali collationiert worden und demſelben von Wort zu Wort gleichſtimmig ſei, ein ſolches thuen wir der röm. kai. und königl. kathol. Majeſtät königl. Richter, Burgermeiſter und Rath der königl. Craniz-Stadt Taus unter unſerer pragmatical Fertigung und wiſſentlich beigedruckten Stadtinſigl atteſtieren. So geſchehen den 1. Monatstag Martii 1738.

J. Wilibald Manetinski m. p.,   Franz Norbert Bermauer,

königl. Richter. L. S.   Bürgermeiſter m. p.

Heinrich Franz Felix,   Franz Jansky.

Primator m. p.   Johann Vict. Strifal m. p.

J. Friedrich Brihodah.   Joſef Aloiſius Lindenthaler m. p.

Johann Georg Haakl m. p.   Johann Heinrich Würth m. p.

Ferd. Mathes Launsky m. p.

Nr. 4.

Frey Brief der Teutſchen Herbergs-Leuth und Holz-Betreffendt.

Demnach meinen teutſchen Schuz-Unterths: die von meinen 2 Herren Vorfahrer Herrn Graf von Lammingen ſeels: Gedächtniß Ertheilte privilegia Allbereits vor geraumer Zeit gar gern und willig Confirmiret, mit der gänzlichen Entſchließung ſolchen Innhältlich nachzukommen, dieſem Ungeachtet ſich Ein und andere Frag hervorgethan, die Eine Erleutherung erfordt hätte, ſonderlich aber und haubtſächlich wegen dere Herbergsleuthen ſo ihre eigene Wohnung und Feuer halten, ob ſolche wegen der Roboth und denen Befreyung Kraft Privilegii ſich zu erfreuen od. nit? Die deutſchen Schuz-Unterthanen heren wegen mir ihre diesfahls habende Beſchwehrlichkeit ſo bewöglich vorgeſtellt, daß Ich mich heuthiges Tages entſchloß, umb ſolchen eine wahre Prob meiner wohlmeinend und Vätterl. Intention die lediglich zu dem Wohlſtand dieſer meiner teutſchen Schuz-Unterthannen abziehlet, zugeben, dieſe Frag Von mir ſelbſten Zu erötheren und allen Scrupel aufzuheben.

. Zu dieſem Ziehl und Ent Erkläre ich Vor mich meine Erben und Nachkommen daß die Herbergsleuth in denen 10 teutſchen Dorfſchaften

künftighin weder von mir, weder von meinen Erben und Nachkommen
der Roboth halber sollen angesprochen werden, sondern extendire
hiemit freywillig und Wohlbedächtlich die Laminges-Privilegia auch auf
die Herbergsleuth dergestalt, daß solche die Jenige Roboths-Freyheit als
ande mit Höffen und Güttern angesessene sich zu erfreuen Ebenmässig
genißt, dabey doch die Gemeinden nit befugt seyn sollen, einen frembden
als einen Herbergsmann auf= und anzunehmen, ohne Vorhergehende
Anzeig und Consens des Ambths, so dessen thun und Lassen zu
Examinire hätte.

Ferners nachdem die teutsche Dorfschafte in d. Forchst gestand, Es
dürffte ich od. meine Erben und Nachkömmling den Holzpreys Staigern
od. Erhöhen, dieses aber umb so weniger mein Intention als die teutsche
Dorfschafte mir ohne dem eine Zimbliche Grund Zins zahlen, also ver=
spreche denenselben, hiemit gleichsamb, daß weder ich folgend Holzpreis
Erhöhen wollen, noch solches weder in meiner noch meiner Nachkömmling
Mächten und Gewalt sein solle, sonde mit mehres zu zahlen habe als:

Vor 1 Stehende Buch . . . . 45 kr.
  „ 2 Ahorn gleichfalls . . . . 45 „
  „ 1 Lind . . . . 45 „
  „ 1 Eichen und Leimbbaumb . . . . 45 „
  „ 1 Schindel= oder Seegbaumb . . . . 30 „
  „ 1 Zimmerbaum . . . . 8 „
  „ 1 Gespärbaumb . . . . 5 „
  „ 1 weichen Klafter Holz in Liegend . . . . 5 „
In Stehenden das Klafter per . . . . 8 „

In harthen Klafter Holz wurde es auf des Forstens: billig
mäßige Erkandtnus und auf die Qualität des Holzes ankommen worunter
jedoch das Zettl und Anweisgeld mitverstanden: herentwegen Erinnere
ich und widhohle hiermit die Jenige Clausel so H. Graff von Lamminge
gantz Bedächtl. in die Ertheilte Privilegia Eingerückt, daß die Privilegia
den Vorstandt und Absatz hätten, so lang die teutschen Schutz-Unterthannen
in ihrer schuldigkeith gehorsamst und dankbahrl. und aufführen Verharren
würd, Widrigenfahls Sie aller dieser Gnad und Gutthat verlustiget sein
sollen. Nachdem aber ein Gantz anderes Vertrauen Zu dießen meine
deutschen Dorfschaften setze, So gebe ich denenselben hiemit die Vollmacht
und Gewald, diese meine Declaration mit Vorheriger Bewilligung ihrer
Rom. Kayl. Mayt. Räthen und unter Ambes Leuth Zu Jederzeit in
meiner ahn= oder Abwesenheit in des Königs Reich Landtafel Einver=

leiben Zulaſſl: Thue auch die nachbenannte Beede Herren Gezeugen zur
mitfertigung dieſer meiner Erklärung hiemit Expreſſe Erſuche. Doch ihnen
und ihren Erben ohne Nachtheile.

Geſchehen Chodenſchloß den 29. Mai 1721.

(L. S.)   Philipp Graff v. Stadion m. p.

Nr. 5.
Urtheil des consessus delegati vom J. 1755.

Von Jhro Römiſ: Kayſ. in Germanien zu Hungarn und Böheim
Königl Maył. cum derogatione omnium Instantiarum allergnädigſt
geſtellten höchlöbl. k. königl. Confessus delegati in causis summi
principis et comissorum wegen in Sachen der Graf Stadioniſchen
wider ihre Grundobrigkeit und reſpektive diesfälliges Wirtſchaftsamt
beſchwerde führenden Unterthanen der 10 deutſchen zu der Herrſchaft
Kauth gehörigen Dorfſchaften, benanntlich: Hadruwa, Chudiwa, Flecken,
Fuchsberg, Plöß, Schneiderhof, Alt= und Neuprennet, Maxberg und
Friedrichsthal, nach gehörig eingebrachter Klage und Gegenothdurfft
auch weiter geſchehener mündlicher Abhandlung in Entſtehung eines
Vergleichs hiemit zum Beſcheid zu vertheilen, daß —

Quoad Passum 1te. Wegen der eingeklagten Bekränk= und Ver=
ſchränkung des Accurſus der Grund Obrigkeit, aber an die hohe Inſtan=
zien das Wirtſchaftsamt in Ermanglung des Beweiſes abſolvirt werde.

Quoad passum 2te. in Betreff des aus den obrigkeitl. Waldungen
praetendirenden umgefallenen Holzes gegen einen jährlichen Zins pr 30 kr.
von jeder Feuerſtatt und der nach ausgeſetzter Tax zu verabfolgenden
übrigen etwa benöthigten Holz=Gattungen reſpective membri 1um die
Unterthanen zufolge ihrer von der Obrigkeit nicht widerſprochenen Berech=
tigung in Conformitate jedoch der zu dem untern 30. Juni 1698 con=
firmirten obrigkeitlichen Hantveſten gehörigen sub dato 10. Juni 1701
abgefaßten Beilage gegen den jährlichen Zins pr 30 kr. Das bei jedem
Dorff umliegende Klaubholz, oder die Äſte ſo von den Bäumen abfallen,
und der Herrſchaft nicht zum Nutzen gebracht werd können, oder auch
die umgefallenen Bäume; ſo ſchon lang gelegen und anbrüchig ſind,
ſowie nicht weniger diejenigen dürre Bäume; welche zu keinen Zinsholtz
tauglich nach vorheriger Anmeldung bei dem Holzheger paſſiret
werden ſollen.

Respectu membri 2di aber die Unterthanen mit ihrem Anbringen
wegen des von der Obrigkeit erhöheten Holzpreiſes abgewieſen werden.

Wohin gegen jedoch zwar die Obrigkeit schuldig sein vermög der sub Dato 29. Mayi 1721 errichteten Tax den Unterthanen der 10 deutschen Dorfschaften die benöthigten Holz-Gattungen in ihrem Bezirk und zu jeder Dorfschaft gehörigen Obrigkeitlichen Revier zum mäßigen Gebrauch mit Observiruug der neuen Waldordnung, nicht aber in den Außer diesem Bezirk liegenden überügen Waldungen zu überlassen.

Quoad pass. 3tium die Verlangende Befreuung von den jährlichen Dominical Erkanntnus Geldern pro 480 fl. wie auch von dem sogenannten jährlichen redemptions Geld p. 60 fl. betreff die Unterthanern von dem erstern in Verfolg des zwischen Obrigkeit und Dorfschaften Anno 1739 getroffenen Vergleichs seit der Zeit, als sie bei Ausgang der neuen Rolle in Anno 1748 wiederum in die Steuerbarkeit gezogen werden, befreit sein sollen; folglich auch die Obrigkeit falls sie inmittelst was von derlei Geldern empfangen, solches als indebite perceptum zu restituiren habe; wegen des Redemptions Geldes pr. 60 fl. aber die Obrigkeit bei diesfälliger, schon 14 jährigen Genuß in possesione bis zu hinlänglichern Beweis resp. der Unterthanen pretendirenden Emption zu erhalten sein.

Quoad pass. 4 die von Seiten der Obrigkeitlichen Kanzlei bei den Kaufbriefen und anderen Instrumentis zu inseriren neu erfundene Clausül des reservirten dominicali gebrauchet werden sollen.

Quoad passum 5tum resp. der ehehin von den Dorfschaften angesuchten Separation in Contributionali es bei den von Einer Hoch-löbl. k. k. Representation und Kammer hierinfalls negative ausgefallenen decisse sein Bewenden habe.

Ita conclusum in Regio Consessu delegato in causis summi Principis et Commissorum.

Prage die 26. Febr. 1755.

Franz Pontemps m. p.,
Actuarius.

Daß gegenwärtige Abschrift dem Originali in Allem von Worth zu Worth gleichlaute, Ein solches wird hiemit unter meiner eigenhändigen Nahmenszeichnung und gewöhnlicher Pettschaftserklärung bezeiget. So geschehen Prag den 1ten März 1755.

(L. S.)

Fl. Neumann m. p.,
Regist. et Expedit: Consess. deleg. I. I.

Nr. 6:[1])

1722, 18. Sept. — Chotzomyschl.

Pilſner Kreis. Herrſchaft Chodenſchloß mit Neumarkt, Neugedeimb, Klentſch, und dem ſogenannten Kauther Theil dem [tit.] Herrn Grafen von Stadion gehörig.

Erinnerung der ſubdelegierten Rectifications-Commiſſion über die occaſione der von dem [tit.] Königſaaler Herrn Praelaten Herrn Adalbert Ferdinand Voračický Grafen und Herrn von Pabenic, dann Herrn Carl Antoni Kſeller von Sachſengrün und Herrn Norbert Franz Therer viſitierten Herrſchaft Chodenſchloß sub dato Chotzomyſchl den 18. Sept. 1722 anhero erſtattete Unterſuchungs-Relation. . . . .

4to. Iſt weiter eruieret worden, daß im mehr beſagten Markt Klentſch der Primator Chriſtof Hofmeiſter, ſo in der Tabella sub Nr. 32 mehr der Poſtmeiſter Johann Ludwig Pachmayer sub Nr. 3 gleichergeſtalten Friedrich Scharf sub Nr. 48 an gemerkter zu ſehen, einig ſteuerbare Gründe und zwar der erſtere per 26 Str. $\frac{1}{2}$ V. 6$\frac{1}{2}$ Juder Heu 3$\frac{1}{2}$ Juder Grommet dem Befund nach nebſt 2 V. Grasgarten: der andere 28 Str. 3$\frac{1}{2}$ V. eben der Ausſaat nach, mit 3 Str. 1 V. trieſch an Feldern, 8 Juder Heu, und 2$\frac{1}{2}$ Juder Grommet, per 2 Str. Grasgarten und ein Teuch per 4 Schock Anſatz; der letztere aber 4 Str. 1$\frac{1}{2}$ V. Felder nach der Ausſaat, und alles dieſe 3 Poſſeſſores per 62 Str. 2$\frac{1}{2}$ V. Felder, dann 14$\frac{1}{2}$ Juder Heu, 6 Juder Grommet 2ſpännig, pr. 2 Str. 2 V. Grasgarten, 1 Teich per 4 Schock Anſatz 26 Jahr lang, ohne daß dieſe Poſſeſſores einen Kreuzer von dieſen Steuerbaren Gründen zeithero geſteuert, genießen, ab onere contributionis aber durch eine dem Markt Klentſch von ſeel. Herrn Grafen Wolf Maximilian von Laminge dtto. 25. Juli 1696ten Jahres des praecedentis privilegii gegebenen Confirmation befreiet zu ſein vorſchützen.

. . Nun hat die Viſitation ſothanes Privilegiums alſo auch deſſen Confirmatorium ſich nicht nur in originali vorzeigen laſſen, ſondern auch deſſen principaliora contenta hiemit in meliori cognitione

---

1) Nr. 6, 7, 8 betreffen auch vielfach Kontributionsangelegenheiten. Über die maßgebenden Verhältniſſe und Normen vgl. z. B. Grünberg l. c. Gindely „über die Lage der bäuerl. Bevölkerung in Böhmen 1648—1848“. (Prag 1880).

causae anzuzeigen erachtet, wie das mämblich der seel. Herr Graf diesen
Klentschern im 1690 ten Jahr das erste Privilegium, wordurch derselbe
dieses Markts Jnwohnere von der Leibeigenschaft befreiet, ihnen ihre
Häuser und Gründe dahin, wo es ihnen beliebig zu verabalienieren,
dann alle und jede ehrbare Contracten, Handlungen und Vergleich
selbsten verschreiben zu können, darmit frei zu testieren, ihren Nachbarn
und Burgeskindern freie Geburtsbriefe zu ertheilen, auch da sie ihre
Gründe einem oder anderen tauglichen Wirthe überlassen wollten, sich
von dort nach ihrem Belieben weg und auf fremde Herrschaften und
Boden zu begeben und andere derlei m e h r e r e B e g n a d i g u n g e n
gegen alljährlich zu erlegen habenden 300 fl. Zins gestattet und ver=
schrieben, jedoch clausulaliter sich vorbehalten, soferne die Klentscher etwas
wider die Obrigkeit vornehmen sollten, sie alsdann ipso facto dieser
Privilegien verlustig und unfähig sein sollen.

Nun haben die Klentscher bei vorbeigegangener muthwilliger
Rebellion deren Chodenbauern nicht nur allein mit ihnen einen Antheil
gehabt, sondern auch wirklich wider die Obrigkeit revoltieret, wie dann
einer von ihnen Adam Etzel nacher Comorn in Hungarn auf 3 Jahr
ad opus publicum condemnieret worden, solglich sich ermelter Privile=
gien verlustiget gemacht. Es hat aber dannoch besagter Herr Graf von
Laminger die obrecensierte de Nr. 1690 ihnen gegebene Privilegia hin=
wiederumb im 1696 Jahr d e n o v o mit dem Zusatz, womit die
Klentscher statt deren im ersteren Privilegio der Obrigkeit zugestandenen
alljährlichen 300 fl. hiefüro annun 350 fl. geben desgleichen auch
jetzt und allezeit alle Contributiones und kaiserl. Gaben vor des Johann
Pachmeyers und des Abraham Hofmeisters, dann Friedrich Scharfs, wie
nicht weniger auch deren Descendenten Häuser ohne alles Reden und
Widermurren zahlen sollen, zumalen diese zwei ihrer Obrigkeit treu ver=
blieben, b e s t ä t i g e t und c o n f i r m i e r e t, auf welch letzteres sich auch
deren gleich ermelten Possessoren nunmehrige Descendenten, umb hierdurch
ab onere contribuendi frei zu sein fundieren thuen; dahingegen
dieses Markts Jnwohnere, als welche schon einstens dessenthalben beim
königl. Kreisamt klagbaren eingekommen, auch das Decret von dort
aus, womit diese 3 Possessores als besitzere deren steuerbaren Realitäten
hinfüro steuern und de praeterito sich mit denen Klentschern abfinden
sollen, erhalten haben, verwenden, wie daß erstlichen oft berührter Herr
Graf von Laminger in dem letztern Punkt des confirmierten Privilegii
nur von denen Häusern, da derselbe per expressum meldet, vor des

Johann Pachmeyers, dann Abraham Hofmeisters wie nicht weniger deren Descendenten nb. Häuser sie Klentscher bezahlen sollen, gemeinet, welches bloß auf die Einquartierung zu verstehen wäre, sintenmalen denen Obrigkeiten nicht freistehe noch zuläßig wäre, einen e origine sua, gleich diese seind steuerbaren Grund ab onere et praestationibus publicis zu befreien und einen anderen das perpetuum onus aufzutragen, absonderlich wo die Klentscher durch das neu confirmierte Privilegium in ihre vorige Freiheit gestellet worden; mithin da dieselben hinwiederumb das Beneficium derer ehebevor gehabten und obspecificierten Privilegien theilhaftig worden, sie also auch qua habentes potestatem contrahendi et tales actus voluntarios exercendi dieses ihnen de nova Aufbürden des ewigen onus ad valorem hujus instrumenti et in se suscepti perpetui oneris, wider welches sich doch protestieren thuen, billich hätten unterschreiben und verreversieren sollen, so aber ihrerseits nicht geschehen. . . .

5to. Berichtet auch die Visitation, wie daß . . . . da aber hierauf diese Dorfschaften von denen vorvorigen Graf Stadionischen Wirtschaftsofficieren wider alle Billigkeit, dann das von dem erwenten seel. Herrn Wolf Maximilian von Lamingen ihren Dörfern ci. 1691 gegebene Privilegium sie mit keinen neuen Anlagen außer dennen in gleich ersagten Privilegio benannten Geld, Getreid und anderen Schuldigkeiten und darinnen per expressum reservierten Praestationen zu belegen dennoch mit neuen oneribus beleget worden, ja sogar auf dieselbe ordentliche Contributionsausschreibung gleich die Obersteueramts-Repartition gelautet hat quartaliter [wo doch derlei Repartitiones von dem königl. Obersteuerambt an diese Dörfer gar nicht ergangen] repartieret und mit denen Soldaten-Einquartierungen, Zahlungen und Recrouten- und Rimontageldern, dann anderen derlei Anlagen angesehen und sothane Dörfer hierüber exequieret, wie dann nur blos an denen der Obrigkeit indebite bezahlten und von ihren Dörfern liquidirten Contributions- und Rimontageldern bis 18878 fl. 20 kr. 5½ ₰ von ihnen erpresset worden, und dieses annoch ohne die gehabte Marscheinquartierungen, mit denen sie auch unerhört aggravieret waren, zu rechnen, wegen welcher erlittenen jetzt bemelten Einquartierungen sie a dato die bonificationes nicht erhalten, mithin durch derlei unbillige Praestationes sehr unterdrucket worden: als seid sothane obrecensierte befreite 7 Ortschaften, umb ihrem völligen Untergang vorzukommen, nachdeme sie sich ehebevor bei ihrer dermaligen Grundobrigkeit als auch

denen zu dieser Zeit gewesten Wirthschafts-Officieren wegen dieser indebite gezahlten und zahlenden Praestationen angemeldet, hierüber aber
weder Ausrichtung noch Nachlaß weder Ableinung erhalten, sondern noch
vielmehr mit harten Arrest beleget gezwungen worden höhern Orts —
wie sie es dann auch de Ao. 1712 durch ein allerunterthänigstes an
Jhro jetzt regierende kais. und königl. Mjt. übergebenes Memoriale
gethan haben — zu recurieren.

Erinnerung.

Weilen die Rolla d. Ao. 1654 darthuet wesgestalten die erstens
eingezohene Dörfer **Chudiwa, Plös, Flecken, Schneiderhof,
Alt-Pennet und Hadruwa, Juxberg** aber erst in Revisitatione
Ao. 1679 ad calculum contribuentium gezogen worden nachgehends
aber auf des Herrn Wolf Maxmilian Freiherrn von Lamingen als der-
maliger Obrigkeit allerunterthänigstes Anhalten eine gewisse Abschreibung
der Ansässigkeit von der Herrschaft Chodenschloß, Taus, Klentsch und
Kauth im 89$^{1}/_{16}$ angesessenen vermög des sub lit. C allegierten allergnädigsten kaiserl. Rescripts dtto. Linz den 22. Febr 1681 widerfahrne,
jedoch hierinnen ersagte in dem Böhmerwald erbaute Dörfer (worunter
zwar das Dorf Juxberg nicht begriffen) mit dem annexo als an der
Vormauer und Granitz gegen Bayern erbaute Dörfer auf weitere
Deliberation ausgestellet und zwar hernach aus dem numero contribuentium ausgelassen, darauf aber wiederumb im J. 1715 darein
bezogen worden, ohne daß die Ursach ihrer ehevorigen Auslassung zu
sehen, einfolglich wäre unsere unvorgreifliche Meinung, daß sothane
Dörfere ihrem diesfälligen Ansuchen gemäß und gleichergestallten auch die
in adducta lit. C angemerke 4 Dörfer, uämlich **Kubic, Maxberg,
Neu-Brennet und Friedrichsthal** (welche und zwar das erstere
der Aussag nach von 150 Jahren her aus dem Böhmerwald wirklich
aufgeführet sein sollen) und da die Obrigkeit mit nichts auszuweisen
hat, wie und welchergestalten selbe diese 4 Dörfer aus ihren obrigkeitlichen Gründen errichtet habe, hingegen der Situs loci obige Aussagen
verificiret, ad catastrum contribuentium cum hac annotatione,
daß sie aus dem Böhmerwald erbauet worden, gezohen werden könnten,
wie nicht weniger auch die von Churbayern oder von der Obern Pfalz
an das Königreich Böheimb reunierte 2 Dörfer **Schmalzgruben** und
Halsbach mit beigerückter ohmaßgebigen Meinung, daß bei sothanen
zweien in das Catastrum ziehenden Dörfern folgendes auch anzumerken
wäre, daß selbe, weilen sie als eine Vormauer und Granitz gegen Chur-

bayern anzuſetzen und ihre Gründe nicht ſo wie andere nutzen können alſo auch in contribuendo geringer zu halten wären.

Wohingegen aber gedachte, aus puren obrigkeitlichen Waldungen errichtete Dörfer Nepomuk, Mathaus, Hierſtein, Heinrichsberg, Nimb= vorgut, Silberberg, Rottenbaum, Tiefthäusler, Längelsbach, Klein=Prennet und Glaſendörfl in pagina secunda vermerkter zu ſtehen hätten.

Philip Graf von Kolovrat.

Johann Franz von Goltz.

Ex subdelegata commissione.

Nr. 7.
Atteſtation (Bekenntnis) der Richter,
Geſchwornen von Maxberg, Friedrichsthal, Neubrennet.
1738, 21. Feber.

Königl. böhm. Landesarchiv. Thereſianiſcher Kataſter sub „Klattauer Kreis". 36, 54, 56.

Wir, zu End unterſchriebene Richter, Geſchworene und älteſte In= wohner in denen 3 Herrſchaft Chodenſchloß gehörigen Dorfſchaften Maxberg, Friedrichsthal und Neubrennet, urkunden und bekennen hiemit bei unſerm guten Gewiſſen, Treu und Glauben, da wo es vonnöthen, daß unſere Dörflein vor beiläufigetlich und 50 höchſtens 60 Jahr anerſt neuerlich von dem in Gott ruhenden H. Maximilian Wolfgang von Lammingen, häuſelweis in völlig herrſchaftlichen Wald aufgebauet und das Dorf Maxenruhe oder Maxberg nach ſeinem — das Dorf Friedrichsthal aber nach ſeines geiſtlichen Herrn Bruders Namen benennet, unſeren Eltern und Großelteren auch die Häuſl mehrentheils von der gnädigen Obrigkeit ſelbſten auferbauet und nach Belieben ihnen Felder und Wieſen zu räumen erlaubet, wie auch hernach in den Jahre 1691 denen 7 anderen deutſchen Dörfern, benannt: Rudiwa, Hadruwa, Flecken, Juxberg, Plöß, Schneiderhof und Altbrennet in allem gleich= ſtimmig gemacht, die obrigkeitlichen Zinſen mit unſeren Elteren regulieret und wir zuſammen in eine gemeinſchaftliche, obrigkeitliche Handfeſte und Privilegium gezogen, mithin unſere Schuldigkeit in die Hauptrectification eingezogen, und der königl. Landtafel einverleibt worden, über dieſes aber wir von der jetzigen hochgräflichen Familie von Stadion annoch eine namhafte Zahl an neuen obrigkeitlichen Gründen zu unſern beſſern Unterhalt und Nahrung gegen einen ewigen, jährlichen Grundzins von der Schnur Wieſen à 20 kr. und der Schnur Feld à 15 kr. Nutznießungsweis, ohne Entgelt, gegen lediglich erlegten Ausmaßgebühr mit dem Versprechen empfangen haben, daß solange wir den Grundzins willig und schuldigst hiervon reichen werden, uns keine Obrigkeit selbige zurückzunehmen, sondern wir im Gegentheil befugt sein sollen, diese Grunde mit Vorbehalt des herrschaftlichen Eigenthumbs unseren Kindern vererben, auch mit expressen Consens und Vorbewust der gnädigen Obrigkeit an einen anderen anständigen Unterthan verkaufen zu dörfen, welches daß es sich in der That also und nicht anderster verhalte thuen wir mit unserer eigenen Namensunterschrift und bedrucktem Petschaft bezeugen.

So geschehen im herrschaftlichen Ambt Gaut, den 20. Feber 1738.

(L. S.) ⎧ Michl Brunner, Richter zu Maxberg.
        ⎨ Wolf Robl, Geschworener.
        ⎩ Stephan Pauer, Geschworener.

(L. S.) ⎧ Georg Miltauer, Richter zu Neubrennet.
        ⎨ Michael Harruch, Geschworener.
        ⎩ Paulus Haßreit, Geschworener.

· (L. S.) ⎧ Hans Schreiner, Richter von Friedrichsthal.
          ⎨ Hans Seidl   ⎫
          ⎩ Georg Pohmann   ⎬ Geschworene.

Wir Primas, Bürgermeister und Rath des Stadls Neugedeimb, urkunden und bekennen hiemit der Wahrheit zur Steuer, daß denen Vorgesetzten, Richtern und Geschworenen, aus denen vorbenannten drei zur Herrschaft Chodenschloß gehörigen Dörflein Maxberg, Friedrichsthal und Neuprennet, vorstehende Attestation plena sessione von Wort zu Wort vorgelesen und selbige hierüber befraget worden, ob solches in der Wahrheit gegründet und von ihnen wissentlich ausgefertiget worden und sie den Inhalt in erforderenden Fall beschwören können, welches dieselbe inhaltlich bejahet und bestätiget haben. In Urkund dessen haben wir uns eigenhändig unterschrieben und unser Martinsigl [jedoch diesem in allweg ohne Schaden und Nachtheil] beidrucken lassen. So geschehen in plena sessione consule D. Francisco Hwizda. Neugedeimb, den 21. Februarii 1738.

(L. S.)

Johann Andreas Zopft, Primator.   Johann Wolfgang Nodimus.
Franz Hwizda, Bürgermeister.   Bernhard Holy.
Martin Kaltwein.   Johann Georg Rohaut.
Georgino Trescher.   Konrad Frei.

Nr. 8.
Beſtätigung des Magiſtrats Klattau über einen
Eid der Richter, Geſchwornen und Älteſten der deutſchen Gemeinden.[1]
1739, 26. Juni.

Demnach Jhro hochgräflichen Excellenzen und Gnaden, die königl.
Herren Statthaltere im Königreich Böheimb, auf eine, von einer hoch=
löblichen königl. Hauptrectificationscommiſſion gethane Anzeige Ad. ob
dem königl. Prager Schloß den 15. Maii 1739. Jahrs gnädig zu ver=
ordnet geruhet haben, damit wir bei einer nächſt der dem Herren
Johann Philipp, Grafen von Stadion zuegehörigen Herrſchaft Choden=
ſchloß gelegenen königl. Stadt nachgeſetzte benannten Hadruva, Chudiwa,
Flecken, Fuxberg, Plöß, Schneiderhof und Altbrennet, ſogenannte deutſche
Dorfſchaften und reſpective, die in der sub lit. H beigelegter in origi=
nali Atteſtation unterſchriebene Richtere, geſchworene und älteſte, über
das von Herrn Johann Philipp, Graf ſtadioniſcherſeits wegen Expungierung
ex catastro contributionis vor jetzige als künftige Zeit beigelegte und
von uns unterſchriebene auch mit Petſchaften beſiegelte Atteſtation ob wir
ein ſolches nach genugſamer Erinnerung wegen des Meineids beſchwören
können, befraget werden und nachgehends nach Bejahung allen deſſen
mit einem körperlichen Eid der Wahrheit zur Steuer bekräftigen ſollen.
Solchem nach ich N. N. ſchwöre, Gott dem allmächtigen, der gebenedeiten
und von der Erbſünd unbefleckten Mariae, Mutter Gottes und allen
Heiligen, daß weder aus Gunſt noch Vergunſt, Gabe oder Schenkung
noch einiger Argliſtigkeit halber, nachdeme mir der Meineid vollkommentlich
expliciert worden, alles in der Wahrheit und in der That alſo und
nicht anderſer wie wir es atteſtieret haben, ſich befunden, ſo wahr mir
Gott helfe, die gebeneideite und von der Erbſünd unbeflecte Mutter
Gottes und alle Heiligen. Amen. Actum et praestitum hoc juramentum in loco consilii, regiae urbis Glattoviae die 25. Junii 1739.

Wir, ihro röm. kai. und königl. kathol. Mt. Bürgermeiſter und
Rath der königl. Stadt Glattau, urkunden hiemit, daß die Richtere,
Geſchworene und Älteſte, deren ſieben eingemelten Dorfſchaften das
Jurament abgeleget haben, mit unſerem Jnſigl wiſſentlich bekräftigen.
So geſchehen in der königl. Stadt Glattau den 26ten Junii 1739.

Bürgermeiſter (L. S.) und Rath allda.

---

1) Die beſchworene Atteſtation, die mir nicht zugänglich war, dürfte ſich
inhaltlich mit der unter Nr. 7 abgedruckten mutatis mutandis ziemlich decken.

Studien zur Geschichte der Musik in Böhmen.

Von

Dr. Richard Batka.

Die karolinische Zeit.

1. Einleitung.

Bedeutete die Regierungszeit König Johanns in Böhmen eine Periode des geistigen Stillstandes, so brachte die Epoche Karls IV. auf allen Gebieten des kulturellen Lebens einen raschen und mächtigen Aufschwung. Auch die Tonkunst blieb davon nicht ausgeschlossen. Gleichwohl sind die musikalischen Errungenschaften dieser Zeit von den Geschichtschreibern fast völlig übergangen worden, und während wir über Karls großartige Bautätigkeit, über seine Förderung der Malerei und über seine ausgebreiteten literarischen Beziehungen sehr eingehend unterrichtet sind, fehlt es noch an einer quellenmäßigen Untersuchung der musikalischen Verhältnisse unter seinem glorreichen Szepter. Friedjung, der dem Anteil des Kaisers an dem Geistesleben seiner Zeit ein ganzes Buch gewidmet,[1] erwähnt darin seiner Beziehungen zur Musik mit keiner Silbe. Es wird die Aufgabe der folgenden Blätter sein, das genannte Werk in dieser Hinsicht zu er-gänzen.

Drei Momente bzw. drei Regierungsakte Karls sind für die Ent-faltung des musikalischen Lebens in Böhmen damals von ausschlaggebender Bedeutung gewesen. Die Erhebung Prags zum Sitz eines Erzbischofs (1344); die Erhebung Prags zum Mittelpunkte des Deutschen Reiches nach Karls Erwählung zum deutschen Kaiser (1346); endlich die Begründung der Prager Universität (1348). Damit hat der „Vater des Vaterlandes" wenigstens mittelbar einen großen Einfluß auf die Geschichte der Musik ausgeübt. Über sein persönliches Verhältnis zur Tonkunst geben die so reichlich fließenden Quellen leider keinen genügenden Aufschluß. Seiner kühlen, berechnenden, leidenschaftslosen Natur stand die Kunst der Töne innerlich wohl am fernsten. Daß er dem Spiel seiner Hofkapelle gerne

---

[1] Friedjung, Kaiser Karl IV. und sein Anteil am geistigen Leben seiner Zeit (Wien 1876).

lauschte, ist bei ihm als Přemyslidenstämmling nicht verwunderlich. Von einer musikalischen Ausbildung, die er genossen hätte, verlautet nichts und es fällt auf, daß er nicht gleich einigen seiner Vorgänger auf dem böhmischen Thron die Horen „sang" sondern „las".[1] Inwieweit er bei den musika= lischen Ereignissen seiner Zeit persönlich interessiert oder mittätig war, läßt sich auch nur ausnahmsweise bestimmen. Aber es hat den Anschein, als sei Karls Einwirkung auf die Musikkultur seines Landes im allgemeinen bloß eine indirekte gewesen. In den prachtvollen neuen, mit allem Schmuck und Prunk der zeitgenössischen Kunst ausgestatteten, von Gold und Silber strotzenden Kirchengebäuden mußte auch der gottesdienstliche Gesang reicher und prunkvoller werden. Die Universität setzte die Jugend in Fühlung mit dem von Frankreichs und Italiens Gelehrten erarbeiteten theoretischen Wissen des Zeitalters. In dem zur Weltstadt gewordenen Prag, das durch den Glanz des Hofhaltes, durch den wirtschaftlichen Aufschwung der Bürger, durch den regen Verkehr fremder Kavaliere und Kaufleute sich den Ruf der fröhlichsten Stadt in Mitteleuropa erwerben konnte, blühte dementsprechend die weltliche Unterhaltungsmusik in bunter Mannig= faltigkeit auf.

Dieser enorme, allumfassende Aufschwung wäre kaum möglich gewesen, wenn Karl nicht die Ströme der französisch-italienischen Bildung ins Land geleitet hätte. Aus den deutschen Nachbarländern war kaum mehr neuer Kulturstoff zu holen, der Stand des Geisteslebens in Deutschland und Böhmen war kommunizierenden Gefäßen zu vergleichen. Die direkte Verbindung, die Karl zwischen Böhmen und den Zentren der romanischen Kultur herstellte, kam freilich der Musik am wenigsten zu Gute. Wir hören von französischen und italienischen Baumeistern, Malern, Dichtern und Gelehrten, die der Kaiser nach Böhmen rief, aber wir hören von keinem berühmten Musiker der Epoche, mit dem er Fühlung gesucht, den er an seinen Hof gezogen hätte. Bei dem regen geistigen Import, der auf seinen Wink begann, ist die Musik stets nur als blinder Passagier mit ins Land gekommen. Aber sie kam und brachte die Kunst der Mehr= stimmigkeit, brachte neue Formen und Ausdrucksweisen mit und weckte

---

1) Fontes III, 33 gf. Dilexitque me prefatus rex valde et precepit capellano meo, ut me aliquantulum in litteris erudiret. Et ex hoc didici legere horas beate Marie virginis gloriose, et eas ali=quantum intelligens cottidie temporibus mee puericie libencius legi, quia preceptum erat custodibus meis regis ex parte, ut me ad hoc instigarent.

sofort die einheimische Muse zu eigenem Schaffen. Im engen Anschluß an den Marienkult entfaltete sie sich, auf alle allgemeinen Impulse des fortschreitenden Geisteslebens reagierte sie in ihrer besonderen Weise und teilte schließlich das Los der gesamten karolinischen Kultur, von dem Sturm des Hussitismus wieder hinweggefegt zu werden.

Dieses Ende mit Schrecken bereitet sich schon von Anbeginn vor, ist, in ihrem prinzipiellen Zwiespalt begründet. Karl war ein getreuer Sohn der Kirche, aber auferzogen in den modernen Gedankenkreisen Frankreichs und Italiens. Er glaubte diese beiden in seiner Brust wider= streitenden Mächte am besten zu versöhnen, indem er die Kunst der Welt in den Dienst des Kultus stellte, sie dadurch entweltlichte und heiligte: Aber des klugen Kaisers Rechnung stimmte nicht. Die gute Absicht schlug ins Gegenteil aus. Je mehr die Kirche das Weltliche sich botmäßig machte, desto mehr wurde sie selbst davon durchsetzt und umklammert. Ein Rück= schlag des echt religiösen Sinnes mußte eintreten, und Karl selbst hat zu seinem Schmerz erfahren, daß ihm ein Milič von Kremsier den schweren Vor= wurf ins Gesicht schleudern konnte, er habe Irdisches zu sehr mit Gött= lichem verknüpft und das kirchliche Leben seines Landes veräußerlicht. Was Milič als einzelner noch ohne Erfolg vertrat, das wurde ein Menschenalter später der allgemeine Glaube der Hussiten, die nun ihrerseits über das Ziel hinausschossen, indem sie dem herrschenden leeren Prunk den Preis der fanatischen Askese gegenüberstellten. Die Musik hat all diese Phasen auf= gemacht und sich also auch hier als ein getreues Spiegelbild der kultu= rellen Entwickelung erwiesen.

2. Die Mansionäre.[1])

Am Himmelfahrtstage des Jahres 1333 hatte der Kronprinz Karl zu Tarenz bei Parma einen furchtbaren Traum, der ihm den Tod des Dauphins von Vienna verkündigte.[2]) Sieben Jahre später reiste er nach

---

1) Die wichtigsten Urkunden über die Mansionäre befanden sich in einem Kodex aus dem Anfang des 15. Jahrhunderts. Er gehörte wohl zur Bibliothek der Mansionäre, gelangte in den Hussitenstürmen, als ihre Institution zer= sprengt und ihre Habe geplündert wurde, nach Doxan. Dort fand ihn Dobner, der ihn mit nach Prag nahm und seinen Inhalt im dritten Bande der Monumenta Historica Bohemiae (Prag 1774) veröffentlichte. Ob der Kodex noch heute existiert, konnte ich nicht ermitteln. — Weitere Literatur: Konrad, Dějiny posvátného zpěvu, I, 84 ff., Nejedly, Dějiny předhusitského zpěvu, S. 37 ff.

2) Fontes III, 347 (Vita Caroli).

Tirol, und auf einem Ritte durch das Gerlostal erinnerte er sich jenes
warnenden Gesichtes und faßte den frommen Entschluß, zu Ehren der
glorreichen Jungfrau täglich Horen in der Prager Kirche singen zu lassen.[1]
Diesen Vorsatz führte er dann drei Jahre später aus, als er daran
ging, seine böhmische Hauptstadt zum Sitz eines Erzbischofs zu erheben.
Das Institut der Bonifanten, das vom Wyschehrader Kapitel längst als
unzulänglich aufgegeben war, sollte auch bei St. Veit zur Seite geschoben
und der Kirchengesang daselbst einem Chore von 24 wohlbestallten
„Mansionären" unter der Führung eines Vorsängers (praecentor)
anvertraut werden.

Die langatmige und ziemlich konfus entworfene Stiftungsurkunde,
worin Karl vier Dörfer (Tschernikau, Jasena, Zlonitz und Lhota)[2] seiner
neuen Schöpfung überwies, ist vom 5. Oktober 1343 datiert.[3] Am
5. Jänner 1344 genehmigte sie das Domkapitel unter dem Vorsitze des
Bischofs Ernst von Pardubitz[4] und am 30. April wurde sie vom
Papste Clemens IV. zugleich mit der Einsetzung des Prager Erzbistums
bestätigt.[5]

Dem Namen Mansionäre, der vordem eine andere Bedeutung hatte,[6]
spricht die Stiftungsurkunde einen Doppelsinn zu.[7] Er sollte von manere

---

1) Ebenda, 362. Et cum tota die transirem per vallem, que dicitur
   Gerlos, recordatus sum de miraculo seu visione, quod in die beate
   virginis, in assumpcione sancte Marie, in Tharunso Parmensis dio-
   cesis mihi contigerat. Et ab eodem tempore concepi ad eius
   honorem gloriose virginis horas cottidie decantandas
   in Pragensi ecclesia ordinare, ita ut de ipsius vite, gestis
   et miraculis cottidie nova legenda legeretur. Quod postea factum est.
2) König Johanns Bestätigung dieser Schenkung bei Dobner a. a. O. 333.
3) Emler, Regesten IV, 532. Quod nos ad laudis et veneracionis augmentum b. Marie ... de consensu nostri capituli Pragensis in ipsa
   ecclesia Pragensi de nouo creari, ordinari et statui numerum viginti
   quatuor clericorum, precentore ... incluso, quorum duodecim
   presbiteres, sex diaconi et sex subdiaconi continuo in perpetuum
   habeantur in ecclesia memorata usw.
4) Emler, Regesten IV, 554, veröffentlicht das noch im Archiv des Domkapitels befindliche und von allen Mitgliedern unterzeichnete Protokoll.
5) Emler, Regesten IV, 569. Dobner a. a. O. 323.
6) Vgl. Dobner a. a. O. 297. Significabat autem vox Mansionarius
   Residentiarium, ut hodie dicimus, et praebendatum, ad distinctionem
   aliorum, qui Forenses dicebantur.
7) Emler, Regesten IV, 532 ... dignum arbitrantes, eodem clericos
   a manes, maneo siue a mansione mansionarios nuncupari, eo quod

abgeleitet fein, alfo an das „Bleibende" des Amtes erinnern (etwa im
Gegenfatz zu den Bonifanten, die nach Erreichung des 16. Lebensjahres
ausfchieden), aber auch an die mansio, das gemeinfame Haus, das fie
allerdings erft feit 1350 im Hintertraft der töniglichen Burg bewohnten.[1]
Der neue Chor zerfiel in höhere und niedere Manfionäre.[2] Die
höheren, die durchaus geweihte Priefter waren, wurden vom König felbft
ernannt,[3] die Niederen, von denen die eine Hälfte aus Diafonen, die
andere aus Subbiafonen beftand, von den Höheren fooptiert. Dafür
waren fie den höheren unterftellt und hatten fie nach Bedarf im Dienfte
zu vertreten. Sie follten innerhalb und außerhalb der Kirche das gleiche
Gewand wie ihre Vorfteher tragen und die Tonfur fo wie alle Prager
Klerifer.[4] Den Unterhalt für Kleidung und die geringeren Bedürfniffe
follten fie aus ihren Bezügen (porciones) beftreiten, die fie aber nur

apud praefatam ecclesiam manere et residere personaliter et non
per alium continue et horis infra scriptis interesse, ut ex re nomen
habeant.

1) Tomef, Dějiny města Prahy, III, 67 und 69. Vgl. Dobner 337:
Litera super domo Mansionariorum. Das Haus wurde 1350 aus der
Verlaffenfchaft des töniglichen Kanzellars Nifolaus getauft. Vordem lebten
die Manfionäre zerftreut in verfchiedenen Quartieren (habitacione divisi,
et hinc inde per varia dispersi hospicia).

2) Diefe Einteilung wird im Stiftungsbrief nicht eigens angeordnet, fondern
vorausgefetzt und geht aus der Stelle hervor, die vom gemeinfamen Dienfte
der Manfionäre mit den Prälaten, Canonici, Prieftern und Klerifern der
Prager Kirche handelt. Regeften IV, 533. Alias vero cum eos cum pre-
fatis dominis et clericis minime concurrere diuinis contigerit mansionarii predicti, scilicet chori dextri duodecim precentore incluso,
sex presbiteri, tres dyaconi et tres subdiaconi, chori quoque sinistri
duodecim, sex presbiteri, tres diaconi et tres subdiaconi, singuli
vtpote duodecim presbiteri loca iuxta prioritatis seu senioritatis
sue ordinem sive statem obtineant.

3) Regeften IV, 536. Presentacionem quoque precentoris et vndecim
mansionariorum maiorum ad nos et ad successores, reges Boemie,
minorum vero dyaconalium et subdiaconalium ad maiores mansionarios et precentorem, institucionem vero eorundam precentoris
mansionariorum omnium et singulorum, maiorum videlicet et minorum ad decanum Pragensem, qui pro tempore fuerit, volumus
pertinere.

4) Emler, Regeften IV, 532 . . . quodque dicti mansionarii habeant
habitum decentem intra et extra ecclesias suo preposito congruentem et tonsura clericis ecclesiae Pragensis conformem.

für jene Horen bekamen, denen sie wirklich beiwohnten.[1]) Karls Freigebigkeit bemaß die „Portionen" sehr reichlich. Für jede Matutin vier kleine Denare, für die Messe und die übrigen Horen je zwei. Die niederen Mansionäre bezogen die Hälfte.[2]) Was durch die Versäumnis des Dienstes durch einzelne erspart wurde, davon verteilte der Präzentor drei Viertel unter die anwesende Mansionäre, das letzte Viertel aber unter die armen Kleriker, die dem Offizium der Mansionäre beiwohnten.[3]) Auf die pünktliche und persönliche Ausübung der liturgischen Pflichten legt das Statut den höchsten Wert und straft Versäumnisse mit empfindlichen Einbußen.[4])

1) Ebenda 532 . . . habentes sustentacionem, pro vestimentis et aliis minutis necessariis de suis porcionibus, quas pro singulis horis, quibus usque ad complecionem earum interfuerint, per precentorem, qui pro tempore fuerit, et unum ex mansionariis, quem omnis uel maior pars eorundem eligendum duxerint, quem coadiutoris seu cooperationis nomine habere, cuius officium tantum per vnum annum durare optantem de pecunia nummerata distribui cupimus in hunc modum.

2) Emler, Regesten IV, 532. Vt singulis diebus, qui matutino interfuerit officio, quatuor paruos denarios habeat, qui misse tantundem, qui prime hore duos, qui tercie duos, qui sexte duos, qui none duos, qui vesperis duos, qui completorio duos similiter denarios paruos currentis et vsualis monete consequatur. Minores vero clericos mansionarios, qui matutinis duos, item qui misse interfuerint duos paruos denarios, qui prime vnum, qui tercie vnum, qui sexte vnum, qui none vnum, qui vesperis vnum, item qui completorio, similiter vnum denarium paruum monete vt supra percipiendum volumus esse contentos et in negligencia eo modo per precentorem mulctandum, quot supra cuilibet officio seu horis diuinis interessenti pro sua porcione est expressum.

3) Emler, Regesten IV, 532 f. Et quidquid negligenciam aliquorum remanserit, tres partes porcionis remanentis inter mansionarios officio interessentes quarta vero clericis pauperibus, qui cum ipsis mansionariis officio interfuerunt huiusmodi, per precentorem et coadiutorem seu cooperatorem eius diuidantur.

4) Emler, Regesten IV, 533. Volentes, ut de censu dictarum villarum per precentorem colleccio et distribucio, cottidiana pro singulis horis nocturnis, diurnis et missa eo modo, quo supra est expressum, fiat et esse debeat cum effectu per eundem et coadiutorem seu cooperatorem ipsius, cupientes, vt qui ex ipsis masionariis omnes horas uel aliquam neglexerit, totaliter a commodo seu emolumento pro horis seu hora deputata eadem die penitus sit exclusus, nisi ex racionabili causa de licencia decani Pragensis vel precentoris, si hoc sibi idem decanus duxerit committendum, aliquis se abscu-

An der Spitze der Mansionäre stand der Präzentor, dem das mühevolle Amt zukam, nicht bloß die kirchlichen Funktionen seiner Sänger zu leiten, (also für den regelmäßigen Dienstgang,[1]) für das Einläuten der Horen, für die Lichter, gottesdienstlichen Gewänder, Altarschmuck, Kelche, Bücher ꝛc. Sorge zu tragen)[2]) und ihren Lebenswandel zu über= wachen,[3]) sondern auch das gemeinsame Vermögen zu verwalten und die Auszahlung der fälligen Bezüge zu bewirken. Als Administrationsgehilfe stand ihm dabei ein aus der Mitte der Mansionäre jährlich zu wählender Koadjutor zur Seite. Die Verrechnung erfolgte zweimal im Jahre an St. Georgi und Galli und alles, was vom Ertrage der Güter nicht auf die Taggelder, Sporteln und Regie aufging, verblieb dem Präzentor als besonderes freies Einkommen für seine Bemühungen.[4])

---

taret, qua pena precentorem astringi nolumus propter crebras circa bona predicta occupaciones.

1) Regesten IV, 535. Duos quoque ebdomarios, diaconum vidilicet et subdiaconum, ordinare ad cantandam missam predictam ad precentorem predictum pertineat.

2) Regesten IV, 535. Ad cuius eciam uel alterius eius nomine imperium horis debitis signum detur campane per campanatores ecclesie Pragensis, quibus pro eorum laboribus satisfacere teneatur. Ad precentoris eciam spectat curam prouidere luminaria necessaria pro missa et horis predictis necessaria, conseruare vestes sacras, ornamenta altaris, calices corporalia, libros et mappas.

3) Regesten IV, 535. Rectoris vero clericorum istorum, quem nomine precentoris optamus sortiri hoc debitum sit officii, vt excessus predictorum mansionariorum prefato decano Pragensi denunciare teneatur. Ad cuius denunciacionem idem decanus cognita causa eosdem mansionarios pro huiusmodi excessibus iuxta modum culpe corrigere debet et castigare.

4) Regesten IV, 535. Pro capis, burnis superpelliciis, mitris quaque et birretis cuilibet maiorum mansionariorum semel tantum in anno in festo b. Galli vnam sexagenam de redditibus predictis ministrare et curare vigilanter, ne aliqua negligencia committatur in horis eisdem. Preterea ad eum pertineat terras, hereditates, possessiones, bona, redditus, prouentus seu obuenciones quascunque bonorum predictorum tenere, possidere et gubernare, colligere quoque redditus et distribuere per se ipsum et coadiutorem seu cooperatorem ipsius dictis mansionariis horis interessentibus ad singulas horas diebus singulis eo modo quo supra expressis. Porciones nichilo minus de distributio per eum et cooperatorem eius coram dicto decano Pragensi et predictis mansionariis in communi bis per annum singulis annis de vtroque censu, videlicet s. Georgii et s. Galli de summa eos pro cottidianis distribucionibus, mitris, capis et

Ihren speziellen Dienst verrichteten die Mansionäre auf dem zum Marienaltar gehörigen Chor, der seitdem den Namen „Chor der Man= sionäre" bekam.[1]) Wenn sie aber an Festtagen mit den Domherrn und sonstigen Priestern in der Messe und bei der Vesper zusammen wirkten[2]), hatten sie ihren Platz hinter den installierten Geistlichen.[3])

Die Mansionäre waren, wie schon aus der Vorgeschichte ihrer Ein= setzung erhellt, vor allem zum Marienkult bestimmt. Die Horen, die Frühmesse zu Ehren der Himmelskönigin und ihre Festtage bildeten darum die Hauptzeiten ihrer Tätigkeit, die durch genaue Bestimmungen geregelt wurde.[4])

---

superpelliciis contingenter racione redditurus, residuum census ipsum precentorem pro se et oneribus incunbentibus quauis ipso-rum mansionariorum reclamacione et contradiccione cessantibus retinere volentes. Aduertentes enim, quod qui ad onus eligitur, repelli non debet a mercede, volumus, vt prouentus, honorancie, culpe et quecunque obuenciones vltra redditus bonorum predic-torum, que ipsis mansionariis et precentori donauimus, possunt modo obuenire quocunque, sepedicto precentori tantum quauis condicione seu excepcione cessantibus diriuari debeant et teneantur. Et vt omnis discidii, controuersie et litigii materia inter ipsos mansionarios et precentorem eorundem in totum et per omnia amputetur, quod summe optamus, volumus, quod dum ipse precentor, qui pro tempore fuerit, vna cum suo coadiutore de summa ipsos mansionarios pro singulis horis contingente secundum modum superius expressum racionem reddiderit competentem, item dum hoc ipsum fecerit de summa pro capis, superpelliciis, mitris et birretis, semel tantum infra annum eisdem maioribus mansionariis assignanda, de superexcrescentibus et obuenientibus vltra predicta racionem reddere non teneatur, sed ea in usus suos prout sibi visum fuerit, conuertere debeat atque possit.

1) Ebenda S. 534. Locum autem ad cantandum horas easdem et missam optamus esse chorum et altare ipsus virginis in ecclesia memorata.

2) Ebenda S. 533. Stallum vero cum eosdem mansionarios cum dominis prelatis, canonicis installatis ad cantandum missam uel vesperas diebus sollempnibus, pront infra dicitur, concurrere contigerit solus dum taxat precentor obtineat post installatos predictos.

3) Ebenda S. 533. In processionibus autem supradictos installatos iidem mansionarii tamquam minores precedant et ad offertorium sub-sequantur, de sua propria pecunia offertorium deferentes. Minores vero mansionarii locum cum aliis vicariis et altaristis intra eosdem obtineant, seque ipsis in habitu conformantes.

4) Regesten IV, 534. Cupientes eciam dictos mansionarios in matutinali officio, missa et ceteris horis cantandis per anni circulum, vide-

Ausnahmen bildeten allein Charfreitag und die Geburt des Herrn.[1])
Eingehend wurde auch die Abhaltung der Vesper[2]) geregelt.

licet in festinitatibus concepcionis, natiuitatis, annunciacionis, puri-
ficacionis et assumpcionis eiusdem virginis gloriose et in octauis
ipsius in psalmis, antiphonis, responsoriis, leccionibus omeliis,
capitulis, ympnis, collectis et aliis modum et ordinem iuxta consuetudinem ecclesie Pragencis et rubricam in breuiario annotatam
per omnia obseruare. Sabbatis vero et nouem leccionum diebus,
quibus ecclesia Pragensis peragit festum nouem leccionum, dicti
mansionarii nouem psalmos et nouem lecciones similiter studeant
decantare; ferialibus autem diebus, videlicet trium leccionum
memorati mansionarii nouem psalmos et tres lecciones de beata
virgine cantare teneantur. A festo vero Pasche vsque ad diem scte
Trinitatis in matutinis, psalmis, leccionibus et responsoriis tribus,
collectis autem consuetis et propriis eiusdem virginis vtantur.
Deficientibus vero legendis vtantur sermonibus tempore festorum
b. Marie congruentibus, ante omnia lecciones de vita eiusdem
virginis gloriose legantur. Quibus perlectis leccionibus sermonum,
quos ss. doctores in laudem virginis ediderunt, vtantur.

1) Ebenda S. 534. . . . excepto die parasceues, in qua voce submissa
legi optamus per ipsos horas easdem et a missa abstinere predicta
ob memoriam dominice passionis et eiusdem matris doloris, cuius
tunc animam filii mortis gladius pertransivit, qua decet plus plangere
die quam canere Christi fideles et servientes matris eiusdem.
Excipimus eciam diem Natiuitatis domini nostri Ihesu Christi, in
qua propter prolixum canonicorum ecclesie Pragensis eadem die
officium, ipsi mansionarii officium suum prime, tercie, misse, sexte
et none adimplere non possunt.

2) Ebenda IV, 534. In decantandis quoque et celebrandis diuinis
officiis eiusdem virginis gloriose hec tempora, locum, modum
et ordinem eos observare volentes, matutinale desero circa occa-
sum solis nisi eadem hora Pragensem ecclesiam idem officium
contigerit decantare, quo casu post completum officium supra-
dictum eodem sero vel in mane poterint complere, provt eis visum
fuerit expedire. Prime et tercie ante missam eiusdem virginis, que
per ipsos mansionarios et presbiteros, per Lupum sacristam de-
putatos duobus videlicet mansionariorum ministraturis misse eidem,
vestibus sacris indutis more solito ecclesiarum cathedralium et
collegiatorum, diaconum videlicet et subdiaconum, quos ad huiusmodi misse celebracionem precentor per singulas ebdomadas duxerit
deputandos, aliis vero mansionariis assistentibus in choro et can-
tantibus ac respondentibus ordinatim. Qua completa sexta et nona
post missam imediate perficiantur. Vespertini et completorii officia
post vesperas et completorium dici decani, cannonicorum ac mini-

Außerdem sollten die Mansionäre als vortreffliche Gesangskräfte überall dort mitwirken, wo die Prager Kirche sie in dieser Eigenschaft zur Verherrlichung des Kultus brauchen konnte, beim Hochamt im Verein mit den Prälaten und Klerikern, bei Prozessionen beim Empfang von Prälaten und Fürstlichkeiten usw.[1]

Der Sakristan Lupus hatte 1328 an der Prager Hauptkirche eine Marienfrühmesse gestiftet, welche von zwei Priestern gesungen werden sollte.[2] Karl bestimmte nun, daß die Mansionäre auch diesen als Sänger behilflich zu sein hätten.[3]

Das Rechtsverhältnis der Mansionäre zum Präzentor war, wie sich in der Praxis herausstellte,[4] durch den Stiftungsbrief so mangelhaft geordnet, daß sich zwischen diesen beiden Faktoren immer neue Streitigkeiten ergaben,[5] zu deren Beseitigung der Erzbischof Ernst am 22. Dezember 1354 ein neues ergänzendes Statut für die Mansionäre[6] festsetzte. Es behandelt

---

strorum ecclesie memorate perpetuis temporibus diebus singulis ipsos decantare sub nota volentes.

1) Emler, Regesten IV. Affectamus eciam, quod predicti mansionarii intersint singulis diebus dominicis et festivis prepulsaciones habentibus summe misse diei, processionibus et vesperis vtrisque eorundam festorum, cantantes cum aliis prelatis et clericis ecclesie sepedicte; processionibus quoque in diebus letaniarum sine rogacionum aliisque temporibus, quas pro aliqua pia et honesta seu necessaria causa, ut pro recepcione prelati uel principis aut inpetranda salute facit et facere ecclesia Pragensis consueuit.

2) Batta, Geschichte der Musik in Böhmen I, S. 89.

3) Emler, Regesten IV. ... et quia bone memorie Lupus, sacrista Pragensis, de qua supra narrauimus, ad cantandam missam predictam tantum duos sacerdotes et quatuor clericos instituit in ecclesia memorata, accedentibus ad hec assensu et confirmacione felicis recordacionis d. Johannis, episcopi Pragensis, et capituli sepedicte ecclesie cupimus, vt ipsis clericis in suo statu manentibus et presbiteris duobus deputatis per eundem sacristam singulis diebus missam virginis gloriose decantantibus prefati mansionarii juvent cantare, ut est dictum, missam predictam.

4) Dobner a. a. O. 317. ... huiusmodi disposiciones seu ordinaciones non sufficiunt ad obviandum eis, que tractu temporis occurrerunt.

5) Dobner, ebenda ... lites, que ex hoc inter Mansionarios et Praecentorem eorum hactenus sunt subortae et verisimiliter in posterum possent suboriri.

6) Dobner a. a. O. III, 316. Statuta Arnesti archiepiscopi Pragensis pro Mansionariis.

rein wirtſchaftliche Angelegenheiten und höchſtens eine Stelle kommt für uns in Betracht, wo der Erzbiſchof befiehlt, daß die Sänger ihr Amt würdig und nicht haſtig verſehen. Auch ſollten ſie ihre Horengebete nicht etwa während des Gottesdienſtes abſolvieren; ſondern vor dem Gottes= dienſt oder wenn ſie den Dienſt der hl. Jungfrau völlig zu Ende geſungen hätten.[1]

Karl ſelbſt gab im November des folgenden ·Jahres eine Ver= ordnung heraus, welche einen Zwiſt zwiſchen den höheren und niederen Manſionären beilegte. Letztere hatten ſich damals geweigert, den Höheren die Kappen, Geſangbücher ꝛc. in die Kirche zu tragen.[2] Wie Nejedly glaubwürdig vermutet, iſt uns ein Geſangbuch der Manſionäre in einem Veſperarium der Prager Muſeumsbibliothek (XV A 10) erhalten, weil auf Fol. 76 die Vorſchrift ſteht: Processio ad chorum b. virginis cum hac antifona (Ave spes nostra dei genitrix). Unter dem Chor der ſel. Jungfrau ſcheint der Chor der Manſionäre gemeint zu ſein.[3] Im Jahre 1360 wurde der Frühgottesdienſt der Manſionäre durch eine Verordnung des Papſtes Innonenz VI. geordnet.[4]

Die weitere Geſchichte der Manſionäre, ſoweit ſie aus den Urkunden erhellt, iſt durchaus eine Geſchichte ihres materiellen Beſitzſtandes und ſoll daher nur in den Grundzügen mitgeteilt werden. Karl hatte ver= ſprochen, die ſchon an ſich reiche Stiftung ſpäterhin noch reicher zu begaben[5] und hielt Wort. An Stelle von Černilau und Jaſena bekamen die Manſionäre (1553) die näher bei Prag gelegenen Dörfer Bratronitz, Žilina, Krupa und Oleſchna.[6] Im Jahre 1346 war ihnen die St. Lauren=

---

1) Ebenda 319. Dum autem ipsi Mansionarii ad officium decantandum conveniunt, ipsum distincte et non festinanter decantent, nec intra illud horas diei legant, sed ipsas expediant ante officium, vel officiis Virginis totaliter decantato.

2) Dobner, 365 f. De discordia orta inter majores et minores Mansio-narios. — Ebda. 366. Ad mandatum Domini Johannis Luth cancel-larii Theodori de Staffordia.

3) Nejedly, S. 36, Anm. 5.

4) Dobner, 376. Litera officiandi ante diem pro Mansionariis.

5) Emler, Regeſten IV, 534. Prouisionem vero eorundem nos procu-ramus et ad huc in futurum melius et pignius procurabimus.

6) Dobner, 344. Litera domini imperatoris super villas Czernyelow et Jasseny, et permutatione earundem. — Ebenda 355. Litera archi-episcopi et capituli Pragensis in testimonium de empcione villarum infra scriptarum.

tiuskapelle zu Prerau in Mähren samt deren Gütern zugefallen.[1]) Die
mährischen Güter veräußerten sie und erkauften sich von dem Erlös einen
jährlichen Zins von den Dörfern Zabražďany und Schemčiß.[2]) 1352 schenkte
ihnen die Königin eine Abgabe von dem Dorfe Miniß zum Andenken
ihres Sohnes Wenzel;[3]) im folgenden Jahre der Kaiser das Dorf Chleby
für eine über dem Königsgrab am Chor der Mansionäre zu singende
Seelenmesse,[4]) endlich (1356) einen Jahreszins von Hradistko.[5]) Sie verkauften ferner einen ihnen geschenkten Hof in Lysolaya (1370) gegen
jährlichen Zins[6]) und hatten außerdem noch manche kleinere Einnahmen,[7])
so daß die Zugehörigkeit zu ihrem Kollegium als eine fette Pfründe
gelten mußte.

Ich gebe nunmehr das Namens-Verzeichnis der von Tomek (Dějepis města Prahy, V, 144—147) ermittelten Mansionäre aus der Regierungszeit Karls IV. Leider hat es Tomek hier wie sonst versäumt, seine Quellen
(meist handschriftliche Urkunden der Kapitelbibliothek) anzuführen, wodurch
die Nachprüfung fast unmöglich geworden ist. Man muß dies schon aus
dem Grunde bedauern, weil wir dann vielleicht die Nationalität einzelner
Mansionäre, die er durchaus in der tschechischen Namensform zitiert,
besser beurteilen könnten.[8])

Präzentoren (Tomek, V, 144.):

* Paul 1349,
 Ctibor 1353 (war 1378 schon tot),
 Johl 1362—67,
* Mathias 1371,
* Johann 1378.

---

1) Dobner, 334. Incorporacio domini Pape super Capella in Prerouia.
2) Nejedlý, S. 37.
3) Dobner, 342 f. Litera donacionis super bona in Minicz per Dominam Annam Reginam Romanorum et Boemie.
4) Dobner, 349. Transumptum litere regis Karoli super sigillo archiepiscopi et capituli Pragensis. — Ebenda 351 f. Litera domini regis
 Karoli super villa Chleby.
5) Dobner, 369. Super quinque·marcas in Hradysstko.
6) Dobner, 385. Litera super censu in Lyssolay V. sexag. pro Mansionariis omnibus.
7) Tomek, Děj. m. Prahy III, 66—67. Ich erwähne von urkundlich be-
 zeugten Schenkungen: eine des Mansionärs Nikolaus Sieglin (1370),
 Dobner, 383). Vgl. ebenda S. 357, 372, 377, 381, 387, 389, 892, 894,
 397, 398, 399, 410, 411, 414, 416, 417, 437, 448, 454.
8) Ich bezeichne die von Tomek tschechisch, von mir deutsch angeführten
 Namen mit einem Sternchen (*).

Ober-Manſionäre (Tomek, V, 145)

  * Stephan (?) 1353,
    Hanek (?) 1353,
    Valentin (?) 1353,
    Paſchek von Žitlowitz 1357—58, dann Pfarrer in Černikau,
  * Nikolas Stup bis 1359, dann Pfarrer in Zlonitz durch Tauſch mit
    Hawel 1359—64, vor und nachher Pfarrer in Zlonitz bzw. Kamenitz,
  * Andreas ſeit 1359, vordem Pfarrer in Ibitn,
  * Jakob bis 1360, dann Pfarrer in Pſidoli,
  * Mathias bis 1360, dann Pfarrer in Krtna durch Tauſch mit
    Fabian, ſeit 1360, vorher Pfarrer in Krtna,
  * Johann Biſchof (Biskup) bis 1360, dann Altargeiſtlicher bei St.
    Niklas a. d. Altſtadt durch Tauſch mit
  * Johann bis 1363, dann Pfarrer in Minitz durch Tauſch mit
    Bozděch ſeit 1363, vordem Pfarrer in Minitz,
  * Nikolaus bis 1367, dann Pfarrer am Hradſchin,
    Gotfrid (?) 1367—71,
    Paul (?) 1367—71.
  * Niklas Slegl, Kleinſeitner Bürger 1370.
    Wit, Witek 1871—79,
    Martin bis 1376, dann Pfarrer bei St. Jakob am Aujezd durch
    Tauſch mit
    Přibik, vordem Pfarrer bei St. Jakob, ſeit 1376
  * Jakob von Nelahozewes 1377—85.

Unter-Manſionäre (Tomek, V, 147):

    Martin, Subdekan 1365,
  * Wenzel 1367.

Karl dürfte von ſeiner Schöpfung befriedigt geweſen ſein. Denn er ging daran, auch in andern Städten Manſionäre nach dem Prager Muſter einzurichten. Zunächſt im Mai 1355 in Tarenz,[1]) in Italien wo er den warnenden Traum gehabt hatte, und im ſelben Jahre auch zu Nürnberg in der St. Sebaldskirche. Beide Filialen blieben in ſteter Verbindung mit dem Mutterinſtitut, das über ſie auch ein gewiſſes Aufſichtsrecht aus= zuüben hatte.[2])

---

1) Dobner, 360 f. Confirmacio Mansionariorum in Terencio per Epi-
scopum Parmensem. — Ebenda 367. Instrumentum de liberalitate
Mansionariorum in Terencio. — Ebda. 373. Instrumentum fundacionis
Capelle Mansionarium in Terencio.

2) Dobner, 362. Litera libertacionis Capelle per Plebanum in Nurmberg. — Ebenda 364. Litera consensus super Capella in Nurmberg.
— Ebenda 390. Litera de institutione horarum beate Virginis in
capitulo Normbergensi, cantandarum die et nocte, de oblacionis
dividendis (1378).

Die Prager Manfionäre blieben auch nach dem Tode Kaiser Karls bestehen. König Wenzel IV. bestätigte 1388 ihre sämtlichen Privilegien[1]) und auch von der Kirche wurden sie anerkannt.[2]) Dafür gärten im Innern des Kollegiums heftige Streitigkeiten, welche durch das Bestreben der niederen Manfionäre hervorgerufen wurden, den Höheren nicht dienen zu müssen. Trotz der lebhaften und wiederholten Proteste der Höheren[3]) setzten es die niederen — dank der Unterstützung König Wenzels im Jahre 1404 beim Erzbischof Sbinko durch, daß sie zur Priesterweihe zugelassen wurden.[4]) Zwar sollten sie dennoch den Höheren gehorsam sein, aber schon im Sommer 1407 entbrannte der Kampf, wie die Urkunden dartun, aufs neue,[5]) und noch im Feber 1415[6]) sowie im Feber 1417[7]) mußte die Kirche die Disziplin der Manfionäre durch besondere Verordnungen herstellen. Der Untergang des Instituts aber wurde nicht durch innere Wirren herbeigeführt: der Fanatismus der Hussiten war's, der dieser Schöpfung des großen Kaisers ein Ende bereitete.

---

1) Dobner, 403. Litera confirmacionis Serenissimi principis domini Wenceslai Romanorum et Boemie regis super universis et singulis bonis et literis Precentorum et Mansionariorum. 28. Juni 1388.

2) Dobner, 401. Instrumentum super domum Mansionariorum. 21. Juni 1388. — Ebenda 405. Litera racionis facte Mansionariis per Praecentorem coram capitulo Pragensi. 29. Juli 1389.

3) Dobner, 424. Instrumentum, quomodo majores Mansionarii non consenserunt, quod minores procederent ad sacerdotii gradum, 1404. — Ebenda 434. Instrumentum, quod minores fallaciter et mendose processerunt ad gradum sacerdotalem. 15. März 1404.

4) Dobner, 428. Privilegium de ordinacione minorum ad Gradus. 8. März 1404.

5) Dobner, 442. Vicarii in spiritualibus domini Archiepiscopi Pragensis apostolice sedis legati, generales. 11. Mai 1407. — Ebenda 448. Littera contra minores Mansionarios de lecturis et cappis. — Ebenda 445. Privilegium contra minores Mansionarios de lecturis et cappis. Beide vom 18. Juli 1407. — Ebenda 446. correciones majorum Mansionariorum et minorum. 1. August 1407.

6) Dobner, 461. Publicum instrumentum editum per decanum Cralowicz pro Mansionariis.

7) Dobner, 464. Littera declaracionis statuti pro Mansionariis.

Zwei Urkunden zur Geschichte Westböhmens im 15. Jahrhunderte.

Mitgeteilt von
Georg Schmidt (Mies).

Herr Hans Ritter von Streeruwitz, derzeit Bürgermeister der Stadt Mies, übernahm aus dem Nachlasse seines Oheims, des am 21. November 1903 verstorbenen k. u. k. Obersten d. R., Herrn Johann Karl Ritter von Streeruwitz, eines bekannten Liebhabers und Förderers historischer Studien, auch mehrere, zum größten Teile familiengeschichtliche Aufzeichnungen, unter denen sich auch zwei Originalurkunden aus den Jahren 1409 und 1451 befanden. Woher diese stammen, läßt sich nicht mehr feststellen. Hr. Bürgermeister R. v. Streeruwitz überließ sie mir bereitwilligst zur Veröffentlichung, wofür ihm auch an dieser Stelle bestens gedankt sei.

Nr. I ist eine Original-Pergamenturkunde, 23·3 × 17 cm groß, in 25 Zeilen deutlich geschrieben; am unteren, 2 cm eingeschlagenen Rande hangen noch drei Pergamentstreifen, an denen die (jetzt verlorenen) Siegel des Ausstellers und der zwei Mitsiegler befestigt waren. Der Inhalt der Urkunde — eine Schenkung eines westböhmischen Adeligen an das Mieser Minoritenkloster vom Jahre 1409 — ist aus dem unten folgenden Text zu ersehen.

Ulrich, genannt Wsserubecz (Všerubec, d. h. der Wscherauer) von Mariafels (Slavice),[1] gesessen auf Anischau (Únešov),[2] der Aussteller der Schenkungsurkunde, gehörte dem Geschlechte der Herren von Wscherau an, deren Ahnen, die Brüder Hrdibor und Vicemil, die Burg Wscherau (Všeruby) und die dortige St. Martinskirche, jetzt Friedhofskirche, wohl die älteste (romanische) Kirche Westböhmens, zur Zeit des Herzogs Soběslaw I. (1125—1140) anlegten; sie waren auch mit Hroznata, dem Stifter des Klosters Tepl, verwandt; im 13. Jahrh. hatten sie noch Wscherau inne.[3] Von ihnen stammten dann die Herren von

---

1) 1½ Stunden nw. von Mies im Ger.-Bez. Weseritz.

2) Nw. von Wscherau im Ger.-Bez. Tuschkau.

3) Hrdibor von Wscherau 1212 (Erben, Reg. Boh., I, Nr. 530); dieser und sein Sohn Vicemil 1232, 1233 (l. c. I, Nr. 785, 881); Hrdibor allein 1242 (l. c. I, Nr. 1067); Vicemil allein 1232, 1239 (l. c. I, Nr. 784, 968).

Hrádek (j. Burgstelle bei Zwinomaß, 2 Stunden n. von Mies), Očim (Učin bei Ober-Gosolup, Ger.-Bez. Weseritz) und Slavice ab. Der Tauf-name Hrdibor kehrt namentlich bei den Herren von Mariafels wieder;[1]) diese führten noch im 15. Jahrh. auch den Beinamen Wsserubecz, obwohl sie Wscherau längst nicht mehr besaßen.[2]) So 1409 der in unserer Ur-kunde (I) genannte Ulrich Wsserubecz von Mariafels, gesessen auf Anischau.[3]) Dieser ist auch sonst urkundlich bezeugt: König Siegmund verschrieb ihm gegen 500 Schock Groschen und die Verpflichtung, ihm mit 8 Geharnischten zu dienen, in einer zu Mies[4]) 1421 ausgestellten Urkunde[5]) zwei Dörfer des Klosters Kladrau, Radlowitz (bei Mies) und Honositz (Ger.-Bez. Staab).[6]) Leo (Lvík) von Mariafels, Ulrichs Bruder, zedierte später diese Schenkung dem Wilhelm von Wolffstein.[6])

Als Ulrichs Gemahlin, Johanka, 1427 starb, übernahm er (validus Ulricus Wsserubecz de Slawicz) als deren Heiratsgut 200 Schock Groschen auf deren Besitze in Trpist und bat den König Siegmund, diese Vermögensübertragung urkundlich zu bestätigen, quod ad tabulas terre tutus non patebat accessus; die von Siegmund zu Kronstadt in Siebenbürgen am 13. April 1427 ausgestellte Urkunde wurde in Mies publiziert.[7])

1435 (30. April) präsentierte Ulricus Wsserubecz de Slawicz für die durch den Tod Peters erledigte Pfarre in Anischau, wo er also noch Besitz hatte, den Nikolaus von Wssepadl (Šepadly, Ger.-Bez. Neu-

---

1) So 1465 ein Hrdibor de Slawicz (Reliq. tab. terrae, II, S. 340).

2) A. Sedláček, Hrady, zámky a tvrze královstvi Českého, XIII, S. 222.

3) An dieser Stelle sei auch die von mir in diesen Mitt. XLII (1904), S. 476, Anm. 5, zitierte Urk., von der mir damals nur ein Auszug des Besitzers, Obersten R. v. Streeruwitz, vorlag, verbessert: statt Ulrich von Schwan-berg von Mariafels auf Beneschau ist obiger Name zu lesen; ebenso heißt der zweite Mitsiegler Beneda (nicht Johann) von Wolffstein. — Sedláček, der die Urk. einsah, tschechisiert auch den Namen „von Šteruvic"!

4) Siegmund hielt sich vom 14. Jänner bis 10. Feber 1421 in Mies und dessen Umgebung auf (F. Palacký, Urkundl. Beiträge zur Gesch. des Hussiten-krieges, I, Nr. 58, 60 mit Anm.).

5) Archiv český, I, S. 515.

6) Die Dörfer Radlowitz (Radějovice) und Honositz (Honešovice, Hončovice) unter den vom Papste Gregor IX. ca. 1239 bestätigten Besitzungen des Klosters Kladrau (Erben, Reg. Boh., I, Nr. 979).

7) A. Nováček, Sigismundi regis Bohemiae litterae donationum regalium (1421—1437), Sitzungsber. der kgl. böhm. Ges. der Wiss., philos.-histor. Kl., Jahrg. 1903, I, S. 24, Nr. 27.

gedein); dieſer ſollte 15 Groſchen Beſtallungsgebühr entrichten.[1]) Später
verſchrieben Ulrich und ſein Bruder Leo dem Heinrich Zubát und dem
Johann Polaк von Solliſlau eine Schuld von 300 Schoск Groſchen auf
Aniſchau, worüber es 1465 zum Streite zwiſchen Hrdibor von Mariafels
und Johann Polaк einerſeits, Leonhard von Witſchin, Wiecho von Ulliţ
und Johann Czechmycze anderſeits zum Streite kam.[2]) Außer den Brüdern
Ulrich Wſſerubecz und Leo von Mariafels, die im Huſitenkriege gegen
einander ſtanden, lebte 1414 noch ein Johann; Hrdibor dagegen beſaß
(1421—1470) Mariafels.[3])

Das Gut Mariafels hatte zur Zeit, da Ulrich ſich darnach nannte,
raſch ſeine Beſitzer gewechſelt: 1405 (3. Feber) war Chwalo cliens ibidem de Slawicz Patron der dortigen Kirche;[4]) 1408 (8. Mai) aber
übten dieſes Recht zwei Schwanberge aus, Neuſtup von Schwanberg,
Propſt von Moldautein und Wyſchehrader Kanonikus, und Bawor von
Schwanberg, residens in Slawicz;[5]) der leţtere beſaß es 1412 allein.[6])

Als Patronatsherren der Kirche zu Aniſchau (jeţt als Filialkirche
St. Prokop zu Tſchihana gehörig), alſo wohl auch als Beſitzer des Gutes
daſelbſt werden vor Ulrich Wſſerubecz im 14. Jahrh. genannt: 1365 Heinrich
von Aniſchau;[7]) 1371 Friedrich von Winařiţ;[8]) 1383 der Edle Gyra,
кgl. Forſtmeiſter, der im Namen des Königs Wenzel das Patronat aus=
übte;[9]) 1389 Peter von Kraſchowiţ;[10]) 1399 endlich Sezema cliens de
Fusperg (j. Puſchberg, Bez. Klattau).[11]) 1391 verkauften die Brüder Peter
und Sezema von Wrtba die Feſte Aniſchau mit dem Dorfe (mit Aus=
nahme des Meierhofes) dem Buſcheк von Klenowiţ.[12])

1) Libri confirm. archidioec. Prag., X, S. 247.
2) Reliq. tab. terrae, II, S. 340. = Arch. č., III, S. 360.
3) Sedláček, XIII, S. 135.
4) Lib. conf., VI, S. 137.
5) l. c., VI, S. 243.
6) Reliq. tab. terrae, I, S. 102.
7) Lib. conf., I, 2, S. 68.
8) l. c., II, S. 64.
9) l. c., III, IV, S. 152. — In dieſem Jahre waren Friedrich von Winařiţ
  und Heinrich von Aniſchau auch Patrone in Liſſan (Leſtany = Lichten=
  ſtein, Ger.-Bez. Tuſchkau): l. c.
10) l. c., III, IV, S. 217.
11) l. c., VI, S. 4.
12) Sedláček, XIII, S. 127. Dieſer führt auch einen Jaroslav von Aniſchau
  († 1406) an.

Die Muhme Ulrichs, Dorothea von Mariafels, war 1409 schon verstorben; für ihr Seelenheil stiftete Ulrich den in der Urkunde (I) genannten Zins von 1 Schock Prager Groschen bei den Minoriten in Mies. Dorotheas Gemahl war Przybo (Přibislaus) von Lohm (bei Schweißing). Schon 1379 besaß ein Přibyslaw das Dorf und die Feste Böhmisch-Lohm.[1]) Er kann mit jenem Przybo identisch sein. Später kamen Tachauer Bürger (Hans May, Wenzel Kostenbier) in den Besitz von Böhmisch-Lohm.[2])

Die Schenkung Ulrichs erfolgte im Dorfe Plahussen (Blahust, Blahut=Blahousty, Bez. Mies) auf dem Besitze des Bauers Weliß (Welyss). Der Name Welislaus kommt kurz vorher auch in Mies und Umgebung (Swina) vor.[3]) Ein zweiter Bauer in Plahussen hieß Wiecho.[4])

Als Besitzer des Dorfes und der Feste Plahussen erscheinen im 13. Jahrhunderte Ratmir und Protiva, filii Lupoldi de Rachow et Blahouzt, in einer 1247 (16. November) ausgestellten Urkunde,[5]) Protiva de Blahoust auch noch 1251 (14. Feber);[6]) am Ende des 14. und zu Anfang des 15. Jahrh. werden erwähnt: 1379 die Brüder Hermann und Protiva, dieser noch 1383; 1405 ein Protiva und neben ihm Půta Černý (1405—1415).[7])

Zur Geschichte des Minoritenklosters in Mies wurden in diesen Mitt. XLII (1904), S. 475/6, einige Nachrichten beigebracht.

Die Zinszahlungen (1 Schock Prager Groschen jährlich) sollten, wie üblich, regelmäßig an Georgi und Galli zur Hälfte, beginnend mit dem nächsten Georgitage (1409), erfolgen. Wenn die Termine nicht ein-gehalten würden, könnten die Mieser Minoriten den Zins nach dem weltlichen

---

1) l. c., XIII, S. 136.
2) 1437 verkaufte Hans May von Tachau das Dorf mit den Zinsen dem Wenzel von Tachau, genannt Kostenbier (Reliq. tab. terrae, II, S. 182); Wenzels Tochter Elisabeth geriet deswegen 1454 mit Nikolaus von Schweißing in Streit (l. c., I, S. 121). — Lohm bei Schweißing hieß zum Unterschiede von jenem bei Tachau „Böhmisch-Lohm" (České Lomy).
3) Lib. erect., III, S. 327 (1383); IV, S. 432 (1396); vgl. Mitt. XLII, S. 461.
4) Der Name Wiecho auch unter den Herren von Ullitz 1465 (Reliq. tab. terrae, II, S. 340).
5) Erben, Reg. Boh., I, Nr. 1190.
6) l. c., I, Nr. 1263.
7) Sedláček, XIII. S. 135.

oder geistlichen Rechte einfordern. Wenn aber der Donator Ulrich oder
seine Erben oder Nachfolger mit Zustimmung der Klosterbrüder einen
Zins von 10 Schock Groschen auf sicheren Gütern in der Entfernung
einer Meile von der Stadt Mies anwiesen, sollte Plahussen vom ersteren
Zinse frei sein. Die Verpflichtung der Klosterbrüder bestand darin, daß
sie alljährlich an den Quatembertagen 4 Seelenmessen mit vorangehenden
Vigilien für Dorotheas Seelenheil lesen sollten. Da die Stiftung racione
sui (Dorothee) veri dotalicii zu erheben war, so muß Dorothea noch
Forderungen an ihr Erbgut gehabt und ihr Neffe Ulrich diese in Gestalt
jener Seelenmessenstiftung beglichen haben.

Als Zeugen hängten unserer Urkunde zwei Adelige Westböhmens
ihre Siegel an, die auch sonst in zeitgenössischen Quellen genannt werden:
Johann, genannt Polak von Sollislau und Beneda von
Wolfstein.

Die Herren von Sollislau (Sulislaw) treten schon am Ende des
12. und im 13. Jahrh. als Urkundenzeugen auf: so 1197 Johannes
de Zulizlav in einer Schenkungsurkunde für das Kloster Kladrau,[1]
Ubislaus de Sulislav in einem gleichen Falle 1212 und noch 1248.[2]
In den Libri conf. und Libri erect. werden sie in der Zeit von 1368 bis
1427 als Patronatsherren der Pfarrkirche (j. Filialkirche St. Laurentius
zu Mies gehörig) in Sollislau, sowie als Besitzer des Gutes Sollislau
und anderer Herrschaften erwähnt: Johann von Sollislau, 1368 erwähnt,[3] war 1379 Richter (popravce) in Eger.[4] Sein ältester Sohn
Prkosch wurde 1360 schon Pfarrer in Lhota, aber 1362 abgesetzt, weil
er sich nicht weihen ließ; 1368 Kaplan des jugendlichen Königs Wenzel
und Pfarrer in Pištín (Ger.-Bez. Frauenberg),[3] kam er 1396 nach Bukovec
(Mogolzen, Bez. Bischofteinitz).[4] Die zwei anderen Söhne hießen Johann;
sie unterschieden sich anfangs als der ältere und der jüngere; seit 1400
nannte sich der eine Ptáce, der andere Polak; der letztere Name kehrt
in der Familie öfter wieder. Alle drei, Prkosch, Johann genannt Ptáce
und Johann genannt Polak, präsentierten am 24. Mai 1400 nach dem
Tode des Pfarrers Dominikus den Priester Johann von Klattau für

---

1) Erben, Reg. Boh., I, Nr. 433.
2) l. c., I, Nr. 530 und 1224.
3) Lib. conf., I, 2, S. 97.
4) Sedláček, XIII, S. 249. — Ein Jessko (Johann) de Sulislaw 1382 (1. April)
unter den 40 Mitgliedern einer „Hammergilde" (Bauhütte) in Prag (Illustr.
Chronik von Böhmen, I, 1853, S. 412).

die Sollislauer Kirche.[1]) Allerdings heißen da nur Prkosch und Johann
Ptáče fratres germani, aber 1406 werden, da Ptáče schon gestorben
zu sein scheint, Prkosch und Johann Polak so genannt.[2]) Am 24. April
d. J. wiesen die letzteren ihrer Sollislauer Patronatspfarre reichliche Stiftungen
pro meliori sustentatione plebani (Johannis) et (duorum) vicariorum eiusdem an,[2]) u. zw. 6 Schock Groschen in Mlýnec (Bez. Klattau)
von 4 Bauern (homines Radco, Stephan, Waczko und Panko), von denen
aber jeder 94 Groschen leisten mußte, 5 Schock Gr. im Dorfe Liběiovice
(Liběiiß, Bez. Netoliß), das dem Joh. Polak gehörte; 2 Schock Gr. im
Dorfe Otěšice (Wojtěschiß, Bez. Přestiß) von dem laicus Waczlawo;
2 Schock Gr. endlich im Dorfe Sollislau auf dem Besiße des Johann
Polak: im ganzen also 15 Schock Groschen. Außerdem gab Pfarrer Prkosch
der Sollislauer Kirche noch einen Wachszins von 1 Schock Gr. im genannten Dorfe Wojtěschiß bei dem Bauer Joh. Rzadny und 100 Groschen
bei Stacho in Maczlow (wahrscheinlich Meclov = Metzling, Bez. Bischofteiniß). Die Bestimmungen über die Durchführung dieser Stiftungen, sowie
über die Verpflichtungen des Sollislauer Pfarrers sind ähnlich wie in
unserer Urkunde (I), nur etwas ausführlicher. Nach dem Tode des Pfarrers
Johann (1400—1416) übten das Patronat in Sollislau aus: Prkosch,
Pfarrer in Mogolzen, die Brüder Johann Polak (II.), Budiwoj, Johann
und Wenzel und ihre Mutter Herka; präsentiert wurde am 10. Juli 1416
der Priester Matthias von Nedraschiß.[3])

Sedláček (l. c., S. 250) hält die zuletzt genannten 4 Brüder für
Söhne des 1406 schon verstorbenen Joh. Ptáče. Joh. Polak (I.) aber, der
Bruder des Prkosch und des Ptáče, fehlt diesmal unter den Patronats-
herren. Als dann Pfarrer Matthias 1427 starb, präsentierten am 7. Feber d. J.
Joh. Polak (I.), famosus armiger de Sulislaw, Johann und die Mutter
(Herka) dieses den Nikolaus von Bischofteiniß.[4]) Die Brüder dieses Johann,
Joh. Polak (II.), Budiwoj und Wenzel, dürften in der Zwischenzeit ge-
storben sein. Der in unserer Urkunde 1409 als Zeuge auftretende Joh.
Polak dürfte aber doch wohl mit Joh. Polak (I.) identisch sein; er scheint,

---

1) Lib. conf., VI, S. 21.
2) Lib. erect., V, S. 682—684. — Pfarrer Prkosch bestimmte 1407 (8. April)
   in einem Streite mit Martin gen. Sliwa, Burggrafen von Plan, den
   Pfarrer in Sollislau als Schiedsrichter seinerseits (Soudul akta konsistore
   Pražské, V, S. 397).
3) Lib. conf., VII, S. 205.
4) l. c., IX, S. 125.

da der eine Bruder (Prkofch) Pfarrer war und der andere (Ptáče) bald verftarb, das Haupt des Sollislauer Herrengeschlechtes gewesen zu sein. Er gehörte auch 1420 zu katholischen Partei und zählte zu jenen Adeligen Westböhmens, die nach Georgi d. J. den Prager Städten auffagten.[1]) Noch 1465 (17. Juni) wird ein Johann Polak de Sulislawi erwähnt.[2])

Der zweite Mitsiegler unserer Urkunde (I), Beneda von Wolfftein, präsentierte mit Wilhelm, wohl seinem Bruder (beide heißen famosi clientes de Wolffteyn), am 24. Juni 1409 nach dem Tode des Pfarrers Jakob den Priester Blasius von Bischofteinitz für die Pfarre in Tschernoschin, das am Fuße des Wolfsberges (mit der Burg Wolfftein) liegt.[3])

Zur Geschichte der Herren von Wolfftein vgl. Sedláček, Hrady, zámky a tvrze, XIII, S. 130.

Nr. II ist eine Original-Pergamenturkunde, 30·8 × 22·7 cm groß, mit 18 Zeilen Text und der Unterschrift:

Von dem Rate
zu Nüremberg.

Das rote Siegel, mit dem der vierseitig eingeschlagene Brief verschlossen war, ist bis auf geringe Reste, in denen kaum 4 bis 6 Buchstaben erkannt werden können, abgesprungen. Auf dem Rubrum steht die Adresse in zwei Zeilen:

Dem Edeln wolgeborn herren hrn
Vlrichen herren zu Rosemberg

Außerdem ist hier noch der Quere nach von späterer Hand der Registratur- oder Signaturvermerk:

Norinberg
— 1472.

angebracht.

Der Rat der Stadt Nürnberg wendet sich am 3. März[4]) 1451 an Herrn Ulrich von Rosenberg um seine Vermittlung in der Klage, die nach dem Berichte Burians von Guttenstein an die Nürnberger Herr Alesch von Sternberg auf dem Prager Landtage gegen sie

1) Arch. č., IV, S. 378.
2) Reliq. tab. terrae, II, S. 340.
3) Lib. conf., VI, S. 266.
4) Für die Auflösung der Datierungen dieser Urk., sowie für sonstige bereitwillige Auskünfte bin ich Herrn kaif. Rate Dr. Karl Siegl, städt. Archivar in Eger, zu besonderem Danke verpflichtet.

vorgebracht habe; Burian habe einen Ausgleich vorgeschlagen und der
römische König (Friedrich IV.) für die böhmischen Herren einen „Tag"
auf den ersten Freitag in der Fasten (= 12. März) nach Neustadt
(a. d. Waldnaab) festgesetzt.

Worin der Streit, bzw. die Klage Sternbergs gegen die Nürnberger
bestand, ist weder aus der Urkunde (II), noch aus F. Palacký (Geschichte
von Böhmen, IV, 1) oder A. Bachmann (Geschichte Böhmens, II) zu
ersehen.

Die drei genannten „Herren" sind bekannte Adelige West= und Süd=
böhmens, die in der Zeit vom Ausgang der Husitenkriege bis in die
Regierungszeit Königs Georgs eine wichtige Rolle spielten. Ulrich von
Rosenberg war der Führer der katholischen Partei im Lande bis zur
Wahl Georgs von Podiebrad zum Reichsverweser (1452), der, anfangs
mit Ignaz Ptáček von Pirkstein, dem Führer der streng kalixtinischen
Partei, um Einfluß ringend, lange Jahre (1440—1447) der mächtigste
Adelige Böhmens war, aber nur zu oft wegen seines selbstsüchtigen, hinter=
listigen und zweideutigen Charakters in eine schiefe Stellung geriet und
schließlich nach der Überrumpelung Prags durch Georg von Podiebrad
(2. Sept. 1448) von diesem überflügelt und an die Wand gedrückt wurde,
weshalb er sich nach dem Wildsteiner Tage (11. Juni 1450) und endgültig
nach der Wahl Georgs zum Gubernator (27. April 1452), die er nicht
mehr verhindern konnte, vom politischen Leben ganz zurückzog.[1]

Wenn sich die Nürnberger in ihrer Streitsache gerade an ihn wandten,
so taten sie dies wohl nicht bloß deswegen, weil der Rosenberger das
Haupt der katholischen Partei war, sondern wohl auch, weil er und sein
Anhang wiederholt Beziehungen zu den Nachbarländern (Bayern, Sachsen)
unterhielten.[2]

Ihr Ankläger aber, Alesch von Sternberg, gehörte zur utra=
quistischen Partei des Podiebraders. Er besaß außer Holitz in Ostböhmen
Petschau (seit 1447), Permesgrün (Bez. St. Joachimstal; um 1450 im
Besitze seines 1454 vor ihm verstorbenen Sohnes Peter) u. a., ferner
die Burg und Herrschaft Pürglitz in Pfand (diese stellte er 1454 gegen
Überlassung der lausitzischen Stadt und Herrschaft Kottbus an die kgl. Kammer
zurück), konnte daher bei dem Ringen und Kämpfen der böhmischen Barone

---

1) Bachmann, II, S. 248, 261, 290, 326, 327, 334, 348, 358, 369, 377 (über
  seinen Charakter), 379, 384, 385, 390, 392, 397, 405, 407, 411, 413, 415,
  416, 419, 424. Palacký, IV, 1, S. 208, 211, 212, 213, 216, 217.

2) Bachmann, II, S. 385, 390, 410, 417.

in der Zeit Ulrichs von Rosenberg und Georgs von Podiebrad jederzeit auf seinen Einfluß in Westböhmen rechnen. Im politischen Leben zeigte er ebenso wenig Festigkeit und Selbstlosigkeit, wie Ulrich von Rosenberg, mit dem er übrigens troß politischer Gegnerschaft lange befreundet war, dafür Klugheit und Gewandtheit, so daß er wiederholt wichtige Missionen übernahm und nach der Besetzung Prags und der Gefangennahme des Burggrafen Meinhard von Neuhaus (1448) Oberstkämmerer wurde.[1] Doch fehlte es auch nicht an Trübungen der Beziehungen des adelsstolzen und übermütigen Herrn Alesch zu Podiebrad.[2]

Burian (d. ä.) von Guttenstein auf Preitenstein (Nečtiny, Ger.-Bez. Manetin) war der Sohn Theodorichs von G.; dieser, seit 1369 erwähnt,[3] besaß 1409 Irpist,[4] 1414 und 1415 das Patronat in der seiner Stammburg benachbarten Pfarre Scheibenradisch,[5] 1406 und 1415 wies er auch in Wscherau der dortigen Kirche Stiftungen zu und präsentierte einen Pfarrer, daher er sich alias de Wsserub nannte;[6] noch 1417 nahm er eine Pfarrbesetzung in Libin (Bez. Ludiß) vor.[7] Burian dagegen war 1418 (18. Dez.) Patron für Scheibenradisch,[8] während er 1426 (7. Juni) die Besetzung an der Hl. Geist-Kirche in Wscherau (der jetzigen Pfarrkirche) mit seinem Bruder Johann (sie nannten sich famosi armigeri, fratres germani de Gutsstein) teilte.[9] Der letztere allein besaß 1422 das Patronat in Lichtenstein und 1433 jenes in Schippin,[10] einer zweiten der Stammburg Guttenstein sehr nahe gelegenen Pfarre. Zwischen 1418 und 1433 dürfte Burian die Stammburg aufgegeben und seinem Bruder Johann überlassen haben.[11] 1434 nannte er sich Herr auf Bělá (Böhmisch-Neustadtl, Ger.-Bez. Manetin); er präsentierte mit den Herren von Hrádek (Bußto senior auf Welperschiß, Johann auf Zwinomaß und Margareta, Witwe auf Zwinomaß) einen Pfarrer in Welper-

---

1) Bachmann, II, S. 347 (sein Charakter), 352, 353, 358, 361, 407, 410, 415, 451; Palacký, IV, 1, S. 213, 216, 217, 248; Sedláček, XIII, S. 148, 173.

2) Palacký, IV, 1, S. 249 mit Anm. 214.

3) Lib. conf., II, S. 2.

4) l. c., IV, S. 263.

5) l. c., VII, S. 106, 155.

6) Lib. erect., V, S. 696; lib. conf., VII, S. 155, 174, 175.

7) Lib. conf., VII, S. 226.

8) l. c., VII, S. 281.

9) l. c., IX, S. 116.

10) l. c., VIII, S. 18; IX, S. 191.

11) Nach Sedláček, XIII, S. 52, war er noch 1427 Herr von Guttenstein.

ſchitz.[1]) Als Vormund des jungen Johann Calta von Kamenahora (Ger.-
Bez. Manetin) übernahm er 1434 auch die Burg Rabenſtein und ſchrieb
ſich bis 1446 „auf Rabenſtein".[2]) Vor 1441 traten Zbynĕk von Koczow
und ſein Neffe Humprecht die Burg Preitenſtein an Burian ab.[3]) Von
Wilhelm von Preitenſtein (Nečtiny), anders von Ludiß, erwarb er zwiſchen
1440 und 1454 das Gut Gumberg (Komberk, Ger.-Bez. Tuſchkau).[4])
Schon 1449 beſaß er die Burg Tachau und das Schloß in Mies.[5])
Seit 1449 reſidierte er in Tachau und Preitenſtein, ſeit 1455 nur in
Preitenſtein.[6])

In ſeinem politiſchen Verhalten gehörte er, obzwar Katholik, wenigſtens ſeit dem entſcheidenden Jahre 1448, zu den Anhängern Georgs von
Podiebrad,[7]) der ihn auch 1452 (24. Juli) den Egerern in ihrem Streite
mit Heinrich II. von Plauen als Schiedsrichter (nebſt Calta von Kamenahora) vorſchlug, worauf ſich die Egerer am 3. Oktober d. J. wegen der
Dauer des Waffenſtillſtandes (mit dem Plauener) und wegen des Geleites zum Prager Oktober-Landtage an ihn wandten.[8]) Wenn er 1462
ſtarb,[9]) ſo kann jener Burian von Guttenſtein, der dem am 18. Nov. 1465
gegen König Georg abgeſchloſſenen Herrenbund der ſog. Grünberger
Partei angehörte,[10]) nur Burian d. j., der „Reiche", der Sohn des älteren

---

1) l. c., X, S. 227. Nach Sedláček (S. 123) taufte er Bĕlá bald nach dem
   Jahre 1426.
2) Sedláček, XIII, S. 139. Als Joh. Calta ſchon 1461 ſtarb, übernahm
   Burian wieder, ſelbſt gegen die Zuſtimmung des Königs, die Vormund-
   ſchaft über Johanns Tochter.
3) l. c. S. 203/4.
4) l. c. S. 162. Vgl. auch Arch. č., I, S. 522 (z. J. 1454).
5) l. c. S. 152. Am 12. Mai 1450 übermittelte Burian dem Georg von P.
   den Inhalt eines in der Nähe von Mies aufgefangenen Briefes Ulrichs
   von Roſenberg an den Schwanberger und verſicherte den neu gewählten
   Gubernator, daß er zur Verteidigung gegen die Roſenbergiſche Partei
   ſofort bereit wäre und Streitkräfte „um ſein Schloß Mies oder Tachau"
   (okolo zámku mého Střiebra neb Tachova) ſammeln wollte (Arch. č., V,
   S. 267/8 b; vgl. Palacký, IV, 1, S. 234).
6) Sedláček, XIII, S. 52.
7) Bachmann, II, S. 414.
8) H. Gradl, Die Chroniken der Stadt Eger, S. 264, 271. Bachmann, II,
   S. 430. Vgl. H. Gradl, Eger und Heinrich von Plauen 1451—1454 (Mitt. XIX.
   1881, S. 205, 213).
9) Sedláček, S. 102, 204.
10) Bachmann, II, S. 581; im Index (S. 823) iſt kein Unterſchied zwiſchen
    den beiden Burian von G. gemacht.

Burian, fein, der 1465 Preitenstein, 1483 Tachau befaß und Oberstland=
kämmerer war.[1]

Der in unserer Urkunde erwähnte Landtag (die sampnunge des
gantzen königreichs zu Behem zu Prag) ist der große Katharina=
Landtag (25. November) des Jahres 1450; er kam nach den Abmachungen
des von den beiden feindlichen Adelsparteien, dem sog. Strakonißer Bunde
(der Rosenberg=Neuhauser Partei) und den Anhängern Podiebrads, auf
der Burg Wildstein (Ger.=Bez. Blowiß) am 11. Juni 1450 abgeschlossenen
Vertrages zustande und währte bis 6. Jänner 1451; er zeitigte u. a. auch
Beschlüsse über die Einführung der alten „Kreisrechtspflege".[2] Unsere
Urkunde, so mager ihr Inhalt ist, bietet also eine Ergänzung zur Kenntnis der
Vorgänge auf diesem Landtage, sowie der Beziehungen westböhmischer
Adeligen zu den Nachbarn im Reiche.

Nr. I.
[Mies?], 1409, März 12.

Ulrich, genannt Wsserubecz von Mariafels (Slavice), gesessen auf
Anischau (Úněšov), verschreibt dem Minoritenkloster in Mies einen jährl.
Zins von 1 Schock Prager Groschen auf einem Grundstücke des Bauers
Weliß im Dorfe Plahussen (Blahousty) für das Seelenheil seiner Muhme
Dorothea von Mariafels, einst Gattin des Przybo von Lohm (Lomy). —
Zeugen: Johann, genannt Polak von Sollislau (Sulislav) und Beneda
von Wolfstein.

Nos vlricus dictus Wsserubecz de Slawycz residens in
vnessow cum heredibus nostris Tenore presencium recognoscimus
vniuersis presentibus et futuris, Quod legauimus et proscripsi-
mus vnam sexagenam grossorum bonorum denariorum argenteo-
rum pragensis circumsticatis Annui veri census siue redditus
perpetui in villa Blahust in vna terra, quam nunc welissius in-
colit et sui successores incolent, penes et inferius Wyechonem,
ffratribus minoribus ordinis sancti ffrancisci in monasterio
misensis ciuitatis degentibus et conventui ipsorum pro pintan-
cia pro anima felicis memorie domine Dorothee amice nostre
de Slawycz, Conthoralis olym Przybonis de lom, racione sui veri
dotalicii tollendum et recipiendum divisim scilicet in festo Sancti
Georgij A data presencium proxime affuturum Triginta grossos

1) Reliq. tab. terrae, II, S. 344, 399. Vgl. Sedláček, S. 53.
2) Palacký, IV, 1, S. 239, 240, 247, 251 ff.; Bachmann, II, S. 419, 421.

Et in festo Sancti Galli deinde inmediate instanti tantum denique
et sic deinceps terminis predictis continue se sequentibus, prout
in talibus est conswetum. Qui quidem fratres debent et tenentur
facere et peragere quatuor seruicia seu Aniuersaria in anno
perpetue videlicet singulis quatuortemporibus vnum aniuersarium
sero cum vigiliis et in crastino cum missa defunctorum pro
salute anime domine Dorothee ·memorate. Sique census pre-
scriptus non fuerit in aliquo terminorum predictorum persolutus
prenotatis ffratribus ut prescribitur, Extunc mox habent plenam
et omnimodam potestatem ipsum censum repetendi et exigendi
iure seculari aut spirituali prout ipsis videbitur oportunum.
Hac condicione clare expressa Quandocumque nos vlricus prefatus siue heredes nostri aut successores nostri reposuerimus
et dederimus decem sexagenas grossorum ffratribus pretactis
cum eorum bona voluntate aut alium censum in certis bonis
emerimus Eque uel melius valentem in distancia vnius miliarii
a Ciuitate Misa, extunc dicta terra in villa Blahust cum suis
incolis ab huiuscemodi proscripcione debet esse libera penitus
et soluta, littera presenti minime valitura. — In cuius rei robur
seruenter valiturum sigillum meum proprium ex certa sciencia
et bona mea voluntate presentibus est appensum; sigilla uero
nobilium virorum Johannis dicti Polak de Sulislaw et Benede
de Wolfssteyn in testimonium omnium premissorum sunt appensa.
— Datum et actum anno domini Millesimo Quadringentesimo
Nono die et festo Sancti Gregorij Confessoris ac pontificis gloriosi.

[Am Rücken:]   littera in blahut super
                   welyss super 1 ſſ census.

Nr. II.
[Nürnberg], 1451, März 3.

Der Rat der Stadt Nürnberg wendet sich an Herrn Ulrich von
Rosenberg um seine Vermittlung in der Klage, die nach dem Berichte
Burians von Guttenstein an die Nürnberger Herr Alesch von Sternberg
auf dem Prager Landtage gegen sie vorgebracht habe; Burian habe
einen Ausgleich vorgeschlagen und der römische König (Friedrich IV.) für
die böhmischen Herren einen „Tag" auf den ersten Freitag in der Fasten
(= 12. März) nach Neustadt (a. d. Waldnaab) bestimmt; ihr Diener
Heinrich Leininger sei mit ihrer Vollmacht ausgestattet.

Vnser willig dienste seyn Ewern gnaden mit fleisse voran
bereit, Edler wolgeborner Gnediger lieber here, der Edele her
Burjan vom Gütenstein ct. hat vns newlich in seinen schrifften
zü erkennen geben, Als die sampnunge des gantzen künigreichs
zu Behem zu Prag gewesen sey, hab sich der Edele her Alsch
von Sternberg sein swager in seiner gegenwertigkeit vast von
vns beclaget, dartzu Er alsdann demselben seine(m) swager ge-
andwurt habe auf meynung, wie wir nit abslahen werden, so er
vns besenden werde, daz wir mit im für ewer gnade fürkomen
vnd vns verhören laßen werden, desgleichen sich der genant
her Alsch auch also für euch ze komen erpiete Vnd hat vns
des den tage vff den ersten freitag in der vasten gen der
Newenstat gestymet, den dann der allerdurchleuchtigist fürste
vnser gnedigister here der Römisch künig den Behemischen herren
alsdenn dahin gesetzt hat zt. Wie das dann desselben hern
Burjans briefe in lengeren worten erclerend ist. vnd wann nit
vnser begirde alweg gewesen vnd auch noch ist, daz vnser
vnschulde gelympf vnd vngelympf mit warheit erschyne vnd
offenbar würde, haben wir dem genanten hern Burjan Zugeschriben, daz wir vnser potschafft zu ewn gnaden vff denselben
tage sennden vnd zu uerhörung also komen wöllen vnd vff das,
so schicken wir zu denselben ewern gnaden den Erberen Heinrichen Leinynger disen gegenwertigen vnsern diener In den
obgerürten sachen genüglich vnderrichtet. Mit dienstlichem
fleiße pittende, Ir wöllet denselben vnsern diener in den bemelten
sachen von vnsern wegen gütlich verhören, Im gäntzlich gelauben,
fürderlich erscheynen, vnd euch so gnediglich hierinne beweisen
vnd ertzaigen, Als wir ewr Edelkeit des vnd alles guten sunderlich wol getrawen, das wöllen wir vmb ewr gnade williglich gerne
verdienen. —

Datum feria Quarta ante dnicam Esto michi. Anno dnj
quinquagesimo primo.

Von dem Rate
[Adreſſe am Rüden:]   zu Nüremberg.
Dem Edeln wolgeborn herren hrn
Vlrichen herren zu Rosemberg
[Signatur von ſpäterer Hand am Rüden:]   Norinberg
— 1472.

Die Urkunden des Marktes Friedberg in Südböhmen.

Mitgeteilt

von

Karl Friedl.

Im Archiv des Marktes Friedberg an der Moldau befinden sich folgende Urkunden, welche für die Geschichte des Ortes von größter Bedeutung sind. Wir teilen dieselben ihrem Wortlaute nach mit:

I.

Krummau, 19. Mai 1492.

Wok von Rosenberg gibt dem Markte Friedberg das Stadtrecht.

Wir Wokk von Rosenbergk Haubtman des Königreichs zw Beheim u. Bekennen offentlich mit dem brief für vns vnser brueder vnd vnser erbn vnd nachkomen das für vns komen sind die Erbern weisn der Richter Rat vnd gemanigklich die Burger vnsers markts zw Fridbergk vnser lieben getrewn. vnd haben vns diemitigklich gebetn das wir Sy mit ainem Statrecht gnedigklich versehn vnd begnaden geruehtn. also das sy vnd all Inwoner desselbn markts Ir gut vnd hab von In möchtn verschaffn domit solch angestorbn gut auf vns vnd vnser nachkommen nicht komen sollt. Also haben wir angesehn Ir vleissig betn vnd trew dye sy vnsern worworder loblicher gedachtnus vnd vns vntzher gehorsamlich beweiset habn vnd noch hinfür künfftigklich beweisen mugn vnd solln. Vnd haben mit wolbedachtn mut vnd rate den benanntn vnsern liebu getrewn dem Richter Rat vnd gantzer gemayn des berürtn vnsers markts Fridberg vnd alln Irn Erben vnd nachkomen gegebn vnd gebn auch in krafft des briefs das Statrecht also das die obgenanntn vnser liebn vnd getrewn all Inwoner zw Fridbergk frawn vnd man gantzn vnd volln gwalt vnd macht haben, alle Ire habe, es sey Erib oder varund gut bey gesuntn leib, oder an dem todpet, zw aintzingn oder miteinander verkawffen verschaffn

oder gebn nach Statleichn rechtn vnd gewonheitn wem sy
verlusstet an all vnser vnd vnser Erben vnd nachkommen
Irrung vnd hindernus, Beschach aber das ycmands aus dem ege-
nantn Markt an habn vnd angeschafft mit dem tod abgieng, Es
sey fraw oder man, So soll alle sein hab vnd gut nichtz aus-
genomen geualln vnd Eribn auf sein nagst frewndt In vnser
Herschaft; wär aber khain frewnd In vnser Herschaft, darauf
dosselb abgestorben gut nach ｡ｌawₜ diser freiheit geualln vnd
komen solt alsdann soll dosselb gut zw gemainem nutz vnd
pesserung desselbn markts nach gut bedunkhn des Richters vnd
Rat doselbs vnd mit vnserm vnd vnser Eribn vnd nachkommen
wissen vnd willn angelegt werden, trewlich vnd vngeuerlich.
Auch ab sich ye zw Zeitn begebn wurdt, das yemand vor dem
besitztn Rechtn des berurten vnsers markts zw Fridbergk von
Irem vrtail weiter berueffn gedingn oder appellirn wolt das
mag beschehn, vnd In vnser Stat Krumbnaw zu dem Burgermaister vnd Erberm Rat soll also gedingt werden, Vnd In sollm
notturfftn die offtberurten Burger von Fridbergk solln auch
doselbshin Ir zwflucht haben, Vnd dieselbn abgeschriebn gnad
vnd freyheit solln den berurtn vnsern Burgern zw Fridbergk
vnd allen Iren Erben vnd nachkommen von vns vnd allen vnsern Brudern Eriben vnd nachkommen gehalten werden gentzlich trewlich vnd vngeuerlich. Des zw Vrkund geben Wir In den
brief besigelt vnd bestattet mit vnserm aign anhengenden Insigl.
Der geben ist zw krumbnaw an Sambstag vor Sand Vrbans tag
nach Christi vnsers Herrn gepurdt Tausent vierhundert vnd In
dem Zway vndnewtzigistn Jar.

Original auf Pergament im Archive des Marktes Friedberg.
An einem weißen Pergamentstreifen das rote Siegel in gelber Wachshülle.
J. K. Markus gibt in „Markt Friedberg und seine berühmten Männer"
Seite 8 fälschlich das Jahr 1445 an. Siehe auch Urkunde vom 31. Jänner 1555.
SIGILU. WOCONIS DE ROSENberg.

II.
Hohenfurt, 1. März 1495.

Abt Thomas und der Konvent von Hohenfurt urkunden über eine
strittige Hutweide an der Moldau.

Wir Thöman von gotz gnadn Abt zu hohnfurt vnd der
gantz Conuendt da selbs bekennen mit dem offen Brief vor allen

so er fuerchumbt zw horn sehen oder lesen als ein stoss vnd
zwitracht zwisschn vnss eins tails vnd der ganczn gemain da
selbs zu fridburg des andern tail gewesn von wegn ainer Waid
so sew Von vns vnd dem gotzhaus habenn Nuczn vnd geniessn
gelegen pey der Wultag vntter Studene ist also zwisschn vnsß
gericht vnd abgeschaidn das dy Gemain zw fridburg dy vorgemelt waid nuczn vnd der geniessn scholln nach allem Irm
nucz vnd frumb bys auf dew altn marich vnd gehagn vnd auch
bys zu der Wultag. Es schol auch ayner gattern angehangn
werden vnd so die altn gehag abgiengn so mugn vnd scholln dy
von fridburg vnd vnss lewt von Studene solichn abgäng wider
helfn zu pessern da mit vnnßern armn lewttn nicht schadn be-
schech vnd wir scholln des wald und wildpann geniessen oberhalb vnd hunderhalb der gehag an alle Ir hindernuss vnd Irrung
vnd scholln auch gar nichtcz damit zw schaffen habn an wil
vnd wissen vnsß vnd vnsers holczhaig[er]. Se scholln auch
inkchanlay weys In vnsß wald greyffn weder mit holcz abschlahn
schinttn oder prennr Sunder sew mugn Vor dem wald dy staudn
vnd das Jungholtz ab slahn vnd abräwmen damit die Waid nicht
v̄wächs Sew scholln vns auch alle Jare indas kloster Zinsen vnd
gebn Acztzig phenig gawig munss als wir ym Zinss nemen vnd
es schol auch der waid sunst nyemand geniessn wen die frid-
burgr dan vnß lewt von studene scholln aynenn freyen Weg
haben zw der Wultag an alle irrung vnd hundernuss solicher
bericht vnd weschaid. darauf gebn wir vnn ob genanttr thoman
Abt vnd dapei der gantz Conuent den offen prieff gebart
vnd bestatiget mit vnsserm vnd des Conuenczs anhangunden
Sigilln. Geben zw hohnfurt des Suntag nach sandt Mathias tag
nach Christi gepuert Tausent Vierhundert vnd Im dem funf vnd
Newnczigisen Jare.

In ·weißer Wachshülle das grüne Siegel von Hohenfurt, sehr schlecht
erhalten.

Original auf Pergament im Archive des Marktes Friedberg.

Siehe Pangerl, Urkundenbuch von Hohenfurt. Fontes. rer. Austr. II.
XXIII.

III.

Krummau, 4. September 1495.

Peter von Rosenberg bestätigt der Bruderschaft zu unser Frauen
Zech in Friedberg den Kauf der »petterpawrn wiss«.

Wir Peter von Rosenberg des Königreichs zu Boheim
Haubtmann Bekennen für vnns, vnnser Bruder vnd all vnnser erben,.
das die Bruderschaft zu sannd Borelmo (sic) zu vnnser Frawen,
Zech zu Fridburg die wiß genannt die petterpawrn wiß zwischen
des walld vnd des Schwarzpach oben an die platnmul gelegn
gekaufft haben, Vnnd vnns gebetten wir sollen vnnsern willen
darzu geben vnd denselben kauff bestatten. Also geben wir .vnn-
sern gutten willen darzw, vnd sölhen kauff, bestatten haben,
Iumasst des briwes, also das die bewust wiß mit allen nuezen
vnd besuerhen So daran bekumen mugen mit aller seiner zugehörung nichts außgenommen zu ewigen Zeiten in die Zech
vnnser lieben frawn zu Irm nuz zubrauchen, vnd damit allen
Iren frumen hanndln als mit anderm Irm gutt, so darzu gehorn
vngeverlich. Doch vnns vnd vnsern erben vnd nachkhomen an
vnnßer Obrigkait vnnvergriffenlichen. Das zu waren Vrkund
geben wir der vorgenannten Bruderschafft, vnd allen Irn nachkomen den briew besiegelt mit vnnserm obgenannten Herrn
Hrn Petern von Rosenberg und aigen anhangenden Innsigeln.
Geben zu Krumbnaw an freitag nach sannd Gilgn Tag Nach
Cristi vnnsers lieben Herrn gebuert Vierzehenhundert vnd Im
funffundnewnzigisten Jare.

Original auf Pergament im Archive des Marktes Friedberg.
An einem pergamentenen Streifen das kleine Siegel.
Umschrift: PETER de Rosenberg.

IV.
Friedberg, 26. Juni 1521.

Lang Michel, Müller, und seine Frau Dorothea zu Friedberg,
verkaufen dem Friedberger Pfarrer Siegmund die Mühle „zu nagst der
Mulwiesen".

Ich lang Michel Mülner vnd Dorothea mein Hawsfraw
seshaft zu Fridburgk Bekennen fuer vns vnd all vnser Erben
vnd thuen kund mit dem offnen brieffe allen den er zu sehen
horen oder lesen gezaigt oder furpracht wirdet das Wir recht
vnd redlich verkaufft, vnd käuflich zu kauffen geben haben dem
Wirdigen Hern Sigmundn vnserm Pfarrer vnd mit Brueder zum
Schlegl vnnser Mül gelegen zu Fridburg vnder dem Margkt zu
nagst der Mulwisen mit aller Jerer Zu gehorung, vnd haben

Im auch die bemelt Mul zu kauff ein geantwurt aus vnnser vnd
aller vnnser Erben Nutz vnd gewer mit gantzer steter verzicht.
Indes egenanttn hern Sigmds nutz vnd gewer Omb ain Sum
gelts der wir vom Im gantz vnd gar aufgericht vnd bezalt sein
worden zu Rechter weil vnd zeit an allen schaden. Also das der
benant Her Sigmund Nun hinfuer mit der benantn Mül mit aller
Jerer Zugehorung wol sol vnd mag allen sein frumen schaffen
Nutzen messen, verschaffen verkauffn versetzn, geben vnd machen
Da mit handln thuen vnd lassen, als mit seinem Aygen guet,
Wie In verlust vnd Im pesten fuegen wil An vnnser vnd all
vnnser Erben vnd menigklichs von vnnsern wegen Widersprechen
Irrung vnd Hindernuss, Wir vnd vnser Erben, sein auch der
offt benanten Mül, vorbemelts her Sigmunds recht geweren
vnd fuerstañd fuer all rechtlich ansprach Wo oder wenn Im
des mit Recht vnd notturft beschiecht Als dan solchs verkauffs
vnd landsbrauchs Behaim Recht ist. Gieng Im aber In dem
kawffe vnd gewerschaft icht ab, des er mit Recht zu schaden
käme, den selben schaden allen Zusambt dekauff, sullen vnd
wellen wir Im gantz vnd gar abtragen vnd widerkeren, an alle
sein Mue vnd schaden vnd sol auch das alles haben vnd be-
komen zu vnns vnnsern trewen vnd dar zu auf allem vnnserm
guet Wo wir das Inndext haben, gewinnen oder hinder vnser
lassen Dar Inn nichts ausgenommen noch hin dan gesetzt trewlich vnd angeuer Solchs khauffs vnd abred sein Zewgn dy Erbin
Maister Hanns Schuester die Zeit Richter Caspar Weber Symon
Zÿmermann Walther Vischer Lienhart weber All vier Im Ret.
Mit vrkund ditzs briefs mit des Margkhs anhangunden Insigl
bestettigt, den wir mit vleys dar vmb gebetn Doch Jeren Margkh
Insigl anschadn. Der geben ist am tag der heyligen Weter
Hern Johannis vnd Pauli Nach Christi gepurd Tausent funf-
hundert vnd Im Ain vnd zwaintzigistn Jare.

Original auf Pergament im Archive des Marktes Friedberg.
An einem Pergamentstreifen das Siegel von Friedberg in grünem Wachse.
Fünfblättrige Rose. FRIDBVRG.

V.

Krummau, 31. Jänner 1555.

Wilhelm von Rosenberg bestätigt dem Markte Friedberg das von
Peter Wok verliehene Stadtrecht.

Wir Wilhalm herr von Rosennberg und Ain volmechtiger
verwallter vnnseres haws Rosennberg, für vns selbst auch anstat
herm Petter Wogkhm herrn von Rosenberg vnnseres geliebten
Bruedern auch aller vnserer Erben vnd nachkhomen Thuen khundt
hiemit disem brieff offendtlich für yeder menigkhlich wo der
fürgebracht verlesen oder gehort würdt, Das für vns erschinen
sein Richter geschwornnen vnd di gemain vnnseres Markhts Fridwurg Inwoner vnsere vnnderthanen vnd getrewn liebn vnd haben
vns ainen brieff ettvon herm Wogkhen Herm von Rosenberg
u. vnserer herrn vorfarn fürgebracht. Mit wellichem sy durch
den herrn der Todtenfalligen Recht vnd die puerde derselben
von Inen abgenomen vnd mit sonderen genaden begnadet worden.
Gantz vnnderthenigkhlich Bitt und gemelte vnsere vnderthanen
vnd Inwoner auch Ire Erben vnd nachkhomen bey gemelter
Irer freyhait zuerhalten vnd Inen Iren Erben vnd nachkhomen
solliche freyhait vnd begnadung genedigist zubestätten vnd zw
confirmiren. Wie dan derselbe brieff gleichlauttend von Wort zw
Wort hierynnen eingeschriben Lautt also: [folgt als Jnsertum die
Urkunde ddo. Krummau, 1492, Mai 19, Nr. 1.], demnach auff gemelter vnnserer vnnderthanen vnnderthenigist vnd dhiemüetti-
gist Bitt auch in ansehung Irer trew vnd gehorsamb die sy vnsern
vorfordern auch vns yeder Zeitt ertzaigt haben vnd noch desselben nicht vnderlassen, Haben wir mit wolbedachtem muett
vnd guettem vnsern vnd vnserer lieben getrewen Rath die wir
derselben Zeitt bey vns gehabt haben Inen Richter Geschwornnen
vnd der gantzen gemain vnseren vnnderthanen des Markhts
Fridwurg Inwonern obgeschribene Ire freyhait vnd begnadung
hiemit disem brieff als ain volmechtiger verwallter vnnseres
haws Rosennberg bestett vnd Confirmirt Thun das auch hiemit
in Crafft dises brieffs. Also das sich gemelte vnsere vnderthanen obbeschriebenes vnseres Markhts Fridwurg Inwoner auch
Ire Erben vnd nachkhomen yetzige vnd khünfftige bemelter freyhait gebrauchen sollen Ahne allerlay verhinderung Darbey sy
von vns vnnserem herrn Bruedern auch allen vnnseren Erben
vnd nachkhomen Erhalten werden sollen Alles trewlich vnd
vngeuerlich. Dises alles zw mererm vrkhundt vnd merer
sicherhait haben wir vnnser grösser Insigl zw disem brieff
anhengen lassen. Geschehen auf Khrumbnaw den Pfingstag

nach Paulj Im fünfzehenhundert vnd fünff vnd fünfftzigisten Jahre.

An einer weißroten Schnur das sehr schlecht erhaltene Siegel in Wachs. Umschrift wie Nr. IV vom 18. Juli 1573.

Original auf Pergament im Archive des Marktes Friedberg.

VI.

Krummau, 18. Juli 1573.

Wilhelm von Rosenberg verleiht den Dörfern des Gerichtes Fried= berg das Heimfallrecht.

Wir Wilhelm herr zü Rosennberg Regieründer Herr dess Hawss Rosennberg Röm. Khaj. M. Rath vnnd der Cronn Behmen Obrisster Purggraue Thue khundt offentlich vor Menighlichen mit disem Briefe, wo der furgebracht verlesen oder angehort wierdet dass vnns vnnser Herrschaft Rosennberg vnnderthanne vnd lieb getrewe auss dem Gericht Fridburg, darin die Dörffer Hainrichsödt, Wattastifft, Stublern, Nahloss, Wattaschlag, Schmit- schlag, Platten, Müllnödt, vnnd dy vier Millenn geheren in ge- horsamb furgebracht wie sy bisher gemainen Lanndtsprauch nach da mit sunderliche Freyheitten von deren Obrigkheitten vorhannden des Todenfahlss vnnderworffen weren. Nemlichen so ein Hausswiert ann Leybs Erben durch den zeitlichen Todt ab- gienge fielle halber tayll in vnnser Camer vnnd der annder halb tayl der gelassnen Witib, Imfahl sy aber Absturbe derselb Ir tayl gleicher weyss in vnnser Camer vnd auf kheinen andern Erben. Sonndern auch wan nach ains Hausswierts Absterben khinder Sohne vnd Tochter beliben vnd aus denen ains oder mehr mitler Zeit absturben wuerde Ir tayll nit den vberbleibenden vill mehr vnns in vnnser Camer zugeschriben Desswegen Ir nit wenig vbel- Hauss gehalten dy Heuser abgehen lassen mit Irren guettern sich verporgen die wonungen versessen vnd sein deren ain zimbliche anzall dy Ir Heuser vollig ausszalt hetten vmb das sy gewust das Irre verlassenschafft nit frey befunden worden damit sy Irren fromben abersuechen dy Wanungen ver- pessern dy Heuser Stifftlich vnd Pewlich erhalten möchten, Sein wier Entschlossen Innen solche genadt zu Erzaigen vnd des- selben Toden fahls zuerlassen dessgleichen alss in anndern Stetten, Marrkhten, vnnd Dörffern da khein Todenfahl ist zubefreyen.

Also das deren Jedweder in leben mit seinem guet seins gefallens Es sey Manns oder Weybspersonn in vbergeben vnnd ver-, schaffen bey gesundtem Leib dessgleichen am Todenpethe khonndten handlen, Imfahl es sich aber begebn das nach ainen Vatter die Muetter Sohne oder Tochter vberbliben so khombe der Anfahl da khein geschafft aufgericht in gleiche tayllungen, Jedoch denen die in vnnsern Herrschafften gesessen vnd wahnen dy mugen sich auch sonsten hierin souil dy Statgepreuch in sich halten dessen anmassen, Es sey dann das khein gesibter freundt in vnsern Herrschafften bey leben wehr, solle demnach dy verlassenschafft in vnnser Camer haimbfallen. Auch sollen die so auss Ossterreich in vnnser Herrschafft verfahren vnd nit herwiderumben abzuziehen vermainen, Wie vermeldet der freyheit fahig sein vnd wassmassen sich Ire Obrigkheit vnd verwalter gegen den vnnsern In ab vnd auffahren Erzaigen. Dergleichen wierdet Inen auch vonn vnnser Herrschafft fürsteern verglichen, Was aber das ain vnd ausschreiben der wonungen belannget Es sey in grundt oder waisen gelt wellen wier dise Ordnung Zuhalten auferlegen Das ein Jedes gericht zu den Registern vnd zu dem gelt ein Ainzig vnd sonderlich Truchlein habe Auf vnnserm Schloss Rosennberg, hiezu der Richter einen vnnd dy geschwornen den Anndern schlussel verwahren Vnd ein teyl an des anndern beywesen dy Truchlein nit eröffnen sollen vnd so man zu gepierlich bestimbtenn Zeitten im Jare in Einnemungen vnd aufgebungen handlet wierdet dem schreiber Als in anndern Herrschafften so mit der gleichen freyhaitten begabet von Jeden schokh vierthalb Pfennig maisisch vnd nicht mehr sein lohn verordnet. Gegen solchen anher beschriben begnadungen sollen sy vnnss vnnsern Erben vnd Nachkhumen Immer zue werende wie sy sich dan guetwillig Erlassen Auf Sanndt Gergen vnd auf Sandt Gallentag vnnderschiedlich döpltten Zinss Nemblichen für ein Pfennig alter Herrn forderung zwey für ein khlein groschen zwey für Zehen groschen Zwainzig vnd also ferner bey der Pflicht zu entrichten schuldig sein. Fernner zu solchem Töplten Zinss Nachdem ein Jeder sizet viertag Robolt die drey mit schnaiden oder heugen seiner Hanndt Arbeit Den vierten tag mit der fuer was Inen nun Notturfftiges auferlegt wuerde Durch vnseren Haubtman Ausserhalb der vorigen Zehat in getraydten hünern

Ayern, vnnd Khasenn In vermug der Rennt Register gehorsam-
lichen Verrichten, vnnd dhieweillen sy sich Mehrgedachter vnnser
Herrschafft Rosennberg vnderthanen Sollchen allenn zugeloben
in khunfftig Zeit Ergeben Erpietten wier vnns Entgegen hierin
eingeleybte begnadungen vnd Erlassungen des Todenfahlss für
vnns selbs vnnser Erben vnnd Nachkhumen war vnnd statt zuhalten vnd in ewig Zeit darwider mit nichts zuhandeln gestatten
Alless Treulich vnd vngefahrlichen. Zu Vrkhundt haben wier
disen Brieff hiemit vnnserm grössern Innsigl hieranhengendt bekhrefftigen lassen. Dessgleichen vnnser aigen Hanndtschrifft hie-
rundergestellt. Der Gegeben ist auf Behmisch Khrumaw den
Achtzehenden Mannatstag July Tausennt Fünfhundert im dreyund-
sibenzigisten Jar.

Unterſchrift: Wilhelm v. mein aigenhand.

Das gut erhaltene rote Sigel in Wachskapſel an einem Pergament-
Streifen.

Original auf Pergament im Archive des Marktes Friedberg.

Umſchrift: WILHELM. I. DE. ROSENBERG SIGILLVM.

VII.
1575.

Schriftenwechſel zwiſchen Wilhelm von Roſenberg und Michael,
Propſt von Schlägl, wegen Anſtellung eines Kaplans in Friedberg.

Dem Hoch vnnd Wolgebornen herrn herrn Wilhelben herrn
zu Rosenberg u. Regierunder herr dess Hawss Rosenberg. Rö.
khay. May. u. Rath Vnnd der Cron Behaimb Obrisster Purggraffn
Meinen Genedigen herren vnd Mitstiffter.

Jura socii diuinorum.

1. Item den Tisch Essen vnd Trinckhen mit dem Pfarrer
(Soll ein Pfarrer Raichen).

Ittem das Beicht gelt in d[er] fasten halbes vnd das
zwainzig Beicht, das gantz Jar bleibt im Alles (Bringt vngefärlich drey Taller. Sol auch mit demselben zu friden sein).

Ittem das gantz Jar Von allen opffer den fünfften pfening
(Tregt an pfar Jarlich Ain gulden Echv (sic) Weniger dess
Merers).

Ittem von dem Sacrament der öllung So d[er] khrankhe
Wider gesundt Wierdt So gibt man im 7 Pfening Stürb er Aber;

So gibt man im 14 ℔ (ist bey 20 Jare nit ersuecht noch begerth Worden).

Ittem Van Ainen khindt Zutauffen 6 ℔ (Wirdt geben).

Ittem Ein Zugesegnen Braüt, khindl Pedvrin, Vnnd khindfarter Was di geben bleibt im Alles (van khindl Patterin vnd Brüett Ein Zusegnen, mocht inn Jar bej Zwölch kh an phär ertragen khirchpfartter ist von innen Innerhalb 20 Jare nicht geben Worden).

Ittem Von dem Todtenprief halbs gelt (Wierdt bej Manns gedächtnüss nicht geschafft sein Worden).

Itt[em] die Pittpfening an aller Seeltag halben thaill Vnd dz ganz Jar darnach Was im dar Wierdt (Möcht Jarlich in dj fünf khreuzer ann aller Seelentag, So bej Zehen khreützer an gefähr fallen thut ertragen).

Itt[em] Van yed Vigily 6 ℔ von iedem Seel Ampt 2 ℔ Hochampt 2 ℔ das gefrimbt wierdt (Ist für sich lautter vnd Erfolglich).

Itt[em] Ein parb Samblung in d[er] Pfarr van gewonheit (Soll derselben Auch fähig sein).

Itt[em] Wan man Nach Einem Todten gehet mit d[em] Provess 2 ℔ (Wierdt selten vnd wenig gebraucht im Jar v̈ber drei khreüzer an gfär ertragen).

Itt[em] So ein Person frimet 30 Möss Daruon ist halb theil sein (der gleichen, wie bericht vber 40 od[er] Merer Jar nit begert Zuholt sein worden).

Itt[em] Was Einem Pfarrer geschafft Wierdt, dauon gebiert im der drit thail (das Geschäfft wirdt Jeziger Zeit nit gedacht, Aber Villmerers Was ein Pfarrer begervnndt (sic).

Itt[em] Alle Quattember gibt im d[er] Pfarer 32 ℔ auss dem gelt von vnser Lieb frawen Zöch (ist durch dj Brudschafft gar Aufgehebt das gelt nit Waisslich wo es Angewandt ist worden).

Itt[em] das Rauchgelt So wirdt in dem Markht zu den Wainachten halbs (Möcht vngefärlich drej schilling Pfenning Jarlich ertragen, doch vill heüser in der ersuchung von innen den Pfarrer vnd schulmaister zupessert word[en].

2. Ehrwürdiger in Gott geistlicher Sonder lieber herr Brobst.

Für schreyben Van wegen dess Pfarrers zu fridberg Daŝ
er diser zeit khain gesel Briesster halten khan hab Ich Vndter
Andern Empfangen vnd seinen Inhalt Vernummen, Wil es darauff. Also zu d[er] Negsten Raittung So man Alda Sol halten
einstellen vnnd Demnach der meinen einen Personlich dahin
Verordnen, Das derselbe in bejwesen Eür od[er] Eüres Abgesandten
den hanndel Allersach zwischen dem Pfarrer vnd der fridberger
Erforschen Erwögen vnnd vergleichen thue, Damit sy füran Im
friden Verpleyben Vnd ein Jeder thail An Clag ghalten werde
Wölches Ich Euch gutter Meinung Anfügen vnd nicht verhalten
Wöllen Vnß daneben got dem herrn Beuelhende. Das Auf khrumaw den 23 Monatstag Apri vnd Im 75gist.

Wilhelm herr zu Rosenberg Regierund
Herr des hawss Rosenberg Rö khay May
Rath vnd der Cron Behmen Obrister
Purggraffe.

Dem Erwirdigen in Got geistlichen herrn
Michael Brobsten zum Schlögl Meinen Sonder
Lieben.

3. Ehruuester Innsonders freundtlicher Lieber herr Swerasch.
Dem herrn sein mein Jeder Zeit Willig Dienst Zuuor.

Der herr Wirdt sich alles Zweiffls Indas gesagt garwol
zuerinnern wyssen Wasmassen Mir Zimblicher Abgewichener Zeit
von dennem genedigen herrn etc. Wegen Eines Corporator zu
fridberg zu erhalten Vnd Auf Zunehmen, geschriben Worden.
Auf Sollich Wolernannt schreiben Meinen Auss füerlichen vnd
genungsamen Bericht ihren Gnaden vbergeben Darauff ferners
ihre Genaden ·Mir ein Anttwort erfolgen lassen Das ihr Gdn
Verordnung Wollen fürnemen Vnd gesantte in Namen ihrer Genaden zu der Raittung gehn fridberg die hanndlung zwischen
den fridbergern vnd meinem Pfarrer Alda, in bej sein auch
Meiner guettlich zuuerhandlen Abzuferttigen Dieweill ich dan
von meinen gedachten Pfarrer zu fridberg verstanden hab das
der herr an ettwo Souil meldung gethan habe. Wan mir ein tag
füeglich der Raittung Anzustellen vnd Euch herrn Solches
schrifftlichen zuerinern hab ich gleichwol darauf (Wiewol mir
vil lieber gewest das der herr selbsten zu derselben gelegen-

heit Ein tag fürgenommen vnd mir Solches khundtbar gemacht)
Einen tag Entschlossen vnd Alberait van meinen pfarrer zu
fridberg Auf der Canzl Einer ganzen Pfarrmanig Angekhündt
worden, Wolches der Ander Sontag Nach der heiligen Trifoltig-
kheit sein Wirdt vnd d. 12 Monatstag Junj, zu deme Versiehe
mich, der Hr Werde darauff gedacht sein Vnd wol wisen in
Namen ihrer Genaden darzu zuuerordnen vnd gehn fridberg an
zukhumen. Dahin Ich mich auch Ausser Göttlicher gewalt vnd
Anderer Nambhafften mein des Gotthauß fürfallendes Nottwendigen geschoffen Verfüegen will. Das habe ich dem Hr Aller
freundtschafftlichkhait nach hiemit zuwissen vnd khundbar
machen Wöllen Vnd thue Sonnsten, Was dem hr Jeder Zeit Lieb
vnd dienstlich ist vnd vnß Samentlichen den getreüen Rat
Beuelchendt.

Dat Schlögl den 4 Juni Auch Im 75zigist.

Michael Brobst zum
Schlögl.

4. Darauff in sachen So sich zwischen eins pfarrers mit Namen
Lazarus Pietro deß Markhts fridberg Selsorger vnd Richter Rat
Deßgleichen einer gantzen gemain daselbs zugetragen durch
Volgunden den Ehrwirdigen in got geistlichen herrn Michael
Brobsten zum Schlögl Collatorn hanßen Zezynberch von frannkh
Lüben Pfleger der Herrschafft Wittighausen vnd Gergen
Swerasch Rosenbergischr Abgesandter ein Abschiede Ergangen
Vom Wegen eines Ordenlichen Zehats Im getraydten den dj
Pfarrleütt Zuentrichten Jarlichen schuldig, Herwiderumben ge-
pierte dem Pfarrer neben sein ein gesell Briesster Mit Speiß
Auch andern einkhumen Vermug eines Brieffs zuuersehen. Was
Nun dj Speiss betreff undt Were der Pfarrer nit zuwider Dar-
zugeben, Die andern Zuefel aber mag er nit befinden Das derselbe Briesster damit dj Jarzeit Erraichen möchte Auss Vrsachen
das dj Andern einkhumen zum thail Alle von den Pfarrleüten
vnuerichtes hinderstellig verpleiben. Demnach Wolgedachter herr
für gut Angesehen Dieweillen dj Sachen von dj Partheien fürpringen Alle Pillich Weren Hanndtzuhallten (Wan dj glegenheit
der Gotselligen Alten verhanden da sich drej Briesster Etwan
betragen vnd Jezundt Schwerlich einer Erhalten Wierdet) Das
man den hanndl Auff den Hochgepornen herrn herrn Wilhelmen

herrn zu Rosenberg Rö : khay May & Rath vnd der Cron Behmen obrisster herrn Burggraffen. Seinen genaden glücklichen Ankhunft Verleihe vnd fürpringen Wasmassen Alßden sein genaden ·Sollen wider willen zu Beder Seits mit dem pfarrer vnd der ganzen pfarrmenig Hinlegen solln. es darbej in khünfftig Zeit beruchen Mitlerweill das sich khein theil An den andern vergraiffe Nemlichen der pfarrer seiner Seelnsorge Treulichen Ausswartte vnd dj pfarrleüt Ime gleichfahlß Souil sy vor alters in Allen einkhumen Verpflichtet gehorsamblichen Verrichten. Beschehn Jm Markht fridberg den Ainlifften Monatstag Junj Im fünfzehenhundert fünfundsibenzigisten Jar.

5. Ehrwierdiger in Gott geistlicher Sonnder Lieber herr Brobst.

Mein Vnderthanen dess Markhts fridberg Burgern Berichten mich das Ir Jeziger Pfarrer vnnd Seelsorger Alda ein Beneficiatn zuhahalten (sic) schuldig Sollen sy Im Anderst dengepierlichen Zehat Raichen. Nun er aber khein Beneficiatn Aufnimbt Vermainen sy gleichs falss denselben Zehat Auf Ine Allein nicht ·Volgen zulassen Diemüttiges Vleiss Pittunde das sy hierüber nit beschwart werden. Demnach an Euch mein güttlich Begern Ir Wöllen Alss Collator derselben pfarr fridberg darobsein das mit dj Gotz Ehr wie es vor Alterss Verordnet gegen Entrichtung des Einkhomen durch den pfarrer gehalten vnd nicht Aussgelassen verbleiben. Das thue ich mich zu Eüch in der gepier Versehen Vnnss daneben Gott dem herrn Beuelhen. dat auff khrumaw den 19 Aprill und Im 75.

Wilhelm herr zu Rosenberg
Regierund herr dess hawss Rosenberg
Rö khay May Rath vnd der Cron
Behmen obrisster Burggraffe.

Dem Ehrwierdigen in got geistlichen herrn
Michael Brobsten zum Schlögl Meinen Sonnder
lieben.

6.   Römisch Khaiserlicher May Ratth
vnd der Cron Behmen Obrisster
Purggrafe & Regierender herr
des hawss Rosenberg.

Hoch vnd wolgeborner Genediger herr Euren Gnaden sein
mein gebett zu Got mit Andacht Neben Erpiettung meiner Jederzeit gehorsamer williger dienst Alles Vermögens zuuor etc. Von
E: Gd: Ist ein schreyben auf Behemischen khrumaw den 19
Aprill Aussgehenndt, den 21 gemelts Monats Mir vor zwayen
frydtbergern Zuekhomen vnd bracht worden das der Jezige
Pfarrer vnd Seelsorger Alda Ein Beneficiatn zuhalten schuldig
Da sy Im Pfarrer Anderst den gepürlichen Zehent raichen sollen
Welches Von ihme Pfarrer vezt hero nit beschehen sey, Die-
mittigkhlich E: Gd: Pittundt das sy hieryber nicht beschwart
werden, E: Gd: Desswegen Begerendt an Mich Alss Collator
darob zusein Damit die Gotts Ehr wie es vor Alter verordnet
gegen entrichtung des Einkhomens durch den Pfarrer gehalten
vnd nicht Aussgelassen Verplieben. Darauf E: Gdn: Alss es
einem gneedigen herrn Durch ein khlainen Bericht mit gehorsamen Pitten mich genedigst zuuernemen. Annfenglich genediger
herr haben sich E: Gd: Alss Ein Hochuerstandiger Auss ange-
borner milt vnd güette gnedigst zuerinnern Auch zweyffels one
offtmalls Im Ernstlichen gespräch fürkhomen die gemein erfarung gleichfohlss mit sich pringendt. Das wo vor Alter vnd
bej vnnsern Vorfarn sich zwej drej oder merers geistlich Personen vnd Priesster bej den Stifften vnd andern gemeinen in
Stetten, Marckhten, Bey vnd ander ortten der Christenheit Pfar-
höfen, erhalten. An Jezo aber gar zurechnen schlechtlich ein
Person Aufenthalten khan. Dieweillen dan Wissentlich das auch
bej der Pfarr fridberg, fast was. bej mans gedachtnuss khain
statt bleybender Cooperator Verhart vnangesehen gleichwoll
vermög Eines Vrbars gedachter Pfarr wol alt, vnd darinen eins
Mitpriesster Einkhomen von Item zu Item begriffen. Daselbe
hiemit mit Buchstaben a Van wort zu Wort abgeschryben Ver-
zaichnet E: Gd: genedigst zuersehen beneben einschliessl Wöllen
die Vrsach desselben gewest sein muess. Das es nit müglich
sein wirdt ein Beneficiatn vmb dise besoldung vnd einkhomung
zubestallen Alss wol vor gar alters sich damit auss allerlej er-
wogung, der guettwilligen mit thaillung So Vormals beschehen,
Vnd an Jezo dann dasselbe nit beschicht, Sonnder der maiste thaill
merers zuentziehen alss mit Darreichung vnd dergleichen Personen befürdert möchten werden, gedacht seyen erhalt haben.

Weil dan der Bricht auch Beschwärung dess Zehendts halber
allein der Markht fridberg oder. Bürger für E : Gd: fürbracht,
So werden sich auch E : Gd: gnediglich zuerholen haben das
E : Gd: Ich verschinen fest S—[1]) meins et Jeden des 74 ist
Jars Persenlich.

7. E : Gd : vrerten Hoch vnd Wolgeborner herren herren von
Rosenberg Löblichster vnd Säligster gedächtnuss herren vnnd
vorfar Endl das Gotshawss Schlögl mit Briuilegien vnnd Be-
nadung würdig geacht verordnet, Auch besonder die Pfarr fridberg mit Zehent begabt, Mitt Vberraichung wolgedachter Brieff-
licher Benadungen gehorsamblich Ersucht. Darauf E : Gd: Nach
verlesung derselben Alssbaldt an herrnn haubtman Schkhaln
(sic) Ein Beuelh, das dj Fridberger den Zehant (So sey wyder
alt Löblich herkhomen geprauch Alle Recht vnd Pilligkhait
frauentlicher weyss vnd mit Gewalt, zu Sonderer verachtung
ihrer hohen obrigkhait mit Wöttlichen annemen Mehr Wolgedachter vralten Briefflichen freyhaitten. Alss Svart dekhen ge-
haissen. Dem Pfarrer alda fürgehalten, zu Inen gefexnet vnd in
ihre Aigen Städl eingefürt) Nach altem geprauch zuerfolgen zulassen, Ausszugehen Beuolchen Darauff sy sich nach verneuung
E : Gd: Beuelch gleich wol vnwillig genueg mit dem Pfarrer
verglichen Vnnd desswegen auss khainer andern Vrsach E : Gd:
an yezo vnnottwendiger weyss behelfen — (zerrissen) Alss auss
Lautterm gefasten Neidt vnd geschöpfften widerwillen So sey
gegen ihren Seelsorger vnd Pfarrer tragen vnd füeren. Dan
inen den fridbergern nit vmb die Ehr Gottes die allein bej
Ihnen ein Dekhl Mandl sein mueß, Sondern vmb nichte anderst,
Alss ihrer Aigennüzigkhait vnd forthaill willens Zuthan ist. Dan
sy sich nit Einmall gegen mir erkhlärtt vnd hören lassen, Da
ich bej Inen noch Pfarrer vezt dato sein Solte wolten sy khain
Ainichts wortt weder Zehents halber noch ainen Beneficiatn
zu halten fürgebracht vnnd begert haben. Dieweill dan von
Ainer ganzen Pfarrmenig zu fridberg nach auch von den Burgern
alda khain Ainiche Beschwar der Nachlessigkheit oder Versaumbung des Gotts Dienst mit Celebriren Predigen Administriren
der heilligen Sacramente vnnd ander Ceremonien Wider den

---

1) Zerrissen.

Pfarrer vor mir vezt hero nit fürpracht die ich Innfahl es geschehen Durch auss nit gedult noch zuegesehen hette. Nimbt mich
desstwegen nit wenig ihres vnnottwendigen für E: Gd: für-
pringens wunder vnnd wierdt sich insonderheit der Zehent im
Markht noch Anders wo Auss oblöblicher E: Gd: herren vorfarn Briuilegien etc. Dahin nit Erströkhen oder Penifice Auss-
fürlich ermelden. Das Ein Cooperator Alss Wie vor Alter her
Vnnd Abgeschrybenen Vrbars Verzaichnüss, Deme nach Einem
Pfarrer durch Mich Auferlegt sein soll: da es nur Muglich vnd
Einer vmb solliche besoldung Wirdt bestelt zuuol ziehen, Soll
dadurch erhalten werden zu Abbrueh vnd schmellerung Eines
Pfarrers. Da aber die fridberger oder gantze Pfarrmanig Auss
ihren selbst Aignen Seekhl mit Einer handtraichung vnd Mit-
hilf Einen Beneficiatn zur Notturffigcklichen Jarlichen Auss-
khomung zuraichen gedacht. Bin ich darmit gar Wol zufriden,
mag auch ein Cooperator in Solchem fahl bekhomen. werden,
Wo aber Solliches bej offtgedachten fridbergern nit Stat Langt
hierauf an E: Gd: Alss meinen genedigen herren die werden
gnediglich meinen Nottwendigen Warhafften Bericht, Wol Erwegen vnd den fridbergern Sollichen gefasten Vnwillen Hoch-
muett vnd zuuor Geyebten Sonndern Nambhafften frävel Ausser
Einicher hinuor beschehener ordentlicher Clag vnd Beschwör
Will geschweigen guettlicher Ersuechung mit selbst Pfenndung
des gefexneten Zehents da mit sy mich vnd das Gottshauss Alss
ihrer Khay. May: Camerguet, in Vnnsser vnd vnnottwendige
Zehrung ein gelaitt vnd Pracht, Imfahl Ich mit ihren noch
Weittern Vnpillichen vnd Vnnotthafften Vberlegen in Zehrung
vnd Vnnossten (sic) Eingefürt wurde bej E: Gd: Ich Mich gegen
den fridbergern Zubeschweren Nit Vmb gehen khünen Nit Zuesehen noch gestatten Sondern tröstlich hoffnung E: Gd: die
werden mit Allen Ernst den fridbergern durch, Beuelch Aufe-
laden Lassen, Das sy sich gegen ihren Seelsorger vnd Pfarrer
an stat mein alss Collator mit Raichung alter Hergebrachter
gepreuch vnd Allen dem Jenigen Was sy zuuor geraicht vnd
pillich schuldig zugeben seindt guetwillig erzaigen. Raichen vnnd
an Alle wägerung Erscheinen Aller Neuer vermessenheit sich
Enthalten. Dagegen soll auch dem Pfarrer Alles das Jenige mit
fleiss, wass ihme Zuverichten, vnd schuldig als Ers im Prauch

gefunden, zulaisten Auferlegt vnd Eingepundten worden. Das
E: Gd: Zu Nottwendigen Bericht, Auff der fridberger vnbefuegt
vns fürpringen Hab ich nit vmb gehen khünen E: Gd: Alss
meinen genedig herren Mich sambt dem Armen Gotshauss in
der selben gnädig Schuz Beuelchendt. Dat Schlögl den 22 Aprill
Ano Jar 75gist.

E: Gnad:
diemüttig
Coplan (sic) Michael Brobst
daselbst.

8.   Hoch vnd Wolgeborner genädtiger Herr.

Wier als ain arme pfarmenig Im gericht friberg aus hoch
vnnd angedrunger nottwendtiger notturfft dahin vervrsacht auf
des Erwierdtigen Herrn Brobsten zum Schlegl Eingelegte Bericht nitt vmbgeen mögen den selben zu ueranttwuerden vnd Bitten
E: gn: gantz vnderthanigelich vns arme vnderthane darinen
genädtigelich zuuernemen.

Erster articl So probst zum Schlegl In seinem Bericht füer
E: g. Ein legt Es sey Jetz pey allen flekhen stedtn vnnd märckhn
abkhumben wo sich so vnd zuuor Ein 3 priester Erhalten mögs
sich Jetz gar khämb einer Erhalten darauff geben wier E: gn:
Bericht das vnser pfarrer vnd Seelsorger zu fryberg vngefärlich heur oder andere der gleichen wolgeratten Thraydt Jar
14 mudt Thraytt khumbt an alle andern seine pfärlichn Rechte
vnd Ein khumben welliches Er den gar gering schätzen thuett.

Zum 2 articl der Herr zum Schlegl vermaindt vnd E. gn.
Bericht Es sey pey mans gedåchtnuss khain stätt bleybetter
gesell priester Im marckht friberg pey der pfar Erhalten worden,
Inertt Er sich darinnen weitt is glaubwrttig vngefarlich pey
20 Jaren daz gesell priester mitt namen Her matheuss pey der
pfar friberg der pfarmening an Entgelt Irres seckhl durch den
pfarrer Erhalten worden.

Zum 3 articl so Brobst zum Schlegl E: gn: Bericht, Wier
haben Ime dem pfarrer doch der mais schaibl sein Besöllung
Entzogen vnd die selbe nitt Raichen wellen is Vns nitt pewis
vnd wier Ime sein Einkhumben vnd Besöllung nitt zu wider
wellicher Ims aber nitt Beraich Waiss Erb pey an zuersuechen.

Zum 4 articl Wass vnd so vil Belanngundt thuett das wier vor dem Edlen vnd Eruürsten Her Haubtman zu Rosnberg herr gesande sein das is wegen Beschehen das wier Erindtertt sein worden Wier sein dem pfarrer In den zehendte nitt merers schullig als nur den 20 schaib, darauff wier vnvrsacht den pfarrer zum öfftern mallen In güette Ersuecht vnd angegannden Er soll vns die Brieffliche vrkhundt Ersehen lassen wass wier Ime van Rechts wegen schullig sein Ime das selbe gar gern Raichen vnd geben vnd Er pfarrer dasselbig einmallen thuen wellen, weis dem probsten berichten wie vns aber der herr brobst zum schlegl vor E: gn: an clagen thuett. Wier sollen E: gn: Vorfarn auss gebene prieffliche vrkhundt vnnd khlainhaydt verachten vnd Schardecken gehayssen, is vns nitt Bewis vill weniger Wier pey vnns das Erinnern khünnen, hoffentlich Sölliches pey vuns nitt Recht des genuegsamb is nitt Erfundten worden.

Zum 5 das Er Brobst zum Schlegl E. gn. Berichten Thuett wier haben vns mitt Vnwillen mitt dem pfarrer vmb den Zehatt verglichen vnd wier als die friberger die Er Gottes verracht vnd zu ainem deckhmandl genumen oder auf vnnserr aign nutz dem pfarrer zu neidt gepraucht, darann Irrett sich der her zum Schlegl wirtt sich nitt also Bey vnns zu freyberg Befindten Sunder wier haben vns aus geschafft vnd bey sein des Edlen vnd Eruursten Hr. Haubtman zu Rosenberg vnd bey sein des herrn brobsten zu schlegl im markht Frywurg guett will khuenlich mit Ime den pfarrer vmb den zehet vergleicht vnd darumben geben 40 fl. aussset halben andet halbs punkhacht (sic) [1]), welches Er der pfarrer E [2]) vnd zu vor verkhaufft hatt.

Zum dem Sechsten artigell das der herr brobst zum schlegl vermaindt wier sollen Ime dem pfarrer aus vnnserm aigen Seckhl ainen benificaten auff die pfarr fryberg Erhalten, sein wier nit gedacht, bitten E: gn: wellenn vns Solliches nit auff Erladen Sundern wier begeren des allein herkhumben mitt der gotts Er als Nemlichen Im attuendt oder andern zeytten des Jars wie sich gepuert źuuerrichten welches den pey Ime den jetzigen pfarrer pis her ains thayls wiertt nit verricht vnd durch In ain abgang vnd versaumbung beschiedt wen Er pfarrer zu seinen

1) Gebünde.
2) Ehe = früher.

geschäfften aus reist vnd der will niemantts ander die khirchen
versorgt, darumben waiss sich der pfarrer auss seinen aigen
seckhl mit ainem beneficiattn nach den altn herkhumben zuuersehen vnd denselben zu erhalten, was wier Ime schuldig zu
Raichen sein wier alle zeidn zuerbütten vnd Ime nit zu wider.

. . Demnach vnd hierauff so langt an E : gn : vnnser vnnder-
thanig hochvleissig diemiettig bitten vmb gottes willen E : gn :
wellen vns Im markht frywurg durch beuelch Er Innern lassen
was wier Ime dem pfarrer schuldig zu Raichen sein das wollen
wier Ime gar vnuerzettn will khuenlich geben vnd Erfalligen
lassen. Das wellen wier vmb E : gn : mit andacht zu bittn gegen
Gott vmb lang gesunds leben vnd gluckhselige Regierung In vergessen nit stellen vnd thuen vns E : gn : gantz vnnderthäniglich
beuelchen.

Datum freywurg den 24 monats tag July des 75 jars.

E. G.

gehorssame vnnderthane
vnd arme pfarrmenig Im
gericht frywurg.

9. Ehrwierdiger in Got geistlicher Sonder Lieber herr
Brobst.

Wasmassen zwischen dem Pfarrer zu fridberg vnnd Einer
Pfarmenig daselbst di Handlung bisher Strittig gestanden haben
Ir Euch zweifelss frej zuer Innern vnd diweillen der Pfarrer
Sein gesel vnd Jarlich einkhumen Wie vor Alters gepreuchig
zu sich zuempfahen Vermainnet vnd dj Pfarleut an ein Caplan
nit sein mugen, Erachte Ichs für gut vnd Christlich, Das er.
Pfarrer Auch neben seiner Person einen Caplan auf sein Aigen
Expens vnd Solarium zuhalten schuldig. Demnach an Euch herrn
Collatorn mein güttlich Begern, Das Ir bey dem Pfarrer Darob
sein vnd Im. auflegen Damit er sich fürderlich vmb ein Tauglichen Caplan bewerbe, Vnd dan dj Gottes Ehr gegen Niessung.
derselben einkhumen gefürdert. Desgleichen Ich weder Im hierin.
nit mehr vergebenlichen vberlassen oder belastigt werden. Wofern es Aber nit Beschehe, gäben Ir mir Vrsach ein Andr pfarrer
vnd Caplan. einzusezen dj Verordnung zuthuen, Wölches Ich viel
lieber Vmbgehn vnd Euch das Jenig Wolmeinende Anfügen vnd

nit verhalten wöllen. Vnss hiemit Gottes Reichen Segen Be-
uelhenden.

Datum auf khrumaw den 27 Monats tag Julj Ano Im 75gist.

Wilhelm herr zu Rosenberg Regierund h.

dess hawss Rosenberg Rö: khaj: Mj: Rat
vnd d Cron Behmen Obrister Purggrafe.

Dem Erwierdig in Got geistlichen herrn
Michael Brobsten zum Schlegl Meinen
Sonder Lieben.

Original auf Papier im Archive des Marktes Friedberg.
Auf beiden Seiten beschrieben, in der vorliegenden Reihenfolge.

(Fortsetzung folgt.)

Kleine Beiträge
zur Geschichte der Deutschen im südlichen Böhmen und insbesondere in Krummau.

Von

Anton Mörath.

VIII.
Ein deutsches Zinsregister des Gerichtes Reichenau a. d. Maltsch vom Ende des 15. Jahrhunderts.

Das Gericht Reichenau a. d. Maltsch gehörte im Mittelalter zu der in Südböhmen gelegenen Herrschaft Rosenberg und umfaßte die Ort-schaften Reichenau a. d. Maltsch, Schömersdorf, Drochesdorf, Wentschitz, Lodus, Cerikau, Pudageln und Neustift.

Peter IV. von Rosenberg hat nun am 2. September 1502[1]) die in dieses Gericht gehörigen Ortschaften Reichenau a. d. Maltsch (früher Böhmisch-Reichenau genannt), Wentschitz, Drochesdorf und Schönersdorf dem Klaris-sinnenkloster in Krummau tauschweise für die Ortschaften Riegerschlag, Draschhof, Klein-Radeinles, sowie für eine Mühle unterhalb Klein-Radein-

---

1) Klimesch, Urkunden- und Regestenbuch des ehemaligen Klarissinnenklosters in Krummau. Prag 1904. Seite 169.

les, übergeben. Es hat sich nun im fürstlich Schwarzenbergschen Herrschafts-
archive in Krummau ein Zinsregister dieses Gerichtes, welches mehrere
Jahre vor diesem Tausche angelegt würde, und dem Schriftcharakter nach
zu urteilen in den Ausgang des 15. Jahrhunderts gehört, erhalten. Dieses
Register ist für uns deswegen so interessant, weil in demselben die Geldzinse zuerst in bayerischer Münze und dann erst in böhmischer Währung
eingetragen sind, ein Beweis dafür, daß die Ansiedler, die diese Ortschaften
gegründet haben, aus dem bayerischen Gebiete und wahrscheinlich aus
dem Hochstifte Passau stammten.

Wir lassen dieses auf Papier geschriebene Register hier in diplomatisch
getreuem Wortlaute folgen:

fol. 1 a. Item vermerckt was die zinse vnd der zehent pringt im
gericht zu Rychennaw.

fol. 1 b. Summa des zinß im marckht zu Reychenaw mit dem
wasser zinß ain Fordrüng

facit 8 ℳ 47 gr. 6 ₰ pairische munß, facit pehnemische munß
11 ℳ, 11 gr. 6 ₰ vnd geyt kain zehent.

Im dorss Scheinirs¹) 4 ℳ ȳij gr. 4¹/₂ ₰ pairische munß.

facit pehnemische munß 5 ℳ 20 gr. 3¹/₂ ₰ vnd geyt 14¹/₂ zuber haber.

Item im dorss zu Drochenstorff²) 2 ℳ 53 gr. 5 ₰ pairische
munß,

facit pehnehmische munß 3 ℳ 40 gr. 4¹/₂ ₰ vnd geyt 12 zuber haber.

Item im dorss Wenschitz³) 1 ℳ 13 gr. 4¹/₂ ₰ pairische munß,

facit pehnemische munß 1 ℳ 33 gr. 5 ₰ vnd geyt 6 zuber haber.

Item im dorss zu Mladus⁴) 3 ℳ 3¹/₂ gr. 5 hl. pairische munß,

facit pehnemische munß 3 ℳ 54 gr. 4¹/₂ ₰ vnd geyt ȳi zuber haber.

Item Zedrkaw⁵) drey Hoff 57 gr. 2 ₰ pairische munß,

facit pehnemische munß 1 ℳ 13 gr. 1 hl. vnd geyt kain zehent.

Item im dorss Wudakleins⁶) 1 ℳ 3¹/₂ ₰ pairische munß,

facit pehnemische munß 1 ℳ 17 gr. vnd geyt 8 zuber haber.

Item im dorss Newstifft⁷) 2 ℳ 44 gr. 4

---

1) Schömersdorf.
2) Drochesdorf.
3) Wentschitz.
4) Lodus.
5) Cerikau.
6) Pudageln.
7) Neustift (Dorf östlich von Rosenberg).

facit pehnemische munß 3 ℔ 23 gr. 2 ₰ vnd geyt das dorff 20 zuber haber.

Item es geyt ½ gr. magen[1]) vnd geyt 32 hennen.

Item de (sic!) Fordrung geyt man zu Sand Gallentag auf ain halbs jar, aber zu Sand Joringtag so get yedem pawren ab fur yedem zuber 1 gr.

Auch muessen di pawren in dem gericht zu Reyhenaw korn fueren zu dem gesloß Rosenberig was ir nott ist aus dem forhach.[2])

Auch muessen se aus dem gericht heygen[3]) gen auff den weyer auff der Nidernhaid.

Prager Studenten und Legionäre im J. 1848.

Von

Karl Fischer.

Das „tolle" Jahr, in dem Prag ein Bild sturm= und drangvoller Verwirrung nicht ohne Einschlag des Grotesken bot, hatte auch auf die damaligen studentischen Verhältnisse einen großen Einfluß. An der damals noch ungeteilten Universität lebten Deutsche, Tschechen, Polen und Ungarn einträchtig in einem Verbande. Hievon geben uns zahlreiche Bilder und auch Stücke von Trachten, welche das Prager städtische Museum im Poříčer Parke birgt, Zeugnis. Viele Bilder sind beachtenswerte Kupferstiche und Farbendrucke, die im damals bestehenden Verlage von Friedrich Kretzschmar in Prag erschienen.

Es dürfte bekannt sein, daß jede der Fakultäten d. h. ihre Hörer je eine Kohorte der akademischen Legion bildeten und sich durch die Farben ihrer Kappen unterschieden. Die Juristen stellten die erste (rote), die Mediziner die zweite (schwarze), die Philosophen die dritte (grüne) und die Techniker die vierte Kohorte (blaue Kappen). Den Oberbefehl führte der Tribun major, ihm waren die Kohortentribunen, Zenturionen und Dekurionen unterstellt. Die Kappen der Legionäre trugen durchwegs einen weiß=roten Vorstoß, die weißen Achselkreuze waren rot gerändert.

----

1) magen = Mohn.
2) Wohl „aus dem Vorrate."
3) heygen = mähen, Heu machen.

Die Offiziere der Legionäre trugen weiß-rote Schärpen und das Legions-achselkreuz in weißer Seide mit Silberstickerei. Alle Hörer, mochten sie welchem Volksstamme auch immer angehören, trugen diese Mützen. Sie fühlten sich alle als Söhne einer alma mater.

Das „schwarze Brett" in der „Karolina" enthielt von nun an die Tagesbefehle der Kohorten. Die alte Universitätsfahne wurde, da sie Eigentum aller Fakultäten ist, abwechselnd von einem Juristen, Mediziner und Philosophen getragen. Die Kohorte der Techniker erhielt am 13. April 1848 auch eine Fahne, die von der Kaufmannsfrau Anna Melichar (Roßmarkt) und einer Geldsammlung der Bürger gespendet wurde.

Die Gymnasialjugend wollte den Studierenden der Hochschulen nicht nachstehen und vereinigte sich am 19. März 1848 nach erteilter Bewilligung des Gymnasialstudiendirektorates in einer Gymnasial-kohorte, zu deren Organisierung der Humanitätsprofessor E. X. Kra-tochwile als Tribun gewählt wurde. Die Kohorte bestand aus drei Zenturien zu je 100 Mann, deren Abzeichen eine violette Kappe mit weiß-rotem Vorstoße war. Auch diese Kohorte stand gleich denen der Hochschulen unter Oberbefehl des Kommandanten der Nationalgarde und war ganz militärisch gedrillt.

Die Einführung von färbigen Unterscheidungszeichen der Kohorten dürfte zur Annahme von Kappe und Band bei den damals bereits bestehenden und sich auftuenden Studentenvereinen geführt haben. Darauf läßt ein Farbendruck „Prager Studenten im Jahre 1848" schließen, der uns einen Gesamtüberblick über die verschiedenen Studenten-vereine und ihre Trachten gibt. In enger Waffenbrüderschaft, als Ver-fechter einer und derselben Idee, stehen sie da, die Hand am Schwerte. Ein „Teutone" in deutschem Rocke mit schwarzem, federgeschmücktem Samtbarett auf dem Kopfe, ein schwarz-rot-goldenes Band um die Brust steht neben einem lebhaft gestikulierenden „Hilaren". Dieser trägt eine Art „Stürmer" (wie solche von den Farbenstudenten noch heutzutage getragen werden) von blauer Farbe und ein blau-weißes Band. Ein Mitglied des Verbandes „Bohemia" mit feuerrotem Barett und Straußenfedern auf dem Haupte, ein rot-gelb-blaues Band über der Weste, schließt sich an. Diesem folgt ein Angehöriger der „Praga" ohne Waffe mit dunkelgrünem Barett und rot-schwarzem Bande. Zwei Mann des Vereines „Lothos" stehen daneben. Der eine trägt ein rotes, von Straußenfedern umwalltes Barett. Er scheint der Vertreter der zisleithanischen Studentenschaft, soweit sie dem „Lothos" angehört, zu sein, während der zweite allem Anscheine nach derjenige der ungarischen Studenten ist, die damals zahlreich in Prag studierten. Seine Kopfbedeckung ist nämlich eine polnische Mütze mit rotem Beutel und weißem Reiherstutz, seine Tracht ein dunkelgrüner, rot verschnürter Rock mit roten Rabatten, eine eng anliegende Lederhose mit roter Lampaß in hohen Reitstiefeln. Seine Waffe ist ein Krummsäbel.

Welche Nationen in diesen farbentragenden Studentenvereinigungen vertreten waren, ist zumeist schwer zu sagen. Nur der Umstand, daß der „Teutone" das deutsche Band trägt, läßt darauf schließen, daß er deutschen Stammes war. Aus dem Bilde selbst kann man nicht entnehmen, ob die anderen Vereine des Jahres 1848 aus Deutschen, Tschechen oder aus beiden Nationen sich rekrutierten. Von der damaligen „Hilaria" allein weiß man, daß sie ein Studentenverein, eine sogenannte „Burschenschaft" ohne jede politische Färbung, bloß ein Geselligkeitsverein war und blaue Kappen mit silbernem Streifen als Abzeichen hatte. Einen Teil der „Hilarenuniform", Rock, Mütze und Schwert findet der Besucher im Prager Museum vor. Der Rock ist von lichtblauer Farbe und weiß verschnürt. Tatsache ist, daß sich die meisten dieser Studentenvereine bald nach ihrer Konstituierung in andere Vereine, die größtenteils nach dem Münchner Statut eingerichtet waren, umwandelten.

Diese neugegründeten Vereine haben sich nach Maßgabe ihres politischen oder nationalen Glaubensbekenntnisses Burschenschaften, Landsmannschaften und Vereine genannt. Es bestanden im Jahre 1849 folgende Studentenvereine.

Liberalia, Burschenschaft (durchwegs Techniker) gemischter Nationalität und politisch indifferent, rote Kappe mit schwarz-silbernem Streifen. Eigene geschriebene Vereinszeitung.

Hilaria: Burschenschaft, sonst wie die erstgenannte, blaue Kappe mit silbernem Streifen (der einzige aus dem Jahre 1848 unverändert gebliebene Verein).

Slavia: tschechisch national, slawische Tracht.

Moldavia: slawisch. Rote Kappe mit blau-goldenem Streifen.

Česko moravské bratrstwo (früher „Kalixtiner"): slawisch, Fez mit einem Stern.

Wingolf: deutsch, blaue Samtkappe mit rot-goldenem Streifen.

Fidelia: deutsch, weiße Kappe mit blau-goldenem Streifen.

Markomannia: deutsch, schwarze Kappe mit weiß-blauem Streifen.

Alemannia: deutsch, rote Kappe mit goldenem Streifen.

Praga: gemischter Nationalität, grüne Kappe.

Nebst diesen Vereinen bestanden der „akad. Rede= und Lese=
verein", „deutsche Rede= und Leseverein", „Lothos" (Verein
zur Förderung der naturwissenschaftlichen Ausbildung, ein Fechtverein
und ein Turnverein). Einige der letztgenannten bestehen noch heute als
ausgesprochen deutsche Vereine. Die Zahl der Vereinsmitglieder durfte
statutenmäßig nicht weniger als 25 und nicht mehr als 100 betragen.

Das Bild „Nationalgarden und Studenten in Prag 1848"
stellt die verschiedensten Arten der Uniformierung und Bewaffnung der
Freiheitskämpfer dar, der Farbendruck „Eingang in das Carolinum
zu Prag im März 1848" wieder Studenten mit blauen Kappen und
großslawischer Trikolore. Des Beschauers Augenmerk erregt ein „Barri=
kadenbild", worauf „ein Drahtbinder mit Kokarde, eine Verkäuferin
von Flugbildern und Schriften, Prager Nationalgardisten, ein slawischer
Student aus Wien, ein Konstitutionsschirm (in den Farben weiß=rot)
sowie ein Ordensbruder und ein Prager Fiaker" abgebildet sind.

Ein düsteres, der traurigen Zeit gerechtes, stimmungsvolles Bild,
ein Kupferstich „Katafalk von den Prager Studenten in der
Teinkirche errichten ihren in Wien für die Freiheit ge=
fallenen Brüdern" (21. März 1848) führt uns das Innere der
alten Kirche vor Augen. Matt leuchtet das Tageslicht durch die Scheiben
der großen Kirchenfenster in den weiten, dicht gefüllten Raum. Ein
mächtiger Katafalk, mit Emblemen der einzelnen Fakultäten und mit
Waffen geschmückt, steht in der Mitte des Kirchenschiffes. An der Stirn=
seite ist das Wappen der Stadt Wien, zu beiden Seiten davon die
Wappen der Fakultäten der Hochschulen angebracht. Studenten in voller
„Wichs" und mit gezückten Säbeln halten im matten Scheine der
flackernden Kerzen die Ehrenwacht der Gefallenen. Im Vordergrunde des
Bildes verrichten Bürger, Studenten und Nationalgardisten ihre Andacht.
(Eine ähnliche Trauerandacht veranstalteten die israelitischen Universitäts=
hörer am 23. März 1848 im neuen Bethause.)

Weitere Bilder stellen „Die Amazone" auf den Barrikaden auf
dem kleinen Ring, umgeben von Studenten und Nationalgardisten, und
den „Prager Altstädter Brückenplatz" dar. Hinter mannshohen
Steinwällen, hinter aufgestapelten Möbeln, Firmenschildern und Wagen=
trümmern harren Studenten und Gardisten, die Flinten schußbereit in
der Hand, auf den Angriff des Militärs. Die Bilder „Trans=

portierung des entwaffneten Militärs", die „Neue Allee
in der Nähe des Schlickschen Hauses" (Tod des Majors
Van der Mühlen), die „Obstgasse beim Fiedlerschen Hause"
veranschaulichen uns die Greuel des Straßenkampfes und Aufruhres.

Das Bild „Der böhmische Bierwirt Faster als Herzog
der Tschechen" zeigt den behäbigen Faster, von den tschechischen Studenten mit „Slava"-rufen umjubelt, in höchst gemütlichem Rausche auf
einem Bierfasse sitzend.

Etlichen Bildern liegt das Motiv „Pfingstwoche 1848" zu=
grunde. Auf diesen werden uns sämtliche Ereignisse dieser Schreckenstage
vor Augen geführt: Das Bombardement von Prag unter dem Befehle
des durch den tragischen Tod seiner Gattin schwer heimgesuchten Fürsten
Alfred zu Windischgraetz, die Einnahme des Carolinums, der Brand
der Altstädter Mühlen und des Wasserturmes u. a. m. Eine tragische
Szene zeigt uns das Bild „Der letzte Kampf der Tschechen":
Militär erstürmt eine Barrikade; zu Tode verwundet sinkt ein Tscheche,
die weiß=rote Fahne in der Hand, zu Boden.

Flugbilder wie „bildliche Darstellung der Fäden einer
weitverzweigten Verschwörung" und „Metternichs Reise=
paß" erregen das Interesse des Beschauers. In diesem „Reisepasse"
finden sich die schönsten Ausgeburten beißenden, aber kernigen Volkswitzes,
Kosenamen für den Staatsmann Metternich, darunter „regierender Fürst
der Unterdrückung des gesunden Menschenverstandes, Ritter des geheimen
Spitzelordens in Dukaten". Der „Reisepaß" erschien zu Wien am 15. März
1848 und kostete nur drei Kreuzer.

Abbildungen vom „Eintrachtsfest", welches am 25. Mai 1848
im „böhm. ständ. Baumgarten" gefeiert wurde, dann Porträts der
damaligen Studentenführer Dr. Franz Ladislaus Rieger und
Dr. Brauner, des „Bierwirtes", der „Swornost" sind im Museum
zahlreich vertreten. Auf einem dieser Bilder ist die Devise der „Swornost"
zu lesen: „Eintracht sei unsere Lösung." Es stellt deutsche und tchechische
Studenten, unter der weiß=roten Fahne der Konstitution vereint, dar.

Einige dieser letztgenannten Bilder sind in Abhandlungen über die
Revolution 1848—1849 freilich nicht wie die Originale im Buntdruck
wiedergegeben.

Ein Papierfächer anläßlich eines Studentenballes im Jahre 1849
als Damenspende den Tänzerinnen gewidmet, zeigt Typen, Wappen,
Namen und Trachten der am Balle beteiligten Studentenverbände Prags

in zierlich ausgeführten Abbildungen. Die Namen der Vereine sind doppelsprachig wiedergegeben. Die verzeichneten Vereine sind:

"Praga" mit weiß-grün-schwarzem,

"Hilaria" mit blau-weißem,

"Slavia" mit weiß-blau-rotem,

"Liberalia" mit schwarz-weiß-rotem,

"Lothos" mit rot-weiß-grün-schwarz-gelbem Wappen.

"Markomannia", deren Farben auf dem Fächer verblichen sind.

Die Verbindungen wurden im Jahre 1849 wegen politischer Umtriebe aufgelöst und die einzelnen Mitglieder am 31. Dezember des Jahres 1851 vor ein Kriegsgericht gestellt. Rittersberg gibt uns in seinem 1851 herausgegebenen »kapesní slovníček novinářský a konversační«, 2. Teil (die Fortsetzung dieses Werkes wurde verboten) näheren Aufschluß über das vom Kriegsgerichte gefällte Urteil. Neben den Vor- und Zunamen finden wir in diesem Berichte Rittersbergs auch die Kneipnamen der Verurteilten verzeichnet. Diese Kneipnamen wurden damals wohl weniger des Kneiphumors wegen als zum Zwecke der Verdeckung des wahren Namens vor der Behörde gebraucht. Von der "Markomannia" wurden zum Tode verurteilt: Franz Ermer alias Roller, Julius Hackenberg (Schusterle), Anton Flek (Blum), Franz Grün (Baldur). Allen Vorgenannten wurde die Todesstrafe zu zwanzig Jahren Kerker, Roller allein zu zwanzig Jahren schweren Kerkers umgewandelt. Zum Tode wurde ferner Karl Feyerer (Cassius) verurteilt, später aber zu fünfzehn Jahren Kerker begnadigt. Kerkerstrafen wurden verhängt über Wenzel Ernst (Christus), Ferdinand Umlauft (Romeo), Josef Hettmer (Hengist) im Ausmaße von 15 Jahren, über Adolf Hackenberg (Tuisko), Felix Krefi (Posa), Theodor Pollak (Rüdiger) und Franz Langecker (Abelino) im Ausmaße von zwölf Jahren. Zu lebenslänglichem Kerker wurde Wilhelm Ast (Hecker) verurteilt. Er wurde jedoch zu fünfzehn Jahren Kerker begnadigt. Johann Werner (Struve) erhielt zehn Jahre einfachen, August Hirsche (Marbod) zehn Jahre schweren Kerkers.

Das Kriegsgericht, welches diese genannten Erkenntnisse über die Mitglieder der Studentenvereine fällte, urteilte mit drakonischer Strenge. Freiheitsstrafen wie die über die "Markomannen" verhängten, trafen auch die anderen Studentenvereine, so z. B. die "Liberalia".

Der Brand im Egerer Museum.

Von

Dr. Ad. Horcicka.

Am 31. Jänner 1907 hat Eger ein schweres Unglück heimgesucht.
Ein Deckbalken zwischen dem ersten Stockwerke und dem Erdgeschoß des
Stadthauses geriet durch ein Kaminrohr ins Glimmen, der Brand fraß
langsam weiter und bahnte sich aufwärts durch den Fußboden den Weg
in die Bürger= und Zunftstube des Museums, wo er reichliche Nahrung
zu weiterer Ausbreitung fand.[1]) Gegen $^3/_4$12 Uhr mittags wurde im
Hofraume des Stadthauses das Ausströmen von Rauch aus den Fenster=
öffnungen des Museums bemerkt. Beim Öffnen der Tür drang dichter
Qualm aus dem Zimmer heraus und sofort schritt man mit größter Mühe
an die Dämpfung des Feuers, wobei sich insbesondere die Feuerwehr
durch ihr tatkräftiges Vordringen in die mit Rauch gefüllten Räume
besonderes Lob erwarb. Wiewohl der Brand nur kurze Zeit währte —
nach etwa 20 Minuten langer, harter Anstrengung war er bewältigt —
war dennoch nahezu alles in diesem Ausstellungsraum Befindliche ein
Raub der Flammen geworden. Und wir müssen es als ein großes Glück
verzeichnen, daß es den vereinten Bemühungen der Feuerwehr und allen,
die wacker mithalfen, gelungen ist, das Feuer auf dieses Objekt zu be=
schränken, und die daran stoßenden Räume, das Wallensteinzimmer und
die Egerländer Bauernstube zu retten, welche trotzdem durch die Glut=
hitze sehr bedeutende Verluste erlitten haben. In der Bürger= und Zunft=
stube (Zimmer II) befanden sich die Zunftgegenstände, Trachtenstücke und
Hausgeräte Egerer Familien, Bildnisse der Bürgermeister aus Eger und
anderer verdienter Männer aus dem Egerlande, sowie die wertvollen
Sammlungen von Münzen und Papiergeldwertzeichen.[2]) In diesem Saale

---

1) Vgl. den ausführlichen Bericht über das „Feuer im Stadthause" in der
Egerer Zeitung vom 2. Feber 1907, Nr. 14, u. a. O., darunter auch in
den Berichten der Neuen Freien Presse in Wien, wo sich ein Gutachten des
Hofrates Dr. H. Hallwich über die beschädigten Wallensteiniana befindet.

2) Die Egerer Zeitung druckt die Beschreibung aller in diesem Raume aus=
gestellten Objekte nach dem genau angelegten und sie sorgfältig beschrei=

befanden sich die Erinnerungen des Egerer Schützenkorps und dessen alte
Fahnen, Zunftfahnen, Gewehre, der Silberpokal des Egerer Schützenkorps
(ein Geschenk Kaiser Ferdinands I.); hier waren die Zinnkrüge verschiedener
Zünfte, die schönen Goldhauben von Egerer Bürgersfrauen u. a. m., das alles
ist ein Opfer des Brandes geworden, bis auf wenige dürftige Bruchstücke,
die gerettet wurden. Auch die Münzsammlung ist eingeschmolzen bis auf
die kostbaren ältesten Prägungen der Grafen Schlick und mehrere Joachims=
taler biblische Medaillen, die vor dem gleichen Schicksale bewahrt werden
konnten. „Der Verlust der im Zimmer II vernichteten Zunftladen berührt
jeden, der nur halbwegs Sinn für derartige Sachen hat, ungemein schmerzlich;
waren es doch gerade diese Stücke, um welche unser Museum von den
größten Museen Europas beneidet wurde. Weder in Nürnberg noch in
Regensburg, noch in anderen Städten sah man eine so vollständige
Sammlung von Zunftgeräten, wie sie das Egerer Museum aufwies. Es
waren etwa 20 Zunftladen da, jede für sich ein Stück eigenartiger
interessanter Arbeit. Es war fast jedes Gewerbe vertreten — soviel man
eben damals Gewerbe kannte. Und diese Zunftladen sind alle total
vernichtet." Darin liegt aber auch der größte Verlust durch diesen Brand,
daß gerade die Zunftsachen aus der alten Zeit, die im Egerer Museum
so vollständig vorhanden waren, nicht mehr sind, ja daß sie bis auf
ganz geringe Ausnahmen nicht abgebildet, also für alle Zeiten verloren
sind, wogegen der Verlust an Trachten, Münzen u. a. sich immer noch
ersetzen läßt. — Auch im Wallensteinzimmer wurde großer Schaden ver=
ursacht namentlich an den Bildern, welche an der Wand gegen die Zunft=
stube aufgehängt waren. Am stärksten hat das Bild „Wallenstein als
Jüngling", ein Werk des spanischen Meisters Velasquez, gelitten, bei
dem sich infolge der Einwirkung der Hitze die Farben ganz geändert
haben. Es befindet sich gegenwärtig in Wien, um einer umfassenden
Restaurierung unterzogen zu werden. Hoffentlich gelingt es, das Bild
wieder in einen halbwegs guten Stand zu setzen. Ebenso nahmen auch
die Bilder von dem Egerer Maler Karl Hofreuter, die 1736 vom Rat
in Eger bestellt wurden und die Katastrophe Wallensteins und seiner

---

benden Museumsführer ab, der kaiserlichen Rat Dr. Karl Siegl, den
Stadtarchivar von Eger, zum Verfasser hat. Wir können von dem Abdruck
dieser Beschreibung absehen, da dem Leser, der das Interesse hat, sich
über den Verlust genauer zu unterrichten, empfohlen wird, durch einen
Einblick in den Museumsführer selbst sich von dem Werte und der Be=
deutung des Egerer Museums zu überzeugen. Siehe Lit. Beilage S. 65.

Offiziere darstellen, großen Schaden. — Den geringsten Schaden hat die
Egerländer Bauernstube davongetragen.

Mit dem Egerer Museum verknüpft und auf das innigste verwachsen
ist der Namen des kaiserlichen Rates Dr. Karl Siegl. Er hat es geordnet,
er hat den Führer durch dasselbe verfaßt, ihm wurde auch die ehren=
volle Aufgabe zu teil, nach dem Brande die Neuaufstellung 2c. vorzu=
nehmen, ein Auftrag, dem er sich mit Freude und Hingebung widmete,
so daß der alte Bestand, der sich erhalten hat, wohlgeordnet wieder da steht
und den vielen Fremden, welche aus den Kurorten Eger besuchen, zu=
gänglich ist — allerdings um manche charakteristische Schaustücke beraubt.
Hoffentlich wird im Laufe der Zeiten durch Neuanschaffungen der Ver=
lust, da wo es möglich ist, wieder ersetzt werden können!

K. u. k. Hofbuchdruckerei A. Haase, Prag. — Selbstverlag.

Literarische Beilage

zu den Mitteilungen des Vereines

für

Geschichte der Deutschen in Böhmen.

| XLV. Jahrgang. | II. | 1906. |

Julius Strnadt: Das Land im Norden der Donau. Mit einer historischen Karte. Wien 1905. In Kommission bei Karl Gerolds Sohn. Aus dem Archiv für österreichische Geschichte (Band XCIV, S. 83) separat abgedruckt.

Die k. k. Akademie der Wissenschaften in Wien gibt einen historischen Atlas der österreichischen Alpenländer heraus und hat mit der Bearbeitung der Karte von Oberösterreich den als Geschichtsforscher rühmlichst bekannten Oberlandesgerichtsrat Julius Strnadt betraut. Derselbe hat zu diesem Zwecke nicht nur zahlreiche Archive in Österreich, Südböhmen und Bayern durchforscht, sondern auch Oberösterreich und das südliche Böhmen in allen Richtungen bereist und durchwandert. Seine Forschungen haben ein so reiches Material zu Tage gefördert, daß dasselbe in den Erläuterungen zur Landesgerichtskarte von Österreich ob der Enns, welche Strnadt ebenfalls bearbeitet hat und die so eben herausgegeben wurde, nicht untergebracht werden konnte.

Die nähere Begründung der in diesen Erläuterungen niedergelegten Forschungen blieb besonderen Abhandlungen zum historischen Atlas vorbehalten, von welchen die „Das Land im Norden der Donau" behandelnde für die Geschichte der Grenzverhältnisse zwischen Böhmen, Österreich und Bayern von besonderem Interesse ist. Wir werden hier nur den Inhalt jener Abschnitte dieses Buches wieder zu geben suchen, welche die so eben erwähnten Grenzverhältnisse, sowie den Ursprung der Witigonen beziehungsweise der Rosenberger behandeln.

Da kommt zunächst der dritte Abschnitt dieses Werkes in Betracht, in welchem Strnadt den Gang der Kolonisation im Nordwalde schildert, welcher donauwärts als Passauerwald im Westen und als Böhmerwald im Osten bezeichnet wurde und dessen Urbarmachung viel schneller von den bayerischen Volksgenossen als vom Innern Böhmens aus in Angriff genommen worden ist. Infolgedessen gehörte auch im 12. und in der ersten Hälfte des 13. Jahrhunderts das ganze Gebiet der Herrschaft Wittingshausen, sowie auch der Landstrich von der heutigen oberösterreichischen Grenze bis gegen Zartlesdorf nicht zu Böhmen. Die Moldau bei Friedberg war damals der Grenzfluß Böhmens.

Im vierten Abschnitte wird nun nachgewiesen, daß in der Zeit von 1247—1258 eine Vorrückung der Grenze zwischen Böhmen und Oberösterreich stattgefunden hat, so daß das Gebiet der Herrschaft und des Gerichtes Wittings- hausen von nun an zu Böhmen gerechnet wurde. Es hatte ja damals nach dem Aussterben der Babenberger König Ottokar II. von Böhmen, noch als Thronfolger, das Herzogtum Österreich an sich gerissen und den Witigonen Wok von Rosenberg zum Hauptmann des Distriktes ob der Enns bestellt! Als nun nach der Besiegung König Ottokar II. das Herzogtum Österreich in den Besitz der Habsburger kam, hätten die früheren Grenzen zwischen Böhmen und Öster- reich wieder hergestellt werden sollen.

Als Äquivalent für das Gebiet von Wittingshausen erhielt nun Herzog Albrecht von Österreich, wie Strnadt mit großer Wahrscheinlichkeit vermutet, die Herrschaft Falkenstein zwischen der Ranna und der großen Mühel gelegen, welche er gleichsam als Achtvollstrecker seines Schwagers des Königs Wenzel II. von Böhmen gegen den Witigonen Zawisch von Falkenstein in seine Gewalt gebracht hatte.

Im sechsten Abschnitte macht uns der Verfasser mit dem mächtigen Dynastengeschlechte der Herren von Schönhering und Blankenberg und ihrem reichen Besitze auf oberösterreichischem Boden bekannt. Dieses Geschlecht erbaute sich im 12. Jahrhunderte eine Burg auf dem Blankenberge, welcher am linken Ufer der Mühl gegenüber von Neufelden liegt, und nannte sich im letzten Viertel des 12. Jahrhunderts ausschließlich von derselben. Als dieses Geschlecht nun wahrscheinlich im Jahre 1192 ausstarb, haben weder die Wittelsbacher noch die Babenberger ihre Besitzungen als erblose Eigen an sich gezogen. Strnadt stellt daher am Schlusse dieses Abschnittes die Frage: Wer ist den Blankenbergern in Eigen und in Lehen im Besitze nachgefolgt?

Der siebente Abschnitt bringt die Beantwortung dieser Frage. Strnadt weist darin in Übereinstimmung mit den Forschungsresultaten Pangerls[1] und Heinrich Sperls[2] nach, daß die Witigonen deutscher Abstammung und ein Seitenzweig der Schönhering-Blankenberger gewesen sind.

Nach dem Aussterben der Hauptlinie der Blankenberger finden wir am 27. Oktober 1194 einen Witego de Boemia in Passau, der sich dort wohl zu keinem anderen Zwecke eingefunden haben mag, als zur Erwirkung der Lehenserneuerung von Seite der Passauer Kirche für die Schwertmagen seines alten Stammes. Im Jahre 1209 erscheint in einer Passauer Urkunde wieder ein Witigo de Flanken-

---

1) Dr. Matthias Pangerl. Die Witigonen, ihre Herkunft, ihre ersten Sitze und ihre älteste Genealogie. Wien 1874. (Aus dem 51. Bande des Archiv's für österreichische Geschichte.)

2) Heinrich Sperl. Die Grenzen zwischen Böhmen und dem Mühllande im Mittelalter und die Heimat der Witigonen. (38. Jahrgang unserer Vereinsmitteilungen.)

berg und in der Worliker Urkunde vom Jahre 1220 führt Witco de Perchyc ein Siegel mit der Umschrift: »Witko de Plankinberc«.

Am 17. Dezember 1231 findet sich nun ein »Witigo nobilis homo de Boemia« als Lehensmann der Passauer Kirche in Velden ein und verpflichtet sich seine Lehen dem Bischofe Gebhard von Passau gegen Zahlung von 300 Mark zurückzustellen, Strnadt weist nun nach, daß diese Lehengüter dieselben sind, welche einst Engelbert von Blankenberg dem Bischofe Konrad von Passau zu Lehen aufgetragen hat und daß daher Witigos Vorfahren den Blankenbergern in diesen Lehen nachgefolgt sein müssen. Daß die Witigonen schon am Anfange des 13. Jahrhunderts ein großes ungeteiltes Stammgut in dem Gebiete von der Moldau bis zur großen Mühl und bis zur Donau besessen haben, in welchem der Kolonisierungszug von Süden nach Norden ging, geht aus den Stiftungs= urkunden des Zisterzienserstiftes Hohenfurt hervor.

Sowohl aus lehenrechtlichen als auch aus politischen Gründen konnten die Witigonen dieses von der Moldau bis zur Donau reichende Gebiet am Ende des 12. Jahrhunderts nur dann in Besitz genommen haben, wenn sie ein Seiten= zweig der Schönhering-Blankenberger gewesen sind. Der Witigo von Purschitz mag ein Bruder oder Vetter Engelbert I. von Blankenberg gewesen sein und als jüngerer Sproße seines Geschlechtes sein Glück in böhmischen Kriegsdiensten gesucht haben, denn nur seine bayerische Abkunft kann den Herzog von Österreich vermocht haben, ihm auf den Blankenberger Gütern Grafenrechte zuzugestehen Einem böhmischen Baron gegenüber wäre dies bei den oftmaligen Fehden zwischen Böhmen und Österreich ein grober politischer Fehler gewesen!

Die Burg Wittingshausen mag erst zu einer Zeit erbaut worden sein, als die exzentrische Lage der Blankenburg weitab von den Gütern an der Moldau als lästig empfunden und dieselbe samt den umliegenden Passauischen Lehen an das Hochstift hingegeben wurde, wahrscheinlich zwischen 1241 und 1246, zu derselben Zeit als Wok für seinen Sondersitz an der Moldau Rosenberg auserkoren hatte.

Durch diese Erörterungen ist es Strnadt wohl gelungen, die Abstammung der Witigonen aus einem bayerischen Dynastengeschlechte nunmehr außer allem Zweifel zu stellen!

Im achten Abschnitte wird nachgewiesen, daß die Burg Falkenstein zu allen Zeiten nur im Besitze hochfreier Geschlechter war, zuletzt im Jahre 1272 im Besitze des Witigonen Zavisch, welcher es von seiner Mutter Bertha geerbt hatte und daher mit Recht von der mütterlichen Erbschaft den Titel eines Falken= steiners annahm.

Die ersten Stifter des Prämonstratenserstiftes Schlägl besaßen nicht, wie bisher angenommen wurde,[1] Falkenstein, sondern waren nur ein Ministerialen= geschlecht und Burgmannen von Falkenstein. Sie hatten ihren Sitz auf der Feste zu Rannarigel.

Der zwölfte Abschnitt bringt uns eine Geschichte des Landgerichtes Haslach. Strnadt weist nach, daß die Grenzen zwischen den Landgerichten Wachsenberg und Haslach genau die Passauischen Lehen der Witigonen vor dem Jahre 1231 einschließen. Die Bezeichnung von Haslach führte dieses Landgericht nicht früher

---

1) Pröll, Geschichte des Prämonstratenserstiftes Schlägl. Linz 1877. Seite 17.

als im 14. Jahrhunderte, wohl seit der Abtrennung des Gerichtes Wittingshausen um das Jahr 1290.

„Wenn noch 1259, sagt Strnadt weiters, der Berggipfel von Kapellen die Grenze zwischen Böhmen und Bayern darstellte, wie schon der Gang der Kolonisation am rechten Moldauufer den frühesten Anschluß des letzteren an Bayern kaum zweifelhaft läßt, so mußte das später so genannte Gericht Wittingshausen mit dem Gerichte Haslach ein Ganzes gebildet haben, wofür auch die völlig gleiche Mundart der Bewohner beider Gebietsteile Zeugnis ablegt. Als dann bei der Grenzberichtigung Wittingshausen mit Umgebung an Böhmen fiel, unterschied man das böhmische und das deutsche Gericht, womit man Wittingshausen und Haslach meinte, während vom böhmischen Standpunkte aus Wittingshausen wieder das „deutsche" Gericht genannt wurde.

Strnadt hat seinem Buche auch eine vorzüglich gearbeitete Karte beigegeben, auf welcher der Besitzstand der weltlichen Grundherrschaften im Ilzgau und im Mühllande zu Beginn des dreizehnten Jahrhunderts dargestellt wird, und in welcher auch die damalige Grenze zwischen Bayern, Österreich und Böhmen eingezeichnet ist. Man staunt über den reichen Besitz der Witigonen im Gebiete von der Moldau südwärts bis zur Donau zu dieser Zeit! Die Gründe und namentlich die rechtsgeschichtlicher Natur, auf welche der Verfasser seine Forschungsresultate aufgebaut hat, sind für uns überzeugend gewesen und wir glauben, daß nunmehr kein gewissenhafter Geschichtsforscher die deutsche Abstammung der Witigonen beziehungsweise Rosenberger wird bestreiten können. Auch die Tatsache, daß das Gebiet von Wittingshausen bis zum Aussterben der Babenberger (1246) noch nicht zu Böhmen gehört hat, steht nun unwiderleglich fest. Anton Mörath.

Rauchberg Heinrich, Dr.: Der nationale Besitzstand in Böhmen. Im Auftrage der Gesellschaft zur Förderung deutscher Wissenschaft, Kunst und Literatur in Böhmen. I. Band: Text. II. Band: Tabellen. III. Band: Graphische Anlagen. Leipzig, Duncker u. Humblot, 1905.

Professor Rauchberg, der von der Gesellschaft zur Förderung deutscher Wissenschaft, Kunst und Literatur in Böhmen mit der Bearbeitung des nationalen Besitzstandes in Böhmen betraut wurde und den für ein so schwieriges Werk seine grundlegenden Arbeiten über die Bevölkerung Österreichs (1895) und über die Berufs- und Gewerbezählung im Deutschen Reich v. J. 1895 empfahlen, bietet in dem vorliegenden Werke den neuerlichen Beweis für die Gründlichkeit seiner Forschungsweise. Man wird aber auch nicht leicht einen zweiten Statistiker finden, der unter strenger Festhaltung statistischer Arbeitsmethode die Gründlichkeit des Statistikers mit der fesselnden, geistreichen und blendenden Darstellungsweise vereinigt wie Prof. Rauchberg, nicht so leicht ein statistisches Werk, welches wie das vorliegende allen Anforderungen, die man an eine gelehrte Arbeit ersten Ranges zu stellen gewohnt und berechtigt ist, entspricht und zugleich alle Eigenschaften aufweist, die es auch einem weiteren Leserkreis zugänglich machen. Es ist ein wahres Vergnügen, an der Hand der Tabellen und der 70 beiliegenden Karten den Untersuchungen Rauchbergs zu folgen, der mit der Sicherheit des Anatomen den Volkskörper in seine Elemente zergliedert und, was an ihm pathologisch ist, feststellt.

Das Werk behandelt in 23 Kapiteln: die statistische Ermittlung des nationalen Besitzstandes, das Zahlenverhältnis der Deutschen und Tschechen nach den Ergebnissen der Volkszählungen v. 1880, 1890 u. 1900; die Sprachenkarte von Böhmen: Sprachgrenze, Sprachinseln und Sprachzungen; die sprachlichen Minderheiten; Dichtigkeit der Bevölkerung, Ansiedlungs= und Wohnverhältnisse; die Prager Zählungsergebnisse über die Umgangssprache; den Einfluß der Be= völkerungsbewegung auf das Zahlenverhältnis der Deutschen und Tschechen in Böhmen; die Elemente der natürlichen Bevölkerungsbewegung in Böhmen; Seßhaftigkeit und Wanderbewegung; die Heimatsverhältnisse; die Aufsaugung des fremdsprachigen Zuzuges; Geschlecht, Alter und Familienstand; Glaubens= bekenntnis; Schulwesen; Sprachenkenntnisse der Schulkinder; Verbreitung der Volksschulbildung unter der Bevölkerung Böhmens; Berufsgliederung; Berufs= zugehörigkeit und soziale Schichtung; Beruf und Glaubensbekenntnis; Geschlecht, Alter und Familienstand in Verbindung mit dem Beruf; die Haushaltungs= und Familienstatistik von Prag in Verbindung mit dem Berufe und der Um= gangssprache; die Verteilung des Grundbesitzes; Arbeitslöhne; in einem Schluß= kapitel werden die Ergebnisse der Untersuchung zusammengefaßt. Diese Zusammen= stellung gibt eine Vorahnung von der Fülle und Reichhaltigkeit des Gebotenen. Aus diesem reichen Inhalt seien hier einzelne der besonders interessanten und vielfach überraschenden Ergebnisse hervorgehoben. Überraschend ist das Ergebnis, daß sich das Zahlenverhältnis der beiden Volksstämme in Böhmen seit der längsten Zeit nicht geändert hat, ja daß im Jahrzehnt 1891—1900 die Deutschen mit einem Zuwachs von 8·24⁰/₀ in Böhmen rascher zugenommen haben als die Tschechen mit einem solchen von 7·85⁰/₀. Die ganz ins Detail gehende Unter= suchung über den Verlauf der Sprachgrenze gelangt zu dem gleichfalls über= raschenden Ergebnis, daß dieselbe trotz der heftigen nationalen Kämpfe nicht verschoben wurde; die Menschenbilanz, d. h. die Feststellung des beiderseitigen Gewinnes und Verlustes an Volksgenossen und die örtliche Bilanz, die Fest= stellung der eroberten und verlorenen Ortschaften sammt ihren Einwohnerzahlen beweisen, daß die Veränderungen längs der Sprachgrenze ganz geringfügig sind. Nicht minder überraschend ist das Resultat, zu welchem der Autor betreffend die nationalen Minderheiten gelangt; die nationalen Minderheiten, denen der natio= nale Kampf gilt, sind unbedeutend. Von je 100 Bewohnern Böhmens leben nur 3·28 in Gemeinden, in welchen die nationale Minderheit den fünften Teil der staatsangehörigen Bevölkerung ausmacht; die deutschen Minderheiten be= tragen 34.923, die tschechischen 33.868. Ähnliche Resultate ergeben sich bei der Untersuchung der Sprachverhältnisse nach politischen und Gerichtsbezirken. Die deutschen Minderheiten haben sich fast überall behauptet und haben im Durch= schnitt ebenso rasch zugenommen wie die tschechische Bevölkerung. Die Frage der nationalen Minderheiten führt zur Behandlung der Wanderbewegung, welche sich als wirtschaftlich notwendige Folge der Industrialisierung Böhmens, bezie= hungsweise Deutschböhmens eingestellt hat. Wenn auch nur der kleinere Teil dieser Bewegung die Sprachgrenze überschreitet, so ist es doch sie, welche die tschechischen Minderheiten im deutschen Sprachgebiet teils schafft, teils verstärkt, da mehr als ein Drittel des Zuzuges nach den deutschen Bezirken und mehr als drei Fünftel des Zuzuges nach den gemischten Bezirken mit deutscher Mehrheit aus dem überwiegend tschechischen Sprachgebiet stammt. Dieser Zuzug aus dem tschechischen Sprachgebiet wurde für die deutsche Kulturgemeinschaft soweit gewonnen, daß sich bei der letzten Volkszählung mehr als die Hälfte desselben zur deutschen Sprachgemeinschaft bekannt hat. Die Untersuchung der Wanderbewegung und der damit zusammenhängenden fremdsprachigen Minderheiten gipfelt in der Forderung nach möglichster Einbürgerung, Assimilation des fremdsprachigen Zuzuges, welche durch Eröffnung aller Kulturmöglichkeiten der höheren (gewerblichen) Wirtschaftsstufe, nicht zuletzt durch eine gute Sozialpolitik ermöglicht werden soll. Die seinerzeit von Karl Bücher angeregte Darstellung des Rekrutierungsgebietes der Städte wird in ausgezeichneter Weise für Prag samt Vororten, Reichenberg samt Vororten, Pilsen, Aussig, Teplitz-Schönau samt Turn und Budweis, gelegentlich (I. S. 301 u. flg.), soweit es sich um Böhmen und Mähren handelt, auch für Wien geboten. Als ebenso mustergültig dürfen die Abschnitte über die Berufsgliederung, Berufszugehörigkeit und soziale Schichtung der Bevölkerung bezeichnet werden; gerade jetzt, wo über die soziale Schichtung des Volkes in früherer Zeit und Gegenschrift heiß gestritten wird, muß auf den bleibenden, auch historischen Wert derartigen unbedingt verläßlichen, auf unanfechtbaren Grundlagen beruhenden Arbeit hingewiesen werden. Ausgehend von der von ihm bewiesenen, im großen und ganzen ungestörten Stabilität des nationalen Besitzstandes gelangt Rauchberg zu einer optimistischen Auffassung der zukünftigen nationalen Entwicklung in Böhmen. Ob die Zukunft diesem Optimismus Recht geben wird, ist eine offene Frage. Soweit die statistische Darstellung ein Gegenwartsbild und ein Bild der bisherigen Entwicklung entwirft, gebührt ihr die unanfechtbare Autorität der positiven, vielleicht der positivsten Wissenschaft. Ob aber die durch die Statistik ermittelten Tendenzen der bisherigen Entwicklung auch in der Zukunft vorwalten und sich zum Entwicklungsgesetz verfestigen werden, kann heute niemand sagen. Die praktischen Politiker werden gewiß nicht daran vergessen, daß Optimismus nur denen ansteht, die nichts zu verlieren, aber vieles, wenn nicht alles zu gewinnen haben. Was auch immer aber die Zukunft bringen mag, der wissenschaftliche Wert der Arbeit Rauchbergs wird bestehen. Der wissenschaftliche Besitzstand der Deutschen hat durch das neue Werk Rauchbergs eine bleibende Mehrung erfahren.

Rauchberg Heinrich: Die deutschen Sparkassen in Böhmen. Im Auftrage des Verbandes deutscher Sparkassen in Böhmen. Prag, J. G. Calvesche k. k. Hof- und Universitätsbuchhandlung (Josef Koch), 1906. XII, 447 Seiten Text, 262 Seiten Tabellen.

Professor Rauchberg ließ seinem monumentalen Werk über den nationalen Besitzstand in Böhmen in Jahresfrist die nicht minder imponierende Untersuchung über die deutschen Sparkassen in Böhmen folgen und hat das Problem, „die wirtschaftliche und sozialpolitische Bedeutung der Sparkassen als Verwahrer eines ansehnlichen Teiles des Volksvermögens, als Kreditquelle, als Begründer und Förderer gemeinnütziger und wohltätiger Werte zu erweisen", mit der ihm eigenen Wissenschaftlichkeit und Gründlichkeit glänzend gelöst. Professor Rauchberg versteht es, das sprödeste Material zu formen und eine statistische Untersuchung, bei welcher die Gefahr ermüdender Eintönigkeit sehr nahe liegt, durch geistreiche Exkurse und liebevolles Verweilen bei modernen sozialpolitischen Problemen zu beleben. Der in 13 Kapitel gegliederte Text (1. Das Sparkassennetz; 2. Inhalt der Statuten und Geschäftsbestimmungen der deutschen Sparkassen Böhmens; 3. Übersicht über die Entwicklung und den Inhalt der Statuten der böhmischen Sparkasse; 4. Zinsfußverhältnisse der Einlagen und der wichtigsten Anlagen des Verwaltungsvermögens; 5. Die Anzahl der Sparkassebücher, der Einzahlungen und Rückzahlungen; 6. Gliederung der Sparkassebücher nach dem Guthabenstande; 7. Einlagenstand und Einlagenbewegung; 8. Passiva der Bilanzen; 9. Aktiva der Bilanzen; 10. Die Gebarungsergebnisse; 11. Die Widmungen der böhmischen Sparkasse für gemeinnützige und wohltätige Zwecke insbesondere; 12. Die korporative Organisation der Sparkassen; 13. Zusammenfassung und Kritik der Ergebnisse) wird durch eine Fülle von Anlagen und Tabellen, durch 19 instruktive Diagramme, 28 Kartogramme und eine Karte der Kreditorganisation Böhmens erläutert. Es kann nicht Aufgabe dieser kurzen Buchanzeige sein, aus dem überreichen Inhalte des Werkes das eine oder das andere Detail hervorzuheben; es sei für diejenigen, die sich rasch über den behandelten Gegenstand zu informieren wünschen, auf die aus der Feder Professor Rauchbergs stammende kurze, aber überaus instruktive Besprechung des Werkes in der „Deutschen Arbeit" Jhg. V (1906), Seite 529—540, verwiesen.   Dr. F. P.

John Alois: Sitte, Brauch und Volksglaube im deutschen Westböhmen. Mit 1 Karte des nordgauischen Gebietes in Böhmen. Prag 1905. Calve. S. 458.

Die Durchforschung der Volkskunde der Deutschen in Böhmen hat ihre eigentlichen Anfänge seit der starken Betonung des nationalen Gefühles und Standpunktes des deutschen Volksstammes in Böhmen genommen. Zahlreiche, verschiedene Vorarbeiten, um diesen Ausdruck zu wählen, sind seit der Mitte des neunzehnten Jahrhundertes als selbständige Werke und ganz vorzügliche Beiträge in verschiedenen Tages- und Fachzeitschriften erschienen. Zu einem großangelegten Werke über die Gesamtvolkskunde Deutschböhmens ist es aber lange nicht gekommen. Die Gesellschaft zur Förderung deutscher Wissenschaft, Kunst und Literatur in Prag hat diesen Gedanken zuerst erfaßt, eine äußerst rege, die vier deutschen Stämme umfassende Sammeltätigkeit eingeleitet und Professor Dr. A. Hauffen mit der Durchführung der gesamten Arbeit betraut. Nach nahezu 10jähriger Sammeltätigkeit, die von erfreulichem Erfolge gekrönt war, erging an John 1903 der Auftrag, das über das nordgauische Sprachgebiet

eingelaufene Materiale zu verarbeiten, ein Auftrag, dem er „um so eher nach=
kam, als ihm dadurch Gelegenheit geboten wurde, einmal ein Werk zu schaffen
über das gesamte Nordgaugebiet in Böhmen und so der 1863 erschienenen „Ober=
pfalz" in der Bavaria nach 42 Jahren ein entsprechendes Gegenstück aus dem
deutschen Böhmerlande gegenüberstellen zu können" (S. IX). Das reichhältige,
aus 54 Orten und sämtlichen Bezirken des nordgauischen Sprachgebietes stam=
mende Materiale wurde ihm zur Verarbeitung übergeben, wobei noch besonders
wichtig und fördernd der Umstand hervorgehoben zu werden verdient, daß der
Verfasser sich seit Jahren schon mit Forschungen über die Volkskunde seiner engeren
Heimat, des Egerlandes, beschäftigt hat, welche einige gute und anerkannte
Früchte gezeitigt haben, und er von vornherein in seiner Person das nötige Rüst=
zeug mit Lust und Liebe vereint, um das vorliegende Werk zu schaffen, das
1905 bereits dem Buchhandel übergeben werden konnte. Dies die Genesis des
Buches, welches hoffentlich nicht ein Bruchstück der großen, in Aussicht genom=
menen Gesamtvolkskunde des deutsch=böhmischen Volkes bleiben wird, dem auch
bald die Bearbeitungen der drei übrigen Stämme folgen mögen, so daß uns
dann endlich eine ganz Deutschböhmen umfassende Volkskunde vorliegen wird:
ein Spiegel, der uns in das Leben und Fühlen der ländlichen Bevölkerung von
der Wiege bis zum Grabe, von Neujahr bis Silvester mit all seinen Regeln,
Sitten, Gewohnheiten, Gebräuchen und Aberglauben geleitet.

Leider sind einige wichtige Gruppen der Volkskunde wie Märchen, Sagen,
Legenden, Volkslieder und Volksrecht im vorhinein von der Behandlung ausge=
schlossen worden, da erstere von Professor Dr. A. Hauffen, letzteres von Professor
Dr. Hans Schreuer in eigenen Sonderdarstellungen für ganz Deutschböhmen
bearbeitet werden sollen (S. XI), wie wohl diesem doch ein Kapitel, VIII Volks=
recht, S. 333—359, gewidmet ist. Desgleichen wurden nicht behandelt: Dorf=
anlagen, Bauernhaus, Tracht, Hausindustrie und Volkskunst und Volksschau=
spiele, weil über mehrere dieser Gebiete die Forschungen erst in den Anfängen
begriffen sind, die Einsendungen zum Teil unvollkommen und lückenhaft waren,
endlich einzelne Gebiete bereits in eigenen Sammlungen vorliegen, z. B. das
deutsche Volkslied in Böhmen von Hruschka und Toischer, Egerländer Volks=
lieder von John und Czerny (S. XI). Wenn auch die Motive stichhältig sind,
warum diese Ausschaltungen vorgenommen wurden, so bleibt es trotzdem zu
beklagen, denn wenn hiefür auch nur Bruchstücke hätten geboten werden können,
so hätte doch der Leser und Forscher in diesem Buche wenigstens Anhaltspunkte
und den Hinweis finden können, wohin er sich zu wenden hat, wenn er beab=
sichtigt, auf diesem Gebiete weitere Forschungen anzustellen z. B. über die
Industrie der Sandauer Dosen, über die ganz eigentümlichen seiner Zeit in Eger
verfertigten Bilder, über die Anfänge der in Karlsbad mit dem Sprudelstein aus=
gelegten Nipp= und Galanteriewaren, die von den Besuchern des Weltbades so
gern mit in die Heimat als Erinnerung an den Aufenthalt daselbst an Ver=
wandte und Bekannte mitgenommen werden usw. Weit entfernt auch nur
die geringste Ausstellung zu machen, will ich an diesem Orte nur die Anregung
geben, diese Gebiete genau zu durchforschen, damit in selbständigen Publikationen,
ähnlich wie es Lippert in dem Braunauer Hause getan hat, auch diese Seite
der volkstümlichen Betätigung behandelt werde, um im Laufe einer absehbaren

Zeit das gesamte Materiale weiterer Durchforschung und Vergleichung mit den Erscheinungen benachbarter Länder zugänglich zu machen.

Das große, umfangreiche Materiale, welches in diesem Buche zu verarbeiten war, hat John mit Verständnis und großem Fleiße in sehr übersichtlicher Weise und in „knapper, präziser Fassung" verarbeitet, nach der Zusammengehörigkeit in einzelnen Kapiteln nach bestimmten Materien praktisch zu gliedern verstanden, so daß jeder Brauch, jede Sitte und Gewohnheit u. ä., die man zu suchen beabsichtigt, unter dem betreffenden Schlagworte sofort gefunden werden kann. Darin liegt der Vorzug des Buches, das ist das Verdienst des Verfassers, das nicht genug hoch angeschlagen werden kann. Die Gesichtspunkte, nach welchen das Materiale gegliedert wird, sind I. das festliche Jahr, II. Geburt und Taufe, III. die Hochzeit, IV. Tod und Begräbnis, V. Landwirtschaftliche Gebräuche, VI. Volksmeinungen und abergläubische Anschauungen, VII. Volksaberglauben und Volksmedizin, VIII. Volksrecht, IX. Sprichwörter und Redensarten, X. Nahrung und XI. Namen.

Es liegt auf der Hand, daß ein Buch mit so reichem, abwechslungsvollen Stoffe das Interesse des Lesers wachhält und fesselt, zumal der Verfasser es versteht die Darstellung anziehend und nicht ermüdend zu gestalten. Auch die Vergleiche mit den benachbarten Gegenden, namentlich in der Oberpfalz, mit der die Bevölkerung zum Teil durch Abstammung und Mundart verwandt ist, von wo sie auch durch den Jahrhunderte langen innigen Verkehr manche Sitte sich angeeignet hat, sind angezeigt. Bei der Fülle des Stoffes jedoch ist es selbstverständlich, daß manche der geschilderten Sitten, Gebräuche und Sprüche nicht originell sind, daß sie entweder auch in anderen Gegenden, oft nur mit geringen, nebensächlichen Änderungen sich wieder finden oder aber ein Gemeingut der Landbevölkerung überhaupt sind, denen wir wie z. B. den Lostagen und gewissen Bauernregeln überall begegnen. Vielleicht wäre es auch angezeigt gewesen, für gewisse Gebräuche und Namen, namentlich in den Grenzbezirken oder in solchen Gegenden, welche früher vorübergehend oder längere Zeit slawisch gewesen sind, nachzuforschen, ob nicht slawische Gebräuche Eingang gefunden haben oder umgekehrt, ob nicht manche heutige, in slawischen Gebieten herrschende Sitten auf den Verkehr und Einfluß der deutschen Landsleute zurückzuführen sind. Welch' weites Gebiet steht da nicht offen und könnte gegebenen Falles in Rücksicht gezogen werden.

Ich führe nur einiges an, das mir auffiel oder dessen ich mich zufällig beim Durcharbeiten des Buches erinnerte. S. 190, 396 ist Watschina = Abendmahlzeit aus svačina (Jause) entstanden, in der Leitmeritzer Gegend sagt man gelegentlich auch swatschen für jausen. Ein volkstümliches Fest ist in Saaz das Gurkenfest mit dem Gurkenkönig. Für Sternschnuppen gilt als besonderer Tag der des hl. Laurentius (Laurentiusтränen, 10. August). S. 242 Wassermann, slav. hasterman. Als besonderer Lostag gilt der des hl. Medardus. S. 266 das Abzählen und Abreißen der Blätter der Blüte des Margaritblume gilt als Orakel für Verliebte. S. 273 das Tragen von Monatsteinen, auch Korallenschnüren, namentlich bei Kindern, schützt gegen Krankheit und Unfall. S. 274 St. Florian als Schutzheiliger gegen Feuer, S. 282 St. Georg, Beschützer der Reiter, daher der Brauch des Tragens der sogenannten Georgstaler. S. 35, 375, die alte lateinische Regel: Sol si splenduerit Maria purificante — Frigor maius erit, quam fuerat ante. S. 46 war es in Prag in den Bräuhäusern Brauch, in der 12. Stunde der Faſtnacht den Bacchus zu begraben. In den angrenzenden Gegenden Oberöſterreichs iſt es Gepflogenheit, am Abend des 1. Jänner das Neujahr durch Piſtolenabfeuern einzuſchießen. S. 140, 142, 145, 146, 160 iſt Druſchka aus dem ſlawiſchen družka = družička (Kranzelfräulein) herübergenommen. An einigen Stellen, wie S. 118, 150 u. a. würde es richtiger Neuzeit ſtatt Mittelalter heißen. Mir iſt dies nur ſo gelegentlich eingefallen, und ich glaube den Beſtrebungen des Verfaſſers gewiß zu entſprechen, wenn ich dies erwähne, da es nur ganz Nebenſächliches iſt, das doch in einem oder dem anderen Falle für die Zukunft Berückſichtigung finden könnte.

Man trennt ſich ſchwer von dieſem Buche, das recht Anregendes und Be-lehrendes enthält. Und noch gern möchte ich darüber weiter berichten, wenn nicht Mangel an Raum Halt zurufen würde. Zum Schluſſe ſei noch bemerkt, daß ein Verzeichnis der ſchriftlichen Einſendungen (S. XIII), ein Verzeichnis der gedruckten und wiederholt zitierten Literatur (S. XV) und ein guter Index (S. 426—453) beigegeben ſind.   Dr. Ad. Horcicka.

Konze Felix, Dr.: Die Stärke, Zuſammenſetzung und Verteilung der Wallenſteinſchen Armee während des Jahres 1633. Ein Beitrag zur Geſchichte des 30jährigen Krieges. Bonn. Hermann Behrendt. 1906. 118 S.

Die über Anregung Geheimrat Ritters entſtandene tüchtige Arbeit ſchildert den Beſtand der kaiſerlichen Armee vor dem zweiten Generalate Wallenſteins, die durch dieſen erfolgte Ergänzung und Vermehrung der Armee; ſie zählt ſodann die Regimenter nach dem Beſtande von 1633 auf, unterſucht die Stärke und kommt endlich auf die Verteilung derſelben und die vorgekommenen Verſchiebungen im Status der Armee während des genannten Jahres zu ſprechen. Sind dieſe Unterſuchungen für die Heeresgeſchichte jener Zeiten überhaupt wichtig, ſo iſt es wohl beſonders die Erhebung der Stärkezahl der Armeen. Gerade das iſt auch das Schwierigſte; die Angaben ſchwanken ungeheuer, ſo z. B. werden für die Armee Arnims 1633 bald 40.000, bald nur 7000, bald wieder 24.000 Mann angegeben (S. 36). K. erörtert auch in richtiger Weiſe die Gründe hiefür. Unter vorſichtiger Abwägung aller Umſtände gelangt er für Anfang 1633 zu einer Stärke der kaiſerlichen Armee von 102.308 Mann, für das Ende desſelben Jahres auf nur 74.182 Mann. Sehr mühſam iſt die Feſtſtellung der Verteilung der Wallenſteinſchen Streitkräfte, ihre Dislokation und Verſchiebung; es leuchtet ein, wie verdienſtvoll derartige entſagungsvolle Unterſuchungen — große Reſultate können da nicht herauskommen — für die militäriſche und politiſche Geſchichte jener Tage ſind.   O. Weber.

Joh. Kretzschmar: Gustav Adolfs Pläne und Ziele in Deutschland und die Herzöge zu Braunschweig und Lüneburg. Quellen und Darstellungen zur Geschichte Niedersachsens, hrsg. vom histor. Vereine für Niedersachsen. Bd. XVII. Hannover und Leipzig. 1904. Hahnsche Buchh. 525 S. kl. 4⁰.

Verf. gibt im ersten Kapitel eine Geschichte der Allianzen und Rezesse, über die von den obgenannten Herzögen mit Gustav Adolf verhandelt worden ist, er schildert sodann ausführlich die kriegerischen Ereignisse in den welfischen Ländern bis zum Tode des Königs; in reichlichen Anhängen gibt er die Aktenstücke zu den erwähnten Verhandlungen und die wichtige Korrespondenz des Schwedenfürsten mit den Herzögen; mitten drin ist dann das Hauptstück des ganzen Buchs, das dritte Kapitel: Gustav Adolfs letzte Pläne, (S. 153—219), zu dem alles andere nur Einleitung und Beweis ist. Kr. führt da in überzeugender Weise aus, wie von allem Anfang an Gustav Adolf mit großen Eroberungsplänen· in Deutschland sich trug und wie er nach seinem eigenen Ausdruck „ein neu evangelisch Haupt" über ein Corpus Evangelicorum werden wollte; eine Stellung, die die deutschen Protestanten zu Lehensleuten der Krone Schweden herabgedrückt hätte. Dagegen haben sie sich tapfer gewehrt und daraus ist die Opposition zu verstehen, in die sie bald gegenüber Gustav Adolf gerieten; für den alten schwachen Herrn — den Kaiser — einen neuen starken eintauschen, damit war ihnen nicht gedient. Es ist Krs. Verdienst, diese Dinge an dem Verhalten der Welfischen Fürsten exemplizieret und scharf herausgearbeitet zu haben. Das Buch beruht auf gründlicher Arbeit und ist klar und fesselnd geschrieben.

(Geschichte der Kämpfe Österreichs.) Kriege unter der Regierung der Kaiserin-Königin Maria Theresia. Im Auftrage des k. u. k. Chefs des Generalstabs herausg. von der Direktion des k. u. k. Kriegsarchivs. Österreichischer Erbfolgekrieg. 1740—48. VIII. Band. Von Maximilian Ritter von Hoen. Wien. Seidel und Sohn, 1905. XIII. + 607 S.

Während sich die bisher erschienenen Bände[1]) dieses monumentalen Werks mit den Feldzügen in Deutschland beschäftigt haben, trägt der vorliegende die Ereignisse in Italien nach; er ist betitelt: der Krieg in Italien gegen Spanien, Neapel und Frankreich 1741—44. Die Anlage des Werks ist naturgemäß dieselbe, wie die der früheren Bände; wir erhalten zunächst eine Übersicht über die politischen Verhältnisse, die für den Krieg maßgebend gewesen sind, wir werden dann genau über das Heerwesen der in Frage kommenden Potenzen (hier: Spanien, Neapel, Sardinien, Modena, Genua) belehrt, worauf der Aufmarsch der Armeen und die folgenden kriegerischen Ereignisse geschildert werden. Diese, in die Jahre 1742—44 fallend, sind hier noch außerdem in zwei Teile geschieden, in die der östlichen — Kämpfe am Panaro, bei Velletri, Nemi — und der west

---

1) Siehe Mitteilungen. Jahrgang XLIII. Liter. Beil. S. 5.

lichen Operationsgruppe — letztere die Feldzüge in und um Piemont darstellend. Im Anhange werden diplomatische Aktenstücke (Konvention zwischen
Maria Theresia und Karl Emanuel III., Vertrag zwischen Spanien und Modena,
Wormser Traktat), Ordres de Bataille, militärische Dokumente überhaupt, mitgeteilt; zahlreiche graphische Beilagen und im Text befindliche Skizzen erläutern
in glücklicher Weise die kriegerischen Ereignisse. In zahlreichen Anmerkungen
ind namentlich biographische Details untergebracht. Es mag rundweg gesagt
werden, daß auch der vorliegende Band in Bezug auf Quellenbearbeitung und
Darstellung sich durchaus auf der Höhe seiner Vorgänger erhält. Vielleicht darf
darauf hingewiesen werden, daß es im 18. Jahrhundert noch kein Königreich
beider Sizilien gibt.

Toilow (Rittmeister Karl Graf Crenneville): **Die österreichische Nord-
armee und ihre Führer im Jahre 1866.** Wien und Leipzig, Wilhelm
Braumüller, 1906. VI + 163 S.

Unter der zahlreichen Literatur, die das Jubiläumsjahr 1906 gezeitigt hat,
wenn ein solcher Ausdruck überhaupt erlaubt ist für diese traurige Erinnerung
an 1866, ist das vorliegende wohl eines der besten Bücher, wenn nicht überhaupt
das beste. Verfasser, der sich als Militärschriftsteller bereits einen Namen gemacht
hat, fußt auf den Untersuchungen von Friedjung, Schlichting, Lettow, Krauß
(des offiziellen Generalstabswerkes nicht zu vergessen), gelangt aber über seine
Vorgänger hinaus zu interessanten Resultaten. Er muß sich des öfteren mit Jenen
auseinandersetzen, tut dies in einer höchst ansprechenden Form und kann besonders
gegen Schlichting, der sich in die Idee hineinverrannt zu haben scheint, um jeden
Preis Benedek zu entschuldigen, sehr Treffendes ins Gefecht führen; in Bezug
auf Friedjung steht er bei aller Anerkennung doch vielleicht etwas unter dem
Eindruck der Voreingenommenheit, die bekanntlich in manchen Kreisen gegen diesen
verdienstvollen Forscher vorhanden ist. Verfasser untersucht zuerst die beiderseitigen
Streitkräfte des Jahres 1866 und betont auf das Schärfste, daß angesichts des
Zündnadelgewehrs der Preußen ein Sieg unserer Waffen nicht möglich war, da
durch dasselbe eine dreifache, zumindest zweifache, Übermacht unserer Gegner
vorhanden war. Nach ihm wäre es die unbedingte Pflicht der österreichischen
Militärs und Staatsmänner gewesen, vor dem Kriege zu sagen: „Wir können
keinen Krieg führen, denn wir können es nicht verantworten, unsere Soldaten
gegen die Zündnadelgewehre ohne möglichen Erfolg auf die Schlachtbank zu
schicken." (S. 37.) Er beleuchtet dann die Persönlichkeit Benedeks und meint,
dieser habe genau gewußt, was ihm bevorstehe, und hätte vielleicht die ihm
zugedachte Aufgabe ablehnen sollen, aber, fährt er fort, „wie federleicht wiegt
diese Schuld, wenn man damit in Vergleich zieht das Unheil, das daran klebt,
daß unglückliche Griffe in Personalfragen es so weit brachten, daß man Mangels
anerkannter Talente in leitenden Stellungen durch über Gebühr hinaufgeschraubte
Popularität Benedeks gezwungen werden konnte, einen Mann zum Armeeführer
zu bestimmen, der selbst sich als nicht geeignet bezeichnete und den man als nicht
geeignet kannte". (S. 84.) Am wenigsten paßte zur ganzen Individualität

Benedeks fein Generalstabschef ·Krismanič; jeder von beiden, urteilt Toilow, hätte feine Aufgabe beffer allein gelöft, als beide zufammen. Verfaffer nimmt an, und wohl mit Recht, daß die tragifche Schuld des Feldzugs darin liegt, daß Feldherr und Generalstabschef fich nicht über den einzuhaltenden Plan einigen konnten, daß Benedek zuerft den richtigen Gedanken gehabt hat, die ·zweite preußifche Armee anzugreifen,·wohingegen Krismanič für die Operation gegen Friedrich Karl gewefen ift. Das Verhängnis Benedeks war es, daß er nachgab, zu einer Zeit, wo fein eigener Plan noch beffere Chancen gehabt hätte. Und warum ift Krismanič gegen den Plan des Feldherrn gewefen? Weil er den Gedanken durchaus nicht annehmen wollte, daß die preußifche Armee wirklich in zwei Abteilungen marfchiere, das war Krismaničs etwas hahnebüchener Theorie nicht glaubhaft. Da lag die große Gefahr nahe, daß die Öfterreicher gegen den Weften marfchierten und, den Kronprinzen im Rücken, in eine noch viel furchtbarere Lage gekommen wären, als es fpäter der Fall gewefen ift; Verfaffer meint, daß vielleicht gerade des Erzh. Leopolds Verhalten und fein Gefecht bei Skaliß aufklärend und daher vorteilhaft gewirkt hätten; alfo auch hier ein verföhnlicher Rückblick auf das Verhalten des vielgefchmähten kaiferlichen Prinzen. Noch einmal faßt Verfaffer fein Endergebnis auf S. 144 zufammen. Man möchte natürlich nicht immer alles von T. gefagte unbedingt billigen, fo z. B. wenn er von der Aufftellung der Armee am 1. Juli fpricht (S. 70): „die Elbe direkt, aber nicht knapp hinter der Stellung, hatte entgegen der allgemein verbreiteten Anficht, wenn für Übergänge geforgt war, kein Bedenken, da man ja bei einem Rückzuge auch nicht lange querfeldein marfchiert, fondern auf die Kommunikationen ange= wiefen ift, umfomehr, je rafcher der Rückzug von ftatten gehen foll." Da fcheint es dem Referenten, der allerdings in militärifchen Fragen Laie ift, daß doch ein großer Unterfchied fein müffe, ob man bei einem rafch von ftatten gehenden Rückzug, der fich nicht immer fcharf von einer Flucht wird unterfcheiden laffen, die Möglichkeit hat neben den Kommunikationen fich einen Weg bahnen zu können, oder ob man dabei ins Waffer gerät; abgefehen davon, daß auf einer Landftraße die Pfyche des Soldaten fich ganz anders und ruhiger wird betätigen können, als auf einer Brücke, befonders wie es dann der Fall gewefen ift, bei Nacht. Diefe und ähnliche Bemerkungen können natürlich dem vorzüglichen Buche fonft keinen Eintrag tun. Der Verfaffer läßt vieles zwifchen den Zeilen lefen, was er nicht fagen durfte und was der Gefchichtsforfchung fpäterer Zeiten vorbehalten bleiben muß,   O. Weber.

Neuwirth Jofef, Dr.: Im Kampfe um Barock und Rokoko. Mittei= lungen der k. k. Zentralkommiffion 2c. Band V (Neue Folge), 1906. S. 65—76.

Der Verfaffer, welcher durch feine fehr fruchtbare Tätigkeit als über= wachendes Organ diefer Behörde für die deutfchen Gebiete der diefeitigen Reichs= hälfte über reiche Erfahrungen verfügt, behandelt in diefem Auffaße eine Frage, die auch für Böhmen und deffen Denkmalpflege eine außerordentliche Bedeutung hat. Die Denkmalpflege, die fich in der Gegenwart zu einer felbftändigen Wiffenschaft ausgebildet hat, stellt sich die Aufgabe, die bestehenden Denkmäler, insbesondere die kirchlichen in der Art, wie sie auf uns gekommen sind, zu erhalten und nur da, wo sie infolge Alters, Nässe rc. gelitten haben und die Gefahr ihres Unterganges droht, erhaltend einzugreifen, das heißt, alle Vorkehrungen zu treffen, daß sie in dem Zustande, in welchem sie seinerzeit geschaffen wurden und sich jetzt noch befinden, als heiliges Andenken an die Vorfahren den kommenden Geschlechtern erhalten werden. Sie hat mit einer zweifachen Gegnerschaft sehr häufig einen schweren Kampf aufzunehmen, der nur durch verständnisvolle Vorstellungen und zielbewußtes Eingreifen an Ort und Stelle siegreich geführt werden kann. An einem allgemeinen Beispiele sei diese Frage erläutert. In einer gotischen Kirche findet man sehr häufig Altäre, Kanzeln u. a., Stiftungen aus der Barock oder dem Rokoko von hervorragendem Kunstwerte, so sorgfältig eingebaut und den örtlichen Verhältnissen angepaßt, daß trotz der verschiedenen Stilformen der Beobachter durchaus nicht den Eindruck gewinnt, vor sich störende, im Prinzipe verschiedenartige, ja im einzelnen oft ziemlich entgegen wirkende Schöpfungen verschiedener Zeiten zu sehen, denn die Künstler haben es meistens verstanden, ihre Arbeit dem bereits Gegebenen mit den größtmöglichen Zugeständnissen anzuschmiegen. Sind nun größere Mittel zur Erneuerung der Kirche vorhanden, so stellt sich die falsche Anschauung ein, alles im ursprünglichen Stile herzustellen, das spätere auszumerzen. Der Geistliche will eine rein gotische Kirche haben mit allem, was in dieselbe gehört, und wird dabei von den modernen Kunstanstalten für Holzschnitzereien, Steinarbeiten, Glasmalerei unterstützt, welche aus ihrem Interesse an Stelle der bestehenden Kunstwerke meist mittelmäßige Werke im gotischen Stile zu setzen bestrebt sind. Dies sind sehr häufig die beiden Faktoren, die der Denkmalpflege entgegen arbeiten, doch zum Lobe sei es gesagt, daß in weitaus den meisten Fällen die Geistlichkeit dem Einflusse des Denkmalpflegers sich fügt, und dann keinen Anstoß daran nimmt, die beredten Zeugen des religiösen Gefühles der Voreltern an Ort und Stelle zu lassen. Neuwirth behandelt diese Frage sehr eingehend vom Standpunkt des Denkmalpflegers aus und gibt am Schlusse seiner Abhandlung auch die Fälle an, wo es dem Eingreifen der k. k. Zentralkommission gelungen, Versündigungen dieser Art zu hindern. Wir machen auf diesen Artikel aus dem Grunde aufmerksam, weil gerade in den alten Kirchen Böhmens, die mit späteren Zutaten so reich geschmückt sind, die Gefahr nahe liegt, daß diese einem gut gemeinten, aber nicht verstandenen Restaurationsbestreben leicht zum Opfer fallen könnten. Darum ist es jedermanns Pflicht, an erster Stelle aber Sache der Konservatoren, in einem solchen Falle bei der politischen Behörde darauf zu drängen, daß vor Inangriffnahme der Restaurierung das Gutachten der k. k. Zentralkommission eingeholt werde. Solche Aufsätze sollten, wenn ihr Zweck erreicht werden soll, als Sonderabzüge an einzelne Gemeinden rc. versendet werden, damit das allgemeine Interesse hierfür gewonnen werde.

Loferth Johann, Dr: Das Haus Stubenberg bis zur Begründung der habsburgischen Herrschaft in Steiermark. Graz. Styria. 1906. S. 83.

Die Durchforschung der steiermärkischen Archive, vor allem desjenigen der Familie Stubenberg, eines der ältesten Dynastengeschlechter der Landschaft, dessen Anfänge sich bis in die ersten Jahrzehnte des 12. Jahrhundertes mit Sicherheit verfolgen lassen, hat den Verfasser veranlaßt, zahlreiche Arbeiten über dieses Adelsgeschlecht zu verfassen, von denen einige den Lesern der Mitteilungen bereits bekannt sind, da es auch in Böhmen Güter erwarb, darunter die große Herrschaft Nachod an der Mettau, die aber infolge der Wirren nach dem Prager Fenster- sturze und nach der Weißenberger Schlacht demselben wieder verloren ging. Otto de Stubenberg et fratres eius Gotschalcus et Wulfingus sind zuerst 1160 als Zeugen in einer Urkunde von 1160 genannt, die Ahnherren eines rasch auf- blühenden Geschlechtes, das damals bereits große Liegenschaften besaß, sich dann in viele Zweige veräftelte und auf die innere und äußere Geschichte des Landes einen großen Einfluß ausübte. Der Linie von Stadeck gehört der Minnesänger Rudolf an, Wulfing von Stubenberg wird in den Dichtungen Ulrichs von Liechten- stein gefeiert. Für Klöster und Kirchen haben sie große Stiftungen getan. In den von der „Historischen Landeskommission für Steiermart" besorgten „For- schungen zur Verfassungs- und Verwaltungsgeschichte der Steiermark" bildet diese genealogische Studie zur Geschichte des steirischen Uradels das 1. Heft des VI. Bandes. Loferth stellt auf Grund ausschließlich verbürgter Geschichtsquellen und Urkunden, von denen jedoch seltsamer Weise viele, insbesonders die Familie von Stadeck betreffend, in dem Urkundenbuche der Steiermark nicht aufgenommen sind, eine genaue Geschichte der Familie und ihrer Zweige wie auch ihrer Beziehungen zu anderen Geschlechtern des Landes an, welche wohl zu den besten und gründlichsten genealogischen Arbeiten gehört, die wir über österreichische Adelsgeschichte besitzen. Genealogische Tabellen über das Haus Stubenberg-Stuben- berg, die Gottschalke, die Landesere bis zu ihrem Erlöschen, und die Herren von Stadeck sind beigegeben. Auf eigenen Tafeln sind drei Siegel Ulrichs von Stuben- berg aus den Jahren 1210, 1216 und 1218, der Brüder Otto und Andreas von Stubenberg aus dem Jahre 1498, des Ehepaares Anna und Jörg von Neid- berg-Stubenberg aus dem Jahre 1430, Erchingers I. von Landesere aus dem Jahre 1282, Erchingers II. aus einer Urkunde des Stiftsarchives zu Neun und Hartnids von Stadeck aus dem Jahre 1282 in trefflicher Wiedergabe beigegeben. Abgesehen davon, daß dieses Geschlecht für Böhmens Geschichte im XVI. Anfang des XVII. Jahrhunderts eine gewisse Bedeutung erhält, als es im Besitze der Nachoder Herrschaft war, hat es gewaltig schon früher in die Geschichte der Monarchie Ottokars II. eingegriffen, als bei Eröffnung des Reichskrieges König Rudolfs die Vereinigung und Erhebung des steirischen Adels Stellung gegen ihn nahm, der Zuzug steirischer Truppen unterblieb, die dann an Rudolfs Seite in dem folgenschweren Kampfe teilnahmen, der mit der Katastrophe auf dem Marchfelde sein Ende fand. In diesem Netze der Verschwörung gegen Ottokar II. haben die reich begüterten Stubenberger mit ihrem zahlreichen An- hange wesentlich Anteil gehabt, und wird gerade dieser Umstand, wo sie auf politischem Gebiete hervortraten, von Loferth entsprechend gewürdigt und betont.

So gewinnt diese Schrift auch für Böhmen an Interesse und wer sich in Zukunft mit den Einzelheiten dieser Epoche befaßt, wird seine Arbeiten mit Erfolg nicht betreiben können, wenn er auf diese genealogische Studie nicht Rücksicht nimmt. Hoffentlich schließt Loserth mit diesem Hefte seine genealogischen Studien über die Stubenberger nicht ab, vielleicht haben wir noch Studien über andere steirische Adelsgeschichte von ihm zu erhoffen!

Schmidt Valentin, Dr.: Wenzel II. von Krummau Gefangenschaft. Deutsche Böhmerwald-Zeitung vom 26. Jänner 1906, Nr. 4.

Der Verfasser teilt in deutscher Übersetzung eine tschechische Urkunde mit, welche im Prager Domkapitelarchiv unter der Signatur XLIII, 23, verwahrt wird, die wegen ihres ausführlichen Berichtes über die Gefangenschaft Wenzel II. von Krummau (Wenzels von Ruben) von großem historischem Werte für die Gewalttätigkeiten und Übergriffe ist, deren Heinrich von Rosenberg mit Recht beschuldigt wird. Die Gefangennahme Wenzels erfolgt Ende 1525, dauerte ³/₄ Jahre und während dieser Zeit bemächtigte sich Heinrich von Rosenberg mit Gewalt seiner Festung Ruben bei Gojau und mit Hilfe eines gefälschten Briefes seines bei Nikolaus Straboch in Budweis deponierten Geldes. Die Urkunde ist vom 20. Jänner 1517 datiert. Nach dem Tode Heinrichs von Rosenberg am 17. August 1526 wurde durch dessen Erben Johann von Rosenberg der zugefügte Schaden wieder gut gemacht. Ein trauriges Kapitel aus der schwachen Regierung K. Ludwigs I.

Dr. Ad. Horcicka.

Wolfsgruber Cölestin, Dr.: O. S. B. Friedrich Kardinal Schwarzenberg. Erster Band. Jugend und Salzburgerzeit. Wien und Leipzig. C. Fromme. 1906. XV + 372 S.

Der Held dieses Buches wurde am 6. April 1809 zu Wien geboren, als Sohn des regierenden Fürsten Josef Schwarzenberg und der schönen Pauline geb. Prinzessin Arenberg, derselben, die nach Jahresfrist in Paris gelegentlich der Hochzeitsfeier Napoleons und Marie Louisens beim Brande im österreichischen Botschaftshotel zum Opfer fiel. Kind und Jüngling genossen treue und sorgfältige Erziehung und Bildung; zuerst studierte der junge Fürst Friedrich Jurisprudenz, um aber dann einem inneren Drange folgend sich dem Priesterstande zu widmen. 1830 erhielt er die niederen Weihen und wurde als Domizellar in das Salzburger Domkapitel — er hatte hier seinen Studien obgelegen — eingeführt. Zwei Jahre darauf wurde er zum Priester geweiht; in rastlosem Studium legte er die drei ersten Rigorosen ab, die zur Erlangung des theologischen Doktorhuts nötig waren. Sein Studium wurde unterbrochen durch den 1835 erfolgten Tod des Salzburger Erzbischofs Gruber, denn an dessen Stelle wurde der 26jährige Theologe zum Fürsterzbischof „postuliert". Gerne gab Papst Gregor XVI. die nötige Dispens, da der designierte Erzbischof noch nicht das 30. Lebensjahr erreicht hatte und 1836 ergriff Schwarzenberg Besitz

von seinem Bistum.° Das letzte Rigorosum aus Kirchengeschichte und Kirchenrecht wurde ihm durch kaiserliche Gnade nachgesehen und er im selben Jahre
zum Dr. Theologiae promoviert. Eines seiner ersten Regierungsgeschäfte war,
daß er an der Austreibung der protestantischen Zillerthaler mitwirken mußte.
Er schreibt darüber: „es war notwendig, daß dieser bösartige Krebs abgeschnitten
wurde, um den gesunden Körper zu retten" (S. 192). Die nächsten Jahre seines
Amtes vergingen in verhältnismäßiger Ruhe, 1842 wurde er bereits Kardinal;
jene Zeit des österreichischen Vormärz gestattete den Bischöfen keinen großen
Einfluß auf das öffentliche Leben. Da brachte 1848 auch in dieser Hinsicht eine
gewaltige Änderung. Unmittelbar darauf, 1850, wird Schwarzenberg, sehr zu seinem
Leidwesen, von Salzburg nach Prag versetzt. Damit schließt der vorliegende Band.

Es geht dem Ref. mit den Büchern des gelehrten Benediktiners P. Wolfsgruber immer eigenartig; er fühlt recht gut, daß sie kritischen Ansprüchen nicht
genügen, daß sie sehr oft nur eine Aneinanderreihung unverarbeiteter Quellen
sind, daß man eigentlich aus ihnen erst die letzte Darstellung schöpfen müßte,
und doch fesseln sie durch ihre ehrliche Aufrichtigkeit und warme Herzlichkeit das
Interesse des Lesers im hohen Maße. Auch diesmal bekommen wir meist eine
Folge von Briefen von und an Schwarzenberg, Reden, Gespräche, lauter unbe-
hauene Bausteine, aber doch ergibt sich aus ihnen ein schönes und ansehnliches
Monument des Kirchenfürsten.

Für uns Böhmen wird der zweite Band mit der Schilderung der Wirksamkeit Schwarzenbergs in Böhmen das Wichtigste bringen.   O. W.

Gräfin Friederike von Reden, die Wohltäterin des Riesengebirges.

Von E. Gebhardt, Pastor zu Wang. Sonderabdruck aus dem
„Kirchlichen Wochenblatt für Schlesien und die Oberlausitz". Druck
und Verlag der Schreiberhau-Diesdorfer Rettungsanstalten, Diesdorf
bei Gäbersdorf, Kr. Striegau. 1906. kl. 8⁰. S. 48.

Die Verdienste dieser Frau, mit seltenem Eifer für den evangelischen
Glauben und Gottesdienst gewirkt hat, sind in dieser Lebensbeschreibung
eingehend geschildert und auch mit kurzen Hinweisen auf das Denkmal verzeichnet,
welches ihr im Jahre 1856 König Friedrich Wilhelm IV. von Preußen auf
dem Kirchplatze von Wang gesetzt hat. Sie war eine geborene Freiin von Riedesel
zu Eisenbach, seit 1815 Witwe des Staatsministers Grafen Friedrich Wilhelm
von Reden und starb am 14. Mai 1854 im Alter von 80 Jahren zu Buchwald
auf der preußischen Seite des Riesengebirges, wo sie seit 1808 gelebt und einen
Segensquell für die Armut erschlossen hatte. Ihrem Missionstriebe oblag sie
u. a. als Stifterin des schlesischen Bibelvereins, als Pflegerin der Ansiedlung
der 1838 um des evangelischen Glaubens willen aus Tirol ausgewanderten
Zillertaler und als Helferin für die armen Evangelischen in Böhmen, insbesondere
für die Gemeinde Hermanseifen, der sie 1829 sogar einen Besuch machte.
Auch versorgte sie den ihr 1830 aus Stecken zugeführten, achtjährigen Paul
Luther, einen direkten Nachkommen des Reformators, samt seinen vier Geschwistern.
Eine Abbildung des Denkmals in Wang ist dem Büchlein beigegeben. Dr. F. H.

Guſtav Freytag und Herzog Ernſt von Coburg im Briefwechſel 1853—93.
Hrsg. von Ed. Tempeltey. Leipzig 1904, Hirzel. XVIII + 420 S. 8°.

„Das Große und Einzigartige dieſes Briefwerks iſt, daß es von einem
40jährigen Freundſchaftsbunde Zeugnis ablegt, wie er in ſo wohltuender Wärme
ſelten und zwiſchen einem erlauchten Fürſten und einem erlauchten Dichter, ſo
menſchlich ſchön, ſo bürgerlich ſchlicht wohl ohne Beiſpiel iſt." Der Herausgeber
hat Recht; es iſt ein wunderſchönes Buch, das er uns beſchert hat, es bringt
eine Fülle des Intereſſanten und Wiſſenswerten. Guſtav Freytag hatte in Gotha
ein Aſyl vor preußiſcher Verfolgung gefunden: „E. Hoheit Land iſt wie die
Honigſcheibe, die uns literariſche Hummeln von allen Wäldern herzieht". Die
beiden hochgeſinnten Männer fanden ſich bald; die häufigen Trennungen wurden
durch Briefwechſel gefüllt, es ſind 309 Briefe, die uns da geboten werden. Der
Herausgeber hat ſie mit Anmerkungen verſehen, die nicht immer entſprechen.
Was hat es für einen Sinn, beiſpielsweiſe bei dem Namen Friedrich Gerſtäcker
die Anmerkung zu geben: „Bekannter Reiſe= und Romanſchriftſteller". (S 9. .)?
Eine volle Würdigung dieſes reichen Briefwechſels iſt auf dieſen Blättern
nicht möglich. Es möge daher nur eine kurze Stelle Aufnahme finden, um den
friſchen fröhlichen Ton der Briefe zu charakteriſieren; es handelt ſich um einen
Beſuch Freytags am großherzoglichen Hof in Weimar: „es gelang den Groß=
herzog auf ſeine italieniſchen Reiſen, Pompeji und Baukunſt zu bringen. Das
leitete ab, der Herr wurde warm, große Bücher und italieniſche Werke mit
Profilen und Grundriſſen antiker Tempel wurden gebracht, ausgebreitet, die
Teetaſſen bei Seite geſchoben, alles beugte ſich andächtig über die Bücher, der
Hof wurde gebildet. Zwei Stunden lang. Dieſe Bildung griff ihn ſichtlich an.
Die Wangen der anweſenden Damen verloren die Farbe, der Reſt ihres Blutes
konzentrierte ſich in der Naſenſpitze, um jeden Mund legten ſich zwei ſchmerzliche
Falten. Alle Perſonen des Hofes haben dort ſolche Falten, das mag wohl Folge
der Bildung ſein . . ." (S. 43.)   D. W.

Lachmann Emanuel: W. H. Veit als Muſikdirektor von Aachen.
Leitmeritz. Pickert. 1906. S. 106.

Wir ſtehen tatſächlich vor einer intereſſanten Epiſode aus dem Künſtler=
leben dieſes weit bekannten Tondichters, welche nur die Zeit von ungefähr drei
Monaten umfaßt. Veit, der im Dienſte des Prager Magiſtrates ſtand, erhielt
den Ruf nach Aachen, dem er zu folgen willens war und zu dieſem Zwecke vor=
läufig einen dreimonatlichen Urlaub nahm, um die Verhältniſſe daſelbſt vorerſt
perſönlich kennen zu lernen, ehe er ſich endgültig entſcheiden wollte. Am 2. Mai 1841
trat er die Reiſe an, am 29. Auguſt traf er wieder in Prag ein. Er hatte in
dieſer kurzen Spanne Zeit die Aachener Verhältniſſe ſo zum Überdruſſe, daß er
mit Freude zurückeilte. Veit hat von der Reiſe und aus Aachen ſehr fleißig und
eingehend an ſeine Braut Johanna Wyttek, die er erſt 1844 heiraten konnte,
berichtet. In dieſem ausführlichen Briefwechſel ſpricht er ſich über die muſikaliſchen
Verhältniſſe in Prag, Dresden, Leipzig, Aachen ꝛc. aus, übt Kritik über her=

vorragende Musiker und Tondichter, mit denen er zusammentraf, wodurch dieser vollständig erhaltene und hier zum erstenmal abgedruckte Briefwechsel nur noch an Bedeutung gewinnt. Veits Briefstil ist einfach, natürlich, für die Kenntnis seiner Persönlichkeit und seines lauteren Charakters sehr wichtig, da er an seine Braut seinen Gefühlen über hervorragende Männer, mit denen er zusammentraf, freien Lauf läßt. Interessant ist auch aus dem Briefwechsel die Bestätigung der alten Tatsache wieder zu finden, daß es nahezu keine größere Stadt gibt, in welcher nicht böhmische Musiker tätig sind, die Veit auf seiner Reise gerne auf= suchte und mit denen er gerne verkehrte, da er sich stets freute, wenn ihm gegönnt war, einen Landsmann zu treffen. Es war ein guter Griff, den Lachmann getan hat, indem er durch die Drucklegung dieses Briefwechsels der Nachwelt einen Einblick in das Liebes= und Kunstleben eines deutsch=böhmischen Tondichters gewährt, dessen Andenken mit Recht in der neuesten Zeit erfrischt und dessen Bedeutung von fachkundigen Männern gewürdigt wird. Zwei gute Bilder Veits und seiner Braut aus dem Jahre 1841 dienen dem Buche, dessen Reinertrag für einen Gedenkstein in seinem Geburtsorte Ptschepnitz bestimmt ist, zum Schmucke.

Dr. Ad. Horcicka.

Urban Michael, Dr.: Zur älteren Entwicklungs= und Quellengeschichte der Kurstadt Marienbad. Verlag des Verfassers. 8⁰. S. 107.

Marienbad ist als Ansiedlung und vollends als Kurort kaum hundert Jahre alt, da die Brunnenkolonie, die sich seit 1789 um die „Auschowitzer" Quellen gebildet hatte, erst seit dem Jahre 1808 über Anordnung des Tepler Abtes Pfrogner den Namen Marienbad führt und die Erhebung zum öffentlichen Kurorte am 6. November 1818 erfolgte. Bei dieser verhältnismäßig kurzen Bestandszeit und dank der glanzvollen Entwicklung und großartigen Erfolge ist es nur natürlich, wenn die Literatur über die neuere Geschichte dieses Welt= kurortes zu einer reichen und erschöpfenden herangewachsen ist. Nicht das Gleiche gilt von der älteren, von der Entwicklungsgeschichte, wozu jeder neue, klärende Beitrag willkommen ist. Diesbezüglich muß aus jüngster Zeit jene Abhandlung angezogen werden, die Professor Dr. E. Heinrich Kisch in der Festschrift zur Karlsbader Naturforscher= und Ärzteversammlung im Jahre 1902 veröffentlicht hat. Ein würdiges und vielfach ergänzendes Seitenstück hiezu bildet die vorliegende Studie, die keine einschlägige Quellenschrift außer Acht läßt und auch wörtliche Auszüge aus mancher bringt. Die wichtigsten Nachrichten fand der Verfasser in den Annalen des Stiftes Tepl, zu dessen Besitze seit seiner Gründung im Jahre 1193 der große Waldbezirk gehört, in welchem die Marienbader Talsenkung eingeschlossen ist. Aus ihnen erfahren wir, daß die Auschowitzer Quellen — nach dem nahe gelegenen Auschowitz benannt — bereits zu Ende des 16. und zu Anfang des 17. Jahrhunderts nach ärztlicher Empfehlung in Verwendung standen und um die Wende des 17. Jahrhunderts bereits von zahlreichen Kranken aus Bayern und Sachsen besucht wurden; 1710 wurde zur Unterkunft derselben der heutige „Hammerhof" erbaut; ja sogar versendet wurde damals schon das Wasser; auch gewann um die Mitte des 18. Jahrhunderts der Stiftsapotheker

2*

durch Abdampfen des Wassers das „Tepler Salz“, welches der Prazer Universitäts-
professor Dr. Scrinci gelegentlich der chemischen Untersuchung der Quellen, die
er 1760 im Auftrage des Abtes Ambros vornahm und veröffentlichte, dem
Karlsbader Salze gleichstellte. Aber erst dem Zusammenwirken zweier Männer,
des 1752 in Tepl geborenen stiftlichen Brunnenarztes Dr. Joh. Jos. Nehr
(+ 1820) und des 1779 in Neumarkt geborenen Karl Kaspar Reitenberger,
welcher von 1813—1827 die äbtliche Würde in Tepl bekleidete, gelang die Gründung
des Kurortes. Im Jahre 1815 trug man zum ersten Male die Namen der Kurgäste in ein Verzeichnis ein, das beim Dorfrichter auflag; 1819 wurde der erste
landesfürstliche Brunnenarzt in der Person des 1792 in Falkenau geborenen
Dr. K. J. Heidler (+ 1866) ernannt, der sich in der Folge als Arzt und
Fachschriftsteller als eine der Grundsäulen erwies, auf denen sich Marienbad
rasch und fest zum Weltkurorte entwickelte. Urbans Studie schließt mit dem
Jahre 1848 ab, als Marienbad aus dem Untertänigkeitsverhältnisse und der
damit verbundenen Patrimonial-Gerichtsbarkeit des Tepler Stiftes entlassen,
zur Wahl des ersten autonomen Gemeindevorstehers schritt. Eine Bemerkung
des Verf. (auf S. 10) können wir nicht unerwähnt lassen. Er hält „Döpl“ für die
richtige ältere Schreibweise des heutigen „Tepl“, da der Fluß Tepl, welcher der Stadt
und dem Stifte nachher den Namen gab, diesen Namen von einer Weißfischart erhalten
habe, die von den Germanen „Döpel“ (Döppel) geheißen wurde. Dieses Wasser
sei in seinem Oberlaufe nie warm gewesen, so daß die Ableitung vom tschechischen
»teplý« ebenso ungehörig ist, wie etwa die Ableitung von »topol«, da ein
reiches Wachstum von Pappeln am Flußufer und in seiner nächsten Umgebung
in das Reich der Märchen gehört. Eingehend sind in der Broschüre auch die
Beziehungen Goethes zu Marienbad dargelegt. Einer Richtigstellung bedarf der
Name „Marx“ auf Seite 72 und 73; nicht so hieß der Schöpfer des Nehr-
Denkmals, sondern Emanuel Max, wie es in dessen Selbstbiographie (Zweiundachtzig
Lebensjahre, S. 256) nachgelesen werden kann.   Dr. F. H.

Schmidt Georg: Mieser Kräuter- und Arzneibuch. Beiträge zur
deutsch-böhmischen Volkskunde. Band V. Heft 3. Prag. 1905. Calve.
S. 66.

Es ist eine unbestrittene Tatsache, daß Bücher solchen Inhaltes eine wahre
Fundgrube für die Volkskunde bilden, und erfreulich ist es, daß man in der
neuesten Zeit daran geht, solche Quellen allgemein zugänglich zu machen. Dr.
Josef Rieber hat „Alte Bauernrezepte aus der Karlsbader Gegend“ (Prag 1895)
veröffentlicht, Dr. M. Urban schrieb „Über volkstümliche Heilkunde Westböhmens“
(Mies, 1903). Schmidt behandelt in der vorliegenden, mit trefflichen Erörterungen
und Anmerkungen versehenen Schrift das Kräuter- und Arzneibuch, welches Ignaz
Reißer in Mies verfaßt hat, der am 7. September 1766 als jüngster Sohn des
Auton Matthias und der Susanna Reißer geboren wurde und nach mannigfachen
Lebensstellungen als Schichtmeister bei der S. Anton 2. Verhau-Zeche am
21. Jänner 1841 gestorben ist. Der Verfasser bespricht in der Einleitung S. I—XII

erschöpfend alle Eintragungen und die biographischen Daten über Vater und Sohn, die er mit großem Fleiße gesammelt hat, wie auch deren verschiedenartige Aufzeichnungen in Kalendern, welche für die Ortsgeschichte von Interesse sind, und endlich auch das von ihnen verfaßte Kräuter= und Arzneibuch, denen sich S. 1—33 der Abdruck des Kräuterbuches mit 76 Nummern und des Arzneibuches S. 34—62 mit 98 Rezepten anschließt, der im strengen Anschluß an die Original= orthographie erfolgt. Wir finden daselbst eine ganze Reihe interessanter An= schauungen über Heilmethoden der verschiedenartigsten Krankheiten, von denen viele auch in anderen Gegenden Böhmens und der angrenzenden Länder sich finden, weil sie eben als Gemeingut der bäuerischen Bevölkerung selten auf ein engeres Gebiet beschränkt blieben. Die Schriften Reißers befinden sich noch heute im Besitze seiner Familie. Hoffentlich wird die Gesellschaft zur Förderung deutscher Wissenschaft, Kunst und Literatur in Böhmen bald in der Lage sein, dieser interessanten Schrift über Volksheilkunde auch andere aus verschiedenen Gegenden Böhmens folgen zu lassen.

Knott Rudolf: Kulturgeschichtliche Urkunden aus dem Gebiete des Erzgebirges. Sonderabdruck aus der Erzgebirgs=Zeitung. XXVI. Jahrg. 1906. S. 26.

Es sind im ganzen 12 Nummern aus verschiedenen Zeiten und Gegenden, welche für die Verhältnisse des Töplitzer Tales von Interesse sind. I. ein Ver= zeichnis über die Lieferung der Töplitzer Herrschaft für die kaiserlichen Truppen auf dem Schloßberge in den Jahren 1631 bis 1635; II. eine Berghilf=(Vorspann=) Ordnung wegen des Ochsen=Zugviehes in Klostergrab (1709); III. ein Beitrag zur Geschichte der Gegenreformation in Klostergrab enthält die Antwort des Rates an den Kaiser über die an ihn gerichtete Klage des Erzbischofes Johannes Lohelius (ohne Datum, 1616?); IV. die Zeugenaussage des Gastwirtes Lorenz Mittag über die Ermordung des Herrn Adam Stampach in Töplitz am 24. Mai 1599, der bei ihm gewohnt hatte; V. als ein Dokument des Aber= glaubens aus der Zeit des Dreißigjährigen Krieges (1642) ein angeblicher Brief des hieronymitanischen Ordensmeisters Simon Grieß, in welchem die bereits erfolgte Erscheinung des Antichrists in Babylonien angezeigt wird, nach einer Abschrift aus dem Niklasberger Stadtbuche; VI. der Bericht des gräflich Nostitzischen Amtmannes von Heinrichsgrün Christian Pörschel an seine Herrschaft vom 5. Juni 1700 über die Lieferung von Kreuz=Anker=Blechen (Zinn), über Aber= thamer Ziegenkäse und die herrschende Hungersnot; VII. ein genaues Verzeichnis alles dessen, was die sächsischen Truppen in Klostergrab im Winter von 1631 auf 1632 auf Kosten der Bergstadt verbraucht haben; VIII. eine schwedische Kontributionsforderung an das Bergstädchen Niklasberg, ddo. Leipzig, 30. April 1646; IX. als Beitrag zur Geschichte des Streites der Bergstadt Graupen mit ihrer Grundherrschaft ein Schreiben des Grafen W. A. Sternberg an den Ober= amtsinspektor Johann Friedrich von Nievenheim in Graupen über die Rats= erneuerung, ddo. Prag, 31. Dezember 1689; X. ein Attest der Töplitzer Bürger= schaft über die Notwendigkeit eines zweiten Kupferschmiedmeisters in ihrer Stadt vom 18. Oktober 1783; XI. ein Ratsprotokoll vom 8. November 1791, betreffend einen Streit der Töplitzer Gastwirte und Fleischhacker; und XII. Badebriefe eines Unbekannten über Eger, Karlsbad und Töplitz aus dem Jahre 1798, welche an das Journal des Luxus und der Moden in Weimar gerichtet sind. — Gewiß eine stattliche Folge von Beiträgen, welche das Leben und die Drangsale der Berg- und Badestädte Böhmens im Erzgebirge im XVII. und XVIII. Jahrhundert beleuchten und infolgedessen mehr als ortsgeschichtliches Interesse erwecken.

Dr. Ad. Horcicla.

Eine Kunde des politischen und Schulbezirkes Eger. Unter Mitwirkung der Lehrerschaft und mehrerer Schulfreunde verfaßt von Jos. Köhler, Oberlehrer in Mühlessen. Eigentum der Lehr- und Lehrmittelsammelstelle im Schulbezirke Eger. 1905. S. 247.

Abermals eine Veröffentlichung als Ausfluß der heimatkundlichen Forschung. Die Quellen dazu, wenn auch nur vereinzelt im Buche auf dieselben ausdrücklich hingewiesen wird, lagen reichlich vor, ja so reichlich, wie in kaum einem anderen Gebietsteile Deutschböhmens. Die Gliederung des Stoffes ist die in allen Heimatskunden übliche. Den meisten Raum, 106 Seiten, nehmen die Ortsbeschreibungen ein; sehr ausführlich (67—101) sind auch die Schulverhältnisse behandelt. In den übrigen Abschnitten ist die Schilderung möglichst knapp gehalten und auf das Wissenswerteste beschränkt. Die Pflanzenwelt bespricht der als fleißiger Botaniker bekannte k. k. Bezirkskommissär Dr. R. v. Sterneck, Industrie und Gewerbe Dr. Georg Habermann in Eger; ein alphabetisches Verzeichnis von Gesteinen und Mineralien des Egerer und teilweise auch des Ascher Bezirkes mit Angabe ihrer Hauptfundorte hat der Lehrer Adam Wihan in Eger zusammengestellt. Der geschichtliche Teil wird unter der Überschrift: „Sozialpolitische Verhältnisse" auf 7 Seiten abgehandelt. Darnach wird Eger als Ortschaft am 13. Feber 1061 zum ersten Male genannt; mit Anfang des 12. Jahrhunderts stellte die Egerer Gegend bereits ein eigenes Gebiet vor; der eigene Egerer Landtag tagte 1748 zum letzten Male; mit der Zuteilung des Egerlandes zur Prager Erzdiözese (1807) wurde das letzte Band gelöst, welches das ehemalige Reichsland Eger mit dem Reiche zusammenhielt. Über die Verhältnisse des „historischen Egerlandes" unterrichtet eine auf Grund des Gradlschen Geschichtswerkes gezeichnete Stizze von Ad. Wihan, in welcher auch die verschwundenen Dörfer des Egerlandes eingezeichnet sind. Ein Anhang mit 26 Sagen erhöht den Wert des Buches nicht minder, wie die elf, überaus sauber ausgeführten Vollbilder, worunter sich auch zwei Trachtenbilder befinden, und die beiden Karten, eine geologische und eine Bezirkskarte. Das in treuer Liebe zur Heimat verfaßte Buch wird gewiß seinen Zweck erfüllen und für die Schulen des Egerer Bezirkes die Grundlage für einen gedeihlichen heimatkundlichen Unterricht abgeben.

Jarschel Josef: Der Hopfenbau im Auschaer Rotlande. Auscha 1906. S. 76.

Anläßlich der deutschböhmischen Ausstellung in Reichenberg im Jahre 1906 veranstaltete auch die Hopfensignierhalle der Stadt Auscha in Gemeinschaft mit dem land= und forstwirtschaftlichen Vereine in Auscha im Rahmen der Gesamt=Ausstellung der deutsch=böhmischen Hopfengebiete eine Ausstellung der seit langem rühmlichst bekannten Erzeugnisse des Hopfenbaues bei Auscha. Das gab den Anlaß zur Verfassung dieser Broschüre; sie sollte hauptsächlich den Zweck erfüllen, auf den Auschaer Rothopfen aufmerksam zu machen und die Verhältnisse seines Anbaues und seines Handels möglichst volkstümlich vor die Öffentlichkeit zu bringen. Diesen Zweck erfüllt sie denn auch in vollstem Maße. Der Verfasser kennt als ein gebürtiger Auschaer den Hopfenbau und Handel im Auschaer Rotlande aus eigener Erfahrung und hat mit seiner Arbeit, so gedrängt sie auch ist, geradezu einem vorhandenen Bedürfnisse entsprochen, da bisher speziell über das Auschaer Rotland im Gegensatze zu anderen Hopfengebieten noch kein selb=ständiges Werk erschienen ist, wenn man von dem jetzt gänzlich verschollenen Buche absieht, das der Jesuitenrektor Christophorus Fischer (geb. 1611, gest. 1680), der viele Jahre als Superior auf dem Jesuitenbesitze Liebeschitz bei Auscha lebte, im Jahre 1668 über den dortigen Hopfenbau veröffentlichte. Der Stoff ist in 10 Abschnitte gegliedert. Als der wichtigste darunter erscheint uns der erste, welcher eine vollständig quellenmäßige, ausführliche, bis jetzt noch nirgends ver=öffentlichte Geschichte des Auschaer Hopfenbaues enthält. Darnach gehen die ältesten Urkunden hierüber auf das Privileg vom 28. Juli 1378 zurück, welches der Stadt Hirschberg ausgestellt wurde und den Bier= und Hopfenhandel zwischen Hirschberg und Zittau betrifft. Im ältesten Auschaer Gedächtnisbuche, das bis 1514 zurückreicht, fand der Verfasser Hopfengartenverschreibungen, die auf den damaligen ausgedehnten Hopfenbau hinweisen. Schon 1729 war eine Art Hallie=rung üblich; die gegenwärtige Hopfensignierhalle besteht aber erst seit 1885. Die anderen Abschnitte der Broschüre behandeln den Anbau des Hopfens, das Ernten, Darren und Verpacken, das Präparieren und Bewerten des Hopfens, die Hem=mungen und die Förderung des Hopfenbaues und den Hopfenhandel; auch eine Beschreibung des Hopfens und eine Übersicht der Hopfenbau treibenden Gebiete Böhmens fehlt nicht. Den Abschluß bildet eine mit vier Tabellen belegte Statistik über die Hopfenerzeugung im allgemeinen und über das Erträgnis und die Preise des im Auschaer Rotlande erbauten Hopfens im besonderen. Ob die Ver=mutung, daß das deutsche Wort Bier mit dem altsächsischen Worte bere = Gerste (althochdeutsch pior) zusammenhängt (S. 6), mag dahingestellt bleiben.

Dr. F. H.

Die Post in Karlsbad. Geschichtliche Darstellung ihrer Entwicklung bearbeitet und herausgegeben von dem k. k. Post= und Telegraphen=amte I in Karlsbad anläßlich des 200jährigen Bestandes desselben. Im Selbstverlage. 1906. Druck bei A. Haase in Prag. 390 S.

Der Vorstand des Karlsbader Postamtes, Herr Postamtsdirektor Johann Bittner, wendet seit Jahren bereits sein Augenmerk auf die Erforschung der

Geſchichte des ihm unterſtellten Amtes; ſeiner Anregung iſt die ſyſtematiſche
Bearbeitung derſelben zu verdanken, die anläßlich der 200jährigen Jubelfeier,
am 14. April 1906, erſchien. Bittner hatte das Glück, in einem ſeiner ihm unter-
ſtehenden Beamten ſich einen trefflichen Arbeiter für ſeine Zwecke heranzuziehen,
in dem Poſtoffizial Richard Rauſcher. So iſt ein Werk zu Stande gekommen,
das den Anforderungen, die man an ein derartiges Buch zu ſtellen berechtigt
iſt, vollauf genügt. Die Herausgeber ſind überall auf die beſten Quellen zurückgegangen, haben, abgeſehen von den Karlsbader Aufzeichnungen auch anderwärts,
wie in Dresdner, Wiener, Prager Archiven geſchöpft und auch die vorliegende
Literatur über die Badeſtadt ausgenützt. Der Lokal- und der Kulturhiſtoriker
werden viel Wiſſenswertes in dem Buche finden. Daß auch der Kritiker hie und
da ſeine Weisheit leuchten laſſen könnte, iſt begreiflich, manchmal dürften wohl
Verleſungen vorgekommen ſein, oder es finden überflüſſige Wiederholungen ſtatt,
wie über den Beſuch des Königs Friedrich I. von Preußen mit ſeinen Schweſtern
1708 (ſ. S. 61 und 103), aber derlei Ausſtellungen kann man auch bei Werten
machen, die von ganz zünftigen Herren verfaßt worden ſind, während hier den
mit Urkunden und Akten Unvertrauten ganz beſondere Milderungsgründe
zugebilligt werden müſſen. Es werden zunächſt die Verkehrsverhältniſſe in
Karlsbad vor Errichtung des Poſtamtes bis 1706 geſchildert; in dieſem Jahre
verleiht Kaiſer Joſef I. dem Egerer Poſtmeiſter Widmann auch das Karlsbader
Poſtamt, das ſomit in dieſem Jahre als gegründet erſcheint. Erſt 1751 erhält
es einen einheimiſchen Poſtmeiſter, Trottmann, und 1801 wird es ärariſch.
Genau wird dann die Amtstätigkeit der verſchiedenen Poſtvorſtände verfolgt bis
auf unſere Tage zu Bittner, genau werden da alle Details des Betriebes vorgeführt;
dieſer zweite Teil des Buches hat wohl ſehr enges Intereſſe, während die
Beſchreibung der älteren Zeiten viel neues und wichtiges Materiale zur Kulturgeſchichte Böhmens bringt. Das Buch iſt mit ſehr hübſchen Illuſtrationen
ausgeſtattet und alles in allem ein ſehr würdiges Feſtwerk.　　　O. Weber.

Lippert Julius: Hausbauſtudien in einer Kleinſtadt. (Braunau in
Böhmen.) Prag. 1903. Calve. S. 41. Beiträge zur deutſch-böhmiſchen
Volkskunde. V. B. Heft 1.

Der bekannte Kulturhiſtoriker führt uns in der vorliegenden Studie in
ſeine Geburtsſtadt Braunau in Böhmen, in welcher er ſein elterliches Haus einer
eingehenden Beſchreibung in Bezug auf Anlage und Einteilung unterzieht, das
ſich aber unter den Häuſern der kleinen Stadt nicht etwa durch beſondere
charakteriſtiſche Merkmale von den anderen hervorhebt, ſondern nur als Type
der in derſelben herrſchenden Bauart aus älterer Zeit darſtellt, welche den
modernen Verhältniſſen, die auf möglichſte Ausnützung des Raumes hinzielen,
zum Opfer fällt. Nach ſeiner Anſchauung finden wir in dem Bautypus dieſer
Stadt die ländliche Anlage des Bauernhauſes der Umgebung verwendet, allerdings mit gewiſſen Änderungen und der Anpaſſung an die engen und beſchränkten
Raumverhältniſſe, die in der kleinen mit Wall und Mauern umgebenen Stadt

geboten wurden. Als notwendige Voraussetzung für das Verständnis des Lesers schienen ihm einleitende Worte über die Deutung des Wortes Braunau (Braun-Au nach der Beschaffenheit des Bodens der Gegend) und über die Entstehung der Stadt nötig, welche 1331 als solche genannt wird. Es folgt dann ein interessantes Städtebild der mittelalterlichen Anlage, welche heute noch durch die Gassen und Benennung derselben deutlich erkannt wird, und schließlich die Beschreibung dieses Hauses mit Rücksicht auf die anderen Gebäude, welche alle so ziemlich denselben Typus aufweisen. Mit diesem Werke hat Lippert nicht bloß seiner Vaterstadt ein schönes, mit Liebe geschriebenes Denkblatt gewidmet, sondern auch einen wesentlichen Beitrag zur Städtegeschichte Böhmens geliefert, der umso freudiger begrüßt werden muß, als gerade bei dem Aufschwunge, den die deutsch-böhmischen Städte nehmen, das altertümliche Gepräge immer mehr durch moderne Umbauten verloren geht. Die Abhandlung erschien im Auftrage der Gesellschaft zur Förderung deutscher Wissenschaft, Kunst und Literatur in Böhmen und ist mit einer Phototypie und mehreren Abbildungen, Plänen und Kartenskizzen im Texte ausgestattet, welche zu dessen Belebung dienen, unter denen unsere besondere Aufmerksamkeit die Abbildung der alten Holzkirche „Unserer lieben Frauen" auf sich lenkt, die sich in Alt-Braunau auf derselben Stelle befindet, wo sich die alte Ansiedlung befand, ehe die Bevölkerung 1331 in die neue Stadt übersiedelte, wo ihr die Mauern und Gräben einen besseren Schutz gegen Überfälle in der wenig sicheren Zeit der ersten Hälfte des 14. Jahrhundertes boten, als dies bei der alten offenen Anlage möglich war.

Urban M., Dr.: Zur Geschichte der Lateinschule in Joachimstal. Tachau. Holub. S. 15.

Diese volkstümliche Darstellung der Joachimstaler Lateinschule, welche im Zeichen der Reformation um 1525 entstand und mit der Einführung der Gegenreformation 1624 geschlossen wurde, faßt die wichtigsten Momente zusammen, welche aus ihrem Betriebe sich erhalten haben. Sie ist ein beredter Zeuge für die Hebung der humanistischen Studien in Böhmen im 16. Jahrhundert, welche sich im Anschluß an die große deutsche Umwälzung auf geistigem Gebiete vollzogen hat. Die Einrichtung und der Betrieb dieser Schule ist ganz der gleiche, dem wir in Schlaggenwald begegnen, dessen Schule unter der Anregung Philipp Melanchthons begründet wurde, nur mit dem Unterschiede, daß in Joachimstal berühmtere Männer wirkten und aus dessen Schule bedeutendere Gelehrte hervorgingen. In der Einleitung hätte die Berufung auf Karls des Großen Verordnung vom Jahre 788, daß in jedem Münster Schulen zu errichten seien, unterbleiben können, da diese für Böhmen, das damals zu Karls Reiche in gar keiner Beziehung stand, ganz ohne Belang ist. Ebenso kann als sicher hingenommen werden, daß vor der Errichtung des Prager Bistumes solche Schulen in Böhmen wohl nicht bestanden haben. Als Hauptquellen für die Kenntnis über die Joachimstaler Schule gelten die Schriften des Johannes Mathesius, in erster Linie dessen Sarepta, und die verschiedenen Ratsbücher und Protokolle der Stadt. (Vergl. die Mitteilungen des Vereines für Geschichte der Deutschen in Böhmen, Jahrg. IX.) Auch hätten die ausführlichen Schriften von Dr. Georg Loesche über Johann Mathesius herangezogen werden können, dessen Namen ich unter den zitierten Schriften vermisse.

Dr. Ad. Horcicka.

Adreß= und Auskunftsbuch der Stadt Graslitz i. B. Bearbeitet auf Grund amtlicher Unterlagen von J. C. Anton Wildfeuer, Sekretär der Genossenschaft der Musik=Instrumentenmacher in Graslitz. Graslitz 1904. Herausgeber, Druck und Verlag von Gustav Rühle, Buchdruckerei. S. 164.

Nicht als ein Adreßbuch im landläufigen Sinne, nicht als ein bloßes Aufklärungs= und Auskunftsmittel für jene, die an der hochentwickelten, weit über die Grenzen unseres Vaterlandes hinaus bestbekannten Industrie der Metropole des Erzgebirges, wie Graslitz nicht mit Unrecht genannt wird, geschäftliches Interesse haben, ist dieses Werkchen anzusehen; es ist mehr; es unterrichtet nicht bloß über Behörden, Ämter, Anstalten, Vereine, Genossenschaften, Erwerbszweige, Häuserbesitz, es enthält auch — und das bildet seinen besonderen Wert — eine Reihe von Aufsätzen, die in das Bereich ortskundlicher Forschung gehören. In erster Linie gilt dies von jenen, die von der Graslitzer Industrie handeln und eine dankenswerte Ergänzung bilden zu dem in diesen „Mitteilungen" vor 30 Jahren (XII, 212) veröffentlichten Aufsätze; sie sind betitelt: Zur Geschichte der Musikinstrumenten-Erzeugung; die Graslitzer Stickerei-Industrie; die k. k. Fachschule für Musikinstrumenten-Erzeugung (1865 gegründet); die k. k. Fachschule für Hand= und Maschin=Stickerei (seit 1897); Kreditkasse der Instrumenten-Erzeuger in Graslitz (1902); endlich die Biographien und Porträts von Richard R. v. Dotzauer — dem Graslitz so viel zu verdanken hat —, Josef Meindl, Johann und Martin Fuchs, Gustav Bohland, Josef, Julius und Wenzel Stowasser, Franz Kunzmann und Vinzenz Kohlert. Andere Aufsätze beziehen sich auf die Geschichte und Topographie von Graslitz und einigen Ortschaften der Umgebung (Bleistadt, Nancy, Rothau, Gossengrün und Schönbach), auf das 1867 gegründete städtische Museum, die 1891 in Wirksamkeit getretene städtische Sparkasse, das 1869 gegründete Dotzauersche Versorgungshaus, endlich auf die touristischen Vorkehrungen (Orientierungsmarken und Ausflugsverzeichnis) und bilden in ihrer Art gleich dankenswerte Beiträge zur Heimatskunde.

Festschrift zur Feier des 25jährigen Bestehens der Ortsgruppe Breslau des Riesengebirgs=Vereins. Breslau 1906. In Kommission bei Max Woywods Verlag; gr. 8°, S. 128.

Der Inhalt des stattlichen und festlich ausgestatteten Heftes bietet viel mehr, als man hinter dem Titel vermuten möchte. Nicht etwa bloß eine Geschichte der Ortsgruppe mit einer Darlegung aller ihrer Leistungen — der wissenschaftlichen Bestrebungen, der Ehrung verdienter Männer, der Verkehrsverbesserungen im und zum Gebirge, der Erschließung lohnender Punkte und Gründung von Unterkunftsstätten — bekommen wir zu lesen, sondern auch eine Reihe trefflicher

Beiträge in Vers und Prosa. Unter letzteren nimmt zunächst unser Interesse ein Aufsatz über den „Riesengebirgsgranit und seinen Kontakthof" von G. Gürich in Anspruch, demselben, der 1900 einen geologischen Führer ins Riesengebirge herausgegeben hat. Der Verfasser will die übliche Bezeichnung „Granitit" für den Gesteinskern des Kammes durch „Riesengebirgsgranit" ersetzt sehen, beschreibt diesen eingehend, ebenso dessen Abgrenzung gegen den Schiefer und die Kontaktmineralien und bringt überdies das Gesagte auf einer von ihm entworfenen geologischen Übersichtskarte klar zur Anschauung. Ein zweiter Aufsatz handelt „Über die niedere Tierwelt des Riesengebirges", die im ganzen als arm bezeichnet wird. Der Verfasser R. Dittrich gibt an der Hand der ihm bekannten, durchwegs schlesischen Literatur ein Verzeichnis von Insekten, Tausend= füßern, Spinnen, Würmern, Krebs=, Weich= und Gallentieren, das den Fach= männern durch die Zusammenstellung des Materials und die Angaben des Vorkommens gewiß willkommen sein wird. „Rübezahl=Annalen bis Ende des 17. Jahrhunderts" betitelt sich ein weiterer Aufsatz, worin Professor Dr. Konrad Zacher der Ansicht Professor Regells entgegentritt, daß erst durch Prätorius die Rübezahlsage ihre Verbreitung über Deutschland und ihre heutige Gestalt erlangt habe, und zu diesem Behufe die Zeugnisse zusammenstellt, 29 an Zahl, die älter sind als die 1662 erschienene Daemonologia Rubinzalii des Johannes Prätorius, darunter als die ältesten, bis ins 15. Jahrhundert reichend, eine Wiener Handschrift und ein Walenbuch im Trautenauer Stadt= museum; Simon Hüttels Chronik von Trautenau folgt an sechster Stelle. Den Abschluß der Festschrift bildet unter dem Titel: „Hofers Reise in das Isergebirge im Jahre 1794 und sein Besuch bei Herrn von Gersdorf in Meffersdorf", ein Auszug aus den „Bemerkungen auf einer Reise nach dem Isergebirge und einigen Gegenden des Bunzlauer Kreises im Frühling 1794", welche unser Ploschkowitzer Landsmann und erzherzogliche Leibarzt bekanntlich in der „Sammlung physikalischer Aufsätze 2c." von Johann Mayr veröffentlicht hat.

Dr. F. H.

Urban M., Dr.: Wallensteins letztes Nachtquartier im Schlosse zu Plan. Historische Erzählung. Tachau. 1905. Holub. S. 56.

Die Handlung der für ortsgeschichtliches Interesse bedeutsamen Erzählung fällt auf den 23. Feber 1634, also in jene Zeit, wo sich die für die Katastrophe in Eger wichtigen Vorkommnisse vorbereiteten, welche der Verfasser zum guten Teil in Plan zur Reife gelangen läßt, als Wallenstein auf seinem mehr flucht= artigen Zuge von Pilsen nach Eger im Schlosse des Grafen Heinrich Schlick in Plan sein Nachtquartier bezog, um gleich morgens, den 24. Feber, nach Eger aufzubrechen. Wir begegnen den Männern der Verschwörung, welche sich daselbst in geheimer Zusammenkunft beraten, lernen die Vorbereitungen zum Empfange des kaiserlichen Feldherrn in der Stadt und in dem Schlosse kennen, wohnen einer Ratsversammlung hierüber bei, in welcher die Stimmung der Bürger für und wider ihn zum Ausdrucke gelangt, auch der Astrologe Seni fehlt nicht, ebenso die alte Scharfrichter=Eva, die Hexe von Plan, welcher die Gabe innewohnt die

Zukunft zu deuten, auch die Patente, welche die Enthebung Wallensteins vom Kommando enthalten, werden mitgeteilt. Sie bilden sozusagen den Höhepunkt der Erzählung, welche mit dem Abzug Wallensteins gegen Eger ihren Abschluß findet, wo ihn der Tod ereilte. Die Planer können ihrem Historiographen gewiß recht dankbar sein, daß er ihre Stadt zum Schauplatze der vorliegenden historischen Erzählung auserkoren hat.   Dr. Ad. Horcicka.

Programmschau 1905.

Barchanek Klemens: Jubelfeier anläßlich des fünfzigjährigen Bestandes der Anstalt. Staats-Realschule in Olmütz. 20 Seiten.

Břečka Adalbert: Středověké drama. (Das mittelalterliche Drama.) Landes-Realschule in Groß-Meseritsch. 12 S.

Doležel Hubert: Politické a kulturní dějiny král. hlavního města Olomuce. Část V. (Politische und Kulturgeschichte der königl. Hauptstadt Olmütz. V. Teil.) St.-Realsch. in Olmütz. 50 S.

Doubravský Franz, Dr.: Die Organisation der Olmützer Stadtbehörde im Mittelalter. Landes-Unter und Kom.-Obergymn. in Mährisch-Neustadt. 49 S.

Endt Johann, Dr: Die Glossen des Vaticanus Latinus 3257. Besonders mit Rücksicht auf die Angabe der Pseudocronischen Scholien von O. Keller. St.-Gymn. in Smichow. 24 S.

Eymer Wenzel: Gutachten des Fürsten Gundacker von Liechtenstein über Edukation eines jungen Fürsten und gute Bestellung des geheimen Rates. St.-Gymn. in Leitmeritz. 26 S.

Fischer Gregor P.: Genuina narratio tragicae praecipitationis etc. (Der Prager Fenstersturz.) I. Teil. Manuskript des Stiftes Ossegg. Kom.-Gymn. in Komotau. 33 S.

Frič Johann: Walther von der Vogelweide. Ze studie o rytířské lyrice středověké. S ukázkami překladů. (Aus einer Studie über die lyrische Ritterpoesie im Mittelalter. Mit Übersetzungsproben.) Staats-Realschule in Kladno. 35 S.

Graßl Basilius, Dr.: Louis Bourdalone. Prediger am Hofe Ludwigs XIV. St.-Gymn. in Pilsen. 6 S.

Halík T.: Hrabě František Antonín Sporck. Kukus za jeho doby. (Graf Franz Anton Sporck. Kukus zu seiner Zeit.) St.-Gymn. in Königinhof. 17 S.

Heš Gustav: Dodatky a doplňky k dějinám gymnasia Jindřicho-hradeckého. (Nachtrag zur Geschichte der Anstalt). St.-Gymn. in Neu-haus. 18 S.

Himml Franz: Über das sogenannte „Fürstenbuch" von Österreich und Steier" des Jansen Enenkel. St.-Gymn. in Arnau. 13 S.

Hnídek Franz: Sněm český za Ferdinanda I. (Der böhmische Landtag zur Zeit Ferdinands I.) St.-Realsch. in Königl. Weinberge. 68 S.

Jiling Wilhelm, Dr.: Mähren und seine Bevölkerung. Landes-Realsch. in Zwittau. 21 S.

Janko Josef, Dr.: Vybrané obrazy metaforické lidových pisni česko-slovanských. Čásť třeti. (Eine Auswahl von Metaphern in böhmisch-slawischen Volksliedern. III. Teil.) St.-Realsch. in Prag-Kleinseite. 18 S.

Janša Franz: Paměti desítiletého trvání české zemské vyssí reálky v Lipniku 1895/96—1905/06. (Geschichte des zehnjährigen Bestandes der An-stalt 1895/96—1905/06.) Landes-Realsch. in Leipnik. 72 S.

Juritsch Georg, Dr.: Die Deutschen in Böhmen und ihre Rechte in Böhmen und Mähren im XIII. und XIV. Jahrhunderte. St.-Gymn. in Mies. 181 S.

Juritsch Georg, Dr.: Die Verbreitung deutscher Dorfnamen in Böhmen vor einem halben Jahrtausend. Nach Quellen. Deutsche St.-Realsch. in Pilsen. 17 S.

Klostermann Karl: Festrede anläßlich der am 4. Oktober 1903 abgehal-tenen Feier zur Erinnerung an den 30jährigen Bestand der Anstalt. Deutsche St.-Realsch. in Pilsen. 10 S.

Knaflitsch Karl, Dr.: Geschichte des Troppauer Gymnasiums. IV. Teil. St.-Gymn. in Troppau. 14 S.

Kolářik Augustin: Stručné dějiny ústavu. (Kurzgefaßte Geschichte der Anstalt.) St.-Realsch. in Jungbunzlau. 8 S.

Koželuha Franz: Paměti o věcech náboženských v Prostějově od r. 1620 až na naši dobu. (Geschichte der Kirchenangelegenheiten in Prosnitz vom Jahre 1620 bis zu unserer Zeit.) Landes-Realsch. in Prosnitz. 31 S.

Kreibich Emil: Über die Wiener und Militäter Handschrift der Genesis. Kom.-Gymn. in Tetschen a. d. Elbe. 37 S.

Kreiner Josef, Dr.: Die ältesten und einfachsten Handelsformen. Kulturgeschichtliche Abhandlung mit Analogien· aus allen Zeiten. St.=Realsch. in Budweis. 38 S.

Kuchinka Rudolf: Die Römerzüge Kaiser Ottos III. Deutsche.St.=Realsch. in Kremsier. 19 S.

Macháček Johann: Územní (territorialní) vývoj panství římského na půdě dnešního. mocnářství rakousko-uherského. (Die territoriale Entwicklung der römischen Macht auf dem Gebiete der heutigen österreichischungarischen Monarchie.) St.=Gymn. in Budweis. 14 S.

Marek Wenzel: První čtvrtstoletí gymnasia čáslavského. (Das erste Vierteljahrhundert des Časlauer Gymnasiums.) St.=Gymn. in Časlau. 51 S.

Mayer Max, Dr.: Verhältnis des Strickers zu Hartman von Aue, untersucht am Gebrauche des Epithetons. St.=Gymn. in Königl. Weinberge. 40 S.

Nekola Franz: Královští rychtářové v Klatovech. (Königliche Richter in Klattau.) St.=R. und Obergymn. in Klattau. 14 S.

Olbrich Robert: Das deutsche Königtum Friedrich des Schönen. Landes= Realsch. in Sternberg. 24 S.

Papírník Franz: Několik listin z městského musea v Kostelci nad Orlicí. (Einige Urkunden aus dem städtischen Archiv in Adlerkosteletz.) Kom.= Realsch. in Adlerkosteletz. 14 S.

Pešek Josef, Dr.: Staročeská dramata. (Altböhmische Dramen.) St.= Gymn. in Pilsen. 16 S.

Popiołek Franz: Szkice z dziejów kultury Ślązka. (Skizzen aus der Kulturgeschichte Schlesiens.) St.=Gymn. mit polnischer Unterrichtssprache in Teschen. 53 S.

Pöšl Franz: Kapitoly o české poesii národní. (Einige Kapitel über die böhmische Volkspoesie.) St.=Gymn. in Gitschin. 30 S.·

Pospíšil Josef, Dr.: Z nejstaršího země- a dějepisu slezského. (Aus der ältesten Geographie und Geschichte Schlesiens.) St.=Gymn. in Troppau. 20 S.

Preuß Ludwig: Geschichte Lundenburgs. Kom.=Gymn. in Lundenburg. 78 S.

Prosch Franz, Dr.: Dokumente zur Geschichte des k. k. Staats=Gymnasiums in Weidenau (nebst Erläuterungen). IV. Teil. St.=Gymn. in Weidenau. 16 S.

Püschel Theodor: Die Bühnenbearbeitung des Götz von Berlichingen. St.-Realsch. in Olmütz. 22 S.

Rubasch Franz: Aëtius und seine Zeit. Landes-Realsch. in Göding. 30 S.

Schmidt Franz: Kolonisation und Besiedlung Mährens im 12. und 13. Jahrhundert. Landes-Realsch. in Neutitschein. 44 S.

Sladký Wenzel: Styky prvních Karlovců s papeži (739—754). Příspěvek k vzniku církevního státu. Část II. (Über die Beziehungen der Karolinger zu den Päpsten [739—754]. Ein Beitrag zur Entstehung des Kirchenstaates.) II. Teil. St.-Gymn. in Beneschau. 10 S.

Šmejkal Eduard: Kl. Ptolomaios' Nachrichten über Böhmen und die Nachbarländer. St.-Realsch. in Pardubitz. 43 S.

Spachovský Wilhelm: Die Bevölkerungsdichte von Böhmen. St.-Gymn. in Kremsier. 19 S.

Spina Franz, Dr.: Aus der Chronik des Mähr.-Trübauer Webermeisters Michael Heger. (1663—1730.) St.-Gymn. in Mährisch-Trübau. 18 S.

Šťastný Jaroslav, Dr.: Thrakové. Ukázka ze spisu »Dějiny Makedonie ve starověku. II. díl. Národopisné problémy«. (Die Thracier. Eine Probe aus der Schrift: „Die Geschichte Makedoniens im Altertume. II. Teil. Ethnographische Probleme".) St.-Gymn. in Prag-Neustadt (Korngasse). 11 S.

Strach Moriz: Zum 40jährigen Jubiläum der Anstalt. Rede, gehalten am 4. Oktober 1904. St.-Gymn. in Prachatitz. 4 S.

Die k. k. Staatsrealschule in Teplitz-Schönau. St.-Realsch. in Teplitz-Schönau. 19 S.

Tschochner Aibert: Das deutsche Gymnasium in Olmütz. (Dritte Fortsetzung.) Geschichtlicher Rückblick. St.-Gymn. in Olmütz. 15 S.

Vacek Franz: České pověsti ve 12. století. (Böhmische Sagen im 12. Jahrhunderte.) St.-Real- und Obergymn. in Prag. 26 S.

Vítek Gottlieb Ludwig: Myšlenky Jana A. Komenského o kázni a mravní výchově mládeže. (Johann A. Komenius' Gedanken von der Zucht und der sittlichen Erziehung der Jugend.) St.-Realsch. in Jungbunzlau. 10 S.

Wallner Auton, Dr.: Deutscher Mythus in der tschechischen Ursage. St.-Realsch. in Laibach. 33 S.

Wallner Julius: Das Archiv des I. deutschen Staatsgymnasiums in Brünn. I. St.-Gymn. in Brünn. 16 S.

Wierbicki Josef: Trzy główne życiorysy św. Wojciecha. (Die drei wichtigsten Lebensbeschreibungen des heil. Adalbert.) St.-Gymn. in Złoczow. 23 S.

Zatloukal Franz: Die Kämpfe um das Prinzip der böhmischen Prosodie in der Renaissancezeit der böhmischen Literatur. St.-Realsch. in Brünn. 14 S.

Dr. Ad. Horcicka.

Benšner Bezirks-Kalender für das Jahr 1907. 2. Jhrg. Bensen, Druck und Verlag von Heinrich Pilz. 4⁰, 70 S. Preis 1 K.

In Nordböhmen blüht die geschichtliche Lokalforschung und es weist neben manchem gründigen Fachmann eine große Anzahl von Liebhabern der historischen Forschung auf, deren Arbeiten sich meistenteils in den Mitteilungen des Nordböhmischen Exkursionsklubs vorfinden. Aber daneben erscheinen auch selbständigere Werkchen und seit vorigem Jahr hat sich der Nordböhmischen Geschichtsliteratur auch der vorliegende Kalender zugesellt. Außer dem landläufigen Inhalt eines Familienkalenders bringt das neue Unternehmen mundartliche und geschichtliche Beiträge aus dem Benšner Bezirke. Von den letzteren seien folgende angeführt: Josef Jarschel, Die Markomannen in Böhmen; Emil Neder, Die Entwicklung der Städte im Amtsbezirke Tetschen; Kranachsdorf bei Bensen; Franzenthal bei Bensen; Kulturzustände in Tetschen vor 150 Jahren; Beiträge zur Ortsgeschichte von Altstadt bei Tetschen; Höflitz bei Bensen. — Der Anhang stellt Populationstabellen und volkswirtschaftlich-statistische Ausweise über den Amtsbezirk Bensen bei. Der niedrige Preis und die zweckmäßige Ausstattung dürften dem jungen Unternehmen auch außerhalb seiner Heimat Freunde zuführen, besonders solche, die sich mit lokalgeschichtlichem Studium eingehender befassen. rth.

K. u. k. Hofbuchdruckerei A. Haase, Prag. — Selbstverlag.

Literarische Beilage

zu den Mitteilungen des Vereines

für

Geschichte der Deutschen in Böhmen.

XLV. Jahrgang.   **III.**   1907.

Truhlář Josef: Katalog der lateinischen Handschriften der Prager Universitäts-Bibliothek. (Catalogus codicum manu scriptorum latinorum, qui in c. r. bibliotheca publica atque universitatis Pragensis asservantur, auctore Josepho Truhlář eiusdem bibliothecae custode. Pars I, II, Pragae 1905, 1906, XIX und 616, 495 SS.)

Das vorliegende Werk, das von der königl. böhmischen Gesellschaft der Wissenschaften mit Unterstützung des Unterrichtsministeriums herausgegeben worden ist, wird von allen, die sich mit geschichtlichen Studien (im weitesten Sinne des Wortes) befassen, dankbar begrüßt werden. Bisher waren nur einzelne Gruppen aus den lateinischen Handschriften der Prager Bibliothek bekannt geworden, Historiker, Philologen, Juristen hatten gelegentlich die Handschriften, die ihr Interesse hervorgerufen hatten, verzeichnet, eine systematische, alle lateinischen Handschriften umfassende Beschreibung hat jedoch gefehlt. Welche Aufgabe hier zu lösen war, geht daraus hervor, daß nicht weniger als 2830 Handschriften zu bearbeiten waren. Dieser Arbeit hat sich Truhlář gewidmet, er hat ein gutes Stück seines Lebens, sieben volle Jahre, darauf verwandt, aber das Werk, das er geschaffen, mag ihn mit berechtigtem Stolze erfüllen, denn es ragt weit über ähnliche Arbeiten hinaus. Es ist nicht nur ein ausgezeichneter Katalog der Handschriften, sondern auch ein wertvoller Beitrag zur Geschichte der Prager Universität, und damit des geistigen Lebens in Böhmen.

Was diesem Handschriftenkataloge sein eigentümliches Gepräge gibt, ist der Umstand, daß der Verfasser sich nicht damit begnügt hat, den Inhalt der einzelnen Handschriften auf das genaueste zu verzeichnen.[1]) Er hat auch bei jeder Hand-

---

1) Darunter auch die Fragmente von Urkunden und Handschriften, die für den Einband verwendet worden sind. Ich mache da besonders aufmerksam auf die Hss. Nr. 63, 1037, 1270, 2531, sie geben uns Anhaltspunkte zur

ſchrift alle Notizen, die ſich auf den Schreiber, auf die Herkunft und die Schickſale der Handſchrift beziehen, ſorgfältig beachtet. Derartige Notizen ſind manchmal
ebenſo wertvoll als der ganze Inhalt der Handſchrift. So hat Hſ. Nr. 552, ein
Prager Kollegienheft von 1433—1434 (Vorleſungen des Magiſter Buzko von Kdyn
über die Analytica des Ariſtoteles) am Schluſſe die Bemerkung »anno domini
1434 comportatum est hoc opus per manus Jacobi de Straz post ma-
gistrum Buzkonem de Gdyna, et finitum feria VI ante festum trinitatis
in collegio Karoli in magna tribulacione tunc currente, quia Tabores et
Sirotkones tunc circum Pragam devastabant et comburebant, et dominico
in octava corporis Christi prostrati sunt ad ultimum.« [1]) Ein anderes Beiſpiel
bietet Hſ. Nr. 563, Kommentar zum alten Teſtament (Fr. Nicolai de Lira
postilla), geſchrieben in den Jahren 1426—1428 von Martin von Czrnochow.
Bei jedem Abſchnitte gibt der Schreiber den Tag an, an dem er fertig geworden
iſt z. B. »et sic est finis huius libri anno domini 1426 VI. feria ante Viti
per Martinum de Czrnochow tunc morantem circa S. Stephanum in piscina,
quando Pragenses, Taborienses simul cum orphanis valaverunt civitatem
Usk in Albea« oder »scripte sunt anno domini 1427 per M. de C. sabbato
ante purificacionem, quando rixabant in Praga magister Przibram cum
Anglico.« In vielen Fällen haben jedoch die Schreiber es für überflüſſig gehalten
ihren Namen der Nachwelt zu überliefern, und dann müſſen aus der Handſchrift
ſelbſt Anhaltspunkte zur Feſtſtellung ihrer Herkunft geſucht werden. Manchmal
ſind es äußere Merkmale, die Beſchaffenheit des Schreibſtoffes (deutſches und
ital. Pergament, Waſſerzeichen des Papiers), die Schriftart, der Einband,
manchmal ſind es innere Merkmale, die Sprache, die Zuſammenſetzung des
Inhalts, manchmal ſind es Notizen, die mit dem Inhalte der Handſchrift in gar
keiner Beziehung ſtehen. Auch dieſe ſchwierigen Fragen hat Truhlář mit großem
Scharfſinne gelöſt. So hebt er z. B. bei der Hſ. Nr. 667 (XIV. Jahrh., philo-
ſophiſche und theolog. Traktate) hervor, daß ſie gewiß nicht in Böhmen geſchrieben iſt, das zeige das außerordentlich feine Pergament. Bei der Hſ. Nr. 495
(aus derſelben Zeit, mediziniſche Traktate) iſt es eine Notiz auf dem Vorſteckblatt,
die Tr. hervorhebt „1390 die VII. Junii constructus fuit primus lapis in
hedificio ecclesie s. Petronii Bononiensis iuxta plateam sollempniter et
devote.« [2]) Ein anderes, höchſt lehrreiches Beiſpiel haben wir in Hſ. Nr. 2527.
Es iſt eine Sammlung von Briefen und Traktaten über die Entſtehung·des
großen Schismas von 1378, darunter das Schreiben des ſpäteren Gegenpapſtes
Clemens VII. über die Wahl Urbans VI. von 1378 April 14,[3]) der Traktat des

Beantwortung der Frage, wann das Archiv Karls IV. und Wenzels
zerſtreut worden iſt.

1) Vgl. Bachmann, Geſch. Böhmens 2, 324 ff.

2) »Hac nota« ſagt Tr. »origo italica codicis nostri demonstratur«.
Das iſt nach meiner Meinung doch zu weit gegangen; ich würde aus der
Notiz nichts anderes folgern, als daß die Handſchrift im Jahre 1390
jemandem in Bologna gehört hat, da man außerhalb dieſer Stadt
ſchwerlich ein ſolches lokales Ereignis aufgezeichnet haben wird.

3) Vgl. meine Abhandlung, „das Schisma von 1378 und die Haltung Karls
IV." in den Mitteil. des Inſtituts für öſterr. Geſchichtsforſchung 21, 608.

Jakob de Sève von 1378, ufw. Wann und wo ift diefe Sammlung entftanden? Die Schrift — zwei Hände haben fich in die Arbeit geteilt — befagt nur: Ende des XIV. Jahrh. Da macht Tr. auf »experimenta calami«, die fich auf dem letzten Blatte finden, aufmerkfam. Hier fteht »Wenceslaus dei gratia Romanorum rex semper augustus et Boemie rex universis et singulis principibus etc.« Dann wiederum »honorabili Wenceslaus dei gratia Romanorum et Boemie rex« u. ä. Das beweife, daß die Handfchrift in der königlichen Kanzlei in Prag entftanden fei. Ich halte diefen Schluß für ganz zutreffend, derartige Schreib-übungen find von einem Schreiber in der königlichen Kanzlei mehr als von irgend einem andern zu erwarten. Dadurch bekommt die ganze Handfchrift für uns erhöhte Bedeutung.

Der zweite Punkt, der im vorliegenden Kataloge Beachtung verdient, ift der Verfuch, bei jeder Handfchrift ihre Gefchichte feftzuftellen, foweit fich Anhalts-punkte bieten. Derartige Unterfuchungen find früher nur angeftellt worden, wenn es fich um die Löfung eines beftimmten wiffenfchaftlichen Problems oder um einzelne Handfchriften von befonderer Bedeutung handelte. Daß diefe Unter-fuchungen auf eine ganze große Sammlung von Handfchriften ausgedehnt werden, ohne Rückficht auf ihren Inhalt, ift ein Fortfchritt der Methode, von dem wir viel Aufklärung über mittelalterlichen Buchhandel, Bibliotheken ufw. erwarten können. Ich führe zwei Proben aus dem vorliegenden Kataloge an. Die Hf. Nr. 1635 (XII.—XIII. Jahrh., vermifchten Inhalts) hat auf dem letzten Blatte von einer Hand des XIV. Jahrhunderts die Notiz »ego magister Johannes de Eldagessen cum istum librum reciperem, scripsi ad quandam cedulam, me ipsum recepisse; et cum librum istum vellem reponere, cedula quaerebatur, ut abstergerem quod scripseram. non autem poterat inveniri. ergo scripsi hec, ut sciatur, ut id quod receperam apud me non remanserit.« Die Hf. Nr. 2299 (XIV. Jahrh., Chroniken zur Gefchichte der Kreuzzüge) trägt den Vermerk „anno domini 1362 die 24 mensis Octobris Nicolaus de Chremsir archidiaconus Boleslaviensis, domini imperatoris Karoli IV. prothonotarius, emit hunc libellum pro XXX sol. den. in Avinione, et libenter emisset meliorem, si tanta ibi tunc rerum caristia non fuisset.«

Indem Tr. Herkunft und Schickfale jeder einzelnen Handfchrift verfolgte, hat er auch für die Gefchichte der Prager Univerfitätsbibliothek einen fehr wichtigen Beitrag geliefert. Denn die lateinifchen Handfchriften machen drei Viertel des ganzen Handfchriftenbeftandes aus (2830 lat. Hf.,[1]) während die Gefamtzahl der Hf. 3915 beträgt. Über die Prager Bibliothek hat Hanslik im Jahre 1851 ein Buch[2]) veröffentlicht, das viele fchätzenswerte Nachrichten enthält, und von dem Reichtum der Bibliothek eine Vorftellung gibt. Die Einleitung des Buches bildet die Gefchichte der Bibliothek, und daraus erfieht man, daß die Bibliothek in der Hauptfache aus drei großen Sammlungen entftanden

---

1) Von welchen der weitaus größte Teil, zirka 2100, dem XIV. und XV. Jahr-hundert angehören.

2) Gefchichte und Befchreibung der Prager Univerfitätsbibliothek, von Jofeph A. Hanslik. Prag, Friedrich Rohliček 1851. 633 SS.

ift a) aus der Bibliothek, oder beſſer geſagt, den Bibliotheken der alten Karoliniſchen Univerſität (1348 — 1622), b) aus der Bibliothek des Prager Jeſuitenkollegiums S. Klemens und der übrigen Jeſuitenkollegien in Böhmen (1555—1773), c) aus den Bibliotheken der Klöſter in Böhmen, welche von Kaiſer Joſef II. im Jahre 1781 aufgehoben worden ſind. Die Dar- ſtellung Hanslifs iſt durch das vorliegende Werk, beſonders was die Zeit des Mittelalters betrifft, berichtigt und ergänzt worden. Die wichtigſte Korrektur, die Tr. vornimmt, iſt wohl die, daß mindeſtens bis zum Jahre 1638 von einer Univerſitätsbibliothek im eigentlichen Sinne, d. i. von einer der ganzen Univer- ſität gemeinſamen Bibliothek nicht die Rede ſein kann. Die Kollegien (orga- niſierte Körperſchaften[1]) innerhalb der Univerſität, mit eigenem Vermögen ſind es, welche ſelbſtändige Bibliotheken haben. Zwei mittelalterliche Kataloge ſolcher Kollegienbibliotheken ſind uns erhalten, der eine aus dem XIV., der andere aus dem XV. Jahrhundert. Der erſtere, der die Bibliothek des Karoliniſchen Kollegs betrifft und bald nach 1370 verfaßt iſt,[2] enthält rund 200 Werke, die in zwei Abteilungen zu je neun Gruppen (»ordines«) eingeteilt ſind. Von dieſen 18 Gruppen enthalten zwölf — alſo zwei Drittel der ganzen Bibliothek — theologiſche und kanoniſtiſche Schriften, das übrige Drittel ſetzt ſich zuſammen aus ge- ſchichtlichen Werken, klaſſiſchen Autoren, naturwiſſenſchaftlichen, mediziniſchen und philoſophiſchen Schriften. Etwa ein Jahrhundert ſpäter iſt der zweite Katalog verfaßt. Loſerth hat ihn in der Lobkowitzſchen Bibliothek zu Raudnitz entdeckt und auszugsweiſe veröffentlicht.[3] Um die Erklärung dieſes Katalogs haben ſich Wolkan und Truhlař Verdienſte erworben. Es ſteht jetzt feſt, daß der Katalog die Bibliotheken zweier Kollegien umfaßt, des »collegium nationis Bohemicae«, und eines zweiten Kollegs (ob des Hedwigs Kollegs, oder des Reček Kollegs, iſt[4]) ſtreitig). Das eine Kolleg hat nach dieſem Katalog eine Bibliothek von 1079, das andere von 787 Werken. Alſo eine ganz gewaltige Zunahme des Bücherbeſtandes. Auch die Zuſammenſetzung der Bibliotheken hat ſich etwas ge- ändert, Theologie und kanoniſches Recht machen etwa die Hälfte, alle anderen Wiſſenſchaften die andere Hälfte des Bücherbeſtandes aus.

Von dieſem Kataloge geht Tr. aus, um ſich der Löſung eines ſehr inter- eſſanten Problems zuzuwenden. Wenn man die im Katalog nicht erwähnten. Kollegien in Betracht zieht, kann man die Geſamtzahl der Handſchriften in den verſchiedenen Kollegien der Prager Univerſität zu Ende des XV. Jahrhunderts auf mindeſtens 4500 veranſchlagen. Davon ſind durch die Jeſuiten etwa 1250, alſo rund ein Viertel uns überliefert worden. Wohin ſind die übrigen gekommen? Man könnte annehmen, daß die Jeſuiten, welchen im Jahre 1622 die Univerſität mit ihren Bibliotheken ausgeliefert wurde, eine ſo gründliche Purifizierung der Bibliothek vorgenommen haben. Denn unter dieſen Handſchriften war zweifellos eine große Menge ketzeriſcher Schriften, von Wiclef, Hus uſw., und die Ver-

---

1) Von Profeſſoren (magistri) und von Studenten.
2) Wiederholt gedruckt, auch bei Hanslik a. a. O. S. 18—22.
3) Mitteil. des Inſtitutes für öſterr. Geſchichtsforſchung 11, 301—318.
4) Vgl. die ſehr lehrreiche Beſprechung des vorliegenden Werkes von Wolkan in den Mitteil. des öſterr. Vereins für Bibliothekweſen 9, 75.

nichtung kezerischer Schriften hat in dieser Zeit der Gegenformation eine große Rolle gespielt.[1]) Allein gegen die Annahme, daß die Jesuiten soviele Handschriften des XV. Jahrhunderts vernichtet hätten, spricht die Tatsache, daß sie uns sehr viele Handschriften, welche Traktate von Wiclef und Hus enthalten, überliefert haben, und daß es sich zu ihrer Zeit nicht mehr um einen Kampf mit Hussiten und Utraquisten, sondern um einen Kampf mit den Protestanten und den böhmischen Brüdern handelte. Vielmehr sind ganz andere Gründe maßgebend gewesen. Tr. weist auf den Verfall der Prager Universität im XV. und XVI. Jahrhundert hin, der auch in den Bibliotheken der Universität erkennbar sei. Schon in dem oben erwähnten Katalog aus dem XV. Jahrhundert ist bei zahlreichen Handschriften bemerkt, daß sie verloren gegangen sind. Und das ist nicht zu verwundern, wenn wir hören, daß die Magister des Karolinischen Kollegs im Jahre 1434 als Honorar für die Ordnung ihrer Bibliothek dem Studenten, der dieser Arbeit sich unterzog, eine Handschrift für Lebenszeit über-ließen,[2]) oder daß eine Vergilhandschrift aus dem IX. Jahrhundert (jetzt in der Bibliothek des Domkapitels) im Jahre 1449 von den Magistern des böhmischen Kollegs für zwei Hss., welche »eandem materiam« enthielten, ebenfalls zur Benützung auf Lebenszeit weggegeben worden ist. Das schlimmste Los traf die Handschriften, als im XVI. Jahrhundert gedruckte Bücher immer häufiger und billiger wurden, und andererseits die Schriften der früheren Zeiten den meisten unverständlich waren. Man hat damals alte Pergament-Handschriften als „unleserlich“ den Buchbindern (welche sie zerschnitten) verkauft, und im Katalog einer Prager Kollegienbibliothek von 1603 wird offen ausgesprochen, es wäre am besten, die alten unleserlichen Pergamenthandschriften zu verkaufen, und dafür neue (d. i. gedruckte) Bücher zu kaufen. Man muß leider annehmen, daß dieser Rat befolgt worden ist.

Als der Jesuitenorden 1773 aufgehoben wurde und die Universität in die ausschließliche Verwaltung des Staates überging, wurde auch die Bibliothek mit den Handschriften von den Jesuiten ausgeliefert. Bei diesem Anlasse sind Bücher und Handschriften verschleppt worden,[3]) aber wenige Jahre nachher konnte die Bibliothek diesen Verlust wettmachen, im Jahre 1782 hatte sie einen sehr bedeu-tenden Zuwachs an Handschriften zu verzeichnen, als ihr die Bibliotheken der aufgehobenen Klöster in Böhmen zugewiesen wurden. Es sind nicht weniger als 731 Hss. (die meisten aus dem Chorherrenstift zu Wittingau und dem Bene-diktinerinnenstift St. Georg in Prag), die nach ihren Signaturen diesen Kloster-bibliotheken zugewiesen werden können. Auch dieses Kapitel hat Tr. vollständig ins Reine gebracht. Neben zahlreichen andern Tabellen gibt er uns am Schlusse seines Werkes auch eine höchst instruktive Übersicht der Handschriften nach der Herkunft aus den einzelnen Klöstern.   G. Steinherz.

---

1) Vgl. Gindely, Gegenreformation in Böhmen, S. 266 über die 1627 erfolgte Vernichtung der Bibliothek der Brüderunität; vorwiegend sind es in der Volkssprache (deutsch und tschechisch) abgefaßte Schriften, welche beseitigt wurden.

2) Vgl. die Notiz in Kod. Nr. 1826.

3) Vgl. Hanslik a. a. O. S. 67—70.

Richard Batka: Geschichte der Musik in Böhmen. Erstes Buch. Böhmen unter deutschem Einfluß (900—1333). Prag 1906. Dürerverlag. Leipzig Breitkopf & Härtel.

Der auf dem Gebiete der böhmischen Musikgeschichte seit Jahren tätige Verfasser will die Entwicklung der Tonkunst in Böhmen bis zum Beginn des dreißigjährigen Krieges in vier Bänden behandeln. Der vorliegende erste Band umfaßt die Zeit bis 1330. Er schließt sich in den beiden ersten Kapiteln im wesentlichen an die in dieser Zeitschrift erschienenen „Studien zur Geschichte der Musik in Böhmen" (XXXIX, S. 171—185, 275—287; XLII, S. 253—268, 492—501) desselben Verfassers an, neu hinzugefügt ist ein weiteres Kapitel in neun Abschnitten über die Zeit König Johanns. Im Vergleiche zu den „Studien" ergibt sich, daß der Verfasser fortwährend auf das mittlerweile erschienene Buch Nejedlys »Dějiny předhusitského zpěvu v Čechách« Bezug nimmt, bzw. dieses Werk allenthalben berichtigt. Von Nejedlys neuen Ermittlungen akzeptiert er nur wenig, hauptsächlich dessen Mitteilungen über die Handschriften der Museum- und Kapitelbibliothek.

Indem wir den Inhalt der ersten Kapitel als aus den „Studien" bekannt voraussetzen, sei nur kurz darauf hingewiesen, daß überall eingehend revidiert und erweitert worden ist. Pekař' Hypothese, aus Uenno, dem bayrischen Lehrer Wenzels des Heiligen, einen tschechischen Ucenus = Učený zu machen, wird als ein Verstoß gegen die arische Namenbildung zurückgewiesen. Interessante neue Details bringt namentlich der Abschnitt über Heinrich Frauenlobs Wirken in Böhmen. Der Versuch Nejedlys, einige hussitische Weihnachtslieder auf Frauenlobs Tougenhort zurückzuführen, wird bündig durch den Nachweis eines gemeinsamen Urbildes, des Hymnus »Veni sancte spiritus« widerlegt.

Völlig neu, wie bemerkt, ist das letzte, dritte, Kapitel. Der erste Abschnitt handelt über die Entwicklung der Kirchenmusik in Böhmen, wobei der Vyšehrad im Verhältnis zum Prager Domkapitel als die Stätte des liturgischen und künstlerischen Fortschrittes erscheint. Der zweite Abschnitt über die Osterspiele bei St. Georg gibt dem Verfasser Gelegenheit zu einer subtilen Untersuchung über das Handschriften-Verhältnis der betreffenden Spiele, deren Ergebnis ist, daß die Osterfeier in ein- und demselben Kloster auf verschiedene Weise begangen wurde, indem man einzelne Stücke teils wegließ, teils hinzufügte. Eine Spezialität des Georgsklosters bildete die Auferstehungsszene seiner Weihnachtsspiele. Die oft ungenauen oder irreführenden Angaben über alle diese Spiele in der vorliegenden Literatur werden berichtigt und ergänzt. Der dritte Abschnitt ist den Prager Vagantenspielen gewidmet. Batka bemüht sich um den Nachweis, daß das tsche-chische Osterspiel »Mastičkář« die Übersetzung oder Bearbeitung eines deutschen Urquacksalberspiels ist, das jedenfalls schon um 1300 verfaßt war. Auf das ent-schiedenste bekämpft er die Annahme Nejedlys, die das tschechische Spiel mit Adams de la Hale „Robin und Marion" in Zusammenhang bringt und einen französischen Ursprung wahrscheinlich machen möchte. Der Verfasser zeigt, daß die reiche Literatur der Franzosen kein einziges derartiges Stück überliefert hat, daß die Rubin-Szene sich nur in Deutschland vorfindet und daß der ganze Inhalt des Stückes bzw. der daraus zu erschließende geistige Gesichts-

treis seines Autors unzweifelhaft auf Deutschland oder den deutschen Teil
Österreichs hinweise. Ein vierter Abschnitt handelt über die Volksmusik jener
Zeit, der fünfte ist Mülich von Prag gewidmet, ein sechster bespricht die Instru-
mente und bringt interessante Miniaturen aus dem Passionale der Äbtissin
Kunigunde, der siebente endlich eröffnet die Diskussion über die bedeutsamste
Frage der böhmischen Kulturgeschichte im ersten Drittel des 14. Jahrhunderts,
die Frage nach dem französischen Einfluß.

Der Verfasser kommt zu dem Ergebnis, daß, obwohl sich um diese Zeit
manche direkte Beziehungen zwischen Frankreich und Böhmen ergeben, der
französische Einfluß seitens der tschechischen Historiographie entschieden weit über-
schätzt wird. Er leugnet, daß es nationale Voreingenommenheit ist, wenn er
diesen französischen Einfluß in Abrede stellt. „Was würde es denn der Grund-
anschauung, daß die Deutschen die Vermittler der westlichen Kultur gewesen
sind, groß Abbruch tun, wenn der eine oder der andere Fall sich nachweisen ließe,
in dem eine unmittelbare Entlehnung aus Frankreich stattgefunden hat, zumal
nachdem die Tatsache nun feststeht, daß Besuche böhmischer geistlicher Studenten
und Ritter in Paris keineswegs zu den unerhörten Vorkommnissen gehörten.
Aber ebenso kleinlich wie die Tendenz, die Möglichkeit einzelner direkter Beein-
flussungen auszuschließen, scheint mir die Sucht, möglichst viele solche Einflüsse
ohne sichere quellenmäßige Gewähr zu behaupten." Es folgt hierauf der Abschnitt
über Guillaume de Machaut. Zunächst wird das, was über diesen Troubadour
und Geheimschreiber König Johanns bekannt ist, nach dem neuesten Stande der
Forschung zusammengefaßt. Das Ergebnis ist, daß Guillaume nicht, wie man
bisher annahm, um 1315, sondern erst um 1323 Kleriker des Königs geworden
sein kann. Damit ist ausgeschlossen, daß er irgendwie an den großen Änderungen
teil hat, die in König Johanns Lebenswandel um 1319 vor sich gingen. Spuren
vom Wirken Guillaumes in Böhmen sind absolut nicht nachweisbar. Der als
Zeugnis dafür bisher ins Treffen geführte sogenannte „Prager Rondellus" bildet
alles andere, nur kein Zeugnis für Guillaume, sondern gehört einer viel spätern
Zeit an. Der Verfasser führt aus, daß Guillaume keineswegs so oft in Böhmen
gewesen sei als man bisher annahm, daß ihm also vor allem die Zeit fehlte, um
in Böhmen musikalisch durchgreifend zu wirken. In den ersten und ausschlag-
gebenden zwölf Jahren weilte Johann im ganzen etwa sieben Monate in
Böhmen, und diese Zeit war ganz von politischen Geschäften und kriegerischen
Rüstungen ausgefüllt. Da wird sein Sekretär kaum Zeit gefunden haben, die
böhmischen Herren in den galanten Künsten seiner Heimat zu unterrichten. Er
zeigt sich überhaupt über die Verhältnisse des Landes wenig orientiert, von allen
Städten nennt und kennt er nur die Hauptstadt Prag. Nach dem Jahre 1330
hat sich König Johann allerdings etwas länger in Böhmen aufgehalten, aber
da bedurfte es der persönlichen Anwesenheit Machauts wahrlich nicht mehr, um
in Böhmen französische Musik zu verbreiten. Damit verliert seine Person ihre
bisher vermeinte geschichtliche Bedeutung. Hat man ihm doch die Einführung
der Mehrstimmigkeit, der französischen Instrumente und Musikformen, der Men-
suraltheorie, des Vaudevilles und wer weiß was alles zugeschrieben. Was die
berühmte Stelle betrifft, wo Machaut die am Hofe Karls vorhandenen Instrumente aufzählt, so meint der Verfasser, sie sei nicht der Renommierlust oder der

Phantasie des Dichters entsprungen; wahrscheinlicher sei, daß er bloß den willkommenen Anlaß ergriff, um seine auf Autopsie beruhende Ortskenntnis zu verwerten. Den Beschluß bildet das Kapitel über die Mehrstimmigkeit in Böhmen,
wo auf Grund scharfer Kombinationen die Hypothese aufgestellt wird, daß die
Mehrstimmigkeit mit dem französischen Hofgefolge des Kronprinzen Karl bzw.
seiner Gemahlin Blanca nach Prag gekommen sei. Der wesentliche Inhalt dieses
Kapitels ist den Lesern dieser Zeitschrift gleichfalls nicht unbekannt.
(Vgl. XLV, 5 ff.).

Die Anlage des Buches ist eine breite; ausführliche Untersuchungen über
Haupt- und Nebenfragen nehmen einen großen Raum ein. Der Verfasser bemüht
sich, jede seiner Prämissen auf das Genaueste aus den Quellen zu belegen und
tut hierin lieber zu viel als zu wenig. Z. B. wenn er ganz alle Stellen verzeichnet, wo in den alten Chroniken und Urkunden von Gesang und Musik die
Rede ist. Obzwar er im Vorwort erklärt, daß er den Schwerpunkt seiner Arbeit
nicht auf die Heranziehung unveröffentlichten Materials lege, sondern auf die
Verarbeitung der reichen Materialien, die mehr oder weniger bequem durch den
Druck zugänglich sind, so ist er doch in vielen Fällen auf die Originalquellen
zurückgegangen. Neu ist die Verwertung der deutschen Ritterpoesie aus Böhmen
für musikgeschichtliche Zwecke. Zahlreiche Faksimilia und Reproduktionen alter auf
Musik bezüglicher Miniaturen bilden eine wertvolle Bereicherung des Buches.

Der Verfasser geht von dem Grundsatze aus, daß die großen Gedanken
der Wissenschaft auf dem wohlbestellten Grunde von zahllosen einzelnen Er-
mittlungen erblühen, und immer, wenn die Musikgeschichte von oben mit ihrem
Latein zu Ende war, wird sich die Musikgeschichte von unten als das rettende
Prinzip bewähren. Jedenfalls hat die deutsche Geschichtsliteratur mit dieser
Arbeit ein Buch von einer Einläßlichkeit gewonnen, wie es selbst auf tschechischer
Seite bisher nicht vorhanden ist. Der nächste Band soll die Entwicklung der
Musik unter Karl IV. umfassen. Dr. Ernst Rychnovsky.

Die k. k. deutsche technische Hochschule in Prag. 1806—1906. Festschrift
zur Hundertjahrfeier. Im Auftrage des Professorenkollegiums redigiert
von Prof. Dr. techn. Franz Stark unter Mitwirkung der Professoren
k. k. Hofrat Dr. Wilhelm Gintl und Dr. Anton Grünwald. Prag, Selbstverlag, 1906. 518 S. mit zahlreichen Textbildern und 5 Tafeln.

Wir haben vor kurzer Zeit in feierlicher Weise das Fest des hundertjährigen
Bestandes der ältesten deutschen technischen Hochschule gefeiert; es war ein Fest,
das weit über die Grenzen der Prager Stadt und des böhmischen Landes
hinausgriff und einen bedeutenden Eindruck hinterließ. Es ist selbstverständlich,
daß diese Gelegenheit benützt werden mußte, um über das verlaufene Jahrhundert in einem größeren Werke der Mit- und Nachwelt Rechenschaft abzulegen;
dieses liegt hier vor. Um es gleich zu sagen, es ist ein monumentales Werk in
glänzender Ausstattung. Als ganz hervorragend gut müssen die zahlreichen
Porträts und anderen Bilder bezeichnet werden. Das Buch gliedert sich in eine

Geschichte der Anstalt, dann in die Sammlung von Biographien der früheren und jetzigen Lehrer der Schule, woran sich ein Verzeichnis der gegenwärtigen Lehrgegenstände, Lehrmittel etc., Bestimmungen über die Verwaltung, die Stiftungen, Fonds, endlich ein Verzeichnis sämtlicher Hörer der letzten 50 Jahre anschließt. Im Interesse der Rentabilität des Buches hätte sich vielleicht an den letztgenannten Abschnitten manches kürzen lassen, indes werden sich die Herren Redakteure ja diesbezüglich keinen Illusionen hingegeben haben. Die Geschichte der Anstalt gliedert sich in den älteren Teil bis 1856, der damals in Prof. Karl Jelinek bereits einen Geschichtsschreiber gefunden hat, der hier herangezogen werden konnte. Die Geschichte der zweiten 50 Jahre teilt sich zwanglos in die Zeit bis zur Einführung des Fachschulwesens 1864, dann in die Periode bis zur Übernahme in die Staatsverwaltung (da hinein fällt das wichtige Jahr 1869, in welchem die Trennung in eine deutsche und tschechische Schule stattfand) 1875, weiters bis zur Einführung der Staatsprüfungen 1890; die letzte wichtige Phase wird durch den Erhalt des Promotionsrechtes bezeichnet, das 1901 gewährt worden ist. Angesichts des von der anderen nationalen Seite gleichzeitig gefeierten Festes, bei welchem sogar von einem zweihundertjährigen Jubiläum die Rede war, sei noch einmal auf die tatsächlichen Verhältnisse hingewiesen. Am 30. Jänner 1705 machte der landschaftliche Ingenieur Christian Josef Willenberg eine Eingabe an die Stände des Königreichs Böhmen, in welcher er die Errichtung einer Ingenieurschule in Prag anregt, in Verfolg dieser Angelegenheit wurde dann durch die kaiserliche Ernennung des Willenberg am 9. November 1717 eine solche Anstalt für Ingenieurkunst gegründet, die in erster Reihe nur militärischen Zwecken dienen sollte, an der aber auch Zivilbaukunst und Wasserbau gelehrt wurde. 1726 wurde Johann Ferdinand Schor der Nachfolger Willenbergs, er erweiterte den Unterricht durch Einführung der praktischen Geometrie, der Mechanik und des Brückenbaues und erhielt dazu einen Assistenten. Als solcher begegnet uns seit 1765 Franz Leonhard Herget, der Ahne der heute noch in Prag blühenden Familie. 1767 erhält dieser nach Schors Tode die Lehrkanzel für Ingenieurwissenschaft und sein Tod, 1800, gab die nächste Veranlassung zur Gründung der polytechnischen Schule. Seit 1860 mehrten sich die Versuche, den Unterricht auch in tschechischer Sprache zu erteilen, Versuche, die bald erfolgreich waren und 1869 zur Teilung in ein deutsches und ein tschechisches Institut führten, eine Teilung, die wie jede derartige friedliche Auseinandersetzung zwischen den zwei Volksstämmen, die Böhmen bewohnen, beiden nur zum reichsten Segen gereicht hat. .

 Es mag noch angeführt werden, daß eine ganze Reihe von Erlässen, Studienordnungen und Studienplänen in dem Texte dieses Buches zerstreut sind und somit das schöne Werk sich der größtmöglichsten Vollständigkeit befleißt.

O. W.

Kapras Joh. (Privatdozent a. d. k. k. böhm. Universität): **Das Pfandrecht im böhmisch=mährischen Stadt= und Bergrechte.** 1906.

 Der Gegenstand dieser Schrift wäre nicht übel gewählt, um an einem Ausschnitt aus dem älteren Privatrecht zu zeigen, wie in unseren Städten mit dem Kulturschatz des deutschen Rechtes gewirtschaftet worden ist. Viel weniger als der allgemeine Gang der Rechtsbildung ist uns die Geschichte der einzelnen Rechtsinstitute bekannt, und darum fehlt auch ein tieferer Einblick in das Verhältnis zum slawischen Recht und die materiellen Gründe und Wirkungen der Rezeption des römischen Privatrechts. Mit umso größerem Bedauern muß der Berichterstatter bekennen, daß die angezeigte Schrift durchaus nicht leistet, was erwartet wird. Daß der Verfasser es auch heute noch für möglich hält, die deutsche Privatrechtswissenschaft in der von ihm beliebten Weise zu behandeln, berührt eigentümlich; die Schuld trägt wohl verfrühte Veröffentlichung. Da sich Kapras ausschließlich an Rechtshistoriker wendet, darf ich die Leser der „Mitteilungen" wohl auf meine Besprechung des Buches in einer juristischen Fachzeitschrift (Jurist. Vierteljahrschr. Prag 1907) wegen der Begründung meines Urteils verweisen.

An dieser Stelle sei es aber noch gestattet, eine terminologische Bemerkung anzufügen. Man wird ja alle jene nicht mehr bestimmen können, den unzweideutigen Ausdruck „tschechisch" statt des zweideutigen „böhmisch" anzuwenden, die zeitlebens sich jenes mangelhaften Sprachgebrauchs bedienten. Ein anderes muß aber für die jüngere Generation gelten. Wennschon es ja mildernde Umstände genug gibt und Schreiber dieser Zeilen sich selbst keineswegs schuldlos fühlt: daß gerade der Jurist sich durchaus nicht bekehren will, wiegt doch besonders schwer. Der Verfasser (Privatdozent der böhmischen [tschechischen?] Rechtsgeschichte), dessen Aufgabe darin besteht, das deutsche Recht geschichtlich vom tschechischen zu scheiden, spricht vom „böhmischen" Recht statt vom tschechischen, nennt zugleich aber auch das deutsche „böhmisch"! Wenn die Sprache dazu dient, Gedanken adäquaten Ausdruck zu verleihen, muß dieser Wirrwarr verschwinden.

A. Zycha.

Doeberl M.: Entwicklungsgeschichte Bayerns. Erster Band. Von den ältesten Zeiten bis zum westfälischen Frieden. München, Oldenbourg 1906. IX + 593 S.

Es genügt für die Zwecke dieser Zeitschrift, wenn hier darauf aufmerksam gemacht wird, daß in vorliegendem Buche eine vorzügliche, gründliche, dabei kompendiöse und gut geschriebene Geschichte unseres Nachbarlandes erschienen ist, die die politischen und kulturellen Verhältnisse in gleicher Weise berücksichtigt und auch für den Unterricht in ausgezeichneter Weise verwendbar ist. Jedes Kapitel bringt an der Spitze eine kurze Literaturangabe, so daß auch in dieser Hinsicht, wer da weiterarbeiten will, auf seine Rechnung kommt. Es wird uns jeweils die Geschichte des betreffenden zu Bayern gehörigen Territoriums vorgeführt, die ältere Entwicklung der später dazu gekommenen Teile, wie Pfalz, Franken, Schwaben, wird in dem Zeitpunkte nachgeholt, als sie zu Bayern kommen. Ref. steht nicht an zu sagen, daß ihm diese Art der Behandlung einer Territorialgeschichte als mustergültig erscheint.

Dr. Mathias Högl: Des Kurfürsten Maximilian Soldaten in der Oberpfalz und an der böhmischen Grenze von 1621—1626. Regensburg, in Kom. bei G. J. Manz, 1906. 172 S.

Der Verf. will in vorliegender Schrift nicht eine zusammenhängende Darstellung liefern, sondern nur Bausteine für andere. Er bringt lose an einander gereihte Materialien aus den Archiven von München und Amberg, die auf den im Titel bezeichneten Gegenstand Bezug haben. Er gliedert seine Arbeit in zwei Teile, von denen der erste sich mit dem Gesamttitel genau deckt (S. 4—84), während in einem zweiten Teile die Entwaffnungen der Oberpfälzer in den Jahren 1621, 1623 und 1626 ziffermäßig geschildert werden. Es ist unleugbar wertvolles Material, das der Verf. uns vorführt, wenn auch das bestehende Gesamtbild über jene Zeiten dadurch keine Veränderung erfährt. Daß auch aus diesen Akten hervorgeht, wie Verf. ausdrücklich betont, daß Maximilian ein bedeutender Fürst gewesen ist, sei ebenfalls zugestanden; man wird überhaupt angesichts der selbstgewollten Einschränkung des Verf.: nicht mehr leisten zu wollen, als er geleistet hat, weitere kritische Bedenken zurückstellen müssen, man wird aber doch dem Bedauern Ausdruck geben dürfen, daß so viel guter Wille und großer Fleiß auf eine so undankbare Arbeit, wie Verf. in der Vorrede selbst zugesteht, verschwendet worden ist, denn wer auf Grund solcher Akten ein Gesamtbild oder eine Darstellung dieser Zeit geben will, wird doch mit den hier gebotenen Auszügen sich nicht begnügen können, sondern auf die Originalakten zurückgreifen.

Im einzelnen möchte Ref. erwähnen, daß den Übertreibungen jener Zeit in den Berichten vielleicht nicht immer das genügende Gewicht zuerkannt worden ist; z. B. heißt es einmal in einem Akte (S. 17), die Truppen seien in der Oberpfalz auf 40 Meilen Wegs verstreut, nun ist aber diese Provinz in ihrer weitesten Ausdehnung kaum 15 Meilen breit, man darf eben die Ziffern jener Zeit nicht buchstäblich nehmen. Dann, ist „Riestenburg in Böhmen" richtig? (S. 43.) Endlich war Ref. überrascht von der Anwesenheit von Kosaken in Böhmen im Jahre 1622 zu lesen. (S. 62.)

———

Handtke, Berthold: Deutsche Kultur im Zeitalter des 30jährigen Krieges. Leipzig E. A. Seemann 1906. X + 464 S.

Der Verf. ist Kunsthistoriker von Beruf; wie er erzählt, ist er durch seine Vorarbeiten zu den „Studien zur Geschichte der sächsischen Plastik der Spätrenaissance und Barockzeit" auf das vorliegende Thema gekommen. Er wollte sich da über die Lebensanschauungen des deutschen Volkes im 16. und 17. Jahrhundert unterrichten und fand sich dadurch so gefesselt, daß er aus diesen Vorarbeiten das vorliegende Buch machte. Man wird auf Schritt und Tritt gemahnt, daß es ein Kunstgelehrter geschrieben hat und nicht ein Historiker, es löst sich in eine Reihe gutgemachter und hübsch beschriebener Bilder auf, ohne irgendwie namentlich in staatsrechtlicher Beziehung die Zeit erschöpfen zu können. Der Inhalt gliedert sich in folgende 17 Abschnitte: die Mächte im Staate;

äußere Politik; äußere Politik der Staaten innerhalb Deutschlands (?); innere
Politik (hier werden die allermöglichsten Dinge kunterbunt behandelt); Stellung
des Papstes; Stellung der Religionen zu einander; die Schule; das tägliche
Leben; die Sprache; die Frau im täglichen Leben; der Kavalier; die Erforschung
der Welt; Schilderung des Menschen; Schilderung des bewegten Lebens (?!);
Sitte und Religion; die Religion im täglichen Leben; G. W. Leibnitz. Natürlich
wird jeder, der überhaupt für diese Dinge Interesse hat, eine Menge aus diesen
etwas kauderwelsch vorgetragenen Dingen lernen können.

———————

Im Kampfe um Preußens Ehre. Aus dem Nachlaß des Grafen Albrecht
v. Bernstorff und seiner Gemahlin Anna geb. Freiin v. Könneritz.
Herausgegeben von Dr. Karl Ringhoffer. Berlin, Mittler & Sohn,
1906. XV + 686 S.

Graf Bernstorff, geboren 1809, hat im diplomatischen Leben Preußens
eine große Rolle gespielt; früh tritt er in den politischen Dienst ein, wir finden
ihn in Paris und München, bis er 1848 auf den wichtigen Wiener Posten berufen wird, wo er gegenüber Felix Schwarzenberg eine sehr schwere Stellung
hat. Von da kommt er nach Neapel, dann nach London, das ihm zur zweiten
Heimat wird; mit einer kurzen Unterbrechung, da er Minister des Auswärtigen
ist (als Vorgänger Bismarcks), bleibt er bis an sein Lebensende, 1873, in
England. Die Aufzeichnungen des Grafen und seiner Gemahlin sowie zahlreiche
interessante Briefe hat nun der Herausgeber, ein gebürtiger Prager, der leider
unmittelbar vor der Vollendung dieser Arbeit starb, in sorgsamer Weise benützt
und damit zu den vielen wertvollen Memoiren, die die letzten Jahre hervorgebracht haben, einen sehr erfreulichen Beitrag geliefert. Manche vorhandene
Flüchtigkeiten hätte der Herausgeber, wäre ihm eine letzte Revision vergönnt
gewesen, sicherlich selbst beseitigt.   O. W.

———————

Der politische Bezirk Podersam. (Gerichtsbezirke Podersam und Jechnitz).
Eine Heimatskunde für Schule und Haus. Unter Mitwirkung der
Lehrerschaft und vieler Förderer des Unternehmens verfaßt von Wenzel
Rott, Oberlehrer in Pomeisl. Herausgegeben vom Bezirkslehrervereine
Podersam 1902 (—1906).

Mit Recht hat man erkannt, daß Heimatskunden als zusammenfassende
Darstellungen der topographisch-historischen Verhältnisse eines bestimmten Landes-
teiles ein hoch zu wertendes Mittel sind, die Liebe zur Scholle zu vertiefen.
Aus dieser Anschauung heraus sind in den letzten Jahren in vielen Bezirken
Böhmens Heimatskunden geschrieben worden. Eine der umfangreichsten ist die
des politischen Bezirkes Podersam. Auf 918 Seiten hat Oberlehrer Wenzel
Rott in Pomeisl, unterstützt von mehreren Fachleuten einschlägiger Gebiete,

mit rührendem Fleiß und großer Sorgsamkeit alles zusammengetragen, was sich auf die Gerichtsbezirke Podersam und Jechnitz bezieht. Der allgemeine Teil orientiert über die geographischen und geologischen Verhältnisse, über Fauna und Flora, Handel, Industrie, Gewerbe und Verkehrswesen, über die religiösen und kirchlichen Verhältnisse, über das Schul- und Vereinswesen, die Geschichte usw. Der besondere Teil befaßt sich mit den einzelnen Ortschaften der erwähnten Gerichtsbezirke. Aus methodischen Gründen wäre es ratsam gewesen, in den allgemeinen historischen Teil auch die Exkurse aus dem speziellen Teil zu verarbeiten, das Geschichtsbild wäre abgerundeter geworden und Wiederholungen hätten sich vermeiden lassen. Zur „Galerie berühmter Persönlichkeiten" des Bezirkes sei die Biographie des Prager Theologie-Professors Joachim Cron nachgetragen. Er wurde am 30. Sept. 1751 [1]) von armen Eltern geboren. Nach dem Tode seines Vaters kam er zu einem Onkel nach Maria-Ratschitz, einem Lehrer, der ihm Musikunterricht erteilte. Dann ging er, um Humaniora zu studieren, nach Prag. Im zweiten Jahre seiner philosophischen Studien trat er in den Militärdienst, wo er sechs volle Jahre verblieb. Mit den ehrenvollsten Empfehlungen seiner Vorgesetzten ausgerüstet, ging er nach Saaz, um daselbst 1½ Jahre lang als Schulgehilfe zu wirken. Am St. Bernardusfest 1776 kam er in Begleitung seiner Braut nach Ossegg, woselbst er unter großem Beifall ein Konzert auf der Klarinette gab. Allein in Ossegg fühlte er sich so stark zum geistlichen Stande hingezogen, daß er das Verhältnis zu seiner Braut löste und in den Zisterzienser-Orden eintrat. Am 13. Nov. 1776 erhielt er das Ordenskleid, am 8. Dez. 1777 legte er die Ordensgelübde ab und bekam den Profeßnamen Joachim. Hierauf studierte er in Prag im ehemaligen Bernardinum Theologie, wurde zum Priester geweiht und feierte am 8. Sept. 1782 sein erstes Meßopfer. Als Lehrer und Schuldirektor in Ossegg unterrichtete er Religion, Geschichte, Naturgeschichte, deutsche Sprache und Briefstil. Nach mehreren abgelegten Prüfungen wirkte er als Professor in Leitmeritz, Komotau, Königgrätz und Prag, betätigte sich als Schriftsteller, fungierte als Bücher-Zensor, studierte dabei ununterbrochen fort und wurde am 28. Okt. 1795 zum Doktor der Theologie promoviert. An der Universität in Prag dozierte er Kirchengeschichte, 1805 Dogmatik. In diesem Jahre und 1815 war er Dekan der theologischen Fakultät. Später wurde er Notarius publicus des Prager und Konsistorialrat des Leitmeritzer Domkapitels. Bei all seiner weitverzweigten Tätigkeit komponierte er auch fleißig für Klarinette, Harmonika und Piano. In der Bibliothek zu Darmstadt befinden sich die handschriftlichen Stimmbücher von sieben Symphonien, die er geschrieben. Er selbst ließ nichts davon drucken und da er den größten Teil seines Lebens außerhalb

---

1) Matrik Podersam. Tom. V. pag. 50: Annus 1751. dies: 30. mensis: September. locus: Podbersamij. Baptizans: R. P. Bartholomaeus Grus rite baptizavit. Parentes: Hujatis liberi concivis vulgo Strumpfwirckers Joannis Wenzeslai Cronis ex uxore sua Anna Elisabetha nata Schranntzerin legitime natam prolem imposuit. Infans: Antonius Christianus Michael. Levans: Dr. Antonius Glaser hujas civis. Testes: Anna Maria Killianin, Joannes Georgius Vögl.

des Klosters verbrachte, so ging das Meiste in fremde Hände über. Als praktischer Musiker trat er neuerdings 1786 in Prag auf, wo er im Ständ. Landestheater in einem Armenkonzert mit ungeteiltem Beifall Harmonika spielte. Die letzten vier Jahre seines Lebens verbrachte er, im Besitze einer staatlichen Pension von 900 Gulden K. M., im Kloster zu Ossegg, wo er am 20. Jänner 1826 in den Armen seiner Brüder starb. Diese Daten über Erons Leben verdanke ich zum größten Teile der besonderen Liebenswürdigkeit des hochw. Herrn P. Malachias Stingl, bischöflichen Notars, Priors und Patronatskommissärs des Stiftes Ossegg, der sie einem Manuskript des Ossegger Stiftsarchivs entnahm. Weitere Quellen zu seinem Leben sind Rieggers Statistik, Dlabacz, Allg. Musikzeitung Leipzig XXXVII., S. 324 u. a.   Dr. Ernst Rychnovsky.

Sobitschka J. R.: Entstehung und Gebrauch des Handschuhes. Die Lederhandschuhfabrikation in den einzelnen Staaten. Reproduktionen historischer Handschuhe. Prag, Haase, 1906. 62 S. und 26 Tafeln.

Der in den deutschen Kreisen unserer Heimat auf das beste bekannte Fabrikant und Landtagsabgeordnete J. R. Sobitschka hat im Jahre 1891 bereits eine Broschüre über die Handschuhindustrie in Böhm.-Wiesental herausgegeben,[1] nun benützt er das 25jährige Jubiläum seiner selbständigen Tätigkeit als Fabrikant, um jener Broschüre eine Darstellung der Entwicklung dieser Industrie in der ganzen Welt folgen zu lassen, ein Geschenk, über das uns zu freuen wir alle Ursache haben. Nach einer allgemeinen Einleitung über die Geschichte des Handschuhs berichtet S. nach den besten Quelllen über die Entwicklung dieser Industrie in den verschiedenen Ländern, so in: Frankreich, Belgien, Dänemark, Deutschland, England, Italien, Österreich, Rußland, Schweden, Spanien, den Vereinigten Staaten. Es folgen dann ausgezeichnete graphische, von der Firma Haase besorgte Reproduktionen historischer Handschuhe; wir finden da zunächst das Bild sehr alter nicht datierter Handschuhe, worauf als erster datierbarer ein Handschuh aus der Zeit Ludwig des Heiligen von Frankreich (1226—1270) folgt; dann kommen zahlreiche Exemplare aus dem 16. und 17. Jahrhundert, zumeist aus England stammend. Heinrich VIII., Maria Stuart, Shakespeare, Elisabeth, Jakob I., Wilhelm von Oranien sind ihre Eigentümer. (Wo sind die Originale dieser Handschuhe zu finden?) Aus neuerer Zeit sind Napoleon I., Charlotte Wolter und Marschall Radetzky vertreten. Am meisten interessiert uns natürlich der Abschnitt über Böhmen. Ursprünglich gehörten die Handschuhmacher zu den Kürschnern, im XIV. Jahrhundert bilden sie in Prag bereits eine eigene Innung. Die moderne Handschuhindustrie stammt aus Frankreich, speziell aus Grenoble, 1779 wird sie durch Jourdan in Wien eingeführt, fünf Jahre später, 1784, errichtet Etienne Boulogne aus Millau (Dep. Aveyron) in Prag die erste Handschuh-

---

1) Die Handschuhindustrie in Böhm.-Wiesental 1880—1890; eine Darstellung der Entwicklung und Fortschritte in seiner dortigen Fabrik, nebst Angabe von statistischen Daten, Abdruck der Arbeitsordnung, des Statuts für die Krankenkasse ꝛc.

fabrik. Im nächsten Jahre erhielt er die Befugnis dazu von dem böhm. Gubernium. 1790 gestaltete sie der Gründer aus, indem er seinen Neffen hereinberief und mit ihm die Firma „Peter Boulogne und Co." gründete. 1800 erzeugte sie bereits 16.000 Paar Handschuhe. In den Prager Ausstellungen von 1828 und 1836 zeigt diese Industrie wesentliche Fortschritte. Während der Erzeugungswert der Handschuhe im Jahre 1838 38.000 Gulden betrug, ist er im Jahre 1903 in Prag allein (179 Fabriken) auf 15½ Millionen Kronen gestiegen, im selben Jahre erzeugten das Erzgebirge mit den Orten Kaaden, Abertham, Bärringen, Böhm. Wiesental, Joachimstal, Platten 292.000 Paar im Werte von 5½ Millionen Kronen. In ganz Österreich stieg der Export von 660.000 K im Jahre 1856 auf 24½ Millionen K 1903. Prag erzeugt ausschließlich Lammhandschuhe, von Bedeutung für diese besonders stark nach Amerika arbeitende Industrie sind die Nähanstalten in Dobřisch und Příbram; in der letztgenannten Stadt gibt es jetzt allein 5000 Handschuhnähmaschinen. Von größter Bedeutung ist diese Industrie im Erzgebirge geworden, wo die elenden Verhältnisse durch Einführung dieses Nahrungszweiges doch etwas gebessert worden sind: gerade in dieser Hinsicht ist die Tätigkeit des Verf. der vorliegenden Schrift von größtem Werte geworden. Eine in Aussicht stehende Geschichte des „Komitees zur Beförderung der Erwerbstätigkeit im böhm. Erz- und Riesengebirge" wird hier noch wertvolle Aufschlüsse geben können. Es ist daher eine höchst bedeutsame gemeinnützige und nationale Arbeit, die Herr J. R. Sobitschka in den letzten 25 Jahren verrichtet hat und zu der wir ihm auch hier auf diesen Blättern unseren herzlichsten Glückwunsch aussprechen möchten. Daß aber ein Fabrikant nebst seiner aufreibenden wirtschaftlichen und — wie in diesem Falle — auch politischen Tätigkeit Lust und Muße findet, sein Arbeitsgebiet historisch zu durchforschen, verdient ganz besonders hervorgehoben zu werden. Möchte der wackre deutsche Mann auch hier bahnbrechend wirken!

O. W.

Programmschau 1906.

Branhofer Ignaz: Ein Manuskript Anastasius Grüns: Leben nach dem Tode. 3 S. Staats-Gymn. in Iglau.

Brommer Ignaz, Dr.: Die österreichische Donau und die österreichische Elbe als Wasserstraßen. II. Teil. 31 S. Staats-Gymn. im XXI. Gemeindebezirke (Floridsdorf) Wiens.

Chabr Wenzel: Příspěvky k dějinám Čáslavska v XVIII. stol. (Beiträge zur Geschichte des Časlauer Bezirkes im XVIII. Jahrhunderte.) 17 S. Staats-Gymn. in Časlau.

Čapek C. Jos.: Chronologie vlády Peisistratovy. (Chronologie der Regierung Peisistratos'.) 18 S. Staats-Gymn. in Beneschau.

Čermát Johann: Praga, caput regni. Báseň Dra. Quirina Mickla, opata kláštera vyšebrodskéko († 1767). (Praga, caput regni. Ein Gedicht von Dr. Quirinus Midl, Abt des Klosters Hohenfurt († 1767). 30 S. Staats-Gymn. (mit böhmischer Unterrichtssprache) in Olmütz.

Doležal Anton: Poddaní a vrchnost na panství král. věnného města Nového Bydžova. (Die Untertanen und die Herren der königlichen Leibgedingstadt Neubydžow.) 44 S. Staats-Real- und Obergymn. in Neubydžow.

Doležil Hubert: Politické a kulturní dějiny král. hlavního města Olomouce. Dokončení části V. Stručné dějiny činnosti literární a osvětové, hlavně české v Olomouci. (Politische und Kulturgeschichte der königlichen Hauptstadt Olmütz. Schluß des V. Teiles. Kurzgefaßte Geschichte der literarischen und kulturellen Tätigkeit, insbesondere der tschechischen Einwohnerschaft in Olmütz.) 73 S. Privat-Realschule (mit tschechischer Unterrichtssprache) in Olmütz.

Dula Ferdinand: Dějin Polybiových kn. I. (Ukázka překladu. Dokončení.) (I. Buch der Geschichte von Polybius. Übersetzung. Schluß.) 22 S. Staats-Gymn. in Prerau.

Fischer Gregor P.: Genuina narratio tragicae praecipitationis etc. (Der Prager Fenstersturz.) Schluß. Manuskript des Stiftes Ossegg. 42 S. Kommunal-Gymn. in Komotau.

Folprecht J., Dr.: Příspěvky k mluvě lidu slováckého na moravském Podluží. (Beiträge zur slowakischen Sprache in Mähren.) 26 S. Staats-Realschule (mit tschechischer Unterrichtssprache) in Pilsen.

Glücklich Julius, Dr.: Václava Budovce z Budova předmluva k prvnímu spracování jeho Antialkoranu z r. 1593. S úvodními poznámkami. (Wenzel Budovec Vorwort zur ersten Bearbeitung seines Antialtoran v. J. 1593. Mit Einleitungsbemerkungen.) 14 S. Staats-Gymn. in Prag-Neustadt (Korngasse).

Hausenblas Adolf: Ostfränkische Lauterscheinungen in der nordwestböhmischen Mundart. 22 S. Staats-Gymn. in Mies.

Herneck Eduard: a) Alexander von Humbold und seine Zeit. Eine Charakterstizze. 4. S. b) Die Reliefplastik des böhmischen Stiftsgebirges. Ein Beitrag zur deutschen Landesforschung und zur Heimatkunde. 8 S. Staats-Gymn. in Brüx.

Heš Gustav: Dodatky a doplňky k dějinám gymnasia Jindřicho-hradeckého. V. (Nachtrag zur Geschichte des Neuhauser Gymnasiums. V.) 14 S. Staats-Gymn. in Neuhaus.

Hlavinka Karl: Hodonin na konci XVII. století. (Göding am Schlusse des XVII. Jahrhundertes.) 17 S. Landes-Realschule (mit tschechischer Unterrichtssprache) in Göding.

Horčička Adalbert, Dr.: Adalbert Stifters erste gedruckte Dichtungen aus dem Jahre 1830. 14 S. K. t. Elisabeth-Gymn. im V. Gemeindebezirke (Margareten) Wiens.

Hoßner Karl, Dr.: Ein Beitrag zur Geschichte Westroms zur Zeit der Völkerwanderung. 12. S. Staats-Realschule in Leitmeritz.

Hrubeš Ferdinand: Josef Wenzig. Životopisný nástin třicítiletého úmrtí prvního ředitele c. k. české reálky pražské. (Josef Wenzig. Biographische Skizze zum Andenken an den dreißigsten Todestag des ersten Direktors der k. k. tschechischen Realschule in Prag.) 9 S. Staats-Realschule (mit tschechischer Unterrichtssprache) in der Neustadt (Gerstengasse) in Prag.

Hykel Edmund: Josef Emanuel Hilscher. Sein Leben und seine Werke. (Zur hundertsten Wiederkehr seines Geburtstages.) 16 S. Staats-Realschule in Jägerndorf.

Jiling Wilhelm, Dr.: Mähren und seine Bevölkerung. 26 S. Landes-Realschule in Zwittau.

Jrauschek Johann: Geschichte Elbogens bis zum Ausgange der Hussitentriege. 20 S. Staats-Realschule in Elbogen.

Jahn Viktor: Karel Filip Moritz. Životopisný nástin. (Karl Philipp Moritz. Biographische Skizze.) 17 S. Landes-Realschule (mit tschechischer Unterrichtssprache) in Mährisch-Ostrau.

Kalina Thomas: O poměru nižšího práva v Letovicích k vyššímu právu v Brně. (Über das Verhältnis der niederen Gerichtsinstanz in Lettowitz zu der höheren in Brünn.) 22 S. Saats-Gymn. (mit tschechischer Unterrichtssprache) in Ungarisch-Hradisch.

Kaska M.: Ze Svantovítovy země. Vzpomínky z cest po Rujaně. (Aus dem Lande des Svantovit. Reiseerinnerungen an Rügen.) 29 S. Staats-Realschule (mit tschechischer Unterrichtssprache) in Budweis.

Klvaňa Josef: Prvých osm let gymnasia. (Die ersten 8 Jahre des Gymnasiums.) 29 S. Kommunal-Gymn. in Gaya.

Knaflitsch Karl, Dr.: Geschichte des Troppauer Gymnasiums. 52 S. Staats-Gymn. (mit deutscher Unterrichtssprache) in Troppau.

Knott Rudolf: a) Ein Schreiben des Kardinallegaten Julian Cesarini an den Markgrafen von Mantua Johann Franz von Gonzaga über den Friedensſchluß zwiſchen der Königin Eliſabeth und Wladislaw IV. von Ungarn und den Tod Eliſabeths. (Dezember 1442.) b) Die habsburgiſchen Länder in einer handſchriftlichen italieniſchen Staatenkunde des 16. Jahrhundertes. 16 S. Staats-Gymn. in Teplitz-Schönau.

Kobza Joſef: Náboženské poměry v Čechách od vzniku lutheranismu do smrti císaře Ferdinanda I. (1517—1564). (Die Kirchengeſchichte Böhmens ſeit Luthers Zeit bis zum Tode Kaiſer Ferdinands I. (1517—1564.) 22 S. Staats-Gymn. in Piſek.

Kořínek Anton: Mánům Aloise Vojtěcha Šembery. K stým narozeninám učencovým. (Den Manen des Alois Adalbert Šembera. Zum hundert-ſten Geburtstage des Gelehrten.) 27 S. Staats-Gymn. in Hohenmauth.

Kott Ludwig: Die Inkunabeln und Frühdrucke bis 1536 ſowie andere Bücher des XVI. Jahrhunderts aus der ehemaligen Piariſtenbibliothek in Leipnik. 45 S. Landes-Realſchule (mit deutſcher Unterrichtsſprache) in Leipnik.

Kovanda Stanislaus: O epických básnich Čechových. Kritický příspěvek. (Über Čechs epiſche Gedichte. Kritiſcher Beitrag.) 9 S. Staats-Gymn. in Straßnitz.

Krecar Johann W.: Dějiny říše rakousko-uherské v přehledu. II. (Kurzgefaßte Geſchichte von Öſterreich-Ungarn. II.) 23 S. Staats-Gymn. in Königinhof.

Kreiner Joſef, Dr.: Die karthagiſch-römiſchen Handelsverträge. 32 S. Staats-Realſchule (mit deutſcher Unterrichtsſprache) in Budweis.

Křemen Franz: Adolf Heyduk. Fokus o rozbor jeho díla. (Adolf Heyduk. Verſuch einer Analyſe ſeiner Werke.) 41 S. Staats-Realſchule in Piſek.

Lexa Fr., Dr.: Knihy mrtvých kap. 125. Z egyptštiny. (Des Totenbuches Kap. 125. Aus dem Ägyptiſchen.) 10 S. Staats-Gymn. in Königgrätz.

Mannl Oswald, P.: Aus den erſten dreißig Jahren des k. k. deutſchen Staats-Gymnaſiums (1776—1805). 26 S. Staats-Gymn. (mit deutſcher Unter-richtsſprache) in Pilſen.

Mašner Fr.: Posouzení Herodotových zpráv o Themistokleovi. (Kritik der Berichte Herodots über Themiſtokles.) 20 S. Staats-Gymn. in Hohen-mauth.

Mack Karl, Dr.: Quae ratio intercedat inter Sallustii et Thucydidis historias. 20 S. Staats-Gymn. (mit deutſcher Unterrichtsſprache) in Kremſier.

Marcus Ludwig: Die Oppoſition gegen den Reim im Anfang des 18. Jahr-hundertes. 53 S. Kommunal-Gymn. in Lundenburg.

Mayer Friedrich, P.: Die Enthüllungsfeier der Stifter-Gedenktafel in Kremsmünster. 10 S. Professor Adolf Haasbauer. Ein Lebensbild. 7 S. K. k. Gymn. der Benediktiner in Kremsmünster.

Mayer Maximilian, Dr.: Das Verhältnis des Strickers zu Hartmann von Aue, untersucht am Gebrauche des Epithetons. (Fortsetzung und Schluß.) 29 S. Staats-Gymn. Königliche Weinberge.

Milan Johann, Dr.: Napad Tatarów na Polskę za Leszka Czarnego w r. 1287. (Der Einfall der Tartaren in Polen zur Zeit Leszek des Schwarzen im Jahre 1287.) 16 S. Staats-Gymn. (mit polnischer Unterrichtssprache) in Stanislau.

Němec Josef: Staré české tisky v knihovnách německo-brodských. (Alte böhmische Druckschriften in den Bibliotheken von Deutschbrod.) 22 S. Staats-Gymn. in Deutschbrod.

Němeček Ottokar: Das Reich des Slawenfürsten Samo. 13 S. Landes-Realschule (mit deutscher Unterrichtssprache) in Mährisch-Ostrau.

Novák Johann, P.: O poměru vlivu antické hudby na hudební umění církevní. (Über das Verhältnis und Einfluß der antiken Musik auf die Kirchen-musik.) 23 S. Kommunal-Realschule in Nachod.

Nowotny Fritz, Dr.: Die Verkehrswege des böhmisch-mährischen Höhen-zuges und ihre Bedeutung. 18 S. Landes-Realschule in Iglau.

Pešek Josef, Dr.: Staročeská dramata. Dokončení. (Altböhmische Dramen. Schluß.) 16 S. Staats-Gymn. (mit tschechischer Unterrichtssprache) in Pilsen.

Pešek Josef, Dr.: Prvá česká zpěvoherní představení. (Die ersten böhmischen Opern-Vorstellungen.) 43 S. Privat-Gymn. in Wischau.

Popiołek Franz: Miasta na Ślązku; zarys ich dawnego ustroju. (Die Städte in Schlesien; ein Umriß ihrer früheren Verfassung.) 27 S. Staats-Gymn. (mit polnischer Unterrichtssprache) in Teschen.

Profeld Friedrich und Martinek Anton: Kostel sv. Ignáce v Jičíně. I. Část dějepisná. II. Popis a illustrace. (St. Ignatius-Kirche in Gitschin. I. Geschichtlicher Teil. II. Beschreibung.) 31 S. Staats-Realschule in Gitschin.

Prosch Franz, Dr.: Dokumente zur Geschichte der Anstalt nebst Erläute-rungen. 20 S. Staats-Gymn. in Weidenau.

Šebánek Anton: Genetiv, dativ a instrumental příčiny u Štítného. (Der kausale Genetiv, Dativ und Instrumental bei Štítný.) 7 S. Staats-Realschule in Kuttenberg.

4*

Seitl Ladislaus: Česká reálka v Uh. Brodě. Historie zřízení a trvání ústavu. (Die tschechische Realschule in Ung.-Brod. Geschichte der Errichtung und des Bestandes der Anstalt.) 35 S. Landes-Realschule in Ungarisch-Brod.

Smíšek Anton: Nejdůležitější'památky středověké epiky romantické ve staré literatuře české. (Die wichtigsten Denkmäler der romantischen Epit des Mittelalters in der alten tschechischen Literatur.) 38 S. Staats-Realschule, Königliche Weinberge.

Snášel Josef, Dr.: Renaissance francouzská ve svých charakteristických znacích. (Die französische Renaissance in ihren charakteristischen Merkmalen.) 12 S. Staats-Realschule in der Altstadt (mit tschechischer Unterrichtssprache) in Prag.

Strejček Ferdinand: Organisace školství rakouského v letech 1848—1849. (Über die Organisation des Schulwesens Österreichs in den Jahren 1848—1849.) 20 S. Staats-Realschule in Jungbunzlau.

Tomanek Eduard: Nachruf an den im Jahre 1905 gestorbenen Professor i. R. P. Amand Anton Paudler. 3 S. Staats-Gymn. in Böhmisch-Leipa.

Vítke Josef: K dějinám gymnasia jičínského. III. (Zur Geschichte des Gitschiner Gymnasiums. III.) 43 S. Staats-Gymn. in Gitschin.

Posmrtné vzpomínky. † Karel kníže z Oettingen-Wallersteinů, bývalý předseda kuratoria akademie hraběte Straky. † Msgr. Antonin Hora, probošt metrop. chrámu sv. Vita a metrop. kapitoly v Praze, člen kuratoria akademie hraběte Straky. † Adolf Süßner, c. k. professor německého gymnasia v'Praze na Novém Městě ve Štěpánské ulici, professor při soukr. gymnasiu akademie hraběte Straky. — † Karl Fürst zu Oettingen-Wallerstein, ehemaliger Präsident des Kuratoriums der Graf Straka'schen Akademie. † Msgr. Anton Hora, Propst der Metropolitan-Domkirche bei St. Veit und des Metropolitan-Dom.apitels in Prag, Mitglied des Kuratoriums der Graf Straka'schen Akademie. † Adolf Süßner, k.k. Professor am deutschen Gymnasium in Prag, Neustadt-Stephansgasse, Professor am Privat-Gymnasium der Graf Straka'schen Akademie. 9 S. Privat-Gymn. der Graf Straka'schen Akademie in Prag.

Dr. Ad. Horcicla.

Literarische Beilage

zu den Mitteilungen des Vereines

für

Geschichte der Deutschen in Böhmen.

XLV. Jahrgang.	IV.	1907.

Alfred Martin: Deutsches Badewesen in vergangenen Tagen, nebst einem Beitrage zur Geschichte der deutschen Wasserheilkunde. Mit 159 Abbildungen nach alten Holzschnitten und Kupferstichen. Jena, Eugen Diederichs, 1906. 448 S.

Gestützt auf eine in beträchtlichem Umfange benützte Literatur — das Verzeichnis weist nicht weniger als 700 Nummern auf — entwirft der Verfasser in sehr eingehender Weise ein Bild vom Werde- und Entwicklungsgang des deutschen Badewesens von der Urzeit bis in die neuere Zeit. Wir erfahren näheres über die Badegebräuche die von den Urgermanen stammen, über den Gebrauch der Bäder im Freien, die Entstehung der Badestuben und des Badergewerbes, über die Einrichtung der privaten Bäder und das Leben in öffentlichen Badestuben; weiter über das Badeleben im späteren Mittelalter und die Folgezeit, über das Aufhören der öffentlichen Badestuben und ihren Ersatz in jüngeren Tagen. Daran schließt sich die Behandlung der deutschen Mineralbäder im Mittelalter und der Gebräuche, welche sich von da bis in die Gegenwart erhalten haben, es folgt dann die der Gesundbrunnen in der Zeit bis zum Dreißigjährigen Kriege, und sodann bis herauf zur Gegenwart.

Hieran schließt sich ein Abschnitt über die Entwicklung der Wasserheilkunde und ein ergänzender Nachtrag zu früheren Kapiteln.

Die von dem Verfasser benützten Quellen beziehen sich hauptsächlich auf Süddeutschland und die Schweiz, doch ist auch Norddeutschland nicht außer Acht gelassen. Von unseren deutschböhmischen Kurorten fanden Karlsbad, Teplitz, auch Franzensbad und Marienbad Berücksichtigung.

Der Gebrauch der Bäder ist eine altgermanische Volkssitte, die gerade im Gegensatze zur slawischen steht. „Bäder," sagt Ibrahim ibn Jakub in seinem Reisebericht, „haben die Slawen nicht"! Doch besaßen sie Vorrichtungen von Trockenschwitzbädern, die von dorther Eingang in Deutschland fanden. Dagegen waren die ältesten deutschen unzweifelhaft Wasser-(Wannen-)Bäder.

Manche der vorgeführten Badegebräuche haben einen uralten Ursprung, erhalten sich durch das ganze Mittelalter bis in die neuere Zeit. (Einzelne Bräuche, die die deutschböhmische Volkskunde mitteilt, wie z. B. die Waschungen am Ostersamstag und -Sonntag können als ein Nachklang derselben angesehen werden.) Die Entwicklung des Badewesens führte, da Männer und Frauen zusammen badeten, dabei auch geschmaust und gezecht wurde, zu bedenklicher Lockerung der Sitten, der man wohl schon frühzeitig, nicht immer mit Erfolg, durch die Trennung der Badestuben für Männer und Frauen Einhalt zu tun bestrebt war. Die Entwicklung des Baderwesens als Handwerk, das häufig, auch in Prag, zu den unehrlichen gezählt wurde, was heftige Streitigkeiten mit den ehrlichen veranlaßte, die nicht immer löblichen Eigenarten der Bader, König Wenzels Brief von 1406 — von Schlosser allerdings als gefälscht erklärt — „darin er das Bader-Handwerk allen anderen Handwerken gleichsetzt", und ihm nebst anderen Privilegien auch ein Wappen verleiht, den Eisvogel in der blauen Schleife auf goldenem Grunde als „grüner Papagei" bezeichnet, werden vorgeführt. Der nun folgende umfangreiche Abschnitt über die privaten Bäder und ihre Einrichtung in den Burgen, Klöstern und Städten, Heißluft- und Dampfbadstuben, Schwitzbad im Backofen usw. bringt eine Menge interessanter Einzelheiten hierüber. Weitere umfangreiche Abschnitte sind den Vorgängen in den Badestuben gewidmet, der Bekleidung zum Bade, den Arten der Bäder. Über das Badeleben im späteren Mittelalter, Badegelder, Braut- und Kindbettbäder, Seelenbäder enthalten sie sehr viel beachtenswertes, leider können wir bei der Beschränkung des für diese Anzeige verfügbaren Raumes nicht näher darauf eingehen.

Sodann erörtert der Verfasser den Rückgang und das Aufhören der öffentlichen Badestuben, wofür in der Neuzeit Badeanstalten eintraten. Eine Hauptursache des Rückganges der Badestuben war die von dort häufig ausgehende Verbreitung ansteckender Krankheiten, namentlich der Syphilis aber auch der Pest. Die nun folgenden Abschnitte befassen sich mit den Mineralbädern, die wohl schon seit den ältesten Zeiten zu Heilzwecken in Gebrauch waren. Teplitz „soll 762, Karlsbad nach der bekannten Sage 1370 entdeckt worden sein". Erstere Angabe hätte der Verfasser leicht durch eine richtigere ersetzen können, wenn er neuere Schriften über Teplitz (Hallwich, Töplitz) zur Hand genommen hätte. Was weitläufig aus dem Badeleben in der Schweiz und in Westdeutschland angeführt wird, trifft auch vielfach für unsere heimischen Bäder zu. Das gilt auch für die Mitteilungen aus dem Zeitraume bis zum Dreißigjährigen Kriege und nach diesem. Karlsbad und Teplitz namentlich betreffende Mitteilungen kehren hier öfter wieder, von ersterem sind auch zwei Ansichten nach alten Kupfern aus dem 17. Jahrhundert beigegeben. Das im letzten Kapitel über die Entwicklung den neueren Bäderarten, Kaltwasser-, Luft- und Sonnenbäder usw. Gesagte wird vor allen den Balneologen interessieren, aber mit seinem reichen Inhalt wird das Buch für alle Zeiten eine wertvolle Fundgrube für die Forschung auf allen einschlägigen Gebieten bleiben.

Der Band ist im Druck und in den zahlreichen Abbildungen schön und reich ausgestattet, er schließt sich der stattlichen Reihe von geschichtlichen Einzelnschriften, wie sie die Verlagsbuchhandlung Diederichs seit einigen Jahren herausgibt, ebenbürtig an.   Lbe.

Beiträge zur neueren Geschichte Österreichs. Festgabe, den Teilnehmern an der Hauptversammlung des Gesamtvereines der deutschen Geschichts- und Altertumsvereine gewidmet. Wien, 1906. Holzhausen. S. 136.

Unter den Aufsätzen in dieser Festschrift haben für uns Interesse: 1. Hallwich Hermann: Eine Hymne an Wallenstein (S. 57—70) aus einer Handschrift des k. u. k. Haus-, Hof- und Staatsarchivs. Sie ist eine hochpoetische Epistel in italienischer Sprache, die der deutschen Literatur bisher soviel wie gänzlich unbekannt blieb und doch um des Gegenstandes willen verdient, der Vergessenheit entrückt zu werden (S. 57). Hallwich gibt die wort- und sinngetreue Übersetzung der Epistel (S. 64—68) und S. 68 und 69 des Sonetts, so daß wir hier auch Gelegenheit haben, den bekannten Wallensteinforscher als Übersetzer in gebundener Rede kennen zu lernen, der auch den italienischen Originaltext abdruckt, um dem Leser die Möglichkeit zu bieten, eine Vergleichung anzustellen; 2. M. Mayr: Zur Anlage einer Autographensammlung für die Wiener Hofbibliothek 1829 bis 1833 (S. 106—130), welche später auch regelmäßig fortgesetzt wurde, so daß sich in derselben heute ein kostbarer Schatz von Briefen etc. bekannter Männer befindet, darunter auch von vielen Deutschböhmen; 3. Winter Gustav: Fürst Kaunitz über die Bedeutung von Staatsarchiven (S. 131—136). Es ist nichts Überraschendes, daß Josef II. den Staatsarchiven bei seiner Denkungsweise kein besonderes Interesse entgegenbrachte. 1785 hatte Kaunitz Gelegenheit, freimütig und mit Sachverständnis den Kaiser eines Besseren zu belehren. In seinem Berichte heißt es: „so gibt es doch keinen gesitteten Hof in Europa, der nicht sein Staatsarchiv als einen wahren Schatz betrachten, solchen mit größter Sorgfalt zu bewahren und gelegenheitlich zu vermehren suchen, der nicht Archivalurkunden, und besonders die ältesten, für eine wahre Zierde seines Hauses, für das Hauptmittel zur Aufklärung seiner Nationalgeschichte und für die wesentlichste Hilfe seiner Aktivansprüche zu verteidigen oder fremde zudringliche Forderungen abzufertigen, ansehen sollte." Sind das nicht moderne Anschauungen? Mit Recht bemerkt Winter dazu: „Der Kraft der Argumente entsprach die Form, in die sie Kaunitz kleidete. Und sie verfehlten die Wirkung nicht. Wohl einzig dastehend ist diese Verteidigung eines Staatsarchives durch einen Minister seinem Herrscher gegenüber in der Zeit des XVIII. Jahrhundertes, des aufgeklärten Absolutismus. Dr. Ad. Horcicka.

Acta Publica. Verhandlungen und Korrespondenzen der schlesischen Fürsten und Stände. Namens des Vereins für Geschichte und Altertum Schlesiens herg. von Prof. Dr. Julius Krebs. VII. Band: das Jahr 1628. Breslau, Wohlfahrts Buchh. 1905. 287 S. — VIII. Band: Das Jahr 1639. Ebenda 1906. 324 S.

Nach zwanzigjähriger Pause, die mit rastlosen Vorarbeiten für die weiteren Bände ausgefüllt waren, sind die vorliegenden zwei Bände erschienen. Sie enthalten, ein jeder zuerst Korrespondenzen der Fürsten und Stände aus dem betreffenden Jahre, dann die Akten der Fürstentage, 1628 gab es deren drei,

5*

im nächsten Jahre nur zwei; den Abschluß machen jeweils — eine neue Rubrik —
Beiträge zur Geschichte der Gegenreformation in Schlesien, wozu der Heraus-
geber im VII. Bande eine treffliche von größeren Gesichtspunkten ausgehende
Einleitung geschrieben hat. Die vornehmsten Werkzeuge dieser Bewegung sind
drei Männer gewesen: Karl Hannibal von Dohna, Heinrich von Bibran und
Georg von Oppersdorf, die ersten beiden werden vom Herausgeber wohl mit
Recht moralisch nicht sehr hoch eingewertet; sie hatten hier in Schlesien das
Kunststück durchzuführen die Bevölkerung Glauben zu machen, die Gegenreformation sei ihr eigenstes Werk und ohne Wissen des Wiener Hofes unternommen,
so daß sich tatsächlich manche der Betroffenen an Kaiser Ferdinand nach Wien
wandten in der Hoffnung, von ihm Abhilfe zu erfahren. Viele von den hier
mitgeteilten Akten haben auf Böhmen Bezug, man findet beispielsweise manches
auf Wallenstein Bezügliche, so etwa seine Übernahme des Herzogtums Sagan,
bei welcher die betreffenden Stände erklärten, daß sie mit sonderlicher Herzens-
freude an die Regierung des Kaisers und seiner Vorfahren zurückdächten und
gern dabei verblieben wären, daß sie sich aber auch anderseits höchlich freuten,
unter die Herrschaft eines solchen Fürsten und Helden zu kommen, der durch die
ganze Welt hochberühmt wäre! Man kann sich kaum artiger ins Unvermeidliche
schicken!

Es kann nicht Aufgabe der Kritik sein, in nähere Details bei solchen
Urkundenpublikationen einzugehen; es muß genügen, wenn die Forscher aufmerksam gemacht werden, daß hier ein vorzüglich ediertes Material vorliegt,
an dem niemand, der in diesen Dingen arbeitet, vorübergehen darf.   O. W.

**Meiche Alfred, Dr.: Die Burgen und vorgeschichtlichen Wohnstätten
der Sächsischen Schweiz.** Im Auftrage des Gebirgsvereins für die
Sächsische Schweiz herausgegeben. Mit 79 originalen oder seltenen
Bildern, Grundrißzeichnungen und Karten. Dresden, 1907. Wilhelm
Baensch, Verlagsbuchhandlung; — X und 350 S., gr. 8º.

Der Wunsch nach Erhaltung noch vorhandener Burgenreste, der für diese
geschichtlichen und landschaftlichen Denkmäler allenthalben rege ist, gab auch dem
Gebirgsvereine für die Sächsische Schweiz den Anstoß zu vorliegendem Werke.
Und es ist ein schönes Werk geworden, woran der Herausgeber Dr. Meiche, der
auch die Vereinszeitschrift „Über Berg und Tal" seit einigen Jahren leitet, den
größten Anteil hat. Gegliedert ist der Stoff nach historischen und geographischen
Gesichtspunkten. Als vorgeschichtlicher Wohnplatz steht der Pfaffenstein bei
Schandau an der Spitze. Dann folgt als älteste Burg-Anlage auf dem rechten
Elb-Ufer das bischöfliche Stolpen, dem nicht weniger als 42 Seiten gewidmet
sind, und auf dem linken Elb-Ufer als geschichtlich zuerst beglaubigter Dynastensitz
Dohna mit dem zugehörigen Weesenstein. Elbaufwärts folgt dann Rathen mit
eigenartiger Entwicklung, aber in vielfach wechselnden Beziehungen zu Hohnstein
und Wildenstein, die zuletzt behandelt werden. Um sie gruppieren sich eine Reihe
heute ausgegangener Burgstätten, die sogenannten „Raubschlösser" der Herrschaft
Hohnstein-Wildenstein. Vielfach sind die Geschicke dieser Burgen mit Böhmen

verknüpft. Dohna besaß schon 1076 Herzog Wratislaus, der die Burg sogar 1117 wieder aufbaute; Glieder der Familie Dohna, welche im Besitze der Burg von 1152 bis zu ihrer Zerstörung 1402 waren, finden wir in der Folge um Grottau und Deutschgabel begütert. Herren von Weesenstein waren 1408—1772 die Bünauer; Rudolf von Bünau auf Weesenstein, der 1486 starb, wurde der Stammvater der böhmischen Bünauer, wie P. Johann Hrdy in diesen „Mitteilungen" in dem Aufsatze „die Bünauer in Böhmen" (XLII, 346—377) — den wir übrigens in dem Literatur-Verzeichnisse über Weesenstein (S. 100, 101) vermissen — nachgewiesen hat. Die Herrschaften Hohnstein und Wildenstein standen von 1353 bis gegen die Mitte des 15. Jahrhunderts unter böhmischer Herrschaft. Unter den sogenannten „Raubschlössern" nimmt unser Interesse nur die Burgstätte Wildenstein, worunter „das hintere Raubschloß" zu verstehen ist, in Anspruch, und zwar deshalb, weil sie mit unserem Wildenstein am Raubschloßberge bei Deutschgabel um Ruf und Namen streitet. Über die Wege und Stege der alten Herrschaft Wildenstein und des Nachbargebietes Nixdorf—Hainspach orientiert ein beigegebenes Kärtchen. Wie man sieht, gibt es der Anknüpfungspunkte genug, um das Buch für unsere heimischen Geschichtsforscher zu einem beachtenswerten zu machen. Schade nur, daß das sehr wünschenswerte Orts-, Personen- und Sachregister mit Rücksicht auf Zeit und Kosten wegbleiben mußte.

Dr. F. H.

Pindter Rudolf: Die Inkunabeln in der Fideikommiß-Bibliothek des Fürsten Dietrichstein auf Schloß Nikolsburg. I. T. 1905. S. 1—24; II. T. S. 25—56; III. T. S. 57—130. Brünn. Selbstverlag 1906.

Das Fürst Dietrichsteinsche Schloß in Nikolsburg birgt kostbare Bestände für einen Geschichtsforscher. Es ruhen dort friedlich beisammen die Schätze einer berühmten Handschriftensammlung, einer großen Anzahl von Inkunabeln und Büchern wertvollen Inhaltes, hauptsächlich aus dem XVI. bis in das XVIII. Jahrhundert, endlich auch eines reichhaltigen Archivs, welches in erster Linie über die Person des Gründers dieser Sammlung des Bischofes und Kardinals Fürsten Franz von Dietrichstein von Olmütz, † 1636, Aufschluß gibt. In dem auf hohem Felsen, majestätisch über einer fruchtbaren Ebene tronendem Schlosse ruhen diese Schätze im vollsten Sinne des Wortes, denn sie werden im ganzen nur wenig und selten benützt und besichtigt. Sie liegen etwas abseits von der großen Verkehrsstraße, für die Benützung jeder Handschrift und insbesondere der Archivalien muß im vorhinein die Erlaubnis des fürstlichen Herrschaftsbesitzers eingeholt werden, und vor allem fehlen genau angelegte und beschreibende Inventare, denn die ganz allgemeinen Kataloge, welche ich seiner Zeit daselbst in Händen hatte, genügen nicht, da sie zu oberflächlich und zu allgemein angelegt sind.

Pindters großes Verdienst ist es, daß er den Inkunabelschatz des Schlosses durch diese drei Hefte, die in fortlaufender Paginierung als ein Band gebunden werden können, der allgemeinen Benützung zugeführt. Er hatte bei der Abfassung mit großen Schwierigkeiten zu kämpfen, denn als Nichtfachmann mußte er sich erst einarbeiten, was in Nikolsburg umso schwieriger ist, da daselbst gar keine

Hilfsbücher zur Verfügung stehen, und doch hat Lust und Freude an der Arbeit in diesem Buch eine Frucht gezeitigt, die ganz gut ausgefallen ist, da bei jeder Inkunabel der genaue Titel und Inhalt verzeichnet ist, so daß jeder, der sich mit diesen Forschungen beschäftigt, aus dem vorliegenden Verzeichnis ersehen kann, ob sich in Nikolsburg die gewünschten Inkunabeln vorfinden. Und das ist vorderhand die Hauptsache, denn jetzt erst sind wir in der Lage, uns von der großen Zahl von Inkunabeln, darunter Seltenheiten ersten Ranges, die Nikolsburg verwahrt, zu überzeugen. Die älteste aus dem Jahre 1462 ist ein Bologneser Druck, die letzte gehört dem Jahre 1500 an, spätere Drucke werden hier nicht mehr berücksichtigt. Wie wohl das Verzeichnis alphabetisch nach den Autoren angelegt ist, so ist noch ein alphabetisches Register und eine Übersicht nach den Druckjahren, mit Angabe des Druckortes und Druckers, beigefügt (S. 104 ffg.). Die Zahl der besprochenen Inkunabeln beträgt 783 in 528 Bänden, und nicht 580, wie in dem Adreßbuch der Bibliotheken der öster.-ungar. Monarchie von Bohatta und Holzmann (Wien, Fromme, 1900) angegeben ist (S. 130). Unter den 1014 Bibliotheken Österreichs nimmt Nikolsburg hinsichtlich der Inkunabeln die siebzehnte Stelle ein, in Böhmen und Mähren haben den Vorrang nur die k. k. Studienbibliothek in Olmütz (1700), die k. k. öffentliche und Universitätsbibliothek in Prag (1528), die Bibliothek des Zisterzienserstiftes Hohenfurth (1266) und die Fürst Lobkowitzsche Fideikommißbibliothek in Raudnitz an der Elbe (1200). Mögen wohl Inkunabelforscher gewiß manchen berechtigten Wunsch äußern, den sie gern erfüllt gesehen hätten, so hat uns trotzdem der Herausgeber, der die Druckkosten aus eigenen Mitteln getragen hat, zu besonderem Danke verpflichtet. Schade, daß er mit Monat Mai aus seinem Amte scheidet, denn er war ein zuvorkommender Verwalter dieser Sammlungen, deren methodische Ausbeute manche wichtige und neue Aufschlüsse verspricht.

Paukert Johann: Kreuzenstein. Historisch-topographische Skizze. Wien, Jasper, 1904. S. 55.

Eine vorzügliche Arbeit, die mit Fleiß und Mühe und feinem Verständnisse die leider spärlich fließenden Quellennachrichten zu einem abgeschlossenen Bilde zu gestalten versteht und in jedem Abschnitte in meisterlicher Darstellung das Interesse des Lesers fesselt. Der Kreuzenstein, dessen Anfänge bis in die graue Vorzeit verweisen, liegt auf sonniger Höhe, unweit von Kornneuburg an der Donau. Die im Mauerwerke schon stark verfallene Ruine hat in ihrem Besitzer, dem Grafen Hans Wilczek, einen hochsinnigen Gönner gefunden, der es sich als Lebensaufgabe stellte, eine stilgerechte Rekonstruktion dieser herrlich gelegenen Burg vorzunehmen, die nunmehr nahezu fertiggestellt und in mustergültiger Weise durchgeführt ist. Sie dient jetzt einem edlen Zwecke. Ihre Räume beherbergen die großartigen Sammlungen des Grafen Hans Wilczek, die mit seltenem Kunstverständnisse und großen Opfern durch Jahrzehnte in solcher Fülle erworben wurden, daß die Räume der Burg für sie schier zu enge werden, und die große Zahl der einzelnen Stücke ist von solcher Schönheit, und einzelne Gegenstände von solcher Seltenheit, die Anordnung von solchem Geschmacke, so zusammenstim mend, daß von den großen Sammlungen auf deutschem Boden wohl nur das germanische Museum in Nürnberg mit den hier befindlichen Schätzen in ernsten Wettbewerb treten kann. — Die wechselvollen Schicksale der Burg während ihres Bestandes, dann der Ruine bis auf ihre glanzvolle Wiedererstehung in unseren Tagen führt uns Paukert vor Augen. Es ist gewiß von Interesse, daß diese Burg auch lange Zeit Besitztum eines deutschen Edelmannes aus Böhmen gewesen. Es war im Jahre 1444, als König Friedrich III. in seinem Namen und in jenem seines Vetters Ladislaus seinem Kanzler Kaspar Grafen von Schlick für seine ersprießlichen Dienste und für ein Darlehen von 10.000 fl., 600 fl. jährlicher Zinsen aus den Renten und der Schatzkammer der Stadt Korneuburg, überdies aber noch die Feste Kreuzenstein mit einer jährlichen Burghut von 300 fl. gleichfalls aus den Einkünften der Stadt überließ. (S. 21.) Aus Mangel an Zeit übergab Graf Schlick die Verwaltung der Feste seinem Getreuen Berthold Forster, wahrscheinlich einem Egeraner, der seines schwierigen Amtes so gut waltete, daß ihm der Kaiser 1461 das Dorf Leobendorf unter dem Kreuzenstein mit allen seinen Renten und Nutzungen bis auf Widerruf aus besonderer Gnade überließ. Unter denselben Bedingungen besaß sodann die Burg Siegmund Schlick, Kaspars Sohn, bis 1478, in welchem Jahre Kaiser Friedrich unter anderem an seine Räte zu Krems berichtet, daß er den Kreuzenstein von Siegmund Grafen Schlick wieder abgelöst habe (S. 22). In den Kämpfen gegen König Georg von Böhmen erwartete hier Wenzel Wilczek 1458 den Angriff Herzog Albrechts VI., zog sich aber ohne Entscheidung zurück (S. 23). Eine sehr schöne Ansicht der Burg ist dem Titelblatt beigegeben.   Dr. Ad. Horcicka.

Otto Graf Harrach: Rohrau, die Grafschaft und deren Besitzer.
Wien. Selbstverlag, in Kom. bei Gerold, 1906. 197 S.

Es ist immer lebhaft zu begrüßen, wenn die Sprossen großer Familien die ihnen zu Gebote stehende Zeit, Gelegenheit und Mittel dazu benützen, um der Vergangenheit ihres Geschlechtes nachzugehen, und schon aus diesem Grunde ist die vorliegende Monographie wärmstens zu begrüßen. Graf Harrach geht von der Geschichte der niederösterreichischen Herrschaft Rohrau (zwischen Bruck a. L. und Hainburg gelegen) aus, die zuerst im Besitze der Herren von Stadeck, dann der Grafen von Montfort war, um im Jahre 1524 an die Ritter von Harrach überzugehen. Wir erhalten billigerweise zunächst eine Geschichte dieses Geschlechts, dessen Anfänge unbestimmt sind; der Verf. rechnet mit der Möglichkeit, daß es aus Südböhmen stammen könne, ohne sich aber da bestimmt aussprechen zu wollen. Die Geschichte der zu immer größerer Bedeutung kommenden Familie wird im vorliegenden Bande bis zum Jahre 1688 resp. 1706, dem Todesjahre Ferdinand Bonaventuras, geführt, umfaßt so eine stattliche Reihe bedeutender Männer, die unserem Vaterlande mit Auszeichnung gedient haben; nebenbei werden auch die Schicksale Rohraus nicht vernachlässigt. Das Materiale hat der gräfl. Harrach'sche Archivdirektor Ferdinand Menčik gesammelt und bearbeitet vorgelegt, wie in der Vorrede erzählt wird. Menčik ist als sorgfältiger und uneigennütziger Forscher wohl bekannt, der Verf. ist jedenfalls da gut beraten gewesen. Die Darstellung ist gut, manchmal allerdings etwas unbeholfen, aber

Übung macht den Meister! Schlimmer ist es, daß wir an leicht kontrollierbaren Angaben Irrtümer oder Flüchtigkeiten nachweisen können. So ist es unrichtig zu sagen, daß Wallenstein infolge der Erwerbung der Smiřickyschen Familien= güter einer der reichsten Männer Böhmens geworden sei, das wurde er erst durch seine Münz= und Güterspekulationen; ebenso ist es unrichtig, daß Graf Harrach 1627 seine Übernahme des Kommandos über das kaiserliche Heer vermittelt hat, schon zwei Jahre früher war Wallenstein Generalissimus geworden; endlich, um bei demselben zu bleiben, war er bei seiner Verheiratung mit der Gräfin von Harrach nicht 50, sondern erst 40 Jahre alt (S. 80, 93). Diese Versehen sind geringfügig, aber sie lassen die Besorgnis aufkommen, daß auch andere nicht so leicht kontrollierbare Partien des Buches Ungenauigkeiten aufweisen könnten, und das ist Schade. Das Buch ist mit sehr schönen Bildern geziert, die ganz ungewöhnlich charakteristischen Porträts der Harrachs aus dem 16. und 17. Jahr= hundert sind da besonders hervorzuheben.

Kolmer Gustav, Dr.: Parlament und Verfassung in Österreich. Vierter Band 1885—1891. Wien und Leipzig, Karl Fromme, 1907. 474 S.

Ref. möchte nicht oft gesagtes über Anlage und Durchführung dieses Werkes wiederholen und verweist daher auf seine früheren Kritiken. Der vor= liegende Band, der sich von seinen Vorgängern nicht wesentlich unterscheidet, umfaßt das schicksalsschwere Regiment Taaffe—Dunajewski, das das Wehrgesetz, den 1887er Ausgleich mit Ungarn durchzuführen hatte und das Entstehen der antisemitischen Partei in Österreich sah. Immer größer wird die Parteizerklüftung in Österreich, immer rüder der Ton im Abgeordnetenhaus, die Sprachenver= ordnungen gegen die Deutschen immer verhängnisvoller, bis endlich Taaffe selbst einsieht, daß das Fortwursteln nicht mehr weitergeht und er eine Ausgleichs= aktion mit den Vertretern von Böhmen eingeht, die dann zu einer der größten politischen Treulosigkeiten aller Zeiten geführt, aber doch den Weg gezeigt hat, den man gehen muß, um zum Frieden in Böhmen zu kommen: zur nationalen Trennung.

Moritz Hartmanns gesammelte Werke. Erster Band: Moritz Hartmanns Leben und Werke von Dr. Otto Wittner. Erster Teil: Der Vormärz und die Revolution. Bibliothek deutscher Schriftsteller aus Böhmen. Herausgegeben im Auftrage der Gesellschaft zur Förderung deutscher Wissenschaft, Kunst und Literatur in Böhmen. Prag, Calvesche Buch= handlung (Josef Koch) 1906. 465 S.

Ein fesselndes Buch und doch keine gute Biographie! In einer vortrefflich geschriebenen und richtig behandelten zeitgeschichtlichen Darstellung geht die Figur des Helden unter: es ist sicher wahr, daß das Bild eines politischen Literaten, wie es Hartmann gewesen war, sich am besten im Rahmen der Zeitgeschichte darstellt, aber hier sehen wir inmitten eines ungeheuren kostbaren prächtigen

Rahmens das eigentliche Porträt klein und kümmerlich erscheinen. Die Anlage dieser Biographie verräth noch eines, wovor der Ref., wenn es noch Zeit wäre, gerne gewarnt hätte: nämlich eine Überschätzung des Mannes, der doch nicht so bedeutend gewesen ist, daß man ihm eine ganze Reihe von Bänden in der deutschen Bibl. aus Böhmen widmen müßte. Nach diesem prinzipiellen Tadel darf aber Ref. nunmehr, wie ja schon oben angedeutet worden ist, auch kräftig loben.

Wir erfahren zunächst von Hartmanns Jugend; er ist geboren 1821 zu Duschnik a. d. Litau, absolvierte das Gymnasium in Prag, dann in Jungbunzlau, worauf er die Universität Prag bezieht. Frühzeitig beteiligt er sich an dem regen Treiben der jungen literarischen Welt in der Moldaustadt, die neu gegründete Zeitschrift „Ost und West" bot ihr eine willkommene Stätte. Darunter hatte freilich das regelmäßige Studium zu leiden, es sollte, da es in Prag nicht damit ging, in Wien fortgesetzt werden: aber Hartmann ist mit der Absicht in die Reichs= hauptstadt gezogen, dort ein Brotstudium — der Vater hatte gewünscht, daß er Medizin studierte — nicht zu betreiben, sondern sich ganz der Literatur zu weihen. Über diesen Wiener Aufenthalt 1842—44 werden wir mit eindringlichster Genauigkeit unterrichtet, sein Leben und Lieben wird uns umständlich — aber doch anmutend beschrieben.

Im Sommer 1844 übersiedelt er nach Leipzig, hier wird er „gedruckt"; seine Lieder, unter dem Einflusse des Wiener Poeten Anastasius Grün entstanden, drängen ihn in einen unüberbrückbaren Gegensatz zum offiziellen Österreich des Vormärz, aus dem freiwilligen Exil in Leipzig wird ein notgedrungenes; nur in Nacht und Nebel kann er einmal das Vaterhaus in Duschnik besuchen. Aus der literarisch=politischen Tätigkeit reißt ihn das Jahr 1848. Der nordböhmische Wahlbezirk Leitmeritz sendet ihn ins Frankfurter Parlament. Wie schon oben angedeutet, wird dieser Teil von Hartmanns Leben mit größter Breite erzählt und damit eine genaue Schilderung der Ereignisse des Sturmjahres verbunden. Erst im Schlußkapitel kommt der Literarhistoriker auch zu Wort mit den Bemerkungen über Hartmanns Frankfurter Libell „Reimchronik des Pfaffen Mauritius". Mit der Geschichte des Stuttgarter „Rumpfes" schließt der vor= liegende Band ab.   D. W.

Deutsche Heimat. Jahrg. II., Heft 3 und 4. Wien 1906.

Die deutsche Heimat, ein Blatt für deutsche Volkskunde und Kultur= geschichte in Österreich, ist 1905 als das Organ des Vereines „Deutsche Heimat" in Wien gegründet worden. Sie enthält auch zahlreiche Beiträge von Mitarbeitern aus Böhmen, so daß ihr Inhalt für volkskundliche und kulturgeschichtliche For= schungen in Böhmen von Bedeutung ist. Vor mir liegt das 3. und 4. Heft des zweiten Jahrganges. In demselben finden wir von J. Blau „Aus Altneuern", archivalische Mitteilungen aus dem XVII. und der ersten Hälfte des XVIII. Jahrhundertes (S. 21—25). Josef Hofmann behandelt in einem Aufsatze „Schmuck= und Prunkgegenstände im Osten des nordgauischen Sprachgebietes" (S. 25—31), dem ein Tableau mit Abbildungen charakteristischer, schöner Schmuckgegenstände beigegeben ist. Dieser instruktive Artikel bildet, wie der Verfasser eingangs bemerkt, einen Bruchteil seiner dasselbe Gebiet behandelnden, in Vorbereitung

befindlichen Trachtenkunde des 19. Jahrhundertes. Karl Hofer bringt geschichtliche Nachrichten über das Dorf Pfefferschlag bei Prachatitz im Böhmerwalde
und die dortige Kirche (S. 33, 34) mit einer Abbildung derselben, welche viel
Ähnlichkeit mit der Prachatitzer Friedhofskirche hat. S. 34 und 35 wird die
„Deutsche Kulturhistorische Ausstellung für den Böhmerwald" beschrieben, welche
in der Zeit vom 5. August bis 2. September 1906 geöffnet war. 3 Aufnahmen
von J. Seidl aus Krummau geben eine Vorstellung der Anordnung und Reichhaltigkeit dieser lokalgeschichtlich wichtigen Ausstellung. — Die wenigen Proben
zeigen, daß diese von Dr. Eduard Stephan in Wien geleitete Zeitschrift auch
für unsere Gegenden von großem Werte ist.

Mantuani Josef, Dr.: Die Pfarrkirche zu Altmannsdorf. Festnummer
zur Hauptversammlung des Gesamtvereines der Geschichts- und
Altertumsvereine 1906; herausg. vom Altertums-Verein zu Wien.
S. 41—51.

Mantuani berichtet (S. 47): Führich malte für den Mittelaltar an der
Ostwand (= Evangelienseite) den Patron des Erbauers, Johann den Täufer in
der Wüste (Taf. 2). Wenn schon der tiefe Ernst Johannis, die reife Asketik des Aus-
druckes, das gediegene Kolorit nicht laut genug sprächen und die Behandlung der Staffage nicht deutlich genug italienischen Einfluß, vorab des Cima da Conegliano, ver-
riete — und dieser Umstand allein versetzt das Bild frühestens in das Jahr
1829 oder 1830 — so überhebt uns die Signatur und Datierung des Gemäldes
jedes Zweifels. Auf der Felsplatte über der Quelle links vom heiligen Johannes
ist zu lesen

Jos. Führich pinx.

A. D. 1839.

Zu dieser Zeit war Führich — seit September 1834 — schon dauernd in
Wien als zweiter Kustos an der Gemäldegalerie der Kunstakademie. Das Ent-
stehungsjahr des Altmannsdorfer Gemäldes war die Zeit einer Krise: Führich
sollte als Nachfolger Tkadliks († 1839) nach Prag zurück (S. 48); doch blieb er
schließlich in Wien. Die Reproduktion dieses Bildes (Taf. 2) ist ebenso vortrefflich,
wie die der daselbst befindlichen Bilder von Ranftl, Steinle, Kupelwieser, Schaller
und des Kreuztodes Christi.

Bachmann Johann: Speise und Trank im Egerlande. Sammlung
gemeinnütziger Vorträge. Prag, 1907. Nr. 341. S. 32.

Die Abhandlung berücksichtigt bloß das eigentliche Egerland und es liegen
ihr nur die eigenen Wahrnehmungen des Verfassers, die er selbst seit seiner
Jugend dort, in seiner Heimat, gemacht, sowie seiner diesbezüglichen Aufzeichnungen zu Grunde (S. 1, Note 1). Archivalische Forschungen sind für die Er-
örterung dieser wichtigen Frage im menschlichen Leben nicht nötig gewesen. Der
Verfasser, der mit großem Verständnisse seine Aufgabe löst, brauchte nur ein
gutes Auge, um zu sehen, was alles der Landbewohner ißt und trinkt, vielleicht

auch noch den Geschmackssinn, um auch selbst zu gustieren und zu erfahren, wie manche Speise schmeckt. Gewiß! Kein trockenes Thema, das er behandelt. Der Egerländer Bauer ist in seiner Kost und im Tranke sehr einfach. Die zwei hauptsächlichsten Nahrungsmittel, Getreide und Kartoffeln, liefern die Felder, ebenso das nötige Gemüse. Der gewöhnliche Trunk ist ein gutes, frisches Wasser. Nahezu jeder Hof hat sein eigenes Trinkwasser. Diese richtige, einfache Lebens= weise erhält auch ein gesundes und kerniges Volk. Daß es bei festlichen Gelegen= heiten lustig und fröhlich hergeht, ist selbstverständlich. Bier im Bauernhofe ist selten, eine Ausnahme, nur bei der Kirchweihe, wenn Gäste kommen; bei einer Hochzeit etc., dann verstehen „namentlich die männlichen mit staunenswertem Eifer der Vertilgung des gebotenen Getränkes zu obliegen". Es ist dankbar, den Er= örterungen des Verfassers zu folgen, und staunen muß man über die große Zahl und Abwechslung der Gerichte, welche die Egerländer Küche auf den Tisch selbst in der einfachsten Wirtschaft bringt. An Interesse gewinnt die Abhandlung durch die Einführung der echt egerländischen, mundartlichen Ausdrücke für die einzelnen Speisen. Wie groß ist die Zahl der verschiedenartig zubereiteten Knödel und der verschiedenen Beigaben von Gemüse oder Obst, mit denen sie als ein geschätztes Leibgericht vom Bauer so geliebt werden! Den Beschluß bildet eine Reihe von Sprichwörtern aus dem Egerlande, welche auf Speise und Trank sich beziehen. Ein guter Beitrag zur Kenntnis der Volkskunde im äußersten Westen Böhmens.

Siegl Karl, Dr.: **Eger und die pragmatische Sanktion.** Ein Archivs= bericht. Eger, 1906. S. 12.

Entgegen der Behauptung des Abgeordneten Dr. Sobotka in der Sitzung des Reichsrates am 27. April 1906, „die pragmatische Sanktion kennt kein Eger= land", erbringt Dr. Siegl aus den Urkunden des Egerer Archivs den Beweis, daß die pragmatische Sanktion ein Egerland kennt. Zunächst zeigt er aus dem Wortlaut einer Reihe von Urkunden, daß das „Egerland dem Königreiche Böhmen nicht inkorporiert, sondern auch nach der Verpfändung — was nach der Vorgänger Karls VI., Josef I., und alle früheren Regenten ausdrücklich anerkannt — ein Reichspfand verblieben sei". Auf dem böhmischen Landtage vom 18. Oktober 1720 erfolgt die Anerkennung der pragmatischen Sanktion seitens des Landes Böhmen und auf dem Egerer Landtage am 23. Juli 1721 erfolgte dann eben diese Anerkennung seitens des Egerlandes (S. 7). Darüber wurden zwei besondere Schriftstücke abgefaßt, die im Egerer Stadtarchiv verwahrt werden, aus denen mit vollster Sicherheit ersichtlich ist, „daß die pragmatische Sanktion ein Eger= land — und zwar als eigenes von Böhmen unabhängiges Gebiet — gekannt hat, und darin liegt eben die große politische Bedeutung dieses staatsrechtlichen Aktes für Eger". Es war nach Ansicht Dr. Siegls aber auch der letzte Akt, womit Eger seine Selbständigkeit bekundete.

Siegl Karl, Dr.: „Sonne" oder „goldene Sonne". Ein Beitrag zur Geschichte des Goetheschen Einkehrhauses in Eger. Eger, 1906. S. 6.

Goethe nennt das Einkehrhaus kurzweg die „Sonne", wie es wohl auch im Volksmunde genannt wurde, wogegen aus den Stadtbüchern ersichtlich ist, daß seit der ersten Aufzeichnung der Gasthof die „goldene Sonne" genannt wurde. An seiner Stelle steht das neue Sparkassagebäude der Stadt Eger. Der „vorige Wirt", den Goethe bei seiner Einkehr in der „Sonne" 1811 wieder erkannt haben will, war Adam Schuk (Schuch, Schug), nach den Mitteilungen aus dem Erzdekanalamt hieß er Christof Ignaz Schug (S. 6). Die kleine Studie erschien in der „Egerer Zeitung" vom 12. Mai 1906, Nr. 55.

Siegl Karl, Dr.: Geleitwort zu den Urkunden=Photogrammen des Egerer Stadtarchivs für die Reichenberger Ausstellung 1906. Eger, Stadtarchiv, S. 7.

Das reichhaltige, trefflich geordnete Egerer Stadtarchiv besitzt an 50.000 Urkunden, Akten und Handschriften; von ersteren sind an 2800 auf Pergament geschrieben. Dr. Siegl, der sachkundige Vorstand desselben, hat eine Auswahl interessanter archivalischer Bestände getroffen, welche als Photogramme in der Ausstellung zu Reichenberg Aufnahme fanden aus denen Laie und Fachmann die Reichhaltigkeit und den Wert der Schätze des Egerer Stadtarchivs zu würdigen vermögen. Das vorliegende, von Dr. Siegl verfaßte Geleitwort gibt dem Leser einen knappen Überblick über den Bestand des Archivs.

Siegl Karl, Dr.: Die ältesten christlichen Grabdenkmäler in Eger. Separatabdruck aus den archivalischen Mitteilungen der k. k. Zentral=Kommission ꝛc. Band VI, Heft 2, S. 235—241.

Wie es den Grabdenkmälern in Eger erging, sieht man aus dem Ver= zeichnisse derselben in der St. Niklaskirche aus dem Jahre 1578, in welchem 152 Grabsteine angeführt sind, von denen sich kaum ein Dutzend bis heute erhalten haben. Von den ältesten, erhalten gebliebenen Grabdenkmälern Egers gehören zwei noch dem 14. und zwei 15. Jahrhundert an. Das älteste vom Jahre 1386 ist das des Niklas Walther von Hof, dann das des Nikolaus Küchelberger vom Jahre 1396, des Ulrich Rudusch aus dem Jahre 1444 und dasjenige von Kunigunde Schlick, gebornen von Schwarzenberg aus dem Jahre 1460, welche eine Tochter des Eckinger von Saunsheim (Seinsheim) gewesen ist. Sie war die Gattin des Egerer Burggrafen Mathes Schlick, der in hohem Alter 1487 gestorben ist. Dieser Grabstein wurde von Dr.- Karl Siegl aufgefunden, von Konservator Baurat Ing. Pascher 1898 aufgehoben und rechtsseitig im Pres= byterium der Franziskanerkirche aufgestellt. Schade, daß keine Abbildungen beigegeben sind. Es ist dies nicht die Schuld Dr. Siegls, sondern der k. k. Zentralkommission, resp. der Redaktion, welche Abbildungen jetzt sehr spärlich aufnimmt, während diese für den Fachmann doch wichtiger sind als die beste Beschreibung. Mit Abbildungen für Römerfunde und sogenannter Prähistorica ist man daselbst viel freigebiger, als wie für die ältesten Denkmäler christlicher Skulptur, die in künstlerischer Durchführung und Feinheit zu guten Arbeiten des ausgehenden Mittelalters gehören, wie der Berichterstatter versichern kann, der vor Jahren in Begleitung Dr. Karl Siegls Gelegenheit hatte, sie zu be= sichtigen.

Siegl Karl, Dr.: Führer durch das städtische Museum, die alte Kaiser=
burg und sonstige Sehenswürdigkeiten in Eger. Mit 7 Ansichten und
2 Plänen. Eger, 1906. Stadtgemeinde. S. 51.

Führer gibt es viele, von sehr verschiedenem Werte. Es gibt solche, von
denen wir wünschen würden, daß sie überhaupt nicht bestünden; doch auch
solche, welche viel mehr bieten, als dieser bescheidene Titel vermuten lassen würde.
In die Gruppe der letzteren gehört die vorliegende Schrift, welche mit Geschick
und guter Verwendung der geschichtlichen Quellen den Stadtarchivar von Eger
Dr. K. Siegl als Verfasser hat. Es ist nur zu loben, daß er den Führer mit
einem Geschichtsbilde der Stadt und des Landes Eger einleitet, dann das alte
Stadthaus, in welchem Wallenstein ermordet wurde, und die darin befindlichen
Sammlungen bespricht, über deren beste und ortsgeschichtlich wichtigste Stücke
die gewünschten Aufschlüsse in ausführlicher Weise geboten werden. An seiner
Hand betreten wir die alte·Kaiserburg, in welcher die großartig gut erhaltene
Doppelkapelle mit ihren ganz seltsamen Drolerien der Säulenkapitäle ein einzig
dastehendes, kunsthistorisch so bedeutsames Denkmal bildet. Mit ihm machen
wir einen Rundgang durch die alte Stadt, ihre Sehenswürdigkeiten und alten
Denkmäler; ja selbst über die schöne Umgebung und über die dankenswerten Aus=
flüge von Eger aus erhalten wir an seiner kundigen Seite gute Aufschlüsse. Für
den Fremden und auch für den Einheimischen bietet er eine Fülle von Anre=
gungen. Haus und Schule finden in dem allgemein verständlich geschriebenen
Werkchen das Wissenswerteste der Heimatkunde, was der Forscher in langen
Mühen aus den geschichtlichen Urkundenlagern geschöpft hat und der Wißbegierige
mit zeitraubender Arbeit aus dickleibigen Büchern zusammensuchen muß. (Vgl.
Egerer Zeitung vom 13. Sept. 1906.) Schade, daß das Museum durch den
großen Brand im Stadthause so sehr gelitten hat. Möge es unter der guten
Leitung Dr. Siegls aus der Asche zu neuem Leben und Blühen erstehen als
sprechender Zeuge der Bedeutung städtischen Lebens und Wesens im äußersten
Westen von Böhmen. Von den Abbildungen interessiert am meisten der sonst
meines Wissens nicht veröffentlichte alte Wehrgang im Hofe des Klosters der
Franziskaner.

———

Sommerfeldt Gustav: Verhandlungen König Ruprechts von der
Pfalz mit Papst Innozenz VII. vom Jahre 1405. Zeitschrift für
Geschichte des Oberrheins. N. F. Band 21, S. 30—39.

Erst nach mehrjährigen Verhandlungen erlangte K. Ruprecht die Anerken=
nung von Seiten der Kurie. Unter den Gesandten, die 1405 zu diesem Behufe
nach Italien gingen, befand sich auch der Theologieprofessor zu Heidelberg und
Beichtvater des Königs Matthäus von Krakau, der vorher an der Prager Uni=
versität als Lehrer wirkte. Die Ansprache, welche Dr. Ulrich von Albeck am
21. Dezember 1405 vor dem Papste hielt, wird nach dem Kodex 594 der Uni=
versitätsbibliothek in Bonn (Fol. 151 a—153 b) abgedruckt.

Wilhelm Franz: Was ist von den sogenannten Opfersteinen zu halten?
Erzgebirgs-Zeitung. XXVI. Jahrgang, 1905. S. 18.

Wilhelm ist bekannt durch seine zahlreichen Abhandlungen über Geschichte und Verbreitung der sogenannten Mord- und Sühnkreuze. Diesmal behandelt er die auch in Böhmen häufig vorkommenden Opfersteine, indem er in einer für den Laien sehr übersichtlichen Zusammenstellung der verschiedenen Deutungen dieser Denkmäler die Tatsache feststellt, daß die Forscher selbst noch lange darüber nicht im Klaren sind, wozu diese Steine ursprünglich dienten. Vielleicht waren es alte religiöse Kultstätten, vielleicht dienten sie als Merksteine für Versammlungen, in denen von ihnen herab der Versammlung wichtige Mitteilungen gemacht wurden, aber der Ansicht könnte ich für meinen Teil nicht beipflichten, die Rödiger vertritt, daß die gelegentlich auf ihnen vorkommenden Zeichen so zu deuten sind, daß diese Steine den Zweck gehabt hätten, dem Reisenden die Richtung zu den vorhandenen Siedlungen zu geben, etwa also wie die alten Meilensteine oder Wegsäulen als Wegweiser zu dienen. Diese „geologisch-kulturgeschichtliche Betrachtung" klingt in dem Wunsche aus, daß zur Schonung und Erhaltung dieser Naturdenkmäler baldmöglichst ein Reichsgesetz geschaffen würde, da zu befürchten ist, daß sie leicht vernichtet werden könnten, damit zu den großen Verlusten, welche bereits zu verzeichnen sind, nicht noch neue und noch größere hinzukommen mögen.   Dr. Ad. Horcicka.

_____

Viktor von Schubert-Soldern: Memoiren eines Unbekannten,
1818—1862. Dresden 1905, E. Pierson. 298 S. Oktav.

Weder auf kraftvolle persönliche Impulse, noch auf mächtige Zeitströmungen blicken die Memoiren zurück, selbst die Ereignisse des Jahres 1848 werden nur in flüchtigen Bildern entrollt, wie sie sich dem Verf. beim Vorübergehen darboten, und trotzdem würde man das Buch in der Literatur der Erinnerungen nicht gerne vermissen. Darf man der Kunst der Darstellung danken, den Leser bis ans Ende angenehm gefesselt zu haben, so wird der Geschichtsfreund aus den Zeilen des Guten außerdem noch reichlich vorfinden. Der Verf. weiht ihn in intimes Familienleben ein, wie es über die begrenzten gesellschaftlichen Beziehungen hinaus durch Beruf und häusliche Pflichten mit der Öffentlichkeit verbunden ist und liefert durch eingefügte Schilderungen über herrschende Zustände und geltende Persönlichkeiten beachtenswerte Beiträge zur Kultur- und Sozialgeschichte jener Jahre. Seinen Entwicklungsgang, seine Erlebnisse und Schicksale zeichnet Verf. mit weichen Strichen, maßvoll, ohne das eigene Ich einer grellen Beleuchtung auszusetzen und immer darauf bedacht, das Milieu wirken zu lassen. Wohnungseinrichtungen, Straßenbilder, Reiseeindrücke nicht minder wie Lebensgewohnheiten und häusliche Bräuche lernt der Leser kennen und erhält durch kurze Charakteristiken oder Anekdoten öffentlich wirkender Männer eine willkommene Ergänzung zu ihrer Lebens- und Zeitgeschichte. Man möchte das Werk gerne mit einem pietätvoll aufbewahrten Familienerbstück vergleichen, an das sich die ersten zarten Schicksalsfäden einer Generation knüpfen, der die Bedeutung früherer Verhältnisse erst in der Erinnerung deutlich zum Bewußtsein kommt.
                                                              rth.

Blau Josef: Die tschechische Volkstracht in der Tauser Gegend. Mit
2 Tafeln und 16 Textabbildungen. Wien 1906. Verlag des Vereins
für österreichische Volkskunde.

Herr Lehrer Blau ist ein tüchtiger Kenner des Böhmerwaldes. Er hat dies
in einer Reihe von sorgfältig gemachten Beobachtungen bewiesen, die vielfach
Neues und Interessantes brachten. Die Choden sind der am weitesten gegen
Westen vorgeschobene Stamm der Tschechen. Die breite westliche Pforte des
Böhmerlandes, von hoher strategischer Bedeutung in früherer Zeit, wurde von
ihnen in ihrem nördlichen Teil gehütet, die künischen Freibauern hatten die
südlichen Wege zu überwachen. Die „alten Gerichte" also die Künischen oder
„Königlichen" waren mit einer Ausnahme Deutsche; sie hausten in zerstreut
liegenden Höfen. Eine Anzahl derselben bildete ein Gericht. Die Choden als
Tschechen lebten in geschlossenen Ortschaften. Gegenüber der Meinung, ob die
Choden Tschechen wären, da vielfach behauptet wurde, es seien angesiedelte
Polen, glaubt auch Blau letzterer Ansicht zustimmen zu müssen und er führt in
dieser Hinsicht beachtenswerte analoge Fälle an. Vielfach waren unter den
Tauser Choden auch Deutsche angesiedelt; zahlreiche Germanismen im Choden-
dialekt zeigen den deutschen Einfluß. Die weitere Darstellung geht ins einzelne
der Mannes- und Frauentracht ein und Blau faßt das Resultat seiner trefflichen
Arbeit zuletzt in vier Punkten zusammen. Die männliche Feiertracht wird fast
nicht mehr getragen. Hingegen die weibliche noch in zahlreichen Dörfern um
Taus. Die Alltagstracht der Männer bietet wenig bemerkenswertes, umso interes-
santer ist die der Frauen. Die Trachten überhaupt bieten in Einzelheiten viele
Vergleichungspunkte mit den Trachten der benachbarten Deutschen, sowie mit
anderen Bekleidungsarten Böhmens und Österreich-Ungarns. Die einzelnen
Stücke der kleidsamen Tauser Tracht waren dauerhafte Produkte der häuslichen
Industrie. Der Verf. schließt mit dem berechtigten Wunsche, „Es möge der alte
Gau seine überlieferte Tracht, dieses äußere Zeichen seiner aus Landschaft,
Geschichte und Volkseigenart erwachsenen Romantik noch lange bewahren."
Möge Herr Lehrer Blau seine wertvollen Studien noch weiter verfolgen. Es ist
hohe Zeit noch manches zu retten, was sonst der Vergessenheit anheimfällt. Wer
ist besser zu solchen Beobachtungen berufen als unser Lehrerstand, der im Volke
lebt und wirkt!   .—r.

**Hubrich Eduard, JUDr.: Deutsches Fürstentum und deutsches Ver-
fassungswesen.** Leipzig, B. G. Teubner IV und 156 S. 8⁰, gbd.
1·25 Mk.

Das Büchlein ist als 80. Band in der bekannten Teubnerischen Sammlung
„Aus Natur- und Geisteswelt" eingereiht und bringt eine Übersicht der deutschen
Verfassungsentwicklung von der Urzeit bis zur Gegenwart. In großen Zügen
wird der Weg bezeichnet, auf dem deutsches Fürstentum und deutsches Volk zu
dem heute geltenden Ausgleich gelangt sind. Verf. schildert die älteren Verfassungs-
zustände, die Begründung des fürstlichen Absolutismus und dem gegenüber das
Erwachen und die Entwicklung des modernen Konstitutionalismus. Auf der so

gewonnenen Grundlage wurden die preußischen Verfassungsverhältnisse speziell beleuchtet und ihre Hauptgesichtspunkte mit dem Reichsstaatsrecht erläutert. Dem für den Laien schwer zu bewältigenden Stoff kommt eine klare Darstellung zu Hilfe, die Verf. durch eine scharfbegrenzte Disposition wohl zu unterstützen weiß.

Steinhausen Georg, Dr.: Germanische Kultur in der Urzeit. Leipzig, B. G. Teubner, 156 S. 8°, gbd. 1·25 Mk.

Im Zusammenhange mit der vom Verf. herausgegebenen „Geschichte der deutschen Kultur" ist vorliegende Arbeit erschienen und ergänzt und erweitert dessen Kapitel über die germanische Zeit, ohne die Absicht, ein in sich völlig ab-geschlossenes Ganze zu bieten, jemals zu vernachlässigen. Auf eingehender Quellen forschung aufgebaut, mit den wichtigsten Literaturnachweisen und Belegen ver-sehen, dient das Bändchen in der Tat dem „Belehrungsbedürfnisse weiterer Kreise", legt aber auch dem Fachgenossen die durchaus selbständige Ansicht des Verf. auf diesem Gebiete dar. Die Aufnahme des Bändchens in die Teubnerische Sammlung „Aus Natur und Geisteswelt" wird seine Wege zu den breitesten Schichten der Lesewelt offen halten.   rth.

Alois John: Richard Wagners Beziehungen zu Böhmen. (Sonder-abdruck aus den „Mitteilungen des Nordböhm. Exkursions-Klubs" XXIX. Band, S. 113—130, 209—214, 289—300.) Leipa 1906. Im Selbstverlage.

Die lokale Musikgeschichtsforschung ist nun auch in Böhmen fleißig am Werk, in Spezialuntersuchungen die Vergangenheit des Landes aufzudecken. Mozarts Beziehungen zu Prag sind bereits vor mehreren Jahren historisch fest-gelegt worden, Beethoven bleibt noch der Zukunft vorbehalten, Richard Wagner hat jetzt in Alois John den Schriftsteller gefunden, der, nachdem schon vordem manche wertvolle Vorarbeit geleistet war, aus den gedruckt vorliegenden Quellenwerken die Beziehungen des Bayreuther Meisters zu Böhmen exzerpierte und in drei Kapiteln, Wagner in Prag, in Teplitz, in Marienbad, zusammenfaßte. Von älterem Material wären die zeitgenössischen Jahrgänge der Prager Tages-zeitungen, die Briefe an Anton Apt usw. ausführlicher heranzuziehen, neue Aufschlüsse gewähren die jetzt veröffentlichten Familienbriefe Richard Wagners. Nicht zutreffend ist die Bemerkung auf S. 4, wonach Tomaschek bis zu seinem Tode als Professor der Musik am Prager Konservatorium wirkte. Eine solche Stellung hat Tomaschek nie innegehabt. Zur Anmerkung auf S. 17 sei bemerkt, daß Angelo Neumanns „Erinnerungen an Richard Wagner" im Jahre 1902 vom Verlag Seemann (nicht Naumann) als demnächst erscheinend angezeigt wurden. Da sie aber bis heute noch nicht erschienen sind, so können sie nur irrtümlicher Weise als Quelle des in der Anmerkung Gesagten zitiert worden sein.

E. Rychnovsky.

K. u. k. Hofbuchdruckerei A. Haase, Prag. — Selbstverlag.

Mitteilungen

des

Vereines für Geschichte der Deutschen

in Böhmen.

XLVI. Jahrgang.

Redigiert von

Dr. A. Horcicka und **Dr. O. Weber.**

Nebst der

literarischen Beilage.

„Eingedenk der Väter, unerschütterlich treu unserem Volke!"

Prag 1908.

Im Selbstverlage des Vereines für Geschichte der Deutschen in Böhmen.

J. G. Calve'sche k. u. k. Hof- und Universitäts-Buchhandlung.
Josef Koch.

Kommissionsverlag.

Inhaltsverzeichnis.

Literarische Beilage.

Mitteilungen des Vereines

für

Geschichte der Deutschen in Böhmen.

Redigiert von

Dr. A. Horcicka   und   Dr. O. Weber.

Sechsundvierzigster Jahrgang.   1. Heft. 1907.

Zum Ausschußbeschluß über die Abhaltung von Wandervorträgen.

Von

A. Bachmann.

Kürzlich hat die Leitung unseres Vereins einen Beschluß gefaßt, von dem wohl zu erwarten steht, daß er lebhafte Zustimmung in und außer dem Kreise der Vereinsmitglieder finden werde. Es handelt sich um die Einführung oder vielmehr Wiedereinführung von Vorträgen im deutschen Sprachgebiete Böhmens außerhalb Prags, die einem doppelten Zweck dienen sollen. Einmal trachten wir unsere Aufgabe, geschichtliches Wissen als Grundlage geschichtlichen Denkens möglichst weiten Kreisen mitzuteilen, noch besser zu erfüllen, indem wir in unmittelbare Berührung mit jenen treten, die fern vom Mittelpunkt unserer Tätigkeit weilend, auch ferner stehen dem sozusagen persönlichen Wirken des Vereins, auf die sich tiefer einwirken läßt, wenn sie sich versichert halten, daß wir auch ihrer gedenken. Aber auch das engere Vereinsinteresse steht uns vor Augen, der Wunsch, neue Freunde und Förderer zu gewinnen, neue Anregungen zu schöpfen.

Wieviel Grund besteht, auf eine erweiterte und vertiefte Kenntnis der heimatlichen Geschichte, die ja auch eine höhere politische Bildung bedeutet, in Deutschböhmen hinzuwirken, bedarf ebensowenig der Auseinandersetzung, als es zweifelhaft sein kann, daß gerade die lebendige Wirkung des gesprochenen Wortes ein vorzügliches Mittel hiezu bildet.

Dagegen erscheint es angebracht, ein Wort über die Art der Durchführung der beabsichtigten Vorträge anzufügen. Der Ausschuß war bei Fassung seines Beschlusses der Ansicht, daß alles vorzukehren sei, was eine zahlreiche Beteiligung an den Vorträgen ermöglicht, dagegen alles zu vermeiden, was die Tagespolitik auch nur ungewollt hereinzuziehen geeignet wäre. Darum wird beabsichtigt, auch Nichtmitgliedern als Gästen freien Zutritt zu gewähren, während andererseits durchaus abgesehen werden soll von Veranstaltungen, die zwar nur als Kundgebungen zu Ehren unseres nationalen, aber doch unpolitischen Vereines gedacht, gleichwohl Anlaß zu politischen Erörterungen geben könnten. Für die Tagung selbst soll der Vortrag neben einer anschließenden Aussprache zu dessen Gegenstand den einzigen Punkt der Tagesordnung bilden.

Vorläufig wurde in Aussicht genommen, jährlich zwei Wanderversammlungen abzuhalten, eine im Frühjahre und eine im Herbst. Den Ort der Versammlung wird der Ausschuß nach Ermessen bestimmen, namentlich mit Rücksicht auf die Anmeldung von Vorträgen, in welchen die Orts- oder Gebietsgeschichte hauptsächlich oder doch nebenher zur Behandlung gelangt. Die Vorbereitung jeder Versammlung soll in die Hände von Vertrauensmännern am Orte selbst gelegt werden. Dabei wird insbesonders die Mitwirkung der Lehrerschaft erwartet, an der es vor allem liegen dürfte, das Interesse für unsere volksbildenden Bestrebungen wachzurufen. Ebenso rechnet der Ausschuß auf die Förderung durch die deutsche Presse.

In erster Linie aber bedürfen wir der Unterstützung jener, die auf dem Gebiete der Landesgeschichte tätig, Vorträge zu übernehmen in der Lage sind. An ihre Opferwilligkeit muß umsomehr berufen werden, als bei den beschränkten Vereinsmitteln lediglich die Auslagen der Reise vergütet werden können. Wir hoffen aber mit Zuversicht auf das richtige Verständnis unserer gewiß zeitgerechten Idee bei den deutschen Historikern von Beruf oder Neigung und zählen auf die Anmeldung von Vorträgen, die uns bei Anordnung der Versammlungen eine Rücksichtnahme auf Sonderwünsche und eine entsprechende Abwechselung vermöglichen.[1] Der erste der Wandervorträge soll im kommenden Frühjahre 1908 stattfinden; der Ort wird später festgestellt werden.

---

[1] Anmeldungen bitten wir an die Vereinskanzlei, Prag I., Liliengasse 7, einzusenden.

Die Marienkirche in Aussig an der Elbe bis zum J. 1426.

Von

Johann Hrdy, Pfarrer.

(Schluß.)

Der Pfarrer Johann Somburg starb im J. 1363 und mit der
königlichen Präsentation wurde zu seinem Nachfolger ein gewisser Hein=
rich, Sohn des Adalbert von Haliborn (Hakenburn), wahrscheinlich von
Bayern gebürtig und ein Verwandter des Leitmeritzer Probstes Johann
von „Hakenbrunn", ernannt; dieser erhielt die kanonische Bestätigung
am 28. August d. J. 1363 und wurde in sein Benefizium von dem
Türmitzer Pfarrer eingeführt. Der neue Pleban fungierte schon am
15. September bei der Besetzung der Aussiger Adalbertskirche und am
13. Dezember 1363 bei der Installation des Pfarrers in Königswald
(Kynigeswald) als Exekutor. Schon nächstes Jahr 1364 tauschte der
Pfarrer Heinrich mit königlicher Genehmigung seine Aussiger Pfründe
mit Dithmar, gewesenem Kanonikus in Oppeln (preuß. Schlesien) und
wir treffen ihn später vom J. 1368 bis zum 7. Juni 1396 als Propst
in Leitmeritz.[1] Sein Nachfolger Dietmar in Aussig wurde am 29. Juli
1364 kanonisch bestätigt und vom Türmitzer Pfarrer installiert; doch er
erfreute sich seiner hiesigen Stelle gar nicht lange, denn schon ein Jahr
später erfahren wir von seinem Tode und Kaiser Karl IV. ernannte nun
für die erledigte Pfarrpfründe bei St. Maria in Aussig einen neuen
Pleban Ullrich aus Glogau (de Hlohova). Dieser erhielt am 21. Oktober
1365 die kirchliche Bestätigung und seinem Nachbarn bei der Aussiger
Adalbertskirche (Stanislaus von Lissa) wurde die Weisung (crida) ge=
geben, ihn nach den üblichen Vorschriften zu installieren; er hatte die
ganze Anstellungstaxe (Sold, salarium) am 18. November (in der
nächsten Oktav des hl. Martin) zu zahlen. Am 9. April 1367 wurde
der Karlsteiner Domherr Nikolaus zum Pfarrer bei der Aussiger Adal=
bertskirche ernannt und als Exekutor dabei wird der Pfarrer (von der
Marienkirche) „in Vsk" erwähnt.[2]

---

1) Frind, Kirchengeschichte Böhmens III, 227.
2) Dr. Horčička-Hieke, Urkundenbuch der Stadt Aussig, S. 214, Anm. 66;
Frind, Kirchengeschichte Böhmens I, 143, II, 157, III, 197; Tingl, Libri
confirm. I, pars altera 18, 19, 33, 51, 69, 82.

Schon im Jahre 1373 befindet sich an der Stelle des Pfarrers Udalrich ein neuer Pleban, namens Mathias, gebürtig von Pirna (de Pirnis); dieser wird als Zeuge unter anderen Geistlichen genannt, welche am 25. November 1373 am erzbischöflichen Hofe dabei anwesend waren, als der päpstliche Kollektor Johann, Dechant von der Prager St. Apollinar- kirche dem Straßburger (Argentinensis) Bischof Lambert den päpstlichen Zins im Betrage von 400 fl. als Legationsgelder (ratione nuntii) übergab. Aus unbekannter Ursache geriet der Pfarrer Mathias in einen Streit mit dem alten Aussiger Richter Vinzenz Slichting, zu dessen Austragung am 20. Feber 1377 die Frist von 14 Tagen festgesetzt wurde; als aber diese vom Geklagten (Slichting oder Schnchynger) nicht eingehalten wurde und er bei der Gerichtsverhandlung in Prag nicht erschien, beklagte sich darüber Jakob von Budweis als Vertreter des Pfarrers am 3. Juli desf. Jahres, worauf der Herr Offizial des erzb. Gerichtes den schuldigen Vinzenz Slichting verurteilte und sogar exkommunizierte (reputavit et excommunicavit). Der Aussiger Pleban Mathias erscheint noch als Zeuge bei den Gerichtsverhandlungen des Prager Konsistoriums am 28. März, 26. Oktober, 23. November 1379 und am 20. Jänner 1380. Aus denselben Gerichtsakten erfahren wir nun, daß ein gewisser Heinrich, Presbyter von Aussig (de Usk) für die hiesige Marienkirche präsentiert wurde und am 13. September 1380 den Prager Kleriker Prokop, Bo- hutas Sohn, zu seinem Vertreter vor der erzbisch. Kanzlei bestellt hat, damit ihm derselbe die Konfirmationsliste erwirke; bei dieser Eintragung muß offenbar ein Irrtum unterlaufen sein, denn einige Tage darauf am 23. September 1380 wurde Heinrich als Pfarrer nicht für Aussig (Usk), sondern für Slup (Bürgstein bei Haida) bestätigt und dort blieb er bis zum J. 1395, wo er am 23. September mit dem Drumer Pfarrer Veit tauschte.[1]

In Aussig war noch der Pfarrer Mathias von Pirna tätig und am 12. Feber 1382 siegelte er gemeinschaftlich mit dem Aussiger Stadt- rate jene Schenkungsurkunde, nach welcher der hiesige Ratsmann Vinzenz Slichting der städtischen Marienkirche und ihren Kirchenvätern (vitricis, Vermögensverwaltern) einen Weingarten am Steine (d. h. Marienberge) und 5½ Sch. Groschen mit der Bedingung testierte, daß davon alle Kirchen des Aussiger Dekanates mit Hostien und Meßwein für ewige Zeiten versehen werden; die Priester, welche von diesem Legate den

---

1) Tadra, Soudní akta I, 68, 343, 371, 375, II, 4, 40, VII, 185, 203; Emler, Libri confirm. III—IV, 144, V, 232.

Gebrauch machten, sollten des Stifters und seiner Nachkommen gedenken. Diese reiche Schenkung muß jedenfalls als ein Bußwerk für die über den Stifter Slichting im Jahre 1377 verhängte Exkommunikationsstrafe angesehen werden. Kurz darauf starb der Pfarrer Mathias, denn in den Tagen zwischen 3.—5. Jänner 1383 bekennt der Prager Bürger Henslinus (Johann) Marßner vor dem erzbisch. Konsistorium, daß ihm von dem verstorbenen (bone memorie) Aussiger Pfarrer Mathias eine Urkunde über 6 Sch. Jahreszins für die Aussiger (Ußk) Kirche anvertraut worden sei und daß er dieselbe dem jetzigen Pfarrer Wenzel Rex (König) übergeben habe, was dieser auch bestätigt. Es handelte sich hier um dieselbe Kaplansstiftung, welche K. Wenzel IV. erst am 1. August 1387 in Nürnberg bestätigt hat; demnach hatte der verstorbene Pfarrer Mathias von Heinrich von Kameik (Kamyk) und dessen Ehefrau Anna 6 Sch. Pr. Gr. Jahreszins auf den Dörfern Pokratitz, Michelsberg (Mechilner), Kundratitz (Kontraticz) und Tlusten (Tluczin) zur Errichtung einer Messenstiftung für einen Kaplan gekauft; das Präsentationsrecht für die Kaplansstelle (capellaniae) wurde den Aussiger Ratsherren zugesprochen; dieselbe Stiftung wurde später am 4. Jänner 1389 von dem Erzbischof Johann dem neuen Andreas-Altare in der Aussiger Marienkirche zugewiesen.[1]

Um diese Zeit war bereits in Aussig ein Kaplan (Prediger, predicator) namens Mauritius (Moritz), Presbyter von Bensen (Benessow), welcher für alle seine Angelegenheiten bei der erzb. Kanzlei am 1. April 1379 den Peter Loderius und den Nikolaus von Prag als seine Vertreter bestimmte; diese Vertretung rettete ihn einige Tage später — Montag, 18. April 1379 — vom Gefängnisse, weil er in einem Prozesse mit dem Prager Altaristen Hana, die festgesetzte Frist zu seiner Verteidigung nicht eingehalten hatte; Peter Loderius befreite seinen Klienten durch die erhobene Einsprache vom Gefängnisse (purgavit contumaciam) und die Verhandlung wurde auf Mittwoch in 8 Tagen verschoben; der Gegenstand, sowie das Ergebnis dieser Gerichtsverhandlund sind uns jedoch unbekannt.[2]

Mit der Einwilligung des Königs als Patronatsherrn, tauschte Wenzel Rex (König, Král?) seine Aussiger Pfründe mit Benesch, gewesenem Domherrn bei St. Georg auf der Prager Burg; dieser erhielt seine Konfirmation am 26. September 1385 und wurde vom Pleban

---

1) Dr. Horčička-Hieke, Urkundenbuch der Stadt Aussig, S. 48, 49, 51, 52.
2) Ferd. Tadra, Soudní akta I, 345, 347.

bei der Auſſiger Adalbertskirche (Mariannus Scheſtak) in ſein Amt eingeführt. Er erſcheint am 9. November 1388 unter den Zeugen, welche
die vom Prieſter Paul Herbord errichtete Altariſtenſtiftung bei dem
Maria-Heimſuchungsaltare in der Stadtkirche beſtätigen und am 19. Juli
1392 wurde ihm vom erzbiſch. Konſiſtorium die Intervention bei der
Verſetzung des Pfarrers Johann von Bleiswedel zur Pfarrkirche in
Lewin und des Lewiner Pfarrers Nikolaus zur Pfarrkirche in Bleiswedel übertragen.[1])

Am 14. November 1393 wurde der Pfründentauſch beſtätigt,
welchen der Auſſiger Pleban Beneſch mit dem Domherrn von der St.
Apollinar-Kirche in Prag, namens Hermann, einging; der neue Pleban
war vor dem J. 1391 Pleban in Liebeſchitz bei Saaz geweſen und wird
auch — höchſtwahrſcheinlich nach ſeinem Heimatsorte Mühlberg bei
Elbogen — Mulberg oder Milberg genannt. Als Domherr in Prag
hatte er am 7. Mai 1392 mit Peter, gen. Slechticz (Klient von Bechlin)
einen Rechtsſtreit um 2 Schock Gr. Jahreszins, welcher am 21. Mai
1393 zu Gunſten ſeiner Pfründe entſchieden wurde; am 6. Juni 1393
verſpricht wieder der Kanonikus Nikolaus, gen. Pictor (Maler) von
St. Georg in Prag gemeinſchaftlich mit ſeiner Mutter Katharina, eine
Schuld von $1^1/_2$ Sch. dem Domherrn Hermann am nächſten Jakobifeſte
zu bezahlen. Am 7. Auguſt 1396 wurde dem Graupner Pleban Johann,
als Vertreter des Heinrich von Zwickau (eines Presbyters der Naumburger Diözeſe in Meißen), die kirchliche Beſtätigung desſelben zum
Pfarrer in Karbitz (Gargewicz) übergeben, weil der frühere Karbitzer
Pfarrer Martin eine andere Pfarrſtelle in Zerčitz (Zierczicz bei Jungbunzlau) erhalten hatte; damals verſprachen der Auſſiger Pfarrer von
der Marienkirche Hermann und der erwähnte Graupner (in Erupka)
Pleban Johann, beide als Vertreter des Heinrich von Zwickau, gemeinſchaftlich ohne Aufſehen und ohne Schein einer Gerichtsklage (siné stre-
pitu et sine figura judicii) innerhalb der von den erzb. Vikären be-
ſtimmten Friſt dem Zertſchitzer Pfarrer Martin (gew. Pfarrer in Karbitz)
30 Schock Gr. in dem Falle zu zahlen, wenn derſelbe von der Pfarre
in Zerčitz durch einen Urteilsſpruch verdrängt (ab ipso per sententiam
evinceretur) oder wenn erklärt werden ſollte, ſie gehöre ihm nicht (eidem
non debere), ſo daß ihm (dem Martin) die Rückkehr zu ſeiner geweſenen
Pfarrei in Karbitz ohne jeden Widerſpruch offen bleibt und ihm dieſe

---

1) Emler, Lib. conf. III—IV, 170, V, 132; Borowý, Libri erect. III, 294.

Pfarre sofort eingeräumt wird, sobald es der H. Generalvikar Nikolaus Puchnik mündlich oder schriftlich besiehlt; sollte es aber anders geschehen, d. h. wird ihm die Karbitzer Pfarre nicht mehr zurückgegeben, so können beide genannten Pfarrer Hermann und Johann durch kirchliche Strafen zur Zahlung der obigen Summe von 30 Sch. gezwungen werden. Dazu kam es aber nicht, denn der Pfarrer Martin verblieb im ruhigen Besitze seiner neuen Pfarre in Zerčic, wo er noch im J. 1403 erwähnt wird.[1]

Dem Pfarrer Hermann mußte es in Aussig nicht besonders gut gefallen haben, denn schon am 9. August 1396 nannte er beim erzbisch. Konsistorium einige Vertreter (den Hawraner Pfarrer Johann, den Machuta und den Wyschehrader Domherrn Dominik), daß sie in seinem Namen behufs eines Tausches — sei es einer Kurats= oder Nichtkuratspfründe — verhandeln sollen; er wartete nicht lange, denn kurz darauf bot ihm der Melniker Domherr Wenzel seine Stelle zum Tausche an. Dieser Pfründen= tausch kam auch tatsächlich zu Stande und wurde mit der königlichen Einwilligung schon am 31. Jänner 1397 kanonisch bestätigt. Der neue Pleban entstammte dem Rittergeschlechte der Herren von Blahotiß bei Schlan und sein Verwandter Bohunko wird im J. 1402 mit dem Sitze auf dem Gute Hottowiß bei Türmiß und im J. 1403 zu Schirschowiß bei Lobositz erwähnt. Eine Zeit nach seinem Amtsantritte am 1. Juni 1397 erscheint der Pleban Wenzel vor der erzbisch. Kanzlei in Prag und bekennt, daß er dem Brewnower Kloster 36 Gr. an Rauchgeldern schulde und diese Schuld am nächsten St. Prokopitage (4. Juli) — unter der ihm angedrohten Exkommunikationsstrafe — bezahlen wolle.[2]

In Gegenwart des Generalvikars Ogerius, sowie des Pfarrers Wenzel verpflichtete sich Andreas, Altarist beim hl. Kreuzaltare in der Aussiger Marienkirche, am 9. Juni 1398 (Samstag nach) dem hl. Frohn= leichnamsfeste) beim genannten Altare 4 hl. Messen wöchentlich zu lesen und zwar unter der Strafe von einem Groschen für eine jede versäumte Messe zu Händen des jeweiligen Pfarrers. Um diese Zeit waren in Aussig drei Altaristen und drei Kapläne (vicarii), von denen sich ein gewisser Bo= huta (Vikar in Aussig) in Gemeinschaft des Hauptschuldners Stephan von Kosteleß, des Nedwediticher Pfarrers Epiphanus und des Brandeiser Klerikers Thomas vor dem Prager Konsistorium zu einer Schuld von

---

1) Tadra, Soudní akta III, 27, 41, 79, 92, 96, 134, 138, 187; Emler, Libri confirm. V, 79, 174, 263, VI, 97.
2) Dr. Horčička-Hieke, Urkundenbuch der Stadt Aussig, S. 67, 69; Tadra Soudní akta III, 188; Emler, Libri conf. V, 278.

9 Goldgulden bekennt; alle vier Genannten versprachen unter der Strafe
der Exkommunikation gemeinschaftlich diese Summe bis zum nächsten
St. Georgsfeste, 24. April 1398 zu erlegen. Der Pleban Wenzel von
Blahotiß genehmigte am 17. Juni 1399 mit dem Aufsiger Stadtrate
die Stiftung des Maria-Heimsuchungsaltars durch den Priester Paul
Herbord und beide Parteien übernahmen zugleich das diesbezügliche
Patronatsrecht nach dem Tode des Stifters. Als der Offegger Abt
Johann III. mit Siegfried von Schönfeld und Peter von Reyß
(Reyh! recte Kycz), seßhaft in Brzyezenicz (Schönpriesen), bezüglich
einer Abgabe in Streit geriet, wurden Wenzel von Blahotiß, Pfarrer
in Aufsig und Hermann von Stupiß zu Klein-Selniß (bei Brüx) zu
Schiedsrichtern gewählt; am 12. März 1400 übernahm nun der genannte
Ritter Peter die Verpflichtung, jährlich dem Kloster 2 Sch. zu Galli
und 2 Sch. zu Georgi zu zinsen, falls es Siegfried von Schönfeld bis
zum nächsten Gallitage nicht zahlen sollte.[1]) Am 2. April 1400 verkaufte
der Pfarrer Wenzel von Blahotiß (de Blahotycz) von seinem Hofe
außerhalb der Stadtmauer, welcher im schlechten Zustande sich befand
und der Kirche keinen Nußen abwarf, ein Stück Baugrund an Johann
Raschko und dessen Ehegattin Anna und ihre Erben um $\frac{1}{2}$ Sch. Pr. Gr.
und zwar unter folgenden Bedingungen: der Käufer, sowie seine Nach=
folger sollen dem jeweiligen Pfarrer 12 Groschen (6 zu Georgi und 6
zu Galli), am hohen Weihnachtsfeste 2 Kapaunen oder 2 Hennen zinsen
und außerdem bei der Ernte — wie es befohlen wird — zwei Arbeits=
tage leisten; bei dem Wiederverkaufe des Grundstückes muß die Zu=
stimmung des jeweiligen Pfarrers eingeholt werden. Am 20. Feber 1401
bestätigte der Pleban und »rector parochialis ecclesiae b. M. Virginis in Usk super Albea« gemeinschaftlich mit den Richtern und den
städtischen Ratsmitgliedern, daß der Mitbürger Nikolaus Polepsch 2 Sch.
Pr. Gr. Jahreszins von 4 Untertanen in Neudörfel (Nova villa) und
einem gewissen Hanusch in Raudney (Rudny) zum Andreasaltare in der
Stadtkirche behufs Errichtung einer Messenstiftung geschenkt habe; diesen
Jahreszins hatte der Stifter Nikolaus von dem Güterbesitzer Wenzel
von Kelink (Kelnyk), gen. Sowka (Subko), seßhaft in Pokau (Bukowa),
gekauft und das erzbisch. Konsistorium bestätigte die erwähnte Schenkung
an die Aufsiger Marienkirche am 16. April 1401. Nachdem es bezüglich

---

1) F. Tadra, Soudní akta III, 357, 396; Mitteilungen des Vereines für
Gesch. der Deutschen in B. VII, 193; Dr. Schlesinger, Stadtbuch von
Brüx, S. 56, Urkundenabschriften des Offegger Stiftes.

der Rauchgelder (denarii fumales) zwiſchen dem Auſſiger Dechant Wilhelm,
dem Pfarrer in Raudnig und Diwiſch, dem Břewnower Abte, einige
Mißhelligkeiten gab, wurde dieſe Angelegenheit vor dem erzb. Gerichte am 24.
Oktober 1401 verhandelt, wobei der Auſſiger Pleban Wenzel den abweſenden
Kreisdechant vertrat; es wurde damals ausgemacht, daß der Dechant unter
der Androhung von kirchlichen Strafen den Rauchpfennig für das künftige
Jahr von den Plebanen ſeines Dechanates abverlangen und bis zum
nächſten hl. Veitsfeſte dem Kloſter 2 Sch. und 15 Gr. und andere 15 Gr.
als Reſt für das vergangene Jahr abführen ſoll; nach Ablauf der be=
ſtimmten Friſt kann der Abt ſelbſt durch irgend jemanden den Rauch=
pfennig ſammeln laſſen oder weiter ſich darüber mit dem Dechant einigen.[1]
Am 15. April 1402 ſchenkten die Erben des Heinrich Treutelin nämlich:
der geweſene Auſſiger Bürgermeiſter Vinzenz Schlichting im Vereine mit
ſeinen Schweſtern und einigen Frauen ſeiner Verwandtſchaft (Margarete
Brenner, Dorothea Frenlin, Magdalena, Witwe nach Henczlin, Marga=
rete, Gemahlin Hanczmanns und Dorothea, Ehegattin des Theodorich
von Karbiß) zu der hieſigen Stadtkirche — in Gegenwart des verſam=
melten Stadtrates — 3 Schock und 4½ Groſchen Jahreszins; dafür
ſollte der jeweilige Pfarrer mit den Klerikern der Schule (Chorknaben)
und mit ſeinen Kaplänen jährlich (am Feſte des hl. Georg und des
hl. Gallus) zwei feierliche, geſungene Seelenmeſſen mit Vigilien für
Heinrich Treutelin und deſſen genannten Erben abhalten und an jedem
Jahresgedächtnistage anderthalb Pfund Wachs für die Kerzen um die
Bahre und für die Opferkerzen liefern; ſtirbt jemand in den erwähnten
Familien, ſo iſt der Pfarrer verpflichtet den Sterbefall unentgeltlich in die
Sterbematriken einzutragen; ſollten dieſe geſtellten Bedingungen von
einem Pfarrer nicht eingehalten werden, dann können die Stifter oder
ihre Erben den obigen Jahreszins nach ihrem Willen verwenden.[2]
Am 17. März 1406 bekennt der Auſſiger Pfarrer Wenzel — vor
dem erzbiſch. Konſiſtorium ſtehend — daß er für ſeine Kirche in Auſſig
von der Frau Margarete, Witwe nach dem Prager Bürger Peßlin
Sſichofer, einige Sachen (wie: 2 Federbetten, 3 Bettpolſter und einige
Kiſten mit anderen Sachen) erhalten habe; dieſe Legate befanden ſich
beim Thomas und bei der Jungfrau Wraczka (Bratislava) in ihrer
Wohnung auf dem Prager Uſeſt (in der Nähe des hl. Prokop) in Auf=
bewahrung, aber der Ritter Peter von „Brziezniez" (Schönprieſen), der

1) F. Tadra, Soudní akta IV, 53.
2) Dr. Horčička-Hiele, Urkundenbuch der Stadt Auſſig, S. 62, 64, 65, 66, 68.

eigene Bruder der erwähnten Margarete, hielt dieselben (Sachen) zurück (arrestaverat); deshalb versprach nun der Pfarrer Wenzel für sich und seine Nachfolger die erwähnten Personen — Thomas und Wratislawa — sowie den Kreuzherrenkonvent der hl. Maria am Fuße der Prager Brücke schadlos zu halten, wenn sie der Herr Peter oder ein anderer in dessen Namen bezüglich dieser Sachen gerichtlich belangen sollte. Zur selben Zeit hatte der Pfarrer Wenzel einen Streit mit seinem Altaristen vom hl. Kreuzaltare Martin Quistula; beide Parteien wählten am 22. März 1406 Heinrich, den königlichen Kaplan und den Konsistorial-Vertreter Moritz Machuta zu ihren Schiedsrichtern und verpflichteten sich in der Form eines Kompromisses sich deren Schiedsspruche zu unterwerfen und zwar unter der Strafe von 50 Sch. Groschen, von welcher Summe die eine Hälfte der friedlichen Partei und die andere der erzbisch. Kanzlei zufallen sollte. Es handelte sich damals um einige, innerhalb einer bestimmten Zeit vernachlässigte hl. Messen und beide Schiedsrichter entschieden nun am 24. März 1406 in folgender Weise: der Pfarrer Wenzel soll den Dienst beim Kreuzaltare stiftungsgemäß einschließlich bis zum nächsten hl. Georgitage versehen und darauf hat der Altarist Martin dies zu tun; ferner bleibt der Altarist Martin in allem dem Pfarrer unterordnet, bezahlt demselben Pleban für die vernachlässigten hl. Messen innerhalb der Oktav des nächsten hl. Georgifestes 3$\frac{1}{2}$ Schock Gr. und kauft für seinen Kreuzaltar bis zum St. Gallitage $\frac{1}{2}$ Sch. Zins; dieser Vertrag wurde von beiden Parteien angenommen und vom Konsistorium bestätigt. Am 24. April 1406 war der Aussiger Pleban von der Marienkirche Exekutor bei der Besetzung der Seesitzer Pfarre; im selben Jahre (in der Zeit zwischen Juni und September 1406) erteilte K. Wenzel dem Aussiger Pfarrer Wenzel und dem Altaristen vom Maria-Heimsuchungsaltare, namens Paul, die Bewilligung, 13 Sch. Jahreszins und zwar 5 Sch. zum Nutzen des jeweiligen Pfarrers und 8 Sch. zur Errichtung des Dreifaltigkeitsaltars — auf irgend welchen Gütern zu kaufen und in die Landtafel einzutragen. Am 26. Juli 1406 gab der Pleban Wenzel einen ungarischen Gulden und 12 Gr. dem Kleriker Johann, genannt Anka von Wolina, damit er ihm zwei Verrichtungen bei der römischen Kurie besorge und verspricht demselben in Gegenwart des Prager Konsistoriums nach der Vollendung dieser Verrichtungen noch 12 Gr. zu geben. Im Streite um die Pfarre in Tmain bei Beraun führt Mathias »de Milewsko« am 5. Juli 1406 unter anderen auch den Aussiger Pleban Wenzel als seinen Zeugen an und am selben Tage ist derselbe Pleban

als Zeuge jener Verhandlung, nach welcher der Pfarrer Heinrich
in Dobromieřiß mit dem St. Anna-Kloster bei Laun den Frieden
schloß und der Launer Fleischer Heinrich dasselbe (Kloster) nicht mehr
zu belästigen versprach; der Dobromieřißer Pfarrer übertrug zugleich sein
ganzes Recht auf 20 Sch., welche ihm die Äbtissin mit dem Konvente
schulde und für welche Summe der Richter Hana und der Fleischer
Heinrich, beide von Laun, als Bürgen stehen, auf den Aussiger Pleban
Wenzel, damit er sich dieses Geld vom gen. Kloster mit allen Rechts-
mitteln einfordere und darüber quittiere. Kurz darauf (zwischen Oktober
und Dezember 1406) war wieder der Aussiger Pleban Wenzel vor dem
Prager Konsistorium als Vertreter des Müllers Nikolaus, welcher die
Aussiger Bielamühle gekauft und den darauf für den hl. Kreuzaltar
haftenden Zins von $7^{1}/_{2}$ Sch. übernommen hat.[1]

Wie im vergangenen Jahre, so treffen wir den Pfarrer Wenzel
auch im nächsten Jahre 1407 meistens beim erzbisch. Konsistorium in Prag;
schon am 2. Jänner 1407 steht er als Zeuge dessen, daß die Nimburger
Bürger Stephan und Johann dem Altaristen Nikolaus bei St. Barbara
in Böhm. Brod 5 Sch. Gr. von ihrer Schuld abgezahlt haben. Als
Friedrich (Bedricus), Pleban von Schwaden, die Aussiger Gemeinde beim
erzb. Konsistorium wegen eines Raubes verklagte und zur Schlichtung
dieses Streites Magister Laurenz am 4. Feber 1407 als Schiedsrichter
aufgestellt wurde, verpflichteten sich beide Parteien den gefällten Schieds-
spruch unter der Strafe von 50 Sch. Gr. anzunehmen; unter den dabei
anwesenden Zeugen werden der Aussiger Gemeinde-Notar Nikolaus von
Bora mit dem Pfarrer Wenzel angeführt; diese strittige Angelegenheit
wurde bereits am 7. Feber 1407 ausgetragen und demnach mußte die
Aussiger Stadtgemeinde dem Schwadner Pfarrer für den zugefügten
Schaden 8 Sch. Gr. in zwei Raten zu Händen des Aussiger Dechants
auszahlen. Am 23. Feber 1407 war Wenzel, Pleban in Usk, wieder als
Zeuge dabei, wie Heinrich, Pleban von Dobromieřiß und Kaspar, genannt Gableneß von Laun, mit einander den Frieden geschlossen haben
und am 29. April 1407 ist er wiederum als Zeuge bei der Gerichtsverhandlung zwischen dem Schreiber Andreas von Jermericz und dem
Pfarrer Andreas in Welenka.[2]

---

1) Emler, Libri confirm. VI, 179, Reliq. tab. II, 27; Dr. Horčička-Hiele,
Urkundenbuch der Stadt Aussig, 76, 77; Tadra, Soudní akta V, 74, 77,
81, 86, 168, 182, 183, 184, 261.

2) Ferd. Tadra, Soudní akta kons. praž. V, 304, 337, 341, 361, 428.

Weil der Pfarrer Wenzel sich stets in Prag beim Konsistorium aufhielt und seinen Pflichten als Benefiziat in Aussig nicht nachkommen konnte, bestellte er für sich einen Vertreter in der Person des Sakristans und Presbyters Nikolaus, von der Prager Teinkirche; dieser versprach nun am 7. Juli 1407, daß er mit allen Einkünften und Nutzungen der Kirche in „Vsk" nur den Pleban Wenzel und keinen anderen berück= sichtigen (respicere) und für das laufende Jahr den Pachtzins (pensam) von 30 Sch. Gr. in 2 Raten (15 Sch. zu Galli und 15 Sch. zu St. Georgi) für die Verwaltung der erwähnten Kirche in der erzb. Kanzlei ohne jeden Widerspruch unter der Strafe der Exkommunikation abführen will; Nikolaus kam aber dieser Verpflichtung nicht nach und als ihm der Generalvikar Johann Kbel am 4. Oktober 1407 befahl, dem Pfarrer Wenzel die schuldige Summe für seine Verwaltung auszuzahlen und in der erzb. Kanzlei zu deponieren, gab er zur Antwort: der zeitweilige Herr von der Kammer (sic! welcher? dominus temporalis de camera) habe die Weisung erteilt, er solle demselben (Pleban) den Pacht nicht geben (ne eidem daret...). Am 5. Juli 1407 ist Wenzel, Pleban in „Ust", Zeuge der Gerichtsverhandlung zwischen dem Vorsänger (precentor) Wenzel bei St. Maria in der Prager Veitskirche und dem Kapitel von Kremsier und am 22. Juli desf. J. sehen wir ihn wieder als Schieds= richter jener drei Launer Bürger, welche wegen einiger Güter in Laun mit Erasmus, Kleriker von Obernitz, einen Prozeß hatten. Am 2. August 1407 bekannte Wenzel Portulan, Sakristan (tumbarius) bei St. Wenzel in der Prager Kirche, in Gegenwart des Aussiger Plebans Wenzel und des Čéč (Czecz0) von Kosteletz, daß sein Oheim Heinrich von Wiklitz, seßhaft in Lhota, der Anna, Gemahlin des gen. Czecz, an Heiratsgut 50 Sch. schuldet; weil aber dieser seine Schuld von seinen Gütern nicht bezahlen kann, übernimmt sie Wenzel auf sich, gibt dem Pfarrer Wenzel und Čéč sofort 10 Sch. und verpflichtet sich den Restbetrag ratenweise per 10 Sch. (immer zu Georgi und zu Galli) den Genannten abzuzahlen. Am 15. September desf. J. ist Wenzel wiederum als Zeuge bei der Verhandlung zwischen dem Klattauer Altaristen Johann und dem Advo= katen Johann Sarazenus anwesend. Weil der Pleban Wenzel selbst einen Streit mit Martin Mikanda, Pfarrer in Albrechtitz, hatte, bestimmte er den Pleban Jakob von Rositz (Rossicz) zu seinem Schiedsrichter, während sein Gegner durch Slawko, Prokurator des Prager Konsistoriums, ver= treten war; beide Schiedsrichter konnten sich aber in ihrem Urteile nicht einigen und deshalb legten sie am 24. September 1407 ihr Amt in die

Hände des Oberschiedsrichters und Generalvikars Johann Kbel nieder; dieser Prozeß war noch am 29. Oktober 1407 unentschieden und Mikanda sollte am selben Tage seine Artikel vorbringen und am nächsten Freitage beweisen. Am 8. Oktober 1407 bekannte der Ritter (armiger) Nikolaus von Dobkowitz, Bruder des Johann gen. Larwa, vor dem Prager Konsistorium, daß er dem Aussiger Pleban Wenzel einen Jahreszins (3 Sch. und 6 Groschen) von einigen Untertanen um 30 Sch. verkauft habe und zwar: in Dobkowitz vom Moritz 20 Gr., vom Wenzel Kutschera 47 Gr., vom Zelud (Žalud) 1 Sch. mit 8 Gr., im Dorfe Kletschen (Kletinczna) vom Martin 20 Gr. und vom Johann 31 Gr.; der Verkäufer versprach gemeinschaftlich mit dem anwesenden Johann Mleczko von Libochowan die Ablösung, sowie die Intabulierung dieses Zinses unter Androhung der kirchlichen Strafen durchzuführen; den Untertan Zelud, welcher etwas Geld dem Johann von Krzemusch in Wohontsch (Ohnyßczt) schuldet, will er 14 Tage nach dem nächsten Gallitage frei und bezahlt machen. — Am 12. und 14. Oktober 1407 und am 7. Jänner 1408 wird der Aussiger Pleban Wenzel wieder als Zeuge bei den Gerichtsverhandlungen vor dem Prager Konsistorium angeführt. Am 4. November 1407 hatte Johann, Presbyter von Welessin (wegen eines Pachtzinses), einen Streit mit Wenzel, genannt Peczenka, Pleban in „Vsk", darunter ist aber durchaus nicht unser Aussiger Pleban, sondern der Pleban von „Ústí an der Lužnitz" zu verstehen.[1]

Am 1. Jänner 1408 bekannten Johann von Wartenberg, Herr auf Tetschen, mit seinem ältesten Sohne Siegmund mittelst einer tschechischen Urkunde in Gegenwart einiger Zeugen, im größeren Speisesaale des Tetschner Schlosses, daß sie an den Aussiger Pfarrer Wenzel von Blahotitz und dessen Nachfolger 5 Schock Jahreszins und zwar an den zur Burg Warta gehörigen Dörfern Waltirsche, Wittine und Budowe — das Herrschaftsrecht (dominium) über dieselben ausgenommen — um 50 Sch. Gr. verkauft haben; sie bedingten dabei aus, diesen Zins auf andere ihrer Güter nötigenfalls verlegen zu können und bevollmächtigten ihren Tetschner Notar Nikolaus von Bzdonitz (Vzdonicz) vor dem erzb. Konsistorium dieselbe Erklärung abzugeben und die Verbücherung dieses Kaufaktes zu besorgen. Der Tetschner Herrschaftsschreiber kam dieser Sendung am 9. Jänner 1408 vor dem Prager Konsistorium nach und dabei erklärte der Pfarrer Wenzel, daß er diesen erwähnten

---

1) F. Tadra, Soudní akta VI, 29, 34, 42, 47, 78, 82, 105, 100, 103, 104, 115, 164, 116, 229.

Jahreszins aus der Stiftung von 50 Sch. Gr. seitens des Herrn Martin
von Kycz (auf Schönpriesen) und dessen Sohnes Peter und ihrer Ge=
mahlinnen, sowie der Tochter Margarete, für die Aussiger Marienkirche
gekauft und sich zu folgendem verpflichtet habe: 1. es soll von einem
der Kapläne die erste Messe, welche in der Pfarrkirche täglich von
Altersher gehalten wird, am Maria=Empfängnisaltare zelebriert und
dabei der genannten Stifter gedacht werden; 2. an den einzelnen Qua=
temberzeiten im Jahre soll der jeweilige Pfarrer für ewige Zeiten ein
Jahresgedächtnis besorgen, wobei an Samstagen abends eine Vigilie
mit drei Lesungen vom Rektor und Klerikern der Schule und morgens
(crastino) eine gesungene Messe für die Verstorbenen und 6 andere
hl. Messen für die Verstorbenen von den Kaplänen gehalten werden;
3. nach der Abhaltung dieser Jahresgedächtnismessen (Anniversarien) soll
der Pfarrer jene 7 Priester beim Frühstück speisen und für jedes Anni=
versarium den 3 Kaplänen der Stadtkirche, den anderen 4 Priestern, dem
Schulleiter, sowie dem Glöckner und für die Opferung je einen Groschen,
den Armen vor der Kirchentür und den Schulknaben je $\frac{1}{2}$ Groschen auf
Brot und ein Pfund Wachs für die Altar= und Opferkerzen geben und
zwar unter der Strafe von $\frac{1}{4}$ Sch. (unius fertonis) zu Händen des
gen. Peter Kycz oder dessen Nachfolger, damit sie es zu einem anderen,
frommen Zwecke bei der Stadtkirche verwenden. — Der Notar Nikolaus
versprach zugleich, daß sein Herr Janko von Tetschen den geschlossenen
Kaufvertrag vor dem öffentlichen Notar bestätigen und auch wegen der
Leute, von denen der Jahreszins abverlangt werden soll, Ordnung
machen wird; dem Pfarrer will er auch innerhalb 6 Tagen nach der
erfolgten Mahnung $\frac{1}{4}$ Sch., welchen Betrag derselbe rücksichtlich dieser Ver=
handlungen für Johann von Tetschen angewiesen hatte, unter der Strafe der
Exkommunikation zurückgeben. In der Tat bestätigte Johann von Warten=
berg den Ankauf dieses Jahreszinses nochmals am 29. November 1408
in seinem Tetschner Schlosse in Gegenwart des kaiserlichen Notars
Stephan von Turzeniß, Diepold von Lungwitz und anderer Personen;
diese Stiftung gab später im J. 1540 einen Anlaß zum Streite zwischen
dem damaligen Aussiger Pfarrer Nikolaus und dem Herrschaftsbesitzer
Hans von Salhausen.[1]
    Als der Aussiger Stadtschreiber und Schulleiter Johann starb, hat
seine Witwe Agnes den Kirchenvätern bei der Marienkirche einen von

---

1) Dr. Horčička=Hieke, Urkundenbuch der Stadt Aussig, 81—87; F. Tadra,
Soudní akta kons. praž. VI, 165.

den Mühlen der Stadt zu erhebenden Jahreszins von 40 Gr. überwiesen und dafür sollten die Schüler „der Aussiger Schulen" mit einem
Priester an jedem Samstage zu Ehren Mariens das »Salve Regina«
singen. Diese Stiftung vermehrte nun der Pfarrer Wenzel von Blahotitz
am 9. Jänner 1408 um einen Jahreszins von 77 Groschen, den er
beim Johann, gen. Mleczko, einem Sohne des Johann von Libochowan,
im Dorfe Sebusein (und zwar an den dortigen Gütern und an dem
Untertan Johann, gen. Haslich 13 Gr. und für die Robotten 3 Gr.)
mit vollem Besitzrechte gekauft und bezahlt hatte; dafür sollte täglich
in seiner Kirche das »Salve Regina« oder ein anderer der Jahreszeit
entsprechender Marien-Antiphon gesungen werden; ferner bestimmte der
Pfarrer Wenzel, vor dem Generalvikar Johann Abel stehend, daß nach
dem Willen der Stifterin Agnes von den 40 Gr., welche die Kirchenväter zu erheben haben, dem Schulleiter 20 Gr., den Kaplänen der Kirche,
welche ein Versikel mit Kollekta (Gebet) singen, 14 Gr. und den Glöck-
nern für ihre Arbeit 6 Gr. gegeben werden sollen; für das übrige Geld
77 Gr. soll am Tage der hl. Felix und Adauktus für die Vorfahren
des Pfarrers Wenzel und schließlich für ihn selbst ein Jahresgedächtnis
mit Glockengeläute und einer Vigilie mit 9 Lesungen am Vorabende
und 6 anderen hl. Messen — wie es bei den Anniversarien üblich ist —
abgehalten werden; der jeweilige Pfarrer muß am Tage des Jahres-
gedächtnisses seine Kapläne und 4 andere Priester und 7 Arme auf seine
Kosten mit einem Frühstücke bewirten, jedem Priester, dem Schulleiter
und dem Glöckner je einen Groschen, den erwähnten Armen aber je
2 Heller geben, sowie auch 1 Pfund Wachs für die Kerzen bei den
Vigilien und bei den hl. Messen besorgen; für den Fall, daß der Antiphon oder das Anniversarium aus Nachlässigkeit nicht abgehalten werden
sollte, muß der Pfarrer für den Antiphon einen Groschen und für das
versäumte Jahresgedächtnis 20 Gr. zu Händen der Stadträte oder der
Kirchenväter für das Wachs zahlen.[1])

Am 5. März 1408 bekannte der Schulleiter bei St. Michael in
Prag, daß er vom Wenzel, Pleban in „Vsk", durch Johann von Duba
3 Sch. mit 10 Gr. bekommen habe.[2]) Am 11. Jänner 1409 erfahren
wir plötzlich, daß der Pleban Wenzel, nachdem er 12 Jahre der Aussiger

---

1) Dr. Horčička-Hieke, Urkundenbuch der Stadt Aussig 84; Balbin, Vol. erect.
VIII, 138.
2) Ferd. Tadra, Soudní akta konsist. praž. VI, 200.

Marienkirche vorgestanden, seine Pfründe mit dem Mag. Nikolaus Gurim, dem Dechant des Kollegiatskapitels bei St. Stephan in Leitmeritz, mit königl. Einwilligung vertauscht habe: die hussitisch-nationale Bewegung, die damals schon langsam ins Rollen kam, mag ihn zu diesem Schritte genötigt haben; wir treffen ihn noch einmal am 28. November 1413, wo er vor der Landtafel das Recht des Aussiger Altaristen Gregor vom hl. Dreifaltigkeitsaltare verteidigt, aber schon kurze Zeit darauf, im J. 1414, hören wir von seinem Tode.[1]

Der neue Aussiger Pleban Nikolaus Gurim wurde in sein Amt von seinem Nachbarn Martin von Kralowitz, Pleban in Seesitz, eingeführt; er war von Kourim (Gurim) gebürtig, seiner Zeit Vikar des Propstes in Wyschehrad. und darauf Pleban in Kruth (Ober-Kruty bei Kourim) gewesen, welch letztere Stelle er am 19. Mai 1400 mit Proczko, dem Dechant des Leitmeritzer Kollegiat-Kapitels bei St. Stephan, vertauscht hatte. Am 19. März 1409 bekannte der Fleischhauer Nikolaus vor dem Aussiger Stadtrate, daß er seine Fleischbank dem Pfarrer Nikolaus Gurim und dessen Nachfolgern um 4 Sch. Pr. Gr. verkauft habe und am 28. Mai desf. Jahres 1409 erklärte der hiesige Pfarrer vor dem General= vikar Johann Kbel, daß Johann Brenner von Aussig, Altarist bei der Pfarrkirche in Tetschen und der Herr Peter Czelak, Leitmeritzer Bürger, zum Heile ihrer und ihrer Verwandten Seelen (des Vaters Jakob Brenner, der Mutter Elisabeth, Johanns Brüder Konrad und Peter, des Ticzko Prazak, dessen Gemahlin Margarete und ihres Sohnes Johann, sowie des Vaters Nikolaus Czelak, der Mutter Elisabeth und Anna, Gemahlin des Nikolaus Czelak) je eine Fleischbank in Aussig gekauft, bezahlt und der Aussiger Marienkirche geschenkt haben; dafür sollten jährlich zwei gesungene Anniversarien am Tage des hl. Augustinus und am Feste Christi-Himmelfahrt mit einer Vigilie von 3 Lesungen am Vorabende und mit anderen 6 Messen abgehalten und Kerzen von einem Pfund Wachs angezündet werden; den zelebrierenden Priestern, dem Schulleiter, dem Glöckner, sowie den Armen vor der Kirchentür und den Schulknaben soll der jeweilige Pfarrer je einen Groschen und ebensoviel für die Opferung an jedem Anniversarium spenden; der Pfarrer Nikolaus ver= pflichtete sich zugleich in seinem und seiner Nachfolger Namen dies alles stiftungsgemäß unter der Androhung von kirchlichen Strafen zu halten.[2]

---

1) Dr. Emler, Reliq. tabul. regni B. I, 103; Emler, Lib. conf. VI, 256, 21; Frind, Kirchengeschichte Böhmens III, 202.

2) Dr. Horčička-Hieke, Urkundenbuch der Stadt Aussig 87, 88.

Noch am 30. Jänner 1410 fungierte der Pfarrer Nikolaus Gurim als Exekutor bei der Besetzung der St. Adalbertspfarre in Aussig, aber schon am 22. Mai 1411 tauschte er mit Dietmar, Pfarrer in Kmetnowes (Kmetynawes), welche Pfarre dem Doxaner Kloster gehörte; dort verblieb er bis Ende Juni 1418. Der neue Pleban Dietmar (Dytmar) war seiner Zeit seit 8. Jänner 1409 Pfarrer in Wšetat gewesen, aber auch in Aussig gefiel es ihm gar nicht lange und er tauschte wieder diese seine Stelle bereits am 28. August 1413 mit Peter, Pfarrer in Krzessin (Křesin bei Libochowitz); in beiden Fällen führte Johann, der Pfarrer von der Aussiger Adalbertskirche, seine Nachbaren in ihr Amt ein. Der Pfarrer Peter war ein Zittauer (de Zittauia), Presbyter der Prager Diözese und erst seit 28. Juni 1412 Pfarrer in Krzesin; am 30. August 1415 fungierte er als Exekutor bei der Besetzung der Stelle beim Maria-Heimsuchungs-Altare durch den Altaristen Johann und denselben Dienst erwies der Pleban von der Marienkirche dem Aussiger Prediger Johann von Blathna (Ploden bei Saaz), als dieser am 3. Juni 1422 zum Pleban in Mukov bei Bilin ernannt wurde. Noch bei der Besetzung der Pfarre in Teplitz am 13. Oktober 1422 und in Pröblitz am 9. Mai 1423 wird ein Aussiger Pleban als Exekutor erwähnt, aber darunter ist der Pleban Peter nicht mehr gemeint — denn er verließ schon vor dieser Zeit die Stadt Aussig, um seinem Nachfolger bei der Marienkirche Heinrich von Warnstorff (Warnsdorf), Platz zu machen. Der neue Pleban hatte am 20. Oktober 1421 irgend einen Prozeß mit dem hiesigen Kreuzherren-Hospitale und dem Raudnitzer Presbyter Peter Lupus und präsentierte am 18. August 1425 gemeinschaftlich mit den Aussiger Stadträten und Schössen für die erledigte Altaristenstelle beim Maria-Heimsuchungsaltare den Priester (Presbyter) Gregor (gewes. Altaristen vom hl. Dreifaltigkeits-altare); zugleich übernahm der Pleban Heinrich mit dem Sakristan Nikolaus Taufelt vor dem Konsistorium in Prag die Verpflichtung, 102 Gr. für die Konfirmationsurkunde Gregors binnen 8 Tagen zu bezahlen, und in der Tat erlegte er darauf 5 rhein. Gulden mit 2 Gr.[1])

Unterdessen traten in Böhmen in jeder Beziehung recht traurige Verhältnisse ein; mit dem Tode des K. Karl IV. war auch die Glanz-periode der Kirche in Böhmen zu Grabe getragen; die reich begüterte und sehr einflußreiche Geistlichkeit, welcher durch die Unmasse von Stiftun-gen fast ein Drittel des ganzen Königreiches gehörte, erweckte überall nur

---

1) Emler, Lib. confirm. VII, 25, 60, 92, 265, 256, 171, VIII—IX, 17, 114, 23, 38, 104, X, 200; Ferd. Tadra, Soudní akta konsist. praž. VII, 1.

Neid und Haß; hat ja selbst der unwürdige Sohn seines Vaters
K. Wenzel IV. kein Hehl aus seiner Abneigung gegen die Kirche gemacht;
es bedurfte nur eines Führers, welcher die Unzufriedenen an sich riß und
ein solcher fand sich bald in der Person des Mag. Johann Hus. Nicht
bloß eine kirchliche, sondern vor allem auch eine nationale, gegen das
mächtige Deutschtum gerichtete Bewegung machte sich schon bei seinem
Auftreten bemerkbar, und als er vom Konzil zu Konstanz wegen seiner
Irrlehre zum offenkundigen Ketzer erklärt, dem weltlichen Arme übergeben,
die ihm noch im letzten Augenblicke gebotene Gnade abweisend, am Samstage
nach dem h. Prokop 6. Juli 1415 auf einem Scheiterhaufen verbrannt
wurde, brach die längst unter dem tschechischen Volke glimmende Aufregung in hellen Flammen aus. Am 16. August 1419 machte ein
Schlagfluß dem Leben K. Wenzels ein jähes Ende und nun waren alle
Bande der Ordnung und Zucht gelöst; es galt alles zu vernichten, was
dem Kelche der Utraquisten (welche unterdessen die Laienkommunion
unter beiden Gestalten, als ein besonderes Kennzeichen ihrer Scheidung
von der Kirche aufgestellt haben) nicht gewogen war. Der neue Thron-
erbe K. Sigismund war der gefährlichen Lage nicht gewachsen; unklug
genug ließ er am 15. März 1420 in Breslau den Prager Kaufmann
Johann Kráſa, weil sich derselbe in seinen Reden als Hussite bekannte,
zuerst durch die Straßen schleifen und dann auf einem Scheiterhaufen
verbrennen; zwei Tage darauf befahl er einen allgemeinen Kreuzzug
gegen die ketzerischen Böhmen von allen Kanzeln herab zu verkünden.
Nun war keine Gnade mehr zu hoffen und die Hussiten rüsteten sich
sofort zum Kampfe der Verzweiflung, denn ihr Feind war mächtig und
aus allen Gauen Deutschlands, aus Polen, England, Frankreich und
selbst aus Spanien strömten die beutesüchtigen Krieger unter die Fahne
Sigmunds herbei. Die ersten zwei Kreuzzüge waren aber von dem gefürchteten Taboritenführer Johann Žižka in einigen Schlachten blutig
zurückgeschlagen und nun stand der hussitischen Wut nichts im Wege;
wohl haben sich die Brüxer tapfer gehalten und am 5. August 1421
mit Hilfe der Meißner einen Sieg über den schonungslosen Feind aus-
gefochten, dadurch war aber die Aufmerksamkeit desselben gegen den
Norden Böhmens gerichtet. Hier war bis jetzt alles ruhig gewesen, aber
K. Sigmund wollte sich die Treue Friedrich des Streitbaren, Kurfürsten von Meißen, sichern und verschrieb ihm deshalb am 15. April
1423 die Städte Aussig und Brüx; die Meißner begnügten sich natürlich
mit diesen zwei Städten nicht, bald waren alle Ortschaften, Städte,

Dörfer und Burgen der Umgebung in ihren Händen und sie richteten sich hier ganz heimisch ein; dies sollte furchtbar gerächt werden!

In Aussig hatte unterdessen die hussitische Partei einen Anhang gefunden und ihr bereits erwähnter Prediger (predicator Bohemorum) Johann, ein Sohn des Florian von Ploden (bei Saaz) wird im J. 1426 ausdrücklich genannt; sie bemächtigte sich jedoch nur der hl. Adalberts= kirche in der hiesigen Vorstadt, während die Marienkirche den Katholiken blieb. Beide Kirchen standen nun unter dem Patronate des Markgrafen Friedrich und dieser gab auch am 25. September 1425 seine Einwilligung dazu, als der Altarist Johann Frawlob vom St. Andreasaltare mit dem Pfarrer Bartholomäus bei der h. Adalbertskirche tauschte. Der Pfarrer bei der Marienkirche Heinrich von Warnsdorf fungierte damals als Exekutor und präsentierte noch am 11. Jänner 1426 den Altaristen Johann von Heinwald zum h. Dreifaltigkeitsaltare; aber schon nahte das Unglück über die Stadt.

Am 18. Oktober 1425 haben die beiden hussitischen Parteien der Waisen (Žižkas) und der Taboriten in Wožitz einen Frieden mitein= ander geschlossen und nun wandten sich ihre Streitkräfte gleich nach dem Neujahrsfeste gegen den Norden. Bereits am 28. Jänner 1426 baten die meißnischen Hauptleute in Aussig Dittrich Pack und Kaspar Rechenberg den Vogt von Meißen um eine Verstärkung; Kurfürst Friedrich I. forderte nun den Rat von Leipzig auf, 40 Schützen und 10 Handbüchsen nach Aussig abzusenden, aber weil dieser Befehl nicht genug schnell ausgeführt wurde und die Waisen sich bereits bei Laun sammelten, mußten die Aussiger Hauptleute ihre Bitte um die Absendung eines Hilfsheeres — anfangs Feber — noch einmal wiederholen; die Kur= fürstin Katharina sollte zugleich mit einer Mannschaft, so stark als mög= lich, gegen Pirna aufbrechen und dort weitere Nachrichten abwarten. Die Leipziger wurden nun abermals von der Kurfürstin an den ihnen bereits erteilten Befehl erinnert, aber sie scheinen es trotzdem nicht sehr eilig gehabt zu haben, denn noch am 8. April mußte der Vogt von Meißen Hans von der Gaue den gegebenen Auftrag von neuem wiederholen und der Kurfürst selbst trug dem saumseligen Rate am 13. April auf, die mit dem Hin= und Herziehen der Hilfstruppen verbundenen Unkosten zu vermeiden und noch 18 Schützen nach Pirna zu stellen. Anstatt dessen verlangten aber die Leipziger das bereits gesandte, ihnen gehörige Kriegs= materiale zurück und, als solche Aufforderung rundweg abgeschlagen werden mußte, wiederholte die Kurfürstin am 24. April 1426 dem Leipziger

2*

Rate den Befehl ihres Gatten wegen der noch rückständigen Schützen noch einmal. Die Hussiten nahten sich unterdessen von zwei Seiten der Stadt Aussig; Johann Rohač von Duba, welcher am 6. Mai die Stadt Weißwasser und am 19. Mai die Stadt Böhm.-Leipa eingenommen und zerstört hatte, verband sich mit Prokop dem Kahlen und rückte über Doxan und Trebnitz gegen Teplitz vor, während ein anderer Hussitenführer Jakoubek von Wřesowitz vor Ostern die Stadt Aussig zu stürmen begann; diese hielt sich tapfer, obschon auch die Prager unter Sigmund Korybut und bald darauf auch Rohač von Duba mit Prokop zu den Belagerern stießen. Während der Kurfürst Friedrich der Streitbare in der Ferne weilte und vom Reichstage in Nürnberg vergeblich Hilfe gegen die Hussiten erwartete, sammelte seine tapfere Gemahlin Katharina von allen Seiten die Truppen zum Entsatze der äußerst bedrohten Stadt, auf der großen Loberitzer Heide bei Freiburg und führte sie dann selbst bis an die böhmische Grenze. In drei Heersäulen bei Johnsdorf, Ossegg und Graupen überschritten nun die Meißner Sonnabend, am Tage des h. Veit, 15. Juni 1426 die dichten Waldungen des Erzgebirges, überall auf dem Wege — besonders in Teplitz — wie im Feindeslande plündernd und schädigend; schon am nächsten Tage 16. Juni kam es vor Aussig zur entscheidenden Schlacht. Der Kampf dauerte gar nicht lange und endete mit einer furchtbaren Niederlage der Deutschen; noch heute erinnert der Hügel „Pihaney" (recte »Běhání«, Bihana) zwischen den Dörfern Prödlitz und Herbitz, wo die Hussiten ihre Stellung innehatten, an die eilige Flucht, mit welcher die übrig Gebliebenen ihr Leben zu retten suchten. Das Schlachtfeld war mit Leichen besäet und darunter befanden sich auch viele Geistliche und zwar unter anderen: der gewesene Archidiakon von Leitmeritz Mathias von Biliu, damals Propst bei St. Ägid in Prag, der Prager Domherr Wenzel von Prag, der Melniker Domherr Paul, damals Pfarrer in Wysoka und der Prager Vikarist Peregrin.

Die meißnische Besatzung floh nach der Niederlage der Ihrigen aus der Stadt, deren sich die Hussiten in der Nacht zum 17. Juni ohne jede Mühe bemächtigt haben. Viele Einwohner wurden getötet, die Stadt geplündert und schließlich in Brand gesteckt, wobei auch beide Kirchen den Flammen zum Opfer fielen; nur ein Teil des Presbyteriums und der große, westliche Turm der Marienkirche haben Widerstand geleistet und sind übrig geblieben.[1]

1) Feistner, Die Stadt Aussig, S. 115—132; Dr. Horčička-Hieke, Urkundenbuch der Stadt Aussig, S. 96—101; Palacký, Dějiny nár. čes. III,

Wie das Innere der nun zerstörten, mit Freskomalerei einst ge=
schmückten Marienkirche aussah, zeigen heute noch nur einige, wenige
Spuren; die erhaltenen Namen der Altaristen geben die Zahl der dort
befindlichen Altäre mit 5 an und diese waren geweiht: 1. dem hl. Andreas,
2. Maria=Heimsuchung, 3. dem hl. Kreuze, 4. der allerheiligsten Drei=
faltigkeit und · 5. Maria=Empfängnis; im Turme selbst befand sich noch
eine Kapelle zu Ehren des hl. Michael.

1. Die erste Erwähnung des hl. Andreas-Altars befindet sich in der
Stiftung des Aussiger Pfarrers Mathias von Pirna (1373—1382).
K. Wenzel bestätigte diese Stiftung in Nürnberg am 1. August 1387
und gab darin bekannt, daß der gewesene Pfarrer von der Aussiger
Marienkirche Mathias zu seinen Lebzeiten 6 Sch. Pr. Gr. Jahreszins
auf den Dörfern Pokratitz, Michelsberg, Kundratitz und Tlutzen von
Heinrich von Kameik und dessen Gemahlin Anna gekauft, bezahlt und
zur Errichtung einer ewigen Messenstiftung bestimmt habe; zugleich ver=
ordnete der König, daß niemand den jeweiligen Kaplan oder dessen
Nachfolger im Genusse dieser Stiftung hindern oder verkürzen darf und
übergab das Patronatsrecht über die neue Kaplanai dem Aussiger Stadt=
rate. Der Prager Erzbischof Johann erteilte die kirchliche Bestätigung
dieser Stiftung erst am 4. Jänner 1389, wies den Jahreszins — den
Bitten der Aussiger Stadträte nachgebend — dem St. Andreas=Altare
in der Marienkirche zu und verpflichtete den jeweiligen Altaristen zu
zwei hl. Messen wöchentlich und dies unter der Strafe eines Groschen
für jede vernachlässigte hl. Messe zu Gunsten der Armen, die vor der
Kirchentür betteln. Als erster Altarist wird Paul de Cotulins (! wahr=
scheinlich Cotubus, Kotbus in Meißen) unter den Zeugen erwähnt, welche
am 9. November 1388 die vom Priester Paul Herbord errichtete Dotation
bei dem Heimsuchungsaltare zeichnen.

Am 20. Feber 1401 bezeugen der Richter, der Bürgermeister und
die Aussiger Stadträte, daß ihr Mitbürger Nikolaus Polepsch für den
hl. Andreasaltar in der Stadtkirche 2 Schock Zins in den Dörfern
Deutsch=Neudörfel und Raudney vom Herrn Wenzel Sowka von Klen
auf Pokau gekauft und die Untertanen aus diesen Dörfern (Nikolaus,
Hoffe, Michael und Johannes aus Neudörfel und Hanusch aus Raudney)
sich zur regelmäßigen Zahlung jenes Zinses verpflichtet haben. Noch
am selben Tage bestätigte der Aussiger Pfarrer Wenzel von Blahotitz

367; Dr. Hallwich, Töplitz 62; Frind, Kirchengeschichte Böhmens III,
127, 189.

mit dem Stadtrate die obige Schenkung und der jeweilige Kaplan Paul und seine Nachfolger werden darin verpflichtet: jährlich am Quatember= mittwoche im Frühjahre (in quatuor temporibus quadragesimae) zum Jahresgedächtnisse eine gesungene Seelenmesse mit Vigilien von 3 Lesungen (lectio) für das Seelenheil des Stifters Nikolaus Polepsch und seiner Verwandten unter der Strafe von 4 Groschen für andere hl. Messen oder für die armen Schulkinder zu lesen; von dem genannten Jahreszinse (welcher zu Georgi und Galli fällig ist) mußte der Altarist am Jahresgedächtnistage dem jeweiligen Pfarrer 2 Gr. und seinen 3 Kaplänen, dem Schulleiter, dem Glöckner und zur Opferung je einen Groschen und ein Pfund Wachs für die Kerzen abführen und darüber an jedem Samstage in der Woche eine hl. Messe zu Ehren der seligen Jungfrau und an jedem Montage eine hl. Seelenmesse für den Stifter und seine Angehörigen und dies unter der Strafe eines Groschen für jede versäumte hl. Messe lesen. Diese Stiftung wurde am 16. April 1401 den Erektionsbüchern beim erzb. Konsistorium einverleibt und scheint dieselbe zu sein, welche im August 1404 in der Landtafel ein= getragen ist; hier heißt es nur »Wenzel de Rynowa« (sic!) habe mit königlicher Bewilligung dem Aussiger Andreas Altare etwas verkauft; wir vermuten unter diesem Verkäufer »de Rynowa« den Pokauer Herrn Wenzel Sowka![1])

Seitdem erfahren wir von dem Andreas=Altare lange Zeit gar nichts, erst im J. 1425 wird er wieder erwähnt; damals tauschte nämlich der hiesige Altarist Johann Frawlob mit dem Pleban von der Aussiger Adalbertskirche Bartholomäus und dieser Tausch wurde am 25. September kanonisch bestätigt. Nach dem Tode des gen. Bartholomäus blieb das hies. Altars=Benefizium wegen der damaligen Unruhen und wegen der Verwüstung der Stadt einstweilen unbesetzt und als der Patron — der hiesige Stadtrat — die bestimmte Frist zur Besetzung nicht einhielt, überging das Präsentationsrecht nach der Verordnung des Laterner Konzils auf den Olmützer Bischof Johann (Železný), welcher vom Papst Martin V. am 18. März 1427 zum apostolischen Legaten in Böhmen, Ungarn und Deutschland ernannt wurde. Über dessen Vorschlag wurde zum Altaristen beim Aussiger Andreas=Altare der Kleriker Kasper, ein Sohn des Aussiger Bürgers Moritz, von den damaligen Administratoren des Prager Erzbistums (Johann von Kralowitz und Johann von Duba),

---

1) Dr. Horčička=Hiele, Urkundenbuch der Stadt Aussig, S. 51, 52, 53, 63, 64, 65, 66; Emler, Reliq. tab. II, 8.

in Zittau am 13. Juli 1427 bestätigt. Der neue Altarist übernahm am 3. Jänner 1428 als legitimer Prokurator, aus des Händen der Herren Administratoren die Konfirmationsurkunde für Martin Luticz (einen Priester von Bautzen aus der Meißner Diözese), welcher zum Kaplan bei St. Stephan in Leitmeritz ernannt wurde, er selbst aber wurde schon am 11. März 1428 zum Pfarrer in Bukol bei Rakonitz bestätigt. Noch in demselben Jahre am 20. Juni verzichtete Kasper als legitimer Vertreter im Namen des Klosterbruders Philip aus dem Kreuzherren- orden des hl. Augustin auf die Pfarstelle in Königsberg (bei Elbogen); am 21. November 1430 wurde der Klerifer Kasper wegen seiner Ver- dienste zum Altaristen bei den hl. Johann und Mathäus in der Prager Domkirche und am 28. April 1432 zum Pfarrer in Nebužel bei Melnik bestätigt, nachdem er auf seine Pfarre in Bukol verzichtet hatte; später finden wir wieder den Klerifer Kasper als öffentlichen Notar bei der erzbischöflichen Kanzlei in Prag (2. November 1434) und am 6. April 1435 weist er den Herren Administratoren des Prager Erzbistums eine Urkunde (datiert in Stolpen am Samstage »Sicientes« 1435) vor, in welcher der Weihbischof Augustin von Tholona als Vertreter des Meißner Bischofs Johann Hofmann von Schweidnitz bestätigt: daß er den Klerifer Kasper von Aussig zum Priester für die Pfarre in Nebužel geweiht habe; nachdem sich Kasper auch mit anderen von katholischen Bischöfen aus- gestellten Zeugnissen über die Rechtmäßigkeit seiner übrigen niederen und höheren Weihen ausgewiesen hatte, wurde ihm darüber von den Admini- stratoren die Bestätigung in einem ausgestellt und übergeben; zum letzten- male treffen wir ihn mit dem Aussiger Klerifer Johann am 11. Mai 1435 unter den Zeugen bei der Konfirmation des Nikolaus Schwarz von Nimburg zum Altaristen bei St. Prokop in der Prager Dom- kirche.[1])

2. Der erste, bekannte Altarist bei dem zweiten Altare Mariä- Heimsuchung wird der Stifter selbst, der Priester Paul, genannt, ein Sohn des hiesigen Bürgers Iyl Herbord. Dieser widmete nämlich am 9. November 1388 in Gegenwart des Erzbischofs Johann von Jenstein, vor dem Aussiger Pleban Benesch, dem Altaristen Paul von Rotbus vom Andreasaltare und anderer Zeugen im Hause des damaligen Bürger- meisters Johann Stoer, von seinem Weingarten, welcher neben dem Weingarten des Aussiger Bürgers Nikolaus Eberhard lag, 8. Sch. Zins.

1) Emler, Libri cont. IX, 106, 131, 137, 138, 140, 162, 178, X, 236, 246, 248; Frind, Kirchengeschichte Böhmens III, 318, IV, 432.

für einen Altaristen beim Mariä-Heimsuchungsaltare in der Stadtkirche,
damit dieser wöchentlich 4 hl. Messen und zwar jeden Montag eine hl.
Seelenmesse, Mittwoch und Donnerstag zu Ehren der hl. Dorothea und
und der hl. Patrone und Samstag zu Ehren Mariens, unter der Strafe
eines Groschen zu Händen der armen Schüler für jede vernachlässigte
Messe, lese; zugleich bedingte der Stifter, daß er die von ihm neuer-
richtete Kaplansstelle für die Zeit seines Lebens, von der erwähnten
hl. Messen-Verpflichtung frei, versehen kann, worauf nach seinem Tode
das Patronatsrecht dem hiesigen Stadtrate zufallen soll. Der Erzbischof
bestätigte diese Stiftung am 4. Jänner 1389 und verordnete, daß der
jeweilige Kaplan immer nur ein ordentlich geweihter Priester sein muß
und vertraute die Stiftung der Obsorge des Stadtrates an. — —
Montag am 31. Juli bekannte die Witwe Margarete Mazbotkin vor
dem Stadtrate stehend, daß sie ihr Haus, hinter dem Pfarrhause gelegen,
dem Priester Paul Herbord um 3 Schock Pr. Gr. verkauft habe und
dieser verschrieb es wieder im J. 1396 dem Maria-Heimsuchungsaltare
und dessen Altaristen. Am 7. März 1399 widmete der Altarist Paul
dem gen. Maria-Heimsuchungsaltare 5 Sch. jährlichen Zinses von einem
Hofe in Unter-Wiklitz, den er vom Heinrich Zubak auf Wiklitz und
dessen Söhnen Heinrich, Hanusch (gen. Noß) und Johann gekauft hatte;
dafür sollen zu allen Quatemberzeiten für das Seelenheil des Paulus
und seiner Vorfahren eine Vigilie, eine gesungene und 6 stille Messen
gehalten werden; von dieser Stiftung erhält der jeweilige Pfarer 5 Gr.,
die 3 Altaristen und 3 Kapläne der Aussiger Stadtkirche (für die Vigilie
und hl. Messen) je 2 Gr., die Glöckner 1 Gr., den Armen vor der
Kirchentür und Opferung soll je 1 Gr. und 1 Pfund Wachs gegeben
werden; diejenigen Kapläne und Altaristen, welche ohne wichtigen Grund
abwesend sind, sollen den Schülern und den Bettlern vor der Kichentür
ein Almosen spenden. König Wenzel IV. bestätigte am 20. April
1399 die vorerwähnten Schenkungen eines Weingartens, eines Hauses
und eines Bauplatzes in Aussig und 5 Sch. Zins in Wiklitz für den
Aussiger Mariä-Heimsuchungsaltar seitens des Altaristen Paul, welcher
zugleich das Recht haben soll seinen Nachfolger vorzuschlagen, späterhin
soll das Vorschlagsrecht dem jeweiligen Pfarrer und dem Stadtrate zustehen; am 24. April 1399 wurde diese königliche Bestätigungsurkunde
in die erzbischöflichen Erektionsbücher eingetragen. Am 17. Juni 1399
genehmigen der Pfarrer Wenzel von Blahotitz, der Bürgermeister und
der Aussiger Stadtrat dankbar die vorgenannte Stiftung und der Wein-

garten, das Haus und der Bauplatz, womit die Stiftung dotiert ist, werden von allen städtischen Abgaben befreit; das Präsentationsrecht sollen nach dem Tode des Paulus der Stadtpfarrer und der Stadtrat gemeinsam ausüben und zugleich beanspruchen sie das Recht einen un= würdigen Altaristen entfernen zu können. Der Generalvikar Nikolaus Puchnik bestätigte zwar am 20. November 1400 den Beschluß des Aussiger Stadtrates, reserviert aber das Recht behufs der Absetzung eines Altaristen einzig dem Prager Erzbischofe.

Der freigebige und jedenfalls reiche Altarist Paul Herbord kaufte am 15. April 1401 vier Sch. Gr. Zins von Hanusch auf Schöbritz und dessen Brüdern Dietrich und Udalrich in den Dörfern Schöbritz, Deutsch= Neudörfel, Schima, Troschig und Saara zur Dotierung des neu zu errichtenden Dreifaltigkeitsaltares in der Aussiger Stadtkirche. Diese später noch bedeutend vermehrte Stiftung wurde am 5. November 1406 von dem Generalvikar Adam von Nezetitz bestätigt, nachdem der Pfarrer Wenzel von Blahotitz und der Altarist Paul kurz vorher die königliche Bewilligung erhalten hatten, 13 Sch. Jahreszins an freien Gütern für Stiftungen zur Aussiger Stadtkirche und des zu errichtenden Drei= faltigkeitsaltars zu kaufen.[1]

Paul Herbord starb im J. 1407 und sein Haus fiel zur Hälfte den Altaristen beim hl. Dreifaltigkeitsaltare zu. Zu seinem Nachfolger bei dem verwaisten Altare präsentierte der Aussiger Pfarrer Wenzel von Blahotitz gemeinschaftlich mit dem Stadtrate den Altaristen Johann vom hiesigen Dreifaltigkeitsaltare; dieser erhielt am 12. Dezember 1407 die kanonische Bestätigung und wurde von dem Schöbritzer Pleban installiert. Der neue Benefiziat bestimmte am 16. Oktober 1409 vor dem Prager Konsistorium, daß ein Weingarten, den er aus seinem Vermögen um 13½ Sch. Gr. von dem Aussiger Bürger Johann Krawar gekauft hatte, nach seinem und seiner Schwester Elisabeth (Johann Dronts Witwe) Tode, dem Aussiger Dreifaltigkeitsaltare mit allen Rechten zu= fallen soll. Als Johann starb, präsentierte der hiesige Stadtpfarrer Heinrich von Warnsdorf gemeinschaftlich mit dem Bürgermeister und dem ganzen Stadtrate den Presbyter Gregor für die erledigte Stelle. Der neue Altarist war ein Aussiger Kind, seit 1407 als Messeleser beim hiesigen Dreifaltigkeitsaltare angestellt, wurde für das neue Benefizium am

---

1) Emler, Libri confirm. IV, 455, 501, 505; Dr. Horčička=Hieke, Urkunden= buch der Stadt Aussig, S. 54, 55, 56, 60, 65, 76, 77.

8. August 1425 konfirmiert und vom Pfarrer bei St. Adalbert in der Aussiger Vorstadt installiert. Für seine Konfirmationsurkunde haben der Pfarrer Heinrich und Nikolaus Taufelt, Sakristan von der Aussiger Marienkirche, zugesagt, innerhalb 8 Tagen 102 Gr. zu zahlen und in der Tat, hat auch der gen. Pfarrer Heinrich 5 Gulden rhein. und 2 Gr. erlegt. Nach der Bihanaer Katastrophe mußte sich Gregor nach einer anderen Stelle umsehen und er erhielt über die Präsentation des Ritters Johann von Kozojed, gen. Paskan, am 7. April 1427 die Konfirmation für die Pfarrkirche in Leukersdorf mit der Filialkirche in Spansdorf. Noch im J. 1438 am 15. Juli wird Gregor als Altarist beim Mariä-Heimsuchungsaltare unter den Kirchenvätern der Aussiger Marienkirche erwähnt.[1])

3. Schon im Jahre 1392 wurde um die Errichtung eines neuen Altars in der Aussiger Stadtkirche vor dem Prager Konsistorium verhandelt, es mußten sich aber dabei einige Hindernisse ergeben haben, denn Mittwoch, am 5. Juni desselben Jahres wurde der nächste Freitag als eine Frist zur Erforschung jener stichhaltigen Gründe festgesetzt, warum dieser Altar nicht errichtet werden soll (erigi non debeat); diese Frist wurde am 28. Juni zur Duplik verschoben, als aber noch am 7. Oktober d. J. außer einem Zeugen niemand mehr der erzbisch. Vorladung Folge geleistet hatte, wurden die Abwesenden mit den Kirchenstrafen bedroht; am 2. und 4. Dezember wurde über die strittige Angelegenheit wieder verhandelt und am 9. Dezember wurden die diesbezüglichen Zeugenaussagen publiziert; am 23. Dezember wurde der Partei des Aussiger Bürgers Eberhard ein Termin zur Replik für den ersten Gerichtstag nach Weihnachten anberaumt und wiederum auf den nächsten Mittwoch 15. Jänner 1393 verschoben; am 17. Jänner trat Magister Konrad als Verteidiger des Eberhard auf und am 23. August 1393 wurde demselben von dem Generalvikar Nikolaus Puchnik eine dreimonatliche Frist zur Einbringung einer Appellation an den päpstlichen Stuhl bewilligt.[2])

Nun hören wir gar nichts mehr von der ganzen Sache, aber sicher ist nur das, daß im Laufe der folgenden Jahre noch mehrere Altäre in der Aussiger Marienkirche errichtet wurden. Als dritter in der Reihe kommt der Altar des hl. Kreuzes unter dem königlichen Patronate.

---

1) Emler, Libri conf. VI, 233, IX, 104, 111, 127, X, 200; Dr. Horčička-Siefe, Urkundenbuch der Stadt Aussig, S. 104.
2) Tadra, Soudní akta kons. praž. III, 48, 58, 91, 101, 102, 105, 108, 112, 113, 148.

Wir hören von ihm zum erstenmale am 9. Juni, Samstag nach dem hl. Fronleichnamsfeste 1398. Damals verpflichtete sich der Altarist Andreas in Gegenwart des Aussiger Pfarrers Wenzel von Blahotitz für alle Zukunft bei dem gen. Altare wöchentlich 4 hl. Messen (jeden Freitag, Samstag, Sonntag und Montag) und zwar dies unmittelbar nach der ersten hl. Frühmesse zu lesen oder lesen zu lassen; für jede versäumte hl. Messe soll zur Strafe ein Groschen entrichtet werden, zugleich ver- spricht er dem Pleban den schuldigen Gehorsam zu leisten und bei sämtlichen Andachtsübungen (Messen, Vespern und Prozessionen) aus- zuhelfen. Worin diese erwähnte Stiftung bestand, erfahren wir erst am 11. April 1399; damals wurde von dem Prager Generalvikar Nikolaus Puchnik auf Grund eines richterlichen Schiedsspruches die Erklärung ab- gegeben, daß der Altarist Andreas und seine Nachfolger von der Frau Katharina, einer Tochter des Aussiger Bürgers Heinrich Munker (nun Gemahlin des Bürgers Heinrich) und zwar von ihrer an der Biela gelegenen Mühle 5 Sch. jährlichen Zinses — halb zu Georgi und halb zu Galli — zu beziehen haben, falls nicht die Schiedsrichter nachträglich eine höhere Zinspflichtigkeit erkennen sollten; dieser Zins kann jedoch auch auf andere, gleichwertige Güter übertragen werden. Der erwähnte Altarist Andreas scheint identisch mit jenem Aussiger Priester Andreas zu sein, welcher seit 1. Oktober 1382 gemeinschaftlich mit seinen 3 Schwestern von dem Doppitzer Hofe lebenslänglich den Nutzgenuß von 1 Sch. Gr. jährlich bezog. Als er starb, wurde zu seinem Nachfolger beim hl. Kreuzes- altare Martin de Quiscula oder Quistula, Pleban in Rzebrzik (im Berauner Kreise), von K. Wenzel IV. vorgeschlagen und am 3. März 1400 bestätigt. In seiner Gegenwart bekannte der bereits erwähnte Bürger Heinrich vor dem Prager Konsistorium am 18. Jänner 1404, daß er die an der Biela gelegene Mühle seiner Gemahlin Katharina Munker an seinen Mitbürger Andreas von Gleynitz verkauft habe; während die Güter des Verkäufers und seine bei der „tiefen Furt" ge- legenen Felder von jeder Abgabe an den Kreuzaltar befreit werden sollen, übernahm der Käufer die bestehende Verpflichtung, an die Altaristen beim genannten Altare den üblichen Jahreszins von 7 Sch. Gr. halbjährig von seinen Gütern (nämlich: von der Mühle, seinem Hause und einer Baustelle vor dem Bogenschützen, die einst dem Nikolaus Puchel gehört hatte) zu entrichten. Als später Andreas von Gleynitz die Biela-Mühle an den Müller Nikolaus wieder verkaufte, übernahm derselbe zugleich die Zahlung des darauf haftenden Zinses von 7$\frac{1}{2}$ Sch. Gr. und bestellte

c. 10. November 1406 zur Ordnung dieser Angelegenheit beim erzbisch. Konsistorium zu seinem Vertreter den Aussiger Stadtpfarrer Wenzel. Weil dieser Zins noch 2 Jahre früher nur 7 Sch. betragen hatte, mußte das erwähnte $\frac{1}{2}$ Sch. innerhalb dieser Zeit angekauft worden sein und in der Tat finden wir in den erzbisch. Gerichtsakten vom c. 17. März 1406 die Bemerkung, daß der Altarist Quistula, Pfarrer in Řebřik, unter der Strafe der Exkommunikation versprochen habe, 5 Sch. zum Ankaufe eines Jahreszinses von $\frac{1}{2}$ Sch. für den Aussiger Kreuzaltar in der Konsistorialkanzlei zu deponieren; er sollte sich mit einer Bestätigung darüber innerhalb 8 Tagen ausweisen. Die Ursache davon scheint folgende zu sein; der Altarist Martin vernachlässigte es nämlich durch eine Zeit einige Stiftungsmessen zu persolvieren und darüber geriet er in Streit mit seinem Aussiger Pleban Wenzel, wobei es nicht bei sanften Worten geblieben sein mag; beide Parteien wählten in ihren Zwistigkeiten (displicentiis, controversiis actionibus realibus et verbalibus) den königlichen Kaplan Heinrich und den Konsistorialprokurator Moritz Machuta am 22. März 1406 zu ihren Schiedsrichtern und verpflichteten sich unter der Strafe von 50 Sch. Gr. (halb zu Gunsten der Gegenpartei und halb zu Gunsten der erzb. Kammer) dem Schiedsgerichtsspruche zu gehorchen. Am 24. März 1406 wurde — wie wir bereits an anderer Stelle gehört haben — das Urteil gefällt und der Altarist Martin unter anderem zum Ankaufe jenes Jahreszinses von $\frac{1}{2}$ Sch. (bis zum nächsten Gallifeste) verurteilt.[1]

4. Der fromme Stifter des Maria Heimsuchungs-Altars Paul Herbord stiftete in der Aussiger Marienkirche noch einen neuen Altar zu Ehren der allerheiligsten Dreifaltigkeit, indem er zu dessen Errichtung einen Jahreszins von 4 Sch. bestimmt hatte. Diesen Zins kaufte Paul von den Gebrüdern Hans, Dietrich und Udalrich auf Schöbritz laut dem Bekenntnisse Hansens vom 15. April 1401 vor dem erzb. Generalvikar Nik. Puchnik, auf ihren Gütern in Schöbritz, D. Neudörfel, Schima (Žym), Troschig (Straško) und Saara (Žahor). Die gen. Stiftung wurde bald darauf um einen neuen Kauf vermehrt, denn der erzb. General-vikar Adam von Nežetitz bestätigt am 5. November 1406 die Errichtung des neuen Dreifaltigkeitsaltares in Aussig und gibt dabei die Erklärung ab, daß der Aussiger Altarist Paul vom Maria Heimsuchungs-Altare mit

---

1) Emler, Libri conf. VI, 18; Fr. Bernau, Studien und Materialien, S. 122; Ferd. Tadra, Soudní akta kons. praž. III, 357, V, 81, 86; Dr. Horčička-Hiete, Urkundenbuch der Stadt Aussig, S. 56, 58, 70, 76.

Hilfe der Gläubigen einen Jahreszins von 8 Sch. 16. Gr. zusammen=
gebracht und für den neuen Dreifaltigkeitsaltar mit der — in Žebrak
eingeholten — Einwilligung des Königs Wenzel und des Plebans
Wenzel von Blahotitz von den Brüdern Hans, Dietrich und Udalrich
auf Schöbritz und Michaletz von Oken und Nutschnitz gekauft und ihnen
bezahlt habe und zwar: in Schöbritz, D. Neudörfel, Schima, Troschig
und Saara 4 Sch. und auf sechs Bauernhöfen, welche Peter, Wanio
(Wáňa), Peschek, Mika, die Witwe Anna und Krzižan im Dorfe Nutschnitz
halten, 4 Sch. und 16 Gr.; zugleich wurden die genannten Ritter unter
der Androhung von kirchl. Strafen verpflichtet, den gewidmeten Jahres=
zins zu St. Wenzel und Martin auf ihre Kosten dem jetzigen Altaristen
und Priester Johann, so wie dessen Nachfolgern ohne alle Schwierig=
keiten und Hindernisse zu verabfolgen, es wird aber ihnen gestattet,
diesen Zins auf ihre anderweitigen Güter übertragen zu dürfen. Dazu
widmete der freigebige Stifter nach seinem Tode dem Altaristen Johann
und dessen Nachfolgern die Hälfte seines Hauses, welches er vergrößert
und für die Altaristen vom M. Heimsuchungsaltare bestimmt hatte.
Laut dieser Stiftung mußten die Altaristen des neuen Altars wöchentlich
4 hl. Messen und zwar die erste jeden Sonntag zu Ehren der hl. Drei=
faltigkeit, die zweite jeden Montag für die armen Seelen, die dritte zu
Ehren der Engel in der hl. Michael=Kapelle im Turme und die vierte
Samstag zu Ehren Mariens lesen; ferner werden sie zur Personal=
Residenz gebunden, so daß in dem Falle, wenn einer durch einen ganzen
Monat abwesend wäre, derselbe schon dadurch ohne jeden Widerspruch
seines Benefiziums verlustig wird und die Patrone einen neuen geeigneten
Altaristen ernennen sollen; am Tage Maria=Empfängnis sollte der Altarist
selbst oder der Pleban eine gesungene hl. Messe zelebrieren und daneben
noch 6 hl. Messen von anderen Priestern lesen lassen; am selben Tage
erhält der Pleban 5 Gr., seine 3 Kapläne je 2 Gr., die übrigen Altaristen,
welche die vorgeschriebenen hl. Messen gelesen haben, je 1 Gr., die Mini=
stranten bekommen ½ Gr., der Lichtelmann (succentor) 2 Gr., die
Schulgehilfen 1 Gr., unter die kleinen Schulknaben sollen 18 Gr. per
1 Heller, den Kalkanten ½ Gr. und den Armen vor der Kirchentür je
1 Heller (im ganzen 1 Gr. 18 Heller) verabfolgt werden; der Schul=
leiter bekommt 20 Gr. für den „schönen Antiphon", welcher täglich von
den Klerikern (Chorknaben) unmittelbar nach den Vespern gesungen und
wobei ein Vikar des Plebans ein Versikel mit einem Gebete für die
Wohltäter und Stifter des Altars lesen soll. Für jeden hl. Bonifaziustag

wurde ein Jahresgedächtnis mit einer gesungenen hl. Seelenmesse, einer Vigilie von 3 Lektionen und daneben noch mit anderen 3 hl. Messen verordnet; an diesem Tage gebühren dem Pleban wiederum 2 Gr., den Kaplänen für die hl. Messen, dem Glöckner je 1 Gr. und dem Schulleiter für die Vigilien und gesungene hl. Messe 2 Gr.; für jede versäumte Messe soll der Altarist immer 1 Gr. dem Pleban für eine andere hl. Messe oder zu irgend einem frommen Zwecke abführen. Das Patronats= recht hat sich der Stifter Paul für seine Lebenszeit ausbedungen, worauf es dem jeweiligen Aussiger Pleban zufallen solle; diesem gegenüber sind auch die Altaristen zum schuldigen Gehorsam gebunden und mit Chor= hemd (superpelliceum) gekleidet, sollen sie an den Festtagen bei den Vespern sowie Prozessionen erscheinen. Am 29. April 1407 wurde dem Ritter Michael von Nutschnitz der Auftrag erteilt, an den nächsten Qua= tembertagen den genannten Jahreszins auf seine Kosten in die Landtafel eintragen zu lassen.[1)]

Als der Altarist Johann die mit dem Tode des Paul Herbord erledigte Stelle beim M. Heimsuchungsaltare am 12. Dezember 1407 erlangt hatte, wurde zu seinem Nachfolger bei dem hl. Dreifaltigkeits= altare vom Pleban Wenzel von Blahotitz der Aussiger Kleriker Gregor ernannt, welcher auch am 23. Dezember 1407 bestätigt wurde. Am 16. Oktober 1409 bestimmte der frühere Altarist Johann, seines und seiner Verwandten Seelenheiles eingedenk, daß der Weingarten, welchen er aus seinen Ersparnissen von dem Aussiger Johann Krawar um 13 1/2 Sch. gekauft hatte, nach seinem und seiner Schwester Elisabeth (Johann Droyts Witwe) Tode mit allen Rechten dem Aussiger Drei= faltigkeitsaltare zufallen soll. Dienstag vor St. Andreas am 28. November 1413 erhob der Altarist Gregor durch seinen Vertreter Wenzel von Blahotitz, früheren Pleban in Aussig, nun aber Dechant des Kollegiat= Kapitels bei St. Stephan in Leitmeritz, Einspruch gegen die vom Land= rechte bewilligte Einführung des Henslin von Kuterschitz in den Besitz der — dem Johann von Schöbritz gepfändeten — Dörfer Schöbritz, D. Neudörfel, Tillisch, Kamitz, Saara und Troschig, da er auf diesem Besitze 4 Schock Zins (wie uns bekannt, seit 15. April 1401) verschrieben habe und Hensil erkannte auch diese Zinsforderung an. Am 18. August 1425 ging der Altarist Gregor nach dem Tode des Altaristen Johann zum M. Heimsuchungsaltare und für seine Stelle beim hl. Dreifaltigkeits=

1) Dr. Horčička=Biele, Urkundenbuch der Stadt Aussig, S. 65, 76, 77; Emler, Reg. tabul. II, 29; Tadra, Soudní akta V, 427.

altare schlug nun der Pleban Heinrich von Warnsdorf seinen Verwandten, den Kleriker Johann vor, einen Sohn des Johann von Heynwald; am 11. Jänner **1426** erfolgte die kanonische Bestätigung und der neue Altarist wurde von dem Aussiger Pleban bei St. Adalbert in sein Amt **eingeführt**. Als aber die Stadt Aussig noch im selben Jahre am 17. Juni von den Hussiten eingeäschert wurde und einige Altäre in der hiesigen Marienkirche zu Grunde gingen, wurde Johann von Heynwald, anders „Warnsdorf" genannt, Altarist beim Maria-Empfängnis-Altare, und hier starb er im J. 1429.[1])

5. Außer dem Altare zu Ehren Marien-Heimsuchung wird noch ein Altar zu Ehren Mariä-Empfängnis in der Aussiger Marienkirche erwähnt. Dieser stand unter dem Patronate des Aussiger Stadtrates und der Dienst bei demselben wurde gewöhnlich von den städtischen Kaplänen versehen. Die erste Nachricht von diesem Altare bringt uns die Dotation der Prießnitzer (Schönpriesener) Herren Martin von Kycz und dessen Kinder Peter und Margarete, dann der Frau Ludmila (Martins Witwe) und der Gemahlin Peters; der damalige Pfarrer Wenzel von Blahotitz kaufte für die ihm von den gen. Stiftern geschenkten 50 Sch. Gr. am 1. Jänner 1408 einen Jahreszins von 5 Sch. auf den Gütern des Johann von Wartenberg auf Tetschen und dessen Sohnes Siegmund und übernahm zugleich am 9. Jänner 1408 die Verpflichtung: daß einer von seinen Kaplänen die erste hl. Messe, welche in der Aussiger Marienkirche seit alters her (ab antiquo est consueta) täglich gelesen wird, am Altare der Mariä Empfängnis zelebrieren und dabei im „Kanon" der gen. Wohltäter gedenken soll. Als erster, uns bekannter Altarist war hier ein gewisser Paul, nach dessen Tode der Aussiger Bürgermeister Niklas Piecz mit dem Stadtrate, den Johann (ad altare S. Mariae) in Vorschlag brachte, worauf am 30. August 1415 die kanonische Bestätigung erfolgte. Diesem Johann folgte später Johann von Warnsdorf und nach dessen Tode wurde für die erledigte Stelle vom Pleban Heinrich von Warnsdorf der Kleriker Balthasar von Raden (in Sachsen) ernannt, am 5. April 1429 kanonisch bestätigt und wegen der damaligen Un-sicherheit in die Stadt Aussig zu gelangen (tutus accessus non patet **in Vsk**) von Konrad, Pleban in Heinwald (bei Zittau), eingeführt. Jedoch kurz darauf verzichtete Balthasar durch seinen Vertreter Nikolaus Niger (Schwarz) von Prag auf seinen Altaristenposten in Aussig und

---

1) Emler, Libri confirm. VI, 233, 234, IX, 104, 111, 148; Emler, Reliq. tab. I, 103; Dr. Horčička-Hieke, Urkundenbuch der Stadt Aussig, S. 88.

über die abermalige Präsentation des Aussiger Plebans Heinrich von Warnsdorf kam daher am 28. April 1429 Paul, Sohn des Rudolf von Leipa, (im J. 1423) gewesener Pfarrer in Pródlitz; als Exekutor fungierte- diesesmal der Pfarrer von Struppen (in Sachsen).[1]

6. Im Turme der alten Stadtkirche in Aussig befand sich auch eine Kapelle mit dem Altare zu Ehren des hl. Erzengels Michael; daselbst wurde von dem jeweiligen Altaristen bei dem hl. Dreifaltigkeitsaltare auf Grund der Stiftung des Priesters Paul Herbord vom 5. November 1406 wöchentlich eine hl. Messe zu Ehren der hl. Engel gelesen.[2]

Das Lebküchnerhandwerk in Krummau im 17. Jahrhunderte.

Von

Anton Mörath.

Die Fürstin-Witwe Anna Maria zu Eggenberg, Herzogin zu Krummau, eine geborne Markgräfin zu Brandenburg-Bayreuth, hat als Vormünderin ihrer minderjährigen Söhne Johann Christian und Johann Seyfriedt d. d. Schloß Krummau den 19. Juli 1652 dem Bäckenhandwerk in der Stadt Krummau eine neue Zunftordnung verliehen.[3]

Im 13. Artikel dieser Ordnung wird auch erwähnt, daß seit unvordenklichen Zeiten in Krummau, wie es überhaupt aller Orten im Königreiche Böhmen Brauch ist, auch die Lebzelter in diese Ordnung inkorporiert gewesen sind. Es möge nun dabei verbleiben nur mit dem Unterschiede, daß derjenige, der Meister des Lebzelterhandwerks werden wolle, statt eines „Meisterschuß", wie er von den Bäckern verlangt werde, „nach der Lebzelter-Manier solches probiere, wie es ihm das Handwerk anzeigen wird und wie es Brauch ist".

Im 14. Artikel wird nun den Lebzeltern gestattet, daß sie in der Stadt Krummau und in der ganzen Herrschaft „ohne eintrag vnd hindernuß anderer Leith von außwendig orthen her", ihre Waren „Lebzelten,

---

1) Dr. Horčička-Hiele, Urkundenbuch der Stadt Aussig, S. 84; Emler, Libri conf. VII, 171, IX, 148, 149, 38.

2) Dr. Horčička-Hiele, Urkundenbuch der Stadt Aussig, S. 78.

3) Das Original dieser Zunftordnung befindet sich im Stadtarchive in Krummau.

Krummauer Lebkuchenform vom Jahre 1645.

Krummauer Lebkuchenform vom Jahre 1645.

Figur III.

Krummauer Lebkuchenform vom Jahre 1651.

Figur IV.

Krummauer Lebkuchenform vom Jahre 1656.

gezogene Waxarbeit vndt Medt, so zu ihrer handtirung gebräuchig ist", verkaufen dürfen.

In dem Zunftprivilegium, welches einst Peter Wok von Rosenberg am 1. Jänner 1595 den Krummauer Bäcken erteilt hat,[1] ist von den Lebzeltern noch keine Rede. Doch gab es schon im ersten Viertel des 17. Jahrhunderts einen Lebküchner in Krummau.

Wir lesen in dem im Jahre 1577 aufgerichteten Meistermanuale der Krummauer Bäckerzunft, daß am Pfingstmontage 1617 der Lebzelter Jakob Prunner seinen Sohn Ulrich Prunner vor dem ganzen Handwerk der Bäcker aufgenommen und freigesprochen habe.[2] In den Jahren 1635—1645 finden wir in den Zunftakten einen Hans Schubart und in den Jahren 1635—1654 einen Mathias Minich=berger als Lebzeltermeister.

Am 3. Juni 1651[3] fordert „Dietrich von Germersheimb zu Bzy, Swozna und Härpersdorf der Röm. Kays. vnd Königlichen Mayestät auch fürstlich Eggenbergscher Rath, Oberhauptmann des Herzogthumbs Crumaw vnd der inkorporierten fürstlich Eggenbergschen Herrschaften in Böhmen und Österreich die Bürgermeister, Räte, Stadt= und Marktrichter der Herrschaft Krummau auf, den Mitbürger und Lebzelter der befreiten Bergstadt Böhmisch=Crumaw Georg Sün, „ohoe er mit seinen wahren irgendt in ihre Stadt vnd Markht auf einigen Johrmarkht oder Kirchtag ankhomen möchte vnd sail haben wollte, Jhme dasselbe zu vergunstigen, auch vor menniglichen zu schützen."

Georg Sün (er wird in den Akten auch „Sin" geschrieben) ist, wie aus einer Eingabe der Krummauer Bäckerzunft vom 2. Oktober 1666 hervorgeht, aus Österreich in Krummau eingewandert. Er wäre gerne der einzige Lebzelter in Krummau geblieben und zwang den David Kirch=berger aus Linz,[4] welcher sich auch als „ehrlich erlernter" Lebzelter in Krummau gerne niedergelassen hätte, am 6. Jänner 1666 auf die Aus=übung des Lebzelterhandwerks in Krummau zu verzichten. Trotz dieses erzwungenen Verzichtes wurde aber vom Fürsten Johann Christian zu Eggenberg, Herzog zu Krummau, zufolge Erlasses d. d. Wien, den

---

1) Das Original befindet sich im Stadtarchive in Krummau.
2) Fürstlich Schwarzenbergsches Herrschaftsarchiv in Krummau. Seine Durch= laucht Herr Erbprinz Johann zu Schwarzenberg gestattete dem Verfasser die Benützung dieses Archivs, wofür ehrerbietigst gedankt wird (I, 5 A Z, 32 d.).
3) Krummauer Herrschaftsarchiv (I, 5 A Z, 33 d.).
4) Krummauer Herrschaftsarchiv (I, 5 A Z, 32 d.).

1. März 1667 dem Lebzelter David Kirchberger in Krummau doch gestattet „nicht allein des burgerrechtes, sondern auch seines erlernten Leb-
zelterhandwerkhs gleich anderen ehrlichen Meistern zu genießen".

Aus den Zunftakten ersehen wir, daß in der Zeit von 1705—1712
ein Gregor Hager, aus Böhmisch-Reichenau stammend, das Lebzelterhandwerk
ausübte.[1]) Er war mit seiner Familie und Magd deutscher Nationalität
und bewohnte das in der Rathausgasse befindliche Haus Nr. 56 alt
und Nr. 27 neu, welches schon im Jahre 1532 einem „Lukesch Bäck"
gehört hatte[2]) und in welchem sich heute noch eine aus alten Zeiten
stammende Lebzelterwerkstatt befindet.

Am 9. April 1712 dispensierte die Eggenbergsche Hofkanzlei den
Lebzeltergesellen Adam Schwalb, von Schlackenwerth gebürtig, welcher die
Tochter Luzie des Lebzeltermeisters Gregor Hager heiraten wollte,
von einem Jahre Gesellenarbeit. In diesem einst Hagerschen und jetzt
Petziwalschen Hause in der Rathausgasse haben sich eine Reihe aus
Birnholz geschnittener Lebkuchenformen aus dem 17. Jahrhunderte erhalten.
Dieselben wurden wahrscheinlich einst von den Lebzeltern selbst ange-
fertigt.[3])

Eine dieser Formen zeigt das Wappen der Reichsstadt Nürnberg.
Mehrere tragen Jahreszahlen. Einige derselben ließen wir vom hiesigen
Bildhauer Otto Ratz in Gips abgießen und dann photographieren.

Auf den 2 größten Formen, welche 39·4 cm hoch und 16·7 cm
breit sind, sind ein Edelmann und eine Edeldame dargestellt. Zu Füßen
des Edelmannes (Figur I) sieht man einen kleinen Hund, das Monogramm und die Jahreszahl 1645 und zu Füßen der Edeldame die
Buchstaben H L P und die Jahreszahl 1645 (Figur II).

Eine Form, einen Falkonier darstellend, trägt die Jahreszahl 1651
und ist 21·5 cm hoch und 9 cm breit (Figur III). Die Jahreszahl 1651
befindet sich auf einer Form, einen Edelmann zu Pferde und darunter
einen Hund darstellend. Dieselbe ist 26 cm hoch und 17·5 cm breit.

---

1) Siehe die Beschreibung der Bürger und Inwohner von Krummau vom
   12. November 1710 in „Dr. Büchses Volkszählungen der Stadt Krummauer
   Bevölkerung in den Jahren 1653 und 1710 (Seite 63 des 4. Jahrgangs
   unserer Vereinsmitteilungen).
2) Chronik des Nikolaus Urban von Urbanstädt im Stadtarchive in
   Krummau (pag. 125—126).
3) Siehe den Aufsatz: Schlesische Lebzeltformen auf Seite 1—3 des
   V. Jahrgangs der Zeitschrift für österreichische Volkskunde. Wien 1899.

Das auf derselben befindliche Monogramm macht es wahrscheinlich, daß diese Form vom Lebkuchner Georg Sün angefertigt worden ist. Sehr schön ist auch eine runde Form, deren Durchmesser 22 cm beträgt (Figur IV). Dieselbe ist mit Herzen und Rosen ausgeschmückt und zeigt in der Mitte die Monogramme M und MP, sowie die Jahres= zahl 1656.

Diese Formen, welche schon sehr vom Holzwurme zerfressen sind und aus denen man noch im 19. Jahrhunderte Lebkuchen gepreßt hat, welche von der Landbevölkerung mit Vorliebe zu Patengeschenken ver= wendet wurden, hat nun kürzlich der Lebzelter Herr Rudolf Petziwal dem städtischen Museum in Krummau geschenkt, wo deren sorgfältige Erhaltung als interessante volkskundliche Objekte nunmehr für alle Zukunft gesichert ist.

Schließlich wollen wir bloß noch erwähnen, daß es schon im 17. Jahrhunderte zwischen den Budweiser und Krummauer Lebzeltern wegen des Feilhaltens ihrer Waren gelegentlich von Wallfahrten und Kirchweihen im Herzogtume Krummau fortwährend Zwistigkeiten gab.

In einem Vergleiche, der in Krummau am 4. Jänner 1712 ab= geschlossen wurde,[1] gestattete man den Budweiser Lebzeltern nur, daß sie im Wallfahrtsorte Gojau im Monate Juli, an jenen Tagen, an welchen die Budweiser Prozession eintrifft, Wachs aber keine Lebzelten feil= halten dürfen.

Der Aufschwung des Zuckerbäckergewerbes und der Kerzenfabrikation brachten es mit sich, daß das Lebzelterhandwerk in Krummau im 19. Jahr= hundert nur mehr eine sehr bescheidene Rolle gespielt hat.

---

1) Krummauer Herrschaftsarchiv (I, 5 A Z, Nr. 60).

Zum Besitzwechsel böhmischer Güter im Dreißigjährigen Kriege.

Von

S. Gorge.

Bei der Behandlung des Besitzwechsels böhmischer Güter im Dreißig=
jährigen Kriege kommen zunächst solche f r i e d l ä n d i s ch e, bisher nicht
behandelte Lehengüter in Betracht, welche Wallenstein erkauft oder durch
die friedländische Konfiskationskommission erworben, jedoch wieder außer=
halb seines Fürstentums an andere erbeigentümlich vergeben und ver=
kauft hatte. Dabei wurden Akten des Wiener Hoffammer=(gemeinsamen
Finanz=)Archivs stets im Hinblick auf Th. Bileks „Beiträge zur Geschichte
Waldsteins." (Prag, 1886) herangezogen.

Das Gut A d e r s b a ch, das nach der Katastrophe von Eger
Generalwachtmeister Jakob de Arlin Freiherr von Bureval als „Gnaden=
rekompens" erhielt (Bilek, l. c., S. 197; Gorge, „Das friedländische
Konfiskationswesen," Bielitzer Gymnasialprogramm, 1899, S. 43), war
nach Abraham Bohdanecky von Hodkow konfisziert und per 27.500
Schock meißnisch (1 ℔ m. = $1^1/_6$ fl. rheinisch) taxiert an Albrecht von
Waldstein den 21. Jänner 1623 um 27.500 fl. verkauft, nach erfolgter
kaiserlicher Ratifikation aber um 30.287 fl. so überlassen worden, daß
von dem Kaufschilling nach Bezahlung der Schulden $1/_5$ in das königliche
Rentamt und $4/_5$ dem Bohdanecky abgeführt werden sollten (Bilek, 92).
Dies sei aber, heißt es weiter, nicht geschehen und Adersbach mit anderen
Gütern wie Neustadt vom Friedländer der Maria Magdalena Trčka
in Tausch für andere Güter abgetreten worden.

Betrachten wir unsere Quellen, so wird im „Böhmischen Konfis=
kationsprotokoll" (Lit. D, Nr. 185, I. Teil, S. 11) die Verkaufssumme
nur mit 27.530 fl. angegeben und zum Schlusse bemerkt, daß nach
Bezahlung der liquidierten Schulden das übrige ins Rentamt abzuführen
war. Diese Schlußbemerkungen fehlen aber in der Wiederholung der
Angaben über dieses Gut (ebdf., 272). Rieggers „Materialien zur alten
und neuen Statistik Böhmens" haben (Heft VI, S. 141) als Ver=
kaufssumme 27.530 ℔, das wären 32.118 fl. 40 kr. Von Quellen

haben die „Herrſchaftsakten" (Faszikel W, sub Waldiß) und der „Lehen=
faszikel 1623" als Verkaufsſumme nur ·27.530·fl. Dagegen haben der
an anderer Stelle gewürdigte Bericht des Hoffämmer=Dieners Chriſtoph
von Pappenberg ·(„Herrſchaftsakten", ·abgekürzt HA.; Fasz. B XVI 2;
3. Mai 1636) und Quellen gleicher Kategorie (HA. B XVI 2, 22. Jänner
1653 und L V 1 „Verzeichnis aller konfiszierten friedländiſchen Güter")
die mit Bileks Angaben ſtimmende Summe von 30.287 fl. 45 kr.

Bezüglich des Gutes Amſchelberg oder Koſſowahora heißt
es bei Bilek (99), daß Wojkow und ·Amſchelberg nach Wilhelm dem
Jüngeren von Řičan konfisziert, per 23.695 ℔ m. taxiert und 1622 dem
Albrecht von Waldſtein um 27.644 fl. verkauft und von dieſem wieder
1623 dem Sezyma von Wrtby um dieſelbe Summe überlaſſen wurden. —
Abgeſehen von der letzten Mitteilung, die in den uns vorliegenden Akten
fehlt, hat das „Konfiskationsprotokoll" (I, 237), daß der Kaiſer zur
Kaufſumme noch 7644 fl. 45 kr. zugeſchlagen habe und unter den Be=
dingungen: die Zahlung der liquidierten Schulden und die Abführung
des übrigen ins Rentamt, obgleich es vorher heißt, daß Řičan nur in
$1/_2$ fondemniert worden ſei, was auch Rieggers „Materialien" (VI, 142
und IX, 303), die ſonſt mit Bilek übereinſtimmen, haben. Das „Verzeichnis
aller konfiszierten friedländiſchen Güter" (HA. L V 1), hat 27.644 fl. 45 kr.
ohne Angabe, ob es Verkaufs= oder Taxſumme ſei.

Bezüglich Groß=Aujezd (Augezdecz der Akten) heißt es bei
Bilek (92), daß es mit den ·Dörfern Klein=Aujezd, Wſejann und Bra=
troniß nach der kondemnierten Chriſtine von Waldſtein geb. Nibſchitz
von Haltendorf konfisziert, 1623 um 20.548 fl. an Albrecht von Waldſtein
verkauft und von dieſem um dieſelbe Summe an Adam von Waldſtein
abgetreten wurde. — Die Zahlen, ſeien ſie nun in fl. oder ℔ (= 17.613 ℔)
gegeben, ſtimmen auch im „Konfiskationsprotokoll" (I, 272), welches aber
bemerkt, daß wie bei Adersbach ·keine Richtigkeit gemacht wurde, und
in „Pappenbergs Bericht" (HA. B XVI 2, 3. Mai 1636, Nr. 17),
während letzterer (Nr. 10) und andere Akten gleicher Kategorie (HA. B
XVI 2, 22. Jänner 1653) die Mitteilung haben, daß es an Adam von
Waldſtein abgetreten wurde. Das „Verzeichnis aller konfiszierten friedlän=
diſchen Güter" (HA. L V 1) hat 20.548 fl. 30 kr. ohne Angabe, ob es
Tax= oder Verkaufſumme ſei.

Bezüglich des Gutes Benitz (Beynicz der Akten, bei Bilek
Bennice) heißt es bei Bilek (93), daß es mit Nedwězi und zwei Teilen
der Stadt Beneſchau von Albrecht von Waldſtein 1623 nach dem ver=

urteilten Bohuslav Hodějowsky von Hodějow um 63.000 fl. gekauft und um diese Summe gleich darauf dem Paul Michna überlassen wurde. — Das „Konfiskationsprotokoll" (I, 102) stellt die Sache so dar: Hodějowsky wurde in ⅓ kondemniert, das Gut ursprünglich um 54.000 fl. verkauft, wozu aber der Kaiser 9000 fl. geschlagen habe. Andere Akten (HA. B XVI 1 und 2 sub Taxationen und sub 18. Feber 1637) haben die Taxe von 55.748 ℔ m. 5 gr. oder 64.539 fl. 5 kr. 3 ₰ mit Mobilien, den angeblichen Verkauf mit 54.000 fl., während Rieggers „Materialien" (VI, 145) erwähnen, daß Hodějowsky in ½ kondemniert worden sei und Wallenstein des Gut um 54.000 ℔ = 63.000 fl. an Paul Michna verkauft habe. Diese Zahl ohne Angabe, ob Tax= oder Verkaufssumme, hat auch das „Verzeichnis aller konfiszierten friedländischen Güter" (HA. L V 1). Die HA. L V 2 „Verzeichnis Michnascher Güter" haben 63.000 fl. als Kaufsumme.

Bezüglich Gabhorn und Neudek heißt es bei Bilek (97), daß sie nach den Brüdern Georg Wilhelm und Wolf Leonhard Colona von Fels wegen ihrer angeblichen Teilnahme am sächsischen Einfall von 1631 von der friedländischen Konfiskationskommission eingezogen wurden und Gabhorn 1632 dem Hofkriegsrat Gerhard von Questenberg verkauft und 1636 gegen Bezahlung der darauf haftenden Schulden und Forderungen erbeigentümlich überlassen wurde, dagegen Neudek 1633 dem Grafen Hermann Czernin von Chudenitz um 73.000 ℔ m. verkauft wurde und von der Kaufsumme die in Strafe verfallenen Anteile des Johann Georg und Wolf Leonhard Colona von Fels per 48.666 ℔ m. dem Friedländer ausgefolgt wurden. — Zunächst stimmen hier unsere Akten bezüglich Gabhorns (allgemeine Akten 23. Dezember 1635 und „Lehenfaszikel" 7. Mai 1636), wobei aber die letztgenannten auch Taxen haben, und zwar heißt es: im allgemeinen 36.408 fl. 40 kr., weil es aber wüst ist 33.708 fl. 40 kr. und, weil es aber überhaupt Usus sei, das Gut billiger zu kaufen, 30.000 fl. Bezüglich Neudeks haben wir auch im „Konfiskationsprotokoll" (I, 180) und in Rieggers „Materialien" (IX, 53) keine Taxe, doch heißt es in beiden, daß es der Anna Barbara Colonna von Fels konfisziert und Czernin vom Kaiser um 73.000 fl. verkauft wurde und daß davon dem Fiskus zwei Teile im Betrage von 48.666 fl. 46 kr. 4 ₰ zufielen. Diese sollten von den 100.000 ℔ m., welche Wallenstein der vorigen Gattin des Grafen Hermann Czernin, Anna Salome Harrant geb. von Hradisch, an dem Kaufschilling der 130.000 ℔ m. wegen des von ihr erkauften Gutes Petzka schuldig verblieben, abgezogen werden (allgemeine Akten 2. November 1636).

Bezüglich Konopischt (Hanfstengel) sagt Bilek (95), daß es mit zwei Teilen der Stadt Beneschau nach Bernhard Hodějowsky von Hodějow konfisziert und um 55.234 ℔ taxiert an Wallenstein um 65.600 fl. verkauft wurde, der es bald darauf um dieselbe Summe dem bereits erwähnten, aus der Münzläsion von 1622 ff., der Zeit des „langen Geldes", bekannten Paul Michna von Weizenau (Gindely-Tupetz, Geschichte der Gegenreformation in Böhmen, Leipzig, 1894, 330 ff.; Gorge, l. c., 49) überließ. — Von unseren Quellen hat nur eine (HA. B XVI 2 sub 18. Feber 1637) eine Taxe angegeben, und zwar eine höhere im Betrage von 61357 ℔ m. 42 gr. 2 ₰ = 71.583 fl., während die Kaufsumme des Gutes nach dem in ²⁄₃ kondemnierten früheren Besitzer hier angeblich oder sonst (HA. B XVI 1 sub Taxationen 1623 und Rieggers „Materialien", IX, 35) wirklich 56.000 fl. beträgt. Am genauesten und ausführlichsten ist das „Konfiskationsprotokoll" (I, 101). Danach hatte der Kaiser 9600 fl. 30 kr. zugeschlagen. Unter den Zahlungsbedingnissen ist auch die, daß Wallenstein vor allem die Morgengabe, welche die Fürstin Liechtenstein prätendiert, zahle. Am Rande ist Paul Michna, wohl als derjenige, von dem es später erkauft wurde, genannt. Die HA. L V 2 „Verz. Michnascher Güter" haben diese Zahl als Kaufsumme. Das „Verzeichnis aller konfiszierten friedländischen Güter" (HA. L V 1) hat 65.606 fl. 30 kr. 2 ₰, ohne anzugeben, ob diese überhaupt abweichende Zahl Tax= oder Verkaufssumme sei.

Zu Alt-Lieben schreibt Bilek (96), daß es Wallenstein nach dem bei der friedländischen Konfiskationskommission verurteilten David Heinrich Freiherrn von Tschirnhaus 1632 auf Kriegskosten überlassen, dem Grafen Maximilian von Trautmannsdorf zediert und demselben nach Wallensteins Tode in Abschlag seiner Gnadensumme von 100.000 fl. eingeräumt wurde. Nach der Zurückstellung des Gutes an Tschirnhaus 1637 wurden dem Grafen Trautmannsdorf als Ersatz die von den Brüdern von Zierotin zu zahlenden 40.000 fl. in Abschlag der genannten Gnadensumme überlassen. — Unsere Akten gedenken des Gutes zusammen mit dem nach Joachim Liebsteinsky von Kolowrat konfiszierten, für den Grafen Leonhard Hellfried von Meggau gleichfalls wegen seiner 100.000 fl. Gnade bestimmten Gut Rabenstein und erwähnen, daß Trautmannsdorf vorläufig die 40.000 fl., welche die Brüder Johann Dietrich und Primislaus von Zierotin wegen der Güter Ullersdorf und Wiesenberg in Mähren zu zahlen haben, jährlich 10.000 fl. samt den landgebräuchigen Zinsen, assigniert seien (allgemeine Akten 3. und 7. Juni,

12. August und 9. November 1637, „Lehenfaszikel 1638—1648",
3. Mai 1638).

Zu Netluky (Pnětluky) heißt es bei Bilek (97), daß es Wenzel
dem Jüngern Bechyně von Lažan konfisziert, auf 15.879 ℳ m. taxiert und
1623 an Wallenstein um 18.155 ℳ. = 21.181 fl. verkauft wurde, der
es gleich darauf um dieselbe Summe Paul Michna überließ. — Hier
weichen zunächst unsere Quelle, das „Konfiskationsprotokoll" (I, 102)
und Rieggers „Materialien" (IX, 49) ab. Jenes nennt unter anderem
1622 als Verkaufsjahr und die Taxsumme 5879 ℳ. Doch ist letzteres
entschieden verschrieben statt 15.879 ℳ. Eine andere Quelle (HA. B
XVI 2 sub 18. Feber 1637) gibt als Taxe 19.013 ℳ = 22.181 fl 50 kr.
an, so daß beim angeblichen Verkauf um 20.000 fl. sich ein Abgang
von 2181 fl. 50 kr. ergäbe. Das „Verzeichnis aller konfiszierten friedländischen Güter" (HA. L V 1) hat 21.181 fl. 50 kr. ohne Angabe, ob es
Tax- oder Verkaufssumme sei. Die HA. L V 2 „Verzeichnis Michnascher
Güter" haben 21.181 fl. 50 kr. als Kaufsumme.

Bezüglich Ploškowitz, Pičkowitz und Soběnitz teilt Bilek
(97) mit, daß sie nach dem bei der friedländischen Konfiskationskommission verurteilten Johann Habart Kostomlatsky von Wřesowitz konfisziert
und Wallenstein zu seinen Kriegsbedürfnissen überlassen worden waren
und daß dieser sie schon 1632 auf kaiserliche Verordnung dem Hofkriegs-
ratspräsidenten Grafen Heinrich Schlick für dessen Kriegsforderung per
76.520 fl. eingeräumt hatte. — Unsere Akten bestätigen das Gesagte
(unter anderen Akten, welche auch die später nach Wallensteins Tode
Schlick überlassenen Güter Welisch und Altenburg betreffen, allgemeine
Akten 12. Juli 1634 und 7. Jänner 1637).

Zu Radaun bemerkt Bilek (98), daß es nach weiland Ulrich
Kapliř Wostersky von Sulewic als erledigtes Lehen eingezogen, per
13.150 ℳ taxiert, von Wallenstein um ¹/₅ des Wertes per 3649 fl.
(als „Expektanz") 1628 erhalten und 1629 Adam von Waldstein um
16.341 fl. verkauft wurde. — Des Letzten gedenken unsere Akten nicht,
aber desto mehr des Ersten, weil doch ursprünglich Bedenken gegen die
Erteilung solcher „Lehensexpektanzen" auftauchten (HA. B XVI 2,
17. Feber, 7. und 28. April 1628). Bezüglich der Höhe der Taxen
hat das „Konfiskationsprotokoll" (I, 269) eine kleinere von 13.068 und
eine noch geringere von 11.545 ℳ, während in einem bereits angezogenen
Akt (HA. B XVI 2, 17. Feber 1628) ausdrücklich die Schätzung vor
der Lehentafel mit 13.150 ℳ angegeben ist.

Hinsichtlich Teletz sagt Bilek (98), daß es nach Johann Adam von Roupow konfisziert, per 18.408 ℔ m. taxiert, an Wallenstein 1622 um 16.333 fl. verkauft und von diesem 1623 der Elisabeth Wolfomina Ždársky geb. Berka um 21.476 fl. verkauft wurde. — Des Letzten gedenken unsere Akten nicht, bestätigen aber sonst die Höhe der Taxe und Verkaufssumme an Wallenstein, wobei in einem Akt ausdrücklich bemerkt wird, daß die Verkaufssumme ermäßigt wurde, weil nach dem Berichte der Kommission der Zustand des Gutes schlecht sei (HA. T 2, 11. März 1623; „Konfiskationsprotokoll“, I, 268).

In bezug auf Teinitz heißt es bei Bilek (99), daß es Wallenstein mit einem Teile der Stadt Beneschau nach dem verurteilten Adam Hodějowsky von Hodějow 1622 um 37.500 fl. erkauft und 1623 um dieselbe Summe an Paul Michna überlassen habe, und endlich in bezug auf Wosečany (ebdf.), daß es Wallenstein nach dem verurteilten Adam Kepicky von Sudoměř 1622 um 28.000 fl. gekauft und 1623 um dieselbe Summe Paul Michna abgetreten habe. — Das „Konfiskationsprotokoll“ (I, 103 f.) nennt zunächst den in $2/3$ kondemnierten Leonhard von Hodějow, sodann die ursprüngliche Kaufsumme 27.000 fl., zu der aber der Kaiser 10.500 fl. geschlagen habe, so daß sich die Kaufsumme von 37.500 fl. ergibt. Diese Zahl ohne Angabe, ob Verkaufs- oder Taxsumme, hat das „Verzeichnis aller konfiszierten friedländischen Güter“ (HA. L V 1, Verschrib. Trinitz). Taxen nennt Bilek weder bei Teinitz noch bei Wosečany, während die „Herrschaftsakten“ (B XVI 2 sub 18. Feber 1637) bei ersterem eine solche von 37.295 ℔ 4 gr. 2 ₰ = 43.510 fl. 54 kr. $3^{1}/_{2}$ ₰ nennen, so daß bei dem angeblichen Verkaufe an Wallenstein um 27.000 fl. — dieselbe Summe haben Rieggers „Materialien“ (IX, 83) für den Verkauf an Michna — sich ein Abgang von 16.510 fl. 54 kr. $3^{1}/_{2}$ ₰ ergäbe. Die HA. L V 2, „Verzeichnis Michnascher Güter“ haben 37.500 fl. und 28.000 fl. als Kaufsummen. Bei diesem Anlasse bringt schließlich das „Konfiskationsprotokoll“ (l. c.) eine Zusammenfassung, daß nämlich Wallenstein Konopischt, zwei Teile der Stadt Beneschau, Beinitz, Netluk und Miecholup, Wosečan und Teinitz zusammen um 214.100 fl. 30 kr. gekauft habe. Diese wurden dann auf die kaiserliche Resolution vom 10. Feber 1623 Paul Michna per 215.288 fl. in die Landtafel einverleibt. Diese Gesamtkaufsumme haben auch die HA. L V 2 „Verzeichnis Michnascher Güter“. Die Summe der oben erwähnten Güter und des Hauses, welches Paul Michna erkauft habe, betrage 277.888 fl. und ebensoviel die Summe der spezifizierten

Bezahlungen. Es erkaufte nämlich noch Michna direkt im Kaurzimer und Moldauer Kreis unter anderen Neu = Lieben und Chotauʼn, taxiert auf 56.563 ℔ 41 gr. 3 ₰, 1627 nach dem in feudum senten= zionierten Christoph Gabriel von Sebussin, beziehungsweise Brüdern von Sebussin um 41.500 fl., wovon 20.000 fl. dem Christoph Simon von Thun zu zahlen und 21.500 fl. in richtigen Schuldscheinen in die böhmische Landtafel zu erlegen waren („Konfiskationsprotokoll“, I, 106; Riegger, „Materialien zur alten und neuen Statistik Böhmens“, IX, 5; „Lehen= faszikel“ 7. September 1627; HA. L V 2 „Verzeichnis etlicher vormals konfiszierter Güter, deren Inhaber vermög darüber ergangenen königlichen Kommissionsinstruktion zu erfordern“ und „Verzeichnis Michnascher Güter“), ferner Raditsch 1624 nach Adam Myslik um 16.000 ℔ und das Herbersdorfische Haus in Prag um 10.000 fl., auf welch letzteres aber Michna nur 3575 fl. bezahlte (HA. L V 2 „Verzeichnis Michnascher Güter“.)

Von anderen, nicht friedländischen Gütern betrachten wir hier zunächst Freudenberg im Leitmeritzer Kreis. Dasselbe, auf 950 ℔ m. taxiert, wurde nach dem in ¹/₃ kondemnierten Friedrich Lutitz am 18. Sep= tember 1635 an Hans Miedenetz von Ratiboritz um 1500 ℔ m. verkauft. Die auf den Fiskus entfallenden 500 ℔ wurden am 12. Juli 1635 von der böhmischen Kammer dem gewesenen Vizelandschreiber Hans Hynek Wambersky in Abschlag seiner liquidierten 4854 ℔ 41 gr. 3 ₰, die ihm ursprünglich 1627 auf die rückständigen Kaufgelder des Fürsten Eggenberg wegen der Güter Rzinow und Hammer gewiesen worden waren, entrichtet („Konfiskationsprotokoll“, I, 222 f.; Rieggers „Materialien“, IX, 20; allgemeine Akten 28. Dezember 1635).

Borohradek und Reichenau im Königgrätzer Kreis, das erste taxiert auf 41.880 ℔ 40 gl., das andere auf 69.816 ℔ 17 gl. 1 ₰ — nach anderer Berechnung auf 44.580 ℔ 22 gr. 6 ₰ und 63.602 ℔ 44 gr. („Lehenfaszikel“ 31. — Audienz 29. Juli 1623) — wurde nach dem Prager Bürger Christoph von Wettengel konfisziert und dem Hoffkammer= direktor Vinzenz von Muschinger am 2. Juni 1623 — ratifiziert 31. Juli d. J. — um 105.000 fl. verkauft. Er bezahlte für das Proviantwesen zuhanden Paul Michnas am 16. November 1623 10.000 fl., am 29. d. M. 85.000 fl. und am 16. Dezember d. J. 10.000 fl. Später kamen die beiden Güter um 150.000 fl. an den Titularbischof und Dompropst Vinzenz von Zucconi auf dem Wyschehrad in Prag, der 1635 starb und in seinem Testament die römische Kaiserin Eleonore, Gemahlin Kaiser

Ferdinands II. aus dem Hause Mantua-Gonzaga, zur Erbin eingesetzt hatte („Konfiskationsprotokoll", I, 86 f.; allgemeine Akten 19. September 1635; HA. B 21, 1562; „Lehenfaszikel", 31. — Audienz 29. Juli 1635). Auch das Wettenglische Haus auf der Prager Neu= stadt, um das sich der Feldkriegsproviantmeister Hans Tischl, der Ritt= meister Hans Kilian von John, Generalwachtmeister von der Golz und Hans Bernhard von Herberstein von der schlesischen Kammer bewarben, war schon am 13. Juni 1630 im Prinzipe, falls die Sentenz pro Fisco erginge, der römischen Kaiserin zugedacht (allgemeine Akten 4. Juni 1635, 23. Juni — 14. Feber — und 28. Oktober 1636, 25. April und 9. Mai 1637), während die Christoph von Wettenglischen Felder und Weingärten, letztere nahe der Apollinariskirche in der Neustadt gelegen und früher dessen Vater Eustachius zugehörig, dem Bruder Hans um 5500 ℳ — die Weingärten früher auf 960, später auf 1500 ℳ taxiert — überlassen wurden. („Lehenfaszikel" 18. — 17. Juli 1624.)

Ronßperg und Augezdo im späteren Klattauer Kreis, ersteres taxiert auf 29.400 ℳ und früher dem Peter von Schwamberg, bezie= hungsweise seiner Gattin Anna Maximiliane gehörig, letzteres taxiert auf 9437 ℳ 20 gr. und vorher dem Jobst Adam von Schirding gehörig, kaufte 1622 der böhmische Kammersekretär Severin Thalo von Hornstein um 30.045 ℳ 20 gr. und 9437 ℳ 20 gr. Diese Güter waren unter anderen für die 6%ige Fundation der 200.000 fl. zum Jesuitenstudenten= konvikt bei St. Klemens in der Altstadt Prag bestimmt, so daß Thalo für Ronsperg, da bereits mehr als 2000 fl. der Hypothek darauf aus= ständig waren, 35.053 fl. 30 kr. 4 ₰ bezahlte. Mit Rücksicht darauf, daß sonst diese Hypothek auf kaiserliche Güter und Lehensfälligkeiten transferiert werden müßte, wird von der Restituierung des Adam von Schwamberg abgesehen und dieser auf die Hrobčickyschen Güter im Saazer Kreis gewiesen. („Konfiskationsprotokoll", I, 12 f.; allgemeine Akten 17. September 1630 und „Lehenfaszikel" 26. — Audienz 25. August 1623; HA. L V 1 „Verzeichnis aller erkauften konfiszierten Güter.")

Die Güter Srlin, Dobronitz und (Hald=) Zběšitz im ehe= maligen Bechiner und Chrudimer Kreis, das erste taxiert auf 3548 ℳ m. und früher Jaroslav Haslauer, das zweite auf 5192 ℳ m. und vordem Hans Georg Haslauer und das dritte auf 959 ℳ 30 gr. und Ulrich Haslauer gehörig, alle drei in ⅓ kondemniert, kaufte 1623 Bohuslav Nestor Haslauer um die Taxsummen gegen Befriedigung der Ansprüche der Verwandten und Auszahlung des Restes. („Konfiskationsprotokoll," I,

206 ff.; Rieggers „Materialien", IX, 77 und 100; allgemeine Akten
28. Dezember 1635 und „Lehenfaszikel" 11. — Audienz 5. Mai 1625,
HA. L V 1 „Verzeichnis aller erkauften konfiszierten Güter.")·

Hagensdorf, Brunnersdorf und Kralup im Saazer Kreis,
das erste nach Leonhard von Stampach, geschätzt in der größeren Taxe
auf 72.761 ℔ 36 gr. 2 ₰, in der kleineren auf 59.186 ℔ 55 gr. 5 ₰
mit Mobilien per 3848 ℔ 34 gr., das zweite in der größeren Taxe
auf 163.567 ℔ 3 gr. 1 ₰, in der kleineren auf 134.851 ℔ 16 gr. 6 ₰
und nach Bohuslav Felix Vitzthum von Graf Jaroslav Borzita Mar=
tinitz 1622 um 147.428 ℔ 34 gr. 2 ₰ oder 172.000 fl. gekauft, das
letzte nach Jobst Schmohař in der größeren Taxe auf 36.693 ℔ 5 gr. 5 ₰,
in der kleineren auf 30.451 ℔ 4 gr. 2 ₰ mit Mobilien per 190 ℔,
die bereits Martinitz pfandweise besaß, wurden zusammen mit Widschitz,
Göttersdorf, Hruschowan, konfisziert nach Niklas Hochhauser und taxiert
auf 8548 ℔ 45 gr., Libotschan und Wtelno an Martinitz und seinen
Schwiegersohn Florian Dietrich von Sahr um die bereits angezahlten
316.000 fl., wozu noch die darüber angebotenen 30.000 fl., zusammen
346.000 fl., und 6000 ungarische Dukaten (♯) à 10 fl. im jetzigen
Werte per 42.000 fl., zusammen 388.000 fl., erbeigentümlich verkauft.
(„Konfiskationsprotokoll", I, 196 f.; Rieggers „Materialien", IX, 24,
30, 38 und 154; allgemeine Akten 2. und 8. Dezember 1635, „Lehen=
faszikel" 24. Oktober 1623; HA. L V 1, „Verzeichnis aller konfiszierten
Güter").

Kornhaus im Saazer Kreis, nach Hans Heinrich Stampach auf
87.922 ℔ 23 gr. 4 ₰ taxiert, wollte ursprünglich Oberstwachtmeister
Lorenzo de Medicis, der mehr bot, es aber auf Antrag Liechtensteins
nicht erhielt; dann wünschte es die Witwe Elisabeth des Landhofmeisters
Christoph Popel von Lobkowitz um die Taxsumme, da sie darauf ein
Darlehen von 15.000 ℔ habe. Es erhielt es aber Graf Wratislav von
Fürstenberg wegen seiner Auslagen für die Gesandtschaften nach Spanien
und Frankreich in der Audienz vom 4. März 1623 bewilligt. Seine
Forderung in größerer Aufstellung beträgt 173.154 fl. Kapital mehr
25.000 fl. Interessen, in kleinerer 146.944 fl., wogegen er 8000 fl. bar
und 20.000 fl. auf Konfiskationen in Böhmen angewiesen empfangen
hatte. Da er aber größere Auslagen hatte und das Geld damals schlecht
war, so waren ihm 15.000 Reichstaler = 90.000 fl. bewilligt worden.
Nun bittet die Lobkowitz, von Kornhaus abgewiesen, am 14. Juni 1623
um Komarow und Horowitz, da die Martinitz von deren Kauf zurück=

getreten fei („Konfiskationsprotokoll", I, 311; Riegger, IX, 36; allge=
meine Akten 19. März 1635; HA. K 4, 1623).

Hoŕowitz und Komarow im Poděbrader Kreis, erfteres taxiert
auf 40.082 ℔ oder nach einer anderen Taxe auf 39.794 ℔ 6 gr. 3 ₰,
letzteres auf 20.826 ℔ und beide nach Hans Ludwig von Říčan, wurden
urfprünglich um 56.0000 ℔, als aber die bereits genannte Elifabeth
von Lobkowitz mitlizitierte, um 33.000 ℔ höher, d. i. um 89.000 ℔ =
103.833 fl. 20 kr. — nach anderen nur um 97.833 fl. 20 kr. — der
Gräfin Maria Eufebia Martinitz gegen Vorbehalt des Jagdrechtes für
den Kaifer verkauft. („Konfiskationsprotokoll", I, 226; Riegger, IX, 28;
allgemeine Akten 15. Juni 1635; HA. H II 1, 21. Juni 1623, K 4,
1623; „Lehenfaszikel" 17. Juni 1623; HA. L V 1, „Verzeichnis aller
erkauften konfiszierten Güter.")

Podluh im Poděbrader Kreis, nach dem Ritter Wenzel Pefchik
auf 16.980 ℔ 5 gr. 5 ₰ taxiert, wurde von Maria Slawata geb. von
Waldftein um 16.382 ℔ 5 gr. 5 ₰ erblich erkauft (Riegger IX, 61;
„Lehenfaszikel" 1. September 1623; HA. L V 1. „Verzeichnis aller
erkauften konfiszierten Güter").

Konojed im Leitmeritzer Kreis, taxiert auf 44.444 ℔ 10 gr.
mit Fahrnissen per 5339 ℔ zusammen auf 45.783 ℔ 10 gr., war nach dem
in ¹/₃ kondemnierten Albrecht Konojedsky von Salhausen konfisziert und
1623 dem Adam Gottfried Berka nach dem „Konfiskationsprotokoll"
(I, 294) und Rieggers „Materialien" (IX, 35) um diesen Preis über=
lassen worden. Die erste Quelle widerfpricht fich aber in dem folgenden,
indem fie bei der Bezahlung die Detailpoften 20.000 ℔, Gnade für
Berkas und feiner Vorfahren geleiftete Dienfte, weitere bezahlte 4000 ℔,
zwei goldene Ketten im Werte von 1014¹/₂ ♯ à 14 fl. = 12.174 ℔,
den der Gattin Marie des Albrecht Konojedsky und Erben überlaffenen
dritten Teil per 17.609 ℔ und fchließlich die Summe von 53.783 ℔
anführt. Nach einer anderen Qulle (HA. K 3) wurden die 20.000 fl.,
Gnade Berka für die Verlufte der Güter feines Vaters, die im Werte
von 800.000 Talern dem Oberftlandhofmeifter Waldftein überlaffen
wurden, zugefagt; außerdem wurde ihm ein Gut verfprochen, wofür ihm
endlich Oberft Wallenftein Konojed gab. Nach der letztgenannten Quelle
betrug wohl die Taxe des Gutes 45.783 ℔, weil aber Oberft Lorenzo
Medicis 54.000 ℔ geben wollte, fo mußte Berka noch die Hälfte der
Differenz mehr, alfo 4000 ℔, zufammen 49.783 ℔, bezahlen. (HA. L V 1.
„Verzeichnis aller erkauften konfiszierten Güter" haben 53.783 ℔). Dem

wurde am 24. April 1623 zugestimmt. Nun bittet der königliche Richter
der Stadt Aussig Salomon Freidenberger für seine Frau, eine Tochter
Konojedskys, um Befriedigung ihrer Ansprüche (allgemeine Akten 27. Mai
1634 und 8. Mai 1636). Wir erfahren da, daß nach dem Tode Berkas
seine Muhme Helena verehelichte Zdenko Leo von Kolowrat das Gut
übernahm, obgleich zwei Schwestern da waren, die wohl emigriert waren,
aber als Frauen bei ihrer Rückkehr ihre Ansprüche nicht verloren hatten.
Die Kolowrat bezahlte den Rest bis auf 4500 fl. und setzte im Testament ihren Mann als Universalerben ein, aber Konojed ist speziell darin
nicht genannt. Von den Kindern Konojedskys außer der Freidenberger
ist eine ihrer Schwestern als Katholikin gestorben und hat ihren Teil
den Jesuiten vermacht, eine andere ist mit Rudolf von Bünau nach
Meißen gezogen und daselbst verstorben; sie war evangelisch und hat
Kinder hinterlassen. Nun verlangt die Freidenberger, beziehungsweise ihr
Manu den gebührenden Teil. Diese Justizangelegenheit ist aber mehr
von der böhmischen Hofkanzlei und den böhmischen Statthaltern als
von der böhmischen Kammer abhängig.

Bezüglich Pokratitz im Leitmeritzer Kreis haben das „Konfiskationsprotokoll" (I, 374) und Rieggers „Materialien" (IX, 61) nur, daß
es auf 11.988 fl. taxiert war. Die allgemeinen Akten (30. April 1630)
enthalten noch darüber, daß es dem Bürger Hans Köchel von der Prager
Kleinseite konfisziert und den Jesuiten zu Prag um die genannte Taxe
auf ihre Forderung von 55.000 fl. vom Jahre 1623 verkauft wurde.
1624 wurden ihnen auf jene Schuld noch 25.750 fl. gegeben, so daß
ein Rest von 16.097 fl. 20 kr. Kapital und 5384 fl. 56 kr. Interessen
verblieb. Nun will man mit ihnen um Nachlaß der Interessen und eines
Teils des Kapitals traktieren, weil das Darlehen in schlechter, „langer
Münze" empfangen wurde. Doch wollen sie nur auf die für Schulzwecke
bestimmten 20.000 fl. zurückgehen und also nur 1482 fl. 1 kr. 5 ₰
nachlassen. Sie berufen sich darauf, daß sie bei dem Darlehen 3572 ⧈
à 12 fl. 30 kr. überlassen hatten, die Kammer aber für das Stück 18 fl.
bekommen und einen Gewinn von 22.000 fl. erzielt hätte, von dem ihnen
die Hälfte zu überlassen gewesen wäre. Dem oben genannten Hans Köchel
wurde auch nach Rieggers „Materialien" (IX, 33) ein Haus auf der
Prager Kleinseite konfisziert und dem Thomas Markus Markfeld um
12.025 fl. verkauft. Es ist wohl dasselbe, das im „Lehenfaszikel" (31. Mai
und 28. November 1624) als Karl Köchels Haus auf der Kleinseite bezeichnet
wird. Von diesem heißt es dort, daß es auf 12.025 fl. taxiert mit einem

kleinen Hof in Bubentſch per 2638 ℔ 16 gr. 6⅛ ₰, zuſammen 14.663 ℔ 16 gr. 6⅛ ₰, dem Hofkammerdiener Thomas Marko von Markfeld verkauft wurde. Urſprünglich wollte man ihm die halbe Taxe des Prager Hauſes nachlaſſen, aber wegen der Konſequenzen habe man dafür vor= geſchlagen, ihm 4000 bis 5000 fl. Gnade zu bewilligen (Placet vom 23. November 1624).

Von den Hrobčickyſchen Gütern kommen zunächſt Fünfhunden und Rudig im Saazer Kreis in Betracht. Erſteres, nach Ulrich Hrob= čicky auf 22.304 ℔ 52 (25) gr. taxiert, wollten Julius von Kolowrat und Ferdinand Rudolf von Leſchiansky gegen eine gewiſſe Barſumme und Defalzierung des Reſtes von ihren Forderungen, doch wurde es 1630 Chriſtoph Simon von Thun ohne weitere Schätzung um 25.266 fl. rh. (℔) 34 kr. (24 gr.) 4 ₰ erblich und landtäflich überlaſſen (Riegger, IX, 296; „Lehenfaszikel“ 10. und 11. Oktober 1630). Das Gut Rudig, taxiert auf 36.843 ℔ 15 gr. 2 ₰, mit dem vorigen wollte Benigua Katharina von Lobkowitz, Rudig allein der Reichshofrat Hermann von Queſtenberg per 28.000 fl., von denen er 10.000 fl. baar, den Reſt nach der Vergleichung erlegen wollte, doch wurde es dem Grafen Hermann Czernin, der gleich 28.200 fl. geboten hatte, um 30.000 fl., die an den darauf angewieſenen Oberſtpoſtmeiſter Hans Chriſtoph von Behr zu erlegen waren, überlaſſen („Lehenfaszikel“ 11. Oktober 1630). Groß= Petrowitz im Rakonitzer Kreis wurde nach Georg Gallen Hrobčicky an den Hauptman von Braudeis Hans Zeller in der Taxſumme von 25.932 ℔ 50 gr. (Riegger, IX, 59; „Lehenfaszikel“ 12. Oktober 1624) und Koleſchowitz ebdſ. nach Zdislaus Gallen Hrobčicky an den Hof= diener Hans Münch um 17.682 ℔ 40 gr. verkauft („Lehenfaszikel“ 23. Juni 1623; HA. L V 1 „Verzeichnis aller erkauften konfiszierten Güter“). Litſchkau im Saazer Kreis wurde nach Bohuslav Hrobčicky an Hartwig Wratislav von Mitrowitz um 50.615 ℔ 14 gr. 2 ₰ ver= kauft („Lehenfaszikel“ 12. Mai — Audienz — 1623). Endlich bittet der Oberproviantamts= „Gegenhandler“ Hans Hachenberger, daß die ihm für ſeine Prätenſionen per 3000 (14.000 fl.) überlaſſenen kleinen Güter Smichow (in den Akten Smikus) und Gebian im Rakonitzer Kreis aus dem Lehenbuch „abgetan“ und gegen die Taxe in die Land= tafel erbeigentümlich einverleibt werden. Sie waren nach dem ſchon am 23. April 1631 in feudum kondemnierten — doch war dies durch den ſächſiſchen Einfall unterbrochen worden — Ulrich Hrobčicky auf 9444 ℔ 40 gr. taxiert und Hachenberger verkauft worden („Konfiskationsprotokoll“,

I, 408 ; Riegger, IX, 32; allgemeine Akten und „Lehenfaszikel" 9. und 12. Mai 1635).

Von den Gerstorfischen Besitzungen kommen zunächst die Hauptgüter Choltitz und Swojschitz im Chrudimer Kreis in Betracht. Diese, nach Stephan von Gerstorf auf 54.827 ₰ 40 gr. taxiert, wurden dem Christoph Simon von Thun verkauft und ihm, weil er bereits mehr, als diese Güter wert waren, erlegt hatte, noch Swintschan und Jentschowitz ebdf. nach Bernhard Niklas von Gerstorf überlassen. Ihre Taxe betrug 31.904 ₰ 20 gr., die Verkaufssumme 23.312 ₰ 15 gr. 5 ₰ — die in einem Akt genannte Taxe von 18.656 ₰ 5 gr. 5 ₰ bezieht sich auf ein anderes Gerstorfisches Gut (Riegger, XI, 5 und 81; „Lehenfaszikel" 31. August 1623). — Ein anderes Stephan Gerstorfisches Gut ist Chraustowitz ebdf., das auf 39.555 ₰ 14 gr. 2 ₰ taxiert und um 39.558 ₰ 14 gr. 2 ₰ (bei Riegger ebensoviel fl. und kr.) an den Kammerrat Johann Baptist Weber verkauft wurde (Riegger, IX, 6; „Lehenfaszikel" 31. August 1623). Weiter kommt Řestok ebdf. in Betracht. Dieses wurde eben, wie bereits vorher bemerkt ist, auf 18.656 ₰ 5 gr. 5 ₰ (Riegger IX, 102, 15.636 ₰) taxiert und nach Bernhard Niklas Gerstorf an Löw Burian Berka verkauft. Dieser sollte den Kaufrest für notwendige Zwecke des Kaisers, es sind dies die Ansprüche der Berkischen Pupillen Johanna Magdalena und Maria Agnes Bezdrušchitzky von Kolowrat, von denen die eine sich im Königskloster zu Prag befand, zahlen („Lehenfaszikel" 31. August 1623 und 10. Juni 1624; H.A. L V 1 „Verzeichnis aller erkauften konfiszierten Güter"; allgemeine Akten 18. Oktober 1635 und 18. Mai 1636). Endlich wurde Groß=Horka im Czaslauer Kreis gleichfalls nach Bernhard von Gerstorf unter manchen Ansprechern desselben — unter anderem über dieses Gut oder seine Teile zählt sie ein Akt auf — an Georg Benedikt von Benig verkauft (Riegger, IX, 22; H.A. L V 12. August 1622 und H II 1, 1567). Schließlich wurde nach Riegger (IX, 19) ein Haus nach Niklas Gerstorf auf der Prager Kleinseite um 3000 fl. Wilhelm von Wřesowitz überlassen.

Klein=Bukowin (Bukwe, Bock, nicht zu verwechseln mit Bukowinka, Arnau) im Königgrätzer Kreis war Ernst von Kaltenstein konfisziert und, da er nach glaubwürdigen Nachrichten katholisch war, ihm wieder 1624 um 5267 ₰ in guter Münze überlassen worden („Konfiskationsprotokoll", I, 129; Riegger, VI, 156; „Lehenfaszikel" 2. September 1624). Střezoměřitz (auch Ziesmitz genannt) ebdf.

war nach Peter Pleß Hržmansky von Slaupno konfisziert worden. Nachdem beide Besitzer ohne Testament und Erben gestorben waren, fielen ihre Güter iure devolutionis dem Kaiser zu und wurden, ersteres taxiert auf 3142 ℔ 14 gr. 4 ₰. letzteres auf 4300 ℔ 11 gr. 6 ₰, zusammen 8682 fl. 50 kr. 5 ₰, 1636 dem Hermann Lukawsky von Lukawetz und der Salomena von Bubna geb. Wostromirsky derart überlassen, daß 2000 fl. gleich bar gezahlt, die Schulden zusammen 2806 fl. 42 kr., und zwar von Bubna 2000 fl., von Lukawsky 180 ℔ = 210 fl. mehr Interessen seit 1631 per 596 fl. 42 kr., übernommen, der Rest von 3176 fl. 8 kr. 2 ₰ jährlich mit 500 fl. und schließlich die Steuer und die Landtafelgebühren von 42 fl. 15 kr. beglichen werden sollten („Konfiskationsprotokoll", I, 402; Riegger, IX, 79; allgemeine Akten 6. Mai 1636).

Katzow im Czaslauer Kreis, taxiert auf 116.046 ℔ 8 gr. 4 ₰ — eine andere Taxe ist 96.508 ℔ = 112.595 fl. — wurde nach Karl dem Älteren Czenka von Olbramowitz 1623 schließlich um 116.000 fl., d. i. um 3408 fl. höher als die niedere Taxe, an den Geheimrat und Hofkanzler Johann Baptist Werda von Werdenberg verkauft, nachdem ursprünglich die Kaufsumme auf 150.000 fl. festgesetzt war, um welchen Preis es auch die Gattin Czenkas, Johanna, kaufen wollte („Konfiskationsprotokoll", I, 301 f.; „Lehenfaszikel" 18. Juli und 13. September 1623). Die genannte Johanna Czenka geb. Hrzan, Witwe seit 1627, hatte Ansprüche auf dem Gute in der Gesamtsumme von 166.589 ℔ — nach anderen 173.000 fl., — wie ihr Heiratsgut u. a., von denen über 80.000 fl. liquidiert waren. Außerdem waren auf dem Gute noch 37.000 ℔ von anderen Kreditoren, wie je 6000 ℔ von der Fürstin Lobkowitz und Margarethe von Talmberg. Werdenberg hatte die Kaufsumme folgendermaßen zu berichtigen: Zunächst kamen 5000 fl. adjuta di costa für seine Regensburger Reise in Abzug, sodann 3000 fl. Gnade, weiter hatte er noch bar zu erlegen an den Reichspfennigmeister Stephan Schmidt 10.000 fl. in Abschlag seiner Forderung von 500.000 fl., dann noch bar 45.000, 30.000 und 1000 fl. („Konfiskationsprotokoll", I, 301 f.; Riegger, IX, 31 f.; allgemeine Akten 15. Juli 1634 und 4. Jänner 1636; HA. L V 1. „Verzeichnis aller erkauften konfiszierten Güter").

Brodetz im Saazer Kreis, in der höheren Taxe auf 12.199 ℔ 1 gr. 3 ₰ geschätzt, wurde 1624 nach Joachim Heinrich von Steinsdorf dem „Rait"rat bei der böhmischen Kammer Hans Reinhard Hildbrand um 12.000 fl. überlassen. Das Geld, soweit er es bar zahlte, wurde, wenn auch in geringerer Münze erlegt, ausnahmsweise und ohne Konsequenz für andere wegen seiner Dienste und weil das Gut öde und ruiniert als vollgültig angenommen („Konfiskationsprotokoll," I, 114; Riegger, VI, 154; „Lehenfaszikel" 14. Juni 1624; HA. L V 1, „Verzeichnis aller erkauften konfiszierten Güter").

Ein anderes Brodetz im Bunzlauer Kreis, geschätzt in der revidierten höheren Taxe auf 49.222 fl., beziehungsweise auf 53.403 ℔ 52 gr. 6 ₰ taxiert, wurde 1623 nach Wenzel Kapliř von Sulewitz an den Hoffkammersekretär Mathias Arnoldin von Klarstein um 50.000 fl. verkauft. Auf demselben und Hruschow hatten Johann und Wenzel Wilhelm von Ruppau, die sich ihrer vermeintlichen Güter mit schwedischer Hilfe bemächtigt hatten, 9000 ℔ oder mehr zu prätendieren, die nun konfiskabel sind („Konfiskationsprotokoll", I, 72 f.; Riegger, VI, 153; allgemeine Akten 20. März und 24. Dezember 1636; „Lehenfaszikel" 5. Juni 1623; HA. L V 1, „Verzeichnis aller erkauften konfiszierten Güter" und B 21, 3. Juni 1623, in welch letzterem die Wiener Hofkammer ihrer Verwunderung Ausdruck gibt, daß bei einem mittleren Gut die Differenz zwischen Tax- und Verkaufsumme 12.000 fl. betrage. Die böhmische Kammer erwidert darauf, daß es in der Blüte unter Kapliř 55.000 ℔ wert gewesen, jetzt aber durch den Ruin nur 49.222 fl. 5 kr. 4 ₰ = 42.190 ℔ 22 gr. — das „Verzeichnis aller erkauften konfiszierten Güter" (HA. L V 1) hat 42.857 ℔ 8 gr. 4 ₰, was fast genau 50.000 fl. ist — wert sei. Die Kaufsumme von 50.000 fl. wird aus Gnade bewilligt).

Udritsch (in den Akten Auderz), Ratiboř und Merobitz (in den Akten Martitz) im Saazer Kreis taxiert auf 25.422 ℔ 21 gr. 3 ₰, wurden 1623 nach Joachim Adam — das „Konfiskationsprotokoll", I, 14, hat Johann — Liebsteinsky von Kolowrat dem böhmischen Kammersekretär Severin Thalo von Hornstein um 24.512 ℔ 12 gr. 6 ₰ verkauft. Dieser Kauf hängt mit einer geistlichen Stiftung zusammen. Der Kaiser hatte den Jesuiten bei St. Klemens in Prag 200.000 fl. aus konfiszierten Gütern gespendet. Die 6%igen Interessen davon sind 12.000 fl., doch ist die letztere Summe nur für das Kollegium allein bestimmt, außerdem aber für die Alumnen und das Armenhaus je 4000 fl., zusammen also 20.000 fl. Von jenen 200.000 fl. übernahm Thalo 60.000 fl., beziehungsweise die Zinsen davon. Weil er wegen des Gutes Ratiboř 5000 ℔ übernommen und gezahlt hatte, blieben für die oben genannten Güter zusammen nur 19.512 fl. 6 gr. zu bezahlen übrig. Udritsch überließ aber Thalo gegen Entschädigung durch ein anderes Gut den Prager Jesuiten zu ihrer Fundation für die Jugend (Riegger, VI, 143; allgemeine Akten 18. Oktober 1635; H.A. A I sub Auderz und L V 1, „Verzeichnis aller erkauften konfiszierten Güter“).

Střebokluk und Cheynow im Schlauer Kreis, taxiert auf 77.400 fl. und 4862 fl. 40 gr., wurden 1622 nach dem in feudum kondemnierten Ladislaus Abdon Ludwikowsky Bezdružicky von Kolowrat nach dessen Tode dem kaiserlichen Oberst Heinrich Julius zu Sachsen — Ranke „Geschichte Wallensteins“, 1872, SS. 259, 297 und 300 — so geschenkt, daß von den Schulden darauf 4000 fl. mit den Zinsen und Unkosten sich auf 8402 fl. 42 gr. 6 ₰ belaufend, dem Sohne des verstorbenen Burggrafen Adam von Sternberg aus dem kaiserlichen Rentamt bezahlt und die anderen Schulden auf andere kaiserliche Einkünfte transferiert werden sollten. Später kam Thalo statt des von ihm den Jesuiten in Prag abgetretenen Udritsch in den Besitz von Střebokluk, verkaufte dieses aber um 63.000 fl. an die ledige Tochter des verstorbenen Ladislaus Bezdružicky von Kolowrat Johanna Magdalena — ihre Schwester Maria Agnes war im Königskloster zu Prag —, die darauf eine Anzahlung von 6000 fl. leistete, wegen des Restes aber von Thalo bedrängt wurde. Da sie aber vom Kaiser für ihre Ansprüche eine Obligation von 40.000 fl. ausgestellt erhalten hatte, so hatte sie diese dem Thalo auszufolgen, der aus den böhmischen Landtagsbewilligungen für solche Zwecke befriedigt werden sollte („Konfiskationsprotokoll,“ I, 363 ff.; Riegger IX, 79; allgemeine Akten 18. Oktober 1635 und 16. Mai 1636).

Lipowitz im Prachiner Kreis, taxiert auf 3287 fl., wurde 1623 nach Dionys Vambensky von Hans Czastolar um die Taxsumme gekauft. Don Martin de Huerta, der 1800 fl. darauf geliehen hatte, erhielt durch Don Balthasar de Marabas, den späteren Landeskommandierenden von Böhmen — Ranke, l. c., SS. 276 f. und 292 f., — vom Käufer 1744 fl. 8 gr. 4 ₰, d. i. um 201 fl. 17 gr. 1 ₰ mehr zurückgezahlt, welcher Mehrbetrag schon nach den Quellen zweifellos die Zinsen sind („Konfiskationsprotokoll“, I, 319 f.; Rieggers „Materialien zur alten und neuen Statistik Böhmens“, 44 f.; H.A. L V 1, „Verzeichnis aller erkauften konfiszierten Güter“ und B XVI 2 sub Taxationen 1623).

Wegen des Ankaufs von Tatyn im Saazer Kreis nach Wilhelm Hruschka war schon am 19. Mai 1623 ein Kontrakt mit dem Burggrafen Adam von Waldstein per 16.402 fl. aufgesetzt worden. Es wurde

4*

aber am 8. Oktober 1624 für die Witwe Margarethe Popel von Lobko=
witz per 16.937 ℔ m. 47 gr. 1 ₰, und zwar 16.402 ℔ 47 gr. 1 ₰
Taxe mehr 535 ℔ für Mobilien, gegen Zahlung in gutem Gelde, Abfer=
tigung der Witwe des früheren Besitzers und der anderen Kreditoren
ratifiziert („Lehenfaszikel" 1623—1624). Das Gut Oblat samt (Halb=)
Neprawitz im Saazer Kreis wurde 1624 nach Adam von Stampach
für den Rat Augustin Schmidl von Schmidenbach per 10.195 Taler —
die Taxe des Gutes betrug nur 9195 ℔ 5 gr. 5 ₰, doch kam dazu
ein kleiner Bauernhof, den schon Stampach erkauft hatte — ratifiziert
(„Lehenfaszikel" 10. Oktober 1624).

Warnsdorf im Leitmeritzer Kreis — die Taxe betrug 16.198 ℔
20 gr. mehr 2463 ℔ für Mobilien, zusammen 18.661 ℔ 20 gr., die
Gegentaxe 11.061 ℔ 45 gr. — wurde 1624 nach Christoph von Kot=
witz für den Herzog Julius Heinrich Sachsen-Lauenburg, dem schon früher
mehrere Partikulargüter versprochen worden waren, per 20.000 fl., die
an seinem Kriegsverdienst defalziert werden sollten, ratifiziert. Die
Differenz zwischen der größeren Taxe mit den Mobilien und der Kauf=
summe beträgt 1771 fl. 30 kr. („Lehenfaszikel" 18. Oktober 1624).

Schlackenwerth im Elbogner Kreis, das früher nach den Schlick
derselbe Herzog Julius Heinrich zu Sachsen pfandweise innehatte, wurde
ihm 1623 um 150.000 fl. rheinisch erblich eingeräumt („Lehenfaszikel"
30. Oktober 1623).[1]

Čerhonitz im Prachiner Kreis, taxiert auf 15.309 ℔ 42 gr. 6 ₰,
wurde nach Niklas dem Älteren von Deym dem Wenzel Wratislaw von
Mitrowitz in der Taxe am 9. Oktober 1623 gegen Bezahlung in guter
Münze verkauft und dieser Kauf ratifiziert („Lehenfaszikel" 18. —
Audienz 15. Jänner 1624 und 1. April 1629).

Čankowitz im Chrudimer Kreis, taxiert auf 4359 ℔ 20 gr.,
wurde 1625 nach Peter Přžibek von Otoslawitz dem Chrudimer
Kreishauptmann Wilhelm Heinrich Bezdružitzky von Kolowrat um
5200 ℔ m. verkauft (Riegger, IX, 10; „Lehenfaszikel" 20. — Audienz
17. November 1627). Der Käufer war aber auch in ½ seines Gutes
Bistry (Bistrau) ebds. kondemniert und dann begnadigt worden. Nun
werden seine und des Fiskus Ansprüche kompensiert und Kolowrat
zur Liquidierung seines Schuldenwesens in debito und credito ange=

---

1) „Doch soll (die Stadt) Schlackenwerth niemals in den dritten Stand ange=
nommen werden; auch soll er es nicht als Fürst, sondern wie ein anderer
Landmann haben."

wiesen. Unter den Ansprüchen ist auch ein Schuldbrief per 17.371 ℔ 25 gr. 2 ₰ des Kaisers Mathias vom Jahre 1614 an den Grafen Friedrich von Fürstenberg wegen der Kaufgelder von Komotau, unter den Schulden sind wieder 5200 ℔ wegen Čankowitz, 3000 ℔ seit 1617 an Řičan, die alten Trčka, Johann Rudolf und Maria Magdalena, und 11.000 ℔ an Hartwig Zaruba (Riegger, VI, 149; allgemeine Akten 9. April und 4. Mai 1636).

Die Güter Horatitz, Žiželitz (nicht mit dem friedländischen im Bidschower Kreis zu verwechseln) im Saazer Kreis und Welhenitz im Leitmeritzer Kreis, in der größeren Taxe auf 39.218 ℔ 57 gr. 5 ₰, in der kleineren auf 33.118 ℔ 42 gr. 6 ₰ geschätzt, wurden 1624 nach Erasmus dem Älteren Stampach an Francesco Clary de Riva um 39.418 ℔ verkauft (Riegger, IX, 27; „Lehenfaszikel" 12. Oktober 1624, Datum des Kontrakts 20. September 1623).

Die Güter Netluk im Leitmeritzer Kreis (nicht zu verwechseln mit dem im Kaurzimer Kreis), nach Adam Kölbel auf 4582 ℔ 17 gr. 1 ₰ taxiert (durchgestrichen 4654 Taler 51 gr. 1 ₰), Böhmisch-Kahn oder Chwojna ebdf., nach Rudolf Kölbel auf 6696 ℔ 11 gr. 3 ₰ taxiert (durchgestrichen 6836 Taler 11 gr. 3 ₰), Pröblitz ebdf., nach Wilhelm Kölbel auf 5155 ℔ 48 gr. 4 ₰ taxiert (durchgestrichen 5158 Taler 8 gr. 4 ₰), Kněžitz oder Knöschitz im Saazer Kreis, nach Wilhelm Stampach auf 10.448 ℔ m. taxiert (durchgestrichen 11.328 Taler), und Zhoř im Rakonitzer Kreis, taxiert auf 20.615 ℔ 5 gr. 5 ₰, worunter 2260 ℔ Mobilien, zusammen per 47.496 ℔ 30 gr. 6 ₰ m., wurden dem Oberst Franz de Curriers verkauft. Der Kaiser hatte bei der Ratifikation manche Bedenken, aber jener hatte 150.000 fl. (100.000 + 50.000) zu Kriegszwecken hergeliehen (das „Konfiskationsprotokoll", I, 167, und Riegger, IX, 33 und 53, haben bei Kněžitz und Netluk die durchgestrichenen Taxsummen; im „Lehenfaszikel" 12. Juni 1624 werden die früheren Besitzer genannt ausgenommen bei Zhoř oder Hořkau, in den Akten Horž oder Zhoriz).

Tachau im Pilsner Kreis, taxiert auf 96.859 ℔ 31 gr. 3 ₰, wurde 1623 dem Oberstleutnant Philipp von Hußmann, der es früher um die Pfandsumme von 50.000 bis 60.000 fl. innehatte, um die Taxsumme und schließlich aus Gnade um 96.859 fl. 31 kr. derart überlassen, daß er zunächst für das Proviantwesen zuhanden Paul Michnas 29.875 fl. und zu Kriegszwecken noch 35.000 fl. entrichtete, weiter 2441 Reichstaler à 9½ fl. = 22.999 fl. 30 kr. 1 ₰ erlegte und ihm schließlich 8000 fl.

als kaiserliche Gnade nachgesehen wurden, was freilich erst die Summe
von 95.874 fl. 30 kr. und bei richtiger Umrechnung der obgenannten
Taler in Gulden 96.064 fl. 30 kr. ergibt. Andererseits waren noch 1635
Schulden auf dem Gute, bezüglich deren Abhilfe die böhmische Hoffanzlei
Hußmanns Vorschläge zu vernehmen hat („Konfiskationsprotokoll", I,
411 f.; Riegger, IX, 81; „Lehenfaszikel" 10. Oktober 1623, allgemeine
Akten 29. Juni 1635; HA. L V, 1, „Verzeichnis aller erkauften konfis-
zierten Güter" haben die Taxsumme in ℔ als Kaufsumme).

Cwrčowitz im Kaurzimer Kreis, taxiert auf 13.839 ℔ 34 gr.
2 ₰ wurde nach Niklas Sekerka von Sečitz um 1000 ℔ höher, um
14.839 ℔ 14 gr. 2 ₰ an den böhmischen Rentmeisteramts-„Gegenhandler" Georg Benedikt von Benig verkauft („Lehenfaszikel" 10. Oktober
1624; Sommer in seiner Topographie Böhmens, XII. Band, Kaurzimer
Kreis, S. 249, nennt die Taxe als Verkaufssumme).

Paffnau im Saazer Kreis, taxiert auf 6303 ℔, wurde nach
Wenzel Sommer von Heřebitz von dem böhmischen Kammersekretär
Severin Thalo von Hornstein 1624 um jene Summe = 7353 fl. 30 kr.
gekauft („Konfiskationsprotokoll", I, 15; Riegger, IX, 57; „Lehenfaszikel" 10. Oktober 1624). Thalo hatte aber auch Teltsch ebdf. nach
Abraham von Steinsdorf, taxiert auf 11.316 ℔ 10 gr., gekauft, doch Steinsdorf, der wieder katholisch wurde, ⅔ dieses Rittersitzes abgetreten und
sich bloß die Orte Soboles und Gössing vorbehalten. Später bittet er
bei der böhmischen Kammer um Abrechnung und Bezahlung seiner Forderung wegen der beiden ihm verkauften Güter Teltsch und Paffnau,
und zwar stellt er auf 11.649 fl. 39 kr. 2⅔ ₰ Kapital samt Interessen
vom 16. Dezember 1623, wenige Tage vor der Münz „colada" (Bankerott
des „langen Geldes"), bis zum 16. März 1635, außerdem Besoldung
als früherer böhmischer Kammersekretär 1342 fl. 38 kr. 2 ₰. Die böhmische
Kammer passiert die erstere Forderung, die in „langer. Münze", ohne
Verschreibung und ohne Interessen angenommen worden war, mit zwei
Teilen, d. i. ⅔ und ohne Interessen, die Besoldung aber in guter Münze.
Überhaupt ist mit Thalo wegen vieler Güter abzurechnen (Riegger, IX,
83; allgemeine Akten 9. Mai 1635; der „Lehenfaszikel" 10. Oktober
1624 nennt wohl irrtümlich den früheren Besitzer von Teltsch Wenzel
von Sommer und die Taxe dieses Gutes 17.429 ℔ 10 gr., die wohl
der Summe für die beiden Güter Paffnau und Teltsch nahekommt).

Pakoměřitz im Königgrätzer Kreis war nach dem emigrierten
und am 2. Oktober 1623 in feudum kondemnierten Christoph Felix

Slawata per 10.000 ℔ m. an den Oberregenten in Schlesien, Thomas
Ferdinand Teuffl, verkauft und dieser damit am 23. November 1629
belehnt worden. Da er ohne Erben starb, bittet der böhmische Kammer-
präsident Ulrich Franz von Kolowrat um erbeigentümliche Überlassung
des Gutes. Er begründet die Bitte mit seinen Diensten und Einbußen
auf Reisen, auch will er auf 1800 ℔, die sein Vater bei der böhmischen
Kammer zu fordern hatte, verzichten. Diese möchte es, da es wüst und
öde ist, mit der Herrschaft Brandeis vereinigen, auch seien darauf 962 fl.
30 kr. Lehengelder versessen. Die Resolution darauf lautet, es sei Kolowrat unter denselben Bedingungen wie dem früheren Lehensträger zu überlassen (allgemeine Akten 12. Juni 1636, Resolution König Ferdinands III.
ddo. 10. Juni 1636). Schon 1571 war der Hof Pakoměřitz, halb Lehen,
halb erblich, von dem Bürger der Prager Altstadt Georg König an die
Gebrüder von Bytěžky verkauft und in die Landtafel — sonst Lehentafel — eingetragen worden, wodurch der Kaiser zu Schaden kam, was
mehrfach nach dem Prager Brand der Fall gewesen zu sein scheint. Daher
sollte die Sache vors Landrecht kommen (HA. P 1).

Das Chodenschloß und die Chodendörfer („Chodenbauern",
polnische Grenzwache seit der Zeit Břetislaws, des „böhmischen Achilles")
im Pilsner Kreis, von denen letztere schon 1621 gegen 7500 fl. (an
Silber 8000 fl.) und 1630 gegen 35.000 fl. an den Reichshof- und
Appellationsrat Wolf Wilhelm von Lamingen verpfändet waren, wurden
nebst dem der Stadt Taus seit 1585 gegen Erlag von 37.142 ℔ 51 gr.
3 ₰ oder 43.333 fl. 20 kr. auf 60 Jahre versetzten Chodenschloß, dem
Sitz des Vorstehers der Choden, und Appertinentien Lamingen um
56.000 fl. erblich verkauft, doch unter Vorbehalt der Einlösung in den
nächsten zwei Jahren („Konfiskationsprotokoll", I, 182 f.; Riegger,
IX, 4; „Lehenfaszikel" 10. November 1630; allgemeine Akten 19. Mai
1635: Dekret der böhmischen Hofkanzlei, daß der Frau von Lamingen
der eingelegte Revers zurückgegeben werde und sie neben den Waisen
bei dem Erbkauf der Chodendörfer geschützt werden solle. Ferner Schein
wegen des die Chodendörfer betreffenden zurückempfangenen Reverses
21. Mai 1635. Schreiben der Kommissäre von 26. April d. J. an die
böhmische Kammer, zu verordnen, daß ihnen die neuen Urbarregister
zur Fortsetzung ihrer die Chodendörfer betreffenden Kommission eingehändigt werden möchten).

Bischofteinitz im Pilsner Kreis, taxiert auf 264.627 ℔ 41 gr.
1 ₰, in einer anderen Taxe des Slawata und Michna auf 218.314 ℔

27 gr. 1 ₰ mit zirka 2000 ℔ Mobilien, in einer dritten nach Abzug der Ansprüche der Prälaten zu Tein per 126.515 ℔ rein auf 121.515 ℔ 48 gr. 4 ₰ nebst 8031 ℔ für Mobilien, wurde nach Wilhelm dem Älteren von Lobkowitz 1623 dem Grafen Maximilian von Trautmannsdorf um 200.000 fl. verkauft. Seine Ansprüche nebst 60.000 fl. Gnade betrugen zusammen 175.000 fl., darunter eine Lazar Henckelsche Schuldverschreibung per 20.000 fl. aus den Jahren 1611 und 1612, über 6000 fl. Kriegsverdienst seines Bruders Adam, kroatischen Grenzgenerals, 8000 fl. Liefergeld für ihn selbst wegen des letzten Regensburger Kurfürstentages, 1760 fl. Auslagen wegen der Güter bei der Landtafel, die der Verkäufer zu entrichten hat und Trautmannsdorf deshalb zurückzuerstatten sind, bar ausgelegt 49.770 fl. 7 kr. 1 ₰ usw. Bis 1634 hatte er die Kaufsumme völlig berichtigt. Für die Ansprüche der Stifter Kladrub und Chotěschau per 26.961 ℔ 40 gr. mußte er einige Dörfer abtreten, konnte sich aber dafür 24.000 fl. behalten, beziehungsweise wurden ihm dafür abgetreten das Gut UnterKamenitz und das halbe Lohowa, früher dem Christoph Widersperger gehörig und taxiert auf 12.474 ℔, und drei Dörfer der Stadt Taus als Chrastowitz und die beiden Luschtenitz, letztere taxiert auf 3687 ℔ 42 gr. 6 ₰ („Konfiskationsprotokoll", I, 409 f.; Riegger, IX, 28 und 82; HA. L V 1, „Verz. aller erkauften konf. Güter" und T₂, 22. und 23. März, 18. April, 1. und 4. Oktober — Audienz 30. September 1622 und 20. Oktober 1623; allgemeine Akten 27. April 1635).

Pomeisl (Nepomischle) im Saazer Kreis, taxiert auf 44.845 ℔, wurde 1623 nach Christoph Stampach von dem Reichshoffekretär Hermann von Questenberg um die Taxsumme gekauft („Konfiskationsprotokoll", I, 298; Riegger, IX, 61; „Lehenfaszikel" 20. November 1623; allgemeine Akten 27. April 1635). Questenberg kaufte auch in demselben Jahr das Gut GroßKolleschau ebds., taxiert auf 50.280 ℔ 34 gr. 2 ₰, nach dem in ¹/₃ kondemnierten Jaroslav Julius Liebsteinsky von Kolowrat und sollte noch den Rest für die beiden Güter per 75.646 fl. rh. ins Hoftkriegszahlamt erlegen („Konfiskationsprotokoll", I, 298; „Lehenfaszikel" 20. November 1623, nach den Unterhandlungen über den Kauf mit dem Bruder Questenbergs, Abt von Strahow, geführt wurden; HA. L V 1 „Verzeichnis aller erkauften konfiszierten Güter").

Das Gut Kamenz im Chrudimer Kreis, taxiert auf 11.134 ℔, war dem Hans Sabkt von Kormitz strafweise ins Lehen versetzt worden. Nach dessen Tode ist es laut kaiserlicher Resolution vom 18. Jänner 1625 dem Oberſtleutnant im Colaltiſchen Regiment Franz de Curriers für 12.000 fl. zu Kriegszwecken trotz der Interzeſſion Karls von Liechten= ſtein nur als Lehen überlaſſen worden. Auf Curriers Beſchwerde, daß die Taxe als Lehen um ¹/₅ niedriger ſein müſſe, daß er es auch für ſeinen einzigen Sohn beim Militär nicht als Lehen haben wolle und auf ſeine Weigerung, das Geld für die Abführung des Colaltiſchen Regiments ins Reich herzugeben, wird ihm endlich durch Interzeſſion von Martinitz, Slawata und Trautmannsdorf das Gut erblich überlaſſen, doch nicht anderen zur Konſequenz, da frühere Reſolutionen gegen dieſes Trans= ferieren der Lehen ins Erbe lauten („Lehenfaszikel“ 1625—1630).

Die Güter Woſtrow, Pernikow (in den Akten Perkmirzow) und Hodkow im Czaslauer Kreis, taxiert auf 29.940 ℔ 28 gr. 4 ₰, wurden nach Hans Dionys Brzeský der Eliſabeth Zierotin geb. von Waldſtein außer dem Forſt und dem Wildbann am 13. September 1623 um 29.940 ℔ verkauft (Riegger, IX, 97; „Lehenfaszikel“ 8. Oktober 1624).

Kſiny im Kaurzimer Kreis, taxiert auf 6000 ℔, wurde nach Hans Felix Sturm 1623 um 3200 fl. dem Kaspar Crenogſeret verkauft, der es noch im ſelben Jahre dem Niklas Cumano verkaufte (das „Kon= fiskationsprotokoll“, I, 2, erwähnt, daß bezüglich des Zahlungsreſtes von 1500 fl. der Poſſeſſor zu vernehmen ſein werde; Rieggers „Materialien“, IX, 40, haben die Verkaufsſumme 5200 fl., was wohl ein Schreib= oder Druckfehler iſt; HA. L V 1 „Verzeichnis aller erkauften konfis= zierten Güter“).

Koſchumberg im Chrudimer Kreis, in der größeren Taxe auf 62.659 ℔ 17 (3) gr. 1 ₰ m., in der kleineren auf 50.265 ℔ 27 gr. 6 ₰ geſchätzt, wurde 1623 nach dem in ¹/₂ kondemnierten Dionys oder Diwiſch Lacembek Slawata mit den Fahrniſſen um die erſtere Summe an den Grafen Wilhelm Slawata verkauft; auch wurde, da es von Prag zu entlegen iſt, auf das kaiſerliche Jagdrecht verzichtet („Konfiska= tionsprotokoll“, I, 211 f.; allgemeine Akten 9. November 1635; „Lehen= faszikel 3. Juni 1623; HA. L V 1, „Verzeichnis aller erkauften konfis= zierten Güter“; die HA. K 4, 2. Juni 1623 haben wohl bei dem früheren Beſitzer verſchrieben Martinitz ſtatt Slawata, denn erſtlich war das Gut Koſchumberg eine alte Erbherrſchaft der Slawata — man vgl. außer den Akten auch Bilek, l. c. S. 7 und die Stammtafel Beilage I, und Ranke „Geſchichte Wallenſteins“, 3. Auflage, 1872, S. 6 —, dann wird auch die Witwe des früheren Beſitzers, die auf dem Gute 10.000 ℔, von denen seitens Slawatas die Hälfte zu entrichten war, verschrieben hatte, Veronika Slawata geb. von Zierotin genannt).

Endlich wurde das Gut Launiowitz im Kaurzimer Kreis, taxiert auf 25.313 ℔ 20 gr., auf dem aber viel Schulden hafteten, dem in feudum kondemnierten Ulrich Skurowsky wieder verkauft und ihm sogar dann gegen Erlag von 6000 ℔ aus dem Lehen ins Erbe transferiert (Konfiskationsprotokoll", I, 334; Riegger, IX, 42; „Lehenfaszikel" 8. — Audienz 2. Jänner 1629, „Lehenfaszikel 1631—1637" 8. Oktober 1631; allgemeine Akten 12. Mai, 19. Juli und 28. Dezember 1635).

Schließlich sollen noch die Güter Münchhof, Immligau und Krottensee im Elbogner Kreis, die wieder in die Zeit nach der Katastrophe von Eger zurückführen, in Betracht kommen. Die beiden ersteren zusammen taxiert auf 16.236 ℔ 40 gr. (16.236 fl. nach der Konsignation des Hofkammersekretärs Peter Hoffmann in HA. B XVI 2, 4. April 1637 — die „Hoffmannische Konsignation") und zwar das erste auf 13.760 ℔ 40 gr., das zweite auf 2476 ℔ 20 gr., wurde nach Wolf Christoph Lochner dem Oberstingenieur Alexander Borri in Abschlag seiner Gnade von 30.000 fl. überlassen. Die Mobilien, spezifiziert im Werte von 1157 fl. 17 kr., erklärt die Witwe Eva Lochner geb. Harrand von Korz als ihr Eigentum; sie will auch 4000 ℔ Morgengabe für sich und 2000 ℔, die sie hineingesteckt, nebst Vieh für ihre Kinder. Doch ist das Gut wüst, weshalb Borri am 4. Juni 1636 um eine neue Taxierung bittet. Auch bittet er zur Komplierung seiner Gnade noch um Krottensee, worüber aber wegen des in den sächsischen Einfall vom Jahre 1631 verwickelten Besitzers Niklas von Globen noch nicht entschieden ist (HA. B XVI 2, 4. April 1637 „Hoffmanns Konsignation"; „Lehenfaszikel 4. Juli 1636; allgemeine Akten 22. und 29. April, 7. und 17. Mai, 4. Juli, 11. Oktober und 20. November 1636). Schon in den Akten wird auf die irrtümliche Verwechslung und den Unterschied von Milkau-Immligau und Melikau, das mit Münchhof mehr wert als die Borrische Gnadensumme und noch im Besitze des Jobst Christoph und Albrecht von Globen war, die 1633 wegen religiöser Dinge zusammen bloß um 800 fl. bestraft waren, aufmerksam gemacht.

Seeberg ebdf. wurde nach Gottlieb Fabian von Brand, dem jünsten der drei Brüder von Brand, von König Ferdinand III. dem Rittmeister Melchior Adam Moser um 6000 fl. verkauft, wovon ⅓ dem Denunzianten zufiel und ⅔ für das Prager Schloßgebäude verwendet wurden. Der Verkauf dieses Gutes veranlaßte unter anderen eine

Kompetenzkollision zwischen der Wiener Hofkammer und der böhmischen Kammer in Prag, da der Kaiser 1631 bei der Übergabe der böhmischen Kameralien an den Kronprinzen sich die Kontributionen und die Konfiskationen ex crimine laesae maiestatis seit jener Zeit vorbehalten hatte. Der Kaiser hatte nämlich den Verkauf inhibiert, doch interzediert der König für Moser, da es sich in diesem Falle nicht um die großen Konfiskationen handle (allgemeine Akten 27. Juli, 23. September und 28. Oktober 1635, 29. April, 17. Mai — daselbst, daß Seeberg dem Hans Wilhelm von Zedtwitz gehörig — und 24. Dezember — der Konfiskationswert daselbst sogar 18.000 fl. — 1636; H.A. E I 2, 23. Mai 1585 — um jene Zeit wurde schon Seeberg an einen von Brand verkauft — und H.A. E I 2 1640 24. September 1637, worin die Brüder Jobst Kraft und Christoph Heinrich von Brand um die Restitution von Seeberg und Anweisung der 6000 fl. — eigentlicher Kaufschilling 8500 fl. — des Moser anderwärts bitten. Ihr jüngster Bruder Gottlieb Fabian, von dem sie es geerbt, sei wohl Page bei dem Schweden Taupadl, aber auch bei den Kaiserlichen Oberst von Metternich und Rudolf von Haaßperg, überdies auch erst 15 Jahre alt gewesen. Die beiden Brüder hätten das Gut wegen Schulden und ihrer drückenden Lage, da das Gut durch den Krieg sehr gelitten hatte, verkaufen müssen).

Endlich wurde Mšeno im Bunzlauer Kreis, das nach Akten ein Gut des Dietrich Malowetz, gewesenen friedländischen Landeshauptmanns, war, am 2. Mai 1637 dem Oberst Robert Geraldin für seine Gnade von 30.000 fl. von der Butlerischen Witwe Anna Maria geb. Burggräfin von Dohna auf den Taxüberschuß des Gutes Hirschberg per 25.843 (7) über die Butlerische Gnadensumme von 200.000 fl. im Werte von 34.895 fl. abgetreten. Für den Rest von 9032 — richtig 9052, beziehungsweise 9048 — fl. hatte Geraldin bereits die frühere Verpflichtung Butlers der Zahlung eines Monatssolds an sein, beziehungsweise jetzt Deverouxschen Regiment beglichen. Die übrigen 4600 fl. sollte er in 3 Raten von 1600, 1500 und 1500 fl. in den Jahren 1637, 1638 und 1639 zahlen (Bilek, l. c. ad Hirschberg; Gorge, l. c., S. 20; H.A. B XVI 2, „Hoffmannsche Konsignation" 4. April 1637, H II 1, 7. März 1637 und L V 2, „Verzeichnis etlicher vormals konfiszierter Güter, deren Inhaber vermög darüber ergangenen königlichen Kommissionsinstruktion zu erfordern"; allgemeine Akten 15. Mai 1636).

Ein anderes Mallowetzisches Gut Čkynie, genannt „auf dem hohen Hof", im Prachiner Kreis, war vorher nach dem 1623 in $^1/_3$

kondemnierten Zdenko Malowetz in der Taxe von 3695 ℔ 15 gr. seinem Sohne Gottlob verkauft worden. Die Schulden darauf betrugen 3100 ℔. Nach dessen Tode erhielt es wieder der Vater um diesen Preis, welcher Kauf, da die Quittung im Rentamte erlag, ratifiziert wurde („Lehen= faszikel" 20. Juli 1628 — am Rande: Est Catholicus).

Schließlich hatte Citow im Rakonitzer Kreis Hans Kaspar von Bellwitz noch vor der Rebellion seinem Bruder Hans Christoph verkauft. Während derselben wurden beide in feudum sentenzioniert und das Gut wurde Schulden halber 1630 an den Hauptmann der Prager Kleinseite, Georg Mallowetz, um 38.000 ℔ verkauft. Die Witwe des Hans Kaspar Bellwitz, Anna Maria, eine Tochter Abrahams von Gerstorf und zum zweitenmale mit einem Rabenhaupt vermählt, erhält für ihre dos von 2000 ℔ und die landesbräuchige 2¹/₂mal so große contrados 5000 ℔ von den 11.000 ℔ Kaufgeldern bewilligt, die Mallowetz schul= dig ist, doch muß sie von anderen Prätensionen abstehen („Konfiskations= protokoll", I, 176 s.; Rieggers „Materialien zur alten und neuen Statistik Böhmens", IX, 11; allgemeine Akten 10. und 19. November 1636).

Eine Schätzungsurkunde über die Herrschaft Königswart.

Von
Dr. Michael Urban (Plan).

Johann Sebastian von Zedtwitz, im Jahre 1622 Pfandinhaber der Herrschaft Königswart, schloß sich in diesem Jahre der evangelischen Kirche und sofort auch dem Aufstande der Stände Böhmens gegen K. Fer= dinand II. offen an, weswegen ihm diese auf 35.536 Sch. 22 Gr. 2 ₰ geschätzte Herrschaft entzogen wurde und an die kgl. Kammer heimfiel,[1]) jedoch mittels Kammer=Reskript ddto. Prag schon am 23. Mai 1623 an die Gebrüder von Metternich übertragen wurde, ohne daß der Kaufpreis hiefür festgesetzt worden wäre. Um hierüber eine Einigkeit zu erzielen, erging am 12. August 1623 an Theodor Simon Vahel von Lilienau, kaiserlicher Majestät Hauptmann zu Schlackenwald, der Befehl, den be=

---

1) Mitteil. d. Ver. f. Gesch. d. D. i. B., Jahrg. XIX, Nr. I, S. 32 u. s.

stehenden Wert und die Erträgnisse der Herrschaft Königswart abzuschätzen und das Schätzungsprotokoll nebst Relation an die kgl. Kammer nach Prag einzusenden.

Diese Schätzung, die als Zeitbild über den Wert der damaligen Latifundien einen hohen historischen Wert beanspruchen kann, geschah am 22. Feber 1624 durch genannten Vahel von Lilienau und David Johann Dietrich und Andreas Schneidewindt, k. Forstmeister zu Schlackenwald, die als Experten beigezogen wurden, ferner durch Hans Sebastian von Rebitz, Besitzer von Dürrmaul und Oberdorf bei Kuttenplan, „als negst gesessener von Adel" und Sebastian Pans, Bürgermeister zu Schlackenwald, von denen „wir gutes berichts von Wirtschaften und derselben Taxirung erachtet".

Diese Schätzungsurkunde, die ich in den Papieren meines verstorbenen Vaters fand,[1]) lautet wörtlich:

„Landt-Vbliger Anschlag vndt Taxa ober das Guet oder Herrschaft Königswarth, wie es dieser Zeit nach zimblicher Spolirung vndt verwustung deß ganzen Haußwesens vndt sonsten befunden worden, auff das Schock Meißnisch gerechnet.

Bestendige Geldt vnnd andere Erbzinß an Hünern, Ayern, Getraidt vnd andern, wie auch Fronen, Roboten, an Ackern, Schneiden, Tungen vnd dergleichen, wie specificirt hernach folget:

Geld-Zinß Walburgi vnd Michaeli, darbey auch die 2 ſſ 24 gr., so die Egerischen Vnterthanen wegen der Huitwaid in Lindig[2]) geben   82 ſſ 24 gr. 2 ₰

Veuß-Hüner 504½ stuck, die ubrigen 70 gr. führn Herrn Pfarrer à P. 6 gr. . . . .   50 „ 27 „ — „

Zinß-Ayer 19 ſſ 54: à P. 2 ₰ . . . .   5 „ 41 „ 1 „

Zinß-Recß 405 à P. 3 gr. . . . .   20 „ 15 „ — „

Zinß-Korn in alten 2½ Kahr à P. 4 ſſ . . . . . .   10 „ — „ — „

Zinß-Arbes 7 Töpler Strich à P. 3 ſſ . . . .   21 „ — „ — „

---

1) Im Jahre 1856 begann die Stadt Sandau wegen ihrer alten Braugerechtigkeiten einen Prozeß mit dem Fürsten Metternich in Königswart. Mein Vater war damals Stadtrat, und es dürfte daher diese Schätzungsurkunde nach Beendigung dieses Prozesses in den Papieren meines Vaters verblieben sein. Außerdem fand sich in diesem Nachlasse noch eine notariell beglaubigte Abschrift der Pfandurkunde über die Herrschaft Königswart, die K. Rudolf II. an Christoph Heinrich von Zedtwitz, ddto. Prag, am 1. Juli 1597 erließ.

2) Heute Lindau (Ober- und Unter-) im Egerlande. Ist im J. 1464 vom Heinrich III. von Meißen als Besitzer von Königswart den Egerer Bürgern Kaspar Junter und Jobst Rudusch abgekauft worden.

Zinß-Habern 92 Kahr 5 maß, hierzu auch gerait die 10 Kahr,
so die Egerischen Vnterthanen wegen der Huetwaid
geben à P. 2 ℔ . . . . 183 ℔ 15 gr. — ♃

Hanffamen, darnach in Nachfrag vnd Urbari nichts befunden   — „ — „ — „
Äckern 20 Tag à P. 30 gr. wegen der 5 Hof zu Königs-
wart vnd dieselben Jurspan vf das alte Schloß¹) .   10 „ — „ — „

96¹/₂ Tag Schneiden an den ebis Haußlein à P. 6 gr. .   9 „ 39 „ — „

6 Tag graßhauen à P. 6 gr. . . . .   — „ 36 „ — „

35 Segholzer seindt die Vnterthanen zu führen vnd die
Müller, so die Seegmühlen haben aufzuschneiden
schuldig. Davon werden beilauffig 6 ℔ Pret, jedes
zu 5 gr., bringen . . . .   30 „ — „ — „

---

1) Darunter ist die Ruine Borschengrün bei Sandau zu verstehen, das im
J. 1452 in der Fehde Heinrich II., Burggrafen von Meißen, mit der
Stadt Eger von den Egerern zerstört worden ist. Das Bild, das Bernau
in seinem Burgenbuche als Ruine Königswart bringt, gehört Borschengrün
(Würschengrün) zu. Das Schloß (die alte Mautfeste) Königswart wurde
im April 1648 von den Schweden zerstört. — Den Grund zu dem gegenwärtigen „neuen Schlosse" legte im J. 1690 Graf Philipp Emmerich von
Metternich. Allein Tatsache bleibt doch, daß schon in den vormetter-
nichischen Zeiten im Tale, nahe dem heutigen Schlosse, ein festes Gebäude
sich befunden habe und man kam im J. 1842, als man fürs neue Schloß eine
Wasserleitung baute, auf alte, dicke Grundmauern. Der Chronist P. Auer,
Schloßkaplan in Königswart, sagt: „Wenn zu diesem gegenwärtigen Schlosse
der Grundstein von einem Ahnen Metternichs gelegt worden ist und dasselbe
in seiner ländlichen altdeutschen Bauart den Familienfrieden und jedes häusliche Glück in sich nährte, die Tauben an den Gesimsen herum ihre Ruhe
fanden, der Boden des Schlosses als Speicher diente und einzelne Scheuern
vor dem Schlosse einst den Erntesegen in sich schlossen und gutmütigen Leuten
reichlich ihre Nahrung boten, wenn dergleichen Erinnerungen, wie die
Zeichnung des früheren („älteren") Schlosses (unter Grafen Philipp Emmerich)
von weiland Sr. Exzellenz Ludwig Ferdinand Benedikt Freiherrn von
Reinach zu Werth-Bailli vom Jahre 1800 im Hochfürstlichen Metternichischen
Kabinet zu sehen, Sr. Durchlaucht Klemens Wenzel Lothar Fürsten von
Metternich bestimmten, wenn auch mit bedeutend größeren Auslagen, zu
dem Aufbaue des beabsichtigten neuen, bedeutend erweiterten Schlosses
denselben Ort, Grund-Hauptmauern beizubehalten, so sind dies nur rühmliche
Beweise, wie sehr Sr. Durchlaucht den Besitz seiner Ahnen zu schätzen
wissen." — P. Joachim Auer kam im Jahre 1843 als Pfarrer nach
Sandau, wo er am 7. Dezember 1882 starb. P. J. Auer war in Kladrau
b. Mies geboren und als Kustos des Museums und der herrlichen
Bibliothek des Schlosses Königswart der Nachfolger des Kart Huß, der
als Gründer des genannten Museums anzusehen ist. — Die erwähnten
„5 Hof zu Königswart" werden auch „Ritterhöfe" genannt.

Zu den Maierfeldern (= Feldern der Maierhöfe) müssen
alle Vnterthanen, außer des Markt Königswart umb-
sonst fronen mit Ackern, Schneiden„ Seen, samben
vnd einführen deß Getraidts, wie auch des Samen
(= Einsammeln) uf dem Feldt, das Führen aus den
scheinen (= Scheuern) ins Schloß, ingleichen allen
Tung auf das Feldt zu schaffen, das Heu von allen
Wießmat uf die Schaferei vnd wo mans hin wolle,
wirdt geraidt ungefehr Ackern in allen 380 Tag
à P. 30 gr. . . . . 190 fl — gr. — ₰.

Schneiden 960 Tag à P. 6 gr. . . . . 96 „ — „ — „

Andere arbeit mit den Pferdten, eher mehr alß wenig auf
300 Tag gerait à P. 30 gr. . . . . 150 „ — „ — „

Mehr sollen hieher vor gewiße einkommen vnd nuzung
gesetzet werden die 230 fl, welche sie vor dessen Jr
Kay. Maj. den Jnhabern dieses guetts wegen auß-
gezogenen Waldt geben lassen, wofern es anders hoch-
gedachter Kay. Maj. fuetter also wollen zu reichen
befehlen, uff welchenfall der Kaufer solche Summa
dem anschlag nach billich bezalen. Da aber Jr Maj.
solche einziehen wolten, wie dann in der relation
vor rathsamb erachtet wirdt, blieb der anschlag vmb
soeviel geringer, derowegen was anhero anzutragen
unterlassen.

Für die Gerechtigkeit, daß den Künftigen besitzern diß
guets Prey-, Pau- und Prenholz nur zu seiner notturft auf anweisung des Forstmeisters vnd nicht
Zuuerkaufen auß den außgezognen waldten soll gereicht werden, wirdt anstat deß Waldzinß gesetzt . 70 „ — „ — „

Summa Summarum alle bestendige Erbzinnß
vnd Nuzung . . . . 931 fl 17 gr. 3 ₰

Jdes Schockh P. 30 fl angeschlagen, bringt . . . . . . 2798 „ 42 „ 6 „

Staigent vnnd fallende Nuzung

Bey diesen Guet Kan mit huet vnd trifften, auch dürren futter über Winder
gehalten werden Schaf noch in 1200. Für Jeds jährliche nuzung 10 gr.
gerait, bringt . . . . 300 fl — gr. — „

Melckhe Kueh kommen ohne Abbruch der Schaferey auf
4 Höfen in 80 gehalten vnd davon nuz genohmen
werden auf . . . . 250 „ — „ — „

Galtvieh vnd sonst von der Wait Können Jarlich ver-
Kaufft werden am wenigsten 20 Stt., Jdeß 6 fl
nuzung gerait bringt . . . . 120 „ — „ — „

Von Schweinen ist nuzung auf . . . . 50 „ — „ — „

Von den Preuhauß die Herrschaft darauß über das ganze

Jar die Pier in die Mauth[1]) in Wirtshaus und im
Markt nuß genommen werden, wird nuzung ge=
rechnet . . . . 120 ꟓ — gr. — ₰,
Von 4 Amtsmühlen mit 8 Gängen kan zum wenigſten
Zins genohmen werden 200 Kar getreidt à P. 2 ꟓ
angeſchlagen . . . . 40 „ — „ — „
Die Schneidmühl Kan genoſſen Jbe vber alle vnkoſten . 30 „ — „ — „
Fohren (Forellen) vnd andere Fiſchbach ſein Jerlich zu=
gewieſen vff . . . . 40 „ — „ — „
Von Jden gePrey Pier zu 6 Kar, welche in beeden
Marcken Königswart vnd Santa (Sandau) ge=
than werden, gebührt der Obrigkeit 12 Meßel Treba,
geſchehen ohngefehr beeden Orten in 70 gePrey, von
Jden meßel Treba 1 Gr. gerechnet, bringt . . . . . 14 „ — „ — „
Auf dem ganzen guet müſſen die Vnterthanen von Jden
erPauten Getraidt auf dem Feldt (außer welche ihren
Decem zum Gotteshauß reichen) alßbald geben, vnd
der Obrigkeit in die Schein (Scheuer) ſchaffen, die
funfzehente garb, demnach 1 Jar in das andere ge=
ſchlagen, der Obrigkeit einkommt an Korn 30 Kar
à P. 4 ꟓ . . . . 120 „ — „ — „
Gerſten 20 Kar à P. 3 ꟓ . . . . 60 „ — „ — „
Haber 100 Kar à P. 2 ꟓ . . . . 200 „ — „ — „
Die Vnterthanen ſein ſchuldig zu geben von Jden hof
viel das 10. IamP, wird angeſchlagen auf 40 haupt
à P. 24 gr. . . . . 60 „ — „ — „
Jngleichen die 20te Ganß von denen ungefehr 16 ein=
kommen à P. 15 gr. . . . . 4 „ — „ — „
Mehr iſt ein Zoll (Mauth) Königswart, daß die Obrigkeit
geneuß jährlich vff . . . . 100 „ — „ — „
Summa Summarum Aller Steigent vnd fallende
nuzung 1417 ꟓ, das Schocht angeſchlagen P. 15 ꟓ,
bringt . . . . 21.255 ꟓ — gr. — ₰.
Ein hof zu Kornauen (Kornau im Egerlande), welchen izt Lorenz Frießel in
Eger helt, gehrt dem Schloß Königswart zu Lehen, hat aber Keine Dienſte
noch Zinß vff ſich.

1) Die Veſte Königswart war eine an der Straße Nürnberg=Eger=Plan=Pilſen
gelegene Mautveſte, da durch den Paß unterhalb der Veſte die Reichs=
und Heeresſtraße vorbeiführte. Urſprünglich führte dieſe Straße übers
„Guckaföißl“, alſo übers Gebirge (den Kaiſerwald) nach Prag. Als man
im J. 1843 eine Straße nach Sangerberg baute, fand man unterhalb der
„alten Straße“ ſtrecklang nebeneinanderliegende Baumſtämme. Im J. 1840
fand man ein altes Ritterſchwert, deſſen Klinge die Aufſchrift trug „Jvan
Martiniz unter dem Schuße Gottes 1420“ (?). Außerdem grub man da
viele Pfeile aus.

Inſtehendeß.

Daß wonhauß alda, darbey auch ein Mayerhof mit ſchönen ſtällen vnd Schupen,
Item Mulz⸗ vnd Preuhauß neben vnd mit den andern höfen vnd Schaf⸗
feryen, welche mehrentheils ·abgenutzt vnd ein Rembliches zu wider anrich⸗
tung erfordert, welctes in allen angeſchlagen . . . . 1500 fl — gr. — ₰

Drei Kirchlehen (Königswart, Sandau und Schönſicht)
bei die Herrſchaft jedes P. 200 fl angeſchlagen . . 600 „ — „ — „

Mehr ſein die Vnterthanen ſchuldig zum wonhauß vnd
den Meyerhof darbey, Item zu den Höfen, an den
Lehen (Lehnhof) vnd Amesgrün (Amonsgrün), alles
Prennholz, holz, Kalf, Leimb (Lehm), Ziegelſtein vnd
anders umbſonſt zu führen, darfür wird angeſetzt . 500 „ — „ — „

Für Jagt, WildPan, Nider vnd Obergericht vnd andern
Herrligfeit auf den gantzen guet, ſo wol des aus⸗
gezogenen Waldes . . . . 1000 „ — „ — „

Bei dieſen Gut ſein 9 Teuchl außer des Neuen Teichs,
ſo vorher Verwerfen zu Schlagfenwaldt vnd Schön⸗
feldt geſchüttet, In welchen geſetzt werden fan vber
Sommer 30 fl Sezling Jedes fl dem Landtsbrauch
nach angeſchlagen à P. 10 fl . . . . 300 „ — „ — „

In gedachten Neuen Teich, der bishero Jderzeit mit vor⸗
bewußt deß Oberamts in Schlacenwaldt vnd wegen
den hier Verwerfen daſelbſt unſchädlich gefiſcht werden
müſſen, wirdt ſehr gut angeſehen zur verhüttung
allerley fünftigen ſtrits auch ſovil die Fiſchnuzung
anlangt, als auch zuzihen Jrer Kay. Maj. ein intrat
bei dem Schlacenwaldtiſchen Zehnamt von deme, der
es geneuß P. 10 fl. Jerlich gemacht vnd alſo diſe
Fiſchnuzung hingebracht werden tann off . . . . 200 „ — „ — „

Dieſes wirdt nun promemorial verzeichnet, der Camber
auf ratification zu referiren.

Mehr ſeyn bey dieſen guet vnterſchieden Hofen drauf Jerlich
vber Sommer vnd Winder in 200 Kar Egeriſch maß
Je ein Kar beileuffig vf 3 öhl oder 3 Prager Strich
gerait, angerechnet worden, Vnd über ſolches ein
Viertheil gebracht wirdt bei 15 Huben Velts Jde P.
300 fl angeſchlagen . . . . 4500 „ — „ — „

Rota! Zu dieſen Feldern aber ſeynd nit mit gerechnet,
was zum Hof Hoßlau (= Haſelhof) durch die Frau
von Zedtwitz von den Burgern zu Konigswarth
erfauft und wider auszuleſen geben ſoll,

Auch wirdt hieher geſetzt Pferdt vnd Rindvieh, ſo herr
Adam Schmidl von Jr Maj. geldt erfaufft vnd zum
Gut geſchlagen wirdt, vermög beiliegenden Spezification 836 „ 34 „ —„

Item am herbst ausgeseeten Winterkorn vorhandenen Korn
Eß= vnd SommerKorn, wie auch an Samgersten,
Samb= vnd Futter Haber, in geströ (= Stroh) vnd
vorhandenen Körnern ist vngefähr . . . . 1.600 ℔ — gr. — ₰
Summa Summarum Jnstehendes . . . . 50.836 ℔ 34 gr. 2 ₰
Summariter dieses ganzen Guttes Königswarth . . 60.036 „ 17 „ 1 „

In eine dieser „Schäßungsurkunde" angefügten »Relation«
sprechen die vorgenannten Kommissäre ihre Meinung ferner auch dahin
aus, daß die 230 ℔ Waldzins, den die früheren Pfandhalter der Herr=
schaft Königswart aus dem Schlackenwalder Zentamte jährlich ausgezahlt
erhielten, sich beheben vnd alles andere Gehölz, so auf der Herrschaft
Königswart sich befindet, der k. Kammer verbleibe, daß aber hiefür den
Käufern vnd ihren Unterthanen das Recht zustehe, gegen ein vereinbartes
Angeld alles Brenn= vnd Brauholz durch das Schlackenwalder Forstamt
beziehen zu können.

Aus dieser Relation sei noch Puukt VI wörtlich hieher gesetzt; er
lautet: „Es Zinsen Stifft Töplische Vnterthanen in Dorff Rauschenbach
Järlich 7 Strich Arbes Jre Maß. Darfür die Königswarter Pfandshalter
bishero auß guten willen annahmen an geldt 9 ℔ 20 gr. Können aber
wohl die Körner hinfüro gefordert werden, derowegen wir auch angesezet
die gänzliche erlassung selbiger, darumben sich der Hr. Abt (des Stiftes
Tepl) auch anmeldet."

Damit waren die Gebrüder von Metternich nicht zufrieden vnd es
erging daher am 12. August 1625 an Th. Sim. Vahel v. Lilienau
neuerlich der Befehl, er wolle alsobald seine guten Bedenken angeben, „was
ein vnd andern Punkts halber Jrer Kay. Maj. nützlich könne gerathen
werden, also daß auch die Herren von Metternich darwider mit billigkeit
sich nicht beschwehren köndten".

Es kam dann zu weiteren Unterhandlungen zwischen der k. Kammer
vnd den Gebrüdern v. Metternich. Der wirkliche Kauf der Herrschaft
Königswart mit den Dörfern Groß= vnd Kleinsichdichfür durch die
Metterniche erfolgte erst am 10. April (nicht 12. d. M.) 1630.[1]

---

1) Eine korrekte Abschrift dieses Kaufkontraktes, der im goldenen Gedächtnis=
buche III, p. 20 der kgl. Landtafel Prag eingetragen ist, ist in meinem
Besitze.

Der Neuerner Federnhandel.

Ein Beitrag zur Geschichte des Handels in Böhmen.
Von
Josef Blau.

Der Gänsereichtum Westeuropas, der in früheren Jahrhunderten hervorgehoben wird, ist heute nicht mehr vorhanden. Die Gans ist ein Weidevogel und braucht für ihre Aufzucht ein eigens hiezu gewidmetes großes und bewässertes Stück Land. Diese Gänseweide ist nur mehr dort vorhanden, wo die Gemeinden öde liegende Flurteile besitzen, was am ehesten in schwächer bevölkerten flachen Gegenden der Fall ist. Seit langer Zeit sind nun einige Teile Preußens, dann Böhmen, Mähren, Galizien, Ungarn und Kroatien, kurz mehr östlich liegende Landschaften Europas diejenigen, welche die westlichen und Gebirgsgegenden mit Gänsen und Federn versorgen. Seit den Zeiten der Römer haben die Wanderungen der Gänsevölker nicht mehr aufgehört. Bevor sich die Eisenbahnen diese Bewegung zu nutze machten, waren unsere Landstraßen oft auf längere Strecken von den Heerzügen der Retterinnen des Kapitols bedeckt, die von Hunden umkreist, die Luft mit ihrem Kriegsgeschrei erfüllten. Die besorgten Hausfrauen versperrten beim Nahen dieser weißen Regimenter schnell ihren Eigenbesitz an Gänsen, damit sich diese nicht unter die Schar der Schwestern mischten. Ein Herausfinden war meist unmöglich. Heute ziehen diese Scharen nur mehr bis zu günstig gelegenen Eisenbahnstationen, wo nicht selten große Stallungen ungeheure Scharen von Gänsen vereinigen. Eine solche ist bei dem Bahnhofe Drosau-Beschin errichtet worden. Drosau ist die Heimat der westböhmischen „Gänsetreiber", wie man die Gänsehändler im Volksmunde nennt.

Da der Handel mit Gänsen und Federn zumeist gegen Westen ging, ist es erklärlich, daß sich diese Ware im Westen Böhmens aufhäufte. Hier an dem nicht nur strategisch wichtigsten Landestore, dem Passe von Taus oder Neumark, sammelten sich seit jeher die Gänseherden und Federballen, der Überfluß des Landes, um von da weiter verfrachtet zu werden. Hier, auch von der Nachfrage am leichtesten erreichbar, ward die Gegend von Taus über Neumark und Neuern bis Drosau der Hauptplatz für den böhmischen und später den europäischen Federnhandel;

5*

Neuern aber war der Vorort.[1]) Für das Alter und die Bedeutung dieses Handels und des westböhmischen Handels überhaupt spricht der Umstand, daß schon Kaiser Karl IV. den Tausern das Privilegium der Federn-ausfuhr und einen zweiwöchentlichen Markt erteilte.[2]) 1363 beteilte der-selbe Herrscher auch Pilsen mit dem Markte acht Tage vor und acht nach Bartholomäi.[3]) Die Pilsner Märkte sind heutzutage noch für den Federn-handel von Bedeutung. Früher hatten Bettfedern und Gäuse, die ein besonders starkes Kontingent stellten, ihren hergebrachten Marktstandplatz in bestimmten Teilen der Schul= und Engelgasse.[4])

Nebst anderen Naturalien waren auch die Federn in manchen Orten Böhmens eine Giebigkeit der Untertanen. So hatte vor 1848 in Chlumetz jeder Hof $1^1/_2$ Pfund Flaum und 2 Pfd. Federn, eine Chaluppe ($^1/_4$·Hof) $^1/_4$ Pfd. Flaum und $^1/_2$ Pfd. Federn der Herrschaft abzuliefern.[5])

Im Jahre 1724 wird der Überfluß Böhmens an Federn, Fellwerk, Fleisch, Brot usw. hervorgehoben.[6])

Der Federnhandel hängt von dem Bedarfe an Betten ab und wächst und geht zurück mit dem Wechsel dieser Nachfrage, die nach Kriegen und großen Bränden immer besonders lebhaft war und heutzutage durch die Vorsorge für den Fremdenverkehr recht rege erhalten wird. So brachten die Napoleonischen Freiheitskriege den Neuerner Federnhandel zur höchsten Blüte und der viertägige Brand von Hamburg (5. bis 8. Mai 1842) wirkte durch seine Schäden ungemein belebend auf denselben, wie ja auch das Hagelwetter dem Glaser Arbeit gibt.

Der Bedarf an Betten war nicht zu allen Seiten derselbe. Er hat auch seinen Entwicklungsgang, der mit dem Wachstum des Wohlstandes und der Verfeinerung der Lebensbedürfnisse der Menschen gleichen Schritt hält. Im Beowulf schlafen der Held und seine Krieger auf Betten (beddum), die auf der Diele ausgebreitet wurden. In der altgermanischen Zeit bestand die Füllung derselben aus Gansfedern oder Tierhaaren. Das Wort Polster ist gemeingermanisch, gehört zur Wortfamilie pulla (Beule) und gibt das Schwellende infolge von Ausstopfung an. In den

---

1) In Meyers Großem Konversationslexikon wird Neuern als der Mittel-punkt des europäischen Federnhandels bezeichnet.
2) Bachmann, Gesch. Böhmens, II, 74.
3) Hruška, Kniha pamětní kr. m. Plzně, 19.
4) Deutsche Arbeit, II, 479; Eiblitz, Zur Gesch. d. Pilsner Märkte.
5) Český Lid, XII, 8.
6) Mitt. d. V. f. G. d. D. XXXI, 358 ff.

später auftretenden, über die Diele erhöhten Bettladen lag über dem
Bettstroh eine Decke, das Leiblaken, oder das mit Federn gefüllte Unterbett,
darauf die Deckpolster nebst Kopf= und Wangenkissen, was zusammen das
„Bettgewand" ausmachte. So beim wohlhabenden Teile des Adels und
der Bürgerschaft. Den ärmeren derselben diente lange noch Pelzwerk als
Bett und Decke.[1] Ein Egerer Inventar v. J. 1585 zählt auf: „Ein
Span Peth, ... dann vier Pietlein, zwene Polster Pordt Ein Kieß.[2]
1687 hinterließ der gewesene Mälzer Georg Maschl in Neuern:[3] „Groß
und kleine stuckh Peth, so taxieret per 9 fl. 18 kr., Lylacher 2 stuckh,
so taxieret per 1 fl. 30 kr., Polster Züchl 2 stuckh, so taxieret per 1 fl."
Von Interesse ist die Aufschreibung von 1697 über eine Egerländer Braut=
ausstattung, welche sagt: „39 Pfund neue Federn seindt zu zweyen
Büeth, 4 Küßen und 1 Bolster Kommen."[4] 1793 hinterließ die Witwe
Elisabeth Gerlin in Vollmau:

„3 stuckh große Betten (versteigert) zu 4 fl. 56 kr., 4 fl. 56 kr. und 5 fl.
10 kr.; Kopfpölster von Federn (nicht verst.); 1 strohsack (verst.) für 16 kr.;
1 Bett von Plaumfedern" (n. verst.).[5]

Gut gefüllte Betten sind hoch und kommen im späteren Mittelalter
hie und da auch schon bei wohlhabenden Bauersleuten vor. So heißt es
in des Strickers Bloch 366 ff.:

»ir (der Bäuerin) bett, dâ si ûfe lac
daz was vil senfte unde hoch
dar ûf mohte ein sneller vlôch
mit sprüngen niht erlangen.«

Dem heimgekehrten Knappen Helmbrecht betten Mutter und Schwester
auf dem Backofen:

»einen bolster und ein küsse weich
das wirt im under den arm
gelègt ûf einen oven warm.«[6]

So wurde aber nur bevorzugten Gästen aufgewartet.

1) Heyne, Deutsches Wohnungswesen, 57, 112, 264.
2) Nagl, Deutsche Mundarten, I. Bd.: Grabl=Pistl, zur Best. des Alters der
   Egerländer Mundart.
3) Zeitschr. f. österr. Volkskunde, VI, 248.
4) Unser Egerland, IV, 28.
5) Zeitschr. f. österr. Volkskunde, VIII, 194.
6) Meier Helmbrecht, 856.

Außer Strohfäcken wurden von den Bauern landschaftsweise auch Laubfäcke als Liegepolster benutzt. In einem Inventar von 1435 aus Baden in der Schweiz werden in einem Hofe »26 loubsack« verzeichnet.[1]

Auch Spreusäcke taten dieselben Dienste. Wie heutzutage noch im Böhmerwalde „Flau'nbugl" so war im Mittelalter »spriuwersac« ein Spottname für den Bauern.[2]

Noch um 1770 schliefen bei uns sehr viele Bauern auf schlechtem Stroh, das auf der Diele ausgebreitet war oder auf den um die Wände und den Ofen laufenden Bänken und zwar in ihren Arbeitskleidern.[3] Noch 1811 wird über die Bewohner des steirischen Bezirkes Arnfels bei Marburg ähnliches amtlich berichtet.[4]

Selbst im gänsereichen tschechischen Teile von Böhmen begnügten sich arme Leute mit Federn von anderen Vögeln als Gänsen, namentlich von Hühnern, trotz des allgemein — auch im Deutschen — verbreiteten Aberglaubens, daß man auf solchen Federn nicht sterben könne.[5] Auch in Deutschland schätzte man die Hühnerfedern nicht, obwohl sie eine gute Füllung von Kissen und Bankpfühlen abgaben: »auch sind ir (der Hühner) federen gut in die golter und banckpfulgen«.[6]

Wir haben in dieser Darstellung des Neuerner Federnhandels zwei Phasen des Geschäftsganges zu unterscheiden: den Handel n a ch Neuern und den Handel v o n Neuern, oder mit anderen Worten den Einkauf der Ware durch die Großhändler vom Erzeuger oder Zwischenhändler und die Verbringung derselben durch die Hausierer. Seit jeher war der Handel mit inländischen Rohprodukten (Fellen, Leder, Federn, Getreide, Schafwolle, Pottasche usw.) in den Händen der von anderen bürgerlichen Geschäften ausgeschlossenen Juden.

Von ihnen wurden die Federn im ganzen Lande zusammengekauft und durch eigene Fuhrwerkbauern nach Neuern geliefert. Noch im Jahre 1768 genügte die Produktion Böhmens dem Bedarfe der Exporteure. In diesem Jahre war nach der Statistik die Einfuhr aus fremden wie

---

1) Heyne, Körperpflege und Kleidung, 99.
2) Heyne, Nahrungswesen, 61: Die Spreu heißt im Böhmerwalde „D'Flau'n".
3) Mitteil. d. Ver. f. Gesch. d. Deutschen, 17, 353 ff.
4) Zeitschr. f. österr. Volkskunde, XII, 123.
5) Český Lid, XI, 82.
6) Heyne, Das deutsche Nahrungswesen, S. 194.

aus den Erbländern gleich Null.[1]) Mit dem Federnhandel wurde auch der Handel mit Wolle verbunden. (Siehe Beil. 1.)

Wie bereits erwähnt, hob sich nach den Napoleonischen Kriegen die Ausfuhr in hohem Maße; in der ersten Hälfte des vorigen Jahrhunderts gelangte der Neuerner Federnhandel zu solcher Entfaltung, daß die heimische Produktion an Federn nicht mehr genügte. Man begann, Federn aus Mähren, Galizien, Ungarn und Kroatien zu beziehen. In Neuern herrschte damals ein ungemein reges Leben. Alte Leute können sich heute noch lebhaft desselben erinnern und ich höre heute wie schon vor fünfundzwanzig Jahren dieselben von dem damals so regen Geschäftsgange, von ihrer eigenen Tätigkeit und ihren und anderer Erlebnissen in jener Zeit erzählen. Schon um 1746 hatte Neuern 17 obrigkeitliche „Schutzjuden", von denen 16 im Stadtteile Unterneuern wohnten und deren einige schon damals und später als Federnhändler genannt werden. Noch um 1800 gehörte der „Federhandlzins", den die Neuerner Judengemeinde mit 15 fl. zu entrichten schuldig war, unter die „standhaften Zinse" der Herrschaft Bistritz. Das größte Geschäft betrieb Meier Abraham Janowitz, der im Jahre 1764 bei Johann Huter 1530 fl. 41 kr. und bei Veit Hueder i. J. 1768 eine Wechselschuld von 1415 fl. 20 kr. gut hatte. 1742 hatte der aus Janowitz zugezogene Handelsmann Abraham Löbl ein Haus im sog. Judenwinkel, das im Jahre 1771 die Nummer VII erhielt, erkauft und übergab es 1756 an seinen Sohn Schmula (Samuel) Abraham Janowitzer, während der andere Sohn, Meier Abraham, schon 1749 das später mit der Nummer XVIII bezeichnete Haus von Khanny Österreicher erkauft hatte. Diese beiden Brüder, welche eine Handelskompagnie bildeten, nahmen 1783 Maiers Weib Sorl und dessen noch unmündigen Sohn Aron in die Gesellschaft auf und stellten letzterem ein Erbteil von 5000 fl. sicher. Die Firma sollte den Namen „Maier und Samuel Janowitzer" weiter- und nach Meiers Tode die Bezeichnung „Samuel und Meier Janowitzer seel. Erben" führen. Die Firma hatte keinen langen Bestand, denn schon 1790 schloß Samuel Abraham Janowitzer mit seinen zwei Söhnen Wolf und Abraham einen „Sozietätskontrakt in Woll- und Federnhandel" auf sechs Jahre. Samuel brachte das mit 6864 fl. bewertete Warenlager, Außenstände von 4163 fl. und 1500 fl. bar, Wolf, der schon viele Jahre das Geschäft mit dem Vater gemeinsam betrieben, 9919 fl. bar und 4163 fl. Aktivschulden und

---

1) Mitteil. d. B. f. G. d. D., XI, 292.

Abraham 7000 fl. zu, zusammen 33.609 fl. Die Gesellschaft erhielt den Namen: Samuel Janowitzer und Söhne. Der Vater Samuel handelte außerdem auf eigene Faust mit Leinwand, Heu und Getreide und stand mit den Herrschaftsämtern in Bistritz und Teinitzl in lebhafter Geschäfts= verbindung. In den Rechnungen der Gesellschaft erscheinen Stöckner Wolle, Glattauer Wolle, ferner die Federnfirma Nathan Arnstein in Wotitz und wiederholt Glieder der damals noch wohlhabenden Glasmacher= und Gutsbesitzerfamilie Hafenbrädl erwähnt. Dieses Handelsgeschäft, das mit für jene Zeit so ungewöhnlich großen Mitteln arbeitete, veränderte seine Firma in Janowitzer, Porges & Co., später in Janowitzer & Fleischl. Die Firma Fleischl betreibt heute noch in Neuern die Federnreinigung (mit Dampfkraft) und ein Versandgeschäft. Ein Sohn dieser Familie hat ein Federngeschäft in Pest errichtet und ist dort dänischer Konsul. Schon 1746 bestand auch die Firma Klauber, heute A. Klaubers Sohn; sie betreibt nun gleichfalls eine Dampfraffinerie und großen Versand in großen und kleinen Mengen. Eines der größten Federngeschäfte in Neuern war Porges, Vater & Sohn. 1805 schuldete der Woll= und Federnhändler Mathias Metzner dem Hönig Hahn in Neuern 874 fl. Die Neumarker Firma Kohner & Bruder ist anfangs der fünfziger Jahre nach Pest übersiedelt. Von Deschenitz bei Neuern aus versenden Max Berger und Josef Blahut viel der Ware im kleinen, auch fertige Betten. Auswärtige Firmen, von denen Federn und Wolle nach Neuern und Umgebung ge= liefert wurden, sind Adam Fürth in Schwihau, dem der Neuerner Schutz= jude Löbl Moises für empfangene Federn i. J. 1732 den Betrag von 68 fl. schuldete; Frau Susanne Fürth und Söhne in Schwihau, der i. J. 1801 der Oberneuerner Woll= und Federnhändler Kaspar Großkopf, „weil er mit ihnen wirklich schon durch mehrere Jahre in Handlungs= verkehr mit Wolle und Federn begriffen", sein Hab und Gut verpfändete und der er zwei Jahre später 8067 fl. schuldete; Daniel Fürth in Schüttenhofen, dem derselbe Großkopf 1803 für geborgte Federn und Wolle mit 4489 fl. im Rückstande war; endlich im gänsereichen ehemaligen Taborer Kreise die heute noch bestehende Federnfirma Arnstein in Wotitz und vor allen in Tutschapp, Ger.=Bez. Sobĕslau die Firma Bechinsky. Schon 1788 hatte Moises Zachelius aus Tutschapp bei Peter Pangratz in Neuern 209 fl. stehen. 1799 hatte Mose Bechinsky aus Tutschapp ein Guthaben von 401 fl. bei Michl Großkopf in Neuern, während die Ge= sellschafter Johann Adam Schwarz und Johann Hurm 1796 dem David Bechinsky von dort 543 fl. schuldeten. Und noch ein Beispiel aus der

schönen Literatur: Unser berühmter Landsmann Josef Rank schreibt in
seinem letzten Buche, den „Erinnerungen aus meinem Leben", S. 113,
daß sein Vater, der neben der Landwirtschaft auch einen schwunghaften
Federnhandel betrieben hatte, seine Ware aus Tutschapp bezog: „Besonders an den reichen, gewaltigen Juden aus Tutschab (den Federn-
lieferanten meines Vaters) dachte ich mit Bangen in jener Nacht; er war
ein großer, schöner Mann, in der Haltung sehr würdevoll und gemessen,
im Benehmen freundlich und gesprächig. Er kam alle zwei Jahre einmal
auf Besuch, bewohnte dann unser Familienstübchen und hielt dort täglich
stundenlange geheime Konferenzen mit meinem Vater. In der großen
Familienstube erschien er gerne, wenn die Familie mit Knechten und
Mägden bei Tische saß. Da stellte er sich in langem pelzverbrämtem
dunkelgrünem Schlafrock und aus einer langrohrigen Pfeife paffend vor
dem Tische auf, sah alle nach der Reihe freundlich an, stellte kleine Fragen,
die er meist selbst beantwortete und schritt dann eine Weile behaglich
auf und ab. Trotz alles Paffens kam nie ein Wölkchen Rauch aus seinem
Munde oder durch den Deckel der Pfeife; alle paar Minuten wurde
Feuer gemacht, der Pfeifendeckel aufgeschnellt, glühender Schwamm eingelegt, dann wieder Deckel zu, biffbaff — und kein Rauch!"[1]

Zu jener besten Zeit machten nicht nur unsere Großhändler, sondern
auch Gastwirte und andere Gewerbsleute gute Geschäfte. Da war ein
fortwährendes Ankommen und Abfahren von Frachtwagen. Die von
Ungarn herkommenden Wagen waren sehr groß, unbeschlagen, plump und
massiv aus Holz erzeugt und beanspruchten eine gehörige Zugkraft, um
von der Stelle gebracht zu werden, wobei die ungeölten Holzachsen ein
Knarren und Singen erzeugten, das sich von ferne wie Regimentsmusik
angehört haben soll. Auf diesen breiträdrigen Wagen, die für die ungarischen Wege gebaut waren, kamen die Federn, meist rohe, ungeschliffene
Ware (Rupf), in große Ballen verpackt, an. — Die Wagen waren meist
mit Ochsen bespannt, deren in der ersten Reihe drei, vorne zweie gingen.
Statt Riemen und Ketten waren meist Stricke verwendet. Mit Staunen
betrachtete man die Fuhrleute, Ungarn und „Krowotn". Die Einfahrt
nach Neuern war von der fataler Enge; die Wagen kamen von der
Nordseite (von Klattau an der Kaiserstraße) her und mußten am Rathause vorüber, dem ein Anwesen nahe gegenüberstand. Zwischen diesem
„Wompatnhaus", das heute bereits längst beseitigt ist, und dem Rat-

---

[1] Um 1825.

haufe führte die Straße auf den Unterneuerner Ringplatz. Die Mauer des Rathaufes war vom Fuhrwerk stark abgeschunden und sah in ihrer ganzen Länge, da sie aus Ziegeln erbaut war, rot aus.

Auch die Gemeinde selbst hatte von diesem Geschäfte ihren Nutzen, da sie ein Waghaus besaß, das dem Handel diente und ihr durch ein Privilegium des Grundherrn Wenzel Albrecht Kotz von Dobrš (1665 bis 1698 Herrn auf Biftritz) bewilligt worden war. Die Urschrift desselben ist 1703 beim Brande des Rathaufes zugrunde gegangen. Die Wage war in der Gemeindescheuer in der Nähe des Rathaufes aufgestellt. In den vier Jahren von 1741—1745 waren 25 fl. 23 kr. 3 ₰ an Waggeld eingegangen, wovon der Wagmeister ein Drittel erhielt.[1]

Viele Leute hatten von diesem Handel auch Verdienst durch Federnschleißen und durch die Arbeiten auf den Federböden.

Die Juden, denen erst von Maria Theresia das Haufieren — aber nur in Böhmen, Mähren und Schlesien und nur mit einheimischen Waren — erlaubt wurde, beschäftigten zum Vertriebe ihrer Ware ins Ausland zahlreiche Kleinhändler, durchwegs Christen. Die Bauern und städtischen Ackerbürger, die im Winter nichts zu tun wußten, nahmen sich des Federnhandels an. Nicht selten schlossen sich mehrere Händler zu einer „Kameradschaft" zusammen und handelten auf gemeinsame Rechnung, so Johann Adam Huther und sein Sohn Thomas Huther, die Woll- und Federnhändler Christoph, Michl und Kaspar Großkopf, dann Johann Adam Schwarz und Johann Hurm aus Neuern. Der Großhändler packte ihnen einen Wagen mit Federn voll, der Hausierer zahlte etwas an und unterschrieb einen Wechsel und zog dann, von einem oder zwei Trägern begleitet, hinaus ins Reich. In sicheren Gasthöfen stellte man ein und jeder Manu packte sich eine Rückenlast auf, die nun vertragen wurde. Gewöhnlich kaufte der Händler soviel Federn ein, als der Wagen faßte, 40 bis 50 Zentner. Das Bepacken eines alten Fuhrmannswagens wollte auch gelernt sein und dauerte 1—1½ Tag. Nach statistischen Aufschreibungen wurden im Jahre 1768 aus Böhmen in die Erblande für 27.686 fl., in fremde Länder für 76.556 fl. Federn ausgeführt, die alle böhmischer Herkunft waren.[2] Diese Frächterei wurde von Einheimischen besorgt. In der Blütezeit dieses Handels gingen die Wagen in die Schweiz, in die Rheingegenden und nach Hamburg ganz regelmäßig hin und her. Nach und

---

1) Neuerner Archiv.
2) Mitteil. d. V. f. G. d. D., XI. 292.

von jeder Richtung waren immer zwei Wagen auf dem Wege. An den bestimmten Stellen erwartete sie Vorspann, in gewissen Gasthöfen hielten sie Rast und auf halbem Wege trafen sie mit den zweiten Wagen zusammen, die ohne Gegenfracht der Heimat zustrebten. Im Winter führten sie kurze Vorderschlitten mit, die an heiklen Stellen unter die Vorderräder des Wagens geschoben wurden. Ein Unfall kam höchst selten vor. Die durch Bayern nach der Schweiz fahrenden Frächter hatten wiederholt Anstände mit der bayrischen Straßenpolizei. Da die schmalen, nur dreizölligen Räder ihrer schweren Wagen tiefe Geleise ausfuhren, ordnete diese den Gebrauch breiterer, erst vier-, dann gar sechszölliger Räder an. Wie sehr unsere Landsleute dies als Schikane empfanden, zeigt die Tatsache der Überlieferung dieser Umstände. Durch Zölle war der Federnhandel anfangs nur wenig behindert. Bis 1748 zahlte man von einem Zentner ungeschliffener Federn 10 kr., nach diesem Jahre nur mehr 5 kr.[1] Erst in den Jahren 1849—50 wurde durch die starke Erhöhung des Zolles nach der Schweiz der Großhandel dahin sehr erschwert und so ziemlich brach gelegt.

Der Neuerner Federnhandel hatte sich in der ersten Hälfte des vorigen Jahrhunderts den halben europäischen Kontinent erobert und selbst nach Amerika wurde eine Unternehmung versucht. Unsere Federnhändler gingen in die gesamten Alpenländer, nach Süd-, Mittel- und West-, auch Norddeutschland, Frankreich, Belgien, Holland und sogar nach Schweden.

Mit dem Aufschwunge des Federnhandels entstanden in der Fremde Niederlagen, die zu neuen Zentralpunkten des Handels wurden, von Hausierern gegründet, die ihre Ware zum Teil heute noch aus Neuern beziehen, nachdem diese einstigen Niederlagen bereits längst als selbständige Firmen bestehen. Solche Niederlagen bestanden in Linz, Innsbruck, München, Zürich, Zurzach, Basel, Frankfurt a. M., Düsseldorf, Köln, Memmingen, Poeningen, Amsterdam, Paris, Bremen, Hamburg, Lübeck, Hannover und Magdeburg. Einige dieser Firmen gingen bald ein, andere entfremdeten sich der Heimat, andere wieder stehen noch zu den heimatlichen Familien der ehemaligen Gründer in Beziehungen. Die Firmen Riedl-Linz,[2] Zettl-Tarenz bei Imst, Hartl-Salzburg und Gries, Stüber, Kopp in Düsseldorf, Kirschenbauer-Hannover, Feigl-Hamburg bestehen noch, während

---

1) Mitteil. d. V. f. G. d. D., XXXI, 358 ff.

2) Schon 1777 wird vom Federnhändler Johann Riedl aus Mottowitz (im Neuerner Stadtbuche) gesagt, er sei „dermahlen in Ober-Österreich in Linz".

Vogl-München, Baumann-Zürich und Stuna-Zurzach das Geschäft aufgegeben haben. Ein ehemaliger Federnhändler erzählte mir: „Mein sel.
Vater hatte von den Zwanzigern bis in die Fünfziger Jahre des vorigen
Jahrhunderts in Z. (Schweiz) ein Federngeschäft. Er besorgte seine Ein-
käufe in Neuern und ließ durch Frachtwagen die Ware nach dem Hand-
lungsorte befördern. Hier wurden auf dem Federboden die Federn aus-
geklaubt, durch eine Windputzmühle gereinigt und dann sortiert. Alle
Verrichtungen geschahen mit der Hand. Im Federnhandel wurden damals
und werden heutzutage noch drei Sorten unterschieden: „Rupf“, „Schleiß“
und „Flaum“. Die Preise waren Schwankungen unterworfen. Es kostete
das Zollpfund (Rohware) beiläufig 8 Batzen Schweizergeld (32 kr.) [1]),
Schleiß 1 fl. 50 kr. bis 2 fl., Flaum 3—4 fl. Unser Geschäft war auf
den Versandt eingerichtet. Wir hatten daher keine Träger, sondern machten
nur Reisen, besonders nach der Westschweiz (auch der französischen Schweiz)
und der italienischen Schweiz. Infolge der Schweizer Kämpfe in den vierziger
Jahren und der achtundvierziger Revolution, dann bedeutender Zollerhöhungen
ging unser Geschäft stark zurück. Mein Vater hatte große Wechselverluste. Bei
einem Schaffhausener Bankhause hatte er für mehr als 9000 fl. Wechsel gekauft, die plötzlich ihren Wert verloren. Drei Jahre darauf, im Herbste
1849, brannte uns dann in Neuern eine neuerbaute Scheuer samt der
Fechsung und eine Stallung ab. Der Brand war in des Nachbars Scheuer
ausgebrochen. Ich selbst bin schon als neunjähriger Knabe in die Schweiz
gekommen, habe dort Schulen besucht, mußte aber bald ins Geschäft eintreten, da mein Vater infolge der Verluste erkrankt war. 1857 kehrte
ich nach Auflösung des Geschäftes nach Neuern zurück und übernahm
die väterliche Wirtschaft. Auch unser Nachbar Baumann, der in Zürich
gleichfalls ein größeres Federngeschäft betrieb, hat dieses später aufgegeben.
Er betrieb es anders als wir. Er fuhr mit einem Pferdbezuge von Ort
zu Ort und beschäftigte auch Träger. Die Arbeiter auf seinem Federn-
boden waren durchwegs Neuerner Landsleute.“

Andere Neuerner hatten ihre Schweizer Niederlagen in Basel,
Rheinfelden und Lenzburg. Ein Mann, der durch den Federnhandel reich
wurde, war der alte Rauscherbauer Peller, von dem man erzählte, daß
er sein Geld in Fässern aufbewahre. Trotzdem verarmte die Familie
später. Die letzten Neuerner Bürger, die mit Federn ins „Reich“ und
in die Schweiz gingen, waren die Grundbesitzer Feicht und Treml. Seit

---

1) Ein Gulden galt damals 15 Batzen zu 4 kr.

beiläufig zwanzig Jahren geht von Neuern niemand mehr „in den
Handel". Die meisten Federnhändler schicken heutzutage noch die sogenannten
„Dörfer" in die Welt. Unter den „Dörfern" versteht man die zur Pfarre
Depoldowitz gehörigen Ortschaften. Ein ansehnlicher Teil ihrer Bevölke-
rung zieht alljährlich noch in den Handel. Mit den Schwalben kommen
sie wieder, um ihre Wirtschaften zu bestellen. Die alten Dörferer Federn-
händler erzählten oft und viel von ihren Fahrten durch Gottes weite
Welt; wie sie von daheim mit ihren schweren Wagen gegen Süden über
die „Köhlerwastlhöhe" fuhren, wie ihnen auf dem schlechten Wege die
Federnsäcke aufsprangen und sie die Löcher mit Reisig verflickten.

Auch aus der Gegend von Neumark und aus diesem Orte selbst zogen
zahlreiche Händler in die Ferne. Der Großhandlung Kohner & Bruder
in Neumark habe ich bereits Erwähnung getan. Einer der Händler dieser
Gegend, der aber nur Zwischenhandel trieb, war der Vater unseres Dichters
Josef Rank in Friedrichsthal. Rank tut in seinen Schriften wiederholt
des Federnhandels Erwähnung. Ein anderer Händler war der reiche Andreas
Schmidtpeter in Hirschau, dessen noch später erwähnt werden wird.

Vereinzelte Händler aus Deschenitz ziehen noch alljährlich nach
Rheinpreußen und Westfalen, Händler aus Grün durch Bayern; aus
Bistritz und Starlitz ziehen heutzutage keine Händler mehr in die Welt.
Mehr Leute als der Federnhandel treibt aus unserer Gegend alljährlich
noch das Schnittwarengeschäft in die Fremde, besonders nach Oberösterreich, Salzburg, Tirol und bis ins Steirische kommen unsere Landsleute
mit der „Ware", unter welchem Worte von ihnen nur Schnittware verstanden wird.

Beim ganzen Federnhandel hatten die Federnträger das geringste
Risiko. Das waren Leute, die die Hausierer mit Rückenlasten begleiteten.
So mancher von ihnen, der auf den weiten Reisen mit seinem Herrn
Land und Leute, Handel und Wandel kennen gelernt und wohl auch
ein Stück Geld erübrigt hatte, fing auf eigene Faust ein Geschäftlein an,
das er oft erfolgreicher trieb, als sein Prinzipal vorher. Die Hälfte des
Einkaufes bezahlte er mit seinen sauer erworbenen Groschen, die andere
nahm er auf Kredit. Sein Nachbar oder Gevatter stand für ihn beim
Großhändler gut. In seiner Erzählung vom „Birkengräflein" stellt uns
Rank das Werden und das Wachsen eines solchen Mannes vor Augen.

Den Kleinhändlern war der schwierigere Teil des Handels zugefallen und nicht alle hatten in ihren Geschäften Glück. Wer nicht alle
Kräfte anstrengte, den Versuchungen der Fremde zu widerstehen, nicht

genug folid verfuhr, ging bald zugrunde. Elementarereigniffe, Epidemien, politifche Wirren und Kriege brachten manchen diefer Kaufleute um fein Vermögen. Welche Schäden der Dreißigjährige Krieg auch unferem Handel mitbrachte, möge der Umftand beleuchten, daß die Schweden wiederholt das Angeltal brandfchatzten und verheerten, von den Kaiferlichen und Bayern gar nicht zu reden. 1633 war in Böhmen durch herumziehendes Kriegsvolk eine böfe Seuche ausgebrochen, die befonders im Erzgebirge arg wütete,[1] aber noch nach zwei Jahren nicht erlofchen war, da ein Dekret der oberpfälzifchen Regierung vom 24. Mai 1635 den Handel mit Bettfedern ohne vorherige genaue Prüfung ihrer Unverdächtigkeit in bezug auf Seuchengefahr verbietet.[2] Solche Verbote mögen öfter erfloffen fein, da ja Federn ganz befonders geeignet find, Krankheiten zu übertragen und man damals gebrauchte Federn nicht fo zu reinigen und durch heiße Dämpfe zu desinfizieren verftand wie heute.

Im Jahre 1680, als die Peft in Mitteleuropa graffierte, waren in Böhmen Handel und Wandel gehemmt und alle Päffe gefperrt und bewacht.[3] Auch im Siebenjährigen Kriege litt der Handel wieder. Mancher Bürger, der fonft mit feinen Federfäcken ins Reich gezogen war, fuhr der Armee mit Lebensmitteln nach. Aus dem Neuerner Stadtmanuale erfahren wir vom Tode zweier folcher Händler. Johann Georg Holtzinger (vulgo „Schmidtfchneider“) ftarb 1745 in Prag und fein Bruder Georg, der ihn begleitet hatte, fuhr mit dem Wagen und den Pferden heim. Das im November aufgenommene Inventar nach dem Verftorbenen zählt unter anderm „2 alte Säbl famt 2 Dögen zu 45 kr., 2 ftuckh Pferdtl zu 30 fl., 2 alte Sadln, 1 mit Rothen Schabraken zu 2 fl., 2 Pferdgefchirr zu 1 fl., 1 Callesl mit 2 Pfchlagradln zu 3 fl., 1 alten Pfchlagwagen zu 5 fl., 4 Bruftkhetn, 1 Spürkhetn, 1 Gürtkhetn zu 1 fl.“ auf. Der Händler Johann Mulzner ftarb am 7. März 1760 zu Töplitz ab intestato. Er hatte „bei der Abreiß zur Armee“ 97 fl. mitgenommen. Seine Konforten waren Franz und Hanß Adam Holzinger. Er hinterließ unter anderm

1) Mitteil. d. V. f. G. d. D., XXI, 17.
2) Verhandl. d. hiftor. Vereines für die Oberpfalz und Regensburg. Band 52: Zur Gefchichte des Seuchenwefens in der oberen Pfalz v. Dr. Andräas in Amberg. In der Oberpfalz blickte man wegen des erfahrungsmäßigen Ganges der Seuchen von Oft nach Weft immer mit Beforgnis nach Böhmen, fobald da anfteckende Krankheiten auskamen. Die Pfleger der Grenzftädtchen berichteten wiederholt in diefer Beziehung an die Regierung, fo z. B. auch im J. 1772.
3) Mitteil. d. V. f. G. d. D., XXI, 17.

ein Guthaben im Reiche: „In Churbayern hat er irgendwo für geborgte Federn 3 fl. 15 kr."

So mancher Händler kam durch Unfälle oder Leichtsinn in Schulden. So hatte der Neuerner Großhändler Maier Abraham Janowitz i. J. 1764 wegen einer Schuld von 1530 fl. 41 kr. für gelieferte Federn auf das Johann Huterische Haus in Neuern „einen gerichtlichen Kummer geschlagen". (Neuerner Stadtbuch.) Vier Jahre später schuldete Veit Hueder laut Wechsel demselben Grossisten für Federn 1415 fl. 20 kr. Der liebe Veit hatte aber, alles, Weib, Kind, Wirtschaft und Gläubiger daheim vergessend, „im Reich vor einen Soldaten sich unterhalten lassen". Das Herrschaftsamt Bistritz lud ihn vergebens vor, worauf ihm der Gläubiger das Haus abschätzen ließ. Nachdem Magdalena Hueder, des nichtsnutzigen Veit Eheweib, auf die Schuld 200 fl. Rheinisch und für Unkosten 10 fl. abzahlte, ließ ihr Janowitz das Haus und den zugehörigen Viertelhof bis auf weiteres — bis Veit Hueder vom Soldatenleben los werden sollte — zur freien Bewirtschaftung. Von einem schweren Unfalle wurde nicht ohne eigene Schuld i. J. 1789 Josef Stüber, „bürgerlicher Woll= und Federn= händler aus dem untertänigen Stabl Neuern" betroffen. Er hatte ver= sucht, aus den k. k. Erbländern 10 Ztr. 15 ℔ böhmischer Schafwolle auszuschwärzen, wurde dabei ertappt, und verfiel außer dem Verluste der Ware in eine Gefällsstrafe von 1060 fl., die auf seinem und seiner Bürgen Häuser sichergestellt wurde.

Nicht alle Händler waren redliche Leute. Mancher derselben nahm zu betrügerischen Kniffen Zuflucht. Nicht selten verkaufte einer einen Sack Hühnerfedern für schönen Flaum. Obenauf im Sacke war die gute Ware sichtbar, auch im Innern war solche an einer Stelle, die der Betrüger kannte und von der er die Stichprobe aus der Tiefe herausholte. Ein Federnhändler aus Mottowitz ward vor einigen Jahren wegen eines ähnlichen Schwindels, den er bei Konstanz ausgeführt hatte, steckbrieflich ver= folgt. Er hatte in einen Federnsack ein leeres Holzgefäß (Faß oder Korb) gestellt, das mit Moos gefüllt war. Ringsherum gab er Federn und verkaufte den Sack. Als der Käufer den Schaden entdeckte, war der Gauner bereits über alle Berge. Ich selbst habe in meiner Jugend ehemalige Federnhändler und Träger wiederholt ähnliche Stücklein erzählen, teilweise auch mit solchen renommieren hören.

Im Gegensatze zu jenen soliden Hausierern, die bereits ihre lang= jährigen Kunden hatten und Jahr für Jahr dieselbe Reise machten, wechselten diese unehrlichen Leute fleißig ihre Tour und mit dieser die Opfer ihrer unlauteren „Mischlereien". Keiner ist davon reich geworden. Sie hatten auch ihre eigene Gaunersprache, von der ich im folgenden einige Vokabeln, die ich noch erfragen konnte — es sind die am meisten gebraucht gewesenen — anführe:

Kámara = Kamerad, Freund; harcha = eilen, laufen; z. B.: Kámara, harch! oder: Hárchma! = Freund, lauf! oder: Laufen wir!; Mischl! = Pack zusammen!; Zal = Kreuzer; Spieß = Sechser; Soft = Gulden; Bula = Schöne Federn; Noudsn = Federn überhaupt; Noudsn= trocha = Federnträger; jost = sauber, gut; schmousn = zum Handel reden; Schmousa = Unterhändler; Schmus = des Unterhändlers (Schmusers) Entlohnung; Goja = Mann (vergl.: hebr. Gojim); Gojaren = Weib; zacha = kaufen; Bittal = Wirtshaus; Schlufra = Getränk; schlurren = saufen; Lerch = Brot; Bosa = Fleisch.

Diese Wörter, welche mehrere hebräische Elemente enthalten, habe ich annähernd, wie sie gesprochen werden, niedergeschrieben. Manche Endungen entsprechen dem Dialekte des Angelthales und könnten auch anders dargestellt werden, nämlich: statt Pula: Pule(r), Goja: Goje(r), Schluhra: Schure(r), Bosa: Bose(r), wobei das (r) nur in der Aussprache des vorhergehenden e erkennbar ist.[1]

Der Federnhandel bereicherte vor allem die Großhändler. Auch viele Hausierer sind wohlhabende Leute geworden und manche von ihnen kehrten, den in der Fremde errichteten Handlungen treu bleibend, nicht mehr in die Heimat zurück. Zahlreichen armen Leuten gab das Federn= geschäft lohnenden Verdienst. Aus ihnen rekrutierten sich die Träger, die Arbeiter auf den Federböden; ihre Familien daheim verwandelten ganze Ballen Rupf in schöne, geschliffene Ware. Der pekuniäre Vorteil war aber nicht der einzige. Die Wanderungen dieser dem Bauernstande ent= sprossenen Geschäftsleute erweiterten deren Gesichtskreis und hoben ihre

---

1) Die Zeitschrift »Český Lid« enthält im Jahrgange XI, 139, 176, eine Bibliographie und Wörterverzeichnisse zur Gaunersprache. In dem Ver= zeichnisse der sog. „Hantyrka" (XI, 140 ff.) fand ich keine einzige, in dem Verzeichnisse XI, 176, nur zwei Übereinstimmungen mit den von mir angegebenen Wörtern, nämlich: Puser, Fleisch; schmosen, plaudern. — Bemerkenswert ist auch, was Jödisch in seiner Arbeit „Böhmische Zigeuner" über die Gaunersprache sagt (Mitteil. d. Ver. f. Gesch. -d. D., IV, 209), sowie die Worte Kluges: „In Deutschland existieren viele Dörfer mit einer Art Hausiersprache, die deren Insassen als eigene Geheim= sprache benützten." (Zeitschr. f. österr. Volkskunde, VI, 84.)

Bildung. Bei uns gibt es heute noch manche ganz schlichte Leute, die fast in allen Winkeln Deutschlands, den Osten ausgenommen, oder der Alpenländer Bescheid wissen.

Die durch den Federnhandel erworbene Wohlhabenheit äußerte sich in besonders dauerhafter Weise in Stiftungen und Schenkungen für die Kirche. Ich will hier nur einige Beispiele anführen. Als am Pfingst= montage des Jahres 1700 ein arger Brand nebst einem Teile von Unter= neuern auch die am Marktplatze stehenden Brotläden verzehrt hatte, be= schloß die Bürgerschaft auf den Rat des Pfarrherrn Johann Georg Feldt= mann, an Stelle dieser Verkaufsstände eine Kirche zu den hl. 14 Nothelfern zu erbauen. Da waren es die ins Reich ziehenden Federnhändler, die, mit Beglaubigungsschreiben versehen, ansehnliche Beiträge zum Baue der Kirche mit heimbrachten; nur zwei Bürger sollen, wie überliefert wird, nicht mehr heimgekommen sein. Bereits 1712 wurde diese Kirche ein= geweiht. Sie ist eine etwas verkleinerte Kopie der kurz vorher erbauten Dominikanerkirche in Klattau, stammt deshalb wahrscheinlich auch von demselben Meister des Barockstiles.

Andreas Schmidtpeter, der bereits genannte Hirschauer Federnhändler, ließ 1830 eine Kirche und einen Pfarrhof in Hirschau erbauen und stiftete eine Pfründe für zwei Weltgeistliche, der seine Schwestern bald darauf eine Klosterstiftung für die armen Schulschwestern de Notre Dame an= fügten. Doch soll Andreas Schmidtpeter, der in der Kirche vor dem Hochaltare begraben liegt, seinen Reichtum weniger dem Federnhandel, als vielmehr einem Haupttreffer zu verdanken haben. Im Jahre 1849 widmeten Josef Feigl und Georg Bindl in Hamburg der Neuerner Pfarr= kirche einen Kreuzweg, der eine Zierde derselben bildet. Josef Feigl ist der Gründer der großen Federnfirma Feigl in Hamburg, die dort in der großen Bäckerstraße ein Palais besitzt, des bedeutendsten Geschäftes, das von Neuern aus entstanden ist. Depoldowitzer Federnhändler brachten aus Jenbach in Tirol für ihre Kirche im Jahre 1853 eine Glocke mit.

War in Neuern einst die Spitzenklöppelei eine hervorragende Erwerbs= quelle für die Frauen und Mädchen, aus der sie im engen häuslichen Kreise mit Eifer und Emsigkeit schöpften,[1] so war dem ins Weite strebenden Manne die Handelstätigkeit beschieden. Wir können uns Altneuern nicht ohne seine handelsbeflissenen Bürger denken, die mit so viel Unternehmungs-

---

1) Eine ausführliche Darstellung der Neuerner Spitzenklöppelei habe ich in der Zeitschrift für österr. Volkskunde X, 191 ff., veröffentlicht.

geist und körperlicher wie geistiger Tüchtigkeit die Heimat verließen, ein Glück zu suchen, das leider nicht jedem beschieden war. Eine Zeit des Wohlstandes war sie aber doch für unseren Ort, jene Zeit, wo sicher die halbe Stadt am Federnhandel Anteil hatte.

Beilagen.

1.

Bestellbrief eines Woll= und Federnhändlers aus der Fremde an den Lieferanten in Neuern.

Memmingen, den 8. Xber 1793.

Hochgeehrte Herrn!

Ihnen geehrtes Schreiben durch Herrn Wechsler Maier habe ich richtig erhalten und daraus ersehen, das sie dem Wiener Wecksl richtig empfangen habet; wegen dieser wolle was sie mir bei dem Herrn Weksler Maier angewiesen haben, wollte ich ihnen, das das Seckl Herschaft Wolle Nr. 478 schon verkauft ist und kein Spanische kann ich nicht brauchen; ich weis nicht wie es komt, das sie mir schreiben, das der Vater hat gesagt, das ich mir wünsche 6 bis 8 Sek Spannische Winter Wolle, da es der Vater wohl unrecht vernommen hat, da ich ihm gut ausdrücklich geschrieben habe 6 Seck mitl Herschaft Winter Woll und zwei Sek feyne Lemer Woll und da ich diese Woll so nothwendig brauchen thät, als wie ein Bräckl Brodt, den ich habe jetzt lauter Sommer Woll, wenn heute ein Handwerker her kommt, mus ich ihm gehen laßen, weil ich gar kein Winter Woll hab und auch kein Lemmer Woll. Bitte mir diese wahr bey der aller Ersten Gelegenheit zu über senden, nach meines Vaters Begehren, wenn sie solt noch nicht von Haus abgegangen sein. Solten sie mir aber eine spanische Woll geschickt haben, diese nehme ich nicht an, weill ich keine brauchen kann. Ich verhoff bei der ersten Gelegenheit die bestellte Wahr von ihnen behanbl durch meinen Vater; wegen der alten Schuld müßt ihr ihm Geduld stehen, bis der Vater nach haus komt, wegen der wahr nach München bitte ich euch, das ihr meinen Vater nicht hinaus schiebet, sollt er bei euch handlen können, gebet ihm nur eine R seine Wahr und schön weiß, diesen in liegenden Brief gebet meinem Vater gleich bei Ankunft. Emphele mich adie

Thomas Großkopf.

Adresse: Herrn Herrn Samuel Janowitzer Sohn in Neuern in Böhmen. franco Nirnberg per Klentz.[1]

2.

Geschäftsbrief eines anderen Händlers.

Memmingen, 2. Jänner 1794.

Neuern, Herrn Samuel Janowitzer und Sohn!

Ich kann es nicht verstehen, das sie mich mit der Zahlung nacher Prag anweisen und die 800 fl., welche ich bei Herr Wechsler Mayer erleget, sie verlanget haben, hier übersende ich ihnen 400 fl. Corent belieben sie es mir bei Empfang gleich zu erkennen und in etlichen Tagen ist mir ein Wiener Brief versprochen per fl. 1000, bei Empfang werden ihnen gleich übersenden. Ich brauchete nothwendig ein seines Sakl Lemmer Woll bis fl. 75 bitte mir gleich zu übersenden mit höflichster Empfehlung verharre stets auf eine baldige Antwort.   Josef Stüber.

3.

Rechnung des Kaspar Großkopf an Mathias Maschl und Mathes Metzner von Neuern.

Poeningen, 14. 7ber 1797.

2 Säk Waser Kupf den Cent à 36 fl.	. . . . . .	84 fl. 36 kr.	
1 Sak Kupf den Cent . . . à 44 „	. . . . . .	48 „ 2 „	
2 Säk Kupf „ . . à 48 „	. . . . . .	84 „ 24 „	
1 Sak Kupf „ . . à 53 „	. . . . . .	42 „ 2 „	
1 Sak Kupf „ . . à 58 „	. . . . . .	62 „ 21 „	
1 Sak Schliß „ . . à 50$\frac{1}{2}$ „	. . . . . .	43 „ 21 „	

$$364 \text{ fl. } 46 \text{ kr.}$$

Aschy . . . 72 fl. 57 kr.

Fracht von 7 C. 113 A à 6$\frac{1}{2}$ fl.	50 fl. 37 kr.	
Zugab	9 „ 36 „	
Kupfmuster 11 A netto à 1 fl.	11 „ — „	
Schlißmuster 4 A netto à 1 fl. 20 kr.	5 „ 20 „	
Von der jüngsten Berechnung Rest[2]	39 „ 45 „	

$$554 \text{ fl. } — \text{ kr.}$$

---

1) Klentsch bei Taus an der Straße Pilsen-Waldmünchen, alter Postort, früher wichtige Reisestation vor der bayrischen Grenze.

2) Wie aus anderen Rechnungen hervorgeht, wurden österreichische und böhmische Zenter unterschieden und kostete das A Pflaum 35 Groschen oder 1$\frac{3}{4}$ fl. Kurrent.

4.

Ein Wechsel.

Neuern, den 9. Juny 1798.   1085 fl. 10 kr. Korent.

2 fl.   Zwey Monath datto zahle ich gegen dießen meinen Schuld=
Stempel. schein an H. Wolf Janowitzer Ein Tausend achzig fünf Gulden
und 10 kr. werdt in wohl beschaute wolle und Federn empfangen,
versprech richtig Zahlung und unterwerfe mich alle Gerichts
Ordnung Adie

Michael Großkopf.

Ein Brief des Bischofs Kindermann.[1]

Von

Ferdinand Menčík.

Die neueste Publikation „Weiß: Geschichte der Theresiani=
schen Schulreform in Böhmen 1906" hat uns auf ein Schreiben
aufmerksam gemacht, welches Kindermann an den Präsidenten der Hof=
schulkommission gerichtet hat. Aus diesem erkennen wir neuerdings die
Fürsorge für die Entwicklung der allgemeinen Schulbildung. Es waren
im Jahre 1784 durch Kaiser Josef II. einige alte Gewohnheiten, die
seit langer Zeit mit dem Amte eines Schullehrers verbunden waren und
die gewiß wenig zur Erhöhung seines Ansehens beitrugen, beseitigt worden.
Zu diesen zählte man das Ausrauchen der Häuser an dem Dreikönigstage, die
Koleda oder Neujahrswünsche und das Gewitterläuten. Wiewohl Kinder=
mann mit der kaiserlichen Verordnung einverstanden war, so fand er es zu
hart, daß den Schullehrern, nachdem diese Funktionen eingestellt waren,
auch der geringe Verdienst, der damit verbunden war, nicht mehr aus=
gezahlt wurde. Das war auch der Grund der Vorstellung an den Baron
van Swieten, welche auch von Erfolg begleitet war. Denn bald darauf,
nämlich am 6. Juli 1786, 24. und 31. August wurde eine neue Ver=
ordnung veröffentlicht, in welcher hervorgehoben wurde, daß die Neujahrs=
gelder und die Geschenke für die Ausrauchungen sei es in Geld sei es
in Naturalien, auch weiter den Lehrern gereicht werden sollen, da sie

---

1) Aus der Handschrift der k. k. Hofbibliothek 9718, F. 20.

eigentlich den Bestandteil ihres Gehaltes, welcher ohnedies gering genug war, bilden.

Zur Erweiterung des Schulunterrichtes beantragte er die Einführung der geistlichen Lehrer. Auch brachte er den Plan von öffentlichen Bibliotheken in Anregung, die aus den Doubletten der aufgehobenen Klöster hätten gebildet werden sollen. Wir hören in diesem Briefe auch eine Klage, zu der er wohl durch die finanziellen Verhältnisse gezwungen war. Obwohl er selbst das Möglichste beitrug, hat er mit seinen Normal= oder Hauptschulen nicht das gewünschte Resultat erzielt. Denn aus Geldmangel konnten in vielen Städten Elementarschulen nicht errichtet werden, und dadurch geschah es, daß die in die Normalschule eintretenden Kinder nicht genügende Kenntnis in der deutschen Sprache aufweisen konnten und dadurch das Endziel nicht erreicht wurde. Aus demselben Grunde konnte auch die Lehrerschaft nicht gezahlt werden, so daß der Lehrer genötigt war, durch Nebenerwerb (z. B. Musikunterricht und die Tanz= musik in den Wirtshäusern) seine Ernährung zu suchen, und auf diese Weise sich dem intensiven Unterricht nicht widmen konnte. An manchen Orten war es wieder der Unverstand der Eltern, welche die Kinder in die Schule nicht schicken wollten. Es geht immerhin aus diesem Briefe hervor, daß wenn der deutsche Unterricht in Böhmen nicht sich nach Wunsch so entwickelt hatte, gewiß die Schuld nicht dem Förderer der Volksbildung, wie es Bischof Kindermann war, beigeschrieben werden darf.

Hoch= und wohlgebohrner Freyherr,
Gnädigst gebietender Herr.

Die ganz besondere Mühe, wodurch Euer Excellenz unsern Schul= leuten in Befreyung von Stämpel ausgewirkt haben, fordert unsre ganze Dankbarkeit auf; wozu wir uns um so mehr verpflichtet finden, je größer die Wohlthat ist, die unserm Schulpersonale dadurch zugeflossen ist. Diese Gnade ermuntert mich, um eine neue zu bitten.

Unsre Schulleute werden itzt durch die ergangenen höchsten Ver= ordnungen von der Einziehung der Tauf= und Einwenhungsgebühren um vieles herab und in den elendesten Zustand gesetzt. Freylich verliert ein Individuum für sich selbst nicht viel, allein jener, der jährlich nur 60 fl. zu verzehren hat, empfindet den Verlust von 10 fl. mehr als jener, der von 60.000 fl. 10.000 fl. verliert. In dem letzten Schulprotokolle bitte ich deswegen, diese Accidenz den Schulleuten wenigstens nur in so lang zu belassen, bis man im Stande ist, ihnen dieselben zu ersetzen; so wie

es die geiſtliche Commiſſion in Betref der Taraſtolä bereits iſt. Die
Einräucherung der Häuſer kann deswegen immer aufhören und das
Läuten beym Donnerwetter, und der Schulmann dennoch das Nämliche
bekommen, wenn er ihnen das neue Jahr wünſcht. Die Eltern-, der
Kinder-, der Schullehrer-Unterricht, können es unmöglich verlangen, daß
der Schulman dieſes ihnen ganz umſonſt thue. Es hat unendlich viele
Mühe gekoſtet, einen Fond zuſammen zu bringen, der uns jährlich 15.000 fl.
abwirft und durch einen einzigen Federzug verliert er bei der Ein-
ſamlung der Taufgebühre und Einräucherung gewiß bis 25.000 fl. jährlich.
Wider dieſe Abgaben hat ſich meines Wiſſens auch Niemand beſchwert.
Um dieſe Lücke auszufüllen und den nöthigen Schulfond herzuſtellen,
weiß man hier kein Mittel. Wollte man in Böhmen auch alle noch be-
ſtehenden Beneficia majora, Klöſter Praelaturen umreißen, ſo würde
man dennoch damit nicht auslangen, ja viel mehr das Schulweſen dadurch herabſetzen, weil man eben dadurch die Aemulation, die Seele und
Triebfeder aller großen Handlungen darnieder drückte. Ich erfahre es
itzt ſchon, weil die geiſtlichen und weltlichen Lehrer, ſtatt angeeifert zu
werden, ſo empfindſam an ihren Einkünften geſchmälert werden. Der
Geiſtliche ſoll itzt thätiger werden, die Seelſorge, das Schulen- und Armen-
inſtitut emporbringen, und er wird bis auf 3- oder 400 fl. am Gehalte
zurückgeſetzt. Wo er nichts that, da ließ man ihn alles ruhig und im
Uiberfluſſe genießen. Man bekömmt deswegen die bitterſten Vorwürfe.
Ich bin ſelbſt mit Herz und Mund dafür, daß dergleichen Gebräuche
eingeſtellt werden. Die Wiener Pfarrer, ſo 1500 fl. Gehalt beziehen,
können dieſe heutige Verordnung unmöglich übel nehmen. Allein der
Schulman, der von 60 fl. 10, der Pfarrer, der von 1000 fl. 200 fl.,
von 500 fl. 100 fl. verliert, der fühlt es, und doch wird ihm nichts
vergütet.

Auf dem Lande iſt das Schulweſen beynahe ganz unter den
Händen der Geiſtlichen; und dieſe ſind nun eben ſo ſehr als die Schulleute niedergeſchlagen. So ſehr es mir leid iſt, daß der Geiſtliche und
der Schulmann auf eine ſo niedrige Art, als das Einrauchen iſt, ſein
Brod ſuchen muß, ſo ſehr bitte ich, den Schulmann nur in ſo lange
dabey zu belaſſen, bis man ihm anders helfen kann; und ſo bin ich
auch im Stande in kurzer Zeit den ganzen Dotirungsplan der höchſten
Behörde vorzulegen. Aus dem Religionsfonde werden wir in Böhmen
nicht ſo bald eine Aushilfe erwarten können. Ich hätte mir freylich ge-
traut, die neuen Seelſorger auszuſtellen, und die nämlichen Früchte um

das halbe Geld einzuärndten, allein es hieß, mein Vorschlag wäre wider das System. Der halbe Theil der Pfarrer, wenn man jedem 150 fl. jährlich geben wollte, stellte selbst Lokalkapläne aus, diese Ausstellung wäre mit mehr Aufsicht, Subordination und Controlle verbunden gewesen. Ward der Kaplan alt, krank oder an einem Feste mit Arbeit überhäuft, so kam ihm der Pfarrer zu Hilfe. Bey solcher Bewendniß hätte der Pfarrer auch gewiß die Gemeinden und Obrigkeiten dahin bewogen, daß sie mehr Gebäude als itzt errichtet hätten.

Zweitens sagte ich, man könnte sehr vortheilhaft die Schule und die Wohnung der neuen Geistlichen unter ein Dach bringen; man ersparte sich dadurch den halben Grund, das halbe Dach, beynahe die halben Bauunkosten und Reparaturen; der neue Seelsorger hat keine Landwirthschaft; der Schulman ist sein Handlänger; der Geistliche kann sich ohne dies kaum jemanden zum Kochen halten. Allein auch dies ward in Wien nicht benehmigt. Die Schulen sollten von dem Schuldepartement besorgt werden.

Drittens, wo ich einstens das Seelsorgsgeschäfte auf den Kammeralherrschaften zu besorgen hatte, machte ich den Vorschlag, auf dem Lande, wo keine Seelsorger waren und doch für nöthig erkannt warden, geistliche Lehrer auszustellen. Wir gaben ihnen jährlich für das Lehramt 200 fl., der Pfarrer trat ihnen die Hälfte der Taxastolae ab, und das Ordinariat gab selben zur Administrirung der heil. Sacramenten die Jurisdiction. Dieser geistliche Lehrer that mehr als ein Pfarrer und kostete weit weniger als er. Dies kann man noch auf den Kammeralherrschaften Sbirow, Brandeiß ꝛc. täglich ersehen. Diesen Gedanken glaube ich aus den ersten Zeiten der Christen genommen zu haben, wo man den Priester, den Seelsorger nur unter der Gestalt eines geistlichen Lehrers kannte; was kann Opfern und Predigen helfen, wo es am Unterrichte gebricht? Und was kann ein solcher geistlicher Lehrer nicht allein in der Schule wirken? Aber auch dieser Gedanke fand keine Rücksicht.

Wenn Euer Exzellenz nicht ungütig werden, so darf ich noch hier erwähnen, daß es mir eben sehr leid sey, wenn durch die Einziehung der Klöster itzt zugleich dem Lande, wo man sie am meisten braucht, die Bücher entzogen werden. In der Stadt finde ich noch immer ein Buch, aber aufm Lande — Nach Aufhebung der Jesuiten und der übrigen Klöster warden alle Bücher in die Hauptstadt, allwo ohne dies davon alles wimmelt und voll ist, gebracht. Das Land wird dadurch an Büchern

ganz entblößt und leer. Können die Doubletten (es sey dann ein rares
Werk) im Durchschnitte nicht anders als um ein geringes Geld angebracht
werden; sie hätten auf dem Lande, wo man sie braucht, mehr gegolten.
Die Geistlichkeit und überhaupt der Lehrstand bedarf gewiß in jedem
Vicariat, wenigstens in jedem Kreise eine Art von einer öffentlichen
Bibliothek, woher man schöpfen kann. Hatte ich dazumalen, als ich Seel=
sorger war, nicht die Bibliothek des Stiftes Hohenfurth in der Nähe,
so konnte ich mich in meiner Arbeit nirgends Raths erholen. Hernach
finden sich bei den Klöstern verschiedene Globen, Instrumente 2c. vor,
die man weder auf der Universität, weder in der Bibliothek mehr braucht,
die aber die Normal= und Hauptschulen wohl benützen könnten; dörften
wir darum nicht einkommen?

Zur Ausführung des Wiener Lections=Katalogs habe ich an den
hierländigen Hauptschulen das Möglichste gethan; allein selben ganz
gleichförmig machen, war wegen den verschiedenen Lokalumständen un=
möglich. Auf der Schwechat gibt es weit ansehnlichere Leute, als in
böhmischen Stadteln, wo dermalen Hauptschulen sind. Zu dem kömmt,
daß die Kinder in der ersten und zweiten Klasse noch böhmisch sind und
aus Mangel des Fonds keine Elementarschule, worin selbe zur deutschen
Sprache hätten gebracht werden können, im Orte besteht. Der größte
Theil der Lehrer lebt von der Musik, an mancher Hauptschule sind nur
drei Lehrer, an einer andern hat der Director keine Bezahlung z. B. in
Neuhaus, Pilsen, Königgrätz 2c. An vielen Orten haben dermalen die
Eltern von dem Nutzen der vierten Klasse so wenig Begriff als guten
Willen, ihre Kinder in selbe zu schicken.

Ich hoffe, die Landesstelle wird mir nun (2 Jahre sind schon
verflossen) den Faktor für die Buchdruckerei bestättigen und wegen dem
Herrn Schönfeld ein so großes Werk nicht länger ohne einen eigenen
Faktor lassen; denn sonst leidet die gute Sache dabey. Schönfeld hat so
jährlich viele Tausend Gulden Gewin von den Bancal=Commercial und
Gubernialarbeiten, das Rectificationsgeschäft soll ihm vorm Jahr allein
10.000 fl. getragen haben! Ich meinte, das bonum publicum wäre
dem Privato doch wenigstens gleich zu halten. Das Publikum genießt
ja jeden Pfenig von unserer Buchdruckerey. Der Anstand, wer die Gesänge
fürs Land und zu der neuen Gottesdienstordnung drucken soll, wird
wieder in dem ihrigen Protokolle vorkommen. Sollte Herr von Schönfeld
bei seinem häufigen Gewinne dennoch ferner Passion zur Ueberkommung
unserer wohl eingerichteten Buchdruckerey machen, so werden es Euer

Exzellenz nicht ungnädig nehmen, wenn ich um Hochderselben Schutz
bitten komme, der ich mit der größten Hochachtung bin
Euer Freyherrlichen Exzellenz

ganz gehorsamster Diener
P. Schulstein.

Prag, den 9. Febr. 1786.

Die Urkunden des Marktes Friedberg in Südböhmen.

Mitgeteilt
von
Karl Friedl.

(Fortsetzung.)

VIII.
Wittingau, 30. November 1612.

Hans Georg von Schwamberg bestättigt dem Hamerschmiede Hans
Schwartz den Kauf einer Wiese.

Ich Hans Georg Herr von Schwamberg auf Worlick, Ronß-
berg, Wittignaw, Gratzn, Lübyegeytz, Rosenberg vnnd Khlin-
genburg: Röm. Khay. Matt. Rath, vnd des Böchinger Khräiß
Haubtman etc. thue khundt für mich selbst, meine Erben vnd
Nachkhommen, mit diesem Brieff offentlichen vorallermennig-
lichen, wo der vuerleßen vnd angehört wird. Nach dem mainer
Herrschaft Roßenberg vnterthan, vnd lieben getrewen Hanns
Schwartz Hammerschmidt am Hammer außer des Markts Fryburg, am Reuth fellt fünff morgen aur scheur, auß gezeigt zu
beeden seÿten an des Georgen Paÿrn fraw Reuth vnd an Ihrre
gnaden Hüttenwalde gelegen, wöllches ich auff sein gehorsamb
Ansuchen vnd Bitten, ihme auf dem Todtenfahl gegeben, vnd
vmb eine Summa geltß rentlich vmb dreyzöchen schakh Syber
[reines] virthels Pf. Meÿsnisch keufflichen an sich zu wenden
zuegelaßen. Dieweyll er mir auch solliches gellt in meine
Kammer lauth der eingebrachten Rendtregister völlig entrichtet,
wyll ich Ihme entgegen deß bemelten Reuthß in Krafft dießes
Brieffs vorgeriffen, also das er, seine Erben vnd Nachkommen,

diesen ireß gefahlen genüeßen mögen, yedoch mit hernach-
bemeltem Vorbehalten, daß sie ohne meinen sonderlichen Consens bey Verlust des Reuths vnd fürstlicher Straff nit seheerß
(sic) zu raummen noch auß zureuthen befueget. Deßgleichen
mir jarlichen, meinem Rendtmayster auff Roßenberg zwainzig
ain groschen Zÿnß, vnterschiedenlichen zu S. Georgen tag zöchen
groschen drey Pfennig ain Heller vnd S. Gallgentag zöchen
groschen drey Pfennig ain Heller aleß Meiß. immer Jar worrauß
entrichten sollen. Alß dann sein sie vollmächtig obgedachtes
Reuth zugebrauchen, vergeben, verkauffen; versezen, verwechseln,
vnd verbestern, es sey bey gesundtem leyb vnd am todtbeth
bekrefftiget mit einer Stadt oder Markt Insigill auffgerichten
Verschreibungen, damir so Ihnen gefellig ist vnd liebt, auß
denen Personen in meinen Herrschafften gesessen, vnd mir mit
Vnterthanigkhaidt verpflichtet weren, ohne meine meiner Erben
vnd Nachkommen ainigerlej Verhündernüßen. Darzue mögen sich
die, wölliche diesen brieffe mit einem solchen guetten wyllen wie
oben vermeldt zuhalten aller dieser freÿheit vnd begnadung
herofir eingeleibt anmaßen vnd betragen. Zu Vrkhundt habe
ich mich hiemit meiner aigener Handt vnterschrieben, vnd mit
meinem mittlern Insigill heranhangend verfertigen laßen. Geschehen auf Wittignaw den andrentag Nouembris nach Crist
geburt im aintaußendt sechshundert vnd zwölfften Jare.

Original auf Pergament im Archive des Marktes Friedberg.

An einem Pergamentstreifen in einer Holztapsel das rote Siegel.
Umschrift: HANS GORG HER VON SCHWANWERCK.

IX.

Rosenberg, 18. Jänner 1623.

Maria Magdalena Gräfin von Buquoi bestätigt den im Fried=
berger Gerichte gelegenen Dörfern Heinrichsöd, Wadetstift, Stüblern,
Nachles, Wadetschlag, Schmidschlag, Platten, Mühlnedt die ihnen von
Wilhelm von Rosenberg gegebene Befreiung vom Totenfall.

Wir Maria Magdalena Gräffin vonn Buquoj Freÿn von
Vaux geborne Gräffin vonn Bÿglia fraw deren Graff- vnndt
Herrschafftenn Roßennberg, Grätzenn vnndt Lybiegowitz im
Khönigreich Böhaimb ligenndt sambt vnnßern geliebten herrn
Sohn Carolo Alberto vonn Longueual Graff vonn Buquoj, Frey-
herrnn vonn Vaux, Rüttern deß Calatrauer Ordennß der khönigl.

Mätt. zu Hispanienn bestülter Capitan vber ainn Compagnia
zu Roß vnndt ainne zu fueß, vonn Ordenantz in Flanndernn
thuen khundt offentlich vormeniglichen mit disem Brüeffe, wo
der füergebracht, verlößenn oder anngehört würdt, daß füer
vnnß khommen sinnt, vnnsere liebe vnndt getrewe vnntterthanen
N. Richter vnndt geschwornn annstatt der ganzen gemainn auß
dem Gericht Frÿburg, darin die Dörffer Hainrichsödt, Watte-
stüfft, Stüblernn, Nahlaß, Watteschlag, Schmidtschlag, Plattenn,
Müllnöth, vnndt die vürr Mühln gehörenn, vndt brachtenn füer
vnnß glaubwüerttige Vidimus ihrer freyheitenn auf die Todtenn-
fahl, darauff Sie vonn dem Hochgebornen Fürsten vndt Herren
Herren Wilhelmen Herrn zu Roßennberg, Regierendem Herrn
deß Haußes Roßennberg Röm. khay. Matt. Rath, vnndt der Cron
Böheimb Obrister Burrgraffen, davonn datum ist auf Bohem-
bischenn Chrumaw denn 18. Monatstag Julÿ im 1573 Jahr
befreüet sein wordten. Vnnß beynebens gehorsambist gebeten,
wier wollen ihre Armuth, vnndt großen verderben, darann sie
behafft vnndt höchstes bedrenngt gerathen, gnadigst annsehenn,
vndt ihnenn solche freÿheitn confirmiren vnndt bekhrefftigen.
Vonn dann wier zu vnnserenn lieben Vnntterthannen, zur aufnembung ihres bösten, mit aller gnadt erwogen sein, alß habenn
wier ihr billichen biten füer guet anngesehen, vnd solche Ihre
freÿheiten mit Krafft disem vnnßerm Brüeff confirmiren vndt
vernewern lassen, vnndt lauthenn die wordt nachvolgenndts
(folgt als Insertum die Urkunde ddo. Krummau, 1573, Juli 18, Nr. 6,
abgedruckt in den Mitteilungen XLV. Jahrg. S. 541—543):
   Zu Vrkhundt vohrbemelter Claußen vnndt Punkhtenn, so
dennkhwürrigen gedechtnuß vonn vnnßernn Vorfahren allenn
deroselbenn Vnntterthannen gegebenn verneüern wier füer vnnß
alle, vnnßer Erbenn vnndt Nachkhomben, war vnndt statt zu-
holten in Crafft diß Brüeffs, welchenn wier mit aigner Handt
vnnterschriben, auch vnnßer groß Insigil beuolchenn annzuhanngen
verferttigenn. Gebenn auf vnnßerenn Schloß Roßennberg denn
achzehentenn Mannetstag Januarj im taußenndt sechshundert
drey vnndt zwainzigsten Jahr.
                La Contesse De Buquoy.
      (Am umgebogenen Rande.) Confirmation dela esencion de propriedad
de cuerpo par los villanos del gericht Stubleren.

An einem Pergamentstreifen hängt das Siegel in einer Wachskapsel.
Auf dem Streifen steht: 1623 Maria Magdalena.

Außen: Anß Gericht Stublernn Joseph Schreiner Rendtmaister auf
Roßenberg.

Siegel aus rotem Siegellack, sehr gut erhalten. Umschrift: MARIA
MAGDALENA GRAFIN VON BVQVOY GEBORNE GRAFIN VON
BIGLIA.

X.

Rosenberg, 28. Feber 1623.

Maria Magdalena Gräfin von Buquoi bestätigt die von Peter
Wock den Friedbergern erteilten Privilegien.

Wir Maria Magdalena Gräffin vonn Buquoj Freÿn von
Vaux geborne Gräffin vonn Bÿglia Fraw deren Graff- Vnnd
Herrschafftenn Roßennberg, Grätzen vnndt Lÿbiegowitz, im
Khönigreich Böhaimb ligenndt, sambt vnnßern geliebtenn Herrnn
Sohn Carolo Alberto vonn Longueual, Grauen vonn Buquoj,
Freyherrn vonn Vaux, Rüttern deß Calatrauer Ordenß, der
khönigl. Maj. zu Hispanien bestölter Capitan vber · ain Compagnia zu Roß, vnndt aine zu Fueß von Ordenantz in Flandern.
Bekhennen hiemit disem vnnserm offenen Brüeff, vor iedermenniglich, wo der verleßen würdt füergebracht oder angehört,
das für vnns khommen vndt erschienen sein die ersambe vndt
weiße Burgermeister vnndt Rath, an statt einer gantzen gemain
vnsers Markts Frÿburg, vnnser liebe vnndt getrewe Vnterthannen, vndt brochten für vnns etliche innhabenndte Briui-
legia Frewheüten vndt Begnadungen auff Pärgament geschrieben
mit welchen sie zum thaill vonn dem Hochgebornen Herrn
Petru Wockhenn Herrn zu Roßennberg, Regierenden vnndt letzten
Herrn des Hauses Roßennberg hochlöblicher Gedechtnuß, sowohl vonn anderen Irren Obrigkeüten begnadt sündt wordten,
vnndt auß Guodtenn bekhummen habenn, vnnß derenntwegen
in gehorsamb alß getrewe vnntterthannen gebeten, wirr wol-
tenn ihnen solche innehabenndte Priuilegia vnndt frewheütten,
mit welchen sie von alters her begnadt sündt, vernewern, bekhrefftigen vnndt confirmiren, vnndt habenn solche ire Priuilegia mit sonderen Fleiß durch vnnsern Räth vnndt diener
erwägen lassen, vnndt auß dennen nichts andres befundten
worden, allein das sie sich gedachter Burgermeister vnndt Rath,

auch die gantze gemain des Markhts Frẏburg gegen vorgewesten
Herrn vnndt irren Obrigkheüten, alzeith getrew, fromb, gehorsamb, auch vntterthanig verhaltenn, auch sich also gegen vnnß
auf khünffige Zeith zu uerhaltenn verlobt, vnndt versprochenn
habenn derowegenn mit guettenn Vernunft vnndt Wißenheit,
alle diße Brüeff, Begnadungenn, vnndt Freẏheiten, welche innen
auß gnadtenn vonn gewestenn irren Herren vnndt Obrigkheüten
gegeben seindt, alle derselben irren gehaimbnuß Clausenn,
Puncten vnndt Articln haben wirr geprüfet, verneürt vnndt
bestettigt, vnndt in Krafft dißes vnnßers Brüeffs, verneuern,
vnndt bekhrefftigen, gleich als wenn dieselben alle sambenntlich
vonn wordt zu wordt hierinn inserirt vnndt völlig beschrieben
wehren.

Erstlichen wollen wirr, das vnnser liebe vnndt getrewe Burgermeister, Rath vnndt gantze Gemain sambt ihrenn weib vnndt
khündternn vohr allemanigen sich deß allgemeinen christlichen
römischenn catholischenn vnndt allein seeligmachenden Glauben
vnndt Religion ergebenn vnndt hinfüero halten, nach brauchh
der christlichenn allgemain Khirchenn, alß wie zuuor ire Vor-
fahrenn vnndt Altenn sich gebraucht haben (nicht als die bey
seits stellen), sondernn fridtsamb, gottsferttig, die Ehre Gottes,
die heihlige Jungkhfraw Maria vnndt allenn lieben Heilligenn
suechen, so werden sie glückl. seelig zeitlücher vnndt ewiger
wolfarth genießen, vnndt sollen forthin kheinen annembenn, ehen
sy denn ihrer Religion der allgemain römischen catholischen
Khirchen zuegethann mit rechten glauben.

Zum Anndernn waß aber, daß Lasts vnndt Todtenfahls
irn Jar Mäerkht vnndt Wochenn Mäerkht, auch weiß vnndt Raths
Buer prewen annlangen thuet, weillen sie in disenn dreẏenn
vnntterschiedlich Articln vonn Obgedachtenn Herrn, vnndt letztenn
Regierenndtenn Herren deß Haußes Roßennberg, derenn datum
zu Böhembischen Chrumau, am freytag nach Paulj Bekherung,
deß tausenndt fünffhündert Sechs vndt Neünzigstenn Jahrs
genuegsam befreẏet vnndt begnadt sein wordten,[1] also vnndt
dergestalt, das sie mag es ieziger vnndt khunftige, wie vor
als auch hiefüero zu ewigenn Zeithenn, Waitzen vndt Gersten

---

1) Die Urkunde von 1596 fehlt im Archive zu Friedberg.

Buer prewen, Holz machen, vnndt solche vnntter einander oder
anderst (außgenomben Vnnsern vralten Schennkheüser auf vnn-
serren Gründten) außgeben verwenndten vnndt verkhauffen,
laßen wirr sie auch darbey̆ iezt vnndt auff ewige Zeith verbleiben. Da gegen werdten sie aber pflichtig sein vnndt sollen
vnnß, vnnßerenn Erbenn vnndt Nachkhummenn, waß sie vonn
Waitz vnndt Gersten Buer prewen werden, vom ieden Vürtl
Vaß sechs khleine groschen Zinß zu ewigen Zeiten geben vnndt
entrichten schuldig vnndt dann sich auch recht verhalten iedes
halb Jar nemblichen Georgi vnndt Galli, so vühl dißenn ge-
fohlenn wüerde, iedes mahl zeitlich inn vnserr Rändt Roßennberg vnntter ihrem Markhts Sigil geferttigten Scheins williglich
abfüehrenn. Waß aber anndern Gewerb vnndt bürgerliche Büendt
anndrüfft mit Wein schennkhen vnndt sonsten, waß denn Phe-
ning berüret, sollen sie in allen frey̆ macht habenn irn Handtierung ohne einiges Vnngelt oder Auflag genießen, vnnß vnndt
vnnseren Nachkhommen davon wenigstens nichts zu geben
schuldig sein.

Schließlichenn, die weill alle Innwohner, vnnser liebe vnndt
getrewe Burgermeister, Rath vnndt gantze Gemain sambt Weib
vnndt Khündt vnnßers Markhts Fryburg nach Gewonnheit deß
Khönigreichs Behaimb der Schwerennlast der Seruidet oder
Leibeigenschaft biß dise Zeit herr vnnterworffen gewest, hüer-
über der meiste theill wenige guette wüerdt vnndt stüffleuth
geben, welches wirr nebenn vnßeren Räthen vnndt Diener
emßig erwogen, wollen derohalben für vnnß, vnnßere Erben
vndt Nachkhommen vnnßern getrewe Burger deß Markht Fryburg sambt ihre Weib vnndt khündternn iezt vnndt khünfftig
auff ewige Zeith dise Special-Gnadt geben vnndt der Leibaigennschafft genntzlich entfrey̆en, das sie vnntter sich selbst ainlassen,
verkhauffen vnndt khauffen, macht haben, ehrliche Handtwerkhs-
leuth, die zu Ämbternn deiglich wie es ihnen beliebet ann vnndt
aufnemben, doch mit diser Condition wann ain Haußgesessener
sain Hauß vnndt Gründt verkhaufft, ist ehr schuldig ain woluer-
holdenen Perßon ann seinn statt, vnnßerem Regenten oder
Haubtman auf Roßennberg füer zustellen, hingegen vonn seinem
verkhaufften Guet, wann er sich außerhalb deß Lanndt oder
Khönigreich Böheimb begeben wolt, denn Zehennten Pfennig,

von zehenn schockh ains, vnndt vonn hundert zehenn, vnndt so
hoch er sein Hauß vnndt Gründt verkhaufft, alweg denn zehennten
Theill schuldig füer ain Abfarthgelt der Leibaigennschafft in
vnnser Ränndt Roßennberg neben aines geferttigtenn Schein,
vnntter irren Insigl, vonn der besten Warung alßbaldt zu entrichten schuldig. Auch sollen sie sich in dem Fahl glaubwürdig
verhaltenn, beÿ Verleihung dieses Puncts Freÿheit, waß aber
ire Papille vnndt Markhtwaisen anntrüfft, so ir Erbguett vom
Rath ein zunemben vnndt annderwerts heiraten möchten, werdten
hierin nicht verstandten, auch die ledigen Personen, welche
noch beÿ irn Eltern wohnen, vonn irem Erbfohl die freÿlaßung
gelt zu gebenn. Verhoffe also mit Gott dise beßre Nahrung
empfündten vnndt ersprüeßlicher aufnemben vnndt Pawung der
stüfften erhalten werden, damit sie vnnß, vnnßeren Erbeun
vndt Nachkhommen zuer Zeit der Noth mit meglicher Hülff
bahrn vnndt gehorsamber beÿ prüngen sollen, megen sich diser
gnadt woll erstehenn vnndt gebrauchenn, Niemandts vnntter sich
aufnemben, der innen ann irer burgerlichen Nahrung oder
Handtierung Schmellerung thun mecht, obsgleich adeliche Person sein wurdten: gebenn wir vnnseren Burgeren im Markht
Frÿburg dise macht freÿ zustellen, vnntter sich ann vnndt auf
zu nemben oder zu laßen. Inn fahl aber in obgedachten Markht
etliche Mannß oder Weibspersonen, so zue vnnseren Hoffdiensten
daiglich wehren, nemben wirr vnnß solches beuohr, inn
vnnserenn Dienstenn nach Gefohlen zu gebrauchen, ohne ain-
zige Widerredt vnnß zu stellen. Waß aber ire Mühl, so Prügckmühl
heißt, annlangen thuet, haben wirr auß irre Freÿheuten mit mehreren
vernomben, das sie solche Mühl vonn ir vohrgeweste Obrigkheit,
vonn dem Herren Hannß Georgenn vonn Schwamberg, derenn
Datum auf dem Schloß Witinaw denn Ertag der Gehaimbnuß
deß heilligen Abtes Gallj taußenndt Sechs hundert vnndt im
zwelfften Jahr wegen Ire Trewlichkheit, Gehorsamb- vnndt Vnnter-
thenigkheit auß gnoden erlangt vnndt bekuhmen haben, die
weill sich aber obgedachter Burgermeister vnndt Rath sambt
ainer gannzen Gemain deß Markhts Frÿburg gegen vnnß alß irre
rechten Obrigkheit gehorsamb, fromb vnndt vnntterthennig er-
zäugt, auch noch künfftig zuerzäugen verlobt vnndt versprochen
haben, laßen wier sie darbeÿ genntzlich verbleiben, alßo vnndt

dergestalt, das sie vnndt alle ire Nachkhommen solche Mühl zue
gemainen Nutz vnndt gemainen Markht zue guetten gebrauchen
sollen vnndt khönnen, ohnne vnnsere vnndt vnnser Erbenn
vnndt nachkhommen ainigerleẙ Verhüetterung, vnndt das auch
alle die ienigen vnnsere Vnntterthannen in disem Markht Frẙburg auch dieselbigen so in das gemelt Gericht gehörenn, die
Pauherren alle sambt in Dörffern die sollen ander wo nicht
mahln, allein in diser Mühl Prugckgmühl allerleẙ Malter vnndt
getraidt abzumahlen darbrüngen, schuldig sein. Vnndt ob die
Pawer anderwerts außer der Prugckhmühl mit Mahlen erfundten
wurden, soll iedtwedter ain Khueffen Saltz auf vnnser Schloß
zuer straff schuldig sein, dann der Markht halbenn thaill
gnießen soll, wenn sie es annzeügen. Dargegen obgedachter
Burgermeister, Rath vnndt ain ganntze Gemain deß Markhts
Frẙburg iezige vnndt khunfftige sollen sie vnß, vnnßern Erben
vnndt Nachkhommen, daruon schuldig sein zu geben, jährlichen
funffzig strich Khorn vnndt zwainnzig Guldtenn Mühlgelt in
vnnser Ränndt Roßennberg, vnntterschiedlich annzufanngen auf
St. Georgen, denn halben Thaill fünf vnndt zwainzig strich
Khorn vnndt zehenn Guldten, vnndt auf St. Gallentag denn
annderen halbenn Thaill, auf khünftig werendte Zeith genntzlich verholten sollen. Derowegen zue Lob vnndt Ehre Gottes
deß Almechtigen vnndt zu Aufnembung fridlicher Erholdung
vnnser Burger deß Markht Frẙburg haben wirr ire Armuth
vnndt diemüttiglich Bit nicht obschlogen, sondernn in Crafft
diß Brüeffs genntzlich ann ordnen, das oftbemelter Burgermeister
vndt Rath sambt ganntzer Gemain vonn vnnß, vnnßeren Erben
vnndt Nachkhommen, auch vonn iedermenniglich in khunfftige
vndt ewige Zeit, diser vnnser Begnadung, Vernewrung vnndt
Confirmation oder Bekhrefftigung der gemeltenn Frewheiten
vnndt Priuilegien, so sie vonn denn vorigenn Obrigkheiten vnndt
iezt new mit Gnadten vonn vnnß vberkhummen haben, vnn-
schütterlich, vnnzerbrechlich verbleiben vnndt erhalten sollen
werden, wider welche kheine khünftige Obrigkheit, wie solche
Namben haben khonnte, in khainerlej Weg noch Weiß auch
Argelüst oder Verstanndt, so durch Mennschen iemahlen erdacht mecht werden, in allen obgemeltenn Articln der Religion
Buerprawen vnndt Leibaigenschafft in wenigsten zu widerhandeln

mocht haben oder ainige Aintrog gestatt werden, inn waß zu
wider fornemben es seÿ dann ire selbst Freÿwilligung etwaß
nach zusehen. Zue Vrkhundt vnndt beserer Versicherung für
vnnß vnndt vnnseren geliebten Herr Sohnn Carolo Alberto vonn
Longueval Graffen vonn Buquoj, Freyherr vonn Vaux, haben
wir mit guetem Wisenn vnndt Willen, vnnser beydter anngebornen
größer Insigil in ainen zugleich hieruntenn annhanngen ver-
ferttigen beuolchenn vnndt vnnß mit aigener Handt vntterschrieben. Gebenn auff vnnßer Schloß Roßennberg denn Sambstag
nach St. Mathiaß des heilligen Appostlstag nach Christj
Geburtt im taußendt sechshundert dreÿ vnndt zwainzigsten
Jahr.

La Comteße De Buquoj.

Am umgebogenen Pergament: Confirmation delos Priuilegios del
Borgo Frÿburg con anaditum de la esengon de propredad de cuergo con
ciertas dondigiones.

Außen: Joseph Schrainner, Renndtmeister der Herrschafft Roßenberg.

Original auf Pergament im Archive des Marktes Friebberg.

An einem weißen Pergamentstreifen das rote Siegel in weißem Wachs.
Umschrift: MARIA MAGDALENA GRAEFIN VON BVQVOY GEB.
GRAEF. V. BIGLIA.

XI.

Stüblern, 3. Mai 1669.

Das Gericht Stüblern bittet um Nachlaffung des schuldigen Ge-
treidezinses.

Hochgebohrner Graff!

Genediger Herr Herr!

Ewr Hochgräfl. Gnaden mit Supplicanto zubehelligen khönen
wür nit bergen, waßgestalten wir in ihrer hochgrafl. Exc. hoff
Kastenambt Rosenberg, in den vorigen Kriegßzeiten in große
Schuldten last gerathen vnd khomben, wie woll wür an solchen
Schuldten nach vnd nach bezallet, vnd annoch auf die 165
strich Khorn vnd 3098 strich Habern in ermeltes Kastenambt
schuldig verbleiben, sintemall wier solches vnsser hochsten Möglichkeit nach gehrne bezallen wollen, aber Gott erbarms, die
mit mangl, wie wolln in dem Gericht die Heiser souil nit werth
sein, alß der Gnedigen Herrschafft schuldte: Deróhalben ist an
Eur hochgräfl. Gnaden vnsser gehors- vnd diemietiges anlangen

vnd bitten, Die geruchen vnß, auß derer hochvermegenheit ober-
wentes Getraÿdt völlig oder aber die helffte in Gnaden nach-
zusehen, vnnd in außgab (ohne vnsser gehorl. maßgebg) Posten
zuelassen, dan es aus wer mit vnsser armly Weibern vnd
Khindern auf daz eÿserste bewerh wolten, daß wür vnsser gnädige Herrschafft vnd Obrigkeit beÿ vnsser schlecht vnd pau-
fellige .Heißern noch lenger stiftleithe abgeben mechten, thun
vns hirÿber zu dero obrigkeitl. dholution vnderthl. empfelchen.

Ewr Hochgräffl. Gnaden
vnderthänig vnd gehorsambste N. Richter vnd
geschworen auch ganze gemein des Gerichts
Stÿblen.

Neben dem Rubrum steht die Erledigung:

Jenen Supplicanten zum Beschaidt, daß wegen ihres aus-
stentig Getreÿthrests beÿ Ihrer Gnaden Meiner Fraw Muetter,
ich das Böste darbeÿthuen wil, auf daz ihnen wegen ihreß
vnterthenig getrew Gehorsamb vn ihren Ausstandt ein gewiße
Sume mechte nachgelassen werden, darauf sie sicherlich verlassen sollen.

Rosenberg, den 3. Maÿ 1669.

Carl Graff von Buquoy.

Original auf Papier im Archive des Marktes Friedberg.

XII.

Stüblern, 31. August 1669.

Das Gericht Stüblern bittet den Grafen Ferdinand Longueval
Buquoi um Belassung bei dem alten Robotgelde, was ihnen auch gewehrt wird.

Hoch vnndt Wohlgebohrner Graff!
gnedig vnndt hochgebuettundter Herr Herr!

Euer Hochgräffl. Gnaden in Vnterthänigkeit zubehölligen,
khönnen wüer arme Vnterthanen in den Gericht Stüblen in Gehorsamb vorzubringen nicht vmbgehen. Demnach wier arme
Vnterthannen derzeit vnßer Robold, vnd auch daß Roboldgeld,
vnd alles, waß vnß von vnßern vorgesetzten herrn hauptmann,
vonn Obrigkheitßwegen anbefolchen, in schuldigste Gehorsamb
verrichtet, daß hoffentlich vnßer vorgesezte Obrigkheit zu friden

geweßen sein wierd. Zolangst dessent (wegen) an Eür hochgräfl. Gnade, alß vnßer rechtmäsßig Erb- vnd Grundt- Obrigkheit, vnßer inßgesambt, demietiges vnd vnterthäniges Bitten,
die geruehen vnß arme vnterthanen zubeherzigen vnd in Gnad
(derhohen alle masßgebung) bei den alten Roboldgeld verbleiben
zu lasßen. Masßen. wüer´ vber dißes gar gehrn ohne´ einzige
Bezallung fir Hochgräfl. Gnaden zu allen zeiten jährlich von
Lÿbiegiz 136 Strich Waitz zu dero Hoffpreühauß Roßenberg
vnd die Bloch an die Hammer- vnd in die Baumillsag sambt
vierzig taußent Schindl auß den Pladhwalt[1]) in daß Schlosß
Roßenberg ohne einzige Bezallung zu füeren, vnß unterthänigst
erbietten, auf daß wüer euer wüerkhlicher Robold befreut sein
möchten. Welche dan solche ansehentliche gnad wierd Gott der
Allmächtige Eur hochgräffl. Gnade anderwertig reichlich belohnen. Warÿber dan Eur hochgräffl. Gnaden der Göttl. Prouidenz
vnß aber zu gewehrlicher Resolution demüetig befelchen.

  Eüer Hochgräffl. Gnaden
        vnterthänige vnd gehors.
        N. Richter, vnd geschworen
        sambt ganzer gemain in Gericht
           Stublen.

Auf der Rückſeite ſteßt über dem Rubrum die Erledigung:

Auf der Supplicirenden vnterthenges diemietig füßfahlen-
deß Bitten, wolln wier dahin gedacht sein, sie beÿ dem alten
Robolt-Geldt, auch angetragener Waiz-, Schindl- vnd Ploch-
fuhr gnedig zulassen, auch mit dem Register hiervber eine
schrifftliche Gegenbescheinigung ihnen auß zuhendigen.

  Schrieben Schloß Roßenberg, den 31. Aug. 1669.

       Ferdinand Graff von Buquoÿ.

Original auf Papier im Archiue des Marttes Friedberg.

---

1) Plattenwald bei Friedberg.

       (Schluß folgt.)

Bericht

über die am 21. Juni 1907 abgehaltene Hauptversammlung des Vereines für Geschichte der Deutschen in Böhmen.

Der Bericht über das 45. Vereinsjahr vom 16. Mai 1906 bis 15. Mai 1907 wird durch den Geschäftsleiter zur Verlesung gebracht und von der Hauptversammlung mit Stimmeneinhelligkeit angenommen.

Der Verein zählt am Schlusse des Verwaltungsjahres 884 ordentliche Mitglieder, neu eingetreten sind 1 stiftendes und 22 ordentliche Mitglieder, so daß mit Einrechnung der Ehren-, stiftenden und außerordentlichen Mitglieder der gegenwärtige Stand die Zahl 1002 ausweist.

Leider hat der Tod auch in diesem Vereinsjahre mehrere langjährige, um die Interessen des Vereines hochverdiente Männer entrissen. Von Stiftern verloren wir den Großindustriellen Herrn Philipp Ritter von Schöller in Czakowitz; an ordentlichen Mitgliedern die Herren: Dr. Josef Egermann, k. k. Gymn. Professor i. R. in Wien, MUDr. Gustav Eichler, Badearzt in Teplitz-Schönau, Karl Georgi, Bergverwalter in Eidlitz, JUDr. Josef Engel, Advokat in Plan, P. Wenzel Hammer, Dechant i. R. in Klösterle, MUDr. Karl Heidler von Heilborn, Badearzt in Marienbad, Adolf Heinzel, Schuldirektor in Braunau, Franz Laube, Direktor der k. k. Modellierschule 2c. i. R. in Teplitz-Schönau, JUDr. Wenzel Lustkandl, k. k. Hofrat und Univ.-Professor i. R. in Wien, Franz Mimler, Professor an der k. k. Lehrerbildungsanstalt in Trautenau, JUDr. Eduard Rosenbacher, Advokat in Prag, MUDr. Gustav E. Neubner, Distriktsarzt in Mariaschein, Eduard Ritter von Portheim, Privatier in Prag, Andreas Rogler, k. k. Notar in Böhmisch-Kamnitz, Max Ruß, Fabrikant in Teplitz-Schönau und Ernst Stark, Privatier in Karlsbad. — Die Versammlung ehrt deren Andenken durch Erheben von den Sitzen.

Die Bücherei hat im abgelaufenen Vereinsjahre einen namhaften Zuwachs erfahren vor allem durch die ziemlich kostspieligen Ergänzungen der Lücken in den für die historische Forschung so wichtigen „Genealogischen Taschenbücher" des Gothaischen Verlages und der Periodica der k. k. Zentralkommission zur Erhaltung der Kunst- und historischen Denkmale, so daß diese angeführten Druckwerke nunmehr, einige wenige Bände ausgenommen, in lückenlosem Bestande der Bücherei einverleibt sind. Eine andere bemerkenswerte Vermehrung wurde durch zahlreiche Neu= anschaffungen aus dem Gebiete der deutschböhmischen Belletristik erzielt. Die Bibliothekskommission hat den Beschluß gefaßt, die Werke deutsch= böhmischer Dichter und Schriftsteller bis zum Verlagsjahr 1870 in ihren verschiedenen Ausgaben und Auflagen möglichst vollständig zu sammeln, damit unsere Bücherei in der Lage sei, allen Ansprüchen der literatur= historischen Forschung und kritischen Textprüfung gerecht zu werden. Von einer Ergänzung der deutschböhmischen Belletristik über das Jahr 1870 hin= aus konnte aus dem Grunde abgesehen werden, weil die „Gesellschaft zur Förderung deutscher Wissenschaft, Kunst und Literatur in Böhmen" die Gründung einer Bibliothek moderner Autoren Deutschböhmens sich zur Aufgabe gestellt hat und nach gegenseitigem Übereinkommen die Benützung der Bibliotheken zu wissenschaftlichen Zwecken für beide Körperschaften gesichert worden ist.

Die Bücherei hat einen Zuwachs von 434 Bänden selbständiger Werke und 283 Jahrgängen von Fachzeitschriften erfahren, so daß sich ein Gesamtbestand von 26.533 Bänden ergibt, abgesehen von den Handschriften, Flugblättern und Landkarten. — Wie alljährlich haben 18 Redaktionen von deutschen Zeitungen in Böhmen durch unentgeltliche Übersendung ihrer Blätter und durch freundliche Berücksichtigung der Arbeiten und Unternehmungen des Vereines denselben gefördert und das volle Anrecht auf dessen Dank erworben. — Unter den Geschenkgebern verdienen besonderen Dank: das k. u. k. Oberst=Kämmereramt, die k. k. Statthalterei, der Landes= ausschuß des Königreiches Böhmen, die Gesellschaft zur Förderung deutscher Wissenschaft, Kunst und Literatur in Böhmen, das deutsche Kasino in Prag, das Rektorat der k. k. deutschen technischen Hochschule in Prag, die königliche Direktion des bayerischen Nationalmuseums in München, ferner die Herren Bruno Bischoff, R. Dellinger, k. k. Hofrat Professor Dr. G. C. Laube, fürstlich Schwarzenbergscher Zentralarchivsdirektor Anton Mörath und k. k. Univ.=Professor Dr. O. Weber. — Die vom Ausschuß gewählte Bibliothekskommission hat auch in diesem Jahre die Überwachung der Bücherei mit dankenswerter Umsicht besorgt und sowohl durch Er= werbung neuer Publikationen wie auch durch Ergänzung lückenhafter Bücherfolgen den Wert derselben für wissenschaftliche Forschung wesentlich gesteigert. — Die Zahl der aufliegenden Zeitschriften ist durch Tausch und Kauf um 10 vermehrt worden und beträgt nunmehr 234. Zugewachsen sind: Fuldaer Geschichtsblätter, Archiv der Gesellschaft für ältere deutsche

Geſchichte, Editiones archivii et bibliothecae s. f. metropolitani
capituli Pragensis, Archiv für Städtekunde, Tſchechiſche Revue, der
Burgwart, Mitteilungen aus dem Landesarchive des Königreiches Böhmen,
Veröffentlichungen der Geſellſchaft für neuere Geſchichte Öſterreichs, Inter=
nationale Wochenſchrift für Wiſſenſchaft und Kunſt und Iglauer Mu=
ſeumsblätter.

Die Handſchriftenſammlung erfuhr einen wertvollen Zuwachs durch
die Widmung des Herrn Privatdozenten Dr. Spiridion Wukadinović,
welcher den in ſeinem Beſitze befindlichen literariſchen Nachlaß von Rudolf
Glaſer dem Vereine übergab. — Mit der Neuordnung und Katalogi=
ſierung der Handſchriftenſammlung und des Archives hat der Ausſchuß
den Vereinsbibliothekar betraut, nach deren Durchführung ſeinerzeit ein
ausführlicher Bericht erſtattet werden wird.

Das Ausſchußmitglied Herr Bruno Biſchoff hat im heurigen Jahre
die Ausgeſtaltung und Sichtung der Bilderſammlung fortgeſetzt und die
Katalogiſierung bis auf die Gruppenbilder und Bilder großen Formates
beendet. Die Porträtgalerie weiſt gegenwärtig 4756 Nummern aus.
Der Dank des Vereines an alle Gönner, welche dieſes Unternehmen durch
Widmungen gefördert haben, wird durch ein Spenderverzeichnis für die
Zukunft lebendig erhalten. Herrn Bruno Biſchoff wird für ſeine uner=
müdliche Tätigkeit und zahlreichen Spenden der geziemende Dank aus=
geſprochen.

Auch die Münzſammlung erfuhr durch Schenkungen von Münzen,
insbeſonders einiger Medaillen aus Silber und anderen Metallen eine
Bereicherung.

Unter den Gönnern, welche im verlaufenen Jahre den Verein mit
größeren Spenden bedachten, um ihm die Veröffentlichung größerer, umfang=
reicher Arbeiten zu ermöglichen, verzeichnen wir den hohen Landtag des
Königreiches Böhmen, der wie bisher 4000 K für wiſſenſchaftliche Zwecke
und 2000 K für Mietzinsbeitrag für das Jahr 1906/07 bewilligt hat,
ferner die geehrte Direktion der Böhmiſchen Sparkaſſa, welche den Betrag
von 1000 K zuwandte. Das Amt des Zahlmeiſters verwaltete Herr
Univ.=Prof. Dr. O. Weber. Als Rechnungsprüfer der Vereinskaſſa und
der Rechnungen waren die Herren Joſef Koch, Hof= und Univerſitäts=
buchhändler, Privatdozent JUDr. Robert Marſchner, Advokat und Sekretär
der Arbeiterunfallverſicherungs=Anſtalt in Prag, und JUDr. Ludwig Pick,
Advokat in Prag, tätig.

Im verflossenen Jahre erschien der 45. Jahrgang der „Mitteilungen" und der „Literarischen Beilage", zusammen in der Stärke von 42 Druck= bogen unter der Schriftleitung der Ausschußmitglieder Dr. Ad. Horcicka und Dr. O. Weber. Das 1. Heft der Mitteilungen wurde in gefällig ausgestalteter Sonderausgabe dem im September 1906 in Wien ein= berufenen 6. Archivtage und der Hauptversammlung des Gesamtvereines der deutschen Geschichts= und Altertumsvereine als Festschrift gewidmet und hat dieselbe bei den Teilnehmern sehr anerkennungsvolle Teilnahme gefunden.

Von größeren in den „Mitteilungen" erschienenen Abhandlungen gelangten als Sonderabzüge zur Ausgabe: 1. Dr. Schneider Karl: Über die Entwicklung des Kartenbildes von Böhmen; 2. Josef Stocklöw: Burg Birkenstein und Sommerfrische Pürstein; 3. Dr. O. Weber: Bergreichenstein; 4. Dr. Karl Siegl: Eine kaiserliche Achterklärung wider Götz von Berlichingen im Egerer Stadtarchiv und von demselben Verfasser „Die älteste Kurliste Franzensbads."

Der Ausschuß beschloß die Herausgabe einer umfangreichen Publikation von Univ.=Professor Dr. S. Steinherz über Briefe des Prager Erzbischofes Anton Brus von Müglitz, deren Drucklegung im Juli beginnen soll. Unter der Presse befindet sich das Buch von J. Schiepek über die Eger= länder Mundart (II. Teil), das noch im Verlaufe dieses Solarjahres fertig werden dürfte. Ferner ist bereits mit dem Drucke des ältesten Stadtbuches von Böhmisch = Kamnitz (1380—1512) begonnen worden, welches von Dr. Ad. Horcicka bearbeitet wird. Die vierte große Publikation, die der Verein eben durchführt, ist die Herausgabe des Urkundenbuches von Krummau, mit welcher Dr. Valentin Schmidt betraut ist, an dessen Drucke ebenfalls noch im Juli begonnen wird. — Reges Leben herrschte in der I. und III. Sektion. Die I. Sektion, Vorsitzender Regierungsrat Dr. Ludwig Chevalier, hielt 5 Sitzungen ab, in welchen 14 Vorträge stattfanden. Am 27. April l. J. fand die 200. Sitzung der I. Sektion (Geschichte) statt. Prof. Dr. O. Weber war so freundlich, aus diesem Anlaß den Vortrag: „Rückblick auf die Tätigkeit der historischen Sektion des Vereines anläßlich der 200. Sitzung" zu halten, über den seiner Zeit in den Mitteilungen Bericht erstattet werden wird. Die III. Sektion, Vorsitzender Regierungs= rat Dr. Hans Lambel, hatte 3 Sitzungen mit 2 Vorträgen aus einem Referate. In jeder Sektion wurde außer den Vorträgen über die neuesten Erscheinungen des Buchhandels berichtet, auch wurden kritische Besprechungen eingelaufener, für die Drucklegung in den „Mitteilungen" bestimmter

Artikel erstattet. — Von den Vereinssammlungen wird am stärksten die Bücherei benützt. Entlehnt wurden im vergangenen Jahre 510 Werke, 524 entlehnte Werke wurden zurückgestellt. Die Besuchszahl der Leser, welche den Lesesaal des Vereines benützen, hat sich gegen das Vorjahr erheblich gesteigert.

Der Verein hatte Gelegenheit sich an mehreren auswärtigen Veranstaltungen zu beteiligen. Bei der Enthüllung des Adalbert Stifter-Denkmales in Oberplan im August 1906 war er vertreten durch den fürstlich Schwarzenbergschen Zentralarchivdirektor Anton Mörath, Professor Dr. Valentin Schmidt und Dr. Ad. Horcicka, der mit einigen Widmungsworten einen prachtvollen Kranz namens des Vereines an die Stufen des Denkmales legte. An dem im September 1906 in Wien tagenden 6. deutschen Archivtag und der daselbst abgehaltenen 54. Hauptversammlung des Gesamtvereines der deutschen Geschichts- und Altertumsvereine übernahmen die Vertretung Dr. Ad. Horcicka, Statthalterei-Archivdirektor Karl Köpl, fürstlich schwarzenbergscher Zentralarchivsdirektor Anton Mörath und Univ.-Professor Dr. Adolf Zycha. Am Tage für Denkmalpflege im September 1906 übernahm dessen Vertretung Univ.-Professor Dr. O. Weber. Außerdem beteiligte sich der Verein an der im November 1906 in Prag veranstalteten Ausstellung der deutschen Vereine und Körperschaften Prags, in deren Rahmen das Ausschußmitglied Herr Dr. A. Kiemann interessante Ansichten von Prag und seiner historischen Tore aus verschiedenen Jahrhunderten aus seiner eigenen Sammlung eingliederte. — Der Ausschuß fand wiederholt Gelegenheit, deutschen Volksbüchereien und Fortbildungsvereinen in Böhmen Beiträge aus seinen Veröffentlichungen unentgeltlich zukommen zu lassen. — Die Geschäftsleitung ruhte in den berufenen Händen unseres Ehrenmitgliedes Hofrates Univ.-Professors Dr. G. C. Laube, der mit altbewährtem Eifer und aufopfernder Hingebung seines Amtes waltete.

Mit dem Danke an die Vertreter außerhalb Prags, welche die Vereinsinteressen fördern und insbesondere darauf bedacht sind, durch Zuführung neuer Mitglieder die materiellen Mittel zur Erreichung der hohen Ziele des Vereines zu kräftigen, wurde die Berichterstattung über das 45. Vereinsjahr geschlossen.

Aus dem Vermögensberichte sei mitgeteilt:
Das Gesamtvermögen beträgt . . . . 48.600 K — h
Es hat sich gegen das Vorjahr um . . . . 1.164 „ 54 „
vermehrt.

Da auf der Tagesordnung kein weiterer Verhandlungspunkt stand, legte der Ausschuß, der nach seiner Überzeugung allen Verpflichtungen in jeder Hinsicht nachkam, sein Amt in die Hände der Versammlung zurück.

Bei den hierauf vorgenommenen Wahlen wurden der Ehrenvorsitzende, die abgetretenen Mitglieder des Ausschusses und die Rechnungsprüfer wieder gewählt. In der am 23. Juni abgehaltenen konstituierenden Sitzung wurde keine Veränderung in der Verteilung der Vereinswürden vorgenommen, ferner wurden die Bibliothekskommission und die übrigen mit Vereinsämtern betrauten Herren wieder bestätigt.

Mitteilung der Geschäftsleitung.

Nachtrag zum Verzeichnis der Mitglieder.

Geschlossen am 10. August 1907.

Neu eingetreten als

Stiftendes Mitglied:

Seiner Hochgeboren Herr **Franz de Paula Graf Deym von Stříteš,** k. k. Kämmerer, Großgrundbesitzer, Landtagsabgeordneter in Hajan.

Ordentliche Mitglieder:

Herr **Basel Richard,** f.-e. Notar und k. k. Gymnasial-Professor in Eger.

Löbl. **Bergschule für das nordwestl. Böhmen** in Dux.

Herr **Burdach Konrad** Phil. Dr., Universitäts-Professor in Berlin.

  „ **Eichler Karl** in Teplitz.

  „ **Endt Johann,** f.-e. Vikariats-Sekretär und Pfarrer in Abertham.

  „ **Engl Friedrich** JUDr., Advokaturs-Kandidat in Plan.

  „ **Eypert Oskar** JUDr., k. k. Berg-Oberkommissär in Mies.

  „ **Kaulich Karl,** Bräuhauspächter in Liebeschitz.

  „ **Kropf Max,** Architekt in Wien.

  „ **Lederer Paul** JUDr., Advokat in Pilsen.

  „ **Longin Konrad,** Schulleiter in Köpferschlag.

  „ **Müller Johann,** Buchhändler in Reichenberg.

Löbl. **städtisches Museum** in Rumburg.

Herr **Naegle August** Theol. Dr., Professor an der deutschen Universität in Prag.

Herr **Peterka Otto** JUDr., Privat-Dozent an der deutschen Universität
in Prag.

„ **Pick Franz Hugo** JUDr., Supplent am deutschen Mädchen-Lyzeum
in Prag.

„ **Rihl Julius** MUDr., Universitäts-Assistent in Prag.

„ **Runge Rudolf** MUDr., Arzt in Leipzig.

„ **Schmidt Heinrich**, Fachlehrer in Morchenstern.

„ **Siegmund Hans**, Ingenieur, k. k. Oberkommissär der General-
Inspektion der österreichischen Eisenbahnen in Wien.

Löbl. k. k. **Staatsrealschule** in Bergreichenstein.

Herr **Stalmach Rudolf**, Fabrikant in Bilin.

„ **Stark Robert** MUC., in Karlsbad.

„ **Trauttmann Otto** Phil. Dr., k. k. Gymnasial-Professor in Prag.

„ **Tropschuh Hugo** MUDr., Arzt in Bilin.

Außerordentliches Mitglied:

Herr **Steinitz Ernst**, stud. phil. in Prag.

Verstorbene Mitglieder:

Stiftendes Mitglied:

Herr **Schoeller Philipp Ritter von**, Großindustrieller in Czakowitz.

Ordentliche Mitglieder:

Herr **Buberl Andreas** MUDr., emer. k. k. Regimentsarzt, Badearzt in
Franzensbad.

„ **Diessl Josef Gustav** MUDr., k. k. Sanitätsrat in Franzensbad.

„ **Egermann Josef** Phil. Dr., k. k. Gymnasial-Professor i. R. in Wien.

„ **Eichler Gustav** MUDr., Badearzt in Teplitz.

„ **Engl Josef** JUDr., Advokat in Plan.

„ **Georgi Karl**, Bergverwalter in Eidlitz.

„ **Hammer Wenzel**, Dechant i. R. in Klösterle a. d. Eger.

„ **Heidler von Heilborn Karl** MUDr., Arzt in Marienbad.

„ **Heinzel Adolf**, Schuldirektor in Braunau.

„ **Laube Franz**, Direktor der k. k. Modellier- und Fachzeichenschule
i. R. in Teplitz. (Schluß folgt.)

K. u. k. Hofbuchdruckerei A. Haase, Prag. — Selbstverlag.

Mitteilungen des Vereines

für

Geschichte der Deutschen in Böhmen.

Redigiert von

Dr. A. Horcicka   und   **Dr. O. Weber.**

Sechsundvierzigster Jahrgang.   2. Heft. 1907.

Ein kirchenpolitischer Dialog aus der Blütezeit des Taboritentums.

Mitgeteilt und erläutert

von

J. Loserth.

Es war am 30. Mai 1434, als das radikale Hussitentum bei Lipan jene entscheidende Niederlage erlitt, von der es sich nimmermehr erholt hat. Der böhmische Wiclifismus, der sich eben kurz zuvor noch als außerordentlich lebenskräftig erwiesen hatte, war zu Tode getroffen: weder im Kampfe der Waffen noch in dem des Geistes konnte er noch Hervorragendes schaffen. Auch in letzterer Beziehung hatte er sich noch kurz zuvor literarisch betätigt. Wie viele schriftliche Denkmäler dieser fortgeschrittenen hussitischen Partei in jenen Jahren der schärfsten Parteikämpfe zugrunde gegangen sind, darüber wird man wohl kaum etwas zuverlässiges erfahren. Daß es aber in jenen Kreisen Schriften gab, die mehr als einer gelegentlichen Erwähnung in einem Buch über antiquarische Gegenstände wert sind, darüber wurde ich erst noch in den letzten Wochen belehrt. Es ist gewiß von großem Interesse auf ein literarisches Produkt dieser mächtigen kirchlichen und politischen Partei aufmerksam zu machen, das glücklicherweise den Stürmen der Zeit entgangen und, wenn auch nicht ganz unversehrt, auf uns gekommen ist: eine Schrift, die in der drastischesten Art uns noch einmal die Hauptlehrsätze des böhmischen Wiclifismus bekannt macht. Wer diese Schrift, die wir unten mitteilen,

wie sie überliefert ist,[1]) durchsieht, wird finden, daß in ihr gerade die
wichtigsten Lehrsätze aus dem Schatze des englischen Reformators ent=
halten sind, Sätze, die dann nach dem Tage von Lipan ihre Bedeutung
nur noch in kleineren Kreisen behalten haben.

Man weiß ja heutzutage, in welch ausgedehnter Weise Huß und
seine Freunde sich die Lehren und die ganze Sprachweise des englischen
Reformators zu eigen gemacht haben. Im einzelnen wird da die
historische Forschung noch manches an den Tag zu fördern vermögen,
was in dieser Hinsicht interessant ist; es finden sich noch viele neue
Punkte, in denen sich die vollständige Abhängigkeit des böhmischen vom
englischen Wiclifismus haarscharf erweisen läßt. Wer z. B. die Frage
nach der Genesis der vier Prager Artikel aufwirft, wird auch da auf
diese Abhängigkeit stoßen und finden, daß sie, wenn man von dem Artikel
über das Abendmahl absieht — samt ihrer Begründung fast wortgetreu
aus Wicliffschen Schriften stammen. Ich hoffe mich hierüber an anderer
Stelle näher verbreiten zu können und möchte nur wünschen, daß noch
die anderen Seiten englischen Einflusses auf Böhmen im letzten Viertel
des 14. und im ersten des 15. Jahrhunderts genauer durchforscht würden,
denn daß es auch eine Einflußnahme auf die Entwicklung der Verhältnisse
Böhmens auf anderem Gebiete als etwa dem dogmatisch=kirchlichen oder
dem kirchenpolitischen gegeben hat, scheint mir sehr wahrscheinlich zu sein.

Um nun auf die oben genannte Schrift zurückzukommen, fand ich
sie in einem Kodex der Wiener Hofbibliothek; es ist Nr. 4343. Die
Handschrift enthält neben einzelnen Schriften Wiclifs und denen einiger
böhmischer Autoren nach den Angaben des neuen Handschriftenkatalogs
auch einen satirischen Dialog zwischen Kaiser Ludwig dem Bayer, dem
hl. Petrus, Christus, dem Papst usw. Ein Blick, den ich auf die ersten
Zeilen dieser angeblichen Satire warf, belehrte mich freilich, daß man es
hier weder mit einer Satire noch mit der Persönlichkeit Ludwigs des
Bayers zu tun habe und daß diese letztere Angabe von dem Verfasser
des Handschriftenkataloges aus Unkenntnis des Sachverhaltes gemacht
wurde.

Es finden sich nämlich gleich in den ersten Zeilen des Dialogs
wohl die Worte Ludovicus imperator. Wer aber die beiden

---

1) Ich habe in den Noten zu dem unten mitgeteilten Text einige der gröberen
Verstöße der Überlieferung korrigiert. Sie alle auszubessern, hätte einen
Zeitverlust gebracht, der mit den erzielten Resultaten in keinem Verhältnis
stünde.

folgenden Worte Ego Ludovicus lieſt und ſich im Corpus iuris canonici einigermaßen umgeſehen hat, der weiß, daß dieſe Worte ſich nicht auf Ludwig den Bayern beziehen, ſondern daß damit das Pactum constitutionis imperatoris primi Ludovici (alſo Ludwigs des Frommen) cum Romanis pontificibus gemeint iſt, jene Dekretale, in welcher angeblich Ludwig der Fromme den Päpſten die Stadt Rom ſamt dem dazugehörigen Gebiete ſchenkt und den Römern das Recht der freien Papſtwahl verleiht.[1] Mit Ludwig dem Bayer beſteht alſo nicht der mindeſte Zuſammenhang.

Eine genauere Einſichtnahme in den genannten Dialog belehrt uns nun aber, daß er einen wiſſenſchaftlichen Streit über die dringendſten Fragen der Zeit, der er entſtammt, enthält, den Streit um das Armutsideal in der Kirche, um den Anſpruch der Päpſte auf weltliche Herrſchaft oder beſſer auf die Herrſchaft der Welt, namentlich aber um das Schriftprinzip in der Kirche, das, wie man heute weiß, von keinem der ſogenannten Vorreformatoren höher gehalten wurde, als von Wiclif und das durch ihn auch in den Beſitzſtand der taboritiſchen Partei gekommen iſt und von ihr gleichergeſtalt hochgehalten wurde.

Leider iſt der ſogenannte Dialog nicht vollſtändig. Es müſſen namentlich am Beginn einige Ausführungen abhanden gekommen ſein. Aber ſchon das, was noch vorliegt, iſt wichtig genug. Gleich die erſten Worte führen uns den leidenden Heiland vor: „Und ſie zogen ihm einen Purpurmantel an, flochten ihm eine Dornenkrone und ſetzten ſie ihm auf das Haupt.“ Und nun folgt gleich die Antitheſe. Eben jener Ludwig der Fromme tritt auf und macht den Papſt zum Herrn über Rom: „Ich der Kaiſer Ludwig ſchenke Dir, dem hl. Petrus und ſeinen Nachfolgern auf ewige Zeiten, wie ich ſie von meinen Vorgängern überkommen habe, die Stadt Rom mit dem Dikat und allen dazu gehörigen Territorien.“

---

1) Es kann nicht meine Aufgabe ſein, die ganze Literatur über das Pactum Ludovicianum vom Jahre 817 hier anzuführen. Siehe das Kapitel Fälſchungen in Janus, der Papſt und das Konzil. Vgl. Bombelli, Storia critica dell' origine e svolgimento del dominio temporale dei Pape, cap. XI u. pag. 279, Note 148; Gregorovius, Geſch. d. Stadt Rom im Mittelalter, III⁵, S. 36 ff.; Sickel, Acta Karolinorum II, 381, u. Das Privilegium Ottos I, p. 50 f. — Daß Huß die Dekretale Ego Ludovicus für ſeine Darſtellung benutzt, iſt bekannt. Siehe Historia et Monumenta, tom. I, Fol. 224b.

Wie man sieht: ganz die Theorie des Wiclifismus, der das moderne Papsttum „das verkaiserte"[1]), die moderne, mit weltlichem Regiment belastete Kirche „die verkaiserte" oder die durch die Vergebungen Konstantins an die Kirche „vergiftete"[2]) nennt, eine Lehre, die Wiclif in kürzerer und breiterer Ausführung fast in allen seinen reformatorischen Schriften vorgetragen hat: daß das Papsttum, wie es jetzt besteht, nicht das wahre, sondern das falsche ist usw., daß es demnach mit alledem, was dazu gehört, abgetan werden müsse. Am ausführlichsten hat Wiclif darüber in seinem großen, von mir eben jetzt herausgegebenen Werke De Potestate Pape gehandelt, das Huß sich in seinem Buche von der Kirche in der Hauptsache zu eigen gemacht hat.

In dem Dialog wird also der mit der Dornenkrone gekrönte Heiland dem Papst mit seinem Anspruch auf weltliches Regiment gegenübergestellt. Und so folgt nun wieder auf den Kaiser Ludwig der hl. Petrus (in cruce pendens), wie er dem die Kirche durch seine Dotierung ins Verderben bringenden Kaiser widerspricht: „Und wisset, daß Ihr nicht mit vergänglichem Silber oder Gold erlöset seid von Eurem eitlen Wandel, sondern durch das teure Blut Christi, des unschuldigen unbefleckten Lammes."

Wieder tritt Christus auf, wendet sich zu Petrus und sagt ihm sein Ende voraus, das Ende auf dem Kreuz: „Wahrlich ich sage Dir, Du wirst Deine Hände ausstrecken, und ein anderer wird Dich gürten und führen, dahin, wohin Du nicht willst. Komme und folge mir nach."

Durch solche Rede und Gegenrede wird festgestellt, daß das Papsttum, wenn es das rechte sein will, keine weltliche Herrschaft besitzen darf.

Dem Armutsideal sind die nächsten Stellen gewidmet. Zuvor wird noch die Frage über die Stufen der kirchlichen Hierarchie gestreift. Ist

---

1) Wie sehr Huß diesen von Wiclif geprägten Begriff festhält, ist bekannt. Man vergleiche z. B. die Stelle aus De Ecclesia fol. 224b: Ecce quod papae praefectio et institutio a Cesaris potentia emanavit . . . . Unde timentes posteri pontifices perdere illam prefectionem, ab aliis cesaribus confirmationem postularunt . . .

2) Die alte Sage, daß an dem Tage, an welchem Konstantin seine angebliche Schenkung an den Papst Silvester machte, Gift in die Kirche eingeträufelt wurde, hat Wiclif aus Ranulfus de Higdeus Polychronicon, Huß, der sie gleichfalls erwähnt, aus Wiclif genommen. Daß auch Walther von der Vogelweide die Sage kennt, mag nebenbei erwähnt werden: Der ist nû ein vergift gevallen in dem Gedichte: Küne Konstantin der gap so vil . . . .

es notwendig, eine Hierarchie zu besitzen, wie sie heute besteht? Man erinnere sich, daß Wiclif die moderne Graduation der Hierarchie verwirft. In der apostolischen Kirche gab es nur Priester und Diener. Priester und Bischöfe sind eins. Weitere Grade sind nicht notwendig. Um Priester zu werden, bedarf es keiner Ordinierung durch den Bischof. Der „wahre" Priester wird von Gott berufen. Daß sich die moderne Hierarchie gegen solche Lehren wendet, ist begreiflich: die stolzen Prälaten, die sich in Konstanz zusammenfanden, hätten ihre eigene Daseinsberechtigung sich abgesprochen, hätten sie in derlei Sätze gewilligt. So tritt denn auch in dem Dialog der Papst in den Vordergrund und spricht die Worte des Dekrets im Corpus iuris canonici: „Wir setzen fest, daß eine jede Ordinierung, die ohne Titel gemacht wird, ungültig ist." „Wer kein Benefizium hat, wer sich nicht erhalten kann, darf auch nicht ordiniert werden." Ihm widerspricht der „Theologe". Auch hier ist notwendig, auf den Wiclifschen Sprachgebrauch zurückzugehen. Wer ist ein Theologe? Nicht der allein, der in der theologischen Wissenschaft (auf diese wendet Wiclif die Worte an: Scientia inflat = das Wissen bläht auf) die Meisterschaft hat, sondern der, der das göttliche Gesetz, d. h. die Bibel kennt. Er ist der in der Bibel bewanderte Mensch, der auf Grundlage der Gebote der Bibel zu untersuchen hat, ob die Anordnungen kirchlicher Behörden schriftgemäß sind oder nicht. Dieser Theologe antwortet dem Papst: Wozu denn die Pfründe? In der Bibel liest man doch: Gold und Silber habe ich nicht. Und wieder: Wollet nicht Gold noch Silber besitzen. Und endlich: In wes Haus Ihr eingehet, dort bleibet, esset und trinket, was man Euch vorsetzt.

Mit dieser ärmlichen Ausstattung ist die moderne Hierarchie nicht zufrieden. Welcher Bischof würde sich wie der Apostel Paulus von seinem Handwerk erhalten wollen. Er findet es schon als eine Herabsetzung seines Amtes, wenn er seinen Sitz in einer kleinen Stadt aufschlagen soll. So tritt denn auch in dem Dialog als nächster ein Bischof auf und spricht: Man darf den Bischof nicht in eine kleine Stadt setzen. Der bischöfliche Name würde geschädigt. Man muß ihn daher auf einen ehrenvollen Titel setzen.

Wieder tritt der Theologe auf: Hat etwa Christus einen solchen Titel aufzuweisen gehabt? Haben die Hirten ihn nicht in einem Stalle gefunden. Und doch ist er der oberste Bischof. Und dann: Heißt es nicht in der Bibel: Wir haben hier auf Erden keine bleibende Stätte.

Ja, erwidert der Bischof: Wer dem Altare dient, muß vom Altare
leben, und wer die Last auf sich nimmt, dem darf der Lohn nicht ver=
wehrt werden.

Gewiß, sagt der Theologe. Vom Altare leben die, die kein Eigentum
haben und nichts begehren. Und hat nicht darum der Herr eben arme
Leute zu seinen Helfern erwählt?

Ein Jurist springt dem Bischof bei: Es kann, sagt er, der Kirche
nur zum Nutzen gereichen, wenn sie einen reichen Klerus besitzt, damit
dieser sie verteidigen kann. Auch das Reich und der Fiskus werden davon
ihren Nutzen haben. Besonders muß man, fügt er hinzu, erhabene und
gelehrte Persönlichkeiten mit reicherem Besitze ausstatten.

Diesen Reden schließen sich ähnliche Worte an. Der scharfe Gegen=
satz zwischen der reich begüterten Kirche mit ihren Trägern und den
Reformfreunden, die nach dem alten Armutsideale greifen und die in
Petrus Waldes so gut wie im hl. Franziskus von Assisi eine glänzende
Vertretung erhalten haben, tritt aus jeder Zeile hervor. Wer möchte sich
nicht daran erinnern, daß die ersten schweren kirchenpolitischen Kämpfe
Wiclifs die Konfiskation des gesamten englischen Kirchengutes zum Ziele
hatten und daß diese Sekularisierung in einem in der christlichen Welt
bis dahin noch nicht gesehenen Maßstabe durch den böhmischen Wiclifismus
erfolgt ist.

Die Begründung für die im Dialog vorgetragenen Ansichten nimmt
eine jede Partei aus ihren Schriften: der Jurist und der Bischof aus
dem Kirchenrecht, der Theologe aus der Bibel. Ist jenes oder ist dieses
das Fundament der kirchlichen Lehre?

Nun läßt sich der Papst vernehmen, dem die Angriffe der Neuerer
auf die in seinem Kirchenrecht fundierte Kirche und ihr Hinweis auf die
wahre Grundlage des Christentumes, die hl. Schrift, im höchsten Grade
zuwider sind: Ein Verfälscher päpstlicher Bullen soll (und das ist der
Wortlaut des betreffenden Dekretes) „mit dem Brote des Schmerzes und
dem Wasser der Pein" erhalten werden. Wer gar die Kirche und ihre
Diener mit Injurien belegt, muß hochnotpeinlich gestraft werden.

Da tritt der gegeißelte Heiland auf und spricht: „Meinen Rücken
hielt ich denen dar, die mich schlugen. Ach, Ihr wißt nicht, wes Geistes Ihr
seid." Auf ihn folgt der hl. Augustinus mit der Klage: Was habt Ihr
aus der Kirche gemacht. Sie ist jetzt mit Knechtslasten überhäuft. Ja, sagt
der Jurist: In dem, was der Papst begehrt, muß man ihm zu Willen
sein. Wieder läßt sich der Theologe vernehmen: „Diese Schriftgelehrten

und Pharisäer, schwere und unerträgliche Lasten legen sie den Menschen auf den Rücken: aber sie selbst wollen nicht den Finger anrühren." Der Jurist fällt ein: „Kraft der Fülle unserer Gewalten können wir auch gegen das Recht dispensieren."

In diesem Tone geht es weiter: Das Kirchenrecht und das Gesetz Gottes streiten widereinander. Das Gesetz Gottes — das ist die Bibel. Sie ist die einzige Norm des Glaubens. Man weiß, wie hoch Wiclif das Schriftprinzip gehalten hat. An hundert und aber hundert Stellen verkündet er es laut und vernehmlich und trägt alle Zeugnisse zusammen, die dafür sprechen. Der Schreiber des Dialogs hilft mit einem köstlichen Bilde nach (siehe unten). In den Schalen einer Wage liegt auf der linken Seite die Bibel, auf der rechten das irdische Gesetzbuch. Wie tief steht die linke Schale unten. Über das göttliche Gesetz — die Bibel, geht kein anderes. Das göttliche Gesetz allein reicht aus zur Regierung dieser Welt, eines anderen bedarf es nicht. Diesen Grundsatz hat Huß zum Gegenstand einer vielbewunderten Predigt gemacht. Diese Predigt hat er mit nach Konstanz genommen. Dort wollte er — der Idealist — die versammelte Prälaten= welt, und wer sich sonst noch einfand, für seine Lehre gewinnen. Die Kirche sollte auf ihre ursprüngliche Gestalt in den ersten drei Jahrhunderten ihres Bestehens zurückgesetzt werden. Huß hat diese Predigt in Konstanz nicht gehalten. Man weiß, sie stammt Wort für Wort von Wiclif und das in unserem Kodex erhaltene Bild gibt nun einen prächtigen Kommentar zu dem ganzen. Siehe, heißt es in der Apokalypse, ein schwarzes Pferd. Und der darauf sitzt, der hat die Wage in der Hand. Und nun gibt offenbar der Theologe die Erklärung zu dem Bilde: Heilige Doktoren haben all ihr Wissen aus der Bibel, sie unterwerfen sich ihr gehorsam und ihre Lehrmeinung passen sie ihr an. Nur die Ketzer pressen i h r e n Sinn in sie hinein. Wer aber die hl. Schrift anders auslegt, als es der hl. Geist verlangt, der ist, wie Hieronymus sagt, ein offen= kundiger Ketzer.

Man hat aus diesen Stichproben entnehmen können, daß der Dialog die Kernpunkte des wiclif=taboritischen Systems klar erfaßt und kunst= gerecht dargestellt hat. Insbesondere ist es das Schriftprinzip und nächst ihm das Armutsideal, das in geradezu sieghafter Weise vertreten ist; nicht zuletzt auch das allgemeine Priestertum der Christen — alles Sätze, die die Fundamente der reformatorischen Bewegung in England gebildet haben. Ob und wie der Dialog etwa noch weiter geführt worden ist, darüber kann man kaum Vermutungen aufstellen. Man könnte ja, ohne

ſonderlich fehl zu gehen, behaupten, daß der in den huſſitiſch=taboritiſchen
Kreiſen ſo außerordentlich populäre Kampf des Wiclifismus gegen das
Mendifantentum nicht zu furz gefommen ſein dürfte.

. . . . (Der Anfang fehlt.) . . . .

Induerunt eum purpura et imposuerunt ei plectentes spineam coronam.
Marci XV (17).

Ludwicus imperator.

*Ego Ludwicus imperator concedo tibi beato Petro et successoribus
in perpetuum, sicut a predecessoribus nostris usque nunc in vestra
potestate et dicione tenuistis et disposuistis, civitatem Romanam cum
ducatu suo et suburbanis et territoriis eius.* LXIII di. *Ego Ludwicus.*[1]

Sanctus Petrus contradicit Ludwico pendens in cruce.

*Scientes, quod non in corruptilibus, auro et argento, redempti
estis de vana vestra conversacione sed precioso sanguine quasi agni
immaculati Jesu Christi.* I. Petri I (18, 19).

Christus ad Petrum dicit:

*Quid ad te? Sequere me. Extendes manus tuas et alius te cinget,
et ducet te, quo non vis.* Joh. ultimo. (Joh. XXI, 18.)

Papa.

Decrevimus[2] *ut sine titulo facta ordinacio irrita habeatur.*
LXX dist. *Sanctorum.*[3]

Theologus contradicit pape dicens:

Nolite possidere aurum et argentum. Matth. X (9). *In quam-
cunque civitatem aut domum intraveritis, manete, edentes et bibentes,
que aput illos sunt.* Luc. X (5, 7).

Papa.

*Non habens titulum beneficii vel patrimonii, unde possit congrue
sustentari, non debet ad ordines promoveri.* Extra de Prebendis.[4]

Pater contra:

Aurum et argentum non est michi. Actuum III (6). *Petrus* . . .

---

1) Decreti prima pars, distinctio LXIII, cap. 30.
2) Recte: Decernimus.
3) Dist. LXX, cap. II.
4) Iſt nicht Extrav., ſondern Decret. Greg. lib. III, tit. V, cap. XXIII.

Idém contra papam.

Non licet[1]*) ulli episcopo ordinare clericos et nullas ei prestnre alimonias; sed vel non faciat clericos vel si fecerit det illis, unde vivere possint.* Extra De Prebendis. *Non liceat.*[2]*)*

Theologus.

Ecce nos reliquimus omnia et secuti sumus te. Quid ergo erit nobis? Matth. XIX (27).

Episcopus.

Episcopi non debent constitui. ad modicam civitatem, ne vilescat nomen episcopi sed ad honorabilem titulum[3]*) preficiendus est et honorandus.* LXXX dist. *Episcopi.*[4]*)*

. Contra Episcopus (recte: Theologus):

Tamden pastores invenerunt Mariam et Joseph et infantem positum in presepio. Et ille fuit et est summus episcopus. Luce II (16). Eciam: *Non habemus hic manentem civitatem.* Hebr. ultimo.

Episcopus respondet theologo:

Tamen, qui altari servit, et vivere debeat de altari, et qui ad onus eligitur, repelli non debeat[5]*) a mercede.* Extra De Prebendis *Cum secundum.*[6]*)*

Theologus contra episcopum dicit:

De altari et evangelio vivunt, qui nichil habere proprium volunt nec habent nec habere concupiscunt. Quid est aliud: de evangelio vivere nisi laborantem, ubi laborat, necessaria vite percipere. Prosper I, 2, II. *Sacerdos.*[7]*)*

Theologus.

Nonne Deus pauperes elegit in hoc mundo, iam non multos sapientes secundum carnem, *non multos potentes, non multos nobiles, sed que stulta sunt mundi elegit Deus, ut*[8]*) confundat sapientes.* I, Cor. I (26).

---

1) Recte: liceat.
2) Decret. Greg. lib. III, tit. V, cap. II.
3) Recte: urbem.
4) Cap. III.
5) Cod.: debet . . .
6) Decret. Greg. lib. III, tit. V, cap. XVI.
7) Decreti Secunda Pars, Causa I, Quaestio II, cap. IX (Prosper, De contemplativa vita).
8) Cod.: non.

Jurista contradicit theologo.

Ymmo expedit ecclesie plures habere divites clericos, ut eam possint melius defensare. Et imperium et fiscus habundabit, utens subiectis locupletibus ut Judith.[1]) Super Questione. *Suff.* capitulo 1⁰, Colocen. II.[2])

Idem iurista.

Circa sublimes personas et literatas, cum maioribus beneficiis sint honorande, cum sic racio postulaverit, per sedem apostolicam poterit defensari circa plures dignitates aut personatus. Extra De Prebendis, *De Multa.*[3])

Theologus contradicit iuriste.

Ille cum quo fuerit dispensacio, habebit excepcionem ad ecclesiam militantem, sed quoad Deum obiudicabitur eo teste quo iudice. Hec allegoria non valebit nec papa eius conscienciam potest immutare, quia vis animo fieri non potest. XXX, II, *q.* VI (sic)[4]), I⁰, c⁰ 1⁰ et 2⁰.[5])

Papa.

Falsarius literarum pape in perpetuum carcerem includi debet pane doloris et aqua angustie sustentandus. Extra De Verbi Significacione *Novimus.*[6]) *Qui in ecclesia vel ministris aliquid iniurie importaverit, capitali sentencia punietur.* Decima septima q. IV. *Si quis suadente.*[7]) *Qui autem.*

Christus flagellatus dicit:

Corpus meum dedi percucientibus: ego autem non contradico. Isaie L, 56. *Nescitis cuius spiritus estis. Filius hominis non venit, animas perdere sed salvare.* Luce IX, 55, 56. *Orate pro persequentibus me et calumpniantibus vos et benefacite hiis qui oderint vos.* Matth. V (44).

Augustinus.

Religionem nostram quam dominus noster Jesus Christus in paucissimis sacramentorum, celebracionibus voluit esse liberam, quidam

---

1) Ober Judicibus.
2) Das Zitat ist zweifellos verderbt.
3) Decret. Greg. lib. III, tit. V, cap. XXVIII.
4) Undeutlich.
5) Die Stelle dürfte verderbt sein; wahrscheinlich ist Causa XXXII, q. V, gemeint: Corpori namque vis infertur, non animo.
6) Decret. Greg. lib. V, tit. XI, cap. XXVII.
7) Cap. XXIX.

servilibus premunt oneribus, adeo ut tolerabilior sit condicio Judeorum,
qui non humanis presumpcionibus sed divinis subiciantur institutis.
Hec Augustinus De Religione Christiana.

Jurista.

Papa in hiis que vult est ei prestanda[1]) voluntas. Institut. De
Justa (sic) II. *Sed quod principi.*[2])

Theologus opponit:

Alligant onera gravia et importabilia et imponunt in humeros
hominum. Digito autem suo nolunt ea movere. Matth. XXIII (4).
Nec est quis ei dicat: Cur ita facis. De Ope. dist. III. Ex persona.[3])

Jurista ex parte episcopi.

Secundum plenitudinem potestatis de iure possumus supra ius
dispensare. Extra De conces. Prebend. *Proposuit.*[4])

Theologus.

Non addens ad verbum quod loquor vobis neque anferens ex eo.
Maledictus qui non permanet sermonibus legis huius nec eos opere
proficit. Deuteronomio IIII (2) et XXVII (26).

Theologus Christus:

Non veni solvere legem sed adimplere. Matth. V (17). *A me ipso*
facio nihil, sed sicut docuit me pater, hoc loquor. Joh. VIII (28).

Unde Daniel dixit:

Reges humiliabit et sermones contra excelsum loquetur, sanctos
altissimi conteret; et putabit quod possit mutare tempora et leges.
Dan. VII (25).

Jurista.

Sacrosancta Romana ecclesia ius et auctoritatem sacris cano-
nibus impartitur sed non eis alligatur. XXV, q. I, c. *Hiis ita.*[5])

Theologus.

Licet ille, qui constituit legem, non sit subditus legi, ad hoc quod
puniatur ab homine, si faciat contrarium, tamen obligatus est ad

---

1) Manuſtr.: prorare.
2) Institut. lib. I, tit. II.
3) Von rechts und links weiſt eine Hand mit dem Zeigefinger auf dieſe
Stelle. Auch dieſe Stelle ſcheint verderbt zu ſein.
4) Decret. Gregor. IX, lib. III, tit. VIII, cap. IV.
5) Iſt nicht Cap. Hiis ita, ſondern *Ideo permittente,* 2. pars. Gratian:
His ita respondetur wie oben.

*legem implendam et gravius punietur a Deo, si facia(t) contrarium,
quia transgressio eius gravior est propter scandalum.* Hec Lyra [1]),
Matth. XXIII et Bar. BX (sic)[2]) loquens de presule Romane sedis
dicit: *Ymmo sine venia punitus debet sicut diabolus et sine spe venie
condempnandus est ut diabolus.* IX, q. III, *Aliorum* [3]) q. IV, *Presul.* [4])

Jurista.

*Non est a plebe arguendus vel accusandus episcopus, licet sit
inordinatus.* II, q. VII, *Non est* etc.[5]) *Nullus laicus crimen debet
clerico inferre.* Ibi: *Nullus* etc.[6]) *Romana ecclesia fas habet de omnibus iudicare nec cuiquam de eius liceat iudicare iudicio.* IX, q. III,
Cuncta. [7])

Theologus.

Quis ex vobis arguet me de peccato? Joh. VIII (46). *Si peccavit
in te frater tuus, corripe eum.* Matth. XVIII (15). *Vos estis sal terre.
Quod si sal evanuerit, ad nichilum valet nisi ut mittatur foras et
exculcetur ab hominibus.* Matth. V (13).

Theologus.

*Vos, qui reliquistis omnia et secuti estis me, sedebitis et vos
iudicantes XII tribus Israel.* Matth. XIX (27).

Jurista.

*Episcopi et magni clerici non debent cogi in obprobrium pro-
prium coram iudicibus pannosis (?) litigare et eciam in favorem
apostolice sedis, ne vilipendatur in tali ministerio.* Per X. an. Super.
Statutum. De Rescriptis libro VII.[8])

Jurista.

*Executor, si sciat sentenciam iniustam esse, nichilominus exequi
tenetur eandem.* Extra De Off. De le. Pastor.[9]) *Iudex pronunciet in
nomine Domini secundum allegacionem et deponat conscienciam.* Hug.

---

1) Desgleichen zwei Hände von links.
2) Recte: beatus Bernhardus.
3) Decret. fec. Pars, Causa IX, q. III, cap. XIV.
4) Causa II, q. IV, cap. II.
5) Cap. I.
6) Cap. II.
7) Cap. XVII.
8) Daß die Decretale Statutum (Sexti Decr. lib. I, tit. III, cap. XI) gemeint
ist, ist nicht wahrscheinlich.
9) Scheint sich auf Clem. lib. II, tit. XI, cap. II, *Pastoralis cura* zu beziehen.

Theologus.

Ex verbis iustificaberis et condempnaberis. Matth. XII (37). *Omne quod contra conscienciam fit, edificat ad gehennam:* Augustinus. *Qualis'hinc quisque egreditur, talis in iudicio apparebit vel presentatur:* Gregorius.

Theologus.

Non exies inde, donec reddas novissimum quadrantem. Matth. V (26). *Non concupiscas domum proximi tui.* Exod. XX (17). *Quos Deus coniunxit, homo non separet.[1]) Non licet viro uxorem suam dimittere excepta fornicacionis causa.* Matth. I (32) et XIX (9).

Jurista.

Conditor canonis vel legis potest mihi dare rem alienam, et tutus ero. F. F. de Evict. Lucius.[2]) *Qui iuraverit cum aliqua contrahere, debet et demum ante carnalem copulam religionem ingredi.* Extra De Sponsa. *Commissum.[3])*

Theologus.

Si religionis causa coniugia de se dissolvi dicantur, sciendum est, quia et si lex humana hoc concessit, lex Divina tamen prohibuit. Ecce qualiter quod lex humana concessit lex divina prohibuit. X dist. *Lege* et XXVII, q. II. *Sunt qui dicunt* etc.[4])

Jurista.

Propter religionem multa contra racionem sunt statuta. F. F. de Reli. *Sunt persone.[5])*

Non sufficit cuiquam inde asserere, quod ipse sit missus a Deo, cum hoc quilibet hereticus assereret; sed oportet quod astruat illam invisibilem missionem per operacionem miraculi vel scripture testimonium speciale. Extra de Here(ticis) *Cum ex iniuncto* etc.[6])

Theologus propheta.

Adventus filii perdicionis, id est Antichristi, est secundum operacionem sathane ·in omni virtute signis et prodigiis mendacibus et in omni seduccione iniquitatis. II, Thessal. II (9, 10).

---

1) Manuscr.: separat. Matth. XIX, 6.
2) Digg. lib. XXI, tit. II, 11; die Sache stimmt freilich mit der obigen nicht ganz.
3) Decret. Greg. lib. IV, tit. I, cap. XVI.
4) Decret. Prim. Pars, dist. X, cap. I et Sec. Pars, causa XXVII, q. II, cap. XIX.
5) Digg. De Religiosis lib. XI, tit. VII, 43.
6) Decret. Greg. lib. V, tit. VII, cap. XII.

Theologus.

Generacio mala et adultera signum querit. Matth. XVI (4).
A fructibus eorum cognoscetis eos. Matth. VII (16). *Nolite prohibere.*
Qui enim non est adversum nos, pro nobis est. Marci IX (50). *Quis*
tribuat ut omnis populus prophetet. Numeri XI (29).

Theologus.

Ve vobis legis peritis, qui tulistis clavem sapiencie et ipsi non
introistis et eos qui introibant prohibuistis. Luce XI (52).

Advocati.[1])

Hec dicens nobis contumeliam facis. Et ceperunt legis preriti
et pharisei graviter insistere et os opprimere de multis insidiantes ei.
Luce XI (45, 53—54).

Theologus:

Dura cervice et incircumcisis cordibus vos semper Spiritui Sancto
restitistis, sicut patres vestri, qui occidebant eos, qui annunciabant
de adventu Christi, cuius vos nunc proditores et homicide fuistis.
(Act. VII, 51—52.)

Advocati curie pape.

Audientes hec dissecabantur cordibus suis et stridebant dentibus
in eum. Act. VII (54).

————————

Ecce equus[2]) *niger et qui sedebat super eum, habebat sta-*
teram in manu sua. Apocal. VI (5) Glosa: Statera est scriptura
sacra. Per stateram cognoscitur, quanti ponderis sit corpus. Sic per
sacram scripturam cognoscitur, quanti ponderis sit spiritus. Sancti
enim doctores habent scienciam a scriptura, quia humiliter se sub-
iciunt scripture, sensum suum illi coaptantes. Sed heretici habent
scienciam in manu sua, quia quasi doctores illam suo sensu coaptant.

————————

1) Ursprünglich Jurista. Das wurde gestrichen und durch Legati et cardi-
nales pape ersetzt, schließlich auch gestrichen.
2) Hier ist eine prächtige Zeichnung mit Tinte. Das schwarze Pferd; darauf
der Reiter mit Sporen. Vom Reiter ist der Kopf nicht mehr sichtbar, weil
die Zeichnung sich am oberften Rande befindet. Der Reiter trägt die
Wage in seiner Hand. Der Wagebalken ist auch nicht mehr sichtbar; wohl
aber die herabhängenden Strähne und die Schale. In der Schale rechts
(vom Standpunkt des Reiters) liegt die lex divina, d. i. nach Wicliffschem
Sprachgebrauch die Bibel, in der linken die lex humana, das sind die
Gesetze des Papstes 2c. Die rechte Schale ist tief unten: um so viel überragt die Bibel jede Satzung von Menschen.

Quicunque igitur aliter scripturam intelligit, quam sensus Spiritus Sancti flagitat, a quo scripta est, hereticus appellari potest. Et in hanc insipienciam cadunt, qui eum ad cognoscendum veritatem aliquo impediuntur obscuro, non ad propheticas voces, non ad apostolicas literas nec ad evangelicas auctoritates sed ad semetipsos recurrunt et ideo magistri erroris existunt, quia veritatis discipuli non fuerunt.[1]) Jeronimus. *Veteres scriptas (?)*[2]) *historias invenire non possum scidisse ecclesiam et de domo Domini populos seduxisse et de domo Domini*[3]) *populos seduxisse preter eos, qui sacerdotes a Deo positi fuerant et prophete. Isti ergo vertuntur in laqueum tortuosum, in omnibus ponentes scandalum.* Idem: *Transferunt principes Jude terminos quos posuerunt patres domini eorum. Quando immutant mendacio veritatem et aliud predicant quam ab apostolis acceperunt.* Hec XXIIII, q. III. *Transferunt*[4]) et capitulo *Quid autem*[5]) et capitulo *Heresis. Pervenit ad nos fama sinistra, quod quidam episcoporum non sacerdotibus proprie dyocesis christianorum oblaciones conferant, sed pocius laicalibus personis, militibus sive servitorum vel quod gravius est consanguineis. Unde si quis amodo episcopus inventus fuerit huius divini precepti transgressor, inter maximos hereticos et Antichristos non minimus habeatur et qui dat episcopus et qui recipiunt ab eo laici, sive precio sive beneficio, eterni incendii ignis deputentur.* I, q. III. *Pervenit. Si quis aliquando vidit clericum cito penitenciam agentem*[6]) *et si deprehensus humiliaverit se, non ideo dolet, quia peccavit sed confunditur, quia perdidit gloriam suam.* Hec Crisostomus De Pe. dist. I.[7])

---

1) Decreti Sec. Pars, causa XXIV, q. III. cap. XXX.
2) Manuſtr: sc"tas.
3) Jeronymus Comm. in Jesa I, cap. I, vol. IV, pag. 15. Decreti Sec. Pars, causa XXIV, q. III, cap. XXVII. Cf. Trialogum Johannis Wyclif 243.
4) Decreti Sec. Pars, causa XXIV, q. III, cap. XXXIII.
5) Siehe oben.
6) Decreti Sec. Pars, causa I, q. III, cap. XIII.
7) Decreti Sec. Pars, causa XXXIII, q. III, cap. LXXXVII.

Studien zur Geschichte der Musik in Böhmen.

Von

Dr. Richard Batka.

Die karolinische Zeit.

(Fortsetzung.)

3. Die Organisation des Kirchengesanges.

Während die Institution der Mansionäre Karls IV. eigenste Schöp=
fung war, steht die Gesamtentwicklung der Kirchenmusik in Böhmen vor=
nehmlich unter dem Einfluß des Erzbischofs Ernst von Pardubitz.
Wie dieser große Kirchenfürst seinen kaiserlichen Herrn in der Errichtung
neuer, reichgeschmückter Gotteshäuser bestärkte und ermunterte, in deren
prunkvollem Rahmen sich auch die Formen des Kultus immer prächtiger
gestalten mußten, wie er unermüdlich an der Organisation des kirchlichen
Lebens arbeitete, um Böhmen zur Muster=Erzdiözese zu machen, so hat
er die Entwicklung der kirchlichen Tonkunst in seinem Lande auch unmittelbar
durch besondere Anordnungen in bestimmte Bahnen gewiesen.

Den Statuten des ersten kirchlichen Provinzialkonzils vom Jahre
1349 ist zu entnehmen, daß es — abgesehen von den Sonntagen —
43 gebotene Feiertage und 6 Halbfeiertage gab,[1] also bedeutend mehr als
heute. Dennoch führte man noch immer neue Feiertage ein. Karl IV. befahl,
den 2. Jänner als Feiertag zu begehen, zum Andenken daran, daß er 1354
an diesem Tage eine Menge kostbarer, in Deutschland und Frankreich
erworbener Reliquien nach Prag gebracht hatte.[2] Im folgenden Jahre
nahm die Prager Synode die Festsetzung des Tages der heiligen Lanze
und des heiligen Nagels durch Papst Innozenz VII. zur Kenntnis, wobei
Gesang ausdrücklich vorgeschrieben war.[3] Das Gradual des böhmischen

---

1) Tomek, Dějepis města Prahy, III, 196 f.
2) Ebenda S. 198.
3) Höfler, Concilia Pragensia (Prag 1862), S. 5. Item ut in omnibus
ecclesiis, monasteriis exemptis et non exemptis festum lancee et
clavium domini nostri J. Chr. devotissime veneretur, mandamus
et precipimus per predictum festum proxima feria VI. post octa-
vam Paschae prout per sanctissimum ... Innocencium VII. papam
modernum institutum solempniter per totam nostram pro-

Mufeums (XIII B2) enthält darum für diefen Tag eine befondere Profe nebft anderen Gefängen.[1]) 1366, gelegentlich der Überführung der Reliquien des heil. Sigmund und feiner Erhebung zum Landespatron wurde der 2. Mai, an dem es gefchah, den Feiertagen angereiht. Endlich ift noch der vom Kaifer felbft angeordnete Fefttag zu erwähnen, an dem die Reichs= reliquien auf dem Neuftädter Ring dem Volke gezeigt zu werden pflegten.[2]) Der Erzbifchof verfügte, daß fogar der Tag, wo feine Prokuratoren die verfchiedenen Kirchen befuchten, um dort Spenden für Kirchenbauten ein= zufammeln, ftets gleichwie ein Sonntag begangen werden follte, um die Leute in Gebelaune zu bringen.[3]) So hat man insgefamt 105 Tage des Jahres berechnet, die mit fpeziellen, natürlich auch mufikalifch ausgeftatteten Feierlichkeiten verbunden waren.[4])

Dazu kamen nun eine Menge außerordentlicher Anläffe zum Auf= gebot liturgifchen Gefanges, fo vor allem die Gottesdienfte und Prozeffionen zur Abwendung der Peftgefahr. Erzbifchof Ernft ließ aus diefem Anlaß 1357 täglich Meffen fingen, am Montag eine für die von der Seuche hingerafften Toten, am Dienstag eine für die Sünden der Welt mit dem Introitus »Si iniquitates«, Mittwoch eine Meffe aller Heiligen, Donners= tag eine hl. Geiftmeffe mit einer Kollekte der Landespatrone, Freitag eine Meffe vom hl. Kreuz und dem Leiden des Herrn, Samstag endlich eine Marienmeffe.[5]) Auch 1359 wurden wegen der Peft befondere Bittgänge, Meffen und ein tägliches Ave Maria angeordnet, alles mit Gefang.[6])

---

vinciam celebretur in cantu diurno et nocturno nostre Pragensi ecclesiae se conformando.

1) Nejedlý, S. 45, Anm. 2.

2) Tomek, III, 198.

3) Tadra, Cancellaria Arnesti (Archiv f. öfterr. Gefchichte, 61, S. 397).

4) Nejedlý, S. 46.

5) Menčik, Několik statutů a nařízení arcibiskupů Pražských (Prag 1882), S. 15.

6) Borový, Libri erectionum (Prag 1875) I, Nr. 19. Imprimis requi- rimus ... processiones solemniter fiant a clericis tam saecula- ribus quam etiam religiosis populo subsequente letaniam decan- tando, et missae similiter decantentur et dicantur ... diebus autem Sabbatis de B. Maria V. missae decantentur. Es folgt eine nähere Feftfetzung der liturgifchen Gefänge. Post missas vero easdem statim ante letaniam flexis genibus clerici psalmum de nocturno IIIae feriae ipso die »Deus noster refugium« et VI feriis preces »Deus cunctorum dominus« integraliter legant, quem mox antiphona »Ne reminiscaris« subsequatur et demum »Kyrie eleison,

Die Synode vom 18. Oktober 1362 ordnete aus demselben Anlaß eine eigene Messe an, die jeden Freitag den ganzen Winter hindurch gelesen werden sollte mit dem Introitus »Salus populi ego sum«.[1]) Auch 1369 fanden öffentliche Andachten wider die Seuchen statt.[2]) Rechnet man noch Krönungsfeste, Inthronisationen der Erzbischöfe, Geburtstagfeiern im Herrscherhause, Seelenmessen für verstorbene Könige usw. hinzu, so gewinnt man einen Überblick über die Menge der „großen" Aufgaben, die der liturgischen Tonkunst in jenen Zeiten gestellt wurden.

Dazu kamen die fast unzählbaren Messen, die an allen Orten von Vornehmen und Geringeren für das eigene und der Angehörigen Seelen= heil für ewige Zeiten gestiftet und in den Libri erectionum des Prager Domkapitels urkundlich festgelegt wurden. Dabei unterscheiden die Quellen nicht genau zwischen der bloß gelesenen und der gesungenen Messe,[3]) die

Christe eleyson, Kyrie pater noster« a populo tota cordis com-
punctatione.

Mandamus quatinus ad honorem Virginis gloriosae in Ecclesiis singulis diebus in perpetuum in die crepusculo ad »Ave Maria« trina vice faciant pulsari more consueto. De huiusmodi pulsu audito, quisque fidelis Christi tria »Ave Maria« decantet devote.

1) Libri erectionum I, Nr. 75. Volumus quod . . . eodem die missa contra pestilentiam, cujus introitus est »Salus populi ego sum« cum devotione cantetur. Missa autem finita fiat processio de una Ecclesia ad aliam vel saltem iuxta Ecclesiam propriam cum responsorio »Afflicti pro peccatis nostris« cum versu et repetitione subsequente, tandem letania et antiphona »Media vita in morte sumus« etc., post quam dicatur psalmus »Deus noster refugium« vel »Benedixisti Domine terram tuam«, quem sequetur antiphona »Ne reminiscaris« vel »Cognoscimus domine«, inde »Kyrie eleyson, Christe eleyson, Kyrie pater noster. »Et ne nos, sed libera nos« etc. et »Da nobis, quaesumus Domine« etc.

2) Tomek, III, 199.

3) Libri erectionum I. In Trautenau 1360, Nr. 30: duas missas, unam pro defunctis et aliam de B. Maria celebrari debent legendo vel cantando. — In Janowitz 1359, Nr. 36: Item 4 pauperes reficere, 2 missas defunctorum, unam sub nota et aliam sine nota tenebitur decantare. — In Altbuch 1360, Nr. 40: tres missas devote legi et cantari procurare debet. — In Weleschitz 1361, Nr. 42: Omni die Sabbati ad honorem b. Mariae V. una missa sub nota decantetur. — In Elbekosteletz 1361, Nr. 51: missam cantare vel legere. — In Mirtnick 1364, Nr. 87: unam missam cantare et

letztere wird oft ausdrücklich als eine aus Noten gesungene Messe (missa sub nota[1]) oder cum nota[2]) bzw. per notam)[3] charakterisiert. Ganz besonders wuchs die Zahl der Marienmessen, die als die musikalischen Messen par excellence galten.

Der Menge dieser Funktionen entsprach dann natürlich auch die Zahl der musikalischen Kräfte, deren der Kultus der karolinischen Zeit zu seiner Durchführung bedurfte.

Außer den Mansionären standen an der Metropolitankirche noch andere Sängerkollegien im Dienste des liturgischen Gesanges. Das alte Institut der Bonifanten war in Prag nicht wie in Wyschehrad auf= gehoben worden, sondern die jungen Kleriker wurden den Mansionären zur Aushilfe an die Seite gegeben. Unter den Statuten des neuen Erz= bistums findet sich auch eine Bonifantenregel, von der man nicht recht weiß, ob sie einfach eine Kopie der früher bestandenen oder eine ganz

---

4 missas legere. — In Kolin 1366, Nr. 118: Quatuor missas legere aut decantare. — In Smolnitz 1368, Nr. 138: In crastinis mis= sam defunctorum sub nota et aliis missis lectis . . . — In Udlitz 1370, Nr. 162: singulis 4 temporibus vigilias cantare et 3 missas unam sub nota et 2 sine nota peragere. — Zu Prag in der Kirche St. Prokop und Maria Magdalena vor rector altaris perpetuis temporibus 5 missas in altari sine nota h. e. legendo tenebitur. — In Strizitz 1373, Nr. 192: singulis sabbatis missam de B. Virgine sub nota celebrare . . . . anniversarium cum 4 missis, unam sub nota et alias alias lectas. — In Hodietitz 1375, Nr. 224: de sero vigilias 9 lectionum cantare et in crastino 4 missas defunctorum, unam cantatam et alias lectas. Vgl. noch Nr. 184.

1) Libri erectionum I. In Wessely 1361, Nr. 43: missam cantare... omni die sabbati sub nota. — In Niemcitz 1371, Nr. 182: capellani sint in certis missis pro nobis decantandis obligati ita quod in singulis ebdomadis debent omni die dominico matutinam mis= sarum defunctorum sub nota decantare it. fer. missam def. sub nota; it. IV fer. missam def. vel pro peccatis legere vel decantare; it. die sabbati debent missam de B. Virgine sub nota decantare. Vgl. Nr. 36, 138, 162, 192.

2) Libri erectionum I. In Patzau 1372, Nr. 184: tres missas pro de= functis, 1 sine nota et 1 cum nota . . .

3) Libri erectionum I. Zu Prag bei St. Maria im See 1359, Nr. 7: capellano idoneo, qui missam de B. Virgine Maria quotidie in aurora per notam decantare debeat.

neue Disziplinarordnung darstellt.[1]) Die Erhaltung der Bonifanten gehörte zu den Pflichten des Sakristans. Wie lange ihr Amt sich erhielt, ist nicht genau bekannt. Nach Voigts Angabe in seinem Essay „Von dem Altertum und Gebrauch des Kirchengesanges in Böhmen" (1775) waren Amt und Name der Bonifanten damals noch nicht erloschen.

1) Die Regula Boninfantorum: Archiv f. österr. Gesch. Bd. 32, S. 418.
Incipit Regula Boninfantorum.
Omnes de communi & in communi vivant. Horas beate Marie virginis simul dicant. Maiores horas in choro cum conventu decantent. Diebus dominicis & festivibus tria fercula habeant. Aliis vero duobus (contentur), panem & cerevisiam in habundantia. Ante prandium & cenam benedictionem, post prandium & cenam gratias agant. Simul & in silencio nisi submisse comedant & leccionem habeant. Pro benefactoribus vivis & defunctis duos psalmos dicant, scilicet: Ad te levavi & De profundis, & extunc per totam noctem silentium tureant, nisi rationabili causaextra domum sine licencia Magistri non exeant, & cum exierint, socium, quem eis Magister assignaverit, accipiant. Si necessitas compulerit, illi, quos Magister elegerit, panem querant. Sise percusserint, invicem ita, quod in canonem late sentencie inciderint, expellantur, quousque sint absoluti. Soli jaceant, cappas griseas habeant, ceteras vestes superpellices & bottos: nullus recipiatur, qui habeat, unde alias sustentetur, nisi ea, que habuerit, velit aliis communicare. Vetra sedecim anuos nullus recipiatur, ne maiores cum minoribus sub disciplina vivere dedignentur. Et quia boni pueri vocantur, antequam omnino recipiantur, mores eorum per mensem cum pueris examinentur. Item recipiendi habitum & lectum habeant, nec Magister nec pueri aliquem recipiant, nisi de concilio proborum & familiarium suorum. Magister vel aliquis Religiosus capitulum semel in ebdomade terreat. Omnes diligenter studeant. Cantum & lectiones cordetenus affirment. Omnes Latinum loquantur. Cetera, que ad studium pertinent, discretioni & fidelitati Magistri retinquantur. Nullus accuset alium causa vindicte, sed ex fraterna correctione & amore. Quicunque sine licencia Magistri recesserit, iterum nullo modo recipiatur, nisi cum bona emenda. Mulieres domum eorum non ingrediantur. Omnes in predictis constitutionibus Magistro obediant sine dolo, & si quis incorrigibilis & rebellis fuerit, de consortio bonorum illico repellatur. Nullus vicariorum in collegium eorum assumatur & quis eorum Vicariam acceperit, ipsa sit contentus reverdenti ad bonos pueros aditio penitus interdicte. Hec constitutio sacerdotes inter ipsos commorari penitus interdicit. Ut autém mores & actus eorum in melius reformentur he constitutiones coram ipsis per singula Sabbata legantur, ne aliquis per oblivionem se excuset.

Neben den Bonifanten werden noch die Chorschüler (Chora=
listen[1]) genannt, die viel schlechter als jene gestellt waren, obwohl sie als
„Kleriker" schon die niederen Weihen zu haben pflegten. Sie hießen
darum auch pauperes clerici.[2]) Dreißig Chorschüler bekamen wenigstens
Kost und Kleidung, es gab aber auch Volontäre, die gar nichts bean=
spruchten als die Anwartschaft, später in die Zahl ihrer systemisierten und
dotierten Genossen aufgenommen zu werden. Die regulären Chorschüler,
die eine Aufnahmsprüfung im Lesen und Singen vor dem Dekan zu
bestehen und sich über ihre sittliche Haltung auszuweisen hatten, bezogen
vom erzbischöflichen Vikar ein Sommer= und ein Winterkleid nebst einer
Winterkappe,[3]) und ihre Ausspeisung übernahmen die Prälaten, der Reihe
nach abwechselnd. Der Dekan Plichta machte 1362 eine Stiftung für den

---

1) Dudik, Statuten der Prager Metropolitankirche vom Jahre 1350. (Archiv
f. österr. Gesch. Bd. 37, S. 451 f.)

De clericis choralibus.

In divini preterea cultus augmentum consuevit ecclesia tenere
pauperes clericos, chorales dictos, qui una cum ministris et vicariis
horas canonicas psalunt, quibus etiam de corporali sustentatione
providit, custode cori id disponente, scilicet qui ex ipsis prandium
et qui cenam, et ubi facere debeant, nominatim exprimendo. Verum
quia per ipsorum inordinatam multitudinem et, quod plus est,
dissolutam vitam multa scandala in ecclesia nostra experimento
ac etiam ex querelis frequentibus didicimus suscitata, volentes
igitur in futurum materiam talium submovere: statuimus, quod
huiusmodi clerici quorum nominatio ad cantorem, succentore et
custode scole exceptis et remocio ex causa rationabili indifferenter
omnium pertinet ad decanum tantum, triginta sint numero, nec
alias nisi per ipsum decanum in legendo et cantando ac vita et
moribus examinati, si fuerint et reperti idonei et insuper nisi
caucionem dederint, quod ordinatam vitam ducent secundum exi-
gentiam clericalis status, ipsi choro valeant annotari, sic autem
annotati horas canonicas ac misse officium tenentur cantare, nec
intra illas etiam causa associandi prelatos vel canonicos chorum
exire audeant quoquomodo. Si qui autem ultra predictos vita et
moribus aprobati in ecclesia nostra Deo omnipotenti in humilitate
spiritus militare voluerint, ipsis presentibus non negamus.

2) Libri erectionum I, 5. Pauperi scolares. Ebenda 189, wonach (1371)
der Altarist bei St. Thomas in der Prager Kirche 4 solidos hallenses
dabit pro pane pauperibus clericis ad scolas. Vergleiche auch
ebenda 191, wo 1372 eine Stiftung für zwei Vikare gemacht wird und
magistro scolae cum scolasticis.

3) Hiefür standen die Einkünfte vom Dorfe Libkowitz zur Verfügung.

St. Urbansaltar der Prager Kirche für gesungene Messen zum Vorteil dieser Chorschüler (clerici corales).[1] Albert von Poděhus errichtete 1375 einen St. Wenzelsaltar in der Prager Kirche mit der Bestimmung, daß der Priester, der diesem Altar zugeteilt wäre, arme und kranke Kleriker des Chors und der Schule durch 14 Tage zu erhalten habe, wenn das Hospiz nicht ausreiche.[2] Die Bezeichnung pauperes clerici begegnet dann auch außerhalb Prags für liturgische Hilfskräfte, z. B. in Leipa (1363).[3] Auch die clericelli scolae, die 1361 in einer Stiftung zu Dobruschka erwähnt werden,[4] gehören wohl zur gleichen Kategorie.

Eine Neuschöpfung Karls IV. waren die sogenannten Psalteristen (clerici psalteristae),[5] die, zwölf an der Zahl, im Jahre 1360 eingesetzt wurden, um die Zeit nach dem Horengesang der Canonici, Mansionäre und Chorschüler mit Psalmensingen auszufüllen.[6]

---

1) Libri erectionum I, 76.
2) Libri erectionum LI, fol. 110.
3) Ebenda f. 81. Disponimus itaque ut altarista omni die sabbati missam de b. Virgine tempori congruentem cantare debeat sub nota in aurora dici et finire ante primam, adiunctis sibi 4 clericis pauperibus ad cantandum hobilibus.
4) Libri erection. f. 61. E^ae parochiali in Dobruška donantur proventus quidam ad sustentationem vicarii et sex clericorum pro peragendis missis ac officio divino 1361, 18. Nov. Qui quotidie defunctorum missam sub nota post 2um pulsum ante summam missam officiet et omnibus horis canonicis in E^a intersit et ipsas incipiet et cum infrascriptis clericis canted . . . Qui clerici cum presbytero pro missa defunctorum disposito omnes horas canonicas sub nota, nocturnas seu diurnas ad laudem Dei et gloriosae Virg. Mariae videl. matutinas in hora consueta ante diescentem, Primam vero post elevationem missae, quae de B. Virgine ex donatione olim confirmata omni die in ipsius ara per clericellos scolae in aurora sub nota cantatur, missamque defunctorum sub nota post 2um pulsum, cuius elevationem sequitur Tertia immediate, qua finita missa summa diei sub nota incipietur per clericos scolae, ipsis astantibus usque ad finem, quam sequetur Sexta cum nota, clericellis recedentidus, vesperas hora debita cum completorio et clericellis scolae cumque 9 lectionum vigiliis quater in anno feriis II quatuor tempora sequentibus, et in crastino 4 defunctorum missas in remedium animae Domini Mutinae . . . cantare in evum debebant.
5) Tomek, III, S. 62 f.
6) Peschin a, Phosph.

Von den Verhältnissen bei andern Kirchen haben wir nur spärliche
Nachrichten. In Wyschehrad bestanden die zehn Choralisten als priester=
liche Sänger fort. Wir kennen einige Namen: [1]

Križ (wurde 1364 gleich Pfarrer in Pravotin),
Johann Smetana (1382),
Johann Kalamař (1376—82),
Wenzel (1378).

Schon in der zweiten Hälfte des 14. Jahrhunderts war der Brauch
aufgekommen, daß die Canonici, denen das Singen im Chore unbequem war,
diese ihre Obliegenheit durch einen Vikar versehen ließen. Zur karolinischen
Zeit war dies ganz allgemein üblich und die Statuten der Prager Haupt=
kirche enthalten die Bestimmung, daß sich jeder Vikar vor seiner Bestallung
einem Examen im Gesange, u. zw. vor dem Dekan des Kapitels, vor
dem Kantor und jenem Kanonikus, der ihn zu seinem Stellvertreter vor=
schlug, unterziehen müsse. [2] Die durch fromme Stiftungen ermöglichte
Vermehrung der Vikare selbst an Pfarrkirchen läßt sich an der Hand
der Libri erectionum bequem verfolgen und bezeugt, wie man selbst
an kleineren Orten auf die Vervollkommnung des Kirchengesanges be=
dacht war.

Die Oberaufsicht über alle Kirchensänger, vom Kapitel=Vikar herab
bis zum Psalteristen führte in Prag der Kantor. Nur die Mansionäre
waren ihm als eine privilegierte Körperschaft nicht unterstellt. Die Sta=
tuten der Prager Kirche vom Jahre 1350 enthalten einen besonderen
Abschnitt über die Pflichten und Obliegenheiten des Kantors. [3] Darnach

---

1) Bei Tomek, V, S. 156.
2) Statuten der Metropolitankirche a. a. O. S. 450.
3) Dudik, Statuten der Prager Metropolitankirche vom J. 1350. (Archiv
f. österr. Gesch. XXXVII, S. 445.)
De officio cantoris.
Cantor pre omnibus ministris ecclesie tenetur horis canonicis
nocturnis pariter et diurnis pro posse suo personaliter interesse, et ut distincte et debite cantentur, providere debet
vigilanter vicario, canonicorum, diaconorum nec non clericorum
choralium circa divinum officium perpetratos excessus, etiam de
virga, per se corrigens, presbiterorum negligentias et excessus circa
divinum officium decano denunciat, qui ad requisitionem cantoris
in summis festivitatibus ordinat precentores, de lectionibus
autem in matutinis festivitatum earundem legendis ipse ordinat et
disponit, diebus etiam aliis per se vel per alium hoc facit officium.
Ab illis qui in missa epistolam aut evangelium habent legere, prius

hatte er allen Horen bei Tag und Nacht soweit als nur möglich persönlich beizuwohnen, Verfehlungen der Sänger teils zu bestrafen, teils
dem Dekan anzuzeigen. Die Vorsänger bei der Messe der großen Festtage
bestimmte der Dekan; jene der Matutin an diesen Tagen der Kantor.
Sonst stand es ihm frei, selbst vorzusingen oder einen andern zu dieser
Funktion zu bestimmen.

In früheren Zeiten war das Amt des Kantors eine kanonische
Pfründe gewesen. Im 14. Jahrhundert aber sank es zu einem ziemlich
niedrigen Kirchenamte herab. Der Prager Kantor mußte nicht einmal
zum Priester geweiht sein, es genügten die niederen Weihen. Diese Veränderung läßt sich wohl nicht anders erklären als durch die gesteigerten Anforderungen, die man an die musikalische Tüchtigkeit der Kantoren
stellte. Der Gehilfe und Stellvertreter des Kantors war der succentor.
Aus den Urkunden hat Tomek[1]) eine Anzahl von Prager Kantorennamen
ermittelt und zwar:

An der Prager Kirche:
> Heinrich, bis 1359, wo er tauschte mit
> Bohen, vordem Pfarrer in Neukirchen.
> Johann (1364—79), lebte 1380 nicht mehr.

In Wyschehrad:[2])
> Thomas (1373—89).

an bene legant et in accentibus non peccant, diligenter auscultat,
hoc ipsum circa lectiones matutinas facturus. Ipse similiter, quod
post primam regulam in missa defunctorum evangeliorum et epistolam, nec non in vigiliis defunctorum lectiones canonicorum
vicarii per se vel ex causa legitima et vera, de qua sibi fidem
facere tenentur, per alios legant, informat, et a dominica, qua cantatur Vidimus, usque ad festum purificationis virginis Marie diebus
singulis visitare debet communem clericorum stubam, quibus
precantat cantum in ecclesia canendum, providens
attente, ut ipsorum quilibet duo responsoria et anti-
phonas omnes in laudibus menti (sic) habeant ex libris;
processiones in ecclesia et extra ordinat quoad clerum suum in-
distincte et magister scole quoad suum. Ipse etiam insolentias
intercipit, dum candele in missa defunctorum inter presbiteros et
alios clericos suis temporibus dividuntur, campanatores autem non
ipse sed ebdomadarius, ut ad matutinas, primam et vesperas pul-
sent, exulare consuevit. Plura etiam alia, presentibus non expressa;
ex consuetudine ecclesie ipsius concernunt officium que nihilominus
in suo robore volumus permanere.

1) Tomek, V, S. 135.
2) Ebenda S. 154.

St. Niklas auf der Prager Kleinseite:[1]
Martin von Pomuk (1374), succentor.

Eine höhere Stellung nahm der Kantor bloß an der Kathedrale
von Leitomischl ein.[2] Er stand dort im Rang eines Kanonikus, war der
dritte unter den Prälaten und hatte auch seine besonderen Bezüge. Genannt werden folgende Kantoren:

Jan 1347—58,
Sivolda 1359,
Ludwig 1360—64,
Jan 1371—77,
Heinrich 1379,
Libusche 1383—1406,
Niklas 1407,
Laurentius 1402—16.

Wo sonst in den Quellen von Kantoren die Rede ist, scheint es
sich um musikalisch gebildete junge Kleriker zu handeln, wie in Wodnian.[3]

Auch die Klöster hatten bekanntlich ihr Kantorenamt. Doch ist aus
unserem Zeitraum nur der Name eines Johann von St. Ambros in
Prag (1377/78),[4] eines Niklas von Zderas (1363)[5] und einer cantrix
des Frauenklosters von St. Georg, der Schwester Kačka (1367),[6] überliefert.

Schließlich gebe ich (nach Tomek) eine Zusammenstellung der sämtlichen verfügbaren offiziellen Gesangskräfte an der Metropolitankirche:

[3] Erzbischof, Probst, Dekan,
32 Canonici,
34 Kapitel-Vikare,
24 Mansionäre,
12 Psalteristen,
12 Bonifanten,
30 Chorschüler
147.

---

1) Ebenda S. 191.
2) Nejedlý, Dějiny města Litomyšle I, 264, 267, 281.
3) Libri erection I, 194. Dot. pro Capellano et 4 cantoribus ap. E. p.
in Wodnano 1373 capellanum, qui missas de B. Virgine singulis
diebus mane in aurora dici sub nota decantare dededit videlicet
quod capellanus 3 sexgas 4 cantoribus missam didam sibi cantari
ministrantibus milibet cantori 3 fertones grss. . . . dare dededit.
4) Tomek, V, S. 128.
5) Ebenda S. 208.
6) Ebenda S. 219.

Rechnet man nach Tomek 100 Geistliche in Wyschehrad, in den übrigen Prager Kollegiatkirchen 89, bei den Pfarrkirchen 107, dann 105 Altarpriester und 360 Mönche, so ergibt sich, daß Prag bei feierlichen Anlässen wie Königskrönungen und Inthronisationen von Erzbischöfen über tausend Sänger geistlichen Standes aufbieten konnte.[1]

Ein Zusammenwirken all dieser Kräfte wurde durch die Einheitlichkeit der Liturgie und des liturgischen Gesanges ermöglicht. Doch hatten dank dem wohlwollenden Interesse des Kaisers noch zwei andere Liturgien zu Prag eine Heimstatt gefunden. Für das 1347 begründete Kloster Emaus wurde von Karl IV. beim Papste Emanuel VI. das Recht erwirkt, daß es seinen ganzen Gottesdienst (Horen, Messe) in der sogenannten kirchen- slawischen Sprache abhalte. Der Papst willigte aber nur unter der Be- dingung ein, daß die slawische Liturgie einzig und allein an der Kirche dieses Klosters zugelassen werde. Die ersten Mönche von Emaus waren Kroaten. Der Nachwuchs hingegen rekrutierte sich aus Landeskindern. Es scheint, daß die Emauser sich nicht bloß der Sprache nach, sondern durch einen besonderen Ritus auch im Kirchengesange[2] von den Gregorianern unterschieden, wie die Erlaubnisschrift des Erzbischofs Ernst von Pardubitz deutlich erkennen läßt. Der Kaiser bekundete dem Kloster seine Sympathie durch eine Reihe materieller Zuwendungen und bezahlte einen Schreiber Johann eigens zu dem Zwecke, damit er ihnen die für den Gottesdienst notwendigen Bücher anfertige. 1372 wohnte er mit vielen Fürsten und Bischöfen der feierlichen Hausweihe des Klosters bei. Leider hat sich von den liturgischen Büchern der Emauser Mönche nichts erhalten. Sie waren noch vorhanden, als Kaiser Ferdinand II. 1635 spanische Mönche aus Monserrat dort einsetzte; Balbin will noch welche gesehen haben und Bilejowsky hat vielleicht nicht gefaselt als er angab, man finde noch Bruchstücke dieser Bücher mit welschen Prachtnoten und tschechischem Texte zu Bucheinbänden verarbeitet.[3]

---

1) Die Tendenz zum Massenaufgebot von Gesangskräften tritt hie und da selbst in kleinen Orten hervor, z. B. in Zleb, wo 1368 Agnes, die Witwe des Hinko von Zleb, ein jährliches Totenamt abhalten ließ, zu dessen Ab- singung 30 Leutpriester und Vikare eingeladen werden mußten. Libri erectionum Nr. 160, invitando XXX presbyteros tam plebanos quam vicarios, qui in hospitali officium defunctorum cantando peragant.

2) Cancellaria Arnesti, Archiv f. österr. Gesch. 61, 443, »in lingua sclavica iuxta ritum suum divina decantare, officiare nocturna pariter et diurna«.

3) Bilejowski, Kronika církevní 1816 S. 21.

Das Vergnügen an der Mannigfaltigkeit der Kulte, das Karl IV. mit seinen přemyslidischen Vorfahren teilte, veranlaßte ihn, in dem Kloster zu St. Ambros auf der Neustadt den ambrosianischen Ritus aus Mailand einzuführen.[1]) Die ersten Besiedler dieser Kultstätte dürften wohl Mönche aus Oberitalien gewesen sein, die sich später durch Brüder aus Böhmen ergänzten. Namentlich genannt wird der Kantor Johann (1377/78) und ein Organist namens Niklas (1377).[2]) Im übrigen ist vom ambrosianischen Gesange in Prag gar nichts bekannt. Sein Bestand war auch nicht von langer Dauer. Denn das Kloster zu St. Ambros fiel als eines der ersten den Hussiten zum Opfer und diente 1420 ihrem Kriegsvolk zum Quartier.

Die Urkunden des Marktes Friedberg in Südböhmen.

Mitgeteilt
von
Karl Friedl.

(Schluß.)

XIII.

Gratzen, 9. Dezember 1681.

Ferdinand von Longeval, Graf von Buquoy, bestätigt dem Markte Friedberg die von seinen Vorfahren verliehenen Privilegien.

Ich Ferdinandus de Longevall Graff von Buquoÿ, Freyherr zu Vaux, Herr der Herrschafften Gratzen, Roßenberg, Göelsine, Farcinne, Klein Arciet, Lybegitz, Aexnitz vndt Reinvoltz, Ritter deß Ordens de Callatrava, Röm. Kaÿ. Maÿ. Cammerer wie auch der Königl. May. in Hispanien Obrister vber ein Regement zu Fuß, Commendator zweÿer Compag. von ordinantz in Flandern,

---

1) Nach einer Urkunde vom Jahre 1353 sollte hier der Gottesdienst verrichtet werden »secundum ritum ... qui Ambrosianus vulgariter nuncupatur ac prout in civitate et diœcesi Mediolanensi celebratur, ... celebrare, legere, cantare (Tadra, Kulturní styk Čech s cizinou, S. 355).

2) Tomek, V, 218.

vnd Obrister Landt Jagermeister in Arthois u. vrkunde vndt
bekenne hiermit für Mich vndt aller besagter in dießen hochlöblichen Königreich Böheimb situirten Herrschafften anwertig
vndt zukünfftig fidej commißarischen Erben in Krafft dießes
offentlichen Instrumentj, absonderlichen wo solches produciret,
allegiret, vndt zu verleßen vorgebracht vndt angehört wirdt,
daß bey mir vnttertahnigist supplicando ein kommen, auch persönlich erschienen seÿndt die ehrsambe, führsichtig vndt weiße
Burgermeister vndt Rath anstatt einer gesambten gemeinde deß
Marktes Frÿberg, meine liebe vndt geträue burgerliche Vnter-
tahne, vndt brachte zur genädige Ersehung gehorsamblich vor
etwelche von alters hero habende Privilegia, Freyheits vndt
Begnadungen, mit welchen Sie zum theil von weylandt dem
regierenden Herrn Herrn von Roßenberg, vndt ander ihren hoch-
ansehentlichen Obrigkeiten würcklich begnadet worden vndt auß
Genade an sich gebracht, vndt rühmlich genoßen haben, vndt
zwar benandtlichen von Weylandt Herrn Wockh von Roßenberg,
deß Datum ist Schloß Crumau an Sambstag vor S. Urbanj in
Jahr Christi Taußendt vier Hundert zwey vndt neuntzig,[1]) dann
von Weÿlandt Herrn Wilhelmo von Roßenberg, datirt zu Crumau
den Pfingstag nach Oculj Anno taußendt fünff hundert fünff
vndt fünffzing.[2]) Mehr von weylandt Herrn Wilhelmo von Roßenberg, Regierer deß Haußes von Roßenberg vndt Obristen Burggraffen zu Prag, gegeben zu Wittignau am Erchtag nach Pfingsten
im Taußendt fünff hundert sieben vndt siebenzigsten Jahre.[3])
Item von Weylandt Peter wockh vnterrn dato Crumau an freytag
nach S. Paulj bekehrung, Anno taußendt fünff hundert sex vndt
neuntzig.[3]) Item von weÿlandt Herrn Hanß Georg von Schwamberg de dato Wittignau an Tag S. Gallj in Jahr Christi ein
Taußendt sex Hundert vndt zwölffe[4]) vndt dann letzliche von
Weylandt Ihro Excellentz der hoch- vndt wohl gebohrnen Frauen
Frauen Maria Magdalena Gräffin von Buquoÿ, gebohrner Marg-
gräffin von Biglia, Christseeligen andenkens verlihen de dato

---

1) Nr. I, Mitteilungen XLV, Seite 535.
2) Nr. V, Mitteilungen XLV, Seite 539.
3) Siehe Seite 153.
4) Nr. VIII, Mitteilungen XLVI, Seite 89.

Schloß Roßenberg am Sambstag nach S. Mathias Apost. in Taußendt
sex hundert drey vndt zwanzigsten Jahr.[1])

Worüber Sie Mich in tiefesten gehorsamb vntterdähnigist
gebeten, Ich geruhrte Ihnen solche Ihre habende Privilegia
Freyheiten, immunitate Exemptiones vndt Begnadungen nicht
allein in integrum zu restituiren, verneuren, bestättigen, bekräfftigen, vndt obrigkeitlich zu confirmiren, sondern auch auß hoch-
gewogenen Genaden vermehren, verbeßern vndt in favorabiliby
zu extendiren. Dahero dan vndt zu dießen ende habe obgedachte
Privilegia mit sonderer Obsicht vndt Fleiß durch meine hier zu
verordert geweste Bediente erstlichen fleißig durch sehen undt
suchen, reifflich erwegen vndt vberlegen nachgehents aber ausführlich referiren laßen, worauß dan herfür gebrochen, vndt
abzunehmen gewest, bey durch Such- vndt Ableßung derßelbe
auch nichts anders befunden vndt verspühret worden, alß daß
eingangs gedachter Burgermeister vndt Rath auch die gantze
gemeinde meines Marckts Fryberg sowohl dem Hauß Roßen- vndt
Schwamberg, alß auch dem anjetzo Regierenden Hauß von Buquoy
allezeit getrey, fromb, auffrecht, redlich, gehorsamb vndt vnterthänig vnunterbrechlich geweßen, in welchen löblichen qualitate
sie auch noch fehrners continuiren, vndt sich gegen mir meine
Erben vndt Nachkommen wie vorhin vndt mit gleicher Integritet
zu verhalten verlobt vndt versprochen haben. Wor zu vndt zu
Ihren mehrere Verdiensten schreittet, daß sie niehmale mit ihrer
Grundt Obrigkeit so gleich wie andere sich vnbedachtsamb
vnterfange in recht gelege, noch auch in praecipitirliche Recht-
fertigungen eingelassen haben, sondern alle Zeit mit vnverruckter
Treu undt Gehorßamb in terminis ihrer schuldigsten Devotion
einverschranckter verblieben, wie nicht weniger bey den in jüngst
abgerückten taußendt sexhundert vndt achzigsten Jahr gefährlichen vndt weit außsehenden Bauernaufstandt sich keiner heimb-
licher verstandtnuß theilhafftig gemachet, noch auch auffviel-
fältiges Sallicitir- vndt Aufrischung der Baurenschaft sich bewegen
vndt verführen laßen.

Derowegen dan vndt in gnädiger Erwegung ietz angezogener
merity habe alle ihre habende privilegia indulta, Freiheiten,

---

1) Nr. X, Mitteilungen XLVI, Seite 92.

Begnadungen, Exemptiones, vndt Immunitaten, welch sie so wohl
auß Genaden alß titulo onoroso an sich gebracht vndt darmit
von ihren Herrschafften vndt Obrigkeiten begnadet worden, in
genere et specie, alßo daß die generalitas der specialitatj vndt
e contra nichts benehmen, vndt zwar in allen clausulis, punctis et
articulis ab- vndt außsatzen in integrum restituiret, verneuert,
bestättiget, ratificiret, confirmiret, vndt zu rechts kräffte für genugsamb gewaxen, vndt gültig erkennet, tuhe auch solche hiermit vndt in Krafft dießes offentlichen instrumentj würklich in
integrum restituiren, verneuern, bestättigen, ratificieren, confirmiren vndt zu rechts Kräffte für genugsamb gewaxen vndt gültig
in beständigist vndt zierlichster Form Rechtens mit gutem Rath
Vernunft vndt vollkommener Wißenschaft erkennen, mit gleicher
Würckligkeit, alß wan eingangs angeregte instrumenta gesambt
vndt sonders von worth zu worth hierein eingetragen, inferiret
vndt völlig beschrieben wehren undt stünden.

Dahero dann vndt zu fehrnerer Erklärung deßen, erstens
ist mein gnädiger Willen ernstlicher Befelh vndt Meinung, weilen
die Erkanndtnuß vndt Forcht Gottes alles sowohl zeitlich- alß
geistlichen Aufnehmens vndt politischen Glüchseeligkeit selbsten
wesentliches Fundament vndt Grund-Fest ist, daß meine liebe
getreue Burgermeister, Rath vndt gantze Gemeinde meines
Marckts Frÿberg sambt ihren Weib vndt Kinder, Dienstbothe,
Inleuthen vndt andere Haußgenossen die allgemeine römische
catholische vndt allein seeligmachende Kirchen mit Hertzen vndt
Mundt bekennen vndt erkennen, derßelbe sich auch mit wahren
vndt reinen Glauben festiglich halte vndt unveränderlich zu
getahn seÿn verbleibe vndt ersterben sollen. Maßen dan sonsten
vndt auff kein andere Weiß vndt zwar gegen anjetzo angezogenen bindtlichen Beding nach Außweißung der gemeinen
General-Landtsatzungen dießes hochlöbl. Königreichs Böheimb
niemand in die burgerliche Schoß für ein Mittglied an- vndt
auffgenommen, noch darinnen ohne habenden solchen Charactere
geduldet, vndt tolleriret werden solle noch könne.

Andertens all die weillen ein jeder Obrigkeit zu wißen
obliget, ob alle auffnehmende Bürger deß Herkommens halber
vnverdächtig vndt wohlverhaltene Personen wie nicht weniger
deß Bürgerrechts fehig vndt würdig seÿn, alß solle hinführo

ein ehrsamber Bürgermeister vndt Rath meines Marckts Frÿberg
alle vndt jede neu auffnehmende Bürger, sie mögen freygeloßen
oder aller ersten der Leibaigeschafft entlaßen seyn, auch herkommen auß meinen Stätten oder Märckten, wo sie immer wollen,
jedesmahl mir meinen Erben vndt Nachkommen, oder in Abweßenheit meine verordnete Beambte ordentlich vndt zwar
schrifftlich anmelden vndt den hierüber ergehenden obrigkeitlichen Consens gehorsamblich suchen. Jedoch sollen hieruntter
die bürgerlichen Kinder, welche ipso jure et facto daß Burgerrecht wegen ihrer Eltern überkommen, nicht verstanden noch
begriffen seÿn. Solle auch hinführo von denen Burgers-Kinder
der gewöhnliche Tahler von meinen Beambten nicht abgefordert
werden, es wehre den ein solches Burgers Kindt vorhin anderer
Orthen angeseßen geweßen vndt de novo sich an zu kauffen
vorhaben.

Vors drite demnach die Frÿberger durch gehents von der
Last deß Todtenfahls gäntzlichen endtlaßen vndt endtbunden
worden, super hunc passum auch ihre sowohl ligendt alß fah-
rende Gütter ohne ainzigen Einwurff vndt Exception zu verschaffen, vertestiren, vndt per modum donationis inter vivos
oder mortis causa zu vergeben genugsam befreÿet seyn, alß
werden sie auch darbeÿ zu künfftigen ewigen Zeiten vollkommentlich vndt ruhiglich gelaßen.

Gleiche Verstandtnuß hatte es viertens ihre Jahr- vndt
Wochenmärckt betreffendt; darbeÿ soll es nach Außmäßung ihrer
vberkommenen Begnadungen vndt bißhero continuirten poßeßion
dießer Gerechtigkeit, gleich wie vorhin, alßo noch ferners sein
richtiges Bewenden vndt Verbleiben allerdings vnwider spräch
lich haben.

Fünfftens verspreche vndt versichere ich für mich, meine
Erben vndt Nachkommen mehr besagte meine burgerliche Vnter-
tahnen deß Marckts Frÿberg dießelben beÿ dießfalls erworbenen
Gerechtigkeit Waitzen- vndt Gersten Bier zu brauen ruhiglich
verbleiben zu laßen, vndt auff erforderlichen Nothfall darbey
obrigkeitlich zu manuteniren alßo vndt der gestalten, daß sie
wie vorhin alßo anjetzo vndt zu künfftigen ewigen Zeiten können
vndt mögen Maltz brechen vndt machen, Weitzen- vndt Gersten
Bier brauen vndt solches vnttereinander oder anderer Orthen

außer meinen Gründen vndt vhralte schänck - Häußern ohne
männigliche Verhindernuß außgeben, verwenden vndt versilbern.
Dargegen sie aber vndt zur Contestation ihrer gehorsamblichen
Dovotion vndt Danckbarkeit anstatt daß zu reichen gewöhnlichen
Biersatz oder Vaßgeldts jährlichen vor den Bierauffschlag (worbey daß Mühl vndt Besicht Geldt von Maltzbrechen auch verstanden) in mein Ränt Ambt Roßenberg zweihundert sieben vnd
fünffzig Gulden Reinisch, jede per sechzig Kreutzer oder fünff-
zehn Patzen gerechnet, in gutter gangbahrer Müntz, vndt zwar
in zweÿ Terminen alß Georgy vndt Gallj, iedes mahl die Hälffte
gegen Ambts-Quittung abzuführen verbunden seÿn sollen. Da
aber vndt in Fall sich zutrüge, daß mehr gedachter Marckt
Frÿberg per Casum fortuitum, alß da seindt Brandt, Krieg,
Theurung, Pestilentz oder sonsten endtstehende allgemeine Landts-
Ruin vndt Verhörrung (welches die göttliche Gütte gnädiglich
abwenden wolle) daß Brauweßen nicht führen oder völlig gebrauchen könten, so solle vndt werde ich auch meine Erben
vndt Nachkommen für solche oder die jenige Zeit, so lang daß
Brauwerkh gantz oder zum Theil stecken vndt durch obaußgeworffene Vhrsachen verhindert seÿn wirdt, einigen Bierauffschlag der Proportion vndt Zeit nach ihres Brau-weßen nicht
abzufordern haben, vndt die Frÿberger über solches Quantum
der zweÿhundert sieben vndt fünffzig Gulden, es seÿn über lang
oder kurtz höher nicht treiben, sondern selbe beÿ ihren Brau-
weßen, burgerlichen Bier-, Wein- vndt Brandtwein Schanck vnper-
turbirt verbleiben laßen.

Vndt ob zwar Sextens die gesambte Burgerschaften meiner
Herrschaft Roßenberg von Weÿlandt meiner Frauen Frauen Andel
hochlöblichen Andänckens durch eine Spezial-Begnadung ex in-
tegro der Leibaigenschafft, mit welcher sie nach Gewohnheit
dieses hochlöblichen Königreichs Böheimb beladen geweßen,
gäntzlichen endtbunden vnd befreÿet worden, nichts desto weniger weilen sie nur vsa fructuaria vndt gubernatrix bonorum
gewehsen, alß hatt solche Begnadung nur ad dies vitae vndt
nicht länger alß die Regirung selbsten wehren können, sondern
ist tanquam mere personalis cum persona concedente erloschen.
Dahero tuhe solche Begnadung de novo effective extendiren
vndt zu ewig giltigen Kräften für mich, meine Erben vndt

Nachkommen erkennen, wie nicht weniger hirmit vndt in Krafft
dießes meinen lieben getreuen Burgermeister, Rath vndt gantze
Gemeinde deß Marckts Frÿberg sambt ihren Weib vndt Kindern
ietz vndt zu künfttigen ewigen Zeiten deß schweren Lasts der
Leibaigenschaft in beständigist- vndt bindtlichster Form Rechtens vndt wie solches von Gewohnheit wegen erforderlich seÿn
möchte, befreÿen, endtlaßen vndt gäntzlichen endtbinden alßo
undt der gestalten, daß sie alß vollkommentlich in den Stand
der Freÿheit versetzte Personen sich selbsten untter einander
auffnehmen vndt nach Belieben endtlaßen, freÿ vndt unverhin-
derlich handeln vndt wandeln können undt mögen, mit dießes
favorable Anhang, daß sie niemanden annehmen dörffen, der
ihnen an ihren burgerlichen Nahrung- vndt Handtierungen eine
Schmällerung oder Verhindernuß tuhen möchte, wans gleich auch
adelige Personen seÿn solten. Jedoch mit vndt gegen diesen
bindtlichen Beding, daß wan ein Haußgeseßener sein Hauß vndt
Grundt verkauffen wolte, soll er an stat seiner eine wohl verhaltene Person mir oder in Abweßenheit meinen Beambten
nacher Roßenberg für zustellen verbunden seÿn, anbeÿ auch
von seinen verkaufften Gut vndt habenden gantzen Vermögen,
wan er sich außerhalb deß Landts undt Königreich Böheimb
begeben wolte, den Zehenten Pfennig, von Zehen Schocken eines
vndt von Hunderten Zehen Schock vndt so hoch alß er sein
Hauß undt Gründe verkaufft alleweg den zehenten Teihl für
ein Abfahrtgeldt der Leibaigenschaft vndt zwar von der ersten
Wehrung zu endtrichten schuldig seÿn, worbeÿ sie sich beÿ
Verliehrung dießes Punckts Freÿheit glaubwürdig verhalten
sollen. Gleiche Verstandtnuß hatt es auch mit den Marcktweißen,
Pupill- vndt ander freÿen Leuthen, die etwaß von ihren Erbs-
anfallenheiten beÿ den Marckt zu suchen hätten. Vndt in Falle
mir, meine Erben vndt Nachkommen ein oder anderes burger-
liches Subjectum utriusque sexus zu meinen Hoff- oder Würt-
schaffts-Diensten (worunter die Maÿer- oder andere knechtische
Dienste nicht zu zehlen) gefallen wurde, nimb ich mir bevor,
solche Personen ihrer Capacitet nach, jedoch gegen billiger Belohnung zu gebrauchen. In Fall aber selbe vmb Endtlaßung ihrer
Dienste gebührendt vndt vnttertahnigst anlangen würden, sollen
sie an ihren Gelück nicht verhindert wenig auffgehalten werden.

Siebentens damit die Laster nicht vngestraffter verbleiben vndt da man denen Bößen .etwaß nachsiebet, denen Frommen schaden dorffte, alß soll wegen Bestraffung der burgerlichen Delinquenten nachgesetzter Ordnung observiret vndt fest gehalten werden, .vndt zwar wan sich ein straff- würdiger Casus zutragen möchte, solle derßelbe alßobaldte beÿ der Herrschaft angegeben vndt der Delinquent, vndt zwar von den Rath oder Marckt Richter selbsten denunciret, die Straff hingegen von der Herrschaft nach Befundt vndt Proportion der beschwerendt- vndt lindernden Vmbständen dictiret werden. Davon die Hölffte meinen Räntambt Roßenberg, die andere aber den Gemeine Marckt zum besten anheim fallet, welcher Special Genade auch folgende hinzu gesetzet wirdt, daß die Frÿberger, ob zwar vorhin in mehrers gefordert worden, hinführo nichts mehr alß einen Tag schneiden, Holtz anwerffen, vndt Haasen jagen schuldig vndt verbunden seÿn sollen.

Achtens wegen der Freyenbruckhmühl vndt außgesetzter Straff, welche die von altershero dahin gehörige Vnttertahnen, wan sie anderwertig Mahlen wurden, .verwürcken, hatt es nach Außsatz deß von Weylandt Herrn Hanß Georg von Schwamberg ertheilte vndt von Weylandt Ihro Excellentz meiner Frauen Frauen Groß Mutter bestättigten Privilegio vndt Donationsinstrumento, sein richtig- vndt gäntzliches auch vnwiedersprächliches Verbleiben. Jedoch daß die Frÿberger die in obgedachter Instrumentis endthaltene Gegenschuldigkeit gehorsambst endtrichten vndt abführen sollen. Gleiche Verständtnuß hat es mit den Bierschanck in den Dorff Fridau worzu auch die sieben Vnttertahnen an den Marckt gehören, welchen Bierschanck ich ihnen auß Genaden hiermit vbergiebe vndt sie darbeÿ ruhiglich verbleiben laße. Schließlichen setze, ordne, verspreche vndt gelobe ich für mich, meine Erben vndt Nachkommen dieße meine inbeständigist- vndt bindtlichster Form Rechtens bestehende Confirmatoriam beÿ meiner wahren Trauen vndt Glauben auch gräfflichen Worthen durch gehents vnzerbrechlich zu halten, auch in geringsten nicht zu verstatten, daß selbe ex parte vel ex toto weder durch mich, meine Erben vndt Nachkommen (worzu ich sie verbis directis verbinde) noch auch als durch meine Beambte oder jemandt anderen solle gebogen, gebrochen, casiret,

annulliret oder directe vel indirecte sub- vel abreptitie, judi-
cialiter vel extrajudicialiter aut sub quocunque alio titulo vel
praetextu in fraudem validitatis darwider gehandlet, sonder
viel mehr gegen jedermännigliche manuteniret vndt propugniret
werden. Darwider mich dan kein einige Exception oder beneficium juris vel factj Rechts Ränck oder Vmbtrib auff Zug oder
Außflucht Vorbehalt oder selbst aigene Interpretation, wie es
immer Menschen List oder Sinnen erdencken möchten, oder
waß der gleichen mehr dießen meinen ertheilten Privilegio zu
wider lauffen könte durch auß nicht schützen oder befreÿen
solle, sondern tuhe mich alles deßen außdrücklich verzeihen
vndt begeben. Hingegen aber will hoffen, daß gleich wie sie
meine burgerliche Vnttertahnen sambt ihre Nachkommenden
sich hierüber höchstens zu erfreuen genugsame Vhrsach vber-
kommen, alßo auch ihre Vorsorg vndt Absehen dahin wenden
werden, auch embsigist beflißen vndt gedacht seyn, damit dießelbe
dieße auß keiner Schuldigkeit, sondern Purlaütherer Wohlgewogen-
heit herfür fließendt- vndt quellende Genadens-Confirmation gegen
mir vndt meinen Hauß von Buquoÿ mit unaußsetzlich-vndter-
tähnigist-gehorsambster Devotion zu demeriren in kein vndanck-
bahre Vergesenheit stellen, maßen dan, wan Sie wider alles verhoffen die obaußgeworffene Schuldigkeit nicht halten, wider
den klaren Außsatz dießer Begnadung schreite, oder sonsten in
heimblich- vndt praejudicirlich auch wieder mich, meine Erben
vndt Nachkommen vnmittelbar lauffende Verständtnuß vndt Beginnen sich einlaßen wurden; solle dieße Begnadung ipso facto
vnbindig, krafftlos, null vndt nichtig seÿn vndt zerfallen. Zu
mehrer Beständigkeit deßen, kan dießes mein obrigkeitliches
Privilegium durch meine hiermit erklärte Zulaßung ad perpetuam rej memoriam der königlichen Landtaffel eingetragen, wie
nicht weniger durch meine Cooperation die aller genädigste
kaÿserlich Confirmation, jedoch auff ihre darschießende Vnkosten
außgewürcket werden. Zu wahren Vhrkundt deßen habe nicht
allein dießes Instrumentum aigenhändig vntterschrieben, sondern
auch mein graffliches größeres Insiegel wohl wißentlich vordrucken lassen. So geschehen Grätzen am Erchtag nach der
vnbefleckten Empfängnuß Mariae, daß ist den neunten Decembrÿ
Anno ein tausendt sexhundert ein undt achtzig.

Graf von Buquoy.

Original auf Pergamentblättern, welche in einen mit grünem Samt überzogenen Einband gebunden sind, im Archive des Marktes Friedberg.
Siegel aus rotem Wachs in einer Holzkapsel an weißbrauner Preßel.

XIV.

Friedberg, 27. März 1687.

Der Rat und die Gemeinde Friedberg bewilligen vier Bürgern
von Thurmberg die Wasserleitung dorthin.

Demnach beÿ vns einen gantzen versambleten Rath, wie
auch ganzer Gemaindte vnßere vier Mitburger aufn Thurnberg[1])
genannt, nicht allein mündlich, sondern auch schrüfftlich, mit
gezimmenter Bitt, erschienen sein, vorgebent, waßgstalten ihnen
noch vor einer gar guet erdenkhlichen Zeit, zuegelaßen warr daß
Wasser, so von Markhtbach in des Georg Ortners Behaußung
eingeleidet gewesen den halben Thaill, von dem in bemelten
Ortners Behaußung aufgerichten Standtner, zuegemessen, vnd
auf deren Vnkosten bis zu ihrer ausgesetzten Stell hinaus zu
führen, welches aber wegen entstandtener Vneinigkheit widrum-
ben von einen ehrwürsten Rath vnd gantzer Gemain ihnen
inderlegt worden, vnd alßo biß däto inderlignet verbliben. Wür
gerueheten ihnen solches Wasser widerumben aus den Markhtbach Vber den Weg, vnd durch des Simons Prölln Behaußung
(welcher ihnen es guetwillig will durch führen lassen) einzu-
kherrn, die Verwilligung zu ertheillen, weillen wür auch gantz
beweglich vernehmen müßen, sintemahlen es auch anderßen sich
nicht befindtet, alß daß bemelten vier Burgern, daß Wasser in
ihre Heußer zu tragen, wegen Entlegenheit des Bachs gar beschwerlich fallen thuet. Item war auch (welches Gott gnediglich
verwahren wolle) vnversehens durch Verhengnus Gottes ein
Feÿrsbrunst beÿ ihnen vier Burgern entstehen sollte, daß alle[2])
zu Steÿrung dessen, wegen Beybringung des Wassers vnmöglich
zu sein erscheinete, vnd daher auch die negst anligendten großen
Heißer wegen ihrer Städl die Gefahr leiden muesten. Vnd wie
wollen dises zwar von alters hero nicht zueläßig gewesen, daß
Wasser aus dem Markhtbach (so ganz vngewöhnlich) außzukheren,
so haben wür in Erwegung der vorgebrachten obigen in Wahr-

---

1) Vorort des Marktes Friedberg.
2) Über durchgestrichenem sye.

heit sich befindtendten Motiuen, ihnen vier Bürgern auf ihr
schrüfftliches Supplicieren, hiermit einwilligen vnd volgendter-
gstalten einen ordentlich Contract schliessen wollen. Also:
Erstlichen wierdt gedachten vier Bürgern, alß Caspar Reißner,
Philipp Pernstainer, Ambroßen Kaÿßer vnd Paul Liebenwein die
Verwilligung gegeben, daß sÿe in dem Markhtbach, negst des
Prangers ein Wasser Röhrn eines Tübl empers gros gebohret,
einzäpfen vnd die Röhren volgents bis zu ihrer Stell durch des
Simon Prölns Behaußung, Stadl vnd kleinen Wißl einlegen können,
doch die Röhren solchergstalten verwahrlich halten, daß dardurch in dem Markht im Weg kein Schaden geschehe vnd die
Burger nicht verursacht wurden, sich deßwegen zu beschweren
oder vns wider Abstellung solches Wassers anzulang, welches
wir billich acetidiret vnd abgethan inigsts worden.

Andertens sollen sÿe vier Burger schuldig sein, alle auf-
gehendte Vnkosten, selbsten vnterEinander auch die Röhren ausser
vnser Gmain Höltzer beyzuschaffen, vnd zu bezallen, vnd allezeit
Gewaldt haben, wan sich ein Mangel darbeÿ befindtet, daß sye
ohne einichs Hinternus, so wol in des Simon Prölns Behaußung
durchgehent, alß anderer Orthen, wardurch es geführt wierdt,
nach ihren Belieben zuersehen, vnd was manglhafft ist, ver-
bessern können,

Dritens Weillen doch Simon Pröll ihnen daß Wasser guetwillig, vndt nicht aus Schuldigkheit durch seine Behaußung ein-
kheren lasset, sollen sye vier Burger, vor solliche guetwillige
Zuelassung vnd für die Vngelegenheit ihme Simon Prölln jeder
jährlich ain Korn Schnidter ain gantzen Tag zu stellen schuldig
sein, er Simon Pröll aber solle ihnen dargegen beÿ dem Wasser
keine Hintternus zuefieg[en], noch einichs Macht od[er] Gewaldt
haben, etwan durch Aufsetzung eines Standtners oder wie es
sonsten erdenkhlich sein möchte, abzukheren; vnd daß viertens
sich zwischen bemelten vier Burgern deßwegen eine Vneinigkheit
oder Streitt erheben oder voryber gehen möchte, so solle solches
Wasser einlaidten ipso facto abgesproch[en] vnd künfftig nicht
mehr einzukheren pähkierlich sein. Welches die Sambentl[iche]
Gemaindte ihnen es allvorn vorbehalten will vnd auch gentzlich
vorbehalten thuet, damit selbiges künfftig beÿ gueter Ainykheit
gehalten werde.

Schließlichen auch noch daher dise Wasserlaidtung nicht aus Schuldtigkeit oder habendter Gerechtigkeit, sondern aus blosser Guetwilligkeit vnd zu Verhüettung einer größeren Gefahr offtbedachte vier Burgern auf ernanten Thurnberg zuegelassen wierdt, also sollen sye sich allezeit für solliches gegen einen ehrüersten Rath vnd gantzer Gemaindte dankhbahrlich erzeigen, vnd künfftig vor keine Gerechtigkheit halten noch anzeigen.

Zu mehreres Richtigkheithaltung dises sein zwaÿ gleichlaudente Thaill dißer Abhandtlung aufgericht, vnd so wol mit obbemelter vier Burger aigener Ferdtigung, als auch mit gemaines Markhts Insigl bekräfftiget worden.

Beschehen auf vnseren Rathhaus FrÿÖberg, den 27. Martÿ 1687.

Burgermaister vnd Rath alda.

(Siegel abgefallen.)

Simon Pröll.   Caspar Reißner.   Fillip Pernstainer.

Ambros Kaÿser.   Paul Liebenwein.

Original im Friedberger Archive auf Papier.

Von anderer Hand: A[nno] 1710 den 30 Nov. ist eben meßig denen 4 Klain-Häusern auf den Thurnberg, das Karwaßer in dem Karwaßer Rohrl verwiligt word[en], zuminst jedoch solcher gstalten, so lang vnd vil als es der Gmain Burgerschafft ohne Schadten ist vndt cäsieren, wan man will.

XV.

Gratzen, 29. November 1694.

Philipp Emmanuel Fürst von Longueval, Graf von Buquoy, bestätigt dem Markte Friedberg die Privilegien wegen der „Bruckmühl" und ändert den zu zahlenden Zinß von Korn und zwei Mastschweinen in Geld um.

Wir Philipp Emmanuel Fürst von Longueval Graff von Buquoy, Gratzen undt Roßenberg, Freyherr zu Vaux, Herr zu Farciennes, klein. Archict und Lybiegitz, Commendator einer Compagniae von der Ordinanz in Flandern vndt Obrister Landt Jagermeister in der Prouintz Arthois, thue kund hiemit vor iedermaniglich, absonderlich dahr, wo es die Notturft erfordern möchte, das vor uns erschinen sind, die ehrsambe unsere liebe getreue Burgermeister vndt Rath sambt ganzer Gemeindte des der Herrschaft Rosenberg incorporirten Markgts Früburg, vnd haben in vnterthanigsten Gehorsamb Supplicando angebracht

vnd remonstriret, was massen irryr Herr Hans Georg von
Schwamberg, als derselben geweste gnädige Grundobrigkeit, wegen
des iederzeit erwiesenen trew Vnterthänigen gehorsambs, vnd
zwahr vermöge eines auf dem Schloß Wittingau am tag Sti. Gallj
A. 1612 außgefertigt vnd ertheilten Donationbrieffs, die beÿ den
Markgt Früburg an dem Wasser Wuldaw gelegene vnd so ge-
nante Bruckmühl vmb solche zu gemehinen nuzen des Markgts
Früburg zugebrauchen, ihnen geschenket, auf das alle in dises
Gericht Früburg von alters her gehörige Vnterthanen ihr vnter-
schiedlich vermahlendes Getraydt einzig vnd allein in dise Bruckmühl bringen, füehren vnd daselbst mahlen sollen, sÿe begnadet
habe, wargegen Burgermeister vnd Rath sambt ganzer Gemeinde
erwehnten Markgts Früburg, verpflichtet wahren ihrer gnadigen
Grundobrigkeit jährlich fünffzig Strich Khorn vnd zweÿ wohl-
gemeste Schwein nemblichen die Helfte zu Georgy vnd die
Helfte zu Gally abzustatten vnd zuentrichten, nicht weniger
wehre disen Markt Früburg, nach deme das Buquoysche Hauß
in poßeßionem der Herrschafft Rosenberg getretten, eben dise
Donation über die sogenante Bruckmühl von Ihro Excellenz der
Frawen Frawen Maria Magdalena Gräfin von Buquoy vntern
dato Schloß Rosenberg den Sambstag nach des hl. Apostols
Matthiae tag im Jahr 1623[1]) als Ihrer damals gewesten gnädigen
Obrigkeit in allen puncten, clausuln und Articuln, ratificirt vnd
confirmiret worden, mit disem Zusaz vnd Außmessung, das be-
rüehrter Markgt nebst dennen fünffzig Strich Khorn, künfftig
anstat der zweÿ wohlgemesten Schwein, zwainzig Gulden paares
Gelt in das Rentambt Rosenberg erlegen, vnd wan ein oder
mehr diser Mühl zuegetheilter Mahlbaur aus denen dahin incorporirten Dorfschaften sich vnterfangen würde, außer diser
Bruckmühl anderwerts hin sein zum vermahlen habendes allerhandt Getraydt zuverführen, vnd hierüber betretten würte, das
ein solcher iedesmall vmb eine Kueffen Salz abgestrafft vnd
hiervon die Helfte gnädiger Herschaft, die andere Helfte aber
dem Markt Früburg verfahlen sein solle. Beÿ welcher gnadig
obrigkeitlichen Außmessung es auch nachgehents weÿland der hoch-
und wohlgebohren Herr Herr Ferdinand Graf von Buquoy als

1) Nr. X, Mitteilungen XLVI, Seite 92.

gewester Innhaber der Fidel-Commiß Herrschaften Grazen Rosenberg vnd Lÿbiegiz vermög einer abermallen vndt zwahr vnterm
9ᵗⁿ Decembr 1681[1]) neÿertheilten Confirmation allerdings beruehen
lassen. Weillen aber inmitler Zeit als dise Bruckmühl dem Markt
Früburg donationsweiß eingeraumbt worden, bißanhero sich vil
verändert, indeme das vor alters genant gewest Gericht Früburg
zertheilet vnd aus denen dahin gehörig gewesten Dörffern andere
verschiedene Gerichter aufgerichtet und formiret worden, auch
die Burgerschafft vnd Gemaind des Markts Früburg die jährlich
schuldign 50 Strich Khorn von villen Jahren, als von A. 1654
hero nicht in Körnern, wie es die Donation außweiset, sondern
mit paaren Gelt, vnd zwahr für iedem Strich 1 fl. 15 kr. in das
Herrschafts Rentamt Rosenberg bezahlet vnd abgestattet, nicht
münder aber Burgermeister vnd Rath sambt ganzer Gemaind
zu Früburg vmb leichtere Bestreitung des Malters etwelche
kleine und selbig Zeit bey Emphahung der gnädigen Donation
vngangbahr und caßirt geweste Mühlen, iedoch mit obrigkeitlichem
Consens benantliche die Pau- Hammer- Reiß- Nahling- Platen-
vnd kleine Mühl in dem Markt, und zwahr gegen einen mit
Burgermeister, Rath vnd ganzer Gemein tractirten gewissen
Zunßbeÿtrag wohl und rechtlich befuegter massen zu ihren Be-
hueff und Nuzen aufs neÿe an- vnd aufrichten lassen, und um
diser beschehenen Immutationen halber zu dato nichts zu Papier
gebracht worden, innfolglichen ins künfftig leicht ein Mießver-
ständnus hieraus erwachsen künte. Als hat vns besagter Burgermeister vnd Rath sambt ganzer Gemeind des Markt Früburg,
als ihre dermallige rechtmäßige Obrigkeit in vnterthänigen gehorsamb Supplicando gebetten, damit wir aus obrigkeitlichen
Gnaden offt wiederholte Donation nachmallen verneÿren und
confirmiren vnd zugleich so wohl ihrer Sicherheit als auch
herrschaftlichen nuzenshalber ihnen einen standthafftigen Zünß
vnd Schuldigkeiten, welche sÿe künftig von diser Mühl und
Mahlgerechtigkeit der gnädig Grundobrigkeit zureichen haben
werden, ordnen vnd aussetzen wollen. Warüber wir nun dises
Anbegehren nicht allein beÿ vns weißlichen erwogen, sondern
auch vnser lieben Getrewen so wohl Canzleÿ- als Herrschafts-

1) Nr. XIII, Mitteilungen XLVI, Seite 133.

Beambten, Rath und Guetsmainung abgefordert, und befunden, daz
ein solches der gottliebenden Gerecht- vnd Billigkeit ganz nicht zuwider nicht allein besagten supplicirenden Markgt Früburg, sondern
zu gleich vnd vil mehr vns vnd vnseren Erben undt nachkommenden Innhabern diser Herrschaft Rosenberg zu Nuz und Er-
spriesslichkeit gereichet. Dahero thuen wür aus obrigkeitlichen
Fueg, Macht, Gewalt vnd Gerechtigkeit, hiemit und krafft dises
Brieffs die innige Donation, welche offt widerholter Markgt Früburg über die sogenante Bruckhmühl von weÿland Herrn Hanß
Georg von Schwamberg Ao. 1612 am tag St. Gallj [1]) als ihrer
damals gewester gnädig Grundobrigkeit wegen ihrer iederzeit
erwisenen Treẘ gehorsamben Vnterthänigkeit erhalten vnd justo
titulo erworben, auch wie ihnen solche nachgehents sowohl durch
weÿland ihro Excellenz die Frau Fraw Mariam Magdalenam
Grafin von Buquoy Ao. 1623 den Sambstag nach den tag Sti.Matthie
Apostolj,[2]) nicht münder .auch von weÿland dem Hoch- und Wohl-
gebohrnen Herrn Herrn Ferdinand von Longueval Grafen von
Buquoy Anno 1681 [3]) verneÿret vnd confirmiret worden, in Betrachtung ihrer iederzeit geleisteten vnd noch kunftig zu leisten
habend Treẘ gehorsamben vnd vnterthänig Schuldigkeit in allen
Puncten, Clausuln vnd Articuln gnädigst verneÿern, confirmiren
vnd dermassen bestättigen, das ihnen besagte Mühl- vnd Mahlgerechtigkeit, wie sye solche justo titulo erworben vnd bißhero rue-
higlich genossen, noch fürohin und auf ewige Zeiten vnhünder-
lich verbleiben und sÿe solche als wahre Innhaber besizen und
genüessen mögen und sollen, mit disem austrücklichen Zuesaz,
das sÿe Burgermeister undt Rath sambt ganzer Gemeinde des
Markgts Früburg fierohin und auf ewig, weillen es so wohl vns,
als auch vnsern Succeßoribus zu einen standhaften Nuezen gereichet, von diser besizenden Brukmühl, anstat der daruon
Zünßweiß zu bezahlen gehabten fünffzig Strich Khorn, ins künftig,
es mag das Khorn theurer oder wolfeiller sein, ohne Vnterschied
vnd fernern Disputiren fier iedem Strich an paaren Gelt· ain
Gulden dreyssig Kreizer jahrlich aber sübenzig fünff Gulden
Rheinisch; dan anstat der zwey wolgemesten Schwein zwainzig

---

1) Nr. VIII, Mitteilungen XLVI, Seite 89.
2) Nr. X, Mitteilungen XLVI, Seite 92.
3) Nr. XIII, Mitteilungen XLVI, Seite 133.

Gulden in einer Summa aber neunzig fünff Gulden mit halb
jahrigen ratis, das ist iedesmall zu Georgÿ vierzig süben Gulden
dreysig Kreitzer, dan zu Gallj abermallen vierzig süben Gulden
dreyssig Kreizer, welche beide Termin jahrlich obenerwehnte
neunzig fünff Gulden ausmachen werden, in das Rentambt der
Herrschaft Rosenberg richtig und ohne Weigerung abfüehren
vnd bezahlen sollen, warmit álso daß vorhin zu zahlen geweste
Khorn vnd die zweÿ Möstschwein völlig erleschen und ins künftig
auf ewige Zeiten beÿ den obuerstandener massen darfier aus-
gesezten paaren Gelt zuuerbleiben sein wird. So thuen wir vns
auch dahin noch ferners erclären, weillen die verschiednen neẅ
formirte Gerichter mit ihren Dorfschafften, wie selbige vor alters
vnter den Gericht Früburg verstanden gewesen, und iederzeit
mit dem Mahlwerkh zu diser Bruckmühl gehört haben, daß
solche Dörffer und Vnterthanen alle ins gesambt auf ewig mit
all ihren Mühl- vnd Mahlwerkh zu diser Bruckmühl incorporirt
verbleiben sollen. Wann aber inmallen ein oder anderer Vnder-
than, welcher ohne Vorwissen des Burgermeister, Raths vnd
ganzer Gemänd zu Früburg einiges Mahlgetraÿdt anderwerts
hin verfüehren solte, vnd aus Ihnen iemandten betretten wurdte,
ein solcher solle alsogleich nach beschehener Denunciation umb
aine Kueffen Saltz ohne aller Gnadt bestraft vnd dauon die
Helfte der gnädigen Grundobrigkeit, die andere Helfte aber
Gemeinen Markgt Früburg verfallen sein, vnd auch also abgestattet werden. Was ferners die in disen Gerichten befündlichen
kleine Mühlen nemblich die Paumühl, Hañermühl, Reißmühl,
Nählingermühl, Plattenmühl vnd die Kleine-Mühl in Markgt betrifft, weillen solche mit Consens vnd Einwilligung des gemeinen
Markgts Früburg ein- vnd aufgerichtet worden, als sollen solche
wie bishero also künftig vnd auf ewig (doch sovil die Mühl- vnd
Mahlgerechtigkeit allein nach sich ziehet, und weiter mit nichts)
unter der Bruckmühl Gerechtigkeit verbleiben, und vnter den
oben ausgeworffenen jahrlichen Zünß der neunzig fünff Gulden
gezogen · vnd gerechnet werden. Wie dann besagter Burgermeister
vnd Rath sambt ganzer Gemaind zu Früburg, die Macht vnd
Gewalt hat, obbenante Kleine-Mühlen über kurz oder lang nach
dem es die noth vnd gemainen Markgts-Nuezen erfordern möchte,
entweder gar oder zum theil caßiren oder aber dargegen und

anstat diser benanten andere gelegentlichere Mühlen in disen
Gerichtern aufrichten zu können. Vnd damit schlüeßlichen der
iezig vndt künftige Burgermeister vnd Rath sambt ganz Gemänd
des Markgts Früburg, beÿ all disen waß obbeschrieben stehet
umb so verleßlicher erhalten werde und sich dessen erfreÿen
möge: Als versprechen wir fir vns, vnsere Erben vnd Nach-
koṁend hierüber obrigkeitlichen Schürm- und schuzbahre Hand
zuhalten, befehlen zugleich all vnsern iezig vnd künftigen, so
wohl Canzleÿ- als all anderen Würtschaffts Beambten vnd vor-
stehenden Officiren der Herrschaft Rosenberg, das sye jhres
Orths die Impetranten beÿ all disen, was obstehet, immerdar
erhalten, schützen, schürmen vnd handhaben, darwider selbst
nicht thuen, weder jemanden darwider zuhandeln verstatten
sollen, beÿ vnausbleiblicher hohen straff und obrigkeitlicher
Vngnad. Zu Vrkundt und besserer Glaubwirdigkeit haben wir
gegenwertigen Brieff aigenhandig vnterschrieben und mit vnsern
angebohrnen Pettschaft wohlwissentlich corroborirren lassen.

So geschehen in vnserer Residenzstatt Grazen, den neunund-
zwainzigisten Novembris im Jahr sechzehn hundert vier undt
neunzig.

Philip Eṁanuel Fürst von Longueval.

Gottran Hyacinthus Ziegler,
Secretarius.

Auf Pergament. Original im Archive des Marktes Friedberg.
An einem roten seidenen Bande in einer Holzkapsel das Siegel.

XVI.
16. Oktober 1748.

Abt Franciscus von Schlögl läßt den Pfarruntertanen von Friedberg den Todtenfall oder die Erbsgerechtigkeit gegen eine Summe von
750 fl. nach.

Wür Franciscus Abbt deß löblichen Stüfft vndt Closters
Schlögl, in Ertzherzogthumb Öe. ob der Ennß gelegen, Herr
deren Herrschafften Czerchonitz, Haßlach vndt Sanct Ulrich,
der Röm. Kaÿser. auch zu Hungarn vndt Böheimb Königl. May.
Rath, wür auch Batronus vndt Collater des löbl. Gottes Hauß
vnd Pfarrkürchen Sancti Bartholomaei in Markht Frÿberg etc.,

bekehnen hiemit offentl[ich] mit disen Brieff, wo der zu ver-
nemben vorkhommt, daß vnd nach dem beÿ vnß die gesambt
vnsere Pfaar-Frÿbergerisch sowohl behauß alß vnbehaußt Vnterthanen daß vnterthänig Gehorsambest Bütten gestellet, wür mechten
selbe gegen Erlegung einer gewissen Summa Gelts der von ihnen
Vnterthanen an zu obbesagt vnserer Pfarr Fryberg bißhero vns
schuldig sogenanten Todtenfählig- oder Erbßgerechtigkeit auf
beständig erlassen, wür mehr berührt vnsern Vnterthanen auß
habenden Gewalt vnd nach brüfflicher der Sachen Erwegung
dise Gnadt solcher gestalten angedeyen zulassen vnd selbe gegen
Darschiessung einer Summa Gelts von sÿbenhundert fünffzig
Gulden, sage 750 fl., welche wür auch nun mehro richtig zu
vnßeren Handten empfangen, der bißanhero gehabten Todten-
fällig- oder Erbsgerechtigkeit genzlichen zuentheben gnädig entschlossen haben: thuen eß auch hiemit, vnd entlasten von nun
an alle obgedacht vnßere pfarrfrybergischen Vnterthanen, mehr
berührter Todtenfällig- oder Erbßgerechtigkeuth gänzlich vnd
dargestalten, daß selbe weder von vnß noch vnßern Nachkhomben
zu ewügen Zeüthen mit dergleichen mehr beleget oder onerüret
werden khönnen, wohl verstandten, daß dise Befreyung sich nur
bloß allein auf die Todtenfällig- oder Erbsgerechtigkeith exten-
diere vnd sye gesambt sowohl behaust alß vnbehaußte Vnter-
thañen all anderen oneribus gleich wür vor- also auch in das
khünfftige vnterworffen verbleüben, mehr ermelter Todtfällig-
oder Erbsgerechtigkeuth sich auch all die jenigen pfarr fryber-
gischn Vnterthanen nicht zu praevalieren haben sollen, welche
ohner expreßer Erlaubnus vnßers Pfaar-Vicarÿ entweder schon
vorhero oder nach disen vnßren ertheillten Brieff sich absen-
tieret oder wekh begeben, auch auf Anbegehren würkl[ich] berührten Pfaar Vicarÿ sich nicht stöllen würden, allermassen dann
in tali Casu zu volge Conventionis derleÿ so wohl depraesenti
verhandlen, alß de futuro zuekhombenter Haabschaften zu einer
Helfte der Grundtobrigkeith, zur anderen Helfte aber vnsern
offt berührten Pfaar Vicario zu Frÿberg zuefallen wurdte. Zu
wahren Vrkhundt dessen haaben wir gegenwärtigen Brieff aigen-
händtig vnterschrüben vnd mit vnsern gewöhnlichen Abbteÿ
Insigl (doch dems in all Weeg ohne Nachtheill vnd Schaden)
bekräfftigen lassen. So geschehen am Tag Sancti Gallÿ, daß ist

den sechzehenten Octobris jn ain taußent syben hundert acht:
undt vüerzigsten Jahr.

Franciscus Abbt.

(Von anderer Hand.) Collationiret. vnnd befindet sich diße Abschrift:
mit dem Originalj, von Wortt zu Wortt gleichlauttent.

Herrschaft Rosenberg, den 26. Feber 749.

Müchael Dißmar Ausinger,
Haubtmann.

Original im Friedberger Archiv.
Rotes Siegel auf das Pergament gedruckt, gut erhalten. Umschrift: SIGIL-
LVM CANCELLARIAE ROSENBERGENSIS.

XVII.

Wien, 21. November 1793.

Kaiser Franz II. bestätigt dem Markte Friedberg den von Kaiser
Joseph II. bewilligten Wochen= und Jahrmarkt.

Wir Franz der Zweite, von Gottes Gnaden erwählter rö-
mischer Kaiser, zu allen Zeiten Mehrer des Reichs, König in
Germanien, zu Hungarn, Böheim, Dalmazien, Kroazien, Slavonien,
Galizien, Lodomerien und Jerusalem, Erzherzog zu Österreich,.
Herzog zu Burgund und zu Lothringen, Großherzog zu Toskana,.
Großfürst zu Siebenbürgen, Herzog zu Mailand, Mantua, Parma,.
gefürsteter Graf zu Habsburg, zu Flandern, zu Tyrol u. u. Bekennen öffentlich mit diesem Brief und thun kund jedermännig-
lich, daß von unsers vielgeliebtesten Herrn Oheims, Kaiser Königs.
Joseph des zweiten Majestät dem Markte Fridberg in unserm
Erbkönigreich Böhmen auf allerunterthänigster Bitten des dasigen.
Bürgermeisters Raths- und der ganzen Gemeinde allschon unterm.
28ten April siebenzehn hundert neun und achtzig ein Wochenmarkt auf jeden Dienstag und auf den Annatag ein Jahrmarkt
gnädigst bewilliget; wegen des erfolgten Ablebens gedacht Seiner·
Majestät als auch wegen des frühzeitigen Hintritts unsers hoch-
geehrtesten Herrn Vaters Königs Leopold des zweiten Majestät
aber das Diplom hierüber bisher nicht ausgefertiget worden,.
um welches daher erwöhnte Gemeinde uns allerunterthänigst
gebetten hat. Da Wir nun dieser Bitte zu fügen befunden, als·
haben Wir mit wohlbedachtem Muth gutem vorgehabtem zeitigen
Rath und rechtem Wissen dem Markte Fridberg salvo jure
regie et cujuscunque tertii erwähntermassen einen Wochenmarkt·

auf jeden Dienstag und einen Jahrmarkt auf den Skt. Annatag allergnädigst verliehen, dergestallt, daß, wenn das Annafest auf einen Sonntag fällt, der Jahrmarkt auf den nächsten Dienstag übertragen werde. Thun das auch hiemit wissentlich und in Kraft dieses Briefes als regierender König in Böheim meinen, setzen, ordnen und wollen, daß benannter Markt Fridberg solcher Marktfreiheiten, wie deren Recht und Gewohnheit ist, genießen, und sich gebrauchen könen und mögn, ohne männigliche Hinderung. Und gebiethen hierauf allen und jeden unsern nachgesetzten Obrigkeiten Innwohnern und Unterthanen, was Würde, Standes, Amts oder Wesens die in unserm Erbkönigreich Böheim sind, in sonderheit unserm königlichen Gubernium daselbst hiemit gnädigst, daß sie obgedachten Markt Fridberg bei diesen Marktfreiheiten gebührend schützen und handhaben, dawider selbst nicht thun, noch das jemand andern zu thun verstatten bei Vermeidung unserer schweren Strafe und Ungnade. Das meinen Wir ernstlich zur Urkunde dieses Briefes besiegelt mit unserem kaiserlichen königlichen und erzherzoglichen anhängenden grössern Insigl. Gegeben in unserer Haupt und Residenzstadt Wien den ein und zwanzigsten Monatstag Novembr im siebenzehn hundert drei und neunzigsten unserer Reiche des römischen und der erbländischen im zweiten Jahre.

Franz.

Leopoldus Comes v. Kolern.

Ad Mandatum Saco. Caeso.

Rego. Mattis ppriam

Koller.

Außen: Regis. Mariaphilus v. Loißner. Original auf Pergament im Archive des Marktes Friedberg.

An schwarzgelber Schnur in einer Holzkapsel das rote Siegel.

*

Außer den hier abgedruckten Urkunden in deutscher Sprache verwahrt das Gemeindearchiv in Friedberg noch folgende vier in tschechischer Sprache ausgestellten Originalurkunden:

1. 1577, Mai 26. Wilhelm von Rosenberg. erteilt den Friedbergern das Braurecht.

2. 1596, Jänner 30. Peter Wok bestätigt die Urkunde aus dem Jahre 1492.

3. 1596, August 1. Peter Wok bestätigt den zu Friedberg gehörigen Dörfern ihre Privilegien.

4. 1612, Oktober 20. Hans Georg von Schwamberg bestätigt die Urkunden von 1596.

Eine „Kundschaft" Graslitzer Bergleute vom Jahre 1660, gefunden in Mies.

Mitgeteilt
von
Georg Schmidt.

Im Sommer 1905 ließ Herr Valentin Floßmann, Bürger und Tischlermeister in Mies, sein bisher ebenerdiges Haus (Neustadt Nr.-K. 319) um ein Stockwerk erhöhen. Beim Abtragen des Dachstuhles fand man unter alten Sachen auch eine sehr gut erhaltene Urkunde, die eine sog. „Kundschaft",[1] ein Sittenzeugnis, darstellt, das Bürgermeister und Rat der Bergstadt Graslitz ihren Mitbürgern Paulus, Matthäus und Johannes Werlitzsch, Söhnen des verstorbenen Bürgers und Bergmannes Matthäus Werlitzsch, auf ihr Ansuchen zum Zwecke der Auswanderung am 14. August 1660 ausgestellt hatten. Herr Floßmann stellte mir das für die Geschichte der Städte Graslitz und Mies wichtige Dokument freundlichst zur Verfügung und überließ es dann dem Mieser Stadtarchive.

Die Urkunde, auf gelblichem Pergamente deutlich geschrieben, 54·3 cm breit, 33·5 cm hoch, besteht aus 26 Zeilen (je 45 cm lang), deren erste in sehr großen Buchstaben wiedergegeben ist; besonders groß und reich verschnörkelt ist der Anfangsbuchstabe (W). Das Schriftstück hat der „p. t. Stadtschreiber Caspar Baumgärdtner", dessen Unterschrift rechts

---

1) Vgl. J. Chr. Adelung, Wb., s. v. Das Egerer Archiv enthält 22 Geburtsbriefe und Kundschaften, wovon 1 dem Ende des 16., 2 dem Anfange des 18. Jahrhundertes und 19 dem 17. Jahrh. angehören; 3 sind bloß „Kundschaften" (vgl. Dr. Karl Siegl, Die Kataloge des Egerer Archivs, Eger 1900, S. 134—160).

unten beigesetzt ist, verfertigt. Aus fünf Schnitten am unteren Rande der Urkunde erkennt man, daß hier das verloren gegangene „InnSiegel Gemeiner Bergk Stadt Greßlitz" angehängt war.

Der Inhalt der Urkunde ist aus dem unten abgedruckten Texte ersichtlich. Im einzelnen werden noch folgende Bemerkungen vorausgeschickt: Die in der Urkunde genannte „Hochherrlich Schönburgische freye Bergk= Stadt Greßlitz" ist Graslitz im Erzgebirge, das damals noch unter der Schutzherrschaft der Herren von Schönburg, Herren zu Glauchau und Waldenburg (Königreich Sachsen), Georg Ernst und Otto Albrecht, Vettern, stand. Die Namensform Greßlitz (Greslitz, Greßlitzsch) findet sich z. B. auch in dem von Heinrich Gradl (1890 bei Robert Pohl in Graslitz) heraus= gegebenen „Graslitzer Bergbuch" von 1590—1614" (S. 3, 5; 31, 33; 6); daneben kommt hier auch die ältere Form Greßlas (zum Greßlas: vgl. Die Chroniken der Stadt Eger, hrsg. von Heinrich Gradl, S. 23, 75, 78, 250; Dr. Siegl, Die Kataloge, S. 166; auch Gresleins: Gradl, Die Chroniken, S. 252) wiederholt vor (Bergbuch, S. 7, 11, 12 u. ö.

Dieses Bergbuch liefert auch den Beweis, daß noch bis in den Anfang des 17. Jahrhundertes der Bergbau in Graslitz eifrig betrieben wurde und daß die Herren von Schönburg schon 1601, 1603 und 1620 (Bergbuch, S. 19, Nr. 59 und 62, S. 72, 147) in und bei Graslitz Grubenmaße hatten. Nach Graf Kaspar Sternberg (Umrisse einer Geschichte der böhmischen Bergwerke, I. Band, 1. Teil, Prag 1836, S. 443) gab August Herr v. Schönburg zu Glauchau und Waldenburg am 4. August 1601 dem Bergwerke in Graslitz eine gedruckte Bergordnung nach dem Muster der St. Joachimstaler; auch das Bergbuch (S. 121) beruft sich auf die Rö. Kay. May. Joachimstalische Bergkordnung. Ein Bergmeister und ein Verwalter wurden als Schönburgische Amtsleute, die auch das gerichtliche Verfahren zu handhaben hatten, angestellt. Im Bergbuche dagegen werden (S. 19, Nr. 59 und 62) Hugo von Schönburg d. Ä., Herr auf Harten= stein 2c., und Adam und Hugo von Schönburg, Herren zu Glauchau und Waldenburg, erwähnt; sie erwarben 1601 (28. und 21. Juni) Gruben= maße am Küheberge, während Veit von Schönburg, Herr zu Glauchau und Waldenburg, 1603 (16. März: Bergbuch, S. 72) das Bergwerk „zum Osterlamm" am Küheberge an Hans Clement verkaufte. Hans Abele, verordneter Schönburgischer Bergmeister, vermaß noch 1620 (4. August) die Fundgrube S. Adam (Bergbuch, S. 147). Über diesen Hans Abele „zum Greßlaß", der 1616 (24. August) der Stadt Eger 1000 fl. rh. lieh, vergleiche Dr. Siegl, Die Kataloge, S. 134, Urk.=Nr. 2107. Im

Egerer Archive finden sich Urkunden über die Schönburgische Verwaltung in Graslitz für die Zeit von 1625 bis 1634 (Dr. Siegl, Die Kataloge, S. 281).

Über den Bergbau in Graslitz nach dem Dreißigjährigen Kriege vermag auch Sternberg (S. 444) nur die Vermutung auszusprechen, daß er sehr zurückging. Unsere Urkunde liefert nun, wenn auch indirekt, den Beweis hiefür, da 1660 die drei Brüder Werlitzsch, Söhne eines Berg= mannes, „vmb verhoffenter ihrer Verbesserung willen" auswandern wollten und sich daher ein Sittenzeugnis, eine Kundschaft ausstellen ließen. Wohin sich diese wendeten, läßt der Fundort (Mies) ihres Zeugnisses mit Wahrscheinlichkeit erschließen. Oberhalb des Floßmannschen Hauses, in dem das Dokument gefunden wurde, steht in unmittelbarer Nachbarschaft das vor einigen Jahren neu erbaute Haus Nr.=K. 261, das noch vor wenigen Jahrzehnten im Besitze der Mieser Bürgerfamilie Wirlitsch war, deren letzter Vertreter, Herr Wenzel Wirlitsch, hochbetagt (88 Jahre alt) am 17. September 1906 starb. Die Namen Werlitzsch (Graslitz) und Wirlitsch (Mies) werden mit Rücksicht auf die in früheren Zeiten verschiedene Schreib= weise wohl gleich sein; dazu kommt noch, daß die Urkunde in einem dem alten Wirlitschhause benachbarten Hause gefunden wurde und daß die Familie Floßmann weiblicherseits, wenn auch entfernt, mit den Wirlitsch verwandt ist. Wir können also annehmen, daß sich der Graslitzer Berg= mannssohn und Bürger Paul Werlitzsch mit seinen Brüdern im Jahre 1660 in Mies, im Stadtteil „Neustadt", wo jetzt die Häuser Nr. 261 und 319 stehen, niedergelassen hat.

Dazu sei noch angeführt, was Karl Watzka in seiner handschriftlichen „Geschichte der k. Stadt Mies" zum Jahre 1652 mitteilt: „Die Vermehrung der Bevölkerung erfolgte ... sehr langsam; von 1652 bis 1670 ließen sich bloß 47, meist deutsche Familien nieder, durch welche sich unter den hier lebenden Tschechen die deutsche Sprache Eingang verschaffte." „Schon 1682 (vgl. Watzka zu diesem Jahre) berief der Stadtrat den Schullehrer Johann Georg Kraus aus Auscha, weil er der deutschen Sprache mächtig und es notwendig war, die Schuljugend in der deutschen Sprache zu unterrichten." Woher Watzka diese Nachrichten bezogen hat, ist nicht an= gegeben. In einer Beilage führt er noch die Namen der 47 Zugewanderten an. In einem die Zeit von 1615 bis 1721 lückenlos umfassenden Aus= gabenbuche der Stadt Mies, das sich im städtischen Archive befindet, werden nun unter den in der Regel jährlich wechselnden Ratsherren und Gemeinde= ältesten folgende, jedenfalls deutsche Namen zum ersten Male angeführt: Vor

dem 30jährigen Kriege erscheinen nur wenige Vertreter, Georg Werner 1615,
Daniel Stolz 1617; nach dieser Zeit 1656 Fickelscherer, Schuler, Land=
kammer, Strer, Hausmann; 1660 Hoffmann, Heßler; 1662 Hendl; 1664
Pelargus, Forscht; 1665 Mayer; 1667 Herzer (Harzer); 1669 Figulus;
1670 Moser, Marktseit; 1673 Schwinger, Götzl; 1674 Schöselt (Schönfeld);
1675 Sambler; 1676 Müller u. a. Wenn nun auch hier wie bei Watzka
der Name Werlitzsch fehlt, so sprechen nach dem oben Dargestellten doch
viele Gründe für die Wahrscheinlichkeit, daß sich die Graslitzer Berg=
mannsfamilie Werlitzsch, später Werlitsch (1777), Wirlitsch geheißen,
nach Mies gewendet habe. Unsere Urkunde liefert also einen Wahr=
scheinlichkeitsbeweis dafür, daß im 17. Jahrhunderte, nach dem
30jährigen Kriege, deutsche Bergmannsfamilien in Mies zu=
wanderten (vgl. Georg Schmidt, Eine Mieser Chronik des 18. Jahr=
hundertes, Mies 1907, S. 5, 62, 113). Für die Geschichte des Graslitzer
Bergbaues läßt sich aus der Urkunde auf eine jedenfalls nicht vereinzelt
gebliebene Auswanderung von Bergleuten schließen, da wohl der Bergbau
durch den Krieg ganz zurückgegangen war.

Außer den Werlitzsch werden in der Urkunde noch Hans Biekhart
als Steiger und Christoph Voigtländer als Bergmann und Kaspar Baum=
gärdtner als Stadtschreiber in Graslitz angeführt. Die beiden ersteren
wurden nach der Urkunde als Zeugen über das Vorleben und Wohl=
verhalten der Werlitzsch einvernommen. Ein Kaspar Baumgartner (Baum=
gärtner) erwarb schon 1603 (16. September), 1610 (27. März) und
1613 (18. Mai) Grubenmaße in Graslitz und fungierte 1620 (4. August)
als Schichtmeister (Bergbuch, S. 88, 124, 137, 147); außerdem wird
noch (Bergbuch, S. 115) ein Andreas Baumgartner zum Jahre 1608
(19. April) angeführt.

Graslitz, 14. August 1660.

Bürgermeister und Rat der Schönburgischen freien Berg=
stadt Graslitz stellen ihren Mitbürgern, den Brüdern Paul,
Matthäus und Johann Werlitzsch, Söhnen des verstorbenen
Bergmannes Matthäus W., auf ihr Ansuchen eine „Kund=
schaft“ zum Zwecke der Auswanderung aus.

Wir Burgermeister vnndt Rath der Hoch Herrlichen Schön/burgischen
Freyen BergkStadt Greßlitz Entbieten allen vnndt Jeden, Weß Standtes
Digniteten vnndt / Würden die Seint, So mit dießen Vnnßern Offenen
ertheilten Brieff ersuchet werden, Vnßer nach Erheisch Standtes gebührunte

vnndt / Gantz willigſte Dienſte, Darnebenſt zu Wißen fügente, daß Dato
Vorſitzenten Rath beÿ Vnnß erſchienen, Der Erbare Vnndt Namhaffte
Paulus Werlitzſch / deß Weilandt Erbarn Vnndt Namhaften Mattheus
Werlitzſchen, Vnnßers geweſenen Mit Burgers Vnndt BergKmanns all-
hiero nachgelaßener Eheleiblicher / Sohn, Vnndt Vnnß Zu erkennen gegeben, welcher Geſtaldt er Nebſt ſeinen beeden Brüders, Alß Mattheus,
Vnndt Johannes, Allhiero gebohren Vnndt erzogen worbten, / Vnndt
nun bedacht vmb Verhoffenter Ihrer Verbeßerung Willen, ſich von hier
Hienweg, an andere Örtter zu begeben, Vorhabens Vnndt entſchloßen,
darzu / Ihnen dann Kundtſchafft, ihrer bißhero baÿ Vnnß beſchehenen
Verhaltens Vnndt Abſchiedts, Von Nöthen, mit angehaffter Bitte, dieſelben
mit erlaßung derer Vnterthenigkeit Vnndt / Pflicht, damit ſie Vnnß bißhero Verwandt geweſen, Ihnen in beglaubter Form zu ertheilen Vnndt
wiederfahren zu laßen, zu dem Endte dieſelben auch alſobalten, die Erbare
Vnndt / Namhaffte, Steiger Hannß BieKharten, Vnndt Chriſtophs Voigt-
lenders BergKmann, beede Burgere Warhaffte Männer Vnndt Wohl be-
glaubte Zeugen ſo Vmb derſelben Leben Vnndt / Wandtel auch Ehelichen
Verhaltens Gute Wißenſchafft haben ſollen, Vorgeſtellet, daß wir ſie was
ihnen Allenthalben hierinnen bewuſt ſeÿ, mit fleiß befragen, Vnndt die
begehrte / VhrKundt Alßodann darauff richten ſollen. Wann wir dann
einem jeden dero beßeres Wohl gönnen, diß ſuchen auch für Vnrecht
Vndt Vnbillich nicht / erachten, Sonderlich Weil Vorgenannte Zeugen,
nach Vorhero gegangener befragung, beÿ deren EÿDen Vnndt Pflichten
damit ſie zuförderſt Gott dem Allmechtigen, Folgents denen / HochWohl-
gebohrnen Herren, Herrn Georg Erneſten, Vnndt Herrn Otto Albrechten,
Gevettern, Herren Von Schönburgk, Herren zu Glauchau, Vnnd Waldten-
burgk, Erbherren / allhiero, Vnnßerer Gnedigen Herren, dann Vnns dem
Rath Verwandt Vnndt zugethan ſeint, Einhelliglich außgeſaget Vnndt
bekennet, daß oben bemelte dreÿ Brüdere, Als / Pauluß, Mattheus, Vnndt
Johannes Werlitzſch, Von Jugent auff ſo lange ſie Vnnßere Burgers
Kindter geweſen, ſich jeder Zeit Ehelich, auffrichtig, im Leben Vnndt
Wandtel, / wie Ehrlichen Burgers Kindtern, eignet Vnndt gebühret, wohl
Verhalten, auch Vnnß ſelbſten ein Anders nicht, dann Ehr Vnndt Red-
lichkeit Von ihnen bewuſt, Sonders do es / dero Gelegenheit gegeben,
Vnndt dieſelben beÿ Vnnß zu bleiben Luſt getragen, Wir ſolche gerne
Lenger Allhiero zu Burgere hetten haben, duldten Vnndt Leidten
mögen. — / Alß haben wir derſelben ſuchen ihnen nicht verwaigern,
ſonders, daß begehrte Zeugnuß der Warheit zu ſteÿer, hiemit gutwillig

ertheilen, Vnndt dem genommen Abſchiedt gerne Ver=/gönnen wollen, Bekennen demnach daß offt gedachte Dreÿ brüdere, mit Vnnßers Wißen Vnndt Willen Von hinnen Geſchieden, Vnndt ſich Vnnß Ehrlicher Weiſe entbrochen, Inn maßen wir dann / dieſelbe Ihrer Pflichte Loßzehlen, — Belanget dahero an alle Vnndt Jede Weß Standtes Digniteten Vnndt Würdten die auch ſeÿnt, denen dieſe Kundt=/ſchafft Vorgezeuget wirdt, Vnnßere Gebührunte Bitte, Sie wollen Oberzehlten Allen, nicht allein Vollſtendtigen Glauben Geben, Sondern auch Viel erwehnte Dreÿ Brüdere, / auff Ihr anſuchen zu allen Ehrlichen Sachen an: Vnndt auff: auch in Gebührlichen Schutz Nehmen, Vnndt Gönſtigen Willen Vnndt beförderung erweiſen, daß ſie ſich dieſer / Vnnßerer Kundtſchafft, im Werk fruchtbarlich genieſent, erfreuen mögen, daß wollen wir in der gleichen Vnndt ſonſten, der Gebühr nach, Hienwieder zu uerdienen / Gefließen Verbleiben. — Zu VhrKundt haben wir Vnnßer Vnndt Gemeiner Bergk Stadt Inn Siegel dieſer Kundtſchafft Wißentlich anhangen Laßen; / So geſchehen vndt gegeben, dem 14 Monaths Tag Auguſtij, Im Ein Taußent Sechs Hundert vnndt Sechziſten — Jahr. /

Caſpar Baumgärdtner,
p. t. Stadtſchreiber.
m. p.

Beiträge zur Geſchichte der Konfiskationen nach Albrecht von Wallenſtein und ſeiner Anhänger.

Von
Prof. S. Gorge.

Im nachſtehenden mögen einige Akten des Wiener Hofkammer= (Reichsfinanz=)Archivs, betreffend die Konfiskationen nach Friedland und ſeinen Anhängern, welche in dem Gymnaſialprogramm von Bielitz 1899 („Das friedländiſche Konfiskationsweſen") ihre zuſammenhängende Dar= ſtellung gefunden haben, zur Publikation gelangen, und zwar enthalten die Bögen 2—11 die kurz benannte „Hoffmanniſche Konſignation", ein wichtiges, zuſammenfaſſendes Verzeichnis der Konfiskationen, hier ſpeziell der nach Friedland, dem jungen (Adam Erdmann) und dem alten (Rudolf) Trzka, dem alten (Wilhelm) Kinsky und Illo, aus den „Herrſchafts= akten", während Bogen 12 und Fol. 13—16 teils ähnliche Verzeichniſſe und Beschreibungen, teils Auszüge über die jährlichen Einkünfte von Gütern aus den allgemeinen oder sogenannten „böhmischen" Akten bringen. Da diese durch die schon zeitlich spätere „Hoffmannische Konsignation" überholt sind, so wurde aus ihnen nur eine kleine Auswahl getroffen. Dagegen erschien es angezeigt, speziell noch solche Akten mitzuteilen, welche detaillierter für die Geschichte und Vorgeschichte der konfiszierten friedländischen Güter von Wichtigkeit sind. Diesbezüglich mögen aus den allgemeinen Akten die Spezifikation der friedländischen Kammergüter vom 15. Mai 1636 (Fol. 1—6) und vor allem aus den Herrschaftsakten der umfangreiche „Pappenbergische Bericht" vom 3. Mai 1636 (zum Teil mit seinen Beilagen und Ergänzungen) — Fol. 1—39 — ihren Platz finden. Bei letzterem sowie bei der Hoffmannischen Konsignation wurden in ausgiebiger Weise Th. Bileks „Beiträge zur Geschichte Waldsteins" (Prag, 1886) herangezogen und namentlich wurde auf Abweichungen, speziell bei den Gütertaxen, in den denselben zugrunde liegenden Akten hingewiesen. Schließlich sind die in den Akten oft entstellten Ortsnamen meist in einer der gegenwärtig üblichen Formen gegeben.

Der nachstehende Akt ist aus dem Grunde wichtiger, weil in demselben einerseits angegeben wird, wie und von wem Friedland das eine oder andere Gut erworben, andererseits, wem und um welchen Preis er Teile von Gütern unter die Lehen gegeben, beziehungsweise weggegeben hat.

Spezifikation der friedländischen Kammergüter [Nr. 2] („Allgemeine Akten", ddo. 15. Mai 1636).

Des gewesten Fürsten zu Friedland Kammergüter.

Friedland und Reichenberg zusammen getauft ex confiscatione . . . . 150.000 fl.
Von dieser Herrschaft sein unter die Lehen verkauft:
Wustung und Bunzendorf Frau Lamottin per 22.000 fl.[1]
Item Neudorf Herrn Leusterten per . . . . 20.000 fl.[1]
Welisch und Swijan auch zusammen ex confiscatione . . 170.000 fl.
NB. Welisch ist vorhin taxiert gewesen per 112.750 fl. 46 kr.
Swijan per 196.553 ſl 5 kr. 2 ₰.
Zu der Herrschaft Welisch hat der Fürst erkauft zwei andere Güter (von den Dohalsky) und adjungiert Zbier per 40.833 fl. 20 kr. und Hoch-Wesseli per 35.000 fl.
NB. Swijan hält Herr Graf Maximilian von Waldstein pfandweis, davon ist ein Teil Frau Gräfin Schlickin Witwe unter die Lehen abgetreten.[2]

---

1) Gorge, l. c., S. 14; Bilek, 39 f.
2) Gorge, l. c., S. 34 und 39 f.; Bilek, 56 f. und 78 f.

Hirschberg, Widim, Hausla und was dazu gehört, ist von
Ihrer Gnaden Herrn Oberstburggrafen zu Prag auf
andere Güter eingetauscht worden per . . . . 260.000 fl.
NB. Von diesen Gütern sein etliche Dörfer und Meierhöfe
dem Kloster zu Bezděz (Bösig) fundiert und abgetreten.[1]
Rohosetz und ein Viertel der Stadt Turnau ist gekauft
worden per . . . . 49.244 fl.
Davon ist wiederumb verkauft unter die Lehen das Gut
Rohosetz und Klein-Skal, Wartenbergisches genannt (so
ein Teil von der Kammerherrschaft Aicha) dem Herrn
de Fours per 80.000 fl.[2]
Altenburg ist erkauft von Frau Lobkowsky per . . . . . . 151.666 fl. 40 kr.[3]
Smidar ist erkauft von der Frau Magdalena Graf Trztin
per . . . . 116.666 fl. 40 kr.
NB. Davon ist ein Dorf, Domaslowitz genannt, dem Be-
reiter Francisco de Jacobo per 10.000 fl. doniert und
abgetreten.
Střiwan ist erkauft von Erasmus Sommerfeld per . . . . 58.333 fl. 20 kr.
Alt-Bydžow dazu von Heinrich Sigmund Materna per . . 12.400 fl.
NB. Davon ist etwas dem weiland Herrn Zdenko von Wald-
stein abgetreten.[4]
Kopidlno (Capitl) ist von der Frau Trztin um andere Güter
eingetauscht worden, aber wie teuer, ist bei der Kammer
nicht zu finden, auch die Taxa nicht.[5]
Neuschloß ist erkauft per . . . . 180.282 fl. 40 kr.
Dazu die halbe Stadt Leipa absonderlich . . . . 10.500 fl.
NB. Dies ist der Fürstin abgetreten.
Das Gut Drum ist per confiscationem neulich dem Fürsten
zugewachsen und taxiert auf . . . . 36.767 fl. 3 kr. 4 ₰[6]
Weißwasser mit dessen Zugehörung. Item Münchengrätz,
Kloster, Zasadka und Kočnowitz zusammen per . . . 216.000 fl.
NB. Dem Herrn Isolani ist das Gut Zasadka per 50.771 fl.
35 kr. und Kočnowitz per 12.000 fl. unter die Lehen
verkauft worden.
Item Herrn Grafen Maximilian von Waldstein sein die
Güter Münchengrätz, Kloster (Zweretitz, so per 93.333 fl.
20 kr. erkauft) und Swijan pfandweis in Summa
300.000 fl. hingelassen worden und von Weißwasser ist
ein Teil dem Kloster daselbst fundiert.[7]
Arnau ist erstlich das halbe Schloß und halb Teil der Stadt,
item das Gut Forst dazu gekauft per . . . . 45.000 fl.
Item die andere Hälft oder das ander Teil und Hermannseifen dazu per . . . . 29.383 ß 20 gr.
NB. Das Gut Forst ist der Frau Witschanin per 16.500 fl.
und davon das halbe Dorf Tschermen Frau Smrcztin

---

1) Gorge, l. c., S. 20 und 29; Bilek, 44 f. und 47.
2) Gorge, l. c., S. 50 und 56; Bilek, 75 und 76 f.
3) Gorge, l. c., S. 34; Bilek, 41 f.
4) Gorge, l. c., S. 22; Bilek, 54.
5) Gorge, l. c., S. 22 und 36; Bilek, 49 f.
6) Gorge, l. c., S. 53 und 60; Bilek, 51 f.
7) Gorge, l. c., S. 50 und 56 f.; Bilek, 47 f. und 66 f.

per 2907 fl. 20 kr., item das Gut Hermannseifen Herrn
Hans Christoph von Waldstein per 25.780 fl. 53 kr. 2 ₰
unter die Lehen verkauft worden.[1])

Hohenelbe ist von Herrn Wilhelm Wrżkowsky erkauft worden
per . . . . 128.333 fl. 20 kr.[2])

Wartenberg ist erkauft per . . . . 96.968 fl. 40 kr.
NB. Dies Gut ist neulich Herrn Grafen Christoph Paul von
Liechtenstein unter die Lehen verkauft worden per
119.259 fl. 46 kr. 3 ₰.[3])

Lämberg ist erkauft per . . . . 58.683 fl. 20 kr.
NB. Dies Gut ist neulich Herrn Oberst von Bredau unter
die Lehen verkauft worden per 72.315 fl. 16 kr. 4 ₰.[4])

Kost ist erkauft von der Fürstin von Lobkowitz per . . . . 140.000 ſſ
Darauf an baaren Geld laut der Quittung abgestattet
10.000 ſſ. In ausständiger Summe hat der Fürst von
Friedland der Fürstin von Lobkowitz in gewissen Schuld-
posten vertreten sollen.[5])

Folgen die Smiřickischen angeerbten Güter.[6])

Rumburg und Aulibitz damals taxiert auf . . . . 156.874 fl. 33 kr. 2 ₰
NB. Dazu hat der Fürst das Gut Smrkowitz erkauft per
57.106 fl. 35 kr. Von dieser Kammerherrschaft Rumburg
ist ein Teil zur Karthause Waldiz, als nämlich der
Rittersitz Radim und was dazu gehört, fundiert und
abgetreten.[7])

Semil und Nawarow per . . . . 48.063 fl. 11 kr. 3 ₰
NB. Nawarow ist nachmals der Frau Lamottin unter die
Lehen hingelassen worden per 30.000 fl.[8])

Aicha, Friedstein und was dazu gehört, taxiert auf . . . . 118.416 fl. 40 kr.
NB. Von dieser Herrschaft ist gleichfalls, weil unter die Lehen
gewissen Personen verkauft, als Liebenau (Hodkowice)
Herrn Kuneš, Rowen und Budikow Herrn Pietro
Ferrari per 20.435 fl. 22 kr. 3 ₰, Alt-Aicha Gill de
Hungaria per 15.718 fl. 57 kr. 3 ₰, Domaslowitz Frau
Cornizanin per 16.291 fl. 48 kr. 1 ₰; sieben Dörfer,
als Zastaly, Dlauhy Most, Hermaniß, Jawornik, Dörfle,
Schrinsdorf und Maffersdorf per 9000 fl.[9])

Hořic per . . . . 57.749 fl. 36 kr. 4 ₰
Von diesem Kammergut ist auch etwas unter die Lehen
verkauft, als Frau Elisabeth Stoschin Holowaus und
Hradištko per 23.333 fl. 20 kr. Item der Hof Raschin,
das Dorf Libonitz und Lhotka Herrn Jaromir Bu-
towsky per 7911 fl. 14 kr. 3 ₰.[10])

---

1) Gorge, l. c., S. 32 f.; Bilek, 42 f.
2) Gorge, l. c., S. 32 f.; Bilek, 45 f.
3) Bilek, l. c., S. 81.
4) Bilek, l. c., S. 67 f.
5) Gorge, l. c., S. 60; Bilek, 50.
6) Gorge, l. c., S. 26; Bilek, 20 f.
7) Gorge, l. c., S. 25 f.; Bilek, 50, 54 f. und 74.
8) Gorge, l. c., S. 35; Bilek, 53.
9) Gorge, l. c., S. 27; Bilek, 40 f.
10) Gorge, l. c., S. 32 f.; Bilek, 46 f., 68 und 73 f.

Konfiskation der friedländischen Güter, verfaßt vom Hofkammersekretär Peter Hoffmann ("Herrschaftsakten", Faszikel B XVI 2, ddo. 4. April 1637).

Nomen	Taxa	Wem es vergeben	Quo titulo	In qua summa	Was für ein Rest herauszugebühre
1. Rumburg und Wulibig	per 200.000 fl.[1]	Rudolf von Tiefenbach	In Abschlag Kriegsprätensionen	per 200.000 fl.	—
2. Smrkowig	per 70.000 fl.[2]	Haben damalige königliche, jetzt römisch-kaiserliche Majestät genommen	In Abschlag Kriegsprätensionen	per 70.000 fl.	—
3. Radetsch und Thomutig	per 30.000 fl.[3]	Hätte dem Baron de Suys gegeben werden sollen	Zur Gnad	Ist aber nicht daraus worden, weil es nicht mehr in esse soll	
4. Klein-Radetsch	per 6000 fl.[4]	Zum böhmischen Proviantwesen	—	per 6000 fl.	—
5. Newratig	per 12.000 fl.[5]	In simili zum böhmischen Proviantwesen	—	per 12.000 fl.	—
6. Tur	per 30.000 fl.[6]	Den patribus societatis Jesu zu Gitschin	In Abschlag der Fundationssumme cum onere der darauf haftenden Schulden	per 7000 fl.	—

Hiebei zu merken, daß diese 6 konfiszierten Stück zusammen in einer Taxa per 378.392 fl. eingebracht; weil es aber zu hoch gespannt war, hat man bei der Kommission die Separation vorzunehmen geschlossen, voriger kaiserlicher Majestät referiert und, wie hiebei zu sehen, resoluiert worden.

Nomen	Taxa	Wem es vergeben	Quo titulo	In qua summa	
7. Wetlisch	per 165.216 fl. (7)	Graf Heinrich Schlick	Wegen abgeraiteter Kriegsprätension	per 285.336 fl.	
8. Altenburg	per 120.179 fl.[7] (379.220)				

Die über Welſch verfaßte Taxa hat ſich zwar auf 212.493 fl. und die über Altenburg auf 166.627 fl. ertreckt gehabt; dieweil es aber wider den böhmiſchen Landgebrauch und allzuhoch überſchäßt geweſen, iſt es bei den redubierten beiden obigen Taxen und in Anmerkung dieſer Aſſignationes nicht zur Gnad, ſondern wegen ordentlicher vorlängſt abgeraiteter Kriegsforderungen (363.915 fl.) für gut gehalten war, zu verbleiben geſchloſſen worden.

9. Welſeli (Hoch)- und Zbier	per 77.414 fl.[8] (76.247)	Oberſt Ridrum	Zur Gnad und cum onere der darauf haftenden Schulden	per 60.000 fl. (54.136)	—

Hiebei zu bemerken, weil die Schulden gar zu groß, ihn Oberſt Ridrum kaum die Hälfte an den 77.414 fl. verbleiben.

10. Kopidlno (Capitl)	per 125.588 fl.	Graf von Dietrichſtein, ſo vor Regensburg geblieben	Zur Gnad	per 80.000 fl.	—

Hiebei zu merken, daß erſtlich ein übernommenes onus darauf verbleibt per 20.000 fl. für das Karthäuſer-kloſter zu Gitſchin, die übrigen 25.588 fl. ſind wegen der allzuſehr erhöhten Taxa· und anderer mehr Partikularmotiven nachgeſehen worden.

11. Eſal (Groß)- und Troſtu	per 243.346 fl.[9] (256.219)	Max von Wallenſtein	Völlig zurückgelaſ-ſen wegen gehabter friebländiſcher ſuc-cession und anderer Motiven	—	—
12. Cemil und Claupno	per 86.336 fl.[10] (81.253, Claupno beſonders 20.000 fl.)	Doerſt de Fours	Zu Bezahlung baaren Darlehens vorigerkai.Majeſtät und aller gehabter Kriegsforderungen (150.000 fl.)	per 86.336 fl. als völlig in ſo-lutum	

Hiebei zu merken, daß die Notdurften wegen des baaren Darlehens zur Hofkammerregiſtratur zum Kaſſieren eingegeben worden.

1) Gorge, l. c., 25 f., und Bilet, 50 f.
2) Gorge, 61 f., und Bilet, 50 f. und 54 f.
3) Gorge, ebſ., und Bilet, 50 f. und 48 f.
4) Gorge, 49, und Bilet, 68.
5) Gorge, 49, und Bilet, 46 f., und 50 f.
6) Gorge, 51, und Bilet, 50 f., 55 f. und 180.
7) Bilet, 41 f., 56 f. und 181.
8) Bilet, 57 f.
9) Bilet, 53 f.
10) Bilet, 53 f. und 77 f.

Nomen	Taxa	Wem es vergeben	Quo titulo	In qua summa	Was für ein Rest herausgebühre
13. Smidar und Sskřiwan	per 178.823 fl.¹) (3)	Oberst Gordon	Erbeigentümlich zur Gnad und gegen Bezahlung eines Monatssolds seinen Regimentern	per 120.000 fl.	Hätte herausgeben sollen, soviel nach Bezahlung 2 Monatssold gebührt

Hiebei zu merken, daß er Gordon der Monatsold durch kais. Resolution erlassen und ihm beide Güter lediglich zu verbleiben verwilligt worden.

Nomen	Taxa	Wem es vergeben	Quo titulo	In qua summa	Was für ein Rest herausgebühre
14. Hořic und	per 146.533 fl. (204)	Graf Strozzi	Zur Gnad	Die waren anfangs 80.000 fl., hernach mit 20.000 fl. augiert	72.743 fl.
15. Třebowětiß	26.539 fl.²) } (172.743 fl.)				

Hiebei zu merken, daß der Rest der 72.743 fl. nach sein des Strozzi zeitlichen Ableiben auf der hinterlassenen Witwe so starkes Anhalten und der damaligen, jetzt verwitweten römischen Kaiserin Interzession völlig nachgesehen worden, welches auch intuitu der allzuhoch gespannter Taxa beschehen.

Nomen	Taxa	Wem es vergeben	Quo titulo	In qua summa	Was für ein Rest herausgebühre
16. Arnau	per 78.766 fl.	Oberst Lamboi	Zur Gnad	per 60.000 fl.	18.766 fl.

Hiebei zu merken, daß dieser Rest als 18.000 fl. den patribus Carthusianis zu Gitschin deputiert ist, hat aber hiezwischen Vertröstung bekommen der Enthebung, dazu er Oberst selbst tunliche Mittel vorschlagen soll.

Nomen	Taxa	Wem es vergeben	Quo titulo	In qua summa	Was für ein Rest herausgebühre
17. Hohenelbe	per 202.524 fl.³)	Von Morzin	Zur Gnad	Ist erstlich 60.000 fl. gewesen, hernach mit 40.000 fl. vermehrt worden 100.000 fl.	102.524 fl.

Hiebei zu merken, daß an dem verbleibenden Rest erstlich 72.524 fl. für das böhmische Proviantwesen hätte appliziert, die übrigen 30.000 fl. aber dem Oberst Coronin wegen seiner Gnadensquota überlassen werden sollen, ist aber endlich successu temporis dahin kommen, daß er Morzin für alles nicht mehr als 10.000 fl. in das kais. Hofzahlamt, welches neulich zu Regensburg beschehen, erlegen dürfen, daß also das vorige ihm alles nachgesehen blieben.

18. Moß	per 222.088 fl.	Null ex colonellis			

Hiebei zu merken, daß diese Herrschaft als der alten Fürstin von Lobkowitz noch unbezahlter zurückgelassen werden müssen.

19. Weiß und Hühnerwasser	per 215.903 fl.¹)	Marchese di Grana	Zur Gnad	per 200.000 fl.	15.903 fl.

Hiebei zu merken, daß er nicht allein nichts zurückzugeben, sondern wegen der allzuhohen Taxa noch mehreres zu prätendieren vermeint.

20. Hanota und Widim (= Roform)	per 134.192 fl.²)	Oberst Bek	gratiæ nomine	per 70.000 fl. (72.027)	64.195 fl.

Hiebei zu merken, daß anfangs, auf diesen Rest die Gräfin von Sulz mit 85.000 fl. (36.013), Fräulein von Hofftichen 12.486 fl. (12.847) anzuweisen und das übrige der damaligen Frau Gräfin von Farensbach in Abschlag der Prätension zu überlassen der Schluß gewesen, dieweil aber die Gräfin von Farensbach davon gewichen und damit nicht kontent sein wollen, der Oberst Bek auch zu Herausgebung einer so starken Summe nicht zu vermögen gewesen, hat er, der von Sulz und dem Fräulein von Hofftichen in solutum ihrer Prätention eines von beiden genedeten Gütern neben Herausgebung einer geringen Summa Gelds mit Ihrer kaif. Majestät Ratifikation zurück abgetreten und so fil auf Verwilligung die Farensbachische als 16.709 fl. ihm Bek, ihr der von Sulz und dem Fräulein von Hofftichen in proportionierter Zuschreibung zu verschießen geschlossen worden.

21. Micßa	per 158.906 fl.³) (585)	Oberst Ißolani	Zur Gnad	per 100.000 fl.	58.906 fl. (585)

Hiebei zu merken, daß auf sein des Ißolani Repliziren vorige kaif. Majestät den Rest völlig nachgehen, unter auch darumwillen Ißolani die Zeit seines Lebens bis auf den jüngsten Tag nichts weiteres bei Ihrer kaif. Majestät zu prätendieren sich erklärt hat.

1) Billet, 54 und 180.
2) Billet, 46 f. und 181. — Das Eingeklammerte richtig, da sich sonst nicht der Taxüberschuß von 72.743 fl. ergibt.
3) Billet, 45 f. und 181.
4) Billet, 47 f. und 181.
5) Billet, 47.
6) Billet, 40 f. — Das Eingeklammerte richtig, da = 135.980 fl. 1 fl = 1⅙ fl. rh.

Nomen	Taxa	Wem es vergeben	Quo titulo	In qua summa	Was für ein Rest herausgebühre
22. Hirschberg	per 225.847 fl.[1] (3)	Oberst Butler	Zur Gnad	per 200.000 fl.	25.847 fl. (3)

Hiebei zu merken, daß Rest der 25.847 fl. dem Oberst Geraldin deputiert, derentwillen beide Teile jetzt in contraversia sind und die Sachen ad Kommission gediehen.

Nomen	Taxa	Wem es vergeben	Quo titulo	In qua summa	Was für ein Rest herausgebühre
23. Friedland und 24. Reichenberg	per 503.516 fl.[2]	Gallas	Zur Gnad	totaliter	—
25. Neuschloß und Leipa	Ist darüber keine Taxa einkommen, sondern per 300.000 fl. ästimiert	Und der von Friedland zu verbleiben geschlossen	Wegen ihrer liquidierten wittiblichen Sprüch	totaliter	—
26. Drum	Ist kein Tax eingekommen[3]	Weil es die Herzogin disputierlich gemacht	Und erhalten, daß man ihrs zurücklassen müssen	totaliter	

Hiebei zu merken, daß, wann es dem Fisco verbleiben wäre, solches Gut dem von Walmerode in Summa 60.000 fl. hätte zustehen sollen, dem aber bei solcher Beschaffenheit anderwärtige satisfaction gegeben worden.

				Wegen erlangter **60.000 fl.**, jedoch Gnad in Abschlag,
29. Branna	Ist keine Tax dato über einkommen.	Sondern dem Ott Fried- richen von Harrach beide überlassen worden		cum onere der bewilligter darauf haftenden Schulden.
30. Wltawa	Wltawa soll 28.000 Schod wert sein (= 32.666 fl.)[6]			

Konfiskable friedländische Lehengüter.

1. Bilsko		Oberstleutnant Müller	7000 fl.	Zur Gnad für alle seine gehabten For- derungen	totaliter[7]
2. Auf			6000 fl. [5)]		
3. Rowen		Oberst Beygott		Zur Gnad in Ab- schlag	30.000 fl.	—
4. Albrechtiß					

Hiebei zu merken, daß diese beide von der vorigen Possessoren Wittben disputierlich gemacht sind, daher die derenthalben einkommene Bericht vorzunehmen, zu erledigen.

Friedländische Lehengüter NB. Weiters zu merken, daß zwar eine kaiserliche Resolution ergangen, welchergestalt alle friedländischen Lehengüter in vorigen Stand als Erb und freies Eigen gemacht und derenthalben, wo kein onus darauf haftet, das pretium des siebenten Teils, wo aber ein onus, des zehnten Teils zu erlegen gefordert und derentwillen durch die Hofkammer afforderet werden solle. Es hat sich aber bis dato keiner aus allen eingestellt, weil man auch bei der böhmischen Kammer nicht daran wollen.

1) Bilet, 44 f. und 180. — Geraldin nach Bilet 30.000 fl. Gnade.
2) Bilet, 39 f. und 180.
3) Bilet, 43 f. — Nach Bilet auf 60.000 fl. taxiert.
4) Weil evangelisch; Sorge, l. c., S. 59.
5) Nach Bilet, 69, 1632 dem Friedland um 55.000 ß = 64.166 fl. gegen Wltawa per 32.666 fl. und An- gabe von 31.500 fl. überlassen.
6) Bilet, 99.
7) Nach Bilet, 60 und 67, mußte Müller dem Sohne des J. Dr. Adam Neff die ihm gebührenden 2400 fl. herauszahlen.
8) Nach Bilet, 76 und 83 f., ersteres unter Friedland auf der 3822 fl. und letzteres jetzt auf 21.616 fl. taxiert.

Konfignation der jungbunzlischen Güter, verfaßt von Hoftammerfetretär Peter Hoffmann ("Herrschaftsaften", Faszitel B XVI 2, ddo. 4. April 1637).

Nomen	Taxa	Cui	Quo titulo	In qua summa	Quale residium
1. Nachod und Riesenburg	per 215.613 fl.[1]	Graf Piccolomini	Zur Gnad erbeigentümlich	totaliter	—

Hiebei ist zu merken, daß anfangs der Konfiskationen dem Grafen allein die Herrschaft Nachod simpliciter vermeint gewesen. — Mit Riesenburg aber der alte und junge Theodati ihrer assignierten 120.000 fl. hätten kontentiert werden sollen, dieweil aber bei Einantwortung Nachod auch zugleich Riesenburg miteingeantwort worden, haben beide Theodati von Riesenburg ablassen müssen und hienach auf Swětla gezielet, ist aber propter utriusque interventam mortem daraus auch nichts worden, also dem Piccolomini Nachod und Riesenburg völlig verblieben, dessen ausgesetzte Gnadensumme sonst 300.000 fl. hat sein sollen, welches gegen der obigen Tax als der 215.613 fl. um ein gutes weniger.

Nomen	Taxa	Cui	Quo titulo	In qua summa	Quale residium
2. Neustadt und Glatina	per 118.975 fl. 16.486 [fl.[2]] (15.000)	Oberst Leßley	Zur Gnad erbeigentümlich	per 120.000 fl.	15.461 fl.

Hiebei zu merken, daß Leßley sich vor diesem über die Taxe beschwert und daher nichts herauszugeben sich verlauten lassen.

Hiebei ist zu merken, daß auf den Überrest der 51.456 fl., daß die Frau Maximiliane Terzkin mit 30.000 fl., dann der Herr von Uttanies mit 4338 fl. versichert und angewiesen, das übrige aber zu Ihrer kais. Majestät ferneren freien Disposition zu verbleiben reserviert worden ist, welches da betrifft 17.456 fl.

			Zur Gnad	Völlig in solutum	
5. Černikowitz	(38.664 fl. rh.)[5]	Dem Oberst Kraft Graf Gallas	Zur Gnad	totaliter	—
6. Smiritz samt unterschiedlichen, dazu gezogenen Partikular-Rittersitzen	per 591.500 fl.[9] (391.554)		Zur Gnad		—
7. Riesenburg (cf. oben)	Ist keine Partikulartaxa einkommen, sondern unter Nachod begriffen	Hätte beiden Theodati eingeantwortet werden sollen	Zur Gnad	per 120.000 fl.	Ist aber nichts daraus worden, weil es Piccolomini zu sich gezogen
8. Schurz (Ziree)	per 75.216 fl.	Dem Noviziat der societatis Jesu bei St. Anna in Wien	Als eine Fundation	per 100.000 fl.	19.713 fl.
9. Schatzlar	per 44.497 fl.[7] (42.000)				
10. Dubenetz	per 25.517 fl.[8] (21.872)	Joanni Pieroni	1. per 12.000 fl. verwilligter Gnad, 2. das übrige an seiner Besoldung u. a. Prätension	totaliter	—

Hiebei zu merken, daß dieser Rest der 19.713 fl. für die patres der Societät zu Gitschin wegen derer resolvierten 112.000 fl. zu applizieren vermeint gewesen, dieweil aber darwieder repliziert und ein Gegentax eingereicht worden, beruht solche auf weiterer Deliberation und endlicher Dezision.

Hiebei zu merken, das der Prätendent wegen seiner Prätension und Besoldungsabraitung dato nichts produziert, dahero hierinnen völlige Richtigkeit zu machen schuldig.

1) Sorge, 18 f.; Bilet, 180 und 198.
2) Sorge, 21 f.; Bilet, 180 f. und 198 f.
3) Bilet, ebd. — Nach Bilet dies mit Neustadt und Slatina gegeben und die Gesamttaxe der drei Güter 132.141 fl.
4) Sorge, 23 ff.; Bilet, 181 und 199.
5) Bilet, 197; Sorge, 41.
6) Sorge, 15 f.; Bilet, 180 f. und 204.
7) Sorge, 51 f.; Bilet, 180 und 203 f.
8) Sorge, 44; Bilet, 198.

Nomen	Taxa	Cui	Quo titulo	In qua summa	Quale residium
11. Ubersbach	per 30.787 fl.[1]	Jakob Dertin (de Arlin) Bo(u)rneval	Zur Gnad	per 25.000 fl.	5787 fl.

Hiebei zu merken, daß ihm Borneval von voriger kaiſ. Majeſtät auf damaliger kön. Majeſtät Interzeſſion in der Audienz der verbleibende Reſt völlig geſchenkt worden.

12. Miſkoles	per 7088 fl.[2]	P. P. Servitis ordinis beatae Mariae virginis	Als eine gebierte Schuld	per 5000 Reichstaler	—

Hiebei zu merken, daß dieſe Schuld nämlich 5000 Reichstaler der Graf Piccolomini bei dem jungen Trzka zu prätendieren gehabt, ſolche aber von ihm den P. P. Servitis geſchenkt worden iſt.

13. Mîřegow und Sedletz	Iſt kein Tax einkommen, ſoll aber laut eines vorhandenen Extrakts äſtimiert worden ſein per 14.219 fl.[3]	nulli	—	—	—

Hiebei zu merken, daß vermeint wird, es werde unter einem andern Gut (in der Tat verwechſelt mit friedländiſchen Lehengütern, worüber Näheres der Bericht des Hoftammer-Dieners Chriſtoph von Pappenberg — Pappenbergers Bericht — in den „Herrſchaftsakten", Faszikel B XVI 2, ddo. 3. Mai 1636) und darüber verfertigten Taxen begriffen ſein, deswegen Bericht zu gewarten.

Konſignation der aliterziſchen Güter und Mobilien, verfaßt vom Hoftammerſekretär Peter Hoffmann („Herrſchaftsakten", Faszikel B XVI 2, ddo. 4. April 1637).

Hiebei erſtlich zu berichten, daß die anfangs von dem von Buchau über Swietla (in den Alten Zwettla u. a.) eingeſchickte Taxa nur auf 247.880 fl. gerichtet geweſen, dieweil aber hierin ein merklicher error verſpürt worden, hat man ſolche Taxen zu Linz in 1636 Jahr reformiert und erhöht, in allem auf 355.309 fl., daß dergeſtalt ein Überſchuß herauskommen per 107.479 fl., worauf mit den völligen 355.309 fl. dieſe nachfolgende Austeilung iſt gemacht worden.

1. Chotieboř samt gewissen Dorfschaften von Swietla	39.701 fl.[4]	Jaroslav Sezyma Rašchin	Wegen liquidierter Prätension, darunter 8000 Schoč Gnad	37.701 fl.	2000 fl.

Hiebei zu merken, daß ihm die 2000 fl. von voriger kaiſ. Majeſtät ex certis respectibus allergnädigſt geſchenkt und nachgeſehen worden.

2. Markt Habern von Swietla	61.656 fl.[5] (62.075)	Reinhard von Walmerode	Zur Gnad und wegen gehabter Partikular-prätenſionen	60.000 fl.	1656 fl.

Hiebei zu merken, daß dieſer Reſt dem P. P. Jesuitis zu Gitſchin vermeint worden an deren habenden 112.000 fl. resolvierter Forderung.

3. Swietla ſelbſt ſamt ſeinen noch verbliebenen Appertinentien	253.309 fl.[6]	Albobrandiniſche Erben Graf Pappenheim	Zur Gnad wegen ſeines Batern	60.000 fl.	
		Bruno Graf von Mansfeld	100.000 Reichstaler Gnad Zur Gnad	100.000 fl.	
		Oberſt Bernier mit dem Dorf Dolni Město (Unterſtadt)		20.000 fl. 8.000 fl.	
		Laßko von Wallenſtein	Wegen ſeiner zu Smiřitz gehabten Prätenſionen, deren er ſich begeben und dafür 100.000 fl. akzeptiert, in deren Abſchlag	65.500 fl.	452 fl. (Sichtlich fehlt hier das Mille- [m-] Zeichen über der Zahl, die überdies ſtatt 245 [245.500 fl. Summe] verſchrieben iſt.)

Hiebei zu merken, daß vermög kaiſ. Resolution jeder, dem was aus den alttzäkiſchen Gütern zu überlaſſen gewilligt worden, einen Revers wegen proportionaler Übertragung der alttzäkiſchen Kreditoren für ſich zu geben ſchuldig geweſen, deſſen aber teils hienach von voriger kaiſ. Majeſtät befreit ſind, darunter ſtracks der erſte iſt der hievor angedeute Jaroslav Sezyma Rašchin.

1) Gorge, 43; Bilek, 197.
2) Gorge, 52; Bilek, 198.
3) Bilek, 71.

4) Gorge, 46; Bilek, 201 und 175.
5) Gorge, 45; Bilek, 201 und 178 f.
6) Gorge, 44 f.; Bilek, 204 f.

Nomen	Taxa	Cui	Quo titulo	In qua summa	Quale residium
4. Lipnitz ohne Deutschbrod	48.606 fl. 26 kr.	Oberst Bernier	Zur Gnad	50.000 fl.	4065 fl. 16 kr.
5. Sebestenitz	5.458 fl. 50 kr.[1] (60.405)				

Hiebei zu merken, daß auf importuniertes Anlaufen zu Linz ihm Bernier nicht allein der Rest per 4065 fl. 16 kr. ganz und gar nachgesehen, sondern auch, weil er sich so sehr über die verfaßte Taxa beschwert, noch dazu das obige Dorf von Dolni Mĕsto per 8000 fl., jedoch gegen gerechtfertigten Revers wegen der altträtischen Schulden 616.511 fl. Übertragung aus voriger taxi Majestät allergnädigsten Bewilligung gegeben werden müssen.

Nomen	Taxa	Cui	Quo titulo	In qua summa	Quale residium
6. Deutschbrod	40.000 fl. oder 47.333 fl.	Philipp Friedrich Breuner	Zur Gnad	60.000 fl.	3821 fl.
7. Windig-Jenikau	16.488 fl.[2] (63.154)				

Hiebei zu merken, daß dieser Rest ausstehend gelassen worden wegen proportionierter Übertragung der altträtischen Kreditoren.

Nomen	Taxa	Cui	Quo titulo	In qua summa	Quale residium
8. Kluk	15.425 fl.	Ferdinand Kurz	Zur Gnad	50.000 fl.	—
9. Žak	21.899 fl.				
10. Wröitz	10.659 fl.[3]				

Hiebei zu merken, daß dem Kurz noch gebühren gutzumachen 2017 fl., dagegen hat man zurückzugeben zwei Passierungsdekrete, eines per 20.000 fl., das andere per 30.000 fl.

Nomen	Taxa	Cui	Quo titulo	In qua summa	Quale residium
11. Dobrowitow-Chlum	54.501 fl.	Oberst Deveroux, Oberstleutnant Macdonald, Kapitän von Burg	Zur Gnad	40.000 fl. / 12.000 fl.	12.795 fl.
12. Kuchleb	22.203 fl.[4] (676.795)			12.000 fl.	

Hiebei zu merken, daß damals die erste Expedition erfolgt, die Resolution noch nicht ergangen gewesen wegen des Revers zu Übertragung der altträtischen Schulden, 2. daß gleichwohl die Intention bei der letzten Ausfertigung gewesen, zu gehörtem Ende ihnen drei Interessierten die 12.795 fl. in Händen zu lassen.

13. Doppelt-Tjenitau (Boltsch)	25.153 fl. 40 kr.	Oberst Martin Maximilian von der Golz	Zur Gnad	60.000 fl.	5877 fl.
14. Sandau	15.196 fl. 50 kr.				
15. Podmot	25.526 fl. 20 kr.[5]				

Hiebei zu merken, daß dieser auch sich wegen der allzuhohen Tax sehr beklagt und daß eventualiter den Revers vor sich geben.

16. Zleb	84.528 fl.[6] (48 verschrieben)	Graf von Meggau	Wegen Hofprätension und Besoldung	40.000 fl.	44.528 fl.

Hiebei zu merken, daß der Herr Graf zwar in der Bolßeß, aber noch nicht die völlige Richtigkeit des Erbbriefs hat und ist der Rest zu proportionierter Übertragung des alttzgischen Schuldenlasts (23.105 fl.) deputiert, auch mit dem Hofzahlamt ordentliche Abraitung über die erstere 40.000 fl. zu pflegen schuldig.

17. Ledetsch	134.487 fl.	Oberst Entheßfurt	Zur Gnad	50.000 fl.	
18. Hammer	28.048 fl.[7]	Dem Grafen von Werdenberg wegen seiner Tochter Kamilla	Zu hiebevor längst resolvierter Gnad	50.000 fl.	
		Oberst Mora	In Abschlag der ihm deputierten 30.000 fl. Gnad	20.000 fl. [so Entheßfurt zu bezahlen übernommen]	42.535 fl.

Hiebei zu merken, daß Entheßfurt den Revers zwar geben, aber wider die Tax sich sehr beklagt; was nun an dem Rest der 42.535 fl. nachgesehen und alsdann noch restiert, ist er zu proportionierter Übertragung der alttzgischen Kreditoren (44.428 fl.) herauszugeben schuldig.

1) Gorge, 40; Bilet, 202.
2) Gorge, 38 f.; Bilet, 200.
3) Gorge, 47 ff.; Bilet, 205.
4) Gorge, 23; Bilet, 180 und 200.
5) Gorge, 38; Bilet, 201.
6) Gorge, 47 f.; Bilet, 205.
7) Gorge, 35 f.; Bilet, 202.

12*

Nomen	Taxa	Cui	Quo titulo	In qua summa	Quale residium
19. Schestowitz Roztok Ruchnowek Zwol Daubrawitz	Dörfer 26.096 fl.[1] (25.762)	Heinrich Kustosch	Wegen liquidierter Prätensionen	57.500 fl.	5972 fl. (Der eigentliche Rest von 6306 fl. zeugt für die Richtigkeit der Zahl bei Bilet)
20. Neu-Studeneß	37.709 fl.				

Hiebei zu merken, daß der Rest der 5972 fl. (6306) ihm Kustosch zu kaiserl. Gnad und weil er auch an seinen Prätensionen in die 20.000 fl. nachgelassen, ebenfalls nachgesehen worden.

Nomen	Taxa	Cui	Quo titulo	In qua summa	Quale residium
21. Rostialow	28.532 fl. (33.287)	Der Gräfin von Fahrensbach	Wegen prätendierter 35.000 fl. (60.000 fl. Gnade)	Völlig in solutum	
22. Žižkowitz	39.441 fl.[2] (9)				
23. Hradiště (Gradlitz)	53.674 fl.	Oberst Uhlefeld	Zur Gnad	60.000 fl.	25.797 fl.
24. Heřmaniß	32.123 fl.[3]				

Hiebei zu merken, daß dieser Rest der 25.797 fl. für die P. P. societatis Jesu zu Gitschin wegen deren habender Prätensionen deputiert ist; so hat auch der Uhlefeldische Agent einen Revers wegen proportionierter Übertragung der alttraktischen Kreditoren, so der böhmischen Kammer eingeschlossen worden, erlegt.

Nomen	Taxa	Cui	Quo titulo	In qua summa	Quale residium
25. Suchottesky	11.690 fl.	Der Scherffenbergischen Wittwe (Oberst Gotthard Sch.)	Zur Gnade wegen ihres Eheherrn und gewesenen Oberst	800.000 fl.	—
26. Bohbaneß	31.339 fl.[4] (43.019)				

Hiebei zu merken, daß ihr noch zu Komptierung völliger 80.000 fl. über die daran gutgemachten 43.029 fl. noch hinausrestieren 36.971 fl.[5]

27. Morawan	17.203 fl.[6]	Hannibal Auf, Quartiermeister	Zur Gnad	30.000 fl.	—
	Hiebei zu merken, daß ihm dergestalt zu prätendieren und gutzumachen verbleiben 12.797 fl.				
28. Czaslauische Dörfer	81.678 fl.[7] (74.848)	Baron de Suys anstatt Smrkowiß	Zur Gnad	70.000 fl.	11.678 fl.
	Hiebei zu merken, daß der Rest, darunter 11.678 fl. (4848), den Czaslauern zu besserer Unterhaltung eines Pfarrers nachgesehen worden.				
29. Kaunitz	Ist keine Spezial-tax vorhanden, soll aber in die 100.000 Reichstaler wert sein.[8]	Jetziger röm.-kais. Majestät von voriger überlassen.	An dero Prätension	—	—
30. Ultraßische bei der böhm. Landtafel deponiert gewesene Mobilien[9]	—	Der Franziska Wälffi	Wegen liquidierter Prätension.	12.000 fl.	—
		Der Magdalena Herzogin zu Sachsen	In Abschlag auf Barbuniß habende Prätension		—
31. Traßische Juden-schuld	58.000 Schock[10] 13 fl.	Wilhelm Graf Slawata	Wegen verwilligter Gnad	80.000 fl.	—
	Hiebei ist zu merken, daß dem Herrn Grafen über die 58.000 Schock an den 80.000 fl. noch gutzumachen restieren 17.500 fl.[11]				
32. Traßisches Geld, so Laßko von Wallenstein in Händen gehabt	1000 Dukaten diesem übertlassen[12]	Wilhelm Graf Slawata	In Abschlag böhmischer Kanzleiamtsbesoldung	3000 fl.	—

1) „Königgrätzer"; Gorge, 1. c., S. 46 f.; Wilef, 203 und 179.
2) Gorge, 28 f.; Wilef, 201 f.
3) Gorge, 38; Wilef, 201.
4) Gorge, 37; Wilef, 199 f.
5) Der richtige Rest hier zeigt, daß die Summe bei Wilef um 10 zu wenig ist.
6) Gorge, 42 f.; Wilef, 202 f.
7) Gorge, 1. c., S. 30; Wilef, 181 und 200.
8) Gorge, 61 ff.; Wilef, 202. — (65.402 fl = 76.302 fl. rh.)
9) Gorge, 1. c., S. 53 f.; Wilef, 208 f.
10) Gorge, 49 f.; Wilef, 207 und 179.
11) Richtiger 12.333 fl. 20 kr.; vgl. Gorge, 1. c., S. 50).
12) Gorge, ebdl.

Nomen	Taxa	Cui	Quo titulo	In qua summa	Quale residium
33. Trautenauische Dörfer	Ist darüber kein Tax einkommen[1]	Oberst de Waggi dem es in solutum	Wegen Prätension und zur Gnad gegeben per	30.000 fl.	—
34. Trstische Barschaft	8000 Dukaten[2]	Adam von Wallenstein	Teils wegen einer Böttingischen Schuld per 9000 etliche hundert fl., das übrige an den 60.000 fl. Gnad	24.000 fl.	—
35. Trstisches Silber	Bei 7000 Reichstaler wert[3]	Adam von Wallenstein anstatt dessen im Krieg umkommenen Sohn	Prätendierter Gnad	10.500 fl.	
36. Gitschinische Judenschuld	10.000 fl.[4]	Dem Zanetti überlassen	Auf Raitung zu Verfertigung allerhand Kriegsnotdurften von Kugeln und Feuerwerk	10.000 fl.	
37. Trstisches Haus zu Prag	Ist nicht taxiert[5]	Sonder den Mövringen überlassen worden	conditione permutationis mit dem Trautmannsdorfischen Haus zu Prag	-	

[1] Gorge, 31 f.; Bilek, 205.
[2] Gorge, 57; Bilek, 208.
[3] Gorge und Bilek, ebdl.
[4] Jtzig, gehört zu Friedland; Gorge, l. c., S. 50; Bilek, 193 und 354 f.
[5] Gorge, l. c., S. 17; Bilek, 207.

Statuten der Leitmeritzer Maurerzunft.

Mitgeteilt

von

Heinrich Ankert.

Statuta oder Handtwercks Articl[1]) eines gantzen Ehrsamben
Handtwercks der Mawerer, Steinmetzer, Schieff- und Ziegl-decker
in der königl. Creyss-Statt Leuthmeritz, welche auss denen Böhmischen in die deutsche Sprach transferiret undt theils nach
denen im Jahr 1583 und 1648 aussgesetzten Articl, theils aber
nach den Jetzigen Landts-üblichen Brauch eingerichtet, vernewert und von Einen Löbl. Magistrat diesser Königl. Creyss Statt
Leuthmeritz mit Beytrückung dero grösseren Statt Insigl ratificirt und ausgefertiget worden. Nach welchen sich diesses Jetzt
benennte gantze Ehrsambe Handtwercks in Genere, wie dann
auch die Samentl. Herren Maistern Jeder in Specie Sich zuverhalten schuldig seyn werden. Undt zwar unter glorwürdigster
. Regirung Ihro Kaysl. undt Königl. Catholiesche Mayt. Caroli
des Sechsten Erwöhlter Röm. Kaysser in Germanien, Hyspanien,
Hungarn undt Böheimb König etc. alss Unssern allergnädigsten
Erbherrn.

Dann diesser Zeit Königl. Herrn Richters in diesser Königl.
Creyss-Statt Leuthmeritz des Wohledlen undt gestrengen Herrn
Gottfried Sebastian Heintz :[2]) undt derzeit Eines gesambten Löbl.
Magistrats Benannt.

Des .wohledlen und gestrengen Herrn Joseph Christian
Pfaltz[3]) von Osstritz Primatoris bey diesser Königl. Creyss-Statt

---

1) Urkunde, 15 Bogen Papier in Lederband in der Lade der Leitmeritzer
Maurerzunft.

2) Heintz 1703 Primator, gestorben 12. Feber 1730.

3) J. Ch. Pfalz von Ostritz, Primator 1712—27, entstammt einer eingewan=
derten deutschen Familie (Ostritz in der Lausitz), hat sich durch seinen Wohl=
tätigkeitssinn einen dauernden Namen in der Geschichte unserer Stadt
erworben. (Pfalzisches Hospital.) Vergl. Mitteil. des Nordb. Exk.-Kl. X,
54—59.

Leuthmeritz, wie auch diesses Leuthmeritzer Creyses, Bey der Filial
Cassa Hochverordneten Einnehmers; dann

Des wohledl. undt gestrengen Herrn Christian Friedrich
Cramer vornehmen Bürgers, Raths Verwantten undt der Zeit
Senioris des Raths.

Dess wohledl. undt gestrengen Herrn Johann Henrich Starek,
vornehmer Bürgers, Raths-Verwantten undt dess Löbl. Consi-
story Bey diesser Königl. Creyss-Statt Leuthmeritz Secretary.

Ihro Excell. des Wohledl. Gestrengen und Hochgelährten
Herrn Frantz Biener[1]) Medicinae Doctoris, vornehmen Bürgers
Raths Verwantten undt Geschworenen Creyss Phisici diesses Leuth-
meritzer Creysses.

Dess Wohledl. undt Gestrengen Herrn Octaviàni Broggio,[2])
vornehmen Bürgers, Raths Verwantten, undt Bawmeisters, auch
der Zeit diesser Ehrsamben Zunfft Beysitzers undt Inspectoris.

---

1) Als man 1897 die „große Gemeindegruft" in der Leitmeritzer Stadtkirche
öffnete, fand man die letzte Ruhestätte Bieners. Ein Zinntäfelchen am
Sarge trug die Inschrift: Hic / requiescit / Praenobilis generosus
excellentissimus consultissimns Dominus / Franciscus Ignatius
Piener Physicus Litomericensis / Locique Fiscus Regius / Natione
Boemy Cadensis A. 1711 Physicus / districtualis denominatus A. 1730
in Fiscum / Regium creatus obiit die 20. Maji quadra ... (sc. 1743) /
primo ad sextam matutinam / suae aetatis 65 annorum. — Die Vorfahren Pieners (Bieners) waren adelig und stammten aus dem Deutschen
Reiche. (Sachsen, Schlesien.) Siehe M. d. V. f. G. d. D. i. B. 44. Jhg. 501.
2) Broggio, einer der hervorragendsten Meister seiner Zeit in Nordböhmen,
entstammt einer italienischen Baumeisterfamilie. Eine große Anzahl Kirchen
unserer Gegend wurde von ihm erbaut oder überbaut. Sein bestes Werk
dürfte das schmucke, barocke St. Wenzelskirchlein in Leitmeritz sein.
(1714—16 erbaut.) Broggio hat, wie ein gewiegter Kunstkenner sagt, in
dem St. Wenzelskirchlein mit seiner Kuppel etwas ganz besonders ge-
schmackvolles und gefälliges geleistet. Dieser heimische, in der Literatur fast
unbekannte Meister ruht ebenfalls in der Gemeindegruft. Die Sargauf-
schrift lautet: † Hic in Domino quiescit / praenobilis generosus ac
consultissimus Dn. / Octavianus Broccio Regiae districtualis / urbis
Litomericensis vir consularis / Senior artis aedilis magister distric-
tus / peritissimus ac ecclesiarum urbis praefatae / inspector director
nec non praesidiary / civici capitaneus emeritus obyt / aetatis suae
73 annis die 24. July / aNIMa eIVs DVCe YesV In aXe / aeVIterna /
qVIesCat (= 1742). — Den sterblichen Überresten nach zu schließen, war
Broggio eine Hünengestalt. Siehe M. d. V. f. G. d. D. i. B. 40. Jhg. 393—8.

Dess Wohledl. undt gestrengen Herrn Johann Georg Schmiedt, vornehmen Bürgers, Raths verwannten undt geschworenen Landt Chyrurgi diesses Leuthmeritzer Creysses.

Dess Wohledl. undt Gestrengen Herrn Johann Wolff. Wieldheimb von Töttieng, vornehmen Bürgers undt Raths verwantten diesser Königl. Creyss Statt Leuthmeritz.

Dess Wohledl. undt Gestrengen Herrn Johann Michael Pfönig, vornehmen Bürgers undt Raths verwantten diesser Königl. Kreys-Statt Leuthmeritz.

Dess Wohledl. und Gestrengen Herrn Johann Franz Kunert vornehmen Bürgers undt Raths verwantten diesser Königl. Creys-Statt Leuthmeritz.

Dess Wohledl. undt Gestrengen Herrn Jacob Kolopp, vornehmen Bürgers undt Raths verwantten diesser Königl. Creys-Statt Leuthmeritz.

Dess Wohledl. undt Gestrengen Herrn Johann Michael Kett[1]) Vornehmen Bürgers undt Raths verwantten diesser Königl. Creyss-Statt Leuthmeritz.

Diesser Ehrsamben Zunfft Beysitzere Seyndt wie oben Bemeldt

[Titul] Herr Johann Heinrich Stareck, — Herr Octavian Broggio. Beyde Herren Raths Verwantten.

A r t i c u l u s 1. Gleichwie aller anfang und alles, wass man vornehmen thuet, mit Gott angefangen werden soll, dahero Ein Jeder, der sich in diesse Ehrsambe Zunfft, Es sey Ein Mawerer, Steinmetzer, Schieff- undt Ziegldecker zu incorporiren oder vor einen Maister anzunehmen in willens ist, der wirdt nicht allein dem allerhöchsten umb seinen göttlichen Seegen, Hülff undt Beystandt anruffen; sondern soll vermög Ihro Kayserliche undt Königl. Mayt. Allergnädigster anordtnung auch der allein Seelig machender Römischer Catholischer Religion zugethan seyn, wüdrigens solcher, der nicht diesser Catholischer Religion undt Glaubens wäre, wan er auch alle andere requisita, alss seiner Ehrlichen Gebuhrts, Wohlverhaltens, auch seines Ehrlichen Erlehrnneten Handtwercks Attestat, zeugen thätte auff keine Waiss angenohmen werden kann.

---

1) J. M. Kett starb 14. Ottober 1731; seine Frau Rosina war eine gebürt. Broggin, sie starb am 13. Ottober 1758.

Articulus 2. Wann Einer, welcher der Catholischen Religion
zugethan ist, sich vor einem Mitmaister, ess seye Ein Mawerer,
Steinmetzer, Schieff- undt Zicglthecker will annehmen lassen, so
soll er sich bey haltenden Quartal ordentglich anmelden, zu der
Ehrsamben Zumfft einen Eintritt begehren vor dem Herrn Eltisten
undt anderen Herrn Maistern sei Begehren mit aller Ehrbarkeit
vorbringen. Undt so fern derselbe ein frembder ist, seiner Lehr-
undt Wohlverhaltens attestat darzeugen, welcher Lehr-Brieff undt
Attestat seines Wohlverhaltens von denen saments. Herrn Maistern
vorgelesen werden soll, nach Beschehener Verlessung wirdt selbter
ein wenig abtretten. Undt dann bey seiner Abtrettung von dem
Herrn Vormaister oder den Eltisten die anfrag gethan, ob diesse
seine Requisita vor gutt erkläret werden und er vor einen Mitmaister angenommen werden kann. Wann dan von denen Samentlichen Herrn Maistern nichts erhöbliches undt Verhinterliches
Vorkomete: So wirdt der Herr Vormaister nach deren Maisten
Stiemen den Schluss dahin thuen, damit er zu einen Maister an
undt aufgenomen werden möchte. .

Articulus 3. Undt damit das Ehrsambe Handtwerck nicht
etwan wegen zu grossen Unkhösten oder einiger Ungleichheit bey
den begehrenden Maister-Recht, durch welches ein newer Maister
leicht abgeschrecket werden möchte, verschwächet wird; sondern
solches vielmehr verstärket werden soll; alss wird hiemit wieder
der von undencklichen Jahren gehaltener Brauch undt ordtnung
bey auffnehmung eines newen Maisters observirt, gehalten undt
confirmirt. Dass Ein Jeder, Ess seye ein Mawerer, Steinmetzer,
Schieffer undt Ziegl-thecker, wan schon seine Requisita, Lehr-
Brieff oder seines Wohl Verhaltens Attestat Vor Gutt erkandt,
auch nichts unbilliges undt wass Ihm hinterlich wäre dargethan
werde, zu Einen Mit-Maister angenohmen wirdt, Er sey ein frembder
oder Eines Maisters sohn, zumahlen diesser gebrauch, ordtnung
undt Gleichheit von Undencklichen Jahren gehalten worden, in die
Maisterladen zuerlegen schuldig seyn; an gelt 6 Reichsth. 6 ₰ Wachs.
Mehres, welcher newer Maister die Jungmaister oder Zechbothen
Stelle durch 2 Jahr nicht Vertretten wolte oder könte, wird der
Laden zu Hülff geben 3 ℔, dessen die hiessigen Maisters Söhne
befrewet seyn. Dem Zumfft Schreiber — 30 xr., dem Zechbothen

— 15 xr. Weiter soll von Ihme weder an Essen noch trunckh wass mehres begehret werden.

Articulus 4. So fern sich aber Einer er seye Ein Mawerer, Steinmetzer, Schieff undt Zicglthecker, der schon bey einer Ehrsamben undt approbirter Zumfft vor einen Mitmaister auffgenommen worden, von dannen aber sich in Unsere Zumfft Begeben undt sich vor einem Mitmaister anzunehmen begehrete, der soll förderist von derselben Zumfft, wo er vorher vor einen Mitmaister gewessen, Ein Attestat Seines alldortigen Wohlverhaltens und aller alldortiger geflohener Richtigkeit darzeugen, wiedrigenss er nicht angenohmen werden könte. Undt wirdt in Unssere Maister Laden zuerlegen schuldig Seyn eben 6 Reichsth., das Wachs aber, undt das junge Maister Gelt kann Ihm nachgesehen werden.

Articulus 5. Solte sich aber zutreffen, dass einer, sonderlich über Landt her komender, nicht an gewöhnlichen-haltenden Quartal, sondern ausser dess Quartal sich zu dem Maister Recht anmeld möchte undt er dass Maister Recht anzunehmen begehrete undt solches vielleicht auss gewiessen Uhrsachen Biss zum gewöhnlichen Quartal nicht auffgeschoben werden könte; der Soll sich Bey den Herren Vormaister anmelden, welcher, wan er seyn Begehren vor Billig erkhönnen wirdt, die Einhaimbische Maister (so viel deren können zusammen gebracht werden) auff dess newen Maisters Begehren Beruffen. Bey dero Zusammen Kunfft seyn Begehren, gleichwie oben Bemeldet, denen Samentl. Maistern Vorbringen undt Wann solcher nach ersehenen requisitis vor Thawglich anzunemen erkönnet wirdt, so wirdt diesser wegen dess Handwercks Beruffung „1 fł Meys" voranerlegen; sage 1 ß. 10 xr. Welchess denen Maistern wegen der Extra Zusammen Kunfft zu einem Trunck gegeben wirdt. Sonsten wird Er eben so viel, alss Ein ander Maister laut Articl 3 In die Maister Laden Einlegen müssen, undt sollen aber bey eines Maisters auffnehmung wenigstens 3 Maister bey sammen seyn.

Articulus 6. Undt Weilen dann, bey Jeder Zumfft Löbl. observiret wirdt, dass allezeit Ein Vormaister mit etlichen geschwornen Eltesten Maistern denen andern Maistern vorgesetzt worden, welche den gantzen Handtwerck vorstehen, solches in Bester ordnung zu halten undt dirigiren sollen undt alles wass dem allhiessigen Löbl. Magistrat undt der gantzen Statt zu Ehr, auch diesser gantzen Ehrsamben Zumfft zum Nutzen undt auffkommen gereichen möchte, observiren, undt hingegen alles Bösses zu verhütten undt zu verwähren schuldig Seyn werden. Alsso soll auch herbey diesser Ehrsamben Zumfft dem Uralten Löbl. undt bisshero gehaltenen Gebrauch noch ferners hin dieses gehalten werden. Undt dieser Zumfft Ein Wohlverhaltener Maister mit zweyer oder so dass Handtwerck starck ist undt wie es bishero gehalten worden mit 4 Mit Eltisten Mawrer undt Steinmetzer, auch Zicgl-Thecker vorgesetzt werden, welche sowohl deren hier nachfolgenden Articuln gemäss, alssauch dem auff dem Königl. Rathauss abgelegten Eydt-schwur nach sich zu verhalten wiessen werden.

Articulus 7. Damit auch dass Ehrsambe Handtwerck in erwöhlung eines Vormaisters oder anderen Geschworenen Eltesten dem Uralten Löbl. Gebrauch nach sich zuverhalten wiesse, So wird eben solcher Gebrauch und Institution umb ferner solches zu observiren undt in solcher erwöhlung alsso fort von zukhünnftigen Maistern zu verfahren hiemit wieder erinnert undt folgender Waiss observirt.

Articulus 8. Wann der Vormaister oder einige auss denen geschworenen Eltisten Maistern entweder mit den Todt abgegangen, oder von sich selbsten wegen Ihres Alters nicht mehr vorstehen könnten, dass die Ehrsambe Zumfft vor nöttig befindet, wieder solche vor oder Altmaister Stelle durch andere darzu taugliche Maister zu ersetzen, So soll solches denen samentlichen Einhaimbischen undt fremden hier incorporirten Eltisten undt Jüngern Maistern, sowohl Mawern, Steinmetzern, Schieff- undt Zicgl-Theckern denen fremden durch zueschreibende Brieff, denen Einhaimbischen aber durch den Zechbothen wenigstens 14 Tag bevor zuwiessen gethan undt bey Zusammen Kunfft derselben, da solche Eines Vor- oder einiger andern Eltisten-Maisters Vornehmende Wahl von denen Samentlichen Maistern Vor nöthig undt Billig erkönnet worden, So soll förderist Ihro gestreng Herr Königl. Richter (Titul.) durch zwey deputirte Maister, umb solches vorzunehmen undt zwar mit anbringender-Ursach oder Benennung deren abgestorbenen oder sonsten abgehenden Vor- oder -Mit Eltisten-Maistern Begrüsst werden, undt dann auff dess (Titul) Herrn Königl. Richters Guttachten undt Einwilligung entweder Bey der

Zumfft oder auff den Königl. Rathhaus in Gegenwarth, wo nicht
dess Herrn Königl. Richters eygener Presenz, doch in Gegenwart
deren von Einen Löbl. Magistrat deputirten- Raths-Verwantten
undt Beysitzern oder dieser Ehrsamben Zumfft Inspectoren die
Wahl vorgenommen werden undt bey Erwöhlung dess Vor- undt
andern Eltisten Maistern wirdt undt soll von Eltisten biess auff
die Jüngsten Jeder seine Stime entweder mündlich oder schriefft-
lich geben, oder sagen, wenn ein Jeder zu einen Vor- oder -Mit
Eltisten Maistern mit seinem Guttachten vor Tawglich erkönnt.

Articulus 9. Zu fernerer nachricht soll zu einem Vormaister dem alten undt wohl observirten gebrauch nach auss
denen Wohlverhaltenen undt wohl meritirten, auch angesessenen
Maweren oder Bawmaistern undt zwar auss Ursachen einen Wohl-
angesessenen: Weil das Ehrsambe Handtwerck Theils durch
Zusammenhaltung undt gutter Würtschafft deren Seel. Vorfahren,
theilss durch erspahrung Eyniges Capital biss „1000" ßr. zusammen-
gemacht undt nun damit die von denen theils nun in Gott ruhenden,
theils annoch lebenden Maistern in diesser Handtwercks Capellen
Sancti Rochi[1]) et Sebastiani in allhiessiger Pfarrkirchen Aller-
heyligen angefangene Andacht mit 40 stündtigen Gebett undt
Monatlichen Seelmessen vor die Vorstorbene Maister Immer undt
Ewig möchte gehalten werden. Solches Capital zur erhaltung
diesser Andacht directe diesser Capellen Sancti Rocchi et Sebastiani gewiedmet wurde, Er Vormaister, wann solches Capital
auff ein Ungewiesses orth von Ihme geliehen werden solte, er
Sattsambe Hypothek geben undt dass Handtwerck in sicherung
setzen könnte, erwählet werden soll.

Articulus 10. Nach schon Beschehener Waahl, da schon
Ein Vormaister nach denen Maisten Stimmen erwählt, soll solches
wieder den Königl. Herrn Richter (Titul) Wann er selbsten nicht
gegenwärtig gewesen, durch 2 abgeschickte Maister Benachrichtiget
undt da fern Er Herr Königl. Richter solches approbirt, soll auch

---

1) Die St. Rochustapelle befindet sich angebaut an der Nordseite der Stadtkirche „Allerheiligen". Die Außenseite derselben ziert eine Statue des
Schutzpatrones der Maurer „St. Rochus". Gestiftet wurde die Kapelle
von der Maurerzunft, erbaut vom Baumeister J. Broggio 1701. — Die
Maurerzunft besitzt noch eine, wahrscheinlich ursprünglich zu dieser Rochus-
kapelle gehörige Reliquienmonstranz.

umb solchen newen Eltisten Maistern das Juramentum abzulegen
ersuchet undt gebetten werden, welches eben Bey Einen Löbl.
Magistrat oder Ein Löbl. Bürgermaister Ambt zu ersuchen ist,
undt nach Erhaltung dessen die newe Eltisten dass gewöhnliche
Juramentum abzulegen schuldig Seyn werden.

Articulus 11. Weilen dem Herrn Vormaister, undt denen
Geschworenen Eltisten Mitmaistern die gantze Handwercks Sachen
zu regiren anverthrawet werden, So werden Sie Vermög abgelegten
Jurament nicht allein allen nutzen undt des Handtwercks auffkhommen observiren, Sondern auch ein Jedewedern ess Seye
armen oder Reichen der etwas Bey diessen Handtwerck zu thun
oder zu suchen hatt, allerbilligkeit nach beyzustehen und der
gerechtigkeit nach die Strittigkeiten zu entscheyden.

Articulus 12. Gleichwie ein Jeder Maister Vermög folgenden 16ten Articl schuldig ist dem geschworenen Herrn Vormaister auff sein gethane Begriessung allen gehorsamb zu leisten,
alsso ist auch billig, dass der Vormaister Seyn anbringen mit
aller Bescheytenheit denen Sammentlichen Maistern Vorthragen,
Sie als seyne Liebe Mitmaister Ehren undt nicht etwann mit
Rauchen undt ungeziemenden Worten anfahren, dann ein solches
Verfahren nur die grösste Uneinigkeiten, Ja Verdruss undt strietig-
keiten, auch des Verderben bey den gantzen Handtwerck verursachet.

Articulus 13. Undt Weilen dess Herrn Vormaisters undt
denen Geschwornen Mit Eltisten Maistern Pflicht ist, alle gutte
ordtnung nutzen undt auffkhommen dess Handtwercks; Gleich
wie ess in diessen Vorgehenden Artici gemeldet worden; zu
Observiren, alss wirdt Ihnen auch die fortflantzung der im Jahr
1701 angefangener andacht „40ig Stundigen gebett, wie auch die
nun mehro angeordtnete Monatliche Seel Messen Ihnen allezeit
recommendiret Seyn Lassen, Sintemahlen Bey diesser andacht
ein Jeder, es seye Ein Handtwercks Genoss oder ein ander
Männlichen undt Weiblichen Geschlechts, nach Vollbrachter andacht, den Vollkhommenen Ablass erhalten kann, sondern auch
Gott durch die öffentliche andacht undt durch die Vorbitt der
Unbefleckten Mutter Gottes Mariae, auch durch die Vorbitt diesser
Ehrsamben Zumfft Heyl. Patronen Fabiani, Sebastiani, Rochi
undt Rosalia die gantze Statt vor allem Unglück und sonderlich

von der Leydtigen Pest behütten undt diessen Ehrsamben Handtwerck allen Göttlichen Seegen Gnädigst ertheilen wirdt.

Articulus 14. Es befindet sich zwar dato etwass weniges
zu unseren Capellen gehörigess Kirchen- oder Altar Zirath, wie
auch die sielberne Lampen, über solches wirdt die Schuldigkeit
des Herrn Vormaisters seyn, diesses Weniges nicht Lassen Eingehen, sondern auff alle Waiss solches zu vermehren Thrachten
undt Sich Bemühen.

Articulus 15. Wann dann nun alle ordnungen, So dem
Herrn Vormaister und Eltisten Mitmaister Betreffend Beschrieben
worden, so ist auch billich, dass die von alters her Beschriebene,
undt Bisshero rühmlich gehaltene ordnung, undt Articl: Vermög
welchen sich die sammentlichen Mitmaistern, so wohl Mawerer,
Steinmetzer, Schieff- undt Ziegl-Thecker verhalten sollen, hiemit
wieder vernewert undt Wass ein Jeder Maister Beyzusammen
Kunfft oder haltenden Quartal zu beobachten haben wirdt, alles
in denen folgenden Articln mit mehren beschrieben.

Articulus 16. Ein Jeder Mitmaister, welcher Seyn Maister
Recht Vermög obigen 3ten Articl erhalten undt bey Unss Würcklich
incorporiret ist, der wirdt schuldig Seyn dem Herrn Vormaister,
als welchen die Direction dess gantzen Handtwercks anverthrawet
wirdt; Wann Er durch den Zech-Bothen entweder zu Ihme zu
khommen oder zu einer Procession, oder eines Verstorbenen
Maisters oder auch Geseellen Begräbnuss der Schuldigkeit nach
mit zubegleyten Begriest oder citiret wirdt, zuerscheinen; oder
aber die Ursach undt entschuldigung seiner unmöglicher Erscheinung gleich durch den Czech-Bothen dem Herrn Vormaister
zu wiessen thun, solche entschuldigung, wann Sie von Ihme Vor-
maistern, oder andern Mitmaister vor Billig erkönnet worden,
wird Ihme excustiren. Wiedrigens ein Solcher dass erstemahl
mit ½ ℔, dass andermahl aber mit einem gantzen ℔ Wachs soll
Bestraffet werden.

Articulus 17. Sollte aber Ein Trutziger oder Halsstäriger
Maister diessen Jetzt gemelten 16ten Articl dass Trittemahl zu-
wieder leben, soll solcher mit 3 Tägigen Arest nach vorheriger
Begrüssung Eines Löbl. Bürgermaisterambts Bestraffet werden.

Articulus 18. Solte sich dannoch aber Ein Solcher Un-
gehorsammer Maister noch ferner in den Schuldigen Gehorsamb

wieder spenstig zeugen, der ungehorsamb, undt Halsstärigkeit
genugsamb erwiessen worden, so soll er nicht mehr zum Handtwerck zugelassen werden, es seye dann, dass er nebst dem obigen
„3„ Tägigen Arest noch an Baaren Gelt „3„ ſP Meys erlegt habe
undt gleich denen sammentlichen Maistern angeloben, hinführo
sich in allen, sonderlich denen Articln gemäss verhalten.

Articulus 19. Es ist zwar Vermög in denen alten Statutis
und Articl Verordnet worden, dass die Maister alle „14„ Täg
zusammen kommen, undt Ihre Wochen Pfönig erlegen sollen,
solches aber nach reyffer der sach überlegung „1648" Jahr undt
mit Einhelliger zuesammen Stimmung undt zwar auss Ursachen,
dass viel Maister undt Gesellen auff dem Landte arbeitten undt
ohne Ihrem Schaden undt Versaumnus alle „14„ Tag nicht erscheinen kuntten, Beschlossen worden, dass führo hin die ordinari
zusammen Kunfft zweymahl dess Jahrs als Benantlich die Erste
an Pfingst-Montag oder den Mittleren Pfingstfeyertag: undt die
andere an fest Sancti Wenceslai, Es möge diess Fest am welchem
Tag es Wolle in der Wochen einfallen, gehalten werden undt
Bey solcher Zusammen Kunfft Jeder seyn Gehörigess Quartal-
Gelt, wie ess in folgenden 26. Articl Begrieffen, abzulegen Schuldig
Seyn wirdt; Wie aber dass ordinarÿ haltendess Quartal vorzunehmen, gehalten undt wass Jeder zuerlegen Schuldig undt
wie sich die Sammentliche Maister darbey verhalten sollen, wirdt
Jeder auss folgenden Articl ess vernehmen können.

Articulus 20. Undt weilen auch durch etwelche Jahr
ingebrauch gewessen, dass die frembden in diesse Zumfft incor-
porirte Mitmaister etwann „8„ Tag vor dem haltenden Quartal
durch Brieffe undt aigene Bothen zu Quartal eingeladet undt
citiret worden. Solches aber Anno 1699 Vermög von denen
sammentlichen Eltisten, undt anderen Mitmaistern in Handtwercks
Buch unterschriebenen Schluss auffgehoben undt dann Einhellig,
so Wohl von denen frembden als Einhaimbischen Maistern Beschlossen worden, dass weil ein Jedem Maister Bewust, dass dass
ordinari Quartal an dem Montag am Pfingsten das erste- undt
an fest Sancti Wenceslai dass andermahl gehalten wirdt; dass
Ein Jeder frembder Maister, der etwass bey diesem Quartal in
auffnehmung in die Lehr oder Lehr Jungen frew zusprechen,
seyn Quartal abzulegen oder Sonsten etwass zuthuen hatt, der

ist schuldig undt soll ohne weiteres zu schreiben zu dem Handtwerck erscheinen, die Einhaimbische aber durch den Czech Bothen
den Tag voran sollen Begrüsset werden, undt wirdt Jeder (Wann
er sonsten keine Verhinternuss hatt, die er dem Herrn Vormaister
entweder gleich durch den Czech-Bothen oder durch Jemanten
von seinem Leuthen, Wan er Selbst nicht könte abkoḿen, noti-
ficiren Soll, zu erscheinen Schuldig; unter Straff „6„ ₰ Wachs.

Articulus 21. Weilen Vermög Ihro Kaysl. undt Königl.
Majestät allergnädigsten Befehl kein Handtwercks Quartal oder
zusammen Kunfft eines Gantzen Handtwercks ohne Vorbewust
des Herren Königl. Richters undt deren von Einem Löbl. Magistrat
auss dem Raths Mittl. deputirten Herren Relatorum Soll gehalten
werden, alss wirdt allezeit wenigstens den Tag darfür Herrn Königl.
Richter (Titul) mit denen zwey Herren Inspectoren Begrüsset
nach erlangter erlaubnuss undt gethaner Begrüssung in dess
Herren Vormaisters Behaussung oder sonsten in Einem von dem
Ehrsamben Handtwerck determinirten Hauss, Jedoch in der Stadt
undt nicht ausser der Statt, auch in Bestimbter Stundt zusammen
koḿen undt Bey ankunfft auch deren Herren Raths Verwantten
Sich nach der ordnung nieder setzen undt wass zu verrichten
seyn wirdt, ordentlich vorzunehmen.

Articulus 22. Ess ist allezeit wohl observiret worden,
dass ehe die Handtwercks Laden ist auff gemacht worden, die
anfrag geschehen, ob einer, oder der andere Maister etwass
klagbaar, sonderlich die Ehr oder Wass den Ehrlichen Nahmen
anbetrifft, anzubringen hätte, soll diesses fernerhin observiret
werden, undt so ess möglich ohne weiterer auffschub oder Weit-
leuffigkeit die Strittigkeiten zu vergleichen undt Jehnen, der
ess verschuldet nach Befundt der Sach abzustraffen.   .

Articulus 23. Undt Weilen an der Ehr undt Ehrlichen
Nahmen Sehr viel gelegen, So soll sich keiner unterstehen einen
aus seinen Mitmaistern, oder sonsten Ehrlichen Handtwerks
Mann ohne genugsammer Ursach, an Ehren, undt Ehrlichen
Nahmen anzugreiffen oder zu schelten, dann die antastung der
Ehr wirdt einen giefftigen hundts-Buess in denen Rechten ver-
glichen unter Straff „6„ ₰ Mey: sage 7 ßr.

Articulus 24. Solte aber gleichwohl geschehen, dass ein
Maister, Er hätte ess verschuldt oder nicht; wäre von einen

anderen Maister gescholten worden, So soll er doch nicht vor
Solchen gehalten weder in der arbeit gehindert werden, ess seye
dann, dass er sich dessen Wass er Beschuldiget worden, nicht
aussführen thätte undt das Ehrsambe Handtwerck Ihme selbst
vor einen Undüchtigen erkönnet hätte.

Articulus 25. Wann dann Ein Maister angeklaget, undt
dessen, wass Er Beschuldiget worden, sich nicht aussgeführet,
sondern solches an Ihme erwiessen worden, soll er Vermög auss-
gesetzter Straff, so aber keine Straff auff dessen Verbrechen
aussgesetzt wäre, arbitrarie undt nach denen Maisten Stimmen
Billig abgestrafft werden : Wiedrigenes ein solcher Ungehorsamber
Bey der Laden zusitzen, nicht soll gelitten werden. Die Maister
aber sollen nach dem anderen Jeder Sein Guttachten geben
undt einer dem andern in seiner Stimm dess gebenden Gutt-
achtens mit seiner Redt nicht einfallen, weder seine stiem verachten; welcher sich diesses unterfanget, dem soll von Herrn
Vormaister dass Still schweigen aufferlegt, se fern ess öffters
geschehen solte, dieser mit 1 ꝑ. Wachs Straff solle Belegt werden,
dann durch diesses nur Uneinigkeiten entstehen.

Articulus 26. Da nun alle die Klagen verglichen, oder
keine vorkommen möchten, so soll, und kann von denen „2„
Eltisten Meistern, welchen die zwey Schlüssl anverthrawet werden
die Maister Laden eröffnet, undt andere Handtwerckssachen vorgenommen werden, Bey offener Laden aber die sammentliche
Maister, Stiell, Ehrbaar undt nüchtern, auch mit abgelegten Hutt
undt Gewöhr erscheinen undt sitzen sollen undt dann Erstlich
wird Ein Jeder Maister seyn Gehöriges Quartal-Gelt alss Nembl :

Bey ein Quartal oder vor ein halbes Jahr per . . 6 xr.

Vor „2„ Quartal oder vor ein gantes Jahr erleg . 12 xr.

dessen aber die Eltisten Maister Befreyet Seyn. Nach diessen
abgelegten Quartal Geltern, werden die alte Resten eingemahnet,
dann die Lehr-Jungen, So Ihrer Zeit aussgestanden frey gesprochen und nach diessen. wieder die New-Eintretende Lehr-
Jungen angenoīen, Wass aber einess Jedens Lehr-Jungens Schuldigkeit ist, wirdt in denen nach folgenden Articl von „39„ Biss
„45„ die Lehrmaister undt Lehrjungen betreffend mit mehrern
Begrieffen werden.

Articulus 27. Nicht allein bey offener Laden, sondern auch bey allen Zusammen Künfften wird das Zancken, Schelten und Fluchen (weil dadurch Gott sehr Beleydiget wird) höchstens Verbotten, so fern einer wieder diesses Geboth undt Articl sich versündigen solte, würdt er zur Straff der Capellen erlegen 1 ℔ Wachs in Natura oder in Gelt . . . 30 xr.

Articulus 28. Da Ein Solcher Flucher oder Gottlästerer nach Beschehener ermahnung undt Strafgebung nicht corübl: wäre. So soll diesser auss der Zusammen Kunfft ess Sey Bey den Handtwerck oder anderst Wo, aussgestossen werden, So lang nicht wieder angenomen, Biss er seines Verbrechens, eine von dem gantzen Handtwerck Wohl Empfindliche Straff undt angelobten Besserung nicht erleget' hatt, die Straff soll aber niemahls unter 3 ℔ angenohmen werden.

Articulus 29. Weilen dann auch Bey Jeden Handtwerck die Liebe dess nechsten observiret werden Soll, alss ist nicht allein nöthig, dass die Herrn Maister einander an Ehren undt Ehrlichen Nahmen Laut Articl 22, 23 und 24 nicht angreiffen; sondern auch ein ander in eine gedingte oder nach dem Tag angefangene arbeit nicht etwann durch Liest, Recommendation oder einiger Ungleicher angebung eingreiffen Sollen, undt den andern umb sein Biessl Brodt, umb Welches er zu seiner oder seiner Kindter unterhalt sich Schwer Bemühet hatt, Bringen soll; dann diesses klar, wieder die Liebe dess nechsten handelt. Undt darbey Jeder zubetrachten hatt, Wass du nicht wilst, dass dir geschehen soll, thue einen andern auch nicht: Bey Straff 3 ℔ Meys: undt ersetzung deren Unkosten.

Articulus 30. Es ist zwar erlaubt, einen Jeden Baw-Herren einen Maister zu seinen Baw auff zu führen, ess Seye in der Mawer, Steinmetz, oder Ziegl Thecker arbeit noch seinen Belieben auff zu nehmen mit Ihme contrahiren nach den Tag oder nach dem Gedieng zubawen, auch ihme Baw-Herren nicht verwähret mit denen Maistern zu wechseln (wann sonsten der Contract nicht anders Lawtet) so ist doch recht, undt Billig, dass der Erstere Maister vor seine Gethane mühe oder sonsten einige anforderungen von seinen Baw-Herren So viel der Billigkeit mit Sich Bringet, und Ihme, es seye von den Handtwerck oder einen anderen Gericht zurecht erkönnet worden, conten-

tiret würdt; alss wird hiemit auch Wiederholter Beschlossen,
undt die alte Articuln confirmirt; dass Wann der Erstere seyn
Billig Verdientes Lohn von seinen Baw-Herren nicht empfangen
hätte, undt der andere wiessentlich in des Ersteren angefangene
arbeit eintreten möchte, so sollen die gehörige Groschen nicht
den anderen, sondern dem ersten Maister gehören.

Articulus 31. Damit aber kein Baw-Herr in seinen Baw,
sonderlich wo ess eine gefahr vorgesehen wirdt, nicht gehindert
werde, die Strittigkeit aber nicht gleich aussgemacht werden
könte: so soll dass Ehrsambe Handtwerck selbst durch den
Vormaister einige Gesellen, und entweder der Vormaister Selbsten
oder einen anderen Maister umb die obsicht wehrenden Streitts
darüber zu haben, dahin Schicken, damit die arbeit beferdert
wirdt, die gehörige Groschen aber Biess dahin in die Laden
sollen zue verrechen abgeleget werden.

Articulus 32. Ess Soll auch kein Maister, Er sey ein
Mawerer, Steinmetzer oder Ziegl Thecker Sich nicht unterstehen,
einen andern Maister entweder Selbsten, oder durch einen andern
die Gesellen, Lehr Jungen oder Handtlanger abspenstig zumachen, weder zu sich auff keinerley weis Lockhen, auff welchen
dieses erwiessen wirdt, faldt in die Straff „3„ ₰ Undt wirdt
dieser gleich wohl solchen Gesellen nicht weiter Befördern
dörffen.

Articulus 33. Gleichwie kein Gesell unter der Straff
nicht darff ohne Ursach in der Wochen (da er schon wieder
auff dieselbe Wochen wäre in die arbeit kommen); auss der
arbeit tretten, alsso ist auch billig, dass kein Maister in der
Wochen ohne Ursach dem Gesellen hinwecg Schicken, oder ab-
schiedt geben soll, undt zwar weilen mannigsmahl einen Maister
vielan einen Gesellen gelegen, alsso auch einen Gesellen umb
Ihme in dieser Wochen etwass zu verdienen, auch viel gelegen
ist, ess seye dann, dass diesse arbeit, in welcher der Gesell gestanten in Mitten der Wochen wäre verferttiget worden undt
selber Maister kein andere arbeith, wo er ihn hinstellen könnte
vorhanten hätte.

Articulus 34. Es soll kein Maister, viel Weniger Ein
oder anderer Gesell, einen andern Maisters arbeit (Ehe solche
arbeit Von dem Handtwerck, dass solche nicht wohl gemacht

oder durch dess Maisters Unvorsichtigkeit undt auss Seiner
aigenen Ursach vertorben, Unbeständig auch nicht Thauglich
gemacht, erkönnet werden); nicht tadlen noch verachten unter
Straff „3„ ſ Meiss: .dahero Jeder Maister (damit dass gantze
Handtwerck nicht etwan dar Von einen Spott hätte), hirmit
erinnert wirdt, solche arbeit, welche er ihme Beständig auff
zuführen undt zuverferthigen Thrawet; auff sich zunehmen,
denen Gesellen aber auff keine Waiss soll gestattet werden, In
die Häusser zulauffen, die arbeitt weder zu dess Maisters noch
zu Ihren aigenen Händen zu suchen, ess seye dann, dass Ihne
der Maister, alss Welcher diesse arbeit zue machen Begrüsset
worden, dahin schicket, unter ernstlicher Straff.

Articulus 35. Wann dann auch Bey allen Zümfften allzeit wohl Beobachtet wirdt, dass Ein Jeder sich selbsten Ehrlich
verhalten, auch mit keinen Unehrlichen Weibs-Bildern vermüschen,
dahero wirdt hiermit auch gäntzlich verbotten, dass weder kein
Maister Noch Gesell, weder einiger diesses Ehrsamen Handtwercks Genoss, sich mit einer Schon von einem anderen zu fahl
gebrachten, weder mit Einer, so nicht auss einen Reynen Ehebeth
gebohrner. Person (in So lang Sie nicht die Begnadungen, oder
Legitimirungs-Brieff von dem Allerhöchsten Landtsfürsten produciret); Verhayrathen soll; wiedrigens so Einer dergleichen
Unehrliche Weibs Person hayrathen möchte, auff kaine Wais Bey
einem Ehrsamen Handtwerck (in So lang dergl. Person, wie
gemeldet worden nicht einen Thawglichen Legitimirungs-Brieff
produciret) soll geduldet, weder Befördert werden.

Articulus 36. Solte aber Ein Maister selbsten das Göttliche Geboth übertretten, undt Eine frey-Ledtige Person zu fahl
Bringen, so wirdt selbter, wann er auch schon von seiner obrigkeit
oder der Kirchen Wäre abgestraffet worden, damit er in seinem
Handtwerck nicht gehindert wirdt In die Laden „3„ ſ undt zu
dieser Handtwercks Capellen Sancti Rochi 3 ſ: id e „6„ ſ Meys.
zuerlegen schuldig seyn. Die Jenige aber von Ihme selbsten zu
fahl gebrachte Person zu heyrathen undt dardurch ihr die Ehr
zu restituiren erlaubet Seyn.

Articulus 37. Solte aber Einer auss denen Maistern oder
Gesellen ess sey bey dem Handtwerck, oder in einen andern
Hauss, sonderlich wo er arbeiten thätte, in Unfreyheit Ergrieffen,

oder Sich wieder dass Siebente Geboth Gottes Versündtigen undt derselbe in Untrey, oder Diebstahl Begrieffen, undt solches Ihme erwiessen worden; der soll nach Befundt der Thatt ernstlich Bestraffet, Ja auch gar, So ess viel anbelanget von dem Handtwerck verstossen werden.

Articulus 38. Es soll Sich auch keiner unterstehen in dess Herren Vatterss oder Vormaisters Hauss, oder wo Sonsten dass Ehrsambe Handtwerck oder zusammen Kunfft gehalten wird, einigen Gewalt zubrauchen, keine Schlägerey, weder Schläghandl anfangen, mit keinen Rauchen, Vertriesslich-Unzulässigen-Reden, oder zue Handel verursachenden Wörtern sich ausslassen, sondern viel mehr so Wohl dem Herrn Vormaister, alss auch Jeder Maister einer dem andern alle Ehrbittigkeit erzeugen, Einer den andern nicht einiges Wort gleich übel aussdeutten, sondern Vielmehr ein ander in Lieb undt freundtschafft erhalten; der Sich aber wiederspenstig zeugete, zum Zanck undt Streitt anlass gebete oder Schlägerey anfangen möchte, der soll nach Verbrechen mit einer empfindlichen Gelt Straff oder in ermanglung dessen mit einem Scharffen Arest bestraffet werden.

Articulus 39. Damit auch die Lehr-Maister Ihre Lehr-Jungen in einer Zucht undt ordnung halten mögen, undt Wie sich hingegen die Lehr-Jungen gegen Ihren Maistern, Gesellen, undt Einen gantzen Ehrsamben Handtwerck Verhalten sollen, werden in denen nachgesetzten Articl. enthalten.

Articulus 40. Wann Ein Lehr-Maister, er sey Mawerer, Steinmetzer, Schieff- undt Ziegl Thecker einen in die Lehr annehmen will, der soll solchen Beyhaltenden Quartal ordentlich anmelden, Von solchem, Wann er Sonsten dass Handtwerck zu erlehrnen Lust hatt und Sich erkläret, soll darzue seines Ehrlichens her kommens Attestatum, oder gebuhrts-Brieff (Wann er sonsten nicht Ein Einhaimbischer ist) wie dann auch, Wann er Ein Unterthan ist, Einen obrigkeitlichen Consenz Begehret werden, so er diesses gezeuget, und sonsten ein Wohl Verhaltenes Kind ist, der soll zum Mawerer- oder Ziegl-Thecker Handtwerck auff „3„ Jahr; zum Steinmetzer Handtwerck aber auff „5„ Jahr auffgenommen werden: Bey auffnehmung in die Lehr er zwey Bürgen Stellen soll: dann wirdt Ein Jeder, ess sey ein frembder, oder einhaimbischer oder auch einess Maisters Sohn schuldig seyn

In die Laden zu erlegen . . . . . . 5 fl. sage 5 ßr. 50 xr.
 denen Eltisten Maistern dem
Uralten gebrauch nach bey auffnehmung 1½ »   » 1 » 45 »
 dem Zunftschreiber . . . . — » 15 »
 dem Czech-Bothen . . . . — » 6 »

        Zusammen . . . 7 ßr. 56 xr.

Wann Er dann seine Lehrzeit alss Ein Mawerer undt Ziegl-
Thecker „3„ Jahr, Ein Steinmetzer aber „5„ Jahr : Es seye dann,
dass Ihm sein Lehrmaister etwass wegen seinen erzeugeten Fleiss
nachsehen wolte, welches einen Maister auch erlaubt ist; aus-
gestanten hatt, soll er Bey der Ehrsamben Zumfft oder haltenden Quartal mit seinen Bürgen erscheinen, undt weil er seine
Lehr Zeit aussgestanten hatt, ihme von der Lehr entlassen undt
frey zusprechen, die Bürgen aber ihrer gelaistenden Bürgschafft
zu entlassen Bitten. So kann undt soll solcher Lehr-Jung, Wann
sonsten Seyn Lehr-Maister keine erhebliche Klag wieder Ihm
hatt, nicht gehindert, sondern nach erkantnuss der sammentlichen
Herrn Maister von seiner Lehr frey gesprochen werden. Undt
wird eines Jeden, so wohl frembden, alss Maisters söhnen Schuldigkeit seyn in die Maister-Laden zu erlegen 5 fl. sage 5 ßr. 50 xr.
 dem Zumfft Schreiber . . . . — » 15 »
 dem Czech-Bothen . . . . — » 6 »

        Zusammen . . . 6 ßr. 11 xr.

Solten aber Ein Lehr-Jung seine Zeit nicht ordentlich auss
Stehen. oder seinen Maister Muthwillig die Zeit versaumen, oder
gar auss der arbeit entweichen undt solches erwiessen wirdt,
so soll er Lehrjung sich in Gegenwarth deren Bürgen, wegen
der muthwillig versaubter Zeit sich ehender alss er frew gesprochen wirdt mit seinen Lehrmaister zuvergleichen schuldig
seyn. Undt wird dem Lehr Maister von einem Jeden arbeits
Tag (Wan der Lehrmaister sonsten kein Lehr Gelt Bekommet)
wenigstens 6 xr. des Tags zuersetzen schuldig seyn, oder die
Versaumbte Zeit nacharbeiten, undt dass Lohn wie ein Letzt-
Jähriger Lehr-Jung empfangen.

 Articulus 41. Solte aber Ein Lehr Jung gar zu hartt
von seinem Lehrmaister oder seinen Polier undt Gesellen (welches
auch nicht erlaubt wirdt) gehalten werden, so soll der Lehr Jung

nicht gleich auss der Lehr ·entweichen, sondern solches seinen
Bürgen anbringen, so dann die Bürgen entweder bey dem Lehrmaister selbsten vermittln, oder aber so fern ess Bey Ihme nicht
könnte vermittelt werden, so seyndt die Bürgen ess dem Herrn
Vormaister oder den gantzen Handtwerck vorzubringen schuldig,
welche ess dann zu vermiteln wiessen werden.

Articulus 42. Ess soll sich der Lehr Jung wehrender
Lehrzeit fromb, Gottsfürchtig undt getrew verhalten, dem an-
vertrawten Baw-Zeug in acht nehmen, solchen frühzeitlich denen
gesellen herauss geben, bey den Feyer abendt alle Tag wieder
fleissig auffheben, widrigens wirdt durch seine nachlässigkeit
etwass Verlohren werden, Er solches zuersetzen schuldig Seyn
wirdt.

Articulus 43. Solte aber Ein Lehrjung in Untreuheit
oder anderer Leichtfertigkeiten ertapt, und überwiessen werden,
undt so ess einwenigess Betreffet undt das erstemahl übertretten
worden. Soll er mit der Lehrjungen Straff, alss dass ist mit der
Prütsche[1]) in gegenwarth deren anderen Lehrjungen offentlich
bestraffet werden.

Articulus 44. Sofern aber dieser auff Jetzt ermelte Lehrjungen Straff sich nicht Besseren wolte, oder sein Verbrechen
gross wäre, so soll solcher Ungehorsamber undt Ehrvergessener
Lehrjung von der Lehr Verstossen undt Wecg gejagt werden.

Articulus 45. Jedes Lehr Jungs-Schuldigkeit ist nicht allein
sich gegen seinen Lehrmaister, sondern auch gegen Jeden Maister,
ja auch gegen Jeden Gesellen sich Ehrbittig erzeugen undt bey
Ihrer Zusammen Kunfft auch bey den Trunck, ihnen auffwarten,
ess seye dann dass sie Ihm auff die seythen zu setzen erlaubet
hätten, dess Spilens aber undt Tantzens sich enthalten, weilen dass
Tantzen und Spielen zue aller Liederlichkeit undt Leichtferttigkeit
anlass geben thuet, entgegen solten etwann einige liederliche Gesellen begehren, dass Ein Lehrjung, alss welcher früh der erste in
die arbeith seyn muss, ihnen zu halben nächten, ja auch Länger in
Würtz-Haussern soll auffwarten diesses soll der Lehrmaister
seinen Gesellen auch nicht zulassen, weder ·kann von Ihme Be-

---

1) Prütſche, ein Brettchen mit einem Handgriff, zum Feſtſchlagen der Erde
gebraucht.

gehret werden, Mit seinen Eygenen Lehrmaister hatt ess ein anders Bewenden.

Articulus 46. Undt Letzlich wirdt hiemit auch diesses erinnert und Beschlossen: Dass weilen Unserer Vorfahrer Vermög denen alten Articl auch zu diessen Ziehl undt Endt die Wochen Pfönig in die Laden zuerlegen (damit einen Verunglückten Maister oder Gesellen, so etwann durch einen Unglückseel: Fahl sonsten von Gott zugeschicktes Unglück getroffen worden, alsso dass solches Unglücks halber seyn Brodt mit sein Erlehrneten Handtwerck nicht verdienen könnete, mit einer Beystéyer geholffen werden könnte) angeordnet haben. Alss wirdt dieses so wohl denen Jetzigen, als künfftigen Herrn Maister recommendiret: deren armen verunglückten Handtwercksgenossen in Ewigkeit nicht zu vergessen.

Nun zu fest Haltung dieser aussgesetzten Articl: Welche auch mit seiner Zeit in dem Mass den Ehrsamben Handtwerck zum Nutzen und auffkommen, Einen Löbl. Magistrat undt dieser gantzen Statt zu keinen Schaden gereichen möchte vermehret werden können haben Sich Sammentl. Eltiste undt andere Mitmaister eygenhandig unterschrieben.

Octavian Broggio	. . . .
p. t. Ehrsamber Zumfft	Ferdinand Saida
beysitzer undt Mit-Eltister	Wentzel . . . .
Johann David Braumo	Wentzel Prouch
Ignatius Reichmann Miteltester	Wenzel Knizacert
Heinrich Lammel	Andreas Mann
. . . . [1]) Günther	. . . .
Görge Wolff	Joseph Miller
Martin	Johann Carloffsky

Demnach in Völliger Raths-Session vor Uns Bürgermeister, und Rath dieser königl. Creyss Stadt Leuthmeritz ob der Elben die hiesige Maurer-Steinmetzmeistern-Schiff und Ziegl-Theckern (vorzeugende 46 Stückh ihrer Ehrsamben Zunffts Articuln) erschienen und gehorsamb gebetten, Wir möchten Ihnen solche bestättigen und confirmiren; Wann dann Wir nach genügsamber überlegung derer, nichts, was etwann Besagter Unserer

---

1) Unlesbar.

Stadt, oder dem publico zum schaden und nachtheil, sondern
forderist zu forthpflanzung der Ehre Gottes und Ihrer Heyl.
Zunfft-Patronen, dann gutter ordnung- und aufkoñen ihrer
Ehrsamben zunfft gereichen, und anziehlen thuet befunden haben;
Alss thuen wir Authoritate nostra, qua fungimur Ihnen diese
(Jedoch mit Vorbehalt solche künfftighin nach Befundt der sach
zu vermehren, abzunehmen oder alsso zu lassen) hiemit bestätt-
tigen und confirmiren, Ernstlich Befehlend: Sich allen und Jeden
in diesen 46 Articuln Begrieffenen Satzungen gemäss zu halten.
Zu corroborirung dessen haben wir unser der Stadtgemein ge-
wöhnlicher grösserer Insiegel wissendtlich vordrucken lassen.·

So geschehen in Fer: 5 die 18. Marty Anno 1723. Consule
Dño Octaviano Broggio, Vice Consule Domino Josepho Christiano
Pfaltz ab Ostritz[1]) Primatore.

Bürgermeister, Vicebürgermeister und Rath allda.

(L.S.)[2])   Stephanus Wölffel

Synd.

---

1) Primator Joseph Pfalz von Ostritz hat sich ein großes Verdienst dadurch
erworben, daß er zu Ende des 17. Jahrhundertes eine Denkschrift ausarbeitete, welche heute noch im Leitmeritzer Stadtarchive als ein kostbares
Denkmal über die Bedeutung des Wasserweges der Elbe nach Deutschland
aufbewahrt wird. Pfalz von Ostritz war es auch, welcher die hohe Wichtigkeit der Bedeutung eines Donau-Moldau-Elbe-Kanales bereits damals
hervorgehoben hat. — (Die betreffenden Aktenstücke find in den Mitteilungen des Nordb. Exk.-Kl. XIX, 248 flgd. veröffentlicht.) — Das Wappen
unseres Pfalz befindet sich im Pfalzischen Armenhause und am Altare der
St. Josephi-Kapelle in der Stadtkirche, welche von den Erben des Pri-
mators J. Pfalz erbaut wurde. Am Altare befindet sich ein Täfelchen mit
der Inschrift: Von Rebecca Pfaltzin von Ostritz Anno 1729.

2) Mehlteigsiegel, rund, 45 mm Durchmesser; am Rande zwischen zwei Leisten
die Legende: † SIGILLVM : MAIVS : CIVITATIS LITOMERICEN-
SIS; im Siegelfeld, umgeben von Guirlanden das Stadtwappen und
zwar eine gequaderte, fünfzinnige Mauer, welche ein offenes Tor mit auf-
gezogenem Fallgitter enthält; aus der Mauer wächst der zweischwänzige,
stehende Löwe. — Der Originalsiegelstock — aus Stahl mit aufgelegter,
silberner Siegelplatte — befindet sich im Leitmeritzer Stadtarchive.

Johanneslied II.

Mitgeteilt
von
E. K. Blümml.

Wenn ich (Mitteilungen XLIV [1905], 270 ff.) in der Lage war, die Urfassung der bisher bekannten 2 deutschböhmischen Johanneslieder nachzuweisen, so ist es mir nunmehr gelungen, das Vermittlungsglied, auf welchem die deutschböhmischen Fassungen, wenn auch nicht direkt, fußen, in der Handschrift Nr. 659 des Steiermärkischen Landesarchivs (Joanneums=abteilung), welche P. Jakob Wichner 1859 mit Liedern aus dem Paltentale (Nordsteiermark) füllte, aufzufinden. Zugrunde liegt dieser Aufschreibung ein bei Widmanstätter in Graz 1771 gedrucktes fliegendes Blatt.

Lied von dem h. Johann von Nepomuk.

[21 a] König Wenzl.

1. Ihr seid das einzig Leben,
Johannes, kommt herbei,
Wir werden euch erheben,
Weil ihr uns allzeit treu.

2. Wir haben euch aufg'nommen
An unsern Hof mit Freud',
Ihr werd noch höher kommen,
Wann ihr uns gehorsam seid.

Johann Nepomuk.

3. Viel Gnaden hab genossen
Von euer Majestät,
Zu folgen bin entschlossen,
Was ihr befehlen thät.

König.

4. Johann, thut wohl vernehmen,
Ein Sach geht uns nicht ein,
Vom Herzen thut uns nehmen
Ein centnerschweren Stein.

[21 b] Johannes.

5. Wann anderst wird vermögen
Ein armer Priester hier
Den Stein schnell zu bewegen,
Zu nehmen nach Gebühr.

König.

6. Ja, ja, ihr könnet heilen,
Ein G'müth von Zweifel blind,

Thut euch nur nicht verweilen,
Gebt mir Antwort g'schwind.

7. Erlaubet mir zu fragen —
Wir seind jetzt ganz allein —
Nein, nein — thut es nur sagen,
Es soll und muß auch sein;

8. Es macht euch kein Gewissen,
Sagt an, es ist ganz leicht,
Ich muß auch heut noch wissen,
Was mein Gema[h]lin beicht.

Johan.

9. Ach, Himmel, helft mir klagen,
Wie schwer ist diese Frag!

König.

Nein, nein, thut es nur sagen,
Es macht euch gar kein Plag'.

Johan.

10. Ach, König, thut erwägen
Der Beicht sehr hohen Bund,
Wo Rom befie[h]lt zu legen
Den Finger auf den Mund.

[22 a] König.

11. Stadt Rom kann nicht verbieten,
Wann dich ein König fragt,
Kein Finger darf verhüten,
Was dir mein G'mahlin sagt.

12. Auch König dürfen'ş wissen,
Ihr Priester nicht allein;
Die heimlich Beicht und G'wissen
Darf nicht verborgen sein.

Johan.

13. Ach, lasterhafte Fragen,
Wie sündhaft diese Wort!
Die Pein, so darauf g'schlag[e]n,
Steht an der Höllenport.

König.

14. Man wird euch nicht entlassen,
Müßt das Geheimnuß sagn,
Sonst wird man Zorne fassen
Und euch nach Schärfe plagn.

Johan.

15. Lieber die Händ ausstrecken,
Will Band und Eisen tragn,
Als euch die Beicht entdeck[e]n
Und nur das mindest sagn.

· König.

16. Johann, thuts wohl bedenken,
Zu spat kommt oft die Reu.
Er wird mich doch nichts
kränken?

Johan.

Ja, ja, es bleibt dabei.

[22 b]　König.

17. Was gilts, ich will dich zwingen,
Du wirst auch reden bald,
Wann Folterbank herbringen
Und strecken laß mit Gwalt.

Johan.

18. Mit Gwalt kannst zwar aus-
strecken
Die Hand, doch nicht so leicht
Den Mund, dir zu entdecken
Der Königin ihr Beicht.

König.

19. Ich will dich lassen schlagen
Und peitschen auf das Blut.

Johan.

Ich doch nichts werde sagen,
Wie weh es immer thut.

König.

20. Ich will dich lassen brennen
Und zwingen durch das Feuer.

Johan.

Ich doch nichts werd bekennen,
Es ist verschworen theuer.

König.

21. Zulezt will nochmal fragen,
Weil Gnad vorhanden ist.

Johan.

Ich doch nichts werde sagen.

König.

Zum Tod verdammt du bist.

[23 a]　Johan.

22. Ich thu ja nichts verkaufen,
Was mir verbietet Rom.

König.

So mußt du Wasser saufen
In unserm Moldaustrom.

Johan.

Wie gerne will ich gehen
Von dieser eitlen Welt,
Den Martertod ausstehen,
Weils dir, mein Gott, gefällt.

24. Den Tod hast selbst empfunden,
Der Schluß ist g'macht ganz
schnell,
In deine Händ und Wunden
Befehl' ich meine Seel.

Direkt aus dieser steirischen Fassung (W) sind die deutschböhmischen (Z und P) nicht hervorgegangen, wie verschiedene Abweichungen ($7_{1, 2}$; 10_3; 11; 12_3; 13_1; 14_4; $16_{2, 3}$; 17; 18; 20_1; 24_2) zeigen, sondern wohl aus einem bisher nicht aufgefundenen parallelen Flugblatt (X), das ebenfalls 24 Strophen umfaßt haben wird und mit dem steirischen nahe verwandt ist. Das Verhältnis aller bisher bekannten Lieder zur Urfassung (B) kann durch folgendes Schema ausgedrückt werden:

Vom Hradek bei Libochowan.

Von

Joh. Haudeck.

Den Lesern der „Mitteilungen", welche sich für meinen Aufsatz „Der Hradek bei Libochowan" (Jahrg. 1900, S. 212—222) einigermaßen interessierten, dürfte es vielleicht nicht ganz unwillkommen sein, wenn ich zu demselben noch einiges ergänze. Meine wiederholten Besuche dieses hochinteressanten Bergkomplexes hatten auch zur Folge, daß ich an Ort und Stelle mit arbeitenden oder heimkehrenden Landleuten zusammentraf. Im Gespräche waren wir bald bei der Sache, über die ich nachforschte. Hiebei hörte ich nicht nur die bereits veröffentlichten Sagen wiederholt, sondern auch eine zweite über den Teufelstein. Möge sie so getreu, als sie mir im Gedächtnisse geblieben ist, hier ihren Platz finden.

„Einst gerieten bei der Teufelstratsche zwei Männer in argen Streit. Keiner konnte den andern überwinden. Da kam der Teufel dazu und mischte sich in das Handgemenge. Darüber wurden die beiden Männer noch zorniger, kehrten sich nun vereint gegen den Teufel und zwangen ihn zur Flucht. Als derselbe einsah, er könne gegen die erbosten Männer nichts ausrichten, geriet er in großen Zorn, umkreiste den Felsen, ließ die Spuren seiner Tatzen zurück und suchte das Weite." Die Sage war mir neu, was ich bei der Erzählung des betreffenden Landmanns auch sogleich bemerkte. Doch behauptete er, sie bestehe in der hiesigen Bevölkerung und namentlich habe sie ihm ein Greis aus Kamaik, der 92 Jahre alt geworden sei, sehr oft erzählt.

Bemerken will ich auch noch, daß an diesem sagenhaften Felsen nicht bloß die auf dem gelungenen Bilde des Herrn Bürgerschullehrers Fritz Klinger in Lobositz ersichtlichen Eindrücke zu sehen sind. Auch an einem daneben befindlichen zweiten Felsblocke bemerkt man noch eine

Tatze. Steigt man aber weiter nach oben, so sind neuerdings Eindrücke
zu bemerken, welche eine große Ähnlichkeit mit den Eindrücken einer
starken Pfote haben. Das Gestein (Gneis) ist ungemein fest und wetter=
hart. Deshalb ist kaum anzunehmen, daß loseres Gemenge an diesen
Stellen vom Wetter ausgewaschen worden sei. Verschiedene Besucher des
Teufelsteines am Hradek waren sogar geneigt zu glauben, diese Eindrücke
könnten vielleicht in uralter Zeit von Menschenhand hergestellt worden sein.

. Die Felsen der Abhänge des Hradek, namentlich die Skallner Felsen
an der Elbseite, werden abgesprengt und zu Bahn= und Wasserbauten, auch
zur Glasbereitung verwendet. Auch am Fuße jenes nördlichen Bergvor=
sprunges, welcher auf seiner Koppe den Teufelstein trägt, wurden schon
vor längerer Zeit Steine gebrochen. Möge der sagenhafte Fels nicht etwa
auch der Ausnützung zum Opfer fallen! Hoffentlich wird es der Besitzer
desselben nicht zulassen.

In demselben Aufsatze ist auch von zwei auf Holz gemalten Bildern
die Rede, welche außer Gebrauch gesetzt und seit der Renovierung der Wald=
kapelle i. J. 1894 auf dem Dachboden derselben aufbewahrt werden.
Schon die Angabe, daß diese Bilder mit einem geschehenen Unglücke zu=
sammenhängen sollen, veranlaßte mich, der Sache näher nachzuforschen. Noch
heute bestehen allerdings nur Vermutungen über diese Bilder, aber man
wird wahrscheinlich nicht fehl gehen, wenn folgendes behauptet wird: „Diese
Bilder sind deshalb der Kapelle gewidmet worden, weil jemand eine
Gefahr glücklich überstanden hat. Das Unglück dürfte sich auch nicht an
Ort und Stelle ereignet haben, sondern wahrscheinlich in Lobositz selbst.“
Zwei dieser Bilder von ziemlich gleicher Größe sind auf Holz gemalt.
Beide sind noch recht gut erhalten, dagegen ist ein drittes Gemälde auf
Papier schon stark verblichen. Auf dem letzteren erkennt man noch eine
im Wasser kniende Frauengestalt, welche zum Himmel um Hilfe fleht.
Das eine auf Holz gemalte Bild enthält ebenfalls eine weibliche Gestalt
in knieender Stellung, die Hände bittend. erhoben. Dieselbe ist weiß ge=
kleidet und das Haupt bedeckt ein grüner, altmodischer Hut. Vor ihr
schweben auf Wolken zwei Gestalten, wovon die eine mit dem Heiligen=
scheine geziert ist. Darunter lehnt eine Tafel in Wappenform mit der
Aufschrift: »Vota 1815«. Hinter der Knieenden steht ein altertümlicher
Sessel neben einer Wand, an welcher zwei Fenster zu bemerken sind. Das
2. Holzbild stellt in der Hauptsache dasselbe dar, enthält die gleiche
Widmung, nur liegt vor der Bittenden ein aufgeschlagenes Buch auf dem
Fußboden. Auch sie hat städtische Tracht, ist weiß gekleidet, jedoch bar=

häuptig. Vor ihr schweben ebenfalls Heiligengestalten in den Wolken; Stuhl und Fensterwand fehlen.

Die Annahme, es handle sich um eine überstandene Wassergefahr, liegt nicht fern, denn um jene Zeit fehlte es an Elbehochfluten nicht. So wie das Jahr 1814 hatte auch das Jahr 1815 zwei derselben, denn am 1. Jänner 1815 wurde die 1814 erbaute Holzbrücke in Leitmeritz beim Eisgange der Elbe vom Hochwasser fortgerissen.[1]) Der Sommer dieses Jahres war sehr regnerisch. Das Regenwetter dauerte fast 5 Wochen, vom Juli bis August. Am 9. August erreichte das Hochwasser eine solche Höhe, daß die Brücke beinahe neuerdings zum Opfer gefallen wäre. Acht Tage hielt dasselbe an. Viel Getreide und andere Feldfrüchte wurden verdorben.

Nach der Absendung meines ersten Manuskriptes vom Hradek erhielt ich auch noch vom Herrn Oberlehrer Herm. Hoppe aus Großczernosek über die angeblichen Wälle, welche sich um die Waldkapelle befinden sollen,[2]) folgende Zuschrift, welche ich schon aus dem Grunde nicht über=gehen will, da Hoppes Lehrertätigkeit sich zumeist auf die in der Nähe des Hradek befindlichen Orte Kamaik und Großczernosek beschränkte und es ihm an Ortskenntnis nicht fehlen konnte. Er schrieb: „Rundwälle um die Hradeker Kapelle, welche als althistorische Ringe gelten sollen, gibt es hier nicht. Allerdings sind an der Südseite der Kapelle unregelmäßige Erhebungen. Dieselben sind aber erst seit der Urbarmachung der Waldungen, welche die Kapelle einst umgaben, zustande gekommen. Die der Kapelle zunächst liegenden Grundteile sind aber mehr aus Steinen (schotterartig) als aus Erdkrume bestehend. Die größeren Steine wurden von den Feldern entfernt und an die Flurgrenzen gegen die Kapelle aufgeschüttet. Von Zeit zu Zeit geschieht dies noch heute. Nach kurzer Zeit siedeln sich Farrenkräuter und andere Pflanzen dort an und überziehen dieses Steingerölle; ein einziger Hackenschlag genügt in den meisten Fällen, um die dünne Überzugsschichte zu entfernen und die Aufschüttung bloß zu legen. Auch kennt die Bevölkerung der ganzen Umgebung in Großczernosek, Kamaik, Malitschen, Rzepnitz und Libochowan eine unterscheidende Bezeich=nung „großer und kleiner Hradek nicht". Ich habe auch nie von einer solchen Bezeichnung gehört. Dem will ich nur noch hinzufügen, daß es ja ganz interessant wäre, wenn Hrašes Wälle um die Kapelle doch be=stünden oder bestanden hätten. Allein wie aus obigem und den zahlreichen anderen Nachforschungen hervorgeht, ist davon hier nichts bekannt.

---

1) Mitteilungen, XXV, S. 168.
2) J. K. Hraše, Pam., VIII, 434.

Um hinsichtlich der unterscheidenden Bezeichnung „Großer und kleiner Hradek" ganz sicher zu gehen, habe ich mir sämtliche Flurnamen, welche auf dem Hradek vorkommen, aufzeichnen lassen. Sie lauten: Winschehora[1]) mit Anschluß an den Skallner Berg, die großen Steinbrüche und die Haussenke (mit zeitweiligem Quellenwasser)[2]); Dreikreuzberg, Wendulegraben (mit Wald), Anschluß an den Dreihutberg (Straschitzk'n), Muschinka, Kawelkenberg und Teufelstratsche (Teufelstein). Die Felder vor den Ringwällen in der Nähe der Kapelle heißen „Vorderer Hradek" (im Volksmunde gewöhnlich Radk'n, seltener Radek genannt). Die Felder und Weingärten hinter den Ringwällen heißen „Hinterer Hradek"; Rzepnitz besitzt am Hradek die Flur „Presse", welche Benennung im Elbtale nicht selten anzutreffen ist.[3])

Im Großczernoseker Gemeindegebiete finden wir folgende Flurnamen, welche ich teils der dortigen Gemeindemappe, teils einer Karte der Broschüre „Weinbau der Gräflich Sylva-Tarouca-Nostitzschen Domaine Czernosek" entlehnte. Hinter dem Wendulegraben befinden sich auf den südlichen Lehnen die großen Weingärten von Czernosek nämlich: die große Wendule, die kleine Wendule, der Erneftgarten, die Flur „An der Elbe", der Mariengarten und dem gegenüber der Robotgarten. Die Flur „Obere Sande" liegt zwischen dem Straschitzk'n und der Kamaiker Straße, die Flur „Niedere Sande" zieht sich längs eben genannter Straße hin. Die Fluren „Kirchenberg" vom Schloßgebäude aufsteigend gegen die herrschaftliche „Schäferei" und an der Leitmeritzer Straße, „Yama" gegen Tschalositz, „Elbstrom" gegen Lobosit und jene gegen Malitschen kommen hier eigentlich nicht mehr in Betracht, da sie überhaupt nicht mehr zum Hradek gehören. Und damit wäre wohl auf das Untrüglichste nachgewiesen, daß es einen „Kleinen Hradek" auf dem ganzen Bergkomplexe zwischen Großczernosek und Libochowan nicht gibt.

Nicht unerwähnt kann ich mit Rücksicht auf den Aufsatz „Der Hradek bei Libochowan" Jhg. 1900 S. 215—216 lassen, daß auf dem Hradeker Felde des Josef Hlawitschka in Libochowan vor einiger Zeit eine Urne ausgegraben worden ist.

1) Vielleicht entstanden aus „Windische Hora".
2) Vergleiche „Der Hradek bei Libochowan", S. 219 und Erf.-Kl., XIII, S. 206.
3) Mitteilung des Landwirtes Eduard Haudeck in Libochowan.

K. u. k. Hofbuchdruckerei K. Haase, Prag. — Selbstverlag.

Mitteilungen des Vereines

für

Geschichte der Deutschen in Böhmen.

Redigiert von

Dr. A. Horcicka   und   Dr. O. Weber.

Sechsundvierzigster Jahrgang.   3. Heft. 1908.

Südböhmen während der Hussitenkriege.

Von

Dr. Valentin Schmidt.

Die unheilvollen Wirkungen der Kirchenspaltung machten sich bald auch in Südböhmen bemerkbar; auch hier hören wir von Provisionen und Inkorporationen; eine Fülle von Ablässen, die sich über Kirchen und Klöster, über bevorzugte Personen ergoß, verringerte in den Augen der gläubigen Menge ihren Wert. Die strenge Disziplin, durch die sich die Klöster die Ehrfurcht des Volkes erworben hatten, ließ nach. Dazu kamen Streitigkeiten im Schoße der Kirche selbst. Der Exemptions= streit der Zistercienser mit dem Erzbischof Johann v. Jenstein (1381), der Streit der Pfarrgeistlichkeit mit den Mendikanten, der Kapläne mit dem Pfarrer, der Konvente gegen ihre Äbte, dazu das verweltlichte Leben eines großen Teiles des Klerus — das alles hat unheilvoll auf die Menge eingewirkt.

Dieselben Erscheinungen, die uns die böhmische Geschichte im großen vorführt, sehen wir in unserem Teilgebiete im kleinen. Der Pisaner und der römische Papst warben auch hier um Anhänger. Johann XXIII., der am 17. Mai 1410 an Stelle Alexander V. gewählt worden war, gab am 31. Mai aus Bologna den zwei Doktoren, die er von dort nach Prag sandte, auch ein Schreiben an Heinrich v. Rosenberg mit, worin er ihm seine Erwählung mitteilte; dagegen ermahnte den

Rosenberger Papst Gregor XII. am 20. Juni aus Gaëta, den Pisaner Papst nicht anzuerkennen.[1])

Auch Budweis hatte seinen Mendikantenstreit. Der Pfarrer Bohunko klagte über die Dominikaner, die sich pfarrliche Obliegenheiten anmaßten, in Rom. Bonifaz IX. ernannte darauf am 10. März 1390 die Äbte von Wittingau, von den Schotten in Wien und St. Ambros in Prag zu Inquisitoren und bestimmte, daß sich die Bettelmönche nach den Dekretalen Bonifaz VIII., Klemens V. und Johann XXII. zu halten hätten. Der Streit wurde erst 1398 am 3. Jänner beglichen.[2])

Schon vorher war der Budweiser Pfarrer Bohunko auch mit den Altaristen uneinig geworden; 1386, 15. Jänner und 24. Mai schlichteten Erzdechant Borso und Propst Benesch von Wittingau diesen Zwist[3]). Dazu kamen Übergriffe der Geistlichen, die nächtlich herumstreiften, Waffen trugen und großes Ärgernis gaben. Am 14. Feber 1392 befahl der Prager Erzbischof Johann, solche unbotmäßige Geistliche gefangen zu nehmen und nach Prag zur Bestrafung und Besserung einzuliefern; welches Edikt Borso von Kbel am 10. November d. J. erneuerte. Dasselbe befahl den Budweisern auch der Erzbischof Wolfram am 22. September 1396.[4]) Die Folge dieser Übelstände zeigte sich bald. Man machte dem Pfarrer und seinen Dienern beim Zinseinnehmen Schwierigkeiten, weshalb sich der Pfarrer an den König wenden mußte, der 1416 ein diesbezügliches Verbot ergehen ließ.[5]) Den Pfarrer Matthias von Netolitz verklagte man 1400 sogar in Rom, er habe eigenmächtig das Interdikt über seine Pfarre verhängt, den Sterbenden die letzte Ölung und das Begräbnis der Toten verweigert, einen nur gegen eine große Geldsumme begraben, die die Verwandten des Verstorbenen nur dadurch zustande brachten, daß sie eine Wiese verkauften; er habe ferner von der Kanzel herab seine Pfarrkinder Ketzer geheißen u. a.[6]) Da aber Matthias nach der Untersuchung nicht abgesetzt wurde, sondern Pfarrer blieb, scheint ein Teil der Schuld auch hier die Eingepfarrten zu treffen.

Selbst in den Klöstern gab es Zank und Streit. 1407 wurde der Abt Stephan v. Goldenkron abgesetzt und der frühere Keller-

---

1) Witting. Arch.
2) Köpl: Urkdb. d. Stadt Budweis Nr. 512; Balbin: Misc. V, 100.
3) L. Er. IV, 349.
4) Čelatovsky II, 883; Köpl Nr. 406, 524.
5) Pingas-Millauer: Urkundenverzeichnis v. Budweis.
6) Krofta: Mon. Vatic. Nr. 1646.

meiſter Adam vom Könige als Abt beſtimmt; in dem herrſchenden Zwiſte hatte Abt Gottfried v. Plaß ſogar mehrere Mönche: Stretwitz, Hartlew, Friedrich, Johann und Sebald (Deutſche!) entlaſſen, für deren Rückberufung ſich am 7. Jänner 1408 Heinrich v. Roſenberg und Abt Adam verwen= deten.[1]) Auch das oberöſterreichiſche, mit der Geſchichte Südböhmens eng verbundene Schlägl war in Unordnung geraten und entbehrte eine Zeit= lang des Propſtes; deshalb mußte ſich der neue Propſt Martin v. Schlägl (ein Mühlhauſner Profeß) am 10. Juni 1408 auf den Schied= ſpruch des Roſenbergers hin ſogar einem ein= bis zweijährigen Probejahre als Abt unter Aufſicht Reinprechts v. Walſee unterwerfen.[2]) Über die Minoriten und Klariſſinnen in Krummau gingen ebenfalls mancherlei Gerüchte, die aber Čenko v. Wartenberg am 6. Dezember 1417 widerlegte.[3]) Das Stift Hohenfurt hatte ebenſo ſeinen kleinen Streit wegen der Faſtenpitanz; Ulrich v. Roſenberg und Čenko verglichen Abt und Konvent am 19. Auguſt 1418.[4])

Daß der Klerus von der herrſchenden Oppoſition viel zu leiden hatte, geht ſchon daraus hervor, daß man in Kirchen und Klöſtern eigene Sammlungen für den von den Laien bedrängten Klerus anſtellte.[5]) Die Keime kirchlicher Oppoſition, deren Aufflackern das Waldenſertum auch in Südböhmen wiederholt zeigte (ſo 1257, 17. April,[6]) 1318, 1. Mai[7]) und 1335—1340[8]) feſtigten ſich ſo immer mehr und mehr und wurden noch genährt durch den Einfluß der wiklef= itiſchen Lehre. Für Wikleffs Bücher intereſſierte ſich nicht

1) F. r. A. 37, 353, 612, 354.
2) Böhm: Roſenberger Regeſten Mſkr. 86. f.; Lichnowsky V, 1027.
3) Hohenf. Mſkr. 49 f., 79.
4) l. c.
5) So in Wittingau. Frind III, 47.
6) Papſt Alexander IV. ſandte auf Bitten Ottokars II. zwei Minoriten als Inquiſitoren nach Böhmen. Geſandter Ottokars war der Abt von Mühl= hauſen, der am 5. April einen Ablaß für die Kaplitzer Marienkirche er= bat — wohl ein Beweis, daß die Waldenſer in Südböhmen ihren Sitz hatten. Ihre Verbreitung iſt mit der damals hochgehenden Einwanderer= flut in Zuſammenhang zu bringen.
7) Johann XII. befiehlt Peter v. Roſenberg, Wilhelm v. Landſtein u. a., die Inquiſitoren zu unterſtützen.
8) Als Inquiſitoren entſandte 1335 Papſt Benedikt XII. Peter v. Načeradetz und Gallus v. Neuhaus. Erſt 1340 gelang es dem Neuhauſer, die Sekte durch einen Kriegszug zu unterdrücken, wozu er ſich die päpſtl. Genehmigung in Avignon geholt hatte.

nur Hus, auch Magister Christian, der Sohn des Ekhart aus Prachatitz
(† 1439), ein Johann v. Michnitz (1412—18), ein Přibik v. Hausen
(Houžna bei Budweis), der sich 1408 weigerte, die Schriften dem Bischofe
abzuliefern, es aber endlich doch 1410 auf einen neuerlichen Befehl hin
tat; ja, einen gebürtigen Budweiser finden wir sogar in Oxford. Es
war dies Nikolaus Faulfisch, der ein Steinchen vom Grabe Wikleffs nach
Prag brachte, wo es die Čechen als Reliquie verehrten. 1412, 4. März
war er bereits tot und seiner Güter hatte sich die Budweiser Bürgerin
Elisabeth Fröhlich bemächtigt.[1) . Auch die bedeutenden Prediger vor Hus,
ein Konrad v. Waldhausen und Milič v. Kremsier, standen mit Süd=
böhmen in Verbindung. Ersterer wurde durch Vermittlung der Rosen=
berger für Prag (seit 1358) gewonnen — seiner Anregung verdankte
wohl das Augustinerchorherrnstift Wittingau (weil seines Ordens) die
Entstehung (1367) —, letzterer begann seine Predigerlaufbahn 1363 in
Bischofteinitz. Hus selbst hat nachweislich 1413 in Südböhmen geprediget
und einen großen Anhang gewonnen.

Auch beim niedern Adel standen die Verhältnisse
mißlich. Die herrschende Naturalwirtschaft nötigte ihn zum Schulden=
machen bei Juden u. a. oder zur allmählichen Veräußerung des Besitzes.
Dazu hatten die reichen Schenkungen der Vorfahren an Klöster, Kirchen,
Spitäler ꝛc., öftere Teilungen an den zahlreichen Nachwuchs den Besitz
sehr verringert. So sehen sich denn gegen Ende des 14. Jhrh. viele
kleine Adelige auch Südböhmens — wollten sie ihre ritterliche Lebens=
weise auch ferner fortsetzen —, falls sie nicht als Burggrafen, Schaffner,
bei einer Burgbesatzung u. dgl. unterkamen, genötigt, Söldner oder
Stegreifritter zu werden. Letztere waren in Südböhmen sehr zahl=
reich. Ich nenne nur: Beneš Macuta v. Herschlag (1396—1406),
Swatomir v. Teindles auf Hurka (um 1400), Ratzek und Johann v.
Hlawatetz (1397 f.), Žižka mit seinem Bruder Jaroslaw (1406 ff.) —
ersterer bereitete sich so zum Taboritenhauptmanne vor — ein Sohn des
Siegfried v. Pernlesdorf (1406), Walkun v. Steinkirchen (Maschkowetz) [1396
bis 1408] und sein Sohn Peter (1408), Martin Brada Plachtik v. Barschow[2)

---

1) Pelzel CCXXIII. Güter in Čejkowitz, Ruden und Hables. 1401 wird
auch ein Budweiser Bürger Stephan Faulfisch und sein Bruder Wenzel
Faulfisch, Propst des Klosters in Rotitzan, genannt (L. Er. V, 283) —
vielleicht des Niklas Brüder.

2) Nicht Payreschau, sondern wahrscheinlich Gießhübel bei Malsching. Popravčí kniha 9. Hier größtenteils Quelle.

(1406) u. a. — In den Fehden, die um diese Zeit sehr zahlreich
waren, konnte man auf diese Leute immer rechnen. Ratzek und Johann
v. Hlawatz griffen den Rosenberger und Budweis an; Ratzek
wollte die Helfenburg ersteigen, Johann tötete 1397 den Budweiser
Bürger und Maurer Philipp; K. Wenzel verzieh ihm nach seiner Rückkehr
aus Deutschland am 4. September 1398 in Elbogen und ließ ihn haft-
und straflos ausgehen, was er auch von den Budweisern verlangte.[1])
Um 1398 raubte Sokol v. Lamberg um Budweis; ebenso Heinrich v.
Kunstatt (der „Dürre Teufel" „Suchy Čert") und Alesch v. Kunstatt.
1400—1405 befehdeten Leopold und Konrad v. Kreig die Wittigonen
von Rosenberg, Neuhaus, Dusti und Platz; 1405, 6. Jänner wurde diese
Fehde der Kreiger mit Johann v. Neuhaus und Heinrich v. Rosenberg
beigelegt. Der König gab zwar am 20. Juli 1400 den Budweisern und
Wodnianern das Popravcenamt in ihren Kreisen, aber eine Hilfe gewährte
er ihnen nicht. Benesch Macuta v. Herschlag war schließlich den Freistädtern, deren Handel er schädigte, in die Hände gefallen, die ihn dann
am 7. Mai 1402 gegen Urfehde mit Peter v. Zwarmetschlag freiließen,
ebenso am 3. Juli den Schmied Konrad aus Kerschbaum.[2]) Endlich
ging der König energischer vor; am 5. Jänner 1405 verkündete er den
Budweisern die Erlässe der Herren gegen die Landschädiger; Heinrich
v. Rosenberg, Ulrich v. Neuhaus und Johann v. Dusti wurden zu
Popravcen des Bechiner Kreises, Zdenek v. Rosenthal und Johann v.
Neuhaus zu solchen im Prachiner ernannt. Am 14. Feber lud er die
Budweiser zu dem Prager Tage am 1. März, wo wieder über das Vorgehen gegen die Landschädiger beraten werden sollte. Am 2. und 4. Juni
erklärten sich die Budweiser und Wodnianer bereit, dem König gegen
jedermann beizustehen.[3]) Da Wenzel auch den Johann v. Platz bewogen
hatte, bis auf einen bestimmten Termin hin sich aller Fehden mit den
Österreichern zu enthalten, so trug er am 13. Oktober den Budweisern
auf zu verkünden, daß nun alle Österreicher ungestört nach Böhmen und
namentlich Budweis ihre Waren führen könnten.[4]) Am 27. Oktober
verzieh König Wenzel auch dem Niklas v. Hus, Johann Stebnak v. Cichtiz,
Heinrich Johann Letowsky und dem Dietrich v. Nebřehowitz ihre Über-

---

1) Budw. Arch.
2) Böhm. Rosenb. Reg. 80; A. Ö. G. 31, 289.
3) Čelakovsky II, 1007, 1017.
4) A. Ö. G. 31, 294. 1405, 26. April Urfehde des Ulrich Nöderleins Sohn
v. Kaplitz und 5. Juni des Mertl v. Marteinslag l. c.

griffe und forderte die Budweiſer ebenfalls dazu auf.[1]) Aber ſchon zu
Ende des Jahres 1405 fiel der „Dürre Teufel" Heinrich (Heralt) v. Kunſtatt
(und Jaiſpitz), geſeſſen auf Bechin, mit Aleſch wieder in Südböhmen ein;
hier lauerte Heinrich Ende November den Königlichen an der Straße von
Strodau nach Weleſchin auf. Žižka, Martin Braba Plachtik u. a. ſagten
dem Roſenberger ab und ſchloſſen ſich dem Jaiſpitzer an, dem man
Weleſchin und Klingenberg verraten wollte. Der Burggraf des letzteren
Zacharias v. Scheſtau mit ſeinem Sohne Romanek war mit im Einver-
ſtändniſſe und wurde deshalb vom April 1406 durch einen andern Burggrafen erſetzt. Am 3. März eroberte Heinrich ſogar Wodnian,[2]) wo er
viel raubte und mehrere Bürger gefangen nahm. Der König verſöhnte
ſich mit ihm vorm 21. Mai.

Auch jetzt tat Wenzel nichts. Er forderte am 13. Juni die Budweiſer
und andere Städte auf, ſich gegen die Übeltäter gegenſeitig zu helfen;
nur für einen Scharfrichter ſorgte er am gleichen Tage, indem
er dem Abte v. Goldenkron, dem Burggrafen von Frauenberg und
Klingenberg, dann den Städten Wodnian, Prachatitz, Winterberg, Netolitz
und Liſchau befahl, ſich bei Halsgerichten des Budweiſer Scharfrichters
zu bedienen und zu ſeinem Unterhalte beizutragen. Am 9. März 1407
hatten die Budweiſer wieder die Poprava; der König befahl allen Herren
und Rittern, die Budweiſer, ſo oft dieſe dazu auffordern würden, bei
der Verfolgung von Räubern und Verbrechern zu unterſtützen.[3])

1408 fielen wieder die Böttauer in Südböhmen ein. Dem Leopold
wollte man Weleſchin, dem Alſchik Wittingau und Lomnitz (auch hier war
der königl. Burggraf Nikolaus mit dem Feinde im Einverſtändnis) verraten; Erhart v. Böttau zog gegen Budweis. Žižka gedachte ſich der Burg
Hus zu bemächtigen, auch Gratzen wollte er erſteigen. Beneſch v. Herſchlag
führte den Alſchik v. Böttau ſogar gegen Leonfelden. Aber wieder ließ
K. Wenzel die Übeltäter ſtraflos ausgehen, am 25. April 1409 befahl
er den Budweiſern, ſich mit Žižka wegen der entſtandenen Mißhelligkeiten
auszuſöhnen, und am 27. Juni neuerdings, da auch er ihn in Gnaden

---

1) Čelakovský II, 1007. Seyſer nennt noch Beneſch v. Sedlitz, Prokop und
   Přibik v. Duden, Přibit v. Lhota und Kunz von Langendorf.
2) Merkwürdig iſt es, daß die Urkunde der Wodnianer, durch die ſie ſich
   dem Roſenberger Ulrich 1420 unterwerfen, ebenfalls vom 3. März datiert
   iſt, allerdings vom Sonntag Reminiscere, während die erſte Eroberung
   am Mittw. nach Mathias ſtattfand.
3) Čelakovský, II, 1007, 1033.

aufgenommen habe.[1]) Seit 1409 kämpfte auch Račko v. Janowitz gegen die Rosenberger bis zur Aussöhnung 1413; der Passauer Bischof wurde ebenfalls vom Janowitzer angegriffen und ersuchte am 13. November 1412 die Stadt Budweis um Hilfe.[2]) 1413 gefährdete Ulrich v. Dustí die Budweis=Freistädter Straße. 1414 vertrieb Beneš v. Duben die Besitzer der zweiten Hälfte des Gutes. Čenko v. Wartenberg brachte sie infolge eines kgl. Befehls wieder in ihren Besitz.[3]) Busko v. Machowitz brang kurz vorm Ausbruche des Hussitenkrieges bewaffnet in die Pištiner Kirche und zwang die anwesenden Priester, in seiner und der mitgebannten Waffengenossen Gegenwart den Gottesdienst abzuhalten.[4]) 1417 war es wieder der Herr v. Skal, der gegen Österreich zu Felde zog, weshalb am 23. Oktober 1417 der Herzog Albrecht die Budweiser um Vermittlung beim Könige ansuchte. Wirklich brachte am 11. November Čenko v. Wartenberg einen Waffenstillstand bis Lichtmeß 1418 zustande.[5])

Auch **südböhmische Söldner** finden wir bereits vor den Hussitenkriegen in fremden Diensten, so im Kampfe Reinprechts v. Walsee gegen den Freisinger Bischof 1408: Mrakes v. Petrowitz den Älteren und Jüngeren, Wojtik v. Selce, Niklas v. Husen (bei Budweis), Otik v. Sar, Zeban v. Křenowitz, Zeba v. Bohdanetz, Busko v. Machowitz, Marquard v. Hlawatitz,[6]) dieser mit 22 Gesellen noch 1410, 22. Juli, an welchem Tage sie wohl entlassen wurden.[7])

Und gar **das arme Volk!** Zehent und Abgaben stiegen in dem Maße, als der Gutsherr verarmte. Die Last des Totenfalles war nur von den Städten und einigen Märkten genommen; die wenigen Frei= bauern waren im Lanfe des 14. Jahrh. zur Schutzuntertänigkeit gezwungen worden, der später die wirkliche Untertänigkeit folgte. Auch die regere und freiere **deutsche** Bauernschaft litt hart darunter. Durch die zahlreichen Verleihungen des Meilenrechtes[8]) ward die Gewerbetätig= keit den Dörfern entzogen und so den jüngeren Söhnen ein Erwerbzweig entrissen. Die neuaufgekommenen Jahrmärkte verlockten die Bauernschaft

1) Pelzel 548, 559.
2) Rof. Chron. 86 ff.; Seyfer 41; Kurz, Albrecht II., I, 193
3) Březan: 87.
4) Witting. Arch.; Trajer: Diöz. Budw. 95.
5) Kurz: Albr. II, 2, 12 ff.; Lichnowsky V, 1417 1775
6) Notizbl. II 8.
7) l. c.
8) In Südböhmen vorm Hussitenkrieg: Wodnian 1336, Krummau 1336 und 1347, Budweis 1351, Beneschau 1383 u. a.

zu größeren Geldausgaben, denen die Naturalwirtschaft nicht gewachsen war. Wollten die Landleute ja ihre Produkte auf den Markt bringen, wie viel Mauten[1]) waren da nicht zu zahlen, wieviel Gefahren zu bestehen! Stürzte der Wagen um, so verfiel das Gut der Grundruhr; umging man eine Maut, verfiel Roß und Wagen und Gut und mußte teuer aus= gelöst werden; man war genötigt, die weitesten Umwege machen, um das Stapelrecht einer Stadt nicht zu verletzen; dazu noch das Raubgesindel, das an den Straßen lauerte, und erst der Preis, den einer in der Stadt erhielt! Hier bildeten die Käufer ein Kartell, das den Preis bestimmte. Einzig steht wohl die große Befreiungsaktion vom Totenfall durch Ulrich v. Rosenberg (28. September 1418) da; vielleicht suchte er dadurch den Anschluß seiner Untertanen an die Unzufriedenen zu verhindern, was ihm wenigstens im (mehr deutschen) Süden gelang. Dagegen muß die Lage der Goldenkroner Bauernschaft um Netolitz und Prachatitz ꝛc. eine sehr mißliche gewesen sein; nur so können wir uns den Haß der= selben gegen das Stift und die Pfarrer und den Anschluß an die Taboriten erklären. Selbst Netolitz war nicht vom Totenfalle befreit und nur in einigen Dörfern war der Zins geregelt worden.

Es war daher nicht zu verwundern, daß sich der niedere Abel und das Volk gegen die Städte auflehnte: der Abel, weil hier geldkräftige Leute waren, von denen er abhing, die teilweise einen eigenen Geldadel bildeten und ritterliche Güter an sich gebracht hatten, wie in Budweis Nikolaus Kuttrer und Jakob v. Netolitz (Deutsch= Baumgarten), Albin (Bstuh), der Krummauer Bürger Diepold (Schestau) u. a. m. — Leute, denen gegenüber ein Adeliger in bezug auf Gemächlich= keit der Wohnräume, Nahrung und Kleidung fast ein Bettler war. Und das Volk sah aus den obenangeführten Gründen in den Städten ebenfalls Zwingburgen, in den städtischen Privilegien Fesseln des Volkes.

In den Städten, Kirchen und Klöstern schien alles Be= gehrenswerte aufgehäuft, und all dies — oder das meiste wenig= stens — war in deutschen Händen, in den Händen eines Volkes, das man immer mehr als ein fremdes, eingedrungenes anzusehen begann, weil man so jede Ungerechtigkeit leichter entschuldigen konnte; — und als die national=kommunistische Idee durch die religiöse eine

---

1) Hier nur ein Beispiel! Auf der Freistadt=Budweiser Straße waren die Mauten: Unterhaid, Kaplitz, Weleschin, Budweis; auf den Nebenlinien: Oberhaid, Rosenberg, Krummau; Beneschau, Schweinitz, Wittingau; Strobnitz, Gratzen; Pflanzen, Lotschenitz u. a.

höhere Weihe, eine Art Rechtfertigung erhielt und nun der
Sturm losbrach, da einigte sich das tschechische Volk und der kleine Adel
in rührendem Bunde, und der hohe Adel legte segnend seine Hand
darüber, weil er im Trüben das meiste zu erwerben gedachte und das
Unwetter von sich abzulenken suchte. Der Sturm tobte lange, lange —
bis die Menge ermattete; und statt der erhofften Erlösung brachte er
jene schreckliche Knechtung, der gegenüber die Zustände vor dem Hussitenkriege noch glückliche genannt werden konnten; — an die Stelle der mildern
städtischen und geistlichen Vorherrschaft, die ja aus dem Volke hervorgegangen war und an der auch das tschechische Volk Anteil nehmen konnte
und auch nahm, trat das harte, exklusive Dominium des Adels.

I.
Machtbereich der beiden Parteien.

Die religiös-national-kommunistische Idee des Hussitismus fand daher
in den Kreisen der tschechischen Bevölkerung Südböhmens viele Anhänger,
bei denen bald die eine, bald die andere Seite der Idee den Ausschlag gab.
Tief, selbst in die Familie hinein, ging der Riß, den sie erzeugte, vor
allem beim Adel und hier wieder unter den Wittigonen.

Von den Neuhausern war Johann der Jüngere katholisch, Ulrich,
geheißen Wawak, Hussit; von der Wilhartitzer Linie Heinrich, Großprior
von Strakonitz, katholisch, sein Bruder Johann der Ältere und dessen Sohn
Meinhard (dieser wenigstens seit der 2. Hälfte 1421) Utraquist.

Die Oustier Linie der Wittigonen hatte in Ulrich einen eifrigen
Antihussiten, während seine Schwägerin Anna v. Mochow und ihr Sohn
Prokop auf Kamenitz zu den erbittertsten Utraquisten gehörten. Anna
v. Mochow war es ja, die Hus auf Kozihradek und Oustí 1413 aufnahm, als er Prag verlassen mußte.

Von den Landsteinern war Nikolaus, gesessen auf Borotin,
katholik, während Hermann auf Stŕela als eifriger Hussite auftrat; auch
die Platzer (Stráž-er) Linie hatte sich dem Utraquismus angeschlossen.

Sehr eifrig nahm sich der neuen Idee der jugendliche Ulrich von
Rosenberg (geboren 1403) an. Auf ihn wirkte das Beispiel seiner
Mutter Elisabeth v. Krawař,[1] besonders der Einfluß seines Vormundes
Cenko v. Wartenberg, nicht minder der Rat der rosenbergischen Dienst-

---

1) 21. Mai 1418 suchte sie Mag. Mařík Rvačka für den Katholizismus zu
gewinnen. A. č. III, 249.

mannen Vita v. Rzavé und Leopold v. Kraselow auf Dobronitz. Čenko
(von einer großen stattlichen Gestalt, während sein Mündel hinkte) nahm
den Prager Weihbischof Hermann (v. Nikopolis)[1]) in Deutschbrod gefangen
und zwang ihn, da der südböhmische Klerus meist der Kirche treu geblieben
war, am 6. März 1417 auf seiner Burg Lipnitz utraquistische Kleriker, darunter
Johann Biskupetz, zu Priestern zu weihen. Am 17. Juni (Oktav von Fronleichnam), an welchem Tag in Krummau seit einem halben Jahrhundert das Heil-
tumsfest abgehalten wurde, mußte der Kaplan Johann Biskupetz beim Tische,
auf dem man die Reliquien vorzeigte, alle Priester des rosenb. Patronates
auffordern, von nun an die Kommunion unter beiden Gestalten zu erteilen
oder ihre Pfarren zu verlassen. Nach der üblichen Mittagstafel auf der
Burg richtete Wilhelm Lopata v. Pottenstein, der Schwestersohn des Rosenbergers, an die anwesenden Geistlichen dieselbe Forderung. Der Abt Andreas
v. Wittingau erbat für sich und die andern Bedenkzeit, die ihnen auch
gewährt wurde; trotzdem wurden die Pfarrer von Schweinitz (Wenzel
Weichsel v. Wettern, obwohl sein Bruder Matthias Burggraf in Krummau
war), Weleschin (Jakob) und Militschin (Woyslaus), angesehene, bejahrte
Männer, von ihren Pfarren verjagt und an ihre Stelle die Utraquisten:
Mníšek, ein abgefallener Mönch (Schweinitz), Martin Sowa (Weleschin)
und der Titularbischof Hermann v. Nikopolis (Militschin) gesetzt.[2])

Von den andern südböhmischen Adeligen standen Nikolaus v. Hus,
Pшibik v. Klenau, Peter und Johann Zmrzlik auf Worlik, ersterer
auch auf Karlsberg (Bergreichenstein), Kamaret v. Serowitz, Johann
Smil v. Krems, Johann Kosoш und Peter v. Malowitz, Johann
v. Drahonitz auf Maschkowetz (Steinkirchen), Johann Roubik von
Hlawatetz auf Habшí, Wilhelm Kozak v. Hlawatetz auf Řimau u. a.
auf Seite der Hussiten; dagegen waren Materna v. Ronow auf Woschitz,
Heinz Lažan auf Bechin,[3]) Nikolaus v. Lobkowitz auf Frauenberg,
Kunat Kapler auf Winterberg, Johann v. Riesenberg auf Rabi und

---

1) Den Budweisern weihte er das Jahr zuvor im Bürgerhause eine Meßkapelle
zu Ehren des hl. Antou ein. (Trajer: Diözese Budw. 28.)
2) Staří letop. čeští 23 f. und Höfler: Scrr. rer. hus. II, 62, I, 550.
Übrigens präsentiert Ulrich 1418 und 1419 kathol. Pfarrer in Strunkowitz,
Rosenthal, Unterhaid, Luttau, Weleschin und Wittingau.
3) Dieser erwarb 1418, 14. Juni die Pfandschaft des Nikolaus v. Okoш (66 ℔
Gr. jährlich für eine Schuld von 700 ℔ auf Budweis, welche dann am
Stephanitage 1438 auf Erlaubnis K. Albrechts durch die Budweiser vom
Sohn Heinzens Johann mit königlichen Geldern eingelöst werden durfte.
A. č. II, 193 f.

Blatna, Leopold Kreig auf Neubistritz u. a. tätige Verfechter der katholischen Sache. Marquard II. v. Poreschin und Hroch mit seinem Sohne
Johann v. Marschowitz auf Poreschin starben zu Beginn der Hussitenkriege, sie werden 1418 1. Mai zum letztenmale erwähnt. In den Besitz
von Poreschin setzten sich die dortigen Dienstmannen, welche dann die
Burg an den Rosenberger verkauften. Dieser ließ sie dann niederreißen,
damit sich die Feinde dort nicht festsetzen konnten.[1] Auf gleiche Weise
gelangte Johann v. Malowitz in den Besitz von Lauseck und so wurden
die Malowitzer Johann, Diwisch und Bohuslaus, die Söhne Johanns, Nachbarn Ulrichs, der die vielleicht kurz zuvor aufgebaute Burg ebenfalls zerstörte
und das Gut von den 3 genannten Brüdern am 1. Aug. 1448 erwarb.[2]

Unter den Städten schloß sich zuerst Dustí der huss. Bewegung
an. Hier hatte 1413 Hus gepredigt; hier gewährte der Tuchhändler Pytel
seit 1415 utraq. Priestern ein Asyl, bis sie Ulrich v. Dustí (vielleicht anfangs 1419) auswies. Auf einem Hügel an der Luschnitz, den sie „Berg
Tabor" nannten, setzten sie sich fest und hielten dem massenhaft zuströmenden
Landvolke Gottesdienst und Predigt. Am 22. Juli 1419 wurde hier unter
der Leitung des Nikolaus von Hus jenes große religiös-politische
Meeting (über 42.000 Personen) abgehalten, das den Sieg der huss. Idee
über Südböhmen bedeutete. Im nächsten Jahre nahm man unter der
Führung Prokops v. Dustí vom Taborberge aus am 21. Feber die Stadt
Dustí ein, vertrieb die Dominikanermönche und Katholiken, setzte sich hier
fest, verbrannte aber schon am 30. März die Stadt und gründete am
Berge Hradischt an der Stelle der zerstörten Burg Ulrichs v. Dustí den
neuen Berg Tabor, die Zwingburg für Südböhmen. Die königl. Städte
Klattau,[3] Schüttenhofen, Tans und Pisek[4] schlossen sich den
Taboriten an, ebenso Horaždowitz (Stadt Meinhards v. Neuhaus).
Wodnian (k. Stadt) und Prachatitz (der Wyschehrader Propstei ge-
hörig) hatten taboritisch gesinnte Bürger in ihrer Mitte, die gegebenen-
falls bereit waren, ihre Stadt den Taboriten in die Hände zu spielen.

1) Klimesch: Reg. v. Poreschin 79.
2) l. c. 88.
3) Man zerstörte das Dominikanerkloster und vertrieb die Mönche 1419. (Chron.
Treb.) Daß Klattau erst 19. März 1421 von Žižka überfallen worden sei,
ist unrichtig.
4) Hier hatte man am 20. August 1419 die Dominikaner vertrieben und
das Kloster von Grund aus zerstört. Nach Balbin: Misc. IV, 121,
sei der Prior in Ordensangelegenheiten einige Tage zuvor nach Budweis
gegangen.

Selbst B u d w e i s, dieſe Hochburg des Deutſchtums und der kathol. Sache, barg in ſeinen Mauern eine beträchtliche Zahl von Feinden, und ähnlich war es auch in den roſenb. Städten der Fall.

Mit der größten Begeiſterung nahm die L a n d b e v ö l k e r u n g die neue Idee — wenigſtens von ihrer kommuniſtiſchen Seite — auf. Ulrich v. Roſenberg oder wenigſtens ſeine Berater, wohl angeregt durch Huſſens Anſicht über die Ungerechtigkeit des Heimfallrechtes, erkannten dieſe gefährliche Strömung unter ihren Untertanen wohl und ſuchten ihr die Spitze zu bieten durch jene großartige Befreiung von der Totenfälligkeit am 28. Sept. 1418. Am wenigſten war aber vom Stifte Goldenkron für die Untertanen geſchehen. Daher jene große Unzufriedenheit, die ſich kundgibt durch die Teilnahme am Taborer Meeting (22. Juli 1419), durch die Überſiedlung nach Tabor, durch Raub, Mord und Brand. Auf Tabor ſah man Leute aus Oxbrunn, Grub, Křižowitz, Tiſch, Melhütten, Paulus, Scharſberg, Planſkus, Pleſchowitz, Přiſlop und Sahorſch (alle ausnahmlos Goldenkroner Untertanen), andere hielten ſich ſpäter in Prachatitz und Lomnitz auf; ſelbſt e i n i g e D e u t ſ c h e[1]) fanden ſich darunter. Auch aus den tſchech. Orten des Roſenbergers, ſelbſt aus Budweis und Um= gegend, aus den Budweis benachbarten tſchech. Beſitzungen Hohenfurts geſellten ſich ihnen manche bei. Es entwickelten ſich in Tabor und auber= orts kommuniſtiſche Gemeinden, die ſich in Haus= und Feldgemeinden gliederten, von denen die letzteren für die Verbreitung der Idee durch das Schwert und für die Erhaltung der Gemeinde durch Raub zu ſorgen hatten. Im Solde dieſer Gemeinden ſtand auch das benachbarte Land= volk, das ſeinen Anteil an der gemachten Bente erhielt, Spionagedienſte verrichtete, die „Brüder“ beherbergte, mit ihnen auf Raub auszog uſw., ferner Händler: ſo eine Schleiermacherin aus Klattau, die auf den Feſten und Burgen, Krämer Jakob von Prag, der gelegentlich der Jahrmärkte in den Städten für die Taborer Späherdienſte verrichtete: ſo war ganz Südböhmen unterwühlt und alles vorbereitet, beim erſten Anſturme eine leichte Bente der Taboriten zu werden.

---

1) Lippl „der Deutſche“ aus Tiſch, Linhart „der Deutſche“ aus Budweis, ein deutſcher Knecht des Spernberg aus Frauenberg. Alles nach dem „Gerichts= buch der Herren v. Roſ.“ (Popravčí kniha ed. Mareš). Viele der hier genannten Namen finden ſich im Goldenkroner Urbar des Gerichtes Ne= tolitz v. J. 1400 (Mſkr. der Prager Univ.=Bibl.). Es waren zumeiſt d i e A r m ſ t e n unter den Ortsbewohnern der Umgebung von Netolitz, die ſich der huſſ. Bewegung anſchloſſen, wie aus dem genannten Urbar zu er= ſehen iſt.

Daß dies aber nicht, oder doch nur unvollständig gelang, ist das Verdienst des Rosenbergers und der Stadt Budweis.

II.

Žižkas erster Zug gegen Südböhmen; Belagerung von Tabor.

Der erste Ansturm begann im April 1420. Žižka hatte am 20. März Pilsen verlassen und war über Stěkna nach Sudomíř (bei Strakonitz) gezogen, wo sich ihm 25. März Bohuslav v. Schwamberg auf Krasikov und Heinrich v. Neuhaus, Großprior v. Strakonitz, entgegenstellten; Žižka siegte, Heinrich v. Neuhaus wurde schwer verwundet und starb innerhalb Jahresfrist. Über Dujezdetz zog dann Žižka nach Tabor, wo die Gemeinde vier Hauptleuten (neben Žižka Nikias v. Hus, Zbinko v. Buchau und Chwal v. Machowitz auf Řepitz) unterstellt wurde. Mittlerweile lag in Woschitz ein kais. Heer unter Nikolaus Diwoček v. Jemnischt, dem k. Münzmeister, auch Gerung und Johann Kappler standen ihm bei. Žižka griff sie am 5. April unversehens an, besiegte sie und kam so in den Besitz ihrer Pferde; der Münzmeister rettete sich mit einem Teil des Heeres auf die dem Materna v. Ronow gehörige Burg, die sich behauptete; die Stadt wurde verbrannt. Um Ostern wurde auch das Kloster Luňowitz in Brand gesteckt, in der Osterwoche die Burg Sedletz eingenommen und hier Ulrich v. Dustí von den Taboriten unter Martern getötet. Am 23. April nahm Žižka das Prämonstratenserstift Mühlhausen ein, am 25. wurde Prachatitz genommen und die Stadtmauern niedergerissen.

Mittlerweile hielt sich der Rosenberger an der Seite seines Vormundes in Prag auf. Ulrich war es, der in der Nacht vom 4. zum 5. Nov. 1419 die verwitwete Königin Sophie, für die er sich anfangs Oktober erklärt hatte, nach Kunratitz geleitete. Mit seinem Vormund sagte er am 6. Nov. den Pragern ab; Mitte März 1420 finden wir beide beim Kaiser in Breslau. Von seinen Zusagen nicht befriedigt und durch die Ausschreibung eines Kreuzzuges gegen die Hussiten beleidigt, sagten beide am 17. April dem Kaiser ab, während Budweis mit andern Städten sich Siegmund anschloß. So war Budweis allseits von Feinden eingeschlossen. Eine Botschaft der Budweiser schilderte dem Kaiser die Gefahr für die Stadt; aus Schweidnitz bestellte er dann Leopold v. Kreig mit seinem Volke zu ihrem Hauptmann, wovon er ihnen am 25. April Nachricht gab.[1] Leopold v. Kreig war den Budweisern nicht fremd; in

---

1) Palacký: Urkundl. Beiträge I, 27 f.

der Nähe begütert, hatte er auch eine k. Pfandsumme auf Budweis ver=
schrieben.[1])

Zum Glücke für Budweis bewogen die Ausschreitungen der Taboriten
Čenko v. Wartenberg und Ulrich v. Rosenberg, sich am 7. Mai dem Kaiser
anzuschließen. Auf eine neuerliche Gesandtschaft der besorgten Budweiser
an den Kaiser vertröstete sie dieser nochmals am 9. Mai von Königgrätz
aus mit dem Schutze des Kreigers.[2]) Goldenkroner Untertanen aus Netoliß,
Tisch, Lichteneck, Zmietsch, Plaštowiß steckten am 11. Mai das Kloster
in Brand, zwei Mönche, Johann Kink und Johann, früher Kustos, ver=
loren bei diesem Brande ihr Leben. Ulrich v. Rosenberg war schon
durch den Fall von Ouski (21. Feber 1420) auf die Gefahr, die auch
ihm durch die hussitische Bewegung drohte, aufmerksam geworden und hatte
sich nun gegen sie erklärt. Bereits am 3. März 1420 wandte er sich gegen
das hussitische Wodnian, das er eroberte und dessen Befestigungen er
zerstörte, da es seine nahen Besitzungen gefährdete. Nach Goldenkrons
Plünderung wurde er vollends ins kaiserliche Lager getrieben. Schon am
20. Mai wies der Kaiser den Kreiger an, sich mit dem Rosenberger gegen
Žižka zu rüsten,[3]) und am 31. Ulrich v. Rosenberg, die Feste Hra=
biško (Neu=Tabor) zu zerstören und darnach mit seinen Streitkräften
gegen Prag zu ziehen.[4]) Durch Peter v. Mohylna und Leopold (v. Kreig),
die Ulrich wahrscheinlich die k. Botschaft überbracht hatten, ließ dieser
Siegmund seine Bereitwilligkeit ausdrücken, dem k. Wunsche Folge zu
leisten, worüber der Kaiser am 12. Juni vom Wyschehrad aus brieflich seine
Freude äußerte, ebenso darüber, daß er persönlich bei ihm erscheinen
wollte.[5]) Wieder lud er ihn am 20. Juni von Točnik aus zu sich und
war einverstanden, daß er Ulrich Wawak v. Neuhaus mit sich nehme.[6])
Im Kampfe gegen die Taborer stand der Rosenberger schon vor diesem
Tage, seit 23. Juni belagerte er Tabor selbst mit 300 Mann; ihn unter=
stützte Leopold v. Kreig mit 500 Mann Österreichern und Bayern. Troß=

---

1) Schon sein Vater hatte von K. Wenzel eine Summe von 1000 ℔ auf
   Budweis sichergestellt erhalten, die er dann seinen Söhnen Leopold und
   Konrad vermachte. Čelakovský: Cod. iur. mun. II, 1184.
2) Regesten K. Siegmunds I, Nr. 4133.
3) Nach Geyser 42 (die Urkunde nicht mehr vorhanden).
4) Archiv český I, 12; Balbin: Epitome 441 kennt eine (verlorene) Urkunde,
   in der Siegmund auch Ulrich v. Rosenberg beauftragt, sich mit dem
   Kreiger verbinden und Tabor zu belagern.
5) A. č. I, 12.
6) l. c. 13.

dem war Ulrich noch Utraquist; utraquiſtiſche Prieſter walteten in ſeinem Lager ihres Amtes. Nach dem 23. Juni ritt er ſeinem Verſprechen gemäß zum Kaiſer nach Bettlern, verſöhnte ſich dort mit der Kirche[1]) und wurde vom päpſtlichen Legaten Ferdinand v. Lucca von der Exkommunikation befreit. Nach ſeiner Rückkehr ſtellte er die Kommunion unter beiden Geſtalten im Lager ab.

Ulrich, zu ſchwach, hatte die Mühlhauſner Kloſteruntertanen gezwungen, ſich ſeinem Heere anzuſchließen und verlangte vom Kaiſer auch die Hilfe Heinrichs v. Puchberg, in deſſen Intereſſe die Vernichtung Tabors gelegen war, weil er eine Pfandſumme von 113 ℔ 20 gr. auf dem Stifte Golden= kron ſichergeſtellt hatte. Der Kaiſer bewilligte die Wünſche des Roſen= bergers und entſandte auch Johann den Jüngeren v. Neuhaus an die öſterr. Herzoge mit der Aufforderung, Ulrich zu unterſtützen.[2]) Aber die Hilfe kam zu ſpät. Nikolaus v. Hus war nämlich am 25. Juni nachts mit ungefähr 340 Reitern ausgezogen und kam am 30. Juni vor Tabor an. Die Belagerten machten einen Ausfall und ſchlugen die Belagerer zurück; ein Teil der Roſenberger (vielleicht die Mühlhauſner Untertanen) ging zu den Taborern über, den Reſt ſchlug Niklas Hus. Ein Geſchütz wurde erbeutet und nach Tabor gebracht, ein anderes war zerſtört worden. Ulrich kehrte, über dieſe Niederlage erbittert, nach Krummau zurück und rächte ſich an den utraquiſtiſchen Prieſtern, die er auf ſeinen Schlöſſern gefangen nahm; einige ließ er ſogar töten. Auch die Budweiſer handelten ähnlich. So wurde der Pfarrer Albert v. Chelčitz (bei Wodnian) von Hřizko v. Turowé gefangen und mit einem andern Prieſter nach Budweis gebracht, beide daſelbſt in einen Turm geworfen und nach bei=

---

1) Später ſuchte man die Verſöhnung mit der Kirche auf ein Wunder zurück= zuführen. Balbin erzählt nach einem „ſehr alten Roſenberger Mſkr.", daß dem Ulrich v. Roſenberg, als er 1417 zum Huſſitentum übergangen war, Chriſtus erſchienen ſei mit Wunden bedeckt und ſprechend: »His me compunxerunt sacerdotes Utraquistae Taboritae, volentes a Deitate mea sanguinem separare«. Nach ihm ſei Johannes Hus über einem Sumpf ſtehend mit einer brennenden Fackel in der Hand erſchienen. Dieſen verſchlang ſamt der Fackel ein Hund. Darauf habe ihm der hl. Wenzel die Erſcheinung gedeutet, Gott habe geſchworen, Böhmen 247 Jahre lang mit verſchiedenen Irrtümern zu ſtrafen ꝛc. Deshalb ſei Ulrich ohne Zögern zum päpſtl. Legaten mit 500 Reitern nach Bettlern geeilt und ſei dort reuig zur Kirche zurückgekehrt. Brief Balbins an Abt Raimund von Tepl SB. d. k. b. Geſ. d. W. phil. hiſt. Kl. 1888, 158 f.
2) Urk. Beitr. I, 32; A. č. I, 13, 14.

läufig drei Wochen, da sie nicht abschwören wollten, außerhalb der Stadt
verbrannt.[1])

Unterdessen lag der Kaiser mit dem Kreuzheere vor Prag, dessen
Alt- und Neustadt ihm verschlossen blieben, und erwartete die Zuzüge
der Herzoge Albrecht und Ernst v. Österreich, die schon am 18. Juni
aus Wien aufgebrochen waren. Da nun nach dem Falle Tabors ihre
Hilfe dorthin überflüssig geworden war, sollten sie direkt dem Kaiser nach
Prag zu Hilfe ziehen. Erst anfangs Juli langte Albrecht in Budweis
an. Mit ihm zogen der Oberstkämmerer Hans v. Ebersdorf und sein
gleichnamiger Sohn, ihr Vetter Siegmund, der Schaunberger, Starhem-
berger, Kuenringer, Volkersdorfer, Polheimer, Peter der Widenecker, Hans
Hohenecker, Heidenreich Plankensteiner, Konrad v. Wildungsmauer, Heinrich
Zinzendorfer, Wolfgang v. Maidburg, Hans Strasser u. a., ferner die
Grafen v. Öttingen und Weinsberg sowie der Bischof v. Passau. Bei
Soběslau lagerte das Heer, mehrere Hussiten wurden gefangen und
verbrannt; dann gings übers katholische Milicin und über Arnosto-
witz, Wotitz nach Prag,[2]) wo wir Albrecht vom 11. Juli bis 1. Aug.
finden. Während seiner Anwesenheit kam es am 14. zur Niederlage des
Kreuzheeres am Witkow-(Žižka-)Berge und am 28. zur Krönung Siegmunds in der St. Veitskirche auf dem Hradschin. Am Krönungstage
verpfändete der Kaiser sein Schloß Lomnitz an Johann v. Neuhaus für
rückständigen Sold und geborgtes Geld. Am 1. August zog Albrecht
von Prag ab über Budweis und war am 10. Aug. wieder in Österreich. Nach dem Abzuge des Kaisers von Prag, 2. August, wandte sich
auch Eberhard Windecke, der Geschichtsschreiber Siegmunds, nach Budweis,
wo er sich ein Vierteljahr aufhielt.[3]) Ernst war viel später nachgekommen
und gar nicht bis Prag vorgedrungen; möglich, daß er sich mit dem
Rosenberger neuerdings bei Tabor versuchte,[4]) natürlich ohne Erfolg.
Am 2. August war er bereits auf seiner Rückkehr in Budweis und
wollte am selben Tage in Schweinitz übernachten. Gewarnt, daß die
Taboriten Böses planten, schlugen die Österreicher ihr Lager vor dem
Markte auf freiem Felde auf. Trotzdem schossen rosenbergische Unter-
tanen auf die Österreicher, erschlugen mehrere und nahmen ihnen die
Pferde weg. Dabei ging der Markt, von einigen (acht) aus Tabor und

---

1) Laurenz v. Březowa, Höfler: Scrr. rer. hus. I, 377.
2) Ebendorfer, Pez. II, 550, 849, und L. v. Březova I, 371.
3) Windecke c. 147.
4) Urk. Beitr. I, 43, und II, 487 (aber Nachrichten aus Nürnberg!).

Schweinitz angezündet,[1]) in Flammen auf. Am 4. August war Ernst bereits in Weitra.

Während die Taboriten anderweits beschäftigt waren, bemächtigten sich die vertriebenen Bürger von Prachatitz wieder ihrer Stadt, stellten die Stadtmauern und Häuser zur Not her und verbrannten zwei oder drei Utraquisten, unter ihnen Andreas von Wejrow, einst Glöckner in Prachatitz, den sie wegen Bilderstürmerei auf dem Felde ergriffen hatten. Auch die Goldenkroner Mönche mögen zum Teile in ihr Stift zurückgekehrt sein. Um die Mitte August belagerte der Rosenberger mit Johann v. Neuhaus die Stadt Kamenitz, die dem Erzhussiten Prokop v. Dusti gehörte. Sie eroberten die Stadt bis auf den Bergfried der Burg und zogen dann ab, nachdem sie die Stadt in Brand gesteckt hatten.[2])

III.
Žižkas zweiter Zug nach Südböhmen.

Davon benachrichtigt, zog Žižka am 22. August von Prag aus nach Südböhmen; am 28. lag er bereits in Pisek, wo sich auch Johann Smil v. Krems, der mittlerweile von Niklas v. Hus auch Hus übernommen hatte, einfand. Er versprach Žižka, ihm mit gut 500 Mann zu Fuß, die er in Sablat und Hus hatte, zu helfen, wenn er in die Gegend (Prachatitz!) käme. Žižka nahm das Anerbieten jedenfalls mit Freuden an, da er wenig Leute hatte und die Bauern aus der Umgegend zusammenzutreiben genötigt war.[3]) Die Wodnianer, die schon am 3. März 1420 in die Gewalt Ulrichs v. Rosenberg gekommen waren,[4]) standen in großer Gefahr, umsomehr, als die rosenbergischen Söldner auf die Nachricht von der Annäherung Žižkas davongelaufen waren und so Wodnian sich selbst überlassen hatten. Ulrich, zu Hilfe gerufen, konnte die Stadt nicht retten, sie geriet in die Hände der Taboriten. Die Priester Michal, Prokop und Peter trieben alle zum Sengen und Brennen an mit den Worten: „Wenn ihr nicht brennen werdet, werdet ihr selbst verbrannt," und zündeten selbst Häuser an.[5]) In Wodnian konstituierte sich eine

---

1) Popr. kniha p. z R. 45 (gehört wohl hieher).
2) Windecke c. 147 („Gemelitz").
3) Popr. kniha 25 f.; A. č. III, 3.
4) Nach Březans Rosenb. Chronik.
5) Einige Priester, die früher das Abendmahl unter beiden Gestalten ausgeteilt hatten, dann aber zur katholischen Kirche zurückgekehrt waren, wurden in einen Kalkofen geworfen und verbrannt. Der Pfarrer Reinhard v.

kommuniſtiſche Gemeinde der Taboriten. Žižka ſandte von hier Leute gegen Kalſching, um auszuſpionieren, ob Ulrich v. Roſenberg ein Heer ſammle; als das wirklich geſchah, kehrten die Spione zurück und ließen Žižka nicht weiter ziehen.[1]) Statt gegen Prachatitz zog er alſo auf Verlangen Ulrichs v. Neuhaus gegen Lomnitz (dem Bruder Ulrichs Johann v. Neuhaus am 28. Juli verpfändet) und belagerte es von Freitag bis Montag, an welchem Tage er es einnahm.[2])

Er ſetzte hierauf Johann Rohač v. Dubé zum Hauptmann daſelbſt ein und zog mit Ulrich v. Neuhaus nach Neubiſtritz, um auch am Kreiger Rache zu nehmen. Stadt und Schloß wurden eingenommen, obwohl Leopold 600 deutſche Söldner dorthin gelegt hatte; ſeine Frau Anna v. Meſeritſch und ſeine Tochter Dorothea wurden gefangen.[3]) Von hier wandte ſich Žižka gegen Schweinitz, eroberte die dortige Burg[4]) und darauf gegen Budweis, wo er bei Vierhöf lagerte. Der Kaiſer hatte unterdeſſen am 3. Sept. Ulrich v. Roſenberg, Wenzel v. Duba und den Herrn v. Sternberg zu Hauptleuten des Bechiner und Prachiner Kreiſes ernannt und den Roſenberger am 7. aufgefordert, ſeine Räte zum Pilgramer Kreistage zu ſchicken, wo des Kaiſers Wille vom Prager Burggrafen Wenzel v. Duba vorgebracht werden würde.[5]) Aus dem Kreistage ſcheint aber nichts geworden zu ſein, jedenfalls haben ihn Žižkas Züge verhindert; auch die Hauptleute blieben unbeachtet.

Am 13. September hielt ſich Žižka bei Peter und Johann Zmrzlik auf Worlik auf und ſammelte neue Truppen, mit denen er anfangs Oktober die Feſte des Roſenbergers Klein=Bor bei Horažďowitz belagerte. Sie ergab ſich und wurde in Brand geſteckt. Ulrich v. Roſenberg,

Scheſtau hatte ſich nach Budweis gerettet. Einen Teil der Pfarrurkunden brachte man nach Krummau, wo ſie ſich noch jetzt im Prälaturarchiv befinden.

1) Popravčí kniha 25 f.
2) Hier finden wir dann den Budweiſer Andrlik, der die Lomnitzer Beſatzung gegen ſeine Vaterſtadt führte, ſicher 1422; anfangs 1423 iſt er in Malowitz, wird aber noch im ſelben Jahre gefangen und nach der Folter hingerichtet. Popr. kn. 41.
3) Beide wurden ſpäter ausgelöſt und ſtarben 1440. Sie ſind in der Kollegiatkirche zu St. Dorothea in Wien begraben. — Bei der Einnahme von Neubiſtritz war einer von Oxbrunn und einer von Sablat zugegen, des letzteren Gegenwart läßt auf Johann Smils v. Krems Teilnahme am Zuge ſchließen.
4) A. č. X, 66 f. (Ausſage des Nikolaus Pilſner, Bürgers in Lomnitz 1493.)
5) Reg. K. Siegmunds 4265; A. č. I, 15.

Leopold v. Kreig, Bohuslaus v. Schwanberg, Heinrich v. Plauen und der Propst v. Chotieschau zogen mit einem Entsatzheere, darunter vielen Deutschen und Leuten aus der Pilsner Gegend, herbei; freilich zu spät. Bei ihrer Annäherung setzte sich Žižka bei dem auf einer Anhöhe gelegenen Kirchlein fest. Man umschloß ihn, 800 Hussiten wurden erschlagen, doch gelang es Žižka zu entkommen. Das kaiserl. Heer (400 Ungarn und ebensoviel Deutsche und Böhmen) zog dann wieder nach Budweis zurück.[1]) Darauf zog Žižka, wie es scheint, über Moldautein, wo er die Kirche verbrannte, nach Tabor zurück.[2])

In Prag belagerten die Utraquisten (unter ihnen auch Prokop v. Dustí) seit 15. September den Wyschehrad. Der Kaiser rückte zum Entsatze heran, verlor aber die Schlacht am 1. November. Unter den vielen Gefallenen war auch Heinrich Lefl v. Lažan, Herr auf Bechin, der 14. Juni 1418 nach Nikolaus v. Okoř den Budweiser erbl. k. Zins von 68 ℔ gr. jährlich erworben hatte.[3])

Unterdessen kämpfte Žižka gegen den Rosenberger, der nun den Kaiser vergebens um Hilfe anflehte. Ulrich hatte am 1. Oktober vom Kaiser (aus Časlau) die Goldenkroner Güter verpfändet erhalten; dadurch war seine Aufgabe nur noch schwerer geworden.[4]) Schon vorm 17. Oktober hatte er, um Geldmittel zu bekommen, die zwei Schlösser in Rosenberg und die Vogtei über das Stift Hohenfurt an Reinprecht v. Walsee verpfändet und am 29. Oktober hatten die beiden Burggrafen Heinrich Drochauer und Bohuslaus v. Petrowitz die Burgen an Reinprecht v. Polheim übergeben.[5]) So entlastet, konnte er dem wichtigeren Krummau mehr Sorge zuwenden, in dessen Nähe der Kampf fortdauerte. Žižka zog gegen Goldenkron, dessen Abt Rüdiger die Budweiser am 27. Oktober vergebens zu Hilfe rief; das Stift wurde am 28. neuerdings überfallen und mehrere zurückgebliebene Mönche ermordet.[6]) Die meisten Mönche mit Abt Rüdiger an der Spitze hatten sich vielleicht nach Niederösterreich (Krems) oder nach Krummau gerettet, wo auch die

---

1) Laur. v. Březowa I, 409, Windecke c. 147. Beide Parteien schrieben sich den Sieg zu.
2) Dabei wieder Holý oder Hrbek v. Oxbrunn. (Popr. kn. 36.)
3) A. č. II, 193 f.
4) F. r. A. 37, 405.
5) Witting. Arch. Hrady III, 109.
6) Verlorene Budweiser Urkunde (Seyser 42, Balbin: Epitome) und Klostertradition v. Goldenkron, das im Totenbuche zum 28. Oktober mehrere ermordete Priester angeführt hatte.

von Hohenfurt sich aufhielten; in friedlicheren Zeiten, so 1425, 1428, 1436 und s., finden wir sie wieder im Stifte. Die Kirche war 1456 immer noch ungedeckt[1]) und erst nach 1465 gewölbt.[2]) Das Gewölbe mag wohl erst nach der Einnahme von Goldenkron eingestürzt sein. Dann zogen die Taboriten gegen Prachatitz, das erstürmt wurde. 230 Mann wurden im Kampfe erschlagen, 85 in die Sakristei gesperrt und verbrannt; die Frauen und Kinder vertrieben; nur 7 utraquistisch gesinnte Bürger wurden verschont. Die Stadt wurde nun der Sammelplatz der ausgesprochensten Kommunisten, ein zweites Tabor, an dessen Spitze Žižka den Jenik v. Meckow als Hauptmann stellte. Mit der neuen Gemeinde schloß Johann Smil von Krems und Hus eine Abmachung, daß die Gefangenen Ulrichs v. Rosenberg nach Prachatitz, die der Budweiser nach Krems gebracht werden sollten.[3]) Budweis und Ulrich hatten von nun an viel von den Prachatitzern zu leiden.

Am Tage nach der Einnahme von Prachatitz, 13. November, hatte sich auch eine Schar unter dem Hauptmann Zbynek v. Buchau, die von Tabor aus durch den in Přibenitz gefangenen Priester Koranda zu Hilfe gerufen worden war, der beiden Burgen Groß- und Klein-Přibenitz bemächtigt; dabei wurde der unglückliche Pfarrer v. Militschin, Hermann Bischof v. Nikopolis, mit zwei andern Priestern ertränkt. Die hieher geretteten Kostbarkeiten der Klöster Mühlhausen und Louňowitz fielen in die Hände der Taboriten.

Durch diese Schläge sah sich Ulrich v. Rosenberg genötigt, am 18. November mit den Hauptleuten der Taboriten Žižka, Chwal, Zbynek, Pawlik v. Mužitz und der Piseker Gemeinde einen Waffenstillstand bis zum nächsten Fasching (4. Feber 1421) zu schließen; Ulrich mußte sich verpflichten, selbst die vier Artikel zu halten und auf seinen Gütern zu gestatten. Ulrich sandte darauf seinen Kaplan Johann nach Prag an Christian v. Prachatitz und die Prager Gemeinde mit der Erklärung, daß er die vier Artikel auf seinen Gütern zulassen wolle. Er gestattete sie jedoch nur in einigen tschechischen, Tabor benachbarten Orten, wie in

---

1) F. r. A. 37 a. v. O. und „Studien und Mitt. aus dem Ben.- und Zist.- Orden XXI.

2) Testament Peter Weichsels v. Wettern, der 150 ʃʃ auf das Gewölbe der „großen Kirche" in Goldenkron vermachte (30. März 1465). Sborn. hist. kroužku 1901.

3) Popr. kn. 44 (Aussage 1423). Niklas v. Hus starb am 24. Dez. im Rosenbergischen Hause zu Prag, das er sich nach dem Falle v. Přibenitz angeeignet hatte. Smil besaß Hus wohl schon seit Beginn des Jahres.

Soböslau, Weseli, Seltschan, Netolitz[1]) und geriet deshalb in manche Unannehmlichkeiten mit den Utraquisten. Am 21. November forderten Žižka, Chwal und Jenik v. Mečkow von Prachatitz aus Ulrich auf, den Waffenstillstand (die vier Artikel) zu beobachten und Prachatitz nicht zu beunruhigen, und am selben Tage erließen sie auch einen Aufruf an die benachbarten Städte, ihre Beitrittserklärung zu den vier Artikeln schriftlich abzugeben, widrigenfalls sie als Feinde Gottes und aller Brüder von Tabor angesehen würden; darauf verließ Žižka Südböhmen und zog über über Klattau und Rabi zu den Taboriten, die vor Řičan lagen, das sich 4. Dezember ergab. Diwisch v. Řičan erhielt mit der Besatzung freien Abzug. Auch Ulrich Wawak v. Neuhaus, Peter und Burghard v. Janowitz und Peter Zmrzlik v. Swojschin auf Worlik verließen Südböhmen und kamen am 29. November in Prag an, um mit den Pragern gemeinsame Sache zu machen. In diesen Kämpfen in Südböhmen waren auch mehrere Österreicher gefangen worden; 6 derselben löste Johann v. Kozi bis zur Stellung im Fasching gegen Bürgschaft des Matthias Weichsel v. Wettern, Vit v. Rzavé und Peter Malowetz v. Patzau aus gegen eine Verfall= summe von 1200 ſſ, was die Bürgen am 23. Dezember bestätigten.[2]) Am 16. Jänner ersuchte Herzog Albrecht neuerdings, einige Österreicher aus der Gefangenschaft der Hussiten auf ehrenvolle Weise zu entledigen.[3])

In Budweis herrschte während all der Kämpfe reges Leben; neben der großen Besatzung beherbergte die Stadt auch viele Fremde, namentlich Geistliche, so Reinhart v. Schestau, Pfarrer in Wodnian 1429—1431, Siegmund, Pfarrer in Stritschitz, u. a., die sich vor den Taboriten hieher geflüchtet hatten, auch Adelige, wie Johann v. Riesen=

---

1) Březan: Výtah 56. Katholisch waren folgende Pfarreien: Tweras 1422, 1423, Zbiroh seit 1424 (früher utraquist.), Priethal 1424, 1435; Stritschitz 1424, Militschin 1424, Gojau 1425, 20. Sept. tommt Nikolaus v. Gratzen an Stelle des † Ertlin (Krum. Prälatenarchiv), Krummau 1425, 1435, Berlau 1425, Schweinitz 1425, 1431, 1435, Steinkirchen 1430, 1435, Kaplitz 1434, Mühl= hausen 1434, Strobnitz 1435, Beneschau 1435, Höritz 1435, Meinetschlag 1435, Polletitz 1435, Černitz 1435, Chrobold 1435, Kostelec 1435, Sevetin 1435, Unterhaid 1418—1435, Rosenthal 1418—1435, Deština 1435 (Patronat des Rosenbergers); Bohumilitz 1426, Winterberg (Patronat der Kapler), Chelčitz (Wenzel Hrůza v. Wihlaw), Lischau (Joh. v. Lobkowitz),

2) A. č. III, 494.

3) Lichnowsky V, 1995. Es waren das: Heinrich v. Gabelpach, Ernst der Dorner, Hans der Reiffendorfer und einige ihrer Gesellen, die im Dienste des Rosenbergers gefangen wurden. A. č. XXI, 281.

berg auf Rabi, Diwiſch v. Řičan, Beneſch v. Třemšin u. a.[1]) Die Prieſter
und Mönche zahlten der Gemeinde je 1 Gr. für die Stadtverteidigung,
im ganzen 10^1/$_2$ ℔; folglich beherbergte damals Budweis
630 Prieſter und Mönche. Die Hohenfurter waren ins Krummauer Minoritenkloſter überſiedelt, die Goldenkroner hielten ſich
meiſt in Krems (Nieder-Öſterr.) auf; die Wittingauer fanden in
St. Florian, Kloſterneuburg und Paſſau eine Zufluchtsſtätte;
ſie hatten nach dem 4. Jänner ihr Stift verlaſſen.[2])

Wie ſehr ſich übrigens die Taborer als Herren fühlten, erſehen
wir daraus, daß ſie am 20. Jänner 1421 im roſenbergiſchen Soběslau,
wo die Kommunion unter beiden Geſtalten gereicht wurde, öffentlich
ausrufen ließen, ſie würden jeden Prieſter, der im Ornate Meſſe leſen
würde, verbrennen. Die utraquiſtiſche Geiſtlichkeit verließ infolgedeſſen
die Stadt und Umgebung, und ſo mußten die Dörfler nach Tabor zur
Kommunion gehen; dadurch wurden ſie natürlich immer mehr taboritiſch
geſinnt.[3])

Am 4. Feber lief der Waffenſtillſtand Ulrichs mit den Taboriten
ab, und ſchon am 3. ſagte der Hauptmann Johann Rohač v. Duba
und die Lomnitzer Taboriten dem Roſenberger ab.[4]) Auch Leopold v.

---

1) In Budweis hielten ſich auf: Leopold v. Kreig, Hauptmann,
1420—1423; 1420 Eberhard v. Windecke; 1421 Mařík v. Haužna; 1422 Petraš
Bonhak, der Edle Ott von den Waken, Kunz Rannbenicz (dieſer auch 1423),
die bürgerl. Chriſtian Panholz und Lienhart Kordorffer; 1423 Eraſem
Thumenr v. Sunczing, Siegmund Chalinger v. Elrething, Diviš v. Řičan,
Jakob v. Piekt, Schreiber der kgl. Wälder daſelbſt, Hroch der Ältere von
Marſchowitz, Beneš v. Třemšín, Svojše v. Wilhartitz, Jan Hroza v. Wlhaw,
Nikolaus geheißen Smetanka v. Kovařov (dieſer auch 1428), Kunat Kapler
v. Winterberg, Hauptmann Erhard v. Zetting (1423 Freitag nach
St. Andrä); ſeit 1424—26 Heinrich Groß v. Kal (Calw?), Büchſenmeiſter;
1425 und 1426 Leopold v. Kreig, Hauptmann; 1426 Jorg v. Mül-
dorf (1429 Hauptmann), Pobritzer Reinhart, Hauptmann; 1427
Ulrich v. Roſenberg, Hauptmann; 1428 Ulrich Podoletz v. Podole
(auch 1429 und 1431), Jan Tožitz (v. Widerpolen) (auch 1429); Jan Hrobstn,
Peter v. Dub, Johann v. Rieſenberg auf Rabi (auch 1429); 1429 Hauptmann Jorg v. Müldorf, Janek v. Machowitz, Janko Kozlovec v. Studene,
Peter v. Jehnědno (auch 1423 ?), Reinhart Scheſtauer, Pfarrer in Wodnian,
1429 (auch 1431); 1431 Johann Morawa v. Olmütz (dieſer ſtarb als Beſitzer
des Gutes Oberlangendorf bei Malſching vor dem 11. März 1446).
2) Geleitbrief Ulrichs v. Roſenb. vom 4. Jänner 1421. Witting. Arch.
3) L. v. Březova 448.
4) A. č. VI, 395.

Kreig wurde angegriffen, weshalb Siegmund den Rosenberger von Klabrau aus, wo er Chwal v. Machowitz und die Taboriten belagerte, am 8. Feber aufforderte, den Budweiser Hauptmann zu unterstützen und den Waffenstillstand mit Žižka nicht zu verlängern.[1]) Vor Klabrau verpfändete auch der Kaiser am 24. Jänner dem Materna v. Ronow auf Woschitz für eine Schuld von 832 ℳ 6 b. Gr. das Strahower Gut Tweras und das Ostrower Ottau.[2]) Aber schon damals war zwischen dem Rosenberger und dem Kreiger ein Zwist entstanden. Als letzterer Stadthauptmann geworden war, hatte er den Budweiser Richter Siegmund Klaritz und Mařík v. Hausen (bei Hackelhöf) an Ulrich v. Rosenberg gesandt mit der Bitte, er möge ihn in der Ausführung des königl. Befehls, gegen die Übeltäter vorzugehen, unterstützen. Ulrich versprach seine Mithilfe selbst gegen die eigenen Untertanen; hielt aber sein Versprechen nicht und duldete es, daß seine Leute „mit den Taborern liebäugelten". Die Budweiser gingen nun auch gegen die Rosenberger Untertanen vor und taten ihnen Schaden an, dasselbe geschah den Budweisern von den Rosenbergern. Ulrich v. R. und Leopold v. Kreig erklärten sich schließlich bereit, sich dem Schiedspruche des Kaisers zu unterwerfen. Von einer Versöhnung war aber keine Rede.[3])

In Budweis ging man dagegen mit aller Strenge gegen die Hussiten vor. Die Güter der abgefallenen Bürger Pecha Stytel und Konrad von Wodnian wurden konfisziert und am 31. März in Znaim vom Kaiser dem anwesenden Budweiser Richter Siegmund Klaritz geschenkt:[4]) am 21. Juni gab der Kaiser aus Preßburg den neuerlichen Befehl, auch die Güter jener Bürger, die Budweis in seinen Nöten verlassen und sich den Mitbürgern zweifelhaft gemacht hätten, zum Besten der Gemeinde zu verwerten.[5])

Für Ulrich v. Rosenberg und die Budweiser war es ein Glück, daß Žižka mittlerweile anderweitig beschäftigt war; dennoch kam dabei ersterer insoferne zu Schaden, als in der ersten Hälfte des Febers Žižka die Burg Wildstein (Eigentum der Mutter Ulrichs) belagerte und einnahm. Ende April näherte sich Žižka wieder Südböhmen; religiöse Streitig-

---

1) A. č. I, 12.
2) Reg. K. Sigm. I, 4710.
3) Brief der Budweiser an Ulrich vom 24. Feber und Antwort Ulrichs am 26. s. l. (A. č. III, 6).
4) Beiträge I, 68 f.
5) l. c. II, 496.

keiten in Tabor nötigten ihn dazu. Die Sekte der Adamiten, gestiftet
von Martin Hauška, hatte sich nämlich immer mehr verbreitet und sich
zuerst in Příbeniß, und von da verjagt, an der Lužniß bei Dražiß fest=
gesetzt; die Gefangennahme Hauškas durch Ulrich Wawak v. Neuhaus
am 29. Jänner 1421 hatte die Bewegung nicht mehr eindämmen können.
So blieb nur mehr die Anwendung von Gewalt übrig. Am 25. April
verbrannte Žižka in Klokot 50 Adamiten beiderlei Geschlechtes, zog
aber darnach nach Chrudim ab.

Am 21. April hatte sich der schwache Prager Erzbischof Konrad
für die vier Artikel erklärt; am 25. folgte Ulrich v. Rosenberg seinem
Beispiele und gab von Krummau aus auf seinen Herrschaften die vier
Artikel frei.[1] Zwei Tage nach der Verkündigung kam es in Wesseli
zwischen einem Edlen Lipolt (v. Kraselow?) und dem Pfarrer zum Streite.
Ersterer nannte den Pfarrer einen Ketzer und schlug ihn, während sich
die Bürger der Geistlichkeit annahmen. Da der Richter Mikulando den
Skandal nicht verhindert hatte, wurde er von Ulrich v. Rosenberg
bestraft.[2]

Am 27. April verkaufte Ulrich in Krummau mit Willen des Passauer
Bischofs auch den Markt Haslach samt Zubehör seinem Schwager Rein=
precht v. Walsee. In Krummau waren damals außer Wilhelm v. Pot=
stein auch Johann v. Riesenburg und Johann v. Tynce.[3]

Natürlich bot der Anschluß des Rosenbergers für Budweis eine
neue Gefahr; wieder suchten sie Hilfe beim Kaiser, der ihnen am 5. Mai
von Brünn aus[4] für ihre Treue dankte, sie ermahnte, den Kreiger und
die sonstige Mannschaft nicht zu entlassen, und sie damit tröstete, daß
er ein Volk sammle und sie für ihre Treue belohnen werde.[5] Ulrich
ging nun ganz ins andere Lager über. Wir finden ihn am 1. Juli beim
Tage von Časlau, wo er sich am 7. Juli neuerdings gegen den Kaiser
verschrieb und mit Žižka, Čenko v. Wartenberg, Ulrich Wawak v. Neu=
haus usw. unter die 20 Gubernatoren gewählt wurde; am 7. Juli war

---

1) A. č. III, 225.
2) Rosenb. Chronik.
3) Notizenbl. II, 10.
4) Hier hatte Siegmund am 7. April 1421 den Brüdern Heinrich und Busto
   v. Marschowitz u. Drahow (beide begütert in Hluboka bei Forbes) das
   Strahover Gut Tweras und das Ostrover Gut Ottau ver=
   pfändet für schuldige 400 M b. Gr.; dafür sollten sie dem Kaiser jährlich
   mit 8 Pferden dienen (Reg. K. Sigm. I, 4504).
5) Beiträge I, 89.

er in Prag zugegen, als Johann v. Přibram die vier Artikel in der Klerikalsynode auf der Altstadt veröffentlichte.

Ende Juli zog Žižka neuerdings gegen Südböhmen, wo mittlerweile die Burgen Rabi und Klein=Bor wiederhergestellt und neu befestigt worden waren. Rabí wurde von ihm eingenommen und zerstört, aber Žižka verlor bei der Belagerung das zweite Auge; auch Klein=Bor, das der Rosenberger dem Schutze Meinhards von Neuhaus anvertraut hatte, kam in seine Gewalt. Meinhard v. Neuhaus wurde auf der Burg gefangen genommen, nach Přibenitz gebracht und teilte so das Schicksal Bohuslavs v. Schwamberg, der anfangs Jänner auf Krasikov gesangen genommen und ebenfalls in Přibenitz in Haft gehalten wurde. Der Schwamberger wurde darauf der getreueste Anhänger der Taboriten, während der Neuhauser mehr eine vermittelnde Rolle einzunehmen be= strebt war.

Am 8. August war der Rosenberger noch in Südböhmen,[1]) Ende August und anfangs September war Ulrich von Rosenberg in Kuttenberg (das sich am 25. April den Pragern ergeben hatte) und nahm mit den andern am 1. September Alexander Witold, Großfürsten von Litthauen, zum Böhmenkönig an. Dennoch brach er nicht ganz mit dem Kaiser, der ihn am 22. September als Testamentsexekutor Ulrich Wawaks von Neuhaus, welcher vor kurzem an der Pest gestorben war, aufforderte, der Witwe und den Waisen Johanns v. Neuhaus die ihnen von Ulrich Wawak entrissenen Güter zurückzustellen.[2])

Die Gefahr für Budweis war so sehr groß geworden und das mag mit ein Grund gewesen sein, daß der Kaiser am 28. September in Preßburg dem Herzoge Albrecht für seinen Beistand gegen die Hussiten auch die Stadt Budweis als Pfand einräumte,[3]) wodurch sie einen mächtigen Schutzherrn gewann. Die Budweiser hatten ihre Botschaft beim Kaiser und forderten Befreiung von der Judenschuld. Herzog Albrecht mußte auf kaiserlichen Befehl vom 1. Oktober an Leopold v. Kreig 3000 ung. fl. zahlen, die auf die Pfandsumme von Budweis

---

1) Witting. Arch. Hrady III, 95.
2) Reg. K. Sigm. I, 4608.
3) Lichnowsky V, 2035 und 2037. Die Grundzüge des Vertrages zwischen Siegmund und Albrecht wurden vermutlich im Mai geschlossen, schon am 21. Juli 1421 teilte sie der Breslauer Domherr dem Hochmeister des deutschen Ordens mit, darunter auch die Verpfändung von Budweis. Scrr. rer. Sil. VI, Nr. 11.

geſchlagen wurden, die Budweiſer wurden auf die nahe Ankunft des Kaiſers in Böhmen vertröſtet, dann wolle er ſie von der Judenſchuld befreien und auch ſonſt ihre Treue belohnen.

Ulrich v. Roſenberg, der Albrechts Gegnerſchaft als nächſter Nachbar zu fürchten hatte, machte nun wieder mit der gewohnten Leichtigkeit eine Schwenkung und unterſtützte ſogar den Kreiger, als dieſer Lomnitz, von wo aus Budweis und die Güter des Kreigers ſtets gefährdet wurden, anfangs Oktober belagerte. Durch den Sieg der Prager über das zweite Kreuzheer bei Saaz (2. Oktober) hatte auch Žižka, der zur Deckung des Oſtens in der Časlauer Gegend lag, freie Hand erhalten und zog nun zum Entſatze von Lomnitz heran. Der Kreiger erwartete ihn nicht, ſondern verbrannte die Stadt, da er die Burg nicht einnehmen konnte, und kehrte nach Budweis zurück. Nachdem Žižka in Lomnitz die Beſatzung verſtärkt hatte, zog er dann in die Budweiſer Gegend; Budweis und Frauenberg konnte er allerdings nichts anhaben, dagegen grub er den Saborſcher Teich ab, verbrannte die Burg Johann Hrozas Wihlaw, zerſtörte die roſenb. Burg Poděhus und zog gegen Strakonitz (Sitz der Malteſer), wo er die Stadt einnahm; die Burg jedoch behauptete ſich. Darauf nahm Žižka die roſenb. Stadt Soběslau[1] ein, zerſtörte die Mauern und den Kirchturm und verbrannte die Stadt, ebenſo das roſenb. Deſtna. Am 21. Oktober vernichtete Žižka mit Hilfe des Heeres der Neuhauſer Barone auf der Nežarkainſel bei Wal die Adamiten, die Weſſeli, Řečitz, Pleſch und Platz in Brand geſteckt und den Herrn Sorc von Wal grauſam ermordet hatten.

Am 1. Dezember war Žižka wieder in Prag. Ulrich v. Roſenberg begann nun mit dem Kaiſer zu verhandeln, und erhielt freies Geleite nach Iglau, wo ſich Siegmund am 10. Dezember aufhielt. Auch Leopold v. Kreig war vielleicht anweſend; Herzog Albrecht mußte ihm auf Befehl des Kaiſers wieder 6000 fl. auszahlen, die auf die Pfandſumme der Stadt Budweis geſchlagen wurden.[2] Ulrich v. Roſenberg und die übrigen Barone zogen mit dem Heere des Kaiſers über Humpoletz und Ledeſch

---

1) Žižka erhielt maſſenhaft Zuzüge aus Südböhmen, wie es ſcheint von Johann Smil v. Krems (Pavůček aus der Mühle unterhalb Hus war mit beim Saborſcher Teich), ferner von den Goldenkröner Untertanen aus Bowitz, Polletitz, Dollern, Neuberg, Lichteneck u. a. Popr. kn. 36, 45, 48. L. v. Březowa 514.
2) Lichnowsky V, 2049.

nach Kuttenberg, das sich am 21. Dezember der Hussiten erwehrte und blieben über Weihnachten[1]) hier. Der Groll gegen den Rosenberger war auf utraquistischer Seite so groß geworden, daß die Prager und Žižka ihn zu vergiften beschlossen. Nach dem Rückzuge von Kuttenberg verhandelte man mit dem Koche Ulrichs Dietl, der Ulrich mit Arsenik vergiften wollte, wenn er einen Hecht (des Rosenbergers Lieblingsspeise!) esse. Dann sollte die Latron und die Burg angezündet und in der Verwirrung die Burg Krummau erstürmt werden; das alles sollte beim Herannahen Žižkas geschehen. Doch wurde zum Glücke der ganze Plan verraten.[2])

Um den 10. Jänner 1422 sandte Žižka von Deutschbrod aus den Rybka von Lužnitz mit einem Briefe an die Wittingauer: sie möchten dem Boten glauben, was er ihnen sage, als ob Žižka selbst es ihnen sagen würde.[3]) Er forderte sie wohl zum Anschlusse auf; auch Porešchins,[4]) Weleschins[5]) Ergebung an Žižka, Gratzens[6]) an die Lomnitzer war vorbereitet, ein ganzes Netz von Spionen über Südböhmen ausgebreitet. Ebenso war Budweis nicht sicher. So zeigte Šimek von Teindles den Prachatitzern ꝛc. an, wo sie in die Stadt eindringen könnten. Beim Friedl Plaiher, wo die Söhne des Hroch v. Teindles die Warte hatten, wollte er den Jaroš hinführen.[7]) Man machte sich auf einen Hauptschlag gefaßt. Johann v. Schaunburg führte 500 Mann nach Budweis und erhielt dafür am 26. Jänner in Eggenburg von Herzog Albrecht einen

---

1) Vom 31. Dez. Kuttenberg, datieren mehrere Urkunden des Kaisers für Ulrich v. Rosenberg, in denen er ihm Prachatitz und Wallern samt Zubehör, die kgl. Rechte und die Berna in Weseli und das Gut Frauenberg verpfändete und ihm überdies einen Schadlosbrief ausstellte. Aber diese Urkunden sind alle spätere Fälschungen Ulrichs. Reg. K. Sigm. I, 4686 ff., Mareš, Č. č. h. I, 376 f.

2) Popr. kn. 36—39.

3) A. č. III, 301.

4) Popr. kn. 31 (durch Matthias und Johann von Prachatitz, die unter dem verstorbenen Marquard auf Porešchin waren); Porešchin wurde infolgedessen später vom Rosenberger zerstört, damit es dem Feinde keinen Stützpunkt biete, wahrscheinlich auch Häusles (Hradek) bei Gratzen.

5) l. c. (durch Martin von Weleschin und Ocásek von Steinkirchen, der sich ebenfalls auf W. aufgehalten hatte. Er wollte die Taboriten durch ein Loch, das sich an der Stelle der alten Brücke befand, in die Burg bringen; durch das Loch hätten sie sich leicht in die Burg gegraben).

6) Veit Schuster in Niedertal war deshalb in Lomnitz.

7) l. c. 35.

Schadlosbrief.[1]) Am 28. Feber sagte Bohuslaw v. Schwanberg aus Tabor (da er sich den Taborern angeschlossen hatte) Ullrich v. Rosenberg ab.[2]) Chwal v. Machowitz zog dann mit den Taborern gegen Wittingau, konnte aber die Stadt nicht einnehmen, obwohl er von Kamaret v. Serowitz u. a. unterstützt wurde; Kamaret ritt dann selbstdritt fort, seine Leute aber folgten Chwal gegen Gratzen. Aber nur die Stadt wurde ein= genommen und in Brand gesteckt, auch das Stift Hohenfurt und der Markt Priethal wurden ein Raub der Flammen,[3]) vor Rosenberg erlitten sie aber eine Niederlage. Über Schweinitz zogen sie dann gegen Budweis, lagerten in nächster Nähe der Stadt; bei dieser Gelegenheit wurde auch die Payreschauer Kirche geplündert, wo sich schon zu Weihnachten des Vorjahres der Pfarrer Bewaffnete aufnehmen mußte, um am Gottes= dienste nicht gehindert zu werden. Auch bei der Helfenburg lag Chwal eine Zeitlang.

In dieser Not hatte Südböhmen wohl das Schwerste zu leiden. Vor allem ging es über die Kirchen und Priester her. Unter Führung eines Domin sammelten sich Leute aus der Polletitzer Gegend und vom Priester Johann Biskupetz angereizt, zündeten sie Gojau an; ein anderes= mal sammelten sie sich im Dorfe Zodl und zogen gegen Ruben, wo sie den Hof des Busko v. Ruben, über den eine Katharina v. Lichteneck in Prachatitz Klage geführt hatte, verbrannten; auch die Höritzer Kirche wurde verbrannt und geplündert, das gleiche geschah mit der Kirchschläger; der Pfarrer von Tweras[4]) wurde verbrannt. Eine andere Schar unter Führung

---

1) Notizenbl. d. f. Al. III, 237.
2) A. č. III, 369.
3) Nach der Tradition am 24. Mai. Březan: Summ. výtah. Popravčí kniha 47 (auch vor 1423). Der Hohenfurter Konvent hatte sich schon früh= zeitig nach Krummau gerettet, wo er, wie es scheint, im Minoritenkloster ein Asyl fand. Hier resignierte auch Abt Přibik am 4. Mai 1426 in die Hände des Priors Andreas, des Kellermeisters Sigismund, des Subpriors Sigismund und der Brüder Leonard, Christian, Litold, Gregor, Petrus und Paulus die Abtei (Stiftsarchiv Wilhering) und starb noch im selben Jahre. Einen Monat vor seinem Tode wurde Sigismund Pirchan, ein gebürtiger Rosenberger, Abt. Wir werden ihm noch beim Basler Konzil begegnen. — Im Jahre 1420 war der Priethaler Pfarrer Busko (wahr= scheinlich Utraquist) vom Wittingauer Burggrafen Busko v. Ruben ge= fangen genommen worden und die Priethaler Kirche hatte noch am 12. Juli 1420 keinen Priester. (Witting. Arch.)
4) Vor dem 9. Feber 1422 starb dort Nikolaus Bělec, an seine Stelle kam Peter Propst v. Doxan. (L. conf. VIII, 8 und 57.) Dieser mag ermordet

des Jaroš besetzte die Kaplißer Kirche und verbrannte dort den Omauer
Pfarrer,[1]) den *brei herbeigeholt hatten; von Prachatiß aus waren auch
Leute in Sonnberg,[2]) wo sie zwei Priestern die Hände abschlugen und
den Pfarrer bestahlen. Selbst in. die unmittelbare Nähe von Krummau
wagten sich Prachatißer Scharen; so nahmen sie im Favoritenhof Vieh
weg. Auch um Budweis trieben die Prachatißer Taboriten ihr Unwesen,
namentlich als Chwal vor Budweis lag. Die Payreschauer Kirche wurde
geplündert; der Pfarrer[3]) entging ihnen glücklicherweise; in Steinkirchen
wurde der Kaplan Andreas erschlagen, den Budweiser Dominikanern
wurde in Pořitsch Vieh genommen, in Hummeln geraubt, dem Pfarrer
in Driesendorf Pferde gestohlen, Komařiß verbrannt, Groß-Čekau und
Klein-Čekau angezündet und geplündert. Budweiser führten die Scharen,
als man dem Walch und Höritzer in Vierhöf Vieh raubte, letzterem
wurde der Hof verbrannt; im Dorfe hinterm Galgen (Dürnfellern?)
stahl man Pferde, Vieh in Gauendorf, Strodeniß, in Steinkirchen nahm
man den Pfarrer[4]) und Altaristen gefangen, im Prindlhofe und Payreschau
wurde Vieh genommen, dem Okunek neben dem Faulfischhofe Pferde,
wieder andere stahlen Pferde in Ruden; auf den Straßen wurde ebenso
geraubt, so in Swětlik hinter Budweis. Den Taboriten hatten sich aus
Budweis angeschlossen: Linhart der Deutsche, ein Fuhrmannssohn, Martin
und Paul, beide Kürschner, Jenßl Polak, ein Diener des Raucho,[5])
Petrus, der Diener des Jenßlin, Jenßl Schab, Hansl, ein Fuhrmanns-
knecht; Haschek von Budweis war Hauptmann in Teindles; man fing
hier den Budweiser Fleischer Peschkan;[6]) auch aus Paireschau, Kossau,
Čekau, Habři, Žabowřesk, Leitnowiß, Teindles, Steinkirchen, Perne,
Stranian, Plaben finden wir Leute unter ihnen. Die Oberleitung über
alle diese größeren und kleineren Raubzüge lag in den Händen der
Hauptleute Chwal v. Machowiß und Jenik v. Mečkow in Prachatiß;
die Raubscharen erhielten Anteile an der Beute.

worden sein, denn schon 9. Dezember 1423 kommt ein neuer Pfarrer hin
(Patronat Strahow — Prämonstratenser).

1) Vielleicht Peter; 1417 ist er Patron einer Budweiser Altaristenstelle mit
der Witwe des Hanko Lomnißer.

2) Vielleicht Pfarrer Leonhard seit 1412.

3) Vielleicht Jaxo, früher Budweiser Altarist.

4) Vielleicht Johann Prindl, ein geborner Budweiser. L. conf. 8, 159. Derselbe machte in Budweis 1426 mit Egid von Zvěrotic eine Abschrift
des Liber psalmorum von Nikolaus v. Lyra. Schottenbibl. Kod. 104.

5) 1446 Erhart Ranch, Landstraße.

6) Peschlin, Landstraße. (Budw. Losungsbuch.)

Nach der Niederlage von Deutschbrod hielt sich der Kaiser eine Zeitlang in Mähren auf, anfangs März in Skaliß (Ungarn), wo er am 8. Ulrich v. Rosenberg, der wahrscheinlich zugegen war, das Münzrecht verlieh.[1]) Auch Matthias Weichsel v. Wettern scheint ihn begleitet zu haben. Ulrich hatte Johann Smil v. Krems als Gefangenen mit und übergab ihn in die kaiserliche Haft. Wie Smil v. Krems in die Gewalt des Rosenbergers kam, wissen wir nicht; die Ursache seiner Gefangenschaft waren seine Raubzüge, vielleicht auch der Plan Ulrichs, Hus, das an die Goldenkroner Güter grenzte, ebenfalls an sich zu bringen. Ulrich entschuldigte seine Tat damit, daß er sie auf k. Befehl ausgeführt habe, und versprach ihm seine Fürsprache beim Kaiser; tat aber das Gegenteil.[2]) Siegmund, der mit dem Gefangenen nichts anzufangen wußte, gab ihn wieder in die Gewalt Ulrichs, der ihn nach Krummau zurückbrachte.

Am 16. Mai war Siegmund Korybut, ein Neffe Witolds, nach Prag gekommen, um Ordnung zu schaffen. Am 21. Mai lud er Ulrich auf künftige Pfingsten nach Prag vor und versprach ihm freies Geleite.[3]) Während Korybut von Žižka und den Taboriten in Tabor, Schüttenhofen, Pišek, Prachatiß und Horaždiowiß am 11. Juni als Landesverweser anerkannt wurde, blieb aber Ulrich dem Kaiser treu.

In ihrer Not sandten die Budweiser ihren Richter Siegmund Klariß anfangs Juli nach Wien zum Kaiser, der ihnen am 7. Juli die Stadtprivilegien und dem Klariß das Richteramt 2c. bestätigte.[4])

Am 14. Juli lud der Kaiser den Rosenberger zum Fürstentage nach Regensburg ein. Ulrich hatte es dem Kaiser früher versprochen, zu kommen; sich aber dann geweigert, da er fürchtete, daß die Feinde seinen Gütern während seiner Abwesenheit großen Schaden tun könnten.[5]) 20.—25. Juli finden wir jedoch Ulrich wirklich beim Kaiser in Regensburg; er folgte ihm von da zum Nürnberger Tage. Während seiner Abwesenheit stieg die Not auf den rosenb. Burgen aufs höchste. Am 26. Juli klagten ihm aus Krummau Wilhelm Lopata v. Pottenstein und der Burggraf Busko v. Ruben, daß die Taboriten sehr stark seien und sich täglich verstärkten; Söldner und das Volk wolle auf den Burgen nicht bleiben, nur schwer hätte es noch für 3 Wochen zugesagt; in Bechin

---

1) Sternberg: Gesch. d. b. Bergwerke I, 1, 107.
2) Čas. č. Mus. 62, 193 f.; A. č. III, 42.
3) A. č. III, 239.
4) Čelakovský II, 1068; Reg. K. Sigm. I, 4882.
5) A. č. I, 14.

fei das Gleiche der Fall.[1]) Am 5. August treffen wir Ulrich beim Kaiſer
in Nürnberg mit anderen böhmiſchen Herren, auch den Budweiſer Bürger
Konrad Poſchendorfer[2]) und den Goldenkroner Abt Rüdiger finden wir
dort; am 19. Juli war dieſer mit dem Hofmeiſter Theodorich v. Mugrau,
ſeinem Mitbruder, in Paſſau, wo er die Beſtätigung der Stiftungsurkunde
durch K. Wenzel 1384 vidimieren ließ.[3]) Abt Rüdiger erwirkte den
Widerruf der k. Verſchreibungen von Goldenkroner Gütern am 23. Auguſt;
am 27. wurde vom Kaiſer H. Albrecht mit dem Schutze des Stiftes
betraut; am 3. September beauftragte der apoſtoliſche Legat Kardinal
Branda den Propſt v. Schlägel gegen die Frevler an den G. Kloſter-
gütern gerichtlich vorzugehen und am 8. September ging der Kaiſer
ſelbſt mit gutem Beiſpiele voran, indem er die vom K. Wenzel zur Nutz-
nießung gehabten Salnauer Dörfer dem Stifte zurückgab.[4]) Joh. Smil
v. Krems, den der Roſenberger gegen Urfehde[5]) entlaſſen hatte, richtete nun
von Hus aus ſeine Angriffe gegen Kunat Kapler v. Winterberg. Den
Vorwand gaben ihm Grenzſtreitigkeiten. Auf ſeine Bitten kamen nach
Huſinetz 40 Leute aus der Umgebung, mit dieſen und den Seinen ſchlug
er die Winterberger und n a h m d i e S t a d t ein, die er verbrannte.[6])
Am 6. Auguſt unterwarf ſich dann Smil in ſeinem Streite mit dem
Winterberger dem Schiedſpruche des Johann Rubik von Habři und des
Ratzek v. Drahonitz, ſowie der zwei von Knnat Kapler zu ernennenden
Schiedsmänner,[7]) um bei der Belagerung von Bechin mithelfen zu können.
Im Auguſt oder September wurde auch die Stadt B e ch i n von den
Taboriten unter Bzdinka (Johann Hvĕžda v. Vicemilic) eingenommen
und verbrannt; d i e B u r g a b e r h i e l t ſ i ch.[8])

---

1) A. č. III, 6.
2) Brief der Nürnberger an die Budw. vom 8. Aug. Urk. Beiträge I, 220.
3) F. r. A. 37, 408.
4) l. c. 410 ff. Außerdem liegt eine Quittung des Nürnberger Bürgers Schopper
   vor, die des Abtes Anweſenheit in Nürnberg beweiſt. l. c. 614.
5) Der Urfehdebrief vom 18. Ott. 1422 iſt gefälſcht. Beweiſe: Ulrich v. Roſenberg iſt noch in Paſſau, der Inhalt abnorm; Schrift, Tinte beweiſen die
   Fälſchung, ferner die Anführung Wilhelms v. Pottenſtein als guten Freundes
   Smils. Die Siegel ſind nach der Urkunde Smils von 1425 gefälſcht, der
   Inhalt nach der 1444. Č. č. M. 62, 183, Hrady XI, 158[1].
6) Dabei einer von Wlhlaw (Ausſage 1423, Dienstag nach Benedikt). Popr.
   kn. 20 f.
7) (as. č. Mus. 62, 171.
8) Dabei Šipek, Dušek v. Košic, Přibik Tlukſa v. Kamene, Pavúček von der
   Mühle unterhalb Hus, was auch auf die Teilnahme Johann Smils von

Ulrich von Rosenberg scheint sich während dieser Zeit am k. Lager aufgehalten zu haben. Am 17. Oktober war er in Passau, wo er vom Kaiser bedeutende Entschädigungssummen (8000 + 3500 fß b. Gr.) zugesichert erhielt (darunter wohl die Pfandsumme für Goldenkron, das er zurückgeben sollte); am nächsten Tage gebot der Kaiser den Budweisern, die vom Rosenberger geprägte Münze anzunehmen, da sie bisher ihre Annahme verweigert hatten.[1]) Am 6. November war Ulrich wieder in Krummau, wo er am genannten Tage Friedrich v. Brandenburg ersuchte, man möge ihn in den Waffenstillstand der k. Partei mit der Korybuts (diesbezügliche Verhandlungen hatten am 21. Oktober in Lann und am 1. November in Pilsen stattgefunden) einschließen.[2]) Wirklich wurde Ulrich v. Rosenberg in den Waffenstillstandsentwurf aufgenommen, aber die Sache zerschlug sich. Dagegen schlossen die Prager einen Waffenstillstand mit der Karlsteiner Besatzung, unter der wir auch Kunat Kapler finden.

Trotz der feindlichen Angriffe war das Verhältnis des Rosenbergers zu Budweis und Leopold v. Kreig kein besseres geworden, was wir schon aus der Weigerung der Budweiser, die rosenbergische Münze anzunehmen, ersahen. Ein Dienstmann Ulrichs, Přibík v. Mladiejowitz, nahm dem Kreiger sogar die Dörfer Ponědraz, Nakří, Diwčitz und Dubenetz weg[3]), Ulrich selbst fiel ins Budweiser Gebiet ein und trieb den Bürgern das Vieh weg;[4]) anderseits erwarb der Kreiger eine Forderung Herzog Albrechts an den Rosenberger auf 500 fß, mit der er Ulrich Unannehmlichkeiten bereiten wollte,[5]) und machte seinerseits ebenfalls Raubzüge ins rosenbergische Gebiet. Gelegentlich dieses Streites machten auch die Budweiser einige Gefangene, so Heinz Fux, Hans und seinen Vater Kunz von Rančitz, ferner Martin Bax, welche am 21. Dezember dem Leopold Kreig und den Budweisern Urfehde schwuren.[6]) Beide Parteien

---

Krems schließen läßt; daher also der Vertrag mit dem Winterberger. Die Belagerung ist sicher nach dem 26. Juli und vorm 30. Sept. (Zug des Bzdinka gegen Prag). Auch Chmel v. Payrešchau war dabei. Popr. kn. 28, 41, 44. Dabei verbrannten den Bechinern die Stadtprivilegien, die ihnen am 1. Mai 1451 von Heinrich v. Lažan erneuert wurden, da sie die alten „durch die Feinde, die Wikleffen und ihre Partei verloren haben". Paprocky: O stavn pansk.

1) Reg. K. Sigm. I, 5358 ff. Beiträge I, 254.
2) Beiträge I, 266.
3) Březan: Summ. výtah.
4) Popr. kniha.
5) Brief der Rosenb. Beamten vom 26. Juli 1422. A. č. III, 6.
6) Budw. Arch.

wandten sich an den Kaiser, der den Herzog Albrecht mit der Schlichtung des Zwistes beauftragte. Albrecht hatte zu Schiedsrichtern die Herren v. Schaunburg und Meissau bestimmt. Bis zu ihrer Entscheidung nach ihrer Ankunft sollte der Streit ruhen, so schrieb er beiden am 24. Dezember aus Wien.[1]) Während dieses Zwistes war es den Taborern leicht geworden, die Stadt Bechin zu nehmen.

Das Jahr 1423 war auch für Südböhmen ein ruhigeres. Dazu trug viel die Gegnerschaft zwischen den Pragern und Taboriten bei; überdies war in Südböhmen seit den letzten Plünderungszügen nicht mehr viel zu haben, und so mußten denn andere Gegenden heimgesucht werden. Das für Budweis die Zeiten immerhin noch bewegte waren, ersehen wir aus einigen Urfehdebriefen. So schwört am 21. März Enderl (Andreas) genannt Krznwoklad, des Peterlein Schirnyczerz (eines Budweisers[2]) Sohn, den Budweisern, Leopold v. Kreig und Erhart v. Zelfing Urfehde und am 3. Dezember Janko, Knecht des Peters v. Jehnědno (dieser wenigstens 1429 im Budweiser Solde) und Pforn, Eidam des Jendlen, Müllers v. Prachatitz.[3]) Diesmal war nicht mehr Leopold v. Kreig, sondern Erhard v. Zelfing Hauptmann in Budweis, er und Konrad Kapler von Winterberg (früher unter der Karlsteiner Besatzung) hatten seine Entlassung aus dem Gefängnisse bewirkt.[4]) Es scheinen jedoch Zwiste bloß lokaler Natur gewesen zu sein.

Über Ulrich v. Rosenberg vernehmen wir ebensowenig. Er hielt sich zumeist in Krummau auf.[5]) Am Gallilandtage (16. Oktober bis 1. November) in Prag, wo eine Einigung zwischen den Pragern und dem Adel geschlossen werden sollte, beteiligte sich Ulrich nicht; dennoch wurde er unter die 12 Hauptleute gewählt und am 1. November als Schiedsrichter in der Waffenstillstandsurkunde eines Teiles des Adels mit den Pragern aufgestellt, was seine Zustimmung zu den Prager Beschlüssen voraussetzen läßt. Auch der Kaiser wurde argwöhnisch und verbot ihm am 24. November, den Landtagsbeschlüssen beizutreten. Er

1) Urk. Beitr. II, 504.
2) Er war begütert zwischen der Landstraße und dem Wenzelspital. (Losungsb.)
3) Budw. Arch. — 1423 wird in einer Aussage ein »Pracze molendinarius sub Prachaticz« erwähnt. Popr. kn. 35.
4) Budw. Arch.
5) Bei ihm finden wir am 29. Okt. Nikolaus Zajíc v. Waldek und Johann v. Riesenburg. Dvorsky: Pam. žen 17.

wollte sich zuerst durch seine Boten Johann v. Opočno und Puta v. Častolowitz, die sich am Tage beteiligt hatten, näher unterrichten und ihm dann Weisungen zukommen lassen.[1]) Am 30. November schrieb der Kaiser dem Rosenberger, er habe den auf dem Prager Landtage versammelten Böhmen auf ihre durch die beiden Boten übermittelte Bitte für künftige Lichtmeß freies Geleite nach Brünn erteilt; die versprochenen Weisungen fehlen.[2]) Mitte Dezember scheint ein Bote des Rosenbergers beim Kaiser gewesen zu sein, der dann am 15. Dezember in Totis die Schenkung der Margarete v. Scheßtau an die Krummauer Pfarrkirche (Scheßtau, Teufels= mühle, Triebsch und Petrowitz) bestätigte.[3])

Zu Beginn des Jahres 1424 scheint wieder Bechin in Gefahr gestanden zu sein, denn der Kaiser ermahnte Ulrich am 20. Jänner, Bechin nicht preiszugeben.[4]) Am 23. lud er die Budweiser auf Pfingsten zur Verantwortung vor, da sie dem Hofrichter Heinrich v. Plauen das schuldige Geld nicht wiedergeben wollten.[5]) Wirklich fanden sich beide Parteien bei ihm zu Pfingsten (am 11. Juni) ein. Der Kaiser konnte aber nicht entscheiden, ohne den Ausspruchsbrief K. Wenzels zwischen beiden Parteien eingesehen zu haben. Er beschied daher 14. Juli die Städte Budweis, Brüx und Kaaden und ihren Kläger Heinrich v. Plauen, die Sache bis Katharina friedlich anstehen zu lassen, wo er sie dann vorladen werde.[6]) Am 9. August lud er aber die Parteien schon für Michaeli mit ihren Urkunden nach Wien ein[7]) und am 22. August, Ofen, ermahnte er den Plauener, er solle die Budweiser wegen der Geldschuld nicht allzusehr bedrücken, und versprach ihm seine Vermittlung. Aber erst 1431 kam die Sache zum Austrag.

Unterdessen waren die Taborer unter Bzdinka in die rosenb. Güter eingefallen und belagerten Wittingau. Die Belagerten machten am nächsten Tage einen Ausfall und vertrieben ihn. Von da zog er nach Gratzen, das er samt der Burg einnahm; viele Urkunden, darunter auch der Schweinitzer Marktgemeinde, gingen dabei zugrunde; Ocelka, Pfarrer

---

1) Beiträge I, 308 f.; II, 505.
2) l. c. I. 309.
3) Krummauer Prälaturarchiv, Reg. K. Sigm. I, 5693.
4) A. č. I, 17. Am 16. Jänner 1424 finden wir Peter Kapler v. Winterberg beim Kaiser in Ungarn. (Witting. Arch.)
5) Reg. K. Sigm. I, 5754.
6) Beiträge II, 505.
7) l. c. 506.

v. Petrowitz, ein Gegner der Huſſiten, wurde verbrannt.[1]) Der Kaiſer
drückte dem Roſenberger am 14. April ſein Bedauern über ſein Mißgeſchick
aus und lud ihn zugleich ans k. Hoflager, wo auch Herzog Albrecht
erſcheinen ſollte.[2]) — In dieſes oder das frühere Jahr fiel auch ein
Einfall der Prachatitzer Taboriten ins nahe Oberöſterreich (204 an der
Zahl), geführt von Johann v. Sonnberg. In Ulrichsberg (bei Aigen)
verbrannten ſie die Kirche und ermordeten über 20 in der Umgegend,
ſteckten zwei Dörfer in Brand und kehrten über Schönau zurück.

Der mehrjährige Streit Johann Smils v. Krems mit Kunat Kapler
v. Winterberg fand am 6. April ſein Ende. Smil hatte ſich dem Schieds-
gerichte Johanns v. Roſenthal auf Blatna, ferner Peters v. Malowitz,
Stěpánek v. Čeſtitz und Přibik Kotz v. Dobrš unterworfen. Die gegen-
ſeitigen Gefangenen wurden freigelaſſen; das Rauben und Brennen hatte
ein Ende. Um die Winterberger ſchadlos zu halten für ihr Elend, gab
ihnen Kunat Kapler 1424 die Befreiung vom Totenfall und das Stadtrecht,
ebenſo 3 Hofſitzern und den Beſitzern von Eiſenhämmern.

Um den 25. Mai war Ulrich v. Roſenberg mit andern böhm. Herrn
beim Kaiſer in Ofen. Da die Prager und der Herrenbund gegen Žižka
ſtanden, meinten die anweſenden Barone, daß es mit Žižka bald ſein
Ende haben werde, was aber Siegmund nicht glauben wollte. Der
Kaiſer überließ den Austrag der Verhandlungen mit den Pragern und
dem Herrenbunde ſeinem Schwiegerſohne Albrecht, der am 26. Juli aus
Otoſlawitz dem Roſenberger mitteilte, er wolle einen Tag zu Iglau oder
einer andern mähr. Stadt veranſtalten, und Ulrich erſuchte, bei den andern
Herrn für die Beſchickung des Tages zu wirken. Ulrich tat dies und
bat im Namen Čenkos und der andern Herrn im Elbe- und Pilsner-
kreiſe den Herzog um Beſtimmung eines Tages.[3])

---

1) Daß das Erzählte ins Jahr 1424 gehört (und nicht 1425), geht daraus
hervor, daß Bzdinka April und Mai 1425 nicht in Südböhmen war; Ulrich
v. Roſenberg erklärte ferner 13. Nov. 1424, daß den Wittingauern daraus,
daß ſie ihre Stadt auf eigene Koſten befeſtigten, keine Verpflichtung für
die Zukunft erwachſen ſolle (Pam. arch. 17, 61); Petrowitz wird 22. Juni 1424
neu beſetzt »vacans per mortem Petri ultimi rectoris.« L. conf. VIII. 83.
Heinr. v. Roſ., der Vater Ulrichs, hatte den Schweinitzern das „k. Recht“
gegen eine Geldſumme gegeben; der Brief wurde von den Feinden bei der
Eroberung der Gratzner Burg genommen. Ulrich erneuerte die Urkunde
am 30. Nov. 1437 in Krummau. (Schweinitzer Arch.)
2) A. č. I, 18.
3) Lichnowsky V, 2218.

16*

Dem Rosenberger war es gelungen, Johann v. Štitné und Johann v. Bražné in Krummau gefangen zu setzen; aus der Gefangenschaft auf Bürgschaft entlassen, verpflichteten sie sich am 10. Juni, in bestimmter Zeit sich wieder in die Krummauer Burg als Gefangene zu stellen.[1]) Von den Budweisern requirierte Herzog Albrecht den gefangenen Sublitz.[2])

Seit geraumer Zeit belagerten die Taboriten Bechin; endlich schloß am 10. September Zdeslav v. Hartvíkov (bei Radenin), Hauptmann der k. Besatzung auf Bechin, mit der Gemeinde Tabor und ihren Hauptleuten Chwal v. Machowitz, Zbynĕk v. Buchau und Bohuslaus v. Schwanberg einen Waffenstillstand bis Galli (16. Oktober). Diesem treten auch Ulrich v. Rosenberg mit den Burggrafen Wilhelm v. Pottenstein auf Maidstein, Hajek v. Hodĕtin auf Klingenberg, Buzek v. Ruben auf Krummau und Matthias Weichsel v. Wettern auf Weleschin bei; die Burgen Wittighausen (Ros.), Winterberg (Kapler) und Frauenberg (Lobkowitz) wurden mit eingeschlossen.[3]) Am selben Tage schloß auch Joh. Smil v. Krems, Hermann v. Landstein anders v. Borotin auf Střela, Peter v. Svojšin auf Worlik u. a., die sich wohl an der Belagerung beteiligt hatten, mit dem Rosenberger Waffenruhe bis Galli.[4])

Die Zwischenzeit wurde mit Verhandlungen ausgefüllt. Die Taboriten suchten durch den Rosenberger beim Kaiser um freies Geleite und Waffenruhe bis zum Gehör an, was dieser gerne in seinem Schreiben an Ulrich vom 10. Oktober zusagte; nur bezüglich der religiösen Anliegen lehnte er ab, da diese nicht seine Sache seien.[5]) Auf dem Zbitzer Tage (zw. Beraun und Bettlern) trat man zusammen und beschloß unter anderm für den nächsten 15. März einen Landtag in Kaurim des Glaubens wegen abzuhalten. Ulrich trat den Beschlüssen bei, legte sie aber dann dem Kaiser vor und entschuldigte seine Nachgiebigkeit damit, die Hussiten seien zu stark, und es sei ihm daher unmöglich zu widerstehen. Siegmund hatte Ulrich schon am 14. Oktober zum Reichsfürstentage, der am 25. November in Wien stattfinden sollte, eingeladen,[6]) was er am 28. Oktober wiederholte; zugleich forderte er den Rücktritt Ulrichs von der Zbitzer Vereinbarung;[7]) auch der Kardinal Branda beklagte 8. November dessen Beitritt

---

1) Witting. Arch.
2) Urkunde nicht mehr vorhanden. Regest bei Millauer-Pingas.
3) A. č. III, 245.
4) Č. č. Mus. 62, 174.
5) A. č. I, 18.
6) Beiträge II, 507; A. č. VI, 412.
7) A. č. I, 18, 21.

und verlangte von ihm dasselbe wie der Kaiser.[1] Žižkas Tod in Přibislau am 11. November befreite zwar Südböhmen von dem bedeutendsten Feinde; Ruhe und Ordnung kehrten aber noch lange nicht· zurück.

Ob Ulrich der Einladung des Kaisers Folge leistete, wissen wir nicht. Am 13. November ist er noch in Südböhmen und ·bestätigte den Wittingauern, daß ihnen daraus, daß sie ihre Stadt neu befestigten, keine Verpflichtung für die Zukunft erwachsen solle[2] und noch am 21. war er in Krummau, wo er mit Johann v. Riesenburg, Kart v. Čehnitz, Aleš v. Čehoště und zwei seiner Dienstmannen Zeuge einer Vertrags= urkunde zwischen Aleš Holický v. Sternberg und Perchta v. ·Sternberg war;[3] am 28. Dezember finden wir ihn ebenda als Zeugen mit Johann v. Riesenburg, Černin v. Zaboři und Matthias Weichsel v. Wettern, Burggraf auf Krummau, in einer Urkunde Johanns v. Hlasivo auf Těmitz.[4] Die Budweiser scheinen einen Boten nach Brünn abgefertigt zu haben, dem· sie ein schriftl. Ansuchen an Herzog Albrecht mitgaben, er möge ihnen erlauben, zum Nutzen der Stadtgemeinde Wein zu schenken, was ihnen Albrecht auch am 23. November in Brünn gewährte.[5]

Am 12. Jänner 1425 befand sich der Budweiser Pfarrer Nikolaus beim Kaiser in Wien und erhielt von ihm die Bestätigung der Pfarr= privilegien.[6] Auch Ulrich v. Rosenberg weilte am 27. März beim Kaiser in. Totis;[7] am 6. Mai war er als k. Gesandter in Brünn, um mit den Pragern zu verhandeln.

Budweis und Umgebung wurden in diesem Jahre wieder beunruhigt; die Goldenkroner gaben ihre Schätze, wie sie es schon 1418 getan hatten, neuerdings auf der Krummauer Burg in Verwahrung.[8] Smil v. Krems

---

1) Beiträge II, 507.

2) Pam. Arch. 176. Am selben Tage wurde in Mähren (Jungferteinitz) der Minorit Johann, ein geborner Krummauer, von den Hussiten verbrannt. Necrol. Min. 216.

3) A. č. I, 152. f.

4) A. č. I, 408.

5) Budweiser Archiv, Kopie im Weinschankbuch. Die Datierung richtig, da Albrecht um diese Zeit noch in Mähren war. Seyser hat Sonntag nach Kreuzerfindung (7. Mai), was falsch.

6) Reg. K. Sigm. 6043.

7) l. c. 6247. Beim Abschiede gab er dem Kaiser ein Versprechen (wahr= scheinlich, daß er die Taborer isolieren wollte), das er am Ende des Jahres schriftlich erneuerte „ich beharre bei dem Versprechen, daß ich Eu. Maj. bei meinem Aschiede gegeben habe“. A. č. III, 8.

8) F. r. A. 37, 416.

hatte den Budweiſer Bürger Waněk, den Sohn des Jakl v. Netolitz, gefangen genommen. Die Budweiſer rächten ſich, indem ſie Johann Rubik v. Hlawatetz auf Habří, einen Bündner Smils, in ihre Gewalt brachten. Beide Gefangenen wurden dann ausgetauſcht und Johann Rubik ſchwur am 6. Juli in Budweis dem Herzoge Albrecht, dem Stadthauptmanne Leopold v. Kreig und der Stadt Budweis Urfehde,[1]) die er auch hielt, denn er erſcheint am 22. Auguſt als Zeuge in einer Budweiſer Urkunde.[2])

Dagegen kehrten ſich nun Smil v. Krems, Johann v. Drahonitz auf Maškowetz (Steinkirchen), Racko v. Drahonitz, Johann Rubik v. Hlawatetz auf Habří und Wilhelm Kozak v. Hlawatetz auf Řimau gegen Roſenberg. Die Fehde beendete am 6. Auguſt ein Waffenſtillſtand, geſchloſſen in Roſenberg zwiſchen den Genannten und Reinprecht v. Polheim auf Roſenberg bis Galli, in welchen alle zu Roſenberg gehörigen Güter eingeſchloſſen wurden.[3])

Schon am 6. Juni hatten die Taboriten die Feſte Obořiště hinter Dobříš nach dreitägiger Belagerung eingenommen und den Beſitzer der= ſelben Heinrich Kolmann v. Křikawa (bis 1418 auf Widerpolen) mit 10 andern verbrannt. Im September zogen ſie nach Südböhmen gegen Materna v. Ronov auf Woſchitz. Von hier aus hatte man die Taborer angegriffen, mehrere taboritiſche Edelknechte aus der Umgebung in Seltſchan gehenkt (daher „Galgenkrieg“). Am Rachezuge beteiligte ſich auch der Waiſenhauptmann Kuneſch v. Bělowitz. Fünf Wochen und zwei Tage lang wurde die Burg Woſchitz belagert. Trotz der tapferſten Verteidigung und obwol der Kaiſer aus Daleſitz am 12. Oktober Hilfe zugeſichert hatte, wurde Materna genötigt, die Burg durch Vertrag den Feinden zu über= geben, nur zwei Hauptleute (Materna und einer ſeiner Brüder?) kamen in ritterliche Haſt; die andern konnten frei abziehen; die Burg aber wurde zerſtört. Bei der Belagerung war der Taboritenhauptmann Bzbinka ſchwer verwundet worden. Am 18. Oktober, noch während der Belagerung, kam auch vor Woſchitz ein Friede zwiſchen den Taboriten und Waiſen einer= und den Pragern anderſeits zuſtande. Man beſchloß einen Zug nach Mähren; auf dem Wege dahin kam es am 31. Oktober zur Schlacht von Kamenitz. Meinhard v. Neuhaus wurde dort beſiegt, ein Teil ſeines Heeres getötet oder gefangen, andere retteten ſich in die

---

1) A. č. VI, 477.
2) l. c. II, 58.
3) Hrady III, 109.

Burg, wo ein Fräulein v. Oustí lebte. Die Burg wurde nach 14tägiger Belagerung eingenommen; vierzig kamen in ritterliche Haft; das Schloß wurde verbrannt. In Kamenitz starb auch Bzdinka; in der Hauptmannschaft folgte ihm Bohuslav v. Schwanberg.

Kaiser Siegmund wollte Herzog Albrecht bei der Eroberung des von den Taboriten besetzten Klosters Trebitsch helfen und hoffte durch seine Diversion gegen Trebitsch auch dem Materna v. Ronow Luft zu machen. Am 9. Oktober forderte er aus Pohořeletz den Rosenberger auf, mit den Taboriten keinen Stillstand einzugehen, sondern ihnen mit Nikolaus v. Lobkowitz (auf Frauenberg) in den Rücken zu fallen,[1] welchen Wunsch er am 12. Oktober aus Dalešitz erneuerte;[2] zugleich schrieb er am selben Tage an Materna v. Ronow. Bald nach dem 18. Oktober hatte der Pilsner Landfriede mit Prinz Korybut und den Ultraquisten einen Waffenstillstand bis Galli geschlossen. Hermann v. Landstein auf Borotin war einer der erwählten Oberschiedsrichter. Der Kaiser sah dies ungern; als man ihm auch von dem Rosenberger berichtete, er sei dem Waffenstillstand beigetreten, zürnte er ihm, gab ihm auf seine Briefe keine Antwort und stellte ihm auch das Geld ein, das er ihm in Breslau angewiesen hatte. Erst auf die Versicherung Ulrichs Ende Oktober, er sei keinen Waffenstillstand eingegangen, und als er seine Untätigkeit entschuldigte, wurde der Kaiser wieder versöhnt, was ihm am 28. Oktober aus Drašow mitteilte.[3] Interessant ist Ulrichs Bericht: er vermöge den Feinden nicht mehr, wie früher zu schaden, habe keine so große Mannschaft mehr; dennoch füge er ihnen kleinere Schäden zu. „Öffentlich henken dürfen wir nicht; aber wen wir heimlich erhaschen, den ertränken wir oder quälen ihn bis zum Tode."[4] Ende November waren zu Ulrich die Prager Gesandten gekommen und baten ihn, ihnen beim Kaiser Gehör und Waffenstillstand zu verschaffen; der Kaiser erwidert ihm auf seinen Bericht am 3. Dezember aus Skalitz, das von den Pragern begehrte Gehör könne bloß der Papst geben; wünschten sie indes eine freundschaftliche Unterredung, so sollten sie zu ihm oder Albrecht nach Wien oder Korneuburg kommen.[5] Auch mit Heinrich v. Plauen und andern Herrn aus dem Pilsner Kreise war Ulrich Ende November in Verhand-

---

1) A. č. I, 21.
2) l. c. 22.
3) A. č. I, 23.
4) A. č. III, 7.
5) A. č. I, 24.

lung getreten, um einen Gegenbund gegen den Pilsner Landfrieden zu
schaffen. Der Kaiser riet ihm am 5. Dezember aus Skalitz, das beab=
sichtigte Bündnis abzuschließen, und lud ihn auf den 9. Feber nach Wien
zum Reichstage.[1]) Das Bündnis mit dem Pilsner Kreise kam auch
tatsächlich im Dezember zustande.

Unterdessen waren die Hussiten über Mähren in Niederösterreich
eingebrochen; am Katharinatage eroberten sie Retz, dabei wurde aber
der Taboritenhauptmann Bohuslav v. Schwanberg schwer verwundet
und starb bald darnach. Am 17. September d. J. war auch Čeněk v.
Wartenberg, der einstige Vormund Ulrichs, gestorben.

Wohl in Erfüllung seines dem Kaiser gegebenen Versprechens lud
Ulrich v. Rosenberg im Jänner 1426 die Taborer, Piseker und andere
Städte nach Choustník zu einem Tage ein. Die Taborer begehrten von
ihm einen Waffenstillstand, den er ihnen aber nicht gewährte — er wollte
sie isolieren —; dagegen suchte er die Piseker, Taborer u. a. für den
Waffenstillstand zu gewinnen; deswegen lobte ihn der Kaiser am 9. Feber.[2])
Die Taboriten merkten bald die Absicht, und es einigten sich am Piseker
Tage 6. Feber die Städte Pisek, Klattau, Schüttenhofen, Taus und Prachatitz,
sowie Chwal v. Machovitz als Kreishauptmann, Alesch v. Seeberg, die
Brüder Peter und Johann Zmrzlik v. Svojšin, Johann Smil v. Krems,
Přibik v. Klenau u. a. zum gemeinsamen Vorgehen. Die Verhandlungen
der Prager mit dem Kaiser durch Ulrichs Vermittlung dauerten aber fort
und Ulrich übersandte den Brief der Prager an den Kaiser; am 28. Mai
schrieb Siegmund an den Rosenberger, die Gewährung des von den Pragern
begehrten Gehörs stehe nicht ihm, sondern dem Papste zu; er habe bereits
an den Kardinallegaten Orsini nach Nürnberg um Rat geschrieben, welche
Antwort er den Pragern geben solle.[3]) Am 13. Juni antwortete der
Kardinallegat aus Nürnberg, der Kaiser möge sich ja nicht mit den Ketzern
in Verhandlungen über Glaubensartikel einlassen, dagegen in der Ausrot=
tung der Ketzerei fortfahren.

Da H. Albrecht zu Beginn des Jahres einen neuerlichen Einfall
der Taboriten fürchtete, führte er auch in Budweis (April) den Paßzwang
ein;[4]) die Budweiser sollten keine Fuhrleute aus Böhmen und Mähren
außer aus seinen Städten nach Österreich um Salz fahren lassen, weil

---

1) l. c. I, 25.
2) A. č. I, 25.
3) l. c. 26 f.
4) Lichnowsky V, 10.

die Huſſiten die Fuhrleute als ihre Kundſchafter benützten; nur ſolche mit
brieflicher Beglaubigung ſeien ausgenommen. Die Budweiſer traf aber
die Maßregel hart, da man keine Lebensmittel in die Stadt bekam, und
ſo beſchwerten ſie ſich beim Herzog darüber, der am 8. Juni aus Wien dem
Stadthauptmann Leopold v. Kreig mitteilte, er habe die Zettel abgeſchafft;
nur ſollten verdächtige Leute nicht in die Stadt gelaſſen werden.[1]) Am
22. Auguſt war dagegen Reinhart Pobrpḧer Hauptmann in Budweis;
er ſiegelte mit dem eblen Jorg v. Müldorf das Zeugnis des Heinrich
Groß v. Kal (Calw?), der $2^{1}/_{2}$ Jahre bei den Budweiſern Büchſenmeiſter
geweſen war, daß ihn dieſe vollſtändig zufriedengeſtellt hätten.[2])

Ulrich v. Roſenberg war am 1. September beim Kaiſer in Ofen;[3])
in ſeinem Auftrage ging er dann nach Prag, um zu unterſuchen, ob man
den Pragern glauben könne, die eine Botſchaft an den Kaiſer geſandt
hatten in der Abſicht, ſich zu ergeben. Ulrich war dem Kaiſer gegenüber
nicht aufrichtig; er ließ ſeit ſeiner Anweſenheit in Ofen nichts hören, war
vielmehr mit den Feinden in Waffenruhe getreten. Der Kaiſer tadelte
ihn daher am 23. Oktober und verbot ihm, den Waffenſtillſtand zu halten,
da ihm vom Papſte und geiſtl. und weltl. Fürſten der Vorwurf gemacht
werde, es geſchehe das mit ſeinem Willen.[4]) Deſſen ungeachtet ſchloß
Ulrich einen neuerlichen Waffenſtillſtand mit Chwal v. Machowitz und den
Taborern, mit Matthias v. Chlumčan und den Piſekern am 11. November,
am 12. mit Prachatitz und Schüttenhofen, am 25. mit Peter und Johann
Zmrzlik auf Worlik bis zur Abſage, am 26. November in Krems mit
Johann Smil v. Krems unter Vermittlung Johanns v. Blatna bis Weih=
nachten, am 8. Dezember mit Přibik v. Klenan bis Johann Ev.[5]) —
Dieſe Waffenruhe benützten die Huſſiten, unter Heinrich v. Platz u. a. in
Niederöſterreich einzufallen.

Die Niederlage der Öſterreicher und Leopolds v. Kreig vor Zwettl
am 12. März 1427 beſtimmte wohl den Herzog Albrecht, Ulrich v.
Roſenberg am 30. April zum Stadthauptmann von
Budweis zu ernennen.[6]) So war deſſen Herzenswunſch erfüllt.

---

1) Kurz: Albr. II, 2, 116.
2) Budw. Arch.
3) Reg. K. Sigm. 6727.
4) A. č. I, 27.
5) A. č. III, 497 ff., Č. č. Mus. 62, 174. Samstag vor Thomas war Ulrich
in Krummau. Böhm: Reg. d. Roſenberger 90.
6) Senſer 43.

Dennoch trat der Rosenberger aus seiner unentschiedenen Haltung nicht
heraus und fügte durch seine Waffenruhe der kath. Sache den größten
Schaden zu, da die Taboriten, im Rücken frei, sich ohne Sorge anders-
wohin wenden konnten. In Mies hatte sich nämlich Přibík v. Klenau,
der die Stadt kurz zuvor eingenommen hatte, festgesetzt. Die kath. Partei
belagerte ihn und hoffte dabei auf die Unterstützung des Rosenbergers;
dieser aber tat nichts.

Aus der Mitte des Jahres rührt eine Zusammenstellung der huss.
und kath. Macht in Böhmen her, die für uns manches Interessante bringt.
Hussitisch: Prachatitz unter dem Hauptmann Chwal v. Machowitz, Pisek
unterm Hauptmann Matthias Lauda, Přibenitz im Besitze der Taborer,
Wildstein unterm Hauptmann Přibík Jawor. Unter den Taboriten war
Obersthauptmann Johann Krušina v. Schwanberg, unter den Waisen
der Pfaffe Prokop, und der dritte Hptm. war Johann Pyšk. — Katholisch:
Walsee: Schloß Rosenberg, Meinhard v. Neuhaus „mit allem was er
vermag,"[1]) Ulrich v. Rosenberg: Krummau Stadt und Burg, die Burgen
Weleschin, Maidstein, Wittinghausen,[2]) Choustník, Helfenburg, Wittingau,
Zdiroh; Wenzel v. Michelsberg: Burg Strakonitz; Hans Kapler: Winter-
berg; Nikolaus v. Lobkowitz: Frauenberg; Heinz v. Lažan: Bechin;
Johann v. Janowitz: Burg Bayreck, und die Stadt Budweis.[3])

Johann v. Riesenburg forderte den Rosenberger (Ulrich v. Rosenberg befand sich am 9. August in Krummau) am 1. August von Rabi
aus im Namen der um Mies liegenden Fürsten auf, keinen Waffenstillstand
einzugehen und seine Leute zu verhindern, sich den Taborern anzuschließen;
er bringe sich sonst um des Königs Gunst. „Die Fürsten hören und
wissen, daß die Taborer die größte Macht von deinen Gütern haben,
und daß deine Leute freiwillig zu ihnen gehen, ohne Hindernis von
deiner Seite und mit deinem Willen."[4])

So kam es, daß Peter Zmrzlik v. Swojschin dem Klenauer zuhilfe
kommen konnte. Am 2. August zog Prokop mit seinem Heere zum
Entsatze heran und schlug das Kreuzheer bei Tachau am 4. August. Im
Heere Prokops war auch Meinhard v. Neuhaus, Niklas v. Landstein,

---

1) Schloß sich aber den Taboriten vor Mies und Tachau an.
2) Dieses verkaufte der Rosenberger am 9. Aug. 1427 in Krummau seinem
Schwager Reinprecht v. Walsee, dem er schon früher Rosenberg verpfändet
hatte (Notizbl. II, 11). Das Verzeichnis gehört also vor diese Zeit.
3) Bezold: K. Sigm.
4) A. č. III, 304.

Johann Zmrzlik, Jaroslav v. Trocnow, der Bruder Žižkas, u. a., wahr=
scheinlich auch Joh. Smil v. Krems, mit dem bald darnach der Rosen=
berger wieder in Fehde geriet. Am 13. Oktober schloß endlich Smil
mit dem Rosenberger einen einjährigen Waffenstillstand. Die Gefangenen
wurden beiderseits entlassen; Smil entsagte allen Brandschatzungen; wenn
er mit den Taboriten ins Feld ziehen würde, wollte er sich mit dem
Raube der notwendigsten Nahrung und des Trunkes begnügen. Das
Gleiche nahm sich der Rosenberger aus, wenn er mit der k. Partei ziehen
würde. Sollte dennoch eine Feindschaft beiderseits ausbrechen und Smil
eine Niederlage erleiden, so sollte ihm Ulrich drei Gefangene, die Smil
ihm bezeichne, ausliefern, außerdem Kosoř v. Malovitz und dessen Brüder,
falls auch diese in Gefangenschaft gerieten. Bis zur Einsetzung einer
festen Regierung oder bis zur Wiederherstellung der Eintracht in Böhmen
versicherte der Rosenberger dem Smil eine Jahresrente von 50 ſ am
Gute Iweras, um das und um Ottau sich wahrscheinlich der Kampf
drehte. Da beide Güter aber dem Materna v. Ronow 1422 verpfändet
worden waren, geriet Smil auch in Fehde mit diesem, die dann durch
Vermittlung der Brüder Johann Odranetz und Ratzek v. Drahonitz (diese
hatten auch den Stillstand mit dem Rosenberger vermittelt) am 18. Nov.
durch einen Waffenstillstand beendigt wurde. Auch Budweis war in
diese Fehde, weil auf Seite des Rosenbergers, verwickelt worden und
Smil nahm es darauf in den Waffenstillstand bis Weihnachten auf.[1]
Bechin war so isoliert und das mag der Grund gewesen sein, daß am
4. Dezember auf Bechin Peter Zoul v. Oſtředek neben Hinz v. Lažan
dem Rosenberger absagten,[2] ein Beweis übrigens auch, daß Südböhmen
friedlichere Zeiten genoß, in denen man sich auch innerhalb der kath.
Partei den Luxus von Privatfehden gestatten konnte.

---

1) Č. č. Mus. 1888, 175. Zwei Tage später, 15. Okt., ist eine gefälschte
Urkunde datiert, in der Johann Kosoř und Peter v. Malowitz, Johann
v. Neſtanitz, Beneſch v. Duden, Janek v. Sedlce und Johann Štebnák v. Stryj
auf Čichtitz bezeugen, daß Johann Smil v. Krems das Gut Krems dem
Rosenberger verkauft habe.
2) Hrady VII.

(Schluß folgt.)

Beiträge zur Geschichte der Konfiskationen nach Albrecht von Wallenstein und seiner Anhänger.

Von

Prof. S. Sorge.

(Fortsetzung.)

Konfignation der alttinstischen Güter, verfaßt vom Hoffammersekretär Peter Hoffmann ("Herrschaftsakten", Faszikel B XVI 2, ddo. 4. April 1637).

Nomen	Taxa	Cui	Quo titulo	In qua summa	Quale residuum
1. Teplitz	Ist kein Tax eintommen, sondern stracts anfangs (94.477 fl.)¹	Dem von Aldringen einzuräumen verwilligt worden	Erbeigentümlich und	totaliter	—
2. Böhm.-Kamnitz oder Brezen	Vermög produzierten alttinstischen Kaufkontrakt bei 180.000 fl.²	Dem Oktavian Kinsky	Anstatt seiner zu allen konfiszierten alttinstischen Gütern prätendierten juris	totaliter	—

Hiebei zu merten, daß sich ein starkes Disputat oder Differenz wegen Brezen oder Böhmisch-Kamnitz und Benßen (Benešov = Bentschau oder Wentschau) und Herrenstreitschen (= Hermansgrazen) [ergeben], welche aber auf gewisse Manier und Weise hingelegt worden, also daß Ihre taif. Majestät das Böhmisch-Kamnitz dem Grafen Oktavian Kinsky adjudiziert, der alle verfallene alttinstische Güter angesprochen und via juris hätte erhalten sollen, das Wentschau aber haben Ihre taif. Majestät den Graf Ultringischen Erben überlassen gegen Zurückabtretung zweier Ultringischer Güter als Groß-Lippen und Luchoriß genannt zugeeignet, dazu die Ultringischen Gebrüder noch 10.000 fl. Baargeld zu behuf Breisach herausgeben müssen, wie denn auch beschehen. Mit Wentschau, Luchoriß und Lippen ist auf nachfolgende Weise disponiert worden.

3. Groß-Lippen	Haben die Altringi-schen ästimiert per 24.000 fl.[3]	Dem Rittmeister Moser, so den Herzog Albrecht (von Sachsen) gefangen, dessen Gnadensumme	30.000 fl.		Daher er Groß-Lippen in Abschlag an-genommen und den Rest noch zu prä-tendieren hat
4. Luchoriß	Haben die Altringi-schen zurückgelassen und ästimiert per 18.000 fl.[4]	Dem Baron de Suys	Zur Gnad		Die sich aber exten-diert auf 30.000 fl.

Hiebei zu merten, daß er noch die ausständigen 12.000 fl. zu prätendieren [hat].

5. Rumburg	per 61.653 fl.[5] (75.000)	Dem Oberst Lößl	Wegen 30.000 fl. Gnad und das übrige an ab-gerraiteten völligen Verdienen		totaliter für alles, was die Abraitung dermalen mit [sich bracht, nämlich 72.000 (70.000) fl.
6. Hainspach	per 72.000 fl.[6]	Dem Wolf Grafen von Mansfeld	Zur Gnad und anstatt eines andern Guts (Ro-thenburg a. d. Saalo), so an Kursachsen ab-treten müssen wegen des Friedensschluß		totaliter
7. Zaßoran	per 60.643 fl.[7] (66)	Dem Oberst Zahra-deßky	Zur Gnad	per 40.000 fl.	20.643 fl. (66)

Hiebei zu merten, daß dieser Rest der 20.643 fl. dem Oberst Coronin wegen verwilligten 30.000 fl. Gnad herauszugeben geschlossen und ex conditione die Notdurften darüber ausgefertigt worden, daher der Coronin noch in die 9334 fl. zu prätendieren hat. (57 richtig)

1) Sorge, 16 f.; Bilet, 181 und 209.
2) Sorge, 58; Bilet, 210. — (176.000 fl m. = 205.333 fl. 20 fr.)
3) Sorge, 16 f.; Bilet, 209.
4) Sorge und Bilet, ebdl.

5) Sorge, 25; Bilet, 210.
6) Sorge, 37; Bilet, 210.
7) Sorge, 40 f.; Bilet, 210. — (52.000 fl m. = 60.666 fl. 40 fr.)

Konfiskation der konfiszierten illoischen Güter, verfaßt vom Hoftammersekretär Peter Hoffmann ("Herrschaftsatten", Faszikel B XVI 2, ddo. 4. April 1637).

Nomen	Taxa	Cui	Quo titulo	In qua summa	Quale residium
1. Popowitz	Ist kein Tax proponiert, weil mehr Schulden darauf zu sein vorkommen als es wert ist.¹)	Die Witwe hats im Posseß	Wegen ihrer Prioritätsspruch	—	—
	(Hier fehlt das gleichfalls der Witwe Albertine geb. Fürstenberg zugehörige Gut Leschna oder Lischno, auch in Böhmen gelegen; Gorge, l. c., S. 54.)				
2. Stadt Mies	Darauf illo nur 70.000 fl. Pfandsumme gehabt²)	Solche sind zum Proviantwesen in Böhmen zu applizieren resolviert worden	—	70.000 fl.	—
3. Budkau 4. Radonowitz (beide in Mähren)	Ist kein Tax vorhanden, hat es aber von einem von Ruppau erkauft per 76.433 fl.³)	Dem es wieder abgetreten worden	Weil ihm daran noch in die 64.000 fl. restierend geblieben	Die an den 76.433 fl. empfangenen 12.000 (12.626) fl. sind für die ungar. Grenzen deputiert und dem Eggstain eingeräumt worden.	—
5. Illoisches Haus (in Prag)	Ist kein Tax vorhanden (10.000 fl.)⁴)	Possedierts die Witwe	Wegen wittiblicher Spruch		
6. Neumannisches Haus (in Prag, gehört aber nicht hieher)	Ist kein Tax	—			

Hiebei zu merken, daß dieses Haus der Breda und der Oberstleutnant Brix wie auch die Holtische Witwe prätendiert, es haben aber vorige kaif. Majestät der Holtischen Witwe per resolutionem zuerkannt (kam aber nach Bilet, 215, an Oberst von Bredau).

1) Gorge, 54; Bilet, 213. — (19.500 fl.M m. = 22.750 fl. — 19.506 fl.M m. = 22.757 fl.)
2) Gorge, 49; Bilet, 213.
3) Gorge, 54, und Mähr.-schlef. hift. Zeitschr., Jahrg. X; Bilet, 214.
4) Gorge, 54; Bilet, 213 f.

c) [Nr. 3].

Konfiszierte Güter nach dem von Friedland	Wem solche vergeben	Wie hoch taxiert	Was jeder zu fordern habe	Ob und was für ein Rest heraus zugeben verbleibe
1. Rumburg und Aulibitz . . .	Oberst von Tiefenbach	per 200.000 fl.	200.000 fl.	—
2. Smrkowitz	Oberst Suys[1]	70.000 fl.	70.000 fl.	—
3. Radetsch und Thonnatitz[2] . .		24.000 fl.		
4. Klein-Radetsch[3] . . .		6.000 fl.		
5. Hof und Dorf Nawratitz[3] . .		12.000 fl.		
6. Tur[4]		30.000 fl.		
7. Betlisch und Mackow . .	Graf Schlick	165.216	Was die Abraitung mitbringen wird	
8. Attenburg		120.129		
9. Welseti (Hoch-) und Ibier . .	Oberst Ribrunth	deductis oneribus allein frei 54.136 fl.	50—60.000 fl.	
10. Kopidlno (Capitl) . .	Graf von Dietrichstein	deductis oneribus 105.588 fl.	80.000 fl.	25.588 fl.
11. Ekal (Groß-) und Troska . .	Max von Wallenstein	243.346 fl.	völlig	
12. Semil	Oberst de Fours	76.336 fl.	In die 100 und mehr tausend fl.	
13. Smidar und Skřiwan . .	Oberst Gordon	178.323 fl.	120.000 fl.	58.323 fl. prätendierts aber für sein Regiment

1) Kam später an Ferdinand III, dafür erhielt Suys die sog. Czaslauer Dörfer.
2) Wurde dann zu Smrkowitz gezogen.
3) Wurden für das böhmische Proviantwesen bestimmt.
4) Kam an die Gitschiner Jesuiten in Abschlag ihrer Fundationssumme von 112.000 fl.

Konfiszierte Güter nach dem von Friedland	Wem solche vergeben	Wie hoch taxiert	Was jeder zu fordern habe	Ob und was für ein Rest heraus zugeben verbleibe
14. Hořic	Graf Strozzi	146.204 fl.	100.000 fl.	46.204 fl.
15. Trebowětitz¹) . . .		26.539 fl.		
16. Arnau	Oberst Lamboi	78.766 fl.	60.000 fl.	18.766 fl.
17. Hohenelbe	Oberst Morzin	202.524 fl.	100.000 fl.	102.524 [so zum böhmischen Proviantwesen direkt deputiert]
18. Roft	N.B. wird in totum von der Fürstin von Lobkowitz als unbezahlter angesprochen²)	222.088 fl.	—	—
19. Weiß- u. Hühnerwasser . .	Marchese di Grana	205.903 fl.	200.000 fl.	15.903 fl.
20. Hausfa und Widim (= Rokotin) . . .	Oberst Beck	134.192 fl.	70.000 fl.	64.195 fl. (richtig 64.192)
21. Alsha	Oberst Isolani	132.906 fl.	in totum	
22. Hirschberg . . .	Oberst Butler	225.847 fl.	200.000 fl.	25.847 fl.
23. Friedland und Reichenberg	Graf Gallas	503.506 fl.	totaliter als Gnade	—
24. Reußschloß	Verwitwete von Friedland	300.000 fl.	Soll die Prätensionen noch liquidieren	—
25. Drum und Stolinetz	Reinhard von Walmerode³)	60.000 fl.	totaliter als Gnade	—
26. Niemes	prätendierts sächsischer Hofmann⁴)	117.064 fl.	beruht auf kaiserlicher Resolution	—

1) Bekam Strozzi mit Hořic.
2) Wurde auch der Fürstin Polyxena von Lobkowitz restituiert.
3) Wurde dann der Witwe Elisabeth Hyan des früheren Besitzers restituiert, während Walmerode das terzliche Gut Habern, das von Světla abgezweigt wurde, erhielt.
4) Wurde dann der Witwe Magdalena des kursächsischen Rates und Residenten in Wien, Johann Zeidler, genannt Hofmann, der sich in Frankfurt 1634 und im Prager Frieden 1635 um den Kaiser verdient gemacht hatte, restituiert.

Summarischer Extract der Taxen aller Friedländischen Herrschaften unter den Herrschaften Reuschloß und Brunn, welche noch nicht in der Taxa begriffen.

("Allgemeine Akten", ddo. 15. Mai 1636.)

Die Herrschaft	In Schock meißnisch ohne die belehnten			Zu rheinisch Gulden ohne die belehnten			Die belehnten schockweis			Die belehnten zu rheinisch Gulden			Summarium mit den belehnten schockweis			Summarium mit den belehnten zu Gulden		
	fl.	gr.	₰	fl.	kr.	₰	fl.	gr.	₰	fl.	kr.	₰	fl.	gr.	₰	fl.	kr.	₰
Rumburg (= Anlibiß)	324.336	18	4	378.392	21	4							324.336	18	4	378.392	21	4
Welfiß	182.137	31	3	212.493	46	4							182.137	31	3	212.493	46	4
Welfiß (Hoch-) und Zbieř	66.355	—	—	77.414	10	—							66.355	—	—	77.414	10	—
Hořic	125.318	8	4	146.204	30	—	16.567	48	4	19.329	6	4	141.885	57	1	165.533	36	4
Trebowëtiß	22.748	4	2	26.539	25	—							22.748	4	2	26.539	25	—
Smidar und Sſtřiwan	152.848	27	1	178.323	11	4							152.848	27	1	178.323	11	4
Altenburg	142.909	4	2	166.727	15	—							142.909	4	2	166.727	15	—
Roſt (Groß)	190.361	25	5	222.088	20	—							190.361	25	5	222.088	20	—
Sſal (Groß)	208.582	58	4	243.346	48	2	11.034			12.873			219.616	58	4	256.219	48	2
Gemil	65.431	—	—	76.336	20	—	4.215			4.917	30		69.646	—	—	81.253	40	—
Ropiblno (Capitl)	107.646	51	3	125.588	—	—							107.646	51	3	125.588	—	—
Hohenelbe	173.592	46	5	202.524	54	1							173.592	46	3	202.524	54	1
Urnau	67.514	25	5	78.766	50	—	18.875	57	1	22.021	56	4	86.390	22	6	100.788	46	4
Weißwaſſer	100.011	—	—	116.679	30	5							100.011	—	5	116.679	30	5
Hühnerwaſſer	85.048	48	4	99.223	36	4							85.048	48	4	99.223	36	4
Hausta und Widim (= Koſtein)	115.021	57	1	134.192	16	4							115.021	57	1	134.192	16	4
Hirſchberg	193.579	48	4	225.843	6	4							193.579	48	4	225.843	6	4
Niemes	100.341	4	2	117.064	35	—							100.341	4	2	117.064	35	—
Wicha	113.919	28	4	192.906	3	2	22.011	7	1	25.679	38	2	135.930	35	5	158.585	41	3
Reichenberg	156.160	20	5	182.187	3	2							156.160	20	—	182.187	3	2
Friedland	275.425	25	1	321.329	39	2	2.200			2.566	40		277.625	25	1	323.896	19	2
	2,969.285	55	1	3,464.166	54	2	74.903	52	6	87.387	51	4	3,044.189	48	—	3,551.554	41	—

("Allgemeine Akten", ddo. 15. Mai 1636.")

Ein zweiter Extrakt (b, der frühere a) gibt für dieselben Güter und dieselben Teilposten doch verschiedene Summen an, und zwar:

Ohne die belehnten zu Schod, Groschen und Pfennig meißnisch			Ohne die belehnten auf Gulden rheinisch			Belehnte Güter schockweis			Belehnte Güter in Gulden			Summa mit den belehnten schockweis			Summa samt den belehnten zu Gulden		
ℳ	gr.	₰	fl.	kr.	₰	ℳ	gr.	₰	fl.	kr.	₰	ℳ	gr.	₰	fl.	kr.	₰
2,968.285	55	1	3,463.000	14	2	74.903	52	6	87.387	51	4	3,043.189	48	—	3,550.388	1	—

Die Verschiedenheit ist, wie sich zeigt, auf einen Rechenfehler in der ersten Summe der unbelehnten Güter in Schod meißnisch zurückzuführen, wodurch auch die durch Umwandlung (1 ℳ m. = 70 kr. = 1⅙ fl. rh.) und Addition gefundenen Summen berührt wurden.

Zu den hier angegebenen Summen kommen jetzt noch die Taxen der Güter Neuschloß und Drum. Wir haben also:

	Ohne die belehnten zu			Ohne die belehnten auf rheinisch			Belehnte Güter in			Belehnte Güter in			Summa mit den belehnten in			Dasselbe in		
	ℳ	gr.	₰	fl.	kr.	₰	ℳ	gr.	₰	fl.	kr.	₰	ℳ	gr.	₰	fl.	kr.	₰
Summe	2,968.285	55	1	3,463.000	14	2	74.903	52	6	87.387	51	4	3,043.189	48	—	3,550.388	1	—
Neuschloß . . .	257.142	40	—	300.000	—	—	—			—			257.142	40	—	300.000	—	—
Drum	51.428	40	—	60.000	—	—	—			—			51.428	40	—	60.000	—	—
Summe	3,276.856	15	1	3,823.000	14	2							3,351.761	8	—	3,910.388	1	—

... leichtlichen zu verkaufen, was ein jedweder sei geschätzt, auch was für Einkommen (ohne die Verkaufung des Getreides) sich neb. u dem Amtsregister befinden tuet, nach rheinischen Gulden und böhmischen Schock. („Allgemeine Akten", ddo. 15. Mai 1636.)

Die Herrschaften	Die tragen aus ohne die Lehengüter		Jährlicher Einkommnuß ohne der Verkaufung des Getreides		
Welisch bei Gitschin Ropidlno (Capitl) . . . Altenburg	212.493 fl. 46 kr. 4 ₰ — 125.588 fl. — 166.725 fl. 15 kr. —	Summa dieser drei Herr-schaften 504.809 fl. 1 kr. 4 ₰, davon etwas wenig Schulden	Welisch . 12.0 6 fl. 10 kr. 3 ₰ Capitl . 9.090 fl. 40 kr. 1 ₰ Altenburg 8.642 fl. 14 kr. 3 ₰	Summa 29.789 fl. 5 kr. 1 ₰	Von Wildpret sind	Etwas davon im Gebirge, hat drei schöne Schlösser
Hirschberg	225.411 fl. 26 kr. 5 ₰	ist ohne Schulden	Einkommen 14.096 fl. 24 kr.		Von ... lichem ... Gen und fre-jem Wi-bret ge-nug sind	Des mehrenteils im Gebirge, hat ein schönes Schloß
Husta mit allen Zu-gehören	134.192 fl. 16 kr. 4 ₰	etwas, aber wenig Schulden	haben 5800 fl. 18 kr. 0 ₰		pret genugsamb	Bei dem Gebirge
Ober	116.679 fl. 30 kr. 5 ₰	Summa 215.903 fl. 7 kr.	haben 9082 fl. 15 kr. 5 ₰		Von allerlei Wild-pret genugsamb	Auch bei dem Gebirge
Hühnerwasser . . .	99.223 fl. 36 kr. 4 ₰	3 ₰, sind aber c haben				Die Herrschaft ist im Gebirge
Wa mit dem wüsten Schloß Friedstein	11.050 fl. 55 kr.	ist ohne haben	haben 9500 fl.		Von Wildpret die Notdurft	Ist auch im Ge-birge
Ehl (Groß) . . .	243.346 fl. 48 kr. 2 ₰	m. Lehen 256.219 fl. 48 kr. 2 ₰, ist ohne Schulden	haben 19.654 fl. 30 kr. 4 ₰		pret	
Hn	78.766 fl. 50 kr. —	—	unter 6410 fl. 10 kr.		—	Liegt im ebenen Land
Horic	146.204 fl. 30 kr. —	sind auch Hne Schulden	haben 9090 fl. 40 kr. 1 ₰			
Host	222.088 fl. 20 kr. —	seind viel c haben	haben 10.384 fl. 5 kr. 2 ₰		Von auch die	Ist auch im Ge-birge
Hße	101.000 Schock	aber wenig Schulden	haben 6500 Schock		Von die	
Cista	29.388 fl.	ist ohne haben	haben 2100 fl.			
Hoch-Wesseli . .	30.000 Schock	10.000	haben 1500 } 3100 Schock haben 1600			
Zbier	35.000 Schock	ist ohne c haben				
Strüwan	50.000 Schock	3000 Schock haben	haben 900 Schock			
Enß	55.386 fl.	ist ohne haben	haben 2400 fl.			
Hto	6.000 Schock	auch ohne haben	haben 800 Schock			
Swoina	1.000 Schock	auch ohne ohne haben	haben 100 Schock			
Strauhtz	8.250 Schock	ist auch ohte c haben	haben 700 Schock			

Extrakt allerhand Intraden und Einkommen aus den Kammergütern und Herrschaften im Herzogtum Friedland, wie hoch sich dieselben jährlichen belaufen. („Allgemeine Akten", ddo. 15. Mai 1636.)

Herrschaften	Aus den Bräuhäusern[1]		Standhafte Zinsen		Laufende Zinsen[2]		Müllnutzung		Schafnutzungen		Für die Schweinmastungen		Vom Salzhandel[3]		Für Fische[4]		Von Zinshühnern, Kapaunern, Wänst und Eiern		Für allerhand Gebührhand Ge die Brau ...	Bergwert, Holznutzung
	fl.	kr.	fl.	kr.	fl.	kr.	fl.	kr.	fl.	kr.	fl.	kr.	fl.	kr.	fl.	kr.	fl.	kr.		
Rumburg (Schloß)	17.126	40	2.057	18	4.081	13	3.460	—	1.219	47	660	—	954	—	896	6	294	45	Das Ge-	Wildbahn,
Wich	7.900	—	2.702	9	1.274	15	1.650	—	1.317	30	668	40	676	30	233	15	280	26	bücht von den	Wildfischerei,
Ropidno (Capitel)	3.500	—	1.706	10	1.670	29	2.370	—	1.172	3	324	—	489	—	1.879	57	445	50	ten und	Ober- und
Stal (Groß)	18.850	—	3.012	6	1.327	39	1.572	—	327	44	1.267	30	1.465	30	502	55	377	33	Wen über den	Niedergericht
Bric	9.180	—	782	38	1.020	25	1.820	—			345	—	369	—	660	7	189	—	Bräu-	
Gmidar	3.593	—	645	50	1.275	5	3.264	—	866	30	491	20	181	30	592	15	129	50	häusern	
räm.	6.330	—	348	15	544	44	0		511	—	108	—	244	30	—		124	10	ist auf ein	
be	5.5 0	—	234	51	3.194	47	—		900	—	94	30	—		—		139	15	50.000 fl.	
er	4.3 0	—	1.746	15	578	12	—				513	40	634	30	167	45	132	50	zu chen	
Hausta	1.600	—	715	26	147	58	—		298	—	396	—	202	30	—		184	20		
berg	7.600	—	1.242	38	258	—	480	—	898	44	350	50	606	—	710	36	236	7		
Afka	9.580	—	1.069	49	1.044	18	—		—		—		307	30	—		406	54		
Res	1.746	40	344	1	736	34	—		751	—	—		285	—	149	41	174	5		
Wartenberg	9.072	—	—		—		—		—		—		—		—		—			
Roft	3.375	—	2.029	57	391	17	1.120	—	1.396	26	353	—	756	—	—		470	15		
rg	14.520	—	1.547	28	2.166	1	880	—	416	42	204	—	240	—	—		101	20		
nid	15.866	40	1.621	5	3.815	47	1.200	—	797	7	383	51	—		308	39	324	—		
Neuschloß	17.780	—	1.469	57	1.096	5	1.200	—	934	30	975	—	810	—	1.517	15	243	50		

1) Obig gesetzte Bräuhäuser haben folgendes halbes Jahr getragen 90.908 fl., kommt also aufs Jahr 181.816 fl.

2) Unter den laufenden Zinsen seind die Hammernutzungen begriffen, dabei zu merken, daß dieses Jahr viel 1000 Kugeln geschmiedet, so in keinem Anschlag bracht, würden jährlichen ein 8000 fl. mehr bringen.

3) Vom Salz ist ein ganz neuerdachtes Einkommen.

4) Die Fisch, so auf die Hofhaltung gegangen, seind in keinen Anschlag, wurden vermutlich die Teiche viel höher zu bringen sein.

Pappenbergs Bericht über die Konfiskationen nach Friedland.[1])

In der Geschichte der Konfiskationen nach Friedland spielt der Hofkammer-Diener, d. i. ein Beamter der Hofkammer, der obersten österreichischen Finanzbehörde (man vgl. Raitdiener = Rechnungsbeamter), Christoph von Pappenberg speziell bei den friedländischen Konfiskationen keine unbedeutende Rolle, wie dies auch die allgemeinen Akten des Hofkammerarchivs vom 7. Oktober, 14. November und 20. Dezember 1634 und vom 24. Juli und 8. August 1636 beweisen. Die vom Jahre 1634 betreffen seine Tätigkeit in Böhmen, die von 1636 jene in Schlesien. Im nachstehenden soll sein Bericht aus den „Herrschaftsakten" des Hofkammerarchivs über die friedländischen Konfiskationen Platz finden, der, sehr detailliert, für die Geschichte und Vorgeschichte der friedländischen Besitzungen von Wichtigkeit ist.[2])

Bericht des Hofkammer-Dieners Christoph von Pappenberg über solche Güter, die vom Kaiser an Friedland abgetreten und von diesem wieder an andere Personen verkauft wurden.

(„Herrschaftsakten", Faszikel B XVI 2, ddo. 3. Mai 1636.)

1. Neustadt a. d. Mettau*), 2. Žiželowes und Sadowa*), 3. Hermanitz*), 4. Wamberg*), 5. Wlčkowitz*), 6. Gradlitz und Chaustek*), 7. Adersbach*), 8. Miskoles*), 9. Libchawa [Lichwe]*), 10. Dubenetz*).

Diese obbeschriebenen Güter sämtlich hat der Fürst von Friedland der Frau Maria Magdalena Gräfin Trzkin v. Lobkowitz (geb. Popel von Lobkowitz) durch gewisse aufgerichtete Kontrakte anno 1624 um die Güter

Kopidlno (Capitl), Bartoschow und Augezdetz [Klein-Augezd*), zuvor zu dem Gut Smidar gehörig, neben einer gewissen Geldgabe abgetreten, wie solches in dem Kontrakt weiter begriffen.

11. Höreniowes*), 12. Rodow und Miletin*), 13. Daubrawitz, Pietschitz und Kunstberg*), 14. Semschitz*), 15. Roždialowitz und Neu-Ronow*), 16. Gedenitz*), 17. Augesdetz*).

Diese vorhergehenden acht (?) Güter hat der Fürst von Friedland anno 1623 laut aufgerichteten Kontrakts dem Adam von Waldstein, Oberstburggrafen zu Prag, um die Güter

Hirschberg*) oder Bezdiez, Widim, Hausta, Bernstein und Deschna abgetreten, wie ermeldeter Kontrakt mit mehrerem besagt.

---

1) Man vgl. S. Gorge „Das Friedländische Konfiskationswesen", Programm des Staatsgymnasiums in Bielitz, 1899.

2) Th. Bilets „Beiträge zur Geschichte Waldsteins", Prag, 1886, für diesen Zweck besonders wertvoll, wurden herangezogen. Sie gedenken auch Pappenbergs, freilich mehr nebensächlich (S. 183 und 187, Anmerkung).

18. Wltawa *) 19. Dimokur, Žluniß und Chotelschiß *), 20. Zamrit *), 21. Choßen *), 22. Borowniß *), 23. Dobrikow *).

Welche vorhergehende vier (?) Güter Bincentius Muschinger überkommen, deisen Erben solche bis dato possedieren. Sind schuldig zu berichten, wie ihr Vater solche Güter überkommen.

24. Dobřeniß *), 25. Groß-Bascht *), 26. die Mühl bei Prag im hinterften Bubentsch *), 27. der Hof im vordern Bubentsch *), 28. Kosteleß an den schwarzen Wäldern *), 29. Irnowan *).

*) Hier folgt Näheres aus den verschiedenen Pappenbergischen Berichten:

1.*) Neustadt nach Rudolf von Stubenberg um 109.789 fl. oder 99.559 fl. 50 kr. gekauft. (Gorge, l. c., S. 22; Bilek, S. 97.)

2.*) Das Gut Žiželowes und Sadowa, weiland Georg Sadowsky gehörig, ist dem Friedländer verkauft worden um 54.833 fl. 20 kr. Hievon hat der Fürst vornehmlich die Kreditoren kontentieren und von der übrigen Summe zwei Teil in Ihrer Majestät Rentamt und den dritten Teil ermeldeten Sadowsky erlegen sollen. Hingegen aber hat der Friedländer ihm Georg Sadowsky das Gut Welehradek, Rot-Politschan und einen Teil des Gutes Iremeschno um 32.279 fl. abgetreten, auf welche Summe aber ist der Sadowsky dem Fürsten 12.000 fl. schuldig verblieben. Weil aber ermeldeter Sadowsky der Religion halber aus dem Lande gewichen, hat sich der Fürst wiederum dieses Guts angemaßt und solches einem andern übergeben, wie unter den Lehengütern zu finden ist. (Gorge, l. c., S. 36; Bilek, SS. 74 und 98.)

3.*) Heřmaniß, vorher Hans Friedrich von Oppersdorf gehörig, kauft der Fürst von Ihrer Majestät um 25.381 fl. 54 kr. Soll die Kreditoren befriedigen und das übrige in Ihrer Majestät Rentamt abführen. (Bilek, 95.)

4.*) Das Gut Wamberg, weiland Nikolas Peßingern gehörig, ist von Ihrer Majestät erkauft um 35.834 fl. 49 kr. Hievon hat der Fürst die Kreditores befriedigen und von der übrigen Summe einen Teil in Ihrer Majestät Rentamt und zwei Teil ihm Peßinger sollen abführen. Hingegen hat der Fürst gemeldetem Peßinger das Gut Skařischow, so im Fürstentum gelegen, um 3422 fl. 46 kr. 4 ₰ abgetreten und den Überrest der Summe bar abgeführt. (Gorge, ebds.; Bilek, S. 98.)

5.*) Wlökowiß (Wölsdorf), vorher Hermann Wilhelm Peßinger gehörig, kauft der Fürst von Ihrer Majestät um 23.842 fl. 56 kr. Soll zuerst die Kreditoren befriedigen und dann ein Teil Peßinger, ein Teil in Ihrer Majestät Rentamt abführen. (Bilek, 99.)

6.*) Das Gut Gradliß und Chaustek, weiland Albrecht Ctibor Peßinger gehörig, ist von Ihrer Majestät erkauft um 20.070 fl. 20 kr. Hievon haben erstlich die Kreditoren kontentiert und vom übrigen ein Teil in Ihrer Majestät Rentamt, der andere Teil ermeldeten Albrecht Ctibor Peßinger abgeführt werden sollen. (Bilek, ebds.)

7.*) Das Gut Adersbach, weiland Adam Bodansky (Abraham Bohdanecky) gehörig, ist von Ihrer Majestät erkauft um 30.287 fl. 45 kr. Hievon haben zuvorderst die Kreditoren kontentiert, hernach ein Teil in Ihrer Majestät Rentamt und vier Teil deſſen Erben, als der Mutter und dreien Töchtern abgeführt werden ſollten. Ob aber von dem Fürſten den Erben ſollte etwas gegeben ſein, iſt in den Friedländiſchen Büchern nicht zu finden. (Gorge, l. c., 43; Bilek, 92.)

8.*) Den Hof Miskolezy, weiland Hans dem Ältern Dobřensky gehörig, iſt von Ihrer Majeſtät erkauft um 7088 fl. 24 kr. Hievon haben erſtlich die Kreditoren ſollen bezahlt und von dem übrigen ein Teil in Ihrer Majeſtät Rentamt und der andere Teil ermeldeten Dobřensky abgeführt werden ſollen. (Bilek, 96.)

9.*) Libchawa (Lichwe), weiland Hans dem Ältern (Werleich von) Bubna gehörig, hat der Fürſt von Ihrer Majeſtät erkauft um 10.842 fl. 12 kr. Sott zuerſt die Kreditoren befriedigen und ein Teil in Ihrer Majeſtät Rentamt und zwei Teil ihm Bubna abführen. (Bilek, ebdſ.)

10.*) Das Gut Dubenetz, zuvor dem Chriſtian von Waldſtein gehörig, iſt von Ihrer Majeſtät erkauft um 21.872 fl. 30 kr. Hievon hat der Fürſt ſeine Kreditoren kontentieren, hernach ein Teil in Ihrer Majeſtät Rentamt und den andern Teil ermeldetem Chriſtian von Waldſtein erlegen ſollen. Dagegen hat der Fürſt ermeldetem von Waldſtein das Gütlein Dručow (Drauſendorf) von der Herrſchaft Aicha, welches denen von Smiřic gehörig, abgetreten um Summa 15.691 fl. 3 kr. 2 ₰. Mehr von der Herrſchaft Skal den Hof, Křenow genannt, um 5000 fl., wie hievon unter den Lehengütern zu finden. (Gorge, l. c., 44; Bilek, 92.)

ad Kopidlno ꝛc.*) Das Gut Kopidlno, Bartoſchow und Silbern-Augezd hat der Fürſt von Maria Magdalena Gräfin Trzkin von Lobkowitz um etliche andere Güter, wie hievon sub Nr. 10 mit mehreren zu erſehen, ertauſcht und werden allhie geſetzt um 140.888 fl.[1]) — Das Gut Bartoſchow hat der Fürſt von Maria Magdalena Gräfin Trzkin im Tauſch überkommen und ſolches Katharina vormals Gütterdingin, jetzt aber Tyllin unter die Lehen verkauft, welches ſie völlig und richtig bezahlt per 5300 fl. (Bilek, 58 f.) — Augezdetz oder Silbern-Augezd, das Friedland ſpäter mit Hořic konjungierte, hatte er nach weiland Chriſtine von Waldſtein um 20.548 fl. 30 kr. erkauft gegen Kontentierung der Kreditoren und Abführung des Reſtes in das Rentamt[2]). — NB. Der Fürſt von Friedland hat dem Karthäuſerkloſter zu Waldizz bei Gitſchin wegen der ad censum perpetuum jährlich fundierten 1000 fl. das Gut Kopidlno verpfändet, wie ſolches in der Fundation mit mehreren begriffen.

11.*) Das Gut Hořeniowes, Hans Burghard Cordule gehörig, iſt von Ihrer Majeſtät erkauft um 13.000 fl. Hievon hat der Fürſt 10.000 fl. in Ihrer Majeſtät Rentamt und die übrigen 3000 fl. deſſen Cordule Gläubigern abführen ſollen. (Bilek, 95.)

12.*) Das Gut Miletin und Rodow, weiland Bartholomäus von Waldſtein Erben gehörig, hat der Fürſt von den Erben gekauft um 30.000 fl. Das Gut Miletin hat der Fürſt wieder einem der Erben, Hannibal Grafen von

---

1) Nach Gorge, l. c., 36 und Bilek, 49 f., nur 125.588 fl.

2) Nach Bilek, 43, in der Taxſumme von 10.000 mit Kopidlno von Marie Magdalena Trzka ertauſcht.

Waldstein, verkauft um 15.000 fl. und das Gut Rodow dem Maximilian Grafen von Waldstein, wie oben davon gemeldet, abtreten lassen. Welchergestalt aber Frau Irztin dieses Gut Rodow überkommen, werden ihre Erben aufzuweisen wissen. Für diese zwei Güter ist der Fürst der Magdalena Mitschanin, wie unter den friedländischen Schulden zu finden, schuldig verblieben 16.333 fl. 20 kr. (Bilek, l. c., S. 70.)

13.*) Dobrowitz, Pietschitz und Kunstberg (Křinetz), weiland Henik (Hynek, Heinrich) von Waldstein gehörig, hat der Fürst von Ihrer Majestät erkauft um 203.825 fl. Gott die Kreditoren kontentieren und das übrige in Ihrer Majestät Rentamt abführen. (Bilek, 93 f.)

14.*) Das Gütel Semschitz, dem Johann Přech Dřemensky gehörig, ist von Ihrer Majestät erkauft um 17.115 fl. 14 kr. Hievon haben erstlich seine Gläubiger sotten befriedigt, hernach ein Teil in Ihrer Majestät Rentamt und zwei Teil ermeldeten Dřemensky abgeführt werden. (Bilek, 98.)

15.*) Das Gut Rožďalowitz und Neu-Ronow, weiland Jan Albrecht Křinecky gehörig, ist von Ihrer Majestät erkauft um 58.333 fl. 20 kr. Von welcher Summe hat der Fürst erstlich die Kreditoren kontentieren, hernach den übrigen Teil in Ihrer Majestät Rentamt abführen sollen. (Bilek, ebds.)

16.*) Dětenitz (Gedenitz), weiland Georg Křinecky gehörig, ist von Ihrer Majestät erkauft um 58.893 fl. 20 kr. Hievon hat der Fürst erstlich die Kreditoren kontentieren und den andern Teil ermeldetem Křinecky abführen sollen. (Bilek, 93.)

17.*) Das Gut Hirschberg, Pernstein, Deschna, Widim und Hauska, welches dem Wenzel Berka gehörig, hat der Fürst um die Güter Dobrawitz, Pietschitz, Kunstberg, Gedenitz, Rožďialowitz, Neu-Ronow, Semschitz und Augezd ertauscht, wie hievon unter den Gütern, welche von dem Fürsten abgetreten worden, sub Nr. 17 zu finden, um 260.000 fl. — Von diesen Gütern hat der Fürst von Friedland dem Kloster zu Bezděz Sancti Benedicti-Ordens, wie unter den geistlichen Gütern Nr. 64 zu finden, einen Teil abgetreten um 36.000 fl.

ad Hirschberg ꝛc.*) Zu dem Kloster Bezděz Ordinis Sti. Benedicti hat der Friedländer von dem Kammergut Hirschberg und Hauska einen Teil abgetreten um 36.000 fl. — Auf die überbleibenden Güter sind zwei Taxen verfertigt worden, die betragen zusammen 360.035 fl. 23 kr. 2 ₰, als

das Gut { Hirschberg, Pernstein und Deschna per . . . . 225.843 fl. 6 kr. 4 ₰
{ Widim und Hauska per . . . . 134.192 fl. 16 kr. 4 ₰

(Bilek, 44 ff.)

18.*) Vltawa hat Friedland nach Adam (und Wilhelm Wenzel Linhart) von Neuenbergs Erben gekauft um 32.666 fl. 40 kr. Welches Gut von Friedland Adam von Waldstein, Oberstburggrafen zu Prag, um dessen Prätentionen auf dem Gut Lomnitz anno 1633 abgetreten; wie aber die Gläubiger und ermeldete Erben sollen kontentiert werden, beruht solches bei der Konfiskationskommission. (Bilek, 99.)

19.*) Dimokur, Żlunitz und Chotěschitz,[1] weiland denen von Smiřic und Nikolaus Gerstorff zugehörig, ist von Ihrer Majestät erkauft um 200.000 fl. Hernach hat aber der Fürst von diesen Gütern abgelassen, welche hernach Johann Eusebius Kuhn (Khuen) überkommen. (Bilek, 94.)

20.*) Das Gut Zamrst, so zuvor dem Kart Kapaun gehörig, ist von Ihrer Majestät erkauft um 28.000 fl. Hievon hat der Fürst erstlich die Gläubiger kontentieren, hernach von der übrigen Summa zwei Teil in Ihrer Majestät Rentamt und ein Teil ermeldetem Kart Kapaun abführen sollen. (Bilek, 99 f.)

21.*) Chotzen hat Friedland nach Rudolf Seidlitz erkauft um 75.385 (78.833) fl. 20 kr. Soll die liquidierten Schulden zahlen und den Überrest ins Rentamt abführen. (Bilek, 93.)

22.*) Das Gut Borownitz, weiland Rudolf Seidlitz gehörig, hat der Fürst von Ihrer Majestät erkauft per 30.000 fl. Hievon haben erstlich die Gläubiger sollen kontentiert, das andere in Ihrer Majestät Rentamt abgeführt werden. (Bilek, ebds.)

23.*) Das Gut Dobřikow, so dem Wilhelm Dobřikowsky gehörig, ist von Ihrer Majestät erkauft um 31.603 fl. 40 kr. Von welcher Summe erstlich die Kreditoren hätten sollen befriedigt und vom übrigen zwei Teil in Ihrer Majestät Rentamt und ein Teil ermeldetem Dobřikowsky abgeführt werden. (Bilek, 94.)

24.*) Das Gut Dobřenitz, so dem älteren Hans Dobřensky gehörig, hat der Fürst von Ihrer Majestät erkauft um 18.666 fl. 40 kr. Hievon hat der Fürst erstlich die Kreditoren befriedigen, hernach ein Teil in Ihrer Majestät Rentamt, den andern Teil ermeldetem Dobřensky abführen. Solches Gut hernach der Wenzel Kinsky und nach ihm sein Sohn Oktavian Kinsky überkommen. Welchergestalt aber solches geschehen, wird er schuldig sein, dessen sich auszuführen. (Bilek, ebds.)

25.*) Das Gut Groß-Bascht, dem Zdento Smolik gehörig, hat der Fürst gekauft von Ihrer Majestät mit 16.624 fl. Hievon haben erstlich die Kreditoren sollen bezahlt und vom übrigen zwei Teil in Ihrer Majestät Rentamt und der dritte Teil ermeldeten Smoliks Erben abgeführt werden. Wem aber der Fürst solch Gut abgetreten, kann man nicht wissen, hievon der Possessor Bericht tun kann.[2]

26.*) Die Mühl bei Prag im hintersten Bubentsch, welche der Fürst (1624) von dem Wenzel Magerle (um 5500 ℔ m.) mit einem guten Willen überkommen, hat der Fürst dem Maximilian Grafen von Waldstein abgetreten; wofür aber oder welchergestalt solches geschehen, kann man nicht wissen. (Bilek, 93.)

27.*) Den Hof im vordern Bubentsch hat der Fürst von der Gräfin von Fürstenberg (1623 um 20.000 ℔ m.) erkauft und hinwieder dem Maximilian Grafen von Waldstein abgetreten; welchergestalt aber, kann man gleichfalls nicht wissen. (Bilek, ebds.)

1) Dieses und Chotělitz werden oft verwechselt, worüber speziell anläßlich der Smiřickyschen Erbteilung noch zu sprechen sein wird.

1) Nach Bilek, 92, der Frau Elisabeth von Lobkowic 1625 um 19.500 Schock meißn. = 22.750 fl. rhein. erbeigentümlich verkauft.

28.*) Das Gut Kostelez an den schwarzen Wäldern, so weiland denen von Smiřic gehörig, hat der Fürst von Friedland samt allen Pertinentien Carolo dem Fürsten von Liechtenstein mit einem aufgerichteten Kontrakt anno 1622 abgetreten um Summa 403.333 fl. (Bilek, S. 95 f.)

29.*) Das Gut Trnowan, von welchem in der Landtafel zu finden, daß der Fürst von Liechtenstein solches dem Grafen Wolf Jlburg von Wřezowitz in die Landtafel einverleiben lassen, hat ermeldeter Graf sein darauf habendes Recht dem Fürsten von Friedland abgetreten; wem aber der Fürst solches wiederum übergeben, kann jetziger Possessor Bericht tun. (Bilek, 55.)

Bericht von den in das Fürstentum Friedland inkorporierten Gütern, welche die Leute bis dato innehaben und genießen, auch was ein jedweder für sein Gut dem Fürsten schuldig verblieben.

30. Starkenbach, sonst Gilemnitz genannt*), 31. Hradetschek*), 32. Sobschitz*), 33. Wogitz, 34. der andere Teil des Gutes Wogitz*), 35. Gutwasser*), 36. Ceretwitz*), 37. Geřitz*), 38. Winar, 39. Ein Hof im Dorfe Winar*), 40. Popowitz*), 41. Ždiar (Saar*), 42. Tschermna, eines Teils*), 43. Semin Lhota genannt*), 44. Drschtiekrey*), 45. der andere Teil des Gutes*) Tschermna, 46. Samschin*), 47. Ein Hof im Dorfe Česchow (Tschehof*), 48. Ein Hof im Dorf Milewitz*), 49. Albrechtitz*), 50. Gillowey*), 51. Bertlsdorf, 52. Mittlerer Teil des Gutes Bertlsdorf, 53. dritter Teil des Gutes Bertlsdorf*).

30.*) Das Gut Starkenbach oder Gilemnitz ist von Frau Katharina Křinecky erkauft per 81.666 fl. 40 kr. NB. Darauf hat der Fürst 800 Schock meißnisch gehabt, hat aber das Kapital samt den Interessen Herrn Hans Christoph Graf von Puchhaimb geschenkt. (Bilek, 88.)

31.*) Das Gut Hradetschek kauft der Friedländer von Georg Max per 2100 fl. Hierauf nichts abgezahlt. Welches Gut dessen Erben bis dato possedieren. (Bilek, 86.)

32.*) Das Gut Sobschitz kauft der Fürst von Stanislaus und Hans Gebrüder Dohalsky um 28.000 fl. Welches Gut ermeldete Brüder bis dato possedieren. Auf dieses Gut Sobschitz hat der Friedländer den Brüdern, so sie noch bis dato schuldig verblieben, geliehen 1750 fl. Mehr Interessen davon 52 fl. 30 kr. Wie solches die friedländischen Schulden mit mehrerem besagen. Von diesem Gut Sobschitz hat der Fürst einen Teil Wieswachs zu dem Smrkowitzer Gestütsgarten einziehen lassen. Dafür ihnen jährlich aus der friedländischen Kammer 116 fl. 40 kr. gereicht werden. (Bilek, 87 f.)

33 und 34.*) Das Gut Wogitz, davon der obere Teil erkauft von Georg Wogitzky von Neudorff um 15.750 (15.715) fl. Darauf abgeführt 6066 fl. 40 kr. Solch Gut ermeldeter Wogitzky bis dato possediert. Darauf ihm von den Fürsten geliehen worden, so er noch bis dato schuldig verbleibt 1983 fl. 20 kr. Wie hievon unter den friedländischen Schulden weiter zu finden. Von diesem Gut ist abermals ein Teil Wiesewachs zu dem Smrkowitzer Gestütsgarten eingezogen worden, für welche Nutzung ihm jährlich aus der friedländischen Kammer gereicht

worden ift. — Den andern Teil Wogitz kauft der Fürft von den Schweftern um 11.666 fl. 40 kr. Darauf abgeführt 525 fl. Solch Gut ermeldet Schweftern bis dato poffedieren. Darauf ihnen der Fürft geliehen, fo fie noch fchuldig verbleiben 233 fl. 20 kr. Dazu Intereffen 7 fl. Wie folches die friedländifchen Schulden mit mehrerem befagen. (Bilek, 88 f.)

35.*) Das Gut Gutwaffer (Dobrawoda) kauft der Fürft von Hans Kral und feinen Kindern per 17.500 fl. Darauf ift abgeführt 900 Schock meißn., welches die Befitzer verintereffieren. Welches Gut Hans Krat mit feinem Sohn und Töchtern poffediert und genießt. Darauf der Fürft Hans Kral geliehen 583 fl. 20 kr., feinem Sohn Wenzel Kral 233 fl. 20 kr. und feiner Tochter Helene Starzinsky 233 fl. 20 kr. Item 30 fl. Intereffe verbleibt der Tochter. (Bilek, 85.)

36.*) Das Gut Cerekwitz kauft der Fürft von dem Hartwig Saruba per 47.833 fl. 20 kr. Welches Gut ermeldeter Saruba bis dato poffediert. Und weil befagter Hartwig Saruba feinem Vetter Hans Saruba noch auf folches Gut 28.000 fl. erlegen follen, als ift folche Summe bei der Konfiskations= kommiffion Ihrer Majeftät zugefallen und hernach dem Fürften von Friedland gegen feine Prätenfion abgetreten worden, welche Summe er Saruba dem Fürften noch fchuldig verblieben. (Bilek, 84.)

37.*) Das Gut Gerkitz kauft der Friedländer von Anna Elifabeth Mifchka von Hodkow um 28.000 fl. Hierauf hat der Fürft zu zahlen über fich genommen: Erftlich von weiland Dietrich Mifchka zum kaiferlichen Fisco 1750 fl., dem Heinrich Lukawetzky, fo allbereits bezahlt worden, 1201 fl. 40 kr. Mehr zu bezahlen der Johanna Lukawetzky 5833 fl. 20 kr. Intereffen bis Galli anno 1633 1575 fl. Dem Radislav von Wřezowitz Kapital 583 fl. 20 kr., Intereffen bis Galli anno 1633 140 fl. Dem Wenzel Wratiflaw dem Älteren von Mitrowitz 2333 fl. 20 kr. Hingegen ift die Frau Mifchka, weil fie folch Gut wegen ihrer Morgengab und Unterhalt der verlaffenen Waifen poffediert, jährlich von 9333 fl. 20 kr. die gebührlichen Intereffen fchuldig zu erlegen. (Bilek, 86.)

38 und 39.*) Das Gut Winar kauft der Fürft von Adam und Hans Gebrüder Rafchin von Riefenburg um 16.333 fl. 20 kr. Solch Gut hat der Fürft derer Gebrüder Mutter Anna Maria Rafchin zu genießen überlaffen, deffen fich nach ihrem Tode gedachte Brüder wiederum angemaßt und bis dato poffedieren und wieder unter die Lehen halten. Auf daffelbe Gut hatte der Fürft geliehen 3500 fl., fo die Gebrüder noch fchuldig verbleiben. Dagegen ift der Friedländer dem Johann Brzoberowsky fchuldig verblieben, fo er zu bezahlen über fich genommen, 933 fl. 20 kr. — Einen Hof in dem Dorf Winar kauft der Friedländer von der Katharina Wratiflaw von Riefenburg um 1400 fl. Welchen fie bis dato poffediert. (Bilek, 88.)

40.*) Das Gut Popowitz kauft der Friedländer von Heinrich Kamenitzky um 9916 fl., worauf nichts abgeführt. Welches nach feinem Tode die Witwe Anna Kamenetzky poffediert. (Bilek, 87.)

41.*) Das Gut Ždiar (Ždár, Saar) kauft der Fürft von Georg Hartman (von Hartenftein) um 7583 fl. 20 kr. Hierauf ihm aus der friedländifchen Kammer geliehen, fo er noch fchuldig verbleibt, wie unter den fürftlichen Gegenfchulden zu finden, 466 fl. 40 kr. (Bilek, 89.)

42 und 45.*) Das Gut Tschermna eines Teils kauft der Fürst von dem Martin Czykan um 1996 fl. 24 kr. 3½ ₰ (1997 fl. 37 kr. 3½ ₰). Hierauf nichts abgestattet. Welches Gut bis dato von Zykan possediert wird. — Der andere Teil des Gutes Tschermna, welchen Margaretha Smrčka nach Frau Magdalena Waldstein geb. Sezima von Austi geerbt, possediert sie bis dato, wird aber in den friedländischen Büchern nichts davon gemeldet, (Bilek, 85.)

43.*) Das Gut Lhota Seminowa kauft der Fürst von Adam Semin um 3733 fl. 20 kr. Hierauf nichts abgezahlt. Welches Gut des Semin nachgelassene Witwe possediert. (Bilek, 87.)

44.*) Das Gut Drschtiekrey kauft der Friedländer von Hans Ulrich Gerstorf um 12.250 fl. Hierauf abgezahlt 1166 fl. 40 kr. Welches Gut ermeldeter Gerstorf noch possediert. Darauf ihm der Friedländer geliehen, so er bis dato possediert, 1166 fl. 40 kr. (Bilek, 85.)

46.*) Das Gut Samschin, Barbara Berta von Schönburg gehörig, welches sie bis dato possediert, ist auch in den friedländischen Büchern hievon nichts zu finden.[1])

47.*) Einen freien Meierhof im Dorfe Češchow (Tschehof) kauft der Fürst von Frau Dorothea Linhart (von Neuenberg) um 2683 fl. 20 kr. und wiederum der Frau in dem Kauf hingelassen. Welchen sie bis dato possediert. (Bilek, 84 f.)

48.*) Einen Hof in dem Dorf Milowitz kauft der Fürst von Elisabeth Maria und Eliska Hedwig Schwestern Dobranowsky um 1516 fl. 40 kr. und wiederum diesen zum Possetz abgetreten worden. Diesen Hof hat Martin Graf von Ehrenfeld von den Schwestern erkauft. (Bilek, 87.)

49.*) Das Gut Albrechtitz kauft der Fürst von Rudolf Jaroslav und Christoph Gebrüdern Key um 18.666 fl. 40 kr. Dieses Gut hat der Fürst in ermeldeter Summe der Anna Key, der Mutter der Brüder, abgetreten, welches sie bis dato possediert und darauf 300 fl. schuldig verbleibt. (Bilek, 83 f.)

50.*) Das Gut Gillowey, welches Katharina Wartenberg Gräfin von Mansfeld in ihrer Morgengabe gehalten, hat ihr Recht dem Friedländer abgetreten um 14.000 fl. Behält aber gleichwohl solches Gut, in der Kaufsumme unter die Lehen hingelassen, zu geniessen bis dato. (Bilek, 86.)

51—53.*) Das Gut Bertlsdorf kauft der Fürst von Hieronymus von Nostitz um 9600 Taler schlesisch, jeden zu 72 kr., macht 8280 fl. Welches Gut ermeldeter von Nostitz bis dato possediert. — Item der Fürst von Friedland kauft von Adam Ludwig Rudolf und Christian, weiland des Adam von Bezinger Söhnen und Erben, den mittleren Teil des Gutes Bertelsdorf um 6275 Taler, jeder zu 72 kr., macht 7530 fl. Welches sie bis dato possedieren. — Kauft der Fürst den dritten Teil des Gutes Bertlsdorf von Ulrich von Hochberg um 5100 Taler, jeder zu 72 kr., macht 6120 fl. Wird ebenermassen von ermeldetem Ulrich von Hochberg possediert und genossen. (Bilek, 84.)

Bericht der Güter, welche Graf Maximilian von Waldstein und die Hebronischen Erben pfandschillingsweise innehaben.

54. Swijan, Kloster, Zweretitz, Münchengrätz und Studenka und was sonst mehr dazu gehört.*) 55.*) Wildschütz.*)

---

[1]) Nach Bilek, 87, 1628 um 11.250 ℳ m. = 13.125 fl. rh. erkauft.

54.*) Das Gut Welisch, so zuvor Heinrich Matthias Grafen von Thurn gehörig, hat der Fürst von Ihrer Majestät mit dem Gut Swijan, welches dem Joachim Andreas Grafen Schlick zugehörig gewesen, miteinander gekauft um 170.000 fl. Auf diese Summe hat der Fürst Ihrer Majestät bar abgeführt 100.000 fl. und von den übrigen 70.000 fl. haben des Grafen von Thurn Gläubiger sollen kontentiert werden; im Fall aber etwas von ermeldeter Summe übrig sein möchte, sollte in Ihrer Majestät Rentamt abgeführt werden. Von ermeldetem Gut Swijan ist der Fürst der Gräfin Sophia Ursula Schlick schuldig geblieben 7000 fl., wie hievon unter den friedländischen Schulden zu finden. — Das Gut Weißwasser, Hühnerwasser, welches dem Bohuchwal (Gottlob) Berka, sowohl Kloster, Münchengräß, Zasadka und Kočnowiß, dem Wenzel von Budowa, item Zweretiß, dem Hans Wlk gehörig, sind von Ihrer Majestät dem Fürsten in zwei Kontrakten verkauft um 309.333 fl. 20 kr. Auf diese Summe hat der Fürst nur auf die Güter des Bohuchwal Berka und Wenzel von Budawa bar abgeführt 126.000 fl. Von der übrigen Summe aber haben sollen dero Gläubiger kontentiert und, so etwas verbleiben möchte, solches in Ihrer Majestät Rentamt abgeführt werden. Anlangend aber den Hans Wlk haben zuvorderst dessen Kreditoren sollen befriedigt und von der übrigen Summe die Hälfte in Ihrer Majestät Rentamt und die andere Hälfte ihm Hans Wlk abgeführt werden. — Das Gut Swijan, Kloster, Zweretiß, Münchengräß und Studenka (nach Georg Felix Wančura, 39.499 fl.) und was sonst mehr dazu gehört, hat der Fürst den Grafen Maximilian von Waldstein verpfändet um 300.000 fl. (Gorge, 56 f.; Bilek, 47 f. und 66 f.)

55.*) Das Gut Wildschüß, so dem Adam Silber vor diesem zugehörig gewesen, ist von Ihrer Majestät dem Fürsten zu Friedland samt dem Gütel Tremeschno (gleichfalls nach Adam Silber, kaum 10.000 fl. wert) verkauft worden um 104.953 (91.450) fl. 9 kr. Hievon haben erstlich des Adam Silbers Kreditoren kontentiert, hernach zwei Teil in Ihrer Majestät Rentamt und der dritte Teil ihm Adam Silber abgeführt werden sollen. Dieses Gut Wildschüß hat der Friedländer samt dem, was dazu gehörig, ohne das Gütel Tremeschno anno 1627, den 9. Jänner, den Daniel Hebron, damals Obersten (jeßt Frau Hebron) bis in die 30 Jahr pfandschillingsweise gelassen um 149.020 fl. (Bilek, S. 82.)

Bericht von den Gütern, welche der Fürst von Friedland den Geistlichen übergeben und fundiert hat.

56. Peßka,*) 57. Ein Teil des Gutes Rumburg,*) 58. Miltschowes,*) 59. Etliche Dörfer von Rumburg,*) 60. Güter der Stadt Gitschin,*) 61. Meierhof bei der Stadt (Gitschin),*) 62. Laboun und Dorf Labouner Lhota von dem Gut Welisch,*) 63. Dorf Wiska von dem Kammergut Weißwasser,*) 64. Ein Teil von dem Kammergut Hirschberg und Hauska,*) 65. Ein Teil von dem Gut Neuschloß.*)

56.*) Das Gut Peßka kauft der Friedländer, und zwar über die Maßen teuer von Anna Salomona Harrant um 351.666 fl. 40 kr. (151.666 fl. 40 kr.[1]).

[1]) Das Eingeklammerte richtig, da nach Bilek, 73 f. 130.000 ßß m., d. i. = 151.666 fl. 40 kr. rß.

Von diesem Gut verkauft der Fürst dem Hieronymus Bukowsky den Hof, Raschin genannt, welcher wegen überhobener voriger Kaufsumme aufs wenigste um 10.000 fl. kann geschätzt werden. Mehr von diesem Gut Petzka dem Heinrich von St. Julian zu seinem Gut Bielohrad zwei Dörfer, genannt Neudorf und Uhliřow, neben andern etlichen Pertinentien, so auch wegen überhobener Kaufsumme um 25.000 fl. geschätzt werden könnten. Das übrige dieses Gutes Petzta und noch ein anderes von der Herrschaft Rumburg, Radin genannt, hat der Fürst der Walditzer Karthause fundiert und abgetreten.

57.*) Mehr zu ermeldetem Karthäuserkloster hat der Fürst von dem Gut Rumburg, einen Teil des Gutes, übergeben und abgetreten, um 35.000 fl.

58.*) Das Gut Miltschowes, so zuvor dem Boržek Dohaelsky gehörig, ist von Ihrer Majestät erkauft um 30.931 fl. 54 kr. 4 ₰. Von welcher Summe haben sollen zuvorderst die Kreditoren ermeldeten Dohaelskys kontentiert und von dem übrigen ein Teil in Ihrer Majestät Rentamt und zwei Teil ihm Dohaelsky abgeführt werden. Dieses Gut Miltschowes samt altem Zugehör den P. P. Collegii Societatis Jesu zu Gitschin fundiert und übergeben. (Bilet, 70 f.)

59.*) Mehr zu ermeldetem Collegio zu Gitschin hat der Friedländer von dem Gut Rumburg etliche Dörfer und andere Gelegenheiten übergeben um 25.000 fl.

60.*) Mehr zu diesem Collegio Societatis Jesu zu Gitschin hat der Friedländer die Güter, Dörfer, Teiche und andere Gelegenheiten (welche der Fürst der Stadt Gitschin abgenommen) übergeben aufs wenigste um 20.000 fl.

61.*) Mehr hat der Fürst zu oftgedachtem Collegio zu Gitschin einen Meierhof, so nahe bei der Stadt, zuvor dem Hieronymus Bukowsky gehörig, übergeben aufs genaueste um 7000 fl.

62.*) Zu dem Seminario in Gitschin von dem Kammergut Welisch das Gütlein Laboun und das Dorf, Labauner Lhota genannt, übergeben wohl um 7000 fl.

63.*) Zu dem Kloster Weißwasser Ordinis Sancti Augustini hat der Friedländer von dem Kammergut Weißwasser das Gut samt dem Dorf, Wiska genannt, welches der Fürst von dem Dietrich Starschedl erkauft, abgetreten um 13.000 fl.

64.*) Zu dem Kloster Bezdež (ad Hirschberg) Ordinis Sancti Benedicti hat der Friedländer von dem Kammergut Hirschberg und Hausta einen Teil abgetreten um 36.000 fl.

65.*) Zu dem Kloster zu Leipa Ordinis Sancti Augustini hat der Friedländer von dem Gut Neuschloß, so seiner Gemahlin der Fürstin gehörig, einen Teil übergeben um 8000 fl.

(Schluß folgt.)

Wallenstein'sche Quartierlisten vom J. 1632 im Egerer Stadtarchiv.

Von

Dr. K. Siegl.

Verfolgen wir die Berichte einzelner Ortshistoriographen über die Leiden und Drangsale, die ein oder der andere Ort während des Dreißig= jährigen Krieges zu erdulden hatte, so beginnen sie in der Regel mit den Worten: „Selten wohl wurde eine Stadt von den Schicksalsschlägen des 30jährigen Krieges mehr heimgesucht als . . . ." Man wetteifert förmlich um den traurigen Ruhm, in jener bösen Zeit am meisten gelitten und ausgestanden zu haben.

Der Streit ist müßig. Städte und Ortschaften, die im Norden an der Grenze des Reiches lagen, waren wohl gleichmäßig den Greueln jenes Krieges ausgesetzt, nicht zum geringsten die am Grenzpunkte ver= schiedener Gebiete liegende Stadt E g e r , „der Schlüssel von Böhmen".

Es gab wenige Truppendurchmärsche, die von Beginn des unseligen Krieges bis zum Friedensschlusse in Münster und Osnabrück und noch lange Zeit darüber hinaus nicht plündernd und brennend durchs Egerland zogen. Nach amtlichen Aufzeichnungen im Archiv sei beispielsweise nur erwähnt, daß in der verhältnismäßig kurzen Zeit vom 3. August bis 8. September 1625 nicht weniger als neun Regimenter und außerdem zahlreiche einzelne Fähnlein Stadt und Land durchquerten und hier verpflegt werden mußten. Dazu bestand ein Regiment zu Fuß aus zehn Kompanien zu je 400 Mann, ein Reiterregiment aus sechs Kompagnien mit je 240 Mann. Ganze Folianten und Stöße von Listen und Rechnungen geben Zeugnis von den schier unerschwinglichen Verpflegskosten und Lieferungen an Naturalien, die aufzubringen waren, der Leistung von Kontributionen in Barem ganz zu geschweigen. In einer der unten folgenden Quartierlisten ist zu finden, daß im J. 1632 in der Stadt im ganzen 213 Häuser nicht belegt werden konnten, teils weil deren Eigentümer gänzlich verarmt waren, teils weil sie „wüst und öde lagen". Nicht viel besser sah es am Lande aus, ganze Dörfer wurden dem Boden gleich gemacht und wir kennen sie heute nur mehr den Namen nach.

Wiederholt flehte die Stadt beim Kaiser um Linderung ihres Elends, „das ein Felsgestein erbarmen muß", aber vergeblich. Der arme Kaiser wußte sich selbst keinen Rat, am wenigsten um die Wende des Jahres 1631 auf 32.

Seit Wallensteins Entlassung war von den kaiserlichen Truppen alles Glück gewichen, bei Breitenfeld erlitten sie am 7. September 1631 eine vollständige Niederlage, in wilder Flucht zogen die Trümmer des Heeres rückwärts, Gustav Adolf war durch Thüringen und Franken sieg= reich bis an den Rhein vorgedrungen, mehrere deutsche Fürsten traten auf seine Seite und Böhmen fiel in die Hände Kursachsens.

Die Not stieg, die Angst vergrößerte sich in Wien, Ferdinand stand seiner Erbstaaten Verlust zum zweitenmale bevor und kein Mann war zu finden, den man an der Spitze der kaiserlichen Armee den siegenden Schweden hätte entgegenstellen können.

In dieser Bedrängnis wandte der Kaiser seine Augen wieder auf Wallenstein, der in erklärter Ungnade nie gewesen und den der Kaiser auch nach seiner Entlassung als einen obersten Feldhauptmann behandelte und mehr als einmal zu Rate zog. Nur von ihm war Hilfe und Rettung zu erwarten.

Nach mehreren Verhandlungen des Kriegsrates Questenberg und nach einem Schreiben des Kaisers an Wallenstein, „er möge ihm in der gegenwärtigen Not nit aus Handen gehen, vielweniger ihn verlassen", erklärte sich Wallenstein bereit, dem Kaiser ein Heer von 40 bis 50.000 Mann zu stellen und den Oberbefehl auf drei Monate zu übernehmen.

Wallenstein hielt Wort. Der Zauber seines Namens bewährte sich aufs glänzendste, in Scharen strömte ihm das Kriegsvolk zu und Ende März 1632 stand er an der Spitze eines 40.000 Mann starken Heeres, dessen Kommando er jedoch weiterhin nicht führen wollte. Ohne Wallen= stein gab es aber kein Heer. Man befürchtete das Auseinanderlaufen des Kriegsvolkes. Wallenstein mußte um jeden Preis für das Kommando gewonnen werden. Viele Versuche mißlangen, endlich im April erklärte er sich zur Übernahme bereit und mit einer „Plenipotenz", wie sie keinem Feldherrn jemals verliehen worden ist, übernahm er als „Generalissimus des römischen Reichs" den Oberbefehl über das neugeschaffene Heer.

Von Rakonitz aus, wo die Musterung stattfand, zog er zunächst nach Prag, das er in kaum eintägiger Arbeit von den Sachsen befreite, und wandte sich dann nach Eger, wo seine Ankunft am 25. Juni 1632 erfolgte.

Ihm voraus zog sein Vertrauter, General-Wachtmeister Heinrich Freiherr von Holka, der bereis am 17. Juni mit 10.000 Mann Infanterie und 1000 Dragonern vor Eger eingetroffen war.

Auch Eger befand sich seit 13. Dezember 1631 in der Gewalt der Sachsen und in der Zeit des „Anlandens" Holkas unter dem Kommando des Obristen Dietrich von Starschedl.

Da Starschedl die am Donnerstag, den 17. Juni von Holka geforderte Übergabe der Stadt zurückwies, begann Holka am Freitag, den 18. Juni, mit der Bombardierung der Stadt, die auch Samstag früh nach 2 Uhr wieder aufgenommen und bis nachmittags fortgesetzt wurde. Samstag abends erklärte sich Starschedl zur Übergabe bereit und unterfertigte noch abends um 9 Uhr die im Archiv erliegenden »Accords-Puncta«. Tags darauf erfolgte der Auszug der sächsischen Garnison und der Einmarsch der Holkischen Truppen. Fünf Tage später, Freitag, den 25. Juni, traf Wallenstein mit seiner großen Armada ein. Empfangen wurde er von dem amtierenden Bürgermeister Paulus Juncker, welcher ehedem unter ihm als Obristleutnant gedient hatte, und den Mit-Bügermeistern Adam Schmiedel, Hans Georg Meinl und Georg Erhard Werndel.

Über die Unterbringung Wallensteins und Holkens und deren zahlreiche Gefolgschaften berichten nun die Quartierlisten 1 und 2, die ich im Wortlaute folgen lasse.

„Quartier Nr. 1.

Nach Einnehmung der Stadt.

Für H. Obrist-Wachtmeister Herrn Heinrich Freyherrn von Holckhen und dessen mitwesende Herrn Obriste, welcher durch seine Beslägerung vnd accord auß deß Chursächßischen Obristen Starschedels Handen die Stadt vnd Craiß Eger wieder in Kayserliche devotion gebracht. Signatum Eger, Sontags, den 20./10. Junii Ao. 1632.

Demnach Donnerstag (den 17./7.) vnnd Freytags, den 18./8. Junÿ Ao. 1632 daß Kayßerl. Kriegsvolckh zu Roß vnd Fueß in großer Anzahl in die 52 Fendlein zu Fuß vnd in etlich vnnd achtzigkh Compagn; zu Roß vnter dem Commando deß hoch vnd wolgebornen Herrn Herrn Heinrich Freyherrn von Holckhen, Röm. Kayßerl. auch zu Hungern vnd Böhaimb Kön. May. Cammerern vnd der fürstlichen Durchlaucht Hertzogs zu Mechelburg, Friedland vnd Sagan 2c. alß Generalissimi hoch wolbestalter General-Wachtmeister vber deroselben gantzen Armee zu Roß vnd Fuß allhier vor der Stadt Eger angelangt, alle Päß eingenommen vnd darauff Freytags nach Mittag an allen ortten vnd enden, dieweil der Churſächſiſche Obriſte S t a r ſ ch e d e l, ſo hierien mit in 800 defenſioniſten logiret vnd Commandiret, zu angebotenen accord nit verſtehen wellen, ſondern vielmehr die burger vnd ſeine defenſioniſten ermahnet vnnd zur Gegenwehr mit vertröſtung eins ſtarckhen Succurs angefriſcht, die Stadt zu beſchießen angefangen, nach verlauffung vngefehr 1¹⁄₂ Stundt wieder ein Trommeter vnd Trommelſchläger zu anbietung deß accords — do inmittels das Schießen bei leibs- vnd lebensſtraff hierien verbotten vnd alſo dießmal von den Kayſerlichen die vorſtädt in vollen march ohne verluſt eines Mannes einbekommen werden — hereingeſand (vnd) do nun dieſe abermals mit wiedriger reſolution hinauß kommen, iſt daß Schießen off einander zum hefftigſten wieder angangen vnd in die halbe Nacht hinein gewehrt, auch Früe alßbaldt, als Sambſtags, zwiſchen 2 vnd drey vhr wieder angefangen vnd Etliche Feuer Kugel, ſo gleichwohl alſo balden gedempfft worden, hereingeworffen vnd alſo mit ſchießen biß 5 vnd 6 vhr gegen einander continuirt. Do alßdann off anderweitt angebottenen accord ein ſtillſtand off ein ſtundt getroffen vnd auch zu accordirn, der obriſte Starſchedel, von eines Raths abgeordneten persvadiret, daß Er vonn gemelten ſuccurs nichts gewußt, vnd alſo mit accordirung dieſer Punkte mit ein- vnd außſchickhen den gantzen tag biß vmb 9 vhr in die Nacht zugebracht, auch Frühe Sonntags aller erſt vollents ſchließig worden, alſo daß zwiſchen 7 vnd 8 vhr die Kayßerliche Kriegswacht ein- vnd die Churſächſiſche quarniſon zwiſchen 10 vnd 11 vhr neben H. Commiſſari Pachelbel nach Inhalt getroffenen accords außgezogen, alßo iſt nun hierein in die Stadt nimands anders Alß nach volgende Herrn Obriſte quartirt vnd allezeit 3 fendlein Fußvolckh, die Wacht vnterm Thorn zu halten vnd täglich ein Partt vmb die ander abzuwechſeln, ordinirt geweſen vnd hat alſo loſirt:

H. General-Obriſt-Wachtmeiſter Freyh. ⎱ bey H. Wolff Friſcheiſen vnd
von Holckhen, Ihr Gnaden . . . ⎰ H. Adam Junckhern (am Ring).

    Deme zu Hülff volgende Quartier deſignirt werden:

Reichard Gabler (am Ring).

Georg Vlrich Bayer (beim Obertor).

Hanß Helm (beim Obertor).

Wilhelm Forſter (beim Obertor).

Hannß Werner, tuchmacher (Schlegelgaſſe).

Clemens Ludwig (Schlegelgaſſe).

Fr. Georg Ludwigin (am Ring)

Martin Oheimb (Bindergaſſe).

Michl Müller (Bindergaſſe).

Hannß Oheimb (Bindergaſſe).

Wilhelm Junckhanß (Bindergaſſe).

Georg Schneider (Rosenbühl). Niklas Stromer (Schlegelgasse).
Mathes Haintl (Rosenbühl). Andreß Renz (Bindergasse).
Caspar Knoblach (Judengasse). Adam Podenstein (Bindergasse).
Martin Werner (Bindergasse). Lorentz Cunradt (Bindergasse).
Hannß Feeg (am Ring). Niklaß Grillmaher (Bindergasse).
Endreß Frischehsen (am Ring). Hanß Ott d. J. (Bindergasse).
Fr. Wolff Frischeisin (am Ring). Bernhard Zeidler (Rosenbühl).
Adam Eberhardt (am Ring). Georg Knoblach (Judengasse).
Adam Walter (Fleischgasse). Hannß Haag (Fleischgasse).

Herrn General-Quartiermeister-Leutenant Ist quartirt
worden:

Bey Georg Rößlern (Judengasse).

Seine Hülff quartier, darauß Er geldt genommen, sind gewesen:

Paul Trager (am Ring). Seuerus Knauff (am Ring).
Antoni Götz (am Ring). Caspar Meuerl (unterm Krämen-
Fr. Baltin Pretori (am Ring). Stöckl).
Sebastian Knoblach (Rosenbühl). Andreß Winckler (Schiffgasse).
Caspar Reinl, Peckh (am Ring). Baltin Stählingin (Steingasse).
Gabriel Bernhard (beim Obertor). Hans Leipolt, Riemer (am Ring).

Herrn General Wachtmeisters Stallmeister Ist quartirt
worden.

Bey H. Georg Adam Söldnern (Judengasse).

Unter seine geldt Contribution hat Er gezogen:

Georg Reichel, Sattlern (am Ring). Adam Kolb, Stadtschmid (?).
Christoph Krillmeyer, Riemern (am Michel Bamberger, Sporer (Stein-
Ring). gasse).
Thoma Mathesin, Messerschmid Michel Friebel, Schuester (Schlegel-
(Steingasse). gasse).
Christoph Leonhard Renner (Binder- Hannß Cunradt (Bindergasse).
gasse). Hannß Reinl, Hueter (Steingasse).

Die Herrn Commissarien, Obriste ond andere Officir
sind nachfolgender massen quartirt:

H. Commissarius Küntzkj . . bey Adam Meuerl (am Ring).
H. Commissarius Moser . . bey Wolff Lang, Zeugwart (Schlegelgasse).

H. Commissarius Niemann . bey { Hannß Adler (untern Krämen-Stöckl).
Fr. Catharina Pruckfeldin (am Ring).
Caspar Schreiner (untern Krämen).

H. Obrist Chiescha . . . . bey Christoph Heinrich Heergesellen (am Ring, Stadthaus).

H. Obrist Putler . . . . . bey Fr. Erasmi Mümlerin (am Ring).

H. Obrist Hartzfeldt . . . . bey Bernhard Schmiedels Erben (am Ring).

H. Rittmeister Schmidacher . bey Fr. Adam Planckhin (Steingasse).

H. Obrist-Leutenant Antoni . bey H. Christoph Klingkheruogl (am Ring).

H. Obrist-Leutenant Götz . . bey Fr. Andreß Gratzoltin (Steingasse) vnd Hans Reinl, Peckh. (am Ring).

H. Obrist-Leutenant von Traun . . . . bey { Hans Wagner, Metzker (Brudergasse).
Andreas Lohr, Peckh (Steingasse).
Jobst Forster (Brudergasse).

Hr. Obrist Wachtmeister Lungenwaldt . . . . . . bey Sebastian Michl (Schiffgasse).

Hr. Obrist-Wachtmeister Altringer . . . . bey { Hans Caspar Leutner (Judengasse).
Wastl Rüdel, Metzker (Judengasse).
Niclaß Gütter (Rosenbühl).
Georg Ronner, Peckh (beim Obertor).
Barttel Rüger (Steingasse).

Hr. Hauptmann, so die Wacht offm Platz hat, ... bey Andreß Cunradt (Schlegelgasse).

Die H. Fendrich, so offwarten, bey Daniel Hammer (beim Obertor).

Der Staab-Forir . . . . . bey Hannß Lochner, Cramer (Brudergasse).

Der Profoß . . . . bey Mathes Schneiderin, zu Hülff Wastl Rüdel, Sattler (beim Obertor), den 22. Juny.

Der Profoß-Leutenant . . . bey Hannß (S. Johann) vnd Gregor Herttl (Judengasse).

1. Ordinantz-Hauß . . . . bey Hannß Sölchen (Brudergasse).

2. Ordinantz-Hauß . . . . bey Hannß Fritschhausen (Rosenbühl).

H. Proviantmeister-Leutenant bey Gallo Kohut (am Ring).

Provianthaus . . . . . . off der Burgkh.

Zeugewartt . . . . bey Martin Herttel (Schulgasse).

Stockhauß . . . . bey Barttl Schobnern (Fleischgasse).

Zu nachfolgenden Burgern Jst quartiert worden die Capitän, so täglich die Wacht hierinn haben vnd abwechßlen müßen:

1 Capitän . . . . bey Baltin Werner vnd Georg Deschauer (Schiff=
gasse).

1 Capitän . . . . bey Christoph Helmin (beim Obertor).

1 Capitän . . . . bey Nielaß Meuerl (Judengasse).

1 Capitän . . . . bey Fr. Maria Wolrabin (S. Johann).

3 Forir . . . . bey Mathes Nonnerin (Steingasse).

2 Pichsenmeister . . . . bey Friedrich Goldner (Vorburg).

2 Pichsenmacher . . . . bey Joachim Raubertin (Schulgasse).

1 Pichsenmeister . . . . bey Abraham Kelbel (Steingasse).

3 Trommeter . . . . . bey Antoni Mayerhöfer (Schulgasse).

Dern Pferdt . . . . bey Hannß Seyfertt (?)

Des H. Obristen Ciescha

3 vffwartter mit 3 Pferdt bey Clemens Mayerhöfer(Vorburg), deme zu Hülff:
Sebastian Roener, Tuchscherer (Rosenbühl).

Deß H. Obristen Ciescha

16 Pferdt sollen stehen:

4 Pf. . . . . bey Wolff Reinl, Schneider (am Ring).

3 Pf. . . . . bey Georg Otten (Schulgasse).

4 Pf. . . . . bey Lorenz Eberl (Schulgasse).

5 Pf. . . . . bey Hannß Gütter (beim Obertor) vnd Jacob
Hofman (?).

2 Beschädigte Soldaten

vnter H. Obr. Putler . bey Thoma Vischerin (Judengasse).

2 Beschädigte auch vuter

Obr. Putler . . . . bey Thoma Schmidt (Brudergasse).

Signatum Eger, den 20./10. Junii Ao. 1632."

„Quartier Nr. 2.

Für die Fürstliche Mechelburg=Friedlendische Hoffstadt vnd
deroselben General=Staab, welche den 25. Junii Ao. 1632 In großer
anzahl anhero gelangt vnd den 30. diß huius anni von hier wieder
vffgebrochen.

Quartierdeputirte:

H. Melchior Adam Moser, Wachtmeister.

H.' Kaspar Grüner, Wachtmeister=Leutenant.

Freytags, den 25. Junii Ao. 1632, do theils Obriste vnd Officir,
welche Jüngst hin den 20. Diß angelangt, wieder vffgebrochen vnd theils
ihre Contributions=quartier fahren lassen müssen, ist für die fürstlich Mechel=

burgiſche Hoffſtadt, welche alle negſten Sambſtag darauff in großer meng
vnd anzahl paggaſchi Pferdt anherokommen vnd biß vffn 30. Junii
nebens verſamblung vieller Regimenter zu Roß vnd Fuß allhier ver=
harret, durch den Herrn Hoffquartiermeiſter dieſelbige alſo quartirt worden.
Erſtlich volgt die gantze

Hoffſtadt:

Ihr Fürſtl. Gnaden Herzog zu
  Mechelburg vnd höchſtbeſtalter
  Kayßerl. . . . . } in H. Wolff Friſcheyſen vnd H. Adam
  Junckhern Hauß (am Ring.)

armee Generaliſſimus

Fürſtl. Speiß=Cammer . bey Jeronymo Friedeln (am Ring).
H. Obriſt=Hofmeiſter . . bey Antoni Gößen (am Ring).
H. Obriſt=Stallmeiſter v.
  Hardeckh . . . . . . bey H. B(ürgerm.) Georg E. Werndel (am Ring).
H. Obriſt Teuffel . . . bey Daniel Hammer (beim Obertor).
H. von Harrandt . . . bey Leonhard Starckhen (Schlegelgaſſe).
H. D. Novarra vnd Joh.
  Baptiſta (Seni) . . . bey Chriſtoph Krillmayer (am Ring).
H. Plöß . . . . bey Leonhard Gabler (Schlegelgaſſe).
H. Dubalſkj . . . . . bey Andreß Cunradt (Schlegelgaſſe).
H. Gen. Zahlmeiſter . . bey Hans Heinrich Fritſchhanſen (beim Obertor).
H. Tſchernin . . . . . bey Michl Müller (Bindergaſſe).
H. Waydmüller vnd
  Sasrihel . . . . . . bey Lorenz Cunradt (Bindergaſſe).
H. von Spubna . . . . bey Stefan Knoblach (Bindergaſſe).
Herr Cichoni . . . . . bey Chriſtoph Leonhard Renner (Bindergaſſe).
H. Obriſt=Cammerer vnd
  Junge Herrn von Harrach bey Adam Meuerl (am Ring).
H. General=Vicarius . . bey Georg Reichel (am Ring).
H. von Kuffſtein . . . bey Reichard Gabler (am Ring).
Bayeriſche H. Geſanden . bey Georg Adam Junckhern (am Ring).
Freytaffel . . . . . . in H. Georg Ludwigs Haus (am Ring).
H. Gen. Commiſſarius Gr.
  von Waizhofen . . . bey Endres Friſcheyſen (am Ring).
Die Edel Knaben . . . bey Paul Tragern (am Ring).
Hr. Obriſt Breuner . . bey H. B(ürgerm.) Joh. G. Meinl (am Ring).
Ihr Fürſtl. Gnaden von
  Lichtenberg . . . . . bey Wolff Vätterl (am Ring).

Jhr Gräfl. Gnaden von
   Buchaimb . . . . . bey Chriſtoph Bruſch, Apotheker (am Ring).
Die Pferdt . . . . . . bey Hannß Höſel (Schulgaſſe).
Jhr Gräfl. Gnaden von
   Latron . . . . . . bey Chriſtoph Klinckeruogel (am Ring).
Jhr Gräfl. Gnaden von
   Wrtby, General = Com=
   miſſar . . . . bey Frl. Wolff Friſcheyſin (am Ring).
Dero Secretarius . . bey Barttl Eckhardt (Brudergaſſe).
H. Sedenitzkj, Truchſeſ . bey Georg Knoblach (Judengaſſe).
Herr von der Wahl . . bey Martin Werner (Bindergaſſe).
Deßen Pferdt . . . . bey Erhard Dietel (Roſenbühl).
Herr Phillinger . . . . bey Niclaß Meuerl (Judengaſſe).
H. Hoff=Zahlmeiſter . . bey Georg Otten (Schulgaſſe).
Herr von Franckhſtein . bey Erhard Herman (Schulgaſſe).
Deſſen Pferdt . . . . bey Chriſtoph Rudert (Schulgaſſe).
H. O. Struperius . . . bey Martin Herttel (Schulgaſſe).
H. Luckenberger . . . . bey Waſtel Knoblach, tuchmacher (Roſenbühl).
H. Medicus vnd Chirurg bey Antoni Mayerhöfer (Schulgaſſe).
H. Medicus vnd Chirurg bey Antoni Wolrabin (Schulgaſſe).
Jhr Gräfl. Gnaden von
   Metting . . . . . . bey Jobſt Rößler (Schiffgaſſe).
H. Obriſt Werin . . . in Vlrich Lempen haus (Judengaſſe).
Zur Handreichung zugeben: Hannß Caſpar Leuttner (Judengaſſe).
H. Zrotin, Truchſes . . bey Mathes Friedel (Steingaſſe).
Deßen Pferdt . . . . bey Lorenz Frieſel (Steingaſſe).
H. O. Jn Jhr Fürſtl. Gnaden
   von Mechelburg Canzley bey Antoni Mayerhöfer (Schulgaſſe).
Die Canzelliſten . . . . bey Hannß Weiß, Schneider (Vorburg).
   theils Canzelliſten . . bey Martin Vogeln (Brudergaſſe).
Jhr Gräfl. Gnaden von
   Waizenhofen Canztey . bey Erhard Werner (Schiffgaſſe).
Jhr Gnaden Hoff=Quartier=
   meiſter . . . . . . bey Hannſen Feegen (am Ring).

    Der ihm zu Hülff genommen vnd zur Contribution gezogen:
Hannßen Kohlen (?).   H. Seuerus Knauffen (am Ring).
H. Gregor Bareutter (am Ring).   Gabriel Bernhard (beim Obertor).

Georg Roener, Peckh. (beim Obertor).

H. Hannß Alb. Chemnitzer (Juden=gasse).

Hannß Reinl, Peckh. (Steingasse).

Ihr Fr. durchl. Hoffleutt . . . bey Caspar Knoblach (Judengasse).

Ihr Fr. durchl. Leibroß . . . bey Hannß Leipolt, Riemer (am Ring).

Item Ihr Fr. durchl. Leibroß . bey Michl Bamberger, Sporer (Stein=gasse).

Ihr Gräfl. Gnaden von Weizen=hofen leutt . . . . bey Wolff Reinl, Schneider (am Ring).

bey Hannß Sölch (Bindergasse).

bey Wastel Rüdel, Metzker (Judengasse).

Dero Hoffmeister . . . . . bey Hannß Somerin (Brudergasse) vnd Hannß Krembß (Judengasse).

Item dero Leutt . . . . . bey Hannß Rüdlin, tuchmacherin (Ro=manei).

Ihr Gräfl. Gnaden v. Wrtby Hoffmeister vom secret . . . bey Mathes Schneiderin (?).

Ein Canzellist mit seiner Frau bey Clemens Ludwig (Schlegelgasse).

Ihr Gräfl. Gnaden v. Waizen=hofen Proviantmeister . . . bey Hannß Schindler (Steingasse).

H. Retius . . . . bey Christoph Bischbach (Steingasse).

Kuchelmeister . . . . bey Thoma Matthesin (Steingasse).

Cammerdiener . . . . bey Matthes Deschauer (am Ring).

Cammerdiener . . . . bey Hanß Stadlerin (?).

Apotheckh vnnd Quatroba . . bey Hannß Helm (beim Obertor).

Cammer=forir . . . . bey Martin Öheimb (Bindergasse).

Hoff=forir . . . . bey Hannß Otten den J. (Bindergasse).

Trabanten=forir . . . . . . bey Georg Schneider (Rosenbühl).

Der Edel Knaben Fecht= vnd Hofmeister . . . . bey Nickl Gütter (Rosenbühl).

Der Edel Knaben Tanz= vnd Schantzmeister vnd Praeceptor bey Clemens Ruprecht (Schiffgasse).

Hannß Markhartin, tuchschererin (S. Johaun), der zu hülff Mertta Gaipel vnd Thoma Pöglin (S. Johann).

Futterschreiber . . . . bey Barttl Rüger (Steingasse).

deßen Pferdt . . . . . . in Sigmund Schönbachs Hauß (Steingasse).

Sattel·Knecht . . . . bey Baltin Stählingin (Steingasse).

2 Trommeter . . . . bey Christoph Schneider (Steingasse).

2 Trommeter . . . . bey Michl Krausin (Steingasse).

2 Trommeter . . . . bey Hannß Reinl, Schneider (am Ring).

Kellermeister . . . . bey Kaspar Meuerl (untern Krämen=Stöckl).

Thürhütter . . . . bey Thoma Kühorn (beim Obertor).

Mundt Koch . . . . bey Georg Senger (Schulgasse).

Meister Koch . . . . bey Joachim Raubertin (Schulgasse).

Hof-Pech . . . . bey Hannß Veitt (Schulgasse).

Hof-Metzher . . . . bey Peter Echen (Schulgasse).

Ein-Kauffer . . . . bey Caspar Marckl (Schulgasse).

Ziergärttner . . . . bey Adam Podenstein (Bindergasse).

Cammerhaizer . . . . bey Hannß Schmidt (Schulgasse).

Sattler vnd Riemer . . . . bey Wastel Rüdel, Sattlern (beim Obertor).

Wagenmeister . . . . bey Nickl Rüdel (Fleischgasse).

Postmeister vnd Curir . . . . bey { Hans Vbelacher (S. Johannis).
Jacob Kern (S. Johannis).
Peter Vnger (S. Johannis).
Hieronymus Lochner (S. Johannis).

Silberwescherin . . . . bey Gregor Muchen (Brudergasse).

Tafelwescherin . . . . bey Hannß Dornblühin (S. Johann).

Leibwescherin . . . . bey Thoma Fränchin (S. Johann).

Schmidt . . . . bey Nickl Meuerl, Schmidt (Judengasse).

Schuester . . . . bey Adam Futter (Bindergasse).

Zeltschneider . . . . bey Georg Bauernfeind (Schulgasse).

Hoffschneider . . . . bey Hannß Polandt, Schneider (Vorburg).

Pastechen-Pacher . . . . . bey Clemens Klemaher (Schulgasse).

3 Lackeyen . . . . bey Thoma Vogel (Schlegelgasse).

3 Lackeyen . . . . bey Thoma Frölich (Schlegelgasse).

3 Lackeyen . . . . bey Eudres Renz (Schlegelgasse).

3 Lackeyen . . . . bey Christoph Rambin (Schlegelgasse).

3 Trabanten . . . . bey Michl Friebel (Schlegelgasse).

3 Trabanten . . . . bey Caspar Fritsch (Schlegelgasse).

3 Trabanten . . . . bey Hannß Polandt, Buchbinder (Schlegelgasse).

3 Trabanten . . . . bey Matthes Braun (Schlegelgasse).

3 Trabanten . . . . bey Hannß Rusch (Bindergasse).

3 Trabanten . . . . bey Hannß Lang (S. Johann).

3 Trabanten . . . . bey Hanß Öheimb (Bindergasse).

3 Trabanten . . . . bey Michl Michlin (Bindergasse).

3 Trabanten . . . . bey Wolff Müller (Bindergasse).

3 Trabanten . . . . bey Hannß Lochner, Pichsenmacher (Fleischgasse).

3 Trabanten . . . . bey Georg Hußen (Vorburg).

3 Trabanten . . . . bey Hannß Wintter (Rosenbühl).

3 Trabanten . . . . bey Melchior Knappen (Vorburg).

3 Trabanten . . . . bey Hannß Wagnerin (Vorburg).

3 Trabanten . . . . bey Michl Rubner, Flaschner (Vorburg).

3 Trabanten . . . . bey Egidi Bischer (Brudergasse).

3 Trabanten . . . . bey Hannß Wagner, Pech (Brudergasse).

2 Trabanten . . . . bey Caspar Hösinger (Brudergasse).

Profoß . . . . bey Hannß Wernerin hinter der Schul
(Schulgasse).

Stockhaus . . . . bey Hannß Stöckher, Prew Knecht (Fleisch=
gasse).

Freymann . . . . bey hiesigen Maister (Scharfrichter, S.
Johann), dem zu Hülff: Hannß Marck-
hartin vnd Hannß Striegel.

2 Musquetirer . . . . bey Caspar Schreiner (untern Krämen).

2 Musquetirer . . . . bey Hannß Adler (untern Krämen).

2 Musquetirer . . . . bey Peter Synoin (untern Krämen).

Ordinantz Hauß . . . . . . Hannß Fritschhantzen Hauß (Rosenbühl).

Hoffmahler . . . . bey Michl Friedel, Mulzer (?).

Kauffman . . . . bey Nicl Merckl (Brudergasse).

Kauffman . . . . bey Erhard Stromer (Brudergasse).

Kuchelmeister . . . . bey Adam Schneider (Romanei).

H. Pater . . . . bey Mathes Weydner (Romanei).

H. Pater . . . . bey Hannß Otten, Pech (Rosenbühl).

H. Pater . . . . bey Jacob Gabler, Pech (Steingasse).

Generalstab

H. Obrist Callasch, Veldmar=
schalch . . . . bey H. Gallo Kohut (am Ring) vnd D.
Mac(asius am Ring).

H. Obrist Wachtmeister Holcka bey H. B.(ürgerm.) Adam Schmiedel (am
Ring), deme noch zu Hülff designirt:
Peter Merckl, Hannß Christ. Thanners
Haus, Fr. Eraßm. Mümlerin vnd
Adam Eberhard.

H. Commissarius Neumann . bey Fr. Pruckfeldin (am Ring).

H. Obrist Putler . . . . . . bey H. B.(ürgerm.) Paul Junckhern (am
Ring), deme soll zu Hülff geben,

Jhme H. Bürgermeiſter nachvolgende
11 Perſonen: Niklaß Seeberger, Erhard
Schneider, Hannß Schneider, Hannß
Hollring, Frl. Valtin Praetorin, Georg
Werner, tuchmacher, Mertta Pachman,
Clement Waßermann, Caſpar Zorckler,
Hannß Zorckler vnd Waſtl Nonner,
Peckh.

H. Paranda Soÿs . . . . . bey Hannßen Fickher (Judengaſſe).
Sign. Emilio vnd Volfe . . . bey Georg Werner, Kärner (Schulgaſſe).
Dondeſtin . . . . bey Jacob Schmidin (Roſenbühl).
Sign. Jacob . . . . bey Erhard Schmidin (Roſenbühl).
Sign. Melſius . . . . bey Michl Schmidt (Roſenbühl).
H. von Pallingin . . . . . bey Andreß Schlecht (Schulgaſſe).
Zwene Gen. Prouiantmeiſter
Leutenant . . . . bey Sebaſtian Nonner, Tuchſcherer
(Roſenbühl).
H. Gen. Wachtmeiſter de Majeſtro bey H. Johann Viethera (Brudergaſſe).
Don Caspar . . . . bey Hannß Beern tochter (Brudergaſſe).
H. Commiſſarius Moſer . . . bey Wolff Langen, Puluermacher
(Schlegelgaſſe).
H. Commiſſarius Kuntßy . . bey Adam Walter (Fleiſchgaſſe).
deſſen Pferdt . . . . . . beym Stiefft St. Clara (Franziskanergaſſe).
H. Commiſſarius Bewerle . . bey Andreß Michlin (Steingaſſe).
H. Reſolta . . . . bey Nicl Wagner (Judengaſſe).
Don Joh. de Clara . . . bey Jobſt Forſter (Brudergaſſe).
Don Mare de Caraffa . . bey H. Georg Frieſel (am Ring).
General=Profoß . . . . . bey Hannß Gütter (beim Obertor).
H. General=Wagenmeiſter . . bey H. Georg Vlrich Bayer (beim Obertor).
H. General=Auditor . . . . bey Hannß Renzen (Steingaſſe).
H. Marcheſe de ſpina . . . bey Mattheß Lindner (Judengaſſe).
H. Weſtholz . . . . bey Waſtel Michl (Schiffgaſſe).
H. March. de Monte . . . bey Fr. Johann Schönſteter (am Ring).
H. Quartiermeiſter Leutenant
Hanß Thomaſe . . . . bey Hannß Cunradt (Bindergaſſe).
Ordinantzhauß . . . . . . bey Hannß Fritſchhauſen (Roſenbühl).
Conte Maleteſta . . . . . bey Hannß Hammerſchmidt (Judengaſſe).
H. Senitzy . . . . bey Hannß Wagner, Metzker (Judengaſſe).

H. General-Prouiantmeiſter . . bey Hannß Lochner, Cramhendler
(Brudergaſſe).

H. General-Adjutant . . . . bey Chriſtoph Bawer (Steingaſſe).

H. General-Adjutor . . . . . bey H. Hanß Rampffen (beim Obertor).

H. Leutenant Cornero . . . bey Hannß Stolln (Steingaſſe).

H. Conte Reuarre . . . . . bey Andreß Graßoltin (Steingaſſe).

H. Staabhalter und Gericht=
ſchreiber . . . . bey Caſpar Schindler (Vorburg).

H. General-Profoß-Leutenant . bey Thoma Schmidt (Judengaſſe).

Wagenmeiſter Leutenant . . . bey Michl Kähla (Schulgaſſe).

H. Veldmarſchalcks Lakeyen 2 bey Hannß Lorper (Schulgaſſe).

Item 2 . . . . bey Andreß Linbeckh (Schulgaſſe).

Item 2 . . . . bey Jeron. Maßen (?)

Item 2 . . . . bey Nicl Klier (Schulgaſſe).

J. Capitän Seretin . . . . . bey Wilhelm Forſter (beim Obertor).

Jhr. Excell. H. Veldmarſchalcks
Paſchi . . . . bey Michl Dornplüe (beim Obertor) vnd
Wolff Danner (Steingaſſe)

Jhr Excell. Caplan . . . . . bey Chriſt. Jungthanß (beim Obertor).

Item 1 Caplan . . . . bey Caſp. Frölich (Schulgaſſe).

H. Capitän de guarda . . . bey Lorenz Sprißler.

Frl. Maſonin . . . . bey Lorenz Eberl (Schulgaſſe).

H. Commiſſarius Aſſenius . . bey Niel Knoblach (am Ring).

H. Commiſſarius Bauhof . . bey Georg Deſchauer (Schiffgaſſe).

Prouiant-Verwalter . . . . . bey Caſpar Reinl (am Ring).

Prouiant-Beförderer . . . . . bey Andreß Winckler (Schiffgaſſe).

Staab=Forir . . . . bey Sebaſtian Zueber (Fleiſchgaſſe) und
Niclaß Schönbach (Steingaſſe).

Stockhauß . . . . bey Körbels Herberg vff St. Johanns.

H. Obriſt Chieſcha . . . . . bey Chriſtoph Heinr. Hergeſellen
(Stadthaus).

H. Leutenant Bey . . . . bey Niclas Stromer (Schlegelgaſſe).

H. Obriſt Freyberg ober die
Artolori . . . . bey Bernhard Zeidler (Roſenbühl).

3 Holckiſche Trommeter . . . bey Matthes Hainl (Roſenbühl).

Holckiſcher Hofmeiſter . . . bey Hanß Werner, tuchmacher
(Schlegelgaſſe).

Holckischer Stallmeister . . . bey B.(ürgerm.) Söldner vnd Läripin (Judengasse).

Holckischer Quartiermeister=
Leutenant . . . . bey Georg Rößlern (Judengasse).

Holckischer Profoß Leutenant . bey Hanß u. Gregor Herttel (Judengasse).

Stockhauß . . . . bey Barttl Schobner (Fleischgasse).

Holckischer Prouiantmeister . . bey Hannß Haagen (Fleischgasse).

Holckische 2 Pichsenmacher . . bey Friedrich Goldner (Vorburg).

H. Obrist=Leutenant . . . . bey Hanß Lochner, Exul (Judengasse).

Gemelten H. Obrist=Leutenant
zur Handreichung vnd saube=
rung der Zimmer zugeben . Elias Schuemann (Brudergasse) vnd Georg Lindner (Rosenbühl).

1 Soldaten . . . . bey Vrban Bayer (Brudergasse).

1 Soldaten . . . . bey Thoma Bischerin (Judengasse).

2 Soldaten . . . . bey Hannß Reinl, Huter (Steingasse).

1 Holckischer Pichsenmeister . . bey Abraham Kelbel (Steingasse).

H. Leutenant . . . . bey Jacob Herman (Brudergasse).

H. Rittmeister Schmidackher . bey Adam Plänckhin (Steingasse).

Bey nachfolgenden Burgern sind die Capitän, so täglich Wacht in der Stadt haben und Abwechslen müßen, vermög der Einquartierung Nr. 1 liegent blieben, Alß:

1 Capitän . . . . bey Valtin Werner (Schiffgasse).

1 Capitän . . . . bey Christoph Helmin (beim Obertor).

1 Capitän . . . . bey Nicl Meuerl, Seckler (Judengasse).

1 Capitän . . . . bey Fr. Maria Wolrabin (S. Johann).

3 Forir . . . . bey Mattheß Nonnerin (Steingasse).

2 Pichsenmeister . . . . . . bey Friedrich Goldner (Vorburg).

2 Pichsenmeister . . . . . . bey Joachim Naubertin (Schulgasse).

1 Pichsenmeister . . . . . . bey Abraham Kelbel (Steingasse).

2 beschädigte Soldaten vnterm
Obristen Putler . . . . bey Thoma Schmidt (Judengasse).

2 beschädigte Soldaten auch
unterm Obristen Putler . . bey Thoma Bischerin (Judengasse).

H. Officir, so off Ordinantz
wartt . . . . bey Michl Wirsing (Steingasse) vnd Eraßmus Kraus (Brudergasse).

Itzt volgen die Jenigen Burger, welche bey dieser Einquartierung befreyet:

H. Jeronymus Voll, Apoteker (am Ring), H. Johann Marstadt, Zöllner (untern Krämen), H. Casp. Meinl, Zöllner (am Ring), H. Christ. Heinr. Winckler, Commitzverwalter (am Ring), H. Christoph Ruprecht (am Ring, „zwei Erzherzoge"), Churpfälzisches Steinhautz, Lukas Fickher, vnters Thor bestelt, H. von Metternichs Hautz (am Ring) vnd Peter Sambler, Barbier (Brudergasse)."

Als Anhang zu dieser Einquartierliste folgt nun ein schier endloses Verzeichnis jener Häuser, welche „autz großer Armuth vnd, datz theils Heutzer ganz öd vnd wüst liegen, Soldaten nicht halten, vielweniger belegt werden können".

Darnach konnten nicht belegt werden: „am Marckh" 20, in der „Langegatz" 8, „Schlegelgatz" 7, „Bindergatz" 12, „Judengatz" 2, „Fleisch- gatz" 7, „am Rosenbühl" 7, „Im Andengätzlein" 3, „Bey der Burgk herumb" 22, „in der Naglersgatz" 19, „Aufm Plätzlein" 4, „vmb den Schlotzgraben" 13, „Negst an der Naglersgatz, beym Bruderhaus, Juden- hof vnd Dortherumb" 12, „vnterm Schwiegbogen hinder der Schul" 23, „in der Schefgatz" 6, „beym Pruckthor" 3, „im Mühl- vnd Spitelgätzl" 22, „vff St. Johannis" 5, „bey der Flutrinnen" 7, „am Steinen" 7 und „auffm Kirchhof" 4, im ganzen somit 213 Häuser.

Es würde zu weit führen und des Lesers Geduld zu sehr in An- spruch nehmen, wenn ich bei sämtlichen oben angeführten Häusern die Besitzübertragungen bis zur Gegenwart anführen wollte, bei vielen wäre dies auch nicht möglich, weil in der Zwischenzeit manche Häuser geteilt, manche wieder in ein Objekt zusammengezogen wurden.

Ich habe daher nach den Steuerbüchern nur die Gassen und Plätze festgestellt, wo die einzelnen Objekte sich befanden, und diese in Klammern beigefügt. Nur bei drei Hauseigentümern war mir diese Eruierung nicht möglich, weil mehrere desselben Namens vorkamen.

Interesse für den Leser hat wohl nur das Quartier Wallensteins.

Nach der Liste Nr. 2 waren ihm, sowie kurz vorher seinem General- wachtmeister Holka, die Häuser des Adam Juncker und Wolf Frischeisen am Marktplatz zur Wohnung angewiesen.

Diese sind die beiden südwärts unmittelbar an das Rathaus an- stoßenden, heute mit Nr. 17 („Schillerhaus") und 18 bezeichneten Häuser.

Das erstgenannte Haus, das des Adam Juncker, war im 15. Jahrh. im Besitze der Brunner, kam 1529 an die Familie Rupprecht, die im

J. 1547 Kaiſer Karl V. darin beherbergte, im J. 1579 an die Familie Junker, von Oberkunreut, 1634 an die von Moſer, 1640 übernahm es Ottowalsky von Streitberg, der es 1648 an Wilhelm Freiherrn von Metternich verkaufte, welcher im J. 1673 Kaiſer Leopold I. darin aufnahm, 1763 kam es an die Familie Schefflinger und 1790 an den Gaſtwirt Johann Wartus, bei dem im J. 1791 Friedrich von Schiller und im Jahre 1798 Erzherzog Karl Wohnung nahm. Im Jahre 1801 übernahm das Haus die Familie Manaſſer, im J. 1831 wiederum die Familie Junker, die es 1845 an Wilhelm von Helmfeld verkaufte. Im J. 1860 übernahm es der Fruchthändler Zekoll, ſpäter der Delikateſſenhändler Kreſſe und ſeit 12. Juni 1907 befindet es ſich im Beſitze der Eheleute Spitz. In den Jahren 1854—62 wohnte darin auch der Tondichter Wilhelm Veit. Sein und Schillers Aufenthalt ſind durch Gedenktafeln am Hauſe verewigt.

Das daranſtoßende Haus Nr. 18[1]) war das ehemalige Geſchlechtshaus der Pachelbel, welches im J. 1630 von Wolf Friſcheiſen von Eiſenburg erkauft wurde und heute im Beſitz der Familie Abeles ſich befindet. In eben demſelben Hauſe war Wallenſtein auch ſchon bei ſeinem erſten Egerer Beſuche, am 31. Juli 1625,[2]) bei ſeinem zweiten Beſuche, am 28. und 29. Mai 1630 und bei ſeinem dritten Beſuche, am 30. Oktober 1630, einquartiert.

Der Aufenthalt Wallenſteins in Eger (vierter Aufenthalt) im J. 1632 währte nur fünf Tage. Am 29. Juni brach er mit ſeinem Heere wieder auf, eroberte am ſelben Tage noch die Grenzfeſte Hohenberg und zog dann weiter über Türſchenreut, Weiden und Sulzbach vor Nürnberg, wo ſich, wie bekannt, ſein und Guſtav Adolfs Heer wie zwei gewitterſchwangere Wolken neun Wochen lang gegenüber lagen.

Das fünfte und letztemal ſehen wir Wallenſtein am 24. und 25. Feber 1634 in Eger, das er lebend nicht mehr verlaſſen ſollte.

---

1) Zwiſchen den Häuſern Nr. 17. und 18 befand ſich im J. 1632 auch noch ein dem Rat gehöriges Haus, welches dann ſpäter mit einem dieſer beiden Häuſer vereinigt wurde.

2) Bei dieſem erſten Beſuche hielt er ſich nur kurze Zeit in dieſem Hauſe auf, denn er überſiedelte bald nach ſeiner Ankunft auf das nächſt Eger gelegene, dem Ratsherrn und ſpäteren Bürgermeiſter Georg Erhard Werndel gehörige Gut Lehenſtein, wo er bis 3. September 1625 verblieb.

Drei Privilegien des Städtchens Pfraumberg.

Mitgeteilt

von

Dr. Wenzel Feierfeil.

In einem vom Bahnverkehr noch ganz abgeschlossenen Teile des Böhmerwaldes liegt das Städtchen Pfraumberg, am östlichen Fuße des Pfraumberges, welcher ehedem eine königliche Burg trug; von letzterer sind noch ziemlich bedeutende Ruinen erhalten und erinnern an vergangene Zeiten, wo auch der in den Geographien Böhmens noch immer genannte Pfraumberger Paß seine gewisse Bedeutung hatte. Durch das Städtchen selbst zieht sich die alte Straße nach Bayern hinaus (nächster bayrischer bedeutenderer Ort Waidhaus), und in entgegengesetzter Richtung über Haid, Mies und Pilsen nach Böhmen hinein; vom Pfraumberge selbst bietet sich ein weitreichender Umblick nach Böhmen und Bayern.

Pfraumberg, oder wie es zum Teile noch in der Zeit, aus welcher das anzuführende Privileg stammt, geschrieben wird, Pfrynberg, später auch Pfreymtberg, bestand schon zur Zeit der Přemysliden. Zur Zeit der Župenverfassung hatte der Župan (castellanus, comes, praefectus, burggravius) der Mieser Župa hier seinen Sitz, und es war die Burg so bedeutend, daß, als namentlich Přemysl Ottokar II. eine Schwächung der Macht der Župane vornahm, hier der Burggrafenposten immer noch für einen höheren Adeligen begehrenswert war.

Das genannte Privileg erließ König Johann, und es ist dem Wortlaute nach enthalten in einem Privileg Karls, damals noch Markgrafen von Mähren; dieses letztere Privileg liegt uns vor. Es ist gegeben zu Tausta, am Tage der hl. Jungfrau Prisca 1344, d. i. Taus, am 18. Jänner des genannten Jahres. Selbstverständlich hat es, und haben überhaupt die bescheidenen Pfraumberger Verhältnisse mit der großen Allgemeinheit der damaligen Zeit nichts zu tun, aber es sei hier doch des näheren festgestellt, wie Karl 1344 nach Taus kam, wo von ihm unter anderen auch das Pfraumberger Privileg, das sein Vater erlassen hatte, neuerdings bestätigt wurde.

Zu diesem Zwecke ist das Verhältnis der Luxemburger zum Kaiser zu berücksichtigen, sowie auch das der Luxemburger Fürsten zu einander. Schon im Jahre 1333 war der damals 17jährige Karl nach Böhmen gekommen; Johann übertrug ihm mit dem Titel eines Markgrafen von Mähren die oberste Gewalt im Staate. Die fast beständige Abwesenheit aus dem Lande, die so oft erfolgte Einhebung der Berna, der enorme Steuerdruck, die Verpfändungen der königlichen Besitzungen hatten eine völlige Entfremdung zwischen König und Volk hervorgebracht. 1342 verließ Johann das Land wieder, und Karl übernahm die Regierung nur unter der Bedingung, daß der Vater innerhalb 2 Jahre überhaupt nicht nach Böhmen zurückkehre und für diese Zeit auch nicht mehr als 5000 Mark an Einkünften verlange; das Verhältnis der Luxemburger zu einander war also kein besonders gutes, und ebenso war es dem Kaiser gegenüber.

Ludwig hatte die Ehe der Margareta Maultasch von Tirol mit Johann, dem Bruder Karls, gelöst; Margareta ehelichte den Sohn des Kaisers und gab dadurch den Wittelsbachern die Anwartschaft auf Tirol. Dieser Vorgang mußte dem Luxemburger Hause zu großem Verdruß gereichen. Nun wurde bekanntlich der Kaiser wegen dieser Ehelösung schon von Benedikt XII. gebannt; als aber gar der ehemalige Erzieher Karts, nämlich Peter von Rosieres, als Clemens VI. den päpstlichen Stuhl bestieg, wurde für den Kaiser die Lage noch schwieriger, da Clemens seine alte Freundschaft dem ehemaligen Zögling bewahrte. Darum suchte er, indem er das gespannte Verhältnis der Fürsten des Luxemburger Hauses benützte, dadurch für sich Vorteile zu gewinnen, daß er dieselben noch mehr von einander trennte. Zunächst unterhandelte er mit dem Könige selbst im geheimen. Als aber Karl mit seinem Bruder Johann von dem Vertrage erfuhr, den der Vater ohne sein Wissen mit dem Kaiser schließen wollte, protestierte er dagegen. Daraufhin mag der Kaiser gesucht haben, sich ihm zu nähern, und er kam zu diesem Zwecke nach dem damals schon mit Bayern vereinigten, ehemaligen Hauptsitz der Markgrafen von Cham, nach Cham, während Karl mit dem Bruder Johann nach Taus ging, um eine Versöhnung herbeizuführen. Die Verhandlungen haben sich aber zerschlagen.

Die Ankunft Karts in Taus erfolgte im Jänner 1344; und während er sich aus dem geschilderten Anlasse hier aufhielt, sind wohl die Abgesandten aus dem verhältnismäßig nahen Pfrymberg zu ihm gekommen, um sich das Privileg, das sie vom Vater erhalten haben, auch vom Sohne bestätigen zu lassen. Diese Bestätigung wollen wir anführen.

Nos Carolus, Domini Regis Bohemiae Primogenitus, Marchio
Moraviae, notum facimus tenore praesentium universis, quod ad
nostram accedentes praesentiam, dilecti, fideles, paterni et boni
homines de oppido castri Pfrymberg suam nobis petitionem
humiliter obtulerint, supplicantes nobis, quatenus, cum dominus
genitor noster clarissimus eis gratiam fecerit per suas patentes
litteras, nobis per eos exhibitas, dignaremur eis gratiam ipsam
cum tenore ipsarum litterarum gratiosius approbare, quarum
litterarum quidem tenor talis esse cognoscitur in haec verba:
Joannes Dei gratia Boemiae et Poloniae Rex ac Luxenburgensis
Comes, omnibus in perpetuum, cum regalis intersit celsitudinis
oppressorum incommodis condolere, et eorum profectibus inten-
dere cum effectu dilectis nobis oppidanis nostris Pfrymbergien-
sibus, et eorum cuius libet, ut suas prosint (possint?) tanto
facilius, quanto per nos respecti fuerint gratiosius, innoxias evitare,
ut bladum et merces suas alias, absque praestatione et solutione
telonei, cuiuscunque per burggravium ibidem extorqueri soliti,
ab eisdem ad locum quemcumque maluerint, ducere libere; res
quoque ac bona sua haerede non extante amico proximo quem
elegerint, legare, et ut leporum, avium ac aliarum animalium
parvorum in locis non blanditis, habere valeant venationes et
piscationes aquarum gratiosius indulgemus; et mandamus burg-
gravio in Pfrymberg, qui est et qui pro tempore fuerit praesentibus firmiter et expresse, quatenus contra huius modi nostra
exemptionis, et libertatis gratiam non debent oppidanos ipsos,
aut eorum aliquem in aliquo impedire, seu etiam aggravare,
prout nostram indignationem voluerint evitare. Harum, quas
sigillo nostro maiori sigillari fecimus testimonio litterarum. Datum
anno Domini MCCCXXXI, proximo Sabatho post festum Assump-
tionis Mariae Virginis gloriosae. — Nos itaque praedictorum
hominum moti postulationibus condignis praefatam gratiam pariter
et contenta litterarum paternarum his scriptis inserta approbamus,
ratificamus et gratificamus, ac rata et grata habentes ea, et
eorum quodlibet, duximus approbanda. Mandamus itaque burg-
gravio praesentibus et futuris, gratiae nostrae sub obtentu, quatenus praefatis hominibus, qui nunc sunt aut erunt in posterum,
super huiusmodi paterna, et nostra gratia, nullam inferant, nec
inferri per alios permittant molestiam, impedimentum. testimonio

litterarum nostrum sigillum duximus appendendum; datum in
Tausta in die beatae Priscae Virginis, anno domini millesimo
trecentesimo quadragesimo quarto.

Darnach erteilten die Luxemburger den Pfraumbergern folgende
Begünstigungen:

1. Sie können die Erträgnisse ihrer Wälder und ihre anderen ver-
käuflichen Waren, die gewiß nur landwirtschaftlicher Provenienz waren,
an jeden Ort fahren und verkaufen, ohne daß dies irgendwie vom Burggrafen behindert werden darf.

2. Sie können ihren Besitz, wenn kein Nachkomme vorhanden war,
frei irgend einem Freunde vererben.

3. Sie haben das Jagdrecht auf Hasen und anderes kleines Wild.

4. Sie haben das Fischereirecht.

Außerdem liegt noch die Abschrift einer späteren Bestätigung dieses
Privilegs vor uns, welche durch Siegmund erfolgte, und zwar im Jahre 1422
zu Regensburg. Dies war wohl damals, als der Kaiser hieher gekommen
war, um den Reichstag, den er für den 31. Mai 1422 berufen hatte,
zu eröffnen. Die kaiserliche Majestät aber nicht sehr achtend, hatten sich
die Fürsten zu Nürnberg versammelt, und der Tag fand hier statt. Während
dieses kurzen Aufenthaltes des Kaisers zu Regensburg mochten die Pfraumberger in derselben Absicht zu Siegmund gekommen sein, wie einst ihre
Väter zu Karl nach Taus; daß auch sie ihre Absicht erreichten, geht aus
der eben genannten Bestätigung hervor. Wir teilen die Bestätigung im
Wortlaute mit:

Sigismundus Dei Gratia Romanorum Rex semper Augustus
ac Hungariae, Bohemiae, Dalmatiae, Croatiae etc. rex. Notificamus
tenore praesentium universis, quod pro parte oppidanorum in
Pfrymberg, fidelium nostrorum dilectorum oblata nobis petitio
continebat, quatenus ipsis privilegium serenissimi principis
domini Joannis Bohemiae et Poloniae regis illustris avi nostri
clarissimi innovare, ratificare, approbare et praesenti nostro
privilegio de verbo ad verbum inseri facere gratiosius dignaremur, cuius quidem privilegii tenor sequitur, et est talis:
(Injertum des Privilegs von K. Johann.) Nos considerantes huiusmodi petitionem iustam esse et consonam rationi, attendentes
etiam grata et accepta servitia, quibus nobis praefati oppidani
hactenus placuerunt, placent quotidie et placere debebunt in
futurum, animo deliberato, sano etiam fidelium nostrorum acce-

dente consilio, et de certa scientia nostra ac authoritate regia
Bohemiae, supradictis oppidanis, praefati avi nostri charissimi
regis Joannis privilegium nec non omnes et singulas gratias et
libertates in eodem contentas, prout de verbo ad verbum sonant
in omnibus suis articulis, punctis et tenoribus, prout eis concessa
et tradita sunt, innovamus, approbamus, ratificamus et confirmamus
gratiosius; volentes et decernentes expresse, quod ex nunc et
antea et perpetuis temporibus inviolabilem obtineant roboris
firmitatem, nostris tamen et aliorum quorumlibet iuribus semper
salvis, praesentium sub nostri regalis sigilli appensione testimonio
litterarum. datum Ratisbonae, anno domini millesimo quadringentesimo vigesimo secundo, in die s. Remigii, regnorum nostrorum
anno Hungariae tricesimo sexto, Romanorum tredecimo, Bohemiae
vero tertio.

Zwei Patente K. Ferdinands I. zum Schuhe des Schlaggenwalder Bergbaues auf Zinn.

Mitgeteilt aus den Originalen des Statthalterei=Archivs in Innsbruck

von

Ludwig Schönach.

I.

Innsbruck, 24. November 1550.

Ferdinand I., römischer König 2c., verbietet zum Schutze des in
Schlaggenwald und an anderen Orten in Böhmen gewonnenen Zinnes,
daß ausländisches Zinn nach Böhmen und in die übrigen Erblande ein=
geführt werde, sei es aus Nürnberg oder aus was immer für Orten und
Läudern bei Strafe der Konfiskation des Zinnes zu Gunsten der Kammer.
Er beauftragt seine Landeshauptleute, Hauptleute, Vitztume, Verweser,
Bürgermeister, Stadträte sowie die Mautner, Zollner, Aufschläger, Gegen=
schreiber und Beschauer mit der Durchführung dieses Generalverbotes.

Wir Ferdinand von Gottes gnaden Römischer Künig zu
allen Zeiten merer des Reichs in Germanien, zu Hungern, Beheim,
Dalmatien, Croatien et künig Infant in Hispanien, Ertzherzog zu
Österreich, Hertzog zu Burgundi etc. Grave zů Tirol etc. Embieten N allen und ieden unsern und andern unterthanen Gaist-
lichen und Weltlichen, was wirdens, stants oder wesens die sein,

denen diß unser offen Mandat furgebracht und gezaigt oder deß-
selben sonst erindert werden unser kunigkliche gnad und alles
gûts und fügen Euch zu vernemen. Nachdem wir neben andern
Perckwercken als einer Gòts gab allenthalben in unser Kron
Beheim zu Schlackhenwaldt und derselben enden und orten mit
Reichlichen guten Zinen versehen sein, die wir auch unser böster
gelegenhayt nach bißher anworden, verfüren und vertreiben
lassen. Auch nochmalen also zu verfüren und zu vertreiben unser
notturfft erfordert, das wir Erinert und bericht werden, was
massen sich ir vil unserer und andrer underthanen bißher die
frembden außlendischen Zin in bemelte unser Kron Beheim In-
corporirte und zugethane auch andere unser Künigreich Fürsten-
thumb und Lande zu verfüren und dieselben in nächnerm Kauff
und Pretio hinzugeben und zu verkauffen gebracht haben, auch
noch heutigs Tags gebrauchen und understeen sollen, welches
aber gemelten unsern aignem inlendischen Zinen zusteckung und
verligung derselben vertrib und außgang, auch uns unsern landen
und Leuten zu beschwerlichen nachtail raichen thut und uns
derhalben also hinfürter zu zusehen und zu gestatten kainswegs
gelegen oder gemaint ist. Dieweil dann für sich selbst billich,
das wir unsere Perckwerck und Metalen in unsern selbs landen
selber neben unseren underthanen am bösten als wir zu schaffen
wissen geniessen und durch andre fremde auslendische Metall
oder auch dieselben noch unser selbs underthanen mit nichte
gehindert gespert oder zu nachtayl gefürt werden, so empfehlen
wir demnach Euch allen obgenanten und ieden in sonderhayt
mit allem Ernst und wöllen, das ir die unsern noch alle andere
underthanen gentzlichen niemandt außgenomen hinfüro alle
frembde außlendische gemachte oder ungemachte Zin, sy kumen
von Nürnberg oder andern orten, woher sy wöllen, und wie die
imer genant werden mügen in oder durch bemelte unsere Künigreich, Furstentumb und Lande, weiter von dato Publicierung
dises unsers Generalmandats nicht verfüret noch auch darinnen
verkauffet, kauffet oder verarbaytet sonder Euch in allweg davon
bey verlierung derselben Zin unserer verordnung nach enthaltet
und vor nachtayl und schaden verhütet. Dann wir Euch nicht
verhalten wöllen, wo ainicher wer der imer sey hierüber in
berürte unser land ainiche außlendisch frembd gemacht oder

ungemacht Zin füren verkauffen verarbaiten oder auch durch
füren und darob also betreten und begriffen wurde das dem-
selbigen solch zin on alles mittel als ain frey verfallen gut angesprochen genommen und auf unser Camer eingezogen werden
solle, darnach wisse sich menigklich zu richten und vor schaden
zu verhüten und gebieten darauf allen und ieden unsern Landes-
haubtleuten, Haubtleuten, Vitztumben, Verwesern Burgermaistern
und Rhäten der Stetten, desgleichen unsern Mautnern, Zollnern
und Aufschlegern, Gegenschreibern, Beschauern und allen andern
unsern und andern ambtleuten Obrigkaiten und getrewen in berürten unsern Künigreichen Fürstentumben und landen wonhaft
und gesessen, das sy ob disem unserm Generalverpot vestigklichen
und gestrackts mit Ernst halten, auch ain ieder in sunders für
sich selbst sein vleisig erkundigung und aufmercken darauf habe
und mache und hie wider niemandt berürte frembde auslendische
gemachte und ungemachte Zin in unsern künigreichen Fürsten-
thumben und Landen verfüren, verkauffen, verarbaiten noch
auch an unsern zollen Mautten, Aufschlegen noch andern Orten
passieren und durchgeen lassen. Sonder wo hierüber iemandt
wer, der wär, der disem zûwider mit verfürung, verkaufung oder
verarbeitung bemelter Zin handlete durch Euch selbst oder auf
anzaigung andrer personen, die neben Euch unsern ambtleuten
und Obrigkeiten ir vleisig aufmerckhen hierüber haben werden,
erfaren und betreten wurde. Alsdann gegen dem oder denselben
übertretern, verbrechern mit aufhaltung und nemung derselben
verfürten frembden auslendischen gemachten und ungemachten
Zin gestracks verfaret und auf unser Camer als ain verfallen
gut einziehet bey unser ungnad und straf. An dem allen beschicht
unser Ernstlicher willen und bevelch. Geben zu Ynspruck am
vier und zwaintzigisten Tag des Monats Novembris anno etc. im
fünfzigisten unserer Reiche des Römischen im zwainzigisten und
der andern im vier und zwainzigisten.

Karl Freyherr   Commissio domini
zu Welsperg m. p.   Regis in consilio.

L. S.
aufgebrücktes
Siegel

Beatus Widdmann
d(e) canc(elaria) Tirolensi.

Orig. Pap. eingeheftet f. 73/74, Causa domini 1549–55.

II.

Innsbruck, 12. April 1551.

Ferdinand I., römischer König ꝛc. schärft, da er vernommen, daß
trotz erlassener Verbote noch immer ausländisches Zinn in seine Erblande
eingeführt und daselbst verarbeitet werde, seinen Amtsleuten, Vögten,
Pflegern, Landrichtern, Bürgermeistern ꝛc. neuerdings ein, die Handels=
leute streng zu überwachen und Zuwiderhandelnde unnachsichtlich zu be=
strafen. Als Behelf, um Schlaggenwaldisches und böhmisches Zinn vom
ausländischen unterscheiden zu können, werden dem Mandate »alle beheimischen Zinn gepräg und unterschidliche zaichen« in Abdruck
beigefügt.

Wir Ferdinand von Gottes gnaden, Römischer Künig, zu
allen zeiten merer des Reichs in Germanien, zu Hungern, Beheim,
Dalmatien, Croatien etc. Künig Infant in Hispanien, Ertzherzog
zu Österreich, Hertzog zu Burgundi etc. Graue zu Tyrol etc.
Embieten N allen und yeden Graven, Freyen herren, Rittern,
Knechten, Haubtleuten, Lanndtvogten, Vogten, pflegern, Lanndt-
richtern, Lanndtammanen, Burgermaistern, Schuldthaissen, Am-
manen, Richtern, Räthen, Ambtleuten, Zollnern, Innhabern der
päß und andern Obrigkaiten allenthalben in unnsern Innern und
vordern Oberösterreichischen Lannden und derselben Incorporier-
ten Graffschafften, Marggrafschafften, Lanndtgrafschafften, Herrschafften und gepieten Vnnser gnad und alles guet Vnd geben
Euch gnedigist zu erkennen, Wiewol wir hievor von wegen der
zin, so in unnser Chron Beheim zu Schlakenwald und derselben
ennden und orten erpawt und gemacht werden, ernstliche Mandat
haben außgeen und publiciern lassen alle andere und frembde
außlenndische gemachte und ungemachte Zin, welcher ennden
dieselben herkomen oder genannt werden mugen in oder durch
unsere Kunigreich, Furstenthumb und Lande mit zu verfueren
noch darynn zu kaufen, verkauffen noch zu verarbaiten alles
bey straff und peen denselben unnsern offen und publicierten
Mandaten ein geleibt, so kumbt unns doch glaublichen für, das
denselben offtermalen zuwider gehandlet werde, welchs uns
und nit unbillich zu mißfallen raicht. Demnach bevelhen wir
Euch allen und yeden mit ernst und wellen, das Ir auf die
gewerbs und hanndlsleut, so in oder durch Eure Oberkaiten und
verwaltungen gewerb und hänndl treiben, Eur embsig und

fleissigist aufsehen und gute spech habt ob mit ainnichem frembden und außlenndischen Zin ainich contrabanda wolte gebraucht werden oder wurde, das Ir alsdan gegen denselben Inhalt voriger Mandaten mit unnachläslicher straff fürgeet und dar Inn niemannds verschonet noch ubertraget Dann wo wïr Euer ainen oder mer hierinn farlässig oder das Ir selbst unnsern Mandaten hierynn Ichts zuwider fürnemen ˅ oder hanndlen wurden befunden, so sollet ir als die obrigkaiten und Ihenen, so ob unsern Mandaten ernstlich zu halten bevelch haben, mit merer und höherer straff, dann die Mandat aufweisen gepuest werden. Damit sich dan Niemannd ainicher unwissenhait enntschuldigen müge, als ob unnser Schlakenwaldisch und Beheimisch Zin von den Frembden und auslendischen nit mechte unnderschidlich erkennt werden, so haben wir aller Beheimischen zin gepräg und unnderschidliche zaichen zu ennd diß Mandats abtrucken und verzaichnen lassen[1]) Menigklich sich darnach wiß zu richten und beschicht an dem allem unnser ernnstliche Maynung. Geben zu Ynnsprugk am Zwellfften tag des Monats Aprilis. Anno etc. im ain und fünfftzigisten Vnnserer Reiche des Römischen im Ain und zwaintzigisten und der Anndren im Fünf und zwaintzigstn.[1])

(Wolfgang)   Beatus Widdmann
H. Abbas Kempten   d(e) canc(elaria) Tyrolensi.
Stathalter 1551.

Orig. Pap. ohne Siegel, eingeheftet zwischen f. 95/96 des Bandes Causa domini 1549—1555.

1) Es befinden sich unter dem Texte acht runde und zwei ovale Abdrücke von Stempeln, die dem Zinn eingeprägt wurden, um Schlaggenwalder Zinn von andern in- und ausländischen Sorten zu unterscheiden. So gern wir dieselben vervielfältigt hätten, weil in dem Patente ausdrücklich auf sie verwiesen wird, und die Wiedergabe derselben für Numismatiker und Heraldiker von großem Interesse wäre, mußte dies leider aus technischen Gründen unterbleiben, da die zu wenig scharf ausgeprägte photographische Vorlage sich für die Vervielfältigung auf photochemischem Wege nicht eignete. (Anmerkung der Schriftleitung.)

Die Statuten der Leitmeritzer Zimmer-leutezunft.[1]

Mitgeteilt

von

Heinrich Ankert.

Wir dero Röm. kay. May. König. Richter Burgermeister Und Rath der König: Craiss Stadt Leutmeritz an der Elben, Thuen kund undt zu wissen Jedermänniglich, In sonderheit wo es vonnöthen. Dass nachdem uns in Völliger Rathssession die Ehrsambe undt Ehrbahre, Eltiste undt andere Maister und Gesellen, dess gantzen Ehrsamben Handtwercks der Zimmerleuth allhier in Leitmeritz die von unssern Vorfahren im Jahre 1579 Ihrem Ehrsamben Handtwerck, in Böhmischer Sprach ertheilte Artikl vorgetragen und Bittlichen angelanget, solche Ihnen, mit allem in Teutscher Sprach zu vernewern: sondern auch Unsserm Guteracht- undt Befundt nach zu vermehren undt Einzurichten. Als haben wier solch Ihren als rechtmässigen petito unnd Gesuch zu willfahren unnd zu gewehren erachtet. Und thuen dessem nach, obgedachten Eltisten undt anderen Maistern, Gesellen und dem gantzen Ehrsamben Handtwerckh der Zimmerleuth dieser königl. Craiss Stadt Leitmeritz, Ihrer So Thane Handtwercks Artikl nicht allein verneuwern, sondern auch der Itziger Zeit erhaischenden Notturfft nach vermehrern unnd einrichten, wie folget:

---

1) Im Besitze der Leitmeritzer Maurergenossenschaft (Papier in Lederband). — Die Zunftregeln der Leitmeritzer Zimmerleutezunft verbreiteten sich nach Grottau, von Grottau kamen sie nach „Backofen", wohin die Hirschberger Zimmerhauer „eingeschrieben" waren. Im Jahre 1729 trennten sich die Hirschberger und errichteten ihre eigene Zunft. Die Abstammung aber blieb durch eine kleine Zahlung gekennzeichnet; die Backofner hatten nämlich jährlich dem Handwerke in der Stadt Grottau zuhanden der Mutterlade in der königl. Stadt Leitmeritz 35 kr. zu erlegen. Von der neugegründeten Hirschberger Zimmerhauerzunft wurde aber bloß die Hälfte des Betrages, nämlich 17¹/₂ kr., ebenfalls zuhanden der Leitmeritzer Mutterlade verlangt. Siehe diesbezügl. Mitteil. des Nordb. Exkurs.-Klubs IV, pag. 106—108.

Articulus 1mus. Sollen die Eltiste Maister und das Ehrsambe Handtwerckh, vermög Ihro Röm. kayl. May. allergnädigsten Befehls unndt Patenten uund bey Vermaidung der eben in denselben Kaysserl. Patenten aussgemessener Straff kheinen Maister weder auch Einigen Lehrjungen in Ihre Zunfft zu einem respective Mitmaister oder in die Lehr an- und auffnehmen noch auch Einige gesellen, mit der arbeit befordern, er oder sie seyen dan, würcklich der allein seeligmachendten Catholischen Kirchen zu gethan.

Articulus 2dus. In gleichen sollen sowohl die Eltiste, als Jüngere Maister unndt Ihre untergebene Handtwercksgenossen, ein fromm-Gottsförchtig- unnd erbauliches Leben führen; die Sonn- undt Fayertag mit anhörung der heyl. Mess und praedig, andächtig begehen: hingegen der hochsträfflichen Gottslästerung, fluchens unndt scheltens sich endthalten; das abschewliche spilen unndt vollsauffen, auch sonsten alle ärgernus möglichst maiden. Da aber gleichwohl Einer oder der andere etwas dergleichen zu üben oder zu verbrechen sich unterstehen möchte, derselbe soll jedesmahl nach Grösse des Verbrechens unnd person endtweder mit arrest oder geldtstraffe abgestrafft werden.

Articulus 3tius. Es werden auch die Eltiste und andere Maister kheine Haubtzusambenkunft oder das Handtwerksquartal ohne Vorbewusst Und Bewilligung Ihro Röm. Kayl. May. Herrn Königl. Richters, wie auch ohne praesent unndt Beysein derer aussen Raths mittel verordnet Herrn Relatoren vorzunehmen befugt sein undt zwahr bey unaussbleiblicher Straff, so sie wohlgedacht, Herrn Königl. Richter zu handten des Königl. Fisci abstatten sollen.

Articulus 4tus. Bey jeder zusambenkunfft, zumahl bey offener Laden sollen sich so wohl die Eltiste, alss andere Maister, nicht weniger auch die Gesellen, fein nichtern uund zeitlich einfündten, da selbst gegen beywessendte Herrn Königl. Richter, Herrn Relatoribus ehrerbüttig undt ehrbahr erzaigen, untereinander aber friedsamb unnd geschaid verhalten, Einer dem andern bey der umbgehendten Umbfrag in die Rede nicht einfahlen, sondern sein Stimm der Raye uund Ordnung nach, auffrichtig und Gutten gewiessen nach, vorbringen und eröffnen unndt was beym Handtwerck geschlossen, solches bey sich un-

offenbahrter behalten. In gleichen auch soll kheiner sich unterstehen bey Straff 4 böhm. Groschen oder 12 kr. von der Laden
ohne Bewilligung hinweg nacher Hauss zu gehen undt sich zu
absentiren.

Articulus 5tus. Wann ein gesell für einen Maister bey
dem Ehrsamben Handtwerck auffgenohmen zu werden begehrlte
oder auch ein frembdter Maister sich allhir bey der Stadt setzen
undt zugleich in die hiessige Handtwerckhs Zunnft zu einem
Mitmeister eingeschrieben werden wolte, soll so woll Einer alss
der andere schuldig sein, förderist bey dem löbl. Magistrat das
Bürgerrecht zu der Wahrung annehmen, nachmahls der Gesell,
soll sein Lehrbrieff, wo undt bey welchem Meister er das Handtwerckh erlehrnt auffweissen und so dan, die Maisterstück, dem
Ihm von dem Ehrsamben Handtwerckh gegebenen Abriss nach
Verfertigen unnd bewehren; damit also hernach das Handtwerckh seiner Unwissenschaft und unerfahrenheit kheine Schandt
habe; Unndt solle der gesell bey Maisterverordnung in die
Laden 12 fp m. unnd 4 ₰ wax Maisterrecht auff 2 termin
nebst dem Stückessen erlegen. Der Vorhin und anderswo
wordene Maister aber eben nebst einem Stückessen nur 6 fp m.
endtricht.

Articulus 6tus. Die an und auffnehmung der Lehrjungen
zum Handtwerckh anbetrifft sollen sie zuvor 2 Wochen bey dem
Maister, bey welchem sie Lehrnen wollen, die Prob ausstehen
uund da Sie zu der Lehr tauglich zu sein befunden wurdten
Ihre Gebuhrts- auch wan Sie unterthänig, ein Consens unnd
Lossbriff von Ihrer obrigkeit, so wiederumb deroselben nach
aussgestandtener Lehr des Lehrjungens zu zu stellen sein wirdt
undt beybringen. Benebens wirdt ein jeder Lehrjung schuldig
sein 10 fp m. unnd 2 ₰ wax als bey auffnehmung, 5 fp m. unnd
1 ₰ wax unndt bey Freysprechung die andere in die Maister
Laden unfehlbahr zu erlegen: Denen gesellen aber zur Ein-
schreibgebühr mehrers nicht als 36 ₹ abzustatten. Hingegen
würdt sowohl das bissher gewöhnlich gegebene Essen alss auch
das mit der Stangen herumtragen nicht weniger, das Baden
unnd andere vorherige Müssgebräuche Uund Unkosten wodurch
mancher Arm unnd schwache Lehrjung sehr erschöpft würdt
auch an seiner Gesundheit schaden bekhomet, Lauth ergangenen

kaysl. scharffen Verbotts von nun an auff alle khünftige Zeitten, gleich denen Präger Stätten cassiret und gäntzlich auffgehoben. Articulus 7mus. Khein maister soll befugt sein, einen solchen Lehrjungen so zuvor bey einem andern Maister in der Lehr gestandten unnd von Ihm ohne sein wiessen unnd rechtmässige Uhrsach (worüber das Ehrsambe Handtwerckh zu erkhenen haben würdt) endtweichen, bey straff 1 ff. m. auffzudingen. Widerumb

Articulus 8us. Soll khein Maister sich unterstehen, dem andern seine Gesellen, unter was Vorwandt, titul oder pretext immer abspenstig zu machen bey Verfall 1 ff. m. straff in die ehrsambe Laden.

Articulus 9us. Es würdt auch kheinen Maister zugelassen, einen gescholtenen unndt sich nicht aussgeführten oder aussführen wollendten Gesellen mit der Arbeit über 2 Wochen lang zu befördern, es wäre dan die Sach undt Scheltung so beschaffen, dass es innerhalb 2 Woch. nicht könte erörtert oder beygelegt werden, sondern eines weitteren unnd gerichtlichen Beweissthumbs vonnoth hette. auff welchen fahl der gescholtene gesell so lang in der arbeit stehen unnd darmit ohn Jedermänniglichens Einige Verhindernuss befördert werden kann, biss er nicht überzeugt unnd vor schuldig erkandt würdte. Welches auch unnd umbsoviel mehr auff die etwa gescholtene Maister zu ziehen unnd ausszudeuten sein würdt; in massen gantz unbillich unnd wiederrechtlich wäre, dass man einen Unüberwiessenen Meister oder gesellen gleich ab executione sein Handtwerckh Legen unnd mithin gleichsamb das Brodt benehmen thäte.

Articulus 10us. Weillen zum öfftern sich zutraget, dass ein armer Maister oder gesell einen Schaden an seiner Gesundtheit bekombt oder krank werdte, unnd nirgendts wohin seine Zuflucht bey solchen Zustandt nehmen kann, als werden so wohl die Maister alss Gesellen dem alten Herkhommen nach schuldig sein. Von S. Georgy an bis auff St. Galli unter wehrendtuund habender Arbeit alle 2 Wochen einiges Geldt, nämlich die Maister zu 4 kr. unnd die Gesellen zu 6 kr. in die Laden zu erlegen umb davon dem armen Maister oder Gesellen in Ihrer Notturft beyzuspringen, so Sie ins khünfftig bey erhaltung der gesundtheit unnd arbeit wiederumb der Zunft dankbahr abstatten sollen.

Articulus 11us. Ein Lehrjung soll 2 Jahr völlig dass Handtwerkh Lehrnen, denn das erste Jahr der Maister zu 4 Böhmischen Gr. oder 12 kr., das andere per 15 kr. täglich bezahlen, nach aussgang der 2 Jahren würdt Ihm der Maister bey offener Laden eine Kundtschaft oder Zeugnis seiner wohlaussgestandenen Lehr geben unnd zu Bestättigung dessen Eine Hacke, eine Schertze unnd Hammer, Beil schencken, wann er sich sonst wohl verhalten.

Articulus 12us. Damit auch ein Maister nicht alle Arbeit bey der Stadt an sich ziehe — unnd mithin die andere bey der Stadt befündtliche Maister mit Ihrem Handtwerkh müssig gehen : So soll kheinem Maister bey Vermaidung unaussbleiblicher straff erlaubt sein über zway per Pausch oder überhaupt tractirter unnd habendte Arbeit, Einige mehr, bey der Stadt anzunehmen es wäre dan, dass die Arbeit sehr nöttig — unnd hingegen solche die andere Maister etwa auss abgang des Gesündels oder anderer Uhrsach nicht befördern möchten.

Articulus 13tus. Solt sich Ein oder der Andere Maister gelüsten lassen, einige Arbeit, die er zu behaubten zu schwach unndt incapabel wäre, wordurch manchmahls so wohl dem Baw Herrn ein schaden, alss dem gantzen Handtwerkh ein Schimpf unnd Spott zustossen möchte, anzunehmen. Derselbe würdt schuldig sein sich förderist bey dem Bau Herrn des Veruhrsachten Schadens halber abzufindten, dem Handtwerkh aber eine straff nach dessen Erkendtnis zu erlegen.

Articulus 14us. Gleichwie kheiner, zumahl ein Christlicher Mensch, der natürlichen Billigkeit selbsten gemäss seinen neben Menschen nichts dergleichen thun soll, was er selber nicht will, Ihm von Andern gethan sein: Also auch soll khein Maister unnd zwahr bey erkäntlicher Straff sich verlaiten lassen Einen anderen Maister in dessen, es sey Tag weiss oder per Pausch schon verdingte unnd bereits angefangene Arbeit, ohne sein wissen uund bewilligen eigenmächtig einzugreifen, es hette dan, der Erste Maister selber zur absetz- unnd abschaffung seiner Person etwan durch seine Saumbseeligkeit oder andere Uhrsach anlass gegeben. so das Handtwerckh erkhennen soll.

Articulus 15tus. So offt Einem oder dem Andern Maister einige zumahl langwührig- unndt von der Stadt weit abgelegene Arbeit auffm Landte vorstünde, so soll er eben bey Handtwercks erkandtlicher Straff Jedesmahl zuvor seine dahin Verraissung sich so wohl bey dem Löbl. Bürgermaister Ambt, alss denen Eltisten Maister unndt Handtwerckh anmelden. Also dass man, wo er sich auffhalte, wüssen- unnd zur Zeit der Noth der hiessigen Stadt denselben abholen lassen möge — unndt solte er hernach nach Hauss citirt- unndt zu orth angetroffener, ohne erhöbliche Uhrsach, gleichwohl nicht erschainen, so fället er in die poen oder Straff halb Schock mais.

Articulus 16tus. Ohne eine wichtige und genuegsambe Uhrsach soll khein Maister dem Gesellen den Uhrlaub Inmittelst der wochen geben, hingegen auch khein Gesell von Maister abschied nehmen unndt zwahr bey Straff Eines unnd andern Theils zu 10 Böhm. Groschen oder 30 ҡ.

Articulus 17tus. Es soll auch khein maister noch der gesell dess andern Maisters Arbeit, weder bey Bier Bank noch anderstwo öffentlich tadeln, sondern selbte, da Sie nicht recht, bey dem gantzen Handtwerckh kundtmachen bey Straff $^{1}/_{2}$ fᵽ m.

Articulus 18us. Eines Jeden Maisters soll Schuldigkeit sein, sowohl bey der verdingter Gross- alss klein arbeit nebst seinen Gesellen auch selber, wenigstens Ein halben Tag zu arbeiten. Denn vor seine Mühe zum Lohne Von St. Georgy an, biss S. Galli des Tags zu 10 Böhm. Groschen oder 30 kr. unndt seinen Gesellen per 9 böhm. Groschen, unndt dem Lehrjungen 8 gr. Von St. Galli biss auff St. Georgy aber dem Maister zu 9, dem Gesellen zu 8 unndt dem Lehrjungen zu 7 alss böhmischen Groschen täglich bezahlt werden soll. Unndt würdt Ihnen zur Sommerszeit über 2 Stunden des Tags, alss zum frühstücken Ein halbe, zum Mittag Ein gantze, unndt zum Vesper Brodt wiederumb Ein Halbe Stundt — Winterszeit aber nur Eine Stundt den gantzen Tag hindurch, entweder zum frühstück oder Mittagsmahl frey passiret; die Sie an dem orth oder stelle der arbeit unnd nicht zu Hause oder im Würthshaus zubringen sollen.

Articulus 19us. Die Gesellen sollen auch kheine Wünckel Zunfft oder Zusambenkhunfft halten: Viel weniger in denn

Würthshäussern das Ladengeldt herumb tragen, unnd verschwen-
derisch unnd liederlich versauffen; Sondern im fahl ihnen etwas
vorstünde, damit bey dem Vor- unnd Eltiste Maister für khommen. Uund Sintemahlen sonsten dem Herkhommen nach Ihren
haltenden Quartal unnd Zusambenkhünfft Jedesmahl Ein Jüngerer Maister Bey zu wohnen unndt der Laden beyzusitzen
pfleget, so soll hinführo auss denen Zway Laden Schlüssel Einen
der Jüngere Maister unnd den andern der Eltiste Gesell bey
sich haben.

Articulus 20. Gleichermassen würdt denen gesellen führo-
hin nicht gestattet Ein Blohmondtag zu halten, bey Straff täglich Lohns.

Articulus 21. Bey einer überhaubt verdingter Arbeit
soll denn Maister von der Schraub weder auch von dem Sahl
das wenigste Bezahlt werdten. Wohl aber wann die Arbeit tag
weiss verrichtet wurde solle von der Schrauben unnd dem Sahl
a parte nach dem halt die Arbeit ist, bezahlt werdten.

Articulus 22. Wann Ein Burger oder Innwohner diesser
Stadt eines oder Anderen Mitmaisters Geselle es sey auff Ein
oder Mehr Täge vonnöthen hette, unnd den Maister darumb
begrissete, so soll Ihm der Jenige Mitmaister dassfahls willfährig
sein, unnd so begehrete Gesellen, der Möglichkeit nach zu-
schicken, den Lohn aber sollen nicht die Gesellen, sondern der
Maister zu sich nehmen unnd davon seine Gesellen bezahlen.

Articulus 23. Bey entstehung einiger feyerbrunst, so
Gott der Allmächtige gnädigst verhütten wolle, sollen die Maister
sowohl, alss die Gesellen, Bald möglichst mit Ihren Handt Axt[1])
oder anderen Instrumenten da sein uund sich äusserist bemühen,
das Feuer mit abschlagung der Dächer abzuwehren oder zu
dempfen. Solt aber Einer oder der andere Muthwillig aussen-
bleiben, derselbe würdt nicht allein von dem löbl. Magistrat,
sondern auch von der Ehrsamben Zunfft abzustraffen sein.

---

1) Noch im 2. Absatze des Artitels 8 der Feuerlöschordnung für die tönigl.
Kreisstadt Leitmeritz vom Jahre 1829 heißt es: Die Müller, Maurer und
Zimmerleute müssen mit ihren Hauen und Hacken zum Feuer eilen, um
sich daselbst zu dem, wozu sie die dirigierenden Magistratsperfonen oder
Feuerkommissäre bestimmen werden, zu verwenden.

Articulus 24. Ebenfalls da ein Maister, dessen Ehewürthin oder Künder oder auch Gesell unnd seine Leith mit dem Zeitlichen Todt abgehen solte unnd das den andern Maister unnd gesellen zeitlich angekündiget wurdte, so soll ein Jeder Maister unndt Gesell sich bey der Begräbnuss persöhnlich einfünden; widrigenfahls der Maister 15 kr. unnd der Gesell 9 kr. zur Straff erlegen soll: nach vollgebrachten Begräbnis aber sollen die gesellen sich wiederumb zu Ihrer arbeit verfügen. Ingleichen auch bey denen öffentlich haltende procession sollen sowohl die Maister als gesellen fleissig unnd zeitlich erscheinen unndt bey Ihrer Fahne bar uund bar gehen bey Straff 15 ꝛ.

Articulus 25. Wann ein gesell der vorhin allhier niemahls gearbeitet anhero zuwandern oder khommen unnd bey Einem Maister 2 Wochen arbeiten möchte, soll sein Maister bey aussgang derer 2 Wochen diessen gesellen, denen Eltisten Maistern anzeugen. Welcher gesell hernach schuldig sein würdt. Acht Böhm. Groschen in die Laden zu Erlegen umb damit er inskhünfftig, da er wiederumb her khomme mit der arbeit befördert auch in der Noth von dem Ehrsamben Handtwerck geschützt werden solle.

Articulus 26. Ist schon oben gemeldt, dass khein maister noch Gesell dem andern auff kheine weiss von sich selbsten schelten viel weniger Ihm die Gesellen in würklicher arbeit auffhöben unndt mithin das Gebey auffhalten unnd verhindern = sondern da Ein oder der Andere etwas Rechtmässiges wider dem andern zu klagen oder sich zu beschwehren hette, dasselbe bey dem Eltisten Maistern an- unndt beybringen — unndt Sie darüber mit zu ziehung anderen Maistern, da sonsten die Sach biss zum ordentlich — unndt gewöhnlichen Quartal khein anstaudt leidet, erkhennen unndt die Partheyen endtscheiden sollen.

Articulus 27. Wann ein frembder Maister oder Pfuscher bey dieser Stadt uund auff dero grundt unnd boden Einige Arbeit auff sich nehmen wolte: Soll Ihme diesses auff kheine weiss unndt unterm kheinen Vorwand gestattet noch zugelassen werden, er habe sich dan zuvor diessfahls mit hiesigen Handtwerck allerdings verglichen unndt 2 ℔ m. in die Handtwercks Laden von der Bewilligung auff Ein Jahr lang erleget. Solte aber er sich gleichwohl ohne wissen uund Bewilligen hiessiger

Maistern Einiger arbeit unterstehen, so würdt das hiessige Handtwerck befugt sein Ihm allen Werkzeug durch das hiessige Stadtgericht wegkzunehmen.

Articulus 28. Damit die hiessige Bürger und Innwohner wegen der auffziehung der Dach Rünnen unnd davon von theils Maistern zur Zeit übermässig begehrendt Lohns hinführo kheine Uhrsach haben sich zu beschweren, so soll von dem auffziehen Tag weiss bezahlet unnd hingegen von dem Sahl a parte der Höhe noch 1 fl. 30 kr. dem Maister gegeben werden.

Articulus 29. Wann Ein Maister oder gesell sich ausser so zu dem Handtwerck nicht gehören versündigen thäte, soll das Ehrsambe Handtwerck nicht befugt sein darüber Richter abzugeben. Sondern würdt schuldig sein Solches zu dem Löbl. Magistrat als Vorgesetzter Stadtobrigkeit zu remittiren. Endtlich zum Beschluss.

Articulus 30. Weill von Ihro Röm. Kayser May. dero Hoch Löbl. Böhmischen Cammer, der königl. Herr Richter allhier zu Einen Ober Inspector über alle bey diesser königl. Stadt Leitmeritz befündtliche Handtwerckszünfft gnädig verordnet ist. Als werdten die Eltiste unnd andere Maister unnd das gantze Ehrsambe Handtwerckh der Zimmerleith allhir, auch zu gedachten Herrn Königl. Richter unnd denen auss dem Löbl. Magestrat deputirt Herren Relatoribus oder Beysitzern in allen Ihren Handtwerks anliegen mit schuldigen Respect unnd ehrerbittigkeit zu recuriren unnd dero Verordnung unnd erkandtnussen. Jedoch dess Löbl. Magistrat als vorgesetzter Stadtobrigkeit Jurisdiction unnachtheilig in allen nachzukhomben unnd zu gehorsamben wissen.

Undt gleich wie nun diesse vorgehendte Artikl zur grösserer Ehre Gottes unndt des Ehrsamben Handtwerk der Zimmerleith allher mehreren auffnehmen, fromm unndt Nutzen angerichtet undt auffgericht unndt zur beständiger observant von Uns Röm. Kayl. May. Königl. Richter Bürgermaister unnd Rath dieser königl. Stadt Leitmeritz an der Elben mehr besagt Ehrsamben Handtwerckh ertheilet wordten. Also auch wier darüber, jedoch mit austrücklichen Vorbehalt, sowohl für uns als unssere Nachkommendte hierzu inskhünfftig der erhaischendter

Noth nach entweder etwas mehr zuzusetzen oder zu mindern auch anderst einrichten zu können. Eine feste unndt beschirmliche Handt unnd Schutz beharlich zu halten das anerbütten uundt erklären. Urkund dessen haben wir diesse Handtwercks Artikl mit·unssern der Stadt Gemain Petschaftsfertigung wissentlich bestättigen unnd Corroboriren lassen. So geschehen Leitmeritz In consilio fr. 6ta 21. Novembris Anno 1704 Consule Domino Joanne Jgl. Schmidt.

(L.S.)

Joann Igl. Wotschenasek,
Syndicus daselbst.

Ein Beitrag zur Geschichte von Zirkowitz.

Von

Johann Haudeck.

Der wertvolle Aufsatz „Zur Geschichte von Zirkowitz a. d. Elbe" von C. Jahnel[1]) veranlaßte mich, nachzuforschen, wie weit zurück sich der Besitz des dortigen Bauerngutes Nr. 14 in der weitverzweigten Verwandtschaft „Haudeck" befand, beziehungsweise, ob der alte Hausname „Bimschen" mit diesem Namen zusammenhänge oder nicht. Dabei erschien es mir als ganz besonders wichtig, die grundbücherlichen Nachweise des Leitmeritzer Stadtarchives über den Besitz dieser Verwandtschaft in Prosmik und Keblitz zu ermitteln, da dort die ältesten Ahnen zu finden sind. Von da verbreitete sich die Verwandtschaft über Czalositz, Leitmeritz, Libochowann, Zirkowitz, Sebusein u. a. Orte aus. Das älteste aber ist hier das wichtigste und ich kann gestehen, mein Nachforschen war sehr fruchtbar und ergebnisreich. Im nachfolgenden will ich das Ergebnis so weit als tunlich chronologisch folgen lassen und bemerke dabei ausdrücklich, daß ich die Schreibung der Besitzernamen genau nach den alten Eintragungen beibehalten habe.

Als ältester Stammesahne wird im Jahre 1686 ein Johann Haudeck. als Grundbesitzer in Prosmik genannt. Das deutet also auf ein Vorkommen dieses Namens bis ungefähr 1660 zurück. Derselbe übergibt am 18. Jänner 1731 sein Gut dem Sohne Wenzel Haudeck (Frau Elisa-

---

1) Exf.=Klub XXVIII, Seite 26—30.

beth) um die Kauffumme von 800 Schock.[1]) Wenzel Haudeck starb im Jahre 1739 und die Schwiegertochter[2]) Elisabeth wird im J. 1739 Befitzerin dieses Gutes. Sie verheiratet sich darauf mit Jakob Moudry. Franz Haudeck, der Sohn aus 1. Ehe starb vor 1761 (Großes Keblitzer Grundbuch). Auch ein 2. Bauerngut in Prosmik gehörte dieser Verwandtschaft, denn am 16. Jänner 1739 verschreibt die Witwe Eva Joch ihrem Eidam Martin Haudeck (Ehegattin Elisabeth) ihr Gut in Prosmik um 400 Schock. Martin Haudeck starb 1752 und sein Sohn Josef Haudeck übernimmt das Gut am 27. Jänner 1761, nachdem es vorher Johann Wischata als Pächter administriert hatte. Josef Haudeck starb schon im Jahre 1763.

Vom 12. Dezember 1691 bis zum 1. Dezember 1701 gehörte ein Bauerngut in Keblitz dem Kaspar Haudek. Auf ihn folgte Mathes Haudek im Besitze. Am 7. Dezember 1719 übergibt Katharina Tlattlin wegen hohen Alters ihr Gut der Tochter Ludmilla verehelichten Haudeckin, welche selbes wieder ihrem Ehemanne Wenzel Haudeck sowie ihren leiblichen Kindern testiert.[3]) Am 14. Jänner 1722 erkauft Mathes Haudeck[4]) mit seinem Eheweibe Anna den 10. Teil des Hahnberges[5]) von der Grundobrigkeit (Folio 191) und zur selben Zeit erkauft Ludmilla Haudeck den 11. Teil des Hahnberges von der Obrigkeit (Folio 152).

Am 10. Feber 1724 erkauft Mathes Haudeck der jüngere mit seinem Eheweibe Maria von der Obrigkeit ein Stückl Grund auf $1^1/_2$ Strich Aussaat nach der Schätzung um 15 Schock (Keblitzer kleineres Grundbuch Nr. 178, Folio $60^1/_4$). Am 10. Feber 1724 testiert Ludmilla Haudeckin verehelichte Richterin einen Teil ihres Weingartens ihrem leiblichen Sohne Mathes Haudeck (Folio $94^3/_4$). 1727 wird ein Georg Haudeck aus Prosmik, 1737 und 1738 werden Anna und Johanna Haudek aus Wchinitz genannt. Am 16. Jänner 1747 testiert Anna Haudeckin ihren leiblichen Kindern ihren Weingarten. Ein Drittel erhält ihr Sohn Josef. Am 14. Jänner 1753 zediert Maria Haudeckin jetzt verehelichte Jakob Rich-

---

1) Der Betrag läßt auf einen ziemlich großen Grundbesitz schließen.
2) „Schnur" schrieb man damals. Der Ausdruck kommt nur noch selten in der Mundart vor.
3) Im Jahre 1719 wird auch Magdalena Haudeck als Wirtschaftsbesitzerin in Keblitz genannt.
4) Darunter ist jedenfalls der Nachfolger von Kaspar Haudeck gemeint, dessen Namen also in zweierlei Schreibung vorkommt.
5) Der Hahnberg befindet sich zwischen Keblitz und Schierschowitz.

terin den 2. Teil ihres Weingartens dem leiblichen Sohne Thomas Haudeck (Folio 94$^3/_4$). An demselben Tage zediert Maria verehelicht gewesene
Mathes Haudeckin ein Feld von 1 Strich 2 Viertel ihrem leiblichen
Sohne Thomas (Frau Rosina) um die alte Summe von 15 Schock,
welche die übrigen Geschwister bekommen sollen (Folio 60$^1/_2$). Am
16. Jänner 1765[1]) tritt Magdalena Haudeckin geborene Finger verwitwete Jakob Richterin ihrer Tochter Veronika einen Weingarten ab.

Am 16. Jänner 1765 wurde der 10. Teil des Hahnberges in zwei
Teiten vergeben. $^1/_4$ erhielt Maria Anna verehelichte Veithin, $^3/_4$ Josef
Haudeck der ältere. 1766 wird eine Katharina Haudeck aus Keblitz ge-
nannt. Am 26. Oktober 1784 erhielten Josef und Johann Haudeck das
Bürgerrecht in Leitmeritz.[2])

1772 bittet Wenzel Haudeck aus dem Dorf Czerkowitz[3]) den Propst
von Doxan um Intervention bei der Stadt Leitmeritz, da er Katharina,
die Tochter des † Zacharias Grunnert aus Deutsch-Kopist ehelichen will.
Im Jahre 1783 bittet Mathes Morawek[4]) um Entlassung der Katharina Haudeck aus der Untertänigkeit. Um dieselbe Zeit ersucht der Kor-
poral Johann Haudeck aus Cirkowitz beim Magistrate in Leitmeritz an,
damit ihm sein väterliches Erbteil ausgezahlt werde.[5])

Wie aus dem nachfolgenden Stammbaume der Czirkowitzer-Expo-
situr-Matriken hervorgeht, war der erste nachweisbare Besitzer des Bauerngutes Nr. 14 in Zirkowitz Franz Haudeck. Auf ihn folgte Josef Haudeck,
geb. 20. Feber 1748, dann sein Sohn Josef Haudeck, geb. 6. Feber 1785.

Diesen letzteren kannte ich noch als alten, deutschen Bauer und
späteren Auszügler.[6]) Nach ihm übernahm sein Sohn Vinzenz das Gut.
Dieser starb erst vor kurzem und überließ dasselbe seinem Sohne Vinzenz, dem jetzigen Besitzer und Gemeindevorsteher.

Alle diese ämtlichen Eintragungen und Urkunden sind in deutscher
Sprache verfaßt. Die Schreibung dieses Besitzernamens mit „ck“ findet man

---

1) Die Ziffer 6 ist nicht mehr deutlich zu erkennen.
2) Bürgerbuch in Leitmeritz vom Jahre 1755.
3) Der Volksmund spricht noch heute Zerkewitz, auch Zarkewitz.
4) Wahrscheinlich ein Stadtbürger oder doch ein städtischer Bewohner von
Leitmeritz.
5) Joh. Haudeck hieß mit seinem vollen Namen Joh. Georg Haudeck, geb.
am 9. März 1754, diente noch im J. 1795 als k. k. Fuhrwesen-Korporal
bei der 72. Artillerie-Division.
6) Wie aus dem Stammbaume hervorgeht, war er auch Ortsrichter.

Stammbaum aus den Tschirkowiher Taufmatriken.

Elisabeth aus Reblitz (a)

Franz H., Tschirkowitz Nr. 14

Anna M. aus Klutzen (b)

Catharina, † 11. März 1813 in Kopist

Wenzel, in Zirkowitz Kopist, 4. September 1797, † in Kopist

Franz, geb. 26. Mai 1743, † in Schulein

Anna M., geb. 20. Dez. 1746, † Groß-Tschernosef

Theresa Ertin Lichtowitz (a)

Joseph, geb. 20. Feber 1748, Tschirkowitz Nr. 14 †

Apolonia Truchin Schulein (b)

Elisabeth, geb. 3. Mai 1752, verehelichte Mühle in Tschirkowitz

Johann Georg, geb. 9. März 1754, Corporal

Rosalia, geb. 13. August 1776 in Reblitz

Johann, † 7. Juli 1830 in Kopist

Rosalia, geb. 17. Nov. 1782, verehelichte Finger in Salesel

Joseph, geb. 6. Feber 1785, Richter in Tschirkowitz

Theresa, geb. 18. Sept. 1793, verehelichte Gatte in Liboschowaun

M. Anna, geb. 8. Dez. 1801, verehelichte Erbt in Tschirkowitz

Anton, geb. 8. März 1803, in Peterswalde

Vinzenz, geb. 5. Feber 1809, beide ledig in Tschirkowitz

Franziska, geb. 5. August 1815

Magdalena, geb. 20. August 1788, verehelichte Blumentritt in Schulein

Lobositz, den 19. Jänner 1835.

Martin Blaschka,
Pfarrer,
bischöfl. Bezirks-Vikär.

faſt durchwegs in dieſen alten Urkunden. Erſt in neuerer Zeit wurde bei
dieſem Namen das „k" allgemeiner üblich. Was ſozuſagen ſeit Jahr=
hunderten galt, ſollte auch beibehalten werden. Auch die Verwandten in Libo=
chowann ſchrieben ſich ebenſo. Um die Mitte des vorigen Jahrhunderts ge=
hörten 3 Grundwirtſchaften dieſes Ortes der Verwandtſchaft. Die Beſitzer
Joſef und Johann Haudeck waren Brüder meines Vaters Bernard Haudeck,
auf deſſen Lehrbefähigungszeugniſſe ich dieſelbe Schreibweiſe nachweiſen
kann. Joſef Haudeck kam um ſein ſchönes Bauerngut, weil er ſchon vor
dem Jahre 1848 keine Robot mehr leiſten wollte. Seine Tochter The=
reſia beſaß dort ein Gaſthaus. In Zirkowitz läßt ſich der Beſitzername
des größten dortigen Bauerngutes dieſer Verwandtſchaft nur bis um das
Jahr 1720 nachweiſen. Der Hausname „Bimſchen" dürfte ſicher viel
weiter zurückweichen.[1])

Solche Hausnamen mögen ſich in den Dörfern oft Jahrhunderte
lang erhalten haben. Im Aufſatze „Zur Geſchichte von Zirkowitz a. d.
Elbe" finde ich z. B. einen Veit Schneider im J. 1579 und einen Anto=
nius Schneider im J. 1587. Noch heute heißt es in einem dortigen Hauſe
„beim Schneider". Ob der Hausname von Veit und Antonius Schneider
herſtammt, iſt wohl damit nicht bewieſen, doch iſt es auch nicht unwahr=
ſcheinlich, daß ſolches der Fall ſein kann.

Der ehemalige Beſitz der Stadt Auſſig in Zirkowitz ging am
4. Auguſt 1610 käuflich an die Stadt Leitmeritz über, welche ihn mit
dem Gute Keblitz vereinte. Nach den Verwüſtungen des 30jährigen Krieges
beſtand derſelbe nur aus 2 Bauernhöfen, von welchen der eine öde war.
Die ſpäteren Anſiedler waren ſicher zumeiſt Deutſche, wofür die Haus=
namen „alte Schänke" (Finger), Schuſter (Pohl), Merten (Eichler), Löbel
(Joch), Häusl (Waber), Rehſchuch, Schneider (Mühle), Jähre (Jährmann),
School (Böhm), einigermaßen als Belege dienen.[2]) Demnach kann wohl
der Hausname „Bimſchen" mit einiger Sicherheit auch bis auf die Zeit
unmittelbar nach dem 30jährigen Kriege zurückdeuten, wenn er wirklich
„beim Böhmiſchen" ausdrückt. Gehören die dortigen bäuerlichen Haus=
namen „Schaak" (Žak könnte es auf tſchechiſch geheißen haben) und
„Nowak",[3]) welche auf tſchechiſchen Urſprung ſchließen laſſen, auch jener

---

1) Den Hausnamen „beim Haudeck" kenne ich in Prosmik, Pokratiz, Sebuſein
und Keblitz.

2) Die Beſitzernamen ſtammen aus den Jahren 1850—60 und haben teilweiſe
ſchon wieder anderen Platz gemacht.

3) Später Strecker und Erdt. Ich finde auch Iſchak, welcher Name in dor=
tigen Orten noch jetzt vorkommt.

Zeit an, dann wäre der damalige Besitzer von Nr. 14 nicht der einzige
Böhmische im Orte gewesen und man müßte für die Herkunft dieses
Hausnamens überhaupt nach einer anderen Deutung suchen. Nachweisen
läßt sich bloß, daß diese Verwandtschaft im Besitze dieses Gutes bis un=
gefähr 1720 zurück war.

Zum Schlusse nur noch folgendes. In demselben Reblitzer Grund=
buche trifft man bei den tschechischen Eintragungen, wie sie zum teil noch
nach dem 30jährigen Kriege zu finden sind, nicht Houdek sondern Kaspar,
Mathig Haudek, dann weiblich Haudkowa an. Auch der Name Haudke
ist anzutreffen, welcher sich in Leitmeritzer deutscher Gegend ebenfalls
erhalten hat. Der Name Haudeck behielt also auch im Tschechischen seinen
deutschen Charakter und das berechtigt zu der Annahme, er sei nicht aus
dem Tschechischen ins Deutsche gedrungen, sondern umgekehrt. Die im
Tschechischen öfter vorkommende Form „Houdek" gehört daher sicher einem
andern Geschlechte, einer anderen und zwar tschechischen Verwandtschaft an.

Zum Überflusse spricht auch noch die Tradition, welche sich in der
obigen deutschen Verwandtschaft erhalten hat, für seinen entschieden
deutschen Charakter. Nach ihr stammt dieser Name aus Thüringen. Ein
Träger desselben kam mit dem Heere im 30jährigen Kriege nach Böh=
men, zeichnete sich da ganz besonders aus und wurde mit einem Gute
in Reblitz beschenkt.

Daß der Sage nach zu obigem Bauerngute in Zirkowitz ehemals
ein Grundbesitz von 100 Joch gehörte,[1]) welchen einst zwei Edelfräulein
besaßen, von denen eine ihren Anteil der dortigen Kirche schenkte, will
ich noch nebenbei bemerken.

Warum ich das geschrieben habe? — Fast könnte man versucht
sein zu glauben, es wäre persönliche Eitelkeit die Triebfeder gewesen.
Das muß ich auf das Entschiedenste verneinen, denn von dieser mensch=
lichen Schwäche suchte ich mich stets frei zu halten. Es geschah vielmehr
aus dem Grunde, um der gewohnten und nach meiner Ansicht unrich=
tigen Herleitung dieses Namens einmal entgegen zu treten und um seine
alte berechtigte Schreibweise nicht nur zu begründen, sondern ihr auch
wieder zum richtigen Gebrauche zu verhelfen.

---

1) In der Regel gehören zu den größeren Bauernwirtschaften dieser Gegend
nur 30, höchstens 40 Joch Grundbesitz.

Notiz über die Zerstörung des Klosters Smilheim O. C. in Mähren durch die Hussiten.

Von

Dr. Ad. Horcicka.

In der Hohenfurter Stiftsbibliothek Nr. 9 ist ein Formelbuch des Klosters Lilienfeld aus dem XV. Jahrhundert verwahrt. Prof. Dr. Valentin Schmidt hat die Regesten zu den 194 daselbst eingetragenen Formeln mitgeteilt (Studien und Mitteilungen des B. und C. O., Jahrgang XXVIII; Sonderausgabe S. 31), von denen manche auch Interesse für Böhmen und Mähren haben, wobei zu bemerken ist, daß sich sämtliche Stücke auf rein kirchliche Verhältnisse und Klosterangelegenheiten aus der Zeit von 1308—1447 beziehen. Nr. 174 (Handschrift fol. 143 b — 144 b) ist die einzige Formel, welche über die Tätigkeit der Hussiten, allerdings in Mähren, berichtet. Sie ist gegeben in Brünn, leider ohne Jahr und Tag, derzufolge Abt M. in Smylhaim anders Wisowitz einem andern Abte seinen Fr. Ulrich, Priester, Mönch und Profeß, nicht wegen eines Vergehens, sondern wegen der Schäden durch die Ketzer, die sein Kloster verbrannt, zerstört, in Asche gelegt und verödet hätten, empfiehlt. Wenn er ihn nicht aufnehmen könne, möge er ihn weiter empfiehlt (S. 24). Ob und inwieweit Nr. 164 (fol. 134 b und 135 a), in welchem Abt Stephan von Lilienfeld im Jahre 1443 (ohne Tag und Monat) einem Abte einen Priester und Mönch, der ihm vom Abte in Smilheim anders Wizowitz übersendet worden, den er aber nicht aufnehmen könne (S. 22), mit Nr. 174 im Zusammenhang steht, läßt sich aus den beiden losen Stücken nicht genauer bestimmen.

K. u. k. Hofbuchdruckerei A. Haase, Prag. — Selbstverlag.

Mitteilungen des Vereines

für

Geschichte der Deutschen in Böhmen.

Redigiert von

Dr. A. Horcicka   und   Dr. O. Weber.

Sechsundvierzigster Jahrgang.   4. Heft. 1908.

Am 21. April 1908 ist unser Ehrenmitglied

Dr. Friedrich Adolf Theodor Ritter von Sickel,

k. k. Sektionschef, o. ö. Professor der Geschichte und der historischen
Hilfswissenschaften in Wien i. R., gew. Vorstand des k. k. Institutes
für österreichische Geschichtsforschung und des Instituto austriaco
di studii storici in Rom rc. rc.,

nach längerem Leiden im 82. Lebensjahre in Meran
gestorben.

Der Verstorbene war ein Förderer unseres Vereines.

Ehre seinem Angedenken!

Österreich von 1848—51.

Von
Prof. Dr. Ottokar Weber.

Die besten zusammenfassenden Darstellungen aus der neuesten österreichischen Geschichte rührten bis jetzt von Franzosen her; sie sind verfaßt von Eisenmann und Denis. Man darf ihnen sorgfältige Benützung der Quellen, namentlich auch der ungarischen und tschechischen nachrühmen, und man wird ihrem Bestreben unparteiisch zu urteilen die Anerkennung nicht versagen können. Immerhin war es beschämend für uns Österreicher, daß wir für die Geschichte unserer heimatlichen Verhältnisse auf die guten Dienste von Ausländern angewiesen waren; es ist das freilich bis zu einem gewissen Grade zu erklären. Wir stehen zu unmittelbar in dem Kampfe drinnen, der unser Reich durchtobt; wir haben auch auf die Person unseres Monarchen Rücksicht zu nehmen, wir sind noch viel zu wenig über die Triebkräfte und Motive seiner Politik unterrichtet, als daß ein abschließendes gerechtes Urteil gefällt werden könnte: wir sehen immer die Folgen, nicht immer aber die Ursachen. Darum konnte eine Darstellung der österreichischen Geschichte doch nur gewagt werden, wenn neue besonders wichtige Quellen erschlossen wurden, die wenigstens auf einen Teil der Geschichte ein neues Licht warfen. In der glücklichen Lage solche aufzufinden und zu verwerten ist nun Heinrich Friedjung gewesen, ein Historiker, der bereits durch sein Buch über den „Kampf um die Vorherrschaft in Deutschland" den Befähigungsnachweis erbracht hat, daß er in meisterhafter Weise Geschichte zu schreiben versteht.

Friedjung hat den Nachlaß des Ministers von Bach zugewiesen erhalten, er hat den Nachlaß des Freiherrn von Kübeck benützen dürfen, er bringt aus den Schriften des Österreichers Wessenberg und des Ungarn Szögyeny Wertvolles und kann nun mit Fug und Recht daran gehen die Zeit uns zu schildern, in der jene Männer — vor allem Alexander Bach — die Hauptrollen in Österreich gespielt haben. Zufälligerweise ist es gerade die Zeit, über die wir am wenigsten gewußt haben: die stille Zeit zwischen der Eruption von 1848 und dem Verfassungsbeginne, 1860/1861.[1])

---

1) Heinrich Friedjung, Österreich von 1848 bis 1860. In zwei Bänden. Erster Band: Die Jahre der Revolution und der Reform 1848—51. Stuttgart und Berlin, J. G. Cottas Nachf., 1908. XVIII + 512 S.

Dieſer Umſtand rechtfertigt es wohl, daß auf den Blättern dieſer
Zeitſchrift anſtatt eines kurzen Referates eine ausführliche Inhaltsangabe
des bedeutſamen Friedjungſchen Werkes Platz findet, die damit den Leſern
ein überaus intereſſantes und wie geſagt recht wenig bekanntes Kapitel
der öſterreichiſchen Geſchichte vorzuführen verſucht.

I.

Man darf es ſagen, daß Kaiſer Franz auch nach ſeinem Tode noch
weiter gelebt, daß er noch weiter regiert habe, ſein Syſtem überdauerte
ihn. Eine Staatskonferenz, an der Erzherzog Ludwig, Fürſt Metternich
und Graf Kolowrat regelmäßig teilnahmen, hat es fortgeführt. Der Erzherzog, deſſen Wahlſpruch war: „liegen laſſen iſt die beſte Erledigung,“
überließ aber die Hauptſache dem Fürſten Metternich, der nun in ſtiller
und lauter Nebenbuhlerſchaft mit Kolowrat die Geſchicke Öſterreichs nach
alterprobtem Rezepte weiterführte; für Neuerungen war er zu alt
geworden. Für alles, was in der Tiefe der Volksſeele ſich vollzog, blieb
er kräfteblind, ſagt Friedjung. Er hatte keine Tatenluſt! Man hat es
ihm vorgeworfen, daß er nicht eine Diktatur über den Kaiſer Ferdinand
ſich angemaßt hat, der Staat wäre von ihm allein beſſer regiert worden,
als durch die Staatskonferenz, das war aber eben nicht möglich. Metternich
war kein Abſolutiſt, ſondern ein Konſervativer, zuerſt aus Überzeugung, dann
aus Bequemlichkeit; für Reformpläne ſozialer und wirtſchaftlicher Art
hatte er keinen Raum. Sonſt hat er wohl manches verſucht, war aber
an dem ſtarren Abſolutismus des Kaiſers Franz geſcheitert; mit Recht
wirft ihm Friedjung vor, daß ein Mann von ſeiner Stellung nicht
für die geheimen Archive, ſondern fürs Leben arbeite und daß er nicht
hätte zugeben dürfen, daß ſeine Reformpläne in den Schubläden des
Kaiſers vergeſſen wurden. „Die großen Miniſter Richelieu, Kaunitz, Bismarck
haben unaufhörlich mit ihren Herrſchern gerungen, um ihre beſſere Überzeugung durchzuſetzen. Metternich dagegen war immer der vorſichtige
Hofmann, der auch um großer Dinge willen es nicht über ſich brachte,
dem Kaiſer, ſpäter dem Erzherzog Ludwig, ſeinen Willen entgegen zu
ſetzen.“ Seine Miſchung von Welterfahrung und diplomatiſcher Klugheit
mit geradezu kindiſcher Selbſtüberſchätzung hat ihn da im öffentlichen
Leben eine Doppelrolle ſpielen laſſen, von der gewöhnlich nur die eine,
die ſchlechtere, hervorgehoben wird.

Das Greiſenregiment — die drei genannten Männer waren zuſammen
über 200 Jahre alt — erfüllte die damals lebenden Öſterreicher, die

etwas weiter schauten, als ihr Mund reichte, mit Bangen und Entrüstung. Grillparzer fuhr zornig gegen den Fürsten-Staatskanzler los:

hebt ihn auf —

besorgt und pflegt, wenn nicht, begrabt ihn —

denn ob nicht tot,

er lebt doch auch nicht mehr.

Nach einer Version, die freilich erst später aufgetaucht ist, sollte dieses Regiment bis zur Großjährigkeit des jungen Erzherzogs Franz, also bis zum 18. August 1848, dauern und dieser dann die Zügel der Regierung ergreifen; man wird aber billig zweifeln dürfen, ob diese Ablösung ohne äußere Not eingetreten wäre? Nun diese äußere Nötigung kam mit elementarer Gewalt. Das Signal dazu gab die französische Feberrevolution, die Bewegung brach über die deutsche Grenze herüber und machte vor den schwarzgelben Pfählen nicht Halt. In Wien unterschätzte man diese Bewegung gründlich; Metternich war so überzeugt von der Unmöglichkeit, daß jemand bei seinen Lebzeiten an seinem Werke zu rütteln sich getrauen könne, daß er verabsäumte die einfachsten Vorsichtsmaßregeln zu ergreifen. Ein paar Ausweise über die Sparkassen wurden publiziert; als der Freiherr von Kübeck dann auf Veröffentlichung der Verhandlungen über den Staatshaushalt drang, wurde wohl am 11. März zu diesem Ende eine Zusammenberufung der Gesamtstände des Reichs beschlossen, dieser Beschluß am nächsten Tage aber wieder zurückgenommen! So mußte die Straße zu Wort kommen, zunächst noch mit Benützung der legitimen Gewalten: die niederösterreichischen Stände, die just am 13. März sich versammelten, sollten das Sprachrohr für die Wünsche des Volkes werden. Im Salon des Hofrat Khleyle waren diese Dinge besprochen worden, die Montecuccoli, Doblhoff, Schmerling stellten sich an die Spitze der Bewegung, der Lustspieldichter Bauernfeld lieh seine geübte Feder, um die Beschwerden zu Papier zu bringen: man verlangte Reichsstände in Wien mit dem Rechte der Steuerbewilligung und der Teilnahme an der Gesetzgebung. Erzherzogin Sophie, die Mutter des jungen Erzherzogs Franz, und Erzherzog Johann, der Bruder Erzherzog Ludwigs — bekannt und beliebt durch seine Ehe mit einer Bürgerlichen — waren davon unterrichtet. Schon am Abende des 13. März stürzte unter unbeschreiblichem Jubel des Volkes Metternich und am 14. März nachmittags 2 Uhr fand in der kaiserl. Reitschule die erste öffentliche Volksversammlung statt. Nun gab es kein Aufhalten mehr, das „System" ward umgeworfen und neue Männer traten sein Erbe an. Nur daß damit auch eine ungeheure Fülle von neuen, einander widersprechenden, oft unmöglichen Ideen auftamen, daß Männer in den Vordergrund der Bewegung rückten, die weder durch Vorbildung noch durch Charakterfestigkeit dazu geeignet waren und daß Leute sich vorschieben konnten, die nur Lärm zu machen, nur niederzu- reißen, nicht aufzubauen verstanden. Das alte Gebäude Österreichs ward eingerissen, ungeheurer Schutt mußte erst fortgeräumt werden, bevor es möglich wurde den Neubau aufzuführen und zu solch schwierigem Werke fehlten die geschickten Baumeister. Die Männer, die in der alten Zeit groß geworden waren, traf das öffentliche Mißtrauen (sie sind auch oft mit weniger als halbem Herzen bei der Sache gewesen), und die neu emporgekommenen besaßen nicht die nötige Autorität, da sie zwischen Straße und Hof hin und herpendeln mußten. Als die erste am 25. April ge- gebene Verfassung durch den Lärm der Straße wieder aufgehoben wurde und dieser Lärm bis in die innersten Gemächer der kaiserlichen Burg hineindrang, da war die kaiserliche Familie ihm ausgewichen bis — nach Innsbruck. Und nun saß neben der Regierung in Wien noch eine Regierung in der tirolischen Hauptstadt. Bald griff die Besorgnis um sich, daß man es in Innsbruck nicht ehrlich meine mit der neuen Wiener Freiheit, daß man hier den Kaiser gegen sie einzunehmen beginne. Scheu zuerst, dann immer offener, wurden Namen genannt; sogar Erzherzogin Sophie, von der man gewußt hatte, daß sie mit dem alten System nicht einverstanden, daß sie eine Gegnerin Metternichs gewesen, wurde jetzt in diesem Zu- sammenhange genannt. Als eine Wiener Deputation in Innsbruck er- schien, um den Kaiser um Rückkehr in seine getreue Hauptstadt zu bitten und dieser Abordnung zuerst eine ausweichend artige Antwort von seiten des Erzherzogs Franz Karl zuteil geworden war, hatten sich die Wiener Herren dann eine so energische Abkanzlung von der ebenfalls anwesenden Erzherzogin Sophie gefallen lassen müssen, daß man dann nachträglich diese Herren himmelhoch bitten mußte, über die Szene Schweigen zu bewahren, um die Volksleidenschaften nicht noch höher anzutreiben. Und Friedjung erzählt uns, daß einst der kaiserliche Leibarzt auf einem seiner höchst morgendlichen Spaziergänge in Innsbruck an den Straßenecken ein gegen Wien und die Revolution gerichtetes kaiserliches Manifest gefunden habe, das nur mit vieler Mühe beseitigt werden konnte; es hätte dem allgemeinen Gerede von einer geheimen Nebenregierung, einer Kamarilla, Tür und Tor geöffnet. Darüberhin war in Wien der erste österreichische Reichstag, der konstituierende, zusammengetreten, hatte aber zuerst, anstatt sich gleich mit seiner eigentlichen Aufgabe zu beschäftigen, die Regelung

der bäuerlichen Verhältnisse in die Hand genommen. Und da zeigte es
sich bald, daß einer der neuen Minister aus anderem Holz geschnitzt war,
als die anderen Eintagsfliegen der Revolution: der Justizminister Dr.
Alexander Bach. Er führte diese große Aktion mit Energie zielbewußt
durch und verhalf vor allem dem Grundsatz Anerkennung, daß die Ab=
lösung aller dieser bäuerlichen Lasten nicht ohne Entschädigung vor sich
gehen dürfe. Er setzte es auch durch, daß dieses Gesetz dann die kaiserliche
Sanktion erhielt: in den eigentlichen Verfassungsfragen sei der Reichstag
souverän, aber hier bedürfe er der kaiserlichen Zustimmung. Allerdings
selbst in dieser zeigte sich die Einwirkung der Revolution: es ist das
einzige Gesetz in Österreich, belehrt uns Friedjung, das nach dem kaiserlichen
Namen nicht die Worte trägt „von Gottes Gnaden“. Fürst Windischgrätz
meinte empört: „wenn sie von Gottes Gnaden nicht hören wollen, so
werden sie von Kanonen Gnaden hören müssen!“

Bach war in der Revolution emporgekommen, aber mitten in der
Bewegung dachte er bereits über sie hinaus. Er war, so urteilt unser
Gewährsmann, „eine frühreife kalte Natur, in der die organisatorische
Fähigkeit die übrigen Gaben in den Schatten stellte, er selbst spottete
über seinen Mangel an Phantasie und Schwung und wenn er auch durch
Geburt und Ehrgeiz in die Reihen der demokratischen Opposition geführt
wurde, so wiesen ihn seine Anlagen eigentlich dorthin, wo Autorität ge=
übt und Menschen von einem überlegenen Standpunkte gelenkt werden
konnten“. Während Pillersdorfs, des ersten Revolutionsministers, Charakter
aus „Wohlwollen und Schwäche zusammengesetzt“ erschien, konnte man
Bach keine von beiden Eigenschaften nachsagen. Von vornherein wußte
er sich den Tatsachen anzupassen; er war zuerst durch die Verfassung
des 25. April befriedigt gewesen, als er aber merkte, daß dies nicht die
öffentliche Meinung sei, da wurde auch er demokratischer und verlangte die
Abschaffung: der Wille des Volkes sei am 26. Mai mit „leserlicher Barrikaden=
schrift“ ausgesprochen worden! Im Reichstage erklärte er, dieser sei der
Ausdruck des gesamten Volkswillens, er sei ebenso heilig und ebenso un=
antastbar wie die Majestät des Thrones; „die Majestät des Volkes, wie
die des Thrones steht auf gleichem Punkte.“ Vier Wochen später bedeutete
er aber eben so energisch: „wir müssen uns offen darüber aussprechen,
daß wir auf monarchischem Boden stehen, und daß wir anarchistische und
republikanische Bewegungen nicht dulden werden.“ Er wolle den Fort=
schritt, aber nicht den Umsturz. Die Demokraten auf der Linken des
Reichstags, die sich wohl erinnerten, wie er in den Frühlingstagen der

Revolution auf der Straße selbst mit begeisterten Worten zum Volke
gesprochen hatte — Worte, von denen später Bach, halb verlegen halb
unwillig, geäußert hat: „man möge doch eiligen Improvisationen keinen
solchen Wert beilegen" — sie sahen die Veränderung ihres Freundes mit
Mißtrauen und beehrten ihn bereits damals mit deutlichen Zeichen ihres
Mißvergnügens, was aber Bach nicht einen Augenblick einzuschüchtern
vermochte, er ahnte ganz genau, daß die Zukunft Österreichs nicht auf
der linken Seite des Hauses liege. Schon damals ward man in Hofkreisen auf ihn aufmerksam und Hübner sagte von ihm, das sei ein
Mann, der den Mut habe, der nahenden Gefahr mit kaltem Blute ins
Auge zu schauen!

Da brach die Oktoberrevolution aus, jene Bewegung, die zu gunsten
der Ungarn den Österreichern einen unheilbaren Schaden zufügen sollte.
Latour fiel ihr am 6. Oktober zum Opfer, aber auch die anderen Minister
waren ihres Lebens nicht sicher, vor allem Bach, der sich nur mit Mühe
in Mantel und Mütze eines gemeinen Soldaten in den Schwarzenberg-
garten retten konnte, wo sich der Stadtkommandant von Wien,
Graf Auersperg, befand. Von da entkam Bach nach Maria-Enzersdorf
zu seinem Freunde Pratobevera und von hier aus sandte er sein Demissionsgesuch an den Minister Doblhoff, er meinte wohl, mit seiner Ministrabilität
werde es jetzt ein Ende haben. Allein er täuschte sich. Der Zufall hatte
gewollt, daß er gerade in jenen stürmischen Stunden, die seiner öffentlichen
Karriere scheinbar ein Ende machten, mit dem Manne zusammentraf, der
ihn sofort wieder in den Staatsdienst zurückführen sollte: dem Fürsten
Felix Schwarzenberg. Das war der jetzt kommende Mann, der zunächst
nur emporgetragen wurde durch den Umstand, daß er der Schwager
Windischgrätz' war, des Mannes, der den Juniaufstand in Prag niedergeworfen hatte, der jetzt die Wiener Revolution — allerdings auf Umwegen — bezwang, und dann auch ausersehen war, das meuternde Ungarn
niederzuwerfen, eine Aufgabe, der er sich freilich dann nicht gewachsen gezeigt
hat. Aber in den letzten Monaten des Schicksalsjahres 1848 war er der
größte Mann in Österreich und er delegierte nun, sozusagen für die zivilen
Dienste, seinen Schwager Schwarzenberg, nicht etwa weil dieser von solchen
Dingen etwas verstanden hätte, das war durchaus nicht der Fall, sondern
eben weil er sein Schwager und anscheinend sein Vertrauensmann war.
Schwarzenberg ist dann freilich auch über Windischgrätz ebenso kühl und
zynisch zur Tagesordnung übergangen, wie über alle Dinge dieser Welt.
Er hatte sich bisher als General und Diplomat bekannt gemacht, und

in der Regel in den Orten, wo er bisher zu wirken gehabt hatte, sich ein Privatstandälchen geholt — cherchez la femme! — er hatte neben solchen noblen Passionen noch andere wie für alte Klassiker, für Botanik, aber das innere Staatsleben war ihm ein Buch mit sieben Siegeln, er kannte nicht einmal die politischen Glaubensbekenntnisse der Parteien, mit denen er es jetzt zu tun bekam; er suchte im Leben doch nur den Genuß, vereinte aber mit mangelhafter Bildung einen scharfen Verstand und einige Menschenkenntnis. Diese sagten ihm nun sofort, daß bei seiner völligen Unkenntnis des öffentlichen Lebens, bei seiner grimmigen Ver= achtung der Volksseele, er einen gewandten Dolmetsch brauche, der ihm diese unverstandene und unverständliche Sprache übersetzen könne, dafür suchte er sich mit glücklichem Griffe Bach aus und dazu gab sich dieser herrschlustige Mann gerne her: er wurde sein „Denkapparat", wie Friedjung einmal köstlich bemerkt.

Längst war ja der Hof aus Innsbruck schon nach Wien zurückgekehrt gewesen, nun wich er nochmals vor der Brutalität der Revolution aus, ging nach Olmütz und hier konzentrierte sich in den nächsten Wochen und Monaten das ganze Getriebe der offiziellen Welt Österreichs. Wer für Ordnung und Wiederkehr ruhiger Verhältnisse bangte, scharte sich um den Kaiser; auch der treu gebliebene Rest der Revolution trat im Reichstage zu Kremsier zusammen. Eine neue Regierung mußte gebildet werden, an deren Spitze Schwarzenberg trat; Windischgrätz hatte sich nur versprechen lassen, daß man nichts ohne seine Einwilligung tun werde.

Da schien es nun überaus glücklich, daß man einen vollendeten Kenner des alten Österreich, zugleich auch einen Mann, der für die un= abweislichen Forderungen der Neuzeit Sinn hatte, in einem Kavalier aus alter Familie besaß: den Grafen Franz Stadion, den Friedjung gewiß mit Recht außerordentlich hoch, ja einem Stein und Peel an die Seite stellt. Vielleicht wäre Schwarzenberg schon damals mehr für Bach gewesen, da er mit sicherem Instinkte in diesem Bürgerlichen, der über Armee und Adel so korrekt wie möglich dachte, ein gefügigeres Werkzeug vermutete, aber Windischgrätz' Vorliebe für die Aristokratie gab den Ausschlag: Stadion wurde Minister des Innern, Bach behielt die Justiz. Auch in dieser Eigenschaft konnte er sofort wertvolle Dienste leisten. Gleich nach der Eroberung Wiens hatte Windischgrätz als erstes Sühnopfer den Frank= furter Abgeordneten Robert Blum erschießen lassen, eine Tat, die ungeheures Aufsehen erregte, weil damit die Unverletzlichkeit des jungen deutschen Parlamentarismus getroffen wurde und wohl auch getroffen werden sollte. Bach versicherte nun, die schon am 30. September beschlossene Unverletzlichkeit der Frankfurter Abgeordneten sei erst viel später nach der Hinrichtung bekannt geworden, was nach Friedjungs Auffassung ein ganz gewöhnlicher Advokatenkniff gewesen ist, der aber Schwarzenberg sehr gut gefallen habe. Andererseits ist Bach auch der Oktoberbewegung kühl und unparteiisch gegenübergestanden: Verbrechen in revolutionärer Leidenschaft begangen, müßten anders beurteilt werden, als ähnliche niedrigen persönlichen Beweggründen entsprossene Taten!

Die Hauptsache in diesen Tagen war, daß damals die Thronentsagung des Kaisers Ferdinand und die Verzichtleistung seines Bruders, des Erzherzogs Franz Karl, stattfanden und daß Kaiser Franz Josef den Thron bestieg: ein Ereignis, das sich in diesem Jahre zum 60. Male jährt und das alle Völker Österreichs eben glanzvoll zu feiern sich anschicken.

II.

Das Manifest, mit dem der junge Kaiser seine Regierung antrat, besagte, daß er fest entschlossen sei den Glanz der Krone ungetrübt zu erhalten, daß er nur über ein einheitliches großes Gesamtreich regieren wolle, daß er aber bereit sei diese Herrschaft mit den Vertretern seiner Völker zu teilen. Es war ein Versprechen verfassungsmäßiger Regierung, das nicht zu halten, die leitenden Männer, Windischgrätz und Schwarzenberg, schon damals entschlossen waren. Es war ein großes Unrecht diese Worte dem jungen Monarchen in den Mund zu legen, damit die Schwierigkeiten seiner Lage noch künstlich zu vergrößern, von denen der Kaiser eine sehr richtige Vorstellung gehabt hat, als er bei seiner Thronbesteigung wehmütig die Worte aussprach: „leb wohl, meine Jugend!" Freiherr von Kübeck, der als einer der fähigsten Staatsmänner des alten Regimes uns erscheint, einer der wenigen Männer, die auch einen Blick in die Zukunft gehabt hatten, war entschieden gegen eine solche Unaufrichtigkeit gewesen, war aber mit seinem Widerspruch nicht durchgedrungen, da Stadion es Ernst mit dieser Heranziehung von Volksvertretern gemeint und Schwarzenberg es für politisch klug erachtet hatte, wenigstens so zu tun, als ob, um damit über die ersten Zeiten hinüberzukommen. So wurden die liberalen Österreicher in Sicherheit gewiegt und der Kremsierer Reichstag ging mit Ernst und Geschick an die Lösung seiner schweren Aufgabe, eine Verfassung für den Kaiserstaat zu finden. Er hat seinem revolutionären Ursprung keine Schande gemacht und hat die Souveränität des Volkes als Urgrund aller staatlichen Rechte unerschrocken formuliert, er hat dem Herrscher künftig kein Veto in Verfassungsfragen zugebilligt, er ist an

die Abschaffung des Adels gegangen, er . hat die Frage erörtert, ob
nicht die kirchlichen Gemeinden ihre Vorsteher sich selbst ernennen sollten.
Das waren in Anbetracht der Stimmung der Olmützer Gewalthaber
ebensoviele Nägel zu seinem Sarge. Aber noch interessanter für uns Nach=
lebende ist eine andere Seite seiner Wirksamkeit geworden: die nationale.
Es ist bekannt, daß im Sturmjahre 1848 zuerst sich diese wichtige Frage
zur Lösung aufdrängte und der Verfassungsausschuß von Kremsier, in
dem beispielsweise die Deutschböhmen vertrauensvoll die Vertretung ihrer
Interessen von drei Tschechen besorgen lassen konnten, hat nun einen Ausweg
vorgeschlagen, der wahrscheinlich unserem Staate viel Kummer und Unheil
erspart hätte. Eine Vereinbarung zwischen Regierung und Völkern zu
Kremsier hätte damals zu den besten Folgen führen können, urteilt Friedjung mit Recht, denn damals waren die nationalen Gegensätze noch nicht
zu der Schärfe gekommen, wie heutzutage, das liberale, freiheitliche Moment
hätte noch als starkes Bindeglied wirken können. „1848,“ so fährt Friedjung
fort, „sind die Völker Österreichs ohne Regierung, Adel und Kirche zu
einer Einigung gekommen, was nicht mehr der Fall gewesen ist, seit sich
immer wieder diese Faktoren hineingemischt haben.“ Man ließ die Kremsierer
in Olmütz gewähren, solange man noch nicht einig geworden war über
die Grundzüge der neuen Ordnung, solange man vor allem nicht wußte,
wie die Dinge in Ungarn sich gestalten würden. Aber schon am 20. Jänner 1849
war man im Prinzip darüber schlüssig geworden, daß man den Reichs=
tag eines schönen Tages würde heimschicken müssen. Man denke, eine
Gesellschaft, die das absolute Veto des Kaisers nicht anerkennen, die den
Adel abschaffen wollte! das war doch nur, wie sich Schwarzenberg einst
ausgedrückt hatte, eine „miserable Kammer“, angefüllt von Leuten, die
Windischgrätz kaltblütig „gefährliche und schlechte Subjekte“ nannte; Fischhof
war ihm ein „elender Kerl“! Schon damals beginnt jene Vergiftung des
politischen Lebens, die freilich keine spezifisch österreichische Erscheinung ist,
sondern der Politik im allgemeinen anzuhaften scheint: das Mißtrauen
und die absolute Verständnislosigkeit gegenüber Andersdenkenden. Den
Olmützer Ministern waren die Wiener Demokraten Gesindel und die
Wiener schimpften Windischgrätz und Genossen Staatsverderber und dabei
wollten doch die einen wie die anderen nichts anderes als das Glück Österreichs!
　　Anfang März war man in Kremsier fertig geworden; bevor hier
eine vollendete Tatsache in die Welt gesetzt wurde, mußte man in Olmütz
Farbe bekennen; ebenso trieb die deutsche Frage, von der später die Rede
sein soll, zu entschiedenen Maßregeln; in Ungarn war die Rebellion, wie

die Wiener Zeitung verkündet hatte, so gut wie niedergeworfen, da konnte
denn die Mine springen. Auch Stadion hatte sich von der Notwendigkeit
überzeugen lassen, endgültig mit der Revolution zu brechen, aber nicht
ohne Mühe war dies gelungen. Als er nun am 6. März abends als
Scharfrichter in die kleine Bischofsstadt Kremsier hinfuhr, um dort die
Hinrichtung zu vollziehen, machten die empörten Vorstellungen einiger
Volksvertreter, die er ins Vertrauen zog, einen solchen Eindruck auf ihn,
daß er spornstreichs nach Olmütz zurückfuhr, mitten in der Nacht Bach
wecken ließ, um wenn möglich das Unheil in seinem Laufe noch aufzu=
halten. Aber Bach war dem Augenblicke gewachsen, der hatte bereits mit
seiner Vergangenheit abgeschlossen; kühl erwidert er dem aufgeregten
Aristokraten: „Euer Erlaucht werden am besten wissen, daß sich jetzt nichts
mehr ändern läßt" — dreht sich im Bette um und schläft weiter. Er
hat mit seiner Vergangenheit so weit gebrochen, daß er sich dazu herbei=
läßt, am nächsten Tage, als der Reichstag wirklich aufgelöst wird und
die Volksvertreter nun keine Immunität mehr genießen, gegen einzelne
der hervorragendsten Führer Haftbefehle auszustellen. Auch da zeigt sich
Graf Stadion als der weitaus anständigere von beiden, er schiebt die
Ausführung dieser Befehle solang hinaus, bis die Bedrohten sich hatten
in Sicherheit bringen können. Damit war die Revolution des Volkes
beendet, es frug sich, was die Regierung daraus für Konsequenzen ziehen
werde; nun zunächst schien sie bereit die Versprechungen des zweiten
Dezembers zu erfüllen: eine Verfassung wird den Völkern Österreichs
geschenkt. Sehen wir uns diese etwas näher an.

  Damals, im Frühjahre 1849, konnte man sich noch mit den Worten
des schönen Studentenliedes trösten:

Die Form mag zerfallen,
Was hat's denn für Not —
· Der Geist lebt in uns allen!

  In der Tat, man konnte mit der Verfassung auskommen, wenn
sie ins Leben trat — hier lag der Haken. Sie war streng zentralistisch,
auch Ungarn gehörte zu ihrem Geltungsgebiete. Alle Volksstämme sind
gleichberechtigt und jeder Volksstamm hat ein unverletzliches Recht auf
Wahrung und Pflege seiner Nationalität und Sprache. Die Freizügigkeit
der Person innerhalb der Reichsgrenzen unterliegt keiner Beschränkung.
Jeder Untertänigs= und Hörigkeitsverband ist für alle Zeiten aufgehoben.
Alle österreichischen Reichsbürger sind vor dem Gesetze gleich. Jeder öster=
reichische Reichsbürger kann in allen Teilen des Reichs Liegen=

schaften erwerben. Der allgemeine österreichische Reichstag soll aus zwei
Häusern bestehen und wird alljährlich im Frühjahre einberufen. Das
Oberhaus wird gebildet aus Abgeordneten, welche für jedes Kronland
von dessen Landtage gewählt werden. Das Unterhaus wird durch direkte
Volkswahl gebildet; wahlberechtigt ist jeder österreichische Reichsbürger,
welcher großjährig und im Vollgenuß der bürgerlichen und politischen Rechte
ist. Auf je 100.000 Seelen entfällt mindestens ein Abgeordneter. Die
Mitglieder des Oberhauses werden auf 10, die des Unterhauses auf
5 Jahre gewählt. Letztere erhalten ein Entschädigungspauschale, erstere
nicht. Dem Kaiser, sowie jedem der beiden Häuser steht das Recht zu,
Gesetze vorzuschlagen. Anträge auf Erlassung von Gesetzen, welche durch
eines der beiden Häuser oder durch den Kaiser abgelehnt worden sind,
können in derselben Session nicht wieder vorgebracht werden. Die Wieder=
berufung des Reichstags muß im Falle der Auflösung innerhalb der
nächsten drei Monate erfolgen. An die Seite der Krone und der voll=
ziehenden Reichsgewalt wird ein Reichsrat gesetzt, dessen Bestimmung ein
beratender Einfluß auf alle jene Angelegenheiten sein soll, worüber er
von der vollziehenden Reichsgewalt um sein Gutachten angegangen wird.
Die Mitglieder des Reichsrats werden vom Kaiser ernannt. Alle Steuern
und Abgaben für Reichs= und Landeszwecke werden durch Gesetze bestimmt.
Alle Einnahmen und Ausgaben müssen jährlich in einem Voranschlage
ersichtlich gemacht werden, welcher durch ein Gesetz festgestellt wird. In
13 Paragraphen werden die Grundrechte der Österreicher festgelegt: jene
Bestimmungen, welche in allen Beratungen der Körperschaften des Jahres
1848 immer wieder vorgekommen sind, da man immer wieder das Be=
dürfnis gefühlt hat, einmal festzulegen, was für Rechte den Untertanen
gegenüber den Herrschern zukommen. Es ist überall damit kostbare Zeit
verbraucht worden, die vielleicht manchmal besser hätte angewendet werden
können, doch war es nicht verlorene Zeit, denn in ihnen liegt eigentlich
die Formulierung der Errungenschaften jener Tage, sie sind nie mehr ganz
verloren gegangen. Sie betreffen die Glaubensfreiheit, das Recht der un=
beschränkten häuslichen Ausübung des Religionsbekenntnisses, das Recht
einer jeden gesetzlich anerkannten Kirche auf öffentliche Religionsübung.
Die Wissenschaft und ihre Lehre sind frei. Für die allgemeine Volksbildung
ist entsprechend zu sorgen, so zwar, daß auch die sprachlichen Minoritäten
zu ihren Rechten kommen. Jedermann hat das Recht durch Wort, Schrift,
Druck oder bildliche Darstellung seine Meinung frei zu äußern. Die Presse
darf nicht unter Zensur gestellt werden. Gegen Mißbrauch wird ein Repressiv=

geſetz erlaſſen. Petitionsrecht, Verſammlungsfreiheit, Freiheit der Perſon gegen willkürliche Verhaftungen werden zugeſichert. Das Hausrecht iſt unver= letzlich. Das Briefgeheimnis darf nicht verletzt werden. Im Falle eines Krieges können dieſe letzteren Beſtimmungen (von der Freiheit der Mei= nungsäußerung ab) zeitweiſe ſuspendiert werden. Der Miniſterrat wird beauftragt die zur Durchführung dieſer Beſtimmungen bis zu dem Zuſtandekommen organiſcher Geſetze proviſoriſch zu erlaſſenden Ver= ordnungen zu entwerfen und dem Kaiſer zur Sanktion vorzulegen.

Wie geſagt, eine Verfaſſung, die den Stempel Stadionſchen Geiſtes trug und mit der man leben konnte. Da war es nur von ſehr übler Vorbedeutung, daß bald nach ihrer Verkündung ihr Vater, Graf Stadion, wegen eines ſchweren, ſich immer deutlicher fühlbar machenden Leidens aus dem Amte ſcheiden mußte. Er iſt dann der Paralyſe verfallen und nach langem Siechtum im Jahre 1853 geſtorben. Da war es von noch üblerer Vorbedeutung, daß Fürſt Windiſchgrätz vor allem über dieſe Grund= rechte ſich höchſt aufgebracht zeigte und von ſeinem Schwager mit den Worten beruhigt wurde: „das ſeien zeitgemäße Lappalien."

Stadions Wirkſamkeit hat aber vorläufig ſeine Amtszeit über= dauert, ſeine Anſchauungen ſind noch für einige Zeit grundlegend geblieben. Er hatte den Gedanken des Kremſierer Verfaſſungsausſchuſſes aufgegriffen und wollte das Hauptgewicht der Staatsverwaltung in die Kreiſe gelegt wiſſen, Abteilungen, in die die größeren Kronländer — ſo begann man damals zu ſagen ſtatt Provinzen — wo möglich nach ihrer ſprachlichen Struktur zerlegt werden ſollten. Zwar wollte er vorerſt die alte Einteilung mit den Statthaltern an der Spitze noch beibehalten, aber nur ſo lange bis ſich die Kreisverwaltung ganz eingelebt haben würde, dann wollte er dieſe Statthalter, wie Stifte in einer Maſchine, die man nicht mehr braucht, herausziehen. Als Grundfeſte des ganzen Staates dachte er ſich die freie Gemeinde: oberſter Bürgermeiſter aller Bürgermeiſter ſollte der Kaiſer ſein. Auch die Grundzüge des Unterrichts= weſens, die im Revolutionsjahre der Dichter und Unterſtaatsſekretär Ernſt von Feuchtersleben zu entwerfen angefangen hatte, bereitet er jetzt mit Bohnitz und Exner weiter vor; ihr Verdienſt iſt ſpäter zum großen Teile dem Grafen Leo Thun zugefallen. Als ökonomiſcher Berater war Bruck gewonnen worden, ein gebürtiger Rheinländer, der urſprünglich nach Trieſt gekommen war, um von dort nach Griechenland auszu= wandern und ſich an dem Freiheitskampfe der Hellenen zu beteiligen, den dann Geſchäft und Liebe feſtgehalten hatten und der hier der

geniale Schöpfer des österreichischen Lloyd geworden war. Das Urbild
eines welterobernden Germanen, „ein lebensatmender Sohn des Volkes,“
dessen äußere Erscheinung seltsam kontrastierte mit dem letzten Sprossen
einer zu grunde gehenden alten Familie, mit Stadion. Von Bedeutung
war, was Stadion über den österreichischen Adel gedacht hat, und da
war es merkwürdig, daß er in diesem Punkte mit Felix Schwarzenberg
zusammentraf. Was schon die Revolution naturgemäß vorbereitet hatte,
die Zurückdämmung des früheren Einflusses der Aristokratie in Österreich
(man denke an das Mißverhältnis zwischen Adeligen und Bürgerlichen
im konstituierenden Wiener Reichstage), das wurde hier weiter geführt.
Begreiflicherweise war das nicht nach dem Sinne Windischgrätz', der sich
ja so benommen hat, daß man von ihm das Wort prägen konnte, das er nie gesprochen hat: „der Mensch fängt erst beim Baron an.“ Aber Schwarzenberg
entschied gegen ihn, indem er meinte, es gehören dazu (zur Regierung in
Österreich) nicht nur honette Leute, sondern politisch gebildete, „wir haben
aber keine politisch brauchbare Aristokratie“. Und er mußte das ja wissen!

Es waren das Ansichten, die Bach in einer Denkschrift unterstützte, in
welcher er darauf hinwies, daß im Adel die nationalen und separatistischen
Elemente (siehe Ungarn) vorwögen, die man jetzt vor allem zurückhalten
müsse. So wird damals zum ersten Male ein Bürgerlicher, Fischer,
Statthalter (in Oberösterreich). Stadion verschmilzt die adelige Herrschaft
mit der Bauerngemeinde, ein gewaltiger Schritt, mit dem wir mit einem-
male einen weiten Vorsprung vor Preußen gewinnen. Nicht die Geburt,
sondern die Steuerleistung soll über politische Bedeutung entscheiden,
darum sollen im künftigen Oberhause auch keine ernannten, sondern
erwählte Pairs sitzen. Um aber alle diese Gedanken lebensfähig zu
machen, hätte es eines lang andauernden ungeschwächten Einflusses von
Seiten Stadions bedurft. Es ist heute müßig darüber nachzudenken, ob
Stadion sich einen solchen entscheidenden Einfluß hätte bewahren können,
wenn er gesund geblieben wäre, wir haben nur mit der Tatsache zu
rechnen, daß er ausscheiden mußte und daß sein Amtsnachfolger, ernannt
am 28. Juli 1849, Alexander Bach wurde, der nun das Justizministerium
an Herrn von Schmerling abgab, während gleichzeitig Graf Leo Thun
das Unterrichtsportefeuille übernahm. Finanzminister war der in den
Stürmen der Revolution bestens bewährte Philipp Kraus geblieben;
alles in allem ein tüchtiges Ministerium, über das der englische Gesandte
Ponsonby das etwas überschwängliche Urteil fällte: „ein prächtiges Kabinett,
es besteht aus lauter Premierministern“

III.

Schwierig war im Jahre 1848 die Lösung der deutschen Frage; was an Stelle des deutschen Bundes, an Stelle des einstigen römischen Reichs deutscher Nation zu treten hätte, und doppelt schwierig war da die Entscheidung darüber, wie sich Österreich dazu verhalten sollte? Schon frühzeitig ist der Gedanke aufgetaucht, daß beide Reiche von einander unabhängig und getrennt bleiben und dann einen Bund zusammen schließen sollten, so etwa wie Bismarck es in unseren Tagen durchgeführt hat. Nur über die Art dieses Bündnisses war man sich noch sehr unklar. Der österreichische Abgeordnete von Mühlfeld war zuerst auf den Einfall gekommen, schon im Oktober 1848 ein völkerrechtliches Bündnis zwischen beiden zu beantragen, was Heinrich von Gagern später dahin erweiterte, daß eine staatsrechtliche Verbindung eintreten solle. Gagern meinte damals: „auch Österreich wird einst erkennen, daß ein starkes Deutschland neben ihm, ihm nützlicher sei, als sein früherer ohnehin nicht wieder herzustellender Einfluß auf einzelne Staaten." Es ist das dann das Programm der kleindeutschen Partei in Frankfurt geworden, der die großdeutsche gegenübersteht, die Österreich nicht aufgeben will. Begreiflich, daß die Österreicher, die im Frankfurter Parlament, in der Paulskirche saßen, für letzteres stimmen mußten, ja Friedjung ist bis auf den heutigen Tag Großdeutscher geblieben, wenn er sagt: „so fruchtbar auch die Gründung des Deutschen Reiches für die Nation geworden ist, es ist in bezug auf die Deutschen doch Kleindeutschland geblieben."[1] Wie gesagt, ausnehmend schwierig mußte es für die österreichisch Gesinnten sein da eine Formel zu finden, die den zahlreichen Nichtdeutschen Österreichs den Beitritt zum neuen Reiche erträglich machen, und zugleich den österreichischen Deutschen kein Aufgeben ihrer staatlichen Selbständigkeit bedeuten sollte. Andererseits mußten auch die Reichsdeutschen geschont werden, sie durften da keine »Societas leonina« schließen, wie das dann Schwarzenberg von ihnen gefordert hat. Es ist „ebenso schwer, als wenn zwei, die sich küssen wollen, sich dabei den Rücken zu kehren wünschen", urteilte der Dichter Hebbel scharfsichtig darüber. Es kamen noch andere Dinge dazu, um diesen Zwiespalt zu vermehren. Die Kleindeutschen, die sich um eine Führung umsahen, mußten da notgedrungen auf Preußen verfallen, das

---

1) Julius Ficker schrieb damals aus Frankfurt: „ist es nicht Verrat am Vaterlande 12 Millionen deutsche Österreicher, von denen 24 andere Millionen abhängen, aus dem Reiche fast hinauswerfen zu wollen? Sind diese Professoren nicht preußischer als der König von Preußen selbst, der dazu seine Hände nicht bieten mag?" (S. Jungs Fickerbiographie, S. 73.)

war dann auch das Signal für eine religiöse Scheidung, bei der die
Protestanten sich mehr an Preußen, die Katholiken mehr an Österreich
anschlossen, obwohl das nicht immer so scharf durchgeführt worden ist.
Die Männer, die in erster Linie von seiten Österreichs da führend
aufgetreten sind, der Reichsverweser Erzherzog Johann und der Staats-
minister Herr von Schmerling, haben nun ihr Möglichstes getan, um für
ihr Vaterland die Wege zu ebnen, sie konnten dabei nicht immer ganz
aufrichtig gegen den neuen deutschen Staat sein, dem sie eigentlich in
erster Reihe dienen sollten. Nur mußten auch von Österreich selbst, das
sahen sie bald ein, ihre Bemühungen unterstützt werden und Schmerling
ist persönlich nach Olmütz gereist um bei Schwarzenberg diese Politik
zu empfehlen. Aber da fand er keine Gegenliebe. Schwarzenberg „wünschte
das Frankfurter Parlament schon längst zu allen Teufeln", nur daß er
es noch für inopportun hielt das zu sagen, ebenso wie er es ja auch
mit dem Kremsierer Parlament gehalten hat. Die Art, wie sich die
Frankfurter wiederholt in die Wiener Dinge eingemischt hatten — siehe
im Oktober 1848 die offizielle Deputation von Welcker und Mosle nach
Olmütz, die inoffizielle von Robert Blum und Fröbel nach Wien —
hatte dort gewaltig verschnupft, die Antwort darauf war ja die Hinrichtung Blums gewesen. Das Programm, mit dem die neue Regierung
ans Ruder kam: Gesamtösterreich, ein mächtiger ungeteilter Staat, ließ
eine Trennung von deutschen und nicht deutschen Ländern nicht mehr
zu. Wollte Deutschland sich diesem Gesamtösterreich einfügen oder sich
unterordnen, dann war es recht, das konnte man sich ganz gern gefallen
lassen, aber Rücksicht darauf nehmen, etwa ein Stückchen Autorität aufgeben, das lag nicht im Sinne des österreichischen Ministers. Diesen
Ansichten entspricht dann die Schlußformulierung seiner Wünsche: Österreich soll mit allen seinen Ländern in das neue Reich aufgenommen
werden; ein Staatenhaus etwa soll da eingesetzt werden, in dem (der
Seelenzahl nach Millionen entsprechend) der Donaustaat unter 70 38,
das übrige eigentliche Deutschland nur 32 Vertreter haben würde. Dann
wurde Deutschland notgedrungen ein Vasall der Orientpolitik Österreichs.
Es gehörte ein ungeheures Quantum von Einbildung dazu um zu
glauben, die Deutschen würden auf so etwas eingehen. Will man diese
dem Fürsten Schwarzenberg nicht vorwerfen oder ihn gar kindlich naiv
schelten, so muß man annehmen, daß es ihm gar nicht Ernst mit der
Sache gewesen ist und er nur einen unmöglichen Plan aufgestellt hat,
um den anderen die Schuld am Mißlingen zuschieben zu können.

Gleich ist allerdings Schwarzenberg mit dieser Ungeheuerlichkeit
nicht herausgerückt, er fühlte sich dazu noch nicht stark genug, das ging
dann erst Hand in Hand mit seinem energischen Auftreten in Österreich
selbst. Er war im Gegenteil Diplomat genug, um sehr vorsichtig zu
berechnen, ausweichend zu antworten und zuerst zu versuchen sich der
Mithilfe Preußens zu versichern. Und da fand er in der Tat einen ausgezeichneten Mitarbeiter an König Friedrich Wilhelm IV. selbst. Während
dessen Minister Bülow in Berlin und dessen Gesandter Bernstorff in
Wien ihr Möglichstes taten, um diese herrliche Gelegenheit für Preußen,
in Deutschland Einfluß zu gewinnen, nicht vorübergehen zu lassen, trieb
der König auf eigene Faust große Politik und sandte zu dreien Malen
einen eigenen Vertrauten, den Grafen Brühl, nach Olmütz, der Schwarzenberg
immer wieder versichern sollte, daß Preußen die alten Ansprüche Österreichs auf die Führung in Deutschland anerkenne. Daneben sollte er den
österreichischen Minister für die verschiedenen mehr minder abenteuerlichen
Projekte begeistern, die sich die romantische Phantasie des Königs von
der Neugestaltung Deutschlands vorzauberte, von den Wehrherzogtümern
und den Reichskreisen, und wie alle diese schönen Dinge heißen mochten.
Ueber dem Ganzen aber stünde römisch-kaiserliche Majestät, so lautet das
Endurteil Friedrich Wilhelms. Allzulange konnten den preußischen Ministern
die Quertreibereien ihres Königs nicht verborgen bleiben, aufs höchste
empört haben sie dagegen remonstriert, sich Hilfskräfte zur Umstimmung
des Königs in Camphausen und Bunsen geholt. Diesem Ansturme konnte
Friedrich Wilhelm nicht widerstehen, plötzlich gab er nach; einer seiner
Getreuen meinte damals: „des Herrn Kopf ist anders organisiert als
der eines anderen Menschen!" Die Folge davon war eine energische
Note Preußens, die von einem Bunde unter preußischer Führung sprach.
Das mußte Schwarzenberg wieder sehr übel aufnehmen; er konnte sich
düpiert erachten, wenn er wollte; die Ausrede des Königs, die Brühlschen
Missionen seien Privatunterhaltungen gewesen, brauchte er wahrlich nicht
gelten zu lassen: die Stimmung zwischen Österreich und Preußen wurde
eine merklich kühlere, Schwarzenberg fürchtet, der schwankende König
werde endlich sogar „widerstrebend aber nicht widerstehend" die deutsche
Kaiserkrone annehmen, die da eben in Frankfurt geschmiedet wurde. Er
formulierte nochmals die österreichischen Ansprüche in stolzen Worten
dahin: „Se. Majestät sind als Kaiser von Österreich der erste deutsche
Fürst. Es ist dies ein Recht, geheiligt durch die Tradition und den
Lauf der Jahrhunderte, durch die politische Macht Österreichs, durch den

Wortlaut der Verträge, auf welchen das noch nicht gelöste Bundesver=
hältnis gegründet ist. Se. Majestät sind nicht gesonnen auf dieses Recht
zu verzichten." Dagegen veröffentlichen jetzt die Preußen ihr Programm
als Denkschrift, worauf Schwarzenberg sich bitter beschwerend an die
Höfe von München, Stuttgart und Dresden wendet, er mobilisiert den
immer empfindlichen, immer bereiten deutschen Partikularismus gegen
Preußen. Der König Friedrich Wilhelm ist aufs höchste bestürzt über
diese Wendung. Ein Wechsel in den wichtigsten auswärtigen Posten
erfolgt, Bülow wird durch Graf Heinrich Friedrich Arnim ersetzt, an
Stelle des bisherigen österreichischen Gesandten in Berlin, Grafen Traut=
mannsdorf, kommt Baron Prokesch=Osten, der Freund Erzherzogs Johanns.
Immer deutlicher tritt in Frankfurt die kleindeutsche Partei hervor (der
Abgeordnete Beckerath seufzt: das Warten auf Österreich ist das Sterben
der deutschen Einheit!), immer mehr wird sie eine preußische, die Öster=
reicher, von ihrer Regierung völlig im Stiche gelassen, geraten in eine
immer schwierigere Lage, einige von ihnen, wie Würth und Arneth,
wollen schon damals austreten. Noch einmal fassen die Großdeutschen
ihre Kraft zusammen; ein 7gliedriges Direktorium soll an die Spitze des
neuen Staates treten, in dem Österreich und Preußen abwechselnd die
Leitung haben sollten; zwei Abgesandte, Herrmann und Sommaruga,
eilen nach Olmütz, um diesen Plan zu unterstützen, sie werden
wiederum kühl abgewiesen; allerhöchstens daß Schwarzenberg überhaupt
ein deutsches Zentralparlament gnädigst gestatten will. Nun folgt hier
die Auflösung des Kremsierer Reichstags, die Verkündung der neuen
Verfassung für Österreich, die nur von einem großen Gesamtstaate spricht
und Schwarzenberg stellt jetzt seine endliche Forderung auf: nach Auf=
nahme von Gesamt=Österreich in den Bund mit Majorisierung des
eigentlichen Deutschlands im Staatenhause. Schmerling zieht daraus sofort
die Konsequenz, er legt seine Reichsämter nieder und tritt auf seinen
früheren bescheidenen Posten eines Verordneten der niederösterreichischen
Stände zurück; stolz lehnt er jede Entschädigung und Beförderung ab,
statt 30.000 Gulden bezieht er nur mehr 3000. Arneth und Würth
treten wirklich aus; die meisten anderen Österreicher stimmen bis
zum letzten Augenblicke für Großdeutschland, nur vier von ihnen: Rößler,
Makoviczka, Schneider und Reitter stimmen bei der entscheidenden Ab=
stimmung für ein Erbkaisertum, und gerade sie geben merkwürdigerweise den
Ausschlag, denn nur mit vier Stimmen Mehrheit, mit 267 gegen 263,
wird dieser Antrag zum Beschluß erhoben. Zum Träger dieser Erbkrone

wird am nächsten Tage mit 290 Stimmen bei 248 Stimmenthaltungen
der König von Preußen gewählt. Nun haben die Österreicher vollends
verspielt und werden am 4. April aus Frankfurt abberufen, etwas wozu
natürlich Schwarzenberg kein Recht hatte, was aber deutlich zeigt, was
für Begriffe er von diesem ersten deutschen Parlamente hatte.

Es mußte sich nun weisen, wie sich Österreich weiter zu diesen
verhängnisvollen Beschlüssen verhalten werde, vor allem ob sich die stille
Hoffnung derer verwirklichen werde, die da eine Bestimmung in der
deutschen Verfassung ausgeklügelt hatten mit der Absicht, dadurch die
Zerreißung Österreichs in einen deutschen und einen nicht deutschen Teil
zu erzielen. Diese Bestimmung ging dahin, daß wenn ein Monarch, der
auch über nicht deutsche Provinzen herrschte, dem neuen Deutschland
beitreten wollte, er sich entscheiden müsse, ob er im deutschen oder im
nicht deutschen Teile residieren und regieren wolle, was soviel hieß, als
dem Kaiser von Österreich auftragen zu gunsten von Deutschland etwa
auf das Kaisertum Österreich oder auf das Königtum Ungarn zu verzichten.

Es handelte sich aber auch darum, was für eine Stellung der
designierte deutsche Kaiser Friedrich Wilhelm einnehmen würde? Darin
war man in Österreich trotz aller vorhergehenden Beteuerungen des
Königs durchaus nicht sicher, und hatte damit Recht, denn bei der
Stimmungsart des preußischen Königs konnte man überhaupt seiner nie
sicher sein. Und doch gab er bald unzweideutige Beweise dafür, daß er
nicht daran denke diese Krone aus den Händen der Revolution anzunehmen.

Friedjung führt da die sehr drastischen Worte an, die der König
eines Tages zu Prokesch-Osten gesagt hat: „daß ich die Schweinkrone
nicht annehme, versteht sich; ich kann nur einen Kaiser mir denken: den
römischen Kaiser, das natürliche Haupt der Fürsten und der Christenheit;
die römische Kaiserkrone aber gehört Österreich.“ Ja noch mehr, er kündigte
sogar an: „wenn mir kein anderer Weg bleibt, so abdiziere ich“. Man
wird beide Äußerungen nicht buchstäblich nehmen müssen, aber die Summe
der derzeitigen preußischen Politik bedeuten sie doch, denn ohne Kampf
war ein preußisches Kaisertum damals nicht denkbar und zu einem
Kampfe war Preußen nicht gerüstet. Wie sich diese Dinge übrigens in
den nächsten zwei Jahren entwickeln sollten, wie sie zum Eingreifen
Kaiser Nikolaus’ von Rußland, zur Demütigung Preußens in Olmütz,
zur Wiederherstellung des alten deutschen Bundes geführt haben, das
will uns Friedjung im zweiten Bande seines Werkes erzählen.

(Ein Schlußartikel folgt.)

22*

Südböhmen während der Hussitenkriege.

Von

Dr. Valentin Schmidt.

(Schluß.)

Auch das Jahr 1428 begann friedlich. Abt Rüdiger v. Goldenkron hatte wohl in den Fehden des Vorjahres die Kostbarkeiten seines Stiftes nach Schlägl gerettet; in diesem Jahre nahm er sie wieder zurück und dankte dem Probste Johann für seine Gefälligkeit.[1]) Die Fehde des Rosenbergers mit Bechin war ebenfalls von keiner langen Dauer. Da der größte Teil der Taboriten mit den Waisen im Felde (Schlesien) war, konnte sich Heinz v. Lažan gegen die wenigen Zurückgebliebenen wenden. Kaum hatte Ulrich v. Rosenberg seine Stadthauptmannschaft nach Jahres= frist ablegen müssen, begann er mit den Budweisern einen Straßenstreit, vielleicht aus Unmut darüber, daß ihm die Hauptmannschaft nicht wieder verliehen worden war. Am 9. Juni erklärte er sich aus Krummau den Budweisern gegenüber bereit, sich dem Urteile des Kaisers zu unterwerfen, sobald dieser — was allerdings seine guten Wege hatte — in Kuttenberg ankommen würde. Dagegen drohte er, falls sie das Urteil des Kaisers nicht abwarten würden, mit Pfändung ihrer Waren und dem Verbote der Einfuhr in die Stadt von Seite seiner Untertanen.[2]) Zu diesem Zwiste war allerdings die Zeit schlecht gewählt, denn schon hörte man von Rüstungen der Feinde. In ihrer Angst, daß diese ihnen gelten, sandten die Budweiser Briefe um Hilfe und um einen Hauptmann an den Herzog, der ihnen am 18. Juni aus Wien schrieb, er werde sich mit seinen Rittern und Knechten beraten und das Resultat durch einen Boten kundgeben.[3]) Ohne eine Antwort abzuwarten, schrieben die Budweiser neuerdings an Albrecht um einen Hauptmann und um Kriegsvolk. Darauf erwiderte der Herzog am 20. Juni, er sei bereits mit den Landsleuten in Österreich übereingekommen und werde „eine merkliche Summe Volks" haben, um Österreich und Budweis besser zu beschirmen; mit einem Hauptmann

---

1) Pröll: Schlägl 75.
2) A. č. VI, 483.
3) Beiträge I, 630.

werde er sie in kürzester Zeit versehen; es sollte der Richter und einer vom Rate zu ihm kommen, mit diesen wolle er sich bereden.[1]

Die Gefahr ging aber für Budweis glücklich vorüber, denn die Taborer hatten gegen Bechin gerüstet, von wo aus man im Vereine mit dem Rosenberger die Taborer, Ostromeč und Přibeniß angegriffen und hier den Markt niedergebrannt hatte.[2] Sie begannen es um Johann d. T. (24. Juni) zu belagern. Am 8. Juli kam auch Prokop heran; ihm halfen auch die Klattauer, Pisefer, Schüttenhofner, Prachatißer und Tauser. Heinz v. Lažan und sein Hauptmann Kokot verteidigten aber die Burg aufs tapferste. Am 18. Juli machten sie sogar einen Ausfall und bemächtigten sich eines Geschosses; bei einem dieser Kämpfe vor Bechin fiel auch Žižkas Bruder Jaroslav. Ulrich v. Rosenberg, der im Juli 1428 am Nürnberger Tage durch einen Gesandten beim Kaiser vertreten war,[3] hatte von diesem wohl den Auftrag erhalten zu vermitteln. Er trat mit den Belagerern in Verhandlungen und erhielt am 27. September von den Hauptleuten Jaroslaw v. Bukowina, Johann Bleh v. Těšniß und Mareš Kršňak, den Herrn, Rittern und Edelknechten, ferner vom Priester Prokop und den andern Ältesten der Gemeinden Tabor, von Klattau, Pisek, Schüttenhofen und Prachatiß einen Geleitbrief — eine Woche gültig — auf 100 Pferde und ebensoviel Personen in ihr Lager vor Bechin, um sich wegen eines Waffenstillstandes zu beraten.[4] Die Verhandlungen führten zu keinem Ende, und so war Heinz v. Lažan genötigt, sich gegen freien Abzug zu ergeben, was um Galli (16. Oktober) geschah. Johann Bleh v. Těšniß wurde darauf Hauptmann der Taborer auf Bechin.[5]

1) Beiträge I, 631.
2) Zachar. Theobald: Hussitenkrieg.
3) Bezold: K. Siegmund und die Hussitenkriege II, 137⁵.
4) A. č. III, 284.
5) Das Urkundenmateriale der Burg Bechin war vielleicht schon vor der Belagerung nach Budweis gerettet worden. Beweis hiefür ist ein Urkundenregeßt (Urkunde verloren) vom Jahre 1438, worin K. Albrecht bezüglich einer »cistula« (Urkundenkiste) der Brüder von Lažan zwischen ihnen und den Budweisern entscheidet (Pingas-Millauer). Zwei davon sind noch jetzt im Budweiser Archive vorhanden. Es ist eine Urkunde des Prokop Zazrnil v. Zaluži vom 29. April 1428 für den Bechiner Hauptmann Nikolaus v. Czrniß, in welcher sich Prokop Zazrnil verpflichtet, bis Galli sich wieder in die Gefangenschaft, aus der er entlassen worden war, zu stellen, und eine des Pihula v. Frauenberg vom 18. Mai, der ebenfalls gegen Bürgschaft bis zur Wiederstellung zu Galli entlassen wurde. Daß man schon damals auf ein Unternehmen gegen Bechin rechnete, geht aus dem Um-

Unterdeſſen litten die Handelsbeziehungen von Budweis mit dem Süden keine Einbuße. Wir entnehmen das der Klage der Budweiſer an Herzog Albrecht vom 3. Oktober, in welcher ſie ſich über die Freiſtädter beſchweren, daß die Fuhrleute das Budweiſer Stapelrecht unbeachtet ließen, daß ſie, wenn ſie nach Efferding wollten, den Umweg über Freiſtadt machen müßten, und ſie verlangten, daß die Freiſtädter niemandem Salz geben ſollten, der nicht ein Zeichen von den Budweiſern hätte.[1] Smil v. Krems geſtattete wenigſtens den Leuten ſeiner Bündner von Klenau und Baireck freien Zutritt und Handel nach Sablat und Hus.[2]

Die Budweiſer hatten Nachricht erhalten, daß nun der Feind gegen ſie ziehen werde, und berichteten nun in ihrer Sorge dem Herzoge den Fall vor Bechin. Albrecht verlangte am 2. November aus Tulln Auskünfte über die weiteren Züge des Feindes; er könne ſeine Macht nicht zerſplittern, da ſeine Hilfe auch von anderen Städten begehrt werde; übrigens habe er von anderer Seite vernommen, daß die Feinde diesmal Budweis in Ruhe laſſen werden. Sollten ſie dennoch gegen Budweis ziehen, ſo werde er ihnen ſicher helfen; ſie ſollten unterdeſſen mit dem Volke, das ſie bei ſich hätten, ihr Beſtes tun.[3] Ulrich v. Roſenberg, gleichfalls für ſeinen Beſitz fürchtend, ſchloß am 3. November mit Joh. Smil v. Krems einen Waffenſtillſtand bis Georgi,[4] am 7. in Helfenburg mit Hauptmann Matthias von Chlumčan und der Piſeker Gemeinde, ferner den Schütten=hofnern und Prachatitern bis Georgi 1429; Vermittler war Meinhard v. Neuhaus,[5] dem Ulrich aus Dankbarkeit am 19. mehrere Dörfer ver=kaufte.[6] Am 30. November traten in Řečitz Kamaret v. Serowitz (1429, 21. Jänner iſt er in Prag) und Nikolaus Sokol v. Lamberg auf Řečitz bei, in Kaſejowitz bei Znaim Jakob Kroměšin, Hauptmann, Prieſter Prokop und die Taborer,[7] am 1. Jänner 1429 die Brüder Peter und Johann Zmrzlik v. Svojšin auf Worlik auf 2 Wochen. Schon am 2. Jänner verſprachen beide, mit Ulrich in 2, längſtens 4 Wochen in

ſtande hervor, daß in beiden Urkunden der Fall Bechins ins Auge gefaßt wurde; der erſte ſollte ſich in dieſem Falle nach Klingenberg, der zweite nach Strakonitz einfinden.

1) Maade im Programm d. Staatsgymn. Freiſtadt I (1881), 50.
2) Hrady XI, 156.
3) Beiträge I, 648.
4) Čas. č. Mus. 62, 175.
5) A. č. III, 499.
6) l. c. 500.
7) l. c.

Verhandlungen zu treten, und noch am selben Tage schlossen sie sich dem Waffenstillstande bis Georgi oder weitere Absage an.[1])

Daß die Taboritengefahr schon Mitte November vorüber war, ersehen wir daraus, daß Nikolaus v. Lobkowitz auf Frauenberg und Ulrich v. Rosenberg sich um diese Zeit in den Haaren lagen. Ersterer hatte nämlich an letzterem ein Guthaben und für Ulrich waren Johann Tožitz v. Widerpolen, Matthias Weichsel v. Wettern, Johann v. Kozí und Herr Johann v. Riesenburg gutgestanden. Schon früher hatten diesbezüglich beide eine Tagsatzung in Budweis; Ulrich hatte die Schuldsumme erlegen und so die Bürgen frei machen wollen, aber Nikolaus wollte noch eine größere Summe als Schadenersatz. Ulrich hatte sich bereit erklärt, sich dem Schiedspruche des Kaisers und anderer zu unterwerfen; damit war aber Nikolaus nicht einverstanden und stellte die Schuldurkunde nicht zurück. Jetzt wandte sich dieser an die Budweiser und die Edlen Ulrich Podoletz, Johann Hrobský, Peter v. Dub und Smetánek v. Kovářow mit der Bitte, gegen die Bürgen vorzugehen. Die Budweiser und die 4 genannten Edlen schrieben an Ulrich v. Rosenberg, der sie am 16. November aus Krummau bat, den Lobkowitz zu vermögen, die Schuldsumme anzunehmen und wegen des Schadenersatzes sich dem Schiedspruche des Kaisers und anderer zu unterwerfen.[2]) Der Streit zog sich ins nächste Jahr hinein.

Die Bereitwilligkeit der Taborer, einen Waffenstillstand einzugehen, hatte ihren Grund im geplanten Raubzuge nach der Lausitz und nach Meißen, an dem sich auch Johann Zmrzlik auf Worlik beteiligte.

Ulrich v. Rosenberg und Meinhard v. Neuhaus, welcher die Verhandlungen zwischen den Herren und Pragern einer- und dem Kaiser anderseits einleitete, wozu er der berufenste Mann war, hatten sich Ende März in Preßburg bei Siegmund eingefunden, auch der Priester Prokop und mehrere Prager Bürger, ferner Abgeordnete aus Budweis. Die Unterhandlungen dauerten bis 9. April. Der Kaiser verwies die Hussiten auf das nach Basel einzuberufende Konzil, bis dorthin sollten sie einen zweijährigen Waffenstillstand schließen. Die Hussiten, die der Meinung waren, nicht sie, sondern die andern seien vom Katholizismus abgefallen, schieden unbefriedigt. Ulrich v. Rosenberg war sicher vom 29. März bis 17. April beim Kaiser, von ihm erwirkte er die Adelung des Martinek v. Barau.[3])

---

1) A. č. III, 500.
2) A. č. III, 8 f.
3) Reg. K. Sigm. 7214.

Der Kaiser selbst war nach dem Mißlingen der Verhandlungen zu einer energischen Tat entschlossen; er kam mit Herzog Albrecht überein, nach Znaim, Iglau und Budweis je 1000 Mann auf eigene Kosten zu stellen, was er am 16. April Friedrich v. Brandenburg mitteilte.[1])

Durch den Fall Bechins war die kaiserl. Burg K l i n g e n b e r g (1420 und 1424 Burggraf Hájek v. Hodětin, 1427 Hans Kapler, 1428 ff. Kunat Kapler, der eine Tochter des Hájek v. Hodětin zur Frau hatte) bloßgestellt, daher griffen sie am 21. März 1429 die Taboriten unter Johann Bleh auf Bechin und Niklas v. Padařow, Hauptmann auf Ostromeč, mit Leuten aus Pisek, Schüttenhofen und Klattau an. Sie lagerten sich auf einem Berge gegenüber der Burg, wo sie sich befestigten. Dreizehn Wochen uud darüber (also bis Joh. d. Täuf.) dauerte die Belagerung, bis endlich Ulrich v. Rosenberg zwischen den Parteien einen Waffenstillstand vermittelte.

In der Dreifaltigkeitswoche (22. bis 29. Mai) hatten sich mittler= weile die Hussiten in Prag über die Antwort an den Kaiser beraten,[2]) die dann eine neuerliche Gesandtschaft unter Prokop am 15. Juni nach Preßburg überbrachte. Jetzt erst, da ein Friede nicht zu hoffen war, ernannte Herzog Albrecht am 30. Juli in Wien Georg v. Mühldorf zum Budweiser Stadthauptmann.[3])

Zugleich übertrug er in diesem Jahre die 68 fl. Erbzins an die Budweiser Söldner und befahl, daß seinem Kanzler Johann die von Wenzel Faulfisch schuldigen 12 fl. gezahlt werden sollten.[4])

Der Rosenberger hatte sich, nachdem er bez. Klingenburg den Waffen= stillstand zustande gebracht hatte, neuerdings zum Kaiser nach Preßburg begeben. Hier mag er schon Ende Juli erschienen sein, sicher treffen wir ihn dort am 13. August.[5]) Er bezweckte, die Klingenberger Pfandschaft von Kunat Kapler an sich zu bringen, und wußte dem Kaiser die Besorgnis einzuflößen, Kunat könne den Ketzern beitreten, wie es sein Bruder Časlaw getan hatte. Am 2. September verpfändete ihm in Preßburg Siegmund

---

1) Urk. Beitr.
2) Der Bericht des Matthias Weichsel v. Wettern an seinen Freund Georg Pottenprunner und seinen Schwager Hans v. Rorbach (Hoheneck III, 597) (deutsch!). Österr. Zeitschrift. (Kaltenbrunner) 1836, 328, ist Palacky und Tomek entgangen.
3) Beiträge II, 51.
4) Pingas=Millauer: Verzeichnis der Budw. Urkunden (diese nicht mehr vor= handen).
5) A. č. I, 534.

die k. Steuern des Stiftes Goldenkron und am 7. September gab er ihm
ebenda den Auftrag, vom Kapler Klingenberg einzulösen.[1]) Aber das
ging nicht so leicht. Am 12. September hatte ihm Ulrich seine Burg Zbiroh
dafür angeboten, doch die Sache zerschlug sich, da der Kapler wohl noch
andere Soldforderungen an den Kaiser hatte. Von Wien aus befahl der
Kaiser am 18. September den Budweisern, dem Andre Knoll das ge=
nommene Gut zurückzugeben und ihn wieder als Bürger aufzunehmen.[2])

Wieder war der Streit zwischen Ulrich und Johann Smil v. Krems
zum Ausbruche gekommen. Endlich vermittelten Meinhard v. Neuhaus und
Nikolaus v. Lamberg einen Frieden, der in Krummau geschlossen wurde.
Ulrich v. Podole (Budweis!), Joh. Týnský v. Rohozné und Johann Kráša
v. Goldan gaben am 17. Oktober Smil einen Geleitsbrief zu Ulrich nach
Krummau und zurück für hundert Reiter. Am 19. Oktober kam Smil
in Krummau an. Vor der Verhandlung verbürgten sich für Smils freie
Rückkehr und sicheres Geleit nach Hause Johann v. Riesenburg, Karl
v. Řičan anders v. Čehnitz und Leopold v. Kraselow. Von Smils Seite
verbürgten sich ebenfalls drei, darunter Zdeněk v. Rosenthal, für die
Sicherheit der rosenbergischen Bürgen und verpflichteten sich, falls Smil
den rosenb. Bürgen das Geleite nicht halte, sich nach Krummau in den
großen Burgsaal als Gefangene zu stellen.[3]) Am 20. Oktober war man
über die Hauptpunkte einig und schloß einen einwöchentlichen Waffenstill=
stand (Zeugen Zdeněk v. Rosenthal und Albrecht v. Beškowitz), der dem
Frieden vorausgehen sollte. Am 23. Oktober wurde dann in Krummau
nach dem Ausspruche Meinhards v. Neuhaus und Nikolaus v. Lamberg
unter Zeugenschaft des Wilhelm v. Wartenberg und Albrecht v. Beškowitz
ein Vertrag geschlossen, demgemäß Ulrich an Smil in den nächsten Tagen
50 ſ b. Gr. zahlen und für ihn in Neuhaus in Raten 2000 ſ Gr.
entweder bar oder in Schuldbriefen erlegen sollte. Außerdem mußte Ulrich
auf alle seine Ansprüche, die er seit dem Tode des Čeněk v. Wartenberg
(1425) auf Lipnitz hatte, zugunsten Smils verzichten. Die Rosenberger
Burg wurde in den Frieden eingeschlossen, die Gefangenen sollen aus=

---

1) F. r. A. 37, 421; A. č. I, 28 f. Die Klingenberger Sachen scheinen Fäl=
schungen zu sein; ebenso die Aufforderung zur Reise nach Wien 17. und
27. September l. c. und Reg. K. Sigm. 7441.

2) A. č. XXI, 191 f.

3) Das Geleite scheint wirklich von Smil gebrochen worden zu sein, denn 1434
versprach Zdeněk sich nach Krummau, Helfenburg oder Klingenburg „im
großen Saale" als Gefangenen zu stellen. Hrady XI, 195.

gelöst werden und der Waffenstillstand vom 13. Oktober 1427 wurde in allen seinen Stücken bestätigt. Sollte vor Ablauf des Jahres Ulrich oder Smil Krieg führen wollen, so müßten sie ihre Absicht 4 Wochen zuvor ankündigen.[1])

Die Fehde des Rosenbergers mit dem Kreiger hatte auch nach Ablauf der Stadthauptmannschaft des letzteren fortgedauert, war aber später (November 1428?) durch einen Waffenstillstand bis Martini 1429 unter=brochen worden. Da der Kaiser die Erneuerung des unseligen Zwistes fürchtete, ersuchte er am 4. November beide Teile, den Waffenstillstand bis Georgi (23. April 1430) zu verlängern.[2])

Auch Budweis blieb nicht unbefehdet. Wir ersehen dies aus dem Versprechen des Domin v. Teindles, gesessen auf Slawtsch, vom 5. Dez., der sich jederzeit gegen vorausgehende zweiwöchentliche Ankündigung nach Budweis als Gefangenen zu stellen verpflichtete und Urfehde schwur.[3])

Auch der Streit des Vorjahres zwischen Ulrich v. Rosenberg und Nikolaus v. Lobkowitz wirkte noch nach. Zwar hatten sich die beiden auf den Schiedspruch des Johann Raubik v. Hlawatetz, Peters v. Dub, Radims und Bußeks versöhnt; dennoch sagten dem Lobkowitzer mehrere Budweiser Söldner mit Johann v. Riesenburg auf Rabi ab und verwüsteten das Frauenberger Gut. Der Budweiser Stadthauptmann Georg v. Mühldorf konnte sich selbst nicht helfen und bat Nikolaus v. Lobkowitz, den Rosen=berger zu ersuchen, er möge den Streit schlichten. Der Lobkowitzer wandte sich denn auch am 9. Dezember an Ulrich.[4])

Zwischen den Taboriten und den gemäßigten Hussiten namentlich der Partei des Mag. Johann Přibram, war eine immer größere Ver=bitterung eingetreten; auf der Versammlung in Tabor um den 6. Jänner 1430 erklärte sich die taboritische Partei gegen den genannten Magister. Allerdings brauchte es noch einige Jahre, um den Bruch zu einem vollständigen zu machen.

Durch Vermittlung Meinhards v. Neuhaus erreichte Ulrich v. Rosen=berg am 5. März einen Waffenstillstand mit den Klattauern und später

---

1) Č. č. Mus. 62, 177 f.
2) A. č. I, 30.
3) Zeugen: Ulrich v. Podolé, Johann Kozlowetz v. Studene und Peter v. Jehnědno. Č. Or. im Arch. Budw.
4) A. č. IV, 398 = A. č. VI, 489. Palacký setzt die Angelegenheit ins Jahr 1433, sie gehört aber hieher, da 1429 Georg v. Mühldorf Haupt=mann ist.

vielleicht auch mit den Taborern gegen 14tägige vorhergehende Kündigung.[1]) Ulrich hatte jedenfalls Angst vor den aus Deutschland zurückkehrenden Hussitenscharen, deren Annäherung nach Südböhmen nicht nur er, sondern auch die Budweiser fürchteten. Letztere berichteten an den Herzog von der Rückkehr der Raubscharen und von den Warnungen sich vorzusehen, die sie täglich erhielten, Albrecht forderte sie am 5. März auf, ihm von allen Bewegungen der Hussiten Bericht zu erstatten, da er einen Einfall nach Österreich befürchtete.[2]) Zum Glück für Budweis ging aber das neue Unternehmen gegen Schlesien. Auch der Rosenberger hatte an den Kaiser Nachrichten darüber gesandt und sich bereit erklärt, dem Wunsche des Kaisers gemäß, aber gegen freie Verköstigung, nach Nürnberg zum Reichs= tage zu kommen, wohin ihn der Kaiser am 16. März von Tyrnau aus einlud; auch Prokop der Gr. und das in Deutschland befindliche Hussiten= heer war mit Friedrich v. Brandenburg übereingekommen, zu Georgi am Reichstage zu erscheinen.[3]) Der Entwurf eines Geleitsbriefes für Prokop, Mein= hard v. Neuhaus, Matthias v. Chlumčan, Otik v. Lozie, die Prager, Taborer, Piseker, Klattauer, Tauser ꝛc., Andreas v. Řimovic, Taboritenhauptmann, Nikolaus v. Lamberg auf Řečic, Busko v. Smolotil auf Tachau, Jenik v. Mečkov auf Leitomišchl, Přibik v. Klenau u. a. ist noch erhalten.[4])

Wieder waren die Budweiser längere Zeit ohne Hauptmann ge= blieben, weshalb sie von dem Feinde manches Beschwerliche zu erleiden hatten, sie baten deshalb durch ihren Mitbürger Wenzel (Znakaws?) den Herzog um einen Hauptmann, den ihnen Albrecht am 25. Mai aus Wien in Kürze zu senden versprach; unterdessen sollten sie selbst gegen den Feind ihr Bestes tun.[5])

Um dem Nürnberger Tag ohne Furcht beiwohnen zu können, schloß Ulrich am 13. Juli mit Andreas v. Řimovic, Feldhauptmann, dem Regenten (vladař) Andreas Kartaj der Gemeinde Tabor, ferner mit Toma von Chotěmitz auf Wlašchim, Diviš v. Tichonitz, Beneš v. Křiwsudow, Janek v. Sucha auf Štěpanow, den Brüdern Peter und Hrašek v. Kozihřebet und Zdeněk v. Lukawetz einen einjährigen Waffenstillstand.[6]) Am 2. Sep= tember unternahm Ulrich v. Rosenberg mit dem Kaiser eine Wallfahrt

---

1) A. č. III, 501.
2) Beiträge II, 125 = II, 516.
3) A. č. I, 30.
4) R. A. IX, 402 f.
5) Beiträge II, 145.
6) A. č. III, 502.

zum Marienberge nach Bogen, abends kamen sie nach Straubing; am
6. September finden wir sie in Oberaltaich. Am 11. September
war Ulrich in Feldkirchen (bei Straubing) beim Kaiser und schloß sich
ihm auf seiner Reise nach Nürnberg an. Ulrich berichtete ihm, daß er
das Schloß Klingenberg ausgezahlt und Nikolaus v. Krchleb und andere
abgesandt habe, damit sie sich in den Besitz der Burg setzten. Kunat Kapler
habe sich aber geweigert, Klingenberg abzutreten, weil er einige vertrat,
denen ebenfalls Mühlhaußner Güter vom Kaiser verschrieben waren. Ulrich
mußte also auch diese Pfandschaften einlösen.[1] Am 13. September war
der Kaiser in Nürnberg eingetroffen; auch Ulrich wurde mit dem obligaten
Ehrentrunk von den Nürnbergern (12 Quart) begrüßt.[2] Ulrich begleitete
darauf den Kaiser nach Überlingen, wo wir beide am 13. Dezember
finden.[3] Unterdessen scheint der Rosenberger auch seine Boten beim Papste
in Rom gehabt zu haben, der, um dem Mangel eines Weihbischofs in
Südböhmen abzuhelfen, am 2. Oktober d. J. den Pfarrer Matthias von
Krummau zum Titularbischof (ep. Vitrecensis) ernannte.[4] In diesem
Jahre gelang es auch den Rosenbergischen Dienstmannen, Swatomir von
Milikowitz auf Herschlag und Johann Koňata v. Elexnitz, sich in den
Besitz von Steinkirchen (Maškowetz) zu setzen, wo sie anfangs No=
vember wieder einen kath. Pfarrer einsetzten; später übergaben sie das
Gut dem Rosenberger, der für 1435 ebenfalls das Patronatsrecht aus=
übte.[5]

Am 7. Feber 1431 war der Kaiser wieder in Nürnberg und bei
ihm wieder Ulrich v. Rosenberg, ferner Gesandte von Pilsen, Brüx, Eger,
später auch von Budweis.[6] Am 9. Feber traten die Fürsten und Städte
auf dem Rathause zusammen und zogen auch den Rosenberger u. a. aus
Böhmen bei, um ihre Ansicht zu vernehmen. Ulrich verlangte Unterstützung
an Geld und riet zum täglichen Kriege, der dann auch beschlossen wurde.
Am 4. März war auch der päpstl. Legat Julian angekommen. Noch über
den Reichstagsabschied (14. März) blieb Ulrich in Nürnberg, er war hier

---

1) Andreas v. Regensburg ed. Leidinger 485, 580, 705 f. Reg. K. Sigm.
7776; A. č. 15, 313 (ob echt?).
2) R. A. IX, 570, 577.
3) Reg. K. Sigm. 8007
4) Witting. Arch.
5) L. conf. 8—10, 159, 248. Die beiden Brüder von Drahonitz, Johann und
Raček, werden in Südböhmen am 19. Oktober 1429 zum letztenmale
genannt. Č. č. Mus. 62, 176.
6) Bezold III, 91, Anm.

noch am 25. März und 14. April.[1]) Am 9. Mai verließ Siegmund
Nürnberg und war am 25. Mai in Eger, wohin ihm auch der Rosenberger
folgte. Hier verhandelte man mit den Gesandten der Prager und Taboriten,
aber ohne Erfolg. Am 8. Juni war Ulrich beim Kaiser in Bamberg; Siegmund
erteilte ihm an diesem Tage die Vollmacht, mit Kunat Kapler (neuerdings)
wegen der Abtretung von Klingenberg zu verhandeln.[2]) Endlich erhielt
er auch eine größere Geldsumme, 2000 fl., die die Nürnberger im Auftrage
des Kaisers auszahlten, was ihnen dieser am 8. Juli bestätigte.[3]) Auch
die Budweiser hatten sich mittlerweile eingefunden und hier wurde endlich
die seit Jahren schwebende Streitsache wegen der Plauener Schuld erledigt. Der Kaiser zahlte nämlich am 10. Juli in Nürnberg dem Hofrichter Heinrich v. Plauen die 300 ℔ b. Gr., die ihm der Budweiser Rat
laut dreier Schuldbriefe zu à 100 ℔ schuldig war, aus eigenem,[4]) was
auch Heinrich v. Plauen am selben Tage in Nürnberg bezeugte,[5]) und
sagte dann am 15. Juli die Budweiser ihrer Schuld ledig.[6]) Mit dem
Rosenberger, der noch am 13. in Nürnberg war,[7]) mögen dann die
Budweiser über Regensburg heimgekehrt sein. Wigalois v. Wolfstein und
C. v. Laufenholz gaben ihm im Auftrage der Nürnberger mit 14 Pferden
bis Regensburg das Geleite.[8]) Heimgekehrt berichtete Ulrich dem Kaiser,
daß die Hussiten sich vom Böhmerwalde etwas zurückgezogen hätten,
welchen Brief der Kaiser am 28. Juli erhielt. Der Kaiser dankte ihm
für seine Nachricht am 30. Juli aus Nürnberg und forderte ihn auf,
das über den Böhmerwald nach Böhmen ziehende Kreuzheer nach Kräften
zu unterstützen.[9]) Der unglückliche Ausgang der Schlacht von Taus am
14. August machte alle Hoffnungen zu nichte; auch die Budweiser gerieten
in neue Angst und wandten sich an den Kaiser. Dieser teilte am 28. August
dem Rosenberger mit, daß er in der Sache der Budweiser seinem Schwieger-

---

1) Reg. K. Sigm. 8388, 8465.
2) A. č. 15, 297 = Beiträge II, 187.
3) l. c.
4) Reg. K. Sigm. 8683; Arch. Budw. (deutsche Urkunde).
5) Arch. Budw. deutsche Urk.
6) Reg. K. Sigm. 8705.
7) l. c. 8699.
8) Dafür erhielten sie am 25. Juli 3 ℔ 10 sh. 8 h. R. A. IX, 605. Daher
ist die Urkunde vom 29. Juli nicht in Nürnberg ausgestellt, wie A. č.
XV, 179 f. angibt, da der Rosenberger nicht mehr dort war.
9) A. č. I, 32.

sohne geschrieben habe, damit dieser auch da zusähe; was er, der Kaiser, tun könne, wolle er gern für sie tun.[1]

Dennoch ging die Gefahr vorüber; ja Ulrich konnte es sogar wagen, nach Innsbruck zu reisen, wo er am 5. September dem Herzog Friedrich v. Tirol die böhm. Krone im Falle des Todes K. Siegmunds förmlich antrug, wogegen ihm der Herzog erkenntlich sein zu wollen versprach.[2] Die eigentliche Hauptsache, warum der schlaue Mann die Komödie auf= führte, war die, vom Herzog Geld zu bekommen, und wirklich erhielt er am selben Tage 6000 Gulden auf 2 Jahre gegen Rückzahlung in Linz und in diesem Falle die Befreiung von all seinen Versprechen in Bezug auf das Königreich Böhmen.[3] In Innsbruck hielt er sich noch am 21. September auf. Der Herzog versicherte ihm an diesem Tage den ungestörten Besitz aller Güter, die ihm der Kaiser auf welche Weise immer übergeben, oder die Ulrich um sein eigenes Geld erkauft habe.[4] Auf seiner Rückreise war Ulrich am 24. Oktober in Linz.[5] Während seiner Abwesenheit hatte am 13. und 14. Oktober bei K i r c h d o r f (N.=Ö.) eine Schlacht stattgefunden, in der die Hussitenführer und Nachbarn Leopolds v. Kreig: Niklas Sokol v. Lamberg auf Řečitz, Kamaret v. Serowitz, der v. Platz, Thomas v. Wlaschim und andere vom Herzog Albrecht und dem Kreiger besiegt wurden. Dabei geriet der jüngere Bruder des Niklas Sokol mit andern in Ge= fangenschaft und wurde nach Wien gebracht; Niklas selbst entkam. Ulrich berichtete diese freudige Nachricht sofort dem Kaiser, der den Brief dem am 27. August zusammengetretenen Basler Konzil mitteilte.[6]

In Budweis hatte Johann Morawa v. Olmütz[7] für einen Gefangenen, Johann Welbichsky v. Pořešitz mit 2 anderen gebürgt; da sich dieser nicht stellte, mußten die Bürgen die Bürgschaftssumme (je 10 ſſ. Gr.) dem Budweiser Richter, Bürgermeister und Rat erlegen, was wir aus

---

1) A. č. I, 34.
2) Kurz: Albr. II, 2, 344.
3) l. c. und Lichnowsky V, 3025. Von Friedrich ging der Schuldrest auf seinen Sohn Siegmund, von diesem auf Friedrich III. über, der sie wieder an den Cillier überließ. Erst 1456 beglich sie für den Rosenberger Ladislaus Posthumus.
4) Kurz l. c. 2, 347.
5) A. Ö. G. 31, 315.
6) Mon. cons. Bas. I, 440, Andreas v. Regensburg ed. Leidinger 478.
7) Dieser erwarb später Oberlangendorf bei Malsching und· starb vom 11. März 1446. Klimesch: Reg. v. Por. Nr. 86.

dem Schuldscheine des Morawa ddto. Budweis, am 13. Oktober ersehen.[1])
Solche Fälle mögen öfter vorgekommen sein. Durch den Einfall in Nieder-
Österreich gewarnt, befahl der Herzog Albrecht den Budweisern neuerdings
am 8. November aus Wien, ihren Fuhrleuten nach Österreich Beglaubigungs-
zettel mitzugeben und seinen Befehl auch öffentlich auszurufen, damit so
feindliche Kundschafter verhütet würden.[2]) Um Katharina unternahm
Prokop der Gr. mit den Taborern und denen v. Ostromeč (bei tausend)
einen Rachezug nach Nieder-Österreich, wo sie in Litschau bis über
Neujahr blieben. Bei diesem Zuge wird auch Südböhmen in Mitleiden-
schaft gezogen worden sein.

Unterdessen trat das Basler Konzil mit den Böhmen in Verhandlungen. Kaiser Siegmund übersandte ein diesbezügliches Schreiben an
den Rosenberger, der es den Pragern übermittelte. Diese erwiderten am
8. Dezember, sie allein könnten keine Antwort geben, aber der Landtag
werde dem Konzil eine gemeinschaftliche Antwort erteilen.[3]) Indes ordnete
das Konzil zwei Gesandte ab, welche am 17. Dezember in Nürnberg an-
kamen und sich von hier brieflich an die Egerer und Prager wandten.
Aber schon am 18. Dezember erklärte Eugen IV. das Konzil aufgelöst,
und so war die Versöhnung gefährdet.

Vom 1. bis 6. Jänner 1432 fand der Prager Landtag statt, dem
Prokop beiwohnte; die Prager und Waisen einigten sich auf 15 Glaubensartikel, Prokops Anhänger, die Taboriten, waren dagegen. Für den
6. Feber wollte man einen neuen Landtag ausschreiben, von dem die
Rede ging, daß man darnach gegen Pilsen und Budweis ziehen wolle,
was die Nürnberger am 25. Jänner dem Herzog Wilhelm v. Bayern
mitteilten.[4]) Das mag vielleicht die Absicht der Taboriten gewesen sein,
sicher ist, daß die Prager am 30. Jänner den Gesandten des Konzils
ihre Bereitwilligkeit beim Konzil zu erscheinen, mitteilten, die Schlußantwort
aber auf den bevorstehenden Landtag verschoben, und daß auch Prokop
freies Geleite zum Konzil wünschte, wie Ulrich am 31. Jänner aus
Krummau dem Kaiser, der in Italien weilte, durch Martinek v. Barau
mitteilte.[5]) Prokop und die Taboriten waren nämlich zum Rosenberger
vorm 31. Jänner nach Wittingau gekommen und hatten ihn um seine

---

1) Budw. Arch.
2) Beiträge II, 248 f.
3) Mon. conc. Bas. I, 146.
4) Beiträge II, 264.
5) Mon. conc. Bas. I, 144.

Vermittlung bei der Auslöſung ihrer Gefangenen (des jungen Sokol ꝛc.) beim Herzog Albrecht gebeten. Bevor ſie nach Prag zum Landtage zogen, ſchloſſen ſie am 2. Feber, und zwar Simon v. Hroznějoviß, Regent, Otik v. Lozi, Hauptmann und Prieſter Prokop (zprávce), mit dem Roſenberger neuerdings einen Waffenſtillſtand auf ein Jahr.[1]) Am 7. Feber erklärte der Landtag ſeine Geneigtheit, mit dem Konzil zu verhandeln, und ver= langte vorläufige Zuſammenkünfte in Eger. Ulrich, der in ſeinem Schreiben an den Kaiſer auf eine Entzweiung der Prager und Taboriten gerechnet hatte, ſah ſich ſo getäuſcht.

Siegmund hielt ſich gerade in Piacenza auf, als der roſenbergiſche Geſandte ankam. Ulrichs Brief ſandte der Kaiſer am 20. Feber an den Herzog Wilhelm v. Bayern, den Protektor des Konzils; die Freude über den Inhalt war beim Konzil eine große. Durch Martinek hatte der Kaiſer wohl auch von der Fehde Meinhards v. Neuhaus mit Herzog Albrecht vernommen; er erſuchte daher am 24. Haſek v. Waldſtein dahin zu wirken, daß beide ſich vergleichen oder ihren Streit verſchieben ſollten.[2]) Am nächſten Tage ſchrieb er dem Roſenberger, er ſolle ja die Prager Partei zur Beſchickung des Konzils vermögen und ihr auf Wunſch ſein Geleite geben. Das Konzil werde ſicher in Baſel fortgeſeßt.[3]) Der Papſt hatte nämlich nach Auflöſung des Basler Konzils ein ſolches in $1\frac{1}{2}$ Jahren nach Bologna berufen; der Kaiſer ſuchte aber durch eine eigene Geſandt= ſchaft, darunter Johann v. Rieſenburg (in Rom 14. März bis 1. Mai, Audienz 17. März), den Papſt für das Basler Konzil zu gewinnen, was auch Martinek v. Barau am 25. Feber ſeinem Herrn und der Kaiſer am 8. März mitteilte.[4]) Mittlerweile war Ulrichs Brief an den Kaiſer zum Konzil gelangt; dasſelbe lud infolgedeſſen die Böhmen zum Konzil ein und ſchrieb wegen des freien Geleites an den Roſenberger, wovon es auch den 2 Geſandten nach Böhmen am 14. März Mitteilung machte. Am 27. April fand endlich die Zuſammenkunft in Eger mit den Basler Geſandten ſtatt. Die huſſitiſchen Abgeordneten kamen aber erſt am 8. Mai, unter ihnen Prokop d. Gr.; am 18. Mai ging man befriedigt auseinander.

Ulrich von Roſenberg wollte ſich von ſeinen Verpflichtungen an Friedrich v. Tirol teilweiſe losmachen; am 28. April war er in Linz,[5])

---

1) A. č. III, 504.
2) Beiträge II, 270.
3) A. č. I, 35 f.
4) A. č. III, 9; I, 37.
5) A. Ö. G. 31, 316.

am 1. Mai in Wien. 2000 fl., die er vielleicht vom Kaiser erhalten hatte, zahlte er ihm ab, für den Rest von 4000 fl. stellte er ihm einen neuen Schuldschein aus und verpflichtete sich zur Rückzahlung in 2 Jahren zu Linz.[1] Am 9. Mai war er wieder in Krummau.[2] Bereits 1431 hatte er sich in den Besitz von Klingenberg gesetzt und Niklas v. Krchleb, einen Deutschen, zum Burggrafen daselbst ernannt, der nun an die Befestigung der Burg ging.[3] Am 31. Juli schloß Ulrich in Krummau mit Přibík v. Klenau und Johann v. Baireck einen Waffenstillstand bis Georgi 1433,[4] der dann im nächsten Jahre bis Johann d. T., 24. Juni, verlängert wurde. Der Burggraf v. Klingenberg, Nikolaus v. Krchleb, befand sich unter den Zeugen. — Vom 31. August bis 6. September fand der Kutten-berger Landtag statt, hier beschloß man, auch Meinhard v. Neuhaus, Přibík v. Klenau u. a. als Vertreter Böhmens zum Basler Konzil zu entsenden. Der Beschluß wurde aber nicht ausgeführt.

Im Oktober versammelten sich die Taborer in Prag; es hieß, daß sie gegen Österreich ziehen wollten. Wegen der Feindesgefahr verlegte Albrecht den Tag der Budweiser mit Leopold v. Kreig, seinem Haupt-mann zu Drosendorf, welcher von den Budweisern Geld geliehen hatte, mit der Rückzahlung jedoch säumig war, auf den 23. April des nächsten Jahres, während die Tagfahrt ursprünglich in Weitra am 28. Oktober hätte stattfinden sollen[5].) Zu ihrem Gelde kamen aber die Bürger erst im Jänner 1435. Die Budweiser wurden von einer großen Sorge befreit, als Simon v. Hroznějowitz, die Taborer Gemeinde, der Hauptmann Otík v. Loži und der Priester Prokop als Verwalter in den am 2. Feber d. J. mit dem Rosenberger geschlossenen Waffenstillstand am 16. Oktober auch die Stadt Budweis und zwar bis Georgi aufnahmen. Dadurch wurde auch Ulrichs Waffenstillstand um $2^1/_2$ Monate verlängert.[4] So hatten aber die Taboriten freie Hand zu einer neuen Unternehmung erhalten. Přibík v. Klenau, Johann Zmrzlík u. a. belagerten nämlich seit 27. Oktober

---

1) Lichnowsky V, 3115.

2) A. Ö. G. 31, 316.

3) Die Urkunde vom 24. Mai 1432, Parma, in der K. Siegmund dem Rosen-berger Moldautein, die Mühlhausener, Frauenberger und Klingenberger Güter verschreibt, ist gefälscht. Č. č. h. I, 377.

4) A. č. III, 505.

5) Beiträge II, 324.

die Burg Lopata im Pilſner Kreiſe, die ſie auch 6. Feber 1433 ein=
nahmen; auch gegen Mähren ging ein Zug; am Kampfe bei Znaim
beteiligte ſich auch der Kreiger. Am 9. Dezember ſchloß Ulrich auf Helfen=
burg mit Smil v. Krems neuerdings einen Waffenſtillſtand bis 16. Okt.
des nächſten Jahres; unter den Zeugen erſcheint wieder der kriegstüchtige
Nikolaus v. Kirchleb.[1])

Während zu Beginn des Jahres 1433 die Verhandlungen mit den
in Baſel am 4. Jänner eingetroffenen böhm. Geſandten begannen und
die Ausſichten auf Verſöhnung und Frieden ſich mehrten, zeigte ſich an=
fangs März ein neuer Feind in Südböhmen, die Waiſen unter Čapek
v. San. Nachdem ſie in der Wittingauer Gegend und um Weſſeli (?)
geplündert hatten, zogen ſie nach Schweinitz, wo ſie überall raubten
und die Teiche abließen. Am 17. März lagerten ſie vor der Burg We=
leſchin.[2]) Ulrich, ganz unvorbereitet, bat um einen Waffenſtillſtand. Für
die Verhandlungen erhielt er dann Dienstag, am 17. März für 10—100 Pferde
einen Geleitsbrief nach Weleſchin bis zum nächſten Donnerstage. Der
Stillſtand wurde Mittwoch, am 18. März in Weleſchin verabredet, die
Urkunde daſelbſt am 22. März ausgeſtellt. Čapek v. San, Hauptmann,
Busko v. Smolotyl, Amtmann, und Jenik v. Mečikow, ſowie die Waiſen
ſchließen eine Waffenruhe von Georgi bis Georgi (23. April) des nächſten
Jahres, in den alle roſenbergiſchen Herrſchaften eingeſchloſſen wurden. Ulrich
mußte zu Martini 400 ſſ bei Niklas v. Landſtein auf Střela erlegen.
Karl v. Řičan war unter den Bürgen. Die Gegenurkunde Ulrichs iſt in
Krummau an demſelben Tage ausgeſtellt.[3]) Auch Smil v. Krems wurde
in den Waffenſtillſtand eingeſchloſſen. Ulrich ſtellte ihm am 8. Mai das
Verſprechen aus, wenn er Smil innerhalb des Friedens ſchädigen würde,
es innerhalb 2 Wochen nach dem Schiedſpruche des Čapek v. San gut
zu machen; ebenſo ſtellte Smil am 16. Mai die Gegenurkunde aus und
verſprach ſich während des Waffenſtillſtandes (bis 23. April 1434)[4]) aller
Feindſeligkeiten gegen Ulrich zu enthalten.

Am 14. April ſchieden die böhm. Geſandten aus Baſel und mit
ihnen zogen zehn Geſandte des Konzils; mittlerweile hatte ſich auch der
Kaiſer mit dem Papſte wegen des Konzils teilweiſe verſtändigt und war

---

1) Č. č. Mus. 62, 178.
2) Scrr. rer. huss. II, 76.
3) A. č. III, 506, Gegenurkunde Ulrichs: Roſ. Chron. 104.
4) A. č. III, 506; Č. č. Mus. 62, 178.

gesonnen, nach seiner Krönung ebenfalls beim Konzil zu erscheinen, wie er am 15. April den Budweisern aus Siena mitteilte.[1])

Auch Herzog Albrecht, der im Feber neuerdings von einem Heere der Hussiten heimgesucht worden war, sehnte sich nach dem Frieden. Er verhandelte mit den Pragern um freies Geleite für seine Boten zum Landtage, das sie auch von Budweis nach Prag und zurück erhielten. Am 18. Juni gab er in Wien seinen Gesandten Johann Seebeck, Hauptmann in Weitra, seinem Sekretär Johann Gerson und Hans dem Czwrbitzer, Brünner Bürger, die er über Budweis nach Prag entsandte, den Beglaubigungsbrief an die Budweiser, die ihrer mündlichen Botschaft glauben sollten.[2]) Der Prager Landtag hatte bereits am 12. Juni begonnen, am 13. wurden die Basler Gesandten zum Landtag berufen. Meinhard von Neuhaus stellte sich an die Spitze der Friedenspartei. Dennoch konnten die Gesandten des Konzils den gewünschten Waffenstillstand nicht durchsetzen; nachdem sie schon am 3. Juli Abschied von den Ständen genommen hatten, verließen sie Prag am 11. Juli. Um diese Zeit mögen auch die Gesandten Albrechts zurückgekehrt sein. Wie es scheint, geriet dabei Johann Seebeck mit den Budweisern in Streit. Herzog Albrecht befahl ihm nämlich am 25. Juli aus Wien, die Budweiser nicht zu beunruhigen und am 1. September vor ihm mit Abgesandten aus Budweis zu erscheinen.[3]) In diesem Jahre mahnte der Herzog auch die Budweiser, die Bürgen des Michael Böttauer zur ferneren Haltung der Bürgschaft zu verhalten.[4]) Am 2. August schloß Peter Krawář, Berthold v. Leipa u. a. einen Waffenstillstand mit Albrecht bis Martini, in den alle Güter Albrechts, auch Budweis, einbezogen wurden, obwohl für dieses von den genannten mährischen Adeligen keine Gefahr bestand.[5])

Am 13. September starb Leopold v. Kreig zu Wien und wurde in der Sakristei der St. Dorotheakirche begraben. Die Budweiser fürchteten um ihr Darlehen und baten neuerdings am 19. November den Herzog, ihnen zu ihrem Gelde zu verhelfen.[6])

---

1) Beiträge II, 553.
2) l. c. 365.
3) Lichnowsky V, 3239.
4) Pingas-Millauer.
5) Lichnowsky V, 3241.
6) Kurz: Albr. II, 2, 246. Am 6. November schwuren Friedrich Kramer und seine Hausfrau Elisabeth den Freistädtern Urfehde. Siegler Nikolaus Piper und Peter Scherer aus Budweis. A. Ö. G. XXXI, 316. Vielleicht waren die beiden letzteren Überbringer des Briefes.

Ulrich v. Rosenberg, der vom Basler Konzil Geldhilfe erwartete und dort mit dem Kaiser, der am 31. Mai in Rom gekrönt worden war, zusammenkommen wollte, schloß am 28. September mit den Taboriten und ihren Hauptleuten Nikolaus v. Padařow, Regent, Johann Pardus v. Hradek, Hauptmann, und dem Priester Prokop, mit Heinrich v. Plaß, Wenzel v. Plaß, gesessen auf Vogelhaus, Janek v. Sedlce, Johann Kosoř, Peter und Bohuslaus, Brüder v. Malowiß einen einjährigen Waffenstillstand am 28. September, in den sie auch die Stadt Budweis einbezogen, „da er (Ulrich) sie in seine Macht nahm".[1]

K. Sigismund kam am 11. Oktober nach Basel, wohin er auch Ulrich v. Rosenberg einlud. Am 23. Oktober war dieser in Innsbruck und zahlte dem Herzog Friedrich weitere 2000 fl. ab, so daß er noch 2000 fl. schuldete, die er in 2 Jahren zu zahlen versprach;[2] am 4. Nov. war er bereits „mit vielen Böhmen" in Basel angekommen, wie Walter v. Schwarzenberg am genannten Tage den Frankfurtern berichtete.[3]

Am 11. September war eine neue Gesandtschaft aus Basel nach Böhmen gekommen, am 22. Oktober erschienen sie in Prag. Bei den Unterhandlungen am Martinilandtage war niemand von der kath. Partei anwesend; Meinhard v. Neuhaus führte wieder die Vermittlerrolle, neben ihm sehen wir aus Südböhmen Přibik v. Klenau, Bleh v. Těšniß auf Bechin, Smil v. Lipniß (v. Krems) u. a. Am 30. November wurden die ersten Kompaktaten, für die sich der Adel und Mag. Přibrams Partei einsetzten, bestätigt und am 1. Dezember wurde Alesch v. Riesenburg zum Landesverweser ernannt; er spielte jedoch dem Neuhauser gegenüber eine untergeordnete Rolle.

Čapek v. San, der am 16. Oktober von seinem Raubzuge zur Ostsee zurückgekehrt war und dann den Hussiten, die seit dem 14. Juli Pilsen belagerten, half, wollte wohl eine Unterstützung der Pilsner durch die Budweiser verhindern und sandte am 22. November seinen Boten Maurus v. Nowosed mit einem Beglaubigungsschreiben an die Rosenbergischen Beamten in Krummau. Am 23. November wurde dann auch Budweis in den am 22. März mit Ulrich geschlossenen Waffenstillstand bis 23. April 1434 eingeschlossen.[4]

---

1) A. č. III, 508.

2) Lichnowsky V, 3259

3) R. A. XI, 207.

4) A. č. III, 508 f.

Am 8. Jänner 1434 traten die rosenbergischen Beamten in Krummau (Matthias Weichsel und Ctibor Zasmuk) anstatt Ulrichs in einen neuer= lichen Waffenstillstand mit den Taborern bis Wenzeslai.[1]) Ulrich war noch immer in Basel, wo er die Rückkunft der Basler Gesandten erwartete. Diese waren, nachdem sie noch zuvor Meinhard v. Neuhaus und einige Magister insgeheim in den Kirchenverband wieder aufgenommen hatten, am 14. Jänner von Prag abgereist und zogen am 15. Feber mit dem böhmischen Gesandten Martin Lupáč in Basel ein. Erst am 26. Feber antwortete das Konzil im Einverständuis mit dem Kaiser auf die For= derungen der Hussiten. Da auf eine Nachgiebigkeit derselben nicht zu rechnen war, mußte Waffengewalt entscheiden, da man ja jetzt eines Teiles der Utraquisten sicher war. Am 27. und 28. Feber war Ulrich noch in Basel. Am ersten Tage erhielt er die k. Anfallsrechte auf Po= reschin, das Ulrich früher zerstört hatte,[2]) am zweiten bestimmte ihn der Kaiser zu seinem Bevollmächtigten in Böhmen und Mähren und ver= sprach, alles zu erfüllen, wozu ihn der Rosenberger verpflichten werde.[3]) Dieser verließ darauf Basel und kehrte über Innsbruck, wo er am 18. März von Friedrich v. Österreich wieder 2000 fl. geliehen nahm, so daß die Schuld wieder 4000 fl. betrug, in die Heimat zurück.[4]) Um die Hussiten zur Herabstimmung ihrer Forderungen beim Konzil zu bewegen, suchte der Kaiser die böhm. Barone, auch Ulrich (am 7. April)[5]) und den Herzog v. Bayern zur Unterstützung von Pilsen zu bewegen. Auch das Konzil schickte seinerseits den Johann Palomar nach Bayern (Nürnberg, Chamb) und dann nach Österreich. Hier erklärte Ulrich v. Rosenberg in Gegen= wart Albrechts, er wolle 500 Reiter und 10.000 Mann zu Fuß gegen die Hussiten stellen, wenn ihm mit Geld geholfen würde. Das meiste Geld, das vom Konzil gesandt worden war, hatte wohl der Neuhauser bekommen. Am Landtage zu Brünn, 4. März, brachte er einen fünf= jährigen Landfrieden zustande, auch andere böhm. Herren waren zugegen. Bald darnach traten auch in Prag die böhm. und mähr. Barone und die Altstadt Prag, Pilsen und Melnik in einen Bund zur Herstellung der Ordnung und des Landfriedens und beschlossen die Ausrüstung eines

---

1) A. č. III, 509.
2) Klimesch: Urk. v. Poreschin 79.
3) Beiträge II, 517.
4) Lichnowsky V, 3309. Vergleiche über diese Geldschuld, die erst 1456 von Ladislaus Posthumus beglichen wurde, die „Zeitschrift f. Gesch. Mährens" I, 5.
5) A. č. I, 37.

Heeres. Dagegen standen die Taboriten, Waisen, von Südböhmen außer
Tabor auch Wodnian, Prachatitz, Schüttenhofen ꝛc.

Ulrich v. Rosenberg sandte, um zu den gewünschten Geldmitteln
zu gelangen, nach seiner Rückkehr den Abt Sigismund von Hohenfurt an den
Kaiser. Dieser befahl am 13. Mai 1434 aus Bruck (Schweiz) seinem
Kanzler Kaspar Schlick, dem Abte beim Konzil zu einem raschen und
günstigen Erfolg zu verhelfen und ihn dem Kardinallegaten v. St. Angeli
anzuempfehlen.[1] Kardinal Julian schickte dem Rosenberger durch einen
Familiaren des Abtes von Hohenfurt am 29. Mai aus Basel einen
Brief, in dem er ihn aufforderte, mit andern für den Frieden in
Böhmen einzustehen; das andere werde ihm der Bote mündlich
melden.[2] Auch der Rosenberger rüstete zum Entscheidungskampf gegen
die extremen Hussiten. Um den Rücken frei zu haben, schloß er am
14. Mai mit Časlaw v. Sulewitz auf Winterberg einen Waffenstill=
stand bis Wenzeslai.[3] Unterdessen war die Neustadt durch die Prager
und Herren erstürmt worden. Prokop d. Gr. forderte Prokop den Kleinen,
der vor Pilsen lag, infolgedessen auf, von der Belagerung abzulassen
und ihm zuzuziehen; Leute des Rosenbergers fingen den Brief auf. Am
9. Mai zogen die Belagerer von Pilsen ab. Da sich auch Nikolaus
v. Landstein von den Taboriten getrennt hatte, belagerten diese am
11. Mai seine Burg Borotin; er verteidigte sich tapfer und wurde
bald von seinen Feinden befreit, die ebenfalls Prokop d. Gr. zueilten,
nachdem sie noch in Deutsch=Zahoř den Leuten alles genommen und in
Křešitz drei Leute verbrannt hatten.[4] Am 21. verließ das Brüderheer
die Umgebung von Prag; am 25. waren die Leute Ulrichs v. Rosenberg,
Johanns v. Riesenburg auf Rabí und des Meinhard v. Neuhaus vor
Prag, um der Altstadt zu helfen; am 26. zogen sie ins Feld, am 27.
griffen sie Böhm.=Brod an, das sich tapfer verteidigte, am nächsten Tage
ließen sie von der Belagerung ab, da das Brüderheer, das am 27. in
Kourím eingezogen war, am 28. zum Entsatze von Böhm.=Brod heran=
zog. Am 30. Mai kam es zur denkwürdigen Schlacht bei Lipan.[5]
Das Volk des Rosenbergers, 200 Mann zu Pferd und 8000 zu Fuß,
stand unterm Kommando des tapferen Burggrafen von Klingenberg Niklas

---

1) Beiträge II, 411 f.
2) A. č. XXI, 282.
3) A. č. III, 510.
4) A. č. VI, 431.
5) Vgl. darüber Č. č. Mus. 72, 513 ff.

v. Kirchleb (eines Deutschen), ferner Chwals v. Chmelné und Janko
Předbonis (Ulrich) war nicht zugegen), ferner die Leute Johanns v. Riesen=
berg auf Rabí und des Großpriors der Malteser Wenzel v. Michalowitz;
persönlich beteiligten sich aus Südböhmen an der Spitze ihrer Scharen:
Meinhard v. Neuhaus, Niklas v. Landstein und Borotin, Johann v. Malowetz,
Přibík v. Klenau, Peter Zmrzlík auf Worlík, früher taboritische Partei=
gänger — die Stadt Budweis mag ihre Truppen unter das Kommando
des Rosenbergers gestellt haben —; auf Seite der Feinde kämpften außer
den Taborern aus Südböhmen die Pisefer, Wodnianer, Prachatitzer und
Schüttenhofner. Hervorragend war der Anteil der Rosenberger, durch die
oft geschilderte Kriegslist Kirchlebs gelang es, den glänzendsten Sieg zu
erringen und die radikalen Elemente niederzuwerfen. Ein Rest der Taboriten
und Waisen hielt sich in Kolin. Nachdem man vergebens versucht hatte,
die Stadt einzunehmen, verabredete man einen Waffenstillstand und einen
Landtag zu Prag um Johanni, zu dem sich auch alle Gemeinden der
Taboriten und Waisen stellen sollten. Der Kaiser war beim Landtage
durch Půta v. Častolowitz, Ernst v. Wlaschim und Ulrich v. Rosenberg
vertreten. Die beiden hatten am 4. Juni den Kaiser in Ulm verlassen
und begaben sich dann zu Ulrich v. Rosenberg und mit ihm über Budweis
nach Prag. H. Albrecht hatte den Budweisern befohlen, Půta v. Častolowitz
freundlich aufzunehmen,[1] was auch sicherlich geschah. Um den 5. Juli
war ein großer Teil der Waisenstädte bereit, dem Herrenbunde beizutreten,
nur die Taborer widerstrebten. Ein einjähriger Waffenstillstand zwischen
den Katholiken und Utraquisten und ein allgemeiner Landfriede wurden
beschlossen, ferner Kreishauptleute zur Wahrung der Ruhe eingesetzt. Unter
die Gesandten, die am 15. August in Regensburg mit dem Kaiser ver=
handeln sollten, wurde Meinhard v. Neuhaus gewählt. Die böhm. Gesandten
und die Basler kamen am 16. August in Regensburg an, der Kaiser erst
am 21. August. Die Verhandlungen begannen am nächsten Tage. Am
27. besprachen sich die Basler Gesandten mit Ulrich v. Rosenberg. K. Siegmund
wünschte, das Konzil sollte die böhm. Herren mit dem halben Zehent
unterstützen; in diesem Falle erklärte sich Ulrich v. Rosenberg am 29. bereit,
er wolle dann leicht die Böhmen zum Frieden bringen, ob sie wollten
oder nicht. Am 31. forderte der Kaiser neuerdings vom Konzil die Unter=
stützung des Rosenbergers mit Geld, ebenso besprachen sich an diesem Tage

---

1) Urkundenregest b. Pingas=Millauer; aber dort mit der Jahreszahl 1432; —
gehört aber sicher hieher. Vgl. Tomek: Děj. m. Prahy IV, 651.

und am 2. September die Konzilsgesandten neuerdings mit Ulrich.[1]) Am
18. September belohnte der Kaiser Wenzel v. Soběnov (Demau) und
Peter Makfant für ihre treuen Dienste, die sie dem Rosenberger geleistet
hatten, auf dessen Bitten;[2]) noch am 28. und 30. September war Ulrich
in Regensburg und erhielt vom Kaiser an letzterem Tage die Vollmacht,
Protiwin in Pfandbesitz zu nehmen.[3]) Die Forderungen der Böhmen
waren zu hochgespannt, daher wurde keine Einigung erzielt; dagegen
wurde die Freundschaft zwischen dem Rosenberger und Neuhauser eine
immer innigere. Auf dem Gallilandtage in Prag (23. Oktober) wurde
beschlossen, die Comm. sub utraque habe dort zu gelten, wo sie bisher
gegolten habe, und ein Verzeichnis beider Bezirke angelegt. Am 8. Nov.
wurde man einig, die Beschlüsse den Egerern zuzusenden, damit sie sie
weiterbeförderten. Der Rosenberger war nicht anwesend, berichtete aber
an den Kaiser und das Konzil von den Beschlüssen; — die Bitte um
Geld wurde natürlich nicht vergessen. Seine nächste Sorge war, die Waffen=
ruhe mit seinen Nachbarn zu erneuern, da er ihnen allein doch nicht ge=
wachsen war. Am 24. Oktober schloß er in Bechin mit Johann Bleh
v. Těšnitz einen Stillstand bis zur Absage, die zwei Wochen zuvor zu
geschehen hatte,[4]) am 4. November mit Johann Smil v. Krems auf Hus
gegen einwöchentliche vorausgehende Kündigung. Smil unterwarf sich,
falls er dawiderhandle, dem Urteile des Johann Štebnák v. Čichtitz;[5])
am 10. Dezember schloß der Rosenberger einen Stillstand mit Johann
v. Janowitz auf Baireck bis nächsten Fasching.[6])

Die Budweiser sandten am 26. November neuerdings einige der
ihrigen zu H. Albrecht wegen der Schulden des Kreigs und wegen
ihrer Schäden und baten ihn um Hilfe in ihrer Armut[7]) — das ist die
einzige Nachricht, die wir aus diesem vielbewegten Jahre über Budweis
haben!

Am 25. Jänner 1435 schlichtete endlich Albrecht in Wien den Streit
der Budweiser mit den Kreigern Konrad und seinen Brüdern wegen der
1200 fl. Pr. Gr., die der verstorbene Leopold v. Kreig der Stadt schuldig

---

1) Mon. conc. Bas. I, 517, 519, 522.
2) Reg. K. Sigm. 10.807.
3) Reg. K. Sigm. 10.874 echt; Č. č. h. I, 378.
4) A. č. III, 511.
5) Č. č. Mus. 62, 179.
6) A. č. III, 305.
7) Notizenblatt III, 407.

war. Die Budweiſer verloren 50 ſſ, erhielten alſo nur 1050 ſſ, davon 50 ſſ
ſofort, die andern 1000 in 3 Raten zu Georgi 1435, 1436 und 1437
à 333 ſſ 20 Gr.[1])

Abt Sigismund von Hohenfurt war bis 7. Jänner vom Konzil
zurückgehalten worden, das dem Roſenberger etwas Sicheres mitteilen wollte;
man berichtete ihm, das Konzil wolle an ihn und die Böhmen beſondere
Boten ſenden, die Mitte Feber zweifellos beim Kaiſer ſein würden.[2])
Wirklich waren ſie am 22. Feber in Wien und am 19. März beim Kaiſer
in Preßburg. Der Kaiſer lud den Roſenberger am 27. Jänner nach Brünn
(der Tag kam aber erſt in der zweiten Hälfte Mai zuſtande) und vertröſtete ihn am 31. Jänner auf ſeine Geldforderungen hin mit dem Brünner
Tage, wohin auch die Baſler Boten kommen würden.[3]) Ulrich hielt ſich
meiſt in Krummau auf (ſo 3. Feber, 8. bis 12. März).[4]) Während dieſer
Zeit zündeten ihm im Feber die Taboriten Sobĕslau an und taten ihm
viele andere Schäden.[5]) Nur durch die Hilfe der Budweiſer[6]) behielt der
Roſenberger das faſt verlorene Sobĕslau. Siegmund und Ernſt v. Wlaſchim
drückten ihm darüber am 19. Feber aus Preßburg ihr Bedauern aus.[7])
Ulrich rächte ſich, indem er durch Niklas v. Krchleb auf Klingenberg mit
Hilfe des Hynek Ptaček v. Bürgſtein und den Leuten der Perchta v.
Konopiſcht, ferner mit Johann Sadlo v. Koſteletz am 17. März Oſtromeč
belagern ließ. Philipp v. Oſtromeč mußte ſich Sonntag vor Urban ergeben
und erhielt mit ſeinen Leuten freien Abzug nach Tabor; die Burg wurde
in Brand geſteckt und zerſtört. Auch Božejowitz bei Protivin wurde von
Ulrich in dieſem Jahre eingenommen.[8]) Seit Feber belagerte Ulrich, unter-

---

1) Budw. Arch. (deutſch). Vom J. 1435 (ohne näheres Datum) erhielt ſich auch
   das Regeſt eines verlorenen Briefes, in dem Herzog Albrecht von den
   Budweiſern die von Hynek v. Lažan geliehene Büchſe zurückforderte.
   Pingas-Millauer.

2) Beiträge II, 434 f. — Vgl. auch den Brief des Mag. Johann de Raguſio
   an Ulrich v. Roſ. vom 23. Dez. 1434. A. č. XXI, 283.

3) A. č. I. 39 f.

4) S.-B. d. b. Geſ. 1890, 256; Böhm: Roſ. Reg. Mſkr. 92; A. č. III, 511.

5) Dabei ging auch die Urkunde der Sobĕslauer Tuchmacherzeche, die ſie
   von Heinrich v. R., dem Großvater Ulrichs, erhalten hatten, verloren; Ulrich
   erneuerte ſie am 23. Feber 1438 (Pam. arch. 17, 590), ebenſo die der
   Schneiderzeche, die der Roſenberger am 1. Feber 1445 erneuerte (l. c.).

6) Petřiks Chronik v. Budw.

7) A. č. I, 41, und III, 10.

8) Březan: Výtah.

ſtützt von den Budweiſern mit Mannſchaft, Geſchütz und Pulver, L o m n i tz,[1])
das damals Johann Řezník (Carnifex) als Hauptmann beſehligte. Das
Baſler Konzil ging er deshalb wieder um Geld an (um 3000 ung. fl.),
da er ſonſt das begonnene Werk nicht vollenden könne. Es geſchah dies
durch den Abt Sigismund v. Hohenfurt, der in Wien die Baſler Geſandten
erſuchte, Ulrich zu unterſtützen. Die Geſandten erklärten, ſie könnten augenblicklich nichts antworten, doch wollten ſie bei der Rückkehr dem Konzil
Bericht erſtatten, das dann tun werde, wozu es verpflichtet ſei. Der Brief
kam in Baſel am 7. Mai an.[2]) Die Taborer kamen im Auguſt mit
48 Wagen Munition und Proviant und verſtärkten Lomnitz mit über
100 Mann, was der Roſenberger nicht hindern konnte. Darnach zogen
ſie von Lomnitz nach D e ſ t n a, wo ſie übernachteten, am folgenden Morgen
nach Černowice. Bei Křeč ſtießen ſie aber zu Mittag auf das Heer
des Roſenbergers und die Cheynower Beſatzung, ſandten, als ſie ſahen, die
Sache ſtehe ſchlimm, nach Tabor um Hilfe und ſteckten abends, um Licht
zu haben, das nahe Dorf Dudolí in Brand. Von Tabor kamen allerdings 300 Mann zu Hilfe, aber dieſe wurden beim Anmarſch teils getötet, teils gefangen. Um Mitternacht griffen die roſenb. Scharen die
Wagenburg der Taborer an. Das Geſchrei war ſo ſtark, daß man es
in der ſtillen Nacht eine Meile weit hörte. Die Taboriten wurden genötigt,
ihre Wagenburg zu verlaſſen und zu fliehen. Von Seite der Taborer
fielen ein Hroch, der Pfaffe Hans („Aufruer") u. a. Die Gefangenen
kamen in die roſenb. Schlöſſer Chouſtník, Soběslau und Wittingau. Als
Schlachttag gilt der 18. Auguſt,[3]) ſie dürfte ſich aber ſpäter ereignet haben,
da erſt am 11. September der Kaiſer Ulrich aus Tyrnau über den er-
fochtenen Sieg beglückwünſchte.[4]) — Unterdeſſen wurde der Brünner Tag
abgehalten; am 20. Mai kamen die Baſler Geſandten in Brünns Nähe;
vom böhm. Landtag waren Meinhard v. Neuhaus, Peter Zmrzlík, Niklas
Sokol v. Lamberg u. a. entſendet worden, auch Ulrich v. Roſenberg fand
ſich ein, ferner Friedrich v. Strážnitz ꝛc. Der Kaiſer war vom 1. Juli

---

1) Die Lomnitzer taten bisher nicht nur den Budweiſern, ſondern auch dem
Roſenberger großen Schaden. So klagte der Pfarrer v. Suchdol in einem
undatierten Briefe, daß ihm die Lomnitzer ſeinen Pfarrhof ausplünderten
und ihn ſuchten; er ſei aber nicht zu Hauſe geweſen, ſondern der Prieſter
Simon v. Gratzen, der entkam mit Mühe auf den Sumpf (na bláto).
A. č. 14, 4.
2) Conc. Bas. I, 527 und 544.
3) Roſenb. Chron. 105.
4) A. č. I, 41.

bis 12. Auguſt anweſend, die böhm. Geſandten kamen erſt am 18. Juli
und verabſchiedeten ſich am 3. Auguſt vom Legaten. An dieſem Tage
beſchloß man 1950 fl. rh. zu verteilen; davon erhielten der Neuhauſer
und Roſenberger je 600 fl.[1])

Mittlerweile fand wieder ein böhm. Landtag im Oktober ſtatt, bei
dem der k. Kanzler Schlick zugegen war. Für den 2. November erwartete
man dann Meinhard v. Neuhaus u. a. Böhmen in Preßburg, wo ſie die
Landtagsbeſchlüſſe dem Kaiſer mitteilen ſollten. Doch fanden die Verhand=
lungen der böhm. Geſandten (darunter der Neuhauſer) mit den Baſlern
erſt am 21. Dezember in Stuhlweißenburg ſtatt und dauerten 4 Wochen;
auch H. Albrecht war zugegen.

Lomnitz hielt ſich noch nach der Křečer Schlacht monatelang; endlich
trat am 12. November der Prieſter Bedřich v. Strážnitz Lomnitz an Ulrich
v. Roſenberg ab; dieſer mußte 500 fl. Gr. zahlen und den Taborern das
Přibenitzer Gut bis zur künftigen Ordnung in Böhmen oder einem Ver=
gleich belaſſen. Als Zeugen finden wir hier Matthias Weichſel v. Wettern
und Busko v. Ruben, die wohl die Belagerung leiteten. Ulrich ließ gleich
darauf die Feſte, deren Beſatzung freien Abzug nach Tabor erhielt, zer=
ſtören. Die von Budweis entliehenen Geſchütze ſtellte aber Ulrich nicht
zurück.[2]) Schon am Tage der Übergabe verlangte Johann v. Neuhaus
vom Roſenberger die Rückſtellung von Lomnitz, das ihm, als er eine
Waiſe war, ohne ſeine Schuld entriſſen worden ſei; das gleiche forderte
auch Meinhard v. Neuhaus. Ulrich erwiderte am folgenden Tage, er habe
mit ſeinen Leuten viel Unheil von Lomnitz aus erfahren und Johann
habe ihn trotz ſeiner Bitten nicht unterſtützt, daher könne er ſein Verlangen
nicht erfüllen.[3])

Am 26. November ſchloß dann der Prieſter Friedrich v. Strážnitz,
Hauptmann auf Přibenitz, zugleich mit den Taborern (mit Klein=Při=
benitz ꝛc.) mit dem Roſenberger und Budweis eine Waffenruhe bis zur
vorangehenden Abſage.[4]) Ulrich ſandte nach dem Falle von Lomnitz einen
Boten mit zwei Briefen an den Kaiſer und benachrichtigte ihn von der
Abtretung der Burg, außerdem verlangte er Geld. Am 4. Dezember be=
glückwünſchte ihn der Kaiſer aus Totis ob ſeines Erfolges, wegen des
Geldes vertröſtete er ihn auf ſpätere Zeit.[5])

---

1) Conc. Bas. I, 615.
2) Petřík, Chronik v. Budw. Fragment.
3) A. č. 14, 5 ſ.
4) A. č. III, 512.
5) A. č. VI, 434 = XIV, 6.

Mittlerweile stand der Iglauer Tag bevor. Die Taboriten traten
deshalb am 21. Dezember in Tabor zusammen (Hauptmann Johann
Rohač v. Duba), unter ihnen auch die von Prachatitz, Wodnian, Pisek ꝛc.,
und verbanden sich neuerdings zur Haltung der Kompaktaten und zum
gemeinsamen Vorgehen.[1])

Am 1. Jänner 1436 schlossen der Rosenberger und die Stadt Budweis
wieder mit Johann Kosoř, Peter und Bohuslaus v. Malowitz einen einjährigen Waffenstillstand.[2]) Schon Mitte Dezember des Vorjahres waren
die böhm. Gesandten nach Stuhlweißenburg gekommen, am 20. Dezember
kamen die Basler und am 22. traf der Kaiser ein; man verglich sich
hier über alle Streitpunkte; die Ratifizierung sollte am Georgitage (23. April)
in Iglau stattfinden, wozu der Kaiser am 17. Jänner und 19. März den
Rosenberger einlud.[3]) Dieser erschien anfangs nicht, sondern sandte Tožitz
(v. Widerpolen) dahin mit dem Auftrage, ihm Nachrichten vom Verlaufe
des Tages zu geben. Als ihm Tožitz durch Kokot, den ehemaligen Hauptmann von Bechin, sagen ließ, er möge kommen, erwiderte ihm Ulrich
15. Juni, er rüste sich schon, könne aber sobald nicht kommen, da er zuviel zu tun habe.[4]) Am 20. Juni schloß er mit Burian und Johann v.
Gutstein auf Rabenstein und Gutenstein einen Waffenstillstand bis
Bartholomäus.[5]) Der Kaiser lud ihn am 25. Juli neuerdings ein, zu
kommen und den Großprior der Johanniter Wenzel v. Michelsberg mit-
zubringen.[6]) Ulrich erwiderte, er habe dem Kaiser schon früher geschrieben,
warum er nicht kommen könne, ebenso werde es ihm der Bote berichten;
sobald er seine Gesundheit erlangt habe, werde er eintreffen.[7]) Wohl
starb ihm am 29. Juni seine Gemahlin Katharina v. Wartenberg,[8]) er
selbst scheint aber ganz gesund gewesen zu sein. Eifersucht auf Meinhard
v. Neuhaus, der ihm den Rang abgelaufen hatte, vielleicht auch der Streit
um den Besitz v. Lomnitz vermochten ihn dazu, daß er während Meinhard
in Iglau weilt, seine Leute in das Gebiet des Neuhausers einfallen, Vieh

1) Beiträge II, 451.
2) A. č. III, 512.
3) A. č. I, 42 f. Im März 1436 wurde von den Budweisern ein Chwal
von Lipowitz (b. Prachatitz) gefangen. A. č. XXI, 192.
4) A. č. III, 10.
5) l. c. 513.
6) A. č. I, 43.
7) A. č. III, 11.
8) Hohenfurter Nekrolog und Beileidbrief der Königin vom 4. Juli. A. č.
XXI, 283 f.

wegnehmen und nach Choustnik bringen ließ, worüber ihm der Kaiser am
5. Juli seine Unzufriedenheit ausdrückte und ihn ermahnte, bei seinen
Leuten die Fehden einzustellen und den Schaden zu vergüten.[1])

Die Verhandlungen in Iglau zogen sich in die Länge, sie hatten
übrigens erst anfangs Juni begonnen. Die Böhmen begehrten unter
anderm am 19. Juni die Rückgabe von Mähren und Budweis. Albrecht
erklärte sich zur Rückstellung von Budweis an den Kaiser bereit, der
dann den Rosenberger oder Neuhauser zum Hauptmanne machen könne,[2])
Mähren gab er nicht zurück. Am 5. Juli fand die endgültige Versöhnung
statt und am 20. Juli wurde der große Majestätsbrief darüber aus-
gefertigt. Um auch die huss. Städte zu gewinnen, mußte ihnen der Kaiser
am 22. Juli die Versicherung geben, daß sie zur Aufnahme der im Kriege
flüchtig gewordenen Einwohner geistl. und weltl. Standes (und daher
zur Rückgabe des ihnen Geraubten) nicht genötigt werden sollten.[3]) So
gesichert, gaben am 14. August in Iglau alle anwesenden Barone und
Ritter den Handschlag, auch die Gesandten der huss. Städte, darunter
auch Prachatitz und Schüttenhofen.

Am 23. August zog dann der Kaiser feierlich in Prag ein, worauf
hier ein Landtag abgehalten wurde, bei dem auch Ulrich erschien (hier
18. September und 1. Oktober).[4]) Aus ganz Böhmen strömte das Volk
zusammen, so sehen wir auch den Pfarrer Nikolaus v. Wolin mit mehreren
Bürgern in Prag, wo sie am 29. August die Bestätigung der Markt-
privilegien vom Kaiser erhielten.[5])

Auch die Taborer (Friedrich v. Stražnitz) hatten schon vorm 5. Juni
in Trebitsch mit dem Kaiser zu verhandeln begonnen. Dieser beauftragte
Ulrich v. Rosenberg und Přibik v. Klenau mit der Fortsetzung der Verhandlungen; am 16. Oktober brachten sie in Wittingau den Entwurf
einer Einung zustande, in welcher folgendes bestimmt wurde; die Taborer
sollen bei ihrem Glauben bleiben, ihre Stadt wird kgl. und erbt die

---

1) A. č. I, 44.
2) Conc. Bas. I, 783. Nach einem Regest einer verlorenen Urkunde (bei Senjer,
Chronik v. Budweis) hätte allerdings Albrecht noch am Dienstag nach
Pfingsten 1437 Budweis innegehabt. An diesem Tage bestimmte er nämlich
aus Wien, daß die fremden Fleischer an Wochenmärkten jede Fleischgattung
mit Ausnahme des Rindfleisches verkaufen könnten. Aber Senjer ist in
der Datierung unverläßlich.
3) A. č. XXI, 284.
4) Reg. K. Sigm. 11.446.
5) Hrady XI, 274. Teplj, Wolyn.

Rechte des alten (untertänigen) Duftí; 6 Jahre setzten sie sich den Rat selbst ein, darnach der Kaiser; Loslassung der beiderseitigen Gefangenen, der k. Zins beträgt nur 10 ſP Gr. jährl., der Kaiser verspricht ihnen 2500 ſP Gr. am Gute der Propstei Lóunowitz; dagegen versprechen die Taborer ordentlich nach dem Rechte zu leben und keine Gewalt mehr zu gebrauchen. Auch der Priester Friedrich erhält am gleichen Tage eine Verschreibung von 3000 ſP Gr. auf die Stadt Kolin und auf geiſtl. Dörfern zugesichert.[1]) Der Rosenberger sandte mit diesem Entwurf seinen Schreiber Hans zum Kaiser und der Kaiserin nach Prag, wo auch Přibík v. Klenau am 21. Oktober damit anlangte. Der Kaiser erklärte am 22. Oktober mit dem 1. Artikel (Glaubensfreiheit) nicht einverstanden zu sein und berichtete Ulrich, daß Herr Ptaček v. Bürgstein, die Prager, Saazer u. a. ins Feld rückten, um die Taborer zur Nachgiebigkeit zu zwingen. Auch die Kaiserin äußerte dem Rosenberger gegenüber am 23. ihr Bedenken, ob die Basler Legaten den Entwurf in dieser Form an= nehmen würden.[2]) Die Taboriten gaben endlich nach. Am 18. November schlichteten Ulrich v. Rosenberg, Přibík v. Klenau mit Ulrich v. Cilli u. a. den religiösen Zwist der Taboriten mit den Pragern Magiſtern; die Taborer versprachen dem, was am Egerer Tage in der Glaubensfrage von den Schiedsrichtern ausgesprochen wurde, nachzukommen und baten um freies Geleite zum Egerer Tage.[3]) Darauf bestätigte der Kaiser am selben Tage die zwischen ihm und den Taboriten durch Ulrich vollzogene Einigung.[4]) — In Tabor trat deshalb bald zwischen der Friedenspartei (Friedrich v. Stražnitz und Nikolaus v. Pilgram) und der Opposition unter Johann Rohač v. Duba ein Zwist ein. Diese trennte sich und setzte sich auf der Burg Sion fest, welche Rohač bei Chliſtowitz hinter Malešow er= baut hatte.

Auch die Prachatitzer strebten das Gleiche wie die Taborer an, nämlich die Erhebung zur k. Stadt usw. Schon Mitte November kam der k. Hofrichter Matthias v. Chlumčan mit dem Kammerschreiber nach Prachatitz, wo beide am 19. November den Rat einsetzten: 12 Konsuln und 10 Beisitzer (Schöffen). Die Konsuln waren: Stephan Netolický (zugleich wohl Richter), Mareš (zugleich als Bürgermeister), Ženíšek, Vavra,

---

1) A. č. III, 450.
2) A. č. I, 44, und Beiträge II, 471.
3) Chron. Tabor. Font. r. hus. I, 727.
4) Das Lounowitzer Gut verschrieb ihnen der Kaiser erst am 30. Jänner 1437 samt dem Dobronitzer Wald für eine Pfandsumme von 2400 ſP Pr. Gr.

Koluch, Komen, Mika Bušanovský, Vaněk, Vachek, Andrlík, Johann Kadeřavý und Joh. Soběhrd; Beisitzer waren: Nikolaus Schneider, Broněř, Nikolaus Bízna, Johann Tulář, Jandl, Janek der Bruder des Stěpánek, Šimek, Jira Hesek, Huzka und Vit der Alte — wie es scheint lauter Tschechen.[1]) Der Rosenberger war damit nicht zufrieden und verwies auf seine Verschreibung (1421). Ernst v. Wlaschim lud dann 15. Dezember beide Parteien im Namen des Kaisers zum Prager Landtage (Neu= jahr 1437) vor, wo der Kaiser die Sache begleichen wollte,[2]) aber schon 3 Tage nach diesem Schreiben, am 18. Dezember, erhob Siegmund Pra= chatitz zur k. Stadt und bestätigte alle Privilegien und auch den freien Weg zwischen Böhmen und Passau (Goldener Steig).[3])

Am Prager Landtage, der vom Neujahr 1437 6 Wochen lang dauerte, weilte auch Ulrich v. Rosenberg, vom Kaiser am 14. Dezember eingeladen,[4]) und wurde am 26. Jänner mit Niklas v. Landstein, Johann v. Platz u. a. unter die obersten Beamten (Kmeten) des Landgerichtes ernannt. Er nahm dann teil an der Krönung der Kaiserin Barbara 11. Feber und der ersten Tagung des Landgerichtes in den Quatembertagen der Faste (22. Feber).[5]) Am 30. Jänner verschrieb der Kaiser den Taborern auch das Prämonstratensergut Louňovice,[6]) dessen Propst noch im Vorjahre den Soběslauern die an das Stift zu leistende jährl. Abgabe von 100 Gr. vom Petřinhof, den die Soběslauer 1414, 31. Jänner vom Vormund der Rosenberger Čenko erworben, verkauft hatte.[7])

Gegen die Burg Sion wurde am 15. Feber ein allgemeines Auf= gebot auf den Georgitag erlassen, fand aber wenig Beachtung; erst am 3. Mai wurde eine größere Heeresabteilung abgesandt. K. Siegmund fuhr fort, den huss. Adel und die huss. Städte zu versöhnen. Am 23. März bestätigt er der (wieder k.) Stadt Wodnian die Privilegien,[8]) verschrieb dem Smil v. Krems am 5. Mai Pfandsummen von 500 resp. 2500 fl auf die Herrschaft Wallern und am 1. Juni auf 12 Goldenkroner Dörfern und die Stadt Prachatitz,[9]) dem Přibik v. Klenau 600 fl auf Protivin usf.

---

1) Slama: Obraz minulosti města Prachatic 39.
2) A. č. II, 4, und III, 12.
3) A. č. III, 515.
4) A. č. I, 45.
5) Reg. K. Sigm. 11.667; Bartoss. Chron. bei Dobner I, 197.
6) A. č. III, 515, I, 496.
7) Památky VIII, 626, 158.
8) Reg. K. Sigm. 11.737.
9) Reg. K. Sigm. 11.781, 11.799.

Unterdeſſen ſehen wir den Roſenberger mit Johann v. Maloweß als Steuereinnehmer des Bechiner Kreiſes; als ſolche forderte ſie der Kaiſer am 30. März auf, die geſammelte Steuer möglichſt bald einzuſchicken, und am 16. April befahl er dem Roſenberger, die Steuern nur in den altgewohnten Orten einzunehmen.[1]) Die k. Einnehmer der Galliſteuer ſcheint er ſogar gehindert zu haben, was ihm am 11. November der Kaiſer verbot. Den Tadel des Kaiſers zog er ſich auch zu (19. April), als er die Untertanen des den Brüdern Johann und Wanĕk v. Imrzlik verpfändeten Břevnower Gutes Kosteleß zur Huldigung zwingen und die Leute der Klingenburg in Radobyteč, Hražowiß und Erhoniß in ihren alten Freiheiten verkürzte. Bezüglich des Kostelezer Gutes erließ Siegmund am 2. Mai eine neuerliche Mahnung an den habgierigen Roſenberger.[2])

Ulrich v. Roſenberg ſuchte ſich auch mit den Taborern zu einigen. Am 5. Mai ſtellte er dem Prieſter Friedrich v. Stražniß einen Geleitsbrief für 2 Wochen auf 5—30 Pferde nach Krummau aus,[3]) wo am 3. Juni Hans v. Kolowrat und Přibik v. Klenau den Roſenberger mit den Taborern verglichen. Beide Parteien ſollten alle Feindſchaft vergeſſen und einen ewigen Frieden mit einander ſchließen. Am 4. Juli wurden in Tabor an Ulrich v. Roſenberg auch die beiden Burgen Groß- und Klein-Přibeniß, das Patronatsrecht von Klokot und einige Dörfer um 900 ſß Gr. abgetreten; beide mußten zerſtört werden, ebenſo die Mauern und Türme des Marktes.[4])

Ebenſo gewann Johann v. Lažan Bechin wieder, zum Erſaße verkaufte er dem Johann Bleh v. Tĕšniß am 3. Juli 1437 die Burg Krakoweß ſamt Zubehör um 2500 ſß.[5]) — Oustí konnte Johann der Jüngere v. Oustí allerdings nicht mehr zurückerhalten, dafür verſchrieb ihm der Kaiſer am 25. Juni die Burg Lomniß um 3160 ſß Gr.[6]) Für den Roſenberger war das ein großer Schlag. Er wollte das ſeinem Beſiße angrenzende Gut nicht herausgeben; daher kam es zu einer Fehde, in der Ulrich die Burg Johanns v. Oustí Vogelhaus, die Wenzel v. Platz länger innegehabt hatte (1433), eroberte, die Beſaßung gefangen nahm und die Feſte in

---

1) A. č. I, 46 f., 51.
2) Reg. K. Sigm. 11.766; A. č. I, 47 f.
3) S.-B. d. b. Geſ. 1890, 268.
4) A. č. III, 518.
5) A. č. III, 517 f.
6) Reg. K. Sigm. 11.736.

Brand steckte.[1]) Der Kaiser hatte zur Abtretung von Lomnitz dem Rosen=
berger eine Frist gesetzt, die Ulrich, ohne den k. Willen zu erfüllen, ver=
streichen ließ. Deshalb befahl der Kaiser am 25. Juni, Ulrich solle Lomnitz,
aber ohne den großen Teich, sofort abtreten.[2]) Darüber erbittert, weigerte
sich Ulrich, seine Leute gegen Rohač auf Sion zu senden. In den Quatember=
tagen des Sommers war Ulrich nicht in Prag erschienen, sondern hätte
seinen Dienstmann Chwal (v. Chmelné) dahin entsendet; durch diesen
ließ der Kaiser den Rosenberger zum Zuge gegen Sion auffordern. Auf
eine neuerliche Mahnung vom 29. Juni[3]) erwiderte Ulrich, Chwal sei
noch nicht zurückgekommen, den Brief des Kaisers habe erst am Tage,
wo er antwortete, 3. Juli, empfangen. Er habe jetzt viel mit seinen
Schuldnern zu tun, brauche viele Leute zur Zerstörung von Pribenitz.
Smil v. Krems stehe wider gegen ihn und wolle seinen armen Leuten,
auf die er ordentliche Verschreibungen habe, schaden, ebenso Zmrzlik. Er
wäre gern zu den Quatembertagen gekommen, sei aber krank gewesen;
jetzt gehe es ihm besser, vielleicht könne er doch kommen.[4]) Der Kaiser
forderte ihn am 9. Juli nochmals zur Heeresfolge auf,[5]) aber wie es
scheint, wieder umsonst. Daß Ulrich sich wirklich in Geldnot befand, er=
sehen wir daraus, daß er am 2. September in Krummau durch seinen
Rat Abt Sigismund v. Hohenfurt dem Wilheringer Stifte „aus merklicher
Not" sogar 3 Kaseln, 3 Chorkappen und 6 Chorröcke verkaufte,[6]) die ihm
offenbar während der Hussitengefahr anvertraut worden waren. — In
diese Zeit mag auch die Fehde mit Smil v. Krems fallen. Als nämlich
die Gesellen des Smil von einem Raubzuge „aus dem Deutschen" (Ober=
und Nieder=Österr.) reich mit Beute beladen zurückkamen, ließ sie Ulrich
durch Wilhelm v. Potstein auf Lopata bei Weleschin, wo sie vorüber=
zogen, von der Berg aus angreifen und niedermachen. Darüber erhob
Smil heftige Klagen gegen den Rosenberger, der so den christlichen Waffen=
stillstand und Frieden verletzt habe.[7]) Herzog Albrecht versuchte, Ulrich

---

1) A. č. VI, 438.
2) A. č. 14, 7. Vom gleichen Datum haben wir eine Urkundenfälschung des
   Rosenbergers, in der Siegmund dem Rosenberger und seinen Erben Burg
   und Stadt Lomnitz schenkt, die Ulrich auf des Kaisers Befehl mit großen
   Kosten erobert hätte. Reg. K. Sigm. 11.841.
3) A. č. I, 48 f.
4) A. č. III, 12.
5) A. č. I, 49.
6) Stülz: Wilhering 65.
7) Č. č. Mus. 62, 180.

und Smil zu versöhnen, was ihm aber nicht gelang, wie aus einem Briefe Johanns v. Schaunburg an den Rosenberger vom 8. September hervorgeht.[1])

Der Kaiser lud am 28. August Ulrich zum Časlauer Tage auf den 8. September ein und zeigte ihm am 5. September dessen Verlegung auf den 30. September an.[2]) Wir finden Ulrich am 19. Oktober in Prag, wo ihm der Kaiser Klingenberg und Mühlhausen verschrieb, ebenso am 21., wo er die Erlaubnis erhält, 2000 ſſ. Gr. zur Pfandsumme von Klingenberg wegen Wiederherstellung der Burg dazuzuschlagen.[3])

Am 7. Dezember 1437 starb K. Siegmund in Znaim und am 23. Dezember erlaubte das Basler Konzil die Kommunion unter beiden Gestalten. Allerdings waren damit die Kämpfe in Südböhmen noch nicht zu Ende; die Zwiste mit den Taborern, die sich noch lange nicht an ein friedliches Leben gewöhnen konnten, dauerten noch über ein Jahrzehnt lang fort.

---

1) l. c.

2) A. č. I, 50.

3) A. č. 15, 299. — Dem löbl. Bürgermeisteramte in Budweis und dem Stadtarchivar Prof. Huyer sei hiemit der herzlichste Dank für die Erlaubnis der Archivbenützung ausgedrückt.

Beiträge zur Geschichte der Konfiskationen nach Albrecht von Wallenstein und seiner Anhänger.

Von

Prof. S. Gorge.

(Schluß.)

Bericht von den Gütern, welche im Fürstentum Friedland gelegen und von Ihrer Majestät erkauft, hernach wieder von dem Fürsten von Friedland anderen Leuten unter die Lehen verkauft und abgetreten worden sind, auch was ein jeder darauf zu bezahlen restiert.

66. Zasadka*), 67. Kočnowitz*), 68. Forst*), 69. Třebnaušchowes*), 70. Walečow*), 71. Laukowetz und Kostřitz*), 72. Öls*), 73. Třemešchno*), 74. Rohoznitz*), 75. Wartenberg*), 76. Lämberg*), 77. Weiß-Politschan*), 78. Mířegow und Sedletz*), 79. Walten und Mladějow*), 80. Rowen*), 81. Rot-Politschan*), 82. Burg Welehrad*), 83. Ober-Lišno*), 84. Chotešch*), 85. Bělohrad*), 86. Miletin und Rodow*), 87. Wokrauhly*), 88. Luta-wetz*), 89. Meierhof Wiska*), 90. Krasna*), 91. Lomnitz und Kalna*), 92. Hubojed samt dem Gut Tuř*), 93. Branna, sonst Stěpanitz genannt*), 94. Rohosetz und der vierte Teil der Stadt Turnau*), 95. Slaupno*), 96. Bilsko*), 97. Bartoschow*), 98. Borownitz [Klein-Borwitz]*), 99. Her-manseifen*), 100. Kurowoditz*), 101. Rudwogowitz*), 102. Rowen*), 103. Ein Gut von sechs Dörfern ad Aicha*), 104. Dručow [Drausendorf] ad Aicha*), 105. Hof Křenow ad Skal*), 106. Hodkowitz, sonst Liebenau ge-nannt*), 107. Alt-Aicha*), 108. Domaslowitz*), 109. Ein Gut von sieben Dörfern ad Aicha*), 110. Neudorf ad Friedland*), 111. Wustung und Bunzendorf ad Friedland*), 112. Nawarow*), 113. Holowaus und Hra-diško*), 114. Domoslawitz ad Smidar*), 115. Kluk ad Weißwasser*), 116. Raschin ad Petzka, desgleichen das Dorf Libonitz und Lhota ad Hořic*), 117. Studenetz*), 118. Hof Stařischow ad Welisch*), 119. Hof Lhota Schardwa und Hořic*), 120. Autěchowitz [Audishorn]*), 121. Gütel Klein-Miletin*).

66.*) Das Gut Zasadka ist dem Hans Ludwig Jsolan verkauft um 50.771 fl. 35 kr. (Gorge, 56 f.; Bilek, 82 f.)

67.*) Das Gut Kočnowitz, welches gleichfalls ihm Johann Ludwig Jsolan verkauft um 12.000 fl. Diese beiden Güter, so weiland Wenzel von Budowa gehörig und der Friedland von Ihrer Majestät unter anderen Gütern, welche in dem Kontrakt wegen der Güter Weißwasser, Hühnerwasser, Kloster und Münchengrätz verfaßt; ermeldeter Johann Ludwig Jsolan hat diese Güter dem Friedland völlig bezahlt. (Gorge, ebdsl.; Bilek, 67.)

24*

68.*) Das Gut Forſt, weiland Hans Chriſtoph von Waldſtein gehörig, hat der Friedländer der Frau Magdalena Mitſchan verkauft um 16.500 (16.750) fl. Darauf ſie dem Fürſten ſchuldig verblieben, wie ſolches in den friedländiſchen Schulden und Gegenſchulden zu finden, 7750 fl. (Bilek, 63 f.)

69.*) Das Gut Trebnauſchowes, ſo zuvor dem Adam Silber gehörig und der Friedland von Ihrer Majeſtät erkauft um 24.500 fl. Hievon haben erſtlich die Kreditoren kontentiert, hernach zwei Teil in Ihrer Majeſtät Rentamt und der dritte Teil ihm Adam Silber abgeführt werden ſollen. Dieſes Gut Trebnau= ſchowes hat Friedland dem Hieronymus Bukowsky in beſagter Summa unter die Lehen verkauft, welches auch völlig bezahlt worden. (Bilek, 79.)

70.*) Walečow, zuvor dem Chriſtoph Kapaun gehörig, hat Friedland von Ihrer Majeſtät erkauft um 41.838 fl. 28 kr. (38.029 fl.). Welches Gut hernach der Fürſt dem Gerhard Taxis verkauft um 30.000 fl. Solches Gut iſt hernach den Taxis wieder genommen und dem Rudolf Morzin gegen ſeine Kriegs= prätenſionen um 43.501 fl. 27 kr. 3 ₰ (43.501 fl 21 kr. 3 ₰). (Bilek, 80.)

71.*) Das Gut Laukowetz und Koſtritz, dem Aleſch Berta gehörig, hat der Friedland von Ihrer Majeſtät erkauft per 43.086 (43.068) fl. 27 kr. Hievon haben erſtlich die Kreditoren kontentiert, hernach ein Teil in Ihrer Majeſtät Rentamt abgeführt und der andere Teil dem Aleſch Berka entrichtet werden ſollen. Dieſes Gut iſt von dem Fürſten Aleſch Berka wiederum lehensweis um 40.655 fl. 35 kr. verkauft worden, welches auch der Berka völlig bezahlt. (Bilek, 69 f.)

72.*) Das Gut Öls, weiland dem Zdenko von Waldſtein gehörig, hat der Friedländer von Ihrer Majeſtät erkauft um 49.442 fl. 51 kr. (44.941 fl.). Hievon haben erſtlich die Kreditoren kontentiert, hernach ein Teil in Ihrer Majeſtät Rentamt und der andere Teil ihm Zdenko von Waldſtein abgeführt werden ſollen. Dieſes Gut Öls hat der Friedländer nebſt einem Teil des Dorfes, Nieder= Prausnitz genannt, welches zu dem Gut Tremeſchno gehörig, ihm Zdenko von Waldſtein wiederum unter die Lehen verkauft um 43.153 fl. 54 kr. Dieſes Gut hat der von Waldſtein dem Fürſten völlig bezahlt. Als aber ermeldeter Zdenko von Waldſtein ohne männliche Erben Todes verblichen, hat der Fürſt daſſelbe Gut wiederum einziehen und hernach dem Wilhelm Lamboi um ſeine Kriegs= prätenſionen verkaufen und abtreten laſſen. (Bilek, 73.)

73.*) Das Gut Tremeſchno, welches dem Adam Silber gehörig, hat der Fürſt von Ihrer Majeſtät mit dem Gut Wildſchütz (wie oben sub Nr. 55 hievon gemeldet) um 104.953 fl. 9 kr. erkauft. Hievon haben erſtlich des Adam Silbers Kreditoren kontentiert, hernach zwei Teil in Ihrer Majeſtät Rentamt und der dritte Teil ihm Adam Silber abgeführt werden ſollen. Dies Gut Tremeſchno, welches (ohne den Teil des Dorfes Nieder=Prausnitz, ſo zu dem Gut Öls gezogen) kaum 10.000 fl. wert iſt, hat der Friedland dem Georg Sadowsky um ſeine Prätenſion, hernach aber dem Wladislav Lizek und nach deſſen Tode wiederum ſeiner Schweſter Maria Lizek um dero Prätenſion, ſo ſie bei dem Fürſten gehabt, übergeben. (Bilek, 79 f.)

74.*) Das Gut Rohoznitz, weiland Georg von Waldſtein gehörig, hat der Fürſt von Ihrer Majeſtät erkauft um 20.403 fl. Hievon haben erſtlich die Kreditoren kontentiert, hernach ein Teil in Ihrer Majeſtät Rentamt und zwei Teil ermeldeten

Georg von Waldstein abgeführt werden sollen. Dieses Gut Rohoznitz hat der
Friedland dem Oberst Heinrich von St. Julian verkauft um 20.000 fl., welche
Summe er dem Fürsten völlig abgeführt und bezahlt. Hernach aber anno 1629
hat ermeldeter von St. Julian solches Gut Rohoznitz mit Frau Rosina Silber
um das Teil- und Lehengut Bielohrad, welches weiland Peter Stopel gehörte,
vertauscht. (Bilet, 75 f.)

75.*) Das Gut Wartenberg, weiland Balthasar und Erasmus Gebrüdern
Hirschberger gehörig, hat der Friedland von Ihrer Majestät erkauft um 96.968 fl.
40 kr. Von welcher Summe sollte der Friedland erstlich die Gläubiger konten-
tieren, hernach aus dem Teil des Balthasar Hirschberger einen Teil in Ihrer
Majestät Rentamt und von dem andern Teil des Erasmus Hirschberger die
Hälfte abführen, nachfolgend aber ermeldeten Balthasar Hirschberger seine zwei
Teil und wiederum Erasmus Hirschberger seine andere Hälfte zustellen. Dieses
Gut Wartenberg samt dem konjungierten Gütlein Tolzbach (welches kaum 6000 fl.
wert ist) hat der Fürst dem Christoph Paul Grafen von Liechtenstein gegen
seine Regimentsprätension unter die Lehen verkauft um 119.259 fl. 46 kr. 3 ₰. —
NB. Es befindet sich in den friedländischen Büchern, daß der Friedland anfangs
das Gut Wartenberg, Lämberg und Tolzbach dem Adrian (Adam) Wilhelm
Schelbardt um 203.790 fl. 42 kr. 3 ₰ verkauft hat; als aber ermeldeter Adrian
Schelhardt sein Ende genommen, hat sich der Fürst diese Güter wiederum
angemaßt und anderen Personen verkauft und überlassen. (Bilet, 81.)

76.*) Das Gut Lämberg, weiland Hans Burggrafen von Dohna gehörig,
hat der Fürst gekauft um 58.683 fl. 20 kr. Von welcher Summe hat ihm der
Fürst eine Prätension, so nach Hennig von Waldstein von diesem Gut gehörig,
von 26.833 fl. 20 kr. defalzieren sollen und die übrig bleibende Summe zur Befriedigung des ermeldeten Burggrafen von Dohna Gläubiger zur Landtafel
erlegen. Von diesem Gut Lämberg hat der Fürst dem Franz Morazan einen
Teil um dessen Kriegsprätension um 31.888 fl. 31 kr. 4 ₰ verkauft, welchen
Teil von diesem Gut Lämberg der Fürst aus irgend einer Ursache dem Morazan
wieder genommen und das Gut Lämberg samt aller und jeder Zugehörung dem
Oberst Johann Rudolf Bredau in Abschlag dessen Kriegsprätension um 72.315 fl.
16 kr. 4 ₰ verkauft. (Bilet, 67 f.)

77.*) Das Gut Weiß-Politschan, weiland Georg von Waldstein gehörig,
hat der Fürst von Ihrer Majestät erkauft um 10.458 fl. 55 kr. (2 ₰). Hievon
hat der Fürst erstlich die Kreditoren befriedigen, hernach ein Teil in Ihrer
Majestät Rentamt und zwei Teil ermeldeten Georg von Waldstein erlegen sollen.
Nochmals Frau Engelburg Sarubin unter die Lehen verkauft. (Bilet, 74.)

78.*) Das Gut Mirzegow und Sedletz, weiland Hans dem Älteren Bukowsky
von Hustiran gehörig, hat der Fürst von Ihrer Majestät erkauft um 14.219 fl.
20 kr. Hievon der Fürst dessen Bukowsky Kreditoren befriedigen und vom übrigen
die Hälfte in Ihrer Majestät Rentamt und die andere Hälfte ihm Bukowsky abführen sollen. Ermeldete Güter Weiß-Politschan, Mirzegow und Sedletz hat der
Fürst Frau Engelburg Saruba von Zeltingen zusammen verkauft um 26.000 fl.
Darauf sie dem Fürsten schuldig verblieben 3000 fl., wie solches unter den friedländischen Schulden und Gegenschulden zu finden. (Bilet, 71.)

79.*) Das Gut Walten und Mladějow, weiland Konrad Burggrafen von Dohna gehörig, hat der Fürst von Ihrer Majestät erkauft um Summe 57.694 fl. 11 kr. (46.697 fl. 23 kr. 2 ₰ — Mladějow allein 10.966 fl. 48 kr. 2 ₰). Von welcher Summe hat der Fürst erstlich dessen von Dohna Gläubiger befriedigen und von dem übrigen die Hälfte in Ihrer Majestät Rentamt, die andere Hälfte ermeldetem Konrad von Dohna abführen sollen. Der Fürst hat Walten samt Pertinentien dem Oberst Wittenhorst (Winterhorst), Mathias von Wachtenduck, seinen Erben und Nachkommen u. a. mit Konsorten unter die Lehen verkauft um 37.000 fl. Und das Gut Mladějow dem Hans Slawata v. Chlum, welches von der Zeit an schon in dritte Hand geraten (auch an Magdalena Kunesch), anjetzo aber dasselbe Magdalena Stosch geb. Berinek von Blhot possediert um 9922 fl. 10 kr. Diese beiden Güter sind dem Friedländer völlig bezahlt worden. (Bilek, SS. 71 u. 80 f.)

80.*) Das Gut Rowen, weiland Alexander Debner von Preis gehörig, hat der Fürst von Ihrer Majestät erkauft um 3822 fl. 35 kr. (3822 fl. 55 kr.). Hievon hat der Fürst erstlich dessen Schulden zahlen und den Rest ins kais. Rentamt abführen sollen. Hernach hats der Fürst seinem Vetter Hans Adalbert von Waldstein bis zu seinen Lebtagen geschenkt. (Bilek, 76.)

81.*) Das Gut Rot-Politschan, weiland dem Wienek Bukowsky von Hustiřan, hat der Fürst von Ihrer Majestät erkauft um 6452 fl. 50 kr. Hievon zuerst die Gläubiger zu kontentieren und der Rest ins kais. Rentamt abzuführen. Nachmals Johann Pieroni geschenkt. (Bilek, 74.)

82.*) Das Gut Burg Welehrad, weiland Karl Bukowsky von Hustiřan gehörig, hat der Fürst von Ihrer Majestät erkauft um 15.264 fl. 40 kr. Zuerst die Kreditoren, falls sich deren befinden, zu befriedigen, vom Rest ein Teil ins kais. Rentamt und zwei Teile dem Karl Bukowsky abzuführen. Nochmals auch dem Johann Pieroni doniert. (Bilek, 81.)

83.*) Das Gut Ober-Lisna oder Slawikowitz genannt, so dem (Stranik) Stranik von Kopidlno (Kopydol) gehörig, hat der Fürst von Ihrer Majestät erkauft um 3500 (3505) fl. Hievon zuerst die Gläubiger zu kontentieren und vom Rest ein Teil ins kais. Rentamt und zwei Teil an ermeldeten Stranik abzuführen. Das Gut hat der Fürst dem Stranik wiederum lehensweis um 3500 (3505) fl. überlassen. Stranik ist dem Fürsten an Kapital und Interessen 1201 fl. 40 kr. schuldig, wie solches unter den friedländischen Schulden in specie zu finden. (Bilek, 68 f.)

84.*) Das Gut Lhotetsch, weiland David Heinrich von Tschirnhaus gehörig, hat der Fürst von ihm um bare Zahlung erkauft um 25.666 fl. 40 kr. Dieses Gut hat der Fürst wiederum dem Johann Gazberowsky unter die Lehen verkauft, welches er gleichfalls richtig bezahlt. (Bilek, 65 f.)

85.*) Das Gut Bělohrad, so weiland Peter Stopek gehörig, hat der Fürst von Ihrer Majestät erkauft um 70.375 fl. 50 kr. Von dieser Summe hat Friedland Stopeks Gläubiger, Erben und Gesinde befriedigen und den Überrest dem Grafen von Meggau abführen sollen.

Summe der liquidierten Schulden (im einzelnen angeführt) 27.406 fl. 58 kr. 1 ₰
Bis dato nicht liquidierte Schulden . . . . 13.562 fl. 48 kr.

Von Bělohrad hat der Fürst der Gräfin Katharina Waldstein geb. Mirschkowsky für ihr väterliches Erbteil auf Hohenelbe unter die Lehen abgetreten um
19.216 fl. 57 kr. 4 ₰. Mehr davon hat der Fürst einen Teil mit Konjungierung
eines Teils des Guts Wokrauhly, welches er von Maria Gestřzibowsky gekauft,
item mit Konjungierung eines Dorfs Uhlikow von Gut Petzka, welches von Anna
Salomena Harant gekauft wurde, der Rosina Silber geb. Mirschkowsky gleichfalls ·
für ihr väterliches Erbe auf dem Gut Hohenelbe unter die Lehen verkauft um
25.316 fl. 40 kr. Dieses Gut hat sie mit Oberst Heinrich von St. Julian um das
Gut Rohoznitz vertauscht. Item hat der Fürst von Bělohrad mit Konjungierung
eines Dorfes Neudorf, welches zum Gut Petzka und St. Johannes-Augezd gehörig
gewesen, dem St. Julian mit einem Donationsbrief geschenkt und übergeben um
44.288 fl. 13 kr. 2 ₰ (nach der Beilage hat der Fürst dem St. Julian Bělohrad
überhaupt boniert). (Man vgl. Bilek, 59 f.)

86.*) Miletin ist erkauft von Hannibal von Waldstein um 30.000 fl. und
er hält es wieder unter den Lehen um 15.000 fl. — Das Gut Rodow, weil
Bartholomäus von Waldsteins Erben gehörig, ist erkauft worden, mit dem Gut
Miletin in einem Kontrakt begriffen und gleichfalls den Erben zuständig, um
30.000 fl., doch das Gut Rodow nur 10.000 fl. wert ist. Welches Gut Rodow
Friedland der Maria Magdalena Gräfin von Trzka und das Gut Miletin dem
Hannibal Grafen von Waldstein abgetreten. (Bilek, 70.)

87.*) Das Gut Wokrauhly hat der Fürst von Maria Gestřzibowsky gekauft
um 9391 fl. 40 kr. (9625 fl.)[1] und dem Oberst St. Julian abgetreten. Dieser
hat es mit dem Gut Bělohrad von Rosina Silber um das Gut Rohoznitz vertauscht. Der Fürst bleibt den Erben der Maria Gestřzibowsky zu bezahlen schuldig
an Kapital und Interessen zusammen 8050 fl.

88.*) Das Gut Bukowetz kauft der Fürst von Karl Christoph Starschinsky
um 7000 fl. und ihm wieder um diese Summe, welche er bezahlt, verkauft.
(Bilek, 70.)

89.*) Den Meierhof Wiska hat der Fürst von Dietrich Starschedl gekauft
um 7933 fl. 20 kr. und dem Hans Christoph von Waldstein zu genießen geschenkt.
Das Gütlein samt dem Dorfe Wiska im Werte von 13.000 fl. wurde zu dem
Kloster Weißwasser abgetreten. Auf dem Gute ist der Fürst Hans dem Ältern
Wolf von Kwitkow schuldig verblieben 583 fl. 20 kr. Kapital und Interessen bis
Galli 1633 379 fl. 54 kr. 4 ₰, zusammen 963 fl. 14 kr. 4 ₰ (1 ₰). (Bilek, 82.)

90.*) Das Gut Krasna, weiland Heinrich Bletta von Autěchowitz gehörig,
ist von Ihrer Majestät erkauft worden um 12.380 fl. 16 kr. 4 ₰. Davon Blettes
Gläubiger zu kontentieren und der Rest ins kais. Rentamt abzuführen. Der Fürst
hat es dem Wolf Ladislaus von Schleinitz und seiner Frau Ludmilla geb. Sed-
letzky in ermeldeter Summe (auf gewisse Konditionen) übergeben. Der Fürst ist
darauf dem Gläubiger schuldig verblieben 7525 fl. Kapital und Interessen für
6 Jahr und 20 Wochen 2932 fl. 18 kr. 3 ₰, zusammen 10.457 fl. 18 kr. 3 ₰.
(Bilek, 66.)

91.*) Auf dem Gut Lomnitz und Kalna hat Adam von Waldstein, Oberst-
burggraf zu Prag, sein Recht und Gerechtigkeit dem Fürsten abgetreten um

1) Das Eingeklammerte richtig, da nach Bilek, 73, 8250 ℳ m. = 9625 fl. rh.

64.166 fl. 40 kr. Hingegen ist ihm das Gut Wltawa übergeben um 32.666 fl.
40 kr. Mehr schuldig verblieben 31.500 fl. Kapital und 3850 fl. Interessen. Lomnitz
hat der Fürst nachmals dem Grafen (Otto Friedrich) von Harrach doniert.
(Bilek, 69.)

92.*) Das Gut Hubojed samt dem Gut Tuř, welches dem Kammergut
Rumburg konjungiert, hat der Fürst von Elischka Zierotin von Waldstein mit
Abtretung des Rechts von den Gebrüdern von Oppersdorff gekauft um 30.533 fl.
20 kr. Darauf hat der Fürst denen von Oppersdorff abgeführt 7200 fl., so daß
23.333 fl 20 kr. verbleiben. Tuř ist der Kammerherrschaft Rumburg zugetan,
Hubojed dem Grafen von Harrach doniert. (Bilek, 55 f.)

93.*) Das Gut Branna, sonst Stěpanitz genannt, hat der Fürst neben
ihm von Ihrer Majestät gegebenen Expektanz überkommen und geerbt. Für
welches Gut ist der Fürst der Witwe Engelburg Zaruba wie auch von dem Gut
Třebowětitz herrührend ihre Morgengabe schuldig verblieben 17.500 fl. Mehr
hat ihr aus diesen zwei Gütern für ihren Unterhalt und Wohnung jährlich
933 fl. 20 kr. abgeführt werden sollen, und zwar ist ihr dies bald nach dem
Tode ihres Mannes vom 20. Juli 1632 bis dato versessen. Weiter soll ihr für
alle Fahrnis und Hausrat der zwei Güter gegeben werden 7200 fl., was aber
bis dato bei der Liquidationskommission beruht. Mehr soll von den zwei Gütern
dem Hans Ledschansky eine Schuld bezahlt werden, 3500 fl. Kapital und 259 fl.
37 kr. Interessen, zusammen 3759 fl. 37 kr. Der Fürst hat die drei Güter, als
Lomnitz-Kalna, Branna oder Stěpanitz und Hubojed dem Otto Friedrich Grafen
von Harrach unter die Lehen abzutreten befohlen und das Gut Tuř mit dem
Kammergut Rumburg konjungiert. (Bilek, 60 f.)

94.*) Das Gut Rohosetz und den vierten Teil der Stadt Turnau, so zuvor
Hans Georg von Wartenberg gehörig, hat der Fürst von Ihrer Majestät erkauft
um 54.176 fl. 54 kr. Davon dessen Gläubiger zu kontentieren und der Rest ins
kaiserliche Rentamt abzuführen. Den vierten Teil der Stadt Turnau, der auf
15.000 fl. angeschlagen ist, hat der Fürst mit dem Kammergut Skal (Groß-Skal
und Trosky) konjungiert. (Bilek, 75.)

95.*) Das Gut Slaupno, welches zuvor dem Hans Georg Materna gehörig,
hat der Fürst von ihm gekauft um 23.333 fl. 20 kr. Mehr um 100 Stück Dukaten.
Dieses Gut ist dem Materna ganz und völlig bezahlt und hat der Fürst dasselbe dem Zdenko Grafen von Waldstein (ohne zwei Angesessene im Dorf Křičow)
unter die Lehen verkauft um 18.666 fl. 40 kr. Nach Absterben Zdenkos hat der
Fürst sich dessen Guts wieder angemaßt und solches der Witwe Anna Maria
Gräfin Waldstein von Kolowrat bis zur Veränderung ihres Witwenstandes zu
genießen hingelassen. NB. Weil sie sich aber wieder verheiratet, so wird nunmehr
Slaupno Ihrer kais. Majestät anheimgefallen sein. (Bilek, 77 f.)

96.*) Das Gut Bilsko hat Friedland von Heinrich Materna gekauft um
7000 fl. Darauf ist der Fürst, wie unter den friedländischen Schulden zu finden.
Kapital und Interessen schuldig verblieben 7443 fl. 20 kr. Dieses Gut hat Friedland wieder dem Adam Neff, Doctor juris, verkauft per 7000 fl. Welches Gut
jetzt des Adam Neff Witwe possediert und darauf an Kapital zu zahlen schuldig
verbleibt 770 fl. Das Gütel Bilsko hatte der Fürst zu dem Gute Kopidlno er-

tauft. (Obige 7443 fl. 20 kr. setzen sich zusammen aus 933 fl. Kapital an Dr. Adam Neff, 5250 fl. Kapital und 1260 fl. bis Galli 1633 versessene Interessen an Albrecht Robenhap (Rabenhaupt). (Bilek, 60.)

97.*) Das Gut Bartoschof hat Friedland von der alten Trzka, wie sub Nr. 10 zu ersehen, im Tausch überkommen und solches Katharina vormals Guterding, jetzt Tyll, unter die Lehen verkauft, welches sie völlig und richtig bezahlt per 5300 fl. (3500 fl., wohl verschrieben).[1]

98.*) Das Gut Borownitz (Klein-Borwitz), so weiland Hans Christoph Grafen von Waldstein zu dem einen Teil des Guts Arnau gehörig, hat der Fürst dem Hansgrafen (seinem Sekretär Johann Grafen von Ehrenfeld) unter die Lehen geschenkt um 1540 fl. 8 kr. 2 ₰. (Bilek, 60.)

99.*) Das Gut Hermanseifen, so weiland Hannibal von Waldstein zu dem andern Teil des Guts Arnau gehörig, hat der Fürst dem Hans Christoph Grafen von Waldstein unter die Lehen geschenkt per 23.780 fl. 53 kr. 2 ₰. (Bilek, 64 f.)

100.*) Das Gut Kurowoditz (und Blata), welches weiland Joachim Andreas Grafen Schlick zu dem Gut Swijan gehörig, hat der Fürst dem Mathias von Wachtendruck unter die Lehen verkauft per 18.763 fl. 36 kr. 4 ₰. Welche Summe dem Fürsten völlig bezahlt worden ist. (Bilek, 67.)

101.*) Das Gut Nudwogowitz, welches weiland Joachim Andreas Schlick zu dem Gut Swijan gehörig, hat der Fürst der Sophia Ursula Gräfin Schlick von Oppersdorff, der er von Swijan 7000 fl. schuldig verblieb, um völlige und richtige Bezahlung unter die Lehen verkauft um 14.000 fl. (Bilek, 72.)

102.*) Das Gut Rowan, so weiland denen von Smiřic zu dem Gut Aicha gehörig, hat der Fürst dem Pietro de Ferrari, Obersten, gegen baare Bezahlung unter die Lehen verkauft per 20.435 fl. 22 kr. 3 ₰. (Bilek, 76.)

103.*) Item von ermeldetem Gut Aicha hat der Fürst dem Augustin Morando sechs Dörfer unter die Lehen verkauft um 8196 fl. 30 kr. und dieser dem jetzigen Besitzer Johann Kunesch von Lukawetz. (Bilek, 61 f.)

104.*) Mehr von diesem Gut Aicha hat der Fürst dem Christian Grafen von Waldstein das Gut Drucow (Drausendorf) unter die Lehen verkauft um 15.691 fl. 3 kr. 2 ₰, aber es ist kein Kaufbrief darüber vorhanden. (Bilek, 63.)

105.*) Vom Gut Stal (Groß-) und Trosky hat der Fürst dem Grafen Christian von Waldstein einen Hof, Křenow genannt, unter die Lehen verkauft um 5000 fl. (Bilek, 63.)

106.*) Das Gut Hodkowitz, sonst Liebenau genannt, welches weiland denen von Smiřic zu der Herrschaft Aicha gehörig, hat der Fürst dem Christoph Eckstein gegen richtige und völlige Bezahlung unter die Lehen verkauft um 13.475 fl. 17 kr. 3 ₰. Dieses Gut hat ermeldeter Christoph Eckstein mit ebenmäßiger Gerechtigkeit dem Johann Kunesch von Lukawetz verkauft, welches er bis dato possediert. (Bilek, 65.)

107.*) Das Gut Alt-Aicha, welches weiland denen von Smiřic zu der Herrschaft Aich gehörig, hat der Fürst dem Caesar Gilo de Hungariae, Obersten,

---

1) Auch Bilek, 58 f., hat die erstere Summe.

gegen richtige und völlige Bezahlung unter die Lehen verkauft um 15.718 fl. 57 kr. 3 ₰. Welches Gut ermeldeter Gilo de Hungariae hinterlassener Sohn und Erbe possedieren. (Bilet, 58.)

108.*) Das Gut Domaslowitz, so gleichfalls denen von Smiřic zu der Herrschaft Aicha gehörig, hat der Fürst dem Paul Cornazan und seinem Weibe Anna Susanna, welches sie bis dato possediert, unter die Lehen verkauft um 16.291 fl. 48 kr. 1 ₰. Darauf sie schuldig verbleibt, welches sie den PP. Societatis Jesu zu Erbauung des Collegii zu Gitschin übergeben 99 fl. (Bilet, 62.)

109.*) Item von Aicha hat der Fürst dem Jakob Reinhard Heustern sieben Dörfer unter die Lehen verkauft um 9000 fl. (7000 fl. Bilet 62.)

110.*) Das Gut Neu(n)dorf, so zuvor zu der Herrschaft Friedland gehörig, hat der Fürst gleichfalls Jakob Reinhard Heuster gegen völlige und richtige Bezahlung unter die Lehen verkauft um 20.000 fl. (20.000 ℳ m. = 23.333 fl. 20 kr. rh. Bilet, 72.)

111.*) Das Gut Wustung (Wüsting) und Bunzendorf, so zuvor zu dem Gut Friedland gehörig, hat der Fürst dem Peter Antonio La Motta (welches jetzt dessen Witwe possediert) um richtige und völlige Bezahlung unter die Lehen verkauft um 22.000 fl. (Bilet, 61.)

112.*) Das Gut Nawarow, welches zuvor zu dem Gut Semil gehörig, hat der Fürst der Gertrude La Motte unter die Lehen um völlige und richtige Bezahlung verkauft um 30.000 fl. (Bilet, 71 f.)

113.*) Das Gut Holowaus und Hradisko, welches zuvor zu dem Gut Hořic gehörig, hat der Fürst der Elisabeth Stosch von Strobschitz geb. Mirschkowsky um ihr väterlich Erbteil auf dem Gute Hohenelbe übergeben um 23.333 fl. 20 kr. (Bilet, 65.)

114.*) Das Gut Domoslawitz, welches zu dem Gut Smidar zuvor Hans Silber und hernach Magdalena Maria Gräfin Trzka gehörig, hat der Fürst dem Francisco de Jacobo unter die Lehen geschenkt, welches er bis dato possediert, per 10.000 fl. (Bilet, 62 f.)

115.*) Das Gut Kluk, welches vorhin dem Bohuchwal (Gottlob) Berka zu dem Gut Weißwasser gehörig, hat der Fürst dem Dietrich von Starschedl um 6000 fl., worauf er schuldig verbleibt 697 fl. 30 kr. Kapital. (Bilet, 67.)

116.*) Das Gut Raschin, welches vorhin der Anna Salomena (Smiřicky) zu dem Gut Petzka gehört hat, desgleichen das Dorf Libonitz und Lhota, welche denen von Smiřic zu dem Gut Hořic gehört, hat der Fürst dem Hieronymus Bukowsky von Neudorf gegen völlige und richtige Bezahlung unter die Lehen verkauft um 7911 fl. 14 kr. 3 ₰ (Raschin aufs wenigste wert 10.000 fl., Libnoitz und Lhota wohl wert 3000 fl.). (Bilet, SS. 68 und 73 f.)

117.*) Das Gut Studenetz, welches zuvor dem Hans Stranik von Kopidlno gehörig und der Fürst mit Recht an sich bracht und den übrigen Teil von dessen Waisen dazu erkauft, hat er wieder dem Wenzel Zaruba anstatt und zuhanden seiner Tochter Johanna Ursula, jetzt Brodetzky gegen völlige und richtige Bezahlung verkauft um 8500 fl. Darauf er schuldig verblieben 210 fl., als nämlich Maria Milota an Kapital 93 fl. 20 kr., Anna Katharina Taura Kapital 116 fl. 40 kr. (Bilet, 78.)

118.*) Den Hof Stařichow, so zuvor zu dem Gut Welisch gehörig, hat der Fürst dem Wenzel Nikolaus Petzinger für seine Prätension, die er auf dem Gut Wamberg gehabt, unter die Lehen abgetreten um 3422 fl. 46 kr. 4 ₰. Petzinger hat diesen Hof wieder der Magdalena Stosch geb. Borinek zu ihrem Gut Mladějow verkauft. (Bilet, 77.)

119.*) Den Hof Lhota Scharowes, welcher denen von Smiřic zu dem Gut Hořic gehörig, hat der Fürst der Anna Wostromierschky geb. Wogitzky für ihre Prätension, welche sie auf dem Hof und der Mühle in dem Dorf Radetsch gehabt, verkauft und abgetreten um 4083 fl. 20 kr. (Bilet, 68.)

120.*) Autěchowitz (Audishorn) hat Christian Weigl von Weigelsfels dem Fürsten freiwillig unter die Lehen getan, welches er bis dato possediert. (Bilet, 89 f.)

121.*) Das Gütel Klein-Miletin, so weiland Peter Stopek zu dem Gut Bělohrad gehört, hat der Fürst der Katharina Gräfin von Waldstein geb. Wirschkowsky um ihr väterlich Erbteil auf dem Gut Hohenelbe verkauft und abgetreten um '19.216 fl. 57 kr. 4 ₰. Daß also dies Gut bezahlt worden. (Bilet, 59.)

Bericht von den friedländischen Kammergütern, wie dieselben konfiskationsweise von Ihrer kais. Majestät dem gewesenen Friedländer überlassen, auch was von anderen erkauft, deren etliche gedachter Friedländer nach denen von Smiřic vermög geschlossener Teilung geerbt hat und wiederum dem jetzigen Wert nach tariert worden sein.

122. Kumburg und Aulibitz (auch Smrkowitz), 123. Radetz und Chomutitz ad Kumburg, 124. Gütel Radeč (Klein-Radetz, Hradiško) ad Kumburg und Aulibitz, 125. Hof und Dorf Newratitz ad Kumburg und Aulibitz (früher mit Hořic), 126. Tur ad eadem, 127. Walditz ad Kumburg, 128. Gitschin ad Kumburg.*)

122—128.*) Das Gut Kumburg und Aulibitz, so dem von Friedland nach denen von Smiřic erblich angefallen, ist in der Teilung (mit dem Kaiser, ratifiziert 17. Februar 1623) tariert gewesen per 156.874 fl. 33 kr. 2 ₰. Hiezu von Ihrer Majestät Konfiskationskommissarien erkauft das Gut Smrkowitz per 55.368 (86) fl. Von dieser Summe haben sollen erstlich des Johann Georg Wachtl Kreditoren kontentiert, hernach ein Teil in Ihrer Majestät Rentamt und zwei Teil dessen Wachtls Erben erlegt werden. (Bilet, 50 f. und 54 f.) — Mehr zu obermeldeten Gut Kumburg das Gut Radetz und Chomutitz konfiskationsweis erkauft per 18.083 fl. 20 kr. Von dieser Summa haben gleichfalls zuvörderst des weiland Johann Georg Sliwsky Schulden, nämlich 11.666 fl. 40 kr. zur Landtafel bezahlt und das übrige den verlassenen Erben, als nämlich Kapital 6416 fl. 40 kr. und Interessen bis Galli 1633 gerechnet 3519 fl. 53 kr. 4 ₰, gefolgt werden, wie solches in der Spezifikation der friedländischen Schulden zu finden. (Bilet, 50 f. und 48 f.) — Mehr zu dem Gut Kumburg und Aulibitz konjungiert ein Gütel, genannt Radeč, so Friedländer von der Frau Anna Wostromierschky um einen Meierhof, in der Herrschaft Hořic gelegen und Lhota Scharowes genannt, ertauscht, so taxiert per 4083 fl. 20 kr. Wie solches unter den Lehengütern sub Nr. 119 zu finden. (Bilek, 68.) — Mehr zu dem Gut Kumburg und Aulibitz zugetan einen Hof und Dorf Newratitz, so gleichfalls denen von Smiřic zu dem Gut Hořic gehörig gewesen, aufs wenigste per 9000 fl. Bilek, 46 f und 50 f.) — Mehr hinzugetan und erkauft das Gut Tuř, weiland Eliška Zierotin von Waldstein gehörig, so zu bezahlen noch verbleibt, per 23.333 fl. 20 kr. (Bilek, 50 f. und 55 f.) — Also hat die ganze Herrschaft Kumburg samt deren dazuerkauften Gütern in Summa betragen 266.760 fl. 43 kr. 2 ₰. — Von dieser Herrschaft Kumburg hat der Friedländer wiederum genommen und zum Karthäuserkloster Walditz etliche Dörfer per 35.000 fl., wie oben unter den geistlichen Gütern sub Nr. 57 zu finden. — Mehr von der Herrschaft Kumburg und Aulibitz den PP. Societatis Jesu zu Gitschin abgetreten und fundiert etliche Dörfer per 25.000 fl., wie gleichfalls unter den geistlichen Gütern sub Nr. 59 zu finden. — Auf den Überrest der ermeldeten Güter Kumburg und Aulibitz samt den mitkonjungierten Gütern ist eine Taxe gemacht worden, welche beträgt 378.292 (299.672) fl. 21 kr. 4 ₰. (Gorge, l. c., 25 f.; Bilek, 50 f.)

129. Hořic, 130. Wostromeř ad Hořic, 131. Silbern-Augezd ad Hořic, 132. Třebowětitz ad Hořic, 133. Daubrawa ad Hořic (Žiželowes), 134. Wälder ad Hořic (Bělohrad), 135. St. Johann-Augezd ad Hořic, 136. Holowaus-Hradischko ad Hořic (Hohenelbe), 137. Hof und Dorf Nawratitz ad Hořic (Kumburg), 138. Dorf Libonitz und Lhota ad Hořic (Raschin), 139. Lhota Scharowes ad Hořic. — Am Schlusse auch von Hořic und Aulibitz, die an Walditz wegen Petzka verpfändet; vorher Taxen von Hořic und Třebowětitz.*)

129—139.*) Das Gut Hořic, welches der Fürst nach denen von Smiřic überkommen, ist geschätzt per 57.748 fl. 50 kr. — Das Gut Wostromeř, so weiland Wenzel Wostromierschky von Rokitnik gehörig, hat der Fürst von Ihrer Majestät erkauft und mit dem Gut Hořic konjungiert per 9958 fl. 40 kr. Von welcher Summa erstlich des Wostromierschky Schulden, im Fall sich deren befinden möchten, bezahlt und aus dem übrigen zwei Teil in Ihrer Majestät Rentamt und ein Teil ermeldetem Wostromierschky abgeführt werden sollen. (Bilek, 57.) — Das Gut, Silbern-Augezd genannt, welches der Fürst von Maria Magdalena Gräfin Trzka von Lobkowitz (wie oben Nr. 10 zu finden) um andere Güter ertauscht, ist aufs wenigste gehalten um 10.000 fl. (Bilek, 43.) — Mehr mit dem Gut Hořic das Gut Třebowětitz, welches der Fürst nach dem Wenzel Zaruba von Hustirschan von Ihrer Majestät habenden Expektanz bekommen, konjungiert um 26.539 fl. 25 kr. (Bilek, 55.) — Mehr mit dem Gut Hořic konjungiert das Dorf Daubrawa (Dobrawa), welches vor diesem zu dem Gut Žiželowes gehört und aufs wenigste wert ist 2000 fl. (Bilek, 43.) — Mehr zu dem Gut Hořic sind etliche Wälder (wegen Gelegenheit) von dem Gut Bělohrad (wie hievor unter den Lehengütern Nr. 25 zu finden) konjungiert um 6000 fl. (Bilek, 59.) — Item mit dem Gut Hořic das Dorf St. Johann-Augezd, welches der Fürst von dem Bořiwoj Borschek Nepolysky und Mariana Gestřzibowsky per 4316 fl. 40 kr. gekauft, einen Teil konjungiert, um 3000 fl. Für das Dorf St. Johann-Augezd ist der Fürst des ermeldeten Nepolysky Erben schuldig verblieben Kapital 3500 fl. und Interessen bis Galli 1633 592 fl. (Bilek, ebds.) Summa für das Gut Hořic samt den dazu erkauften Gütern der vorigen Schätzung nach 115.246 fl. 55 kr. — Von ermeldetem Gut Hořic und den konjugierten Gütern hat der Fürst der Elisabeth Stosch von Strobschitz um ihr väterlich Erbteil, so sie auf dem Gut Hohenelbe gehabt, das Gut Holowaus-Hradischko unter die Lehen verkauft, wie hievon Nr. 113 unter den Lehengütern zu finden, um 23.333 fl. 20 kr. (Bilek, 65.) — Mehr von ermeldetem Gut Hořic hat der Fürst mit dem Gut Kumburg konjungiert einen Hof und Dorf, Newratitz genannt, wie hievon bei ermeldetem Gut Kumburg Nr. 125 zu finden, um 9000 fl. (Bilek, 50.) — Mehr hat der Fürst von dem Gut Hořic weiland Hieronymus Bukowsky von Neudorff verkauft das Dorf Libunitz und Lhota, wie unter den Lehengütern bei dem Gut Raschin zu finden, und sind die zwei Dörfer wohl wert 3000 fl. (als Lehen aber dem Bukowsky verkauft per 7911 fl. 14 kr. 3 ₰. (Bilek, 46 f und 68.) — Item von ofterdachtem Gut Hořic hat der Fürst der Anna Wostromierschky (geb. Wogitzky) um ihre Prätension (auf dem Hof und der Mühle im Dorfe Radeč ad Kumburg) im Dorf Lhota Scharowes, wie hievon unter den Lehengütern Nr. 119 zu finden, übergeben und abgetreten um 4083 fl. 20 kr. (Bilek, 68.) Nach Abteilung dieser von dem Gut Hořic abgeteilten Güter sind auf das übrige, was noch bei dem Gut Hořic verblieben, ohne die Lehengerechtigkeit zwei Taxen verfertigt worden, so zusammen austragen 172.743 fl. 55 kr, als nämlich auf das Gut Hořic 146.204 fl. 30 kr. (Třebowětitz 26.539 fl. 25 kr.) (Gorge l. c., 32 f.; Bilek, 46 f.) NB. Das Gut Hořic und Aulibitz hat der Fürst dem Karthäuser-kloster Waldiz bei Gitschin wegen etwo Ansprüche der ausständigen Summa für das Gut Petzka in der Fundation verpfändet, wie solche dieselbe mit mehrerem besagt.

140. Stal (Groß-) und Trosky, 141. Ein Viertel von der Stadt Turnau ad Stal, 142. Holenitz ad Stal, 143. Hof Křenow(sky) ad Stal.*)

140—143.*) Das Gut Stal (Groß-) und Trosky, so der Fürst nach denen von Smiřic überkommen, ist bei Abteilung der Güter taxiert um 120.220 fl. 53 kr. 43 ₰. — Zu diesem Gut Stal und Trosky hat der Fürst den vierten Teil der Stadt Turnau (welcher zuvor dem Hans Georg von Wartenberg, wie unter den Lehengütern bei dem Gut Rohosetz Nr. 94 zu sehen, gehörig gewesen) konjungiert, welcher vierte Teil der Stadt allhie gesetzt wird um 15.000 fl. (Rohosetz und ein Viertel von Turnau erkauft um 54.176 fl. 54 kr.). — Mehr wird mit dem Gut Stal das Dorf Holenitz, welches der Fürst von dem Christoph Erasmus Sommerfeld gekauft, wegen Bequemlichkeit konjungiert um 3616 fl. 40 kr. NB. Für dieses Gut Holenitz ist der Fürst ihm Sommerfeld schuldig ver-blieben an Kapital 1283 fl. 20 kr. und Interessen bis Galli 1633 269 fl. 30 kr. — Summa für ermeldetes Gut Stal und Trosky hat samt dem vierten Teil der Stadt Turnau und Dorf Holenitz der vorigen Taxa nach betragen 138.837 fl. 33 kr. 4 ₰. — Von diesem Gut Stal und Trosky hat der Fürst dem Christian Grafen von Waldstein einen Hof, Křenow(sky) genannt (wie hievon unter den Lehengütern Nr. 105 zu finden), verkauft und abgetreten um 5000 fl. — Auf das übrige des Guts Stal und Troska ohne die Lehenpflicht ist eine Taxa aus-gefertigt worden, so beträgt 243.346 (256.219) fl. 48 kr. 2 ₰. (Gorge, l. c., 56 f.; Bilek, 53 f.)

144. Semil und Nawarow, 145. Nawarow.*)

144—145.*) Das Gut Semil und Nawarow, welches der Fürst nach denen von Smiřic überkommen, ist um 48.063 fl. 32 kr. 3 ₰. — Von diesem Gut hat der Fürst der Gertrude La Motte das Gut Nawarow unter die Lehen verkauft, wie hievon Nr. 112 gemeldet, um 30.000 fl. — Das übrige des Gutes Semil ist hinwiederum taxiert worden um 76.336 fl. 30 kr. (81.253 fl. 40 kr. mit Nowarow). (Gorge l. c., 35; Bilek, 59.)

146. Aicha, Friedstein und Klein-(Wartenbergisch-)Stal, 147. Klein-Stal, 148. Rowen ad Aicha, 149. Sechs Dörfer ad Aicha, 150. Dručow (Drausendorf) ad Aicha, 151. Hodkowitz oder Liebenau ad Aicha, 152. Alt-Aicha, 153. Domaslowitz ad Aicha, 154. Sieben Dörfer ad Aicha.*)

146—154.*) Das Gut Aicha, Friedstein und Klein-Stal a. d. Iser, so der Fürst nach denen von Smiřic überkommen, ist taxiert um 118.416 fl. 40 kr. — Von diesem Gut Aicha hat der Fürst dem Nikolaus de Fours das Gut Klein-Stal a. d. Iser unter die Lehen verkauft, wie unter den Lehengütern Nr. 49 gemeldet, um 20.000 fl. — Mehr von diesem Gut Aicha hat der Fürst dem Pietro de Ferrari das Gut Rowen unter die Lehen verkauft, wie sub Nr. 102 zu finden, um 20.435 fl. 22 kr. 3 ₰. — Item von dem Gut Aicha hat der Fürst dem Augustin Morando sechs Dörfer unter die Lehen verkauft, wie hievon Nr. 103 zu finden, um 8196 fl. 30 kr. Welche Summa er dem Fürsten völlig bezahlt. Diese Summe hat ermeldeter Morando dem Johann Kunesch von Lukawetz verkauft, welche er bis dato possediert. — Das Gut Dručow (Drausendorf), welches weiland denen von Smiřic zu dem Gut Aicha gehörig, hat der Fürst dem Christian Grafen von Waldstein für seine Prätension, die er zu fordern gehabt, unter die Lehen verkauft um 15.691 fl. 3 kr. 2 ₰. — Mehr von ermeldetem Gut Aicha hat der Fürst dem Christoph Eckstein das Gut Hodkowitz oder Liebenau unter die Lehen verkauft, wie Nr. 106 zu finden, um 13.475 fl. 17 kr. 3 ₰. — Item von ermeldetem Gut Aicha hat der Fürst dem Caesar Gilo de Hungariae, Obersten, das Gut Alt-Aicha unter die Lehen verkauft, wie hievon Nr. 107 zu sehen, um 15.718 fl. 53 kr. 2 ₰. — Mehr von diesem Gut hat der Fürst dem Paul Kornazan und Anna Susanna, seinem Weib, das Gut Domaslowitz unter die Lehen verkauft, wie hievon Nr. 108 zu sehen, um 16.291 fl. 48 kr. 1 ₰. — Item von oftermeldetem Gut Aicha hat der Fürst von Friedland dem Jakob Reinhard Heustern sieben Dörfer unter die Lehen verkauft, wie hievon mit Nr. 109 zu finden, um 9000 fl. — Das übrige des Guts Aicha und Friedstein ist ohne die Lehenpflicht aufs neue taxiert worden um 132.906 fl. 3 kr. 2 ₰. (Gorge, l. c., 27 f.; Bilek, 40 f.)

155. Welisch mit Swijan, 156. Matzkow ad Welisch, 157. Hof Stařischow ad Welisch, 158. Swijan ad Welisch, 159. Kurowoditz ad Swijan, 160. Rudogowitz ad Swijan, 161. Gitschin ad Welisch.*)

155—161.*) Das Gut Welisch, so zuvor Heinrich Mathias Grafen Thurn gehörig, hat der Fürst von Ihrer Majestät mit dem Gut Swijan, welches dem Joachim Andreas Grafen Schlick zugehörig gewesen, miteinander gekauft um 170.000 fl. Auf diese Summa hat der Fürst Ihrer Majestät baar abgeführt 100.000 fl. und von den übrigen 70.000 fl. haben des Grafen von Thurn Gläubiger ſollen kontentiert werden, im Falle aber etwas von ermeldeter Summa übrig ſein möchte, ſollte in Ihrer Majeſtät Rentamt abgeführt werden. — Zu ober⸗ meldetem Gut Weliſch hat der Fürſt konjungiert das Gut Matzkow, welches er von der Katharina Elbogner gekauft um 7000 fl. Dieſes Gut iſt der neuen Propſtei zu Gitſchin deputiert geweſen, daher der Pater Lorenz als Vikar eine Zeitlang in usu des Guts geweſen, aber neulich auf des Fürſten Befehl iſt dies Gütel zur Kammerherrſchaft Weliſch apprähendiert worden. (Bilek, 51.) — Summa des Guts Weliſch ſamt dem Gut Matzkow der vorigen Schätzung nach 177.000 fl. — Von dieſem Gut Weliſch hat der Fürſt dem Nikolaus Petzinger für ſeine Prätenſion auf Wamberg unter die Lehen verkauft, wie Nr. 118 zu finden, um 3422 fl. 46 kr. 4 ₰. Petzinger hat ihn wieder der Magdalena Stoſch geb. Borinek zu ihrem Gut Mladějow verkauft. — Von ermeldeten zwei Gütern Weliſch und Swijan hat der Fürſt dem Maximilian Grafen von Waldſtein er⸗ meldetes Gut Swijan, wie oben sub Nr. 54 zu ſehen, verpfändet um 70.000 fl. — Mehr von dieſem Gut Swijan hat der Fürſt dem Mathias von Wachtendung das Gut Kurowoditz und Blata, weiland Joachim Andreas Grafen Schlick zu Swijan gehörig, unter die Lehen verkauft, wie Nr. 100 zu ſehen, um 18.763 fl. 36 kr. 4 ₰. Welche Summa dem Fürſten völlig bezahlt worden iſt. — Item von dieſem Gut Swijan hat der Fürſt der Sophia Urſula Gräfin Schlick das Gut Rudwogowitz, zuvor weiland Joachim Andreas Schlick zu Swijan gehörig, unter die Lehen verkauft, wie sub Nr. 101 zu finden, um 14.000 fl. NB. Fried⸗ land iſt der Gräfin Schlick aus dem Gut Swijan, wie bei des Grafen Maximilian (von Waldſtein) Gütern sub Nr. 54 zu finden, 7000 fl. — Der Fürſt hat von dem Gute Weliſch zu dem Seminario Societatis Jesu zu Gitſchin, wie unter den geiſtlichen Gütern Nr. 62 zu finden, übergeben und abgetreten wohl um 7000 fl. — Das übrige des Gutes Weliſch ſamt dem konjungierten Gütel Matzkow iſt wiederum aufs neue taxiert um 212.493 fl. 46 kr. 4 ₰. (Gorge 34 und 56 f.; Bilek, 56 f. und 78 f.)

162. Weſſeli (Hoch⸗), 163. Zbeř, (164. Weſſeli, 165. Zbeř).*)

162—165.*) Das Gut Weſſeli hat der Fürſt nach weiland Jaroslav Bor⸗ ſchek Dohalskys nachgelaſſenen Erben erkauft um 35.000 fl. — Das Gut Zbeř hat der Fürſt gleichfalls von Wenzel Borſchek Dohalskys nachgelaſſenen Erben erkauft um 40.833 fl. 20 kr. Tut alſo um dieſe beiden Güter zuſammen 75.833 fl. 20 kr., welche aber jetzt wiederum taxiert werden auf 76.247 fl. 30 kr. — Für ermeldetes Gut Weſſeli iſt der Fürſt obangeſagten Erben ſchuldig verblieben (wie ſolches unter des Fürſten Schulden zu finden) 23.063 fl. 30 kr. 3 ₰. Item Intereſſen bis Galli 1633 verſeſſen 2801 fl. 48 kr. 4³∕₄ ₰. — Item für das Gut Zbeř iſt der Fürſt gleichfalls des Wenzel Dohalsky nachgelaſſenen Erben ſchuldig verblieben an Kapital als 33.833 fl. 20 kr. Item Intereſſen bis Galli 1633 verſeſſen 7840 fl. Dieſe Schuld iſt Ihrer Majeſtät heimgefallen, weil der Poſſeſſor ſich zu dem Feind begeben und allort geſtorben. (Gorge, l. c., 39 f.; Bilek, 57 f.)

166. Kopidlno, Bartoſchow und Silbern⸗Augezd, 167. Gütel Bilſko ad Kopidlno, 168. Gütel Silbern⸗Augezd ad Kopidlno (Hořic), 169. Bar⸗ toſchow ad Kopidlno, 170. Gütel Bilſko ad Kopidlno.*)

166—170.*) Das Gut Kopidlno, Bartoschow nnd Silbern=Augezd hat der Fürst von der Maria Magdalena Trzka um etliche andere Güter, wie sub Nr. 10 mehr zu finden, ertauscht und werden allhie gesetzt um 140.000 fl. — Zu Ko= pidlno hat der Fürst von Heinrich Materna erkauft das Gütel Bilsko um 7000 fl. Summa für diese Güter 147.888 fl. — Von Kopidlno hat der Fürst mit Horic das Gütlein Silbern=Augezd, welches er, wie sub Nr. 10 zu finden, von Maria Magdalena Trzka um andere Güter ertauscht, konjungiert wohl um 10.000 fl. — Mehr von Kopidlno hat der Fürst der Katharina, damals Guterding, jetzt Tyll, das von Maria Magdalena Trzka ertauschte Gütel Bartoschow, wie Nr. 97 zu sehen, unter die Lehen verkauft um 5300 (3500?) fl. — Item hat der Fürst dem Dr. Juris Adam Neff das Gütlein Bilsko unter die Lehen verkauft, wie Nr. 96 zu finden, um 7000 fl. Hingegen ist der Fürst dem Heinrich Materna für Bilsko schuldig verblieben Kapital 933 fl. 20 kr. Item dem Albrecht Robenhap (Rabenhaupt) Kapital 5250 fl., Interessen bis Galli 1633 versessen 1260 fl., zusammen 7443 fl. 20 kr. Welches Gut jetzt Adam Neffs Witwe possediert und darauf zu bezahlen an Kapital schuldig verbleibt 770 fl. — Auf das übrige des Guts Kopidlno ist eine Taxa verfertigt, so beträgt 125.588 fl. — NB. Der Fürst hat dem Karthäuserkloster Waldiz bei Gitschin wegen der ad censum perpetuum jährlich fundierten 1000 fl. das Gut Kopidlno verpfändet, wie solches in der Fundation mit mehreren begriffen. (Gorge, l. c., 36, Bilek, 49 f.)

171. Altenburg.*)

171.*) Das Gut Altenburg hat der Friedländer von Benigna Katharina von Lobkowitz gekauft um 151.666 fl. 40 kr. So aber in der Taxierung beträgt 166.727 fl. 15 kr. (Gorge, l. c. 34; Bilek, 41 f.)

172. Hohenelbe (Bělohrad, Horic).*)

172.*) Das Gut Hohenelbe hat der Fürst von Wilhelm Mirschkowsky von Strobschitz gekauft per 128.333 fl. 20 kr. NB. Was dessen Wilhelm Mirsch= kowsky hinterlassenen Erben auf diesem Gut zugehörig, hat ihnen der Fürst für ihre Prätension nachfolgende Güter unter die Lehen gegeben, als nämlich der Rosina Silber einen Teil des Gutes Bělohrad, wie sub Nr. 85 zu sehen, um 25.316 fl. 40 kr. Item der Elisabeth Stosch einen Teil von Horic, nämlich das Gut Holowaus=Hradischko, wie Nr. 136 zu sehen, um 23.333 fl. 20 kr. Der Katharina Gräfin von Waldstein auch einen Teil des Guts Bielohrad, nämlich Klein=Miletin oder Miletinek, wie Nr. 85 und 121 zu finden, um 19.216 fl. 57 kr. 4 ₰. Das übrige ist baar abgestattet worden. Obermeldetes Gut Hohenelbe beträgt laut verfertigter Taxa 202.524 fl. 24 kr. 1 ₰. (Gorge l. c., 32; Bilek 45 f.)

173. Der halbe Teil des Schlosses und der Stadt Arnau; Forst und Appertinentien, 174. Diverse Schulden ad Arnau, 175. Der andere halbe Teil des Schlosses und der Stadt Arnau, 176. Diverses ad Arnau, 177. Tschista ad Arnau, 178. Dörfel Bukowinka ad Arnau, 179. Forst ad Arnau, 180. Klein=Borowitz ad Arnau, 181. Hermannseifen ad Arnau.*)

173—181.*) Den halben Teil des Schlosses und der Stadt Arnau, Forst und was sonst dazu gehört, so weiland Hans Christoph von Waldstein zuständig, hat der Fürst von Ihrer Majestät erkauft um 45.500 fl. Von welcher Summa hat der Fürst Frau Magdalena Mitschan geben sollen 8166 fl. und Magdalena

Waldstein von Sezymowa Austi.14.574 fl. Von dem übrigen hat der Fürst
dessen Hans Christoph von Waldsteins Gläubiger kontentieren sollen. — Der
Fürst ist für ermeldetes Gut der Magdalena Waldstein schuldig verblieben an
Kapital 9916 fl. 40 kr., welches sie nachfolgenden Personen verteistiert (im einzelnen angeführt). — Den andern halben Teil des Schlosses und der Stadt Arnau,
weiland Hannibal von Waldstein zugehörig, hat der Fürst von Ihrer Majestät
erkauft um 34.279 fl. 23 kr. 2 ₰. — Von dieser Summa hat ihm der Fürst
besalzieren sollen 21.621 fl. 50 kr. Die übrige Summa als nämlich 12.657 fl.
33 kr. 2 ₰ hat der Fürst der Katharina Waldstein geb. Berka oder dero Bürgen
und Gläubigern abführen sollen. Diese Summa ist der Fürst schuldig verblieben,
dazu die Interessen bis Galli 1633 per 3841 fl. 2 kr. 4 ₰. — Das Gut Tschista,
so weiland Adam Kaspar Wantschura gehörig, hat der Fürst von Ihrer Majestät
erkauft und mit den zwei Teilen des Guts Arnau konjungiert um 29.388 fl.
6 kr. 4 ₰. Von dieser Summa für das Gut Tschist haben zuvorderst des
Wantschura Gläubiger kontentiert und hernach ein Teil in Ihrer Majestät
Rentamt und zwei Teil ihm Adam Wantschura abgeführt werden sollen.
(Bilet, 42 f.) — Mehr zu dem Gut Arnau hat der Fürst das Dörfel Bukowinka
(Klein-Bukowin), so er von Karl Kapaun gekauft, konjungiert um 1166 fl. 40 kr.
Dieses Dörfel ist von dem Fürsten völlig bezahlt worden. (Bilet, ebdf.) Summa
diese zwei Teil Arnau samt dem Gut Tschist und Bukowinka 110.334 fl. 10 kr. —
Von dem ersten Teil Arnau hat der Fürst der Magdalena Mitschan das Gut
Forst, weiland Hans Christoph von Waldstein gehörig, unter die Lehen verkauft,
wie Nr. 68 zu finden, um 16.500 (16.750) fl. Darauf sie dem Fürsten schuldig ver-
blieben, wie unter den friedländischen Schulden zu finden, 7750 fl. (Bilet, 63 f.)
— Mehr vom ersten Teil Arnau hat der Fürst das Dörfel Klein-Borowitz
seinem Sekretär Johann Grafen von Ehrenfeld unter die Lehen geschenkt, wie
Nr. 98 zu finden, um 1540 fl. 8 kr. 2 ₰. (Bilet, 60.) — Von den andern Teil
Arnau hat der Fürst dem Hans Christoph Grafen von Waldstein das Gut
Hermannseifen, weiland Hannibal von Waldstein gehörig, unter die Lehen ver-
tauft, wie Nr. 99 zu finden, um 23.780 fl. 53 kr. 2 ₰. — Auf das übrige des
Guts Arnau nach Abziehung des unter die Lehen gegebenen Teil ist eine Tax
verfertigt worden, so beträgt 78.766 fl. 50 kr. (Gorge l. c., 32 f.; Bilet, 42 f.)

182. Friedland und Reichenberg, 183. Neudorf ad Friedland,
184. Wustung und Bunzendorf ad Friedland.*)

182—184.*) Das Gut Friedland und Reichenberg, so zuvor dem Christoph
Redern gehörig, hat der Fürst von Ihrer Majestät erkauft per 150.000 fl.
Auf diese Summa hat der Fürst baar abgeführt 120.000 fl. und von der übrigen
Summa haben sollen des Christoph Redern Gläubiger kontentiert und, im Fall
etwas übrig verblieben wäre, solches in Ihrer Majestät Rentamt erlegt werden.
— Vom Gut Friedland hat der Fürst das Dorf Neudorf dem Jakob Reinhard
Heustern unter die Lehen verkauft, wie Nr. 110 zu finden, um 20.000 fl. —
Mehr von Friedland der Fürst dem Peter Antonio La Motta (jetzt possediert's
seine Witwe) das Gut Wustung und Bunzendorf unter die Lehen verkauft, wie
Nr. 111 zu finden, um 22.000 fl. — Das übrige von diesen zwei Gütern ist

wiederum ohne die Lehenpflichten taxiert worden um 503.516 fl. 42 kr. 4 ₰, als nämlich

das Gut { Friedland per . . . . 321.329 fl. 39 kr. 2 ₰.
{ Reichenberg per . . . . 182.187 fl. 3 kr. 2 ₰.
(Gorge, l. c., 14 f.; Bilek, 39 f.)

185. Hirschberg, Perstein, Deschno, Widim und Hauska, 186. Bezděž ad Hirschberg.*)

185—186.*) Das Gut Hirschberg, Perstein, Deschno, Widim (= Kokořin) und Hauska, welches dem Wenzel Berka gehörig, hat der Fürst um die Güter Dobrawitz, Pietschitz und Kunstberg (oder Křinetz), weiland Hennik oder Heinrich von Waldstein gehörig und um 203.825 fl. gegen Kontentierung der Gläubiger und Abführung des Restes ins kais. Rentamt verkauft, weiter Diettenitz, weiland Georg Křinetzky gehörig und gegen Befriedigung dessen Kreditoren und Abführung des einen Teils ins kais. Rentamt, des andern an Křinetzky um 58.893 fl. 20 kr. erkauft, Roždialowitz und Neu-Konow, weiland Jan Albrecht Křinetzky gehörig und gegen Kontentierung der Kreditoren und Abführnng des Restes ins kais. Rentamt um 58.333 fl. 20 kr. erkauft, endlich Semschitz, dem Johann Prschech Drschemensky gehörig und gegen Befriedigung der Kreditoren und Abführung eines Teils ins kais. Rentamt und zweier Teile an Drschemensky um 17.115 fl. 14 kr. erkauft, und Augezd ertauscht, wie hievor unter den Gütern, welche vom Fürsten abgetreten worden, sub Nr. 17 zu finden, um 260.000 fl. — Von diesen Gütern hat der Fürst dem Kloster zu Bezděž (Bösig) St. Benedicti-Ordens, wie unter den geistlichen Gütern Nr. 64 zu finden, einen Teil abgetreten um 36.000 fl. — Auf die überbleibenden Güter sind zwei Taxen verfertigt worden, die betragen zusammen 360.035 fl. 23 kr. 2 ₰, als

Hirschberg, Perstein und Deschno per . . . . 225.843 fl. 6 kr. 4 ₰,
Widim und Hauska per . . . . 134.192 fl. 16 kr. 4 ₰.
(Gorge, l. c., 19 ff. und 28 f.; Bilek, 44 f. und 47.)

187. Weißwasser Hühnerwasser, Kloster, Münchengrätz, Zasadka, Kočnowitz, Zweretitz, 188. Wiska ad Weißwasser, 189. Diverse Modalitäten der Bezahlung, 190. Kloster und Zweretitz ad Weißwasser, 191. Münchengrätz und Studenka ad Weißwasser, 192. Zasadka und Kočnowitz ad Weißwasser, 193. Kloster in Weißwasser, 194. Kluk ad Weißwasser, 195. Wiska ad Weißwasser.*)

187—195.*) Das Gut Weißwasser, Hühnerwasser, welches dem Bohuchwal (Gottlob) Berka, sowohl Kloster, Münchengrätz, Zasadka und Kočnowitz dem Wenzel von Budowa, item Zweretitz dem Hans Wlk gehörig, sind von Ihrer Majestät dem Fürsten in zwei Kontrakten verkauft um 309.333 fl. 20 kr. — Zu dem Gut Weißwasser hat der Fürst von Dietrich Starschedl gekauft das Gütel Wiska um 7933 fl. Summa für diese Güter 317.266 fl. 40 (?, 20) kr. — Auf diese Summa hat der Fürst nur auf die Güter des Bohuchwal Berka und Wenzel von Budowa baar abgeführt 126.000 fl. Von der übrigen Summa aber haben sollen dero Gläubiger kontentiert und, so etwas verbleiben möchte, solches in Ihrer Majestät Rentamt abgeführt werden. Anlangend aber den Hans Wlk haben zuvörderſt deſſen Kreditoren ſollen befriedigt und von der übrigen Summa die Hälfte in Ihrer Majeſtät Rentamt und die andere Hälfte ihm Hans Wlk abgeführt werden. — Von ermeldeten Gütern hat der Fürſt dem Maximilian Grafen von Waldſtein die Güter Kloſter und Zweretiß, wie oben Nr. 54 zu ſehen, verpfändet. (Bilek, 66 f. und 82.) — Item ermeldetem Grafen von Wald- ſtein hat der Fürſt das Gut Münchengräß und Studenka (letzteres früher Georg Felix Wanczura gehörig), wie auch Nr. 54 zu ſehen, verpfändet. (Bilek 66 f. und 78.) NB. Dieſe Güter betragen zuſammen in Verpfändung 300.000 fl. — Ermeldeter Fürſt hat dem Hans Ludwig Jſolan von obermeldeten Gütern das Gut Zaſadka und Kočnowitz unter die Lehen verkauft, wie oben Nr. 66 und 67 zu finden, verkauft um 62.771 fl. 35 kr. (Bilek, 67 und 82 f.) — Hat der Fürſt von dem Gut Weißwaſſer zu dem Kloſter in der Stadt Weißwaſſer St. Auguſtiner Ordens, wie unter den geiſtlichen Gütern Nr. 63 zu finden, übergeben und abgetreten einen Teil um 13.000 fl. — Item von dem Gut Weißwaſſer hat der Fürſt dem Dietrich Starſchedl das Gütleiu Kluk, vorher dem Bohuchwal Berka zum Gut Weißwaſſer gehörig, wie unter den Lehengütern Nr. 115 gemeldet, verkauft um 6000 fl. Darauf Starſchedl ſchuldig verbleibt an Kapital 697 fl. 30 kr. (Bilek, 67.) — Hingegen iſt von Dietrich Starſchedl zu ermeldetem Gut Weißwaſſer das Gütlein Wiſka, wie zuvor gemeldet, kauft worden. Dafür der Fürſt dem Hans Wlk noch ſchuldig verblieben an Hauptſumma 583 fl. 20 kr. Mehr Intereſſen bis Galli 1633 verſeſſen 379 fl 54 kr. 4 ₰. (Bilek 82.) — Auf das übrige des Guts Weißwaſſer und Hühnerwaſſer (nach Defalzierung deren davon abgetretenen und verkauften Güter) ſind zwei Taxen verfertigt, ſo beide zuſammengetragen 215.903 fl. 7 kr. 3 ₰, als nämlich auf das Gut

Weißwaſſer . . . . 116.679 fl. 30 kr. 5 ₰,
Hühnerwaſſer . . . . 99.223 fl. 36 kr. 4 ₰.
(Bilek, 47 f. und 66 f.)

196. Smidar, 197. Skřiwan ad Smidar, 198. Dorf Alt-Bydžow ad Smidar, 199. Acht Untertanen in Alt-Bydžow, 200. Slaupno ad Smidar, 201. Dorf Domoslawitz ad Smidar, 202. Slaupno ohne zwei Untertanen im Dorf Křičow.*)

196—202.*) Das Gut Smidar hat der Fürſt von Maria Magdalena Gräfin Trzka gekauft um 116.666 fl. 40 kr. Für welches Gut iſt der Fürſt ſchuldig verblieben, wie hievon in den friedländiſchen Büchern zu finden, an Kapital 76.116 fl. 40 kr. Hingegen aber hat Johann Rudolf Graf Trzka ſollen berichtet haben, es hätte der Fürſt anno 1632 an die Konfiskationskommiſſion ein Dekret ergehen laſſen, als wenn er ermeldeter Gräfin eine größere Summa ſchuldig wäre. Belangend aber die Intereſſen von obermeldeter Kaufſumma, als hat der Fürſt ſolch Gut bei Endung des Jahres 1629 angenommen, wird ohne Zweifel bei der Konfiskationskommiſſion einige Abraitung gehalten werden. (Bilek, 54.) Zu ermeldetem Gut Smidar hat der Fürſt von Chriſtoph Erasmus Sommerfeldt das Gut Skřiwan gekauft um 58.333 fl. 20 kr. Für welches Gut iſt der Fürſt ermeldetem Sommerfeldt ſchuldig verblieben an Kapital 56.000 fl. und Intereſſen bis Galli 1633 11.760 fl. (In margine: Jſt ein Emigrant geweſen und bei dem Feind blieben, dahero Ihrer Majeſtät heimgefallen.) —

Mehr hat der Fürst zu ermeldetem Gut Smidar von Heinrich Sigmund Materna das Gut Alt-Bydžow, soviel ihm allda zugehörig gewesen, um 11.816 (12.400) fl. Auf diese Summa ist der Fürst schuldig verblieben ihm Materna an Kapital 4944 fl. 10 kr. Item Interessen bis Galli 1633 1047 fl. 25 kr. 1³/₄ ₰. Item Jaroslav dem Ältern Spanowsky an Kapital 1166 fl. 40 kr., Interessen bis Galli 1633 495 fl. 50 kr. Item Albrecht dem Ältern Robenhap (Rabenhaupt von Sucha) an Kapital 758 fl. 20 kr., Interessen bis Galli 1633 401 fl. 43 kr. Item dem Heinrich Materna an Kapital 1166 fl. 40 kr. Interessen bis Galli 1633 297 fl. 30 kr. Alt-Bydžow ist zur Kammerherrschaft Smidar adjungiert und etwas davon gen Slaupno Herrn Zdenko von Waldstein gelassen. (Bilek 43.) — Mehr zu diesem Gut Smidar hat der Fürst von Hans Georg Materna das Gut Slaupno getauft und baar bezahlt um 23.333 fl. 20 kr., mehr um 100 Stück Dukaten. (Bilek, 77 f.) Beträgt also die Summa für das Gut Smidar 210.732 fl. 40 kr. und 100 Stück Dukaten. — Von diesem Gut Smidar hat der Fürst dem Francisco de Jacobo das Dorf Domoslawitz, welches zu dem Gut Smidar zuvor Hans Silber und hernach Magdalena Maria Gräfin Trzka gehörig, unter die Lehen geschenkt, wie Nr. 114 zu finden, um 10.000 fl. — Mehr hat der Fürst von dem Gut Smidar das Gut Slaupno ohne zwei Untertanen im Dorf Křičow dem Zdento Grafen von Waldstein unter die Lehen verkauft, wie Nr. 115 zu finden, um 18.66€ fl. 40 kr. Nach dessen Absterben hat der Fürst sich wieder des Guts angemaßt und es seiner Witwe Anna Maria Gräfin Waldstein von Kolowrat bis zur Veränderung ihres Witwenstandes zu genießen hingelassen. NB. Weil aber gedachte Gräfin Waldstein von Kolowrat sich wiederum verheiratet, so wird nunmehr solch Gut Slaupno Ihrer kais. Majestät anheimgefallen sein. (Bilek, 77 f.)

203. Kost.*)

203.*) Das Gut Kost hat der Fürst von Friedland von Frau Polyxena Fürstin von Lobkowitz gekauft um 163.333 fl. 20 kr. NB. Man hat berichtet, es hätte der Fürst von Friedland der Fürstin von Lobkowitz ohne obgemeldete Kaufsumma, welche im Kontrakt begriffen, abgeführt 11.666 fl. 40 kr., daß also obgemeldete Kaufsumma der 163.333 fl. 20 kr. der Fürst völlig zu bezahlen schuldig blieben sei. Welche Summa nachfolgenden Personen zu bezahlen gebührt: Dem Hermann Grafen Czernin an Kapital 61.833 fl. 20 kr. Item Interessen bis Galli 1633 4922 fl. 43 kr. Dem Humprecht Grafen Czernin an Kapital 23.333 fl. 20 kr. Interessen bis Galli 1633 1857 fl. 41 kr. 4 ₰. Der Anna Pietipesky an Kapital 24.733 fl. 20 kr. Interessen bis Galli 1633 1969 fl. 9 kr. 1¹/₂ ₰. Der Judith Kropf an Kapital 5016 fl. 40 kr. Interessen bis Galli 1633 399 fl. 23 kr. 2 ₰. Paul Grafen Michna Kapital 35.000 fl. Interessen bis Galli 1633 2786 fl. 31 kr. 3 ₰. Und der Fürstin von Lobkowitz an Kapital 13.416 fl. 40 kr. Interessen bis Galli 1633 1068 fl. 10 kr. 2 ₰. NB. Der Fürst von Friedland hat für die Fürstin von Lobkowitz zu Ihrer Majestät Steueramt an Kontribution (in margine um das Jahr 1631) richtig gemacht und abgeführt 2817 fl. 32 kr. 1 ₰. Darauf wiederum von den Untertanen des Guts Kost an Schulden, so der Fürstin zuständig gewesen, ermahnt und empfangen 500 fl. Also würde der Fürstin von Lobkowitz von obermeldetem Kapital zu besalzieren fein 2317 fl. 32 kr. 1 ₰. Das obermeldete Gut Kost beträgt wiederum in der Taxa 222.088 (233.038) fl. 20 kr. (Gorge, l. c., 60; Bilek, 50.)

204. Neuschloß, 205. Ein Viertel der Stadt Leipa ad Neuschloß, 206. Kloster in Leipa.*)

204—206.*) Das Gut Neuschloß, so weiland Hans Georg von Wartenberg zugehörig, hat der Fürst von Ihrer Majestät erkauft um 180.282 fl. 40 kr. Dieses Gut hat der Fürst seiner Gemahlin der Fürstin übergeben und abgetreten. Von dieser Kauffumma hat der Fürst dessen von Wartenberg Schulden bezahlen und hiernach das übrige in Ihrer kaif. Majestät Rentamt abführen sollen. — Den vierten Teil der Stadt Leipa, so dem Wolf von Salhausen zugehörig gewesen, hat der Fürst von Ihrer Majestät erkauft und gleichfalls seiner Gemahlin der Fürstin zu dem Gut Neuschloß abgetreten um 10.500 fl. Von welcher Summa hat der Fürst erstlich die Gläubiger kontentieren und das übrige in Ihrer Majestät Rentamt abführen sollen. — Summa für das Gut Neuschloß samt dem vierten Teil der Stadt Leipa der vorigen Taxa nach 190.782 fl. 40 kr. — Von diesem Gut Neuschloß hat der Fürst zu dem Kloster in der Stadt Leipa fundiert und abgetreten, wie oben Nr. 65 berichtet wird, gut um 8000 fl. — Auf dieses Gut Neuschloß und vierten Teil der Stadt Leipa ist zwar noch keine Taxe verfertigt, wird aber aufs wenigste austragen 300.000 fl. (Gorge, l. c., 52 f.; Bilek 51 f.)

207. Drum oder Stolinky.*)

207.*) Das Gut Drum oder Stolinky hat der Fürst (nach Zdislav Hrzan) von Ihrer Majestät Konfiskationskommissarien anno 1631 erkauft um 36.000 fl. und ungefähr um etliche hundert mehr. Denn der Kontrakt der fürstlichen Kammer hievon nicht zu handen gekommen. Dieses Gut ist gleichfalls der Fürstin zu dem Gut Neuschloß abgetreten. Was etwa für Schulden und onera auf diesem Gut sein möchten, kann man nicht wissen, außerhalb daß jährlich dem Kloster Doxan 116 fl. 40 kr. und zur Kirche Leipa 18 fl. 40 kr. gereicht werden muß. Obzwar auf dieses Gut noch kein Taxa verfertigt ist, als wird es doch gründlichen Berichts nach aufs wenigste betragen 60.000 fl. (Gorge, l. c., 60 f.; Bilek, 43 f.)

208. Niemes.*)

208.*) Das Gut Niemes, so weiland N. (Johann) Hoffmann, des Kurfürsten zu Sachsen Rat gehörig gewesen, ist zuhanden Ihrer Majestät konfisziert und dem Fürsten zu Friedland verkauft worden um 46.524 fl. 20 kr. Die Taxa, so auf dieses Gut verfertigt, beträgt 117.064 fl. 35 kr. Was etwo für Schulden und onera auf diesem Gut sein möchten, kann man nicht wissen. (Gorge, l. c., 59; Bilek, 52.)

Die Elbogener und Karlsbader Schul-Instruktion von 1665 und 1687.

Aus dem Karlsbader Stadtarchive mitgeteilt

von

Dr. A. Ludwig.

I.

INSTRUCTIO

Vor die drey Herrn Schuel Bedienten in der Königl : Creyß Stadt Ellbogen.

Vor allen dingen soll ein ieglicher Schuel Bedienter bedencken, daß Er von Gott und der Weltt Menschen Kinder in
der Lehr, Weißheit, Andacht und Gottesfurcht zu informiren und
zu unterweisen verordnet, und dieses für die beste Regul, welche
ihn zum möglichen fleiß vermahnen wird, behalten, daß er also
ohne einige fernere Instruction, wie Syrach cap. 9 spricht, In
der Hand des Werckmeisters wird das Werck gelobet, dann die
Kunst seiner Lehr herfürbringe, seine Weißheit aber und Lob
die Gemein ausrufe, die Kinder mittler Zeit in seinem Geboth
und empfangener Lehr sich erfreuen auf erden, und wann er
ihrer bedarf, bereit seyn, Dadurch werden die Herren Praeceptores
bey Gott ein großes Verdienst erlangen, auch vor der Weltt bey
Geist- und Weltlicher Obrigkeit, denen Eltern und Kindern,
hiesigen und frembden Leuthen ihnen ein guthes Lob machen,
und der von ihnen gefasten guten Hoffnung ein genügen thun,
Damit nun aber die Herren Praeceptores in diesen ihren an-
getragenen Verrichtungen auch in specie eine gewiße normam
haben mögen: So wird ihnen nachgehente Instruction ertheilet,
das übrige aber (weill nicht möglich alle Sachen denen ein-
laufenten Umbständen nach, auf einmal mit Wortten zu verfaßen
und vorzuschreiben) zu ihrer discretion, dexterité und getreuen
Fleiß anheimbs gestellet.

1 Ein Rector ist, iuxta Etymologiam, ein Herrscher und Regirer in der Schul, dahero der ietzige H. Rector die Schuel regiren, died Schuelstunden Schuelzucht, gebeth lectiones und alles wohl observieren, auch über alle Kinder und Schüler in gemein, gewalt und macht haben wird, deren Ungehorsamb und Übertretungen gebührend zu bestrafen, wie auch ihnen in ihrer Jugend böse gewohnheiten abzugewöhnen, damit nicht ihnen solche im Alter anhangen. Dergleichen Gewalt auch dem H. Cantori und Organisten nicht benommen seyn soll, iedoch daß es nur in einigkeit geschehe, und nicht etwan einer dem anderen zu Trotz und Leid, ein Kind wieder Billigkeit strafe.

2 Ist es billich, daß in der Schuel von dem H. Rectore als homine gradato der H. Cantor dependire; In der Kirchen aber wird der H. Rector und H. Organist nach des Cantoris Anordnungen und Direktion sich allerdings zu richten haben, Darbey dieser zu errinnern, daß sie sich vom Getümmel, Murmeln, unhöflichen Wortten, sowohl gegen die Adjuvanten, als Knaben enthalten, und vielmehr sich aller Bescheidenheit gebrauchen sollen, Do auch ein vornehmes Fest vorhanden oder es sonsten die notturft erforderte, So kan der H. Cantor die Adjuvanten in die Schuel berufen laßen, und mit ihnen die Gesänger probiren, damit hernacher in der Kirchen nicht grobe fehler unterlaufen, Ingleichen wird der H. Rector sich nicht wiedrigen, in offentlichen processionibus dem H. Cantori tanquam seniori die rechte Hand zugeben. Venerabilis enim senectus est. Sapient: 4.

3 Den Schuelprocess oder Weiß mit den Kindern und Schülern umbzugehen betrefendt, ist die beste, cum pueris repuerascere, mit den Kindern bißweilen zu Kindern werden, das ist, dieselbe mitt lindten, sanften, tröstlichen Wortten zur Lehr und guthen Tugenden gleichsamb bey der Hand anführen, Sintemalen etliche Kinder viel eher durch güttliches Zusprechen, als etwan durch harte polterische Reden und Schläge zu annehmung der Lehr bewogen, und hingegen durch dieses vom Lernen abgeschröckt, und ihnen aller Lust benommen wird. Darbey aber die Praeceptores zu beobachten, daß ihr authorité und respect ohnversehrt bleibe. Wann aber im Wiedrigen etliche Kinder sich mit solchen freundlichen Wortten nicht wollen ziehen lassen, Alßdann sollen die H. Praeceptores schärfere mittel gebrauchen, und die Übertreter

nach Verdienst, iedoch nicht mit grimmigen gemüth, sondern väterlich und leidlich, und zwar nicht anderst, als mit der Rutten strafen. Welches gantz heilsamblich und nützlich, wie Salom: spricht: Laß nicht ab, das Kind zu züchtigen, dann ob du es mit der Rutten schlägest, stirbt es nicht darvon, du schlägst es mit der Rutten, aber du erretest seine Seel von der Höllen. Proverb: 23. v. 13.

4 Die Schuel soll so Wintter- als Sommers Zeitt dene Tag 6. gantze stunden als 3. Vormittag und 3. nachmittag gehalten werden, Ausgenommen dem Mittwoch und Sonnabend, daran nachmittag Vacationes seyn sollen, Es were dann, daß in selbiger Wochen ein- oder mehr Festtäge einfielen, So könte nur am Sonnabendt die nachmittagige recreation nachgelaßen werden, Ingleichen soll tempore feriarum canicularium ihnen nicht länger als 14. tägige Vacationes verstattet seyn. Darbey sollen die Knaben mit geziehmenden ernst angehalten werden, daß sie sich zeittlich frühe morgens im Sommer hora 6ª und im Wintter hora 7ª dann zu mittag um 12. in die Schuel einfinden, welche ohne vorgehendes gebeth niemals weder angefangen, noch geendet werden solle, Darbey sich iederzeit der H. Rector befinden, bald darauf auch der H. Cantor sich einstellen wird, Welcher Knab nun ohne erhebliche Ursach das Gebeth versäumete, der solle mit einer in schuelen dießfalß gebräuchlicher straf angesehen werden.

5 Der H. Rector wird bey seinen unterhabenden Knaben die Lectiones more Jesuitico tractiren, solche denen Knaben fein wohl und deutlich mit beybringung unterschiedlicher exemplorum Regulae erkleren, und daraus den usum und Verstand weisen, ad imitationem argumenta juxta captum puerorum, daraus geben, solche corrigiren, und ihnen die errores fleißig zeigen, die correcta wiederumb zustellen, und in ein absonderliches Büchel fein sauber Teutzsch und Lateinisch, zu ihrer künftigen nachricht einschreiben laßen, Und damit auch die Kinder sich desto eher und beßer der Lateinischen Sprach angewöhnen, und neben denen praeceptis solche gleichsam ex usu mit lernen möchten, So wird der Herr Rector dieselbe allezeit latiné fragen und anreden, auch darzu anhalten, daß sie nit allein Lateinisch antwortten, sondern auch sie untereinander Lateinisch reden mögen, und

ihnen das in schulen gewöhnliche signum locutionis geben. Wann nun also der H. Rector seinen getreuen fleiß anwenden und die Knaben proficiren werden, So ist man gesonnen, ein Examen publicum circa Festum Omn : Sanctor : wie bey den Patribus Societ : gebreuchlich, anzustellen, auch den Catalogum lectionum von Eger zu erhohlen, und es auf gleiche Weiß einzurichten.

6 Weil auch bey einer dergleichen Stadtschuelen sonderlich darauf zu sehen, daß die Knaben in schreiben, Rechnen und singen instruiret würden, welches ihnen auf alle künftige fäll sehr nützlich sein kan, So wird hiermit angeordnet, daß der H. Organist diesen dem H. Rectori untergebenen Knaben wochentlich drey mahl als Monntag, Dienstag und Donnerstags Vormittags die letzte halbe stund ihre schrieften corrigiren solle, Darbey zu errinnern, daß die Vorschrieften nicht zu lang, sondern nach gelegenheit nur von 4. oder 5. Zeilen seyn mögen, Ingleichen wird der H. Organist mit diesen berürten Knaben, am Donnerstag von 12. bis 1. Uhr die Arithmeticam nach besten fleiß treiben, und die Exempla an der Tafel mit Kreiden schreiben. laßen. Die Musicam betrefendt, weill das singen ein großes exercitium erfordert, und dem Herrn Cantori allein zu schwer fället, etliche Knaben darinnen perfect zu machen : So wird vor dießmal vor rathsam erachtet, daß der H. Rector hierinnen cooperiren wolte, solcher gestalt, daß er mit seinen untergebenen Knaben (welche vorhoffentlich die fundamenta schon geleget und in allen eigentliche Wissenschaft haben werden) am Montag und Dienstag die Erste Stund nachmittag, etwan ein bicinium oder Concert singen und ihnen das decorum und Liebligkeit weisen thete, Hingegen der H. Cantor die tyrones in den praeceptis unterweisen und an die Tafel führen könte, Am Freytag post prandium aber solle der H. Cantor nicht unterlaßen, die Knaben in cantu Chorali zu informiren, und mit ihnen das ienige, so in der nechsten Vesper zu singen vorkommen würde, zu probiren.

7 Den Catechismum wird der H. Rector mit seinen Knaben am Freytag Vormittag Deutzsch repetiren und in dem Lateinischen eine lection quoad verba et res expliciren, und auswendig zu lernen aufgeben, Auch sonsten die Kinder in den Beichten informiren, daß sie (welche hiezu geschickt) solches zur Österlichen Zeitt verrichten theten.

8 Am Sonnabend wird (wie bei den Jesuiten gebreuchlich) ein Examen Septimanale angestellet.

9 Des Herrn Cantoris Verrichtung, neben dem, daß er ihme das singen in der Kirchen zum fleißigsten soll angelegen seyn laßen, mit dem Herrn Dechanten sich iedesmal deßwegen vernehmen, und alles fein bescheidentlich anstellen, belangende, So wird er in der Schulen dahin arbeiten, daß die ihme untergebene Kinder die Declinationes und Conjugationes fein fertig, wie auch hernacher die Rudimenta lernen möchten, Und do er wird sehen, daß dem H. Organisten die Zeitt die Kleinsten aufsagen zu laßen nicht erklecken thete, So wird er ihme auch in etwas an die Hand stehen.

10 Der H. Organist soll wie bisheranhero das schlagen in der Kirchen fleißig verrichten, auch in der Schulen neben den andern beyden Collegis laboriren, als iede Schuel Zeitt 2. Stunden, also des Tages 4 stunden, die Kinder von Abc. an biß Lesen, Schreiben und Rechnen getreulich unterweisen, denen Majoribus ihre Schrieften dreymal in der Wochen ohnnachbleiblich corrigiren und wochentlich eine stundt Arithmeticam mit ihnen treiben, wie supra Artic. 6º ausgemeßen, Desgleichen wird er fleiß ankehren, daß die andern und kleinern Knaben, nachdem sie hierzu tüchtig, einen feinen Buchstaben mahlen lernen.

11 Nachdem biß anhero dieser Mißbrauch mit eingeschlichen, daß etliche Knaben, vieleicht aus Unwißenheit oder Unverstandt ihrer Eltern, sich von denen andern in lectionibus haben absondern, und nur allein deutzsch lesen, schreiben und rechnen lernen wollen, welches sowohl den Praeceptoribus beschwerlich, als auch sonderlich denen andern Schülern ärgerlich und schädtlich, daraus unterschiedtliche inconvenientia erfolgen, und auch solches in andern Lateinischen Schulen nicht zuläßlich, Als werden die H. Praeceptores solches nicht ferner verstatten, sondern auf conformitatem lectionum ihr absehen haben, und die ienigen, so etwas sonderliches begehren, zu anderen Lehrmeistern und deutzschen Schulen weisen, Jedoch wird dem H. Organisten hiermit keines weges verwehret, einen oder den anderen Knaben in schreiben und rechnen privatim zu instruiren.

12 Weill die Praeceptores sich beklaget und zu ihrer Entschuldigung vorgewendet, daß die Schüler die ihnen aufgegebene

Lectiones daheim zu Hauß nicht fleißig lernten, sondern nur alles in die Schul verspareten, dardurch sie die Praeceptores an ihrem guthen Vorsatz gehindert, und also nichts fruchtbarliches ausgerichtet würde, So sollen sie solches nicht ferner gestatten, sondern nach gelegenheit, von denen Eltern selbst· erforschen, warumb ihre Kinder zu Hauß von Lernen abgehalten würden, und ihnen den daraus erfolgenden schaden remonstriren.

13 Sonsten sollen die Herrn Praeceptores ins gemein bey den Knaben mit fleißigen Ermahnungen und correctionen anhalten, daß sie sich aller Gottesfurcht befleißigen, in der Kirchen still und andächtig, und auf der Gaßen fein sittsamb erzeigen mögen, sonderlich daß sie bey warmen Wetter nicht aus der Kirchen laufen, sondern in der Predigt verbleiben, auch bey Leittung des Ave Maria sowohl zu Hauß als auf der Gaßen auf die Knie fallen sollen.

14 Damit auch die Knaben an Sonn- und Feyertägen zu rechter Zeitt in. die Kirchen kommen mögen, und man im anfang nicht auf sie warthen dörfe, So sollen sie dahin gehalten werden, daß sie, wann das andere mahl geleittet, in der Schuel zusammen kommen, und alsdann wann zusammen geschlagen, durch den Rectorem par und par hienein geführet werden möchten.

15 Es sollen auch die Praeceptores achtung haben, daß von den Kindern kein schaden dem Schuelgebeude, mit Zerbrechung der Fenster, Zerschneidung der Tisch und Bänck, oder auf andere weiß zugefüget, sondern es darinnen fein rein und sauber gehalten und die Mittwoch und Sambstag nach Mittag, durch die ienigen Knaben, denen es pro poenitentia auferleget, ausgekehret werde,

Do nun die drey Herren Praeceptores in vorherbeschriebenen und sonsten in andern, so zu erbauung Kirchen und Schulen gereichet, ihren möglichsten und besten fleiß werden anwenden, So will Ein E. Rath wochentlich dem Herrn Rectori Einen Rthaler und denen H. Cantori und Organisten die bißherige Besoldung aus der Cämerey reichen laßen, Von denen gemeinen Leichen wird der H. Cantor dem H. Rectori den dritten Theil als 10 Kr. geben; Do aber ein mehrers von einer Leich gefallen thete, werden sie sich deßwegen mit einander zu ver-

gleichen wißen, Wann ein Breutigamb bey der Copulation eine
Moteten zu singen begehret, Soll er dem Cantori und Organisten
15 Kr. Do aber ein gesungenes Ambt gehalten, 30 Kr. zu geben
schuldig seyn, Hierbey wird austrücklich zuvorbehalten, diese
Instruction nach gelegenheit der Zeitt zu vermehren, zu ver-
mindern oder gentzlich aufzuheben, wie auch die Aufkündigung
des Diensts jedem Theil ein viertel Jahr bevorstehen solle, Alles
gantz treulich und ohne Gefehrde.

Deßen zu Uhrkund ist diese Instruction von dem Hoch-
würdigen in Gott Andächtigen Herrn Wenceslao Norberto Peller,
S. Ord. Crucig. cum rub. stella wohlverordneten Pfarrherrn und
Decano alhier, und des Elbognischen Bezirks Vicario Foraneo,
dann dem ietzt Ambtstragenten Herrn Burgermeister eigenhändig unterschrieben worden. Actum Ellbogen den 18. Maji
Ao 1665.

Wenceslaus Norb. Peller   Christoph Acker dieser Zeit
      Decanus   B. Meister Ambts reg.

II.
INSTRUCTION
Vor die Herrn Schuelbedienten, als Rector undt Cantor bey der Stadt Kayser Carolßbadt.

Vor daß erste als vornembste undt nothwendigste sollen
die Herrn praeceptores oder Schulbedienten der Jugendt mit
ein gutten Exempl in der Furcht Gottes undt Christlichen Sitten
vorgehen, undt mit einander in gutter Verstendtnus undt Einigkeit leben, auch keine scandalose reden sonderlich vor der
Jugendt auß ihren mundt nit hören laßen, solche auch an der
Jugendt abstrafen, auch keine Zunahmen undter der Jugendt
gestatten. Alß dann

1o Solle der schuel process mit denen Kindern folgenter
maßen observirt werden, sintemahlen manche Jugendt mit gutten
undt linden worthen zu weith ein mehrer und besser lehrnen,
alß mit schlägen und rauhen worthen zubelegen; Dahero sollen
beede Herrn Schuelbediente dieselbe mit linden sanften tröstlichen worthen, zur lehr undt gutten tugendten undt fleißiger
unterweißung, gleichsamb bey der Handt anführen, dann durch

hartte polterische reden undt schläge die Kinder zum öftern
von lehrnen abgeschröckhet, undt ihnen aller luest benohmmen
wirdt.

2do Wann aber andertens in widrigen fahl sich die Kinder
mit solchen freundlichen worthen nicht wollen ziehen lassen,
alß dann sollen die H. Schuelbedienten schärfere mittel vor die
ubertretter jedoch vätterliche undt leidentliche mittel gebrauchen,
vndt zwart nicht anders alß mit der rutten strafen, undt durch
auß nicht mit den steckhen oder händen, vor die köpf, davon
die Jugendt nur duemb undt dassisch wirdt, schlagen.

3tio Die Schuel soll so winther alß sommerszeith den tag
6 gantze stunden, alß 3 vormittag undt 3 nachmittag gehalten
werden, außgenohmmen dem mittwoch und Sonnabendt davon
nachmittag Vacationes seyn, undt sollen die H. Praeceptores die
Jugendt zeitlich zur schuele halten, frühe morgens in sommer
als von Ostern biß Michaelis umb 6 undt dann in winther alß
von Michaelis biß Ostern umb 7 uhr, nachmittag aber iedes mahl
umb 12 uhr in der schuel einfinden, dann nach verfließung einer
viertl Stundt mit dem vorhergehenden gebett die schuel anfangen,
wobey sich jederzeith die H. Praeceptores einfinden sollen, undt
solches niemahlen verabsaumben; Welcher Knab nun ohne erhebliche ursach das gebett versaumbete, der solle mit einer dieß-
fahlß gebrauchlicher straf angesehen werdten.

4to Der Herr Rector wird bey seinen unterhabenden Knaben
die lectiones more Jesuitico tractiren, solche denen Knaben fein
wohl undt deutlich mit beybringung undterschiedlicher Exemplorum et Regularum erklären, undt daraus den usum undt ver-
standt weißen, ad imitationem argumenta juxta captum puerorum darausgeben, solche corrigiren, undt ihnen die errores fleißig
zeigen, die Correcta widerumb zustellen, undt in ein absonderliches büchel fein sauber teutsch und lateinisch zu ihrer künftigen
nachricht einschreiben lassen.

5to So wirdt auch der Herr Rector in der schuelen dahin
arbeithen, daß die Kinder die Declinationes und Conjugationes
täglichen fertig haben, wie auch hernacher, die Rudimenta fleißig
lehrnen mögten, undt da er wird sehen, das dem Cantori die
Zeith die kleinsten aufsagen zu lassen nicht erkleckhen thätte,
so wirdt er ihme auch in etwas an die handt stehen, undt also

in der schuel beede Collegae zugleich laboriren, undt iede schuel
Zeith wo möglich 2 mahl, die größeren alß kleinern Knaben miteinander aufsagen lassen.

6to Wann nun also der H. Rector seinen getreuen fleiß
anwenden undt die Knaben proficiren werdten; So ist man
gesonnen ein examen publicum circa festum omnium Sanctorum
wie bei den Patribus Societ: gebräuchlich anzustellen auch den
Cathalogum lectionum von Eger zuerhohlen und es auf gleiche
weiß einzurichten.

7mo Weil auch bey einer dergleichen stadtschuelen sonderlich
darauf zu sehen, das die Knaben in schreiben rechnen, undt
singen instruiret würdten, welches ihnen auf alle künftige fäll
sehr nutzlich seyn kann, So wirdt hiermit angeordnet, das die
H. schuelbedienten die Jugendt so wohl in schreiben alß auch
in Arithmetica täglich jedes eine stundt fleißig dociren undt
instruiren auch nach besten fleiß ihre vorschriften (deren
täglich ein jeder Knab zu hauß fleißig ihre schriften schreiben)
corrigiren solle, dabei zu errinnern, das die vorschriften nicht zu
lang, sondern nach gelegenheith, nur von 4 oder 5 Zeilen sein,
die Arithmeticam aber undt deren Exempla an der tafel mit
Kreiden vorschreiben lassen; desgleichen werden die H. Schuelbedienten fleiß anwenden, das die andern undt kleinern Knaben,
nachdehme sie hiezu tüchtig, ein feinen buchstaben mahlen
lernen.

8vo Die Musicam betrefendt, weilen das singen ein großes
exercitium erfordert, so wirdt vor diesmahl vor rathsamb erachtet, das der H. Rector, welcher das directorium führet, mit
seinen untergebenen Knaben (welche verhofentlich die fundamenta schon gelegt, undt in allen aigentlich die wissenschaft
haben werden) täglichen eine stundt nachmittag etwann ein
bicinium oder Concert singen, undt ihnen das decorum oder
lieblichkeit weißen, hingegen der H. Cantor die · Tyrones eben
zu dieser stundt in den Praeceptis unterweißen undt an der tafel
führen.

9no Den Catechismum. werden die H. schulbedienten am
Freytag mit denen Knaben vormittag repetiren, Ihnen solchen
expliciren undt auswendig zu lehrnen aufgeben, auch sonsten
die Kinder in betten, Kreutzmachen und beichten informiren,

daß sie (welche hierzu geschickt) solches zur Österlichen Zeith decenter verrichten können.

10. Am Sonnabendt wirdt (wie bey den Jesuiten gebreuch. lich) ein Examen Septimanale angestellet, mittwoch undt Sonn. abendt solle die Jugendt, welche hierzu tauglich, auch in der ministration, undt aufwarttung beym Altar mit informiret werden, diese vorgeschriebene puncta aber wirdt der H. Rector mit dem H. Cantor fleißig undt ordentlich in die schuelstundten täglichen einzutheilen wiesen, damit hierinnen nicht negligirt, sondern alles fein ordtentlich frühe als mittags Zeit tractiret, und damit die außgesetzten Stundten desto fleißiger undt ordentlicher observiret werdten, so werdten sich die H. Schuelbedienten dermahlen von andern gescheften, auch unarthiger conversation undt gesell- schaft zu enthalten wissen, auch nit etwan die außgesetzte Stundt durch essen und trinkhen verabsaumen.

11. Nachdehme biß anhero dieser mießbrauch eingeschlichen, das wann etwann die H. Schuelbedienten eine leichenbegängnus zu verrichten, oder aber eine brautmesse gehalten haben, den- selben halben, ia auch wohl den gantzen tag denen schuel Knaben ferien geben, weilen dann hierdurch die Jugendt mehr negligirt wirdt, alß sollen ins kinftige die H. Schuelbedienten, von der- gleichen ferien gäntzlich abstehen, sondern da die leichenbe- gängnuß vorbey die Jugendt ordentlich undt sittsamb wieder in die schuele führen undt mit dero instruction verfahren, die brauthenne aber allezeith extra tempus scholarum, damit an der Jugendt nichts versaumet werde, verzehren; Undt wenn der- gleichen etwaß, sonderlich für begräbnus verichtet soll werden, soll denen Knaben den tag befohr, wan sie auß der Schuel gehen, angesagt werden, wie einer oder der andere angezogen kommen oder mit sich bringen solle, damit sie damahlß allererst nit hin undt wieder laufen dörfen, sondern bey ihrer instruction bleiben können.

12. Solle nicht allein in der wochen, sondern auch an Sonn- undt Feyertägen die Jugendt von der schuel aus, nicht allein zur heyl. Meß, undt Vesper durch die beeden oder wenigstens einen H. schuelbedienten geführet werden, welche jeder Zeith dieselbe fleißig vermahnen sollen, daß sie in der Kirchen fein andächtig sein, bethen, undt sich darinn züchtig undt ehrbahr

verhalten, undt auf die Predigt fleißig aufmerckhen, auch still undt ohne Poltern undt geschrey hinnein undt heraus gehen sollen, undt sich auf der gaß fein sittsamb erzeigen mögen, auch bei leittung des Ave Maria so wohl zu Hauß als auf der gaßen auf die Knie fallen sollen.

13. Damit auch die Knaben an Sonn- undt Feyertägen zu rechter Zeith in die Kirchen kommen mögen, So sollen sie dahinn gehalten werden, daß sie, wann das anderemahl geleittet, in der schuel zusamben kommen, undt alßdann wan zusambengeschlagen, durch die H. Schuelbedienten par undt paar hinein geführet werden.

14. Gleichwie nun auf keine weiß denen Herrn schuelbedienten zugelassen wirdt, das solche ohne vorbewust des H. Geistlichen und Regierendten H. Burgermeisters denen schuelern ferien geben. Also auch solle keiner sich unterstehen eine schul Zeith ohne dero vorbewust undt licents zu verabsaumen oder aber zu verreißen.

15. Es sollen auch die H. Schuelbedienten achtung haben, das von kindern kein schaden in der schuelen, mit Zerschneidung der tisch, bänckh, undt Zerbrechung der fenster, oder aber auf andere weiße zugefueget werde, sondern alles fein rein undt sauber gehalten, und die mitwoch undt sambstag nachmittag durch die jenigen Knaben, denen es pro poenitentia auferlegt, ausgekehret werde.

16. Weilen dann zum öfteren geschiecht, das entweder einige schuelknaben ohne vorbewust dero Eltern von der schuel aus nachlässigkeith sich absentiren, oder aber die Schueler, die ihnen aufgegebene lectiones, Declinationes, Conjugationes et Argumenta daheimb zu Hauß nich fleißig lehrnen undt macheten, sondern nur alles in die schuel verspahren, dadurch dann die H. Praeceptores in ihren gutten vorhaben undt vorsatz gehindert werden, die Jugendt aber verabsaumbet, undt eher zum bößen alß gutten sitten gewehnet wirdt, alß sollen die H. Schuelbedienten jederzeith fleißig nachsehen, undt nachfragen ob alle schuel Kinder in der schuel vorhanden oder nicht, welcher nun absens ist, bey dero Eltern umb dero abweßenheith sich erkundtigen laßen, auch warumb ihre Kinder zu Hauß von lehrnen

abgehalten werden undt ihnen den daraus erfolgenten schaden remonstriren.

17. Allermaßen auch die Herren Schuelbedienten auf keine weiß denen Schuelkindern sollen zulaßen daß Fieschen undt Vogl Stellen, dann hiedurch die Jugend nur zum bößen unnd Mueßiggang gewöhnt wirdt, sondern es werden ermelte Herren Schuelbedienten ihnen auch angelegen sein laßen, damit ihre Untergebene in bonis moribus wohl unterrichtet werden, undt still sietsamb sich uf der gaßen verhalten undt gegen Jedermann ehrerbietig erzeigen mögen.

Da nun H. Rector undt H. Cantor in vorgeschriebenen undt sonsten in andern so zu auferladung der Jugent, Kirchen undt schuelen gereichet, ihren möglichsten undt besten fleiß werden anwenden, So will Ein E. Rath wochentlich dem H. Rector 1 fl. 30 kr. undt Jährl. 7 str(ich) Kohrn und dem H. Cantori 1 fl. 15 kr. undt Jährlich 4 str. Kohrn aus dero Cammerey reichen laßen daß geld, daß getreydt aber auß dem Hospital.

Hierbey wirdt außtrücklich zuvorbehalten diese Instruction nach gelegenheith der zeith zu vermehrern, zu vermündern oder gentzlich aufzuheben, wie auch die aufkindigung des dienstes jeden theil ein viertl Jahr bevorstehen solle.

Geschehen und geben Kayser Carolsbadt den octobris A. 1687.

In tergo:
Instructio Scholae Thermensis
A: 1687.

Mit dieser Schul-Instruktion wurde gleichzeitig eine Instruktion für den ganzjährigen Unterricht und eine zweite für das wöchentliche Schul-Exerzitium erlassen. Sie lauten:

1.

Instruction

wie durch gantze Jahr die Jugend in der Schuelen zu K. Carolßbad so wohl Winter als Sommers Zeith zu instruiren.

1o Frequentirn die Knaben in Sommer früh umb 6 in Winter aber umb 7 Uhr, kommen alle zusamben und nach verflossener halber Stund wird gebetet, worunter der Assignirte

Custos od einer ex Maioribus denen andern vorbettet welche ihm mit auffgehebten Händen andachtig nachbetten.

2do Nach verrichten betten müssen sie gleich aufsagen die grösseren aber Mittwoch und Freytag recitiren den Chatechismum, ingleichen einmal in der Wochen als Freytag werden die Klensten Kinder examinirt in Creutzmachen und betten Specialiter informirt, die Lateiner aber so außwendig die Principia oder Grammaticam lernen recitiren nach Verrichtung derselben. Welche aber zur ministration verordnet werden, recitiren an statt der ersten Lection Ihre ministration.

3io Nach dieser Verrichtung wofern nicht zur Hl. Meß gelaitt wird Lernen sie ihre andern Lection. Ingleichen Mittwoch und Sambstag wird der Rosenkrantz knihend gebetet und nach gelegenheith der Zeith wird zum anderen mahl auffgesaget.

Welche aber nicht mittel in die privat Stund zu gehen auffwenden wollen und lust zur Rechenkunst haben die werden anstatt der andern Lection in der arithmetic instruirt.

4to Und letzlichen weysen ihre zu Hauß verrichte schrifften auff und wird einen jedweden insonderheith in margine corrigirt denen Klenern wird vorgeschrieben denen maioribus aber werden alle Monath neue Vorschriften gegeben. Nach Verrichtung dessen dafern die 3 Stunden verflossen und der Zeuger geschlagen wird wie oben gemelt daß andere gebeth verricht und gehen also nach Hauß.

Nachmittag

1o Umb 12 Uhr Winter und Sommer kommen die Knaben in die Schuel, umb 1 Virtel wird gebetet. Post preces merid: wird das musicalische Exercitium bis umb 1 Uhr gehalten, der Rector hat die grössern der Cantor die Tyrones an der Taffel.

2 Umb $\frac{1}{2}$ Zwey sagen alle Ihre Lectiones auff, so wohl Teutsche als Lateiner.

3io Nach 2 Uhr aber oder nach gelegenheith der Zeit (massen einmahl viel, daß andermahl wenig Jugent) sagen sie zum andern mahl auff. Die Lateiner aber ordinariè schreiben Ihre Correcta Argumenta ein und nach Verrichtung dessen, wenn die Zeith verflossen verrichten sie wiederumb ihr gebeth. Und gehen nach Hauß.

Privat Stund wird also gehalten.

Früh.

Denen Lateinern werden Ihre zu Hauß gemachten Argumenta denen Klennern aber die Conjugationes oder Declinationes corrigirt und müssen nach Verrichtung dessen noch ein
Vorschrifft schreiben und 1 mal auffsagen die aber nicht
Lateinisch lernen werden praecisè zum rechnen und schreiben
applicirt.

Nachmittag.

Wird denen Lateinern wiederumb ein Argument außgenommen Freytag, weilen sie den Sambstag Septimanalia lernen müssen
aufgegeben, so sie zu Hauß machen müssen; am Dienstag und
Freytag wird ihnen die Principia explicirt, die andern aber verzehren diese Stund mit rechnen, schreiben und aufsagen.

In tergo:

Instruction Scholae Termensis.

Exorciso te Creatura
Atque in Nomine Dni
Jesu Christi.

2.

Wochentliches schul Exercitium was von einer
stund sowoll fruh alß nachmitag vorgenomen wirt.

Montag

Erstlich von 6 Uhr biß auf 7 betten sie zu Erst darnach
sagen sie alle insgesambt ihre Lectiones auf nach vollenden aufsagen wird ihnen ihr argument coniugation oder declinat(ion)
welche sie uber den sontag gehabt corrigirt

Von 7 Uhr an biß auf 8 da Eßen sie ein halbe viertl
stund darnach weißen sie sambtlich ihre schrifften auf und
beneben seigen

Von 8 biß auf 9 Uhr da sagen sie alle auf und wirt ihnen
darbey explicirt ein theill aus denen rudimentis

Dinstag

fruhe um 6 Uhr biß auf 7 betten sie und sagen alle auf
beneben dictire ich ihnen ein argument welches sie machen
mußen in der schul darnach

Von 7 uhr biß auf 8 Eßen sie und weißen auf ihre schriften
nach dem aufweisen singen sie alle biß Ein viertl auf 9 von Ein
viertl auf 9 biß auf 9 wirt ihnen ihr gemachtes argument corrigirt und sagen alle sambtlich auf

Mittwoch

fruh von 6 Uhr biß 7 betten sie und recitiren ihren Catechismum biß auf 7

Von 7 biß auf 8 Eßen sie und werten darbey examiniert
aus dem Catechismo vom Ersten biß zum letzten was sie darbey
gehört haben und gemercket auß der kinderlehr

Von 8 biß auf 9 da mußen sie ihre rimisteration außen-
wentig recitiren darbey werden auch 9 biß 10 an der tafel
examiniret aus der music darnach sagen sie alle auf und geben
ihnen nacher hauß Ein argument coniu(gationis) oder decli-
na(tionis)

Donnerstag

fruh von 6 uhr biß 7 beten sie darnach recitiren sie ihre
lectiones und darneben ihres mit nach hauß gegebenes argument wirt ihnen corrigirt und daraus examinirt

Von 7 uhr biß auf 8 da Eßen sie zuerst darnach weißen
sie auf und singen die kleinen an der tafel, die großen aber
ober in der stuben

Von 8 biß auf 9 da sagen sie alle sambtlich auf

Freytag

fruhe von 6 uhr biß 7 beten sie darnach sagen sie auf
ihren Catechismum theils ihre fragstuck.

Von 7 uhr biß 8 da Eßen sie und werten ihnen darneben
in schriften ihre fahler ausgesetzt beneben auß den fragstucken
examinirt darnach wie es sonsten gebräuchlich ist gehen sie zu
montag mitwoch und freytag in die kirchen nach verrichter
heiliger meß sagen sie alle auf

Sambstag

fruh sagen sie auf von 6 uhr biß 7 darnach werten sie
aus ihren septimanialiis examiniret

Von 7 uhr biß 8 Eßen sie und repetiren sowohl die kleinen
alß großen ihre gesänger was sie durch die gantze wochen
gelernet damit sie in Chor mögen stobstiren

Von 8 Uhr biß 9 gieb ich ihnen Ein argument Coniugation oder Declination und beneben muß sie ihre explicationes wieder haben und wirt ihnen auch dictirt ein argument nacher hauß

Nachmitag am Montag

Erstlich von 12 uhr biß 1 beten sie und sagen auf ihre lectiones benebens werden sie examinirt aus ihren Coniugationibus und werden denen großen etliche praecepta erklertet.

Von 1 uhr biß 2 biß Ein viertl auf 3 da sagen sie und rechneten

Von 1 viertl auf 3 repetirn sie ihre explicationes und sagen darneben alle auf

Dinstag

Von 12 biß auf 1 fangen sie an zu betten nach vollenten gebet sagen sie auf und wirt ihnen widerumb explicirt und weiter darneben examinirt

Von 1 uhr biß Ein viertl auf 3 da singen sie und rechnen, darnach repetiren sie ihre explicativa und sagen alle zugleich auf

Donnerstag

Nachmitag von 12 uhr biß auf 1 wirdt alles solches in Einer solchen ordnung vor genumben wie die Montag und Dinstag

Freytag

Nachmitag von 12 uhr biß 1 uhr betten sie benebens sagen sie auf ihre fragstuck und Catechismum werten auch daraus examinirt

Von 1 uhr biß auf 1 viertl auf 3 singen sie und rechnen

Von 1 viertl biß auf 3 repetiren sie ihre mitagslehr explicatinus und saget ein ieder oder absomerlich daß 1 mal Eins ausgenommen die gantz kleinen die sagen an stat deß Ein mahl eins ihre Lectiones auf.

Mittwoch undt Sambstag da gehen sie nicht in die schull.

A. 1687 dem Canter Organista

Die Urfehde Friedrichs von Schönburg mit dem Saazer Kreise im Jahre 1451.

Mitgeteilt

von

Alois Bernt.

Bei einer allerdings auf sprachliche Forschung abzielenden Durchsicht der Urkunden des Saazer Stadtarchivs fand sich das Original des Urfehde= briefes Friedrichs von Schönburg vom 29. Juni 1451, das Schlesinger (Urkundenbuch der Stadt Saaz, Nr. 436) erwähnte, aber im Archiv nicht auffinden konnte. Zur Sache vgl. noch Fr. Bernau, Studien und Mate= rialien 1903, 631. Palacky hat den Brief in seinen Urkundlichen Beiträgen zur Geschichte Böhmens im Zeitalter Georgs von Podiebrad, 1860, 21 f., aus einem Kopialbuche im Wittingauer Archive zum Abdruck gebracht. Der Vergleich mit dem Saazer Originale ergibt, daß jene Abschrift, ab= gesehen von Verschiedenheiten in Ausdruck und sprachlicher Form, in kleineren Zusätzen — besonders bei der Aufzählung der adeligen Herren, denen die Urfehde geschworen wird — und in einem 12 Druckzeilen um= fassenden Zusatz gegen Ende (Esz ist auch — hyn gehören), der sich auf Friedrichs Streit mit einem andern Herrn bezieht, vom Originalbriefe abweicht. Es dürfte somit die Veröffentlichung desselben an dieser Stelle nicht ohne Interesse sein, zumal dadurch auch ein Beitrag zur Bewertung des Kopialbuches in Wittingau geliefert wird. Der Brief ist zudem ein Zeugnis für die Geltung der deutschen Sprache im böhmischen Adel jener Zeit, die gewiß nicht als deutschfreundlich gelten kann.

Ich drucke die Pergamenturkunde — Perg. Pressel, das Siegel ist leider verloren — wortgetreu ab, nur die Satzzeichen habe ich ergänzt.

Wir fridrich von Schünburk, herre zcu Glauchaw vnd hartenstein, Bekennen vnd tun kuntt offenlichen mit disem brief für allermeniclichen vnd wöllin, das es wissintlichen sey allen den, die in sehin, hören adir lesen, das wir ein Ewige vrfede getan habin vnd tun die mit krafft dicz briefs, das wir Ewicichen nymmermer tun wollen noch sein mit worttin noch mit wercken haimlich noch offinwar wider die Edeln vnd wolge-

poren hern herren Alschenn vnd hern Petern hern von Stern-
berck, hern Burian vom Gutinstein, hern Jacoben vnd hern Jon
von wrziessowecz, Ritter Ern Jon Czalta vom Stainperg noch 10
wider alle Erbar lantleütt des ganczen Saczer Craises noch
wider die Ersamen vnd weisen Purgermaister vnd Rethe vnd
gancze gemayne der czwaier stete Sacz vnd lawn noch wider
alle die iren noch wider den selbin den ganczen Saczer kraiss,
nymant ausgeslossen geistlich noch werntlich, noch wider der 15
obgenanten hern herschefft vnd guter, manne, diner, vndertan,
leütte vnd die in czuuorsprechin sten, die sy yzund haben
adir in den vnd andern kraissen adir an welichen enden sie
die czukunffticlichen gewynnen, Noch wider alle die, dy da rat,
tat, folge, peystantt, hülff adir lere getan haben, da mit das 20
Sloß pirssinstain gewunnen vnd wir gefangen sein worden,
dorvmb wir sie noch ire Erben hinfür ewiclichen nymmermer,
wir nach nymant von vnsern wegen, es wer durch schüeb, lere
adir anweisung von des ader sust von ander Sach wegen die
obgeschriebin hern, Ritterschafft, Stete, Ire Erben vnd alle die 25
iren, nicht antten noch efern[1]) noch mit krigin anlangen sollen
noch wollen, haimlichen noch offinwar in keinerley weiß, wy
menschen list erdencken mag; denn gewönnen wir was hernoch
czuschicken von vnser selbis aigen sach adir von vnser mann
vnd diner wegin mit den obgeschriebin hern, lantleuttin, Steten 30
vnd kraisse adir mit den iren adir mit den, die in peystandt,
hülff adir ratt getan haben, da geredin vnd vorsprechin wir,
das wir das nicht anders ken in süllin noch wollin fürnemen
denn mit dem lancz rechttin zcu Pehem vnd vns an irem lands
rechtin genügin lassin, was da erkant wurde noch schuld vnd 35
antwort, vnd das in keiner ander weiß furnemen. Auch geredin
wir sunderlichin vmb die maigistat, darvmb wir fridrich herre
zcu glauchaw die von Sacz angelanget haben Als von hern
Alschen vnsers vettern seling kinder wegin, das hinfür wir noch
nymantt, der den selbin brieff ynne habin wirtt, die von 40
Sacz mit krieg damit fordern noch anlangin sol, sunder
das mit dem selbin brieff anders gen in nicht für nemen
noch suchin sol denn in obgeschriebner masse mit recht. dise

---

1) = anden vnd avern „aḥnden und rächen".

obgeschriebne Artikel alle vnd itlichin besunder, die in disem
⁴⁵ brieff geschrieben steen, geredin vnd gelobin wir obgenanten
fridrich von Schunburgk, herre czu Glauchaw, bey vnsern gutin
waren kristinlichen trewen vnd Eren Stet, vest, gantz vnuor-
ruckt vnd vnuorsprochenlich zcu halden vnd zcuuolfüren on
alle Ärgelist vnd geferde. des zcu warem Bekentnüsse habin wir
⁵⁰ vnser insigel wissintlichen an disen brieff gehangen, der gebin
ist noch Cristi vnsers herren gepurtt verczehenhundert vnd
dornoch in dem ein vnd funffczigisten Jaren am dinstag an
sanct peter vnd Pawls der heiligen czwelfpoten tage.

Die Dreifaltigkeitsfäule auf dem Marktplaße der Stadt Ludiß.

Von

Johann Hille.

Sie ist 13 m hoch und in den Jahren 1701 bis 1704 vom Bild=
hauer und Ludißer Bürger Oswald Josef Wenda aus Sandstein, welchen
der Grundherr der Stadt, Graf Ferdinand Hroznata von Kokorzowa,
aus dem herrschaftlichen Steinbruche bei Kamenahora unentgeltlich bei=
schaffen ließ, gefertigt und aufgestellt, 1707 an einzelnen Teilen von
einem Klattauer vergoldet und im Juli 1712 durch den Prior der Chiescher
Karmeliter eingeweiht worden. Oben trägt sie die Bildnisse der a. h.
Dreifaltigkeit, im unteren Teile die der Landespatrone Wenzel, Adalbert
und Ludmilla; nebst zahlreichen Engelsköpfen auch ganze Engelsgestalten;
dazu drei große schöne Lampen, deren Gläser in vergoldetes Kupferblech
gefaßt sind, und drei von Engeln gehaltene Inschrifttafeln, zwei aus
Stein, eine aus Blech.

Die Inschriften sind folgende. Die erste auf der Südseite in ge=
wöhnlicher Frakturschrift: „Allen und jedem Christgläubigen beiderlei
Geschlechtes, welche bei dieser Statue dreimal den Vers Ehre sei dem
Vater, dem Sohne und dem Heiligen Geiste mit drei Vaterunser und
dem englischen Gruße andächtig beten, ist vermög erzbischöflicher Bullade
dato Prag den 26. Oktober 1764 vierzigtägiger Ablaß verliehen."

Dreifaltigkeitsfäule auf dem Marktplaße in Ludiß.

Die Tafel auf der Nordostseite hat als Chronogramm folgende Schrift in lateinischen Großbuchstaben: Ist Gelobt AM Iahr Des erLÖsers ChrIstI von mir ferdnand hrosnata Graffen von Kokorzowa vnd meiner stadt Lvditz. Die hervorragenden Buchstaben geben die Jahreszahl 1704.

Die Tafel auf der Westseite enthält in Lateinbuchstaben ein Gebet, das wir ohne Verbesserung der sprachlichen Mängel wiedergeben: Allerheiligste vnd vnzertheilte Dreyfaltigkeit! Dich Dreymal Grosser Gott! Fusfallend beth ich ahn. Dir Gott ergib ich mich nebst denen Erben mein bittent demüthiglich Las Dir befohlen sein.

Die Statue ist mit einem steinernen Schutzgeländer umgeben, das drei Türlein aus Gußeisen hat.

Welcher Künstler den im Vertrage erwähnten Abriß geliefert hat, wissen wir leider nicht; vielleicht einer der Maler, die gegen Ende des XVII. Jahrhunderts in den gräflichen Schlössern zu Preitenstein und Luditz beschäftigt waren. In Luditz waren folgende drei:

1. Johann Bernard Schwaner, Luditzer Bürger, der „allhier dem Gotteshaus und der Erzbruderschaft des h. Sakraments wohl gedienet und mit zahlreicher Begleitung solenn begraben wurde den 13. Dezember 1704", wie die Sterbematrik besagt;

2. Michael Trübl;

3. Peter Brandl, der hier ein Bildnis der Familie des Grafen Ferd. Hroznata von Kokorzowa malte und 1705 als Zeuge bei einer Trauung in der Matrik „der vornehme Maler" genannt wird.

Außer 1000 fl. rh., welche dem Bildhauer im Vertrage zugesprochen wurden, erhielt er noch 105 fl. 48 kr. für einige Verzierungen, die er auf Wunsch der Gemeinde zur reicheren Ausschmückung des Werkes ausführte. Am 8. August 1704 quittierte er über den Mehrbetrag, am 31. März 1705 über 1000 fl.

Seine Mitarbeiter waren Steinmetzen, welche seit einer Reihe von Jahren am gräflichen Schlosse und im Schloßgarten gearbeitet hatten. Nämlich:

1. Johann Christoph Perkles;

2. Johann Ferdinand Sperling;

3. Ambros Bebruzzi oder Petruzzi, der am 4. April 1704 in Luditz begraben wurde und von dem das Sterbebuch ausdrücklich bemerkt, „er hat die h. Dreifaltigkeitsstatue da mitverfertigen helfen";

4. Johann Röbling aus Welschland;
5. Donat Predesoli aus Welschland;
6. Andreas Solari, auch ein welscher Künstler.

II. Wenda, der Bildhauer.

Geburtsort und -Jahr konnten nicht ermittelt werden. Er war
Luditzer Bürger, hatte sich am 5. Feber 1697 mit der hiesigen Bürgers=
tochter Helena Tröscher verehelicht, am 28. März 1704 vom Fleischer
Wilhelm Riedl am Ringplatze ein Haus, jetzt als Nr. 139 Eigentum des
Kaufmanns Rud. Polster, erkauft, das samt Hintergebäude, Garten und
3 Pflug Feld 215 fl. kostete. Seiner Ehe waren 6 Kinder entsprossen:
die Söhne Johann Anton, Ferdinand Florian, Johann Peter Nikolaus,
die Töchter Theresia, Barbara, Elisabeth, diese als letztes Kind 1710 geboren.

Er ward 1711 als „Ratsfreund", 1719 als einer der vier Bürger=
meister gewählt, welche dazumal vierteljährig mit einander abwechselnd
die Stadt regierten.

Er hat im Jahre 1716 auch die viel einfachere Dreifaltigkeitsstatue
des Karlsbader Marktplatzes gefertigt und sollte für den Luditzer Schloß=
garten noch zwei Statuen liefern. Vor deren Vollendung überraschte ihn
aber am 30. September 1721 der Tod. Er starb leider so verschuldet,
daß sein Nachlaß ganz den Gläubigern verfiel und diese daraus nur
zum sechsten Teile ihrer Forderungen befriedigt werden konnten.

Seine Tochter Barbara heiratete am 28. Oktober 1729 den Militär=
kapitulanten Johann Michael Haring; wohin die übrigen Kinder und
die Witwe gekommen, ist nicht zu ermitteln.

Wendas Haus samt Garten erstand am 9. Juli 1723 um 300 fl.
der aus Tolmezzo im Friaul abstammende Handelsmann Oswald Scarsin,
der als unbemittelter Mann mit seiner Gattin Monika nach Luditz ge=
kommen, hier aber durch Fleiß und Redlichkeit ein bedeutendes Vermögen
erworben hatte, das nach seinem Tode an seine Söhne Franz und Johann
kam, die ebenso fleißig und redlich das Geschäft weiter betrieben. Dem
letzteren werden wir bald wieder begegnen.

Weitere Schicksale der Statue.

Im Jahre 1759 wurde sie das erstemal renoviert und zwar durch
den Luditzer Maler Josef Grimmer. Die Kosten betrugen 302 fl. 14 kr.
und wurden teilweise durch fromme Spenden der Kirchkinder aufgebracht.

Im Mai 1779 brach über Ludiß ein furchtbares Brandunglück herein. Am 11. brannte der obere, am 27. der untere Teil der Stadt ab. Vom Rauche des Brandes wurde die Statue berußt und von der großen Hiße auch sonst beschädigt, so daß eine Renovierung sehr notwendig war. Woher aber sollte das Geld kommen, da sämtliche Bürger vom Unglücke betroffen waren? Da kam die Hilfe von Johann Scarfin, obwohl auch sein Haus und Warenvorrat durch den Brand viel gelitten hatte. In seinem 88. Lebensjahre, das auch sein Todesjahr wurde, 1798, ließ er die Statue auf seine Kosten renovieren und stiftete zu ihrer ferneren Erhaltung noch ein Kapital von 250 fl., das freilich durch das Finanz= patent des Jahres 1811 sehr verringert wurde. Die Renovierung führte der Ludißer Maler Johann Müller aus, ein Enkel des oben genannten Grimmer.

Durch ihn erfolgte auch die dritte Renovierung im Jahre 1853, wieder teilweise durch fromme Spenden bestritten.

Später wurden Anstrich und Vergoldung in den Jahren 1886 und 1906 wieder erneuert.

Die Erben des am 26. Juli 1728 begrabenen herrschaftlichen Amts= direktors J. B. Grimm hatten ein Kapital von 100 fl. gestiftet, damit alle Samstage durch vier arme Knaben vor der Statue der Rosenkranz und die lauretanische Litanei gebetet werde. Dieses Beten hörte auf, nachdem das Kapital in der Josefinischen Zeit in den Ortsarmenfond einbezogen worden war. Dagegen finden sich auch heute noch Guttäter, die auf ihre Kosten an jedem Samstagabende die Beleuchtung der Laternen an der Statue veranlassen.

Vorstehende Mitteilungen sind den Aufzeichnungen entnommen, die wir dem um die Erforschung der Geschichte unserer Stadt hochverdienten Dechanten Johann Hopf († 1874) verdanken und in dem vom Anpflanzungs= und Verschönerungsvereine gegründeten hiesigen Museum aufbewahren. Hopf nennt die Statue „ein herrliches Standbild, die Krone des ganzen Bezirks und Kreises".

Anhang.

Vertrag des Bürgermeisters und des Rates der Stadt Ludiß mit Oswald J. Wenda wegen Aufstellung der Dreifaltigkeitsäule. Ludiß, am 2. Mai, 1701.

In Nahmen der Heyligen vnzertrenten Dreyfaltigkeit Gottes des
Vatters, Sohnes und Heyligen Geistes seye hiemit kundt vndt zu wissen
offent- vndt vor jedermänniglich, daß ex singulari devotione et voto
ein edl, ehrnvöst- vnd wohlweißer Magistrat. der Stadt Luticz eine Ehren-
Säul zu sonderbahrer Glori vndt Andacht der Allerheyligsten Dreyfaltigkeit auf den Allhiesigen Marck aufrichten zu lassen resolviret vndt entschlossen. Zu welchem Ziel, Ende vndt Bewerckstelligung dessen heute zu
End gesetztem Dato mit den allhiesigen Bildhauer Herrn Oßwaldt Wenda
ein verläßlicher Contract, wie folget, geschlossen worden. Nemblicher: Eß
verspricht Herr Oßwaldt Wenda vermöge deß ihme zugestellten Original-
Abriß nebst noch sechßen zu Haltung der Lampen anstellenden Engeln
förderst einem völligen Modell vndt so dann von denen ohne Entgeldt
seiner ihm zu schaffenden benöthigten Steinen. Solche Statuam oder
Ehrn-Saul vermöge seiner erlerneten Kunst auf das best vnd beständigste
vndt ohne allen Defect oder Mangel, wie der Abrieß oder dessen Pous-
sirung außweist, mit dreizehn ganzen Engeln ohne die andern Engels-
Köpffe außzuarbeithen, aufzusezen vndt zu genuglich vnd erkentlich tauglichen Perfection zu bringen. Vor welch' seinen Fleyß, Mühe vndt Arbeith, er
von einem allhiesigen Magistrat vor alles vndt jedes an Lohn taußendt
Gulden rein., alß von einem Magistrat, neunhundert funffzig, dann von
den wohledlen, gest(rengen) Ritter Herrn Johann Ludwig Serins von
Ayschenau, auß sonderbahrer Devotion gegen die Allerheyligste Dreyfaltigkeit von seinen eigenen mitteln funfzig fl., alß zusammen ut supra
1000 fl. r. haben vndt empfangen solle: jedoch dergestalt vndt mit dieser
expreßer reservirten Condition, daß solche Gelder ihme nach Proportion
seiner allemahl verfertigten Arbeit bezahlt werden solle; worbey auch
dießes bedinget wird, da ferne wieder alles Verhoffen, er Bildhauer
solche statuam nicht etwa dem Abriß oder selbstigen außgehändigten
Modell gemäß vndt conform machen oder an selbter einig Manquement
oder Tadel sich befinden sollte; er davor stehen vndt zu vollkommener
Perfection zu bringen schuldig vndt verbunden sein solle. Zu dem Ende
ihme dann von obbedingtem Quanto der taußent gulden biß zu voll-
kommenem Staudt dießer Saylen zwey Hundert Gulden reservirt vndt
zurückbehalten werden. Zu dessen beyderseits mehreren Versicherung vndt
Vösterhaltung dessen, waß in dießen Contract bedinget ist solcher in
duplo außgefertigt, von beyderseits accordirenden Partheyen unterschrieben mit ihren respectiven Insigel vndt Petschafft corroborirt vndt
davon einem jeden Contrahenten ein Exemplar zugestellet worden.

Alles getreulich vndt souder Gefährde. So geschehen Lutiz, den 2. May, Anno 1701.

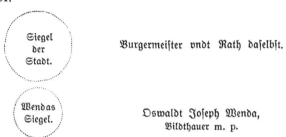

Siegel der Stadt.

Wendas Siegel.

Burgermeister vndt Rath daselbst.

Oswaldt Joseph Wenda, Bildthauer m. p.

Einige im Besitze der Stadt Luditz befindliche Urkunden.

Mitgeteilt
von
Johann Hille.

I.

König Wenzel verleiht der Stadt Luditz das Recht, zu Pfingsten einen achttägigen Jahrmarkt zu halten. Prag, 1416, Juli 5.

Wir Wenczlaw von Gotes gnaden romischer kunig zu allen czeiten merer des reichs vnd kunig zu Beheim. Bekennen vnd tun kunt offenlich mit disem briue allen den, die in sehen oder horen lesen, das fur vns komen ist der Edel Heinrich von Elsterberg, vnser liber Getrewer, vnd bate vns mit demutigen fleisse, das wir dem burgermeister, rate vnd burgern gmeinlich seiner stat zu Luticz vnsern liben getrewen einen jarmarkt doselbist in der stat zu Luticz zuuerleyhen vnd zugeben gnediclichen geruhten. Des haben wir angesehen des egenanten Heinrichs fleissige bete vnd ouch dinste vnd trewe, die er vns vnd der cron zu Beheim ofte vnd dicke nuczlich vnd williclich erczeiget vnd getan hat, teglich tut vnd furbas wol tun mage vnd sol in kunftigen czeiten, vnd haben doromb mit wolbedachtem mute gutem rate vnd rechtem wissen dem egenannten burgermeister, rate vnd burgern gmeinlich der egenannten seiner stat zu Luticz einen jarmarkt gnediclich verlihen vnd gegeben [verleihen vnd

geben] inen den in craft dicz briues vnd kuniglicher macht zu Beheim vol=
tumenheit: alſo das derſelbe jarmarkt vff den heiligen pfingſttage ſchinſt
komende ein vnd angeen, vnd acht tage gancze nacheinander zu czelen
weren, vnd furbaſmer vff dieſelben czeite alle jare zu ewigen czeiten
beſteen, bleiben vnd gehalden werden ſoll, von yedemmane, dorvff mit
ſeiner habe vnd kauffmanſchacz in die egenannte ſtat zu Luticz vnd
wider dorvs ſicher zu czyhen vnd zureyten vnd doſelbiſt zukauffen vnd
zuuerkauffen, vnd aller gnaden, rechten vnd freyheiten genieſſen vnd
gebrauchen als andere vnßere ſtete vnßers kunigreichs zu Beheim jre
jarmarkte haben, halden vnd der genieſſen vnd gebrauchen von aller=
meniclich vngehindert. vnd gebieten doromb allen vnd yglichen vnßern
burggrafen, houptlewten, amptlewten, burgermeiſtern, richtern, reten vnd
burgern gmeinlich der ſtete, markte vnd dorffer vnßers kunigreichs zu
Beheim, die nu ſein oder in czeiten ſein werden, vnſern liben Getrewen,
das ·ſie die egenannten burger vnd jnwoner der ſtat zu Luticz an dem
egenannten jarmarkt nicht hindern noch irren, ſunder ſie des geruhlich
genieſſen vnd gebrauchen laſſen vnd ouch dobey von vnſern wegen hant=
haben, ſchuczen vnd ſchirmen, als libe Jnen ſey, vnßere ſwere vngnade
zuuermeyden. Mit vrkunt dicz briues verſigelt mit vnßerm kuniglichen
Maieſtat jnſigel geben zu Prage nach Criſts geburt vierczehenhundert
jar vnd dornach in dem ſechczehenden jare des nechſten Donrſtags nach
ſand Procops tage, vnßr reiche, des behemiſchen in dem virvndfunf=
czigiſten, vnd des romiſchen in dem einvndvirczigiſten jaren.

Ad Recog. Heinrich de Lazan Capit.

Wrat. Johannes de Bamberg.

Auf der Rückſeite des Blattes ſteht oben:

J. B. Caſpar de Lewbiß.

Darunter:

W Kwaternu trhowém Rudem

1595. K. 8.

Kralé Wacslawa.

17· liſt nayarmark na . . . .

Original auf Pergament (37 cm b. × 29 cm h.). Siegel iſt abhanden
gekommen.

II.

Abſchrift des der Stadt Ludiß durch Heinrich von Plauen 1550
verliehenen Lehensbriefes über das Gut Moſtiß. Teuſingen, 1567, April 28.

Wir Burgermeiſter vnnd Radt der Stadt Teuſingen thun hier mit
dieſen offenen Brieue gegen menniglichen, wo der geloſen wirt oder vor-
kumbt, kundt vnnd bekennen, das vnns heut dato von denn erſamen
weiſen Burgermeiſtern, Radt vnnd gantzer Gemein der Stadt Ludit,
vnſern lieben Nachtbarn vnnd guttenn Freunden ein gueter gantzer gerechter vnnd vnuerſerter Pergamenen Lehenbrieff, ſo Inen weiland der
Durchlauchtige hochgeborne Furſt vnnd Herr Herr Heinrich des heiligen
Rö. Reichs Burggraue zu Meißen ſeliger vnnd hochloblicher Gedechtnus
unter ſeiner ſ. S. anhanngenden Inſiegel, vber das Ritterguet Moſtitz[1])
gegebenn, vorgelegt wordenn, bittende, das wier ſolchen nach Notturfft
beſichtigen vnnd inen ein Bidimus Tranſumpt oder glaubwirdig vrkundt,
das dem Haubtbrieff gleich, Glauben gegeben werden mecht, wolten vor-
ſertigen vnnd machen laſſen. Welcher furſtlicher Lehenbrief dan, vonn
Wort zu Wort alſo lautet: Von Gottes Gnaden, Wier Heinrich des
heiligen Romiſchen Reichs Burggraue zu Meißen, Graue zum Hartten-
ſtein vnnd Herr zu Plauen u. Romiſcher Koniglicher Majeſtät u. Radt
Cammerer vnnd des Konigreichs Beheim Obriſter Cantzler, bekennen
vnnd thun kundt, das vor vnns erſchienen ſint die Erſamen vnſere lieben
getreuen N. Burgermeiſter, Radt vnnd ein ganntze Gemein der Stadt
Ludit vnnd vnns vnderthenniges vleis gebetenn. Nachdeme ſie vor ſchiener
Zeit mit vnnſern Gunſt vnnd gnediger Zulaſſung das Ritterguet Moſtitz,
ſo vonn vnns zu Lehen rurt, vonn Balthaſar Ratzga kaufweis an ſich
gebracht, das wir ihnen ſolch Guet Moſtitz mit aller deſſelben Nutzung,
Ein vnnd Zugehorung, nichtes dauon außgeſchloſſenn noch hindan ge-
ſetzet, innmaſſen ſolches alles obgenanter Ratzka innen gehabt, genutzt
vnnd gebraucht von Obrickeit wegen gnediglichen zuuorleihen geruchtenn.
Alſo haben wier angeſehenn ir vnderthenig demuetig vnnd zimlich Piet.
Auch dabey betracht obgedachter gemeiner Stadt Ludit, aufnehmen vnnd
iren gegen vnns geleiſten vnderthenigen Gehorſamb, vnnd haben inen
mit zeitigen Radt vnnd Rechtenn wiſſenn ſolch obbemelt guet Moſtitz,
ſo von vnns wie oben gemelt zu Lehen rurt, mit aller Ein vnnd Zugehorung, wie daſſelbe alles in ſeinen Grenntzen, Reinen gelegenn,
vnnd vonn andern vmbliegendenn Guetern abgeſondert iſt, gnediglich
geliehen, reichen vnnd leihen inen ſolches mit vnnd in Craft dieſes vnnſers
Briefs daſſelbe zugenieſſenn vnnd zugebrauchen nach irem peſten Nutz
vnnd frommen Inhalt ires vnus darueber gegebenen Reuers. Dagegenn
ſollen auch obbemelte Burgermeiſter, Rath vnd Gemeinde zu Ludit vnnd

_____

1) Jetzt Maſtung.

ihre Nachkommen vorpundendem und schuldig sein, vnns vnnd vnnsern
Erbenn von angeregten Guet Moftig, so offt es der vahl gebe vnnd die
Notturft erheischete, mit einem Reisigen gerustenn Pferde die Ritterdienste
zu leisten, doch vnns, vnnsern Erbenn an vnnsern Regalien, Obrikeitenn,
Lehen vnnd Pflichtenn, auch sunst jedermans beweislichenn Rechten ohne
Schaden. Darauf haben offtermelte Burgermeister, Radt vnnd gantz
Gemeinde zu Ludig zwen irer Radtsfreunde, als nemlichen Georgen
Schwehel vnnd Jacoben Paresec. mit volkommenen Gewalt zu vnus
abgefertiget. Die haben als derselben Lehenträger in irer Seelen vnnd
Gewissen, gewonlich geluebt vnnd Avdt gethan von solchen Lehen vnns,
vnseren Erben gehorsamb vnd gewertig zusein, vnd zudienen, Schaden
Arges vnnd Nachteil zuvorhueten, zuvorwaren vnnd wenden, fromben
Nutz vnnd Pestes zufurdern vnnd zubetrachten. Vnnd ob solche zum
Theil oder gar anspruchig wurden, nindert anderswo, dan vor vnns oder
vnsern bestelten Manrecht. Dahin dan solche Lehen zuvorrechten gehorn,
zuvorrechten zuvorteidingenn vnnd zuvorsprechen, vorschwiegene Lehen
zuoffenbaren vnnd ir selbst Lehen nicht zuvorschweigen, auch alles das
zuthun, als getreuen Lehensleuten vnd frommen Vnderthanen, vnns
vnd vnnsern Erbenn als Lehensherrn, zu thun schuldig pflichtig sint, vnnd
solcher Lehen Recht vnnd gewonheit ist, alles treulichen vnnd ohne ge=
ferlichen. Des zu Vrkundt besiegelt mit vnsern anhangenden Jnsiegel
vnnd geben in vnserm Schlos Teusingen, sonnabents den virten Tag
des Monats Januarÿ Anno etc. im Funfftzigistenn.

Derweil wier dan diesen Brieff an der Schrieft vnnd Siegel nach
gnugsamer Besichtigung vnnd Vorlesung allenthalben, gerecht vnnd ohn
allen Mangel befunden, so haben wier obgedachten vnsern lieben Nacht=
barn vnnd gueten Freunden denen von Ludig, diesen Transsumpt vnnd
glaublich Vrkundt, welcher mit dem Original vnd Haubtbrief vbersehen,
colationirt vnnd gleich Lautes, mit vnsern anhangenden Stadt=Jnsiegel
gegeben vnnd mitgetheilt. Gescheen vnnd geben zu Teusingen, Montag
den acht vnd zwantzigisten Apprillis, nach Christi vnsers liebenn Herrn
vnnd Seligmachers Geburt, tausendt fünffhundert vnnd im Sieben vnnd
Sechtzigisten Jahre —

Pergamentblatt (55 cm × 34 cm h.). Am unteren Rande hängt ein Siegel.

III.

Abschrift der Zunftordnung der Tischler und Schlosser in Rakonig,
ausgestellt am 13. Juni 1583, welche für Ludig Geltung hatte und

über Befehl des Rates der Stadt auf Bitten der Schloſſer und Tiſchler
für das Städtlein Netzſchetieng abgeſchrieben wurden.

Wier Burgermeiſter vndt Rath der Stadt Rakonick vrkhunden mit
dießen vnßern Brüff in Gemein vor jedermäniklichen, wo er geleßen
aber geleßen gehöret wierth, in ſonderheit to, wo es gebiehren thuet, das
vor vnnß erſchienen Czechmeiſter vndt andere Meiſter des ehrbohren
Handtwerckhs der Tyſchler vndt Schloßer, vndt hoben vor vnnß erlegt
etliche Artickl, hoben in ſich betrieffen, toß wie ſie ſich in ihren Handtwerckh verhalten ſollen, vnnß fleißieger moßen gebethen, das wier ihnen
ſolche Artickl bekräfftiechen ſollen, noch denen das ſie ſich vndt ihre
khünfftiege Nachthämblinger, tie gemelte Handtwerker, Tiſchler vndt Schloßer
richten vndt halten ſollen, welche Artickl to vnten ordentlich beſchrieben
ſtehen.

1. Erſtlich Czechmeiſter vndt audere Meiſter gemelte Handtwercker,
wie auch alle ihre Geſellen, das ſie ſich wohl vndt erbohr verhalten,
Zucht[1]) vndt Ehr beÿ Gott dem Allmächtichen[2]) erſuchen, in aller Lieb
vndt Einickheit, vndter einonder ohne Verletzung einer dem ondern leben ſollen;

2. Andern. Elteſte Zechmeiſter, eß ſey welcheß wohlen alle järlichen
von dem Herrn Burgermeiſter vndt Herren vorgeſtelt werden, daß ſie
in aller Zucht vndt Erbarckheit, geholten ſollen werden, vudt andere
Meiſter ſollen ſich mit ihren alß Elteſten richten vndt ihnen gehorſamb
ſein. Geſellen auch ſollen ſich zu den ſeinichen Meiſtern in aller Ehr vndt
Gebühr gehorſomb, wie es auf gutte erliche wohl verhaltene gebührett;

3. Trydtenß. Jedweder er ſeÿ, wehr er wohl wiel, in die ſömbt-
lichen Zunfft ongenumen werden vndt das Handtwerckh zu treiben, ter ſol
ihme ordentlich beÿ den Zechmeiſter, das ſie ihme den allen den Zech be-
ſchiedet werde, begehren, vndt da ban der brüff ordentlicher ſeines Auß-
lehrnens weißet, ſoll Ein Schockh: Meiß in die Zech erlegen, alſo in
geſambt ohngenumen werden;

4. Viertenß. Welcher Meiſter aber Geſelt wolte beſchicken die Zech,
ſol zu den Zechmeiſter khumen, vndt to offenbohren, was er begehret,
vndt wan es ihm erlaubt wierdt, ſoll er geben ein Böhmiſchen Groſchen,
alſo ſollen ihm die Zechmeiſter den jüngſten Meiſter befehle, das er die
Zech beſchicke;

---

1) Über u bloß ein Punkt.
2) Über dem erſten a ein ⌢.

5. Fünfften, welcher Meister in die Zech nit khem, ist beschiecket vndt zu Hauß erfundten, also soll er Stroff schuldich zu geben ein Pfundt Wox.

6. Sechstenß, daß einer den andern in der Arbeit in seinen Handtwerckh nochtheylich vndt sträfflich redet, in Fall sich deßen einer vnterstiendt, soll er in die Zech Stroff geben zwey Pfundt Wox.

7. Siebendten, wan eß angemeldt wierdt den Meistern, aber ihren Haußgesiendt, das sie sich zu den Begrebnußen Leuch trogen helfen einfinden sollen, es sey, welcher es wohle, nebens solcher Ontaytunckh sich nit verhylte, Meister vndt Gesell sol in die Zech ein Pfundt Wox versohlen hoben;

8. Achtenß. Alle viertl Johr, doß sie sich in die Versamblung in die Zech zusamen khumen, vndt soll der jungste Meister auß befehlich der Zechmeister Zech vmbgehen, vndt wan sie zusomen khomen, so sol ein iedweder in die Loden einen Groschen erlegen;

9. Neundtenß. Wan ein fremder Gesel her gewondert, welcher alhier noch nie georweit hot, sol in die Herwerg gehen; wan aber die Geselen kheine gewieße Herwerg nit heten, sol er gehen noch seinem belieben, wo es ihm gefeldt, vndt von do ohn soll er schiecken, noch den Geselen, welche Orbeit außrichten, won aber der Gesel kheinen bekhonten Meister nit hot, zu dem er vmb Orbeit schieken wolt, so sollen die eltisten Geselen solen gehn forderst zu den Zechmeister vndt hernoch zu allen den Meistern, ob einer einen Gesellen setzen wolt, ihm[1]) ohn melden;

10. Zentenß. Geselen, welche bey den Meistern orbeithen, in Vterwochen sie in die Versamblung gehen sollen, vndt to vnter einonder neben einem gutten Gebrauch, solen von tenen Sochen, welche vnter ihnen ist vorgelofen, schlichten, won es erkhandt wierdt, doß er stroffmäßig wehr, solen ihn stroffen noch ihren Handtwerckhs Gebrauch vndt Gewonheit;

11. Elfftenß. Khein Gesel sol nehmen von seinen Meister Vhrlaub vierzehen Tog vor den Morckh, deßen auch nit vor den Weinocht vndt österlichen Fayertogen. sol auch ein Meister geben den Gesellen vor dere Zeit Vhrlaub;

12. Zwelfftenß. Eltesten Geselln, welche ondere Geselln Orweit außzurichten schuldig sein, sollen vberfeldt nit gehen, auch nit wondern, es wehre don auf seiner Stel ein onder gesteldt, noch Erkhontnuß einer Stroff;

---

1) Handschrift ihw, verschrieben.

13. Treÿzehntnß. Welcher Gesel baÿ den Meister orbeitet, vndt entgieng von ihm, vndt beÿ einen ondern orbeiten wolt, olß dem solen die elteſten Geſellen, zu dießen Meiſter hiengehen, wo er zuvor georbeitet, vndt beÿ ihm ſich befrogen, wie ter von ihm weg gangen iſt, vndt oder er hobe ordentlich Vhrlaub genumen, vndt derſelbe Meiſter, der den Geſelen Arbeit geben ſol, ſoll ſich desfols der elteſten Geſelen befrogen, ob ſie beÿ ſeinem forichen Meiſter geweßen ſein oder nit. Won ſie aber nit beÿ ihm geweßen ſein, ſol er ſie begehren, daß ſie zu ihm hin gehen, vndt wie er von ihm gangen iſt deßen vernehmben;

14. Vierzehntnß. Meiſter ollein, doß ſie mit den gewonderten Geſelen vmb die Arbeit bereden nit ſollen, vnter der Stroff ein Pfundt Wox.

Wier, welche diße ob beſchriebene Articl beobochtet, doß ſie zu Er- bordtheit frübt vndt Aÿnickheit der Zuſomenkhunfft kelongen, hoben wier oben bemelten Cechmeiſter vndt onder Meiſter nicht obſchlogen, vndt worum die vndt ſolche Articl, in denen vndt allen gelegten begräfftiegen :/: wolen dem doß von allen Meiſtern vndt Geſelen ietz geſchriebene Handtwercker holten vndt beholten ſolen werden :/: Zu dießer Bedräfftiegung hoben wier zu dießem Bruff vnnſer Stodt Jnſiegel anhängen loßen, welcher Tog iſt geweßen Montag noch den Haÿl: Fron Laÿchnombß (13. Juni) Anno 1583:

Aber ietz von einem ehrbornen Handtwerckh der Tiſchler vndt Schloßer in der Stodt Ludiß auf Biet vndt Begehren der Meiſter Tiſchler vndt Schloßer in den Städtlein Netzſchetieng dieße obſchriefft geben.[1])

IV.

Beſtätigung der Handwerksordnung der Schloſſer und Tiſchler durch den Rat der Stadt Ludiß, ddo. 1673, Juni 20.

Wür Burgermeiſter Vndt Rath der Stadt Ludiß vrkhundten vnndt bekhennen hiemit offentlich vor iedermänniglichen vndt ſonderß wöh von- nöthen, daß vor vnnß in völligen Raths Stuel erſchienen, die erbahre elteſte, Zunfftmeiſter vnndt andere Mitzunfftgenoßen deß ehrbahren Handt- werckhs der Tiſchler vnndt Schloßer, vorlegendt vnnß etweliche ihrer Zunfft- gemäßige Artÿkel, mit angefüegter vnterdinſtlicher Biett, daß wür ſolche nachgeſetzte Artÿkel, ihnen /: vermög vnſerer Privilegien :/ confirmiren

---

1) Abſchrift auf Papier.

wollen. Erſtens, würdt denen Eltieſten vnndt andern Mitmeiſtern obliegen, die. Ehre Gottes /: an ſich ſelbſten exemplariter :/ zubefördern, vnndt andere Mittgenoßen vndt Geſellen, darzueanhalten. Andertens ſollen die eltieſte Zunfftmeiſter, welche Von E. E. Magiſtrat deputiret wordten, von denen andtern Mittmeiſtern in oller EhrErbiettigkeit vndt Folge gehalten werdten, vndt ſich von ihnen alß vogeſetzten (sic) Heuptern reguliren laßen. Driettens welcher in die Zunfft aufgenohmen zuewerdten vnndt ſein Handtwerckh zuetreiben anlanget, würdt. er erſtens doß Burgerrecht gewinnen müeßen, doß gantze löbl. Handtwerckh fordern laßen, worauff nach Niederlegung ſeines ehrlich-erlehrnten Handtwerckhs Zeügnuß nebſt fünff Schockh Meis. vnndt zwey Pfundt Wox in die Zunfftloden, auch außgerichter Meiſter Mahlzeith /: von denen Meiſters Söhnen, iſt es die Helffte zuuerſtehen :/ ſolle ihme die Aufnehmung vergünſtiget werdten vndt ſo lang, bieß ihme ein anderer ablöße, jüngſter Meiſter verbleiben. Vierdtens won ein Mittmeiſter oder Geſell, doß Handtwerckh wolle fordern laßen, würdt er die Herrn eltieſte Zunfftmeiſter beſprechen, die Vrſach der Beſchiekhung andeütten, dem jüngſten Meiſter zwey böhmiſche Groſchen Fordergeldt, vnndt ſechß böhmiſche Groſchen dem Handtwerckh niederlegen, worauf der jüngſte Meiſter auf beſtiembten Tag daß Handtwerckh fordern ſolle. Fünfftens, jedtweder Miettmeiſter, da er in die Zuſammenkhunfft beſchiekhet wurdte, ſich nicht einſtellet vnndt zue Hauß befundten werdten möchte, kombt er, wegen ſeines Vngehorſambs in die Straff ein Pfundt Wax. Sechßtens ſolle ſich kein Mittmeiſter vndt Zunfftgenoß vnterſtehen deß andern Arbeith verachten, verkleinern vnndt ſchändten; welcher darinnen verbrechlich erfundten wurdte, ſallet er in die erkhandtliche Straff deß gantzen Handtwerkhs. Siebendenß vnterfange ſich kein Miettmeiſter, dem andern ſein Geſellen oder Lehrjungen abſpänſtig zumachen vnter Verfallung zwey Schockh Meis. vndt ein Pfundt Wax Straff in die Zunfftloden. Achtens, nach erheiſchenden ſohl wann durch den jüngſten Meiſter einig Begräbnuß Begleyttung oder andere Zueſammenkhunfften angedeüttet werdten, ſolle ſich keiner, weder Meiſter noch Geſell, ohne genugſahme Vrſach abſentieren, bey Vermeydung ein Pfundt Wax Straff. Neündtenß alle Quartol ſolle ſich das ehrſahme Handtwerckh, nach Einbittung deß jüngſten Meiſters verſamblen vnndt ein ieder würdt ſchuldig ſein, einen Quartal Groſchen in die Loden zuegeben. Zehendenß belangendt frembde angewanderte Geſellen ſollen ſich in ihre Herberg begeben, da ſern aber dieß orthß keine gewieße Herberg zuefündten, kan er nach Belieben, an ein andereß Orth eingehen vndt den Geſellen, welcher Arbeith beſtellet, rueffen laßen, wurdte kein bekhandter Meifter erfundtén, alß werdten die eltiesten Gesellen schuldig sein, die Zunfft vndt andere Mitmeister zue befragen, welcher vuter ihnen mit Arbeith, Gesellen fördern wolte. Aylff= tens jenige Gesellen, welliche bey ihren Meistern in Arbeith stehen, sollen alle Vierwochen in die Zusammenkhunfft sich einfündten, vnndt Sachen, welche etwan vuter ihnen entstandten, richten vndt nach Handtwerdhs Gewohnheit, daß Verbrechliche abstraffen. Zwölfftens ist wieder Handt= werdhsgewohnheit, wan ein Gesell vuter viertzehen tagen vor dem Jor= morkh, Waynucht=Oftern=Vndt Pfüngftfeyertagen von seinem Meister Vhrlaub nimbet wie dan auch der Meister vor der Zeit sein Gesellen nicht beuhrlauben solle. Dreyzehendens die eltiesten Gesellen, welche andern Arbeith zuebestellen schuldig, sollen nicht über Feldt außgehen oder sich der Wanderschafft begeben /: es seye den, daß sie statt ihrer audere ver= sorget :/ vuter erkhandtlicher Straff deß gantzen Handtwerdhs. Vier= zehendenß möchte sichs begeben, daß ein Gesell von seinem Meister auß der Arbeith außträttete vnndt bey einem andern Meister sich in Arbeith einlaßete; sollen die eltiesten Gesellen sein gewesten Meister befragen, ob er mit Handtwerdhs breüchlichen Vhrlaub außgetretten, deßgleichen solle auch der, welcher dergleich Gesellen fördern will thuen, vndt seiner ver= loßenen Arbeith, gründtlichen bericht einhollen. Fünffzehendens die Meister sollen auch selbsten allein vndt insonderheit mit frembden angewandertten Gesellen wegen der Arbeith nicht tractiren, bey Straff ein Pfundt Wox. Sechzehendens alle jenige, welliche nach Handtwerdhs Gewohnheit ihre Jahr nicht erwanderth haben, seindt schuldig acht Schodh Meis. dem Handtwerdh vor die Zeith zue erlegen. Siebenzehendens, wann etwan ein Müller oder Zümmermahn Tischler Arbeith, Beckern Truhen zumachen sich vnterfangen möchte, vnndt solches auf ihme erwießen wurde, solle ihme die Arbeith durch den Herrn Stadtrichter weggenohmen werdten, vnndt dem ehrsamen Handtwerdh der Tischler vndt Schloßer zwey Schodh Meis. Straff verfallen haben. Achtzehendens jngleichen würdt auch der jenige Schmiedt sträfffällig, welcher Tischler Arbeith beschlagen thuet, solle ihme sein Werdh Zeüg durch den Herrn Stadtrichter weggenohmen werdten, vnndt dem gantzen Handtwerdh der Tischler vnndt Schloßer zwey Schodh Meis. Straff verfallen haben. Neünzehendens solle kein Meister dem andern sein bestelte Arbeith wüeßentlich abhändig machen bey Straff fünff Schodh Meis. Zwantziegstens nicht weniger würdt auch der jenige Meister der Zunfft ein Schodh Meis. vndt ein Pfundt Wox verfallen, welcher denen auderu Miettmeistern zum Nachtheil der Arbeith nachgehet,

es seÿe den Sach, daß ein Herr selbsten nach ihme schieckhen thätte.
Einvnndtzwantzigstens, wurdte befundten, daß ein Mittmeister /: auß=
genohmen gebreüchlicher viertzehen Täge :/ mit Stimpfflern vnndt Pfuschern
arbeithen thätte, Verfallet er zweÿ Schockh Meis. Straff. Zweÿvnndt=
zwantzigstens, beÿ Aufnehmung der Lehrjungen solle beobachtet werdten,
daß derjenige, wellicher in die Lehr=Jahr aufgenohmmen würdt, vorhero
seinen Ehrlichen Geburths Brieff niederlege, vnndt mit zweÿen Bürgen
vnter fünffzehen Schockh Meis. sich versichern, dreÿ Jahr nacheinander
zulernen; in die Loden aber noch seinem freusprechen zweÿ Schockh Meis.
nebst einem Lehrbradten vnndt ein halben Viertel Bier, zugeben schuldig
sein solle; die Meister Söhne aber nur die Helffte. Dreÿvnndtzwantzigstens
vnndt Letztens sollen alle Mittmeister darbeÿ beruehen, vnndt daß, waß
ein ehrsohmeß Handtwerckh in Beÿwehßenheit ihreß Obmanß oder Beÿ=
sietzers, der Gerecht= vnndt =Billigkeit gemäß, beschlüeßet vor guthachten
nudt holtten. Weillen dann dieße obgeßetzte Artÿkel zue Beförderung der
Ehre Gottes, Gemeinen Nutzen vnndt Aufferbauung deß Löbl. Handt=
werckhs der Tischler vnndt Schloßer, auch zue Erhaltung guetter Einnigkeit
vnndt Polÿczeÿ gereichen thuen, alß haben würr Burgermeister vnndt Rath
vor löblich vnndt billich erkhennet, solche zue ratificiren, wüe wüer dan
auch thuen vnndt dorüber nach Möglichkeit Schutz= vnndt Handt haltten
wollen.

Zue Bekräftigung derer haben würr vnßer vnndt Gemein Stadt
Jnßigel wüßentlich beÿhändhen laßen. Signatum Stadt Ludutz den
zweÿ vnndt zwantzigsten Monathstag Junij im sechzehenhunderth, dreÿ
vnndt siebentzigsten Jahr.

Original auf Pergament (70½ cm × 48¾ cm h. mit anhängendem, gut
erhaltenem Siegel der Stadt Ludutz.

Tonkünstler aus Gastorf.

Von

Joh. Haudeck.

Böhmen ist in aller Welt bekannt als Musikland, denn wo finden wir sie nicht die Söhne dieses Landes, die bestrebt sind, immer wieder weit und breit den längst begründeten Ruf desselben aufs Neue bekräftigen zu helfen. Grundlegende, tüchtige Lehrmeister, die in demselben wirkten, besondere Neigung und eifrige Pflege der Musik in der Bevölkerung, ungewöhnlich große Erfolge einzelner musikalischer Größen aus dem Orte selbst oder der Umgebung mögen solches erklärlich machen. Zu jenen deutschböhmischen Orten, welche in verhältnismäßig kurzer Zeitperiode eine ungewöhnlich große Zahl von hervorragenden Musikern aufzuweisen haben, zählt entschieden das kleine Städtchen Gastorf an der österr. Nordwestbahn.

Schon in der 2. Hälfte des 18. Jahrhundertes stand dasselbe in musikalischer Hinsicht in gutem Rufe, denn zu jener Zeit wirkte in Gastorf der verdienstvolle Schul= und Chorrektor May, welcher nicht nur ein guter Orgel= und Violinspieler war, sondern auch fast durch sein ganzes Leben mit besonderem Erfolge die heranwachsende Jugend in Musik und Gesang unterrichtete und dem nachgerühmt werden kann, daß er mehrere Virtuosen herangebildet hat.[1]

Ein sehr guter Musiklehrer muß auch der dortige Lehrer Anton Loos gewesen sein, denn aus seiner Schule stammen eine ganze Reihe vorzüglicher Musiker. Kein Geringerer als Johann Josef Abert, geboren im nahen Dörfchen Kochowitz,[2] welcher zu den besten und hervorragendsten Tondichtern Deutschböhmens zählt und welcher viele Jahre als königl. Hof=

---

1) A. Paudler, „Musik und Gesang", pag. 8.

2) Johann Josef Abert ist hinsichtlich der Musik aber auch als ein eigentlicher Gastorfer zu betrachten, denn seine Eltern übersiedelten bald nach seiner Geburt von Kochowitz nach Gastorf, wo er von dem Lehrer Loos seinen ersten Unterricht erhielt. Loos verstand es, in seinen Schülern die Liebe zur Musik wachzurufen und hat außer Joh. Jos. Abert noch andere bedeutende Musiker aus Gastorf unterrichtet, darunter den Hofkapellmeister Wichera in Petersburg. (Leitmeritzer Zeitung vom 28. Jänner 1880.)

Kapellmeister in Stuttgart wirkte, zählt zu seinen Schülern. Über diesen hervorragenden Tonkünstler brauche ich wohl kaum weiter etwas zu sagen, denn
er ist eine so bekannte und berühmte Persönlichkeit, daß man seine Biographie
in jedem Musik-Lexikon nachlesen kann. Eine ausführlichere Biographie
brachte auch „Böhmens deutsche Poesie und Kunst" (III. Band, 1893),
welche der „Neuen Musikzeitung" (XI. Jahrg.) entnommen wurde.

In manchem Musik-Lexikon findet man in seiner Biographie die
Notiz, Abert sei auch im Leipaer Augustiner-Kloster ausgebildet worden
und habe von dort die Flucht ergriffen. Nach seiner eigenen Zuschrift
vom 13. April 1881[1]) ist daran kein wahres Wort. Trotzdem findet man
diese Notiz noch in später erschienenen Werken, so auch in Rob. Musiols
Lexikon, das doch 1888 herausgegeben wurde. Da ich einmal im Berichtigen
bin, so kann ich hier auch nicht unerwähnt lassen, daß die Schreibungen
seines Geburtsortes „Kachowitz" dann „Kochowic" auch „Kochovic" entschieden deutsch unrichtig sind.

Überhaupt muß bemerkt werden, daß hinsichtlich der Schreibung der
Geburtsorte unserer deutschböhmischen Tonkünstler viel Falsches anzutreffen
ist. So ist der berühmte Tondichter und seinerzeitige Kreisgerichtspräsident
von Leitmeritz Wenzel Heinrich Veit bald in Czepnitz, bald in Repic
auch zuweilen in Czepnic geboren worden. Sein Geburtsort wird amtlich
„Rzepnitz" geschrieben und ist derselbe ein Dorf im Elbtale abwärts
von Leitmeritz. In der Volksmundart spricht man allgemein „Sepnitz".
Vielleicht tragen diese Zeilen dazu bei, damit endlich diese Willkür in
der Schreibung — wenigstens dieser beiden Ortsnamen — aufhört.

Auch der Bruder des berühmten deutsch-böhmischen Tondichters
Joh. Josef Abert, namens Wenzel Abert, brachte es trotz ungünstiger
Umstände zu einer hervorragenden musikalischen Stellung. Wenzel Abert
wurde am 22. Juli 1842 in Gastorf geboren und erhielt seinen ersten
Musikunterricht gleichfalls vom Lehrer Anton Loos. Seine Ausbildung
bei Professor Mildner in Prag währte nur kurze Zeit, denn sein Vater
war durch eine unglückliche Spekulation um den größten Teil seines
Vermögens gekommen und somit außer Stande, für eine vollständige
Ausbildung am Prager Konservatorium Sorge tragen zu können. Bevor
er in die Kapelle des 42. Inf.-Regimentes eintrat, wirkte er vielfach bei
der Kirchenmusik als Violinspieler und Sänger mit. In Krakau, der
damaligen Garnisonsstadt dieses Regimentes, erhielt er von dem Militär-

---

1) Exk.-Klub IV, pag. 95—96.

Kapellmeister Josef Wiedemann weiteren Unterricht im Violinspiel, auch in der Instrumentation. Nach dem 1866er Feldzuge kam dieses Regiment nach Wien und setzte er dort seine weitere Ausbildung bei hervorragenden Künstlern eifrig fort. Nach 6jähriger Dienstzeit spielte er unter Direktor Peters als erster Geiger beim Kurorchester in Töplitz durch 3 Jahre und wurde im Jahre 1871 als Violaspieler an das königl. Hoftheater in Stuttgart berufen, woselbst er noch heute als königl. Kammermusiker tätig ist.[1]) Als Komponist schuf er außer einigen Liedern und Männerchören, das einaktige Ballett „Die goldene Hochzeit". Als Arrangeur ist er eine gesuchte Persönlichkeit und hat derselbe Klavierkompositionen von Chopin, Schumann, Franz Schubert u. a. für großes Orchester bearbeitet. Großen Beifall fand namentlich sein Arrangement von Franz Schuberts F-moll Phantasie.

Der am 21. Oktober 1838 in Gastorf geborene Tonkünstler Ferdinand Willner zeigte schon frühzeitig große Begabung und besondere Hinneigung zur Musik, aber seine Eltern waren nicht willens, aus ihm einen Berufs= musiker werden zu lassen; doch ließen sie ihn von Anton Loos und Walter in der Musik unterrichten. Nach einem Todesfalle aber war es ihm doch gestattet, in das Prager Konservatorium eintreten zu können. Dort wollte er sich für Violin oder Cello ausbilden lassen, entschied sich aber auf den Rat seines Lehrers Janatka für Waldhorn und das war für ihn von ganz besonderem Vorteile. Im Jahre 1858 verließ er, mit einem glänzenden Zeugnisse versehen, das Konservatorium und kam als erster Waldhornist an das Stadttheater nach Breslau, später in gleicher Eigenschaft nach Hamburg. Im Jahre 1866 wurde die erste Waldhornisten= stelle an der Berliner Oper ausgeschrieben, doch war dieselbe nur als Sieger bei einer Konkurrenz zu erreichen. Willner schreibt selbst darüber: „Meiner Kunst bewußt, bat ich kurz entschlossen bei der General=Indentantur in Berlin, mich bei diesem Probespiel zuzulassen. Ich war noch sehr jung, kannte die tüchtigen Leistungen meiner Mitbewerber und machte mir keine Hoffnung, diese Stelle zu erhalten. Um jedoch einmal kennen zu lernen, wie es bei einer solchen Konkurrenz zugehe, reiste ich mehr aus Neugierde nach Berlin und der Umstand, daß ich für Hamburg noch für längere Zeit kontraktlich verpflichtet war, machte mir wenig Sorge. Doch das Unerwartete traf ein. Am 22. November 1860 errang ich unter 24 Bewerbern den Sieg." Nach Überwindung mannigfacher

---

1) 1903.

Schwierigkeiten, die ihm durch die Lösung des Hamburger Kontraktes erwuchsen, trat er aber doch schon am 1. Jänner 1861 seine neue Stelle in Berlin an und bekleidete dieselbe in ausgezeichnetster Weise bis zum Jahre 1899, also volle 38 Jahre. Als in den Jahren 1875 und 76 die Nibelungen von Richard Wagner in Bayreuth zur ersten Aufführung gelangten, wirkte Ferdinand Willner mit und wurde von Wagner vielfach ausgezeichnet. Im Jahre 1884 erhielt er vom deutschen Kaiser Wilhelm I. den Titel eines königlichen Kammervirtuosen, eine Auszeichnung, die nur wenige erreichen. Kaiser Friedrich erließ eine Kabinettsordre, nach welcher diejenigen Hausbeamten, welche unter seinem Oheim Friedrich Wilhelm IV. gedient hatten, ein Dritteil ihrer Pension mehr erhalten sollten. Obgleich Willner nur zwei Tage unter Friedrich Wilhelm IV. gedient hatte, wurde ihm diese Begünstigung doch zu teil. Im Jahre 1890 erhielt er den Kronen-Orden und bei seinem Übertritte in den Ruhestand wurde ihm als besondere Auszeichnung der Rote Adler-Orden verliehen; auch ist er Inhaber der Jubiläums-Medaille.

Sein Bruder August Willner aus Gastorf bildete sich am Prager Konservatorium zum Kontrabassisten aus, war etwa 2 Jahre bei einem Berliner Theater und später bei dem Stadttheater in Riga angestellt. Dort starb er zu Beginn der 80er Jahre.

In Riga liegt auch der vorzügliche Fagottist Franz Kratochwill, welcher im Jahre 1851 in Gastorf geboren wurde, begraben. Derselbe genoß seinen ersten Musikunterricht bei dem Oberlehrer Walter in Gastorf und bildete sich dann am Prager Konservatorium zum Fagottisten aus. Nach etwa einjähriger Verwendung bei der Kurkapelle in Töplitz diente er bei der k. k. Regimentskapelle Roßbach 3 Jahre als Feldwebel, worauf er die erste Fagottistenstelle am Statttheater in Riga erhielt. Leider hat er in dieser Stellung nur 1½ Jahre mitgewirkt. Ein tückisches Lungen-leiden raffte ihn schon in seinem 25. Lebensjahre dahin. Über seinen Bruder, der ihn, als er nach Riga kam, nicht mehr am Leben antraf, äußerte sich der damalige Direktor Freiherr von Ledebour: „Wir verlieren an dem Verstorbenen einen unserer besten Musiker, der nicht so bald wieder ersetzt werden kann.“

Auch die Brüder Franz und Josef Steins in St. Petersburg stammen aus Gastorf. Franz Steins besuchte in den Jahren 1876—1882 das Prager Konservatorium und verließ dasselbe als Vorzugsschüler. Er leistete hierauf seiner Militärpflicht Genüge und erhielt im Jahre 1885 im 44. Infanterie-Regimente (Rußland-Kowel) die Kapellmeisterstelle. Nach

Verlauf von 3 Jahren kehrte er nach Prag zurück und wirkte als Klarinettist 3 Jahre am National=Theater. Sodann erhielt er die Kapellmeisterstelle bei dem Leibgarde=Regimente Ismailon in St. Petersburg. Nach vier= jähriger vorzüglicher Tätigkeit wurde er zum Kammermusiker am kaiser= lichen Theater ernannt und bekleidet er diese beide Stellungen noch heute. Für seine ausgezeichnete Tätigkeit und Verwendung wurde ihm vom Kaiser der St. Stanislaus= und der St. Annen=Orden verliehen. Außer= dem besitzt er mehrere Verdienst=Medaillen.

Sein jüngerer Bruder Josef Steins besuchte das Prager Konservatorium in den Jahren 1882—1888 und absolvierte dasselbe gleichfalls als Vorzugsschüler. Noch im Juli 1888 wurde er als erster Waldhornist nach Franzensbad berufen. Nach seiner Militärdienstzeit wirkte er als Wald= hornsolist zunächst im Symphonie=Orchester in Zürich, dann bei der Hofkapelle in Bückeburg. Im Jahre 1892 ging er nach Rußland, diente 6 Jahre als Kapellmeister bei der Flotte und wurde im Jahre 1895 als Kammermusiker bei der Hofoper in St. Petersburg angestellt. Gleich= zeitig erteilt er seit dem Jahre 1898 an einem dortigen Gymnasium den Musikunterricht.

Peter Wichera gehört zu den älteren Tonkünstlern aus Gastorf (geboren am 18. Juni 1833), welche ihren ersten Musikunterricht von dem bereits erwähnten Lehrer Anton Loos erhielten. Im Prager Konserva= torium bildete er sich zum Violinisten aus, kam an das dortige deutsche Landestheater, später nach Moskau als kaiserlicher russischer Divisions= kapellmeister.

Sein Sohn Josef Wichera bildete sich ebenfalls am Prager Konserva= torium zum Violinisten aus, kam als Violaspieler an das Theater in Moskau und wirkte dort auch als kais. russischer Militärkapellmeister.[1] Josef Wichera ist russifiziert und nur der Familie nach als Gastorfer zu betrachten, denn er wurde im Jahre 1858 in Prag geboren, auch dort erzogen. Sein Vater ist Deutschböhme geblieben und hing mit großer Liebe an seiner Heimat. In Gastorf besaß er sein Geburtshaus, auch kaufte er das benachbarte Haus nebst Grundbesitz hinzu und vereinigte so das ehemalige Gastorfer Freigut wieder zu einem Besitze. In seinem Geburtsorte lebte er im Ruhestande und starb daselbst am 19. Jänner 1907. Wie wir also bemerken, war der Zug der Musiker aus Böhmen nach Rußland ein bedeutender. Die Aussichten waren eben dort hin=

---

1) Derzeit bekleidet er die Stelle eines Konzertmeisters am Moskauer Theater.

sichtlich der Karriere so wie auch hinsichtlich des Einkommens viel besser als bei uns in Böhmen, denn unsere Musiker leiden an der Überproduktion und sind daher genötigt, ihr Glück oft in weiter Ferne zu begründen. Auch im Deutschen Reiche macht sich dieser Übelstand schon fühlbar, denn die Konservatorien und die zahlreichen sogenannten Stadtpfeifereien sorgen für mehr als genügenden Nachwuchs.

Es wird vielleicht so manche Leser interessieren, wenn ich hier über die Stellung der russischen Musiker, namentlich jener in St. Petersburg, einiges einreihe.

Bei der kais. russischen Hofoper bezieht der 1. Konzertmeister jährlich 2400 Rubel, der 2. Konzertmeister 1800 Rubel und steigt das Jahreseinkommen der übrigen Musiker bis zum Minimum von 720 Rubel herab. Außer diesem fixen Solar kommt ihm noch mancher ganz erhebliche Nebenverdienst zu gute. So werden alle 6., auch alle Ballettvorstellungen besonders honoriert. Von jedem Symphoniekonzerte erhält jeder mitwirkende Musiker 14 bis 17 Rubel. Nach 20jähriger Dienstzeit ist er mit seinem vollen Bezuge pensionsberechtigt. Will er weiter mitwirken, was bei besonders brauchbaren Kräften nicht selten gern gewünscht wird, so erhält er nebst seiner Pension noch die volle Gage seines Ranges. Auch die Frauen der Musiker erhalten eine Pension. Sein Dienst dauert nur etwa 7 Monate jährlich, denn 4 Monate entfallen auf die Sommerferien und während der ganzen Fastenzeit wird im Theater nicht gespielt. Auch jeder Vorabend eines Sonn- oder Feiertages ist frei.

Dafür ist aber die musikalische Tätigkeit während der Saison eine recht anstrengende, namentlich für die Musiker des Opernorchesters. In jeder Woche werden nicht nur 6 Opern aufgeführt, sondern es finden auch noch Symphoniekonzerte statt.

Nicht selten ist der Musiker mit den Proben und Aufführungen von 9 Uhr früh bis 5 Uhr nachmittag und am Abend von 8 bis 12 Uhr beschäftigt. —

Adolf Wichera, welcher als Violinist Vorzügliches leisten soll, wurde im Jahre 1869 in Gastorf geboren. Sein Vater war dort Kürschner und Kaufmann zugleich. Beide Geschäfte scheinen für ihn aber wenig einträglich gewesen zu sein und er übersiedelte daher nach Dresden.

Am dortigen Konservatorium hatte nun sein Sohn Gelegenheit, sich musikalisch ausbilden zu können. Hierauf diente er bei dem Grazer Infanterieregimente, kam dann nach Rußland, später nach Wien und leitet jetzt ein

Mufikinftitut in Brody (Galizien). Man rühmt ihm nach, daß er es ganz
befonders verftehe, in feine Violinkonzerte Temperament hineinzulegen.[1]

Der zum Schluffe noch genannte jüngfte Mufiker Jofef Seifert
wurde am 30. Juli 1871 als Sohn eines Klavierbauers in Gaftorf ge=
boren. Er ift mütterlicherfeits ein Neffe der beiden Tonkünftler Jofef und
Wenzel Abert in Stuttgart. Seine mufikalifche Ausbildung in Klavier,
Orgelfpiel, Gefang und der mufikalifchen Theorie erlangte er in Privat=
inftituten in Prag. Privater Klavierunterricht blieb auch in Prag feine
Befchäftigung. Später abfolvierte er auch die Prager Orgelfchule. Im
Jahre 1898 wurde er zum Chormeifter des deutfchen Volksgefangvereines,
deffen Mitbegründer er ift, gewählt. Diefer deutfchnationale Gefangverein
hat fich befonders die Pflege des deutfchen Volksliedes zur Aufgabe gemacht.
Wie Herr Seifert felbft berichtet, hatte diefer Verein gerade mit dem
deutfchen Volksliede bei dem großftädtifchen, an die modernften mufikalifchen
Genüffe gewöhnten Publikum die größten Erfolge. Nebenbei findet auch
das Kunftlied feine Pflege.

Außer diefen genannten Mufikern und Tonkünftlern wären noch fo
manche in Gaftorf geborene Mufiker zu nennen, die es zu ganz tüchtigen
Leiftungen auf diefem Gebiete brachten, obwohl fie nicht das Glück hatten,
fich an einer mufikalifchen Hochfchule vollftändig ausbilden zu können.

Aus dem Angeführten geht jedoch fchon zur Genüge hervor, daß
die eingangs erwähnten Worte hinfichtlich der Stadt Gaftorf berechtigt find.

Ein mehr als hundertjähriges Zeugnis für das geschlossene Sprachgebiet „Deutschböhmen".

Von

Karl Kumpert.

Nachftehender Militärabfchied aus dem Jahre 1767 ift ein fprechender
Beweis, daß bereits in alter Zeit die Bezeichnung „Deutfchböhmen", die
doch offenbar ein zufammenhängendes, gefchloffenes Gebiet deutfcher
Nationalität bezeichnet, gebräuchlich war. Das betreffende Schriftftück
lautet: »In Dienften Ihro Königlichen Majeftät Don Ferdinand IV.

---

[1] Mitteilung des Herrn Lehrers Jofef Zanker in Gaftorf.

de Bourbon Königs von beider Sicilien vndt Jerusalem etc. Wir
Claudius D. Jaberger, Burger von Freyburg, Häuptmann Pro-
prietaire über eine halbe Kompagnie von 116 Mann unterm hoch.
Löbl. Schweizer Regiment Wenz. de Rudenz attestieren hiemit,
daß Vorzeiger dieses der Ehr- und Mannhafte Josef Arnold,
Gebürtig zu Grottau in Deutschböhmen unter unser unterhabenden Kompagnie viertzig und drey Monat lang alß gemeiner
Soldat getreu und ehrlich gedienet, wie zu mahlen aber (nach
vollstreckten seiner Capitulationszeit) seine fortun anderwärtig
zu suchen sich entschlossen, und dahero umb seine Entlaßung
uns geziemend angelanget: so haben wir ihne solche keinerdings
weigern, vielmehr in ansehung seines Wohlverhaltens bestermaßen
abfolgen lassen wollen. Gelanget demnach an jedermänniglich ersuchen obernannte Josephum Arnold nicht nur aller orten frey und
ohngehindert Paß- und Repassieren, sondern auch seiner guten
aufführungswegen allgemeinen willen und Vorschub angedeyhen
zu laßen, gantz willig und bereit seynd. In dessen mehrerer Kraft
haben Wir nebst aufdruckung unseres angebohrenen Pittschaffts
unser eigene Hand-unterschrift beygefügt. Also geschehen in der
Königlichen Residens-Stadt Neapel d. 10 Augusti An. 1767.«

Anfrage.

An alle Freunde heimischer Kunst!

Unterzeichneter ist damit betraut, in dem von Kustos Dr. M. Dreger
im Auftrage des „k. k. Ministeriums für Kultus und Unterricht" heraus=
zugebenden Werke über die „Religiösen Romantiker Österreichs" unter
anderem die Zusammenstellung der Werke

Josef Ritter v. Führichs

und der Arbeiten über diesen Meister zu verfassen, und richtet an alle
Freunde christlicher Kunst hiedurch die höfliche Bitte, soweit entsprechende
Mitteilungen nicht bereits an Dr. Dreger gesendet wurden, ihm solche
gütigst zukommen lassen zu wollen.

Heinrich v. Wörndle,
Innsbruck, Kaiser Josef=Straße 1/III.

Mitteilung der Geschäftsleitung.

Nachtrag zum Verzeichnis der Mitglieder.

Geschlossen am 30. Mai 1908.

Neu eingetreten als

Ordentliche Mitglieder:

Herr **Gläßner Emanuel,** öffentlicher Gesellschafter der Firma Gläßner in Lobositz.

„ **Göß Otto,** k. k. Statthalterei-Konzeptspraktikant in Teplitz.

Löbl. **Handelsakademie,** deutsche, in Pilsen.

Herr **Kleinwächter Vinzenz,** Fachlehrer in Braunau.

„ **Mildner Hubert,** Disponent in Prag.

„ **Perguer Wenzel,** fürstl. Schwarzenbergscher Domäne-Direktor in Lobositz.

„ **Pirchan Gustav,** Phil. Dr., Praktikant im Statthalterei-Archiv in Prag.

„ **Schlenz Johann,** Theol. Dr., Professor am theolog. Seminär in Leitmeritz.

„ **Spina Franz,** Phil. Dr., k. k. Gymnasial-Professor in Prag.

Frau **Thorsch Luise,** Private in Prag.

Herr **Tutte Karl,** Schulleiter in Michelob.

„ **Urban Josef,** MUDr., k. k. Generalstabsarzt in R. in Marienbad.

„ **Wanißka Anton,** k. k. Oberfinanzrat in Prag.

Außerordentliches Mitglied:

Herr **Jelinek Ludwig,** Phil. stud., in Prag.

Verstorbene Mitglieder:

Ehrenmitglied:

Herr **Sickel Friedrich Adolf Theodor Ritter von,** Phil. Dr., k. k. Sektionschef, o. ö. Professor der Geschichte und der histor. Hilfswissenschaften i. R., Herrenhausmitglied in Wien.

Ordentliche Mitglieder:

Herr **Benedict Anton,** Phil. Dr., k. k. Gymnasial-Professor in Prag.

„ **Dewidels Simon,** Fabrikant in Prag.

Herr **Gintl Wilhelm**, Phil. Dr., k. k. Hofrat, Professor an der technischen Hochschule, Herrenhausmitglied in Prag.

„ **Hauschild Ignaz**, JUDr., Advokat in Prag.

„ **Glasiwetz Ludwig**, Apotheker in Reichenberg.

„ **Kaulich Josef**, Privater in Braunau.

„ **Kohl Georg**, k. k. Landesgerichtsrat in Eger.

„ **Lustkandl Wenzel**, JUDr., k. k. Hofrat und Universitäts-Professor i. R. in Wien.

„ **Mehlschmidt Franz**, Fabrikant in Prag.

„ **Mimler Franz**, Professor an der k. k. Lehrerbildungs-Anstalt in Trautenau.

„ **Mlady Viktor**, JUDr., k. k. Notar in Eger.

„ **Neubner Gustav E.**, MUDr., Distriktsarzt in Mariaschein.

„ **Neumann Rudolf**, JUDr., Fabrikant in Reichenberg.

„ **Oehm Franz**, JUDr., Advokat in Kaaden.

Seine Exzellenz Herr **Ignaz Edler von Plener**, JUDr., k. k. Geheimer Rat, Minister a. D., Herrenhausmitglied, in Wien.

Herr **Portheim Eduard Edler von**, Privater in Prag.

„ **Portheim Rudolf Edler von**, Privater in Prag.

Seine Exzellenz Herr **Curt von Raab**, königl. sächs. General der Infanterie in Dresden.

Herr **Riedl Christoph**, Privater in Eger.

„ **Rogler Andreas**, k. k. Notar in Böhm.-Kamnitz.

„ **Rosenbacher Eduard**, JUDr., Advokat in Prag.

„ **Rotter Ferdinand Amand**, Fabrikant in Grulich.

„ **Ruß Max**, Fabrikant in Teplitz.

„ **Schneider Anton**, JUDr., Advokat und Bürgermeister in Podersam.

„ **Schwarz Franz**, Eisenhändler in Marienbad.

„ **Sonnenstein Julius Ritter von**, k. u. k. Oberstleutnant i. R. in Prag.

„ **Stauka Adolf**, kaiserl. Rat, Großkaufmann in Eger.

„ **Stark Ernst**, Privater in Karlsbad.

„ **Stöhr Hugo**, Fabrikant in Reichenberg.

„ **Thorsch Karl**, Bankier in Prag.

„ **Urban Josef**, MUDr., k. k. Generalstabsarzt in R. in Marienbad.

„ **Wurm Josef**, emer. Apotheker in Lobositz.

———— •••• ————

K. u. k. Hofbuchdruckerei A. Haase, Prag. — Selbstverlag.

Literarische Beilage

zu den Mitteilungen des Vereines

für

Geschichte der Deutschen in Böhmen.

XLVI. Jahrgang.   I.   1907.

W. Aßmanns Geschichte des Mittelalters von 375—1517. 3. Auflage. II. Teil, 3. Abteilung. Herausgegeben von Prof. Dr. L. Viereck. Braunschweig. Friedrich Vieweg und Sohn. 1902. S. 635.

In dem vorliegenden Bande werden die beiden letzten Jahrhunderte des Mittelalters und die Länder „Deutschland, die Schweiz und Italien" behandelt. Nachdem der bisherige Herausgeber Dr. E. Meyer, Provinzialschulrat in Koblenz, endgültig von dem Werke zurückgetreten war, wurde Professor Dr. L. Viereck in Braunschweig mit der Weiterführung betraut, der im Verein mit Professor Dr. R. Scheppig in Kiel und Professor Dr. R. Fischer in Königsberg an die Lösung der großen, umfangreichen Arbeit schritt, welche in einer befriedigenden Weise zum Abschluß gebracht wurde. Die Teilung der Arbeit wurde so vorgenommen, daß Viereck zu seiner ihm ursprünglich zugedachten Zeit 1314—1410 noch die Zeit von 1273—1314 und 1410—1437 übernahm, also die Zeit des Deutschen Reiches unter Herrschern aus verschiedenen Häusern (1273—1347) und unter den Luxemburgern (1347—1437) behandelte (S. 1—374), Fischer die Zeit von 1438—1519, also die Zeit der ersten drei Habsburger übernahm (S. 374—526) und Scheppig die allgemeinen Zustände in Deutschland und die Abschnitte „Schweiz" und „Italien" abfaßte (S. 526—635). Trotzdem ist es gelungen, das Werk inhaltlich und der Form nach einheitlich auszugestalten, so daß es wie aus einem Gusse geformt und von einem Geiste getragen auf den Verfasser wirkt.

Der vorliegende Band ist auf streng wissenschaftlicher Grundlage aufgebaut; die Quellen und literarischen Hilfsmittel sind gut benützt und den Verfassern wohlbekannt. Ihr Urteil über die einzelnen Personen und Ereignisse, die Würdigung der oft recht verwickelten Verhältnisse, wie dieselben am Ausgange des Mittelalters und in der Morgenröte einer neuen Zeit, welche Humanismus und Renaissance ausgestalteten, wo der Anschluß an die Antike in deutschen Landen sich allmählich aber auf sicherer Grundlage vollzog, sind mit Sachverständnis dargelegt. In erster Linie ist die kirchliche Bewegung und die Reformbeſtrebung, die ſich wie ein roter Faden durch das XV. und XVI. Jahrhundert hindurchzieht, wohl auch dann das Aufſtreben der landesherrlichen Gewalt und deren Befeſtigung auf Koſten des Bauernſtandes und des Bürgertums richtig hervorgehoben und betont; liegt doch gerade in dieſen Momenten die Grund= lage für die Möglichkeit der großen Kirchenbewegung, die zu Beginn des XVI. Jahrhunderts Europa in einer Weiſe erſchütterte und eine ſolche Tragweite an= nahm, wie man eine derartige Umgeſtaltung ſeit der ſozialen Bewegung im römiſchen Reiche durch die Feſtigung des Chriſtentums nicht wieder geſehen hatte.

Die Verfaſſer haben ſich an die Grundſätze gehalten, welche Aſſmann ſeinerzeit bei Abfaſſung ſeines Buches zugrunde gelegt hat, daß nämlich ſein Wert, geſtützt auf die Ergebniſſe der geſchichtlichen Forſchung durch den Hinweis auf die Quellen und Literatur zu tieferem Eindringen in die Geſchichte des Mittelalters den Weg bahnen ſoll, ja ſie ſind auf dieſem Wege noch weiter ge= gangen, denn ſie ſind bemüht, entſprechend dem modernen Zuge der geſchichtlichen Forſchung, ſich in Einzelunterſuchungen zu verſuchen und auf dieſe Weiſe der geſchichtlichen Wahrheit näher zu kommen, gerade dieſe Seite der Forſchung für die Darſtellung heranzuziehen. Bei jedem Abſchnitte, zumal bei großen, z. B. wählen wir das Kaiſertum der Luxemburger (Karl IV.), iſt gleich an die Spitze in einer Note eine ſehr ausführliche Zuſammenſtellung und Würdigung der wichtigſten Quellen (S. 155) und der Literatur (S. 158) beigegeben und im Verlaufe der Darſtellung immer genau auf die betreffenden Einzelforſchungen hingewieſen, wodurch das Wert, ohne an Überſichtlichkeit zu leiden, für drei Kate= gorien von Leſern an Intereſſe gewinnt: für den Lehrer, den Lernenden und den Gebildeten. „Es will insbeſonders den Lehrer begleiten und ihm da eine ſichere Grundlage für den Unterricht gewähren, wo er aus Mangel an Zeit nicht ſelbſt die Quellen ſtudieren kann.‟ Den denkenden Schüler, will er mit den Quellen dieſer Wiſſenſchaft bekannt machen, und den Gebildeten, der „ſich über wichtige Einzelfragen genauer unterrichten will, ſoll es durch eine ſorgfältige Zuſammenfaſſung der Forſchungsergebniſſe zu einem Geſamtbilde unter genauer Angabe der Quellen und der Literatur die Möglichkeit bieten, ſich die richtige Vorſtellung der betreffenden Zeitverhältniſſe zu geſtalten. — Nach Aſſmann wurde die Geſchichte des Mittelalters viel ſtudiert. Der Referent weiß dies aus eigener Erfahrung, denn es galt ihm als ein ge= wünſchtes Repertorium für die Partien, die nicht in ſolcher Fülle uns geboten wurden, wie es wünſchenswert geweſen wäre. Galt für den Gymnaſiaſten das Lehrbuch von Pütz als vortreffliches Hilfsbuch, ſo war Aſſmann für den Hörer der Univerſität neben den Charakteriſtiken von Pütz ein unbedingt notwendiger, unentbehrlicher Behelf. Wohl berechtigt gegen dieſe Bücher war der Vorwurf, daß ſie für die Lektüre dadurch etwas unverdaulich wurden, daß ſie inhaltlich zu kurz und bündig abgefaßt waren, in jedem kleinen Satze zu viel Gedanken zuſammengedrängt wurden, wodurch die Form der Darſtellung litt, der Leſer ermüdet wurde, und manche Sätze wohl erſt der Erläuterung durch einen guten Kenner der Geſchichte bedurften, wenn ſie überhaupt richtig verſtanden werden ſollten. Dieſem Mangel haben die Neubearbeiter von Aſſmanns Buche ein Ende bereitet. Sie haben durch fließendere Darſtellung den Stoff gefälliger gemacht und den Wert des Buches weſentlich erhöht, wobei aber zu bedenken iſt, „daß

Aßmanns Handbuch auch in seiner neuen Gestalt kein fesselndes Lesebuch zur Unterhaltung, sondern ein gutes Hilfsmittel zu ernster Arbeit sein will" und soll. Noch ein Vorzug dieser Umarbeitung! Durch die weit gründlichere Vertiefung in die einzelnen Fragen, durch die stetige Betonung und Behandlung der kulturellen Verhältnisse, der Kunstentwicklung, der wichtigsten sozialen Fragen, der immer mehr hervortretenden Ständegliederung ꝛc. ist der Umfang des Werkes — allerdings nur zu seinem Vorteile — nicht unerheblich gewachsen. Ich kann offen gestehen, daß Aßmanns Werk in diesem neuen Gewande, in dem sein Geist und seine Arbeit auf jeder Seite, soweit es nur möglich war, beibehalten wurde, wesentlich gewonnen hat, und kann nur den Wunsch aussprechen, daß den Verfassern das größte Lob und die beste Anerkennung ihres Strebens darin liegen werde, wenn diese Frucht ihres gemeinsamen Schaffens recht viel Eingang in die Leserwelt — nicht bloß der lehrenden und lernenden — finden wird.

In dieser Zeit, welche in dem vorliegenden Bande behandelt wird, spielt Böhmen eine wichtige Rolle, denn die Könige dieses Landes sind lange Zeit die Träger der deutschen Königs- und der römischen Kaiserkrone, dann aber haben auch die religiösen Verhältnisse auf die Entwicklung des benachbarten Deutschen Reiches einen Rückschlag geübt, unter den Luxemburgern hat Böhmen das goldene Zeitalter seiner Blüte, aber auch die tiefste Erniedrigung seiner Machtentfaltung gesehen ꝛc. Und dieses alles mußte in die Darstellung eingeflochten und, soweit es zum Verständnisse notwendig ist, eingehend erörtert werden. Auch diese Frage ist im ganzen zur Befriedigung gelöst. Und da auf Grund der neuesten Forschungen, welche von deutscher Seite über Böhmens Geschichte angestellt wurden, an deren erster Stelle wir die großangelegten Arbeiten und Ergebnisse der deutschböhmischen Forscher Bachmann, Neuwirth, Werunsky u. a. setzen, die Darstellung dieser Zeit erfolgt, so freut es uns, daß wir einer recht objektiven Auffassung begegnen, und nicht durch die Brille Palackys und seiner Anhänger eine einseitig gefärbte Landesgeschichte von Böhmen vorgeführt erhalten. Jeder Leser kann aus der Lektüre jener Abschnitte, welche sich auf Böhmen beziehen, leicht die Vorstellung gewinnen, daß im XIV. und XV. Jahrhundert der Schwerpunkt des Deutschen Reiches in den östlichen Marken an der Elbe und Oder gelegen war und wie nachhältig die innere Ausgestaltung der Luxemburgischen Hausmacht auf die äußere Gestaltung der Verhältnisse des Deutschen Reiches ihre Schatten warf. Wer sich aber noch tiefer in diese Zeit einarbeiten will, den verweisen wir auf Bachmanns zweiten Band seiner Geschichte Böhmens, der allerdings zu einer Zeit erschienen war, als dieses Werk die Presse bereits verlassen hatte. Ein weiteres Eingehen in die Einzelheiten eines so groß angelegten Werkes kann an diesem Orte nicht unsere Aufgabe sein, da es uns nur darum zu tun ist, unsere Leser mit der Anlage dieses Handbuches zu befreunden.

Jahrbuch des deutschen Gebirgsvereines für das Jeschken- und Isergebirge. 17. Jahrg. 1907. Reichenberg. Selbstverlag. S. 248.

Dieses Jahrbuch zeichnet sich durch große Mannigfaltigkeit anziehender Artikel aus welche verschiedenartigen Gruppen wissenschaftlicher Forschung entnommen sind. Die Leitung dieses Jahrbuches, welches Professor Franz Hübler durch so lange Zeit in Händen hatte, überging nunmehr an Professor Franz Matousch et in Reichenberg. Ihm ist eine Würdigung seiner Verdienste um den Verein und die Zeitschrift, die er beide begründete, auf S. 37—41 gewidmet, seine literarische Tätigkeit ist daselbst verzeichnet und ein gut gelungenes Bild ziert die Ehrung des Mannes, der sich nach so langer rühmlicher Tätigkeit aus dem Ausschusse zurückzog. Hübler gehörte auch zu den Mitarbeitern unserer Mitteilungen. In den älteren Jahrgängen (bis 1887) finden sich von ihm manche treffliche Beiträge zur Geschichte von Nord- und Südböhmen. Seine Heimat ist Komotau, wo er im Jahre 1845 geboren wurde. In Reichenberg wirkte er durch 31 Jahre im Lehrfache, so daß ihm diese Stadt zur zweiten Heimat geworden ist. Hoffentlich wird die Zeit des Ruhestandes dem noch rüstigen Manne Gelegenheit bieten, noch mehr seinen Forschungen nachzugehen und wir hoffen noch auf weitere Bereicherungen unserer Heimat durch Forschung aus seiner Feder. Die Einleitung dieses Jahrganges bildet die „Beschreibung des Jeschkenhauses (mit 6 Bildern und 7 Plänen), einer Zierde unserer deutschen Heimat, eines gewaltigen Denkmales der Heimatsliebe der Bewohner und Freunde des Jeschken- und Isergebirges, eines festen Schutzhauses für den Fremden und Einheimischen", welches an einem grimmigen Wintertage, den 13. Jänner 1907, eröffnet wurde (S. 1—36). Daran schließt sich eine ausführliche Beschreibung und Würdigung „Über die Naturdenkmäler des Iser- und Jeschkengebirges und eines Teiles des Lausitzer Gebirges und deren Schutz" von Franz Hübler (Graz), der zwei gute Bilder „Die Bildtanne bei Oberwiesental" und „Die Rabensteine bei Kriesdorf" beigegeben sind (S. 42—86). Diese Abhandlung ist sehr zeitgemäß, da leider bei uns die Naturdenkmäler noch bis auf den heutigen Tag der Willkür ihrer Besitzer ausgeliefert sind, die durch materielle Verwertung manche Gegend ihres herrlichsten Schmuckes und ihrer größten Schönheit beraubten, wobei der Reichs- und Landesregierung die Rolle eines passiven Zuschauers angewiesen war, weil wir uns in Österreich zu einem Gesetze zum Schutze derselben noch nicht aufschwingen konnten. Wie oft wurde nicht von berufener Seite z. B. darauf hingewiesen, daß der herrliche Naturbau der fünfseitigen Basaltprismen des Herrenhauses bei Steinschönau Gefahr läuft, das Opfer eines Steinbruches zu werden! Und was geschah? Hätten nicht die Gemeinde Steinschönau und Private sich im Interesse der Sache für die Erhaltung eingelegt, vielleicht wäre das Herrenhaus heute schon eine historische Größe, deren Vernichtung man nachträglich recht sehr bedauert hätte, allerdings mit dem berechtigten Vorwurfe, daß von Seiten der Regierung zur Erhaltung nichts geschehen ist. Mit vollem Rechte schließt daher der Verfasser seinen Aufsatz mit den Worten, deren Verwirklichung wir nur so bald als möglich wünschten, „es möge vor allem dahin gewirkt werden, daß bei uns wie in der Schweiz und in Deutschland ein Landes- oder Reichsgesetz erlassen werde „zum Schutze der Naturdenkmäler unserer Heimat", zum Schutze der Schönheiten, die uns die Natur in so reichem Maße gespendet hat, damit unsere Nachkommen sich ihrer erfreuen können!" Gerade die Deutschen in Böhmen haben ein großes Interesse an dem Zustandekommen dieses Gesetzes, weil die Hauptmasse derselben — das geschlossene deutsche Sprachgebiet — die Gebirgsumwallung Böhmens bewohnt, wo so viele und herrliche Naturschönheiten vorhanden sind. Hat man zu Beginn der fünfziger

Jahre des 19. Jahrhundertes die Körperschaft der „k. k. Zentralkommiſſion zur Erfor=
ſchung und Erhaltung der Kunſt= und geſchichtlichen Denkmale in Wien" geſchaffen,
dieſe mit einem, wenn auch nicht gerade bindenden ius vetandi ausgeſtattet, wenn
es ſich um die Beſeitigung oder Erneuerung eines Kunſt= oder hiſtoriſchen Denk=
males handelt, damit alſo eine Inſtitution geſchaffen, welche ·für die Denkmal=
pflege ſelbſt in Deutſchland zu einer Art Vorbild geworden iſt, warum ſollte nicht
auch, mehr als fünfzig Jahre ſpäter, eine ähnliche Reichsanſtalt zur Erhaltung
der Naturdenkmale, allerdings auf einer breiteren und moderneren Baſis geſchaffen
werden können! Hoffen wir, daß es zu den erſten Errungenſchaften des neuen
Hauſes gehören wird, die Lücke der Reichsgeſetzgebung auf dieſem Gebiete allen
Wünſchen entſprechend auszufüllen. Unter beſonderer Berückſichtigung des Bezirkes
Reichenberg, Nordböhmens und ·der angrenzenden ſächſiſchen Landesteile beſpricht
A. Moſchkau (Oybin) „alte Gerichts= und Richterſymbole", nämlich den Gerichts=
und Richterſtab, die Gerichtshand und die Richterkeule, wozu recht viele Abbil=
dungen beigegeben ſind (S. 87—106). Karl R. Fiſcher (Gablonz) ſchreibt über
„die Schleifmühlen auf der Herrſchaft Morgenſtern". Es iſt ein intereſſanter Beitrag
zur Geſchichte der Glasinduſtrie des Iſergebirges. Das Vorhandenſein derſelben
wird das erſtemal in einem Dekret vom 3. November 1753 erwähnt, am 15. Sep=
tember 1775 erläßt der Gutsherr Graf Franz Anton Des Fours von Prag aus
eine 15 Artikel umfaſſende Ordnung für die Schleifmühlen ſeines Gutes. Wie
flott der Geſchäftsgang ging, erſieht man aus den vielen Schleifmühlen, welche
zu Beginn des 19. Jahrhundertes auf dieſem Großgrundbeſitze errichtet wurden,
jede angeführt mit dem Dekret der Baubewilligung ſeitens der Grundherrſchaft
(S. 106—117); abgebildet iſt die alte Schleifmühle in Wieſental a. N. — Drei kleinere
geſchichtliche Abhandlungen ſind von Anton Reſſel: Das Taboritengefecht bei
Friedland am 6. Jänner 1433 (S. 121—123), die Ortsgründungen der Freiherren
von Rädern (S. 123—125) und Proſchwitz iſt nicht das alte Wratislawitz
(S. 125—128); dann von Joſef Tille „Niemes von Albrecht von Wallenſtein
nicht eingeäſchert" (S. 127 ffg.) und von Fr. Töpper „Beleuchtung fehlgedeuteter
Ortsnamen" (S. 128 ffg.). Der übrige Teil des Buches hat nur ſtreng orts=
geſchichtliches Intereſſe, enthält Berichte über die Tätigkeit des Vereines ꝛc.

Juritſch Georg, Dr.: Handel und Handelsrecht in Böhmen. Ein
Beitrag zur Kulturgeſchichte der öſterreichiſchen Länder. Franz Deuticke.
Leipzig und Wien. 1907. S. XVI + 126.

In den letzten zwei Jahren verdanken wir dem unermüdlichen Fleiße des
Direktors Dr. Georg Juritſch zwei Werke, die in Fachkreiſen großes Intereſſe
erregten. 1906 erſchien ſein umfängreiches Buch „Die Deutſchen und ihre Rechte
in Böhmen und Mähren im XIV. und XV. Jahrhundert", über das wir nächſtens
ausführlich berichten werden, und heuer überraſcht er mit der vorliegenden Skizze
über Handel und Handelsrecht, wie er in beſcheidener Weiſe ſeine Arbeit nennt,
die Fachgenoſſen. Juritſch iſt es gelungen, ſich in der kurzen Zeit, ſeit er in
Böhmen tätig iſt, in die Quellen und in die geſchichtliche Literatur ſo ein-

zuarbeiten, wie wenn er die ganze Zeit seines Lebens sich mit böhmischen Ver=
hältnissen befaßt hätte. Für die beiden eben angeführten Studien sind ihm die
Deutschböhmen zu großem Danke verpflichtet. In dem ersten Werke beleuchtet
er die ganze Besiedlungsgeschichte Böhmens durch die Deutschen, namentlich
die große Kolonisation unter den letzten Přemysliden, bespricht die Rechte, die
ihnen von den Königen und schon früher von den Herzogen (das Deutschenrecht in
Prag) gewährleistet wurden, wie auch die Rechtsverhältnisse, die sich bei ihnen
entwickelten, seit sie in Böhmen seßhaft waren, so daß sie nicht des Gastrechtes
sich erfreuten, sondern wie die Slawen als vollwertige, mit allen Rechten aus=
gestattete Bewohner des Landes galten, die namentlich in den Städten und in
den Gegenden, die sie auf grüner Wurzel besiedelten, als autochthone Bewohner=
schaft galten, er zeigt ferner auch in diesem Werke, wie große Verdienste sich der
deutsche Volksstamm um die Kultur des Landes erworben hat, in diesem zweiten
Buche greift er nur die eine Tätigkeit des deutschen Volkes in Böhmen, den
Handel, heraus, der, sagen wir es nur offen, einen großen Umfang und eine
große Bedeutung, dann aber auch eine große Einnahmsquelle für die königliche
Kammer und für den großen Wohlstand des Landes erst dann gewann, als man
in Böhmen mit der Begründung der königlichen Städte begann, die bei ihrer
Anlage ausnahmslos deutsche Bevölkerung, deutsches Recht und deutsche Gepflogen=
heiten hatten, so daß sich erst seit dieser Zeit, seit dem Schlusse des XIII. Jahr=
hundertes, langsam handelsrechtliche Gewohnheiten und Einrichtungen entwickeln
konnten, und daß die Deutschen es waren, denen das Land die Anfänge und die
Ausbildung des Handels und der Kaufmannschaft, allerdings und natürlich in
dem etwas sehr beengten Gesichtskreise und Bereiche mittelalterlicher Anschauungen
zu danken hat. Von dem Beginne eines regeren Handels, der im Lande zu blühen
begann, kann man daher wohl erst von dem 12. Jahrhunderte an reden, wo er
von Prag aus und durch eine deutsche Kaufmannsgemeinde betrieben wurde, denn
früher waren seine Anfänge nur gering und der Handel hatte nur größere Bedeutung
für Waren, die durch Böhmen, das eine vorzügliche geographische Lage hat,
hiedurch geführt werden mußten. Es hat mit diesem Buche der Verfasser eine
wesentliche Lücke in der Erforschung und Entwicklung unseres Rechtslebens und
der Kenntnis mittelalterlicher Zustände ausgefüllt, da gerade auf deutscher Seite
seit den trefflichen Studien E. F. Rößlers rechtsgeschichtliche Forschungen auf
diesem Gebiete fast gar nicht betrieben wurden, da die Lehrer der Reichs= und
Rechtsgeschichte an der Universität wohl wenig Aufmerksamkeit dem heimischen
Rechtswesen zuwandten, daher auch kein Interesse bei ihren Hörern hervorgerufen
haben, ein Übelstand, der sich erst jetzt behebt, wo man von dieser Seite daran
geht, die jungen Leute für diese Forschung zu gewinnen und zu begeistern, wie
aus Aufsätzen, die in den letzten Jahren in unseren Mitteilungen abgedruckt wurden,
den Lesern derselben bekannt ist. Das Buch von Juritsch hat, wenn ich den
Charakter desselben recht erfasse, die Anlage eines Kompendiums, in welchem alle
Handel und Handelsrecht betreffenden Stellen aus den Quellen wissenschaftlich
verwertet und gesichtet nach leitenden Gesichtspunkten zusammengefaßt vorliegen,
daß sich jedermann leicht, rasch und bequem, wenn er in Urkunden 2c. auf Aus=
drücke stößt, die ihm fremd oder unbekannt sind, unter dem entsprechenden Schlag=
wort Rates erholen kann. Die Hauptkapitel sind: die Anfänge des Handels in

Böhmen, der Handel Böhmens nach der deutschen Kolonisation, Konkurrenz zwischen einheimischen und fremden Kaufleuten, der Straßenzwang und Warentransport, das Marktwesen, die Belastung des Handels mit Abgaben, die Enstehung der Kaufhäuser, Tuchhändler, die magistratische Kontrolle über Maß und Gewicht, die Ausdehnung des Handels von Böhmen, die Juden, die Kirche und der Handel, handelsrechtliche Fälle, und den Schluß bildet die hussitische Revolution, die wie auf vielen anderen Gebieten auch dem großen Handel Böhmens ein Ende bereitete, durch sie wurde „vorübergehend der Handel in Böhmen wie im 10. Jahrhundert wieder ein Grenzhandel; nur waren die Grenzen enger und je nach dem Vordringen oder Zurückweichen der Revolution veränderlich. Viele Stationen gingen dem deutschen Kaufmanne auf Jahrhunderte verloren; Böhmen war innerhalb eines Dezenniums fast vollständig unter die Herrschaft der Tschechen gekommen; aber für den deutschen Handel war dieser Verlust leicht und schnell zu verschmerzen. Noch standen hunderterlei andere Wege offen, die von den revolutionären Stürmen nicht beirrt wurden. Das Häufchen Tschechen, noch dazu von Parteiungen zerrissen, war viel zu schwach, um verändernd auf deutsches Leben zu wirken." Innerhalb der angeführten Kapitel sind dann die dahin gehörigen Punkte nach Schlagworten gegliedert und eingesetzt, wobei es selbstredend ist bei einer so vielfach gleichartigen Materie, daß manche Tatbestände ebenso leicht dem einen oder dem andern Kapitel eingegliedert werden können. Endlich erleichtert das beigegebene Namen= und Sach=register den Gebrauch des Buches, welches für jeden, der sich mit einschlägigen Partien der Geschichte Böhmens beschäftigt, ein notwendiger Behelf ist, den er nicht unbeachtet lassen darf. Ich bin daher fest überzeugt, daß dieses Buch noch eine neuerliche Auflage erleben dürfte, und erlaube mir für diesen Fall eine Bemerkung daran zu knüpfen, die ich im Interesse der Sache halte, die mir aber auch gewiß der Verfasser aus diesem Grunde nicht verübeln möge. Um die Druckkosten nicht all=zusehr zu erhöhen, wurden unter dem Texte die Quellenbelege weggelassen und der Abhandlung bloß eine genaue Angabe der benützten Quellen und der ein=schlägigen Literatur vorausgeschickt, heißt es in dem Vorworte, und tatsächlich finden wir in der ganzen Darstellung nicht eine einzige Note. Ich zweifle durchaus nicht, daß der Verfasser jedes Wort mit mehreren Stellen und Quellen belegen kann, aber es wird doch die Kontrolle des Lesers erschwert und in gewissen Fällen, wo es sich um selten vorkommende Tatbestände handelt, voll=ständig unmöglich. Im letzteren Falle hätte unter allen Umständen die Note Aufschluß geben sollen. Daher würde ich dem Verfasser für den Fall einer Neu=ausgabe seines Buches den Ratschlag geben, unter jeder Bedingung den wissen=schaftlichen Apparat in Noten beizugeben, weil durch denselben sein Buch unbedingt an bleibendem Werte für alle Zukunft gewinnen würde.   Dr. Ad. Horcicka.

Mitteilungen des k. und k. Kriegsarchivs. Herausgegeben von der Direktion des k. und k. Kriegsarchivs. Dritte Folge. IV. Band. Mit fünf Beilagen und zwölf Textskizzen. Wien, 1906. Seidel und Sohn. XVIII + 516 S.

Der vorliegende Band des bekannten vortrefflichen Jahrbuches wird mit einer Beschreibung des neuen Heims des Kriegsarchivs in der Stiftskaserne eröffnet; man kann dem genannten Institute nur herzlich dazu gratulieren, daß es endlich genügende und entsprechende Räume für seine kostbaren Schätze erhalten hat. Die weiteren in diesem Bande enthaltenen Artikel können an dieser Stelle nur kurz genannt werden, da sie nichts auf Böhmen bezügliches enthalten, es sind folgende: Just, Das Herzogtum Warschau von seinen Anfängen bis zum Kampf mit Österreich 1809. Beltzé, Die Schlacht an der Piave, 8. Mai 1801. Semek, Repressaliengefechte gegen die Montenegriner im Jahre 1838. Jacubenz, Die Besetzung von Krakau 1846. Czeike, Aufmarsch der österreichischen Armee gegen die Revolution im Oktober 1848. Bartsch, Ein Seekrieg in Schwaben (Geschichte der österreichischen Flottille auf dem Bodensee in den Jahren 1799 und 1800). Kerchnave, Von Leipzig bis Erfurt (die Verfolgung der französischen Armee in den Tagen vom 18. bis 23. Oktober 1813).

Moritz Hartmanns gesammelte Werke. Zweiter Band. Moritz Hartmanns Leben und Werke von Dr. Otto Wittner. Zweiter Teil: Exil und Heimkehr. Mit vier Lichtdruckbildern. Bibliothek deutscher Schriftsteller aus Böhmen. Herausg. von der Gesellschaft zur Förderung deutscher Wissenschaft, Kunst und Literatur in Böhmen. Band XIX. Prag, Calvesche Buchhandlung (Josef Koch). 1907. 661 S.

Rasch ist auf den ersten Band von Hartmanns Leben der zweite gefolgt, man wird diesem auch als Biographie uneingeschränkteres Lob spenden können, als dem ersten, denn die Zeitereignisse sind hier mit viel mehr Zurückhaltung behandelt, die Person des Dichters tritt viel besser hervor. Vielleicht hätte sich auch da noch etwas an Raum sparen lassen können, die Auszüge aus den Werken Hartmanns, so gut sie auch sonst gemacht sein mögen, nehmen viel Platz ein, aber sie ersparen die Lektüre der Werke selbst und das ist gewiß ein Vorteil. Dabei ist das Buch ausgezeichnet geschrieben, wie es ja auch sein Vorgänger war und man wird das Meiste mit größtem Genusse lesen. Man erhält den Eindruck, daß W. überall aus den besten persönlichen Quellen geschöpft und diese durchaus verläßlich bearbeitet hat.

Sein Flüchtlingsleben aus der Zeit nach der 48er Revolution wird uns anschaulich geschildert; die Schweiz, Frankreich, England, der Orient, Italien haben ihn da wiederholt gesehen, bis er sich bei Genf einen häuslichen Herd und zugleich anscheinend eine Lebensstellung schafft, die ihn aus unsicherer journalistischer und literarischer Tätigkeit zu dem akademischen Berufe hinüberzuweisen scheint; aber er kann in der Fremde nicht dauernd glücklich werden und da ihm Österreich noch immer seine Grenzen versperrt hält, so übersiedelt er wenigstens nach Deutschland, nach Stuttgart. Endlich öffnet ihm aber nach 1866 auch die Heimat ihre Tore wieder und er kommt nach Wien als literarischer Redakteur der Neuen Freien Presse. Aber er ist ein totwunder Mann, das Leben hat seinem Körper zu übel mitgespielt und schon nach 4jährigem Siechtum stirbt er 1872, wenig über 50 Jahre alt. Ein reiches, an literarischen Erfolgen erfreuliches Arbeitsleben liegt hinter ihm, man ist erstaunt über die Fülle seiner Arbeiten, von denen viele, so vor allem die lyrischen, die Reiseschilderungen und kleineren Novellen auch hohen Ansprüchen genügen können.

Wittner sucht im Anschlusse an die Person seines Helden den Leser über die Zeitereignisse zu unterrichten; wo er kultur- oder sittengeschichtliches zu berichten weiß (so über die Stimmungen in den Flüchtlingskreisen), verdient er alles Lob, dagegen sind seine Ausführungen über politische Geschichte z. B. über den Krimkrieg nichts weniger als einwandfrei. Da er das aber in diesem Bande glücklicherweise nur in zweite Linie gestellt hat, hat das wenig zu bedeuten. Ein Lapsus ist ihm S. 413 passiert, er spricht von der Verfasserin Alphonse Karr, meint aber Therese Karr, die Tochter Alphonse Karrs.

Im ganzen ist es ein sehr erfreuliches Buch, zu dem man der Förderungs- gesellschaft aufrichtig gratulieren darf.   O. W.

Der österreichische Verein für chemische und metallurgische Produktion 1856—1906. Prag, 1906. Haase. 76 S.

Seine fünfzigjährige Bestandzeit mit dem 26. Mai 1906 abschließend, fand es der österreichische Verein für chemische und metallurgische Produktion in Aussig für angemessen, eine Rückschau zu halten über den Entwicklungsgang, den diese heute zu den größten und bedeutendsten industriellen Unternehmen Österreichs gehörende Körperschaft genommen hat, und die mit seiner Geschichte gefüllten Blätter als Beitrag zur Geschichte der Entwicklung der Industrie in Österreich-Ungarn, sowie als ein dem Andenken der um die Förderung des Ver- eines verdienter Männer gewidmetes Gedenkblatt im Druck herauszugeben. Der in dem Buche geschilderte Werdegang des Vereines und seiner industriellen An- lagen ist in der Tat für alle Zeit ein bemerkenswertes Kapitel in der Geschichte unserer heimischen Großindustrie. Wir sehen aus den ungeschminkten Darstel- lungen, wie mühevoll und nicht frei von Gefahren der Weg war, welcher von den ersten Anfängen bis zur Gegenwart durchlaufen wurde, und von welcher großen Bedeutung für das glückliche Gedeihen das tatkräftige Eingreifen eines kenntnisreichen und ener- gischen Mannes, des leider vor kurzem verstorbenen Generaldirektors Dr. Max Schaffner, war, dessen Wirken zugleich durch die vorliegende Schrift ein ehrendes Denkmal dankbarer Anerkennung von Seite des Vereines gesetzt wird. „So steht denn," lesen wir S. 61, „das Unternehmen, das in den ersten Jahren seines Bestandes in eine so mißliche Lage geraten war, daß es dem Untergange nahe war, dank der unerschütterlichen Ausdauer und Umsicht der Männer, welche zu seiner Lei- tung berufen waren, allen voran des Herrn Max Schaffner, dank der Pflicht- treue und Hingebung der Beamtenschaft 50 Jahre nach seiner Begründung in seinen Grundlagen gefestigt, auf einer Höhe, welche von seinen Begründern kaum geahnt, noch weniger geplant werden konnte." Einen in die Augen springenden Beleg hiefür bietet die Liste der Umsatzziffern der einzelnen Geschäftsjahre (S. 62), welche 1858/59 mit K 1,005.092·38 beginnt und 1904/05 mit K 21,713.132·30 endigt! — Eine kurze, mit seinem Bildnisse ausgestattete Lebensgeschichte Max Schaffners, die eingehende Beschreibung der Betriebsanlagen der chemischen Fabrik in Aussig und ihrer Wolfahrtseinrichtungen, jener von Kralup a. d. Moldau,

von Ebenfee und Maros Ujvár, endlich jener in Bitterfeld im preußischen Regierungsbezirk Merseburg schließen sich an. Großes Interesse vermögen die beigegebenen
17 phototypischen Ansichten zu erwecken, von denen die ersten 13 der Fabrik in
Aussig gewidmet sind, und die Entwicklung der Anlage von den ersten Anfängen
1859 bis zur heutigen großartigen Ausdehnung vorführen.   Lbe.

**Neuwirth Josef: Der Entwurf der neuen Bauordnung für die k. k.
Reichshaupt= und Residenzstadt Wien in seinen Beziehungen zu den
Bestrebungen des Wiener Altertums=Vereines. S. 5.**

Diesen Vortrag hielt Hofrat Josef Neuwirth am 19. April 1907 im Wiener
Altertums-Verein, der im 8. Bande des Monatblattes, Nr. 5 des Jahrg. 1907,
S. 101—105 abgedruckt wurde. Da die neue Bauordnung doch gewiß in erster
Linie nur das Interesse der Gegenwart im Auge hat, die hauptsächlich bei der
stetig zunehmenden Bevölkerung nur die praktischen Interessen der Großkommune,
scheinbar ohne Rücksichtnahme auf Kunstdenkmale zu wahren hat, so ist es gewiß
eine Tatsache von nicht zu unterschätzender Tragweite, das Wort eines der hervorragendsten Denkmalpfleger Österreichs zu vernehmen. Derselbe unterzieht die
neue Bauordnung einer sachgemäßen Betrachtung und gelangt zu dem erfreulichen Ergebnisse, daß in derselben nicht bloß die Erhaltung der einzelnen Kunst-
und historischen Denkmale vorgesehen ist, sondern insbesonders die §§ 32 und 100
sogar so weit gehen, daß sich die Stadt als Baubehörde das Recht wahrt, bei
Plätzen und Straßen die Architektur der Fassade, selbst den Anstrich zu bestimmen,
um die Harmonie der Gesamtwirkung nicht zu stören; ja im § 104 wird sogar
das Strafverfahren in Aussicht genommen, „daß der Bauherr einen nicht bewilligten oder vorschriftswidrigen Bau oder Bauteil binnen einer festzusetzenden
Frist abzutragen, beziehungsweise auszuwechseln habe", überhaupt soll der
Generalregulierungs- und Bebauungsplan bei der architektonischen Ausgestaltung
von Plätzen und Straßenfronten den Gebäuden in der Umgebung der als
erhaltenswert erkannten Bau= und Naturdenkmale die möglichste Rücksichtnahme
auf unveränderte Geltung gedeihen lassen. In dieser Bauordnung, namentlich
im § 3 lit. h) muß als eine ganz besonders wichtige Erweiterung des Schutz-
gebietes die Aufnahme der Naturdenkmale bezeichnet werden, die bei uns
zum erstenmale in den Bauordnungsabsichten eines großen Gemeinwesens begegnet; sie ist für eine Stadt, welche mit den Armen einer weitausgreifenden
Entwicklung eine auserlesene Fülle köstlicher Naturschönheiten an ihr Herz zu
drücken scheint, und in ihren Erweiterungsplänen mit der Anlage eines Wald=
und Wiesengürtels rechnet, von nicht hoch genug anzuschlagender Bedeutung
(S. 103). Der Wiener Altertums-Verein kann wohl mit diesem Bauordnungs-
entwurf zufrieden sein, der seinen Bestrebungen in so weit gehendem Maße ent-
gegenkommt. Und nimmt schon die Gemeindeverwaltung Wiens die Schonung
und Erhaltung der Naturdenkmale unter ihre ganz besondere Obhut, so wäre
es gewiß auch höchste Zeit, daß die Reichsgesetzgebung dieser Anregung bald
möglichst Folge leiste. — Auf demselben Vortrage, nur teilweise abgeändert,
fußt Neuwirths Artikel in den „Mitteilungen der k. k. Zentralkommission zur

Erhaltung und Erforschung der historischen und Kunstdenkmale" (1907) S. 27—32 unter dem Titel „Der Entwurf der neuen Bauordnung für die k. k. Reichshaupt- und Residenzstadt Wien in seinen Beziehungen zur Denkmalpflege".

Mórath Anton: Zur Geschichte der Marien-Verehrung in der Pfarrkirche zu Gojau bei Krummau. Deutsche Böhmerwaldzeitung, 1907. 22., 23. März und 5. April. Nr. 12—14. Auch Separatabdruck S. 22.

Bekanntlich war der Orden der Brüder des hl. Bernhard ein eifriger Pfleger der Verehrung des Marienkultus. Zu dessen Förderung hat das im Jahre 1263 von König Ottokar II. gegründete Zisterzienserstift Goldenkron auf seinem Gute Gojau eine der Mutter Gottes geweihte Marienkirche gegründet, welche 1346 das erstemal erwähnt wird. Bald wurde sie eine Zufluchtstätte von Gläubigen, welche in der schönen stimmungsvollen Kirche unserer lieben Frau in Gojau Hilfe und Trost in ihrem Unglück und Schmerze suchten. Mit Ablässen von den Prager Erzbischöfen und Kardinälen seit dem 14. Jahrhunderte begnadet, erfreute sie sich insbesondere in Südböhmen eines großen Rufes, namentlich die verschiedenen Linien der Rosenberger und später im 17. Jahrhunderte die Eggenberger, Bouquoi, die Schwarzenberger u. a. haben diesem Gnadenorte ihre ganz besondere Huld zugewendet. Viele Stiftungen an Kirchengefäßen, Paramenten und anderen Kirchenkleinodien haben ihr die Herren und Frauen dieser Geschlechter gewidmet, welche in schweren Schicksalsfällen, die über Gojau oft hereinbrachen, wieder zugrunde gingen. An der Hand der Aufzeichnungen an Ort und Stelle und der dem Verfasser zu Gebote stehenden handschriftlichen Aufzeichnungen im fürstlich Schwarzenbergschen Zentralarchive in Krummau wird in dem vorliegenden Aufsatze eine Übersicht der reichhaltigen und kostbaren Devotionalien geboten, welche in den verschiedenen Zeitläuften der fromme Sinn dieser Geschlechter dorthin gestiftet hat, unter deren Gönnerinnen wir auch Maximiliane, eine geborene Gräfin von Hohenzollern, die Gemahlin des im Jahre 1604 verstorbenen Grafen Joachim Ulrich von Neuhaus, des letzten seines Geschlechtes, finden. Die letzte Schenkung war am 9. September 1863 ein neues selbstgesticktes Meßgewand von blauem Seidenstoff, welches die kunstsinnige Fürstin Eleonore zu Schwarzenberg während ihres Aufenthaltes im Schlosse Rothenhof dem Pfarrer von Gojau für seine Kirche übergab. Mórath hat mit dieser Schrift ein neues Glied in die Folge seiner Forschungen gefügt, welche die Geschichte des deutschen Volkes in Böhmen aufhellen und dessen Verdienste würdigen.

Günzel Franz Viktor: Die alte Veste Petersburg. Saaz. Selbstverlag. 1906. S. 31.

Die alte Veste Petersburg liegt nahe an dem gegenwärtigen Schlosse des Grafen Czernin von Chudenitz an der Südostecke des alten Saazer Kreises. Die vorliegende Monographie hat manchen Vorteil vor ihren Kolleginnen, denn der Verfasser, der vor einer recht langen Reihe von Jahren mein Schüler war, hütet sich den Sagen und Berichten aus der grauen Urzeit allzuviel Glauben zu schenken. Er nimmt sie als das, was sie sind, als die Ausgeburt der Volksphantasie einer viel späteren Zeit, die an die alten Zeugen einer wirklichen großen Vergangenheit meist nach anderen berühmten Vorbildern mit mehr weniger Geschick angedichtet werden. Petersburg ist tatsächlich eine alte Siedlung, allerdings sein Namen recht rätselhaft (S. 5). In die Geschichte tritt es erst 1404 ein, wo dessen Besitzer Johann von Petersburg genannt wird. Die weiteren Besitzer sind die Herren von Janowitz, seit 1483 die Grafen von Guttenstein, um die Mitte des 16. Jahrhundertes erscheint es als Eigentum des Grafen Liebsteinsky von Kollowrat. Da sich Graf Jaroslaw Liebsteinsky der Jüngere dem Aufstande der böhmischen Adeligen 1618 anschloß, verfiel sein Besitztum nach der Weißenberger Schlacht der Konfiskation, so daß zwei Drittel seiner Liegenschaften, nämlich Petersburg, Soffen und Pschoblik dem Fiskus verfielen, auf 98.004 Schock meißn. 4 Gr. 6½ Pf. geschätzt laut Kaufkontrakt vom 6. Oktober 1622 für einen Kaufschilling von 76.000 fl. rhein. an den Grafen Hermann Czernin von Chudenitz übergingen, den Sprossen eines uralten böhmischen Adelsgeschlechtes, in dessen Familie sie ungeschmälert bis heute verblieben. Der Verfasser schildert dann im Anschlusse daran die wichtigsten Begebenheiten, die aus dem Leben der Burg zu verzeichnen sind, die heute nunmehr in Trümmern steht; sie teilt das traurige Schicksal der meisten Burgen; denn als deren Zweck mit Einführung und Vervollkommnung der Feuerwaffen aufhörte, wurden sie verlassen, der Adel zog hinab in das Tal, baute sich neue Schlösser und überließ die alten Vesten dem Verfall, den der Zahn der Zeit redlich und nur zu gut besorgte. Das heutige schöne Schloß Petersburg, der Sitz des Grafen Czernin, ist besonders ausgezeichnet durch seinen herrlichen Park, den Graf Eugen Czernin geschaffen hat. Eine Beschreibung der in der Nähe von Petersburg häufig gemachten prähistorischen Funde und eine sehr genaue und sachlich gehaltene Beschreibung der Burgruinen müssen besonders hervorgehoben werden. Ich vermisse aber Abbildungen; eine Ansicht des Schlosses und eine Ansicht der alten Veste hätten entschieden belebend gewirkt und den Wert der Monographie auch aus dem Grunde erhöht, weil zu befürchten ist, daß die Ruine immer mehr verfallen wird. Wir hätten dann dieselbe in Wort und Bild vor uns. Der Verfasser, dem wir für seine mit Liebe und Wärme, aber auch gut geschriebene Arbeit zum Danke verpflichtet sind, verspricht uns eine Beschreibung des Petersburger Parkes. Vielleicht wäre es leicht möglich, dieser Schrift die beiden Ansichten beizufügen. Wir versprechen uns von dem Verfasser nach diesem gelungenen Anfange noch manchen weiteren Beitrag zur Geschichte seiner engeren Heimat.   Dr. Ad. Horcicka.

Blau Josef: Vom Brisiltabak und seine Bedeutung im Volksleben der Böhmerwaldgegend um Neuern. Wien, Verlag des Vereins für österreichische Volkskunde.

Auch diese interessante Studie zeugt von der Beobachtungsgabe des Verfassers. Die Zubereitung und das Schnupfen des Brisils oder „Schmalzlers"

nehmen im Volksleben des Böhmerwaldes einen so breiten Raum ein, daß es
dem kundigen Herrn Verfasser gerne gegönnt sein mag, hierüber zu berichten.
Es machte ihm Freude, alles aufzuzeichnen, was teils schon halb vergessen,
teils noch erhalten ist. Für die Volkskunde ist jedes Gebiet interessant, besonders
wenn man es wie der Verfasser versteht, auch solche Stoffe wie der vorliegende
im Spiegel des geschichtlichen Entstehens, des Volkslebens und der Landschaft
zu zeigen.   —r.

Heinrich Teweles: Harzreise und andere Fahrten. Prag 1904. Druck
und Verlag von Heinrich Mercy Sohn.

Eine Reihe von Reise-Feuilletons, die der bekannte Chefredakteur des
„Prager Tagblatt" in den Jahren 1902—04 veröffentlicht hat. Gern folgt ihm
der Leser nach Wien und Weimar, nach Florenz, in den Harz und an den
Gardasee, denn Teweles versteht scharf zu beobachten und seine Beobachtungen
in angenehmem Plauderton vorzubringen. Behagliche Causerien, für den Sonntag
geschrieben — mehr wollten die Skizzen zur Zeit ihres Erscheinens nicht sein
und höhere Ansprüche stellen sie auch als Sammlung nicht, da ihnen der Autor
absichtlich nicht „die Eierschalen der Aktualität" abgestreift hat.   R.

Fleischer Viktor: Das Steinmetzendorf. Eine Erzählung aus dem Erzgebirge. Stuttgart-Leipzig, Deutsche Verlagsanstalt. Brosch. 119 S.
Oktav.

Weder die heute schon ziemlich abgeblühte Heimatkunst, noch die moderne
Literatur überhaupt hat, vereinzelter mißglückter Fälle ausgenommen, vom Erz-
gebirge Besitz ergriffen, und doch wohnt ein Völkchen in diesen Bergen, dessen
Gemüt und Sitten jedes echte Künstlerherz erfreuen muß. Die vorliegende Arbeit
aus der Feder eines Anfängers steuert auf das Ziel zu, den Volkscharakter des
Erzgebirges zur Darstellung zu bringen. Im ganzen und großen ist es ihr gelungen, mag auch Fabel und Technik nach erprobten Mustern angelegt sein. Der
Prozeßhansel und sein Partner, der volksfremde und populäre Beamte — hier
Pfarrer und Lehrer — der weltkluge Wirt sind als Romanfiguren wohl abge-
braucht, aber in Fleischers Erzählung bringen sie etwas Frisches aus dem Leben
mit, etwas, das dem Fremden auffällt und woran der Erzgebirgler seine Landsleute erkennt. Und dies ist neben der flüssigen Darstellung ein starker Vorzug
des Werkchens, ein Zeugnis für künstlerisches Erfassen, wenn auch Spaltungen
und wirtschaftliche Übergangsphasen in einem Gemeinwesen schon zu wiederholten
Malen von der Dichtung verwertet worden sind.   rth.

— 14 —

Oskar Grimm: **Hoch vom Erzgebirg!** Heitere Gedichte und Geschichten in Erzgebirger Mundart. Im Selbstverlage. Schlackenwert. o. J.

Vor dem hochdeutsch schreibenden Dichter hat der Dialektdichter, wenn er das Landvolk schildert, einen großen Vorteil. Indem er die Leute so reden läßt, wie ihnen der Schnabel gewachsen ist, zeigt er sie ganz unverfälscht als Menschen, die in ihrem Wirkungskreis auch denken und fühlen. Freilich sollte er sich dabei bloß solcher Ausdrücke bedienen, die wirklich geistiges Gut des Volkes sind. Aber oft findet man in mundartlichen Gedichten Wendungen, die nur der Schriftsprache angehören und in den Dialekt übertragen sich ausnehmen wie parfümierte Stadtmenschen im Bauernkostüm. Oskar Grimm dagegen schreibt im ˑechten Dialekt, und das drückt all den kleinen Geschichten in Vers und Prosa den Stempel der Natürlichkeit auf. Das beste Lob, das man ihnen spenden kann. Nur möge man die Sächelchen nicht in einem Zuge lesen. In glücklicher Auswahl bereiten sie oft heitere Augenblicke.   E. R.

Urban Michael, Dr.: **Zur volkstümlichen Augen= und Ohrenheilkunde.** Separatabdruck aus der „Ärztlichen Standeszeitung" 1906, Nr. 13—16.
— —: **Volkstümliche Kinderheilkunde.** Separatabdruck aus der „Ärztlichen Standeszeitung", Nr. 16—24.

Diese Veröffentlichungen des so vielseitig literarisch tätigen Verfassers gehören jenem Forschungsgebiete an, das derselbe mit besonderer Vorliebe pflegt und wozu ihm nebst eigenen reichen Erfahrungen aus seiner langjährigen landärztlichen Praxis vorzügliche Quellen in den Aufzeichnungen des Dorfschmiedes Haindl in Waschagrün und des letzten Egerer Scharfrichters Huß zur Verfügung stehen.

Urban Michael, Dr.: **Bunte Steine.** Erzählungen aus der Heimat. Mies, 1905. Druck und Verlag von Andreas Haßold in Mies.

Nahe zwei Dutzend Erzählungen faßt das Buch; sie waren zunächst als Beilage zur „Deutschen Wacht an der Miesa" erschienen. In bunter Reihe aufeinander folgend haben sie bald die Geschichte und Sage, bald die Sprache, das Leben und Lieben des Volkes mit ernstem und heiterem Hintergrunde zum Vorwurfe; alle aber durchweht eine verklärende Liebe zur heimischen Scholle. In der Schluß=Erzählung behandelt der Verfasser die Sage, woher sein Vaterhaus, der Geigerhof in Sandau, seinen Namen haben soll.

Urban Michael, Dr.: **Die ältesten Analysen Marienbader Mineralwässer.** Sonderabdruck aus der Prager Med. Wochenschrift, XXXII. Nr. 4—5. 1907.

Die erste Analyse Marienbader Quellenwässer fällt in die Blütezeit der Jatrochemie und wurde 1609 von dem Schlaggenwalder Stadtphysikus Dr. Michael

Naudenius ausgeführt. Die zwei nächstälteren gehören bereits der zweiten Hälfte des 18. Jahrhunderts an; die eine rührt von dem Prager Universitätsprofessor Dr. Scrinci ums Jahr 1760 her, die andere 1766 von dem Med. Cand. Joh. B. Zauschner. Diese drei ältesten Analysen behandelt der Verfasser ausführlich und führt dann die weiteren bis zum zweiten Viertel des 19. Jahrhunderts kurz an.

Urban M., Dr.: Wilhelm von Wolfsstein. Eine historische Erzählung aus der Zeit der Hussitenkriege. Tachau, 1906. Druck und Verlag von Hermann Holub.

— —: **Maria Maximiliana Gräfin von Sinzendorf.** Historische Erzählung aus der Vergangenheit der Stadt Plan. Druck von Hermann Holub in Tachau. — Selbstverlag.

Die erstere Erzählung erschien als Beilage zum „Westböhmischen Grenzboten" und behandelt die Einnahme des Schlosses Wolfsstein bei Tschernoschin durch Zischka; die letztere hat die durch ihre Hartherzigkeit im Munde des Volkes fortlebende Planer Schloßherrin Gräfin von Sinzendorf (gest. 1689) zum Mittelpunkte. F. H.

9. Bericht über den allgemeinen Geschäftsverkehr der k. k. Post- und Telegraphen-Ämter 1 und 2 in Karlsbad für das Jahr 1906.

Zum neuntenmale übergibt der k. k. Postamtsdirektor von Karlsbad, Johann Wittner, einen statistischen Ausweis über die Verkehrsverhältnisse der Karlsbader Postämter der Öffentlichkeit, die zugleich auch einen Einblick auf die gesteigerte Entwicklung der Badestadt als einen nicht zu unterschätzenden modernen Handelsplatz gewähren. Den ämtlichen Ausweisen ist ein Bericht über das Fest des 290jährigen Bestandes des Postamtes beigefügt.

Festschrift „Johannisbad im Riesengebirge". Jubiläumsausgabe aus Anlaß des 900jährigen Bestandes. Redigiert von Ferdinand Grüner. Verlag der Kurverwaltung. 8°, 24 S.

Den geschichtlichen Überblick über das Aufblühen des anmutigen Kurortes hat der Redakteur des hübsch ausgestatteten Schriftchens selbst beigesteuert, während der Balneologe der Prager deutschen Universität, Prof. Dr. Heinrich Kisch, die Indikationen zum Bäder- und Kurgebrauch des „böhmischen Gastein" erörtert. Peter Rosegger, Hugo Salus, Friedrich Adler, Richard Schubert, Heinrich Teweles, Ferdinand Grüner, Joseph Kaspar von Walzel und Franz Schreiter widmen der Jubilantin poetische Festgaben und weben um die Kunde von der seltenen Feier die lauschige Stimmung des waldumfriedeten Gebirgstales. Freunde des

Kurortes werden die „Festschrift" gewiß als angenehme Erinnerung entgegen-
nehmen — möge ihr aber auch eine werbende Kraft beschieden sein, neue Freunde
und zahlreiche Besucher zu gewinnen.

Spezial-Katalog über Egerländer Musik und Literatur. J. Robertsch
und Gschihay, Sortiments- und Verlagsbuchhandlung in Eger.

Die Egerer Buchhandlung J. Robertsch und Gschihay, in deren Verlag
selbst so manches Werk über Eger und das Egerland erschienen ist, hat einen
Lagerkatalog herausgegeben, der von Freunden des Egerlandes volle Beachtung
verdient. Er weist ältere und neuere Erscheinungen auf allen Gebieten geistigen
Lebens aus. Kompositionen über Egerländer Motive, Gedichte und Erzählungen
in einheimischer Mundart, geographische und geschichtliche Werke, Ansichten und
Pläne aus früheren Zeiten, Trachtenbilder, Postkarten usw. und bringt als
Anhang eine Übersicht über die Wallenstein-Literatur, die zwar auf Vollständigkeit keinen Anspruch erhebt, aber doch manches heute seltene Werkchen aufzählt.
Neben dem eigentlichen Zweck bildet dieser Spezial-Katalog auch einen willkommenen Beitrag zur Bibliographie über das Egerland. Interessenten wird er
kostenlos zur Verfügung gestellt.   rth.

**Wilhelm Franz: Zur Geschichte der alten Steinkreuze, Ruhekreuze und
Martelu.** Erzgebirgszeitung. XXVII. Jahrg. Auch Separatabdruck. S. 31.

Das 24. Mal, auch ein Jubiläum, ergreift Wilhelm das Wort in dieser
Frage, diesmal einleitend mit einer Polemik gegen den Pfarrer Helbig in
Groitsch bei Leipzig, welcher die Ansicht vertritt, daß die Steinkreuze, die er im
sächsischen Gebiete kenne, zumeist Grenzsteine für die Grenzen der Bistümer
Merseburg, Naumburg und Meißen seien, gegen welche Wilhelm wohl mit trefflichen Gründen den Beweis erbringt, daß seine Ansicht die richtige sei, derzufolge man es mit Sühnkreuzen für Totschlag, Mord u. ä. zu tun habe. Ferner
beschreibt er eingehend 37 weitere Steinkreuze in verschiedenen Gegenden Böhmens und der benachbarten Gebiete, deren Abbildungen auf einer Figurentafel
beigegeben sind. Wilhelm verfügt noch über reiches Materiale in der Streitfrage
über den Ursprung und Zweck der Steinkreuze, das er gelegentlich zu veröffentlichen verspricht. Endlich ersucht er alle, die an dieser Frage Interesse haben,
ihn durch Einsendung von Nachrichten über das Vorhandensein solcher Kreuze
in seinen Bestrebungen zu unterstützen.   Dr. Ad. Horcicka.

K. u. k. Hofbuchdruckerei A. Haase, Prag. — Selbstverlag.

Literariſche Beilage

zu den Mitteilungen des Vereines

für

Geſchichte der Deutſchen in Böhmen.

XLVI. Jahrgang. II. 1907.

Pekař Joſef: Die Wenzels- und Ludmila-Legenden und die Echtheit Chriſtians. Prag, 1906. Wiesner (IV, 443 S. Gr. 8⁰).

Der Streit um die Echtheit Chriſtians, der ſeit den kritiſchen Großtaten Dobrowskys durch faſt hundert Jahre gegen Chriſtian für entſchieden galt, beſchäftigt ſeit geraumer Zeit wieder die Hiſtoriker. Profeſſor Pekař leitete das Wiederaufnahmsverfahren zur Rettung Chriſtians im Jahre 1902 mit einem Aufſatze im »Český časopis historický« ein, der mehrfach ergänzt und erweitert im Jahre 1903 als ſelbſtändige Schrift unter dem Titel »Nejstarší kronika česká« erſchien. In einer Reihe von Aufſätzen im »Český časopis historický« 1903 und 1904 ſetzte ſich Pekař mit ſeinen Gegnern, insbeſondere mit Kalouſek (»Osvěta 1903«) und Bretholz (Neues Archiv der Geſellſchaft für ältere deutſche Geſchichtskunde XXIX, Zeitſchrift des deutſchen Vereines für die Geſchichte Mährens und Schleſiens 1905 und 1906) auseinander. Im Jahre 1905 veröffentlichte Pekař den Aufſatz „Eine unbekannt gebliebene Abhandlung über die Echtheit Chriſtians", in welchem er das von dem Greifswalder Hiſtoriker Theodor Hirſch wahrſcheinlich 1857 verfaßte und von ihm in der Danziger Stadtbibliothek aufgefundene Bruchſtück der Abhandlung „Beiträge zur Kenntnis böhmiſcher Geſchichtsquellen. 1. Die Ludmila- und Wenzelslegenden oder: wer iſt der Verfaſſer der von Dobrowsky mit Unrecht einem Pſeudochriſtian zugeſchriebenen Legenden?" abdruckte. Hier hatte Hirſch bereits die Behauptung aufgeſtellt, daß die Legende »Diffundente sole«, welche Dobrowsky als eine Quelle Chriſtians bezeichnet hat, aus Chriſtan abgeleitet, die Legende »Crescente fide« älter als die Legende Gumpolds iſt, hier wendet ſich Hirſch gegen die — auch von Pekař behauptete und bekämpfte „Hyperkritik" Dobrowskys und kommt zu dem Schluſſe, daß die Legende Chriſtians in dem erſten Stücke eine Reihe von Quellen benützt, welche teils dem 9. teils dem 10. Jahrhundert, nicht aber einer ſpäteren Zeit angehören, und daß der Verfaſſer der Legende mit Rückſicht auf die Quellen, die er benützt, die Art und Weiſe, wie er ſie benützt und wie er die fürſtliche, papale und ſynodale Gewalt

2

anfieht und darftellt, nur im 10. Jahrhundert gelebt haben kann. Hirfch hat
feine Unterfuchung weder vollendet noch ediert, weshalb Bretholz die Vermutung
ausfprach, daß er „das Vergebliche feines Unternehmens einfah". Im Jahr 1906
erfchien als zufammenfaffende Behandlung der umftrittenen Frage das vorliegende Werk.

In dem erften Hauptabfchnitt (S. 11—74) wird eine erfchöpfende Überficht
und kritifche Würdigung der Wenzels- und Ludmilalegenden gegeben, wobei die
bisher geläufige Legendenfiliation vollftändig umgeftoßen wird. Die Legende
Gumpolds wird als eine Umarbeitung von »Crescente fide« (S. 27) hinge-
ftellt; »Crescente fide« ift die urfprüngliche Quelle, Gumpold die abgeleitete,
Gumpold kann fomit nach P. aus den Quellen für die Gefchichte Wenzels faft
ausgefchaltet werden, während »Crescente fide« nicht fpäter als in den fiebziger
Jahren des X. Jahrhunderts entftanden fein kann und „die ältefte bekannte
lateinifche Legende vom heiligen Wenzel überhaupt ift". (S. 31). Die Ludmilalegende »Diffundente sole«, nach Dobner, Dobrowsky und anderen die Quelle
Chriftians, erklärt Pekař als „einen oft wörtlichen Auszug aus Chriftian, erweitert durch lange, rhetorifch ftilifierte Lobfprüche der Tugenden Ludmilas",
welcher aus dem Grunde, daß fich nirgends eine Spur von Kenntnis des Kosmas
findet, in das erfte Viertel des 12. Jahrh. anzufetzen fein dürfte (S. 72, 74).
Der zweite Hauptabfchnitt (S. 75—292) mit dem Titel „Die Echtheit Chriftians"
enthält zuerft eine inftruktive Überficht über die handfchriftliche Überlieferung
und den mit einem reichen Variantenapparat verfehenen Text Chriftians. Dann
folgt der Beweis der Echtheit Chriftians aus äußeren und inneren Gründen. Als
äußere Gründe der Echtheit bezeichnet Pekař den von ihm verfuchten Beweis,
daß Chriftian älter als Kosmas ift, daß Chriftian nirgends Abhängigkeit von
Kosmas verrät und daß es ausgefchloffen ift, daß Chriftian nach Kosmas gefchrieben hätte (S. 141), während Bretholz annimmt, daß Chriftian nicht allzu
lange nach Kosmas, vor oder um die Mitte des 12. Jahrh., bevor noch Kosmas'
Chronik allgemein verbreitet war, fchrieb. Bretholz' Beweis, daß Chriftian den
Kosmas kennt (Zeitfchrift des Deutfchen Vereines für die Gefchichte Mährens
und Schlefiens 1906 S. 39—81) ift klar und überzeugend. Pekař erklärt den
Beweis der Abhängigkeit des Kosmas von Chriftian als Nebenbeweis . . . „er
betrachte wie zuvor das Argument, Chriftian fei Quelle des Kosmas gewefen,
als einen nebenfächlichen Beweis", während er früher (»Nejftarší kronika čefká«
und »Čefký čafopis hiftorický 1903« S. 132) bei diefer Gelegenheit vom
„kritifchen Punkt feiner Arbeit", von der „Hauptfchlacht" fprach und auch hier
wieder zugeftehen muß, daß er „die praktifche Bedeutung des Beweifes felbft-
verftändlich nicht verkenne" (S. 127).

Den Schwerpunkt feiner Arbeit fieht Pekař in dem Echtheitsbeweis aus
inneren Gründen, in der „allgemeinen Analyfe", in welcher gezeigt werden foll,
daß die Legende Chriftians in Form und Inhalt, namentlich in kulturhiftorifcher
Beziehung in allen ihren Teilen als zeitgemäß erfcheint, und in der „fpeziellen
Analyfe", dem Beweis, daß „die Legende nirgends die Benützung einer Quelle,
die jünger als aus dem 10. Jahrh. wäre, verrät" ufw. Die Darlegung der
ftaatlichen, kirchlichen und überhaupt inneren Verhältniffe erweift nach Pekař die
Legende Chriftians als Frucht des älteren Mittelalters, „einzelne Stellen fchließen

sogar die Möglichkeit aus, daß die Legende später als im 11. Jahrh. verfaßt sein könnte, einige weisen direkt auf die zweite Hälfte des 10. Jahrh. als die einzig mögliche Abfassungszeit hin". Allerdings blieben viele dieser inneren Gründe (z. B. der Hinweis provincia Sclavorum, que Psou antiquitus nuncupabatur, nunc a modernis ex civitate noviter constructa Mielnik vocitatur oder auf zahlreiche altertümliche Wörter und Wendungen) nicht unangefochten; Kalousek und Bretholz bekämpften diesen Teil der Beweisführung mit aller Entschiedenheit. Hier wie in seinen gegen Kalousek gerichteten polemischen Aufsätzen im »Český časopis histor.« hält Pekař an der Einheitlichkeit des ganzen Werkes fest, verwirft die Annahme einer mosaikartigen Kompilationsarbeit, während Kalousek darin eine Kompilation des 14. Jahrhunderts erblickt. Als den wahrscheinlichen Abfassungstermin bezeichnet Pekař die Zeit von 992 bis 994. Betreffs der Persönlichkeit Christians nimmt Pekař gestützt auf die Nachricht der Adalbertslegende des Bruno von Querfurt, daß sich in der beim hl. Adalbert in Rom erschienenen böhmischen Gesandtschaft ein Bruder der Herzogs (d. h. Boleslavs II.) mit Namen Christian befand, die Identität des in der Legende genannten Verfassers, des Mönchs Christian, mit dem Bruder Boleslavs II. an und schließt aus der im Prolog der Legende enthaltenen Anrede des Bischofs Adalbert mit »nepos carissime« auf eine Verschwägerung der Slavnikinger mit den Přemysliden, so daß der Bischof Adalbert ein jüngerer Verwandte des Mönchs Christian wäre (S. 285), ohne aber diese Erklärung als die einzig mögliche auszugeben — (S. 287) ein, wenn auch nicht ganz offenes Zugeständnis Pekařs an seine Gegner.

Unter den Beilagen veröffentlicht Pekař die Übersetzungen dreier polemischer Aufsätze gegen Bretholz und drei bisher unedierte Wenzelslegenden. Der Streit um die Echtheit Christians hat, von Pekař mit der ihm eigenen temperamentvollen Schärfe eröffnet, Formen angenommen, welche unter Männern der Wissenschaft sonst nicht üblich sind. An die Stelle objektiver, ruhiger Auseinandersetzung traten persönliche Angriffe, aus einer lediglich die Gelehrtenwelt beschäftigenden Frage wurde eine Affäre, die man sogar in den Spalten der politischen Tagespresse vor die breite Öffentlichkeit zerrte. Dazu kam, daß auch in diesen Gelehrtenstreit die leidige nationale Frage hineinspielte. Jeder unbefangener Leser von Pekařs »Nejstarší kronika česká« muß den Eindruck gewinnen, daß der Verfasser nicht bloß als Gelehrter, sondern auch als national fühlender Tscheche über die Entdeckung des „tschechischen Historikers aus der Zeit Boleslavs II." befriedigt war (das. S. 2, 96). Aber Pekař ging weiter und trug kein Bedenken, die Objektivität und Unbefangenheit, die er für sich in Anspruch nimmt, den deutsch-böhmischen Historikern a priori abzusprechen und gab damit der Frage die vielleicht von ihm gewünschte nationale Färbung. Man lese nur die Einleitung von Pekařs erstem Aufsatz gegen Bretholz: „Von dieser Seite (d. h. von deutsch-böhmischer Seite bzw. von Bretholz) hatte ich ein sympathisches Referat nicht erwartet — die Hauptresultate meiner Arbeit sind auf der ganzen Linie gegen jene Thesen gerichtet, welche die deutsch-böhmische historische Literatur verteidigt hat, ich wußte auch, daß die Entdeckung einer ungeahnten böhmischen historischen Arbeit manchem unserer heimischen Historiker der anderen Zunge nicht willkommen sein wird." Je weiter der Streit vorrückte, desto gereizter und schärfer wurde er geführt, trotzdem Bretholz durch seine leiden-

2*

schaftslose Polemik dazu keine Veranlassung gegeben hatte. Durch die Veröffentlichung der deutschen Übersetzungen seiner Aufsätze gegen Bretholz hat Pekař seiner Sache gewiß keinen guten Dienst erwiesen und er darf sich auch nicht wundern, wenn ihm von gegnerischer Seite (und zwar von Holder-Egger, Neues Archiv der Gesellschaft für ältere deutsche Geschichtskunde, Bd. XXXII, H. 2, S. 529—530) schließlich in derselben, an sich gewiß nicht zu billigenden Tonart geantwortet wurde, in welcher er seine Sache vertreten zu müssen glaubte.

Das im Jahre 1907 unter dem Titel „Die von dem Přemysliden Christian verfaßte und Adalbert von Prag gewidmete Biographie des hl. Wenzel und ihre Geschichtsdarstellung" erschienene Buch H. G. Voigts spricht sich für Pekař, gegen Kalousek und Bretholz aus. Dr. Franz Pick.

Juritsch Georg, Dr.: Die Deutschen und ihre Rechte in Böhmen im XIII. und XIV. Jahrhunderte. Mies, 1905. S. 185. Programm des k. k. Staatsobergymnasiums in Mies; auch als Sonderdruck.

Der Verfasser geleitet uns in die hochinteressante Zeit des XIII. Jahrhundertes, in welcher die deutsche Kolonisation in Mitteleuropa ihren Höhepunkt erreichte, die namentlich in den östlichen Marken des Deutschen Reiches der Träger ganz neuer Anschauungen und einer neuen Kulturbetätigung wurde. In dieser Zeit verlegt sich auch der Schwerpunkt des Deutschen Reiches nach diesen Gegenden, in welchen nach der Zertrümmerung der Ottokarschen Monarchie die Habsburger in den Alpenländern festen Fuß fassen und die glanzvolle Hofhaltung der Luxemburger in Prag namentlich unter Karl IV. die Blütezeit Böhmens bedeutet. Diese zwei Jahrhunderte sind gerade für die deutsche Bevölkerung von Böhmen von allergrößter Bedeutung, denn in jenen Tagen hat sich insbesondere das bürgerliche Element aus ihnen zusammengesetzt. In ihren Händen ruhte nahezu ausschließlich Handel und Industrie, der Bergbau, sie waren die Pfleger von Kunst und Wissenschaft, auf Nürnberger und Magdeburger Rechtsanschauungen baut sich das Städterecht und Städtewesen auf. Nicht mit Gewalt vollzog sich diese Festsetzung der deutschen Bürgerschaft in Böhmen, sondern in sehr friedlicher Weise, von den Königen wurden die Deutschen berufen und ihre Siedlungen mit besonderen Rechten begnadet, damit sie sich im Lande nicht wie Fremde, sondern wie Eingeborene fühlen, nach ihrem Rechte leben sollen und ihre alten Sitten und Bräuche wahren können, vor allem dort, wo sie das Land auf grüner Wurzel besiedelt haben. Doch nicht erst in diesen Tagen haben die Deutschen ihre Rechte in Böhmen erworben. Ihre ersten Ansiedlungen reichen in weit ältere Zeiten zurück, wie das alte Deutschenrecht für Prag beweist. Es war daher unbedingt notwendig, daß Juritsch in den ersten Kapiteln zurückgehen mußte auf: die Vorbedingungen der deutschen Kolonisation in Böhmen, die Kolonisation nach emphyteutischem Rechte, die Durchführung des emphyteutischen Vertrages (Anteil, jährlicher Zins, Hufeneinteilung), die Förderungen der deutschen Kolonisation, die Dorfbewohner, die Dorfverfassung, ja selbst auf die Geschichte der Chodenbauern. Es ist eine unleugbare Tatsache, daß seit der Zeit der letzten Přemysliden, welche germanisatorisch in

Böhmen gewirkt haben, die Könige die deutsche Einwanderung hauptsächlich aus fiskalischen Gründen förderten, indem sie dadurch den Königsboden gut verwerteten und durch die Abgaben der gewerbfleißigen städtischen Bevölkerung ihre Einnahmen steigerten. Und ebenso sicher steht die Tatsache fest, daß Geistlichkeit und Adel, geleitet durch die Erfolge, die sie bei den königlichen Gründungen sahen, ebenfalls an solche Gründungen auf ihren Gebieten schritten. Diese Vorbedingungen mußten eingehend erörtert werden, damit der Leser die große Kolonisation des XIII. und XIV. Jahrhundertes richtig bewerten kann, die von Seite 42 ab den Inhalt des vorliegenden Buches bildet, in welchem die Städtegründungen, das Entstehen der Städte, die städtische Verfassung und die Stadtrechte gebührend gewürdigt werden. In diesem Buche, das gestützt auf gründlichem Forschen des in neuester Zeit so reichlich publizierten Quellenmateriales das Werk einer zehnjährigen Arbeit ist, bringt Juritsch eine Fülle von Tatsachen und neuer Anschauungen über das Städtewesen in Böhmen, welche in verständnisvoller, historisch kritischer Auffassung in manchen Punkten wesentlich Neues bieten, eine willkommene Ergänzung zu den wohl allgemeiner gehaltenen Ausführungen in den großen Reichs= und Rechts= geschichten, in welchen das Städtewesen Böhmens naturgemäß nicht so eingehend erörtert werden kann. Im Wesen der Sache ist es auch gelegen, namentlich in den Partien über Städteverfassung und Stadtrechte auf die parallele Entwicklung mit den deutschen Rechtsverhältnissen in Nürnberg und Magdeburg hinzuweisen, als deren Filiation sich das deutsche Stadtrecht Böhmens erweist, zu dem auch das Altprager Recht gehört, das, wie Köpl nachgewiesen hat, auf Nürnberger Satzungen gegründet ist, und nicht als ein selbständig herausgewachsenes Rechtsgebilde auf= zufassen ist. Wir haben in Böhmen königliche und untertänige Städte, zwischen denen wohl ein wesentlicher Unterschied besteht, doch ist man noch nicht über das Wesen desselben einig. Und Juritsch neigt mit Recht zu der Ansicht (S. 88), daß königliche Städte solche sind, welche den dritten Stand bildeten und zum Besuche der Landtage berechtigt waren (das. Note 4, 5). Viele Ansiedlungen, die später zur Stellung von Städten emporstiegen, begegnen uns in Böhmen anfangs in der Kategorie von Marktdörfern (S. 111). Auch Dörfer hatten ihre Gerichts= barkeit, mit einem Richter und Schöffenkollegium (4—5 Mitglieder), doch hatte der Richter nur für die Erhaltung des Friedens und der Ordnung im Dorfe zu sorgen, da in solchen Dörfern, welche zu Städten gehörten, alle wichtigeren Fälle von dem städtischen Schöffenkollegium behandelt wurden, in solchen aber, welche der Grundherrschaft gehörten, dieser die Rechtsprechung vorbehalten war. Dieses eigentümliche Verhältnis zwischen Stadt und Dorf tritt sehr deutlich bei Böhmisch= Kamnitz hervor, einer untertänigen Stadt, deren Stadtbuch mit dem Jahre 1380 beginnt, 218 Urteilsprüche (alle in deutscher Sprache abgefaßt) enthält, deren Ausgabe ich eben vorbereite. Es bildet das Stadtbuch gerade dieser kleinen Stadt, auf die Juritsch nur gelegentlich zu sprechen kommt, einen interessanten Beitrag zu seinen Ausführungen über diese Wechselbeziehungen zwischen Dorf und Stadt. Die städtischen Verhältnisse in Böhmen im XIII. Jahrhunderte sind trotzalledem noch recht unklar, weil die Quellen zu spärlich fließen; erst im XIV. Jahr= hunderte fließen sie reichlicher, aber immer noch zu wenig, da viele Stadtbücher im Hussitenkrieg oder durch Feuersbrünste zu grunde gingen, so z. B. beginnen die Aussiger Stadtbücher erst mit dem Jahre 1426. Umso wertvoller werden die

Aufzeichnungen des Böhmisch-Kamnitzer Stadtbuches sein, das unmittelbar an die Zeit Karls IV. anknüpft. Bei einer solchen Reichhaltigkeit des Stoffes und einer solchen Masse von Einzelheiten, die Juritsch nicht bloß an einander reiht, sondern kritisch bearbeitet, darf es nicht befremden, daß es auch einzelne Fragen und Punkte in diesem Buche geben muß, in welchen man seinen Anschauungen nicht ganz beipflichten kann, wodurch jedoch das Buch an Wert nicht verliert, da es für jedermann, der sich mit der Geschichte dieser Zeit beschäftigt, eine wahre Fundgrube von trefflichem Materiale ist. In gleicher Weise wie auf Böhmen nimmt Juritsch auch auf Mähren Rücksicht. Wir wünschen, daß das Buch, welches ein gutes Stück Landesgeschichte enthält, recht viel gelesen werde, und bezeugen gern, wie der Verfasser selbst erwähnt, daß er bemüht war, mit Wahrung wissen-schaftlicher Objektivität die Einbürgerung der Deutschen und ihrer Rechte während zweier Jahrhunderte wenigstens in großen Umrissen zu skizzieren, neben den Urkunden auch die einheimischen Chronisten zum Worte kommen zu lassen und auf die geographische Lage der Örtlichkeiten sowie auf die geognostische Beschaffen-heit des Bodens Rücksicht zu nehmen. Dr. Ad. Horcicka.

Helmling Leander O. S. B., Archivar, und Horcicka Adalbert, Dr., k. k. Professor: Die Urkunden des königlichen Stiftes Emaus in Prag, Band I. Das vollständige Registrum Slavorum. Prag 1904. Im Selbstverlage des Vereines für Geschichte der Deutschen in Böhmen. J. G. Calvesche k. u. k. Hof- und Universitätsbuchhandlung Josef Koch: Kommissionsverlag. Gr. 8°, XXV und 252 Seiten. Mit einer Licht-drucktafel und sechs Urkunden als Anhang.

Über die Bedeutung derartiger Quellensammlungen für die heimische Ge-schichte sind die Akten längst geschlossen. Der Verein für Geschichte der Deutschen in Böhmen hat dies durch die stattliche Reihe seiner diesbezüglichen Veröffentlichungen ganz besonders erwiesen. Zu den jüngsten dieser Veröffentlichungen gehört das sogenannte Registrum Slavorum oder Registrum literarum monasterii Slá-vorum. Es enthält alle Urkunden von der Gründung der Abtei Emaus bis zu ihrer Besitznahme durch die Hussiten, also für die Zeit von 1347 bis 1419, und ist nebst dem Emaus-Reimser Evangelium das einzige hochbedeutsame Dokument, welches von den gesamten kostbaren literarischen Schätzen der Klosterbücherei aus vorhussitischer Zeit erhalten geblieben ist, und zwar teilweise im Original in einem höchst wahrscheinlich aus dem 14. Jahrhunderte stammenden, im Besitze des Vereines für Geschichte der Deutschen in Böhmen befindlichen Pergament-Kodex, vollständig aber in einem Kopialbuche, das getreu nach der Original-Handschrift angefertigt wurde. Es ist das erste Urkundenbuch jener Zeit und bis jetzt überhaupt das einzige des Klosters, für dessen Geschichte es größte Bedeutung hat. Bis zur ungerechten Besitznahme des Klosters durch die Hussiten war das Manuskript zweifelsohne im Stifte; über den späteren Verbleib haben die Verfasser nur Vermutungen; 1875 übergab es Dr. Jödisch seinem Freunde Dr. L. Schlesinger, der sich bald darauf in den „Mitteilungen" des Vereines (Jahrgang XVI, Seite

249 bis 269) eingehend damit beschäftigte. Der Pergament=Kodex enthält auf 35 Blättern 76 Urkunden, von denen fünf unvollständig sind; das Kopialbuch, welches um 1794 angefertigt worden sein dürfte, auf 117 Blättern sämtliche 94 Urkunden des alten Registrum. Von diesen sind 27 Königsurkunden, und zwar von Johann I., Karl IV. — von diesem allein 19 — und Wenzel IV. Von den übrigen stellten u. a. aus: Papst Clemens VI. zwei, der Erzbischof von Prag eine, der Generalvikar Johann Pomuk zwei, der Abt des Slawenklosters sieben, die Stadt Prag neunzehn; letztere bieten für die Besitzverhältnisse Prager Häuser im 14. Jahrhunderte so manchen Anhaltspunkt. Alle Urkunden ohne Ausnahme beziehen sich auf das Slawenkloster, wenn auch einzelne ursprünglich nicht für dasselbe ausgestellt waren, sondern erst durch Schenkung von Zinsen, Gütern oder Rechten für dasselbe Bedeutung gewannen. Die sechs Urkunden, welche im Anhange abgedruckt sind, haben für das Slawenkloster in der hier behandelten Zeit gleichfalls Wichtigkeit, finden sich aber weder im Registrum noch im Kopial= buche; die letzte derselben ist am 12. Juni 1437 vom Sigismund in Prag aus= gestellt, geht also eigentlich über die Zeit des Registrum hinaus, bildet aber durch die feierliche Anerkennung der großen Karolinischen Schenkungen für das von den Hussiten 1419 verwüstete Kloster einen wichtigen Abschnitt in seiner Geschichte, so daß ihre Einschaltung gerechtfertigt erscheint. Der Abdruck der Urkunden, welche nicht in der chronologischen Aufeinanderfolge niedergeschrieben sind, erfolgte nach der Art der Eintragung; dafür findet sich am Schlusse, nebst einem sehr genau angelegten Orts=, Personen= und Sachverzeichnisse, ein chronologisches Verzeichnis aller in dem Registrum aufgenommenen und im Anhang gedruckter Urkunden. Die Verfasser tragen sich mit der Absicht, in einem zweiten Bande jene Kloster= Urkunden zu veröffentlichen, die von der Neubegründung durch Ferdinand III. (1635) bis auf unsere Tage reichen; sie werden eine willkommene Ergänzung bilden zu dem hochwichtigen Quellenwerke, als welches sich die erstmalige Ver= öffentlichung des vollständigen Registrum Slavorum darstellt. Dr. F. H.

Klimesch Joh. Matthäus, Dr.: Urkunden= und Regestenbuch des ehemaligen Klarissinnenklosters in Krummau. Verlag des Vereins für Gesch. d. Deutschen in Böhmen, 1904.

Über den Wert von Urkundenbüchern kleinerer Klöster kann man verschiedener Meinung sein und mancher wird eine ausführliche Geschichte derselben der Urkunden= ausgabe vorziehen, wie es z. B. Šusta im Č. Č. H. XI., S. 82 ff. getan hat (nament= lich wenn das Kloster noch existiert und die Archivalien noch besitzt). Etwas anders liegt aber die Sache dann, wenn nach Aufhebung des Klosters dessen archivalische Bestände nach allen Weltgegenden verstreut wurden, wie es auch dem Klarissinnen= stifte in Krummau erging, und wenn die Edition der Klosterurkunden dazu dient, das Urkundenbuch einer Stadt, das man zum Drucke vorbereitet hat, zu entlasten. Ein Kloster bildet ja in der Gemeinde, falls ihm nicht Hoheitsrechte über sie zustehen, immer einen mehr oder weniger selbständigen Organismus, und das ist namentlich beim St. Klarenkloster der Fall. — Das war der Grund, warum der

Verein f. Gesch. d. D. in B. das Manuskript zur Drucklegung übernahm, und ich glaube, daß sich unser Verein dadurch den Dank aller südböhmischen Geschichts-freunde gewonnen hat. Klimesch hat sich auch hier wieder als ausgezeichneter Kenner der südböhmischen Geschichte erwiesen, seine Edition läßt an Genauigkeit und Fleiß nichts zu wünschen übrig. Eher ließe sich ein Zuviel der verwendeten Arbeit konstatieren. So ist meines Erachtens die Einleitung als solche zu lange ausgefallen, für eine Geschichte des Stiftes jedoch zu kurz.

Viele Urkunden vom 16. Jahrh. an, die nur auf das innere Leben des Klosters sich beziehen, hätten in ausführlichen Regesten ihrem Zwecke genügt. Dagegen bin ich mit der Wiederausgabe der beiden Totenbücher einverstanden, hätte aber gerade hier ausführliche Erläuterungen gewünscht. Die topographischen Erörterungen wären am besten beim betreffenden Schlagworte im Register an-gebracht gewesen, wie es ja der Hr. Verfasser schon bei der Herausgabe der rosenberg. Chronik getan hat.

Vermißt habe ich die Benützung einer wichtigen handschriftlichen Quelle, die für das Klarissinnenkloster manch Interessantes bringt, nämlich die Historia collegii s. J. Crumlov. (Kopien in Hohenfurt und der Krummauer Prälatur); auch das Archiv von Maria-Schnee, dieser wichtigen Gründung der Klarissinnen, wäre der Durchsicht wert gewesen. Eine das Klarissinnenstift betreffende, dem Hrn. Verfasser unbekannte Urkunde ist nach dem Erscheinen des Urkundenbuches in den Mitt. d. Ver. f. G. d. D. in B., XLI, S. 194 f., erschienen.

Wenn das Minoritenkloster hinter dem Klarissinnenkloster zurücktritt, so hat das seinen Grund darin, das ersteres nur ein Anhängsel des letzteren war und in seiner Existenz fast ganz von letzterem abhing. Klimesch hätte — einige wenige Ergänzungen vorausgesetzt — sein Urkundenbuch der Klarissinnen ebensogut in eines der Klarissinnen und Minoriten umtaufen können.

Zum Schlusse noch einige Kleinigkeiten. Die lateinische Numerierung der Urkunden (weil unübersichtlich) gefällt mir nicht; im Register hätte ich gerne bei den einzelnen Schlagworten auch die Jahreszahlen gesehen. Eigennamen im Texte sollten gesperrt gedruckt sein.

Doch — das sind nur Kleinigkeiten! Im übrigen beglückwünsche ich den Verfasser und Verein zur gediegenen Arbeit, die, wenn sie auch keinen großen materiellen Erfolg haben wird, dennoch ein ehrendes Zeugnis freudiger, ehrlicher deutscher Geistesarbeit ist. Das mag dem Hrn. Verfasser und unserem Vereine der beste Lohn und der mächtigste Ansporn für die Zukunft sein.   dt.

Fünfundzwanzig Jahre Eigenregie. Geschichte des Brünner Stadt-theaters 1882—1907. Zu dessen fünfundzwanzigjährigem Bestandes-feste herausgegeben von Gustav Bondi, städtischem Theatersekretär. Brünn 1907. Selbstverlag des Verfassers. Druck von Friedr. Irrgang.

Professor Albert Rille ließ im Jahre 1884 eine „Geschichte des Brünner Stadttheaters 1734—1884" erscheinen. Der Verfasser, ein warmer Freund der Kunst und ein feinsinniger Kritiker, hat in diesem Buche die Summe seiner jahre-langen Forschungen zu einem höchst interessanten Kulturbilde gestaltet, das für die Beurteilung des geistigen Lebens Brünns in einem Zeitraum von 150 Jahren von hohem Werte ist. Rille behandelte in seinem Werke das Entstehen und die Entwicklung des Brünner Theaters vom historischen Standpunkte; sein Buch bildet daher für jeden Forscher der Theatergeschichte Mährens den Ausgangspunkt und bietet ihm eine reiche Fundgrube.

Rille führt seine Leser noch in die Räume des neuen prächtigen Musenheims und schildert den Beginn des Theaterlebens im Anfange der neuen Ära. Seit der Errichtung und Eröffnung des neuen Theaters sind jedoch schon 25 Jahre verflossen und dieser Zeitraum hat nun in dem rührigen städtischen Theatersekretär Gustav Bondi seinen Geschichtsschreiber gewonnen, und wahrlich, Bondi ist der richtige Mann zu dieser Aufgabe. Als ehemaliger Schauspieler ist er mit den Bedürfnissen und Zielen einer Bühne vertrauter als jeder andere, er versteht es, die für die gedeihliche Entwicklung einer Bühne notwendigen Faktoren richtig zu werten und bringt daher schon als praktischer Bühnenmensch alles das mit, was für seine Aufgabe notwendig und förderlich ist und was der Laie oft gar nicht sieht, übersieht oder nicht versteht.

Der Verfasser behandelt in anziehender Weise, allein auch streng dokumentarisch die Geschichte des Brünner Stadttheaters seit fünfundzwanzig Jahren. Sieben Direktoren führten mit wechselndem Glücke und verschiedenem Geschicke das Zepter des Bühnenmonarchen. So eine Theatergeschichte hat auch ihr Anziehendes. Es sind oft nur einige Daten, aber sie erzählen eine ganze Geschichte. Blutige Anfänger, die sich in kurzer Zeit zu Koriphäen auf den weltbedeutenden Brettern umwandeln, Größen, die meteorenhaft plötzlich am Theaterhimmel aufleuchten, um bald im Dunkel zu verschwinden, Gestirne zweiter und dritter Größe, die, wenn auch nicht brillant, so doch hell leuchten, erscheinen da vor uns. Der Brünner Theatergänger, vor allem jener, der sein Schwabenalter auf dem Rücken hat, liest mit Vergnügen in dem Buche. Liebe Erinnerungen steigen vor ihm auf und versetzen ihn in eine glückliche Zeit. Derjenige Leser, der etwas vom Theaterwesen versteht — leider ist dies nur die Minderzahl — wird zugeben müssen, daß in Bondis „Geschichte des Brünner Stadttheaters" eine Fülle von kultur- und lokalhistorischen Daten gesammelt ist.

Das Buch enthält einige interessante Abbildungen, teils des alten Theaters am Krautmarkt (1734—1870), teils des Neubaues (1882) und Bilder der Bürgermeister, der Theaterkommissions-Mitglieder sowie eine Ehrentafel verstorbener Mitglieder des Stadttheaters. Emil Soffé.

Erben Anton: Ein Gedenkblatt (von W. Erben). Sonderabdruck aus den Mitteilungen der Gesellschaft für Salzburger Landeskunde, XLV. Vereinsjahr. 1905. 13 S. 8⁰.

Delolme Luise: Die Erzieherin zweier Königinnen von Dänemark. Eine biographische Studie von W. Erben. Wien, 1897. Als Manuskript gedruckt. 42 S. 8⁰.

Diese beiden Schriftchen geben uns Nachricht von einer Familie und ihren vielseitigen Beziehungen. Anton Erben wurde geboren 1835 zu Neuwelt im nördlichen Böhmen (damals noch Neuwald genannt), wo die gräflich Harrach'sche Glasfabrik den Mittelpunkt bildet, als deren Direktor Antons Vater wirkte. Anton Erben studierte in Prag an der kgl. ständischen Realschule, dann die Technik; er widmete sich darauf dem Lehramte, zunächst 1855 an der Oberrealschule in Rakonitz, über deren Verhältnisse wir näher unterrichtet werden. Hier vermählte sich Erben mit Anna Brzorád, Tochter des 1857 verstorbenen em. Justitiärs und Guts= besitzers in Lochkov bei Prag Josef Brzorád und der schon 1846 verstorbenen Anna Brzorád, geb. Delorme. Nach dem Tode der ersten Frau (1865) heiratete Erben eine Nichte derselben. Er war unterdessen nach Elbogen, dann (1864) an die Oberrealschule in Salzburg versetzt worden; hier wurde er Bezirks= und später Landesschulinspektor. Erben lebte sich so in die neuen Verhältnisse ein, daß er in die Stadtvertretung gewählt wurde und bei der Durchführung der neuen Schulgesetze im Salzburgischen hervorragend sich beteiligte. Er blieb auch nach seiner Pen= sionierung in Salzburg, wo er der Gesellschaft für Salzburger Landeskunde als tätiges Mitglied angehörte. Sein Sohn Wilhelm studierte unter Sickel in Wien, ward dessen Mitarbeiter bei der Herausgabe der Diplomata der Ottonen und wirkt jetzt als Professor an der Universität Innsbruck. Dieser widmete dem 1905 verstorbenen Vater den vorliegenden Nachruf; wir lernen daraus manches für die Zeit, wo der Kampf der Sprachen und Stämme Böhmen noch nicht zerfleischte und folgen mit Interesse der Wirksamkeit dieses Schulmannes in dem Alpenlande. Es ergab sich aber aus den Familienbeziehungen noch eine zweite Schrift. Anna Delorme, vermählte Brzorád, und seit ihrem Tode deren Tochter, standen vom Jahre 1811 angefangen in einen ununterbrochenen Briefwechsel mit ihrer Cousine Luise Delolme (so hatte der Familienname ursprünglich gelautet), geb. 1791 in Braun= schweig (wo die Familie den eingewanderten Hugenotten zugehörte), gest. 1851. Luise Delolme, die 1807--1810 bei ihrem Onkel, dem Kaufmann Ferdinand Delorme, in Prag zugebracht hatte, wirkte später als Erzieherin und Gesellschafterin an den Höfen von Augustenburg, Hessen und Kopenhagen; zwei nachmalige Königinnen von Dänemark waren ihre Schülerinnen — worüber wir aus jenem Briefwechsel des Näheren unterrichtet werden. — u. —

Festschrift, herausgegeben vom Deutschen Turnverein Settenz anläßlich des 10jähr. Gründungsfestes, verbunden mit der Fahnenenthüllung.
Druck von Richard Wächter, Töplitz. 8°. 24 S.

Eine nicht unbedeutende Anzahl von hervorragenden deutschen Männern haben Beiträge zu dieser Festschrift beigesteuert; Dichter und Politiker, Turner und Männer der Feder kommen zum Wort und besingen die edle Turnerei und deutsches Volkstum in begeisterten Liedern. Auch kleinere Beiträge in Prosa, Kernsprüche und zwei Humoresken, sowie eine kurze Geschichte des Settenzer Turn= vereines lösen sich aus dem reichen Texte heraus, dessen Redaktion der Sprech= wartstellvertreter Lehrer Rudolf Reichelt besorgt hat. Im ganzen sind 46 Namen mit Originalbeiträgen vertreten und ob sie in Prosa, ob sie in Versen schreiben, aus jeder Zeile leuchtet ein frommer, sittlicher Ernst im nationalen Kampfe, eine unerschütterliche Treue zum angestammten Volkstum heraus, wie es der umsichtige Redakteur kurz und bündig bezeichnet hat: „All' unser Fühlen und Wollen dem großen deutschen Volk!"

K. u. k. Hofbuchdruckerei A. Haase, Prag. — Selbstverlag.

Literarische Beilage

zu den Mitteilungen des Vereines

für

Geschichte der Deutschen in Böhmen.

XLVI. Jahrgang.   III.   1908.

Die Kunstdenkmäler des Königreichs Bayern. Herausgegeben im Auftrage des kgl. bayer. Staatsministeriums des Innern für Kirchen= und Schulangelegenheiten. II. Band: **Regierungsbezirk Oberpfalz und Regensburg,** herausgegeben v. Georg Hager. 1. Heft: Bezirksamt Roding. Bearb. v. Georg Hager, VIII u. 232 S. m. 11 Taf. u. 200 Abb. i. T. — 2. Heft: Bezirksamt Neunburg v. W., bearb. v. demf., VI u. 95 S. m. 2 Taf. u. 99 Abb. i. T. — 3. Heft: Bezirksamt Waldmünchen, bearb. v. Rich. Hoffmann u. G. Hager, VI u. 83 S. m. 1 Taf. u. 65 Abb. i. T. — 4. Heft: Bezirksamt Parsberg, bearb. v. Friedr. Herm. Hofmann, VI u. 267 S. m. 13 Taf. u. 209 Abb. i. T. — 5. Heft: Bezirksamt Burglengenfeld, bearb. v. G. Hager, VI u. 167 S. m. 8 Taf. u. 127 Abb. i. T. — 6. Heft: Bezirksamt Cham, bearb. v. Rich. Hoffmann u. G. Hager, VII u. 159 S. m. 6 Taf. u. 108 Abb. i. T. — 7. Heft: Bezirksamt Oberviechtach, bearb. v. G. Hager, V u. 84 S. m. 6 Taf. u. 73 Abb. i. T. — 8. Heft: Bezirksamt Vohenstrauß, bearb. v. Rich. Hoffmann u. G. Hager, VI u. 140 S. m. 9 Taf. u. 99 Abb. i. T. — 9. Heft: Bezirksamt Neustadt a. W.=N., bearb. v. Felix Mader, VI u. 172 S. m. 6 Taf. u. 123 Abb. i. T. — Jedes Heft m. einer Karte. — München, R. Oldenbourg, 1905 bis 1907.

Die Wertschätzung der Heimat und ihrer Denkwürdigkeiten hat in den deutschen Gauen während der letzten drei Jahrzehnte kaum eine literarisch hervorragendere Unternehmung in Fluß gebracht als die Inventarisation der Denkmäler aller deutscher Bundesstaaten und Provinzen. Bald 150 Bände zählend und sich

3

schon in der Länge von mehreren Metern aneinanderreihend bilden die deutschen Denkmälerinventare heute bereits eine stattliche und wertvolle Bibliothek für sich. Beherrscht sie auch der gleiche Gedanke, so wird doch mancher Benützer in den verschiedenen Abteilungen die Gleichheit der Bearbeitung, die Übereinstimmung der Anordnung, Stoffbehandlung und bildlichen Veranschaulichung vielleicht bald mehr bald minder empfindlich vermissen und dem Telegrammstil der einen ebenso wenig wunschlos gegenüberstehen wie der blumenreichen Weitschweifigkeit der andern. Freilich ist man gerade durch die in gar mancher Hinsicht ansprechende Verschiedenartigkeit der Lösung auch den Mängeln der mitunter unter dem Schraubstocke der Vorschrift ächzenden Uniformierung mehrfach aus dem Wege gegangen und hat vereinzelt unanfechtbar erwiesen, daß die Einheitlichkeit großer zwecksicherer Arbeitsgedanken selbst im Rahmen örtlicher Beschränktheit die Muster= gültigkeit der Einzelleistung durchaus nicht ausschließe.

Von den reichen Erfahrungen, welche bei der Inventarisation der Denk= mäler Deutschlands gesammelt wurden, haben die jüngsten Fortführungen natur= gemäß erheblichen, frühere Mißgriffe ausschaltenden Nutzen gezogen. Sie konnten nicht nur in vollkommneter Organisation bei Materialsammlung und Material= behandlung mit Erweiterung des Stoffkreises und mit knapperer Hervorhebung des Wesentlichen rationellere Grundsätze wissenschaftlich vertiefter Arbeitsökonomie betätigen, sondern auch alle Fortschritte der Illustrationstechnik in den Dienst der für fachmännische Ausnützung besonders wichtigen Veranschaulichung der Denkmäler stellen und neue Kriterien streng methodischer Zuweisungsbestimmung sinnenfällig machen. Ist die umsichtige Beachtung all dieser Momente gewiß darnach angetan, den wissenschaftlichen Wert der zu leistenden Arbeit zu erhöhen, so bedeutet sie jedoch durchaus nicht eine Arbeitserleichterung, sondern im Vergleiche zu den mitunter tastenden Anfängen eine Arbeitsvermehrung, deren Bewältigung angesichts der idealen und der praktischen Ziele der Inventarisation eine ganz ungewöhnliche, manchmal höchst selbstlose Vorliebe besonders geschulter Kräfte zur Voraussetzung hat. Sollen die Inventare, wie Kornelius Gurlitt auf dem ersten Denkmalpflegetage ausführte, den mit der Denkmalpflege betrauten Behörden ein den Schutz heimatlichen Kultur= und Kunstgutes sicherstellender und erleichternder Verwaltungsbehelf, gleichzeitig aber der allgemeinen Kunst= und der speziellen Ortsgeschichte dienstbar werden und in dieser Verbindung verschiedener Bestimmungen wieder die geschichtliche Auffassung überhaupt fördern, so kann kein Zweifel darüber bestehn, daß die Vereinigung der für befriedigende Lösung solcher Aufgaben erforderlichen Kenntnisse immerhin nur bei wenigen gefunden wird. Ist sie dem von jeder Einseitigkeit der Beurteilung freibleibenden Leiter in Fleisch und Blut übergegangen und durch ihn das geistige Fluidum der Inventarisationsabwicklung geworden, dann bewegt sich dieselbe in verheißungs= vollen Bahnen reichen und befriedigenden Ertrages.

Ein solch glücklicher Stern steht über der Fortführung des bayrischen Inventarisationswerkes, von dem unter der umsichtigen und überaus kenntnis= reichen Leitung des kgl. Konservators Dr. Georg Hager binnen kurzer Zeit für den Regierungsbezirk Oberpfalz und Regensburg neun Hefte in tadellos typo= graphischer Ausstattung vorliegen. Die gewaltige Aufgabe, den Gesamtbestand bayrischer Kunstdenkmäler im weitesten Sinne wissenschaftlich festzustellen und zu beschreiben und mit dieser Festlegung ihrem Schutze und ihrer Pflege, der Kunst-, Landes- und Ortsgeschichte zu dienen sowie gleichzeitig die lebende Kunst und die Heimatliebe zu fördern, erscheint hier in vollem Umfange erfaßt und wird in einem erfreulich raschen Tempo in Angriff genommen. Der Löwenanteil des bisher Geleisteten ruht auf Hagers Schultern; sein Name, den regelmäßigen Teilnehmern der Denkmalpflegetage wohlbekannt und als der eines ungemein vielseitig unterrichteten Fachmannes weithin hochgeschätzt, bedeutet an sich ein Programm redlichsten Bemühens um eine große Sache. Selbst über den Leistungen seiner Mitarbeiter, die sich den Grenzen der zu wahrenden Gemeinsamkeit glücklich anzupassen wissen, liegt bei aller Selbständigkeit der Anteile doch — wie es auch im Interesse des Ganzen weder anders sein soll noch kann — der Hauch des Hagerschen Geistes.

Im Vergleiche zu manchem älteren Inventare darf es als ein Vorzug des bayrischen bezeichnet werden, daß der Denkmalsbegriff im weitesten Sinne des Wortes genommen ist. So wird neben der Würdigung stattlicher Kirchen und Klosteranlagen, Schlösser und Rathäuser auch die Einbeziehung des Bürger- und Bauernhauses, alter Brunnen und Brücken, der Grab- und Wegkreuze, der Martersäulen und Wirtshausschilder bis zu den volkskundlich so interessanten Totenbrettern hinab geradezu naturgemäß. Mit feiner Empfindung für den allgemeinen Zweck des Werkes gesellt sich der Objektbewertung für Kunst und Kunstgeschichte, für Archäologie und Geschichte die Erwägung der Objektbedeutung im Rahmen des Ortsbildes bei. Die Erkenntnis der oftmals nur rein lokalen Wichtigkeit mancher Bauten und anderer Gegenstände, welche zur charakteristischen Staffage der Landschaft werden können, schlägt die Brücke zur Berücksichtigung auch bescheidener Objekte und zur Vertiefung der Wertschätzung des örtlichen Denkmälerbestandes in möglichster Geschlossenheit. Es kann nur als eine logische Weiterentwicklung des Grundgedankens bezeichnet werden, daß das bayrische Denkmälerverzeichnis direkt darauf Bedacht nimmt, auch die typischen Landschaftsbilder mit ihren uns lieb gewordenen, anheimelnden, so trefflich der Umgebung angepaßten und mit ihr verwachsenen Bauten durch kurze Würdigung und Betonung im Inventar zu schützen. In dieser volkstümlichen Erweiterung, welche geeignet ist, der nach den Wohnsitzen zunächst interessierten Bevölkerung die Augen für die Schönheit und Eigenart ihres Besitzes zu öffnen, gewinnt das Werk ein nicht hoch genug anzuschlagendes Mittel für die Erhaltung des örtlichen Denkmälerbestandes; je augenfälliger die durch das Bild erzielbare Förderung des Interesses, das bei dem einzelnen Besitzer wie der Gemeinde sich zum berechtigten Stolze steigern kann, um so größer die Möglichkeit, die Liebe zu den heimatlichen Denkmälern rege zu erhalten und von ihr zum zielbewußten Schutze dieses vaterländischen Sondergutes aufzusteigen. Dadurch erscheint das ganze Inventarisationswerk, das sich gewiß zunächst in den Dienst der Wissenschaft und der öffentlichen Verwaltung stellt, aber seiner gleichzeitig hochbedeutsamen volkserziehlichen Bedeutung nicht vergessen darf, auf den breiteren Boden der Volkstümlichkeit gestellt.

Die Benutzbarkeit der Einzelhefte wird ganz außerordentlich gefördert durch die der Einzelbeschreibung der Orte jedes Bezirksamtes vorausgehende Einleitung, welche außer Größe, Lage, Bodenbeschaffenheit, den vorfindlichen Baustoffen,

3*

Siedlungsverhältnissen, Stammeszugehörigkeit, Handels- und Verkehrsverhältnissen auch die territorialgeschichtliche, und kirchliche Entwicklung in gedrängter Kürze erörtert und so alle für Beurteilung von Einzelfragen allgemein wichtigen Momente heraushebt. Dadurch wird es auch möglich, die Ortsgeschichte, welche an archivalischen Forschungen nicht achtlos vorübergehn, aber dieselben nicht zu einem Hemmnis der Gesamtarbeit werden lassen will, auf das zur Erläuterung einzelner Denkmäler oder des ganzen örtlichen Bestandes unbedingt Notwendige zu beschränken. Die der Einleitung angeschlossene Übersicht der einschlägigen Literatur auf dem Gebiete der Geschichte, der Rechtsverhältnisse, der Kirche und Schule, der Kultur- und Kunstgeschichte, der Topographie, alter Karten und Ansichten dürfte auf lange Zeit hinaus ein höchst wertvoller Behelf der orts-kundlichen Forschung bleiben und nicht nur dem eigentlichen Fachmanne, sondern noch mehr dem örtlich Interessierten, der zum Vertiefen in Einzelfragen angeregt wird, hochwillkommen sein.

Die Summe der gewonnenen kunstwissenschaftlichen Erkenntnis wird in der jedes Heft abschließenden „kunststatistischen Übersicht" gezogen, die in den Unterabteilungen für kirchliche und profane Baukunst, für Plastik, Malerei, kirchliche Einrichtungsgegenstände, Glocken, kirchliche Geräte und sonstige Altertümer eine ungemein dankenswerte rasche Orientierung zu sichern versteht. Ohne Über-, aber auch ohne Unterschätzung vollzieht sich die Denkmälergruppierung mit scharfer Hervorhebung örtlich typischer Besonderheiten wie der von anderwärts einschießen-den oder auch nach anderen Gebieten sich hinüberspinnenden Beziehungsfäden. Scheinbar ganz unauffällig heben sich dabei bisher wenig oder gar nicht bekannte kleine Zentren lokaler Kunsttätigkeit hervor, denen die mehr das Große der Erscheinungen beachtende Forschung in Zukunft erhöhte Aufmerksamkeit folge-richtiger Angliederung wird zuwenden müssen. So sei z. B. im IV. Hefte S. 246 auf die Stellung von Hemau für die Bautätigkeit der Gegend neben der Beschäftigung auswärtiger Meister, auf die im Bezirksamte Parsberg tätigen Maler des 17. und 18. Jahrhunderts (IV., S. 252 u. 253), auf die besonders in Reichenbach beschäftigte Malerfamilie Gebhard (I. S. 221) verwiesen. Als Sitz von Malern, unter denen Matthias Zintl und Mitglieder der Familie Hämmerl hervorragen, kommt zum erstenmale Kallmünz (V. S. 158—159) zur Geltung. Die „kunststatistische Übersicht" der Einzelhefte eines Inventarisations-werkes ist ja nicht gerade ein Novum; aber ein Vergleich der Ausführung des-selben Gedankens zwischen dem bayrischen Denkmälerverzeichnisse und z. B. der 1881 erschienenen „beschreibenden Darstellung der älteren Bau- und Kunstdenk-mäler des Kreises Mühlhausen" des Inventars der Provinz Sachsen (bearbeitet von Otte und Sommer) zeigt die Fortschritte der Behandlung nach einem Viertel-jahrhundert. Die große Erfahrenheit des geschulten Bearbeiters verleugnet sich auch nicht in der Ausschaltung überflüssiger allgemeiner Bemerkungen, die nur einen Ballast des Werkes bilden würden und für den mit der Einschätzung der einzelnen Perioden ohnehin vertrauten Fachmann gar nicht notwendig erscheinen. Reich an zutreffenden, nicht selten sehr feinen Beobachtungen, bleibt die kunst-statistische Übersicht frei von geistreichelnden Hypothesen und bewegt sich mit vertrauenerweckender Sicherheit auf dem Boden des Tatsächlichen. In ihr spiegelt sich so recht die liebenswürdige Schlichtheit und Wahrhaftigkeit Hagers wieder,

die auch den zwischen Einleitung und kunststatistischer Übersicht liegenden
Beschreibungsinhalt durchdringen und von seinen Mitarbeitern glücklich mit= und
nachempfunden werden.

Weitaus den größten Raum des Inventarisationswerkes, das alle Denk=
mäler öffentlichen Besitzes und Baudenkmäler des Privatbesitzes berücksichtigt,
der Einbeziehung beweglicher Denkmäler des letzteren jedoch mit einer keineswegs
unbegründeten Zurückhaltung gegenübersteht, beanspruchen die Baudenkmäler.
Die Anpassung ihrer Beschreibung an das G. v. Bezoldsche System, von dessen
architektonischer Logik sich kein Inventar trennen sollte, sichert der Auseinander=
haltung von Grundriß, Aufbau, Einzelformen und Äußerem überall dankens=
werte Klarheit und läßt eine mehr von Äußerlichkeiten als von dem Organismus
ausgehende Darstellung nicht aufkommen. Die Erkenntnis der Notwendigkeit
denkmalindividueller Behandlung weitet die Würdigung hervorragender Bauten,
wie der Klöster Reichenbach und Walderbach (I), von Chammünster (VI), zu
baugeschichtlichen Sonderstudien aus, die Baubeschreibung, baugeschichtliche Analyse
und knappe künstlerische Einwertung zu einem anziehenden Ganzen abzurunden
wissen. Anderwärts sind seltener begegnende Einzelheiten zwecksicher hervor=
gehoben, so IV. S. 29 uf. beim Umbaue der Kirche zu Beratzhausen, deren von
Gotthard Anton Ettl aus Hemau stammende Pläne reproduziert werden, das
Typische der Umwandlung dreischiffiger mittelalterlicher Kirchen in einschiffige
Saalkirchen, IV. S. 112 der Grenzstein für die Baupflicht von der Stadtmauer,
jetzt am Rathause in Hemau, II. S. 46 im Zusammenhange mit dem Turme
Schiltenhilm zu Neunburg v. W. das desselben gedenkende historische Volkslied
von Peter Unverdorben, I. S. 28 das Privileg des Pfalzgrafen Otto von 1489
mit Aufzählung aller Einzelheiten der Ummauerung des Marktes Bruck, I. S. 73
der Altarentwurf des Joh. Michael Lunpl von 1780 für Michaelsneukirchen mit
Vertragsangaben auf S. 74, IV. S. 70 die Heranziehung des Regensburger
Dombaumeister Wenczla für die Wiederherstellung der 1416 von den Regens=
burgern eingenommenen Burg Ehrenfels. Dem Materiale und der Technik ist
nach Erfordernis (I. S. 138—139 Kirchlein zu Schönfeld, I. S. 190 Klosterkirche
Walderbach) gebührende Beachtung geschenkt; bestimmte Unterschiede der Bau=
führungsweise kommen auch in den Abbildungen der Buckelquadern (z. B. I.
S. 143, Fig. 127 Burgruine Siegenstein, IV. S. 157, Fig. 127 Bergfried der
Ruine Laaber, VI. S. 45, Fig. 30 Ödenturm in Chameregg) oder des Mauer=
werkes an den Türmen der Ruinen Thannstein (II. S. 79, Fig. 91) und
Treffelstein (III. S. 59, Fig. 50), beziehungsweise des seltenen Fischgräten=
verbandes an der Kirche zu Kirchenbuch (V. S. 88, Fig. 63), die Holzverankerung
in der Hochwand des Mittelschiffes zu Chammünster (VI. S. 55, Fig. 37), ein
hochinteressanter Schießschartenverschluß am Pulverturme zu Burglengenfeld (V.
S. 37, Fig. 17), die Zangenlöcher am Mauerwerke des Bergfriedes zu Leuchten=
berg (VIII. S. 57, Fig. 41) gut zur Veranschaulichung. Wie unterstützt z. B.
die Abbildung des Anschlusses des spätgotischen Langhauses an den frühgotischen
Chor zu Chammünster (VI. S. 59, Fig. 42) oder die Zusammenstellung der
Walderbacher und Chammünsterer Details in I., S. 184 bis 190, Fig. 167—178,
beziehungsweise VI. S. 57 u. 58, Fig. 39—41, die baugeschichtliche Einwertung.
Das Einbeziehen der Lagepläne der Orte mit graphischer Hervorhebung der alten

Teile — so Schwandorf V. S. 130 — verspricht wohl auch für die Geschichte des Städtebaues in einigen Fällen Ertrag. Auf das Typische der ländlichen Bauweise wird besonders Rücksicht genommen und neben dem trefflichern Worte stellt für die Verständlichmachung örtlicher Unterschiede (z. B. I. S. 171 u. 172, Fig. 156—158 Völling, II. S. 16, Fig. 12 Happassenried, III. S. 53, Fig. 43 u. 44 Stein) auch das Bild zur rechten Zeit sich ein, das nicht minder Ausnahmen, wie den Fachwerkbau des malerischen ehemaligen Schlößchens in Rauberweiher-haus (II. S. 63, Fig. 69) am besten verstehen lehrt. Obzwar die Zahl der hervorragenden Bauschöpfungen beschränkt ist, so begegnet doch unter den durch-wegs achtenswerten Mittelleistungen manch gutes, durch Abwandlungsbesonder-heiten interessierendes Werk. Ihnen gesellen sich einige überaus tüchtige Skulp-turen bei, welche für die Geschichte der Plastik überhaupt Bedeutung haben und in meist ganz vorzüglichen Reproduktionen alle Vorzüge der Auffassung und Ausführung klar erkennen lassen. Hieher zählen das Grabmal des Herzogs Otto I. von Mosbach († 1461) und das seines Sohnes Johann in Reichenbach (I. Taf. V u. IV), die geätzte und teilweise sehr fein bemalte Solnhoferplatte des Epitaphs der Hofer von Lobenstein (1606) und zwei Abtgrabsteine zu Walderbach (I. Taf. XI u. S. 203 u. 204, Fig. 189 u. 190), der Grabstein des Johann v. Stauf zu Ehrenfels († 1478) in Berathausen, drei Grabsteine der Familie v. Wildstein in Breitenbrunn aus der Werkstätte des vielbeschäftigten Eichstätter Bildhauers Loy Hering, der Grabstein des Pflegers Sebastian v. Parsberg in Hemau († 1525), der hinsichtlich der Rüstungseinzelheiten hochinteressante Grabstein Hadmars IV. von Laaber, des Sohnes des bekannten Dichters der „Jagd", in der Pfarrkirche zu Laaber, der wahrscheinlich mit Benützung einer Totenmaske ausgeführte Grabstein des Hans v. Parsberg († 1469) in der Parsberger Pfarrkirche, der an den Erfurter Grabstein des Ulrich Sack († 1461) anklingt und namentlich durch die Insignien von vier mittelalterlichen Ritterorden — sogar eines bis jetzt unbekannten — die Deutungslust der Forscher auf ordensgeschichtlichem Gebiete herausfordert (IV. Taf. I bis IV, S. 105, Fig. 76, Taf. VI u. VII). Unter die guten Arbeiten des ausgehenden 15. Jahrhundertes rechnen die drei Altäre zu St. Wolfgang (IV., Taf. IX bis XI), dessen Kirche an den geschnitzten Seitenaltarsantependien (IV. S. 207, Fig. 175) eine spätgotische Seltenheit von ganz besonders hervorragender Bedeutung besitzt. Die noch von der Auffassung des 12. Jahrhundertes abhängige, um 1220 angesetzte romanische Holzskulptur der Madonna mit dem Kinde in der Pfarrkirche zu Neunburg v. W. (II. S. 32, Fig. 31 u. Taf. II) wird von nun an allgemeine Beachtung finden, welche auch den um 1500 und 1510 entstandenen Ölbergen in Neunburg v. W. und in Seebarn kaum vorenthalten werden dürfte, da die tiefe Empfindung und der kräftige Realismus des ersteren sich der Art des technisch allerdings überlegenen Adam Krafft nähern.

Von den Überresten mittelalterlicher Malerei steht die augenscheinlich im unmittelbaren Anschlusse an die Einwölbung erfolgte ornamentale Bemalung der Klosterkirche in Walderbach, welche abgesehen von I. Taf. VIII, S. 193—196, Fig. 182—186 die farbigen Taf. IX und X mit recht gelungener Festhaltung der alten Farbenwerte gut veranschaulichen, an erster Stelle. Sie findet in ihrer Art und Geschlossenheit kaum ihresgleichen in der romanischen Kunst und erhöht gleich der so seltenen Hallenanlage des Langhauses die Ausnahmsbedeutung des ehrwürdigen Zisterzienserbaues. Hoffentlich wird die richtige Erkenntnis der letzteren die unvergleichlichen Alters- und Stimmungswerte, die mit der großartigen Schlichtheit der Architektur höchst wirkungsvoll harmonieren, vor jedem Verschönerungsgelüste zu schützen und rationell zu sichern wissen. Diesem erstklassigen Denkmale steht in gotischer Zeit, in deren letzte Phase die Wand- und Gewölbemalereien zu Mitterauerbach und Seebarn (II. S. 21—23, Fig. 20 u. 21, S. 68) und die Hochaltarflügel sowie die achtteilige Tafel mit den Wolfgangsdarstellungen zu St. Wolfgang (IV. Taf. IX, S. 206 u. 208) gehören, eine ebenbürtige Schöpfung nicht gegenüber. Als reizender Rest der Innendekoration eines oberpfälzischen Adelssitzes darf die Ausmalung des oberen Schlosses zu Schmidmühlen, deren Sujets (Jahreszeiten, Tugenden, Trabant) auf die Freude der Renaissance an allegorischen und symbolischen Darstellungen gestimmt sind (V. S. 120—122, Fig. 94—96), trotz nicht gerade erfreulichen Erhaltungszustandes besondere Erwähnung beanspruchen. Die Deckenmalerei erfreute sich im 17. und 18. Jahrhunderte reger Förderung und erzielte neben mancher mittelmäßigen Arbeit auch überaus geschmackvolle, feine Leistungen, wie das auf Kosmas Damian Asam bezogene köstliche Deckengemälde der Schloßkapelle in Pirkensee (V. Taf. VI), in der Klosterkirche zu Reichenbach (I. Taf. II), in welcher Gemälde und Stuckaturen sich zu einer trefflichen Rokokoausschmückung vereinigen. Zu den besten Rokokoarbeiten zählen die von Joh. Michael Wild 1764 gemalten Fresken der Wallfahrtskirche Habsberg (IV. S. 89, Fig. 60), Otto Gebhards flotte Deckenbilder in Hohenschambach (IV. S. 136) von 1760 und das denselben nicht nachstehende Plafondgemälde in der Wallfahrtskirche zu Rechberg (IV. S. 201). Originell ist die Holzdecke der Gottesackerkirche in Breitenbrunn von 1739 mit 32 auf die armen Seelen Bezug nehmenden Gemälden (IV. S. 49—50).

Die vorliegenden Hefte des oberpfälzischen Denkmalinventars erschließen den Fachkreisen wichtiges neues Material; sie werden aber auch der Bevölkerung die Augen für den Wert und den Schutz des örtlichen Denkmälerbestandes öffnen. Die Aufnahme von Abbildungen der malerischen Glockenhäuser zu Lind und Nottersdorf (VII. S. 25 u. 31), des Krämerhauses in Grafenkirchen und der Bauernhäuser in Kager (VI. S. 102 u. 105) oder Treffelstein und Trosendorf (III. S. 60 u. 61), des Gasthauses zur Post in Breitenbrunn, des 1796 mit stilistisch nicht uninteressanten Stuckaturen gezierten Hauses in Hohenfels, des hübschen Erkerhauses in Laaber, des hochgiebeligen Magistratsgebäudes in Velburg (IV. S. 51, 131, 151 u. 232), der hölzernen Kreuze mit den Leidenswerkzeugen in Lutzmannstein (IV. S. 173) und Flischbach (III. S. 22), des Granitsteines mit dem wilden Manne an der Mühle in Eixendorf, des verfallenen spätgotischen Schlößchens zu Pettendorf (II. S. 13 u. 60), selbst des Stadeltores in Hof (VII. S. 23) oder der als örtliches Wahrzeichen sehr zutreffend einbezogenen, schon 1362 erwähnten alten Linde zu Kaltenbaum (VIII. S. 29, Fig. 16) muß Ort und Besitzer stolz machen und die totalen Faktoren zur größeren Beachtung und zum Schutze der aus der sonstigen Alltagsumgebung hervorgehobenen Objekte hinüberführen. Das Interesse, welches weitere Kreise an den örtlichen Denkwürdigkeiten und ihrer Erhaltung nehmen, wird sich von der Freude am Bilde langsam in Freude am unveränderten Fortbestande des

Objektes umzusetzen wissen und einen Teil der volkserziehlichen Aufgabe der Denkmälerbeschreibung lösen helfen.

Das bayrische Inventar erweitert den Umfang der örtlich bedeutsamen Schätze auch durch die bildliche Hervorhebung, wie sie mit und in ihrer Umgebung zur Geltung kommen, wie sie mit Boden und Landschaft verwachsen sind und wie selbst die Natur in einen bestimmten Erhaltungsanspruch einrückt. Die Aufnahmen wissen die Reize der oberpfälzischen Landschaft, in welche die Ruinen alter Burgen, Schlösser, Kirchen und Kapellen sich so wirkungsvoll eingliedern, mit feiner Empfindung zur Geltung zu bringen. Geschmack für landschaftliche Bildwirkung, Verständnis für ihre Abrundung, ein künstlerisch geübter und die Eigenart des jeweiligen Vorwurfes klar erfassender Blick haben die Auswahl geleitet und ein Anschauungsmaterial zusammengestellt, welches in systematischer Geschlossenheit die ganze Lieblichkeit und Schönheit des oberpfälzischen Gebietes erschließt. Der schöne Blick von Marienthal auf die über dem Walde thronende Ruine Stockenfels (I. S. 154), die Ansicht des Schwarzwöhrberges mit der Ruine Schwarzenburg (III. S. 43), der entzückende Vordergrund vor dem Schloßberge in Obermurach (VII, Taf. I), die Waldesstimmung um die Mauerreste der Burg Segensberg (I. S. 141), die Beherrschung der Gegend durch Schloß Stefling (I. S. 151), die reizenden Aufnahmen der Ruinen Kürnberg, Lobenstein, Regenpeilstein (I. S. 64—66, 68 u. 69, 86), Laaber, Lupburg (IV. S. 152 u. 153, 167), Kallmünz (V. S. 67), Zangenstein (II. S. 84), der Aufbau von Schloß und Marktflecken Falkenstein übereinander (I. S. 30), die Schlösser Neunburg v. W. (II. S. 55), Parsberg (IV. S. 192 u. Taf. VIII), Fronberg (V. S. 57), das ehemalige Schloß in Hillstett (II. S. 17), das Altmannsche Schlößchen in Burglengenfeld (V. S. 43), sogar der Getreidekasten des ehemaligen Pflegschlosses in Waldmünchen (III. S. 69) reihen sich in köstlichen Landschaftsbildern aneinander. Die städtische Architektur kommt nicht nur auf verschiedenen Marktplätzen, wie Roding, Quer (I. S. 132, 85), Breitenbrunn (IV. S. 51), Schwandorf (IV. S. 133), Cham (VI. S. 27), sondern auch an malerischen Stadtmauerresten in Neunburg v. W. (II. S. 48), den hübschen Straßenbildern in Schmidmühlen, beim Blasturme in Schwandorf oder beim Rathause und Pfälzerhofe in Burglengenfeld (V. S. 123—125, 131, 42, 44) abwechslungsreich zur Geltung. Auf die Veranschaulichung der Vorliebe der Barock- und Rokokokunst, Wallfahrts- und Wegkapellen an landschaftlich schönen oder stimmungsvollen Punkten zu errichten, ist kaum anderswo wieder mit solcher Feinfühligkeit wie bei den Wallfahrtskirchen Heilbrünnl, Hetzenbach (I. S. 51 u. 53), Habsberg, Velburg (IV. S. 85 u. 227), bei dem Waldkirchlein Darnstein (VI. S. 89), bei der Schönbuchkapelle in Dautersdorf (II. S. 11), bei der Schergenkapelle in Rötz (III. S. 32) und bei der Wegkapelle in Lupburg (IV. S. 165) eingegangen; selbst stimmungsvolle Friedhofsruhe wird in Haid (IV. 90) oder an Totenbrettern und Steinkreuzen bei Pillmersried (II. S. 62) festgehalten und an dem Drudensteine bei Kröblitz (II. S. 20) die Erinnerung an eine ferne Vorzeit belebt. Wie prächtig werden Skulpturen, so die Johann von Nepomuk-Statue auf dem Marktplatze zu Waldmünchen (III. S. 74) oder die Dreifaltigkeitssäule von 1737 im Walde bei Pirkensee (V. S. 105), vom Baumhintergrunde abgehoben! Die großzügige Klosterarchitektur vertreten wirksamst das imposante, die Gegend beherrschende

Reichenbach) und das fast die Lage an einem See vortäuschende Walderbach),
dessen Klosterhof sehr intim wirkt (I. S. 93, 97, 177, 179, 205). Und wie gelingt
der Reproduktionsweise auch die charakteristische Verschiedenheit der Stimmung
der einzelnen Werke, der asketische Ernst der Walderbacher Zisterzienserkirche
(I. Taf. VIII) und die lichtdurchflutete Heiterkeit der Reichenbacher Klosterkirche
(I. Taf. II), die trotzige Abwehr des Kapellenbaues der Burg zu Hof am Regen
gegen die nächste Umgebung (I. S. 59). Selbst die Materialbesonderheiten
können z. B. an dem Pfeiler der Westempore zu Walderbach, am rotmarmornen
Lavabo der Reichenbacher Sakristei (I. S. 188 u. 115), an dem spätgotischen
Türgriffe in St. Wolfgang (IV. S. 209), an der Kirchenstuhlwange in Pullen-
ried (VII. S. 51), an der Mauererhöhung der Ulrichskirche zu Wildenreuth (IX.
S. 153, Fig. 119) sich charakterisierender Wiedergabe nicht entziehn. Die Gegen-
überstellung des Bergfrieds der Burg Kallmünz vor und nach der Restaurierung
(V. S. 78 u. 79) veranschaulicht die Handhabung der modernen Grundsätze der
Denkmalpflege, jene alter und neuer Ortsansichten, z. B. von Kallmünz
(V. S. 64 u. 65) oder Cham (VI. S. 21 u. 24), den Wandel der Ortsbilder
im Laufe der Zeiten.

Gerade diese Abbildungsauswahl, welche jedes Objekt für Ort und Landschaft nahezu künstlerisch einzuschätzen versteht, bildet eine volkserziehliche Stärke
des in handlichen Einzelheften zu mäßigem Preise käuflichen bayrischen Inventarisationswerkes und wird die Heimatsliebe und den Sinn für die Erhaltung
alles dessen, worauf ein Ort stolz sein kann, beleben. Über Bayerns Grenzen
hinaus wird die Forschung der Nachbarländer von dem reichen Inhalte besonderen
Nutzen ziehen, da z. B. Friedersried (I. S. 44 uf.) für die böhmischen Kirchen
in Podworow und Podwinek von Interesse wird und die geätzte Epitaphplatte
in Walderbach (I. Taf. XI) der Art des um 1585 in Gmunden lebenden hervorragenden Steinätzers Andreas Pleninger nahe zu stehn scheint. Das häufigere
Auftauchen von Johann v. Nepomuk-Statuen im Bezirksamte Vohenstrauß
wird zutreffend auf die Nähe Böhmens bezogen. „Adolphus Grieger, woll-
erfahrener Bildhauer und Burger in der böhmischen Stadt Dachau" schnitzte die
auf hoher Eichensäule stehende Statue des heil. Felix a Cantalicio, die Christoph
Ulrich von Weinzierl, Stadtrichter von Neustadt, 1712 auf dem sogenannten
„Doctor-Leuttenberg" errichten ließ. Sie wurde 1765 auf den Hochaltar der
durch ihren Grundriß interessanten Wallfahrtskirche St. Felix übertragen, die
Fürst Ferdinand II. von Lokowitz 1763 errichten ließ. Die Wappen des Fürsten
Ferdinand August von Lobkowitz und seiner Gemahlin Maria Anna Wilhelmine,
Markgräfin zu Baden-Baden, begegnen an dem sehr originellen Hochaltare der
Wallfahrtskirche St. Quirin.

Den Bau des ehemals fürstlich Lobkowitzschen Schlosses in Neustadt
a. W.-N., den Fürst Ferdinand August Lobkowitz (1655—1715) begann, leitete
zunächst Antonio Porta, bekannt als Erbauer der Lobkowitzschen Schlösser in
Raudnitz, Bilin und Lobkowitz. Bei Erwähnung des letzten sei richtig gestellt,
daß der im Hefte IX, S. 92 zitierte Band der Topographie der historischen und
Kunst-Denkmale im Königreiche Böhmen nicht dem Bezirke Karolinenfeld,
sondern Karolinenthal gilt. Diese wenigen Beispiele illustrieren die Notwendigkeit,

das bayrische Inventarisationswerk für die Kunstentwicklung Böhmens zurate zu ziehn und sein Fortschreiten interessevoll im Auge zu behalten.

An einem schönen Oktobertage des Jahres 1906 hatte ich das Glück, unter Hagers fachkundiger Führung Reichenbach und Walderbach zu besuchen und mir an zwei der hervorragendsten Stätten selbst ein Urteil über das Geleistete in seinem Verhältnisse zu dem vorhandenen Bestande zu bilden. Die Aufschlüsse, welche mir durch Einblick in die geistige Werkstätte des Unternehmens wurden, zeigen letzteres auf einer nur selten erreichten Höhe und eröffnen verheißungs-vollen Ausblick in eine ertragreiche Zukunft. Die Schaffensfreude und Hingebung des Leiters und die Tüchtigkeit all seiner Mitarbeiter erschließen hier der Bevölkerung Bayerns die Kultur und Schönheit eines reichgesegneten Gebietes und werden in dem zunehmenden Verständnisse für den ungeschmälerten Fort-bestand der örtlichen Denkmäler und Besonderheiten den schönsten Lohn für eine oft mühe- und entsagungsvolle Arbeit finden.   Joseph Neuwirth.

Weber Ottokar, Dr., o. ö. Prof.: Von Luther zu Bismarck. Zwölf Charakterbilder aus deutscher Geschichte. Bde. I, II. Leipzig, B. G. Teubner; Sammlung „Aus Natur und Geisteswelt" 123. und 124. Bändchen der „Prager Hochschulkurse" II. und III. Band.

Darwins Lehre „das Kräftigere siegt, das Schwächere muß untergehen" findet auch in dem Gang der geschichtlichen Ereignisse Ausdruck, und ob der Kulturtrieb einer Ära noch so gewaltig, ob seine Entfaltung noch so reichhaltig und vielverzweigt ist, endlich hat er sich ausgelebt, seine Zeit ist um, seine Anhänger fallen ab und an früher weniger beachteten Nebenästen erblühen neue Keime, neue Generationen drängen sich aus dem Halbdunkel ans Licht und folgen neuen kraftvollen Führern. Sie treten als die sinnfälligsten Träger der Anschauungen und Bedürfnisse ihrer Mitwelt auf und werden je nach persönlichem Maß Vorkämpfer, Helden, Herrscher. Aber so sehr auch gewuchtiger Wille und eherne Tatkraft des Einzelnen eine ganze Welt über das eigene Leben hinaus in feste Banden zwingt, so unaufhörlich bereichert sich das Leben selbst mit stets neuen Formen, mit immer neuem Inhalt und zermürbt still und sicher die gezogenen Grenzen, um ewiger Verjüngung neue Bahnen zu erschließen. Wirr und zügellos beim ersten Ausbruch streben die einmal freigewordenen Kräfte scheinbar von selbst einem bestimmten Ziele zu und erst der leidenschaftslose Rückblick vermag Ursache und Wirkung zu erkennen, vermag gegebene natürliche Entwicklungsphasen vom bewußten Eingreifen des überlegenen Geistes zu sondern und die Grundlagen und den Aufbau einer neuen Weltordnung klarzulegen. Mit den Worten „der leitende Gedanke dieser zwölf Vorträge ist gewesen: zu zeigen, wie sich in den letzten vierhundert Jahren der Gang der deutschen Geschichte gestaltet hat und warum endlich ein mächtiges Deutsches Reich unter preußischer Führung entstanden ist, nachdem doch Österreich durch die längste Zeit die Hauptmacht in Deutschland gewesen war," mehr noch durch die Art der Behandlung seines Themas „diesen Werdegang . . . an die persönlichen Schicksale und Leistungen von zwölf Männern zu knüpfen, die durch ihren Lebenslauf oder ihre Stellung von Bedeutung für die deutschen Geschehnisse geworden sind", bekennt sich Verf. zu der ausgesprochenen Anschauung und die — allerdings bedingungslose — Umsicht des Fachmannes, mehr noch die künstlerische Form in Komposition und Darstellung, gehen über die nächstliegende Aufgabe, die historischen Ereignisse „dem menschlichen Interesse näher zu bringen," weit hinaus und vermögen auch bei trägerem Empfinden die Brust mit freudigem Stolz über die Zugehörigkeit zum tatenfrohen deutschen Volke zu entflammen und das Bewußtsein' zu befeuern, daß auch der Einzelne, ob hoch ob niedrig geboren, berufen ist zur Mitarbeit an seines Volkes Wohl und Größe, berufen ist zur Mitarbeit an einer gerechten Weltordnung.

Das rücksichtslose Sinnen- und Genußleben des 15. Jahrhunderts, die allgemein herrschende Macht- und Prachtliebe hat zum unbedenklichen Ausbeuten der sozialen niederen Stände geführt und den Gedanken an höhere Daseinspflichten unterdrückt. Schroff war der Gegensatz zwischen Reichtum und Armut, ungeregelt zwischen Macht und Untertänigkeit. Zügellose Ausschweifungen der Begünstigten steigerten die Unzufriedenheit der Bedrückten und das niedere Volk, der verschuldete Adel und Bürger, der bettelarme Geistliche, gewohnt in der Religion Trost zu suchen, fand bei deren Hütern Üppigkeit, Fraß und Völlerei. Der ernste Gelehrte erkannte den Verfall des sittlichen Lebens, aber unfähig zu helfen, ging er schüchtern mahnend an dem blutleeren Wissensdünkel seiner Kollegen vorüber und die Sprache seines Standes schlug keine Brücken in die weite Öffentlichkeit. Luther tritt auf, er reformiert den Klerus, er redigiert das Dogma und predigt gegen Sauf- und Freßlust, belebt das gesunkene sittliche Gefühl und zwingt den Deutschen ihre eigene Sprache auf. Die bestehenden Zustände, alle Begleiterscheinungen von der mächtigen geistigen Bewegung sind in dem 1. Kapitel „Luther" erläutert und das Riesenwachsen des Mannes in und durch seine Zeit versinnlicht. Ausdrucksvoll wie in der Protestationskirche zu Speier hebt sich sein Bild aus der lebendigen Zeitschilderung hervor: „im Arm die Bibel, die andere Hand zur Faust geballt, das Auge himmelwärts gerichtet, jeder Zoll ein Streiter, den die Zeit sich geschaffen, um zu erreichen, was sie gebraucht." Mit der neuen Lebensführung, mit dem heftigen Anprall neuer Parteien in weltlichen und Glaubens-Dingen machen sich auch andere Bedürfnisse im wirtschaftlichen Verkehr geltend, das Geldwesen erfährt einen bedeutenden Umschwung und in der Geschichte des Hauses Fugger wird eine knappe, aber für das Verständnis lückenlose Würdigung der ersten Anfänge moderner Kapitalswirtschaft gegeben. Luther hat die Welt in Flammen gesetzt, Katholizismus und Protestantismus streiten um den Sieg und die Dynastie der Habsburger steht vor der Entscheidung, ob für oder gegen Rom. Sie blieb im ganzen und großen dem Papsttum treu und fand starke Gegnerschaft im Reiche. Nachgiebigere, den Protestanten nicht ungünstig gesinnte Herrscher wechselten mit treuen Söhne der Kirche auf dem Thron, und besonders die letzteren fühlen sich als die berufenen Verteidiger des Glaubens, ergreifen das Schwert gegen die Andersgläubigen im Lande wie gegen die Türken und eröffnen eine neue Politik gegen den Osten. Dabei geht mancher Einfluß im Reiche verloren, die Unterdrückung der Protestanten, die Gegenreformation, der Dreißigjährige Krieg eröffnen den Rückgang der habsburgischen Vorherrschaft in Deutschland. In

den Abschnitten „Kaiser Rudolf II." und „Wallenstein" entrollt sich das reich
belebte Bild, Interessen werden Gegeninteressen entgegengestellt, die Hauspolitik
der Habsburger im Gegensatz zu den Wünschen der Reichsfürsten, dabei die
Charakteristik der einzelnen Persönlichkeit scharf gefaßt, ihre Erscheinung auf die
natürlichen Gesetze der Vererbung und Erziehung bezogen und ´ tiefgreifende
Veränderungen öffentlicher Einrichtungen in ihrer Bedeutung für die Zukunft
aufgedeckt, so die Neuorganisation der Armee durch den Friedländer, so des
Friedländers Wirken überhaupt. Gewaltsam haben die großen Stürme an der
Autorität des Kaisertums gerüttelt, der westfälische Friede führt die Entfremdung
des Reiches von den Trägern der Krone herbei und die Neuordnung der Dinge
weist zwei Fürstengeschlechtern, den Wettinern und Hohenzollern, größere Gebiets=
erwerbungen zu. Der große Kurfürst, Friedrich Wilhelm I., macht Politik auf
eigene Faust, ist ebenso treulos wie klug, ein Organisationsgeist durch und durch
und erhebt Brandenburg=Preußen von der bescheidenen Stellung eines deutschen
Kleinstaates in den Rang eines europäischen Mittelstaates empor. Die Habsburger
stärken ihre Hausmacht, lassen aber auch die Macht der Fürsten im Reiche
erstarken, Deutschland zerfällt in einzelne Staaten, das Ausland mengt sich in
seine Angelegenheiten und Österreichs Vorherrschaft geht Schritt um Schritt
verloren. Mit den Kapiteln „der Große Kurfürst" und „Kaiser Leopold I." ist
der erste Band des Werkes erschöpft, ist ein bedeutender Akt der deutschen
Geschichte nach großen Gesichtspunkten abgeschlossen.

Der II. Band wird mit der Kleinstaaterei eröffnet, Repräsentant des
schwelgerischen Hoflebens der galanten Fürsten ist August der Starke und die
Feste und Gelüste seines Hofes im Geschmacke des französischen Ludwig ahmt
jeder kleine und kleinere Tyrann mit mehr oder minderer Einschränkung und
Geschick nach. Während im Westen . um die spanische Erbfolge gestritten wird,
kämpft August im Nordost um Polens Krone, zum erstenmale spielt der Osten
in deutsche Geschichte herein. „August dem Starken" wird im 2. Kapitel „Friedrich
der Große" gegenübergestellt, Preußens großartig Aufstieg setzt mächtig ein. Der 3. Abschnitt
„Kaiser Josef II." ist den österreichischen Zuständen gewidmet und mit Kapitel 4
„Freiherr von Stein," dem als 5. u. 6. „Metternich" und „Bismarck" folgen,
hebt „trotz und wegen" das Werden des verjüngten einigen Deutschland an. In
gleicher Weise wie im 1. Bande wird bei jedem Kapitel die allgemeine Lage der
Verhältnisse geschildert, der Kulturinhalt der Zeit herausgehoben, dabei die Ver=
bindungen, seien sie Familien= oder Interessenbande der Staaten, erörtert und
endlich nach bündiger Erklärung persönlicher Fähigkeiten aus physischer und
moralischer Entwicklung in dem jeweiligen Manne die Formel gefunden, mit
der alle Welt rechnen muß. Zur Rechten und Linken, auf seinen passenden Platz
wird jeder andere gestellt, der mitwirkt, seine Arbeit, seine Bedeutung skizziert,
charakterisiert. Dabei fällt ein kräftigeres Wort, eine kurze Anekdote ab aus dem
intimeren Leben des Gezeichneten, grelleres Licht, eine tönende Nuance — je
nachdem — machen das Bild schärfer, freundlicher. Auch seiner Humor, nicht
setten eine flüchtige Satire huschen vorüber und niemals hält Verf. mit seiner
persönlichen Ansicht zurück. Man empfängt den Eindruck, Mensch und Lehrer
sind bei der Sache, und bei der Schilderung all der verschlungenen und spannenden
Schicksale hat warmer Herzschlag mitgepocht. Er hallt wieder beim Leser.

J. Reinwarth.

S. Steinherz: **Briefe des Prager Erzbischofs Anton Brus von Müglitz,
1562—1563.** Prag, 1907. Selbstverlag des Vereines für Geschichte
der Deutschen in Böhmen 1907. Kommissionsverlag J. G. Calve (Josef
Koch). 153 S. 8⁰.

Professor Steinherz, der bekannte sorgsame Herausgeber der Nuntiatur=
berichte aus der Zeit des Tridentinischen Konzils, hat gelegentlich seiner Vor=
arbeiten für diese Publikationen eine Reihe interessanter Briefe eines der
Gesandten Kaiser Ferdinands bei diesem Konzile aufgefunden, die er hier in
dankenswerter Weise herausgegeben hat. Dieser Gesandte — Orator — ist der
damalige Erzbischof von Prag: Anton Brus, geboren zu Müglitz in Mähren 1518.
Die Familie scheint angesehen aber gänzlich verarmt gewesen zu sein; ob sie
adelig gewesen ist — seit etwa 1552 legt Anton den Familiennamen Brus ab,
er und seine Brüder nennen sich „von Müglitz" — bleibe dahingestellt. Jedenfalls
sind es tüchtige Leute, selfmade men, die sich ihren Lebensweg energisch durch=
bahnen. Anton tritt in den geistlichen Stand, mit 34 Jahren wird er Großmeister
des Kreuzherrenordens in Prag, mit 40 Jahren ist er Bischof von Wien, drei
Jahre darauf finden wir ihn als Erzbischof von Prag — eine besonders dazumal
wichtige Stellung, da das Erzbistum seit der Hussitenzeit, seit 1421, nicht besetzt
gewesen war, nun ganz neu organisiert wurde, was großenteils auf die Vorschläge
des neuen Kirchenfürsten hin geschah. Auch sonst war die Zeit für die Hauptstadt
Böhmens von Bedeutung, da 1562 neben der ganz in utraquistischen Händen
befindlichen alten Karls=Universität eine Jesuiten=Akademie, die Ferdinandea,
errichtet wurde. Die Bedeutung Brus' und die Wertschätzung, deren er sich am
kaiserlichen Hofe erfreute, wird schon dadurch bezeichnet, daß er als kaiserlicher
Gesandter an das Konzil geschickt wurde. Briefe eines solchen Mannes sind
unbedingt immer wertvoll, auch wenn sie, wie die vorliegenden, uns keine
erschütternden politischen Neuigkeiten melden, sondern nur privaten Inhalt haben;
ja gerade darin ist ein besonderer Vorzug zu sehen, da wir dadurch über das
stille Leben der Zeit, das uns sonst unbekannt bliebe, manches Wichtige erfahren.
Die Briefe sind an die verschiedensten Adressaten gerichtet, an Persönlichkeiten,
wie Kaiser Ferdinand und sein Sohn König Maximilian, an den Kardinal=
Bischof von Augsburg Otto von Truchseß, an den böhmischen Oberstburggrafen
Johann von Lobkowitz, daneben an kaiserliche Räte, an Amtsleute des Erzbischofs
selbst, an den Rat der Stadt Budweis, an Private ꝛc. Wir finden in dieser
Sammlung 103 Stücke abgedruckt, davon 25 Nummern in lateinischer Sprache,
1 in tschechischer, die übrigen in deutscher. Nr. 1 wird vom Herausgeber mit
allen Unarten der damaligen Recht(?)schreibung abgedruckt, während die weiteren
Stücke zur Wohltat des Lesers etwas gereinigt sind. Wer die Arbeitsart
Steinherz' kennt wird überzeugt sein, daß dieselben wortgetreu gebracht sind, wie
auch, daß die Anmerkungen vollauf genügen. Von besonderem Interesse sind
etwa Nr. 12 über die Einrichtung der Prager Diözese und der Prager Schulen,
dann Nr. 68 über die Zustände an den italienischen Universitäten, Nr. 86 über
die Schriften des Erasmus v. Rotterdam und die Index=Kongregation in Trient
usw. Ansonsten erfahren wir wertvolles über die Vorgänge in Trient während
des Konzils, über die damaligen Geldverhältnisse, über Postenlauf u. a. m.

Steinherz bedauert in seiner Vorrede, daß er zu weiterer Ergänzung dieser Briefe nicht die Bestände des erzbischöflichen Archivs in Prag hatte heranziehen können, das ihm verschlossen geblieben ist. Wir möchten uns diesem Bedauern lebhaft anschließen, weniger deshalb, weil wir meinen, daß wirklich die vorliegende Ausgabe einer besonderen Erläuterung und Erweiterung bedurft hätte, als aus prinzipiellen Gründen. Heutzutage ein Archiv von öffentlich-rechtlicher Bedeutung verschlossen zu halten, zeigt eine Rückständigkeit der Auffassung, die auf das Höchste überraschen muß. Besonders wenn man bedenkt, daß dies von einem Kirchenfürsten geschieht, dem sein kirchliches Oberhaupt durch die Erschließung der vatikanischen Archive für Gelehrte aller Nationen und Konfessionen mit dem besten Beispiele vorangegangen ist; oder sollte der Erzbischof von Prag päpstlicher sein wollen als der Papst? Nein, wir wollen doch lieber annehmen, daß dieser sonderbare Vorgang überhaupt nicht zur Kenntnis seiner Eminenz des Fürsterzbischofs von Prag gekommen ist! O. Weber.

Allgemeines Lexikon der bildenden Künstler von der Antike bis zur Gegenwart. Unter Mitwirkung von 300 Fachgelehrten des In- und Auslandes herausgegeben von Dr. Ulrich Thieme und Dr. Felix Becker. Erster Band: Aa — Antonio de Miraguel. Leipzig 1907. Verlag von Wilhelm Engelmann. 8⁰. XII und 600 Seiten.

Das Jahr 1907 hat uns den ersten Band einer groß angelegten kunsthistorischen Publikation gebracht, die nicht nur die Fachleute, sondern alle jene, die irgendwie mit der Kunst in engere Berührung treten, mit großer Freude begrüßen können: es ist das allgemeine Lexikon der bildenden Künstler von der Antike bis zur Gegenwart. Die Herausgeber, Ulrich Thieme und Felix Becker, haben mit Hilfe einer großen Zahl ausländischer und inländischer Mitarbeiter mit bewunderungswürdiger Aufopferung ein Werk zustande gebracht, das sich den deutschen Kunsttopographien ebenbürtig zur Seite stellen kann.

Seit Jahrhunderten existieren Künstlerlexika; in allen Orten mit etwas reger pulsierendem Kunstleben fanden sich kunstfreundliche Männer, die mehr oder weniger von Lokalpatriotismus angefeuert die Lebensdaten ihrer kunstbegabten Heimatsgenossen niederschrieben. Einzelne steckten ihre Ziele weiter und zogen auch orts- und landfremde Künstler in den Kreis ihrer Betrachtung. Gerade hier in Böhmen hat Dlabacz mit seinem Künstlerlexikon außerordentlich Wertvolles geleistet. Es wäre undankbar dieses Werk, oder die Publikationen eines Baldinucci in Italien, über jener neuen großen Arbeit zu vergessen. Die naive, anekdotengeschmückte Darstellung der Vorgänger ist für weite Kreise veraltet; aber der Spezialist oder Lokalforscher wird zu den älteren Werken immer wieder greifen und mit geschultem Blick die Spreu vom Weizen sondern.

Die neue Publikation kennt keine Landesgrenzen und keine Grenze in der Zeit. Der Archäologe so gut wie der Kulturhistoriker, der Forscher des Mittelalters wie der Tagesschriftsteller, der sich über seine Zeitgenossen orientieren will — jeder nimmt das Buch mit gleichem Erfolg zur Hand. In knappen Sätzen findet

er die scharfen Umriſſe der Perſönlichkeiten, und eine reiche Literaturangabe
deutet ihm die Wege, um den gewonnenen Eindruck zu vertiefen und zu vervollſtändigen. Viele ausländiſche Forſcher ſtellten ihre Dienſte der guten Sache ſelbſt-
los zur Verfügung, es iſt ein internationales Werk, die Führung aber iſt deutſch.

Hier in Böhmen vereinten ſich Mitglieder der Univerſität, Archiv- und
Bibliotheksbeamte zu der Bearbeitung der böhmiſchen Künſtlernamen. Der erſte
Band reicht nur bis Antonio de Miraguel und enthält ſchon eine ganze Reihe
von Künſtlern, die entweder in Böhmen geboren oder mit Böhmen in Beziehung
getreten ſind. Die Ausſtattung des Buches, der Druck mit guten klaren Typen,
wie es ein Buch braucht, das man täglich zur Hand nimmt, iſt muſterhaft. Es
wäre ſehr wünſchenswert, wenn der ſchöne Erfolg des erſten Bandes die
Konſequenz haben würde, daß ſich jene Forſcher, welche außerhalb Prags mit
Publikationen über böhmiſche Künſtler beſchäftigt ſind, entſchließen würden, als
Mitarbeiter für das Lexikon tätig zu ſein und dazu beizutragen, daß das
monumentale Werk, das im Laufe der nächſten zehn Jahre beendet ſein ſoll,
gedeihlich zu Ende geführt werde.   Hugo Schmerber.

**Pribram Karl: Geſchichte der öſterreichiſchen Gewerbepolitik von 1740
bis 1860 auf Grund der Akten.** Erſter Band 1740 bis 1798. Leipzig,
Duncker und Humblot, 1907. XIX + 614 S.

Nach einer kurzen Einleitung über die öſterreichiſche Gewerbepolitik vor
1740 ſetzt der Verfaſſer mit ſeiner eigentlichen Darſtellung ein. Er teilt das
Buch in folgende Abſchnitte, aus denen man auch die Grundzüge ſeiner Arbeit
erkennen mag: Die Periode von 1740 bis 1762. Die Verſuche zur Schaffung
einer Großinduſtrie in Oeſterreich. — Die Periode von 1762 bis 1776. Die
Gewerbepolitik unter dem Einfluſſe der Geſamtſtaatsidee. — Die Periode von 1776
bis 1780. Der Uebergang zu einem Syſteme der freien Konkurrenz. — Es folgt
dann die Schilderung der Gewerbepolitik unter Joſef II. und der nach deſſen
Tode einſetzenden Reaktion bis 1796.

Eine bedeutſame Periode aus der öſterreichiſchen Geſchichte wird uns auf
den vorliegenden Blättern zum erſtenmale geſchildert, die Zeit des Herum-
probierens und Herumtaſtens im Gewerbe, in der Wirtſchaft überhaupt. Man
iſt ſich bereits klar geworden, wie viel von dieſen Dingen für das Wohl-
ergehen des Staates abhängte, aber man weiß ihnen noch nicht beizukommen.
Es werden fortwährend Experimente gemacht, ſowohl in der Verwaltung wie
in der Geſetzgebung. Bald ſind die Kommerzſachen abgeſondert behandelt, bald
werden ſie wieder mit der allgemeinen Verwaltung vereinigt. Die Gewerbe ſind
unterſchieden in Kommerzial- und Polizeigewerbe, aber auch hier iſt die Trennung nicht immer ſcharf durchgeführt. Bald glaubt der Staat die Manufakturen
möglichſt bevormunden zu müſſen, bald entſcheidet er ſich wieder für unbedingte
freie Entwicklung derſelben.

Intereſſant vor allem ſind die Zeiten Kaiſer Joſef II. So denkt er
keineswegs daran die jüdiſche Nation in den Erblanden mehr auszubreiten, oder

da, wo sie nicht toleriert ist, neu einzuführen; er will sie durch die Hin=
leitung auf die Industrie von „dem ihnen so eigenen Wucher und betrügerischen
Handel" ableiten. Die Hofkanzlei selbst nimmt aber da die Partei der Juden,
indem sie anführt, daß es schwer möglich sei die Juden in Grenzen zu halten,
da die ihnen auferlegten Steuern etwa 10% des Kapitals betrügen, während
der normale Zins nur 4% betrage, sie seien daher auf wucherischen Zins hin=
gewiesen. Auch auf dem Gebiete der Gewerbepolitik beginnt bald der Kampf
der Behörden gegen den Kaiser, man wirft ihm vor, daß er durch seine Maß=
nahmen die bestehende Teuerung verschuldet habe, was natürlich ganz unbe=
rechtigt war; auch da mußte der Kaiser vor seinem Tode nachgeben und
manches zurücknehmen, von dessen Richtigkeit er überzeugt war, er konnte sich
nur mit den Worten trösten: „Die Zeit wird das Beste lehren."

Nach ihm folgte eine Reaktion, die zunächst von der Furcht vor der fran=
zösischen Revolution diktiert war; man sah die schlimmen ökonomischen Verhält=
nisse in Oesterreich, aber statt sie von den Türkenkriegen, von Mißwachs, unge=
rechter Steuerlast herzuleiten, machte man die josefinischen Reformen dafür
verantwortlich; sie seien eine vom Throne herab ausgebrochene Revolution
gewesen. Vortrefflich wird uns die Hohlheit und Schwäche der Gewerbepolitik
des Kaisers Franz geschildert, der zwischen Mitleid für seine Gewerbetreibenden
und Angst vor Vermehrung des Proletariates schwankt und den Grundsatz aus=
spricht: jede Erfindung oder Maschine, die dahin zielt, die Handarbeit oder
Nahrung vielen Menschen zu entziehen und solche künstlich zu ersetzen, müsse
für schädlich angesehen werden. Mit einer Schilderung der seit 1796 vornehmlich
durch die leichtsinnige Ausgabe von Papiergeld gesteigerten Spekulationslust
endet dieser erste Band.

Es ist eine reife ausgezeichnete Arbeit, ein wahrhaft nützliches Buch, über
dessen Vortrefflichkeit man um so mehr sich freuen darf, da sein Verfasser ein
noch junger Mann ist, dessen erstes größeres Werk es ist. Diesmal ist es wahr=
lich keine Phrase, wenn man sagt, daß er zu den schönsten Hoffnungen berechtigt.

O. W.

Neuwirth Josef, Dr.: Die belgischen Jesuitenkirchen. Österreichische
Rundschau, Band XIII, S. 563—568.

Wenn ich diesen Aufsatz, welcher mit Böhmen gar nichts zu tun hat, in
unseren Blättern zur Besprechung bringe, so kann mit Recht mancher Leser die
Frage aufwerfen, aus welchem Grunde dies geschehen sei. Und doch wird man
mir zugestehen, daß dieser Artikel, welcher das Werk des Jesuiten Josef
Braun „Die belgischen Jesuitenkirchen" (Ein Beitrag zur Geschichte des
Kampfes der Gotik und Renaissance. Mit 75 Abbildungen. 95. Ergänzungsheft
zu den „Stimmen aus Maria=Laach." Freiburg i. Br. Herder, 1907. XII +
208 S.) behandelt, auch für uns eine nicht zu unterschätzende Bedeutung hat,
indem uns dieses trefflich gearbeitete Buch, in welchem zum erstenmale auf
Grund genauer archivalischer Forschung, unter ständiger Heranziehung von
erhaltenen Plänen und Skizzen von fachkundiger Hand eine ausführliche Würdigung

des sogenannten Jesuitenstiles geboten wird, aus der klar und deutlich hervor=
geht, daß wenigstens in der belgischen Provinz die Ordensbaumeister es ver=
standen, an die im Lande herrschenden Formen anzuschließen, bis den geänderten
Zeitanschauungen folgend auch dieser Orden mit „einer bestimmten, dem Prunke
und der Überladung zuneigenden Bau= und Ausstattungsweise" einsetzte, nach=
weist. Für Böhmen hat dieser Orden seit der Einführung der Gegenreformation
eine ganz außerordentliche Bedeutung auf dem Gebiete der gesamten kulturellen
Entwicklung des Volkes gewonnen, das geistige Leben hat er beherrscht, die
Kunst des Kirchenbaues, die Ausschmückung der Kirchen durch Malerei und
Plastik hat er insbesonders auch in den deutschen Gauen dieses Landes beeinflußt.
Sehen wir von gelegentlichen, mehr weniger ausführlichen und verläßlichen
Monographien über einzelne Bauwerke ab, so fehlt uns für Böhmen eine ein=
gehende, systematische Behandlung des Jesuitenstiles vollständig. Und eben des=
wegen erwähne ich in unseren Blättern den Artikel Neuwirths, weil ich glaube,
es könnten diese Zeilen die Anregung bieten, daß man auch bei uns daran gehe,
die so zahlreichen Werke, welche durch Jesuiten geschaffen wurden, einer fach=
männischen Kritik und Würdigung zu unterziehen, wie es Braun für Belgien
getan hat. Es wäre dies gewiß ein dankenswertes Unternehmen zur Aufhellung
der Kunstverhältnisse Böhmens von der Mitte des XVI. bis zum Schlusse des
XVIII. Jahrhundertes. Dr. Ad. Horcicka.

Heinrich Ritter von Kopetz: Plaudereien eines alten Pragers.
Prag, A. Haase.

Heinrich Ritter von Kopetz, am 15. Juli 1821 in Prag geboren, entstammt
einer alten, deutschböhmischen Familie und rückte im Staatsdienst bis zum
Statthaltereirat vor. Der Charakterfestigkeit und Lauterkeit seiner durchwegs
vornehmen Gesinnung wurde bereits im J. 1861 ein Mandat des verfassungs=
treuen Großgrundbesitzes in den Landtag übertragen, dem er auch durch mehrere
Jahre als Landesausschußbeisitzer vorstand. Ende der sechziger Jahre wurde er
in den Reichsrat gewählt und trat mit unermüdlichem Eifer für die Hebung des
landwirtschaftlichen Unterrichtes ein. Sein Wirken im öffentlichen Leben, seine
Verdienste um das deutsche Volk in Böhmen, um Förderung aller kulturellen
Bestrebungen, wurde von seinen Zeitgenossen dankbar anerkannt und verschiedene
Ehren= und Vertrauensämter sind ihm übertragen worden. Aber trotz der viel=
seitigen, einen ganzen Mann erfordernden Arbeit im öffentlichen Leben fand
Kopetz dennoch Muße zu historischen Studien und die „Plaudereien eines alten
Pragers", als Feuilletons in der „Bohemia" erschienen, sind die Früchte seines
gelehrten Fleißes. Mit Liebe hing er am alten Prag, der Stätte seiner Jugend
und seines Wirkens als Mann, und diese pietätvolle Liebe leuchtet auch aus seinen
Schilderungen hervor. Die alten Gassen, Paläste und Häuser, das Leben auf der
Straße und im Kreise der Familie, Feste und Kriegsereignisse, Vergnügungs=
anstalten und Gelegenheiten zur Lust und Freude, manch merkwürdigen oder
berühmten Mann der ehrwürdigen Moldaustadt zeichnet seine gewandte Feder.
Kopetz schreibt amüsant und witzig und erfrischend ist der persönliche Einschlag

bei der Lektüre der „Plaudereien." Sie sind aber bei weitem mehr als bloße
Blätter für den Tag geschrieben, der Freund und Erforscher der Geschichte der
Landeshauptstadt wird die vielen intimen Züge nicht gerne missen, die Kopetz
einzustreuen weiß und worüber zu berichten andere Quellen kaum in der Lage
sind. Daß die Aufsätze des Dahingegangenen (gelt. 11. Juni 1904) von seiner
Tochter Frau Marie Hampl-Kopetz nach ihrer chronologischen Folge gesammelt
und ohne jede Änderung in Buchform herausgegeben sind, ist anerkennend zu
begrüßen, denn sie enthalten einen reichen, kulturhistorisch interessanten Stoff
und geben über manches Aufschluß, das kaum in anderen Erinnerungen zu
finden ist. Und betrachtet man von diesem Gesichtspunkt aus das aufgelegte Werk,
kann man leider den gewiß berechtigten Wunsch nach einem Sachregister nicht
unterdrücken. Möge das Buch, das unterhaltend und belehrend wirkt, bald eine
Neuauflage erleben, damit der ausgesprochene Wunsch erfüllt werden könnte,
damit aber auch das Andenken an seinen Verfasser bei der Nachwelt noch recht
lange andauere.   J. Reinwarth.

Vierzig Jahre nach Königgrätz. Nach Tagebuchblättern von Leopold
Reichsgrafen von Thurn-Valsassina. Wien und Leipzig. W. Braumüller,
1907. 114 S.

Ein kurzes frischgeschriebenes Büchlein, das hauptsächlich die Erlebnisse des
Verf. in den Kriegen von 1859 und 1866 als bemerkenswerte Beigabe zur Zeitgeschichte bietet, aber auch sonst aus den Friedensjahren manches Wissenswerte
uns sagt. Als Freiwilliger ist der Graf zu Beginn des italienischen Feldzugs in
die kaiserliche Armee eingetreten und hat sich durch eigene Tüchtigkeit bis zum
Rittmeister von der Pike auf hinaufgearbeitet, leider hinderte ihn seine anscheinend
unüberwindliche Unkenntnis der deutschen Sprache — er war Italiener von
Geburt — weiter zu kommen trotz Tapferkeit und Tüchtigkeit. 1866 kämpft er
bei Stalitz und Königgrätz, hier ist er oft in der unmittelbaren Nähe des
Generalissimus und weiß uns da Interessantes zu berichten, namentlich über das
Verhalten Benedeks zu den Meldungen aus Josephstadt, daß der preußische
Kronprinz im Heranrücken sei; bei der ersten Meldung rechnete Benedek aus, der
Kronprinz könne unmöglich vor 4 Uhr nachmittags in die Schlacht eingreifen,
bis dahin hoffte er aber bereits gesiegt zu haben; als die neuerliche Nachricht
kam, daß schon die Queue der preußischen zweiten Armee nach nur zwei Stunden
die Festung passiert habe, da erklärte er das für unmöglich; der Festungs-
kommandant müsse nicht viel verstehen! Das war der Hauptfehler in seiner Rechnung.
Auch über die Flucht nach der Schlacht hören wir Schätzenswertes. Es ist bei
solchen Erinnerungen unvermeidlich, daß der Leser manches in den Kauf nehmen
muß, was dem Schreiber interessant schien und was dem Leser sehr überflüssig
dünkt, das wird aber reichlich aufgewogen durch die Schilderung unmittelbarer
Eindrücke, die für den Historiker stets von höchster Bedeutung sind; es ist daher
zu wünschen, daß noch Viele aus jener Zeit ihre Erlebnisse aufzeichnen möchten.
                                                                          O. W.

Brauner Michael J.: Brüxer Gedenkbuch. I., II. Band. Kommissions=
verlag: A. Kunz'sche Buchhandlung, Brüx.

Der Verfasser, gew. Redakteur an der „Brüxer Zeitung", hat schon im
Jahre 1887 im Verein mit dem damaligen Stadtkaplan P. Alfred Forst die
„Zeittafel geschichtlicher Ereignisse in Brüx" herausgegeben und seither fleißig
und unermüdlich an der Ergänzung des Materials und seiner chronologischen
Gliederung gearbeitet. Der Stoff sollte auf drei Bändchen verteilt werden, von
denen auch das 1. „Aus alter Zeit" und das 2. „Brüx im 19. Jahrhundert"
vollendet worden sind. Die Ausgabe des 1. Bändchens hat der Verfasser selbst
besorgt, aber noch während der Vorbereitungen zur Drucklegung des 2. Teiles
wurde er vom Tode dahingerafft († 24. September 1905), so daß seine Absicht,
im 3. Bande „einzelne Geschichtsepisoden in erzählender Form ausführlicher zu
behandeln", nur Ziel seines Schaffens blieb. Die Hinterbliebenen ehrten sein
Vermächtnis und gaben nach dem vollständig geordneten Nachlaß das 2. Bänd=
chen heraus. Es ist kein Zufall, daß in einem Lande wie Böhmen, wo nationale,
wirtschaftliche, überhaupt Gegensätze in allen kulturellen Bestrebungen so wuchtig
aufeinanderprallen, die historische Forschung in allen Berufs= und Bevölkerungs=
schichten eifrige Pfleger findet. Die öffentlichen, oft recht verblüffenden Erschei=
nungen müssen bei jedem Denkenden Wunsch und Begier nach Verständnis ihrer
Entwicklung wachrufen, wer nicht müßiger Zuschauer bleiben und seinem
Volke in heißem Kampfe wirksam beistehen will, kann der Uebersicht über Ursache
und Wirkung, kann der geschichtlichen Tatsachen nicht entbehren. Freilich muß
der wissenschaftliche Betrieb nicht selten mahnend und bessernd eingreifen, wenn
Begeisterung oder Leidenschaft die nötige ruhige Besonnenheit verlieren. Aber
der stets offene Sinn eines Volkes für die Grundlagen seiner erfolgreichen Ent=
wicklung ist ein erfreulicher Vorbedeut für dessen Zukunft, ist aber auch der
unersetzliche Ausgangspunkt für erhöhte Leistungen der Wissenschaft selber.
Michael Brauner hat die Gefahren erkannt, die jedem drohen, der selbst im
Kampf des Tages steht und sich neben seinem aufreibenden Beruf der historischen For=
schung widmet. Der Zersplitterung, Tendenz und der Ungleichmäßigkeit in der
Behandlung des Stoffes ist er dadurch zuvorgekommen, daß er „lediglich die
Ereignisse vorurteilsfrei aneinanderreiht". Das reichhaltige Archiv der Stadt
Brüx, die bedeutenden Arbeiten Ludwig Schlesingers über die Vaterstadt waren
ihm der klar sprudelnde Quell seiner Fassung. „Nur in einer Hinsicht hat sich
der Verfasser von der bestimmten Absicht leiten lassen, keinen Umstand zu über=
sehen, welcher geeignet erscheint, an dem Gang der geschichtlichen Ereignisse im
Laufe der Jahrhunderte den steten deutschen Charakter unserer lieben
Heimatsstadt Brüx und seiner wackeren Bewohnerschaft darzutun." In den zwei
Bändchen, die in Hochquart 155 Seiten ausfüllen, ist der überaus reiche Stoff
von den geschichtlichen Anfängen der Stadt bis zum Beginn des 20. Jahr=
hunderts niedergelegt, so daß das Werkchen wohl ein gedrängtes aber umfassendes
Bild der Stadtgeschichte gibt. Ein sorgfältig geführtes Register der Personen,
Ereignisse und in Betracht kommenden Schlagworte, sowie die Seitenstellung der
Jahreszahlen zum Texte erhöhen den Wert des Werkes zum brauchbaren Nach=
schlagebuch und rechtfertigen vollauf seinen Untertitel „Zeittafel geschichtlicher

4*

Ereignisse und Denkwürdigkeiten der königlichen Stadt Brüx aus alter und neuer Zeit".

Rychnovski Ernst Dr.: I. **Ludwig Spohr und Friedrich Rochlitz, ihre Beziehungen nach ungedruckten Briefen.** (Sonderabdruck: „Sammel= bände der internationalen Musikgesellschaft", Jahrgang V, Heft II.) II. **Leo Blech.** Eine biographische Studie mit Vorwort von Dr. R. Batka. Prag, Verlag des „Dürerblattes". Quart, 56 S. Buchschmuck von Frau Sidonie Springer=Steger.

Das Material der ersten Broschüre stammt aus den Autographen=Samm= lungen Fritz Donebauers; die Briefe werden hiemit zum erstenmale der Oeffent= lichkeit übergeben und gewähren einen tieferen Einblick in das Verhältnis der beiden Männer zu einander, vermitteln aber auch manches für das Verständnis aus der Schaffensweise und Eigenart des Tonkünstlers. Von Spohr an Rochlitz finden sich 5 Briefe vor, während 32 an den Meister aufliegen. Die Rochlitzschen Briefe strömen über von Liebe und Anerkennung, Verehrung und Hochachtung, und stellen nicht zu unterschätzende Einzelzüge zu Spohrs Charakteristik, der seinerzeit als Mensch und Künstler gleiche Verehrung genoß.

Die zweite Publikation bringt eine Biographie des gewesenen ersten Kapellmeisters am deutschen Landestheater,[1] schildert den bisherigen Lebenslauf und künstlerischen Entwicklungsgang des allseits geschätzten Künstlers und hält sich bei der Würdigung seines Schaffens und seiner Bedeutung für die Musik der Gegenwart in doppelter Eigenschaft als Komponist und Dirigent von jenem Ueberschwang frei, den man oft genug bei ähnlichen Gelegenheiten unliebsam in den Kauf nehmen muß. In beiden Darstellungen ist ein flüssiger Stil gewahrt und des Verfassers Streben nach Erkenntnis des Wahren und Tüchtigen, nach dem Maßstab einer angemessenen Kritik und Vergleiche aus früherem Entwick= lungsepochen bekunden dem Leser, daß eine ernste Hand die Feder führt, die auch ohne berühmte Stützen ihren Weg in die Oeffentlichkeit zu finden vermag.

Festschrift zur Eröffnung des neuen Rathauses in Neuern. Neuern 1907, Verlag der Stadtgemeinde. Oktav, 141 S., 2 Beilagen.

Von historischem Interesse sind die Aufsätze „Aus Neuerns Vergangenheit" und „die Neuerner Häuser und ihre Geschichte" von Josef Blau, Oberlehrer in Freihöls, sowie der Beitrag „Aus unseren Tagen" vom Stadtsekretär Karl Ruprecht. Neuern, an dem „deutschen Steige", einem uralten Salzweg des Böhmerwaldes gelegen, war schon unter König Johann ein bedeutender Zollort. Die erste urkundliche Aufzeichnung darüber datiert v. J. 1327, jene über die dortige Kirche v. J. 1352 und 1379 wird Neuern als „Städtchen" in Pilsner Strafakten erwähnt,

---

1) Seither an die kgl. Oper nach Berlin berufen.

das damals zum Gute Bistritz gehörte, dessen Besitzer schon 1358 und 1374
Patronatsrechte bei der Neuerner Kirche ausgeübt hatten. Im Jahre 1379 findet
sich auch der Name des Dorfes Oberneuern, das zu jener Zeit ein Teil der
Herrschaft Bayereck war. Die Hussitenkriege fügten der ganzen Umgebung großen
Schaden zu, von dem sich Neuern nur allmählich wieder erholen konnte und es
tritt erst ein neuer Aufschwung ein, als Johann Kotz von Dobrsch in den Besitz
des seit 1513 in ein Allod verwandelten Lehens kam. J. J. 1554 wird Ober-
und Unterneuern in einer Hand vereinigt und verbleibt im Besitz der Familie
Kotz von Dobrsch bis 1720, worauf es an Karl Richard Josef von Schundlin verkauft
worden ist. Unter dessen berüchtigter 10jährigen Regierung hatte die Bevölkerung
viel zu erleiden und erlebte erst ruhigere Zeiten, als Reichsgraf Karl Josef von
Salm mit anderen Gütern auch Neuern erwarb. Seit der 1751 in Böhmen eingeführten Kreiseinteilung fiel die Stadt dem Klattauer Kreise zu und nahm
endlich mit d. J. 1848 an der Ausgestaltung und dem Aufblühen modernen
Gemeinwesens teil. Die wirtschaftliche Entfaltung, Hunger- und Kriegsjahre sind
chronologisch verzeichnet, dabei für den weniger Belesenen eine knappe, aber hinreichende Erklärung der Verwaltungs- und Kulturzustände eingestreut und in den
reichlich angeführten Quellen der Aufbau der Abhandlung wohl begründet. In
dem 2. Aufsatz ist die kurze Geschichte der einzelnen Häuser gegeben, die durch
die Angabe der wechselnden Besitzer auch wertvolle Anhaltspunkte für die gegenwärtig kräftig emporblühende familiengeschichtliche Forschung bietet. — Behandelt
stud. agr. Wolfgang Zierhut die „geologischen und geognostischen Verhältnisse
der Umgebung von Neuern" nach der dieser Disziplin zustehenden Methode, so
belebt Ruprecht das starre Gefüge der heimatlichen Scholle durch Schilderung
seines Bewuchses und bindet mit der Geschichte von Gebäuden und Kulturflächen
menschlicher Hände Arbeit an die stille Landschaft. Belletristischen Inhaltes sind
die Beiträge von Anton Heinz, Anton Schott und Hans Watzlik, dessen
„Lied" von stud. phil. Paul Stuiber vertont, in Notenschrift beigegeben
ist, eine Abbildung „das neue Rathaus in Neuern" legt Zeugnis ab, daß beim
Neubaue auch ästhetische Rücksichten mitgesprochen haben. Möge es der treu-
deutschen Bevölkerung beschieden sein, in dem neuen Gebäude stets unberührt
von Mißgunst und Mißgeschick Rats zu pflegen und erfolgreiche Arbeit zu leisten.

J. Reinwarth.

Haudeck Johann: Musik und Gesang im Leipaer Bezirke. Sonderabdruck aus der Heimatskunde des politischen Bezirkes B.-Leipa.
S. 22. 1907.

Es war ein guter Gedanke, daß Dr. Fr. Hantschel den Verfasser mit dem
Auftrage betraute, für die Bezirkskunde des Leipaer Gebietes den Abschnitt über
Musik zu bearbeiten, der in den Heimatskunden gewöhnlich leider etwas stief-
mütterlich behandelt wird, während doch Böhmen, insbesonders der deutsche
Volksstamm, so hervorragenden Anteil gerade an der Pflege dieses Kunstzweiges
hat. Aus Leipa und dessen Gebiete stammen viele tüchtige Musiker, die als
ausübende Künstler und Tondichter weit über das Mittelmaß hinausreichen.

Zu den ältesten Vertretern gehört der Pfarrer aus Leipa Balthasar Resinarius (Harter), gebürtig aus Tetschen, gestorben 1546. Zuerst hat Woltan in seiner Geschichte der deutschen Literatur in Böhmen auf ihn hingewiesen. (Nordböhmischer Exkursionsklub XVIII, S. 132—135). In Leipa wirkten Josef Just sen., Wilhelm Gautsch und Franz Mohaupt. Aus Haida stammt der bekannte Prager Theater-Kapellmeister Ludwig Slansky, geb. am 25. Juli 1838; aus Bürgstein der Prager Kapellmeister Johann Josef Strohbach (geb. 2. Dezember 1731); aus Pihl der 1857 verstorbene Musikschriftsteller und Kustos der k. u. k. Hofbibliothek in Wien Anton Schmid usw. So könnten wir noch eine stattliche Reihe von Männern verzeichnen, die sich hervorragend musikalisch betätigten, doch genügen die angeführten, um zu zeigen, in welch anerkennenswerter Weise dieser Bezirk an dem geistigen Leben der Musik in Böhmen Anteil hat. Es ist mit Freude zu begrüßen, daß endlich in den Heimats- und Bezirkskunden auch diesem Zweige geistigen Lebens die gebührende Achtung gezollt wird, und zu wünschen, daß dieses Beispiel bald Nachahmung finde.

Dr. Ad. Horcicka.

Bensner Bezirks-Kalender für das Jahr 1908. Verlag von Heinrich Pilz, Bensen. 4⁰, 171 S. — 1 K.

Der Bensner Bezirks-Kalender erscheint heuer zum drittenmale, mit reichem Text, Bildern und dem astronomischen Teil ausgestattet. Erzählungen, darunter Beiträge in Mundarten, humoristische Kleingaben und belehrende Aufsätze. Aber auch die Pflege der engeren Heimatskunde ist nicht vernachlässigt worden. Wir nennen die einschlägigen Artikel: Josef Jarschel, die Tschechen in Böhmen, Adolf Plathen, des deutschen Volkes Festgebäcke, August Kögler, Allerlei aus der Kamnitzer Gegend (Sage und Volksbrauch), Heinrich Storch, Räuberhauptmann Kohlmann (Führer einer Diebsbande um B. Kamnitz in den dreißiger Jahren des vor. Jahrhdts.), Emil Neder: die Stadt Sandau an der Polzen (geschichtl. Überblick); Josefswille bei Bensen (desgleichen); Ein Rundgang in Bensen 1725; Das ehemalige Gräflich Thunische Bürgerspital zu Bensen Nr. 52; Der Sperlingstein; Die ehemalige Schäferei Rilkenberg bei Parlosa; Aus der Geschichte der Stadt Bodenbach; Beiträge zur Haus- und Wirtschaftsgeschichte von Höflitz; Der Gasthof „Zum schwarzen Roß" in Tetschen 1560—1907; der Verkehr im Polzen- und Absbachstal; Der alte Friedhof in Bensen 1539—1880. Manchem Thema ist eine Abbildung beigegeben und hält das betreffende Haus oder eine Stadtansicht für die Erinnerung späterer Zeiten fest. Kurz, die Ausgabe läßt nichts zu wünschen übrig, was man von einem guten Volkskalender billigerweise verlangen kann, nur eines blieb wieder unberücksichtigt, die Beigabe eines Inhaltsverzeichnisses, mittels dessen der allenfalls gesuchte Artikel schnell nachgeschlagen werden könnte, darum sei der Wunsch nach einem solchen auch diesmal nachdrücklich wiederholt.

ar.

Ernſt W.: Bunte Blätter. Wien 1906. Selbſtverlag. Unverkäuflich. Oktav, 150 S.

Über des Dichters Lebensgang und ſeine mit vielem Humor verfaßten Gedichte wurde bereits in der „Literariſchen Beilage" S. 69 zu Band XIV berichtet, ſo daß eine eingehendere Würdigung der vorliegenden Edition, die wiederum eine bunte Sammlung launiger Strophen über die verſchiedenſten Lebenslagen enthält, unterbleiben darf. Anerkennend ſei des Greiſes — geboren am 26. April 1830 — ruhiges Schaffen und muntere Anteilnahme am Leben hervorgehoben.   rth.

Friſch Ernſt von: Der Übergang vom Lehendienſt zum Soldbienſt in in Öſterreich. Wien, 1907. Selbſtverlag. 49 S.

Ein Beitrag zur Heeresgeſchichte des 14. Jahrhundertes, der mit Fleiß und guter Sachkenntnis geſchrieben, auf eingehenden archivaliſchen Forſchungen aufgebaut iſt, dem bei der Beſchränkung des Themas auf die habsburgiſchen Beſitzungen der Umſtand ſehr zu gute kam, daß das geſamte, reich fließende Quellenmateriale nahezu ausſchließlich in dem k. k. Haus-, Hof- und Staatsarchiv verwahrt iſt. Nach ſeinen Unterſuchungen ergibt ſich, daß wir in der Entwicklungs- zeit vom 13. bis 15. Jahrhundert in Öſterreich zwei von einander getrennt beſtehende Heere unterſcheiden (nachdem die alte Form der Bildung des Heeres auf Grund des Lehensverbandes gelöſt war): ein Defenſivheer, die aufgebotene Landeskraft, von Fall zu Fall durch Sondervorträge aufgefriſcht; ein Offenſiv- heer, als landesfürſtliches Heer anfangs zum größten Teil aus den herzoglichen Dienſtmannen gebildet, nachdem dieſe aber das Joch der Unfreiheit abgeſchüttelt, faſt ausſchließlich auf Grundlage von Verträgen gehalten (S. 7). Wir ſtehen aber in der Zeit, in welcher die Werbung durch Vertrag an Stelle des Heeres der Lehensleute tritt, die aber nur den Übergang bildet zur Errichtung des Söldner- heeres, das nach der Mitte des 14. Jahrhundertes ſchon ausgebildet daſteht, ohne aber zu leiſten, was man ſich verſpricht, denn bei Sempach erliegt das öſter- reichiſche Söldnerheer dem Angriffe des Schweizer Volksheeres. Und in den Huſſitenkriegen haben die Söldner auch nicht viel Ehre eingeheimſt. Für ein- zelne Entwicklungsphaſen in dieſer Übergangszeit bringt der Verfaſſer eine erſtaunliche Fülle urkundlicher Belege. Er hat mit der Behandlung dieſes Pro- blemes eine dankenswerte Frage gelöſt. Für Böhmen iſt leider in dieſem Buche gar nichts enthalten. Wir können wohl vermuten, daß ſchon aus nachbarlichen Beziehungen hier die Heeresbildungen auch in ähnlicher Weiſe vor ſich gegangen ſein mögen, doch iſt dies bis heute nicht feſtgeſtellt, ſo daß bei der exzeptionellen Stellung, die Böhmen im Mittelalter auf ſo verſchiedenem Gebiete zu verzeichnen hatte, wahrſcheinlich auch da der Brauch und das Recht der Truppenaushebung auf anderen Grundſätzen fußte.   Dr. Ad. Horcicka.

Teichl Anton: Beiträge zur Geschichte der Stadt Gratzen. Gratzen, 1907. Selbstverlag. Oktav. 288 S.

Seiner im Jahre 1888 erschienenen „Geschichte der Stadt Gratzen" hat Verfasser die Beiträge nachgesandt und dadurch neues und wertvolles Material für die Geschichte seiner Vaterstadt der Öffentlichkeit übergeben. Vor allem interessiert der I. Teil des Werkes: „Der Hausbesitz und die Reihenfolge der Besitzer vom Jahre 1553—1907", der auf weitgehenden archivalischen Studien fußt — die Häusernumerierung wurde bekanntlich erst um 1770 eingeführt — und durch Angaben über Vermählungen, Todesfälle u. dgl. der familiengeschichtlichen Forschung reichen Stoff bloßlegt. Der II. Teil betitelt sich „Chronik der Stadt und nächsten Umgebung v. J. 1888—1907" und verzeichnet gewissenhaft alle Ereignisse, die ein allgemeineres Interesse beanspruchen oder für die Insassen von besonderer Bedeutung sind. Der III. Teil „Sitte, Brauch und Volksglaube in Stadt und Dorf" ist durch neue Mitteilungen eine wichtige Ergänzung des korrespondierenden Kapitels in der „Geschichte der Stadt Gratzen" geworden und der IV. Teil endlich „Die Nationalgarde in Gratzen" behandelt die Geschichte der ersten Volkswehr aus sturmbewegter Zeit. Ein sorgfältig angelegtes Inhaltsverzeichnis mit Personennamen und Schlagworten ist für gelegentliches Nachschlagen ein willkommener Schlüssel. J. R.

Programmschau 1907.

Adámek Josef: Účastenství Rakouska ve třetím dělení Polska. (Über die Teilnahme Österreichs an der dritten Teilung Polens.) Staats-Gymn. in Trebitsch. 10 S.

Basel Richard: Zur Geschichte des Predigerordens in Österreich. StaatsGymn. in Eger. 35 S.

Barta Erwin, Dr.: Die Entstehung des Fürstentums Neiße und seine Geschichte bis in die Zeiten Karls IV. Staats-Realschule in Jägerndorf. 47 S.

Bayer Adolf: Význam křížových výprav pro politické a kulturní poměry středověku. (Bedeutung der Kreuzzüge für die politischen und kulturellen Verhältnisse des Mittelalters.) Landes-Realschule (mit böhm. Unterrichtssprache) in Proßnitz. 19 S.

Boháč Anton: Vývoj jazykové hranice, jazykových ostrovů a menšin na Moravě. (Entwicklung der Sprachgrenze, der Sprachinseln und der Sprachminoritäten in Mähren.) Landes-Realschule in Ungarisch-Brod. 34 S.

Černý Johann, Dr.: Jean Pauls Beziehungen zu E. T. A. Hoffmann (I. Teil.) Staats-Gymn. in Mies. 17 S.

Durst Rudolf, Dr.: Königin Elisabeth von Ungarn und ihre Beziehungen zu Österreich in den Jahren 1439—1442. Staats-Gymn. in Böhmisch-Leipa. 23 S.

Ebner Theodor: Die inneren Verhältnisse Österreichs unter Leopold I. Staats-Realschule (mit deutscher Unterrichtssprache) in Olmütz. 38 S.

Feierfeil Wenzel, Dr.: Die Türkenpredigten des Wiener Bischofs Johannes Fabri aus dem Jahre 1532. Staats-Gymn. in Teplitz-Schönau. 8 S.

Folprecht J., Dr.: Příspěvky k mluvě lidu slováckého na moravském Podluží. Dokončení. (Beiträge zur slowakischen Sprache in Mähren. Schluß.) Staats-Realschule (mit böhm. Unterrichtssprache) in Pilsen. 25 S.

Franz A. R., Dr.: Grillparzers Ansichten über die zeitgenössische deutsche Literatur. Allgemeiner Teil. Staats-Gymn. (mit deutscher Unterrichtssprache) in Troppau. 12 S.

Graber H., Dr.: Der Maschwitzberg bei Habstein in Nordböhmen. (Eine geologisch-petrographische Studie.) Staats-Realschule in Böhm.-Leipa. 43 S.

Hauptvogel Friedrich: Der Prager Kodex XIV. A. 14. K. k. Staats-Obergymn. in Cilli. 7 S.

Hlavinka Karl: Čejkovice za panství jesuitského. (Čejkowitz zur Zeit der Jesuitenherrschaft.) Landes-Realschule (mit böhm. Unterrichtssprache) in Göding. 27 S.

Hnízdo Franz: Ukázky jazykové ze starši české belletrie. (Sprachproben aus der älteren böhmischen Belletristik.) Staats-Real- und Obergymn. in Klattau. 19 S.

Jakóbiec Johann, Dr.: Friedrich Schlegels Entwicklungsgang vom Klassizismus zum Romantismus. Staats-Gymn. bei St. Hyazinth in Krakau. 64 S.

Janiczek Karl: Aus der Geschichte K. Sigmunds. Staats-Realschule in Proßnitz. 20 S.

John J.: Budova c. k. reálky v Táboře. (Das Gebäude der k. k. Realschule in Tabor.) Staats-Realschule in Tabor. 14 S.

Kazimour Josef: Příspěvky k hospodářským poměrům na panství Zvíkovsko-orlickém. (Beiträge zu den landwirtschaftlichen Verhältnissen der Herrschaft Klingenberg-Worlik.) Akademisches Gymn. in Prag. 13 S.

Klug R.: Des kaiserlichen Mathematikers Johannes Keplers Neujahrsgeschenk oder über die Sechseckform des Schnees. Staats-Gymn. in Linz. 28 S.

Kolkop Edmund: Doplňky k Bartošovu slovníku moravskému. (Nachtrag zum dialektischen Wörterbuche von Bartoš.) Landes-Realschule in Gewitsch. 14 S.

Kott Ludwig: Die Inkunabeln und Frühdrucke bis 1536, sowie andere Bücher des XVI. Jahrhunderts aus der ehemaligen Piaristenbibliothek in Leipnik. II. Teil. Landes-Realschule (mit deutscher Unterrichtssprache) in Leipnik. 53 S.

Kreißle Richard, Edler von Hellborn: Die Versuche einer deutschen Reichsreform unter Ruprecht von der Pfalz und Sigismund. Staats-Realschule in Teschen. 26 S.

Kropáček J., Dr.: Hrabě Antonín Sporck. Věnování. Hospitál v Kuksu. (Graf Anton Sporck. Die Widmungsurkunde. Das Hospital in Kukus.) Staats-Gymn. in Königinhof. 23 S.

Lecjaký Alois: O významu Colbertově. (Die Bedeutung Colberts.) Staats-Gymn. (mit böhm. Unterrichtssprache) in Smichow. 23 S.

Łukasiewicz Anton: Stosunek Słowaczyzny do Polski w X i XI wieku. (Das Verhältnis, der Slowakei zu Polen im X. und XI. Jahrhunderte.) Franz Josef-Staats-Gymn. (mit polnischer Unterrichtssprache) in Lemberg. 53 S.

Macháček Johann: Územní (territorialní) a národnostní změny na půdě dnešního mocnářství rakousko-uherského od pádu říše hunské až po rozklad říše avarské (453—630). (Die territorialen und ethnographischen Änderungen auf dem Gebiete der gegenwärtigen österreichisch-ungarischen Monarchie.) Staats-Gymn. (mit böhm. Unterrichtssprache) in Budweis. 8 S.

Mayer Robert, Dr.: Kaiser Rudolf II. und die Nachfolgerfrage. I. Teil. Staats-Gymn. in Brüx. 18 S.

Mráček Jakob: Poddanství na Moravě v 16. století. (Der Frondienst in Mähren im 16. Jahrhunderte.) Landes-Realschule (mit böhmischer Unterrichtssprache) in Leipnik. 24 S.

Müller Karl: Význam říše byzantské v dějinách lidstva. I. část. (Bedeutung des byzantinischen Reiches in der Geschichte der Menschheit. I. Teil.) Staats-Gymn. in Neuhaus. 58 S.

Müller Robert: Nachruf an † Prof. Georg Feierfeil und an † Prof. Josef Maximilian Lönning. Staats-Gymn. in Reichenberg. 4 S.

Muschick Rudolf: Enks Briefe über Goethes Faust. Ein Beitrag zur Fausterklärung. Staats-Gymn. in der Neustadt (Graben) mit deutscher Unterrichtssprache in Prag. 14 S.

Němec Josef: Staré české tisky v knihovnách německo-brodských. (Alte böhmische Druckschriften in den Deutschbroder Bibliotheken.) Staats-Gymn. in Deutschbrod. 14 S.

Niederegger Alois P.: Geschichte der bischöflichen Lehranstalt der Diözese Leitmeritz in Mariaschein von 1851—1905. Bischöfliches Privat=Gymn. in Mariaschein. 38 S.

Novák Josef, Dr.: Rozšíření c. k. nižšího gymnasia v Třeboni na vyšší a nová budova gymnasia. (Die Ausgestaltung des Wittingauer Unter= Gymnasiums zu einem Ober=Gymnasium und das neue Gymnasialgebäude.) Staats=Gymn. in Wittingau. 16 S.

Pallas Gustav: Marie z Ebner-Eschenbachu, kterak líčí moravský venkov. (Marie von Ebner=Eschenbach, wie sie das mährische Landvolk schildert.) Staats=Gymn. in Mistek. 17 S.

Pich Franz: Z výkladů staročeských. (Erklärungen altböhmischer Texte.) Staats=Gymn. in Tabor. 4 S.

Plaček Josef: O starších klášterech českomoravských, zvláště řehole benediktinské. (Über die älteren böhmisch=mährischen Klöster, insbesondere jene des Benediktiner=Ordens.) Staats=Gymn. (mit böhm. Unterrichtssprache) in Ungarisch=Hradisch. 15 S.

Popiołek Franz: Materyały do dziejów miast w Księstwie Cieszyń- skiem. (Materialien zur Geschichte der Städte im Herzogtume Teschen.) Staats=Gymn. (mit polnischer Unterrichtssprache) in Teschen. 38 S.

Pražák Albert, Dr.: Christian Weise a jeho vztah k Čechám. (Christian Weise und seine Beziehungen zu Böhmen.) Staats=Realschule (mit böhmischer Unterrichtssprache) in Karolinental. 15 S.

Rich Rudolf: Handelspolitische Unternehmungen der Deutschen in Venezuela im 16. Jahrhundert und deren Bedeutung für die Geographie. Kommunal= Ober=Realgymn. in Tetschen a. E. 18 S.

Šejvl Wenzel: Eleusis. Úryvek z kulturních dějin řeckých. Oddíl II. (Eleusis. Aus der griechischen Kulturgeschichte. II. Teil.) Staats=Gymn. in Reichenau. 14 S.

Seyß=Inquart Emil: Exzellenz Dr. Wilhelm Ritter von Hartel. Gedenk= rede. Staats=Gymn. (mit deutscher Unterrichtssprache) in Olmütz. 9 S.

Skopal Ed.: O bajce 16. století v německé literatuře. (Das Märchen des '16· Jahrhunderts in der deutschen Literatur.) Privat=Gymn. in Wischau. 17 S.

Spengler Franz, Dr.: Zu Adalbert Stifters Nachsommer. Albrecht=Gymn. (mit deutscher Unterrichtssprache) in Teschen. 2 S.

Streinz Franz, Dr.: Urkunden der Iglauer Meistersinger. Staats=Gymn. im III. Gemeindebezirke (Landstraße) in Wien. 44 S.

Svoboda Friedrich, Dr.: Příspěvky k vývoji lenorské pověsti
v Evropě. I. (Beitrag zur Lenorensage in Europa. I.) Kommunal-Gymn.
(mit böhmischer Unterrichtssprache) in Mährisch-Ostrau. 21 S.

Teuber Val., Dr.: Die mittelalterlichen Gedichte von der Judith in ihrem
Verhältnisse zueinander untersucht. Komnunal-Gymn. in Komotau. 17 S.

Thienel Josef: Geschichtliches und Musikalisches zur österreichischen Volks-
hymne. Staats-Gymn. in Aussig. 19 S.

Toischer W., Dr.: Zur Geschichte des Saazer Gymnasiums. Staats-Gymn.
in Saaz. 41 S.

Tschochner Albert: Das deutsche Gymnasium in Olmütz. (Vierte Fortsetzung.) Geschichtlicher Rückblick mit einem Bilde der ersten Jesuitenkollegiums-
Kirche. Staats-Gymn. (mit deutscher Unterrichtssprache) in Olmütz. 24 S.

Beverka J.: Herodot, ze spisu Buzeskula »Úvod do řeckých dějin«.
(Herodot, aus der Schrift Buzeskuls „Einführung in die griechische Geschichte".)
Staats-Real- und Obergymn. in Chrudim. 22 S.

Vitke Josef: K dějinám gymnasia jičínského. IV. (Zur Geschichte des
Jičiner Gymnasiums. IV.) Staats-Gymn. in Jičin. 40 S.

Weese Adalbert P.: Chronik der Kaiser Franz Josef-Jubiläumskirche,
Gymnasialkirche in Weidenau. Staats-Gymn. in Weidenau. 26 S.

Wende Johann, Dr.: Geschichte der alten dreiklassigen Unterrealschule und
der neuen Realschule in Bergreichenstein. Staats-Realschule in Bergreichenstein. 20 S.

Widerhofer Leopold: Geschichte des oberösterreichischen Salzwesens von
1282—1656. Öffentliche Unterrealschule im III. Gemeindebezirke (Landstraße)
in Wien. 67 S.

Wimmer Johann: Prvních sedm let c. k. gymnasia v Prostějově.
(Die ersten sieben Jahre des k. k. Gymnasiums in Proßnitz.) Staats-Gymn.
in Proßnitz. 19 S.

Zoglmann Anton: O metaforách a přiměrech v epických básních
Sv. Čecha. (Die Metaphern und Parallelen in den Gedichten Sv. Čechs.)
Staats-Gymn. in Taus. 22 S.

Dr. Ad. Horcicka.

K. u. k. Hofbuchdruckerei A. Haase, Prag. — Selbstverlag.

Literarische Beilage

zu den Mitteilungen des Vereines

für

Geschichte der Deutschen in Böhmen.

XLVI. Jahrgang.   IV.   1908.

Neuwirth Josef, Dr.: Stileinheit und Stilreinheit in ihren Beziehungen zur Denkmalpflege. Kunstgeschichtliches Jahrbuch der k. k. Zentralkommission für Kunst- und historische Denkmale. Jahrg. 1907. S. 37—76.

Es ist ein harter und schwerer Kampf, den die Denkmalpfleger zu führen haben, wenn es sich um die Erhaltung einer bestimmten Gruppe von Denkmalen handelt: wir haben da insbesonders die kirchlichen Baudenkmäler im Auge. Zuerst ist die große Frage zu erledigen: Wer zahlt die Kosten, die oft große Summen Geldes erheischen. Ist es nach langer Verhandlung endlich gelungen, daß die Gemeinde, der Patronatsherr, selbst das Land oder das Reich den Aufwand zu decken bereit sind, nicht selten gelingt es durch Sammlungen oder durch das Legat irgend eines frommen Pfarrkindes, die nötigen Beiträge aufzutreiben, dann beginn erst die schwierige Arbeit, sich mit den maßgebenden Kreisen zu verständigen, inwieweit und in welcher Weise man bei der Instandsetzung und Erhaltung des Bauwerkes und der dazu gehörigen Teile vorgehen solle. Der Grundsatz der modernen Denkmalpflege ist einfach. Man kann ihn nach den Verhandlungen der letzten Tage für Denkmalpflege, die jährlich in Deutschland abgehalten werden, in folgenden Worten zusammenfassen: Erhalte ein Denkmal in dem Zustande, in dem es sich gegenwärtig befindet mit allen Zutaten späterer Zeit, welche durch Stiftungen frommer Gläubiger im Laufe der Jahrhunderte in die Kirche gekommen, wenn sie nur irgend einen Wert als Kunstgegenstände für sich beanspruchen können. Es gibt ja in der Tat romanische und gotische Baudenkmäler erstklassiger Güte, in welche Werke der Renaissance und der Barocke eingebaut sind und zwar mit solchem Verständnisse und solchem richtigen Empfinden, daß der Schönheitssinn des Besuchers der Kirche dadurch auch nicht im geringsten verletzt wird. Trotz der verschiedensten Zeit, in der die Teile errichtet wurden, trotz der verschiedenen Kunstrichtung, der sie angehören, erscheint doch die Verbindung eine so reintönige, daß schon das als Meisterleistung zu bezeichnen ist, daß der Künstler, dem die Formen einer längst at-

5

gelaufenen Kunstrichtung nicht mehr so recht im Herzen liegen, sich in die Lage
so einzuleben verstand, daß er die verschiedensten Bestandteile doch zu einem
wirkungsvollen Bilde zusammenzuschließen verstanden hat. Eine solche Lösung
ist nicht leicht. Wie kaum merkbar ist der Übergang des romanischen Baues in
den gotischen bei St. Stephan in Wien vermittelt, wie schwer würde man den
nach dem Brande von 1541 ausgebauten und barock gekrönten Turm des St.
Veitdomes in Prag missen. Niemand findet eine Störung der Harmonie im
Prager Dome durch den herrlichen Sarkophag K. Rudolfs II. oder durch das
nach den Plänen von Meister Hildebrand ausgeführte Grabdenkmal des hl. Johann
von Nepomuk. Was den großen Domen gilt, muß auch für die kleinen Pfarrkirchen auf dem Lande gelten. Weil eben die Denkmalpfleger die Pflicht haben
zu erhalten, was wir von unseren Altvorderen ererbt haben, heißen sie mit Recht
Konservatoren (Erhalter) und nicht Restauratoren (Erneuerer). Aber gerade in
diesen Bestrebungen begegnen sie oft dem größten Widerstande seitens der maßgebenden Faktoren, insbesonders der Geistlichkeit, welche seltsamerweise eine ganz
entgegengesetzte Stellung in vielen einzelnen Fällen einnimmt. Sie steht sehr
häufig auf dem Standpunkte des Purismus, den die Denkmalpflege als rein ver-
fehlt schon längst aufgegeben hat. Wenn die Kirche rein romanisch gebaut ist,
wird alles beseitigt, was der fromme Sinn späterer Zeit gewidmet hat. Wie sieht
eine solche Kirche dann aus? Wie kühl wirkt der herrliche Dom zu Bamberg,
dessen Wände nackt und kahl dastehen, weil man die späteren Beitaten entfernte,
was um die Mitte des 19. Jahrhunderts als Grundsatz galt! Es ist begreiflich,
wenn der Vorstand einer Kirche durch Sammlungen oder aus eigenen Mitteln
das Geld auftreibt, um die ihm unterstehende Kirche, ganz oder teilweise, in Stand
zu setzen, daß er das Bestreben hat, eine hübsche und reine Kirche zu schaffen, daher
alles entfernt werden muß, was dem Geiste nicht angepaßt ist, in welchem er
sich die Kirche vorstellt. Dazu kommen die Abgesandten der großen Firmen, die
ihn in solchen Gedanken nur bestärken, weil sie dabei ein Geschäft zu machen
denken. Es hat zum Beispiel eine gotische Kirche einen Altar aus der Renaissance,
der nach puristischer Ansicht nicht zum Bauobjekte paßt — also weg mit ihm.
Er wird ersetzt durch eine teuere, aber mittelmäßige gotische Ausführung, ohne
zu bedenken, daß ein in seiner Art charakteristisches Denkmal, das der Künstler
seinerzeit der Örtlichkeit mit feinem Verständnis angepaßt hat, vernichtet wurde ;
dann wandert der abgetragene Altar gewöhnlich auf den Boden oder in die
Rumpelkammer, wo im Laufe der Jahre der Zahn der Zeit besorgt, daß er zerfällt, wenn er nicht früher als Heizmaterial verwendet wurde. Gelingt es, die
Aufmerksamkeit verständnisvoller Kreise auf ihn zu lenken, daß er in ein Museum
kommt, dann ist er wenigstens gerettet, wenn er auch an dem Orte der Neuaufstellung
nicht die Wirkung erzielt, wie ursprünglich in der Kirche, für die ihn der Meister geschaffen. Wenn aber gerade von geistlicher Seite gegen die Denkmalpflege der Vorwurf
erhoben wird, daß durch dieselbe die Museen gefüllt werden, dann trifft dieser Anwurf
in erster Linie gerade jene, die ihn erheben, die durch ihren übereifrigen Purismus
das, was jahrhundertlange Pietät geschaffen, mit einem Schlage der Vernichtung
preisgeben, aber nicht die Denkmalpfleger, die mit dem Aufgebot aller ihnen
zu Gebote stehender Kräfte gerade entgegengesetzt in dem Sinne wirken, an Ort
und Stelle zu erhalten, was daselbst geschaffen wurde, auch dann, wenn es den

Grad der Mittelmäßigkeit nicht überschreitet. Leider haben unsere Denkmalpfleger⸗ tein Mittel, solche Verwüstungen von Kirchen durch das Unverständnis der Arbeitgeber zu verhüten, da bisher ein Gesetz für Denkmalschutz in Österreich nicht besteht. Die t. t. Zentralkommission hat zwar das Recht, Einspruch zu er⸗ heben usw., aber das ius vetandi hat sie nicht. Das richtige ist noch, wenn der berufene Denkmalpfleger den nötigen Takt hat und es versteht, durch seine Per⸗ sönlichkeit mit Einsicht und durch Überredung dahin zu wirken, daß er durchsetzt, was erreicht werden soll: non vi sed eloquentia. Das beste Mittel aber wäre, wenn ein Gesetz für Denkmalpflege geschaffen würde und wenn an den theolo⸗ gischen Fakultäten der Universitäten und an den Diözesanseminarien ein Kolleg über Kunstgeschichte in Verbindung mit Denkmalpflege in einem der Jahrgänge, wenn auch nur im Ausmaß von 2 Stunden gehalten würde, damit die angehenden Theologen für die Sache begeistert werden, da sie doch berufen sind, dereinst in diesem Sinne zu wirken und sie in gewissen Gegenden oftmals die einzigen sind, die auch bei Funden und der Erhaltung von Werken der Laienkunst ꝛc. mit⸗ zureden, vielleicht tonangebend einzugreifen haben. Wir können den Gedanken, die Neuwirth, gestützt auf eine große Erfahrung, in diesem Artikel niederlegt, voll⸗ inhaltlich beipflichten, und bedauern nur, daß er diesen Artikel in dem „Jahrbuch der t. t. Zentralkommission" hat erscheinen lassen, in welchem er wohl für einen recht beschränkten Kreis von Lesern bestimmt ist und in den Büchereien seinen Platz finden, aber nicht in das Volk dringen wird. Er hätte als selbständiges Heft an alle Instanzen, die mit Denkmalpflege in Berührung kommen, z. B. an Pfarreien, Gemeinden, Orts⸗ und Bezirksvertretungen ꝛc. gesendet werden sollen, damit sie gegebenen Falles darin nachsehen und sich Rats erholen können. Jeden⸗ falls sind wir Neuwirth für denselben zu großem Danke verpflichtet.

Dr. Ad. Horcicka.

Regell p.: **Das Riesen⸗ und Isergebirge.** Mit 89 Abbildungen und einer farbigen Karte. Aus: Land und Leute, Monographien zur Erd⸗ kunde. In Verbindung mit hervorragenden Fachgelehrten herausgegeben von A. Scobel. Bielefeld und Leipzig, Velhagen und Klasing, 1905. 132 S. Lex. Oktav.

Der Verfasser der vorliegenden Schrift über das böhmisch⸗schlesische Grenz⸗ gebirge hat es sich angelegen sein lassen, ein umfassendes, anschauliches Bild von Land und Leuten dieses schönen deutschen Erdteiles zu geben. Er hat das Gebiet, wie man sieht, nach allen Richtungen hin durchwandert und auch bewährte lite⸗ rarische Hilfsmittel zu Rate gezogen. So schildert er uns nun in 10 Abschnitten die landschaftliche Physiognomie des Riesengebirges und seine Stellung unter den deutschen Mittelgebirgen, den geologischen Aufbau, Klima und Jahreszeiten, Niederschläge, Wasserbauten, die Bevölkerung, Leben und Sitten, weiter das Isergebirge im weiterem Umfange, eine Kammwanderung, das Hirschbergertal in weiterem Umfange, eine Kammwanderung, die Südseite des Riesengebirges, endlich eine Frühlingswanderung durch das Bober⸗Kaßbachgebirge.

Daraus geht hervor, daß der Verfasser vornehmlich die schlesische Seite der beschriebenen Gebirge im Auge hat. Wenn wir (S. 99) Johannisbad als

„ſchleſiſches“, nicht als böhmiſches Gaſtein angeführt finden, dürfen wir wohl nur an einen Schreibfehler denken.

Aber wenn auch unſer böhmiſcher Anteil kürzer behandelt wird und wir wünſchen möchten, daß er, wir dürfen ſagen verdientermaßen, eingehender berückſichtigt worden wäre, ſo iſt doch nicht zu verkennen, daß P. Regell auch für Land und Leute diesſeits der Reichsgrenze einen verſtändisvollen offenen Blick hatte. Geradezu mit hoher Befriedigung muß uns eine Bemerkung erfüllen, die wir S. 49 in der Beſchreibung des induſtriereichen Gaues finden, der ſich von Reichenberg zum Rieſengebirge hinzieht: „Faſt beſchämend iſt für den Reichsdeutſchen die Fürſorge, die er überall auf die Unterrichts- und Bildungsanſtalten verwandt findet. Selbſt die Dorfſchulen ſind meiſt in palaſtähnlichen Gebäuden untergebracht, freilich nur mit reicher Unterſtützung privater Opferwilligkeit. Öſterreich hat auf dieſem Gebiete ſeit den unglücklichen Erfahrungen von 1866 enorme Fortſchritte gemacht und namentlich im gewerblich-techniſchen und elementaren Unterrichtsweſen den deutſchen Lehrmeiſter vielfach überflügelt.“

Am Schluſſe führt der Verfaſſer die benützte Literatur auf. Wenn ſie für ſeine Zwecke auch ausreichend war, ſo fällt es doch auf, daß er, außer J. B. C. Hoheis Rieſengebirge und Hüttels Chronik der Stadt Trautenau weitere im Inlande erſchienene Schriften über das behandelte Gebiet nicht erwähnt. Und doch hätte, ſieht man ſchon von Johann Jotélys vortrefflicher Höhenſchichtenkarte des böhmiſchen Rieſengebirges (erſchienen im VI. Jahrgange der Mitteilungen der k. k. geographiſchen Geſellſchaft in Wien 1863) und anderen neueren Arbeiten ab, Karl Kořiſtkas umfaſſende und erſchöpfende Arbeit von anerkanntem wiſſenſchaftlichen Werte „Das Iſer- und das Rieſengebirge mit ihren ſüdlichen und öſtlichen Vorlagen. Eine Schilderung ihrer orographiſchen und hydrographiſchen Verhältniſſe“, Prag, 1877 (Archiv der naturw. Landesdurchforſchung von Böhmen, II. Bd., 1. Abteil.) dort Aufnahme finden ſollen, auch wenn der Verfaſſer nur auf einen vorwiegend reichsdeutſchen Leſerkreis rechnete.

Aufrichtige Anerkennung müſſen wir der Ausſtattung des Buches zollen. Sie bezeugt den hohen Stand, den die Herſtellung illuſtrierter Werke in unſeren Tagen erreicht hat. In den tadelloſen Druck ſind 89 phototypiſche Abbildungen eingefügt. Ein prächtiges, 3 Seiten füllendes Panorama des Rieſengebirges vom Scholzenberg bei Warmbrunn geſehen, 21 blattgroße Bilder, davon 11 der Südſeite gewidmet ſind, und außer einheimiſchen Landſchaften Städtebilder — Friedland, Reichenberg, Gablonz, Trautenau (2 Anſichten), Hohenelbe — zur Anſicht bringen, ſind beigegeben. Sie laden in der Tat ein, das mit einer ſolchen Fülle reizender Gegenden und intereſſanter Städte ausgeſtattete Gebirgsland aufzuſuchen und aus eigener Anſchauung kennen zu lernen. Der Zuzug iſt hiernach erklärlich, welchen unſer Gebirge aus dem ſich jenſeits desſelben bis an die Oſtſee hindehnenden deutſchen Flachlande in weit reichlicherem Maße jahraus jahrein erhält, indeſſen es von der böhmiſchen Seite her hauptſächlich nur von den nächſten Anwohnern beſucht wird, da der ſo leicht gemachte Zugang zu den Alpen den weit größeren Teil der Gebirgswanderer dorthin entführt.

Was die beigegebene Karte anbelangt, ſo kann ſie in dem kleinen Maßſtabe, in dem ſie ausgeführt iſt — auf einem Blatte vereinigt das Rieſen- und

Jſergebirge im Maßſtabe 1 : 750.000 und das Rieſengebirge 1 : 250.000 — nur als ein ſchwacher Behelf zu den ausführlichen Beſchreibungen Regells angeſehen werden.

Lbe.

Böhm Joſef Georg: Die Kunſt-Uhren auf der k. k. Sternwarte zu Prag.
Herausgegeben von Profeſſor Dr. Ladislaus Weinek, Direktor der k. k. Sternwarte in Prag. — Prag 1908, Selbſtverlag der k. k. Sternwarte. Quart, XI und 48 Seiten, 21 Lichtdrucktafeln. (Bibl.-Sign. 26 N 17.)

Es iſt faſt allgemein bekannt, daß die Prager Sternwarte hiſtoriſch wert-volle Inſtrumente und Apparate aus der Zeit Tychos de Brahe aufbewahrt, aber von ihrem Beſitz an anderen Beſtänden, welche geradezu Koſtbarkeiten aſtrono-miſcher Muſeen ſind, iſt in die breitere Öffentlichkeit noch wenig Kenntnis ge-drungen. Umſo verdienſtlicher iſt das Unternehmen des Herrn Herausgebers, die öffentliche Aufmerkſamkeit auf beinahe vergeſſene Kunſtſchätze ſeiner Anſtalt hin-zulenken, zumal es ſich im vorliegenden Falle auch um einen Akt der Pietät Gelehrten gegenüber handelt, die durch lange Jahre erfolgreich im Lande ge-wirkt haben.

Der ehemaligen mathematiſchen Kammer des Jeſuitenkollegiums, aus der die Sternwarte hervorgegangen iſt, ſtand P. Johannes Klein, am 25. Juli 1684 zu Kamnitz geboren, in den Jahren 1732—1762 als Direktor vor und beſchäftigte ſich neben ſeinen mathematiſchen Arbeiten auch mit der Er-findung und Herſtellung mechaniſcher Kunſtwerke. Von ihm rühren unter anderen Apparaten im Inſtitutsinventar eine bewegliche Himmelskugel, die ekliptiſche Uhr, der Quadrant mit P. Bonfas Räderwerk und drei Kunſtuhren her. „Dieſe drei Uhren zeichnen ſich, ebenſowohl durch den Scharfſinn ihrer Konſtruktion, als auch durch die Sorgfalt ihrer Durchführung und die Pracht ihrer Ausſtattung aus und ſtellen nebſt der Tageszeit und verſchiedenen Angaben des Kalenders noch den Lauf von Sonne, Mond und Planeten nach dem Tychoniſchen und nach dem Kopernikaniſchen Syſtem und die verſchiedenen Beleuchtungsverhält-niſſe dar, die aus der doppelten Bewegung der Erde um die Sonne und ihre Achſe entſpringen (die Tychoniſche, Kopernikaniſche, Geographiſche Uhr)." (Weinek, Vorwort S. V u. X.) So ſinnreich und kompliziert der Mechanismus dieſer Werke iſt, ebenſo ſtark unterliegt er Störungen und als Joſef Georg Böhm — am 28. März 1807 in Rozdialowitz geboren — im Jahr 1852 als Profeſſor der Aſtronomie und Direktor der Sternwarte nach Prag kam, fand er die Uhren im Zuſtand vollkommenen Verfalles vor. Böhm verband mit gründ-licher Wiſſenſchaftlichkeit ein hervorragend mechaniſches Talent und ſtellte im Verein mit dem Uhrmacher der Sternwarte, Auguſt Želiſto, die Kleinſchen Uhren wieder her, ſo daß ſie ſeit dieſer Zeit ungeſtört ihren Dienſt verſehen. Dazu gab er eine eingehende Beſchreibung ihrer Werke und erläuterte ſie durch Abbildungen, wodurch dem Fachmann die Behandlung und etwaige Ausbeſſerungen der Uhren ungemein erleichtert werden. Die durch mühevolle Arbeit entſtandene Abhandlung Böhms erſchien 1863 als Manuſkript in 15 Exemplaren, von denen nur 7 die hiezugehörigen photographiſchen Abbildungen enthielten, und iſt infolgedeſſen felbft in Berufskreisen fast unbekannt geblieben. Wie unbeachtet und weltverloren Böhms Schrift war, bezeugen Prof. Weinets Worte, „erst im Jahre 1894 gelang es mir unter Schwierigkeiten ein komplettes illustriertes Exemplar für die Prager Sternwarte zu erwerben". In dankenswerter Weise übergibt der gegenwärtige Direktor der Anstalt das Werk seines Vorgängers der Öffentlichkeit. Es gliedert sich in drei Hauptabschnitte, in denen Kleins Tychonische, Kopernikanische und Geographische Uhr behandelt werden. Diese zerfallen in Unterabteilungen, welche die jeweilige Beschreibung, die Leistungen, den Mechanismus und die Regulierung der betreffenden Uhr umfassen. Dem allen steht das Vorwort Böhms voran und gibt eine Würdigung der Bedeutung dieser Kunstwerke sowie die übliche Rechenschaft über die eigene Arbeit. Daß der Herr Herausgeber die dem Manuskripte schuldige Treue gewissenhaft gewahrt hat, bedarf wohl kaum der Erwähnung, aber die durchwegs vornehme und gediegene Ausstattung der Ausgabe bekundet neben dem rein fachlichen auch ein anerkennenswertes persönliches Verdienst. Die Abbildungen, welche J. G. Böhm seinen Ausführungen beigegeben hatte, konnten nach dessen eigenen Angaben infolge einer Reihe von technischen Schwierigkeiten nicht die gewünschte Schärfe und Reinheit erhalten und nur zur Verdeutlichung des Textes dienen. Prof. Weinet überwand die Schwierigkeiten und ließ die photographischen Aufnahmen unter seiner Aufsicht durch das artistisch-typographische Institut Karl Bellmann in Prag mit orthochromatischen Bromsilbergelatine-Trockenplatten herstellen, wodurch selbst winzige Einzelheiten, z. B. die Gravierung der Zifferblätter, im Lichtdruck deutlich zur Anschauung gelangen. Aber auch die übrige Ausgestaltung des Buches läßt wählerischem Geschmacke keine Wünsche offen.

Als erfreuliche Zugabe zur Arbeit Böhms steuert der Herr Herausgeber die Biographien Böhms und P. Kleins mit gut gelungenen Abbildungen bei und schließt die Beschreibung der Trauttmannsdorfschen Uhr an, die den Namen ihres Spenders, dem Grafen Franz Adam Trauttmannsdorf trägt, und ebenfalls Eigentum der Prager Sternwarte ist. Sie stammt aus dem Jahre 1596, also aus dem ersten Jahrhundert der Uhrmacherkunst, und ist die älteste der im Institut vorhandenen Uhren. Ihr wohnt neben dem Kunst- und Altertumswerte auch wissenschaftliche Bedeutung inne, da sie bereits den Unterschied der astronomischen und physischen Jahreszeiten berücksichtigt. Der Name ihres Meisters ließ sich nicht ermitteln, wohl aber konnte erschlossen werden, daß sie auf der Kalenderscheibe verzeichneten Tageslängen auf eine Polhöhe bezogen sind, wie sie jener von Augsburg entspricht. Und in der Tat war zu jener Zeit Augsburg ein berühmter Sitz von Kunst und Wissenschaft, so daß die Annahme, die Uhr sei in dieser Stadt verfertigt worden, wohl berechtigt erscheint. Stundenangabe, Kalender, Tierkreis, Mondlauf und Sonnenstand u. a. Registraturen weist das prachtvoll und künstlerisch ausgestattete Werk aus, schlägt die Stunden und deren Viertel und läßt nach jeder dritten Stunde eine Melodie ertönen. Die früher vorhandene Weckvorrichtung, ein krähender Hahn, der mit den Flügeln schlägt, ist gegenwärtig nicht mehr vorhanden. Eine erschöpfende Würdigung der von Professor Weinet besorgten Buchausgabe muß naturgemäß dem Fachmanne überlassen bleiben, doch darf Referent wohl hoffen, Freunden von Kunstwerken und Altertümern die Bedeutung des Werkes nahe gelegt zu haben.   J. Reinwarth.

Mayer Robert, Dr.: Kaiser Rudolf II. und die Nachfolgefrage. I. Teil.
Jahresbericht des k. k. Staatsobergymnasiums in Brüx. 1907. S. 20.

Es geht eine Charakteristik Rudolfs II. voran, der dann die Verhandlungen
über die Nachfolgefrage sich anschließen, die in dem vorliegenden ersten Teile
jedoch nur bis zum Tode seines jüngeren Bruders des Erzherzogs Ernst († 1595)
geführt werden, dem Rudolf II. unter seinen Verwandten am meisten zugetan
war, dem er auch im Falle kinderlosen Ablebens die Nachfolge zugedacht hatte.
Es waren lange, schwierige Verhandlungen, die schon seit Mitte der 70er Jahre
aus diesem Anlasse geführt wurden, an deren Lösung Spanien großes Interesse
zeigte, da gleichzeitig auch die Verehelichung Rudolfs II. mit der Tochter Phi-
lipps II., der Infantin Isabella Klara Eugenia, geplant wurde. In beiden
Fragen zeigt sich Rudolf II. hart und unzugänglich, war ein Meister im Hinaus-
schieben derselben, da es ihm in beiden Fällen ungelegen war, eine Entscheidung
zu treffen: solange hat er sich Zeit gelassen, bis Erzherzog Ernst gestorben und
er ebenfalls als Junggeselle seinen Tod fand. Dies bildet den Inhalt der vorliegenden Abhandlung, die wohl erst dann eingehender beurteilt werden kann,
wenn der in Aussicht genommene II. und III. Teil gedruckt sind. Der Aufsatz,
der sich ausschließlich auf gedrucktes Material und Hilfswerke stützt, ist flott geschrieben. Die Behauptung jedoch gleich auf S. 1, daß die Annahme Rudolfs II.
zum König von Böhmen durch den Landtag 1575 und seine Krönung am
22. September d. J. erfolgen mußte, „weil sich im deutschen Kurfürsten-Kollegium
seit Sigismund der Brauch entwickelt hatte, denjenigen zum römischen Könige
zu wählen, der die böhmische Königswürde erlangt hätte", kann Referent nicht
teilen, weil er der Tatsächlichkeit nicht entspricht, denn vom Tode Albrechts II.
(† 1439) bis zur Wahl König Ferdinands I. zum römischen Könige († 1564) ist
der Träger der böhmischen Krone niemals deutscher König gewesen. Man könnte
diesen Satz eher für das 14. oder 16., nie aber für das 15. Jahrhundert aussprechen.
Auch würde ich den verschiedenen Aussagen über die Kränklichkeit und schwächliche Körperstatur Rudolfs II. nicht allzu großen Glauben beimessen. Mag er
es in seiner Jugend vielleicht gewesen sein, in seinem Mannesalter war er stark
und kräftig, eine Erscheinung von voller Körperkraft, welche in der prächtigen
Bronzebüste Rudolfs II. von Adrian de Bries in der Sammlung des k. u. k. Hof-
museums in Wien für alle Zeiten festgehalten wurde, die vielleicht seinem Ge-
sichtsausdrucke etwas schmeichelt, die Körperfülle aber entschieden so gibt, wie
sie war.   Dr. Ad. Horcicka.

Przedak A. G.: Geschichte des deutschen Zeitschriftenwesens in Böhmen.
Heidelberg 1904, Karl Winter. Oktav, VIII und 184 S.

„Der Verfasser hat nur eine historische, keine kritische Feststellung des
vorhandenen Materials vorgenommen," berichtet das Vorwort und in Würdigung
des Umstandes, daß bisher nur sehr spärliche und obendrein ganz veraltete Vorarbeiten
aufliegen, darf eine Materialiensammlung zu einer Geschichte der deutschen Presse
Böhmens dankbar entgegengenommen werden, zumal wenn sie, wie die vorliegende, die Früchte eines opferwilligen Fleißes einem wirklichen, schon oft

empfundenen Mangel widmete. Der erste Abschnitt der Arbeit ist weitaus der stärkste und bedeutendste. Er behandelt die Geschichte der deutschen Presse in Prag von ihren Anfängen bis zum Jahre 1848. Die politische Presse, als auch die Unterhaltungs- und Fachzeitschriften werden in chronologischer Folge angeführt, biographische und literaturhistorische Bemerkungen eingefügt, wo es notwendig ist, bestimmten Zuständen und Personen eine eingehendere Untersuchung gewidmet, so den Zensurverhältnissen, so dem Verleger Schönfeld und seinem geistvollen Redakteur Augustin Zitte. Der Inhalt und die Richtung der Zeitschrift wird kurz charakterisiert, bedeutenderen Erscheinungen sind eingehendere Studien gewidmet. Dabei tut sich die Frage nach der Geschichte des Prager Buchdruckereiwesens und Buchhandels von selbst auf und es sind recht wertvolle Beiträge, die der Verfasser hiezu einflicht. Das schon erwähnte Kapitel „Schönfeld und Zitte" sowie „Der Prager Broschürenkrieg" sind ebenso interessante wie gründliche Monographien, die neben ihrer stofflichen Aufgabe auch allgemeine Kulturzustände zu beleuchten wissen. Im zweiten Abschnitt beschränkt sich Verfasser auf die Anführung der erschienenen Periodica, unterläßt es aber auch hier nicht, bei bedeutenderen Gründungen kurze Charakteristiken oder biographische Vormerke einzustreuen. Der zweite Hauptteil des Buches „Die Presse auf dem Lande" bespricht die einzelnen Verlags-Städte in alphabetischer Reihenfolge und erbringt gelegentliche Mitteilungen über Eigentumsänderungen u. dgl. Daß das eine oder andere Blatt, besonders die sogen. Eintagsfliegen, übersehen ist und an mancher Stelle noch eine Redaktion notwendig ist, kann dem Verfasser bei dem ungeheueren Stoffe billigerweise nachgesehen werden, besonders da er so manches bringt, was bisher ganz oder nur höchst oberflächlich bekannt war. Ihm gebührt das uneingeschränkte Verdienst, ein wichtiges Kapital der einheimischen Geschichtsforschung erfolgreich eröffnet zu haben und auf Grund seiner umfangreichen Arbeit kann nun eine kritische Behandlung des Stoffes mit leichterer Mühe durchgeführt werden. Die beigegebenen Personen- und Sachenverzeichnisse ermöglichen ein rasches Auffinden des gesuchten Gegenstandes und eine synchronistische Zusammenstellung vermittelt einen umfassenden Überblick über die Zeitschriften von 1770 bis 1848.   nw.

Schmidt Valentin, Dr.: Ein Lilienfelder Formelbuch. Studien und Mitteilungen des B.- und C.-Ordens. Jahrg. XXVIII. Auch Sonderdruck. S. 31.

In der Hohenfurter Stiftsbibliothek bietet Handschrift Nr. 9 aus dem 15. Jahrhunderte reiches Materiale für das Stift Lilienfeld, greift aber in einzelnen Stücken in das ganze Ordensgebiet und in die Geschichte der Österreich benachbarten Länder ein. Die datierten Stücke, im ganzen 195 Nummern, reichen von 1308 bis 1447, sind in lateinischer und deutscher Sprache abgefaßt, zeigen 3 Schreiber, deren zweiter sich um böhmische und mährische Klöster kümmert, der dritte aber sicher ein Hohenfurter ist. Die Handschrift war 1447 schon in Hohenfurt, überbracht durch Fr. Nikolaus von Hohenfurt, der unter Abt Petrus von Lilienfeld und Abt Ulrich von Wilhering die Gastfreundschaft der beiden Stifter genoß und von letzterem am 18. Dezember 1446 in sein Stift Hohenfurt entlassen wurde. Schmidt begnügt sich ausführliche Regesten aller jener Stücke zu verfassen, die geschichtlichen Wert haben. Auf Böhmen beziehen sich Nr. 4, 9, 18 (Erzbischof Ernst von Prag); Nr. 16 (Michael, dessen Thesaurarius); Nr. 131, 143, 144, 152, 161, 194 (Fr. N[icolaus], Profeß in Hohenfurt); Nr. 162 (Abt Sigismund von Hohenfurt); Nr. 163, 169 (Abt von Sedleß und Mönch von Staliß); Nr. 165 (Abt von Ossegg, 1445); Nr. 173 (Abt von Hohenfurt entläßt Fr. Martin zu dessen Abte). Die Handschrift ist beschrieben bei Pavel, Beschreibung der im Stifte Hohenfurt befindlichen Handschriften, S. 65 ffg.   Dr. Ad. Horcicka.

Reindl Ottomar: Friedrich Theodor Vischer. Gedenkblätter zur Jahrhundertfeier seines Geburtstags. Dritte vermehrte Auflage. Prag, 1907. Gustav Neugebauer. Quart, 51 S.

Bereits im Jahre 1887 ließ Verfasser eine dünne, 44 Seiten umfassende Broschüre über F. T. Vischer mit dem Untertitel „Erinnerungsblätter der Dankbarkeit" erscheinen, die troß des geringen Umfanges ihren Helden als Ästhetiker, Philosophen, Dichter und Politiker zeichnete und aus freundschaftlichen Beziehungen und gemeinsamen Erlebnissen dessen tiefinneres Empfinden Fernerstehenden zu vermitteln wußte. Die ‚Erinnerungsblätter" wurden bald darauf zum zweiten Male herausgegeben und aus dem Erlös und sonstigen Beiträgen wurde an dem Sterbehause Vischers eine eherne Gedenktafel angebracht. In der vorliegenden 3. Auflage ist der Stoff weit über das doppelte angewachsen, die Bibliographie der Werke dürfte komplett sein, aber noch wertvoller ist die Beigabe der bisher noch nicht gedruckten Briefe Vischers an seine Mutter aus dem Jahre 1833. Der damals fünfundzwanzigjährige reiste über Berlin, Dresden, München, Prag, Salzburg, Wien und berichtet mit frischem Zug seinen Verwandten, was er alles auf seiner Reise gesehen und erlebt hat. Zeugt die Darstellung schon von einem liebe- und ehrfurchtsvollen Eingehen in Schicksal und Wirken eines großen Geistes, so bringt die Verehrung gegen den Toten auch die äußere Ausstattung der Schrift zum Ausdruck. Ein gewähltes Format, Druck und Papier, ein faksimilierter Brief, zwei Bildnisse und die Abbildung der Gedenktafel am Sterbehause — alles in reiner, eleganter Ausführung. Möge der Verbreitung dieser aus einem dankbaren und edlen Herzen stammenden Denkschrift auch die Verbreitung der Dichtungen Vischers auf dem Fuß folgen, denn er war der besten einer und so gerne auch seine Muse scherzt und lächelt, so ernst, so gemütstief war ihr innerstes Wesen und sie strebte stets

„zum höchsten Ziele: mit vereinten Händen
zu bauen und die Menschheit zu vollenden!"   ar.

Schott Anton: Die neun künischen Freigerichte. Selbstverlag. Horn, Druck von Ferd. Berger. 1908. S. 35.

Über die Choden und die künischen Bauern ist die Literatur recht reichhältig, ohne jedoch die Frage einer befriedigenden Lösung entgegenzuführen,

namentlich über die Zeit der Entstehung und ihrer Begnadung mit eigenen Freiheiten versagen die Quellen und öffnen die wenigen beglaubigten Nachrichten
der Hypothese freies Walten. Der vorliegende Artikel ist nun auch ein Beitrag
zur Geschichte der Freigerichte, der eigentlich nach einer weitausgreifenden Einleitung einen geschichtlichen Überblick der künischen Freigerichte bietet, in welchem
einige schon bekannte Schriftstücke wieder abgedruckt, andere aber aus späterer
Zeit (17. und 18. Jahrhundert), z. B. das Privilegium der Kaiserin Maria
Theresia, dem wieder die älteren Privilegien inseriert sind, nach Abschriften
zum erstenmale abgedruckt sind. Ich glaube, daß der Verfasser mit der Abhandlung den Zweck verfolgte, den deutschen Bewohnern dieser Gebiete die Geschichte
ihrer Vorfahren und namentlich der Drangsale, welche diese in den verschiedenen,
wechselvollen Zeitläufen zu übertauchen hatten, vor Augen zu führen, um ihnen
zu zeigen, daß es eine harte Arbeit war, ihre Sprache, Sitten, Bräuche, vor
allem ihre Rechte und Freiheiten gegen den Ansturm feudaler und nationaler
Bestrebungen zu verteidigen. In diesem Sinne kann die Schrift, der auch die
alten Privilegien beigedruckt sind, gewiß einen Wert haben. — Ich kann mich
aber trotzdem mit dieser Art Geschichte zu schreiben nicht recht befreunden, da ich
so manches vermisse, das von Vorteil gewesen wäre, und manches gern vermissen
würde, was in der Schrift sich findet. Von der Literatur wird nahezu gar kein
Gebrauch gemacht. Die zitierten Abhandlungen sind Dr. H. Granert „Günther der
Eremit" (nicht Eremi), J. G. Gabriel „Der königliche Wald Hwost·2c.", Pangerl
(nicht Pamgerl) „Die Taufer Choden", Hayek „Chronik von Böhmen", Loserth
„Bauernschinderisches", Blau „Aus Neuerns (nicht Neuern) Vergangenheit", Bernau
„Der Böhmerwald". Gerade für die ausführlicher behandelte Zeit hätte unbedingt
nachgesehen werden müssen der Artikel von Dr. Paul Lederer „Maximilian Frei-
herr von Lamingen und die Choden; die Privilegien der zehn·deutschen Gemeinden bei Taus", ein Beitrag zur Geschichte der Bauernbefreiung in Böhmen
im 17. und 18. Jahrhunderte in den Mitteilungen d. Ver. f. Gesch. d. Deutschen,
Jahrg. XLV (1907), Seite 464—507. Wenn der Verfasser bei dem Zitate aus
Tacitus, Germania, XXVII, zu dem Worte »Rhenumque« die Note hinzufügt:
„Damit verhunzte der Alte diesen urdeutschen Namen für immer. Der Deutsche
sagt bekanntlich nicht R-hein, sondern Hrein. Das R wird im Deutschen als An-
laut immer Hr gesprochen, nicht wie das griechische ῥ = Rh," so irrt er gewaltig,
denn bekanntlich ist die Bezeichnung für den Fluß Rhein keltischen, nicht
deutschen Ursprunges, der keltische Namen wurde übernommen. Warum dem alt-
ehrwürdigen Tacitus, der den Germanen nicht feindlich gesinnt war, eins auf Zeug
flicken, wo er gewiß nicht daran die Schuld trägt. Und wenn schon ein Zitat
aus dem Griechischen angeführt wird, dann hätte dafür gesorgt werden sollen,
daß es richtig „Κελτικὸν ἔθνος" und nicht „Κελτικὸν ἔθνος" heißen muß. Aber
wozu denn erst bis in die graue Vorzeit zurückschreiten, wenn man von den
Choden schreibt, über die vor dem Jahre 1000 geschichtlich gar nichts bekannt
ist. An Karls des Großen Beinamen wird ein Kenner mittelalterlicher Geschichte
nichts „unbegreifliches" finden, „heilig" aber ist er nicht, nur „selig" (um 1164).
Die Behauptung auf Seite 5, daß Böhmen erst 1086 zum Königreiche erhoben
wurde, ist dahin richtig zu stellen, daß Herzog Wratislaw als treuer Anhänger
Heinrichs IV. im Investiturstreite die persönliche Auszeichnung als König

erhielt, ebenso wie Wladislaw 1156 unter Friedrich I., denn erst seit Ottokar I. (endgültig 1212) haftet die Königskrone am Lande Böhmen. Damit ist Schotts Hypothese, daß die künischen Bauern ihre Rechte unter Wratislaw erhielten, ge= worfen, da es auch unter Wladislaw I. oder Ottokar I. geschehen sein kann. Letzteres ist sogar das wahrscheinlichste, doch ist darüber nichts bekannt, da sich bis jetzt keine Quellenangabe dafür erhalten hat. Daß aber 1273 für die Geschichte der Choden und ihres Verhältnisses zu Bayern und Böhmen von so großer Tragweite wäre, ist durch gar nichts erwiesen — nur eine vage Hypothese könnte sich daran knüpfen —, daher wäre wohl das beste gewesen, darüber gar nichts zu sagen. — Ich habe mich veranlaßt gesehen, diese Punkte hervorzuheben, nicht weil ich Freude daran habe, auf Gebrechen und Mängel hinzuweisen, sondern weil ich denke, daß von diesem Aufsatze über kurz oder lang eine neue Auflage oder eine Umarbeitung erscheinen könnte, damit der Verfasser dann dort mit der Änderung einsetze, wo es am meisten notwendig sein dürfte. In diesem Sinne bitte ich auch die vorliegende Besprechung aufzufassen, die lediglich dem Interesse geschichtlicher Forschung dienlich und rein sachlich sein soll. Es würde mich sehr freuen, wenn der Verfasser mit einer neuerlichen, vertieften Studie über die künischen Bauern hervortreten würde, welcher ausschließlich nur Worte des Lobes gezollt werden dürften.

Toischer Wendelin, Dr.: Zur Geschichte des Saazer Gymnasiums. 34. Jahresbericht. 1907. S. 30.

Am 3. November 1907 waren es hundert Jahre seit der Wiedereröffnung des Gymnasiums als öffentlicher Lehranstalt mit fünf Klassen, denen 1818 die sechste Klasse angegliedert wurde. Auf Grund der Neuorganisierung der Gymnasien wurde 1851 die siebente, 1852 die achte Klasse eröffnet. 1857 wurde die erste Reifeprüfung abgehalten. „1873 gab es keine achte Klasse, da dem Gymnasium wegen Mangels an geprüften Lehrkräften das Recht der Abhaltung der Maturitäts= prüfung entzogen worden war." Bereits 1872 wurde nur die schriftliche Prüfung in Saaz abgelegt, die mündliche in Leitmeritz. Noch im Jahre 1873 wurde die Anstalt, welche bisher mit Lehrkräften aus dem Prämonstratenserstifte Strahow besetzt war, in die Staatsverwaltung übernommen. 1878 wurde die Verfügung in der Wiener Zeitung veröffentlicht, daß das Gymnasium klassenweise auf= zulassen sei. Daher wurde 1878/79 die erste Klasse als Kommunalschule eröffnet, doch gelang es nach langen Verhandlungen diese Verfügung rückgängig zu machen, so daß mit kaiserlicher Entschließung vom 22. Mai 1879 die Reaktivierung der Anstalt verfügt wurde und im Herbste 1879/80 wieder alle Klassen eröffnet werden konnten. Seit dieser Zeit konnte diese Anstalt sich ruhig und zweckdienlich ent= falten, die in dem herrlichen Neubau 1902 ein ihr würdiges Heim bezogen hat, welches der sprechende Beweis von der Fürsorge und der Opfer ist, welche die Stadtgemeinde der gedeihlichen Ausbildung ihrer Lateinschule entgegenbringt, die bereits im 14. Jahrhunderte blühte. Daran schließt sich S. 3—6 ein kurzer geschichtlicher Abriß der Schule, der genügt, da von Katzerowsky, Schlesinger, Seifert und Hollub eingehende Forschungen vorliegen. Es folgen Verzeichnisse der Leiter und Lehrer des Saazer Gymnasiums in der Zeit von 1807—1907

(S. 7—18) mit wichtigen biographischen Notizen, die Zahl der Schüler in den letzten 100 Jahren (S. 19, 20) und schließlich die Liste der Abiturienten von 1874 bis 1906[1]) mit Angabe ihrer jetzigen Lebensstellung (S. 21—30).

Dr. Ad. Horcicka.

Mitteilungen der Knaben- und Mädchenbürgerschule, des einjährigen speziellen Lehrkurses und des städtischen Kindergartens zu Friedland i. B. 1907. Selbstverlag. Oktav, 32 Seiten und 1 Bildbeilage.

Den eigentlichen Schulnachrichten über die im Titel der Schrift namhaft gemachten Anstalten ist der Aufsatz „Die Friedländer Schule vor 170 Jahren" von Vinzenz Preißler, substituierendem Direktor, vorangestellt. Die Arbeit benützt Josef Lichtners „Denkwürdigkeiten der Stadt-Friedländer Schule" (Schulchronit) und Julius Helbigs „Nachrichten von der Volksschule in Friedland" (Manuskript) und bespricht im wesentlichen die Instruktion des Grafen Philipp von Gallas v. J. 1741. Nach Helbig bestand schon vor 1494 ein Schulhaus und im betreffenden Stadtbuch wird Martin Bartisch als Schulmeister erwähnt. 1565 führte die Gemeinde ein neues Gebäude auf und bereits 1580 werden drei Lehrkräfte Schulmeister, Kantor und Organist genannt. Die Friedländer Schule erfreute sich zu damaliger Zeit eines hohen Ansehens in weiter Umgebung dank der trefflichen Fürsorge des Freiherrn Melchior von Rädern und des Superintendenten Nußler, und wurde selbst von Adeligen zur Erziehungsstätte ihrer Kinder gewählt. Der Dreißigjährige Krieg und die Gegenreformation übten ihre erschütternden Folgen auch auf die Gemeinde von Friedland und ihre Anstalten aus und erst um die Wende des 18., nachhaltiger gegen die Mitte des 19. Jahrhunderts erlangt die Schule durch entsprechende Neuorganisationen allmählich ihre frühere Geltung zurück. Die Schulordnung des Grafen Gallas hat sich im Original erhalten und wird vom Friedländer Stadtarchiv aufbewahrt. Die Urheberschaft schreibt Helbig dem Hauptmann Christian von Platz und Ehrental zu. Sie enthält 36 Abschnitte und verbreitet sich über die Pflichten der Lehrkräfte, über Lehrfächer und über die Schulzucht. Damals standen der Schule zwei Lehrer vor, Kantor und Organist, beide als Lehrer einander beigeordnet, beide verhalten, die Schüler gemeinsam in einem Lehrzimmer zu unterrichten. Ihr Verhältnis zum kirchlichen Dienst war besonders geregelt; im Schulwesen unterstanden sie einer Aufsichtsbehörde, die sich aus dem gräflichen Wirtschaftsamte, dem Dechanten und zwei Ratsmännern als Schulinspektoren zusammensetzte. Über deren Pflichten sind ebenfalls Bestimmungen erflossen. So hatten die beiden Inspektoren wöchentliche Schulvisiten abzustatten und über „alles Tun und Lassen" dem gräflichen Amte zu berichten, die Aufseher — wahrscheinlich der Dechant und der eingesetzte Beamte des Grafen — sollten wenigstens vierteljährlich inspizieren und ihr Gutachten äußern. Den Hauptgegenstand des Unterrichtes bildete die Religionslehre, daneben werden Sing- und Rechenstunden gehalten, das Kopfrechnen besonders gepflegt und Lesen

---

1) Das Verzeichnis der Abiturienten von 1853—1872 hat Katzerowsky im Jahresberichte 1890 veröffentlicht.

und Schreiben nach dem Drill jener Zeit geübt. Besonders fähigen Köpfen wurde eine Stunde wöchentlich Musikunterricht erteilt. Mit der Beaufsichtigung der Kinder in und außer der Schule nahm man es sehr genau. Die Lehrer mußten auf pünktliches Erscheinen und ordentliches Verlassen der Schule sehen, sie hatten ihre Zöglinge alle Sonn= und Feiertage zu einem gemäßen Verhalten zu ermahnen und besonders darauf zu achten, „daß keines (der Kinder), was da passiert, aus der Schule schwätze". 3—4 Aufseher hatten ihre Mitschüler in Kirche und Schule, am Wege, bei Begräbnissen, Prozessionen u. dgl. zu überwachen und alle Vergehen dem Lehrer zur Anzeige zu bringen. Auch waren sie ver= pflichtet, jeden Montag „3 wohlgebundene Ruten und 3 Bakul von Haselstauden, sauber abgeschälet" abzuliefern. Über Grüßen, gutes Betragen, Schuleschwänzen und alle in eine Schulordnung fallende Bestimmungen sind Maßregeln aufgestellt und strenge Strafen verordnet. Über Aufnahme und Alter beim Schuleintritt ist kein Vorsehen getroffen, wohl aber über die Entlassung und es wird verlangt, daß Eltern ihre Kinder, die „etwas Mehres zu erlernen kapabel wären", nicht vorzeitig aus der Schule nehmen sollen. Bis zum Erlaß der Schulordnung für die k. k. Erbländer 1774 blieb das Gallasische Statut in Friedland in Kraft und von diesem Zeitpunkt an nimmt auch die Friedländer Schule an dem allgemeinen Ausbau und der Fortentwicklung des niederen Unterrichtswesens teil, das vor= läufig in dem Reichsvolksschulgesetz v. J. 1869 seine Formel gefunden hat.   R.

Schmidt Georg: Eine Mieser Chronik des 18. Jahrhunderts. Nach Kalenderaufzeichnungen des Mieser Bürger= und Töpfermeisters Anton Mathias Reißer (1717—1804) und anderen zeitgenössischen Quellen. Mies 1907. Selbstverlag. In Kommission der A. Dworschakschen Buch= handlung in Mies. Gr. 8°, X und 168 Seiten. Preis 3 K.

Der durch die Publikation mehrerer lokalgeschichtlicher Monographien bereits rühmlich bekannte Verfasser hat in vorliegender Arbeit einen neuen Beweis seiner vorzüglichen Befähigung erbracht. Abgesehen von dem bewunderungswerten Fleiße ist sein besonderes Geschick in der glücklichen Disposition anzuerkennen. Die Aufgabe war keine leichte: auf Grund von Kalenderaufzeichnungen eines schlichten Mieser Kleinbürgers und einiger anderen Quellen, welche in der Einleitung genau verzeichnet sind, führt uns Schmidt in 14 Kapiteln eine reiche Fülle von Daten, zumeist aus dem 18. Jahrhunderte vor. Die Familiengeschichte A. M. Reißers (S. 1—14) dürfte wohl niemanden interessieren und hätte wenigstens sehr stark gekürzt werden können. Hingegen werden die folgenden Kapitel über Handwerk, Wirtschaftsbetrieb, Gartenbeschäftigung ebensolche Beachtung verdienen wie die Abschnitte über die kirchlichen Verhältnisse, Meteorologie und Volkskundliches. Von den benützten Quellen nehmen zweifellos die Kalendernotizen Reißers die erste Stelle ein; sie lassen erkennen, wie sich vor etwa 150 Jahren die Welt in dem Kopfe eines armen Kleinbürgers abspiegelte. Das Regieren in Österreich, speziell in Böhmen, konnte damals wegen der Gutmütigkeit der Kleinbürger keine besondere Kunst gewesen sein. So versprechen beispielsweise die nichtbrauberechtigten Bürger von Mies dem Kreishauptmann Maximilian Reichsgrafen Lažanßky in

Pilsen in einer schriftlichen Eingabe für den Fall, daß er sich ihrer Forderungen annehmen würde, „bey unßer Schmerhhafften gnaden Mutter Gottes umb Euer Hochgräfl. gnaden Beständiges Wohlsein und glückseelige Regierung, mit unseren unwürdigen gebeth eingedenk zu seyn" (S. 38). Schmidt hat sein Buch nicht so geschrieben, daß es in einem Zuge glatt gelesen werden könnte. Es enthält aber viel Material für eine Wirtschaftsgeschichte des 18. Jahrhunderts im westlichen Böhmen. Besonders die Marktpreise für Getreide und andere Erzeugnisse sind äußerst wertvoll. Vier dem Buche beigegebene Verzeichnisse, besonders das Sachverzeichnis mit etwa 500 Schlagworten, erleichtert den Gebrauch. Die 9 Illustrationen haben selbstverständlich nicht gleichen Wert; auf die beiden „Reißerhäuser" hätte man füglich verzichten können. Man darf, am wenigsten in einer Kleinstadt, nicht die Meinung entstehen lassen, daß durch derlei zufallsweise erhaltene Notizen einer ganzen Familie eine weltgeschichtliche Bedeutung zukommen könnte. Sehr instruktiv ist die „Ansicht der kgl. Stadt Mies, etwa aus dem Jahre 1800" stammend, und die Aufnahme der Gruft in der Dekanalkirche (Osthälfte). Wir wünschen, daß das Buch zahlreiche Abnehmer, wenigstens in Mies, finden möge. G. Juritsch.

Mörath Anton: Zur Geschichte der Orgeln in der St. Veitskirche in Krummau. Deutsche Böhmerwald-Zeitung. Krummau. 24. Jänner 1908. Nr. 4.

Am 9. Feber 1908 wird die große von der Firma Heinrich Schiffner in Prag—Smichow gebaute Orgel in der St. Veitskirche ihre kirchliche Weihe erhalten. Dies nimmt der Verfasser zum Anlaß, um über die Orgeln Rückschau zu halten, deren Aufgabe es einst war, den Gottesdienst zu begleiten. Baumeister Johann, Neffe des Baumeisters Staniek, hatte seit 22. April 1407 einen Vertrag für die Herstellung eines Gewölbes, in dem Orgel und Kanzel stehen können, dessen Bau jedoch so langsam vorwärts ging, daß die Weihe erst 1439 vorgenommen werden konnte. Der erste Organist Johannes wird 1524 erwähnt. Seit 1562 gab es sogar zwei Orgeln, welche im 16. und 17. Jahrhundert oft und viel reparaturbedürftig waren. 1671 wird eine neue Orgel errichtet. Diese und die alte müssen aber bald recht schlecht geworden sein, da das fürsterzbischöfliche Konsistorium 1738 die Bewilligung zur Entfernung der beiden alten Orgeln erteilt, an deren Stelle der Datschitzer Orgelbauer Wenzel Pantoczet eine neue setzte, welche durch die eben geweihte ersetzt wurde. Die kleine Orgel auf dem Chor ober dem Kirchenportale wurde 1789 aus der im Jahre 1788 gesperrten St. Jodocus-Kirche in der Latron in die St. Veitskirche übertragen. Ein neuerlicher interessanter Beitrag, den Krummau der Feder seines fleißigen Zentralarchivdirektors verdankt. Dr. Ad. Horcicka.

John Alois: Egerländer Heimatsbuch. Eger, 1907. Selbstverlag. Oktav, 248 S., 7 Abbildungen.

A. John, der nunmehr schon über zwanzig Jahre unermüdlich im literarischen Dienst seiner Heimat wirkt, hat seine in den verschiedenen Zeitschriften zerstreuten Aufsätze über Eger und das Egerland zu einer Auswahl im vorliegenden Bande vereinigt und bietet damit sowohl den Freunden der Egerer Heimats- und Volkskunde ein recht abgeschlossenes Bild der Landschaft und des Lebens und Treibens früherer Tage im Egerer Gau, er rollt aber damit auch seinen näheren Freunden den eigenen Entwicklungsgang auf. Es ist eine reiche Auswahl von Aufsätzen, die das Inhaltsverzeichnis in 3 Teile „Landschaftliche Schilderungen", „Literarische" und „Volkskundliche Aufsätze" gliedert, aber bei weitem nicht alles, was Verfasser bisher in Periodicis veröffentlicht hat. Den Abhandlungen sind 6 gute Lichtdrucke — Ansichten von Gebäuden und Landschaften, sowie die Abbildung eines Reliefs des Verfassers, von Adolf Magerl angefertigt — bei-gegeben. In den Inhalt näher einzugehen, wäre für die Freunde der Erforschung unserer Heimatskunde ein überflüssiges Beginnen, denn John ist ein gut bekannter Name, Fernerstehenden, die mit dem Egerer Lande und seiner fernigen Bewohner-schaft würdige Bekanntschaft machen oder den Wegen deutscher Denker und Dichter nachgehen wollten, kann das Buch nachdrücklich empfohlen werden.

R.

Urban Michael, Dr.: G'sangla as der westbäimischen Heimat. Zweite vermehrte Auflage. Mies, 1908. A. Haßold. Oktav, 295 S.

Die neue Sammlung der „G'sangla" erschien zum ersten Male in der Beilage zur „Deutschen Wacht an der Miesa" und stellt sich als eine bedeutend vermehrte Auflage früherer Sammlungen dar, die U. teilweise in seinen ver-schiedenen volkskundlichen Werken und Aufsätzen, sowie am umfänglichsten in dem bereits vergriffenen Buche „As da Heimat" veröffentlicht hat. Es sind frische, oft fecke Lieder, „wie sie von dem Hütbub'n auf der Weide, von den Burschen und Mädchen bei der Feldarbeit, in den Rockenstuben, auf den Tanzböden und am Wirtische, also vom Volke gerne gesungen wurden und noch gesungen werden". Eine bemerkenswerte Zugabe bringt der „Anhang", nämlich den Abdruck einer Abschrift jener Liedersammlung, „die der egerische Magistratsrat Josef Sebast. Grüner im Jahre 1822 dem in Marienbad zur Kur weilenden Dichterfürsten Goethe überreicht hat. U. fand die Handschrift in einem Marienbader Privat-archiv. Sie füllt ein Heft in Großquart mit 12 Blättern und enthält 13 Lied-eintragungen, von denen ein Teil überhaupt noch nicht veröffentlicht wurde, mehrere andere aber mit erheblichen Textvarianten in den von A. Wolf und Hruschka und Toischer besorgten Liedersammlungen wiederzufinden sind. Außerdem waren in dies Heft zwei lose Blätter eingelegt, mit abweichender Papierqualität, die ein Ansinglied mit Notensatz und ein anderes Volkslied wieder-geben, und ebenfalls abgedruckt worden sind. So sehr verdienstlich die Ausgabe der „G'sangla" genannt werden muß, wäre eine sichtbare Trennung des wirk-lichen Volksliedes von dem volksläufigen doch erwünscht, besonders aber dort, wo deutlich fühlbare Redaktionen Platz gegriffen haben und der Eigengut heraus-gabt worden ist, wie z. B. „Döi Tschechla ruckn weita / In d' deutsch' Haimat ei(n), / Da Michl(,) dea(r) Teppl ' Is munta am — Schei(n)".

ar.

Durch Deutſchböhmen. Die Weltbäder, Sommerfriſchen, Fremden= und
Touriſtenorte Deutſchböhmens. Herausgegeben vom Landesverbande für
Fremdenverkehr in Deutſchböhmen. Karlsbad, 1907. Verlag des Heraus=
gebers. Oktav, 330 und XIX S.

Die Zeit iſt da, wo im Kreiſe der Familien über Sommeraufenthalt und
Ferienreiſe Rats gepflogen wird, und daher iſt es kein überflüſſiges Beginnen,
auf das praktiſche Buch „Durch Deutſchböhmen“ hinzuweiſen. Für manchen iſt
die „Sommerfrage“ ein ſchwer zu löſendes Problem, mannigfache Bedürfniſſe,
vielerlei Rückſichten erſchweren recht oft die Wahl. „Durch Deutſchböhmen“ kann
dabei ein nützlicher Ratgeber werden. Wie ſchon der Titel beſagt, bringt das
Buch eine überſichtliche Zuſammenſtellung aller in Betracht kommenden Orte,
führt knapp Einwohner= und Häuſerzahl, Seehöhe, nächſte Bahnſtation, Verbin=
dungsgelegenheiten, Behörden und Stadtverwaltung ꝛc. an und gibt über Ver=
pflegung und Unterkunft, ſowie über Klima, Ausflüge u. dgl. die nötigen Auf=
ſchlüſſe. Zahlreiche Abbildungen und Schilderungen charakteriſieren die jeweilige
Landſchaft und ein induſtrieller Führer zeigt für verſchiedenen Bedarf geeignete
Einkaufsquellen an. Trägt das Werk ſeine Bedeutung ſchon an und für ſich zur
Schau, ſo darf man es dem Herausgeber auch vom ſtatiſtiſch-topographiſchen
Standpunkt dank wiſſen, daß eine ſo vollkommene Überſicht über Deutſchböhmens
herrliche Gaue im Buchhandel aufliegt. Auf eines ſei dennoch hingewieſen: Ob=
wohl bei jedem Orte das Klima durch „mild“, „mäßig kühl“ u. dgl. im allge=
meinen gekennzeichnet erſcheint, wäre es doch wünſchenswert, die mittlere Jahres=
temperatur, eventuell die Extreme Jänner und Juli zu verzeichnen. Es liegen
zwar nicht für alle Orte Beobachtungsergebniſſe vor, doch könnten dieſelben nach
Prof. Traberts Iſothermenkarte von Öſterreich ermittelt werden, wenn die dort
angegebenen und auf das Meeresniveau bezogenen Zahlen auf die Seehöhe des
betreffenden Ortes reduziert würden. Aber auch der breiten Öffentlichkeit, beſonders
unſeren einheimiſchen Volksgenoſſen ſei ein Wunſch nahegelegt. Viele ſuchen
auswärts Aufenthalt und Unterkunft und überſehen, daß die engere Heimat oft
weit mehr als die Fremde zu bieten vermag. Bei den eigenartigen Verhältniſſen
des Landes wäre es für das eigene Volkstum von großer Bedeutung, wenn der
Strom der „ſommerlichen Auswanderer“ ſich nach Deutſchböhmens geſegnete Fluren
lenken würde. Nicht allein in materieller Hinſicht wäre dies eine Förderung, auch
in anderer Beziehung erwüchſe ein doppelter Vorteil daraus, indem durch per=
ſönliche Annäherung das Zugehörigkeitsgefühl gekräftigt und das Verſtändnis
der wechſelſeitigen Verhältniſſe gefördert würde. Daher: ‚Weshalb denn in die
Ferne ſchweifen, ſieh, das Gut liegt ſo nah!“   ar.

K. u. k. Hofbuchdruckerei K. Haaſe, Prag. — Selbſtverlag.

Lightning Source UK Ltd.
Milton Keynes UK
UKHW051331080219
336748UK00033B/199/P